Kurt von Fritz

Grundprobleme der Geschichte der antiken Wissenschaft

Kurt von Fritz

Grundprobleme der Geschichte der antiken Wissenschaft

Walter de Gruyter · Berlin · New York
1971

ISBN 3 11 001805 5

1971 by Walter de Gruyter & Co., vormals G. J. Göschen'sche Verlagshandlung, J. Guttentag,
Verlagsbuchhandlung — Georg Reimer — Karl J. Trübner — Veit & Comp., Berlin 30
Printed in Germany
Satz und Druck: Buchdruckerei Franz Spiller, 1 Berlin 36.

VORWORT

Das vorliegende Buch besteht zu etwas mehr als der Hälfte aus Abhandlungen und Vorträgen, die an verschiedenen Orten veröffentlicht waren und hier zum größten Teil in nur ganz wenig veränderter Form wieder abgedruckt werden.

Der erste und wichtigste Teil, um dessentwillen das Buch jetzt im Druck erscheint, beruht z. T. auf einem Aufsatz mit dem Titel ‚Der Beginn universalwissenschaftlicher Bestrebungen bei den Griechen‘, den ich vor 10 Jahren auf Aufforderung des damaligen Herausgebers des ‚Studium Generale‘ geschrieben habe und der dieser Aufforderung gemäß in Thema und Umfang beschränkt gewesen ist. Obwohl ich nicht ganz wenig aus dem damaligen Aufsatz für den gegenwärtigen Zweck verwenden konnte, ist doch Sinn und Absicht der jetzt vorgelegten, auf mehr als das Doppelte des damaligen Umfanges angewachsenen Abhandlung ein ganz anderer und demgemäß auch ein großer Teil ihres Inhaltes vollständig neu.

Die Aufsätze und Abhandlungen des zweiten Teiles haben weitgehend den Zweck, was im ersten Teil in einem größeren Zusammenhang gesagt wird, im einzelnen historisch und sachlich zu unterbauen und näher zu begründen. Das hat zur Folge, daß in einzelnen Fällen dasselbe zweimal gesagt wird. Das gilt vor allem für die beiden relativ kurzen Aufsätze über die Entdeckung der Inkommensurabilität und über den ΝΟΥΣ des Anaxagoras. Aber das Wesentliche der Ergebnisse und ihres weiteren Zusammenhanges konnte in der Hauptabhandlung nicht wegbleiben, deren Gleichgewicht umgekehrt durch Aufnahme der begründenden Details empfindlich gestört worden wäre. Umgekehrt wären die Spezialbehandlungen durch Weglassen des in die Hauptabhandlung Aufgenommenen schwer verständlich geworden. Hier muß ich also den Leser, der das Ganze in einem Zug lesen sollte, was ohnehin vermutlich höchstens bei seinen Rezensenten der Fall sein wird, um Entschuldigung bitten, glaube aber der Bequemlichkeit des gewöhnlichen Lesers auf diese Weise am besten gedient zu haben. Von diesen beiden Aufsätzen abgesehen, hoffe ich störende Wiederholungen vermieden zu haben.

Es gibt aber noch eine andere Art der Wiederholung, die, wie mir scheint, keiner Entschuldigung bedarf oder wenigstens keiner bedürfen sollte und von der später noch etwas die Rede sein muß. Die Situation der klassischen Altertumswissenschaft in unserer Zeit ist in mehrfacher Hinsicht eine paradoxe. Als am Ende des Mittelalters und zu Beginn der sogenannten Renaissance im Abendlande ein gewaltiges Interesse an antiker Literatur und Philosophie erwachte, bestand die Schwierigkeit, daß die meisten antiken Werke nur in sehr unvollkommenen, durch viele Korruptelen entstellten Texten zugänglich waren, daß unter dem Namen berühmter Schriftsteller Schriften von zweifelhafter Echtheit überliefert waren, daß vieles selbst in den nicht durch Korruptelen entstellten echten Schriften der großen antiken Autoren nicht verständlich war, weil der historische Hintergrund, aus dem sie zu erklären gewesen wären, den Lesern nicht bekannt war, um nur das Wichtigste zu nennen. Daraus ergab sich das dringende Bedürfnis nach Textkritik, nach Echtheitskritik und nach historischer und sachlicher Erklärung. Zur Befriedigung dieses Bedürfnisses entwickelte sich die sogenannte klassische Philologie und Altertumskunde, wie schon im Altertum selbst, nachdem die Texte der früheren griechischen Dichter z. T. korrupt und durch Interpolationen entstellt, z. T. schwer verständlich geworden waren, aus bis ins späte 5. Jh. zurückgehenden Anfängen sich die Philologie der alexandrinischen Grammatiker entwickelt hatte. Das erste Paradox der Situation aber ist dies, daß in dem Maße, in dem immer bessere Texte der großen Autoren hergestellt, die Echtheitsfragen, wenn auch einige von ihnen noch immer heftig umstritten sind, zum größten Teil eindeutig gelöst, und endlich ausführliche sachliche und historische, wenn auch immer noch in vieler Hinsicht sehr verbesserungsfähige und bedürftige Kommentare zu den wichtigsten Schriften erarbeitet und veröffentlicht worden sind, das allgemeine Interesse an den klassischen Studien zurückgegangen ist, so daß das Studium der alten Sprachen an den höheren Schulen in fast allen Ländern des Abendlandes völlig dahinzuschwinden droht, soweit es noch nicht dahingeschwunden ist, und die klassische Altertumswissenschaft selbst an den Universitäten immer mehr um ihre Existenz zu kämpfen hat.

Dies Paradox kann man daraus erklären, daß die klassische Altertumswissenschaft in den Jahrhunderten seit dem Beginn des sogenannten modernen Humanismus ihre Aufgabe im wesentlichen erfüllt hat, so daß ihr nicht mehr viel zu tun übrig bleibt, und daß gleichzeitig mit ihrer Vollendung das, was von antikem Geist für das Abendland wichtig war, so sehr in den Strom des abendländischen Denkens übergegangen ist, daß es nicht mehr notwendig ist, immer wieder auf die Ursprünge zurückzugreifen. Sofern und soweit das richtig ist, müßte man sich wohl damit abfinden, daß die klassische Altertumswissenschaft in Zukunft nur noch die Rolle einer engen Spezialwissenschaft neben vielen anderen spielen kann, einer Wissenschaft, welche sich darauf beschränken muß, kleine Details zu dem schon erworbenen Wissen hinzuzufügen. Daß sich tatsächlich unter einem beträchtlichen Teil der klassischen Philologen, trotz der offiziellen Propaganda für die Erhaltung der klassischen Studien in Appellen an die Öffentlichkeit, an Akademien und an Kultusministerien, seit langem — lange Zeit unbewußt, in neuester Zeit aber sogar bis zu einem gewissen Grade bewußt — ein solches Selbstverständnis der Situation der klassischen Altertumswissenschaft herausgebildet hat, dafür gibt es vielerlei Anzeichen. Das erste, aber damals völlig vereinzelte Zeichen eines Bewußtwerdens dieses unbewußten Selbstverständnisses findet sich vor genau hundert Jahren in Nietzsches Unzeitgemäßer Betrachtung ‚Wir Philologen‘, wo er sagt, den meisten Philologen sei im Grunde gar nicht sehr viel an den antiken Schriftstellern gelegen. Diese seien für sie im wesentlichen ein Mittel, ‚produktiv zu werden‘, d. h. Konjekturen an ihnen zu machen und Theorien über sie aufzustellen. Praktisch läßt sich jedoch die von Nietzsche in dieser Weise gekennzeichnete Tendenz zum mindesten schon etwa ein halbes Jahrhundert vor dessen Äußerung in ihren ersten Anzeichen beobachten. Sie drückt sich unter anderem darin aus, daß über ein und dasselbe Problem im Laufe der Zeit aufgrund ungenügender und einseitiger, wenn auch in sich nicht unrichtiger Beobachtungen, aber unter Vernachlässigung anderer Aspekte immer neue einander widersprechende Theorien aufgestellt, widerlegt und durch wieder neue ersetzt werden, ohne daß die letzte, 150 Jahre nach der ersten aufgestellte, wesentlich besser wäre als die erste: eine Art wissenschaftliche Penelopearbeit, in der das Gewebe immer wieder aufgelöst und durch ein neues ersetzt wird[1]. Hinsichtlich der Beurteilung solcher Produkte der Wissen-

---

[1] Für ein sehr illustratives Beispiel vgl. die verdienstvolle Arbeit von W. P. Henry, Greek Historical Writing. A Historiographical Essay based on Xenophon's Hellenica (Chicago 1967), in der die gesamten einander völlig widersprechenden Theorien, die von 1832 bis 1957 über die Entstehung von Xenophons Hellenika aufgestellt wurden, zusammengestellt und analysiert sind. Natürlich ist darunter auch einiges Beachtenswerte. Aber die letzte der erwähnten Arbeiten ist noch ‚ori-

schaft kommt es zum Ausdruck in der Überschätzung der Originalität gegenüber der Richtigkeit, so daß man bei der Beurteilung einer Dissertation, wenn man darauf hinweist, daß das meiste darin doch evident falsch sei, entgegengehalten bekommen kann: aber sie sei doch so originell. Es sei schon lange nichts so Originelles mehr über den betreffenden Schriftsteller gesagt worden[2].

Ein anderes Indiz dieser halb unbewußten Einschätzung der eigenen Lage ist der ungeheure Eifer, mit dem sich, wenn etwa auf Papyrus ein nahezu vollständiger Text einer bis dahin fast völlig unbekannten antiken Dichtung gefunden wird, eine große Anzahl von Philologen auf diesen Neufund stürzen, so daß in einem Jahrzehnt mehr Ausgaben dieses Textes veröffentlicht werden als von im Ganzen nicht weniger wichtigen und interessanten Werken anderer Autoren seit der Renaissance bis auf den heutigen Tag erschienen sind, obwohl es sich bei dem neu entdeckten Werk offensichtlich keineswegs um eine der besten Dichtungen des betreffenden Dichters handelt.

Erst in neuester Zeit ist das, was bisher, von seltenen Ausnahmen abgesehen, unbewußt geblieben war und nur in dem praktischen Verhalten vieler klassischer Philologen seinen Ausdruck gefunden hatte, ganz bewußt ausgesprochen worden und wurden im Zusammenhang damit auch sehr weitreichende praktische Konsequenzen daraus gezogen. In einem vielbeachteten, von den einen mit ebenso enthusiastischer Zustimmung wie von den anderen mit leidenschaftlicher Ablehnung aufgenommenen Vortrag hat ein nicht sehr lange vorher an die als Eliteuniversität geplante Universität von Konstanz berufener jüngerer Professor der klassischen Philologie die Meinung ausgesprochen, die klassische Altertumswissenschaft müsse, da für die großen antiken Autoren das meiste schon getan sei, sich mit Eifer den Autoren zweiten und dritten Ranges zuwenden, um für die dasselbe zu tun, was von früheren Generationen für die Autoren ersten Ranges getan worden sei. Zugleich müsse sie sich aber auf das ganze Gebiet der griechischen und lateinischen Sprache über das Mittelalter bis zum Neugriechischen ausdehnen. Denn da sei noch ein weites, bisher nur ungenügend beackertes Feld. Es erscheint als evident, daß zum mindesten mit der zweiten Forderung — die erste ließe sich immerhin dahin auslegen, daß doch auch die antiken Schriftsteller

---

gineller‘ und phantastischer als irgendeine der früheren. Vgl. auch meine Rezension des Buches von Henry im Gnomon XL (1940), 556—568.

[2] Vgl. unten S. 318 ff.

zweiten und dritten Ranges zum Gesamtbild der Antike und damit zum
Verständnis der großen Autoren nicht Unbeträchtliches beizutragen
haben — eben das aufgegeben ist, was der historische Grund der Entstehung der klassischen Altertumswissenschaft gewesen und bis auf die
Gegenwart die Basis ihres Anspruches auf eine besondere Stellung unter
den historisch-philologischen Wissenschaften geblieben ist. Aufgrund
solcher Prämissen könnte man sogar zu dem Ergebnis kommen, daß die
klassische Altertumswissenschaft in unserer Zeit hinter anderen Zweigen
der Altertumswissenschaft zurückzutreten habe, eben *weil* ihr Gebiet seit
einem halben Jahrtausend so gründlich beackert worden ist und es daher
nicht mehr so viel Neues zu entdecken und zu erarbeiten gibt wie etwa
auf den Gebieten der Assyriologie und der Ägyptologie.

Aber ist diese bewußte oder unbewußte Einschätzung der Stellung und
der *Aufgaben* der klassischen Altertumswissenschaft in unserer Zeit durch
eine nicht sehr kleine Gruppe der klassischen Philologen selbst berechtigt? Ich habe oben zwei Erklärungsgründe für die paradoxe Erscheinung
unterschieden, daß das Interesse am klassischen Altertum in neuerer Zeit
in eben dem Maße zurückgegangen zu sein scheint, in dem die Instrumente und Voraussetzungen für sein Studium im Laufe der Zeit verbessert worden sind. Der erste Erklärungsgrund war der, daß eben seit der
Renaissance von den spezifischen Aufgaben der klassischen Altertumswissenschaft schon ein so großer Teil gelöst sei, daß sich, soweit nicht
durch Papyrusfunde und dergleichen neues Material hinzukommt, die
Tätigkeit innerhalb dieser Wissenschaft sozusagen asymptotisch der Vollendung des überhaupt Erreichbaren annähert und immer weniger zu
tun übrigbleibt. Das ist natürlich für gewisse Teilgebiete weitgehend
richtig, wie denn etwa die in neuerer Zeit unternommene Prüfung und
recensio der zahlreichen jüngeren Tragikerhandschriften zwar manches
historisch Interessante zutage gebracht, aber für die Verbesserung des
Textes der Ausgaben im Verhältnis zur aufgewendeten Mühe nur noch
minimale Resultate ergeben hat. Aber selbst in der auf eine Kombination grammatischer und sachlicher Interpretation und Analyse gestütz-
ten Textkritik etwa bei den attischen Rednern oder den griechischen
Historikern ist noch sehr Beträchtliches zu tun[3], und gar die integrierende Interpretation der großen antiken Philosophen, für die es freilich

---

[3] Für Beispiele vgl. meinen Vortrag ‚Ziele, Aufgaben und Methoden der klassischen
Philologie und Altertumswissenschaft‘, in Deutsche Vierteljahresschrift für Literatur
und Geistesgeschichte XXXIII (1959), S. 508—528, vor allem S. 512 ff.

ganz anderer Methoden bedarf als für die recensio von Handschriften, bietet noch ein außerordentlich weites fruchtbares Feld der Betätigung, so daß, wenn man nur weiß, wo die Aufgaben liegen und wie man sie anfassen muß, weder die verzweifelte Jagd nach neuen Stoffen und garantiert originellen Einfällen bei den einen, noch die Resignation bei den anderen gerechtfertigt ist.

Von viel fundamentalerer Bedeutung als die Frage nach den verbleibenden Aufgaben der klassischen Altertumswissenschaft im traditionellen Sinn ist die Frage, ob das, was von antikem Geist für das Abendland wichtig war, seit dem Ende des Mittelalters so sehr in den Strom des abendländischen Denkens übergegangen ist, daß es nicht mehr nötig ist, immer wieder auf die Ursprünge zurückzugreifen: eine Meinung, die nicht selten von den Gegnern der fortbestehenden Bemühung um ‚klassische Bildung‘ in unserer Zeit so oder ähnlich zum Ausdruck gebracht wird. Auf diese Frage kann jedoch eine sehr unqualifizierte Antwort gegeben werden: Genau das Gegenteil ist der Fall. Es hat vielleicht noch keine Epoche seit dem Ende des Mittelalters gegeben, welche als Gegengewicht und Korrektur ihrer eigenen Verirrungen und Einseitigkeiten eine Rückwendung zu Erkenntnissen des Altertums so nötig gehabt hat wie die unsere.

Auch dafür gibt es äußere Indizien. Während die Diener der Zeit und Avantgardisten die Beschäftigung mit dem klassischen Altertum als Escapismus oder Flucht aus den Realitäten der Gegenwart ablehnen und ein Professor der Physik erklärt hat, der Erfolg der Naturwissenschaft und der Technik in unserer Zeit beweise, daß Gott wolle, daß wir uns alle darauf konzentrieren, und es sei geradezu unfromm, seine geistigen Kräfte für andere Dinge zu verschwenden, haben einige der größten modernen Physiker die Bedeutung der griechischen Antike wieder entdeckt. So bemerkt Werner Heisenberg im letzten Kapitel seines Buches über ‚Physik und Philosophie‘[4], daß „dieser modernste Teil der Naturwissenschaft (die Atomphysik) an vielen Stellen sehr alte Denkwege berührt", und behandelt in diesem und dem vorangehenden Kapitel Probleme der wissenschaftlichen Begriffsbildung, zu deren Erhellung die Geschichte der antiken Philosophie und Naturwissenschaft sehr Wesentliches beizutragen hat. Vor einiger Zeit hielt er in der Münchner Akademie der Schönen Künste einen Vortrag über „die Rolle des Schönen in den Naturwissenschaften", womit ein Prinzip wieder zu Ehren gebracht

---

[4] Werner Heisenberg, Physik und Philosophie, Stuttgart 1959, S. 181.

wird, das in der antiken Wissenschaft lange Zeit einen ganz außerordentlich positiven und fördernden Einfluß ausgeübt hat, freilich dann auch in
einer zu starren und engen Anwendung hemmend wirkte und zu Irrtümern Anlaß gab und deshalb von Vertretern des modernen Positivismus als trivial verworfen und lächerlich gemacht worden ist[5]. C. F. von
Weizsäcker hat in seinem Buch über ‚die Tragweite der Wissenschaft'[6] auf
die Gefahren aufmerksam gemacht, welche das säkularisierte Christentum in seiner Abwendung von dem antiken Verhältnis des Menschen zu
der Natur für die Menschheit bedeutet[7].

Ähnliches hat sich auf dem Gebiet der Staats-, Gesellschafts- und
Rechtswissenschaft ereignet. In einer einen ganz neuen Anstoß gebenden,
nicht sehr umfangreichen Schrift[8], die sogleich großes Aufsehen erregt
und mit Recht seither schon vier Auflagen erlebt hat, hat Theodor Viehweg darauf aufmerksam zu machen gesucht, welchen Schaden es für die
genannten Wissenschaften bedeutet, daß die Topik, die seit ihrer Begründung durch Aristoteles bis ins späte 18. Jahrhundert hinein in ihnen
eine sehr große Rolle gespielt hatte, seither fast vollständig aus ihnen
verschwunden ist. Seither hat sich, von dieser Anregung ausgehend, eine
recht ausgedehnte politologische, sozialwissenschaftliche, rechtswissen-
schaftliche und philosophische Literatur[9] entfaltet. Aber in einem ausgezeichneten, wenn auch kurzen, Beitrag zu dieser Literatur[10] wird darüber Klage geführt, daß „die Geschichtsschreiber der Philosophie noch
immer mit einem fast verlegen zu nennenden Stillschweigen an der Topik
vorbeizugehen pflegen". Sehr mit Recht. Denn obwohl in neuerer Zeit
eine Reihe von Arbeiten von klassischen Altertumsforschern erschienen

---

[5] Vgl. darüber unten S. 163 ff., vor allem 189 ff.

[6] C. F. von Weizsäcker, Die Tragweite der Wissenschaft, I: Schöpfung und Weltentstehung, 2. Aufl., Stuttgart 1966, 10. Vorlesung: Was ist Saekularisierung?,
S. 173 ff.

[7] Vgl. darüber auch unten S. 306 ff. und S. 320 ff.

[8] Theodor Viehweg, Topik und Jurisprudenz. Ein Beitrag zur rechtswissenschaftlichen
Grundlagenforschung, München 1953 (4. Aufl. 1965).

[9] Ein großer Teil der Literatur ist zitiert in der in der folgenden Anmerkung zitierten Abhandlung von W. Hennis und in einer Anmerkung auf S. 2 der 4. Auflage
des in Anm. 8 zitierten Werkes von Viehweg.

[10] Wilhelm Hennis, ‚Topik und Politik', zuerst erschienen in des Verfassers Buch ‚Politik und praktische Philosophie. Eine Studie zur Rekonstruktion der politischen
Wissenschaft' (Politica Bd. 14, Luchterhand-Verlag Berlin 1963), S. 89 ff.; wieder-
abgedruckt in Wege der Forschung, Bd. LXXXVI (1967); Methoden der Politologie,
S. 488 ff.

sind, in denen mit der Topik zusammenhängende Probleme behandelt werden[11], gibt es doch kein Werk, das den Zusammenhang der Topik mit der Ethik und Anthropologie des Aristoteles behandelt. Damit fehlt aber die letzte Grundlage, welche die Topik in dem von ihren modernen Wiederbelebern gemeinten Sinne erst wirklich fruchtbar macht[11a].

Jedenfalls zeigt sich hier wie dort eine ganz spontane, von der von der Fachwissenschaft ausgehenden Propaganda für die Erhaltung der klassischen Studien unabhängige Einsicht in die Bedeutung des klassischen Altertums für unsere Zeit und damit das Bedürfnis nach spezieller Information. Dies Bedürfnis muß eine neue Art der Altertumswissenschaft hervorrufen, wenn oder soweit die traditionelle nicht imstande ist, es zu befriedigen. Und in der Tat hat sich in Amerika schon ein ‚Center for Coordination of Ancient and Modern Studies' gebildet, das es sich zur Aufgabe gestellt hat, eine solche Altertumswissenschaft ins Leben zu rufen.

Um das, was so weit gesagt worden ist, zu substantiieren, ist es notwendig, wenigstens in ganz großen Umrissen die Gebiete zu bezeichnen, auf denen das Altertum als Korrektiv moderner Einseitigkeiten und Verirrungen dienen kann. In gewisser Weise hängt alles mit dem zusammen, was C. F. von Weizsäcker die Säkularisierung des Christentums genannt hat. Im Alten Testament fordert Gott den Menschen auf, sich

---

[11] Grundlegend war das Buch von Ernst Kapp, Greek Foundations of Traditional Logic, New York 1942, in dem der Nachweis geführt wurde, daß, entgegen der seit John Stuart Mill herrschenden Auffassung, die Logik des Aristoteles nicht als Regelbuch für den einsamen Denker konzipiert, sondern von der Dialektik ausgegangen war. Für die Literatur zu diesem Problem vgl. Livio Sichirollo, Διαλέγεσθαι — Dialektik, Hildesheim 1966, passim, vor allem p. 93 ff. Seither wurde auf dem in Oxford abgehaltenen dritten internationalen Symposium Aristotelicum die aristotelische Topik zum Gegenstand der Vorträge und der anschließenden Diskussion gemacht. Das Ergebnis wurde publiziert unter dem Titel ‚Aristotle on Dialectic: The Topics', ed. by G. E. L. Owen, Oxford 1968. Auch hier wurde das Verhältnis der Topik zur Dialektik von verschiedenen Aspekten aus behandelt, aber eine Verbindung zu Aristoteles' Ethik, Anthropologie und Teleologie nicht hergestellt. Für den historischen Aspekt des Problems, d. h. den allmählichen Ersatz der topischen Betrachtung durch andere Methoden und Betrachtungsweisen ist noch die Abhandlung von Wolfgang Röd, ‚Geometrischer Geist und Naturrecht. Methodengeschichtliche Untersuchungen zur Staatsphilosophie im 17. und 18. Jahrhundert', in Abhandl. der Bayer. Akad. d. Wiss., phil.-hist. Klasse, N. F. 70 (1970) von Interesse.

[11a] Eine ausgezeichnete Kritik der Lücken und Mängel der modernen Rezeption der Topik — mit vielleicht etwas unzureichender Betonung ihrer positiven Verdienste — gibt Helmut Kuhn 'Aristoteles und die Methode der politischen Wissenschaft', Wege der Forschung Bd. LXXXVI, S. 521—553.

die Erde untertan zu machen. Mit dem Alten Testament ist auch dieses
Prinzip bis zu einem gewissen Grade vom Christentum übernommen
worden. Aber die letzte Konsequenz aus dieser Aufforderung zu ziehen,
wurde doch innerhalb des Christentums durch den Respekt vor der
Erde als Gottes Schöpfung verhindert. Weizsäcker sagt mit Recht, der
Begriff strenger und allgemeingültiger Naturgesetze, wie er bei Galilei
vorgefunden wird, hätte kaum ohne den christlichen Schöpfungsbegriff
aufkommen können, da von der platonischen Materie, die nicht vom
Weltschöpfer aus dem Nichts erschaffen ist, sondern ihm nur widerstre-
bend gehorcht, nicht zu erwarten ist, daß sie streng mathematischen
Gesetzen unterworfen ist. Aber Galileis Streben war, noch ganz antikem
Geiste entsprechend, durchaus auf Erkenntnis um ihrer selbst willen
gerichtet. Es war durchaus ehrlich, wenn er sagte, daß er die Größe Gottes erkennen wolle, indem er im Buche der Natur lese. Eigentlich gestellt
wurden die Weichen durch den um wenige Jahre älteren Zeitgenossen
Galileis, Francis Bacon, der zwar vor der antiken Ethik und Moralphilosophie noch einige Verbeugungen machte, aber doch sehr deutlich der
Meinung Ausdruck gab, wichtiger und nützlicher als die unaufhörliche
Wiederholung der ethischen Diskussionen und moralischen Gemeinplätze
(τόποι!) sei es, sich darauf zu konzentrieren, Erfindungen zu machen, die
der Bequemlichkeit des Menschen dienen: usui et commodis hominum
consulimus. Damit begann jene Entwicklung, in deren Verlauf die Wissenschaft und Erkenntnis immer mehr nicht um ihrer selbst willen, sondern wegen ihres ‚praktischen' Nutzens geschätzt wurde, wobei jedoch
unter ‚praktisch' nicht wie in der Antike die πρᾶξις, das Tun und Handeln, verstanden wurde, sondern das Machen und Herstellen.

Diese Entwicklung verlief zunächst langsam, dann immer schneller.
In der ersten Hälfte des 19. Jahrhunderts erreicht die Begeisterung für
Francis Bacon und die Bewunderung dessen, was er durch sein Prinzip
für das Wohl der Menschheit getan habe, vor allem in England den
Höhepunkt, obwohl eben damals infolge der aus der Anwendung dieses
Prinzips hervorgegangenen sog. industriellen Revolution die Verelendung und Ausbeutung des industriellen Proletariats, ebenfalls gerade in
England, einen Höhepunkt erreichte. Diese Verelendung ihrerseits wurde
durch den allmählich sich organisierenden Widerstand der Arbeiterschaft
und durch das Aufkommen sozialer und sozialistischer Tendenzen in den
sog. kapitalistischen Ländern des Westens im Laufe der Zeit zu einem
beträchtlichen Grad überwunden. Die Entwicklung auf das Machen und

Herstellen hin ging jedoch in einem immer schnelleren Tempo weiter
unter dem Einfluß von zwei Prinzipien, die man in gewisser Weise als
die radikaleren und rasanteren Abkömmlinge des Baconschen Prinzips
betrachten kann: 1. dem Prinzip, daß der Mensch nicht nur versuchen
muß, alles zu erkennen, was er erkennen kann, sondern auch alles zu
machen und herzustellen, was er herstellen kann, und 2. dem Prinzip des
,Fortschritts‘, das im Laufe der Zeit eine solche Geltung erhalten hat, daß
es in immer weiteren Teilen der Welt zum alleinigen Wertkriterium geworden ist, gleichgültig in welche Richtung der ,Fortschritt‘ geht, so daß
es, um eine Haltung oder eine Sache im allgemeinen Bewußtsein zu diskreditieren, völlig ausreicht, sie als ,rückständig‘ zu bezeichnen, ohne daß
die Frage nach möglichen anderen Wertkriterien überhaupt noch gestellt
wird.

Unterdessen hat die Entwicklung jedoch dahin geführt, daß einerseits
Mittel erfunden wurden, durch die im Gefolge der gewaltsamen Auseinandersetzung von Machtgruppen irgendeiner Art nicht nur die Menschen,
sondern alles höhere tierische Leben auf der Erde ausgerottet werden
kann, andererseits auch ohne einen willentlich auf Vernichtung von Menschen gerichteten Akt die Natur rein im Verfolg der Herstellung der
,dem Nutzen und dem Comfort der Menschen dienenden‘ Dinge so ver-
schmutzt und verwüstet wird, daß das Leben nicht nur ganzer Gattungen
von Tieren, sondern auch der gesamten Menschheit auf dieser Erde dadurch bedroht ist. Das erste hat bei den ersten Erfindern und ersten An-
wendern des Instrumentes der Menschenvernichtung im Großen Gewis-
sensbedenken zur Folge gehabt und sie veranlaßt, zu zögern, auf diesem
Wege fortzuschreiten. Aber im ganzen hat man sich bald wieder beruhigt.
Die Experimente haben nicht aufgehört, und wenn man den Nachrichten
darüber glauben darf, sind diejenigen, welche diese Experimente mit den
Instrumenten der Menschenvernichtung heute im Auftrage ihrer Regierungen ausführen, nur noch an der technischen Seite der Sache interessiert. Der ,Fortschritt‘ geht auch auf diesem Gebiete weiter.

Das zweite, die Zerstörung der Natur und damit der Lebensbasis des
Menschen, ist, nachdem längere Zeit diejenigen, welche die Gefahr zuerst
entdeckt hatten, Rufer in der Wüste gewesen waren, seit wenigen Jahren
in aller Munde. Man berät darüber, wie die Gefahr bekämpft werden
kann, und an einigen Stellen wird sogar schon etwas dagegen getan.
Aber diejenigen, deren persönliche ,commoda‘ durch Maßnahmen zur
Rettung aller beeinträchtigt werden, suchen sich ihnen auf alle Weise zu

entziehen; und es erscheint noch als durchaus zweifelhaft, ob dieser Widerstand rechtzeitig gebrochen werden kann.

In diesem unmittelbaren Kampf um die Erhaltung der Menschheit, der schnell ausgefochten werden muß, wenn er gewonnen werden soll, kann freilich das Studium der klassischen Antike wenig helfen, es sei denn als Warnung, da schon im Altertum mit der Zerstörung der menschlichen Umwelt begonnen worden ist, wenn es auch nachdenklich machen sollte, daß es zwei Dinge waren, welche das klassische Altertum daran gehindert hatten, hemmungslos auf diesem Irrweg fortzuschreiten, der uns in unsere gegenwärtige Situation geführt hat: der Respekt vor der Natur, die nicht dazu da ist, vom Menschen rücksichtslos vergewaltigt zu werden, und die Einsicht in die naturgegebene, niemals völlig zu überwindende Unvollkommenheit aller menschlichen Dinge.

Aber die moderne Verirrung hat tiefer liegende, weniger leicht in ihrem Wesen erkennbare Aspekte als die Erfindung der Atombombe oder die Zerstörung der menschlichen Umwelt, und es ist hier, daß die aus der Antike zu gewinnende Einsicht unserer Zeit als Korrektur auf das dringendste nötig ist. Auch der Antike ist natürlich die Richtung der Erkenntnis auf die Erfindung und Herstellung von den Menschen ‚nützlichen‘ und seinen commoda dienenden Dingen nicht fremd. In den dem Aristoteles zugeschriebenen und jedenfalls aus seiner Schule hervorgegangenen ‚Problemata‘ ist sogar davon die Rede, daß man gelegentlich einen Trick ‚gegen die Natur‘ anwenden müsse, um sich solcher Vorteile zu bemächtigen. Aber bei alledem hat sich eine vollkommene Umkehrung der Rangordnung der Fragestellungen vollzogen. Die erste Frage in der antiken Spekulation über diese Dinge ist immer, was für den Menschen gut sei. Erst wenn diese Frage beantwortet ist, hat es Sinn, danach zu fragen, wie man dem Menschen die Mittel dazu verschaffen kann, das für ihn Gute zu erreichen und zu verwirklichen. Wenn Francis Bacon die Diskussion ethischer Fragen als meistens leeres Gerede beiseite schiebt und an ihre Stelle das usui et commodis hominum consulimus setzt, so ist die Voraussetzung, daß die Menschen schon von selber wissen, was ihr Nutzen ist und was zu ihrem Comfort beiträgt. Da aber verschiedene Menschen Verschiedenes als ihre commoda betrachten und da vor allem die commoda verschiedener Menschen leicht miteinander in Konflikt geraten, erweist es sich als notwendig, in diesem Kampf um die commoda doch an irgendwelche übergeordneten Prinzipien zu appellieren, mit der Folge, daß, da jede ernste Suche nach Einsicht in die Natur solcher Prinzipien fehlt, der Kampf mit vagen Schlagworten geführt wird, die, wie z. B. das Wort Demokratie, für jeden etwas anderes bedeuten, und daß letzterdings, wie schon gesagt, der ‚Fortschritt' selbst zum obersten Wertkriterium erhoben wird, obwohl nicht schwer einzusehen sein sollte, daß Fortschritt, wenn kein einsichtig objektiv wünschbares Ziel des Fortschreitens angegeben werden kann, völlig sinnleer ist. Daher die Richtungslosigkeit, das wild aufgeregte Hin und Her, durch das die Rebellion der ‚fortschrittlichen' modernen Jugend gekennzeichnet ist.

Diese Richtungslosigkeit hat jedoch eine ihrer Ursachen noch in einem anderen modernen Prinzip, das scheinbar von den bisher erwähnten völlig unabhängig ist, in Wirklichkeit aber doch mit ihnen in einem gewissen Zusammenhang steht: dem Prinzip der Wertfreiheit der Wissenschaft. Das Prinzip war bekanntlich von Max Weber verkündet worden, der sich damit gegen den Versuch vieler seiner Kollegen zur Wehr setzte, ihre speziellen ideologischen Vorurteile — liberalistische, sozialistische, nationalistische, konservative usw. — als wissenschaftlich begründet zu erweisen. Es bedeutete solchen Versuchen gegenüber eine sehr gerechtfertigte und dringend notwendige Aufforderung zur wissenschaftlichen Selbstkritik und Ehrlichkeit. Indem Weber jedoch sein Prinzip durch die Behauptung ergänzte, es gebe einen nicht zu überwindenden Kampf der Werte, in dem jeder sich den Dämon, dem er dienen wolle, selbst wählen müsse, öffnete er der Anarchie der Werte erst recht Tür und Tor und machte es, ganz entgegen seiner Absicht, möglich, sich ohne Anerkennung eines höheren Richterstuhles aufgrund verschiedener Ideologien bis aufs Messer zu bekämpfen und die Behauptung aufzustellen, die Ideologie komme zuerst und die Wissenschaft habe ihr zu dienen: ein Prinzip, das seither in allen totalitären Ländern, aber auch von revolutionären Gruppen der verschiedensten Richtungen und ideologischen Überzeugungen mit rücksichtsloser Gewalt durchgeführt wird.

Das Prinzip der Wertfreiheit der Wissenschaft findet jedoch noch von einer ganz anderen Seite her Unterstützung: von seiten des sogenannten szientistischen Positivismus, der einen ganz anderen Ursprung hat. Dieser hat seinen letzten Ursprung in dem Bestreben, eine Art der Erkenntnis zu finden, die sich vollständig in unmißverständlichen Sätzen formulieren, sachlich exakt kontrollieren und ohne jeden Verlust von einem Menschen auf den anderen übertragen läßt. Als Kriterium einer solchen Erkenntnis wurde aufgestellt, daß sie sich entweder streng logisch aus widerspruchsfreien ersten Sätzen oder Axiomen muß ableiten lassen, wie in der Mathematik, oder aus Sätzen und Formeln bestehen, aufgrund deren sich künftige Ereignisse eindeutig voraussagen lassen und die durch deren Eintreffen verifiziert, durch ihr Nichteintreffen falsifiziert werden. Alle allgemeinen Aussagen, die nicht der einen oder der anderen Art zugehören, wurden als ‚meaningless' erklärt. Da sich allgemeine Sätze weder der einen noch der anderen Art über ethische Dinge aufstellen lassen, wurde damit jede Erörterung ethischer Fragen, d. h. letzterdings alle Diskussion über Fragen der menschlichen Lebensführung, für sinnlos erklärt: „Es ist klar, daß sich die Ethik nicht aussprechen läßt. Wovon man nicht sprechen kann, davon muß man schweigen[12]." Das ist der diametrale Gegensatz der Ansicht des Aristoteles (und man darf wohl sagen: im großen ganzen der klassischen Antike überhaupt), daß es die Auseinandersetzung über das, was gut oder schlecht, recht oder unrecht ist, sei welche den Menschen zum Menschen macht[13]. Zwar läßt L. Wittgenstein, der das positivistische Prinzip am präzisesten formuliert hat, die Möglichkeit offen, daß der einzelne auf anderem Wege zur Einsicht in das, was für den Menschen gut ist, gelangen könne. Aber jede sinnvolle zwischenmenschliche Verständigung darüber wird ausgeschlossen. Die Richtungslosigkeit wird damit absolut.

Im Gegensatz zu der Forderung Max Webers ist *dieses* Prinzip der Wertfreiheit der Wissenschaft, das aber bei vielen mit der Weberschen Forderung eine enge Verbindung eingegangen ist, seinem Ursprung und Wesen nach mit der von Francis Bacon ausgegangenen Richtung auf das Machen und Herstellen sowie mit dem, was Weizsäcker die Säkularisierung des Christentums genannt hat, auf das engste verknüpft. Die Herstellung der den commoda der Menschen dienenden Güter ist primär eine Herstellung einerseits von Präzisionsinstrumenten, andererseits von Gegenständen, die maschinell, d. h. in tausendfacher Reproduktion derselben Gestalt und Qualität hergestellt werden können. Zu beidem bedarf es exakter Formeln und Vorschriften, die ohne Verlust von ihrem Erfinder auf den Hersteller, der danach verfahren soll, übertragen werden können und die hinsichtlich der in ihnen enthaltenen Voraussetzungen sorgfältig geprüft sein müssen, damit das hergestellte Produkt den Intentionen des Erfinders entspricht. Die positivistische Definition dessen, was meaningful oder meaningless, sinnvoll oder sinnlos ist, entspricht daher auf diesem Gebiete durchaus den Erfordernissen der Sache.

---

[12] Ludwig Wittgenstein, Tractatus logico-philologicus 6, 21 und 7.
[13] Aristoteles, Politica I, 11, 1253 a, 14 ff. Vgl. dazu unten S. 303 ff.

In neuester Zeit ist jedoch das Prinzip von dem Gebiet der unbelebten Natur, auf dem es innerhalb der Grenzen der Berechtigung seines Zwekkes[14] gerechtfertigt ist, immer mehr auf das Gebiet des Lebendigen, dann auch auf den Menschen selber übertragen worden: bis zu dem Grade, daß in allem Ernste die Möglichkeit und Wünschbarkeit erörtert wird, durch künstliche Mutation Menschen ohne Beine zu erzeugen — *herzustellen* —, um sie für die künftigen Aufgaben von Astronauten geeigneter zu machen. Hier wird nicht nur der vom Gott des Alten Testaments zum Herrn der Erde und ihrer Geschöpfe bestimmte Mensch zum Instrument seiner Mitmenschen gemacht — das ist schon im Altertum geschehen: Aristoteles hat bekanntlich den Sklaven als ὄργανον ἔμψυχον, als mit Seele begabtes Werkzeug bezeichnet[15], worauf noch zurückzukommen sein wird —, sondern er soll bewußt auf den biologischen Status der staatenbildenden Insekten zurückgebracht werden, von denen sich der Mensch, wie Aristoteles hervorgehoben hat[16], dadurch unterscheidet, daß seine Funktionen nicht wie Arbeitertermiten und Soldatentermiten, oder Arbeiterbienen, Königinnenbienen und Drohnen physiologisch von der Geburt an festgelegt sind, sondern das Individuum die Möglichkeit und Freiheit hat, verschiedene Funktionen auszuüben und in diesen durch Lernen und Übung besondere Fertigkeiten auszubilden. Mit der Möglichkeit, nach der Vorstellung der erwähnten Biologen, spezialisierte Menschentypen nach dem Vorbild der Insekten zu züchten, würde dem Menschen eine Macht über den Menschen gegeben, wie sie sich kein orientalischer Despot des Altertums in seinen kühnsten Träumen hat träumen lassen, und dies ohne Einschränkung durch ein übergeordnetes moralisches Prinzip, da die Möglichkeit, solche übergeordneten ethischen Prinzipien einleuchtend zu formulieren und zu diskutieren, von den konsequenten Vertretern der positivistischen Theorie ausdrücklich bestritten wird. Damit führt sich das Baconsche Prinzip des usui et commodis hominum consulimus in seiner Verbindung mit dem Prinzip des säkularisierten Christentums, das den Menschen zum Herrn aller Dinge macht, in seiner uneingeschränkten Anwendung selbst ad absurdum.

Es gibt wohl kaum eine Literatur, die besser geeignet ist, die durch diese Faktoren geschaffene Situation zu erhellen, als die Schriften des in

---

[14] Über die Hierarchie der Zwecke und den damit den Zwecken gesetzten Grenzen vgl. unten S. 295 ff.

[15] Aristoteles, Politica I, 20, 1255 a, 11.

[16] Aristoteles, Politica I, 10 ff.

neuester Zeit so schnell zur Berühmtheit gelangten Herbert Marcuse[17]. In diesen findet man eine bemerkenswerte Einsicht in die verborgeneren Aspekte und Implikationen der modernen Verirrungen der technischen Zivilisation und ihrer positivistischen Erkenntnisgrundlagen, aber auch eine noch viel erstaunlichere Abwesenheit auch nur des Versuches, sich über die naturgegebenen Bedingungen der menschlichen Existenz, über die condition humaine, einige Klarheit zu verschaffen, was doch allein dazu helfen könnte, einen Ausweg aus den Verirrungen und einen besseren Weg in die Zukunft zu finden. Eine solche Kombination von zum Teil zutreffender und scharfsichtiger Kritik mit völliger Orientierungslosigkeit hinsichtlich dessen, was an die Stelle des Kritisierten gesetzt werden könnte, mußte unvermeidlich zu einer schrecklichen Verwirrung in den Köpfen der jugendlichen Bewunderer und Anhänger eines solchen Autors führen und in der Praxis gefährliche Folgen haben. Es war nur die logische Konsequenz aus dieser Kombination, wenn ein Führer der jugendlichen Rebellen, die ihre ‚Weltanschauung‘ von Marcuse bezogen hatten, aber, eben weil sie vor den letzten Konsequenzen nicht zurückscheuten, vielfach mit ihm in heftigen Konflikt gerieten, verkündete, es sei eben der Vorzug ihres Kampfes gegen alles Bestehende, daß sie nicht wüßten, was sie an seine Stelle setzen wollten: noch prägnanter zusammengefaßt in dem Dialog: et quand vous aurez détruit tout, qu'est-ce-que vous ferez alors? Alors il faut étudier la situation!

Marcuse geht von der Feststellung aus, daß die technischen Errungenschaften der vergangenen eineinhalb Jahrhunderte zum erstenmal in ihrer Geschichte der Menschheit die Möglichkeit gegeben haben, sich von dem Joch harter Arbeit um der Lebenserhaltung willen zu befreien, unter dem sie jahrhundertelang geseufzt habe. De facto habe jedoch die technische Entwicklung eine solche Befreiung zunächst jedenfalls nicht gebracht. Im Beginn der sogenannten industriellen Revolution hat sie vielmehr zur Verelendung der die neuen Instrumente der Produktion handhabenden Arbeiter, zu ihrer Ausbeutung durch die Besitzer dieser Instrumente und zu vermehrter Arbeitslast infolge der Ausbeutung ihrer Arbeitskraft durch die Unternehmer geführt. Infolge der Organisation der Arbeiterschaft, die sich gegen diese Ausbeutung zur Wehr setzte, wurde die Verelendung gemildert und schließlich fast vollständig besei-

---

[17] Ich beziehe mich im folgenden auf sein bekanntestes und einflußreichstes Werk, ‚Der eindimensionale Mensch‘, Studien zur Ideologie der fortgeschrittenen Industriegesellschaft, Ausgabe Sammlung Luchterhand 4.

tigt. Zunächst geschah dies schematisch durch immer zunehmende Er-
höhung der Löhne und Verkürzung der Arbeitszeit. Aber damit war den
Bedürfnissen des einzelnen noch nicht Rechnung getragen, da er ein un-
persönliches Glied in der Masse blieb. Ein Lohn, der für eine gesunde
Familie durchaus ausreichte und ihr sogar eine gewisse Behaglichkeit der
Lebensführung ermöglichte, konnte sich als ungenügend erweisen, wenn
ein oder mehrere Familienmitglieder oder gar das verdienende Familien-
oberhaupt schwerer erkrankten. Aber auch diese Schwierigkeit wurde
durch neue Einrichtungen und Vereinbarungen überwunden: durch Kran-
kenversicherung, durch Weiterzahlung des Lohnes während der Zeit
nachweisbarer Erkrankung oder andere Mittel ähnlicher Art. Nach
Meinung Marcuses gehören solche Maßnahmen und Einrichtungen ,zum
geistigen und materiellen Fortschritt, soweit sie dazu beigetragen haben,
unmenschliche Verhältnisse zu mildern'. Aber ,sie zeugen auch von der
ambivalenten Rationalität des Fortschritts, der in seiner repressiven
Macht zufrieden stellt und in den Befriedigungen, die er gewährt, repressiv ist'[18].

Was hat es mit dieser Repression für eine Bewandtnis, die zu einem
Schlagwort der rebellierenden Jugend geworden ist, und was ist an einer
Einrichtung repressiv, die dafür sorgt, daß die Bedürfnisse des einzelnen
befriedigt werden, so daß er mit seinem Los zufrieden ist? An einer
anderen Stelle, aber im Zusammenhang mit derselben Frage, zitiert
Marcuse die folgenden Äußerungen eines Automobilarbeiters: „Die
Betriebsleitung ... konnte uns mit der Taktik der direkten Gewalt nicht
zum Halten bringen; deshalb haben sie ,Beziehungen' auf ökonomischem,
gesellschaftlichem und politischem Gebiet studiert, um herauszubekom-
men, wie man die Gewerkschaften zum Halten bringt" (d. h. dem Zusammenhang nach: ihren Kampf gegen die Unternehmer aufzugeben, weil
ihren Bedürfnissen Rechnung getragen ist). Was ist der Sinn dieser Anklage? Offenbar in erster Linie, daß die Motive der Unternehmer, indem
sie die Arbeiter befriedigen, keine altruistischen, sondern egoistische sind.
Aber könnte das den Arbeitern nicht gleichgültig sein, wenn sie bekommen, was sie brauchen? Oder bedeutet es, daß ihr Ressentiment gegen die
ehemaligen Ausbeuter und Unterdrücker durch eine solche friedliche Bei-
legung des Kampfes nicht befriedigt wird? Oder ist der Grund der, daß
die Arbeiterführer sich nur an der Macht erhalten können, wenn sie
immer neue Forderungen stellen, auch nachdem alle sinnvollen Forde-

---

[18] A. a. O. 132.

rungen erfüllt worden sind? Eine ebenfalls von Marcuse zitierte[19] Äußerung eines amerikanischen Gewerkschaftsführers könnte eine solche Erklärung nahelegen: „Alles, wofür wir kämpfen, gibt jetzt der Konzern
den Arbeitern. Was wir finden müssen, sind andere Dinge, die der
Arbeiter wünscht und die der Unternehmer ihm nicht zu geben bereit
ist ... Wir sind auf der Suche. Wir sind auf der Suche." Hier scheint der
Kampf gegen den Arbeitgeber zum Selbstzweck geworden zu sein, da
man nach Wünschen *suchen* muß, die er schwer zu befriedigen findet.

Aber obwohl solche Motive keineswegs ausgeschlossen werden können,
hat Marcuse doch recht, wenn er sich mit der hier angenommenen ‚Befriedigung‘ der Bedürfnisse nicht beruhigt, und selbst von dem modernen
Wohlfahrtsstaat, der Armut und Verelendung völlig auszurotten versucht, ja von dem unverwirklichten Ideal eines solchen Wohlfahrtsstaates
sagt[20], er sei eine „historische Mißgeburt zwischen organisiertem Kapitalismus und Sozialismus, Knechtschaft und Freiheit, Totalitarismus und
Glück". Was er der kapitalistischen wie der sozialistisch-kommunistischen
Befriedigung der Bedürfnisse und der daraus sich ergebenden ‚Befrie-
dung‘ sowie dem Wohlfahrtsstaat, auf den beide von verschiedenen Seiten her sich zubewegen, vorwirft, ist eben jenes Prokrustesbett der ‚Eindimensionalität‘, in das alle drei modernen Gesellschaftssysteme den
Menschen hineinzuzwängen versuchen und tatsächlich weitgehend hin-
einzwingen und auf die der Titel seines meistgelesenen Buches hinweist.
Alle drei zwängen den Menschen in ein System von Produktion und
Konsumption, in dem alles auf einen Warenwert reduziert ist und, wie
Marcuse es formuliert[21], nur noch der Tauschwert zählt, nicht der Wahr-
heitswert. Marcuse zitiert[22] Daniel Bell für die Feststellung: „Die Bedeutung der Industrialisierung entstand nicht mit der Einführung von
Fabriken, sie entstand aus der Messung der Arbeit. Erst wenn die Arbeit
gemessen werden kann, wenn man den Menschen an seine Tätigkeit
binden, ihm ein Geschirr anlegen und seine Arbeitsleistung am einzelnen
Stück messen und ihn nach Stück oder Stunde bezahlen kann, erst dann
liegt moderne Industrialisierung vor." Es fehlt seltsamerweise jedoch an
einer klaren Formulierung dessen, was aus all dem folgt und sein Wesen
ausmacht: daß in diesem System der einzelne weder zu dem, was er

---

[19] A. a. O. 51, Anm. 20.

[20] A. a. O. 72.

[21] A. a. O. 77.

[22] A. a. O. 49.

macht, noch zu dem, was er sich aneignet — da alles sich Aneignen eine Art Warenkonsumption geworden ist —, mehr ein persönliches Verhältnis hat. Aber im ganzen ist Marcuses Diagnose, wenn auch weitschweifig und oft verschwommen, zutreffend.

Zutreffend ist auch Marcuses Kritik[23] an der extrem nominalistischen ‚operationellen' Sprachphilosophie Wittgensteins und seiner Anhänger, wonach die Sprache im Grunde nur in Operationsregeln und Anweisungen zum Operieren nach diesen Regeln besteht. Dabei läßt Wittgenstein, wie schon erwähnt — aber nicht alle seine Anhänger und Nachfolger —, die Möglichkeit für den einzelnen offen, zu einer nicht sagbaren, von ihm mystisch genannten Erkenntnis zu gelangen, die auch für das Operieren richtunggebend sein könnte. Aber da diese Erkenntnis ‚unsagbar' ist, ist jede sprachliche Verständigung darüber ausgeschlossen, und es bleibt innerhalb der Interkommunikation keine andere Möglichkeit, als entweder willkürliche, nicht weiter begründete Regeln für das Operieren aufzustellen oder sich an die in der vorhandenen Sprache vorgegebenen zu halten, im Einklang mit dem Ausspruch Wittgensteins: „Die Philosophie läßt alles so, wie es ist[24]".

Angesichts dieser Kritik an einer Philosophie, die den Menschen in bezug auf die Dinge, die für sein Leben wichtig sind, völlig ohne Orientierung läßt, sollte man annehmen, daß Marcuse sich ganz darauf konzentrierte, eine solche Orientierung zu finden. Aber nichts dergleichen ist der Fall. Immer wieder wird es als schlimmster Mangel der ‚Eindimensionalität' des modernen Denkens bezeichnet, daß es „mehr als Affirmation denn als Negation der bestehenden Ordnung diene"[25]. Aber wenn nicht die reine Negation, das absolute Nichts, als wünschenswertes Ziel des menschlichen Handelns aufgestellt werden soll, muß ja wohl der Wunsch bestehen, anstelle der negierten bestehenden Ordnung etwas anderes und Besseres zu setzen. *Eine* Eigenschaft dieser besseren Ord-

---

[23] A. a. O. 186 ff.

[24] Obwohl Wittgensteins Sprachphilosophie später ist als sein Tractatus logico-philosophicus, steht sie doch nicht in eigentlichem Widerspruch zu der dort vertretenen Meinung, daß die Naturwissenschaft durch die Methode der Voraussage von zukünftigen Ereignissen, die dann durch deren Eintreffen verifiziert oder falsifiziert werden, neue Erkenntnisse erzielt, die sich mit Hilfe der Sprache (oder die sie ersetzenden Formeln) sogar ohne Verlust von einem Menschen auf den anderen übertragen lassen, da es sich im einen und im anderen Fall um verschiedene Gebiete handelt.

[25] Marcuse a. a. O. 79.

nung wird freilich von Anfang an hervorgehoben: die Befreiung von der Arbeitsfron. Am schönsten wäre es, wenn alles — einschließlich sogar der menschlichen Dienstleistungen — durch Automation ersetzt werden könnte. Da die hierzu nötigen Maschinen aber doch wohl von irgend jemandem immer wieder neu hergestellt, repariert und gewartet werden müssen, bleibt die Frage, wie und durch wen dies geschehen soll. Bei dem Versuch der Beantwortung dieser Frage gerät man sofort in Widersprüche. Das höchste Ideal ist[26] ‚Reduktion der Arbeitszeit auf ein Minimum, allseitige Erziehung zur Austauschbarkeit der Funktionen‘, was wohl nur bedeuten kann, daß das, was an Arbeitsplackerei dann noch übrig bleibt, so gleichmäßig verteilt werden muß, daß jeder unaufhörlich mit anderen in den angenehmeren und unangenehmeren Funktionen abwechselt. Aber gleich darauf wird diese nun wirklich großartige Demokratie wieder eingeschränkt, indem es heißt: „freilich hinge eine reife Industriegesellschaft weiterhin von einer Arbeitsteilung ab, die ungleiche Funktionen mit sich bringt. Solche Ungleichheit ergibt sich aus wirklichen gesellschaftlichen, technischen Erfordernissen und aus den körperlichen und geistigen Unterschieden zwischen den Individuen". Das ist aber das fundamentale Problem des *Funktionierens* des angepriesenen künftigen Paradieses, ein Problem, auf das Aristoteles im Gegensatz zu Marcuse sehr viel Nachdenken verwendet und über das er dementsprechend auch sehr viel Eindringendes zu sagen hat[27].

Noch unbestimmter und verschwommener und ebenso widersprüchlich sind die Angaben darüber, worin das Glück der Menschen bestehen soll, die in dem von Marcuse für möglich erklärten Zukunftsparadies nach Überwindung des establishments und seiner Verwandlung aller Dinge in Waren leben, aber unter Beibehaltung, ja Intensivierung der Industrialisierung und Automatisierung der Welt, die ja die materielle Basis des Zukunftsparadieses schaffen soll. Gelegentlich finden sich nostalgische, von Marcuse selbst als romantisch bezeichnete Betrachtungen[28] über die Vorzüge der vortechnischen Welt, die „durchdrungen war von Elend, harter Arbeit und Schmutz, in der es jedoch eine ‚Landschaft‘ gab, ein Medium lustbetonter Erfahrung, das nicht mehr existiert". In der Lyrik und Prosa dieser vortechnischen Kultur „ist der Rhythmus von Menschen enthalten, die wandern oder in Kutschen fahren und die Zeit und Lust

---

[26] A. a. O. 64.

[27] Vgl. darüber unten S. 292 ff.

[28] A. a. O. 92.

haben, nachzudenken, etwas zu betrachten, zu fühlen und zu erzählen."[29] Das ist jedoch „eine überholte Kultur", die unwiderbringlich dahin ist. Aber in gewisser Weise enthält sie auch „nachtechnische Elemente". „Ihre fortgeschrittensten Bilder und Positionen scheinen ihr Aufgehen in verordnetem Trost und Reizmittel zu überleben; sie verfolgen das Bewußtsein noch immer mit der Möglichkeit ihrer Wiedergeburt in der Vollendung des technischen Fortschritts", eine sehr charakteristische Feststellung, bei der wieder in einem Nebel von Worten gerade das Wichtigste unklar bleibt, nämlich wieweit diese nostalgische Erinnerung an vortechnische Zustände nur dazu dient, den Menschen der Gegenwart einzuschläfern, so daß er es versäumt, gegen die Irrungen seines Zeitalters zu revoltieren, oder wieweit in jenen erinnerten Zuständen etwas ist, das in dem nachtechnischen Paradies wieder zum Leben erweckt werden kann und soll, und auf welche Weise dies zu verwirklichen ist.

In der Kritik der gegenwärtigen Welt wird immer wieder der Unterschied zwischen wahren und unechten, künstlich erzeugten Bedürfnissen betont, aber wesentlich nur, um die Irreführung des modernen Menschen durch die Erzeugnisse von Scheinbedürfnissen zu ‚entlarven'. Worin die wahren Bedürfnisse bestehen — es würde der Klarheit dienen, wenn, wie in der Antike, statt dessen von wahren Gütern und Scheingütern die Rede wäre —, wird abgesehen von der Feststellung, daß es einige Grundbedürfnisse, wie z. B. Nahrung, gibt, die jeder hat und die bei jedem befriedigt werden müssen, und den soeben erwähnten vagen Andeutungen hinsichtlich der Vorzüge der vortechnischen Welt nirgends klar gemacht. Die antike Philosophie hat sich seit Sokrates einige Jahrhunderte lang unaufhörlich mit der Frage der Unterscheidung zwischen wahren und Scheingütern beschäftigt, wobei sie übrigens die schon im Altertum sich bemerkbar machenden Ursachen für die von Marcuse kritisierten modernen Verirrungen aufgedeckt hat, und ist dabei zu sehr eindringenden Ergebnissen gekommen[30].

Gegenüber der öden Eindimensionalität des modernen Denkens preist Marcuse die Zweidimensionalität der Philosophie des vortechnischen Zeitalters, in der es noch eine Spannung zwischen dem Wirklichen und dem Möglichen gegeben habe. Aber in seinem Zukunftsparadies soll es möglichst keine unbequemen Spannungen geben. In einem der besten Kapitel seines Buches, in dem er sich mit der positivistischen Sprach-

---

[29] A. a. O. 79.
[30] Vgl. darüber unten S. 241 ff. und S. 293 ff.

philosophie auseinandersetzt, sagt Marcuse[31], der Begriff der Schönheit umfasse alle Schönheit, die noch nicht verwirklicht ist, der Begriff der Freiheit alle Freiheit, die noch nicht verwirklicht ist, der philosophische Begriff des Menschen ziele auf die vollentwickelten menschlichen Anlagen ab: er vereinige die Qualitäten, „die allen Menschen als anderen Lebewesen entgegengesetzt zukommen und die gleichzeitig als die angemessenste oder höchste Verwirklichung des Menschen behauptet werden".

Das ist reinste aristotelische Philosophie, die mit der aristotelischen Teleologie auf das engste zusammenhängt. An einer anderen Stelle[32] heißt es denn auch, sein, Marcuses, Versuch, die Schranken und Vorurteile der naturwissenschaftlichen Methode zu transzendieren „scheine das Bedürfnis nach einer Art ‚qualitativer Physik‘, nach Wiederbelebung teleologischer Philosophien und so weiter zu implizieren". Marcuse gibt jedoch gleich darauf die Versicherung ab, „daß derart obskurantistische Ideen nicht beabsichtigt" seien: zum Zeichen dafür, wie sehr er selbst sich den modernen Tabus, die zu bekämpfen er sich vorgesetzt hat, unterwirft. Am Ende wird denn auch im vollsten Gegensatz zu dem, was über die Verderblichkeit der Tatsache, daß alles meßbar geworden ist, gesagt wurde, gefordert[33], daß in Zukunft die Wissenschaft „von der Quantifizierung sekundärer Qualitäten zur Quantifizierung der Werte fortschreiten" müsse. „Berechenbar ist beispielsweise das Minimum an Arbeit, mit dem, und das Maß, in dem die Lebensbedürfnisse aller Mitglieder einer Gesellschaft befriedigt werden können" … „Quantifizierbar ist auch der Grad, in dem, unter denselben Bedingungen, für die Kranken, Schwachen und Alten gesorgt werden könnte … quantifizierbar ist die mögliche Verringerung von Angst, die mögliche Freiheit von Furcht." Damit nähert sich das Zukunftsparadies Marcuses offensichtlich jener Vision Nietzsches von den ‚letzten Menschen‘, die in der Sonne liegen und blinzeln, nur daß das idyllische Leben der Alten und Schwachen in diesem Paradies vielleicht ein klein wenig durch die Tatsache getrübt ist, daß ihre Pfleger und Pflegerinnen ihnen das quantifizierbare Minimum der ihnen notwendigen Pflege zukommen lassen.

Weit entfernt davon, eine Überwindung des Geistes des kommerziellen Zeitalters zu sein, ist diese Quantifizierung seine Apotheose und seine Vollendung. Was bei Marcuse völlig fehlt, ist eine Einsicht, die bei Aristo-

---

[31] A. a. O. 226.

[32] A. a. O. 180.

[33] A. a. O. 243.

teles im Zentrum seiner Betrachtungen über die menschliche Eudaimonia
steht[34], die aber Marcuse nicht hätte von Aristoteles zu holen brauchen,
sondern auch aus einer genaueren Betrachtung des Übergangs vom vor-
industriellen zum industriellen Zeitalter hätte gewinnen können: die Einsicht in die Bedeutung der Freude daran, irgend etwas, ein Ding, ein
Instrument, einen Gebrauchsgegenstand, ein Kunstwerk, ja, horribile
dictu, eine Dienstleistung einem anderen Menschen gegenüber *gut* zu
machen oder zu leisten, für ein erfülltes und glückliches Leben. Bis zum
Beginn der sogenannten industriellen Revolution hat es das auf allen
Gebieten gegeben. Daher brauchte man keine Reklame und wurde diese
von jedem Produzenten und Händler verachtet. Wer etwas auf sich hielt,
wollte um der Güte dessen, was er zu bieten hatte, aufgesucht sein. Was
man von dem hielt, der sich selbst anzupreisen nötig hatte, wird durch
das Wort ‚Marktschreier' deutlich bezeichnet. Das wird mit der industriellen Revolution anders, zuerst naturgemäß da, wo die Arbeit nicht
mehr nach ihrer Qualität bzw. der Qualität ihres Produktes bewertet,
sondern nach ihrer Länge oder der produzierten Stückzahl gemessen
wird[35]. Dann greift derselbe Geist auf andere Gebiete über. Bis zur Mitte
des 19. Jahrhunderts blieb der alte Geist weitgehend im Handwerk erhalten, bis in die ersten Jahrzehnte des 20. Jahrhunderts in der bildenden
Kunst. Dann begann der neue Geist auch hier überzugreifen. Man kann
den Wandel ablesen an dem Unterschied zwischen Pissarro und Cézanne,
die ihr Leben lang Armut und geringe Schätzung ertrugen, nur darauf
bedacht, ihre Kunst zu vollenden, und Picasso, vielleicht dem genialsten
bildenden Künstler seit Leonardo da Vinci, der mit seiner Begabung
spielt und damit reich geworden ist. Heute ist der alte Geist noch lebendig in der überwiegenden Mehrzahl der ausübenden Musiker höheren
Ranges, in einigen schaffenden Musikern und Schriftstellern, in vielen
Naturwissenschaftlern und einigen Gelehrten, obwohl hier die Sucht,
durch Originalität glänzen zu wollen statt der Einsicht zu dienen, eine
beträchtliche Rolle spielt, und bei vielen Ärzten, obwohl es den Arzt,
von dem Aristoteles sagt „der Zweck der Heilkunst ist die Gesundheit
des Patienten; aber manche Ärzte machen das Geld zum Zweck der Heilkunst", schon im Altertum gegeben hat und auch heute noch gibt. Es
haben sich aber in Amerika in neuester Zeit Gruppen von jungen Leuten

---

[34] Aristoteles, Eth. Nic. I, 10 (1100 a, 11 ff.) und X, 7 (1177 a, 12 ff.). Vgl. auch unten
S. 294 ff.

[35] Vgl. dazu das Zitat aus Daniel Bell bei Marcuse selbst, a. a. O. 49.

gebildet, die es sich zur Aufgabe gesetzt haben, Alten, Kranken und Schwachen nach deren wirklichen Bedürfnissen und Wünschen, und nicht gemäß dem Rezept Marcuses nach dem quantifizierbaren Minimum dieser Bedürfnisse zu dienen und zu helfen. Sie haben damit etwas wiederentdeckt und wieder ins Leben gerufen, was bis zu einem gewissen Grade aristotelisch, in viel höherem Grade aber altchristlich ist, sich jedoch von dem modernen Ideal der Befreiung von möglichst jeder Arbeit von Grund aus unterscheidet. So taucht hier und dort das Alte in spontaner Neuentdeckung überall wieder auf, aber ohne einer Gesamteinsicht in das Wesen der menschlichen Existenz integriert zu sein.

Das Nebeneinander der beiden Haltungen hat aber auch höchst kuriose Konsequenzen. In England gilt der Satz „the real vocation of a man is his avocation (his hobby)" als große Weisheit, obwohl ja eigentlich nicht schwer einzusehen sein sollte, daß es besser wäre, wenn der, bei dem dies so ist, sein hobby zu seinem Beruf machte, da es ihm zweifellos größere Freude machen würde und er wahrscheinlich auch qualitativ Besseres hervorbrächte. Aber die kommerzielle Gesellschaft macht die Verwirklichung eines solchen Ideales schwierig. So kann es kommen, daß ein Mann, der eine außergewöhnliche Begabung hat, schöne Möbelstücke und kleine Kabinettstücke aus Holz zu machen und darin seine größte Freude findet, fünf Tage der Woche in ein Büro geht, wo er Arbeit tut, die ihn nicht besonders erfreut und die andere ebensogut machen könnten, um damit ausreichend Geld für sich und seine Familie zu verdienen, aber am Samstag und Sonntag ausgesuchtes Holz, das er sich verschafft und selbst gepflegt hat, zu schönen Dingen verarbeitet. Da er diese jedoch mit Liebe so gut und schön wie möglich machen will, braucht er sehr viel Zeit dazu, und wenn er von dem Verkauf der Stücke so ‚gut' leben wollte, wie er von seiner ungeliebten Arbeit lebt, würden sie ‚zu teuer', so daß er Schwierigkeit hätte, sie zu verkaufen. Dazu kommt, daß ein ‚höherer Angestellter' in einer ‚Firma' ein höheres soziales Ansehen hat als ein noch so hervorragender Möbeltischler. Das alles war vor zweihundert Jahren anders.

Marcuse und seine Anhänger laufen Sturm gegen die Herrschaft des Leistungsprinzips in der modernen Gesellschaft. Aber sie sehen nicht den fundamentalen Unterschied zwischen einem Leistungsprinzip, das den Menschen in die Hetze eines Betriebes einspannt, einem Leistungsprinzip, das auch in die Universitäten eingedrungen ist, wenn von dem, der ‚vorwärts kommen will', verlangt wird zu publizieren und noch einmal zu

publizieren, und dem Prinzip der qualitativ guten Leistung, die Zeit und
Muße verlangt, einem Prinzip, das nicht nur mit der menschlichen Würde
durchaus vereinbar, sondern auch für ein erfülltes Leben unentbehrlich
ist. Es ist aber für die negativen Gemeinsamkeiten der einander bekämp-
fenden modernen Ideologien charakteristisch, daß in den sogenannten
sozialistischen und kommunistischen Staaten das schlechte Leistungsprinzip, verkörpert in den großen Leitbildern der ‚Heroen der Arbeit' Stacha-
noff und Hennecke, herrschend ist, während in der westlichen Ideologie
Marcuses das Vermeiden jeder Arbeit, soweit es möglich ist, als Ideal
erscheint. Von der κατ' ἀρετὴν ἐνέργεια des Aristoteles wissen sie beide
nichts.

Es ist eine ungemischte Freude, sich zur weiteren Illustration der Bedeutung dessen, was sich von der Antike lernen läßt, von der Unklarheit und Richtungslosigkeit Marcuses ab- und der Gegenwartskritik eines
Naturwissenschaftlers zuzuwenden, der sein ganzes Leben damit zugebracht hat, das, was er machte, ohne Rücksicht auf schnelles Vorwärts-
kommen so gut wie möglich zu machen. In einem ausgezeichneten, auch
als Abhandlung veröffentlichten Vortrag wendet sich Konrad Lorenz[36]
zuerst gegen die ‚pseudo-demokratische' behavioristische Lehre, nach der
alle Menschen bei der Geburt gleich, d. h. gleich veranlagt sind und erst
unter dem Einfluß ihrer Umgebung sich verschieden entwickeln. Er erkennt es als moralisches Postulat an, daß allen Menschen nach Möglichkeit die gleiche Gelegenheit gegeben werden sollte, ihre spezifischen Anlagen voll zu entwickeln; aber er zeigt, daß biologisch nicht der geringste
Zweifel daran sein kann, daß verschiedene Menschen nicht von Geburt
an die gleichen Anlagen haben, daß daher nicht aus jedem alles beliebige
gemacht werden kann und die Funktionen des Menschen innerhalb der
Gesellschaft nicht beliebig vertauschbar sind. Er macht auch darauf aufmerksam, daß diese pseudodemokratische Doktrin gerade der Verskla-
vung der Menschen dienstbar gemacht werden kann[37]: „It would be
indeed of equal advantage to capitalist producers and to super-Stalinist
rulers if men by proper conditioning could be moulded into absolutely
uniform and absolutely obedient consumers or communist citizens."
Was Lorenz hier dem sich überschlagenden modernen Pseudodemokratis-
mus entgegensetzt, entspricht genau der Analyse des Unterschieds zwi-

---

[36] Konrad Lorenz, ‚The Enmity between Generations and its probable Ethological
Causes', in Studium Generale XXIII (1970), S. 963—997.

[37] A. a. O. 967.

schen dem Menschen und staatenbildenden Insekten durch Aristoteles,
der auf den biologischen Vorteil hinweist, den es für den Menschen bedeutet, daß seine Funktionen nicht von Geburt absolut vorbestimmt sind,
sondern für ihn eine gewisse Austauschbarkeit der Funktionen besteht,
daß aber gleichwohl beim Menschen Individuen mit ausgesprochenen
Neigungen und Begabungen für bestimmte Funktionen geboren werden,
die dann spezifisch in *diesen* Funktionen der Gemeinschaft in besonderem
Maße dienen. Darüber hinaus wird das alles bei Aristoteles noch in einen
größeren Zusammenhang eingeordnet.

Ein außerordentlich wichtiger und interessanter Abschnitt des Vortrages von Konrad Lorenz beschäftigt sich mit dem Problem dessen, was
er die biologischen Werte nennt: zugleich eine Anerkennung der Tatsache, daß gewisse Gebiete der Biologie nicht ohne Wertungen, d. h. ohne
Unterscheidung eines Besser und Schlechter auskommen können. Obwohl
der biologische Wert von Lorenz im darwinistischen Sinne als ‚survival
value‘ definiert wird[38], ist die folgende Diskussion der speziellen Fragen
ungehemmt — angesichts des modernen Tabus, demgemäß es als Schande
gilt, teleologisch zu denken, ist man versucht zu sagen: schamlos — teleologisch. Ja, in der Formulierung seiner Fragen geht Lorenz im Anschluß an Bernhard Hellman in der anthropomorphen Ausdrucksweise
beträchtlich über Aristoteles hinaus, wenn immer wieder die Frage gestellt wird „Is this how the constructor meant it to be?". Im ganzen entspricht jedoch die Fragestellung von Lorenz und Hellman durchaus derjenigen des Aristoteles, wenn die zentrale Frage jederzeit ist, was unter
den gegebenen ‚phylogenetischen‘ Voraussetzungen einer Species und
speziell des Menschen für das einzelne Lebewesen und, bei in Herden,
Staaten und Gesellschaften lebenden Lebewesen, für die Gemeinschaft, in
der sie leben, gut oder schlecht ist, sowie vor allem, was die Ursache ist,
wenn Störungen auftreten, die nicht von außen, sondern aus den Individuen und der Art ihres Zusammenlebens selber kommen. Dabei gehen die
Fragestellungen und Antworten der modernen Biologen sowohl aufgrund
ihrer eigenen Forschungen und des allgemeinen Niveaus der modernen

---

[38] A. a. O. 968; vgl. jedoch auch S. 969: „The processes of life are still physical and
chemical processes, though, by virtue of the complicated structure of chain mole-
cules, they are something very particular besides. It would be plain nonsense to
assert, that they are ‚nothing else but‘ chemical and physical processes", oder was
auf S. 971 über den Unterschied des ‚Tötens‘ eines Krautkopfes, einer Fliege, eines
Hundes oder eines Schimpansenbabys gesagt wird. Für die antike Behandlung des
Problems vgl. unten S. 305 ff.

Biologie wie auch infolge ihrer Vertrautheit mit den speziellen Problemen unserer Zeit naturgemäß in manchem über Aristoteles hinaus, bleiben aber auch in vieler Hinsicht weit hinter ihm zurück, da bei ihm alles
in einen umfassenderen Zusammenhang eingeordnet ist.

Ähnlich steht es mit dem Problem, das Lorenz the problem of the
balance of pleasure and displeasure, des Gleichgewichts oder des Aus-
gleichs von Lust und Unlust, nennt und dem die antike Philosophie von
Demokrit und Eudoxos von Knidos an bis ins späteste Altertum eine besondere Aufmerksamkeit gewidmet hat; ebenso mit dem Problem des
Verhältnisses von Tradition und durch sich ändernde Umstände oder innere Veränderungen notwendig werdenden Änderungen. Platon in seinen
späteren Dialogen und vor allem Aristoteles in seinen politischen Schriften berücksichtigen überall, wo von möglichen politischen Verbesserungen
die Rede ist, die Tatsache, daß auch wünschenswerte und notwendige
Änderungen eines bestehenden in älteren Traditionen verankerten Zustandes sehr negative Folgen haben können, wenn sie zu schnell und zu
gewaltsam vorgenommen werden und zu viel von der in den Menschen
noch weiterlebenden Tradition aufgegeben wird. Nur die ausgezeichneten pädagogischen Analysen am Ende von Lorenz' Vortrag[39] haben im
Altertum keinerlei Analogie, weil es die Zustände und Theorien, die Lorenz zu seinen Beobachtungen und Ausführungen Anlaß geben, in der
Antike nirgends gegeben hat. Hier hat Lorenz recht, wenn er den alten
Spruch des Ben Akiba, es gebe nichts Neues unter der Sonne, für falsch
erklärt.

Es ergibt sich also, daß spontan und aus dringenden gegenwärtigen Bedürfnissen heraus auf den verschiedensten Gebieten das Denken sich von
neuem längere Zeit vergessenen Fragen und Betrachtungsweisen zugewendet hat, die in der klassischen Antike eine zentrale Rolle gespielt haben:
teils, wie im Falle der Wiederbelebung der Topik, in bewußtem Anschluß
an die Antike, teils, wie im Falle der biologischen Analysen, soweit sich
erkennen läßt, ohne bewußte Anregung durch antikes Denken. Es ist
nicht erstaunlich, daß dabei in mancher Hinsicht das moderne Denken
aufgrund eigener Forschung weiter gekommen ist als die Antike. Es ist
ebensowenig erstaunlich, daß die Antike die Dinge vielfach in einem größeren und für eine tiefere Einsicht außerordentlich erhellenden Zusammenhang gesehen hat. Die Kompliziertheit der modernen Zustände und
die Spezialisierung des Wissens und der Forschung hat sehr natürlicher-

---

[39] A. a. O. 987 ff.

weise die Folge, vielfach durch allzu genaue Betrachtung der Bäume den Wald nicht zu sehen. Da es sich jedoch durchweg um Probleme handelt, die für die Zukunft der menschlichen Gesellschaft und der menschlichen Kultur von fundamentaler Bedeutung sind, sollte wohl der Versuch gemacht werden, durch ein Zusammenwirken der auf Sachen bezogenen Wissenschaften mit den historischen und interpretierenden zu einer möglichst umfassenden und integrierten Einsicht zu gelangen.

Wenn ich hiermit die Bedeutung einer in ihren Methoden und Zielen dadurch bestimmten klassischen Altertumswissenschaft zu begründen versuche, so ist es natürlich nicht meine Meinung, daß die antike Philosophie alle oder auch nur die Mehrzahl der aus den damaligen Zuständen sich ergebenden Fragen richtig beantwortet, geschweige denn, daß sie die Probleme unserer Zeit gelöst oder überall die Mittel zu einer leichten Lösung bereit gestellt hätte. Aber sie hat den Vorzug, über eine Reihe fundamentaler Probleme und Aspekte des menschlichen Lebens, die bei uns seit dem Beginn des industriellen Zeitalters weitgehend in Vergessenheit geraten waren, bis sie sich jetzt wieder aufs dringlichste bemerkbar machen, einige Jahrhunderte lang kontinuierlich intensiv nachgedacht zu haben. Vor allem aber war die verhängnisvolle Trennung zwischen Grundwissenschaften (denn die Logik und die Mathematik sind ihrem Wesen nach keine Naturwissenschaften, sondern Geisteswissenschaften) und der Naturwissenschaft auf der einen Seite und den Wissenschaften vom Lebendigen und den Humanwissenschaften auf der anderen Seite, welche für unsere Gegenwart so charakteristisch ist, in der Antike noch nicht eingetreten, und wo sich Ansätze zu einer solchen Trennung in der Antike zeigen, wurde sofort der energische Versuch gemacht, sie zu überwinden.

In der Hauptabhandlung des hier vorgelegten Buches habe ich versucht, die Verbindung zwischen den beiden Gruppen von Wissenschaften in der klassischen Antike aufzuweisen und zugleich jene modernen Theorien zu widerlegen, die in unserer Zeit eine unübersteigbare Scheidewand zwischen ihnen aufzurichten versucht haben. Dies ist nur ein allererster Ansatz, um den Weg frei zu bekommen für eine Wiederherstellung der Verbindung von teleologisch orientierter biologisch-anthropologischer Analyse der Grundlagen des menschlichen Daseins mit einer darauf aufgebauten Ethik und Gesellschafts- und Staatsphilosophie, wie sie nach einer langen Vorbereitung durch viele frühere antike Denker und Dichter vor allem durch Aristoteles ausgearbeitet worden ist. Die Bedeutung

dieser antiken Leistung hoffe ich in einem aufgrund von in Amerika gehaltenen Vorlesungen begonnenen systematisch angeordneten, d. h. an
der Stufenleiter der Probleme orientierten, nicht wie die meisten Werke
über antike Staatstheorie einfach chronologisch die verschiedenen Theorien hintereinander erörternden, Buch über Prinzipien der antiken Ge-
sellschafts- und Staatsphilosophie darlegen zu können.

An diesem Punkt möchte ich noch einmal auf das zu Anfang über gerechtfertigte, keiner Entschuldigung bedürftige Wiederholung Gesagte
zurückkommen. Als jemand Sokrates den Vorwurf machte, er sei unerträglich, weil er immer dasselbe sage, antwortete er, er sage nicht nur
immer dasselbe, sondern auch über dasselbe. Das war gewiß nicht im
Sinne der modernen Propaganda- und Reklametheorie gemeint, daß man
den Menschen unaufhörlich, sei es laut und offen, sei es ohne daß sie es
bemerken, dieselben Schlagworte vorführen müsse, bis sie in ihr Unbewußtes gedrungen sind und sie sich ihrer nicht mehr erwehren können.
Aber es war gerichtet gegen jene auch schon im Altertum nicht seltene Art
von Menschen, denen ‚Originalität‘ und der Reiz des Neuen wichtiger ist
als Erkenntnis und Wahrheit. Vor allem aber hatte er dabei, wie aus seinen Gesprächen hervorgeht, im Sinne, was Goethe mit den Worten ausgedrückt hat: „Neue Erfindungen können und werden geschehen; allein
es kann nichts Neues ausgedacht werden, das auf den sittlichen Menschen
Bezug hat“. Aber dieses ‚selbe‘ kann nur dadurch zu einem festen Er-
kenntnisbesitz werden, daß es unaufhörlich in seinen unendlichen Rami-
fikationen sichtbar gemacht wird. Das war der Sinn der Dialektik des
Sokrates, aber in einer ganz anderen Weise auch des τύπῳ περιλαβεῖν des
Aristoteles[40]. Jede Bemühung um Erkenntnis auf diesem Gebiet wird es
notwendigerweise in diesem Sinne immer mit ‚dem selben‘ zu tun haben
und in diesem Sinn eine Wiederholung sein.

Es bleibt noch übrig, kurz auf unvermeidliche Mängel des vorliegenden
Werkes hinzuweisen. Der Verfasser darf wohl sagen, daß er die antiken
Werke, die für seinen Inhalt wichtig sind, und in den wichtigsten Fällen
die gesamten erhaltenen Werke der Autoren im Original in extenso und
mit Aufmerksamkeit im einzelnen gelesen hat. Es versteht sich von selbst,
daß dies für spätere Zeiten nicht möglich gewesen ist. Zwar habe ich mich
bemüht, auch hier möglichst viel von den zitierten Werken im Original
zu lesen. Aber es war natürlich nicht möglich, die in Betracht kommenden

---

[40] Vgl. darüber unten S. 290 ff.

Werke von Bacon, Giordano Bruno, Galilei und so fort alle in extenso und mit Aufmerksamkeit auf jedes Detail zu lesen. Wo ich mich aus Information aus zweiter Hand habe verlassen müssen, habe ich es, außer wo es sich von selbst versteht, gesagt und die Quelle meiner Information angegeben. Es ist wohl unvermeidlich, daß sich unter diesen Umständen, so sehr ich mich um Genauigkeit bemüht habe, gelegentlich faktische Irrtümer oder Irrtümer der Auslegung eingeschlichen haben. Wo dies der Fall sein sollte, werde ich jedem, der darauf aufmerksam macht, dankbar sein. Da es notwendig ist, über ein engeres Fachgebiet hinauszugehen, wenn nicht gerade die wichtigsten Dinge der Erkenntnis entzogen bleiben sollen, ist es unvermeidlich, dieses Risiko des Irrtums auf sich zu nehmen, eines Irrtums, der ja leicht durch Spezialisten auf anderen Gebieten richtig gestellt werden kann.

Aber die heftige Kritik dieses Buches wird nicht von denen kommen, die solche Einzelirrtümer entdecken, sondern von denjenigen, deren Methoden als ungenügend oder irreführend bezeichnet oder deren Dogmen als unrichtig zu erweisen versucht worden ist. Noch heftiger wird der Widerspruch der Fortschrittsgläubigen und Avantgardisten aller Arten sein, welche die Vorstellung, daß man vom klassischen Altertum oder gar von der ‚sterilen‘ antiken Ethik und Moralphilosophie etwas lernen könne, unbesehen mit Hohn und Verachtung betrachten werden. Das ist unvermeidlich, macht aber auch wenig aus. Ermutigend dagegen ist, daß, wie hier gezeigt worden ist, in den verschiedensten Wissenschaften und Disziplinen gerade bei denen, die an ihrer Spitze stehen, ein ganz spontanes und genuines Interesse am klassischen Altertum und an seinen Fragestellungen und Theorien erwacht, ein Interesse, das leider von der Altertumswissenschaft, wie sie noch meistens betrieben wird, nur ungenügend befriedigt wird.

München, November 1970 Kurt von Fritz

INHALTSVERZEICHNIS

DER URSPRUNG DER WISSENSCHAFT BEI DEN GRIECHEN

1. Allgemeine Grundlagen und Voraussetzungen

Der Titel dieser Abhandlung ist absichtlich doppeldeutig. Handelt es sich um den Ursprung der griechischen Wissenschaft oder um den bei den Griechen und durch die Griechen erfolgten Ursprung der Wissenschaft überhaupt? Bis vor einigen Jahrzehnten zweifelte niemand daran, daß eine Wissenschaft, die diesen Namen verdiene, zum ersten Mal von den Griechen geschaffen worden sei. Dann erfolgte die Entdeckung der ägyptischen und babylonischen Mathematik und Astronomie. Von der ägyptischen „Wissenschaft" braucht hier nicht die Rede sein, da, abgesehen von einigen sozusagen praktischen Erfindungen, die sich später als sehr nützlich erwiesen wie z. B. der ägyptische Kalender für die Astronomie, die babylonische ihr in fast allen Hinsichten weit überlegen ist. Aber die Babylonier hatten lange vor den ersten Anfängen einer Mathematik bei den Griechen höchst fortgeschrittene Techniken für die arithmetische und algebraische Lösung von Aufgaben auf den verschiedensten Gebieten entwickelt, die denjenigen der Griechen auf diesen Gebieten, auch nach dem Beginn der griechischen Mathematik, noch lange überlegen blieben. Ebenso ist die babylonische Astronomie hinsichtlich der Genauigkeit der Beobachtungen den Griechen noch lange, nachdem diese von unserem Standpunkt aus sehr fortgeschrittene astronomische Theorien entwickelt hatten, überlegen gewesen.

Aber sogleich, nachdem diese Entdeckungen gemacht und bekannt geworden waren, kamen — nicht etwa die klassischen Philologen, die durch ein sozusagen lokalpatriotisches Interesse motiviert sein konnten — sondern die kompetentesten Wissenschaftshistoriker darin überein, daß es doch die Griechen gewesen seien, die eigentlich die Wissenschaft geschaffen haben; und in der besten, umfassendsten und eindringendsten Zusammenfassung dessen, was über babylonische Mathematik und Astronomie bis zum Jahre 1952 ans Licht gekommen war, findet sich der Satz[1]: „Babylonian mathematics never transgressed the threshold of pre-scientific thought. It is only in the last three centuries of Babylonian history (damit ist die seleukidische Ära gemeint, eine Zeit also, in der Babylon sich unter makedonisch-griechischer Herrschaft befand) and in the field of mathematical astronomy that the Babylonian mathematicians or astronomers reached parity with their Greek contemporaries." Damit wird ausdrücklich die vorgriechische babylonische Mathematik und Astronomie als „vorwissenschaftlich" bezeichnet und damit indirekt zum Ausdruck gebracht, daß eine „wissenschaftliche" Mathematik erst von den Griechen geschaffen worden sei. Die dafür gegebene Begründung war lange vorher, gleich nach den ersten Entdeckungen auf dem Gebiete der altorientalischen Mathematik und Astronomie, von zahlreichen Gelehrten gegeben worden. Sie beruht darauf, daß die Griechen erstaunlich schnell, nachdem sie die ersten Schritte in mathematischer Theorie gemacht hatten, die Inkommensurabilität entdeckt haben, während die Babylonier trotz ihrer so viel weiter entwickelten Techniken der Lösung mathematischer Aufgaben niemals etwas davon geahnt zu haben scheinen, obwohl sie, wie Neugebauer mit Recht hervorhebt, alle technischen Voraussetzungen dafür seit langem gehabt hatten. „Ja", fügt Neugebauer mit Recht hinzu, „selbst wenn es nur an unserer unvollkommenen Kenntnis läge, daß wir von einer solchen Entdeckung durch die Babylonier nichts wüßten, würde dies an der Sachlage nichts ändern." Denn dann müßte es eine Art Zufallsentdeckung gewesen sein, deren Bedeutung die Entdecker selbst nicht merkten, während die Entdeckung bei den Griechen in erstaunlich kurzer Zeit zu einer Umgestaltung ihrer ganzen Mathematik geführt hat.

Damit scheinen die alten Griechen vollgültig wieder in ihren alten Status als Urheber und Erfinder der Wissenschaft überhaupt eingesetzt zu sein. Sieht man sich die Dinge jedoch genauer an, so zeigt sich, daß die Geschichte der griechischen Wissenschaft zum Teil vom modernen Standpunkt aus höchst unwissenschaftliche Züge hat, ja daß erstaunlicherweise noch heute allgemein anerkannte Errungenschaften der griechischen Wissenschaften durch vom modernen Standpunkt aus gänzlich „triviale"[2]

---

[1] Otto Neugebauer, The Exact Sciences in Antiquity, Princeton 1952, 47. Für die babylonische Mathematik als solche vgl. jetzt auch vor allem Kurt Vogel, Vorgriechische Mathematik II: Die Mathematik der Babylonier, Mathematische Studienhefte, Heft 2 (Hannover & Paderborn 1959).

[2] So S. Bochner, The Role of Mathematics in the Rise of Science, Princeton 1962, p. 95. Vgl. dazu auch unten S. 180 mit Anm. 377.

und unwissenschaftliche Vorstellungen und Theorien zum mindesten gefördert worden sind, nicht zu reden davon, daß solche Errungenschaften gemacht wurden bei gleichzeitig großer Ungenauigkeit in den Beobachtungen und vom modernen Standpunkt aus kaum glaublicher Vernachlässigung des Experiments, d. h. der beiden Säulen, auf denen jede Wissenschaft, die diesen Namen verdient, nach moderner Überzeugung ruhen muß, während die Babylonier sehr viel sorgfältiger beobachtet, aber jene großen wissenschaftlichen Errungenschaften nicht gemacht haben. Die Frage ist also offenbar nicht ganz so einfach zu beantworten; und als im Jahre nach dem Erscheinen des erwähnten Werkes von Neugebauer über die vorgriechische Mathematik und Astronomie auf dem zweiten internationalen Kongreß der Altertumsforscher, dem Congressus Madvigianus, in Kopenhagen[3] die Frage, ob und inwiefern die Griechen die Urheber der Wissenschaft gewesen seien, erörtert wurde, zeigte sich, daß nicht nur über die faktischen Leistungen der Griechen mancherlei Meinungsverschiedenheiten bestanden, ja daß diese in der Kontroverse gar nicht die entscheidende Rolle spielten, sondern daß die Hauptschwierigkeit darin bestand festzustellen, was denn eigentlich Wissenschaft sei. Natürlich kann diese Frage an dieser Stelle nicht vollständig und zufriedenstellend beantwortet werden. Dazu würde, wenn es überhaupt möglich ist, ein eigenes Buch erforderlich sein. Viel eher kann man hoffen, eben aus dem Verlauf der Entdeckung der Wissenschaft durch die Griechen auch etwas über das Wesen der Wissenschaft und die Art ihrer Entstehung zu lernen. Aber es ist vielleicht doch zweckmäßig, sich zu Beginn unseres Unternehmens an ein paar Beispielen darüber zu unterrichten, wie in neuerer Zeit Wissenschaft definiert worden ist und welche Konsequenzen sich aus den verschiedenen Definitionen für die Wissenschaftlichkeit der griechischen Wissenschaft ergeben.

Hier steht nun am Anfang sogleich die Schwierigkeit, daß das deutsche Wort „Wissenschaft" auch die sog. Geisteswissenschaften mitbezeichnet, während sein englisches Äquivalent „science" im allgemeinen Sprachgebrauch nur die Mathematik und die Naturwissenschaften zu bezeichnen pflegt und nur bei den Erörterungen des allgemeinen Wesens von „Wissenschaft", teilweise unter deutschem Einfluß, das Wort science auch in dem weiteren Sinne gebraucht wird. Da aber der weitere und der engere Begriff der Wissenschaft doch nicht ganz ohne innere Beziehung

---

[3] Siehe Acta Congressus Madvigiani, vol. II: Formation of the Mind, Kopenhagen 1968, und unten S. 509—44.

zueinander sind, ist es vielleicht zweckmäßig, mit einem älteren Versuch der Definition des weiteren Wissenschaftsbegriffes zu beginnen. Eine solche Definition hat W. Dilthey im zweiten Kapitel des ersten Buches seiner „Einleitung in die Geisteswissenschaften" zu geben versucht. Sie lautet: „Unter Wissenschaft versteht der Sprachgebrauch einen Inbegriff von Sätzen, dessen Elemente Begriffe, d. h. vollkommen bestimmt, im ganzen Denkzusammenhang konstant und allgemeingültig, dessen Verbindungen begründet, in dem endlich die Teile zum Zweck der Mitteilung zu einem Ganzen verbunden sind, weil entweder ein Bestandteil der Wirklichkeit durch diese Verbindung in seiner Vollständigkeit gedacht oder ein Zweig der menschlichen Tätigkeit durch sie geregelt wird."

Diese Definition, die sich von moderneren, speziell auf die Definition von „Wissenschaft" im engeren Sinne von „Science" gerichteten, durch ihr Streben nach Allgemeinheit auszeichnet, enthält unausgesprochen eine Reihe von Problemen, die in späteren Definitionen offen zutage treten. Wenn die Aussage, daß die Begriffe vollkommen bestimmt seien, bedeuten soll, daß sie jeweils vollständig bestimmt worden sein müssen, so kann dies nur durch andere Begriffe geschehen, was letzterdings auf einen regressus in infinitum führt. Zugleich würde darin unausgesprochen die weitere Bestimmung liegen, daß jede Wissenschaft nur im Rahmen einer Universalwissenschaft ganz zur Wissenschaft werden kann. In Wirklichkeit deutet die Definition in ihren letzten Bestandteilen gerade in die entgegengesetzte Richtung, wenn es dort heißt, daß durch eine Wissenschaft ein *Bestandteil* der Wirklichkeit durch diese Verbindung in seiner Vollständigkeit erfaßt oder ein *Zweig* der menschlichen Tätigkeit durch sie geregelt werden soll. Hier wird offenbar postuliert, daß es möglich ist, einen Bestandteil der Wirklichkeit aus der Gesamtheit der wirklichen oder erkennbaren Gegenstände herauszuheben und für sich „in seiner Vollständigkeit" zu betrachten, wobei die zu einem in einer gewissen Vollständigkeit intendierten Zusammenhang sich verbindenden und gegenseitig bestimmenden Begriffe in einer nicht näher bezeichneten Art letzterdings aus jenem „Bestandteil der Wirklichkeit" gewonnen werden müssen.

Was in der Definition Diltheys implicite mit ausgesprochen ist, wird in einer neueren Erörterung des Wesens der Wissenschaft in ihrem Verhältnis und ihrem Gegensatz zur Philosophie bewußt und mit Nachdruck herausgestellt. „Alle Wissenschaft ist partikular, auf bestimmte Gegenstände und Aspekte, nicht auf das Sein selbst, gerichtet", heißt es in einem

Vortrag von Jaspers über Wahrheit und Wissenschaft[4]. Dazu zitiert er Heisenberg: „Fast jeder Fortschritt der Naturwissenschaft ist mit einem Verzicht erkauft worden. Die Ansprüche der Naturforscher auf ein Verständnis werden immer geringer", was im übrigen in bemerkenswertem Kontrast steht zu der von Zeit zu Zeit in den Zeitungen erscheinenden Ankündigung der Journalisten, die Lösung des Welträtsels oder des Rätsels der Entstehung des Lebens stehe unmittelbar bevor.

Dieser Partikularität der Wissenschaft steht gegenüber ihr ebenfalls von Jaspers hervorgehobener Anspruch auf Allgemeingültigkeit. Während in der Philosophie verschiedene Welterklärungen miteinander im Streite liegen, so daß sie von ihren Anfängen an keinen feststellbaren eindeutigen „Fortschritt" gemacht zu haben scheint, weshalb sie wiederum von den positivistischen Vertretern der Wissenschaft für abgesetzt und sogar für „meaningless" erklärt wird, erhebt die Wissenschaft den Anspruch auf unbestreitbare Richtigkeit ihrer Ergebnisse: nicht allerdings in dem Sinne, als ob es niemals wissenschaftliche Irrtümer gegeben hätte, wohl aber in dem Sinne, daß es einen immer wachsenden Fundus von gesicherten Erkenntnissen gibt, auf den die Wissenschaft weiter aufbauen kann, so daß es auf dem Gebiet der Wissenschaft eben im Gegensatz zur Philosophie den unbezweifelbar festzustellenden Fortschritt gibt.

Freilich bedarf diese Formulierung des Unterschiedes zwischen Philosophie und Wissenschaft noch einiger nicht ganz unwichtiger Präzisierungen. Die These vom unbezweifelbaren Fortschritt der Wissenschaften gilt uneingeschränkt nur von jenen Wissenschaften, deren Resultate sich ohne Verlust von einem auf den anderen Menschen übertragen lassen, d. h. einerseits von den als science bezeichneten Wissenschaften, obwohl auch hier gewisse Unterschiede festgestellt werden können: vornehmlich jedenfalls bei denen, die der Mathematik am nächsten stehen, bzw. einer mathematischen Behandlung zugänglich sind, andererseits innerhalb der sog. Geisteswissenschaften für die reine Feststellung von äußeren Tatsachen, wie z. B. daß zu einem gewissen Zeitpunkt an einem bestimmten Ort eine Schlacht stattgefunden hat, während jede verstehende Erkenntnis, wie z. B. die Erkenntnis der Bedeutung eines historischen Ereignisses, nicht ohne weiteres in diesen Prozeß eingeht, da sie niemals durch sprachliche oder andere Symbole und deren Verknüpfung vollständig und unmißverständlich ausgedrückt und daher ohne Verlust von einem Menschen

---

[4] Karl Jaspers, Wahrheit und Wissenschaft, Basler Universitätsreden, Heft 42 (1960), S. 11 und 12.

auf den anderen übertragen werden kann. Sie teilt also in dieser Hinsicht bis zu einem gewissen Grade das Schicksal der Philosophie, so daß sie, wenn der Fortschritt als Wesensmerkmal der Wissenschaft gelten soll, von diesem Begriff ausgeschlossen werden muß.

Viel einschneidender ist die Frage, *was* eigentlich in der streng wissenschaftlichen, unaufhörliche Fortschritte machenden Wissenschaft erkannt wird und in welchem Verhältnis diese Art der Erkenntnis zu anderen Arten menschlicher Erkenntnis — falls es solche geben sollte und nicht alles, was nicht wissenschaftliche Erkenntnis ist, „meaningless" ist — steht. Eine weit verbreitete und beliebte Definition der Wissenschaft im strengen Sinne ist die als ein Wissenssystem, aufgrund dessen man Voraussagen machen kann, die eintreffen, bzw. eines Systems von Wissen, das eben durch das Eintreffen der Voraussagen verifiziert, bzw. durch ihr Nichteintreffen kontrolliert und berichtigt wird. Aber auch hier ist es nötig, die Dinge etwas genauer zu präzisieren. Die ptolemäische Astronomie konnte zukünftige Gestirnkonstellationen mit einer recht beträchtlichen Annäherung — und mehr als, wenn auch wesentlich größere, Annäherungen lassen sich mit keiner Methode erzielen — voraussagen. Trotzdem gelten ihre theoretischen Grundlagen nicht mehr als richtig. Darauf läßt sich antworten, das Wesen der Wissenschaft liege eben in der unaufhörlichen Korrektur der Grundlagen aufgrund einer immer genaueren Verifikation. Bedeutet dies jedoch nicht nur eine Korrektur im Einzelnen, sondern eine völlige Erneuerung der Grundlagen, d.h. der Erklärungsprinzipien, wie es in der Geschichte der Astronomie wie der physikalischen Erforschung der Welt mehrfach der Fall gewesen ist, so können diese nicht mehr als Gegenstand von Wissen im faktischen Sinn gelten, da in dieser Hinsicht ja nicht mehr eine reine Akkumulation feststehender Erkenntnisse vorliegt, sondern was früher als Erkenntnis gegolten hat, durch ein ganz Neues ersetzt wird, und bleibt die eigentliche Erkenntnis auf das Zutreffen der Voraussagen selbst beschränkt. Dies ist denn auch die Meinung einer positivistischen Philosophie der Wissenschaft, der alle vermeintlichen Erkenntnisse der physikalischen Struktur der Welt nichts als fiktive Hilfskonstruktionen sind und die ihren wohl konsequentesten Ausdruck schon vor mehr als einem halben Jahrhundert in Hans Vaihingers „Philosophie des Als Ob" gefunden hat. Er drückt diese Meinung mit den folgenden Worten aus[5]: „Für ihn (sc. den kri-

---

[5] Hans Vaihinger, Die Philosophie des Als Ob, (zuerst erschienen Leipzig 1911, 4. Aufl. 1920), Kapitel XVIII, S. 115.

tischen Positivismus) existieren nur die beobachteten Koexistenzen und Successionen der Phaenomene; an diese allein hält er sich. Jede Erklärung, welche weiter geht, kann nur mit den Hilfsmitteln des diskursiven Denkens sich weiter helfen, *also mit Fiktionen.* Die einzige fiktionsfreie Behauptung in der Welt ist die des kritischen Positivismus. Jede nähere eingehendere Behauptung über das Seiende als solches, welche sich aus diesen Beobachtungen ergibt, ist fiktiv. Insbesondere ist jedes weitere darauf gebaute System wertlos, insofern es sich nur im Kreise der Hilfsmittel, Hilfsbegriffe und Instrumente des diskursiven Denkens bewegen kann." Im übrigen ist es natürlich der Zweck des Werkes Vaihingers, den außerordentlichen Wert der Fiktionen für die Erkenntnis, aber eben nur als im Endergebnis wieder auszuschaltende Hilfsmittel, zu erweisen. Aber nur verhältnismäßig wenige der Anhänger und Vertreter des modernen Scientismus oder wissenschaftlichen Positivismus — unter ihnen die hervorragendsten Physiker, soweit sie sich nicht mit den wissenschaftlichen Ergebnissen begnügen, die sie erzielt haben, sondern sich auch Gedanken darüber machen, was sie eigentlich tun — sind sich dieser Konsequenz bewußt. Die meisten glauben, daß nicht nur das Gesetz der Succession der Phänomene, sondern auch die objektive „Richtigkeit" der den Phänomenen jeweils in der Theorie zugrundegelegten Strukturen durch das Eintreffen der Voraussagen bewiesen werde.

Kehrt man nun von diesen allgemeinen Betrachtungen zu den Griechen zurück, so sieht dort alles von Anfang an ganz anders aus. Die Wissenschaft, so heißt es, ist partikular und als solche streng von der Philosophie zu trennen. Das Streben der Griechen war von Anfang an auf eine universale Erkenntnis der Welt gerichtet. Im Zusammenhang mit diesem Streben und in der Verbindung mit der Philosophie hat die griechische Wissenschaft ihre ersten gewaltigen Schritte auf das hin getan, was sie nach Ansicht der modernen Wissenschaftshistoriker zur Wissenschaft macht und von den vorwissenschaftlichen Techniken der Babylonier unterscheidet. Sie war keineswegs vornehmlich auf die Voraussagbarkeit von zukünftigen Ereignissen aus, wenn man die Astronomie auch zur Regulierung des — bei den Griechen übrigens immer sehr unvollkommen gebliebenen — Kalenders nützlich fand. Sie war es so wenig, daß der Schöpfer oder Ausgestalter des Atomismus, Demokrit, der den Ausspruch getan haben soll, er wolle lieber *eine* Ursache von Phänomenen entdecken als den ganzen Reichtum des Perserkönigs besitzen, sich ausdrücklich damit begnügte, die Ursache der Phänomene im allgemeinen erkundet zu haben, auch wenn man in keinem einzelnen Fall ein einzelnes Ereignis aufgrund dieser Erkenntnis voraussagen könne[6]. Ihre Bestrebungen sind ganz und gar auf Strukturerkenntnisse gerichtet.

In gewisser Weise wird der Unterschied von Jaspers ausgezeichnet charakterisiert, wenn er sagt: „Ein drittes Motiv liegt in der Polarität des Erkennens zwischen dem Erblicken dessen, was sich zeigt (der alten Theoria), und dem gedanklichen Hervorbringen dessen, dem ein Unsichtbares in den Erscheinungen entgegenkommt (der modernen „Theorie). Die Aktivität des Hervorbringens wird die Form eigentlichen Erkennens. Ich erkenne nur, was ich machen kann, sagte Kant[7]." Mit „hervorbringen" ist hier, da man eine nach wissenschaftlichen Voraussagen eintreffende Sonnenfinsternis nicht im engeren Sinne machen oder hervorbringen kann, offenbar etwas Umfassenderes gemeint: die Erkenntnis der Bedingungen, aus denen ein Ereignis mit Notwendigkeit hervorgeht, so daß man, wenn man diese Bedingungen selbst schaffen kann, es auch im engeren Sinne hervorbringen kann. Daß hier weitere nicht ganz an der Oberfläche liegende Probleme vorliegen, wird vielleicht auch durch die Tatsache illustriert, daß in einer Zeit, in der immer neue Zweige angewandter Mathematik als Spezialitäten entwickelt und getrieben werden, die reinen Mathematiker immer wieder darauf hinzuweisen pflegen, daß die reine Mathematik, die sich aus sich selbst entwickelt und sich um ihre Anwendbarkeit gar nicht kümmert, dennoch mehr und wichtigere Instrumente für Anwendungen der Mathematik geliefert habe als die Spezialisten in den verschiedenen Zweigen angewandter Mathematik. Dennoch gehört

---

[6] Vgl. darüber genauer unten S. 86 f. und 326.

[7] Op. coll. S. 8. Es ist jedoch charakteristisch dafür, wie kompliziert diese Dinge sind und wie leicht man mit der Illustration allgemeiner Aussagen in Unrichtiges abgleiten kann, daß Jaspers fortfährt: „Vico sagte: Die Geschichte ist die gültigste Wissenschaft, weil wir in ihr erkennen, was wir ‚tun'." Aber das „tun" von dem Vico redet (griechisch πράττειν, nicht ποιεῖν), ist ganz und gar nicht dasselbe wie das „machen", von dem Kant geredet hat, oder das „hervorbringen", von dem Jaspers vorher redet, und die Geschichte, sofern und soweit sie eine Wissenschaft ist, ist ganz und gar nicht eine „hervorbringende" Wissenschaft in dem oben gemeinten Sinne. Wie schwierig es wird, wenn man über den Kreis der Mathematik und Naturwissenschaften hinausgeht und die Sozialwissenschaften und die sog. Geisteswissenschaften mit einbezieht, das den Wissenschaften als Wissenschaften Gemeinsame sowie die Verschiedenheiten in ihren Grundlagen genau zu bezeichnen, wird auch dadurch illustriert, daß in dem sehr sorgfältigen Buch von Arnold Brecht, „Political Theory" (Princeton 1959), das sich bemüht, präzise festzustellen, was Wissenschaft für die Politik leisten kann, 114 Seiten allein darauf verwendet sind, genau zu bestimmen, was Wissenschaft im Gegensatz zu anderen Arten der Erkenntnis — deren Existenz hier also anerkannt wird — eigentlich ist.

die reine Mathematik schon im Altertum, wie sich zeigen wird, weitgehend zu den „hervorbringenden" Wissenschaften in dem oben genauer beschriebenen Sinne, und nicht in das Gebiet der Theoria im antiken Sinne. Doch kann darauf erst später genauer eingegangen werden.

Jedenfalls ist deutlich, daß die griechische Wissenschaft sich weitgehend nicht so entwickelt hat, wie sich eine Wissenschaft nach den Vorstellungen der scientistisch-positivistischen Schule entwickeln sollte und in neuerer Zeit sich auch, wenigstens auf vielen Gebieten, tatsächlich entwickelt hat. Der Grund hierfür ist nicht nur der, daß die allein richtige Methode naturgemäß nicht sogleich vom ersten Augenblick an in ihrem vollen Wesen erkannt und in vollem Umfang angewendet worden ist, sondern sich zunächst mancherlei Elemente vorwissenschaftlichen Denkens mit ihr verbanden, so daß im konkreten Fall beides nicht immer ganz säuberlich zu trennen ist, obwohl auch dieser Faktor in den Anfängen einer griechischen Wissenschaft eine bedeutende Rolle spielt. Der interessanteste Aspekt dieser Entwicklung ist vielmehr der, daß das wissenschaftliche Denken in seinen Anfängen und in seinem Streben nach Universalität überall auf die Grundstrukturen und Grundbedingungen menschlicher Erkenntnis und auf einige dieser Grundstruktur inhaerente Antinomien stößt, Antinomien, die auch das moderne wissenschaftliche Denken nicht eigentlich überwinden kann, aber auf eine mehr oder minder gewaltsame Weise zu beseitigen pflegt, um zu jenem „Hervorbringen" zu gelangen, das schon Platon als das eigentlichen Ziel der Mathematiker im Gegensatz zu den Philosophen, welche die Ursprünge und Grundlagen untersuchen, bezeichnet hat[8]. Weit entfernt davon, das zu sein, als was ein Rezensent der ersten Auflage der großen Mathematikgeschichte von Moritz Cantor — in bezug auf das rezensierte Werk freilich nicht ganz zu Unrecht — die Mathematikgeschichte im speziellen und die Wissenschaftsgeschichte überhaupt bezeichnet hat: einen chronologisch geordneten Katalog der wissenschaftlichen Entdeckungen und Errungenschaften, dessen Lektüre den Leser nur verdummen und von fruchtbarem Nachdenken abhalten könne, weil er es nur mit toten Resultaten und nicht mit lebendigen Problemen zu tun habe, ist die Wissenschaftsgeschichte, wenn sie richtig betrieben wird, nicht nur ein interessantes Kapitel aus der lebendigen Entfaltung des menschlichen Geistes, sondern auch geeignet, Aspekte der menschlichen Erkenntnis und ihrer Grund-

---

[8] Vgl. darüber unten S. 257.

lagen wieder deutlich zu machen, die in Gefahr sind, durch einseitige moderne Theorien verdunkelt zu werden.

Sieht man sich nun die historischen Voraussetzungen an, aus denen die Wissenschaft bei den Griechen hervorgegangen ist, so gilt ja ganz allgemein, daß niemals irgendwo etwas ganz Neues sozusagen aus dem Nichts hervorgegangen ist, sondern überall schon Ansätze dazu vorher entdeckt werden können, daß es aber andererseits eines besonderen Anstoßes bedarf, um das Neue wirklich hervorzubringen. Was nun die vorher vorhandenen Ansätze angeht, so ist es höchst bemerkenswert, daß die beiden Tendenzen, deren Vereinigung für die Entstehung und die frühen Stadien der Entwicklung der griechischen Wissenschaft so charakteristisch ist, die Tendenz auf eine Gesamterklärung der Welt als Ganzes und die Tendenz auf Exaktheit im Einzelnen, in der der Entstehung der griechischen Wissenschaft vorangehenden Epoche schon getrennt vorhanden sind, so wie sie in der modernen Trennung zwischen Wissenschaft und Philosophie etwa bei Jaspers wieder getrennt erscheinen.

Eine Spekulation über die Entstehung und die Ordnung der Welt als Ganzes gibt es natürlich seit alter Zeit überall bei den orientalischen Völkern. Bei den Griechen ist die Theogenie Hesiods der imposanteste erhaltene Versuch, aus Elementen griechischer und orientalischer Tradition ein solches Weltbild zu schaffen. Aber auch sonst finden sich mancherlei Fragmente solcher Versuche einer ganz und gar vorwissenschaftlichen Erklärung der Welt, wie in erhaltenen Stücken orphischer Gedichte oder in den Fragmenten der Werke des Pherekydes von Syros, in denen aber vielleicht bis zu einem gewissen Grade schon eine Rückübertragung halbwissenschaftlicher Spekulationen in die Sprache der Mythologie zu beobachten ist[9]. Auf der anderen Seite stehen die in der Mathematik vollständig, in der Astronomie weitgehend, von den Bestrebungen nach einer Erklärung der Welt als ganzer getrennten Ansätze zur Entwicklung mathematischer Techniken und zur systematischen Untersuchung astronomischer Zusammenhänge bei den Babyloniern.

Daß sich nun aus diesen vorher vorhandenen Ansätzen bei den Griechen in erstaunlich kurzer Zeit etwas völlig Neues und Andersartiges entwickelt hat, liegt zweifellos sehr weitgehend an ihrer eigentümlichen historischen Situation, wenn auch eine besondere Begabung des griechischen Volkes oder seiner hervorragendsten Vertreter hinzukommen

---

[9] Vgl. darüber meinen Artikel über Pherekydes von Syros in der RE (Pauly-Wissowa, Realenzyklopädie) XIX, 2025—32.

mußte, um dieses Resultat hervorzubringen. Es ist auch kein Zufall, daß die ersten Anfänge des Neuen nicht im griechischen Mutterland, sondern bei den griechischen Kolonisten der kleinasiatischen Küste zu finden sind. Diese lebten am Rande eines Gebietes, das von einer großen Mannigfaltigkeit von Völkern besiedelt war, von denen die meisten eine weiter entwickelte Kultur besaßen als die Griechen des 8. und 7. Jhdts. v. Chr. Bei diesen Völkern fanden sie ziemlich weit entwickelte Spekulationen über die Gesamtheit der Welt in mythologischer Form. Einiges davon war von Hesiod in seine mythische Welterklärung aufgenommen worden. Aber einem konsequenteren Denken konnte nicht verborgen bleiben, daß die Mythologeme der verschiedenen Völker so weit voneinander abwichen, daß sie sich nicht in einem System vereinigen ließen. Auf der anderen Seite lebten die Griechen dort zu zerstreut und waren ihre eigenen Traditionen zu schwach, um sich wie die Juden des alten Testaments ganz auf diese zurückzuziehen und sie allen anderen Traditionen entgegenzusetzen, ganz abgesehen davon, daß die Griechen sich vor anderen Völkern durch ihre Wißbegier und Offenheit gegenüber allem Fremden auszeichneten. Es blieb ihnen nichts anderes übrig, als in einer so verwirrenden Umgebung den Versuch zu machen, sich auf sich selbst gestellt neu zu orientieren und sich ihr eigenes Weltbild zu schaffen. Das ist der Ursprung der griechischen Wissenschaft, insofern sie aus dem Streben nach einer von Tradition freien, unbefangenen Welterklärung hervorgegangen ist.

Das Verhältnis der frühen Griechen zu den von den Babyloniern und in weit geringerem Umfang zu den von den Ägyptern entwickelten mathematischen Techniken und astronomischen Konstruktionen war in gewisser Weise ein analoges. Die mathematischen Methoden, welche die Babylonier entwickelt hatten, waren den praktischen Zwecken, denen sie dienten, angepaßt. Sie unterschieden, soweit sich erkennen läßt, nicht zwischen approximativen und exakten Lösungen von Aufgaben, da auf jedem Gebiet die Approximationen für das Gebiet, auf dem eine Aufgabe zur Anwendung kam, ausreichend waren. So mußten die Griechen in Schwierigkeiten geraten, wenn sie die von den Ägyptern und Babyloniern entwickelten mathematischen Hilfsmittel aus ihrem traditionellen Anwendungsgebiet herausnahmen und nach Belieben anzuwenden versuchten. So waren sie auch hier gezwungen, dem Überkommenen gegenüber Kritik zu üben und nach festeren Grundlagen der Erkenntnis zu suchen.

So stehen am Anfang der griechischen Wissenschaft zwei aus derselben historischen Situation hervorgegangene, aber zueinander in einer gewissen Spannung stehende Tendenzen: eine Tendenz zu ganz allgemeinen, die gesamte Welt umfassenden Theorien und die Tendenz zur absoluten Exaktheit. Die erste Tendenz führt naturgemäß vor allem in den Anfängen zu außerordentlich kühnen Verallgemeinerungen aufgrund von verhältnismäßig begrenzten Beobachtungen. Die zweite Tendenz verlangt die Durchführung der Verallgemeinerungen in der Anwendung auf die Fülle der konkreten möglichen oder wirklichen Anwendungen und deren exakte Nachprüfung. Es ist natürlicherweise die zuletzt genannte Tendenz, die am stärksten zur Entstehung „exakter" Wissenschaft beigetragen hat. Es ist aber wichtig für die Kritik an der antiken Überlieferung, sich darüber klar zu sein, daß die Tendenz, die kühnen Verallgemeinerungen auch auf Gebiete auszudehnen, auf die sie nicht anwendbar sind, unter den gegebenen Umständen nicht minder natürlich war. Es besteht eine weit verbreitete Tendenz in der modernen Geschichtsschreibung der antiken Philosophie und Wissenschaft, da, wo falsche oder gar von unserem Standpunkt aus absurde Anwendungen der Verallgemeinerungen und höchst exakte und wissenschaftliche Nachprüfungen auf speziellen Gebieten innerhalb derselben Philosophenschule oder denselben Zirkeln nebeneinander stehen, entweder die eine oder die andere Hälfte der Überlieferung zu verwerfen, obwohl doch dieses Nebeneinander in der gegebenen Situation völlig natürlich war und einen sehr interessanten Aspekt der allmählichen Herausentwicklung wissenschaftlichen Denkens darstellt.

Von noch größerer Bedeutung ist vielleicht ein anderer Aspekt der griechischen Wissenschaftsgeschichte. Es ist öfter die Frage aufgeworfen worden, warum die Griechen die Mathematik zwar auf die Astronomie, die Optik und sehr eingeschränkte Gebiete der Mechanik angewendet haben, aber keine mathematisch unterbaute Physik aufgebaut haben. *Eine* Antwort, die auf diese Frage gegeben worden ist, ist die, daß die Griechen die sublunare Welt als zu ungeordnet angesehen haben, als daß sie einer präzisen mathematischen Erfassung der etwa in ihr waltenden Gesetze fähig wäre. Eine andere Antwort ist die, daß die antike Mathematik zu exakt gewesen sei, um eine Anpassung an die Erfordernisse der Physik zu erlauben. Die beiden Antworten ergänzen einander natürlich. Sie deuten aber zugleich auf einen höchst interessanten Zusammenhang hin. In den letzten Jahrzehnten ist oft von Krisen in der antiken und in der modernen Mathematik die Rede gewesen, vornehmlich aus Anlaß der Krise, die durch die Entdeckung der Paradoxien der Mengenlehre hervorgerufen worden ist und zu der man dann Analogien in anderen Epochen der Mathematik entdecken zu können glaubte. S. Bochner in seinem Anm. 2 zitierten, höchst interessanten und amüsant zu lesenden Buch macht sich über diese Tendenz lustig. Speziell über die Krisis, welche durch die Ungenauigkeiten in den Grundlagen der Infinitesimalrechnung in ihrer Newtonschen und Leibnizschen Form entstanden sein soll, hat er Folgendes zu sagen[10]: „This alleged crisis is the one least deserving of the name. Perhaps it was ‚anomalous‘ for the infinitesimal calculus to pile up achievement upon achievement in the 17th and 18th centuries, without being frustrated by inadequacies of mathematical rigor, and to become introspective as to its rigor only afterwards; if so, this was the healthiest and the most wonderful ‚anomaly‘ that could have occured. Newton, the Bernoullis, Euler, d'Alembert, Lagrange, Laplace, and others made advances beyond anything one might have asked for. To say that their achievements landed mathematics in a ‚crisis‘ is incongruous, unless one is prepared to aver that Thales and Pythagoras plunged rational thinking into a crisis-in-perpetuity, inasmuch as they introduced mathematics into rational thinking inseparably, and *inasmuch there is no prospect of constructing a logico-ontological foundation of mathematics that will be absolutely and unqualifiedly satisfactory for all, forever.*"

Hier verkehren sich auf einmal in höchst eigentümlicher Weise die Fronten. Es war die Exaktheit in der Beweisführung, die Exaktheit vor allem in der Behandlung des Infinitesimalen, welche die Griechen nach allgemeinem Urteil trotz der Errungenschaften ihrer orientalischen Vorgänger zu dem Anspruch berechtigt, die eigentlichen Entdecker und Erfinder der Wissenschaft zu sein. Die Wissenschaft, heißt es, unterscheidet sich dadurch von der Philosophie, daß sie exakt ist und Allgemeingültigkeit, d. h. Verbindlichkeit ihrer Resultate für alle, in Anspruch nehmen kann, während in der Philosophie, die sich auch um Erkenntnis bemüht, verschiedene Versuche der Welterklärung sich kämpfend gegenüberstehen. Nun scheint sich auf einmal zu zeigen, daß die Mathematik auf einigen ihrer wichtigsten Gebiete nicht rigoros exakt ist und ihre logisch-ontologischen Grundlagen nicht auf eine allgemein verbindliche oder befriedigende Weise festlegen kann. Es wäre freilich unrichtig und irreführend, aus der Formulierung Bochners zu weit reichende Schlüsse zu ziehen. Jaspers bringt bei seiner Kennzeichnung des Wesens der wissenschaft-

---

[10] S. Bochner a. a. O., p. 142.

lichen Wahrheit eine sehr wichtige Qualifikation zur Geltung[11]: „Die wissenschaftliche Wahrheit", sagt er, *„ist relativ auf Methoden und Standpunkte,* als solche allgemeingültig." Relativ auf Methoden und Standpunkte bleiben die Prinzipien ebenso wie die Ergebnisse der Mathematik, soweit sie nicht aufgrund der Entdeckung von Widersprüchen haben korrigiert werden müssen, allgemeingültig und verbindlich, obwohl auf manchen Gebieten die Prinzipien so gewählt werden, daß sie etwas zudecken, um zu jenen Hervorbringungen gelangen zu können, die von jeher das Ziel der Mathematik gewesen sind und es immer bleiben werden. Aber der Philosophie bleibt das Recht erhalten, sich für das dort Zugedeckte zu interessieren und nach seinem Ursprung und seinen Gründen zu fragen. Das hat schon Platon an jener unaufhörlich auf die verschiedensten Weisen mißverstandenen Stelle am Ende des 6. Buches des Staates über den Unterschied zwischen dem Verfahren der Mathematiker, für deren Tätigkeit Platon die höchste Hochschätzung hat, und dem Verfahren der Philosophen herauszustellen versucht[12].

2. Anfänge der Kosmologie und der Mathematik

Die beiden Tendenzen nun, deren Vereinigung miteinander für die Entwicklung der Wissenschaft bei den Griechen auf eine lange Strecke charakteristisch ist, erscheinen bei dem Ionier, mit dem man sowohl die Geschichte der griechischen Philosophie wie die Geschichte der griechischen Wissenschaft zu beginnen pflegt, bei Thales von Milet (ca. 620 bis ca. 550 v. Chr.), noch weitgehend getrennt. Auf der einen Seite wird ihm die Beschäftigung mit einer Reihe von mathematischen Lehrsätzen zugeschrieben, die er auch zu praktischen Zwecken, wie der Bestimmung der Höhe der Pyramiden[13] oder der Bestimmung des Abstandes eines auf der See befindlichen Schiffes von der Küste von zwei Punkten auf dem Lande aus[14], verwendet haben soll. Von einem der Lehrsätze, mit denen er sich beschäftigt haben soll, dem Lehrsatz nämlich, daß der Durchmesser den Kreis in zwei gleiche Teile teilt, wird ferner in einer sehr

---

[11] Op. coll. S. 13.

[12] Vgl. darüber ausführlich Kurt von Fritz, Platon, Theaetet und die antike Mathematik, Wissenschaftliche Buchgesellschaft, Reihe Libelli, Band CCLVII (1969), S. 40 ff. und 98 ff., sowie kürzer unten S. 256 ff.

[13] Plutarch, Septem Sapientium conv. 2, 147 A, p. 301, 20 Wegehaupt.

[14] Eudem von Rhodos bei Proclus in Eucl. Elementa p. 352, 14 f. Friedlein.

guten Überlieferung gesagt[15], daß Thales versucht habe, ihn zu beweisen. Gewisse Anzeichen führen darauf, daß er sich dabei der Methode des Aufeinanderlegens bediente, die er dann wahrscheinlich durch weitere Überlegungen in dem speziellen Fall zu stützen versuchte[16]. Das Interessante daran ist jedoch, daß dieser Satz von späteren Mathematikern nicht mehr als beweisbar betrachtet wurde und infolgedessen in Euklids Elementen vielmehr in der Form einer überbestimmten Definition erscheint, die ein Axiom vertritt[17]. Der Grund für das Letztere ist wahrscheinlich, daß Euklid, der sich dieser Methode des Beweises nur noch in drei Fällen und hier mit sehr sorgfältiger Unterbauung bedient, die Art, wie Thales die Methode benützte, nicht für exakt hielt. Dagegen ist es höchst wahrscheinlich, daß Thales sich dieser Methode nicht nur in einem einzigen Fall bedient hat, da alle Sätze, die ihm zugeschrieben werden, mit Ausnahme eines einzigen, der sich aus den anderen ableiten läßt, in ähnlicher Weise wie der Satz über den Durchmesser mit Hilfe des Aufeinanderlegens sich „beweisen" lassen[18]. So erscheint sogleich am allerersten Anfang des Neuen, unter dem Druck der oben beschriebenen Situation, das Verifizieren. Aber da Thales' Art des Verifizierens später in bezug auf die Fälle, in denen er sie angewendet zu haben scheint, nicht mehr als gültig anerkannt worden ist, so tritt auch damit zugleich schon das Problem auf, welchen Charakter das Verifizieren haben muß, um gültig oder ausreichend zu sein, und was gegebenenfalls anstelle des Verifizierens treten kann, wo eine ausreichende Methode des Verifizierens zu finden sich als unmöglich erweist.

In der universalen Spekulation des Thales zeigt sich das Neue in einer anderen Form. Der bekannteste Satz des Thales in dieser Hinsicht ist die Behauptung, daß der Ursprung aller Dinge das Wasser sei. Es ist zu fragen, was an dieser Behauptung, nicht ihrem spezifischen Inhalt, sondern ihrer Form nach, das Neue ist. Die Frage nach dem Ursprung

---

[15] Ibid. p. 157, 10 ff.

[16] Vgl. Thomas Heath, A History of Greek Mathematics I, p. 131 ff.

[17] Euclid, Elementa I, def. 17.

[18] Über das Problem der Verwendung der Deckungsmethode in geometrischen Beweisen bei Thales und bei Euklid vgl. ausführlicher unten S. 394 ff., 401 ff. und 430 ff. Vgl. auch J. Mittelstraß, Die Entdeckung der Möglichkeit von Wissenschaft, in: Archive for the History of the Exact Sciences II (1965), 410—35. Mittelstraß betont die Bedeutung der Deckungsmethode für Thales, bezweifelt aber, daß für Thales die praktische Verwendung älterer Sätze eine Rolle gespielt habe. Doch ist gerade eine solche praktische Verwendung seiner Sätze für Thales mehrfach bezeugt.

aller Dinge ist bei allen Völkern und lange vor Thales in irgendeiner
Form erhoben und beantwortet worden. Das grundsätzlich Neue der
Antwort ist in drei Dingen gelegen. Es ist dem Menschen zunächst natürlich, alles, was sich von selbst bewegt oder zu bewegen scheint, was
wirkt und eine Macht auszuüben scheint, nach Analogie seines eigenen
Wesens, also als lebendig, zu betrachten. Daher wird die Welt mit
Göttern und göttlichen Wesen aller Art bevölkert; und soweit vom Anfang die Rede ist, stehen im wesentlichen auch göttliche Mächte am Anfang. Aber die göttlichen Mäche sehen bei den verschiedenen Völkern
verschieden aus, haben verschiedene Namen und Qualitäten, und es ist
schwer, ein Kriterium dafür zu finden, welche der Gestalten, unter denen
sie vorgestellt werden, wenn irgendeine, die richtige ist. Auch bei Thales
ist die Vorstellung von dem Wirken göttlicher Mächte nicht verschwunden, wenn der Satz, daß alles voll von Göttern sei, den die Überlieferung
ihm zuschreibt[19], wirklich von ihm stammt, was nicht bezweifelt zu
werden braucht. Aber wo er einen bestimmten und festen Anfang für
alles braucht, da geht er nicht von etwas aus, das bei verschiedenen
Völkern verschieden aussieht, sondern von etwas, daß jeder sehen kann
und im wesentlichen jeder in gleicher Weise sehen muß, dem Wasser.

Die zweite Eigentümlichkeit der Lehre des Thales ist nicht so offenbar, aber von grundlegender Bedeutung nicht nur für Thales selbst,
sondern für vieles, was auf ihn folgt. Bei den meisten älteren Welterklärungen ist der Anfang in eigentümlicher Weise unbestimmt. Irgendwann
entsteht etwas. So heißt es bei Hesiod[20]: zuerst *wurde* das Chaos, dann
die Erde (die zugleich eine Gottheit ist), und Eros und so fort. Zudem
ist in diesem Fall das Chaos, das bei Hesiod nicht wie im modernen
Sprachgebrauch ein unbestimmtes Durcheinander, sondern einen Abgrund, eine Kluft bezeichnet, ein eigentümliches Mittelding zwischen
einem Etwas und einem Nichts. Woher das erste gekommen ist, darf
man nicht weiter fragen. Aber auch daß es von Ewigkeit her bestanden
habe, wird nicht gesagt.

Von Thales wird freilich auch nicht ausdrücklich überliefert, daß er
gesagt habe, das Wasser selbst als Ursprung aller Dinge habe von Ewigkeit her bestanden: aber es scheint sich aus der Art seiner Erklärung zu
ergeben; und daß in dieser Zeit in dieser Hinsicht ein Umschwung im
griechischen Denken eingetreten ist, wird nicht nur dadurch bewiesen,

---

[19] Diogenes Laertius I 1, 27.
[20] Hesiod, Theogonie 116—120.

daß schon von dem unmittelbar auf ihn folgenden antiken Kosmologen, Anaximander, ausdrücklich überliefert ist[21], er habe die Ewigkeit der Welt angenommen[22], sondern auch dadurch auf das schlagendste illustriert, daß der um die Mitte des 6. Jhdts. v. Chr., also um die Zeit, als Thales ein alter Mann war, lebende Mythograph Pherekydes von Syros, seine mythische Weltgeschichte nicht mehr wie Hesiod anfängt: „Am Anfang *wurde* (oder *entstand*) das Chaos und die Erde...“, sondern: „Zeus und Chronos und Chthonic (die Erde) *waren immer*“[23]. Es mag vielleicht als paradox erscheinen, diese Neuerung als eine Art von Finitismus zu bezeichnen, da ja durch sie die als immer seiend aufgefaßten Gegebenheiten gerade zu zeitlich unendlichen gemacht werden. Aber in Wirklichkeit verschwindet dadurch die Unbestimmtheit der zeitlichen Unendlichkeit, die es erlaubt, *vor* allem, was als Anfang genannt wird, immer in einer unendlichen Reihe noch etwas, und sei es ein Nichts oder ein Zwitterding zwischen Sein und Nichts, anzusetzen. Durch die Annahme, daß dasselbe Wasser, das wir jetzt sehen und kennen, immer so, wie es jetzt ist, dagewesen ist, verliert das Ganze seinen Unbestimmtheitscharakter und bekommt man es sozusagen in die Hand.

Dieser Finitismus, der sich hier sogleich am Anfang geltend macht und den Spengler als einen Wesenszug der griechischen Seele erklärt hat, nimmt im Verlauf der Entwicklung sehr verschiedene Formen an, spielt aber in der Folgezeit eine außerordentliche Rolle und kommt auch darin zu Ausdruck, daß das Unendliche, wo es in der Mathematik vorkommt, von den Griechen immer mit einer vorbildlichen Exaktheit und Sauberkeit behandelt worden ist, nicht nur, wie allgemein bekannt ist, im Vergleich zu seiner Behandlung in den Anfängen der modernen Infinitesimalrechnung, sondern salva venia mathematicorum auch im Vergleich zu seiner Behandlung in neuesten Gebieten der Mathematik, wo die sich aus der Behandlung des Unendlichen ergebenden Schwierigkeiten vielfach zwar durch besondere Regeln und Kunstgriffe ausgeschaltet, aber nicht von innen her überwunden werden. Dieser griechische Finitismus ist aber, wie sich hier zeigt, keine angeborene Eigenschaft der griechischen Seele gewesen, da er bei Hesiod fehlt, sondern hat sich aus dem

---

[21] Diels/Kranz, Fragmente der Vorsokratiker I[7], 12 A 10; vgl. auch unten S. 23.

[22] Anaximander unterschied allerdings das Apeiron von den „Welten“, die aus ihm auftauchen und wieder in es zurückkehren. Die letzteren sind vergänglich, aber das erstere wurde von ihm ausdrücklich als ewig bezeichnet.

[23] Diog. Laert. I 119.

aus der historischen Situation zu erklärenden Streben nach dem Exakten von Thales an entwickelt.

Das dritte ist, daß Thales für seine These Gründe angegeben zu haben scheint, wenn auch, was spätere Schriftsteller darüber anzugeben wissen, wahrscheinlich nur Erweiterungen von Vermutungen des Aristoteles sind[24]. Bei seinen unmittelbaren Nachfolgern jedenfalls kann keinerlei Zweifel daran bestehen, daß sie die Schlüsse, die sie aus ihren Beobachtungen gezogen, und die allgemeinen Theorien, die sie auf diesen Schlüssen aufgebaut haben, zu begründen suchten; und bei der allgemeinen Ähnlichkeit der Fragestellungen ist es zum mindesten sehr wahrscheinlich, daß schon Thales damit den Anfang gemacht hat, wenn es sich auch nicht mehr strikt beweisen läßt.

Anaximander von Milet (ca. 610—ca. 545 v. Chr.) hat bekanntlich das Wasser als Urgegebenheit, aus der alles andere hervorgegangen sein soll, durch das ἄπειρον ersetzt, was bei ihm sowohl das in sich völlig Unbestimmte, wie das seiner zeitlichen und räumlichen Ausdehnung nach Unendliche zu bedeuten scheint. Das mag auf den ersten Blick als Abweichung von dem bei Thales beobachteten Finitismus erscheinen, da ausdrücklich ein Unbestimmtes und Unendliches als Urgegebenheit angesetzt wird. Aber ein sehr wesentlicher Zug bleibt doch gewahrt: Das Apeiron ist immer und ewig[25]: man kann nicht fragen, was noch weiter davor gewesen ist. Auch werden sich bei Anaximander noch weitere und höchst erstaunliche Züge des Finitismus finden. Doch ist es notwendig, zuvor noch auf andere Aspekte seiner Welterklärung einzugehen.

Während von Thales nur überliefert ist, er habe gesagt, alles sei aus dem Wasser hervorgegangen, finden sich bei Anaximander nähere Angaben darüber, auf welche Weise die Welt[26] aus dem Apeiron hervorge-

---

[24] Vgl. die Zusammenstellung der Überlieferung bei Diels/Kranz, Vorsokratiker I, 11 A 12/13.

[25] Vgl. vor allem Aristoteles, Physik II 4, 203 b, 13 ff. Daß Aristoteles an dieser Stelle nicht die ihm geläufigen Ausdrücke ἀγένητον und ἄφθαρτον, sondern ἀθάνατον und ἀνώλεθρον gebraucht, beweist wohl, daß er sich unmittelbar auf einen ihm noch vorliegenden Originaltext bezieht.

[26] Da es hierfür nur indirekte Überlieferung gibt, läßt sich nicht mit Sicherheit feststellen, ob Anaximander für das, was wir „Welt" im engeren Sinn zu nennen pflegen, die Bezeichnung οὐρανός oder κόσμος gebraucht hat. Jula Kerschensteiner, Kosmos, Zetemata XXX (1962), p. 49, hält es nach verschiedenen Indizien für wahrscheinlich, wenn auch nicht strikt beweisbar, daß Anaximander den späteren Sprachgebrauch „Kosmos" für „Welt" in unserem Sinne inauguriert hat. Über den Sinn seiner Lehre kann jedenfalls kein Zweifel bestehen.

gangen ist. Nach einer indirekten Überlieferung[27] habe sich aus dem „Ewigen"[28], das wohl mit dem Apeiron gleichzusetzen ist, ein Kaltes und Heißes Erzeugendes abgeschieden: daraus sei eine Flammensphäre um die die Erde umgebende Luft herumgewachsen, wie die Rinde um einen Baum. Das sei der Anfang der „Welt" gewesen, in der wir jetzt leben. Dann findet sich der erstaunliche, wörtlich zitierte Satz: „Woraus[29] die Dinge ihre Entstehung haben, dahin müssen sie auch wieder vergehen gemäß der Notwendigkeit[30]. Denn sie geben einander Entschädigung und Buße gemäß der Ordnung der Zeit[31]." Dieses einzige wörtlich erhaltene

---

[27] Plutarch, Stromateis 2 (wahrscheinlich aus Theophrast).

[28] ἐκ τοῦ ἀιδίου.

[29] Diels/Kranz, Vorsokratiker 12 B 1. Im griechischen Text steht das Neutrum Pluralis ἐξ ὧν, also wörtlich „aus welchen... hervorgeht, in diese...". Charles H. Kahn, in seinem Buche „Anaximander and the Origins of Greek Cosmology" (New York 1960), S. 166 ff., hat daraus den Schluß ziehen müssen geglaubt, daß das, woraus die Dinge entstehen und wohin sie am Ende zurückkehren, nicht das Apeiron sei, sondern die Elemente. Das Apeiron habe mit dem Fragment gar nichts zu tun. Aber damit wird wohl doch eine subtilere Unterscheidung eingeführt als Anaximander zu machen beabsichtigt hatte. Zunächst kommt das Wort „Elemente" (στοιχεῖα) nicht nur in dem wörtlichen Fragment nicht vor, sondern kann überhaupt bei Anaximander nicht vorgekommen sein, da es nachweislich späteren Ursprungs ist. Dann kann man zwar in gewisser Weise zwischen dem Warmen und dem Kaltem (die für Kahn hier anstelle der späteren Elemente stehen) und den Dingen unterscheiden, die sich aus deren Kampf miteinander entwickeln. Aber, wie Kahn selbst hervorhebt, müßte man, wenn seine Interpretation richtig wäre, das Subjekt „sie" in dem Satz „sie geben einander Buße" nicht auf die unmittelbar vorher erwähnten Dinge beziehen, sondern auf das „aus welchen". Das wäre aber einem antiken Leser wohl kaum weniger schwer gefallen als einem modernen. Ferner ist ja ausdrücklich bezeugt, daß Anaximander alles aus dem Apeiron entstehen ließ. So fordert schon die Analogie, daß auch alles dahin zurückkehrt. Der Plural kann keine Schwierigkeit machen, da es sich erstens um einen allgemeinen Satz handelt, der für alle Welten und alle ihre Teile gilt, und da zweitens das Apeiron insofern eine Pluralität ist, als alles der Potenz nach in ihm enthalten ist. Ebensowenig kann es Schwierigkeit machen, daß gesagt wird, die Dinge zahlten *einander* Buße und nicht: dem Apeiron. Das Apeiron, das alles umschließt, braucht keine Buße gezahlt zu bekommen, da nichts ihm schaden und daher auch nichts ein „Unrecht" gegen es begehen kann. Das Unrecht tun die Gegensätze, indem sie einander bekämpfen, einander. Sie können einander dafür nur Buße leisten, indem sie aufhören zu kämpfen. Das aber wiederum können sie nur dadurch, daß sie aufhören, Gegensätze zu sein, d. h. aufhören, als das zu existieren, was sie ihrem Wesen nach sind. Dies wiederum ist nur möglich, indem sie in den Zustand des Ungeschiedenseins zurückkehren, in das Apeiron. Insofern ist bei Anaximander alles ganz konsequent gedacht.

[30] Wörtlich: „gemäß dem, was sein muß".

[31] Die griechischen Ausdrücke sind nicht ganz leicht zu übersetzen. Aber man erreicht das Ziel kaum, indem man, wie Heidegger in den „Holzwegen", eigenwillig ge-

Fragment zeigt, daß Anaximander anders geschrieben und die Dinge anders gesehen und, was er über sie zu sagen hatte, anders ausgedrückt hat als man aus den indirekten Berichten späterer Schriftsteller über seine Philosophie und Kosmologie ersehen kann, die, was er sagte, in die Terminologie und Betrachtungsweise ihrer eigenen Zeit umgesetzt haben.

Es kommt aber für das Verständnis sowohl des Anaximander selbst wie auch der folgenden Entwicklung sehr viel darauf an, genau zu verstehen, was er hier sagt. Die Ausdrücke δίκην διδόναι und τίσιν διδόναι: „Gerechtigkeit geben", d. h. den „gerechten" Zustand durch Geben einer Entschädigung wiederherstellen, und „Buße zahlen" sind durchaus der gewöhnlichen Umgangssprache und der menschlichen Sphäre entnommen. Es wird also von den „Dingen" etwas ausgesagt, was wir nur von Menschen oder menschenartigen Wesen aussagen würden. Auf der anderen Seite sind die Dinge, von denen dies ausgesagt wird, durchaus nicht, wie die Götter und göttlichen Wesen, etwa Hesiods, als menschenähnliche oder gar menschen- oder tiergestaltige Wesen gedacht. Auch ist die Art, wie sie einander „Buße zahlen", völlig verschieden von derjenigen, in der dies unter Menschen und menschenartigen Göttern zu geschehen pflegt. Denn ihre Buße besteht ja darin, daß sie, die aus dem Mutterschoß des Alls hervorgegangen sind und als Gegensätze miteinander zu kämpfen begonnen haben, woraus dann die Welt, in der wir leben, hervorgegangen ist, wieder in den gegensatzlosen Urgrund des Seins zurückkehren und also zur Wiederherstellung der Gerechtigkeit nicht nur etwas, das sie besitzen, sondern sich selbst als das, was sie sind, aufgeben. Schon dadurch nehmen sie gewissermaßen eine Zwischenstellung zwischen Lebendigem und Nichtlebendigem ein.

Aber noch in einer anderen Hinsicht ist das, was Anaximander sagt, außerordentlich interessant. In den Lehrbüchern der Geschichte der Philosophie pflegt der Grundcharakter der Philosophie der ältesten griechischen Philosophen traditionell als Hylozoismus bezeichnet zu werden, was bedeuten soll, daß sie alle in irgendeiner Weise von der Vorstellung einer belebten Materie ausgegangen seien. Daran ist richtig, daß bei ihnen allen ein Stoffartiges am Anfang steht: bei Thales das Wasser, bei Anaximenes später die Luft, bei Anaximander das Apeiron, aus dem sich die

---

formte deutsche Ausdrücke dafür einsetzt, wie „nach Ruch und Fug zur Überwindung des Un-fugs". Denn die griechischen Ausdrücke entstammen durchaus der gewöhnlichen Umgangssprache; und zwar werden die beiden Ausdrücke δίκην διδόναι, „Gerechtigkeit geben", und τίσιν διδόναι, „Buße geben", im wesentlichen synonym gebraucht.

Dinge „ausscheiden" und das schon Aristoteles mit seiner Hyle oder
Materie gleichgesetzt hat; ferner, daß dieses Stoffartige doch in irgend-
einer Weise belebt zu sein scheint. Aber abgesehen davon, daß damit eine
Scheidung zwischen Stoff und Belebtheit hineingetragen wird, die sich
erst von der modernen Betrachtungsweise aus ergibt, ist die Beschreibung für Anaximander überhaupt nicht ausreichend. Die Gegensätze, aus
denen die „Welt" entsteht, werden bei ihm überhaupt nicht mit den
Namen von „Stoffen" wie Wasser oder Luft bezeichnet, sondern als „das
Heiße" und „das Kalte"; und das läßt sich kaum als Mißverständnis oder
Umdeutung ursprünglich konkreterer Bezeichnungen durch die (in diesem Fall indirekte) Überlieferung abtun, da die Tatsache, daß Anaximander seinen Ursprung der Dinge mit einem substantivierten Ad-
jectivum[32] bezeichnet hat, nicht bezweifelt werden kann und da nicht
einzusehen ist, warum die antiken Doxographen, die bei Thales und
Anaximenes von Wasser und Luft reden, nicht auch bei Anaximander
von stofflichen Urgegebenheiten geredet haben sollten, wenn bei ihm
selber von solchen die Rede gewesen war.

Was bei Anaximander in dieser Weise durch die Neutra von Adjektiven bezeichnet wird, hat nun aber überhaupt die verschiedensten Aspekte. Wenn in dem Bericht über die Entstehung der „Welt" aus dem
Urgegensatz des Heißen und Kalten das Heiße unmittelbar darauf mit
der Flamme gleichgesetzt zu werden scheint, welche die die Erde umgebende Luft wie die Rinde einen Baum „umwächst", so scheint „das
Heiße" doch auch einen stofflichen Aspekt zu haben, wenn nicht geradezu etwas Stoffliches zu sein; und man mag fragen, ob und wieweit „das

---

[32] Die Substantivierung von Adjektiven mit Hilfe des bestimmten Artikels tritt bei
den Griechen schon sehr früh auf. Sie ist in gewisser Weise, wenn auch wie bei
Anaximander, in der Form des Neutrum Singularis, schon bei Homer und Hesiod
vorgebildet und, was uns seltsam erscheinen mag, im Griechischen älter als der
generische Gebrauch des bestimmten Artikels mit Substantiven (*„der* Löwe" nicht
als Bezeichnung eines bestimmten Löwen, sondern als der Spezies, wie in dem
Satz „der Löwe ist ein Raubtier", in welch letzterem Fall bei Homer noch kein
Artikel zu stehen pflegt). Die einzelnen Phasen der Entwicklung dieses Sprach-
gebrauches können hier nicht erörtert werden (vgl. darüber Bruno Snell, Die
Entdeckung des Geistes, 2. Aufl. 1948, S. 218 ff.). Der homerisch-hesiodische Sprachgebrauch hat es Anaximander zweifellos erleichtert oder überhaupt erst ermöglicht,
solche Begriffe wie „das Unendliche", „das Heiße", „das Kalte" zu bilden. Aber
daß diese Bildungen, wie es scheint, bei ihm zuerst auftreten, ist doch offenbar
wiederum dadurch bedingt, daß ihm die Grundgegebenheiten der Welt eben in einer
Form erscheinen, in der Stoff, Kraft und Qualität gewissermaßen ungeschieden beieinander lagen.

Kalte" ebenfalls mit etwas Stofflichem, wie etwa der Luft oder der Erde, gleichgesetzt werden kann, ohne aus der Überlieferung eine ganz klare Antwort auf diese Frage entnehmen zu können. Auf der anderen Seite sind das Heiße und Kalte bei Anaximander gewiß nicht inerte Materie, sondern erscheinen in gewisser Weise als Kräfte, die aufeinander wirken und miteinander im Kampfe liegen, wie aus den Einzelheiten der Entstehung der Gestirne in der Darstellung Anaximanders[32], auf die hier nicht im einzelnen eingegangen zu werden braucht, noch deutlicher hervorgeht. Sie sind aber nicht nur zugleich etwas Stoffliches und Kräfte, sondern, wie ihre Bezeichnung unmittelbar besagt, auch das, was wir etwa physische Qualitäten nennen könnten. Damit nicht genug. Die spätere Entwicklung, vor allem die Lehre, daß Gleiches nur durch Gleiches erkannt oder wahrgenommen werden könne[34], die offenbar von den emotionalen Qualitäten hergeleitet ist, zeigt, daß die physischen Qualitäten des Heißen und Kalten als mit den emotionalen Qualitäten, die mit denselben Worten bezeichnet werden, identisch empfunden wurden; und wenn sich auch nicht strikt beweisen läßt, daß dies schon auf Anaximander zurückgeht, so ist dies doch äußerst wahrscheinlich, da es höchst seltsam wäre, wenn diese Nichtunterscheidung der physischen und der entsprechenden emotionalen Qualitäten, deren Spuren später auf das deutlichste nachzuweisen sind, gerade bei ihm, der die Dinge wie menschliche Wesen einander „Gerechtigkeit geben" und „Buße leisten" läßt, nicht zu finden gewesen sein sollte.

Daraus läßt sich nun auch der Grundcharakter der Weltauffassung des Anaximander genauer bestimmen. Wie bei Thales sind die mehr oder minder menschengestaltigen göttlichen Mächte, die bei verschiedenen Völkern ja auch in verschiedenen Gestalten erscheinen, verschwunden. Was am Anfang und auf dem Grunde des Seins erscheint, ist etwas allen Menschen, gleich welcher Herkunft, in gleicher Weise Erfahrbares. Aber dies für alle Menschen in gleicher Weise Erfahrbare ist nicht analytisch in seine verschiedenen Aspekte auseinandergelegt, wie etwa in einen stofflichen Aspekt des passiven Gegenstandes, den Aspekt der auf den Menschen, aber auch auf andere Dinge, wirkenden Kraft, den Aspekt der Qualität, die ja auch den Stoff als diesen von allen anderen Stoffen verschiedenen Stoff bestimmt, aber insofern sie wirkt und affiziert, auch etwas von dem Charakter einer wirkenden Kraft besitzt, oder endlich in die

---

[33] Vgl. Diels/Kranz, Vorsokratiker 12 A 11, 4.

[34] Vgl. darüber eingehender unten S. 71 ff.

physischen und die emotionalen Qualitäten, die doch auch nicht ganz
zufällig und aufgrund einer willkürlichen „Übertragung" und als rein
sprachliche „Metaphern" denselben Namen tragen. Vielmehr ist es
offenbar für Anaximander mehr oder minder dasselbe, das sich bald mehr
unter diesem, bald mehr unter jenem Aspekt enthüllt. Eben in dieser Un-
geschiedenheit ihrer Aspekte aber erscheinen die Urgegebenheiten dem
Menschen noch so nahe, noch so verwandt, daß selbst solche Vorstellungen
wie die des „Buße Gebens", wenn auch in einer von der menschlichen
verschiedenen Abschattung, auf sie angewendet werden können.

Aus diesen so gefaßten Grundgegebenheiten sucht Anaximander die
Entstehung, das Werden und das Vergehen der „Welt" zu erklären.
Vielleicht am bemerkenswertesten daran ist wieder, wie das Verhältnis
von Unendlichkeit und Endlichkeit gefaßt wird, und die besondere Art
von Finitismus, die sich daraus ergibt. Wie das früher erörterte, wörtlich
erhaltene Fragment seiner Schrift zeigt, wollte er nicht nur das Werden
der Welt bis zum gegenwärtigen Augenblick erklären, sondern bis zu
einem gewissen Grade auch noch die Zukunft bestimmen bis zum Wie-
deruntertauchen der Dinge im Apeiron. So wird das Ganze trotz der
Ewigkeit und Unendlichkeit des Apeiron zu einem in sich geschlossenen
endlichen System. Dies endliche System ist nach beiden Seiten umschlossen
von dem ewigen Apeiron. Aber auch die Unbestimmtheit des Anfangs aus
dem Apeiron wird in gewisser Weise überwunden durch die Annahme
der Wiederholung: diese Welt, in der wir leben, ist nicht die einzige, die
sich aus dem Apeiron erhoben hat und in das Apeiron zurückkehren wird,
sondern unzählige Welten haben sich bis auf den heutigen Tag daraus
erhoben und sind dahin zurückgekehrt[35]. Aber ihre Entstehungen sind
nicht abhängig voneinander, so daß man immer weiter fragen könnte:
was war davor?, sondern jede ist unabhängig von allen anderen entstanden und vergangen. Nur durch die immer erneute Wiederholung der
Weltwerdungen ist gewissermaßen die Ewigkeit der unendlichen Zeit
erfüllt.

Noch erstaunlicher aber als dieser Finitismus in bezug auf die Zeit ist
in gewisser Weise der Finitismus des Anaximander in bezug auf die
Stellung der Erde im unendlichen Raum. In alten Mythen wurde wohl
der Versuch gemacht, die Frage zu beantworten, was denn wohl unter
der Erde, auf der wir leben, sei, worauf sie wohl ruht. Bei den Indern

---

[35] Vgl. Diels/Kranz, Vorsokratiker 12 A 9 und C. H. Kahn a. O. (oben Anm. 29),
p. 46 ff.

hieß es dann wohl, die Erde ruhe auf einem Elefanten, der Elefant stehe auf dem Rücken einer Schildkröte und die Schildkröte auf einer Lotosblume. Aber worauf die Lotosblume ruht, darf man nicht weiter fragen. In Hesiods Theogonie ist unter der Erde ein Abgrund, den zu durchfliegen ein Amboß, den man hinunterwürfe, neun Tage und neun Nächte brauchen würde[36]. Am anderen Ende des Abgrundes liegt der Tartarus. Aber was unter dem Tartarus ist, darf man nicht fragen. Noch von Thales wird berichtet, er habe angenommen, daß die Erde auf dem Wasser schwimme; und die modernen Erklärer suchen die Frage zu beantworten, ob Thales der Meinung gewesen sei, das Wasser erstrecke sich bis in die Unendlichkeit (aber doch nur in der Richtung nach unten), oder ob er unter dem Wasser noch etwas anderes, etwa einen leeren Raum oder vielmehr etwas Festes, auf dem das Wasser wiederum ruht, angenommen habe oder ob er sich, was vielleicht das Wahrscheinlichste ist, gar keine Gedanken darüber gemacht hat. Jedenfalls gibt die Überlieferung keinerlei Auskunft darüber. Bei Anaximander dagegen ist das Problem auf eine überraschende und großartige Weise gelöst. Die Erde ruhe auf nichts, weil sie in der Mitte liege und von allen Seiten gleichen Abstand habe. Da zugleich auch berichtet wird, Anaximander habe die Existenz von Antipoden angenommen, die auf der entgegengesetzten Oberfläche der Erde lebten, kann dies nur bedeuten, daß er die Begriffe „oben" und „unten" relativiert hat. Obwohl er die Oberfläche der Erde, abgesehen von den gebirgigen Erhebungen, als eben betrachtet und die Erde als Ganzes für einen Säulenstumpf gehalten zu haben scheint[37], bedeutete für ihn die Richtung nach unten offenbar nicht mehr eine absolute Richtung im Raum, die sich ins Unendliche fortsetzt, sondern die Richtung nach dem Mittelpunkt zu, die Richtung nach oben die Richtung vom Mittelpunkt weg. Das Apeiron selbst bleibt dabei unendlich nach allen Seiten und kann daher keinen Mittelpunkt haben. Aber jede der jeweils entstehenden Welten hat ihren Mittelpunkt, auf den sich alles bezieht, so daß es in bezug auf sie kein unendliches Weiterfragen geben kann, worauf sie sich stützt oder worauf sie ruht.

Anaximander versuchte, die Entstehung und Struktur der Welt, in der wir leben, die Entstehung und den scheinbaren oder wirklichen

---

[36] Hesiod, Theogonie 724/25.

[37] So ausdrücklich in dem z. T. vermutlich wörtlichen Fragment Diels/Kranz 12 B 5; in der indirekten Überlieferung ist von einem zylindrischen Körper die Rede: eine Umsetzung in spätere Terminologie.

Umlauf der Gestirne, die Änderungen im Stand der Sonne im Kreislauf der Jahreszeiten, die meteorologischen Erscheinungen, Wolken, Regen, Winde, Donner und Blitz, und vieles andere aus dem Kampf der zuerst entstandenen gegensätzlichen Stoff-Kraft-Qualitäten miteinander und aus ihrer Wirkung aufeinander im einzelnen zu erklären[38]. Besonders interessant ist jedoch seine Erklärung der Entstehung der Lebewesen und im besonderen des Menschen, weil hier wieder neue Prinzipien der Begründung einer Theorie zutage treten. Daß er dem Wasser in den frühen Stadien der Weltentstehung einen besonders wichtigen Platz einräumte und auch die Lebewesen zuerst im Wasser entstehen ließ, mag teilweise auf den Einfluß der Theorien des Thales zurückzuführen sein. Daß er die ersten Lebewesen durch generatio spontanea entstehen ließ, mag wie spätere ähnliche Theorien einfach auf ungenauer Beobachtung beruhen, ebenso die Theorie, daß mit Schalen bedeckte Seetiere nach Ablegung des Panzers zu Landtieren geworden seien[39].

Interessanter ist jedoch seine Theorie der Entstehung des Menschen, den er durch eine Art Mutation, oder wie man früher sagte, durch generatio in utero heterogeneo von dem lebendige Junge gebärenden, der Familie der Cetaceen angehörigen sog. glatten Hai oder galeus lēvis abstammen ließ[40]. Die Begründung dieser Theorie lautet in der indirekten Überlieferung[41], der Mensch müsse ursprünglich aus einer anderen Tiergattung hervorgegangen sein, da die anderen Lebewesen sehr schnell nach der Geburt imstande seien, sich selbst zu erhalten, der Mensch dagegen aber einer längeren „Ammenwartung" (τιϑήνησις) bedürfe. Das ist in dieser Form kaum verständlich, läßt sich aber wohl erklären, wenn

---

[38] Vgl. Diels/Kranz 12 A 23 ff.

[39] Diels/Kranz 12 A 23 ff. Wenn nicht von stachligen Schalen die Rede wäre, die eher auf Seeigel hindeuten, würde man an Beobachtungen an Krabben und Krebsen denken, die ihre Schalen abwerfen und sich unter Steinen verkriechen. Doch ist fraglich, wieweit die indirekte Überlieferung genau ist.

[40] Vgl. Plutarch, Septem Sa. Conv. VIII 8, 4, 730 E. C. H. Kahn. a. O. 70. bezweifelt die Angabe des Plutarch über die Abstammung des Menschen vom glatten Hai und hält sie für eine spätere phantasievolle Ausschmückung eines Berichtes des Censorin, in dem nur von der Abstammung des Menschen von einem Fisch oder fischähnlichen Wesen die Rede ist. Aber gerade die Angabe über den glatten Hai erklärt, wie oben im Text gezeigt wird, die sonst schwer verständliche Theorie des Anaximander. Die Cetaceen nehmen wirklich eine Art Mittelstellung zwischen Fischen und Säugetieren ein, so daß, was Censorin über ein fischähnliches Wesen sagt, nicht mit Kahn als Unsicherheit darüber, welche Tierspezies Anaximander gemeint habe, gedeutet zu werden braucht.

[41] Diels/Kranz 12 A 10.

man eine andere Überlieferung hinzunimmt, nach der Anaximander die ersten Menschen in einem etwas entwickelteren Zustand der Reife als ihn die menschlichen Säuglinge im Augenblick der Geburt besitzen, von einem fischähnlichen Wesen geboren werden ließ[42]. Man muß dann wohl die zuerst angeführte Version als eine bis zur Verdunkelung gekürzte Wiedergabe der ursprünglichen Theorie betrachten und diese in zwei Teile zerlegen, von denen der erste implizierte, daß größere Tiere nicht durch generatio spontanea, sondern durch Mutation aus anderen Lebewesen zuerst entstehen, der zweite dagegen besagte, daß der Mensch bei seiner ersten Entstehung durch Mutation aus einem Seetiere in reiferem Zustand geboren worden sein müsse als dies bei den von menschlichen Müttern geborenen Säuglingen der Fall ist, da er sonst hilflos zugrundegegangen wäre. Die Theorie der Entstehung aus einer Cetacee ließe sich dann leicht daraus erklären, daß diese Tiere, die eine Art Mittelstellung zwischen Fischen und Säugetieren einnehmen, einen Beutel besitzen, in den die aus Eiern ausgeschlüpften Jungen noch längere Zeit nach ihrer „Geburt" wieder zurückzukehren pflegen, bis sie eine gewisse Reife erlangt haben. Es handelt sich dann bei der Theorie des Anaximander offenbar um den Versuch der Lösung eines im Zusammenhang mit einer umfassenderen Theorie über die Entstehung höherer Lebewesen entstandenen speziellen Problems (wie sich die ersten Menschen, die noch keine Eltern oder sonstigen Wärter ihrer eigenen Art hatten, hatten erhalten können) mit Hilfe einer freilich unvollkommenen, aber doch einen bewußten Umblick erfordernden Beobachtung. Wie Plutarch andeutet, ist es möglich, daß Anaximander mit seiner Theorie bis zu einem gewissen Grade an orientalische Mythen über den Ursprung des Menschengeschlechtes aus dem Meer und seine Verwandtschaft mit den Fischen angeknüpft hat. Das Entscheidende ist jedoch, daß das Mythologische aus seiner Erklärung völlig verschwunden ist und er an dessen Stelle eigene Beobachtungen setzt. So ist auch etwa ein Jahrhundert später von einem kleinasiatischen Griechen, Demokles von Phygela[43], und einem hellenisierten Lyder, Xanthos[44], der Versuch gemacht worden, durch geologische Beobachtungen sowie auch aufgrund der Entdeckung von Fossilien von Meerestieren weit im Innern des kleinasiatischen Festlandes einerseits den realen, den

---

[42] Diels/Kranz 12 A 30.

[43] Demetrios von Skepsis bei Strabon I 3, 17, 58 C.

[44] Vgl. darüber ausführlicher K. von Fritz, Die Griechische Geschichtsschreibung I: Von den Anfängen bis Thukydides (Berlin 1967), S. 89 ff.

Mythen zugrundeliegenden Sachverhalt aufzuspüren, andererseits darauf eine eigene Theorie der Entwicklung aufzubauen.

Versucht man nun die Bilanz aus diesen Feststellungen hinsichtlich der Bedeutung des Anaximander für die Wissenschaftsgeschichte zu ziehen, so läßt sich ihm ja wohl keine einzelne wissenschaftliche Entdeckung zuschreiben, die im Sinne der modernen Forderung Anspruch auf allgemeine Anerkennung machen könnte. Dagegen kann seine Bedeutung sozusagen für die Ermöglichung der Entwicklung von Wissenschaft sowie für die Entwicklung erster Ansätze wissenschaftlichen Denkens kaum überschätzt werden. Das erste und wichtigste ist die Entmythologisierung und Entanthropomorphisierung des Weltbildes. Dies bedeutet nicht, daß Anaximander den Versuch gemacht hätte, unter Ausschaltung alles überkommenen Wissens nur mit Hilfe von Schlüssen, die sich aus der Erfahrung ziehen lassen, ein ganz neues Weltbild aufzubauen. Wohl aber bedeutet es, daß er in sein Weltbild nichts aufgenommen hat, was mit dem allgemeinen Charakter der jedem zugänglichen Erfahrung in Widerspruch steht. Auf der anderen Seite ist seine Welterklärung nicht der Art, daß er prinzipiell von den nächstliegenden, menschlicher Beobachtung am leichtesten zugänglichen Dingen ausginge, diese aufs genaueste untersuchte und von da aus allmählich ein wissenschaftlich begründetes Weltbild aufzubauen versuchte. Vielmehr sucht er sogleich den Rahmen des Ganzen zu bestimmen, dann die Strukturlinien im großen hineinzuzeichnen und, erst zuletzt, die Einzelheiten so weit wie möglich auszufüllen. Auch hier geht er wieder von Einzelheiten aus, aus denen er dann sofort ganz weitreichende Folgerungen zieht. Der Vorgang ist im allgemeinen der, daß *zuerst* ganz weite Verallgemeinerungen gemacht werden und erst dann der Versuch gemacht wird, das so Gewonnene im einzelnen auszubauen und bis zu einem gewissen Grade damit zu „verifizieren".

Was Anaximander mit seiner Beschreibung der Struktur und der Entstehungsgeschichte der Welt, in der wir leben, im großen unternommen hatte, hat dann Hekataios von Milet[45] für den engeren Kreis des Menschlichen zu ergänzen unternommen, indem er einerseits ein genaueres Bild

---

[45] Die Lebenszeit des Hekataios von Milet läßt sich nur dadurch bestimmen, daß er zur Zeit des großen ionischen Aufstandes gegen die Perser (500 v. Chr.) ein Mann von großem Ansehen gewesen ist. Ein unmittelbarer Schüler des Anaximander kann er kaum mehr gewesen sein, aber daß er an ihn anknüpfte, ist offenbar und wird auch in der antiken Literatur schon öfter bemerkt (vgl. F. Jacoby, Fragm. griech. Hist. I T 11/12).

der von den Menschen bewohnten Erdoberfläche, andererseits der Geschichte der Menschen herauszuarbeiten versuchte. Dies hat zu neuen interessanten Problemen der „wissenschaftlichen" Behandlung dieser Gegenstände geführt.

Schon Anaximander hatte in der Ausgestaltung seiner Konstruktion der Welt im großen versucht, ein Bild von der Gesamtheit der Erdoberfläche zu geben, die er, da er die Erde selbst als Säulenstumpf ansah, aber zum Teil wohl auch im Anschluß an ältere babylonische Vorstellungen, als kreisrunde Scheibe betrachtete. Er hatte schon eine Art Erdkarte zu zeichnen versucht[46] und die gesamte Erdoberfläche in zwei Kontinente, einen nördlichen, Europa, und einen südlichen, Asien, eingeteilt, deren Bezeichnungen ihm schon durch ältere Überlieferungen gegeben gewesen waren. Das Material nun für die Verbesserung dieser Erdkarte des Anaximander entnahm Hekataios teilweise den gerade damals aufkommenden Küstenbeschreibungen für die praktischen Zwecke der Seefahrer. Das entsprechende Material für das von den Küsten entfernter gelegene Inland suchte er weitgehend durch eigene Reisen in Persien und Ägypten zu gewinnen[47]. Dabei ergab sich jedoch das Problem der richtigen Anordnung der in den Beschreibungen gefundenen und selbst besuchten Örtlichkeiten auf einer zweidimensionalen Fläche. Denn die Küstenbeschreibungen der Zeit gaben im allgemeinen nur Distanzen zwischen den verschiedenen Orten nebst Hinweisen auf Vorgebirge und Änderungen im Küstenverlauf ohne jede näheren Angaben darüber, in welchem Winkel sich die Küste änderte, oder nähere Bestimmungen der Himmelsrichtungen, was für die praktischen Zwecke der in der Regel an der Küste entlang fahrenden Seefahrer der damaligen Zeit im großen und ganzen genügte. Ebenso gab es für die großen, von den Persern angelegten Straßen in Kleinasien zwar offizielle Distanzangaben, aber, soviel sich erkennen läßt, keine Karten, in denen ihr Verlauf auf einer zweidimensionalen Fläche mit einigermaßen ausreichender Genauigkeit eingezeichnet gewesen wäre. Hier half sich Hekataios damit, daß er die Erdoberfläche zunächst möglichst in geometrische Figuren einzuteilen suchte. So teilte er die (immer noch als kreisrunde Scheibe betrachtete) Erdoberfläche in vier Quadranten, die in der West-Ost-Richtung durch das Mittel-

---

[46] Diels/Kranz, Vorsokratiker 12 A 6.

[47] Über die bezeugten, die mit Sicherheit zu erschließenden und die aufgrund der Fragmente seines geographischen Werkes mit mehr oder minder großer Wahrscheinlichkeit zu vermutenden Reisen des Hekataios vgl. die ausgezeichneten Ausführungen von F. Jacoby in Pauly-Wissowa, Realenzyklopädie (RE) VII, 2689 ff.

meer, den Hellespont, das Schwarze Meer und einen aus dem Kaukasus kommenden, aber als mit dem Ozean im Osten in Verbindung stehend gedachten Fluß mit dem halb mythischen Namen Phasis, den er wahrscheinlich mit dem Riom identifizierte, in nord-südlicher Richtung durch die Donau und den Nil, die ebenfalls aus dem Weltmeer kommen sollten, voneinander getrennt gedacht wurden. Ferner beschrieb er einzelne Teile der Erdoberfläche als geometrische Figuren, Skythien als Quadrat, Kleinasien und Arabien als Trapeze, und teilte Nordafrika von Norden nach Süden in drei Zonen (Gürtel) ein, die er wiederum durch eine nord-südliche Trennungslinie in der Mitte in je eine westliche und eine östliche Hälfte teilte. Natürlich wurde durch diese Geometrisierung der Wirklichkeit Gewalt angetan, wenn Hekataios sich auch nicht darüber getäuscht haben kann, daß seine geometrischen Figuren mit der Wirklichkeit nur sehr approximativ übereinstimmten und daß weder die Küsten Kleinasiens geradlinig verliefen noch eine von Gibraltar durch das Mittelmeer und die Dardanellen nach der Mündung des Riom ins Schwarze Meer gezogene Linie gerade oder gar genau in west-östlicher Richtung verlief. Aber man braucht sich nur ein römisches Itinerar aus nachchristlicher Zeit anzusehen, wie sie noch bis in die Zeit der Renaissance reproduziert wurden, Karten, auf denen Italien wie ein langer dünner Schlauch aussieht, weil die Ortsbestimmungen rein nach Distanzen vorgenommen sind und die Straßen, an denen die Distanzen gemessen wurden, zum größten Teil von Norden nach Süden verlaufen, um gewahr zu werden, einen wie großen Vorteil für die genauere Bestimmung der Lage der Orte zueinander Hekataios aus seiner Geometrisierung der Erdoberfläche gezogen hat.

Trotzdem hat etwas mehr als ein halbes Jahrhundert nach der vermutlichen Entstehungszeit der Erdkarte und Erdbeschreibung des Hekataios Herodot aufgrund der Empirie heftigen Protest erhoben gegen die Vergewaltigung der Wirklichkeit durch geometrische Schematismen. Er machte sich lustig über die „Ionier", die glaubten, die Erde sei rund, als ob sie auf einer Töpferscheibe hergestellt oder mit einem Zirkel gezogen sei[48], und er scheint Reisen unternommen zu haben mit dem ausdrücklichen Zweck nachzuweisen[49], daß der Nil und die Donau wie andere Flüsse auch auf dem Land entspringen und nicht aus dem Weltmeer kommen und daß Europa viel größer sei als Asien und Afrika (Libyen)

---

[48] Herodot IV 36.
[49] Vgl. darüber K. v. Fritz op. coll. (oben Anm. 44), S. 128 ff.

zusammengenommen[50], eine Ansicht, die weit weniger paradox ist als sie uns auf den ersten Blick erscheinen mag, da Asien für Herodot wie für alle seine Vorgänger ein südlicher Kontinent gewesen ist und er also, wenn er das, was wir heute Asien nennen, gekannt hätte, alles nördlich vom Kaukasus, Karakorum, Hindukusch und Himalaya gelegene Land zu Europa, nicht zu Asien gerechnet hätte. Nicht minder bezeichnend ist es jedoch, daß Herodot, wo er dann zu der Beschreibung der Länder im einzelnen kommt, die geometrisierende Beschreibung von Skythien, Kleinasien und Nordafrika doch teils vollständig, teils andeutungsweise beibehalten hat[51]. Sieht man von der Tatsache ab, daß die tatsächliche Gestalt der Erde sich einer idealen geometrischen Gestalt, der Kugel, immerhin sehr viel mehr annähert als Herodot aufgrund der Beobachtung der vollständigen Unregelmäßigkeit der Formen und Größen der zusammenhängenden Landflächen annehmen zu dürfen glaubte, so ist das Problem, das hier zum ersten Mal in aller Deutlichkeit auftritt, dasjenige, wieweit sich die für eine jede Erkenntnis von Dingen notwendigen regelmäßigen Strukturen in den Dingen selbst finden lassen oder den Dingen vom Menschen, um sie für menschliche Erkenntnis faßbar und bestimmbar zu machen, künstlich auferlegt werden müssen. Für die Topographie der Erdoberfläche in ihrer Unregelmäßigkeit ist das letztere aller Wahrscheinlichkeit nach schon von Eudoxos von Knidos in der ersten Hälfte des 4. Jhdts. v. Chr. geschehen, wenn er es war, der zuerst das Netz von Längen- und Breitengraden geschaffen hat, dessen wir uns noch heute bedienen und durch das die geometrischen Konstruktionen, mit deren Hilfe wir die Lage der Orte auf der Erdoberfläche im Verhältnis zueinander genau zu bestimmen imstande sind, von der tatsächlichen Struktur der Erdoberfläche losgelöst und als künstlich geschaffenes Netz darübergelegt werden. Doch ist diese Loslösung interessanterweise keine vollständige, insofern sich dies Netz doch in gewisser Weise der Kugelgestalt der Erde, wenn auch nicht deren Oberflächengestaltung, anzuschmiegen sucht. Es ist damit sozusagen ein Übergangszustand zu den Cartesianischen Koordinatensystemen, die vollständig selbständig sind und die Grundlage für die analytische Geometrie geschaffen haben.

Ein ähnliches Problem entsteht, wenn die überlieferten Ereignisse der Vergangenheit systematisch zueinander in Beziehung gesetzt werden sol-

---

[50] Vgl. ibidem S. 132 ff.

[51] Herodot IV 38/39 (Kleinasien und Arabien); IV 101 (Skythien); IV 181 ff. (Nordafrika).

len. Das grundlegende Mittel dazu ist die historische Chronologie. Das Problem ist hier ein doppeltes, einmal, einen Ausgangspunkt zu bestimmen, der festliegt und von dem aus nach vorwärts und rückwärts gerechnet werden kann, so daß nicht immer der dauernd sich verschiebende Gegenwartspunkt zum Ausgangspunkt der Rechnung gemacht zu werden braucht. Die Wahl eines solchen Fixpunktes ist notwendigerweise eine willkürliche, weshalb denn auch immer wieder Versuche gemacht worden sind, neue Rechnungspunkte dieser Art zu finden, meist nur mit sehr temporärem Erfolg, während die pedantisch konsequenten Nichtchristen sich damit zu begnügen pflegen, statt „v. Chr." und „n. Chr." „vor unserer Aera" und „nach unserer Aera" zu sagen. Liegt aber ein solcher Fixpunkt einmal fest, so kann man jedes neue Ereignis ohne Schwierigkeit auf der von diesem Fixpunkt ausgehenden Skala eintragen. Ein zweites Problem entsteht jedoch da, wo es sich um Ereignisse handelt, die vor der Einführung einer solchen Aera stattgefunden haben und die daher auf diese zuerst abgebildet werden müssen, ein Problem, das wiederum etwas verschiedene Formen annimmt, je nachdem, ob sie schon auf einer früheren andersartigen Aera eingetragen waren oder eine solche noch gar nicht bestand. Mit dem ersten Problem hat Hellanikos von Lesbos gekämpft[52], als er in der zweiten Hälfte des 4. Jhdts. v. Chr. mit den Regierungszeiten der Priesterinnen der Hera von Argos eine neue Aera in die geschichtliche Chronologie einzuführen versuchte, aber die größte Schwierigkeit hatte, Ereignisse, die nach anderen Systemen, z. B. der Liste der athenischen Archonten, ganz eindeutig fixiert waren, auf seine neue Aera abzubilden, weil keine konkreten historischen Beziehungen zwischen den beiden Systemen bestanden. Mit dem ersten Problem war nicht ganz ein Jahrhundert früher Hekataios konfrontiert gewesen. Er schuf sich ein Mittel, indem er sich der (in ihren älteren Teilen fiktiven) Liste der spartanischen Könige bediente, systematisch die Regierungszeit eines Königs mit durchschnittlich 40 Jahren annahm und dann durch Querverbindungen alle überlieferten Ereignisse in dieses chronologische Schema, so gut es gehen wollte, einzuordnen versuchte[53], wobei er, da Herakles als der Stammvater der spartanischen Königsgeschlechter galt, Herakles zum Ausgangspunkt seiner Aera machte. Da das Material, das Hekataios in dieser Weise in ein System zu bringen suchte, im wesentlichen aus Sagen bestand, war das von ihm gebrauchte Instrument dem Gegenstand natur-

---

[52] Vgl. K. v. Fritz, op. coll. S. 490 ff.
[53] Vgl. ibidem S. 69 ff.

gemäß in noch viel stärkerem Maße inadäquat als die den geographischen Gegebenheiten aufgepreßten geometrischen Schemata. Aber wiederum ist das Verhältnis zu den orientalischen Vorgängern höchst interessant. Die orientalischen Aufzeichnungen nach Regierungsdaten orientalischer Könige oder gelegentlich auch nach eponoymen Beamten, wie es in Assyrien vorkommt, sind natürlich für moderne Versuche chronologischer Rekonstruktion unvergleichlich viel brauchbarer und insofern in gewisser Weise „wissenschaftlicher" als die Generationenrechnung des Hekataios und selbst als ähnliche Versuche, eine durchgehende Chronologie zu schaffen, bei Herodot, Hellanikos oder noch etwas später bei Antiochos von Syrakus, dessen durch genealogische Konstruktion gewonnene Daten noch Thukydides wahrscheinlich bis zu einem gewissen Grade benutzt hat[54]. Aber die orientalischen chronologischen Systeme bleiben alle lokal gebunden, während die Griechen von Anfang an, wenn auch zunächst mit ganz inanäquaten Mitteln, auf universell anwendbare chronologische Systeme ausgegangen sind und damit die Grundlagen für eine „wissenschaftliche Chronologie" geschaffen haben[55].

Nach einer ganz anderen Richtung als Hekataios hat Anaximenes von Milet (ca. 580—520 v. Chr.) die Spekulationen des Anaximander weiterzuführen gesucht. In den modernen Philosophiegeschichten wird es vielfach als Rückschritt gegenüber Anaximander bezeichnet, daß Anaximenes anstelle des unbestimmten Apeiron wieder einen bestimmten Stoff, die Luft, als Ursprung aller Dinge bezeichnete[56]. Aber wo es sich um Grundfragen der Erkenntnis und Erkenntnismethoden handelt, von denen viele auch heute noch keine endgültige Lösung gefunden haben, sollte man nicht allzu leichthin von einem beschränkten Standpunkt aus von Fortschritt oder Rückschritt reden. Wichtig ist jedenfalls, daß Anaximenes einen ganz neuen Gesichtspunkt in die Betrachtung eingeführt hat. In der Überlieferung wird überall[57] ausdrücklich darauf hingewiesen, daß sowohl Thales wie auch Anaximander die Dinge sich aus den Urgegebenheiten, dem Wasser und dem Apeiron, aus- oder abscheiden ließen, wobei nichts weiter darüber gesagt wird, ob oder in welcher Weise diese Dinge etwa

---

[54] Vgl. ibidem S. 511 ff.

[55] Über die astronomischen Aspekte der Chronologie vgl. unten S. 138 ff. Über die Versuche des Hekataios, durch rationalistisch-psychologische Kritik die Sage in Geschichte zu verwandeln vgl. K. v. Fritz, op. coll. S. 71 ff.

[56] Diels/Kranz, Vorsokratiker 13 A 1—7.

[57] Vgl. Diels/Kranz 12 A 9.

schon in den Urgegebenheiten enthalten gewesen waren oder wie sie sonst etwa aus ihnen hervorgehen konnten. Bei Anaximander ist diese Unbestimmtheit, aber auch, daß Anaximander in dieser Unbestimmtheit schon ein gewisses Problem gesehen hat, sehr deutlich, wenn er sagt, *es sei in dem Apeiron ein Kaltes und Heißes Hervorbringendes* entstanden[58], also sozusagen ein doppeltes Entstehen. Das Neue bei Anaximenes ist, daß er sich Gedanken darüber gemacht hat, *wie* aus der einen Urgegebenheit, die auch er voraussetzt, die Mannigfaltigkeit der verschiedenen Dinge habe hervorgehen können. Seine Antwort war, daß die Luft einerseits durch Kondensation oder Verdichtung zunächst sich in Wasser, dann in Erde verwandle, auf der anderen Seite durch Verdünnung in Feuer. Durch die Einwirkung dieser sekundären Urgegebenheiten aufeinander seien dann die Dinge in ihrer Mannigfaltigkeit entstanden.

Durch diese Erklärung wandelt sich zunächst der Begriff der „Archê", des Urgrundes, der bei den Vorgängern des Anaximenes überall am Anfang steht. Während er aber dort nur bedeutet, was chronologisch am Anfang steht, aus dem alles hervorgegangen ist und das alle Dinge umgibt, wird nun aus dieser Archê etwas, das auch in der Gegenwart allem zugrunde liegt. Denn auch Wasser, Erde und Feuer sind nach Ansicht des Anaximenes eigentlich Luft, nur in einem anderen Aggregatzustand. Hier ist also der Begriff der Archê entstanden als eines allen Dingen und jederzeit zugrunde liegenden Prinzips, der dann vor allem bei Aristoteles eine so beherrschende Rolle spielt, aber in den verschiedensten Abwandlungen in den verschiedensten philosophischen Systemen wieder auftaucht.

Zugleich wird hier besonders deutlich, daß derselbe neue Gedanke ganz verschiedene Aspekte haben kann. Die Theorie des Anaximenes erschien als Rückschritt, weil hier wieder ein bestimmter Stoff statt einer qualitätslosen Materie, die alle Qualitäten annehmen kann, zum Urgrund aller Dinge gemacht zu werden schien. Aber das Verhältnis des gestaltlosen und qualitätslosen Apeiron zu den aus ihm hervorgehenden Stoff-Kräfte-Qualitäten, die dann miteinander in Kampf geraten, bleibt ganz unbestimmt. In gewisser Weise steht die Luft des Anaximenes, obwohl mit dem Wort Luft ein bestimmter Stoff bezeichnet zu werden scheint, der qualitätslosen Materie des Aristoteles näher als das Apeiron des Anaximander, da die Luft des Anaximenes durch ihre Verwandlung in andere Aggregatzustände ja auch verschiedene Qualitäten annehmen kann und dabei doch ihrem Wesen nach dieselbe bleibt. Da ferner die Luft

---

[58] Ibidem 13 A 5.

nebst ihren drei übrigen Aggregatzuständen gegenüber den Stoff-Kraft-Qualitäten, die Anaximander aus seinem Apeiron hervorgehen läßt, in viel höherem Maße rein stofflichen Charakter hat und die Dinge sich nicht mehr aus ihr auf eine nicht weiter bestimmte Art abscheiden, sondern durch ihre Verwandlung aus ihr hervorgehen, scheint sich bei Anaximenes, wenn auch nur in vagen Andeutungen, so etwas wie ein Gesetz der Erhaltung der Materie anzudeuten, ein Aspekt seiner Weltdeutung, der sehr bald außerordentliche Bedeutung annehmen sollte.

Auf der anderen Seite hat Anaximenes offenbar nicht das Bedürfnis empfunden, weiter zu erklären, was Verdichtung und Verdünnung eigentlich bedeutet, ob es sich dabei, wie später Aristoteles angenommen hat, um eine Veränderung von Eigenschaften (Akzidentien) handle, für die höchstens eine kausale, aber keine weitere strukturelle Erklärung notwendig ist, oder ob Verdichtung nur als ein näheres Zusammenrücken von Teilchen, Verdünnung als deren weiteres Auseinanderrücken verstanden werden kann. Diese Frage ist jedoch sehr bald aufgrund ganz neuer Denkansätze, die doch selbst nicht ganz ohne Anregung durch Anaximenes aufgetreten sind, bald nach ihm gestellt worden. Sie hat dann zu Grundfragen nicht nur der erkennbaren Außenwelt, sondern auch des menschlichen Erkenntnisvermögens selbst geführt.

3. Die Eleaten. Das Problem des Seins. Reflexionen über die Natur der menschlichen Erkenntnis. Das Continuum.

Eine Reihe von den im vorhergehenden Kapitel erörterten Voraussetzungen für und Ansätzen zu der Entwicklung wissenschaftlichen Denkens ist zunächst von einem Dichterphilosophen weiterentwickelt worden, der nicht viel jünger war als Anaximenes, aber ihn infolge des außerordentlich hohen Alters, das er erreichte, lange überlebt hat: Xenophanes von Kolophon (ca. 570—470 v. Chr.). In der antiken Philosophiegeschichte gilt Xenophanes als Begründer der sog. Eleatischen Philosophie; und wenn auch Karl Reinhardt in seinem berühmten Buch über Parmenides und die Geschichte der griechischen Philosophie[59] nachzuweisen versucht hat, daß Xenophanes seine philosophischen Gedanken erst in hohem Alter unter dem Einfluß des Parmenides (ca. 520—450 v. Chr.) entwickelt habe,

---

[59] Karl Reinhardt, Parmenides und die Geschichte der griechischen Philosophie, Bonn 1916 (2. Aufl. Frankfurt 1959), S. 89 ff.

so läßt sich doch mit Sicherheit zeigen[60], daß Xenophanes zum mindesten einen Teil seiner Gedanken unabhängig von und also bei dem großen Altersunterschied aller Wahrscheinlichkeit auch *vor* Parmenides entwickelt haben muß. Da auf der anderen Seite eine gewisse Beziehung zwischen ihm und Parmenides zweifellos besteht, wenn auch Parmenides der ungleich tiefere Denker gewesen ist, so behalten die antiken Philosophiehistoriker mit ihrer Auffassung dieses Verhältnisses im wesentlichen recht, wenn sie auch den Einfluß des Xenophanes auf Parmenides überschätzt haben mögen.

Was in den wörtlich erhaltenen Fragmenten der Gedichte des Xenophanes zu finden ist, läßt sich nun freilich in keiner Weise vergleichen mit den Versuchen seiner Vorgänger, mit Hilfe ganz neuer Methoden die Wirklichkeit als Ganzes zu erfassen. Obenhin betrachtet handelt es sich bei ihm um eine Kritik an den anthropomorphen Elementen in den überlieferten Vorstellungen von den Göttern, eine Kritik, die, obwohl viel originaler, in vieler Hinsicht an das erinnert, was in der Popularphilosophie des 19. Jhdts., die heute vor allem in den kommunistischen Staaten weiterlebt, als zum Wesen einer „wissenschaftlichen Weltanschauung" gehörig betrachtet worden ist: also vor allem um eine populärere Fortsetzung des Prozesses der Entmythologisierung und Entanthropomorphisierung, der schon bei seinen Vorgängern begonnen hatte. Es wird sich jedoch zeigen lassen, daß in den an seine Mythenkritik anschließenden Reflexionen ein außerordentlich wichtiges neues Element ganz anderer Art enthalten ist.

Der erste Ausgangspunkt freilich war für Xenophanes offenbar ein ganz ähnlicher wie er oben für Thales und seinen Nachfolger Anaximander angenommen worden ist[61], nämlich die verwirrende Vielfalt der religiösen Traditionen bei den verschiedenen Völkern, mit denen die Griechen des Ostens in Berührung kamen; nur daß Thales daraus sogleich den Anlaß für eine neue Erklärung der Weltentstehung entnommen hat, während bei Xenophanes in seinen Gedichten die Polemik gegen die anthropomorphen Gottesvorstellungen im Vordergrund steht, wie wenn er darauf hinweist[62], daß die Äthiopen schwarze und stumpfnäsige Götter hatten, die Thraker dagegen blauäugige und blonde, und

---

[60] Vgl. darüber im einzelnen meinen Artikel über Xenophanes in der RE (vgl. oben Anm. 9), Sp. 1541 ff., speziell 1550 ff.

[61] Vgl. oben S. 10 ff. und 22 f.

[62] Vgl. Diels/Kranz 21 B 16.

daraus den Schluß zieht[63], daß die Löwen, wenn sie Hände hätten, mit denen sie sich Götterbilder machen könnten, sich löwengestaltige Götterbilder machen würden, die Rinder rindsgestaltige usw. Zugleich nahm er auch — das ist auch eine interessante Neuerung — vom ethischen Standpunkt aus an den überlieferten Gottesvorstellungen seiner Landsleute Anstoß, indem er den Dichtern Hesiod und Homer vorwarf[64], daß sie den Göttern alle Arten von Handlungen zuschrieben, die, wenn sie von Menschen begangen würden, für tadelnswert oder schändlich gehalten würden.

Es ist jedoch nicht diese Kritik als solche, durch die er für das philosophische Denken der folgenden Zeit und vor allem für solche Ingredienzien dieses Denkens, die dann als wichtige Elemente in das „wissenschaftliche" Denken späterer Zeiten eingegangen sind, bedeutsam geworden ist, sondern vielmehr durch gewisse Vorstellungen und Prinzipien, die er im Zusammenhang mit dieser Kritik entwickelt hat. Er kam von dieser Kritik aus zunächst zu der Überzeugung, daß man Gott überhaupt nicht die Gestalt oder die Sinnesart eines sterblichen Wesens zuschreiben dürfe[65]; daß sein Wahrnehmen und Handeln überhaupt nicht an irgend welche Organe gebunden sein könne; daß er vielmehr mit seinem ganzen Wesen sehe, höre und verstehe[66]; daß er ferner, um eine Wirkung auszuüben, sich auch nicht an einen bestimmten Ort zu begeben brauche, sondern in sich verharre, da er alles durchdringt. Das alles scheint nun so weit viel eher mit Theologie und einer höheren oder gereinigten Gottesauffassung zu tun zu haben als mit wissenschaftlichem Denken oder den Voraussetzungen dazu, wie denn auch von theologischer Seite immer wieder darauf hingewiesen worden ist, daß Xenophanes zuerst erkannt habe, daß Gott „Geist" sei (doch kommt das dem deutschen Wort „Geist" entsprechende Wort πνεῦμα, das ursprünglich „Lufthauch" bedeutet, also von der Vorstellung eines verdünnten Stoffes ausgeht, bei Xenophanes nicht vor).

Das Bedeutsame für unser Problem liegt vielmehr in einem Fragment[67], in dem Xenophanes davon spricht, auf welche Weise Gott erkannt wird, und das schon im Altertum in mehrfacher Weise und noch mehr von den

---

[63] Ibidem 21 B 15.
[64] Ibidem 21 B 11/12.
[65] Ibidem 21 B 23.
[66] Ibidem 21 B 14 und 21 B 25.
[67] Ibidem 21 B 34.

modernen Erklärern mißverstanden worden ist. In diesem Fragment heißt es: wenn jemand über die Götter[68] auch noch so sehr Zutreffendes sage, so wisse er es doch nicht aus unmittelbarer Anschauung, sondern nur aufgrund eines „Deuchens" (δόϰος). Damit soll gewiß nicht einem Skeptizismus hinsichtlich der Richtigkeit seiner eigenen Gottesvorstellung Ausdruck verliehen werden, wie sehr oft interpretiert worden ist[69]. Denn die übrigen Fragmente lassen keinerlei Zweifel daran aufkommen, daß Xenophanes von der Wahrheit und Richtigkeit seiner Gottesvorstellung ebenso wie von der Existenz des von ihm erschlossenen Gottes auf das festeste überzeugt war. Das „Deuchen" ist hier also gewiß nicht im Sinne einer zweifelhaften Erkenntnis zu verstehen. Wohl aber wird aufs klarste der Unterschied gemacht zwischen einem unmittelbar durch sinnliche Wahrnehmung gegebenen Wissen (αὐτὸς ὅμως οὐκ οἶδε: von εἰδέναι vom Stamme vid- = sehen: er hat es nicht selbst gesehen) und einem Wissen, das auf Schlüssen aus dem Wahrgenommenen beruht. Im Gegensatz zu den älteren „Physikern", bei denen, wie zu zeigen versucht worden ist, sinnlich wahrnehmbare Dinge, Qualitäten und bewegende Kräfte alle noch eins sind und nicht oder nicht deutlich voneinander unterschieden werden, wird von Xenophanes ein mit den Sinnen nicht unmittelbar Wahrnehmbares, nur aus seinen Wirkungen erkennbares Wirkendes von den sinnlich wahrnehmbaren Dingen, auf die es wirkt, auf das klarste unterschieden. Das bedeutet — ganz abgesehen von dem Gegenstand der Spekulation des Xenophanes — eine ganz entscheidende Wendung in der Betrachtung der Welt.

Für die älteren griechischen Philosophen vor Xenophanes war es charakteristisch gewesen, daß sie in ihrem Bestreben, sich von der verwirrenden Vielfalt der überlieferten mythischen Vorstellungen und Welterklärungen frei zu machen, von den jedermann jederzeit zugänglichen Phänomenen ausgingen und dann allerdings mit Hilfe außerordentlich kühner Extrapolationen und Verallgemeinerungen sich ein ganz neues Bild von der Welt als ganzer und ihrer Entstehung zu machen suchten. Bei Xenophanes taucht zum ersten Male der Gedanke auf, daß

---

[68] Daß Xenophanes hier von den Göttern spricht statt von dem einen Gott, an den er glaubt, ist nur eine, z. T. auch durch die dichterische Form bedingte, Anpassung an die traditionellen Vorstellungen, wie sie auch sonst in den Fragmenten seiner Gedichte häufig vorkommt. Vgl. Artikel Xenophanes in der RE, Sp. 1547.

[69] Vgl. dazu die ausgezeichneten Ausführungen von Guido Calogero in dem Artikel Senofane in der Enciclopedia Italiana (Ausgabe von 1936), Sp. 386 a/b.

sich Erkenntnis der Welt nicht in der Erkenntnis der Phänomene und ihres Zusammenhangs erschöpft, sondern daß etwas hinter den Phänomenen Liegendes durch das Denken erschlossen werden müsse. Diese Vorstellung ist dann bestimmend in dem ganzen folgenden Jahrhundert der griechischen Philosophie, die überall bis zu den sog. Sophisten, die diese erschlossenen jenseitigen Welten ablehnen und das menschliche Erkennen wieder in die dem Menschen unmittelbar zugängliche Welt zurückzuführen suchen, darauf ausgeht, eine wahre Welt hinter der Welt der uns unmittelbar zugänglichen Phänomene zu erkennen und zu rekonstruieren. Dieser Glaube an die Existenz „wahrer" Welten hinter der Welt der Phänomene steht natürlich im Widerspruch mit der konsequentesten Form des modernen wissenschaftlichen Positivismus, wie er von Vaihinger ausgelegt worden ist. Aber über den Glauben an diese wahre Welt hinter der Welt der Phänomene sind viele jener „Fiktionen" gefunden worden, die nach Vaihingers Meinung für die wissenschaftliche Erfassung der Phänomene so unentbehrlich sind. Zugleich zeigen die Reflexionen des Xenophanes über das αὐτὸς εἰδέναι und den δόχος, daß Xenophanes der erste gewesen ist, der sich in einer ersten Annäherung bewußt geworden ist, daß das Bemühen um Erkenntnis der Dinge sich auch mit den Bedingungen menschlicher Erkenntnis, die in unserem Erkenntnisapparat gelegen sind, befassen muß. Das alles zeigt, daß Xenophanes nicht der flache Aufklärer gewesen ist, als der er in manchen neueren Darstellungen erscheint, und, da das hier analysierte Fragment unmittelbar mit der Mythenkritik des Xenophanes zusammenhängt, daß Xenophanes nicht erst im reifen Alter von nahezu 70 Jahren unter dem Einfluß des 18- oder 20-jährigen Parmenides zum Denker geworden sein kann.

Nach einer ganz anderen Richtung hin ist für die Ansätze zu einem „wissenschaftlichen" Denken, die sich im 5. Jhdt. v. Chr. entwickelten, ein Argument des Xenophanes bedeutsam geworden, das nur in indirekter Überlieferung erhalten ist und in den meisten modernen Geschichten der antiken Philosophie dem Xenophanes abgesprochen wird, das aber echt sein muß, weil in ihm das Wort ὅμοιος in einem strikten Sinn gebraucht wird, in dem es später nicht mehr vorkommt[70], und, was noch wichtiger ist, weil der dem Xenophanes zugeschriebene Beweisversuch in der überlieferten Form nach den in die gleiche Richtung gehenden, aber viel radikaleren Argumenten des Parmenides kaum mehr möglich gewesen

---

[70] Vgl. darüber genauer den Anm. 60 zitierten Artikel, Sp. 1552 f.

wäre. Dieser Beweis lautet in etwas abgekürzter Form: Gott kann nicht geworden sein und auch nicht vergehen, ist also ewig. Denn er hätte entweder aus einem gleichartigen oder aus einem ungleichartigen Wesen hervorgehen müssen. Er kann aber nicht aus einem gleichartigen Wesen hervorgegangen sein. Denn er ist (wie Xenophanes vorher mit anderen Argumenten zu zeigen versucht hat) das alles lenkende, alles durchdringende Wesen. Wäre er nun aus einem in dieser Hinsicht gleichartigen Wesen hervorgegangen, so hätte sich nichts geändert. Denn es gäbe nachher wie vorher das eine alles lenkende und durchdringende Wesen. Es wäre also auch nichts hervorgegangen. Er kann aber auch nicht aus einem ungleichartigen Wesen hervorgegangen sein. Denn das müßte entweder stärker oder schwächer gewesen sein als er. Es kann aber nicht stärker gewesen sein. Denn dann müßte es noch da sein und wäre immer noch das mächtigste Wesen. Das aus ihm hervorgegangene Wesen könnte also nicht das alles beherrschende Wesen sein. Ebensowenig kann Gott aus einem schwächeren Wesen hervorgegangen sein. Denn woher hätte ein schwächeres Wesen die Kraft und die Substanz hernehmen sollen, das allgewaltige, alles lenkende Wesen aus sich hervorgehen zu lassen[71]?

Es ist eigentlich nicht schwer zu sehen, daß dieser Beweis des Xenophanes, wenn sein Gegenstand auch ein anderer ist als derjenige der Philosophen vor und nach ihm, doch ein unentbehrliches Glied bildet in einer Kette, die von Thales zu Parmenides führt, so daß sich von hier aus erweist, daß die antike Philosophiegeschichte gegenüber modernen Rekonstruktionsversuchen recht hat, wenn sie Xenophanes an den Anfang der Eleatischen Philosophie stellt. Als charakteristisch für Thales hatte sich erwiesen, daß er im Gegensatz zu früheren mythischen Spekulationen, welche die Welt aus dem Nichts oder aus einem unbestimmten Zustand zwischen Sein und Nichts hatten hervorgehen lassen, an den Anfang ein stoffliches Prinzip gesetzt hatte, das ewig ist und von Ewigkeit zu Ewigkeit besteht, während die speziellen Einzeldinge aus ihm sich abscheiden und bis zu einem gewissen Grade wohl auch in es zurückkehren. Bei Anaximander ist dieser ewige und unvergängliche Urgrund durch das unbestimmte Apeiron ersetzt. Anaximenes hat das unvergängliche Urprinzip durch ein stoffliches Prinzip ersetzt, aus dem sich die Dinge nicht mehr auf eine nicht weiter erklärte Art abscheiden, sondern das sich selbst in die verschiedenen Dinge verwandelt und durch alle Verwand-

---

[71] Über die verschiedenen Varianten, in denen das Argument überliefert ist, und die Mißverständnisse, die sich in einige spätere Fassungen eingeschlichen haben, vgl. ibidem Sp. 1549 ff.

lungen hindurch doch in gewisser Weise seine Identität bewahrt. Allen diesen Theorien liegt in einer zu Anfang noch sehr unklaren, dann immer klarer hervortretenden Art das Prinzip zugrunde, daß aus nichts nichts werden kann, daß immer schon etwas da sein muß, aus dem die Dinge hervorgehen und in das hinein sie wieder vergehen. Bei Xenophanes wird zum ersten Mal nicht nur wie bei Anaximenes behauptet, daß alle Dinge aus dem Urprinzip hervorgehen und in es zurückkehren, sondern die als evident betrachtete Tatsache, daß nichts aus nichts hervorgehen *kann*, zur Grundlage eines Beweises gemacht. Der Gegenstand freilich, um den es sich bei Xenophanes handelt, ist nicht ein stoffliches Prinzip. Was er über die Notwendigkeit eines ewig bestehenden Urstoffes gedacht hat, wenn er sich mit einer solchen Frage beschäftigt hat, was durchaus möglich ist, da sich Xenophanes auch mit der Erklärung physikalischer Phänomene abgegeben hat, läßt sich aus der in dieser Hinsicht außerordentlich fragmentarischen und z. T. widersprüchlichen Überlieferung nicht mit Sicherheit entnehmen[72]. Aber auf seinen Gott hat er dieses Prinzip mit aller Deutlichkeit angewendet, und dieser Gott ist offensichtlich ein dynamisches Prinzip. Finden sich also bei seinen Vorgängern unausgesprochene, mehr oder minder deutliche Ansätze zu einer Vorstellung von der Erhaltung der Materie oder des „Stoffes“, so findet man bei Xenophanes, cum grano salis verstanden, den ersten Ansatz zu dem Prinzip der Erhaltung, nicht so sehr der Energie als der Kraft.

Eine unmittelbare Wirkung auf die Philosophie und die Versuche der wissenschaftlichen Naturaufklärung hat dieses Stück der Philosophie des Xenophanes freilich zunächst nicht gehabt, sondern mittelbar durch die Radikalisierung dieses Prinzips durch Parmenides. Hatte Xenophanes gesagt, daß das Stärkere nicht aus dem Schwächeren hervorgegangen sein kann, weil das Schwächere die Stärke nicht in sich haben kann, aus der das Stärkere hervorgehen könnte, woraus sich als Konsequenz leicht ableiten läßt, daß erst recht nicht ein Etwas aus einem Nichts hervorgehen kann, so hämmert Parmenides in immer neuen Wendungen eben dies seinen Hörern oder Lesern ein, daß aus einem Nichtseienden kein Seiendes hervorgehen, aber umgekehrt auch kein Seiendes zu nichts oder zunichte werden kann, weil es das Nichtseiende oder das Nichts, eben weil es nicht *seiend* ist, schlechterdings nicht gibt.

Während nun bei Xenophanes die Unterscheidung zwischen unmittelbar wahrnehmbaren Phänomenen und der Erschließung eines dahinter

---

[72] Vgl. ibidem Sp. 1559 f.

liegenden, der unmittelbaren Wahrnehmung nicht zugänglichen Sachverhaltes von seinem Argument, daß das Schwächere kein Stärkeres aus sich allein heraus hervorbringen könne, worin das Prinzip, daß nichts aus nichts hervorgehen könne, mit eingeschlossen ist, ganz unabhängig ist, bringt die Radikalisierung des Argumentes durch Parmenides beides auf das engste zusammen. Da Parmenides aus seinem Prinzip den Schluß zieht, daß es kein eigentliches Werden und Vergehen geben kann, wir aber in der uns umgebenden Welt der Wahrnehmung unaufhörlich Werden und Vergehen erleben, ergibt sich ganz von selbst eine radikale Unterscheidung von zwei Erkenntnisarten, weit über das hinaus, was sich bei Xenophanes in dieser Hinsicht angedeutet hatte. So findet sich denn bei Parmenides auch jene berühmte Unterscheidung zwischen der Welt der wahren Erkenntnis, in der es kein Werden und Vergehen, sondern nur ein ewiges und überall gegenwärtiges, in sich geschlossenes, sozusagen prall gefülltes Sein gibt, und der Welt der δόξα, der Meinung, deren Welt, obwohl es nur eine Welt des Scheins oder Anscheins ist, man doch weitgehend nach ihr innewohnenden Gesetzen konstruieren kann: so sehr, daß man doch auch in dieser Welt des Anscheins wiederum zwischen dem, was in ihr richtig und zutreffend, und dem, was in ihr unzutreffend ist, also eine Art Wahrheit zweiten Grades, und die Abweichung davon, unterscheiden kann.

Diese Gedanken und Argumente des Parmenides haben auf das Denken der ausgezeichnetsten Philosophen des 5. Jhdts. sowie auch auf diejenigen Teile ihrer Philosophie, die für die Entwicklung der Wissenschaften von Bedeutung gewesen sind, einen ganz tiefgreifenden Einfluß gehabt. Die Bemühungen der meisten der Denker dieser Zeit sind darauf gerichtet, das Ergebnis des parmenideischen Denkens, daß nichts entstehen und nichts vergehen könne, mit dem Augenschein, der das Gegenteil zu zeigen scheint, in Einklang zu bringen. Dabei ist es sehr interessant zu sehen, wie bei diesen Bemühungen die verschiedensten Elemente der vorparmenideischen Philosophie aufgenommen werden und der Versuch gemacht wird, sie in eine den Forderungen des parmenideischen Denkens einigermaßen entsprechende Welterklärung einzubauen. Das kann jedoch erst später weiter verfolgt werden. Zunächst ist es nötig, sich einerseits mit der mit der Parmenideischen gleichzeitig entstandenen Pythagoreischen Philosophie, andererseits mit einem seltsamen Anhänger des Parmenides, der aber sowohl für die Wissenschaftsgeschichte, wie auch für die damit zusammenhängenden erkenntnistheoretischen Probleme von außerordentlicher Bedeutung ist, zu beschäftigen: mit Zenon von Elea.

Zenon von Elea (ca. 490—ca. 430 v. Chr.) ist vor allem durch seine Paradoxien von Achilles, der die Schildkröte nicht einholen kann, und vom fliegenden Pfeil, der ruht, allgemeiner durch seine Argumente gegen die Vielheit und gegen die Bewegung, bekannt. Es ist unmöglich, an dieser Stelle eine vollständige und eindringende Analyse der Zenonischen Paradoxien zu geben[73]. Es muß genügen, das mit möglichster Präzision herauszustellen, was für die Geschichte der antiken Wissenschaft und zur Erhellung ihrer erkenntnistheoretischen Grundlagen von besonderer Bedeutung ist. Wichtig hierfür ist vor allem auch die genaue Bestimmung des Verhältnisses Zenons zu Parmenides. Nach der antiken Überlieferung[74] versuchte Zenon Parmenides gegenüber denjenigen seiner Gegner, die die Leugnung der Bewegung und der Vielheit durch Parmenides für absurd erklärten, dadurch zu Hilfe zu kommen, daß er zu zeigen versuchte, daß sich ebenso absurde Konsequenzen ergäben, wenn man die Existenz von Bewegung und Vielheit annehme. Die Grundfrage in dieser Hinsicht ist die, ob diese Unterstützung des Parmenides durch Zenon eine dogmatische oder eine aporetische gewesen ist, d. h. ob Zenon mit seinen Argumenten zu zeigen versuchte, daß die Lehre des Parmenides richtig war (wozu sich keinerlei positiver Ansatz in den wörtlichen oder indirekten Fragmenten des Zenon findet), oder ob er nur die Aporien aufweisen wollte, in die man bei der Annahme, daß es Bewegung und Vielheit (in Wirklichkeit: unendliche Aufspaltbarkeit der Dinge) gebe, nach seiner Meinung unvermeidlich gerät. Es kann wohl kein Zweifel daran bestehen, daß die zweite Auslegung die richtige ist, da man sonst mit der Interpretation der Fragmente Zenons in unlösbare Schwierigkeiten gerät[75]. Sie steht auch in bester Übereinstimmung mit dem, was Platon in seinem Dialog Parmenides darüber sagt[76], sowie mit der Be-

---

[73] Vgl. darüber ausführlich meinen Artikel über Zenon von Elea im Schlußband der RE.

[74] Vgl. vor allem Platon, *Parmenides,* 128 C/D.

[75] Vgl. den Zenonartikel (oben Anm. 73).

[76] Vgl. Platon a. O. (oben Anm. 74): *Zenon:* seine Schrift sei eine Jugendschrift, die er verfaßt habe gegen diejenigen, die sich über Parmenides lustig machen, indem sie zu zeigen versuchten, daß sich aus der Parmenideischen Behauptung, es gebe nur das Eine, viele seltsame Folgerungen ergäben. Demgegenüber habe er zu zeigen versucht, daß sich aus der entgegengesetzten Behauptung, daß es eine Vielheit gebe, noch viel seltsamere Folgerungen ziehen ließen. Er sei aber ungewiß gewesen, ob er die Schrift veröffentlichen solle. Da sie ihm aber entwendet und vervielfältigt worden sei, sei er gar nicht mehr in der Lage gewesen, weiter darüber zu deliberieren, ob er sie der Öffentlichkeit zugänglich machen solle oder nicht.

zeichnung des Zenon als Dialektiker durch Aristoteles[77], was, da Zenon keine Dialoge geschrieben hat, nur bedeuten kann, daß er bewußt kontroverse Sätze aufstellte, die nach der einen wie nach der anderen Seite hin diskutiert werden konnten.

Sieht man seine Paradoxien auf diese Weise an, so handelt es sich offensichtlich um erkenntnistheoretische Antinomien, die auch durch die neuesten mathematischen Theorien nur insofern aus dem Wege geräumt werden können, als man ausgehend von anschaulich unvollziehbaren Axiomen widerspruchsfreie Theorien aufbauen kann. Die dabei trotzdem bleibende Antinomie läßt sich vielleicht auf die folgenden Faktoren unseres Erkenntnisvermögens zurückführen: 1. die Art, wie sich ein Continuum, wie es die Bewegung zu sein scheint, in sinnlicher Wahrnehmung darstellt, in der die Unterteilung in immer kleinere Stücke an eine untere Grenze der Wahrnehmbarkeit stößt, woraus ein nicht genau abgrenzbares Zwischenbereich zwischen diskreter und continuierlicher Auffassung der Phänomene entsteht, was sich auch darin manifestiert, daß ein Filmstreifen, der aus Einzelbildern diskontinuierlicher Bewegungsphasen besteht, wenn er abgespielt wird, sich der Wahrnehmung als kontinuierliche Bewegung präsentiert; 2. die abstrakte Analyse eines gedachten, bzw. in abstrahierender Auffassung als Element eines reinen entleerten Raumes vorgestellten, Continuums, in dessen Wesen es liegt, — im Einklang mit der Lehre des Aristoteles vom potentiell Unendlichen[78] — unendlich teilbar zu sein, d. h. ohne daß dieser Teilungsprozeß jemals definitiv zu Ende zu kommen braucht, wobei die Summe der Unterteilchen jedoch, wenn ihre Reihe convergent ist, bzw. die Unterteilchen sich nicht überschneiden (wie z. B. in der nichtconvergenten Reihe $1/2$, $1/3$, $1/4$, $1/5$, $1/6$, usw.), unterhalb eines endlichen Grenzwertes bleibt; 3. das Zerteilen des Continuums durch als völlig ausdehnungslos angenommene Punkte an beliebigen Stellen: eine zur exakten Erfassung gewisser Aspekte der Gegebenheiten unentbehrliche geistige Manipulation.

---

[77] Vgl. Aristoteles, Fragmenta Selecta, ed. W. D. Ross, Oxford 1955, p. 15, frgt. 1. Da Zenon keine Dialoge geschrieben hat und auch sonst seine Fragmente nicht die Form der Schriften späterer Dialektiker aufweisen, kann diese Bezeichnung durch Aristoteles nur bedeuten, daß Zenon im Gegensatz zu allen früheren Philosophen die Resultate seines Nachdenkens nicht als die wahre Auslegung der Welt und des Geschehens vorlegte, sondern bewußt kontroverse Sätze aufstellte, die nach der einen wie nach der anderen Seite hin diskutiert werden konnten. Vgl. dazu auch H. Boeder, „Der Ursprung der Dialektik in der Theorie des Seienden", Studium Generale XXI (1968), 185 ff.

[78] Vgl. darüber eingehender unten S. 677 ff.

Diese führt natürlicherweise zu der Vorstellung, daß das Continuum aus einer unendlichen Menge solcher Punkte „bestehe". Aber die Vorstellung, daß eine Summe völlig unausgedehnter Elemente Ausdehnung haben könnte, ist nicht wirklich vollziehbar. Die Axiomatisierung der Cantor-schen Mengenlehre versucht eine solche Auffassung mit Hilfe der Lehre von der verschiedenen Mächtigkeit von Mengen und der Bestimmung der Mächtigkeit der sog. c-Menge gewissermaßen dennoch manipulierbar zu machen, was ihr auch insofern gelingt, als aufgrund bestimmter Vor-sichtsmaßregeln die Vermeidung von Widersprüchen, wie sie zuerst in der Mengenlehre zahlreich aufgetreten sind, erreicht wird. Daß trotzdem die Schwierigkeit auch mathematisch nicht völlig überwunden ist, zeigt die Tatsache, daß sich die c-Menge entgegen der bestimmten Erwartung Cantors nicht in die Alef-Reihe einordnen läßt[79]. Es bleibt daher die Antinomie verschiedener, gleich unentbehrlicher und doch nicht mitein-ander völlig auf denselben Nenner zu bringender Erfassungsweisen, oder wie es einmal sehr gut formuliert worden ist[80]: „The human mind, when trying to give itself an accurate account of motion, finds itself confronted with two aspects of the phenomenon. Both are inevitable but at the same time they are mutually exclusive, etc.". So weit gehört Zenon vornehmlich in die Geschichte der Erkenntnistheorie, die aber, in-soweit sie es mit den Grenzen der Wissenschaft zu tun hat, doch auch für die Wissenschaftsgeschichte nicht ohne Bedeutung ist.

Die Stellung des Zenon in der Geschichte der Wissenschaften im engeren Sinne und seine Bedeutung für sie ist in neuerer Zeit sehr verschieden konstruiert worden. Es handelt sich dabei im wesentlichen um seine Bedeutung für die Entdeckung und/oder Behandlung des Irrationalen in der griechischen Mathematik. Diese kann erst weiter unten[81] in anderem Zusammenhang behandelt werden. Es ist aber zweckmäßig, über die beiden Haupttheorien schon hier im unmittelbaren Anschluß an die Erörterung der Paradoxien Zenons kurz etwas zu sagen. Die eine Theorie ist im Anschluß an und unter Fortbildung früherer Vermutungen von P. Tannery von H. Hasse und H. Scholz ausführlich zu begründen versucht worden[82]. Nach dieser Theorie ist die Beziehung zu Parmenides gar

---

[79] Vgl. unten S. 696 ff.

[80] So H. Fränkel, „Zeno of Elea's Attacks on Plurality", American Journal of Phi-lology LXIII (1943), p. 8.

[81] Vgl. unten S. 545 ff.

[82] Heinrich Hasse und Heinrich Scholz, Die Grundlagenkrisis der griechischen Mathe-matik, Pan-Bücherei, Gruppe Philosophie 3, Charlottenburg 1928, S. 9 ff.

nicht wesentlich für Zenon. Vielmehr seien seine Argumentationen nur zu verstehen als Antwort auf einen Versuch gewisser Pythagoreer, die „Arithmetica Universalis", d. h. die Erfaßbarkeit aller Dinge mit Hilfe von ganzzahligen Verhältnissen, durch unscharfe Raisonnements aus den Schwierigkeiten zu retten, in die sie durch die Entdeckung der Inkommensurabilität geraten sei. Die andere Theorie, die in neuester Zeit mehrfach vertreten und zu begründen versucht worden ist[83], besagt gerade umgekehrt, die Entdeckung der Inkommensurabilität habe entgegen der Überlieferung in Wirklichkeit gar nichts mit den Pythagoreern zu tun, die sich mit abstruser Zahlenmystik abgegeben und jedenfalls in älterer Zeit für die Mathematik gar nichts bedeutet hätten. Sie müsse von rein praktischen Mathematikern gemacht worden sein, die aber doch, da ja die praktischen Mathematiker in Ägypten und Babylonien mit ihrer sonst viel weiter entwickelten Mathematik auf solche Gedanken nicht gekommen seien, wohl eine Anregung von außen bekommen haben müßten. Diese Anregung sei aller Wahrscheinlichkeit nach von den Infinitesimalbetrachtungen des Zenon ausgegangen.

Beide Theorien bringen also Zenon in Verbindung mit der Entdeckung der Inkommensurabilität, die es ja tatsächlich mit ähnlichen Problemen zu tun hat wie diejenigen, die Zenons Paradoxien zugrundeliegen. Nur nimmt die eine der beiden Theorien an, Zenon habe durch seine Betrachtungen die Entdeckung der Inkommensurabilität angeregt, während die andere ihn als schärfsten Kritiker von unscharfen Versuchen, mit der schon entdeckten Inkommensurabilität fertig zu werden, betrachtet. Nach dieser letzten Theorie wäre Zenon, wie es von Hasse und Scholz ausgedrückt worden ist[84], „der Schicksalsmensch der antiken Mathematik" gewesen, der sie zur Exaktheit gezwungen und den „Finitismus" in der Behandlung des Irrationalen, der vor allem für die Exhaustionsmethode, bzw. die „Epsilontik", des Eudoxos von Knidos charakteristisch sei, begründet habe.

Was nun diese letztere Theorie angeht, so läßt sie sich in der Form, in der sie bei Hasse und Scholz erscheint, schon aus chronologischen Gründen nicht aufrechterhalten. Denn die Entdeckung der Inkommensurabilität kann nicht vor der Mitte des 5. Jhdts. v. Chr. erfolgt

---

[83] Vgl. vor allem Walter Burkert, „Weisheit und Wissenschaft", Erlanger Beiträge zur Sprach- und Kunstwissenschaft X (1962), S. 402 ff. und neuerdings J. A. Philip, „Pythagoras and early Pythagoreanism", Toronto 1966 (Phoenix, Suppl. Vol. VII).

[84] A. a. O. p. 60.

sein und alle die Beispiele unscharfer Behandlung des Infinitesimalen, die Hasse und Scholz anführen, fallen in die zweite Hälfte dieses Jahrhunderts. Dagegen wird die Schrift des Zenon, die seine Paradoxien enthielt, überall als Jugendschrift bezeichnet[85], müßte also eindeutig in das zweite Viertel des Jahrhunderts fallen und kann daher nicht gut als Kritik mathematischer Methoden des dritten und vierten Viertels dieses Jahrhunderts entstanden sein. Das ist von B. L. Van der Waerden mit Recht hervorgehoben worden[86]. Es ist aber nicht unmöglich, daß Hasse und Scholz in einem anderen Sinne doch weitgehend recht gehabt haben. Platons Dialog *Parmenides* ist zu einer Zeit oder unmittelbar nach der Zeit geschrieben, in der Eudoxos nach der antiken Überlieferung vorübergehend ein Mitglied der Platonischen Akademie gewesen ist. In diesem Dialog spielt Zenon eine zentrale Rolle. Seine Schrift muß also wohl um diese Zeit in der Akademie eingehend studiert worden sein. Die berühmten Exhaustionsbeweise des Eudoxos, in denen das Infinitesimale mit vorbildlicher Exaktheit gehandhabt wird, gehören aller Wahrscheinlichkeit nach der Epoche unmittelbar nach diesem Aufenthalt des Eudoxos in der Akademie an. Es ist daher durchaus möglich, wenn es sich auch nicht strikt beweisen läßt, daß Zenon auf diese Weise posthum einen bedeutenden Einfluß auf die Entwicklung der griechischen Mathematik und auf ihren speziellen Charakter ausgeübt hat.

Die andere Theorie, wonach Zenon im übrigen unphilosophischen Mathematikern den Anstoß zu Überlegungen, die zur Entdeckung der Inkommensurabilität führten, gegeben haben soll, stößt auf keine chronologischen Einwände, da die Schrift mit den Paradoxien Zenons nach der antiken Überlieferung beträchtliche Zeit vor der Entdeckung der Inkommensurabilität verfaßt worden ist, wenn sie auch nach Angabe Platons[87] erst später, aber immer noch zeitig genug, an das Licht der Öffentlichkeit getreten ist. Der Einwand richtet sich hier vielmehr gegen die negative Seite der Theorie, daß die Pythagoreer durchaus nichts mit der Entdeckung zu tun gehabt haben sollen, obwohl von den angenommenen unphilosophischen Mathematikern und ihren Beziehungen zu Zenon durchaus nichts Konkretes bekannt ist, während sich von dem, was über die Pythagoreer überliefert ist, nicht nur ein, sondern verschiedene

---

[85] Vgl. oben Anm. 76.

[86] B. L. Van der Waerden, „Zenon und die Grundlagenkrisis der antiken Mathematik", Mathematische Annalen CXVII (1940), 151 ff.

[87] Vgl. oben Anm. 76.

mögliche Wege, wie man zur Entdeckung der Inkommensurabilität gelangen konnte, ja geradezu auf sie gestoßen werden mußte, aufweisen lassen.

4. Die Pythagoreer. Zahlenmystik and exakte Mathematik.

Die Philosophie des Pythagoras (ca. 570—ca. 480 v. Chr.) scheint in vieler Hinsicht einen ganz anderen Ursprung und einen ganz anderen Charakter zu haben als diejenige der bisher betrachteten Philosophen. Sie enthält starke religiöse und „mystische" Elemente, was das Mißtrauen mancher Wissenschaftshistoriker erregt, ob daraus etwas Wissenschaftliches hervorgegangen sein könne, obwohl doch derartige Verbindungen in Zeiten des Übergangs auch sonst keineswegs selten gewesen sind.

Die Pythagoreische Lehre, die, wenn irgendeine, für die Entwicklung der Wissenschaft relevant geworden ist, ist die Lehre, die ihren lapidarsten Ausdruck gefunden hat in dem Satz „Alle Dinge sind Zahl" oder in anderen Variationen: „alle Dinge sind aus Zahlen zusammengesetzt" oder „die Zahlen sind das Wesen der Dinge" etc.[88]. Wie einige der früher erwähnten Theorien ist auch dies seinem Ursprung nach eine gewaltige Verallgemeinerung aufgrund zunächst sehr beschränkter Beobachtungen. Es hat aber auch, wie leicht zu sehen ist, eine gewisse Beziehung zu dem zuerst in Verbindung mit Hekataios von Milet auftretenden Problem, wieweit die für die menschliche Erkenntnis unentbehrlichen regelmäßigen Strukturen sich in den Dingen selbst auffinden lassen oder ihnen, um sie für die menschliche Erkenntnis faßbar zu machen, künstlich aufgelegt werden müssen.

In concreto sprechen jedoch sowohl die antike Überlieferung wie auch die älteste in der weiteren Ausbildung der Lehre gebrauchte Terminologie dafür, daß der erste Anstoß zu der Lehre von der Musik ausgegangen ist, von der Beobachtung nämlich, daß bestimmte, für das Ohr besonders angenehm und harmonisch klingende Tonkombinationen durch Saiten gleicher Art erzeugt werden, deren Längen in ganz einfachen Zahlenverhältnissen zueinander stehen, sowie daß dieselben Töne und Tonkombinationen sich auch mit Hilfe anderer Instrumente, bei denen dieselben

---

[88] Die wichtigsten Zeugnisse sind Aristoteles Metaphysik A 5, 985 b, 23 ff.; I 2, 1053 b, 12/13; und M 4, 1078 b, 21 ff. Für weitere Zeugnisse und ihre Interpretation vgl. meinen Artikel „Pythagoreer" in der RE, XXIV, Sp. 250.

Zahlenkombinationen wiederkehren, erzeugen lassen. In der ältesten Überlieferung wird häufig das Verhältnis im mathematischen Sinne statt mit dem später vorwiegenden, für den Sinn der Lehre sehr aufschlußreichen Wort λόγος mit διάστημα bezeichnet, was eigentlich „Abstand" bedeutet. Die Glieder der Proportion heißen bis in die spätesten Zeiten der griechischen Mathematik ὅροι, was eigentlich „Grenzen" bedeutet. Das ist aus der reinen Mathematik gar nicht zu erklären, wohl aber aus der Anwendung der Proportionenlehre auf die Musik, wo die Zahlenverhältnisse den Intervallen auf der Tonskala entsprechen und die Glieder der Proportionen den Tönen als den Grenzen der Intervalle. Was andererseits über die Beobachtungen erzählt wird, durch die Pythagoras auf seine Lehre gebracht worden sein soll, scheint öfter mit den akustischen Gesetzen nicht übereinzustimmen und daher ins Reich der Legende verwiesen werden zu müssen. In einigen Fällen läßt sich jedoch zeigen, daß die Nichtübereinstimmung mit den Gesetzen der Akustik daran liegt, daß die modernen entsprechenden tonerzeugenden Gegenstände anders gebaut sind als die entsprechenden antiken, so daß für die letzteren ein der Überlieferung approximativ entsprechendes Ereignis doch möglich ist[89]. Jedenfalls ist kaum ein Zweifel daran möglich, daß akustische Beobachtungen bei der Entstehung der Pythagoreischen Zahlenlehre eine entscheidende Rolle gespielt haben und daher Proportionen am Anfang dieser Lehre stehen.

Zu diesen akustischen Beobachtungen kam aller Wahrscheinlichkeit nach im allerersten Stadium der Entwicklung der Lehre die sachlich mit dem sog. Pythagoreischen Lehrsatz zusammenhängende Kenntnis der

---

[89] Die dem Pythagoras und dann wieder dem um die Mitte des 5. Jhdts. v. Chr. lebenden Hippasos von Metapont zugeschriebenen Beobachtungen und Experimente mit Ton oder Musik erzeugenden Instrumenten sind in neuerer Zeit vielfach als Erfindungen der antiken Überlieferung erklärt worden, weil sie akustisch unmöglich sind oder jedenfalls nicht die berichteten Resultate ergeben. Für einiges mag dies zutreffen. Auf der anderen Seite ist aber auch manches offenbar mit der Zeit nicht mehr richtig verstanden oder falsch ausgelegt worden. Die Geschichte z. B., nach der Pythagoras, als er an einer Schmiede vorbeiging, zwischen den von den Hämmern auf dem Amboß hervorgebrachten Tönen den Unterschied einer Oktave beobachtet haben und dann eine Beziehung zur Größe der Hämmer hergestellt haben soll (wieweit die weiteren genaueren Angaben über eben diese Größe richtig sind, ist eine andere Frage), hätte mit einer modernen Schmiede nicht passieren können. Nach von Professor Krämer in München auf Anregung von Baudirektor Hertwig angestellten Versuchen ist die Geschichte ihrer Grundvoraussetzung nach durchaus möglich, wenn man, wie in der Antike, einen in Holz eingelassenen, daher nicht tönenden Amboß und Hämmer mit Metallstielen statt der modernen Holzstiele, die die Hämmer am Schwingen verhindern, verwendet.

Tatsache, daß, wenn man drei Stöcke oder gerade Strecken, deren Längen im Verhältnis von 3, 4, 5 zueinander stehen, zu einem Dreieck zusammenfügt, ein rechtwinkliges Dreieck von einer gewissen Form entsteht, ohne daß dabei die absolute Größe des Dreiecks oder der es konstituierenden Seiten eine Rolle spielt. Das konnte leicht zu der weiteren Feststellung führen, daß, wenn man drei Stöcke, die in irgendeinem Längenverhältnis zueinander stehen (vorausgesetzt, daß die Summe der Längen von zweien von ihnen größer ist als die Länge des dritten), zusammenfügt, unabhängig von der absoluten Länge der Stöcke, „ähnliche", d. h. gestaltgleiche Dreiecke oder, wie man in der ältesten Zeit zu sagen pflegte, bei gleichem Längenverhältnis der Stöcke „das selbe Dreieck", wenn auch in verschiedener Größe, entsteht. Endlich scheint die Beobachtung, daß die Umläufe der Gestirne regelmäßig und ihr Verhältnis zueinander bis zu einem gewissen Grade zahlenmäßig faßbar ist, bei der Ausbildung der in einem so ungeheuer allgemeinen Satz formulierten Lehre eine Rolle gespielt zu haben.

Der älteste und primitivste Sinn der Lehre scheint also zu sein, daß in den Dingen gewissermaßen Zahlenbündel stecken, durch deren Kenntnis man die Dinge zu fassen bekommen kann. Dieses Zufassenbekommen aber hat offenbar — und dies ist von grundlegender Bedeutung — einen doppelten, d. h. einen theoretischen und einen praktischen Sinn. Das Zahlenbündel, woraus dann bei der fortschreitenden Mathematisierung der Lehre das Verhältnis der Zahlen zueinander im mathematischen Sinne wird, wird von sehr früh an „Logos" genannt. Logos heißt Sprache oder Wort, und zwar in dem Sinne, daß durch das Wort im Sinne von Logos das Wesen des Dinges eigentlicher bezeichnet wird als durch seinen Namen (ὄνομα), der ihm sozusagen von außen gegeben wird. Wenn also die in den Dingen steckenden Zahlenbündel als λόγοι bezeichnet werden, so wird dadurch zum Ausdruck gebracht, daß auf diese Weise mehr und Wesentlicheres über das durch diese Zahlenbündel bezeichnete Ding mitgeteilt wird als wenn es nur mit seinem Namen bezeichnet würde. Zugleich kann man aber ein Dreieck von bestimmter Gestalt, wenn man die in ihm steckenden Zahlen kennt, jederzeit in beliebiger Größe mit Leichtigkeit herstellen, ebenso wie man aufgrund einer analogen Kenntnis „die selben" Töne und Tonkombinationen in verschiedenen (oktav-)Höhen, aber auch mit verschiedener Klangfarbe und mit verschiedenen Instrumenten wiedererzeugen kann. Endlich ist die Kenntnis der Zahlen, die in einem Ding stecken, im eminenten Sinne eine Erkenntnis, die sich ohne jeden Verlust von einem Menschen auf einen anderen übertragen und

also auch unbeschränkt konservieren läßt. Hier also, bei einer Spekulation, die von Anfang an auf mathematische, bzw. quantitative Analyse
der Welt gerichtet war, liegen weit mehr noch als bei den früher behandelten Philosophien der frühgriechischen sog. „Physiker" (φυσικοί), Thales, Anaximander und Anaximenes, die Anfänge einer akkumulierbaren
und in gewisser Weise auf die praktische Bewältigung der Dinge gerichteten Wissenschaft im modernen Sinn.

Zunächst freilich wurden diese Ansätze in zwei auseinanderstreben-
den Richtungen weiterentwickelt: in die Richtung einer zügellosen und
oft ins Phantastische ausschweifenden Spekulation und in die Richtung
der mathematischen Präzisierung. Pythagoras selbst, von dem diese Philosophie ausgegangen war, war ja nicht nur ein Philosoph, sondern auch
ein Mystiker und ein religiöser und sittlicher Reformer. So ist es nicht
zu verwundern, daß, ausgehend von der auf einem ziemlich beschränkten Gebiete gewonnenen Überzeugung, daß sich alles müsse in Zahlen
fassen lassen, nun auch nach der Zahl der Tugend oder der Gerechtigkeit, oder der Ehe gesucht wurde[90]. Tycho Brahe, einer der sorgfältigsten
astronomischen Beobachter aller Zeiten, hat, soweit sich erkennen läßt,
sehr ernsthaft an die Astrologie geglaubt und diese selbständig weiter zu
fördern gesucht. Kepler hat offenbar nicht mehr daran geglaubt, aber
im Dienste seiner Auftraggeber trotzdem eifrig Horoskope gestellt. Ähnliche Kombinationen zwischen Anfängen der Wissenschaft und unkontrol-
lierter Spekulation finden sich bei Paracelsus. Die Tatsache, daß es noch
zu Beginn des 4. Jhdts. einen pythagoreischen Philosophen, Eurytos, gegeben hat, der die dem Menschen oder dem Pferde zugrundeliegende Zahl
dadurch zu ermitteln suchte, daß er zusah, wie viele Steinchen man
brauchte, um den erkennbaren Umriß eines Menschen oder Pferdes zu-
sammenzusetzen, oder daß noch Jahrhunderte lang Pythagoreer über die
mannigfachen Bedeutungen der Siebenzahl oder der Dreizahl oder der
Tetraktys spekulierten, beweist nicht, daß es nicht in derselben Schule
Männer gegeben haben kann, die von denselben allgemeinen Überzeugungen ausgehend vielmehr zu mathematischer Präzision zu gelangen
suchten.

Auch an einem Mittel- und Bindeglied zwischen der wilden Zahlen-
spekulation und der wissenschaftlichen Mathematik, einem Mittelglied,

---

[90] Aristoteles, Metaphysik M 4, 1078 b, 21. Der *selbe* Aristoteles sagt Metaphysik
A 5, 985 b, 24 ff., die Pythagoreer seien von mathematischen Betrachtungen aus zu
ihrer Lehre „Alles ist Zahl" gekommen.

das besonders reich und detailliert für die frühen Pythagoreer bezeugt ist, fehlt es nicht. Dies ist die Lehre von den Polygonalzahlen und später auch von den körperlichen Zahlen (Pyramidalzahlen mit dreieckiger Basis, mit quadratischer Basis etc.; Kubikzahlen, ziegelförmige, altarförmige Zahlen etc.). Während in der ältesten Zeit z. B. der Tetraktys, der Summe der durch Punkte dargestellten und in der Form eines Dreiecks angeordneten Zahlen von eins bis vier, alle Arten von mystischen Bedeutungen zugeschrieben wurden und mit den Zahlen dieser Art noch auf Jahrhunderte hinaus von vielen Pythagoreern mathematisch unfruchtbare Spielereien getrieben wurden, sind aus der genaueren Analyse dieser Zahlen, die alle Reihen verschiedener Art darstellen, doch schon in früher Zeit, wahrscheinlich seit der zweiten Hälfte des 5. Jhdts., auch einige zahlentheoretische, noch heute interessante Ergebnisse abgeleitet worden, wenn auch erst Diophant viele Jahrhunderte später die Lehre von den Polygonalzahlen als Ganze auf eine neue, im heutigen Sinne wissenschaftliche Basis gestellt hat.

Die bedeutendste Präzisierung hat jedoch die pythagoreische Zahlenlehre zunächst in der schon ganz früh einsetzenden Entwicklung der Proportionenlehre gefunden. Verschieden große Dreiecke, deren Seiten sich wie 3, 4 und 5 verhalten, haben die gleiche Gestalt und den gleichen Logos, d. h. dasselbe inhärente Zahlenbündel, durch das man die Gestalt bezeichnen und mit dessen Hilfe man diese gleiche Gestalt jederzeit exakt reproduzieren kann. So wird der Ausdruck ὁ αὐτὸς λόγος = „der selbe Logos" zur Bezeichnung der Proportion. Es läßt sich aber auch leicht zeigen, daß gleiche Multiple der gleichen Zahlen sich verhalten wie die Zahlen selbst. Aufgrund dieser Tatsache wiederum läßt sich leicht zeigen, daß sich Verhältnisse von Brüchen durch Multiplikation mit den Nennern in Verhältnisse von ganzen Zahlen umwandeln lassen[91]. Daraus

---

[91] Das Prinzip der alten Pythagoreer, Brüche durch ganzzahlige Verhältnisse zu ersetzen, wird sehr schön illustriert durch eine Stelle in Platons Staat, VI 525 D/E, wo es heißt: „du weißt ja, wie diejenigen, die sich auf solche Dinge verstehen, sich darüber lustig machen, wenn jemand in Gedanken die Einheit zerstückelt, und das nicht gelten lassen. Und wenn du die Einheit zerstückelst, dann werden sie vervielfachen, indem sie sich vorsehen, daß nicht die Einheit als etwas erscheint, das nicht eins ist, sondern viele Teile." Wenn Burkert a. O. dagegen einwendet, daß selbst bei Archytas in der Pythagoreischen Musiklehre noch von rationes superparticulares die Rede sei, also von einer Art von Brüchen, so bestätigt dies nur, daß die Pythagoreische Zahlenlehre ursprünglich von der Musik ausgegangen ist und sich in dieser noch etwas von der ursprünglichen Terminologie und von den anfänglichen Problemen erhalten hat. Zugleich ist der Übergang zu der reinen Proportionslehre gerade in dem Satz des Archytas über die rationes superparticulares

entwickelt sich die Proportionenlehre für ganze Zahlen, die zusammen mit zahlentheoretischen Untersuchungen, die von der Betrachtung der erwähnten Gestaltzahlen ausgingen[92], den Hauptinhalt der arithmetischen Bücher in den Elementen Euklids bildet. In ihren allerersten Anfängen tat diese Entwicklung wahrscheinlich dem Glauben Vorschub, daß alle Dinge mit Hilfe von Zahlen, worunter zunächst naturgemäß natürliche, d. h. ganze Zahlen verstanden wurden, bzw. durch Verhältnisse von ganzen Zahlen, faßbar seien, mit anderen Worten: eben der für Pythagoras und die Pythagoreer bezeugten Lehre „Alles ist Zahl" in ihrem natürlichen Sinn.

Der letzte Schritt zur Wissenschaft im modernen Sinn wird aber auch hier getan durch den Versuch der Verifikation. Daß man mit Hilfe von Zahlen und Proportionen, wenn man sie richtig anwendet, gleichartige Gebilde erzeugen kann, bewährt sich überall. Aber umso mehr erhebt sich die Frage, welche Zahlen in Gebilden und Gestalten stecken, welche auf andere Weise vorgegeben sind, wie etwa das Quadrat, das wegen seiner regelmäßigen Gestalt bei den Pythagoreern eine große Rolle spielte, oder das regelmäßige Fünfeck, bzw. das durch Verlängerung der Seiten des regelmäßigen Fünfecks bis zu ihrem Schnittpunkt entstehende sog. Pentagramm, das den Pythagoreern als Erkennungszeichen diente. Das hätte man nun durch Ausmessen herauszufinden versuchen können, wobei sich freilich mit zunehmender Genauigkeit der Ausmessung die Zahlen immer wieder verändern mußten. Das Bedeutsame ist jedoch, daß sich die Pythagoreer eben nicht wie ihre babylonischen Vorgänger mit Approximationen begnügten, sondern es exakt wissen wollten. Das führte — am wahrscheinlichsten am regelmäßigen Fünfeck[93], aber es gibt auch an-

---

sehr schön zu sehen. Vgl. auch den Nachtrag zu dem Wiederabdruck meines Aufsatzes über Platon, Theaetet und die antike Mathematik, Wissenschaftliche Buchgesellschaft, Darmstadt, Reihe Libelli CCLVII (1969), S. 76 ff. mit Anm. 15.

[92] Vgl. darüber O. Becker in: Quellen und Studien zur Geschichte der Mathematik, Bd. III, S. 533 ff. und B. L. Van der Waerden in: Mathematische Annalen CXX (1947—49), S. 127—53 und 676—700.

[93] Für einen Versuch, den mutmaßlichen Beweis des Hippasos am regelmäßigen Fünfeck zu rekonstruieren, sowie für den Nachweis, daß zur Zeit des Hippasos ein völlig strikter Beweis geführt werden konnte, für den nicht mehr an mathematischen Sätzen erforderlich war als was durch die antike Mathematikgeschichte schon dem Thales zugeschrieben wird, vgl. unten S. 545 ff. O. Becker hat später den Beweis geführt, daß man auch ausgehend von der pythagoreischen ψῆφοι-Mathematik zu einem verhältnismäßig einfachen Beweis der Inkommensurabilität gelangen kann. Überall zeigt sich daher, daß gerade die Pythagoreische Zahlenlehre Anlaß zu Betrachtungen geben mußte, die zu der Entdeckung der Inkommensurabilität

dere Möglichkeiten, und darauf, wie die Entdeckung zuerst erfolgt ist, kommt hier nichts an — zu der überraschenden Entdeckung, daß an scheinbar so einfachen Gebilden wie dem Quadrat und dem regelmäßigen Fünfeck das Verhältnis zwischen Seite und Diagonale und damit z. B. auch am gleichschenkelig-rechtwinkligen Dreieck das Verhältnis der Länge der Katheten zur Länge der Hypotenuse sich überhaupt nicht durch das Verhältnis zwischen zwei noch so großen Zahlen ausdrücken ließ, d. h. zur Entdeckung der Inkommensurabilität, für die dann bald auch andere Beispiele gefunden wurden.

Wenn aber in dem gleichschenkelig-rechtwinkligen Dreieck z. B. das Verhältnis der Seiten zueinander nicht in ganzen Zahlen ausgedrückt werden kann, solche Zahlen aber nach der pythagoreischen Grundlehre „Alles ist Zahl" der „Logos" sind, durch den Dreiecke und andere Dinge sich in ihrem Wesen erfassen und mit dessen Hilfe sie sich reproduzieren lassen, dann schien das gleichschenkelig-rechtwinklige Dreieck keinen Logos zu haben. Das fand in der mathematischen Terminologie denn auch seinen Ausdruck darin, daß das Verhältnis dieser Seiten zueinander als ἄλογος bezeichnet wurde, was wir als terminus technicus auffassen und mit „irrational" übersetzen, was aber ursprünglich und wörtlich „ohne Logos", „ohne Verhältnis", bedeutet. Damit mußte mit einem Male die pythagoreische Grundlehre, daß „Alles Zahl ist", daß alle Dinge zahlenmäßig gefaßt werden können, als widerlegt erscheinen. So ist es kein Wunder, daß diese Entdeckung zuerst als eine Art Schock empfunden wurde, was dann in der Legende seinen Ausdruck fand, der Urheber der Entdeckung, Hippasos von Metapont, sei dafür, daß er dies schreckliche Geheimnis aufgedeckt, oder dafür, daß er es ausgeplaudert habe, von den Göttern bestraft worden, die ihn bei einer Seereise auf dem Meere Schiffbruch erleiden und im Meere umkommen ließen[94].

---

führen konnten, ja bei einem intensiven Streben nach Verifikation dazu führen mußten. Dies Streben nach Verifikation zeigt sich aber *auch* in den mathematisch sinnlosen Versuchen, die Zahl der Ehe oder des Pferdes zu bestimmen. Es zeigt mangelndes Vermögen, sich in die Bedingungen einer Zeit hineinzuversetzen, in denen die Mathematik noch in ihren allerersten Anfängen stak, wenn man bestreitet, daß die einen und die anderen Tendenzen innerhalb der selben philosophischen Schule bestanden haben könnten, weil in unserer Zeit derartiges kaum möglich wäre. Das Entscheidende ist, daß *hier* die Anlässe zum Übergang überall aufs deutlichste gegeben sind, und viel unmittelbarer als selbst von den Infinitesimalbetrachtungen des Zenon, die nicht auf konkrete geometrische Einzelprobleme führen.

[94] Auch der heute verbreitete Hohn über die Annahme, daß die Entdeckung der Inkommensurabilität einen Schock bedeutet haben könnte, die damit verbundene Anzweiflung der Überlieferung und der Hinweis auf die viel verbreitetere Über-

Vom rein mathematischen Standpunkt aus ist dann freilich die durch die Entdeckung der Inkommensurabilität entstandene Schwierigkeit erstaunlich schnell überwunden worden: durch eine Erfindung, deren Urheber unbekannt ist, die aber in gewisser Weise viel genialer ist als die Entdeckung der Inkommensurabilität selbst, die, wenn einmal das Bestreben nach Verifizieren und Exaktheit, das freilich zuerst bei den Griechen aufgekommen ist, sich durchgesetzt hatte, nicht allzu schwer zu machen war.

Wenn, wie sehr wahrscheinlich ist, die Entdeckung der Inkommensurabilität am regelmäßigen Fünfeck gemacht worden ist, so ist dies, wie unten im einzelnen gezeigt wird[95], im wesentlichen auf folgende Weise geschehen. Will man das Verhältnis zweier Strecken zueinander bestimmen, so zieht man die kleinere von der größeren so oft ab wie dies möglich ist. Bleibt dann ein Rest, so zieht man diesen von der kleineren ab soweit dies möglich ist, dann wieder den Rest von dem zuvor gebliebenen Rest. Geht endlich der gegenseitige Prozeß der Abziehung einmal auf, so daß kein Rest mehr bleibt, so hat man das größte gemeinsame Maß der beiden ursprünglichen Strecken. Trägt man dies auf den beiden Strecken

---

lieferung, daß die Entdeckung vielmehr als große Errungenschaft betrachtet wurde, zeigt dasselbe mangelnde Verständnis für die historische Situation. Selbst wenn es nicht überliefert wäre und wenn es keine entsprechenden Legenden gäbe, müßte man erschließen, daß es für die orthodoxen Pythagoreer (αὐτὸς ἔφα) ein Schock gewesen sein muß, wenn eine Entdeckung gemacht wurde, die zu beweisen schien, daß die Lehre des Meisters „Alles ist Zahl" jedenfalls in ihrem ursprünglichen Sinne nicht überall galt und sogar gerade bei einigen Figuren, die innerhalb der alten Lehre eine bedeutende Rolle spielten, nicht galt. Es ist sehr natürlich, daß der Entdecker der Lehre, der, wenn es Hippasos war, nach der Überlieferung zu dem inneren Zirkel des Ordens der höher Eingeweihten gehörte, sich mit seinen Entdeckungen selbst als wahren Fortsetzer des Meisters betrachtete, andere dagegen ihn als Ketzer betrachteten, was auch darin zum Ausdruck kommt, daß später das ursprüngliche Verhältnis von μαϑηματικοί, womit der innere Zirkel der Eingeweihten bezeichnet wurde, und ἀκουσματικοί, womit die bloßen „Hörer" bezeichnet wurden, von manchen umgekehrt und behauptet werden konnte, die Akusmatiker seien die wahren Pythagoreer gewesen. Vgl. K. v. Fritz, „Mathematiker und Akusmatiker bei den alten Pythagoreern", Sitz.-Ber. Bayer. Akad. Wiss., phil.-hist. Kl. 1960, Heft 11. Es ist übrigens höchst instruktiv, das ausgezeichnete Kapitel von C. F. von Weizsäcker über Galilei in seinem Buch „Die Tragweite der Wissenschaft" I, Kapitel VI, S. 96 ff., zu lesen, wo gezeigt wird, wie in sehr weitgehender Analogie zu Hippasos Galileis Lehre von manchen Vertretern der Kirche als sehr gefährlich betrachtet wurde, Galilei selbst dagegen seine neue Astronomie als wahre Verherrlichung der Schöpfung Gottes betrachtete, andere hinwiederum eine Mittelstellung einnahmen, bald darauf aber natürlich Galileis Lehre allgemein als großartige Entdeckung gefeiert wurde.

[95] Vgl. unten S. 565 ff.

ab, so sind die Anzahlen der möglichen Abtragungen die Verhältniszahlen der beiden Strecken, also ihr „Logos" nach der ursprünglichen Bedeutung des Wortes. Beim regelmäßigen Fünfeck ergibt sich bei dem gegenseitigen Subtraktionsprozeß, daß die Differenz zwischen Diagonale und Seite des Fünfecks gleich der Diagonale des Fünfecks ist, das von sämtlichen Diagonalen des Fünfecks im Innern des Fünfecks gebildet wird, und die Differenz zwischen der Seite des ursprünglichen Fünfecks und der Diagonale des inneren Fünfecks gleich der Seite des inneren Fünfecks. Da nun die Diagonalen jedes Fünfecks wieder ein regelmäßiges Fünfeck bilden, so ist offensichtlich, daß, da unendlich viele regelmäßige Fünfecke ineinandergeschachtelt sind, auch der Prozeß des gegenseitigen Abziehens unendlich weitergehen muß und man also niemals zu einem gemeinsamen Maß von Diagonale und Seite des regelmäßigen Fünfecks gelangen kann, es also unmöglich ist, sie mit einem solchen Maß zu messen und ihren „Logos" zu finden.

Die Überwindung der Schwierigkeit ist aller Wahrscheinlichkeit nach schon in der zweiten Hälfte des 5. Jhdts. v. Chr. dadurch erfolgt, daß die Proportion, der αὐτὸς λόγος, neu definiert wurde, indem man den Prozeß des gegenseitigen Abziehens, durch den bei rationalen Verhältnissen das größte gemeinsame Maß gefunden wird, aus dem dann die Verhältniszahlen sich ableiten lassen, selbst zum Kriterium erhob. Wenn zwei Paare von Längen zueinander im selben Verhältnis stehen, wie etwa 4:15, so wird auch der Prozeß des gegenseitigen Abziehens jeweils gleich oft in derselben Richtung gehen, bis er zum Stillstand kommt. Nun wird also festgesetzt, daß zwei Größenpaare auch dann als im selben Verhältnis zueinander stehend betrachtet werden sollen, wenn der Prozeß des gegenseitigen Abziehens niemals zum Abschluß kommt, aber gezeigt werden kann, daß er bis in alle Ewigkeit immer bei beiden in dieselbe Richtung geht. Dies ist ja beim regelmäßigen Fünfeck auf den ersten Blick zu sehen, da hier die Subtraktion jeweils genau einen Schritt: Seite zu Diagonale, Diagonale zu Seite, etc. in jeder Richtung geht. Die Tatsache, daß eine solche Überwindung der Schwierigkeit so schnell gefunden worden ist, kann vielleicht der Annahme, daß die Entdeckung selbst am regelmäßigen Fünfeck gemacht worden ist, bis zu einem gewissen Grade zur Stütze dienen. Aber auch in einigen anderen elementaren, aber für die Geometrie grundlegend wichtigen Fällen läßt sich aufgrund der neuen Definition leicht nachweisen, daß zwei Größenpaare einander proportional sind, wenn sie auch nicht in einem ganzzahligen Verhältnis zueinander stehen: so z. B. der Satz, daß Rechtecke von gleicher Höhe sich verhalten

wie ihre Basen, auch wenn das Verhältnis kein rationales ist, da auf den
ersten Blick zu sehen ist, daß, wenn die Basis b von der Basis a dreimal
abgezogen werden kann, sich das Rechteck B von dem Rechteck A auch

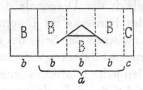

dreimal muß abziehen lassen, und wenn der Rest c sich von b fünfmal
abziehen läßt, auch das Rechteck C sich von dem Rechteck B fünfmal
muß abziehen lassen, und so fort. Freilich ergibt sich dabei das vom Standpunkt der ursprünglichen Proportionenlehre aus paradoxe Resultat, daß
zwei Größen, die ἄλογα sind, also im ursprünglichen Sinne kein Verhältnis zueinander haben, zueinander im selben Verhältnis stehen wie zwei
andere Größen, die auch kein Verhältnis zueinander haben.

Das mag auf den ersten Blick als eine rein terminologische, durch den
historischen Zufall der Umstände der Entdeckung des Irrationalen verursachte Schwierigkeit erscheinen. Aber es liegen dem doch ernsthafte
Probleme zugrunde. Zunächst tritt das Problem des Finitismus, der finiten
Erfassung des Unendlichen, in einer neuen Gestalt auf. Im Falle des
regelmäßigen Fünfecks bekommt man den infiniten Prozeß des gegenseitigen Abziehens, d. h. sowohl die Tatsache, daß er infinit ist, als auch
die Tatsache, daß er sich immer je genau einen Schritt in jeder Richtung bewegen muß, mit Hilfe des einmaligen und völlig finiten Beweises,
daß die Schnittpunkte der Diagonalen ein regelmäßiges Fünfeck bilden
und die Differenz von Diagonale und Seite jeweils gleich der nächsten
Diagonale ist etc., völlig in die Hand. Im Falle der Rechtecke und ihrer
Basen bekommt man den im übrigen völlig irregulären infiniten Verlauf
der gegenseitigen Subtraktion dennoch dadurch völlig in die Hand, daß
sich an den ersten Schritten zeigen läßt, daß beim gegenseitigen Abziehen
der Basen die Rechtecke notwendig immer folgen müssen. Nirgends bekommt man es bei diesen Beweisen mit so etwas wie Grenzwerten zu tun.
Aber bei den grundlegenden Beweisen des 11. und 12. Buches der Elemente des Euklid über das Verhältnis von Kreisen oder Kegeln zueinander kommt man weder mit der angeführten Definition des αὐτὸς λόγος
noch ohne das, was Hasse und Scholz die Epsilontik genannt haben, aus.

Wahrscheinlich weniger als ein halbes Jahrhundert später hat dann Eudoxos von Knidos (400—437 v. Chr.) die Definition „Den selben Logos haben (d. h. nach unserer Terminologie: zueinander im selben Verhältnis stehen) Größenpaare, welche die selbe gegenseitige Abziehung haben"[96] durch eine kompliziertere, aber letzterdings auf demselben Prinzip beruhende Definition ersetzt[97], die es nicht nur erlaubte, in einzelnen Fällen nachzuweisen, daß zwei oder mehr Paare von inkommensurablen Größen zueinander im selben Verhältnis stehen, sondern eine ganz allgemeine, auch für nichtkommensurable Größen gültige, Proportionenlehre aufzubauen. Mit Hilfe dieser Proportionenlehre und des sog. Lemmas des Archimedes, das aber in nur ganz leicht abweichender Form schon als Satz X, 1 in Euklids Elementen erscheint und zweifellos letzterdings auf Eudoxos zurückgeht[98], hat dieser dann sein sog. Exhaustionsverfahren zu großer Exaktheit ausgebildet und damit vor allem die Stereometrie auf eine ganz neue Basis gestellt. Dies Exhaustionsverfahren beruht darauf, daß krummlinig begrenzten Flächenstücken oder Körpern, deren Verhältnis zueinander bestimmt werden soll, geradlinig begrenzte regelmäßige Flächenstücke oder Körper einbeschrieben werden, die sich durch Unterteilung und Vermehrung ihrer Seiten der Peripherie der krummlinig begrenzten Fläche (oder Körper), der sie einbeschrieben sind, immer mehr annähern[99]. Es wird dann bewiesen, daß das Verhältnis zwischen

---

[96] Vgl. Aristoteles, Topik Θ 3, 158 b, 33—35: τὴν γὰρ αὐτὴν ἀνταναίρεσιν ἔχει τὰ χωρία . . .· ἔστι δὲ ὁρισμὸς τοῦ αὐτοῦ λόγου οὗτος.

[97] Euklid, Elemente V def. 5: ἐν τῷ αὐτῷ λόγῳ μεγέθη λέγεται εἶναι πρῶτον πρὸς δεύτερον καὶ τρίτον πρὸς τέταρτον, ὅταν τὰ τοῦ πρώτου καὶ τρίτου ἰσάκις πολλαπλάσια τῶν τοῦ δευτέρου καὶ τετάρτου ἰσάκις πολλαπλασίων καθ' ὁποιονοῦν πολλαπλασιασμὸν ἑκάτερον ἑκατέρου ἢ ἅμα ὑπερέχῃ ἢ ἅμα ἴσα ᾖ ἢ ἅμα ἐλλείπῃ ληφθέντα κατάλληλα.

[98] Vgl. darüber unten S. 381 ff.

[99] Das Annäherungsverfahren durch Einbeschreibung geradliniger Figuren in krummlinige ist an sich viel älter und geht schon auf den Sophisten Antiphon zurück, der schon in der zweiten Hälfte des 5. Jhdts. das Problem der Quadratur des Kreises durch Einbeschreibung und Umschreibung von regelmäßigen Polygonen zu lösen versuchte. Doch wird diese „Lösung" von Aristoteles mit Recht zurückgewiesen, da damit nur Annäherungswerte erreicht werden. Es ist früher vielfach und auch von mir angenommen worden, daß der Beweis des Hippokrates von Chios, daß Kreise sich zueinander verhalten wie die Quadrate ihrer Durchmesser, worauf seine berühmten Möndchenbeweise beruhen, sich schon aufgrund der Antiphonschen „Kreisquadratur" eines ähnlichen Beweisschemas bedient haben müsse wie Eudoxos für seine Beweise, nur weniger exakt axiomatisch fundiert. O. Becker, „Der mutmaßliche Beweis des Hippokrates für die Proportionalität von Kreisfläche und Durchmesserquadrat", in: Archiv f. Begriffsgeschichte IV, S. 218, hat jedoch gezeigt, daß Hippokrates sich auch eines noch wesentlich primitiveren Verfahrens

den geradlinig begrenzten einbeschriebenen Flächenstücken oder Körpern bei dem Prozeß der Annäherung an das umgebende Flächenstück (oder Körper) immer dasselbe bleibt und daß die Differenz zwischen dem umgebenden krummlinigen Gebilde und dem ihm einbeschriebenen geradlinigen kleiner gemacht werden kann als jede beliebig kleine vorgegebene Größe. Daraus wird dann der Schluß gezogen, daß auch die krummlinigen Gebilde zueinander im selben Verhältnis stehen wie die ihnen einbeschriebenen geradlinigen.

Obwohl diese sog. Exhaustionsmethode von Eudoxos mit vorbildlicher Genauigkeit unterbaut und gehandhabt worden ist, mit sehr viel größerer Exaktheit, als dies bei der modernen Fluxions- und Differentialrechnung noch viele Jahrzehnte nach ihrer Erfindung und noch zu einer Zeit, als sie auf vielen Gebieten mit großem Erfolg angewendet worden ist, der Fall gewesen ist, hat es im Altertum doch Philosophen gegeben, die gegen sie aufgrund des schließlichen Überganges von der beliebig klein zu machenden Differenz zu dem Schluß, daß dasselbe Verhältnis auch für die krummlinig begrenzten Gebilde, denen sich die geradlinig begrenzten immer mehr annähern, gelten müsse, wegen mangelnder Schlüssigkeit oder Exaktheit Einspruch erhoben haben, so daß Archimedes gezwungen war, in einem Brief an Dositheos zu sagen[100], er wolle sich auf diese Kontroverse nicht weiter einlassen: es genüge ihm, wenn seine Beweise so exakt und schlüssig seien wie die berühmtesten Beweise des Eudoxos. Hier zeigt sich also das Problem der finiten Bewältigung des Infinitesimalen wiederum von einer neuen Seite. Dieses Problem wird auch im folgenden immer wieder in neuen Formen auftreten.

Wichtiger als dieses spezielle Problem ist jedoch, daß an dieser Stelle auch die Frage, wieweit die Elemente, die in eine „wissenschaftliche"

---

bedient haben kann. Das Entscheidende an dem Verfahren des Eudoxos ist jedenfalls das, was Hasse und Scholz seine Epsilontik genannt haben, der Beweis, daß der Fehler, bzw. die Abweichung kleiner gemacht werden kann als jede noch so kleine vorgegebene Größe (= ε). Die heute gebräuchliche, zuerst von dem Mathematiker Gregorius a S. Vincentio in der ersten Hälfte des 17. Jhdts. eingeführte Bezeichnung der Eudoxischen Methode als „Exhaustionsverfahren" ist übrigens eigentlich irreführend, da bei dem eudoxischen Beweisverfahren die krummlinig begrenzten geometrischen Gebilde gerade nicht als von den ihnen einbeschriebenen geradlinigen Figuren „ausgeschöpft" betrachtet werden. Vgl. dazu die sehr zutreffenden Ausführungen von H. Hasse und H. Scholz a. a. O. (oben Anm. 82), S. 46 ff.

[100] Archimedis Opera, ed. J. L. Heiberg (zweite Auflage Leipzig 1910—15), II, 262—64; vgl. dazu auch unten S. 384 ff.

Analyse der Welt eingehen, aus den „Dingen" selbst stammen oder ihnen vom menschlichen Geist erst auferlegt sind, wieder in einer neuen Form auftritt. In der Wissenschaft, die von den Pythagoreern ausgegangen ist, erhebt sich das Problem nun in einer doppelten Form. Bei den Zahlen und Zahlverhältnissen, mit denen die älteren Pythagoreer die Welt zu erfassen suchten, sieht es ja auf den ersten Blick so aus, als ob diese in den Dingen selbst gefunden würden: in den für das menschliche Gehör durch ihren Wohlklang ausgezeichneten und von ihm als solche unmittelbar aufgenommenen Tönen und Tonharmonien oder in den aus Stöcken zusammengesetzten, ebenfalls in gewisser Weise eine ausgezeichnete Gestalt besitzenden Dreiecken, die gewissermaßen vorgefunden werden. Aber die Entdeckung der Inkommensurabilität kann nicht mehr durch Ausmessen an durch irgendwelche materiellen Gegenstände, seien es Stöcke oder Seile oder Tintenstriche auf Papyrus, repräsentierten regelmäßigen Fünfecken gemacht werden. Denn der Prozeß des Ausmessens käme bald zu Ende und die im Innern der Fünfecke durch Ziehen ihrer Diagonalen immer neu entstehenden Fünfecke würden bald unerkennbar, so fein man auch die Striche ziehen mag. Die Entdeckung konnte nur an einem idealen regelmäßigen Fünfeck gemacht werden, desgleichen es in der empirischen Welt nicht gibt. Daraus ergibt sich sogleich die Frage, die auch von den griechischen Philosophen der Folgezeit nach allen Seiten hin erörtert worden ist, was für einem Reich denn diese Gebilde angehören, die es in der Welt der „Wirklichkeit" nicht gibt und die doch ihre von der Willkür des Menschen, der sie in gewisser Weise zur erkenntnismäßigen Bewältigung der „wirklichen" Welt benutzt, völlig unabhängige Eigengesetzlichkeit haben, wie sich auch daraus ergibt, daß die Entdeckung der Inkommensurabilität eine durchaus überrraschende gewesen ist. Damit verbunden ist die nicht minder fundamentale Frage, in welchem Verhältnis denn nun das Reich dieser Gebilde zu der „wirklichen" Welt steht, die wir mit ihrer Hilfe zu erfassen suchen. Diese allgemeine Frage kann auch die speziellere Form annehmen, ob der Raum, in dem sich die „wirklichen" Dinge bewegen, wenn es so etwas gibt, dem mathematischen Raum der von den ältesten Pythagoreern bis auf Euklid ausgebildeten Geometrie entspricht, womit dann wiederum die weitere, schon im Altertum vieldiskutierte Frage zusammenhängt, ob der Raum, oder auch, ob der „physikalische" Raum ein Continuum oder ein Discontinuum ist. Doch mag die weitere Erörterung dieser Frage zunächst zurückgestellt werden, bis sie in anderem Zusammenhang wieder auftauchen und von einer anderen Seite her eine neue Beleuchtung erfahren wird.

Immerhin wird auch bis hierher schon sehr deutlich geworden sein, daß die frühgriechische Wissenschaft schon sehr bald, nachdem sie aufgrund des neuen Bedürfnisses nach Exaktheit und Verifizierung entstanden war, auf das Problem gestoßen ist, was denn nun eigentlich in einer solchen exakten und verifizierten Erkenntnis erkannt wird und in welchem Verhältnis das so Erkannte zu der lebendigen Menschenwelt, in der sich unser tägliches Leben, unser eigentliches Leben, abspielt, steht: ein Problem, das, soviel ich sehen kann, in keiner anderen Kultur, solange sie von den Griechen und ihren geistigen Nachfolgern unbeeinflußt geblieben ist, in dieser Form, jedenfalls nicht in dieser Schärfe, aufgetreten ist.

Was soweit über die von den Pythagoreern ausgegangene Entwicklung gesagt worden ist, bedarf jedoch noch nach zwei Seiten hin der Ergänzung. Der Anspruch der pythagoreischen „mathesis universalis“, die zuerst in der Form einer arithmetica universalis aufgetreten ist, ist eine Zeitlang, wie sich gezeigt hat, wirklich ein ganz universaler gewesen, so sehr, daß die Gerechtigkeit, die Ehe, die verschiedenen Spezies der Lebewesen und vieles andere dem Anspruch zahlenmäßiger Erfassung ihres Wesens unterworfen worden sind. Nun hatte die Entdeckung der Inkommensurabilität gezeigt, daß nicht einmal das Verhältnis von Ausgedehntheiten im Raum sich durchweg zahlenmäßig erfassen läßt. Diese Schwierigkeit wurde durch die Erfindung einer neuen, auch auf inkommensurable Größen anwendbaren Proportionenlehre und ihre Vervollkommnung und Ausbildung zu einem universalen Instrument weitgehend überwunden. Aber es ist schwerlich ein bloßer Zufall, daß gerade in der Zeit des Überganges die Probleme der Würfelverdopplung, der Quadratur des Kreises und die Beschränkung der mathematischen Konstruktionsmittel auf Lineal und Zirkel eine so große Rolle gespielt haben.

Hier darf man sich nun nicht daran stoßen oder gar gut bezeugte Tatsachen für nichtexistent erklären, wenn manches an der Entwicklung vom modernen Standpunkt aus als abwegig oder gar als irrtümlich erscheint. So hat A. Steele[101] in einem an sich sehr interessanten und sorgfäl-

---

[101] A. D. Steele, „Über die Rolle von Zirkel und Lineal in der griechischen Mathematik“, in: Quellen und Studien zur Geschichte der Mathematik, Astronomie und Physik B (Studien) III, 287 ff. Die Arbeit ist im übrigen mit vorbildlicher Sorgfalt durchgeführt und zeigt unter anderem, wie allmählich die Erkenntnis der eigentlichen mathematischen Bedeutung der Beschränkung der Konstruktionsmittel auf Zirkel und Lineal aufdämmerte. Aber für die hier behandelte Zeit ist das Problem nicht ganz in der richtigen Perspektive gesehen.

tigen Aufsatz den Beweis zu erbringen versucht, daß die Überlieferung von der Forderung der Beschränkung der Konstruktionsmittel auf Zirkel und Lineal auf einem Irrtum beruhen müsse, da gerade aus dieser frühen Zeit vor und gleichzeitig mit Platon eine ganze Reihe von Konstruktionen bezeugt sind, die sich anderer Konstruktionsmittel bedienen, und da sogar Platon selbst eine Konstruktion dieser Art zugeschrieben wird. Aber damit ist die Natur des Problemes verkannt. Natürlich ist kein griechischer Mathematiker und ebensowenig Platon so töricht gewesen, andere Konstruktionen als diejenigen mit Zirkel und Lineal schlechthin zu verbieten und sich damit der theoretischen Erkenntnis oder des praktischen Nutzens für gewisse Messungen zu berauben, die mit Hilfe solcher Konstruktionen zu gewinnen waren. Damit ist jedoch die Überlieferung, daß Platon darauf drang, alle geometrischen Gebilde mit Lineal und Zirkel zu konstruieren, nicht aus der Welt geschafft, eine Überlieferung, die außerdem noch in gewisser Weise dadurch bestätigt wird, daß die drei Konstruktionspostulate im ersten Buch Euklids sich eben auf Strecke, Gerade und Kreis beziehen, diese also als Grundlage für alle planimetrischen Konstruktionen der ersten vier Bücher der Elemente festlegen[102]. Eben diese Verbindung mit den Postulaten zeigt aber auch, worum es sich eigentlich handelt: gewiß nicht um eine mehr oder minder willkürliche Beschränkung auf zwei mechanische Konstruktionsmittel. Auch die Tatsache, daß Konstruktionen, die sich mit Zirkel und Lineal durchführen lassen, auf quadratische Gleichungen zurückgeführt werden können, während Konstruktionen, für die andere Konstruktionsmittel nötig sind, auf Gleichungen höheren Grades führen, kann keine Rolle gespielt haben, da sie noch unbekannt war. Vielmehr handelt es sich offenbar um den Versuch, nachdem es nicht gelungen war, alles auf ganzzahlige Verhältnisse zurückzuführen, herauszufinden, ob es nicht möglich sei, alles wenigstens auf die beiden einfachsten Kurven, die damals auch vielfach als die „schönsten" betrachtet wurden[103], zurückzuführen. Die gleichzeitige leidenschaftliche Bemühung um die Kreisquadratur bedeutet dann nichts anderes als den Versuch, auch noch den Kreis, die „schönste" krummlinige Figur, auf das Quadrat, die „schönste" geradlinige, zurückzuführen, bzw. die beiden zueinander in eine eindeutige Beziehung zu setzen. Die Tatsache, daß dieser Versuch scheitern mußte, ist ebensowenig ein Ein-

---

[102] Vgl. dazu auch A. Szabó, „Anfänge des euklidischen Axiomensystems", in: Archive for the History of Exact Science I (1960), 82 ff.

[103] Vgl. darüber auch unten S. 83 ff.

wand gegen die Geschichtlichkeit der Tatsache, daß er unternommen
wurde, wie die Entdeckung der Inkommensurabilität ein Einwand dagegen ist, daß die Pythagoreer zunächst glaubten, alles auf ganzzahlige
Verhältnisse zurückführen zu können, wo ebenfalls erst der Versuch, dies
konsequent durchzuführen, zu der Entdeckung, bzw. zu dem Beweis,
daß dies unmöglich ist, geführt hat. Das für die Geschichte der Wissenschaft Bedeutsame daran ist, daß sogleich nach dem Scheitern des ersten
Versuches einer universalen, alle Dinge erfassenden Methode versucht
worden ist, sie durch eine andere möglichst universale Methode zu ersetzen und zwar in der Weise, daß nach Möglichkeit alles auf zwei ganz
einfache Prinzipien zurückgeführt wurde. Auch das hängt offenbar wieder mit dem Finitismus und dem Streben nach Präzision sowie nach vollständiger Übertragbarkeit der Erkenntnis von einem Menschen auf jeden
anderen zusammen, da sich die Dinge umso exakter fassen und umso
leichter ohne Verlust übertragen lassen, auf je weniger und auf je einfachere Prinzipien alles zurückgeführt werden kann.

Von einer ganz anderen Seite wird das Wesentliche an dieser von Pythagoras und den ältesten Pythagoreern ausgehenden Entwicklung durch
einen Vergleich mit dem mit den älteren Pythagoreern gleichzeitigen Heraklit illustriert. Bei Heraklit wie bei den Pythagoreern spielt die Harmonie eine ganz wesentliche Rolle. In einem Fragment gebraucht Heraklit
das Wort αὐτὸς λόγος ganz im Sinne von Proportion, d. h. im Sinne von
gleichen Maßverhältnissen[104]. Endlich gibt es eine Anzahl von Fragmenten Heraklits, in denen zwar nicht von Maßen die Rede ist, die sich aber
der Form nach auf eine Art von stetigen Proportionen zurückführen lassen, wie etwa: der Affe verhält sich zum Menschen wie der Mensch zu
Gott[105]. Daraus ist dann von T. B. L. Webster der Schluß gezogen worden[106], durch die Verwendung dieser Form habe Heraklit unter dem Einfluß der Pythagoreer seinen Vergleichen das Zwingende eines mathematischen Beweises geben wollen.

Diese Annahme ist sehr charakteristisch für eine weitverbreitete moderne Art, die Dinge anzusehen. Man kann sich ein Fortschreiten auch
philosophischen Denkens gar nicht anders denn als Annäherung an Wissenschaft im modernen Sinn oder wenigstens als den Versuch dazu denken.

---

[104] Vgl. Diels/Kranz, Vorsokratiker 22 B 31.
[105] Ibid. 22 B 83. Vgl. dazu H. Fränkel, 'A Thought Pattern in Heraclitus', in: American Journal of Philology LIX (1938), 309 ff.
[106] Vgl. unten p. 512 f.

In Wirklichkeit ist jedoch Heraklits Denken davon so weit wie nur irgend möglich entfernt. Der erste Satz des Werkes Heraklits fängt ebenfalls mit dem Logos an, und dieser Logos bedeutet— darin allerdings wieder ganz ähnlich wie ursprünglich bei den Pythagoreern — sowohl das Wort wie die sinnvolle Rede wie auch die Wahrheit, die in dieser Rede zum Ausdruck kommt. Von diesem Logos heißt es jedoch bei Heraklit[107]: „Den Logos (die Rede, die Wahrheit), der dieser ist (nämlich der Inhalt der darauf folgenden Ausführungen des Heraklit), werden die Menschen niemals verstehen, weder bevor sie ihn gehört haben noch nachdem sie ihn gehört haben." Eine solche Äußerung zu tun über eine Wahrheit, die, oder über eine Rede, deren Inhalt nach mathematischer Beweismethode bewiesen werden soll, wäre ganz sinnlos, da es ja gerade der Sinn eines mathematischen Beweises ist, die Wahrheit des Satzes, den er beweisen soll, für jedermann völlig einsichtig und zwingend und daher ohne Verlust von Mensch zu Mensch übertragbar zu machen. Wenn daher auf diese zwingende Weise gefährliche, die Überzeugung von der durchgängigen genauen Erfaßbarkeit der Welt als einer festen Ordnung erschütternde Erkenntnisse sich beweisen lassen, dann ist es sinnvoll, die Divulgarisation solcher Erkenntnisse zu verbieten. Ebenso wäre es sinnvoll, unmittelbar praktisch nützliche Erkenntnisse dieser Art der Gemeinde der Eingeweihten vorzubehalten, um ihnen das Monopol ihrer praktischen Verwendung zu sichern, wie es von den Pythagoreern berichtet wird. Dagegen wäre es völlig sinnlos, die Verbreitung der Erkenntnisse des Heraklit verbieten zu wollen. Sie sind von selbst geschützt: dadurch daß niemand, der nicht imstande wäre, sie auch unmittelbar aus der Betrachtung der ihn umgebenden Welt zu schöpfen, imstande sein wird, sie zu verstehen. Was Heraklit von dem „Herrn in Delphi" sagt, daß er οὔτε λέγει οὔτε κρύπτει, ἀλλὰ σημαίνει, galt offenbar nach Heraklits Meinung auch von seiner eigenen Rede.

Wenn daher Heraklit in einem Fragment sagt[108], die Vielwisserei habe Pythagoras keine Einsicht (νοῦς) gelehrt, so ist es ganz falsch, daraus zu schließen, wie es öfter geschehen ist: also könne es bei Pythagoras noch keinen Ansatz zu wirklicher Wissenschaft gegeben haben, sonst hätte Heraklit eine solche Äußerung nicht tun können. Wenn auch διάνοια und διανοεῖσθαι später zu Bezeichnungen diskursiven Denkens werden, so bedeutet νοῦς doch von alters her die plötzliche intuitive Erkenntnis des

---

[107] Diels/Kranz, 22 B 1; vgl. auch 22 B 34.
[108] Ibidem 22 B 40.

Wesens einer Situation[109] oder — in Ausdehnung auf die Situation, in welcher der Mensch sich als Mensch überhaupt befindet — des Wesens der Welt. Daß Pythagoras eine (πολυ-)μαθίη habe, bezweifelt Heraklit in seinem Fragment keineswegs. Aber es ist für ihn ein Wissen *über* die Dinge. Daraus ist für ihn keine Einsicht in ihr Wesen zu gewinnen. Was immer man von Heraklit halten mag[110], daran kann kein Zweifel sein, daß er den Ansprüchen einer „wissenschaftlichen" Erkenntnis den Anspruch einer ganz anders gearteten Erkenntnis entgegengesetzt hat. Trotzdem gibt es, wie sich zeigen wird, unter seinen dunklen Sprüchen einen, der für das Verständnis eines sehr wesentlichen Elementes in der Entwicklung der Wissenschaft nicht ganz ohne Bedeutung ist[111]. Doch ist es notwendig, zunächst die Umwandlung der Kosmologie unter dem Einfluß der eleatischen Seinslehre und die damit verbundene Entstehung von Vorstellungen, die für die weitere Entwicklung der Naturwissenschaften bedeutsam geworden sind, weiter zu verfolgen.

5. *Die Kosmologie unter dem Einfluß der eleatischen Seinslehre: Empedokles und Anaxagoras*

Parmenides hatte daraus, daß nur das Seiende ist, weiter geschlossen, daß das Seiende, da es außer ihm nichts gibt, auch „Eines" sein müsse und daß es keine Bewegung geben könne, da eine Bewegung von einem Seienden in ein Nichtseiendes nicht stattfinden könne, da es das Nichtseiende nicht gibt, aber auch nicht in ein Seiendes, da ja das Seiende schon da ist, und daß daher, selbst wenn als möglich gedacht würde, daß ein Seiendes sich in ein anderes Seiendes hineinbewegen könnte, ohne daß dieses ihm den Weg versperrt, sich doch dadurch nichts ändern würde, da an der betreffenden Stelle das Seiende schon vorher war, also auch eine Bewegung im eigentlichen Sinne, da Bewegung auch Veränderung bedeutet, nicht stattgefunden hätte. Die Philosophen der unmittelbar folgenden Zeit, soweit sie nicht wie Melissos streng an der Lehre des Parmenides oder wenigstens an ihren Grundlagen festhielten, haben sich alle dadurch

---

[109] Für die Bedeutungsentwicklung des Wortes νόος vgl. K. von Fritz, „Die Rolle des ΝΟΥΣ"; in: Wege der Forschung, Bd. IX: Um die Begriffswelt der Vorsokratiker, S. 246—363.

[110] Vgl. dazu S. Bochner, op. coll. (oben Anm. 2), S. 332 ff., und Werner Heisenberg, Physik und Philosophie (Stuttgart 1959), S. 46.

[111] Vgl. darüber unten S. 95.

mit ihm abzufinden gesucht, daß sie *einen* Aspekt seiner Lehre aufgaben, so Empedokles und Anaxagoras die absolute Einheit und Einförmigkeit des Seienden, den Rest dagegen beibehielten und zur Grundlage ihrer Welterklärung machten.

Das Nächstliegende unter dieser Voraussetzung war dann, anzunehmen, daß es verschiedene „seiende" und also weder entstehende noch vergehende Grundgegebenheiten gebe und daß das Werden und Vergehen als eine Mischung und Entmischung dieser Grundgegebenheiten zu erklären sei: also ein Werden und Vergehen, bei dem doch kein Entstehen aus dem Nichts noch ein Vergehen in ein Nichts stattfindet. Dieser Weg der Lösung des durch Parmenides geschaffenen Dilemmas ist denn auch sowohl von Empedokles von Akragas (ca. 490/85—ca. 430/25 v. Chr.) wie auch von Anaxagoras von Klazomenae (ca. 500—ca. 430 v. Chr.), der nach Angabe des Aristoteles älter war als Empedokles, aber seine philosophischen Werke später verfaßt hat als dieser, eingeschlagen worden[112]. Dabei hat Empedokles offenkundig an die Spekulationen der alten „Physiker", Thales, Anaximander und Anaximenes, über die ἀρχή, d. h. den Ursprung der Welt, angeknüpft; und es ist interessant zu sehen, was unter dem Zwang des neuen Gedankens, daß kein Seiendes entstehen oder vergehen könne, der sich doch auch schon bei den frühen Philosophen angedeutet hatte, daraus geworden ist. Die Entwicklung dieser Spekulation war ja so vor sich gegangen[113], daß zunächst der Versuch gemacht worden war, zu bestimmen, aus welcher Urgegebenheit die Welt, in der wir leben, mit ihrer Vielheit von Dingen hervorgegangen sei, ohne daß dabei die Frage gestellt wurde, wie man sich denn dieses „Hervorgehen" oder „Sichabscheiden" der Dinge aus der Urgegebenheit vorzustellen habe. Dann hatte Anaximenes diese Frage gestellt und dahin beantwortet, daß aus der Urgegebenheit der Luft zunächst durch Verdichtung und Verdünnung einerseits Erde, Wasser und Nebel, andererseits das Feuer hervorgegangen seien, durch deren mannigfache Wirkungen aufeinander dann die Fülle der Dinge, die uns umgibt, entstanden sei. In gewisser Weise lag darin

---

[112] Vgl. Aristoteles, Metaphysik A 3, 984 a, 11 ff.

[113] Vgl. oben S. 15 f. In einem sehr interessanten Aufsatz „L'Eleatismo di Empedocle", in Studi in onore di Luigi Castiglioni I (Florenz 1960), p. 129—167, hat Guido Calogero darauf aufmerksam gemacht, daß Empedokles in gewisser Hinsicht nicht von Parmenides ausgehe, bei dem das Sein ganz und gar νῦν, ganz und gar gegenwärtig ist und, wie kein Werden und Vergehen, so auch streng genommen keine Vergangenheit und keine Zukunft hat, sondern von Melissos, der im Gegensatz zu Parmenides die Unendlichkeit des Seins im Raum und in der Zeit annimmt. Eben dies bedeutet aber in gewisser Weise auch ein Zurückgehen auf Xenophanes.

schon das Prinzip der Erhaltung des Stoffes oder der Materie. Auch das Prinzip der Mischung, das dann bei Empedokles eine so zentrale Rolle spielt, liegt implizite schon darin.

Es ist aber höchst interessant zu sehen, warum Empedokles die Lehre und das Prinzip in dieser Form nicht brauchen konnte. In der Annahme der Entstehung von Erde, Wasser und Feuer aus der Luft durch Verdichtung und Verdünnung stak implizite die Annahme, daß etwas Schwächeres oder weniger Erfülltes etwas Solideres oder Erfüllteres aus sich heraus erzeugen könne. Das hätte nicht nur den Prinzipien des Parmenides, sondern schon des Xenophanes widersprochen, was wiederum zeigt, daß Xenophanes, obwohl er ein Dichter und ein Aufklärer war, in der Geschichte der Entwicklung der philosophischen und wissenschaftlichen Grundvorstellungen nicht die quantité negligeable gewesen ist, als die er in der modernen Philosophiegeschichte meistens betrachtet wird. Es war nur die logische Folgerung aus diesen Voraussetzungen, wenn Empedokles die drei Aggregatzustände, welche die Luft nach der Meinung des Anaximander außer dem gasförmigen noch annehmen konnte, als selbstständige, gleichberechtigte Urformen des Seins neben die Luft setzte. Er nannte sie ῥιζώματα παντός[114], „Wurzeln eines Jeden" oder „Wurzeln aller Dinge". Noch entschiedener als bei Anaximenes werden sie damit zu Urgegebenheiten, die nicht so sehr vor allen Dingen als in allen Dingen sind.

Dazu treten jedoch bei Empedokles weitere Differenzierungen, die teilweise ebenfalls an ältere Gedanken anknüpfen, teilweise aber auf ganz neue Gedankengänge und Probleme führen, die dann in der Philosophie der folgenden Zeit eine entscheidende Rolle spielen, aber auch für die Entwicklung der Wissenschaft nicht ganz ohne Bedeutung sind. Es hatte sich früher gezeigt, daß die von den alten „Physikern" angenommenen Urgegebenheiten bald in der Form von Stoffen wie Erde, Wasser, Luft und Feuer, bald in der Form von physischen Qualitäten wie warm, kalt, schwer, leicht, dick, dünn, die wiederum aber auch als emotionale Qualitäten in Erscheinung treten können, bald als wirkende Kräfte auftreten, ohne daß diese verschiedenen Aspekte immer klar auseinandergehalten werden können, wenn auch bald der eine, bald der andere deutlicher hervortritt. Diese Eigentümlichkeit der älteren Philosophie ist auch bei Empedokles noch bis zu einem gewissen Grade gewahrt. Am deutlichsten ist dies in der empedokleischen Theorie der Sinnesempfindung,

---

[114] Diels/Kranz 31 B 6.

wenn hier das Prinzip aufgestellt wird, daß nur Gleiches von Gleichem erkannt werde, also nur Warmes von Warmem, Kaltes von Kaltem, Trockenes von Trockenem, Feuchtes von Feuchtem und so fort, was am leichtesten zu verstehen ist bei den emotionalen Qualitäten, wo die Wärme der Liebe, die Kälte des Hasses nur da voll empfunden werden, wo ihnen ein gleiches Gefühl entgegenkommt[115]. Da diese Lehre vor allem auf die sinnliche Wahrnehmung der „Wurzeln aller Dinge" oder, wie wir sagen würden, der „Elemente"[116] angewandt wird, so ist offenbar, daß in diesen die drei verschiedenen Aspekte als physikalische und als emotionale Qualitäten sowie als Stoffarten in einem vereinigt sind. Dagegen sind die wirkenden Kräfte nach dem Vorbild des Xenophanes, der zuerst ein alles durchwaltendes Prinzip angesetzt hatte, das man nicht unmittelbar wahrnehmen, sondern nur an seinen Wirkungen erkennen kann, nunmehr davon abgetrennt und selbständig gemacht, nämlich als Philia und Neikos, als Liebe und Haß.

Sehr interessant für den Gang der Entwicklung des „wissenschaftlichen" Denkens sind nun wieder die Funktionen, die diesen „wirkenden Kräften" im Weltgeschehen zugeschrieben werden. Da es das Grundprinzip der Welterklärung des Empedokles ist, Werden und Vergehen als Mischung und Entmischung von selbst nicht entstehenden und nicht vergehenden Elementen zu erklären, bedarf es irgendwelcher treibenden Kräfte, die diesen Prozeß in Bewegung setzen. Eben dies ist bei Empedokles Liebe und Haß. Die Frage nun, auf welche Weise bei Empedokles die Welt unter der Einwirkung von Liebe und Haß entsteht, ist infolge der Dunkelheit der erhaltenen Fragmente und noch mehr der indirekten Überlieferung sehr umstritten. Aufgrund einer eingehenden Untersuchung des Problems durch E. Bignone[117] zu Anfang des gegenwärtigen Jahrhunderts hatte sich für lange Zeit die Ansicht durchgesetzt, Empedokles habe zwei mit einander abwechselnde Perioden der Weltentstehung angenommen, die eine, an deren Anfang die völlige Mischung der Elemente unter dem Einfluß der Liebe steht, unter der

---

[115] Vgl. dazu auch unten S. 607 ff.

[116] Das Wort Element, griechisch „στοιχεῖον", für dessen ursprünglichen Sinn es verschiedene Erklärungen gibt, ist erst später als Empedokles, wahrscheinlich von Demokrit, möglicherweise schon von Leukipp, in diesem übertragenen Sinn gebraucht worden. Aber was Empedokles mit dem Wort ῥιζώματα παντός gemeint hat, entspricht ziemlich genau dem, was später unter Element verstanden wird.

[117] Ettore Bignone, Empedocle, Studio critico, traduzione e commento delle testimonianze e dei frammenti, Torino 1916.

nun nach dem völligen Sieg der Liebe einsetzenden Einwirkung des
Hasses, die andere, an deren Anfang die durch den Sieg des Hasses bewirkte völlige Trennung aller Elemente voneinander steht, unter der
nun wieder einsetzenden Einwirkung der Liebe. In einem 1965 erschienenen Buche hat dann Jean Bollack darauf aufmerksam gemacht[118],
daß von der Beschreibung solcher, unter entgegengesetzten Vorzeichen
erfolgender Entstehungen eines Kosmos in den erhaltenen Fragmenten
keine Spur zu finden sei. Er verwarf daher die Auffassung von den
beiden Zyklen völlig und glaubte sie durch einen dauernden Kampf
der beiden Prinzipien, in dem bald das eine, bald das andere einen
relativen Sieg in verschiedenen Teilen des Kosmos erringt, ersetzen zu
müssen. Dabei ist jedoch nicht berücksichtigt, daß die erhaltenen Fragmente unzweideutig darauf hinweisen, daß Empedokles einen vollständigen Prozeß der Entstehung der Welt beschrieben hat. Eine andere
im selben Jahr erschienene Lösung der Schwierigkeit ist daher sehr
viel plausibler[119]. Danach beginnt die Entwicklung der Welt aus der
vollkommenen Mischung der Elemente, die durch die Liebe bewirkt worden ist, dadurch, daß der Haß die Elemente zu trennen beginnt und dadurch den physikalischen Kosmos schafft, in dem Erde, Wasser, Luft und
Feuer ja weitgehend voneinander getrennt sind. Dann beginnt die Liebe
ihre Tätigkeit, indem sie durch Mischung der Elemente die Lebewesen
schafft. So bleibt der in den Fragmenten wie in der indirekten Überlieferung so deutlich bezeichnete Zyklus des Entstehens und Vergehens der
Welten gewahrt, während die von Jean Bollack sehr richtig aufgewiesene
Schwierigkeit, daß von einer gesamten Weltentwicklung jeweils unter
entgegengesetzten Vorzeichen in den Fragmenten nichts zu finden ist,
verschwindet.

Aber diese speziellen Fragen, wie die Phasen der entstehenden Welt
durch die beiden entgegengesetzten Kräfte hervorgebracht werden, sind
für das Problem der Entwicklung „wissenschaftlichen" Denkens nicht
von entscheidender Bedeutung. Grundlegend ist einmal das Gegenüber
der These, daß nichts im strengsten Sinne entsteht oder vergeht, sondern
der Grundstoff der Welt in Gestalt der vier „Wurzeln aller Dinge" von

---

[118] Jean Bollack, Empédocle I: Introduction à l'ancienne physique, Paris 1965,
p. 163 ff.; vgl. dazu auch die Rezensionen von J. de Romilly in Revue des Études
Grecques LXXIX (1966), p. 758—88, und von Charles H. Kahn in Gnomon XLI
(1969), 439—447.

[119] F. Solmsen, 'Love and Strife in Empedocles' cosmology', in Phronesis X (1965),
105—148.

Ewigkeit zu Ewigkeit immer bestanden hat und in alle Ewigkeit weiter bestehen wird[120], mit der Beschreibung des Werdens und Vergehens der Dinge, die aus diesen Grundstoffen zusammengesetzt sind. Grundlegend wichtig ist ferner auch, daß Stoffe und Kräfte nicht mehr wie bei Anaximander identisch sind, sondern völlig voneinander getrennt und unterschieden werden. Während bei dieser Trennung die Elemente zum mindesten auf den ersten Blick durchaus als rein stofflich erscheinen, tragen die Kräfte nicht den Namen physikalischer, sondern emotionaler Gegebenheiten, obwohl ihre Funktion durchaus, primär zum mindesten, die Herstellung einer stofflichen Mischung zu sein scheint. Im Gegensatz zu dem Gott des Xenophanes, der νόου φρεσὶ πάντα κραδαίνει, d. h. durch die Entscheidungen seiner Einsicht alles vollbringt, erscheinen sie in gewisser Weise als „blinde" physische Kräfte: so vor allem auch in Empedokles' Erklärung der Lebewesen, wonach bei dem Prozeß der Mischung, der auf den Prozeß der Entmischung folgt, durch den der Kosmos entstanden ist, zuerst einzelne Glieder entstehen[121], dann auch die Gestalten von Lebewesen, in denen die Glieder mannigfacher Arten von Lebewesen in unharmonischer Weise miteinander vereinigt sind; Wesen mit doppeltem Gesicht oder doppelter Brust, kuhgestaltige Lebewesen mit menschlichem Gesicht oder Kopf oder Oberkörper, Menschen mit Ochsenköpfen und dergleichen[122], von denen aber nur diejenigen, die harmonisch zusammengeführt sind, sich erhalten und, wenn sie mit harmonierenden Fortpflanzungsorganen versehen sind, sich auch fortpflanzen, so daß eine sich erhaltende Spezies entsteht. So entsteht, so seltsam die Vorstellungen auch sind, doch der aus einer rein kausalen Denkweise, wenn sie sich mit der Vorstellung einer Entwicklung der Welt als ganzem verknüpft, fast mit Notwendigkeit sich ergebende Gedanke der Entstehung der Tiergattungen aus dem „survival", wenn nicht „of the fittest", so doch „of the fit", d. h. derjenigen, die überhaupt so ausgestattet waren, daß sie sich am Leben erhalten und fortpflanzen konnten.

Auf der anderen Seite erscheint die Liebe bei Empedokles in gewisser Weise doch wieder als emotionale Kraft, welche die Lebewesen dazu treibt, sich zur Fortpflanzung miteinander zu vereinigen, und sie wird ganz wie die menschliche Liebe in dichterischen Worten als sanft, mild,

---

[120] Diels/Kranz 31 B 8 und B 26, 11/12.
[121] Ibid. 31 B 57/58.
[122] Ibid. 31 B 59—61.

freundlich, untadelig, herrlich usw. gepriesen[123], während der Haß mit
Beiwörtern wie schrecklich, verderblich belegt wird[124], obwohl er doch,
als physische Kraft betrachtet, für die Weltentstehung nicht weniger notwendig ist als die Liebe, da unter deren Einwirkung allein die Welt in
einem Zustand der vollkommenen Mischung aller Elemente verharren
würde und die Mannigfaltigkeit der Dinge und Lebewesen nicht entstehen könnte. Das zeigt von neuem, wie in dieser alten Zeit die Bezeichnung emotionaler und physikalischer Qualitäten mit denselben Worten
wie warm und kalt keine metaphorische Übertragung von einem Gebiet
auf ein anderes bedeutete, sondern diese wirklich als identisch empfunden
wurden. So bleibt bei Empedokles trotz der Abtrennung der nicht unmittelbar sichtbaren, nur aus ihren Wirkungen erkennbaren, Kräfte von
den stofflichen Dingen und den mit ihnen immer noch als identisch erscheinenden Qualitäten doch auf beiden Seiten die Identität des Physischen
mit dem Emotionalen gewahrt, während zugleich — das wird sich im
folgenden als sehr wichtig erweisen — die wirkenden Kräfte nach der
physischen Seite hin auf ganz einfache kausale Wirkungen beschränkt
werden.

Abgesehen von den bisher analysierten Gedanken, in denen sich Begriffe und Vorstellungen, die in der modernen Wissenschaft eine grundlegende Bedeutung haben, zum ersten Mal mehr oder minder deutlich abzuzeichnen beginnen, ist die Philosophie des Empedokles noch in zwei
anderen Richtungen für die Entwicklung „wissenschaftlichen" Denkens
bedeutsam geworden. Das erste ist, daß bei Empedokles das Problem der
Erkenntnis, und damit implicite auch der wissenschaftlichen Erkenntnis,
in einer Form auftritt, in der es bis dahin noch nicht in Erscheinung getreten war. Wenn bei den Nachfolgern des Hekataios in dem Versuch,
Punkte auf der Oberfläche der Erde in ihrer Lage zueinander genau zu
bestimmen[125], oder bei den Pythagoreern bei ihren Versuchen, die den
Dingen zugrundeliegenden mathematischen Strukturen zu bestimmen
und festzustellen[126], die Frage aufgetreten war, ob und wieweit in diesen
Fällen die der wissenschaftlichen Analyse zugrundegelegten Strukturen
wirklich in den Dingen liegen oder ihnen vom Menschen auferlegt werden, um sie für ihn erfaßbar zu machen, oder wenn bei Xenophanes die

---

[123] Ibid. 31 B 35, 10.
[124] Ibid. 31 B 6/7; B 27 a; B 109, 3.
[125] Vgl. oben S. 27 ff.
[126] Vgl. oben S. 47 ff.

Frage der Erkennbarkeit eines Wirkenden aufgetreten war, das mit den Sinnen nicht mehr unmittelbar wahrgenommen werden, sondern nur mittelbar aus seinen Wirkungen erkannt werden konnte[127], so war dabei doch immer die stillschweigende und als sich von selbst verstehend gar nicht weiter diskutierte Voraussetzung bestehen geblieben, daß die unmittelbar in der Wahrnehmung gegebenen Dinge in der Wahrnehmung so gegeben sind, wie sie wirklich sind. Das Prinzip, daß Gleiches von Gleichem erkannt werde, das bei Empedokles in einer Form auftritt, die es als wahrscheinlich erscheinen läßt, daß es nicht von ihm zuerst aufgestellt, sondern älter ist, wurde dabei zunächst offenbar durchaus nicht als Einschränkung der Erkennbarkeit der Dinge empfunden. Im Gegenteil: da dieselben Stoffe-Qualitäten-Kräfte, welche die Welt außer uns konstituieren, auch in uns sind, schien durch dieses Prinzip die unmittelbare Erkenntnis dieser Dinge durch die Sinnesorgane garantiert, ohne daß das Problem der Empfindung oder des Bewußtseins als solchen auftrat. Selbst die Philosophie des Parmenides, deren Ergebnis, daß nichts entsteht und nichts vergeht, daß alles eins ist und daher auch keine Bewegung stattfinden kann, dazu zwang, der wahren Welt des Seins eine werdende und vergehende Welt der bloßen δόξα, des bloßen Meinens, gegenüberzustellen, hat bei einigen seiner Nachfolger, wie Empedokles, so sehr ihre Welterklärung durch Parmenides beeinflußt worden ist, daran doch nichts Wesentliches geändert, da Empedokles das Problem der Unvergänglichkeit des Seienden durch die Annahme der Mischung unvergänglicher Urstoffe gelöst zu haben glaubte. Ja, es ist Empedokles sogar gelungen, mit Hilfe des Prinzips, daß Gleiches von Gleichem erkannt werde, die Erkenntnis der nicht mit den Sinnesorganen wahrnehmbaren Kräfte, die bei Xenophanes als etwas von der sinnlichen Wahrnehmung völlig Verschiedenes erschien, der Erkenntnis durch sinnliche Wahrnehmung wieder anzunähern, indem er erklärte[128], „durch (sc. die in unseren Sinnesorganen vorhandene) Erde nehmen wir Erde wahr, durch Wasser Wasser, durch Äther Äther, durch Feuer Feuer, durch Liebe Liebe und durch Haß Haß", wobei er sich jedoch durchaus bewußt war, daß trotz dieser Analogie die Wahrnehmung durch die Sinnesorgane eine andere Art der Wahrnehmung ist als diejenige von Liebe und Haß, die er daher dem νόος zuschreibt[129].

---

[127] Vgl. oben S. 36 ff.
[128] Diels/Kranz 31 B 109.
[129] Ibidem 31 B 17, 21. Vgl. darüber ausführlicher den in Anm. 109 zitierten Aufsatz, S. 319—334.

Der eigentliche Anstoß zu dem Neuen kam von einer ganz anderen Seite, nämlich von der empirischen Beobachtung, daß die Wahrnehmung und Wahrnehmungsfähigkeit bei verschiedenen Tiergattungen verschieden zu sein scheint. Das Beispiel, das dafür in der indirekten Überlieferung angeführt wird[130], das aber nicht das einzige gewesen zu sein braucht, ist dies, daß manche Lebewesen bei Tage besser sehen, manche bei Nacht. Das wird von Empedokles daraus erklärt, daß diejenigen, die bei Tag besser sehen, verhältnismäßig wenig Feuer in ihren Sinnesorganen haben. Ist nun draußen viel Feuer (= Licht), so werden alle Feuerteilchen im Auge aktiviert und das Sehen ist nicht beeinträchtigt. Ist dagegen draußen wenig Licht und trifft nicht alles Licht, das ins Auge eintritt, auf Teilchen, die es wahrzunehmen vermögen, so ist die Wahrnehmung beeinträchtigt. Diejenigen Lebewesen dagegen, die viele Feuerteilchen im Auge haben, können auch das wenige Feuer noch wahrnehmen, das in der Nacht draußen vorhanden ist, weil nichts davon der Wahrnehmung verloren geht. Dagegen haben wiederum diejenigen Lebewesen, die viele Feuerteilchen im Auge haben, zu wenig von den anderen Elementen, so daß ihre Wahrnehmung bei Tage, wo von draußen so viel Feuer oder Licht, aber weniger von den anderen Elementen ins Auge eindringt, beeinträchtigt ist. Empedokles zieht daraus die Folgerung, daß eine möglichst gleichmäßige Mischung der Elemente in den Sinnesorganen am besten sei, d. h. möglichst unverfälschte Wahrnehmung der Dinge, so wie sie wirklich sind, verbürge. Dadurch werden weiterreichende Folgerungen aus der Tatsache, daß die Wahrnehmung und Wahrnehmungsfähigkeit bei verschiedenen Lebewesen verschieden sind, vermieden, obwohl Empedokles andererseits darauf hinweist, daß eine Koordination der verschiedenen Wahrnehmungen zu einer tieferen Erkenntnis der Welt als ganzem schwierig ist[131], ganz abgesehen von der fundamentalen Täuschung, der die meisten Menschen unterliegen, indem sie glauben, daß es ein wirkliches Werden und Vergehen gebe, obwohl es in Wirklichkeit nur Mischung und Entmischung gibt[132]. Aber schon zu Empedokles' Lebzeiten sollten die Fragen, die hier angeschnitten sind, in einer viel radikaleren Form wieder auftauchen[133].

---

[130] Diels/Kranz 31 A 86, 8/9, vgl. dazu auch 31 B 95.
[131] Diels/Kranz 31 B 2.
[132] Ibid. 31 B 8.
[133] Vgl. unten S. 84 ff.

Der zweite für die Entwicklung wissenschaftlichen Denkens bedeutsame Faktor bei Empedokles ist — abgesehen von der Fülle von mehr oder minder wissenschaftlichen oder pseudowissenschaftlichen Erklärungen von Einzelphänomenen, die nichts Prinzipielles haben und daher nicht wesentlich sind — der Versuch der Erklärung gewisser typischer Vorgänge durch auf den ersten Blick weit entfernte Erscheinungen, wobei die Vermutung naheliegt, daß das zur Erklärung dienende Phänomen durch experimentierende Wiederholung nachgeprüft wurde. Das eindrucksvollste Beispiel dieser Art[134] ist die Erklärung des Ein- und Ausatmens durch ein Zurücktreten des im Körper (in den Lungen?) befindlichen Blutes nach unten, wodurch die Luft, da es keinen leeren Raum gebe (das wäre ein parmenideisches Nichtseiendes, das es nicht geben kann), gezwungen wird, in den Raum einzuströmen, während sie, wenn das Blut wieder nach oben steigt, wieder zum Ausströmen gezwungen ist. Dies wird erläutert am Beispiel einer Klepsydra, die oben und unten geöffnet ist, in die aber, wenn man die obere Öffnung zuhält und sie unten ins Wasser taucht, unten kein Wasser eindringen kann, weil es von der in der Klepsydra eingeschlossenen Luft daran gehindert wird, aber sofort eindringt, wenn man die Luft durch die obere Öffnung entweichen läßt, während umgekehrt, wenn man die obere Öffnung nun wieder zuhält und die Klepsydra teilweise aus dem Wasser zieht, das Wasser trotz seiner Schwere nicht aus ihr weicht, bis die Luft von oben eindringen kann und dadurch die Entstehung eines leeren Raumes verhindert. Dabei ist interessant, daß abgesehen von dem speziellen Phänomen des Ein- und Ausatmens, das das Experiment erklären soll, dieses selbe Experiment auch zur Bestätigung der allgemeinen Voraussetzung dienen kann, daß es keinen leeren Raum gibt, sondern immer ein Seiendes anstelle eines anderen Seienden treten muß.

Hierher gehört auch die freilich, wenn Aristoteles, der sie berichtet, die Meinung des Empedokles richtig verstanden hat, seltsame Erklärung[135], wieso es komme, daß die Erde sich nicht von ihrem Platz in der Mitte des Kosmos bewege, aus der schnellen Bewegung der Gestirne um sie herum: sie bleibe an ihrem Platz wie das Wasser in einem Gefäß, das im Kreis herumgewirbelt werde, in dem Gefäß an seiner Stelle bleibe, auch dann, wenn es im Laufe der Bewegung unter den Boden des Gefäßes zu liegen komme. Hier hat sich offenbar die alte naive Vorstellung von

---

[134] Diels/Kranz 31 B 100.
[135] Diels/Kranz 31 A 67 aus Aristoteles, de Coelo B 13, p. 295 a, 13 ff.

einer absoluten Richtung nach oben und unten gegenüber der großartigen Lösung des Problems durch Anaximander wieder durchgesetzt. Auf
den ersten Blick denkt man, es könne ein Mißverständnis des Aristoteles
vorliegen und Empedokles habe durch das Experiment vielmehr erklären
wollen, warum die Gestirne nicht vom Himmel fallen. Aber da das
Feuer bei Empedokles als leichtes Element gilt, bedurfte es einer solchen
Erklärung für ihn wohl nicht und man muß sich damit abfinden, daß die
Beobachtung an der herumgeschwungenen Schale, bzw. das Experiment
damit, eine gänzlich irrige Anwendung durch Empedokles gefunden hat.

Höchst eigentümlich ist auch das dritte überlieferte Beispiel[136], weil hier
die Theorie, die durch das Experiment bestätigt werden soll, völlig richtig
ist und die Beobachtung, die zu ihrer Bestätigung dienen soll, am deutlichsten den Charakter eines Experimentes hat, weil aber nach heutigen
Kenntnissen ganz unerfindlich ist, wie das Experiment gelungen sein soll.
Die Theorie lautet, daß das Salzwasser des Meeres „Süßwasser in sich
enthalte" und daß die Fische durch die Poren ihrer Haut nicht Salzwasser, sondern Süßwasser in ihren Körper aufnehmen. Dies letztere ist,
wie gesagt, nach neuerer Forschung völlig richtig. Das Experiment aber
lautet, daß, wenn man ein leeres, aus Wachs bestehendes Gefäß ins Meer
versenke und nach Ablauf eines Tages wieder herausziehe, das Gefäß
mit Süßwasser gefüllt sein werde. Nun hat man sich gerade in neuerer
Zeit aufs äußerste um die Erfindung einfacher Methoden bemüht, aus
Meerwasser Süßwasser zu gewinnen, bisher aber keinen Stoff gefunden,
sei es Wachs oder irgendeinen anderen, aus dem man ein Gefäß herstellen könnte, mit dem der Versuch ein im Sinne der Theorie des Empedokles positives Ergebnis hätte, obwohl die Möglichkeit der Existenz
eines solchen Stoffes a priori nicht geleugnet werden kann. Es erscheint
nicht als sehr wahrscheinlich, daß Empedokles einen solchen Stoff gekannt
und als Wachs bezeichnet hat. Man kann sich daher des Verdachtes nicht
erwehren, daß das Experiment nur ausgedacht, aber nicht erfolgreich
durchgeführt worden ist. Aber wie immer es damit auch stehen mag,
daran kann kein Zweifel sein, daß durch ihn und zu seiner Zeit die
ersten tastenden Versuche unternommen worden sind, Theorien, die der
Erklärung von Naturphänomenen dienten, durch Experimente nachzuprüfen oder zu unterbauen, wie ja zu gleicher Zeit oder wenig später
Hippasos von Metapont seine vergleichenden Experimente mit Musik-

---

[136] Diels/Kranz 31 A 66.

instrumenten angestellt hat[137]. Dabei liegt freilich der Ton zunächst durchaus auf der Unterbauung, nicht auf der Nachprüfung oder „Verifizierung" der Theorie durch das Experiment. Doch hätte sich, wenn diese Ansätze weiter entwickelt worden wären, zweifellos auch die Nachprüfung von Theorien zwangsläufig daraus ergeben, ganz analog zu dem Vorgang, wie die Versuche, die pythagoreische Theorie der arithmetica universalis an immer neuen Gegenständen zur Durchführung zu bringen, durch die Entdeckung der Inkommensurabilität zur Falsifizierung ihrer universellen Durchführbarkeit geführt haben. Tatsächlich hat dann freilich das griechische Denken in der unmittelbar folgenden Zeit zunächst eine ganz andere Richtung genommen, infolge dessen das Experiment zunächst mehr oder minder als Forschungsmittel in Vergessenheit geriet und das Experimentieren in diesem Sinne erst im 3. Jhdt. v. Chr. in einer für die Wissenschaft bedeutsamen Weise wieder aufgenommen worden ist[138].

---

[137] Vgl. unten S. 550 ff.

[138] Ausgesprochen dem Zweck der Verifizierung, bzw. Falsifizierung dienten die Experimente des Straton von Lampsakos (ca. 340—ca. 270 v. Chr.), mit denen er einerseits die Behauptung des Aristoteles, daß es keinen leeren Raum gebe, zu widerlegen, also zu falsifizieren suchte, andererseits seine eigene Lehre, daß leerer Raum nur in der Form diskreter fein verteilter Intervalle vorkomme, in einen größeren kontinuierlichen leeren Raum (ἀθρούς κενὸς τόπος) dagegen sofort etwas einströme, um ihn zu erfüllen, stützte: so das Experiment mit dem Becher, der umgestülpt in das Wasser getaucht innen trocken bleibt, weil er nicht leer, sondern mit Luft gefüllt ist. Bohrt man jedoch oben ein Loch hinein, so entweicht die Luft und das Wasser strömt in ihn hinein, im Grunde eine leicht veränderte Wiederholung des Experimentes des Empedokles mit der Klepsydra. Auf der anderen Seite ist es jedoch auch möglich, in ein geschlossenes Gefäß weitere Luft hineinzupumpen, was zeigt, daß es kleine Intervalle geben muß, in welche die zusätzliche Luft eindringen kann (vgl. Die Schule des Aristoteles, Texte und Kommentar von F. Wehrli V: Straton von Lampsakos, fr. 56—63, und H. Diels, Über das physikalische System des Straton, Sitz.-Ber. Berl. Akad. phil.-hist. Kl. 1893, 3 ff.). In dieselbe Richtung gehen Experimente des wohl etwas jüngeren, von Straton beeinflußten Arztes Erasistratos, die beweisen sollen, daß in den Arterien eines lebenden Tieres Pneuma enthalten ist, das nach dem Tode des Tieres entweicht: man setzt ein Tier, z. B. einen Vogel, in ein metallenes Gefäß und läßt es eine Zeitlang hungern. Wiegt man es dann nach einiger Zeit zusammen mit seinen Exkrementen, so findet man, daß beide zusammen weniger wiegen als das Tier vor dem Beginn des Experimentes gewogen hat. Es muß also ein Teil des Tieres sich verflüchtigt haben. Wir haben hier also eine Art Experimente mit dem Ziel der Verifikation oder Falsifikation von Hypothesen, aber nicht eine Verifikation durch das Eintreffen vorausgesagter Ergebnisse.

Über Experimente mit anderer Zielsetzung in Altertum, Mittelalter und Neuzeit und über die Verbindung der Experimente mit der Mechanik vgl. unten S. 116 ff.

Der von Empedokles' Zeitgenossen Anaxagoras unternommene Versuch einer universalen und in gewissem Sinn wissenschaftlichen Naturerklärung ging von denselben parmenideischen Prinzipien aus wie derjenige des Empedokles: nur hat Anaxagoras diese Prinzipien radikaler genommen und ist dadurch zu etwas abweichenden Resultaten gelangt[139]. Wahrscheinlich aus dem Grunde, daß auch die empedokleischen Elemente sich faktisch ineinander zu verwandeln schienen, wie es ja zuvor schon Anaximenes angenommen hatte, hat Anaxagoras die Annahme abgelehnt, daß dies die unwandelbaren Urelemente seien, während alles andere durch Mischung und Entmischung aus ihnen entstehe. Da nach der Parmenideischen Lehre nichts wirklich entstehen oder vergehen kann, dem Augenschein nach aber alles aus allem zu entstehen scheint, nahm Anaxagoras an, daß alles in allem enthalten sein müsse[140]. Daraus ergab sich eine Reihe von Folgerungen: 1. daß alle Dinge aus unendlich kleinen Teilen zusammengesetzt sein müssen, da sonst nicht in dem kleinsten Teil eines vorfindbaren Stoffes noch Teile aller anderen Stoffe mit enthalten sein könnten[141]. 2. die Unmöglichkeit eines Zustandes völliger Entmischung, wie ihn Empedokles nach der Meinung vieler moderner Interpreten als Endzustand des einen der Weltzyklen angenommen haben soll[142]; 3. daß jeder Stoff uns nicht als das erscheint, was er wirklich ist, sondern als das, wovon er prozentual am meisten enthält[143]. Dadurch er-

---

[139] Die Fragmente des Anaxagoras bieten der Interpretation im einzelnen außerordentliche Schwierigkeiten. Auf diese hier genauer einzugehen ist unmöglich, aber für den Zusammenhang auch nicht notwendig. Ich verweise daher auf den sehr klaren und sorgfältigen Aufsatz von G. Vlastos, 'The Physical Theory of Anaxagoras', in: The Philosophical Review LIX (1950), p. 31 ff. Zu warnen ist dagegen vor dem Buch von F. M. Cleve, 'The Philosophy of Anaxagoras', New York 1949, das schon im Vorwort leicht als solche zu erkennende unrichtige, um nicht zu sagen, bewußt unwahre Angaben über die Einschätzung der Arbeit durch andere Gelehrte enthält.

[140] Für die außerordentlich schwierige Frage des Verhältnisses der Kräfte-Qualitäten des Warmen und Kalten, Trockenen und Feuchten, Hellen und Dunklen etc. zu den Stoffen wie Fleisch, Blut, Nägel, Haare etc. bei Anaxagoras vgl. Vlastos a. O.

[141] Vgl. Diels/Kranz, Vorsokratiker 59 B 3. Es ist interessant, daß Anaxagoras in Wirklichkeit nicht von einem unendlich Kleinen spricht, sondern vielmehr sagt, es gebe unter dem Kleinen kein Kleinstes, sondern zu jedem noch so Kleinen ein noch Kleineres. Es wird also ein unbegrenztes Fortschreiten zu einem immer Kleineren angenommen, diesem aber keine Grenze im unendlich Kleinen gesetzt. Damit geht schon Anaxagoras gewissermaßen der Frage nach dem aktual Unendlichen in der Formulierung aus dem Wege, obwohl die Annahme, daß die Dinge aus solchen Teilchen, die immer noch kleiner sind als das kleinste angenommene Teilchen, bestehen, eigentlich die Annahme eines aktual unendlich Kleinen voraussetzt.

[142] Diels/Kranz 59 B 6.

[143] Diels/Kranz 59 B 12 am Ende.

scheinen zwei Probleme, die auch anderweitig schon aufgetreten waren, unter einem etwas neuen Aspekt, nämlich a) das Problem einer adaequaten Erkenntnis von Gegenständen überhaupt, b) das Problem des unendlich Kleinen, da nun auch von materiellen Gegenständen angenommen werden muß, daß sie aus unendlich Kleinem zusammengesetzt sind, dieses also in einer Art von Ausgedehntheit, also der paradoxen Form einer unendlich kleinen Ausgedehntheit existieren zu müssen scheint.

Trotzdem gilt auch für Anaxagoras noch — abgesehen von der auch von Empedokles angenommenen Täuschung über die Existenz eines wirklichen Werdens und Vergehens, während es in Wirklichkeit nur Mischung und Entmischung gibt —, daß im wesentlichen die Dinge unmittelbar als das wahrgenommen werden, was sie tatsächlich sind, nur daß, da jeder Stoff nur als das wahrgenommen wird, was proportional in ihm am meisten vorhanden ist, die Adäquatheit der wahrnehmenden Erkenntnis dem wahrgenommenen Gegenstand gegenüber doch sehr stark getrübt ist.

Bedeutsamer noch für die Ausbildung gewisser Characteristica „wissenschaftlichen" Denkens als diese beiden neuen Aspekte des Problems des unendlich Kleinen und des Problems der Adäquatheit der Wahrnehmung ihren Objekten gegenüber ist die Funktion, die Anaxagoras in seiner Welterklärung dem ΝΟΥΣ zugewiesen hat. Da es für Anaxagoras keinen Zustand der vollständigen Entmischung gibt, kann es für ihn auch kein Hin- und Herpendeln zwischen einem Zustand völliger Mischung und völliger Entmischung geben. Es ist die Entmischung, durch die aus dem grauen Einerlei der völligen Mischung eine Welt von unterschiedlichen Dingen, bestehend aus für unsere Wahrnehmung verschiedenartigen Stoffen, entsteht. Es ist daher nur konsequent, wenn Anaxagoras die Entstehung eines Kosmos, einer differenzierten und doch geordneten Welt, mit einem Zustand völliger Mischung beginnen läßt, in dem alle Dinge voneinander ununterscheidbar[144] waren, und dann den Prozeß der Entmischung, in dem durch verschiedene Verteilung der Ingredienzien die Stoffe und Dinge für den Menschen unterscheidbar werden, unendlich weitergehen läßt. Um diesen einlinigen und einmaligen Prozeß in Bewegung zu setzen, braucht er nicht wie Empedokles für seinen doppelten Prozeß zwei Prinzipien, sondern nur eines. Dieses findet er in seinem ΝΟΥΣ.

Die Art nun, wie Anaxagoras diesen ΝΟΥΣ in seiner Welterklärung verwendet, ist ganz außerordentlich interessant. ΝΟΥΣ bedeutet in der

---

[144] Diels/Kranz 59 B 1.

ältesten griechischen Sprache die Fähigkeit, eine Situation als ganze
zu erkennen oder zu durchschauen[145]. Daraus wird bei den Vorgängern
des Anaxagoras die Fähigkeit, Zusammenhänge zu durchschauen und auf
diese Weise tiefer in das Wesen der Welt einzudringen als durch bloße
Wahrnehmung. Ganz deutlich hattte sich dies zuerst bei Xenophanes abgesetzt, dessen alles durchwaltender Gott nicht durch direkte Wahrnehmung erkannt werden kann. Doch bleibt der ΝΟΥΣ bis auf Anaxagoras eine Fähigkeit der reinen Erkenntnis, allenfalls der Vorausschau
in die Zukunft und des Planens als der Vorstellung, wie die Dinge in Zukunft durch eigenes Handeln geordnet werden. Dagegen wird Erkenntnis,
die sich unmittelbar in Handeln umsetzt, in älterer Zeit immer mit Wörtern, die von dem Stamm φρεν- abgeleitet sind, bezeichnet. So sagt Xenophanes von seinem Gott, in dem er beides verbindet, daß er νόου φρεσί
πάντα κραδαίνει[146] (durch die Entscheidungserkenntnis seines ΝΟΥΣ alles
lenkt). Daß damit ein Stück der ΝΟΥΣ-Philosophie des Anaxagoras vorweggenommen ist, ist offenbar. Daß bei Anaxagoras die φρένες weg-
gefallen sind und der ΝΟΥΣ allein übrig geblieben ist, will an sich nicht
viel besagen. Es entspricht der Entwicklung der griechischen Sprache im
5. Jhdt. vor allem bei den Philosophen, die mit dem Zunehmen des
abstrakten und verallgemeinernden Denkens die feineren und präzisen
Unterscheidungen der älteren Sprache vielfach verwischt. Im übrigen ist
bei Anaxagoras der Charakter des ΝΟΥΣ als Erkenntniskraft gewahrt.
Er erkennt alles, das Gemischte und das Ungemischte, wie es war, wie es
ist und wie es sein wird[147]. Auch die Erkenntniskraft in den einzelnen
Lebewesen scheint von ihm zu stammen[148]. Mit dem Gott des Xenophanes ist ihm gemeinsam, daß er sich mit nichts Materiellem vermischt und
trotzdem alles durchdringt. So scheint er weitgehend mit dem Gott des

---

[145] Vgl. darüber genauer und ausführlicher K. von Fritz, „Die Rolle des ΝΟΥΣ",
in: Wege der Forschung IX (1986), 261 ff., und „Der ΝΟΥΣ des Anaxagoras",
unten 576—93.

[146] Diels/Kranz 21 B 24.

[147] Diels/Kranz 59 B 12. Hier scheint der Satz καὶ ὁποῖα ἔμελλεν ἔσεσθαι καὶ ὁποῖα
ἦν, ἄσσα νῦν μὴ ἔστι, καὶ ὅσα νῦν ἔστι καὶ ὁποῖα ἔσται, da, wenn der Text der
HSS richtig ist, vor πάντα διεκόσμησε νοῦς kein weiteres καὶ steht, zu dem Folgenden gezogen werden zu müssen, sich also auf das Ordnen aller Dinge zu beziehen.
Aber dem Sinn nach mindestens muß er auch zu dem Vorangehenden gehören, wo
von dem Erkennen des ΝΟΥΣ die Rede ist.

[148] Vgl. Aristoteles, de anima A 2, 404 b, 1 ff. Doch scheint sich Anaxagoras nach
diesem Zeugnis über das Verhältnis des kosmischen ΝΟΥΣ zu der Seele und dem
Erkenntnisvermögen der verschiedenen Lebewesen nicht ganz eindeutig geäußert
zu haben.

Xenophanes identisch zu sein, wenn er auch nicht mehr Gott genannt wird. In all dem ist nichts wesentlich Neues.

Aber in einer ganz wesentlichen Hinsicht unterscheidet sich der ΝΟΥΣ des Anaxagoras von dem Gott des Xenophanes ganz fundamental. Der Gott des Xenophanes wirkt überall in alles Geschehen unmittelbar hinein. Der ΝΟΥΣ des Anaxagoras dagegen setzt nur das Urgemisch der Dinge, in dem sich nichts unterscheiden läßt, an einer Stelle in eine kreisende Bewegung[149]. Durch die Fortsetzung dieser sich immer weiter ausbreitenden Bewegung wird die Bewegung der Gestirne um die Erde bewirkt, aber auch die zunehmende Entmischung und Ummischung, durch welche die Dinge und die verschiedenen Stoffe, aus denen sie zu bestehen scheinen, entstehen. Weiter hat Anaxagoras nach dem Zeugnis des Aristoteles[150] von seinem ΝΟΥΣ für die Erklärung der Weltentstehung keinen Gebrauch gemacht, sondern alles Weitere nach rein mechanischen Prinzipien aus der von dem ΝΟΥΣ veranlaßten Urbewegung abzuleiten gesucht. Darüber hat sich schon Sokrates nach dem Zeugnis Platons[151] auf das heftigste gewundert. Wenn die Welt, so schien es Sokrates, durch Einsicht und Erkenntnis — und der ΝΟΥΣ ist ja von alters her ein Organ der Erkenntnis — in Bewegung gesetzt wird, dann muß diese doch auf ein als ein gutes erkanntes Ziel hin in Bewegung gesetzt werden. Stattdessen begnügt sich der ΝΟΥΣ des Anaxagoras damit, den Anstoß zur Bewegung gegeben zu haben und überläßt darauf die Welt sich selbst, bzw. dem Weiterwirken der einmal in Bewegung gesetzten Ursachenketten.

Damit ist in der Tat der Unterschied zwischen dem Gott des Xenophanes und dem ΝΟΥΣ des Anaxagoras sehr zutreffend bezeichnet. Anstelle eines bewußt nach Zwecken wirkenden, in dieser Hinsicht also gewissermaßen anthropomorphen die Welt regierenden Prinzips scheint ein völlig mechanisch wirkendes getreten zu sein. Aber auf der anderen Seite wird dieses Prinzip doch nicht ganz umsonst ΝΟΥΣ genannt. Denn obwohl nur einen Anstoß zu rein mechanischem Weiterwirken gebend, ist diese Kraft doch nicht blind, sondern vorausschauend, ja alles vorausschauend, da der ΝΟΥΣ des Anaxagoras den Anstoß zu der kosmologischen Kreisbewegung ja nur gibt, weil er vorausweiß, daß sich auf diese Weise eine geordnete und sinnvolle Welt entwickeln wird.

---

[149] Vgl. Diels/Kranz 59 B 12.
[150] Aristoteles, Metaphysik A 4, 985 a, 18 ff.
[151] Platon, Phaidon 97 B ff.

Sucht man nun den NOYΣ des Anaxagoras in die Entwicklung der frühgriechischen Philosophie und der Entstehung des wissenschaftlichen Denkens einzureihen, so gehört er offenbar mehreren Entwicklungsreihen an. Das erste ist die Entwicklung des NOYΣ-Begriffes selbst, innerhalb deren aus einer Erkenntnis, die das nicht unmittelbar ins Auge fallende Wesen einer Situation erfaßt, schließlich eine Erkenntnis des hinter wahrgenommenen Oberflächenphänomenen sich verbergenden wahren Seins geworden ist. Der NOYΣ des Anaxagoras durchschaut nicht nur die Gegenwart, sondern ebenso klar die Vergangenheit und die Zukunft. Nicht minder wichtig ist seine Stellung in der Entwicklungsreihe, die zu der Auflösung jener Einheit von Stoff, wirkender Kraft, physischer und emotionaler Qualität, die bei Anaximander so deutlich ist, führt. Diese Auflösung nimmt bei verschiedenen Philosophen ganz verschiedene Formen an und ist zugleich mit einem Prozeß weiterer Entanthropomorphisierung über Anaximander hinaus verbunden. Dieser Prozeß ist jedoch keineswegs völlig geradlinig verlaufen. Bei Anaximander scheinen die Stoff-Kraft-Qualitäten mehr oder minder blind zu wirken, wie vor allem aus seiner Theorie der Entstehung der Gestirne, die in Wirklichkeit feurige Ringe sind, in die das Feuer (das Heiße) durch das Kalte gesprengt worden ist, und die noch bis auf eine Art Atemlöcher, die allein für uns sichtbar sind, von diesem eingehüllt sind, deutlich hervorgeht. Bei Xenophanes ist die wirkende Kraft von den Stoffen und und Qualitäten getrennt und lenkt die Welt durch Einsicht. Bei Empedokles sind die wirkenden Kräfte ebenfalls von den Stoffen-Qualitäten unterschieden, wirken aber nach Analogie blinder Emotionen blind. Bei Anaxagoras endlich ist ebenfalls die wirkende Kraft von den Stoffe-Qualitäten getrennt. Doch ist sie nicht blind, sondern wie der Gott des Xenophanes alles durchschauend und voraussehend, wirkt aber rein mechanisch und insofern blind, während der Gott des Xenophanes gemäß seiner Einsicht überall eingreift.

Es ist aber deutlich, daß in dieser etwas im Zick-Zack verlaufenden Entwicklung zwei Tendenzen wirksam sind, die beide für die Entwicklung „wissenschaftlichen" Denkens von großer Bedeutung gewesen sind. Das eine ist die Tendenz, die dem Menschen in der Erfahrung zunächst mehr oder minder als bloße verschiedene Aspekte derselben Sache entgegentretenden Phänomene wie Stoffe, Qualitäten, Kräfte scharf voneinander zu trennen und zu unterscheiden. Das andere ist die Tendenz, die wirkenden Kräfte mehr und mehr als mechanisch wirkende aufzufassen, auch dann wenn sie als emotionale Kräfte oder als sozusagen mit Intelligenz ausgestattete Kräfte betrachtet werden. Die Ursache dieser letzteren Tendenz dürfte wohl in dem überall so deutlich hervortretenden, wenn auch weitgehend zunächst unbewußten Bestreben, die Dinge in die Hand zu bekommen, liegen. Dabei handelt es sich zunächst noch nicht so sehr um eine Manipulierbarkeit durch den Menschen, sondern eher um das mehrfach erwähnte Prinzip der vollständigen Faßlichkeit und der Übertragbarkeit der Erkenntnis von einem Menschen auf den anderen. Das Wirken eines allmächtigen und alles mit seiner Erkenntnis durchdringenden Wesens oder einer allumfassenden Erkenntnis selbst nach allumfassenden Zwecken läßt sich, wenn überhaupt, gewiß nicht exakt und präzise fassen. Das Wirken einer Kraft, die an einem Punkte einsetzt, kann man in diesem Einsatzpunkt festlegen und in seinen weiteren Folgen und Wirkungen Schritt für Schritt verfolgen zu können hoffen.

Sieht man sich also die Gesamtentwicklung der griechischen Kosmologie bis zu diesem Punkte an, so gibt es hier nicht, wie in der doch auch bis zu einem gewissen Grade durch kosmologische und andere Spekulationen angeregten Mathematik, noch heute gültige wissenschaftliche Entdeckungen wie die Entdeckung der Inkommensurabilität und später den Aufbau einer für inkommensurable Größen gültigen Proportionenlehre, obwohl immer wieder sozusagen primitive Vorankündigungen moderner wissenschaftlicher Theorien auftauchen, wie das survival of the fit bei Empedokles oder der durch den ΝΟΥΣ begonnene Wirbel, der in gewisser Weise die Kant-Laplacesche Theorie der Entstehung der Himmelskörper vorwegnimmt; wohl aber sind hier die Grundvorstellungen, die Grundbegriffe und die Grundvoraussetzungen geschaffen worden, ohne welche die Entstehung einer Wissenschaft im modernen Sinne gar nicht möglich ist. Dasselbe gilt für die ersten Ansätze zu einer Erkenntniskritik, zunächst in der Form einer noch sehr unvollkommenen Kritik der Sinnesempfindungen mit dem Ergebnis, daß die Sinnesempfindungen nur ein sehr unvollkommenes Bild der „Wirklichkeit" geben, von der wir doch auf der anderen Seite nur durch diese Sinnesempfindungen hindurch etwas erfahren, ein Problem, das von Empedokles vor allem eingehend erörtert worden ist. Vergleicht man damit die Entwicklung der modernen Wissenschaft, so hat sich die letztere jeweils unter Mitwirkung vieler Wissenschaftler über längere Zeiträume hin aufgrund in den Hauptsachen gleichbleibender Begriffsgrundlagen mehr oder minder kontinuierlich entwickelt, bis dann wieder ein Einbruch erfolgte, der eine Revision der Grundvorstellungen etwa von Raum und Zeit oder vom Wesen der Materie notwendig machte, während bei den Griechen in den Anfängen

ein umwälzend neues System auf das andere folgt. Aber unter der Oberfläche dieser Umwälzungen geht doch die Herausarbeitung der Vorbe-
dingungen für die Entstehung einer Wissenschaft im modernen Sinne,
wenn auch nicht völlig geradlinig, so doch stetig fort.

6. Der Atomismus und das Problem der wissenschaftlichen Begriffsbildung

Die Tendenz auf Zurückführung aller Erscheinungen auf allereinfachste
und völlig faßbare Prinzipien, die für die bisher diskutierten Philosophen
charakteristisch ist, ist noch viel weiter getrieben worden von den Atomisten, d. h. zunächst vor allem von Leukipp und Demokrit, deren Lehre
denn auch auf die Entwicklung der Naturwissenschaften einen viel direk-
teren und längeren Einfluß gehabt hat als diejenige ihrer Vorgänger, mit
Ausnahme vielleicht der Pythagoreer.

Während Empedokles und Anaxagoras daran festgehalten hatten, daß
es das Nichts oder das Nichtseiende nicht geben könne, also auch nicht
einen leeren Raum, aber von der Lehre der Einheit des Seienden insoweit
abgegangen waren, als sie verschiedene, von Ewigkeit her bestehende,
weder entstehende noch vergehende Arten des Seienden angenommen
hatten, suchte Leukipp die durch die Parmenideische Lehre entstandene
Schwierigkeit dadurch zu beseitigen, daß er das erste Element dieser
Lehre angriff und erklärte, daß es das Nichtseiende in gewisser Weise
doch gebe, nämlich als den leeren Raum. Er unterschied demgemäß zwischen zwei Urgegebenheiten, dem leeren Raum, der in gewisser Weise
ein wahres Nichts ist, das es aber doch gibt, und dem wahren oder eigentlichen Seienden, das er auch „ichts" (δέν von οὐδέν) genannt hat und das
im Gegensatz zu dem leeren Raum nur als erfüllter Raum gedacht
werden kann. Daraus ergibt sich ein doppeltes Problem, a) das eigentlich
Seiende alle die und nur die Eigenschaften haben zu lassen, die ihm als
erfülltem Raum und nichts als erfülltem Raum zukommen mußten, und
b) doch die ganze bunte Welt des Werdens und Vergehens, in der wir
leben, in irgendeiner Weise daraus abzuleiten. Des zweiten Teiles dieser
Aufgabe scheint sich dann, nachdem Leukipp die ersten Schritte zu ihrer
Lösung getan hatte, vor allem Demokrit angenommen zu haben[152].

---

[152] Über die Frage der, wie es scheint, von Epikur geleugneten historischen Existenz
des Leukipp und über den Beitrag des Leukipp und des Demokrit zu der Entwick-

Wenn das wahrhaft Seiende aus erfülltem Raum bestand und es daneben auch leeren Raum gab, konnte das wahrhaft Seiende in eine Vielheit von Stücken zerfallen, die durch leeren Raum voneinander getrennt waren. Die Stücke selbst aber mußten, ob groß oder klein, absolut raumfüllend sein, so daß auch nichts in sie eindringen konnte, das sie weiter hätte zerteilen können: daher unteilbar. Daraus ergibt sich ihre Natur und Bezeichnung als Atome, die hier nicht eine façon de parler ist, wie in der modernen Physik, sondern wirklich und im absoluten Sinne das meint, was sie besagt. Die weiteren Grundeigenschaften der Atome ergaben sich ebenfalls unmittelbar aus ihrem Verhältnis zum Raum. Die erste ist ihre Gestalt: die Umrißlinie (ῥυσμός), die sie von dem umgebenden leeren Raum unterscheidet oder abgrenzt; das zweite ist die Lage des einzelnen Atomes oder erfüllten Raumstückes in dem es umgebenden Raume, die später von Demokrit τροπή[153] genannt wurde und die, ebenso wie die Richtungen im leeren Raum, als absolut betrachtet wird. Das dritte ist die Lage der einzelnen Atome relativ zueinander, von Demokrit διαθιγή oder „Einfügung" (sc. in die Anordnung der Atome) genannt. Damit sind die eigentlichen Grundeigenschaften der Atome, die sich unmittelbar aus dem Verhältnis von leerem und erfülltem Raum ergeben, erschöpft. Doch scheint — es ist nicht sicher, ob schon von Leukipp oder erst von Demokrit — auch die Schwere, die als dem Volumen des erfüllten Raumes proportional und vielleicht als in irgendeiner Weise mit diesem identisch betrachtet worden zu sein scheint, zu den Grundeigenschaften der Atome gerechnet worden zu sein.

Alles übrige mußte aus diesen Grundeigenschaften abgeleitet werden. Dabei war die erste notwendige Annahme, daß die Atome klein genug sein mußten, um das scheinbare Werden und Vergehen und das Sichverwandeln der Dinge ineinander zu erklären. Das zweite war die Aufgabe, die wahre innere Struktur der Dinge aus ihren wahrnehmbaren Eigenschaften zu erschließen. Die erste Handhabe zu einer solchen Analyse scheinen die Härtegrade und das Gewicht der Stoffe gegeben zu haben[154]. Weichheit oder gar Flüssigkeit eines Stoffes scheinen eine leichte Verschiebbarkeit der Teilchen gegeneinander zu bedeuten, Härte dagegen

---

lung des Atomismus vgl. K. v. Fritz, Philosophie und sprachlicher Ausdruck bei Demokrit, Platon und Aristoteles, Neudruck Wissenschaftliche Buchgesellschaft, Darmstadt 1966, S. 12 ff.

[153] Über die Terminologie und ihre Bedeutung vgl. ibid. S. 26 ff.

[154] Vgl. Diels/Kranz 68 A 135, 61/62 (aus Theophrast).

das Gegenteil. So konnte man schließen, daß Stoffe der ersten Art aus abgerundeten Atomen mit glatter Oberfläche bestehen müßten, harte dagegen aus Atomen solcher Art, daß sie sich ineinander verzahnen und daher nicht leicht aus ihrer Lage zueinander entfernt werden können. Bei schweren flüssigen oder weichen Stoffen war anzunehmen, daß die gerundeten oder glatten Atome dicht beieinander lagen, woraus sich ihre hohe Masse = Gewicht erklärte, während die Härte leichterer Gegenstände dadurch erklärt werden zu können schien, daß zwischen den durch ihre Verzahnung entstehenden Atomgittern größere Zwischenräume existierten, woraus sich ihre geringe Masse, d. h. ihr geringeres Gewicht zu erklären schien. Auf diese Weise erschien es als möglich, die der sinnlichen Wahrnehmung wegen ihrer Feinheit nicht unmittelbar zugängliche innere Struktur der Gegenstände ziemlich weitgehend zu bestimmen.

Schwieriger war die Erklärung der nun notwendigerweise als nur scheinbar betrachteten eigentlichen „Sinnesqualitäten" der Dinge, bzw. die Aufgabe, sie aus ihrer atomaren Struktur zu bestimmen, ein Problem, mit dem sich vor allem Leukipps Nachfolger, Demokrit von Abdera (ca. 465/60 — ca. 370 v. Chr.) eingehend beschäftigt zu haben scheint. Da die Atome ihrem Wesen nach nichts waren als erfüllter Raum, so konnten sie an sich weder Geschmack noch Geruch noch Farbe noch sonstige Sinnesqualitäten besitzen[155]. Es war also notwendig, diese aus ihren wirklichen, d. h. rein räumlichen Qualitäten nach Möglichkeit abzuleiten und dies zugleich zur Gewinnung eines tieferen Einblicks in die innere Struktur der Dinge zu benützen. Es ist höchst interessant, wie Demokrit bei diesem Versuch verfahren ist[156]. Er ging offenbar von den Tastqualitäten aus, weil in ihnen die mikroskopische Gestalt der Dinge am unmittelbarsten erfaßt zu werden schien. So erklärte er den süßen Geschmack aus runden Atomen, die sanft in den Körper eindringen und daher eine angenehme Empfindung hervorrufen, den scharfen, sauren aus gewinkelten und keilförmigen Atomen, die beim Eindringen eine zusammenziehende und gewaltsame Wirkung ausüben, den bitteren aus glatten, gerundeten Atomen mit unregelmäßigen Rundungen und Ausbuchtungen, so daß die Atome sich glatt ineinanderfügen, weshalb der bittere Geschmack auch meistens den Eindruck von etwas Leimigem hervorrufe, usw.

---

[155] Vgl. Diels/Kranz 68 B 9.
[156] Vgl. ibidem 68 A 135, 65 ff.

Die Farbempfindung[157] dagegen bedurfte einer etwas andersartigen Erklärung, da hier die als farbig wahrgenommenen Gegenstände nicht unmittelbar mit dem Sinnesorgan in Berührung kommen, die Farbempfindung daher auch nicht einfach aus der Gestalt der den farbigen Gegenstand konstituierenden Atome abgeleitet werden konnte. Da es sich beim Sehen um die Wahrnehmung von entfernten Gegenständen handelt, war es ferner notwendig, zunächst in der Theorie eine räumliche Verbindung zwischen dem Sinnesorgan und dem wahrgenommenen Gegenstand herzustellen. Dies geschah durch die Annahme von ἀπορροαί oder Ausflüssen, die von allen Gegenständen nach allen Seiten hin ausgingen und so auch in unsere Sinnesorgane gelangten. Die Farbempfindungen werden dann nicht nur durch die Gestalt der Atome, aus denen diese Ausflüsse bestehen, sondern auch durch den Charakter der Bewegung, mit der sie auf das Sinnesorgan auftreffen, bzw. in es eindringen, bestimmt. Diese Annahme machte es dann wiederum bis zu einem gewissen Grade möglich, von der Empfindung auf die Struktur des Gegenstandes, von dem die Ausflüsse ausgehen, Schlüsse zu ziehen. So erklärte Demokrit die weiße Farbe, deren Anblick im hellen Lichte Griechenlands das Auge schmerzt, aus Ausflüssen, die in schneller, geradliniger Bewegung wie Pfeile auf das Auge auftreffen. Eine solche Bewegung der Ausflüsse, die, wie Demokrit glaubte, nicht nur von der Oberfläche der Dinge ausgingen, sondern aus ihrem Innern hervorgingen, schien geradlinige Poren in den Dingen vorauszusetzen, aus denen die Ausflüsse ungehindert hervorströmen können. Von der schwarzen Farbempfindung dagegen glaubte Demokrit, daß sie von Ausflüssen verursacht werde, die in langsamer, unregelmäßiger Bewegung im Sinnesorgan antreffen und die deshalb von Gegenständen mit gekrümmten Poren, welche die Bewegung des Ausströmens behindern und verlangsamen, ausgegangen sein müßten. So glaubte Demokrit auch hier von der Natur der Empfindung (auch hier wiederum als einer Art Tastqualität) auf die Struktur der Gegenstände, durch welche die Empfindung letzterdings hervorgerufen wird, schließen zu können.

Dabei machte Demokrit freilich eine außerordentlich wichtige doppelte Einschränkung. Der erste Teil dieser Einschränkung findet sich im wesentlichen schon bei Empedokles[158]. Zwar war Demokrit offenbar der

---

[157] Zum Folgenden vgl. Diels/Kranz 68 A 135, 73 ff. und zur genaueren Interpretation des schwierigen Textes unten S. 615 ff.

[158] Vgl. oben S. 70 ff.

Meinung, daß dieselben Empfindungen immer von Atomen derselben
Größe, Gestalt, Anordnung und Bewegung hervorgerufen werden. Aber
diese Beziehung ist nicht unbedingt umkehrbar[159]. Das Sinnesorgan kann,
z. B. durch Krankheit, Veränderungen erlitten haben, so daß es nur
Wahrnehmungen einer bestimmten Art machen kann. Dann wird es von
Atomen, die nicht dieser Wahrnehmungsart entsprechen, keinen Eindruck
empfangen und die Gesamtwahrnehmung, wie auch der Schluß von dieser
auf die Gesamtstruktur der wahrgenommenen Gegenstände wird verfälscht. So viel war schon bei Empedokles angedeutet gewesen. Die
zweite Einschränkung ist neu und von viel tiefer greifender Bedeutung.
Zwar werden im allgemeinen Gesichtsempfindungen von Ausflüssen aus
von dem wahrnehmenden Subjekt mehr oder minder entfernten Gegenständen erzeugt. Aber da die Empfindungen immer nur durch direkte
Berührung erzeugt werden können, so steht nichts im Wege, daß nicht
im einzelnen Fall dieselbe Empfindung auch durch bewegte Atome oder
Atomkombinate erzeugt werden könnte, die nicht von außerhalb der sie
empfindenden Menschen befindlichen Gegenständen ausgegangen sind,
sondern sich im Körper des Menschen selbst zusammengefunden haben
und in Richtung auf das Sinnesorgan in Bewegung gesetzt worden sind.
Daß solches tatsächlich vorkomme, schien Demokrit durch die Träume
bewiesen zu werden, deren Herkunft er sich auf eben diese Weise erklärte. Dadurch wird jedoch der Schluß auf die Struktur, ja bei der
Gesichtswahrnehmung sogar auf die Existenz der wahrgenommenen Gegenstände in jedem einzelnen Falle ungewiß, und dies wird auch von
Demokrit ganz allgemein und klar ausgesprochen[160]. Nur im allgemeinen
kann man aus den Wahrnehmungen auf die Struktur der sie verursachenden Gegenstände mit Sicherheit schließen, während im einzelnen
Fall immer ein Element der Unsicherheit bleibt. Daß Demokrit sich
damit abfindet und dies sogar selbst betont, zeigt deutlich, daß seine
„Wissenschaft" nicht primär nach der Voraussagbarkeit von Ereignissen
strebt noch sich an dieser orientiert, so daß also die bei dem Prozeß der

---

[159] Vgl. Diels/Kranz 68 A 135, 69 ff. und unten S. 598 f.

[160] Vgl. Diels/Kranz 68 B 6—10. Diese Äußerungen des Demokrit sind schon im Altertum vielfach im Sinne eines vollständigen Skeptizismus mißverstanden worden.
Wenn diese Interpretation richtig wäre, müßte Demokrit seine atomistische Lehre,
die ja auf der Überzeugung beruht, daß man über die allgemeine Struktur der
Dinge etwas wissen kann, später aufgegeben haben. Eine solche ganz unwahrschein-
liche Annahme ist jedoch keineswegs nötig, da sich der Skeptizismus Demokrits
offenbar nur auf die Sicherheit der Erkenntnis im jeweiligen einzelnen Fall bezieht,
nicht auf die Möglichkeit, die Grundstruktur der Welt im ganzen zu erkennen.

Erforschung auftretenden Strukturen als bloße Fiktionen betrachtet werden könnten, sondern daß es ihm auf die Strukturerkenntnis als solche ankommt, die ihm weder als minder gesichert noch als minder bedeutsam vorkommt, wenn sie nicht im einzelnen Fall verifiziert werden kann.

Dabei ist höchst bemerkenswert, daß bei dieser Reduktion aller Dinge auf ein im vollem Sinne Seiendes und ein in gewisser Weise seiendes Nichtseiendes von den ursprünglichen Aspekten der Urgegebenheiten im Grunde nur der stoffliche übrig geblieben ist. Die Qualitäten sind als objektiv vorhandene Qualitäten bis auf die durch das Verhältnis zum Raum gegebenen Eigenschaften von Gestalt, Lage und relative Lage (Anordnung) verschwunden. Von emotionalen Qualitäten kann in der wahren Welt der Atome und des leeren Raums schon von vornherein keine Rede sein. Aber auch die wirkende Kraft oder wirkenden Kräfte sind verschwunden. An ihrer Stelle ist allein die Bewegung der Atome und Atomgruppen übrig geblieben, die allerdings in den Sinnesorganen des Menschen auf geheimnisvolle, in keiner Weise weiter erklärte Weise — aber darin unterscheidet sich die Atomtheorie Demokrits in keiner Weise von den modernsten wissenschaftlichen Theorien der Sinnesempfindung — die subjektiven Empfindungen des Geschmacks, der Gerüche und der Farben hervorruft, sonst aber nur durch Stoß zu wirken scheint. Aber selbst hier bleibt ein unerklärter Rest. Betrachtet man gemäß dem Ursprung der Atomtheorie die Atome als absolut starr, so kann man verstehen, daß ein bewegtes Atom, das auf ein anderes Atom auftrifft, dieses andere Atom beiseite schiebt, bzw. in seiner eigenen Bewegungsrichtung mitnimmt oder selbst abgelenkt, bzw. beiseite gedrängt wird, aber nicht, daß einem anderen Atom ein Stoß im eigentlichen Sinn versetzt wird, der es in einer anderen Richtung weiterfliegen läßt, da dies Elastizität vorauszusetzen scheint, die den demokriteischen Atomen ihrer Natur nach nicht zukommen kann. Hier bleibt zum mindesten ein weiterer unklarer Punkt.

Aber auch über die Art, wie nach Demokrits Meinung die Erkenntnis der Strukturen zustandekommt, ist noch etwas zu sagen. Ich habe mich im vorangehenden des Ausdrucks bedient, daß die Strukturen aus den Sinnesempfindungen erschlossen werden. Aber im Sinne des Demokrit ist dies nur insoweit zutreffend, als „erschließen" wörtlich im Sinne von „eröffnen", „offenbar machen", „sichtbar machen" verstanden wird. Gerade die wörtlich erhaltenen Fragmente[161] zeigen auf das deutlichste, daß

---

[161] Vgl. dazu Diels/Kranz 68 B 11 und B 125 sowie zur Interpretation die erste der in Anm. 145 zitierten Arbeiten S. 346 ff.

Demokrit selbst die Art, wie er durch Analyse der Empfindungen als
einer Art von gestalterfassenden Tastempfindungen zu den Strukturen
der Dinge kam, nicht als logisches Folgern auffaßte, obwohl es dies teilweise — aber keineswegs ausschließlich, da auch die konstruktive Phantasie einen sehr wesentlichen Teil daran hatte — zweifellos war, sondern
diese Erkenntnis dem νοῦς zuschrieb, der unmittelbar, gewissermaßen
durch Intuition, tiefer in die Dinge eindringt als es der sinnlichen Wahrnehmung möglich ist.

Das wird man vom modernen Standpunkt aus vielleicht geneigt sein,
für einen ziemlich primitiven Irrtum Demokrits darüber, was in ihm
selbst bei seinen Überlegungen vor sich gegangen ist, zu halten, obwohl
die moderne empiristische Theorie, wonach wissenschaftliche Entdeckungen durch 'sense perception pure and simple' und 'logical reasoning pure
and simple' allein zustandekommen soll, wie mir scheint, einen mindestens
ebenso großen Irrtrum begeht[162]. Aber wie immer es sich damit verhalten
mag: gerade das teilweise Festhalten an älteren, nicht mehr ganz adäquaten Vorstellungen zeigt nur umso deutlicher, welche ungeheure Wandlung
in bezug auf die Frage der adäquaten Erkennbarkeit der Dinge überhaupt
seit den Anfängen der „wissenschaftlichen" Bestrebungen bei den Griechen zur Zeit des Thales innerhalb von kaum anderthalb Jahrhunderten
stattgefunden und bei Demokrit einen vorläufigen Abschluß gefunden
hat. Solange die Gegenstände der Erkenntnis durchweg als etwas Lebendiges oder dem Lebendigen nahe Stehendes oder Analoges aufgefaßt
wurden, konnte die Frage der Erkennbarkeit der Dinge keine prinzipiellen
Schwierigkeiten machen: die Qualitäten und wirkenden Kräfte draußen
in der Welt der Dinge, das Warme und das Kalte, das Helle und das
Dunkle, das Leichte und das Schwere, das Trockene und das Feuchte,
wurden als den entsprechenden Qualitäten und Kräften im Menschen
verwandt betrachtet und als wie diese unmittelbar wahrnehmbar verstanden. Freilich gab es auch in dieser Welt Täuschung und Irrtum. Aber
dies Gebiet konnte man durch Erforschung der Ursachen von Täuschung
und Irrtum einzugrenzen suchen. Täuschung und Irrtum blieben auf Ein-
zelgegenstände beschränkt. Mit der zunehmenden Einschränkung der
„eigentlich seienden" Dinge auf einige ganz wenige Urgegebenheiten
wie die Elemente des Empedokles oder gar den leeren Raum und die
Atome, die in Wirklichkeit gar keine „Gegebenheiten" mehr waren, sondern das Ergebnis von Denkschematismen, nimmt die Frage der Erkenn-

---

[162] Vgl. darüber unten S. 111 ff.

barkeit der „Wirklichkeit" eine ganz andere Form an. Von den allein wirklich seienden Urgegebenheiten des leeren und des erfüllten Raumes führt schlechterdings keine Brücke zu Empfindung, Wahrnehmung und Bewußtsein, so sehr sich Demokrit eine solche Brücke zu schlagen bemüht hat. Der Versuch, von den dem wahren Seienden zukommenden Gestalteigenschaften über die Tastqualitäten, in denen die räumlichen Gestalteigenschaften am unmittelbarsten wahrgenommen zu werden scheinen, zu den übrigen Sinnesqualitäten und von hier aus dann zurück zu der atomaren Struktur der aus Atomen zusammengesetzten Dinge zu gelangen, ist im Grunde naiv, so sehr man die konstruktive Phantasie Demokrits, die sich bei diesem Versuch enthüllt, bewundern mag.

Offenbar tritt hier ein Problem, das schon bei Gelegenheit der im Anschluß an Hekataios von Milet sich entwickelnden geometrischen Geographie und geographischen Topographie und dann in weit umfassenderer Form bei den von Pythagoras und den Pythagoreern ausgehenden Versuchen der Entwicklung einer Mathesis Universalis aufgetreten war, in einer neuen und gewissermaßen akuteren Form in Erscheinung. Überall beginnt das Streben nach einer exakten, festlegbaren, ohne Verlust von einem Menschen auf den anderen übertragbaren Erkenntnis mit der Zurückdrängung des „Anthropomorphen" im Sinne des Lebendigen, was sich im weiteren Verlauf fortsetzt bis zu seiner fast vollständigen Ausschaltung bei Demokrit. Überall endet diese Entwicklung paradoxerweise mit der schon früher formulierten Frage, wieweit die Elemente, die in diese „wissenschaftliche" Analyse der Welt eingehen, aus den Dingen selbst stammen oder ihnen vom menschlichen Geist zu ihrer besseren Bewältigung erst auferlegt sind.

Dabei ergibt sich jedoch ein sehr bedeutsamer Unterschied zwischen den von den Pythagoreern ausgegangenen Versuchen einer „wissenschaftlichen" Bewältigung der Welt und denjenigen Demokrits. Bei den von den Pythagoreern ausgegangenen Versuchen hat sich trotz der ursprünglichen Identifizierung der Zahlen mit den Dingen ziemlich früh herausgestellt, daß das Reich der mathematischen Gegenstände nicht mit dem Reich der „Dinge", die der uns umgebenden Welt angehören, identisch ist, daß aber trotzdem oder vielleicht gerade deshalb die Erforschung und Erkenntnis des einen Reiches der Erkenntnis und praktischen Bewältigung des anderen dienstbar gemacht werden kann. So ist die geometrische Erkenntnis schon ganz früh und sogar vor den Pythagoreern der Lösung praktischer Aufgaben in der Welt der Dinge, wie der Bestimmung des

Abstandes eines im Meere befindlichen Schiffes vom Lande[163], der Anlage eines 1 km langen Tunnels durch einen Berg von beiden Seiten, wobei sich die beiden Bohrungen in der Mitte mit ganz geringer Abweichung trafen[164], der Lagebestimmung von Orten auf der Erdoberfläche und später der Voraussage künftiger Gestirnstellungen am Himmel dienstbar gemacht worden. Für Demokrit dagegen waren der leere Raum, die Atome, die aus ihnen zusammengesetzten Strukturen und ihre Bewegungen durchaus die Welt der wahren und eigentlichen Realität, auf deren Erkenntnis als solche es ankam. Umgekehrt hat die Atomtheorie Demokrits für die Bewältigung praktischer Aufgaben, auch wo er sich solchen gewidmet hat, entweder gar keine oder nur eine eingebildete oder im besten Falle, wie bei dem Versuch der Lösung gewisser stereometrischer Probleme nach dem „Cavalierischen" Prinzip, nur eine ganz indirekte Bedeutung gehabt[165].

---

[163] Durch Thales mit Hilfe des zweiten Kongruenzsatzes nach Proklos in Euclidis Elem. S. 352, 14 ff. Friedlein (aus Eudem von Rhodos).

[164] Der um 550 v. Chr. auf Samos entstandene Tunnel des Eupalinos, der zum großen Teil heute noch erhalten ist. Über die dabei aller Wahrscheinlichkeit nach verwendeten mathematischen Hilfsmittel vgl. B. L. Van der Waerden, „Les mathématiques appliquées dans l'antiquité", in Revue internationale de l'histoire des sciences 1955, p. 43—47; vgl. auch noch J. Goodfield, „The Tunnel of Eupalinos", in The Scientific American 210 (1964), p. 104—12, und J. Goodfield und St. Toulmin, „How was the Tunnel of Eupalinos aligned?", in Isis 56 (1965), 46—55. Welche Bedeutung diese — übrigens ziemlich elementaren — geometrischen Mittel für die Lösung des praktischen Problems besaßen, kann man aus der Tatsache entnehmen, daß bei diesem gut 1 km langen Tunnel die seitliche Abweichung der beiden von entgegengesetzten Punkten ausgehenden Bohrungen in der Mitte weniger als 10 m betrug und die Abweichung in der Höhe ganz gering ist, während bei der etwa 150 Jahre früher von dem israelitischen König Hiskia ebenfalls von zwei Seiten her begonnenen Tunnelanlage in der Nähe von Jerusalem, deren Gesamtlänge nur 325 m betrug, trotz aller Anstrengungen, die Richtung einzuhalten, die beiden Bohrungen sich in der Richtung so weit voneinander entfernten, daß der Tunnel völlig im Zickzack verläuft und seine Länge fast das Doppelte der geraden Entfernung zwischen den beiden Endpunkten beträgt.

[165] Damit soll natürlich in keiner Weise die Überlieferung bestritten werden, daß Demokrit auch an der Lösung praktischer wissenschaftlicher Probleme einen bedeutenden Anteil gehabt hat. Die konstruktive Phantasie, die in seinem Versuch, die atomare Struktur der Gegenstände zu eruieren, so glänzend in Erscheinung tritt, mußte ihm natürlich auch bei der Lösung solcher Aufgaben zugute kommen. Aber wenn er, wie Vitruv berichtet, zuerst eine Theorie der Perspektive gegeben zu haben scheint, so hat das mit Atomtheorie nichts zu tun. Ja, es sieht so aus, als ob seine Optik, wie die antike Optik überhaupt, mit Strahlen, die von den Augen zu den Dingen gehen, operiert hätte, während seine Theorie des Sehens als Gesichtsempfindung, wie gezeigt, ganz auf Ausflüssen, die von den Dingen ausgehen und in die Sinnesorgane gelangen, aufgebaut ist. Über den Versuch Demo-

Umso interessanter ist es, daß die Atomtheorie eine ganz ungeheure Wirkung auf die Weiterentwicklung der „Wissenschaft" gehabt hat, die sich noch bis in die Gegenwart fortsetzt, wenn auch nicht ganz in der Weise, wie es einer oberflächlichen aber nicht nur bei Laien, sondern auch bei manchen Physikern zu findenden Auffassung erscheinen mag. Nach dem Weiterleben bei einigen unmittelbaren Anhängern Demokrits, wie Metrodor von Chios und Nausiphanes[166], ist die Atomtheorie in ihrer demokriteischen Form zunächst vor allem bei Epikur und den Epikureern zu Ehren gekommen, wo die auf ihr aufgebaute Welterklärung jedoch weder der Bewältigung praktischer Aufgaben noch der theoretischen Forschung, sondern der Beruhigung des menschlichen Gemüts und der Überwindung und möglichst völligen Beseitigung der Furcht vor dem Unbekannten und Ungewissen diente, was wohl auch sonst nicht ganz selten die Funktion „wissenschaftlicher" wie außerwissenschaftlicher Welterklärung gewesen ist. Auch bei der Wiederbelebung des Atomismus im Zeitalter der Aufklärung war dies, vor allem, wie schon bei Epikur und noch mehr bei Lucrez, in der Form der Befreiung von als beängstigend empfundenen religiösen Vorstellungen, zum Teil seine Funktion. Bei Epikur kommt diese ganz unwissenschaftlich „wissenschaftliche" Haltung auf das deutlichste darin zum Ausdruck, daß er öfters versichert, es komme gar nicht so sehr darauf an, *die* absolut richtige Erklärung eines Phänomens zu finden. Es genüge durchaus, eine oder mehrere mögliche „natürliche" Erklärungen des Phänomens zur Hand zu haben, um superstitiöse und unwissenschaftliche Ängste zu vermeiden.

Während jedoch der Atomismus der antiken Atomisten[167], von einigen geringfügigen Änderungen abgesehen, durchwegs mit demjenigen Demokrits identisch geblieben ist, ist der moderne Atomismus zwar vor allem in seinen Anfängen sehr stark von Demokrit beeinflußt gewesen, aber nirgends vollständig mit ihm identisch. Der Grund hierfür ist zweifellos vor allem in zwei Dingen zu suchen: einmal darin, daß sich im Mittelalter, besonders unter dem Einfluß des Averroes und aufgrund einer nicht

---

krits, die Ethik mit der Atomlehre in Verbindung zu setzen, bzw. sogar zu einem gewissen Grade auf ihr aufzubauen, vgl. die in Anm. 152 zitierte Arbeit S. 31 ff. und unten S. 600 mit Anm. 12.

[166] Vgl. die Fragmente bei Diels/Kranz, Vorsokratiker II, 70 und 75.

[167] Ich lasse hier die eigentümliche Atomtheorie, die Platon im Timaios 53 c ff. entwickelt hat, beiseite, da diese zwar an sich sehr interessant ist, für die hier zu behandelnde historische Entwicklung jedoch keine Bedeutung besitzt.

richtigen Interpretation gewisser Ausführungen des Aristoteles[168], eine neue, von Demokrit wesentlich abweichende Theorie von kleinsten Teilchen, den sog. minima naturalia, herausgebildet hatte, und zweitens darin, daß die Chemie, die sich allmählich als neue Wissenschaft aus der Alchemie entwickelte, zwar, um den Ergebnissen ihrer Experimente eine theoretische Basis geben zu können, nach einer Lehre von kleinsten Teilchen verlangte, aber weder mit den kleinsten Teilchen der Averroistischen Lehre von den minima naturalia noch mit den Atomen in der Form, in der sie bei Demokrit auftraten, zu einem völlig befriedigenden Ergebnis gelangte.

Dabei ist höchst interessant zu sehen, wie die verschiedenen Atomtheorien aus ganz verschiedenen Bedürfnissen hervorgegangen sind und demgemäß auch die in diesen Atomtheorien figurierenden Atome sich ihrem Wesen und ihrer Natur nach voneinander unterscheiden. Giordano Bruno (1548—1600) ging in Wirklichkeit von dem Aristotelischen Begriff der οὐσία im Gegensatz zum συμβεβηκός aus, seit dem Mittelalter bis auf die neueste Zeit unglücklicherweise übersetzt mit Substanz[169] und Akzidenz, grob gesprochen des Dings und seiner Eigenschaften. Sein Gedanke war, daß alles auf ein ganz Einfaches zurückzuführen sein müsse, aus dem sich dann die ganze Mannigfaltigkeit der Dinge mit ihrer Fülle der Eigenschaften herleiten lasse. Dieses Einfachste fand er für die Körperwelt in einem Kleinsten oder Minimum, das er auch Atomus nennt. Es ist ihm die eigentliche Grundlage oder „Substanz" der körperlichen Dinge, deren Mannigfaltigkeit ihm nur als Akzidenz dieser „Substanz" erscheint[170]. Da es sich nach der Auffassung Brunos bei der Annahme sol-

---

[168] In Wirklichkeit lehnt Aristoteles überall die Existenz von Minima im Sinne der Minima-Lehre der mittelalterlichen Aristoteliker ab (vgl. de caelo 271 b, 10 ff.; de gen. et corrupt. 328 a, 5/6 und vor allem die Ausführungen über das ἄπειρον in der Physik III, 4, 202 b, 30 ff.; vgl. darüber auch unten S. 681 ff.). Doch bedürfen diese Zusammenhänge einer eingehenderen Erörterung als sie hier gegeben werden kann.

[169] Über den Substanzbegriff vgl. unten S. 100 ff.

[170] G. Bruno, de minimo I, 2, v. 24 ff.:

„Nunc canere incipiam. MINIMUM substantia rerum est;
Atque id idem tandem opperies super omnia magnum.
Hinc monas, hinc atomus, totusque hinc undique fusus
Spiritus, in nulla consistens mole, suisque
Omnia constituens signis, essentia tota,
Si res inspicias, hoc tandem est, materiesque
Quandoquidem minimum sic integrat omnia, ut ipsum
Ni substernatur, reliquorum non siet hilum."

cher Minima oder Atome um eine Denknotwendigkeit handelt, wendet er seine atomistische Lehre nicht nur auf physikalische Körper, sondern auch auf geometrische Gestalten an, was naturgemäß zu der Leugnung idealer geometrischer Figuren überhaupt führt und zu dem Standpunkt des Protagoras zurückzukehren zwingt, wonach es keine solchen Figuren geben kann, sondern alle Kreise nur regelmäßig geformte Gebilde sind. Im übrigen behalten die Atome bei Bruno die Eigenschaft der absoluten Raumerfüllung und Starrheit, aber nicht deshalb, weil sie als das eigentlich Seiende einem seienden Nichtseienden, dem leeren Raum, entgegenzusetzen wären, sondern weil es ein letztes unveränderlich Festes geben muß, wenn eine solide Welt daraus aufgebaut werden soll. Anstelle des leeren Raumes, den Bruno leugnet, tritt bei ihm der Äther oder spiritus, der auch bis zu einem gewissen Grade als „Substanz" betrachtet werden kann und als eine Art Mittelding zwischen Raumerfüllendem und Nichtraumerfüllendem zwar im Gegensatz zu den Atomen durchlässig ist, aber doch räumliche Ausdehnung besitzt. Diese höchst seltsame Atomtheorie hat doch insofern eine nicht unbeträchtliche Bedeutung, als in ihr eine Vorstellung, die in den Atomtheorien der folgenden Jahrhunderte bis zum Ende des 19. Jhdts. eine beherrschende Rolle spielt, eben die Vorstellung, daß die Körperwelt letztlich aus unveränderlichen, soliden, raumerfüllenden Einheiten zusammengesetzt sein müsse, auf das deutlichste ausgesprochen ist.

So geht auch Gassendi (1592—1655) von der Überlegung aus, daß es nichts Festes geben könne, wenn es nicht letzte Teile gäbe, die durch keine Gewalt auflösbar und daher vollständig unabänderlich sind. Denn wenn sie selbst wieder teilbar wären, käme man nie zu einem Ende der Auflösung. Da sich aber ein Etwas nicht in ein Nichts auflösen kann, muß notwendigerweise am Anfang etwas stehen, was nicht weiter auflösbar ist. Es ist höchst interessant zu sehen, wie hier, obwohl Gassendi historisch von einem Studium Epikurs ausgegangen war, der Atomismus gewissermaßen an vorparmenideische Vorstellungen von der Unmöglichkeit eines Werdens oder Hervorgehens aus dem Nichts anknüpft und daraus neu geboren wird: ein Beispiel dafür, wie gewisse Grundvorstellun-

---

und dazu das von G. Bruno selbst verfaßte schol., p. 10: „Ad corpora ergo respicienti omnium substantia minimum corpus est seu atomus"..,. „Tolle undique minimum, ubique nihil erit", und I, 11, schol., p. 44: „Minima, quatenus sunt unibilia, segregabilia etiam sunt, non se penetrant, non miscentur, sed se attingunt tantum, unde nihil est solidum corpus praeter ea, et ideo omnia praeter ea dissolvuntur, quorum non minus possibile est divortium quam consortium."

gen im Verlauf des Bestrebens, die Welt „wissenschaftlich" zu erfassen, immer von neuem auftauchen und das Denken in ähnliche Bahnen lenken. Doch wendet Gassendi seine Theorie nicht auf die Mathematik an, die er als eine rein gedankliche Abstraktion aus der Wirklichkeit betrachtet. Das Atom als allgemeine Denknotwendigkeit wird damit aufgegeben: In Gedanken kann man sich die Teilung einer ausgedehnten Größte unendlich fortgesetzt vorstellen. Aber eine solide ausgedehnte Welt kann man sich nicht in dieser Weise zusammengesetzt denken. Im übrigen kehrt Gassendi zu der Annahme eines leeren Raumes zurück, und auch sonst nähert sich seine Atomtheorie trotz ihres etwas verschiedenartigen Ausgangspunktes derjenigen Demokrits. Wie bei diesem unterscheiden sich die Atome Gassendis voneinander durch Größe, Gestalt, Lage im Raum und Gewicht. Während Bruno angenommen hatte, daß alle Atome rund sein müßten, können sie bei Gassendi wie bei Demokrit die verschiedensten Gestalten haben. Was Gassendi sonst gegenüber der antiken Atomlehre mit ausdrücklichen Worten geändert hat, wie daß die Atome nicht ewig, sondern von Gott geschaffen seien und auch ihre Bewegung nicht von ewig her bestanden habe, sondern ihnen von Gott mitgeteilt worden sei, ist offenbar eine Konzession an den Glauben der Kirche und für den Gebrauch, den Gassendi von den Atomen für die Naturerklärung machte, von keinerlei Bedeutung.

Die Zeit Gassendis und die unmittelbar folgende Zeit ist voll von den verschiedensten Atomtheorien[171], die nicht alle diskutiert werden können. Besonders interessant ist die Rezeption des demokriteischen Atomismus durch Robert Boyle (1626—1691), vor allem auch deshalb, weil bei ihm mit besonderer Deutlichkeit ein weiteres Element hervortritt, das wohl auch schon bei seinen Vorgängern in weniger deutlicher Form eine Rolle

---

[171] Für eine eingehendere Darstellung der Entwicklung der Atomtheorie als sie hier gegeben werden kann, vgl. vor allem A. G. M. van Melsen, Atom — gestern und heute. Die Geschichte des Atombegriffs von der Antike bis zur Gegenwart, Freiburg i. Br. 1967. Van Melsen korrigiert eine Reihe von Ungenauigkeiten in dem älteren Werk von Kurd Lasswitz, Geschichte der Atomistik vom Mittelalter bis Newton, 2 Bände, Leipzig 1889/90, Neudruck Wissenschaftliche Buchgesellschaft 1963, vor allem in Hinsicht auf die Anfänge der Lehre von den Minima im Mittelalter. Doch ist das Werk von Lasswitz sowohl wegen seiner großen Ausführlichkeit als auch weil es den philosophischen Standpunkt gegenüber dem Atomismus unmittelbar vor der neuesten Entwicklung der Atomtheorie mit besonderer Klarheit zum Ausdruck bringt, immer noch sehr lesenswert. Ebenso ist F. A. Langes berühmte „Geschichte des Materialismus und Kritik seiner Bedeutung in der Gegenwart" wegen der Klarheit seiner Fragestellungen und Formulierungen auch heute noch sehr wertvoll.

gespielt hatte. Boyle ging von der nun schon und vor allem auch durch
ihn selbst in starkem Maße experimentell gewordenen Chemie aus und
von der Frage, wie die (chemischen) Verbindungen gewisser Stoffe mit
anderen Stoffen zu neuen Stoffen, die ganz andere Eigenschaften auf-
wiesen als diejenigen Stoffe, aus deren Verbindung sie hervorgegangen
waren, zu erklären seien. Hier wendet sich Boyle mit Heftigkeit gegen
gewisse Erklärungen, die nicht so sehr von Aristoteles ausgegangen als
in sehr äußerlichem und weitgehend völlig irrtümlichem Anschluß an gewisse seiner Lehren und an Lehren der spätantiken Medizin entwickelt
worden waren, eine Erklärungsweise, nach der man die Wirkungen der
Stoffe einfach aus ihrer Eigenschaft (qualitas) oder Fähigkeit (facultas),
eben diese Wirkungen hervorzubringen, zu erklären versuchte. Demgegenüber betonte Boyle mit Recht, daß damit gar nichts erklärt sei, und
daß man die spezifischen Wirkungen der Stoffe aus allgemeineren Eigenschaften ableiten müsse, wenn irgend etwas wirklich erklärt werden solle.
Als Beispiel führte er an, daß sogar die schädliche Wirkung von zerstoße-
nem Glas auf die menschlichen Eingeweide durch eine besondere facultas
deleteria erklärt worden sei statt dadurch, daß die kleinen Splitter die
Eingeweide auf rein mechanische Weise verletzen. Hier wird also noch
sehr viel deutlicher als bei Gassendi, daß diejenigen Überlegungen, die
ursprünglich zur Entstehung der atomistischen Lehre geführt hatten, bei
der Wiedererweckung des Atomismus im 17. Jhdt. nur noch eine untergeordnete Rolle spielen und allmählich immer mehr in den Hintergrund
treten, während das Bedürfnis, die Mannigfaltigkeit der Erscheinungen auf allgemeine, einfache, faßliche und deshalb nach Möglichkeit
mechanische Ursachen zurückzuführen, immer maßgebender wird. Es
ist gewissermaßen das Handgreifliche an den Atomen Demokrits, das sie
für die Naturwissenschaftler dieser Zeit so anziehend macht.

Bei der Verwendung der Atomtheorie zu diesen Zwecken spielte für
Boyle vor allem die unendliche Mannigfaltigkeit der Gestalt, welche die
Atome Demokrits im Gegensatz zu denen Brunos besessen hatten, eine
entscheidende Rolle: nämlich ihr rund oder eckig oder spitz oder gerän-
delt oder mit Ausbuchtungen und/oder Einbuchtungen oder mit Häkchen
Versehensein. Da dieses aber allein zur Erklärung der chemischen Erscheinungen nicht ausreichte, setzte er darüber eine Lehre von den primae
concretiones, den ersten Zusammenwachsungen von Atomen, die durch
ihr Verhaktsein miteinander höhere Einheiten bilden, die dann wiederum mit anderen solchen höheren Einheiten in Verbindung treten oder sich
aus solchen lösen können, woraus dann eben die chemischen Verbindungen

und ihre Lösungen erklärt werden sollen. An Wirkungen der Atome und ihrer ersten Konkretionen aber ließ Boyle gemäß dem Prinzip der einfachsten mechanischen Erklärung nur unmittelbare Nahwirkungen wie Druck, Stoß, Verhaftetsein, Mitziehen des durch Verhakung oder Verhaftung Verbundenen und dergleichen, d. h. Wirkungen durch direkte Berührung, gelten.

Eben daraus aber ergaben sich sehr bald Schwierigkeiten, die teils zu einer vollständigen Ablehnung der Atomtheorie in ihrer demokriteischen Form und dem Versuch, sie durch vollständig andere Theorien zu ersetzen, teils zu ihrer tiefgreifenden Umbildung Anlaß gegeben haben. Ein besonders leicht zu verstehendes Beispiel ergibt sich aus dem Phänomen der Elastizität. Schon die Stoßwirkungen der Atome aufeinander in der ursprünglichen Lehre Demokrits setzen eigentlich die Elastizität stillschweigend voraus, obwohl Demokrit dessen nicht gewahr gewesen zu sein scheint, weshalb auch die Frage, was dies für die Natur der Atome zu bedeuten habe, damals nicht gestellt worden ist. Nachdem jedoch festgestellt worden war, daß Elastizität ohne vorübergehende Zusammenpressung des elastischen Körpers nicht möglich ist, mußte entweder die Elastizität der Atome oder ihre Starrheit, die bei Demokrit aus ihrer absoluten Raumerfüllung folgt und daher eine unabdingbare Grundeigenschaft der Atome darstellt, fallen gelassen werden. Das letztere macht natürlich, wenn man die Atomtheorie nicht mehr auf parmenideische Gedankengänge stützt, keine Schwierigkeit. Aber es ist klar, daß die Theorie damit, wenn auch äußerlich alles bis auf eine scheinbare Kleinigkeit dasselbe geblieben ist, sich in ihrem innersten Wesen verändert hat.

Viel einschneidender war jedoch die Entdeckung der Gravitationsgesetze durch Newton (1642—1726), da dieser zwar die Atome, die seit Boyle und seinen Vorgängern weitgehendste Annahme gefunden hatten, beibehielt und ihnen sogar ihre parmenideischen Grundeigenschaften der Undurchdringlichkeit und absoluten Starrheit beließ, aber von der Annahme, daß diese Teilchen nur durch unmittelbare Berührung, durch Stoß, Druck und Zug (letzteres nur bei miteinander verhakten Atomen) aufeinander wirken könnten, abging und an ihre Stelle die Annahme von in die Ferne wirkenden Anziehungskräften stellte. Daraus ergab sich jedoch, vor allem wenn es mit den sich aus dem Phänomen der Elektrizität ergebenden Problemen zusammengenommen wurde, sogleich die Frage, ob es denn dann überhaupt nötig sei, ausgedehnte, absolut raumfüllende und starre Atome als Träger dieser Kräfte anzunehmen, da ein notwendiger Zusammenhang zwischen beidem nicht einzusehen schien.

Selbst ein solider, das Eindringen in den von ihm eingenommenen Raum verwehrender Körper kann ja auch als eine der Kraft des Eindringenden absoluten Widerstand leistende Kraft verstanden werden. So hat denn auch, nicht so sehr viel später, G. Boscović (1711—1787) die Atome durch ausdehnungslose Kraftzentren ersetzt, eine Lehre, die dann nicht nur auf Kant, sondern vor allem auch auf eine Reihe von großen französischen Physikern wie Laplace (1747—1827), Ampère (1775—1836) und an der Physik interessierten Mathematikern wie Cauchy (1789—1857), sowie auf Faraday (1791—1867) bis zu Moigno (1804—1884), der mehr ein Popularisator als ein selbständiger Forscher gewesen ist, ja noch auf Georg Cantor, also auf mehr als ein Jahrhundert hinaus, eine starke Wirkung ausgeübt hat.

Es ist wohl der Mühe wert, an dieser Stelle einzuhalten und sich noch einmal die Rolle gewisser Grundvorstellungen in der Entwicklung der Naturerklärung von den ältesten kosmologischen Spekulationen bis zur Naturwissenschaft der ersten Hälfte des 19. Jhdts. zu vergegenwärtigen. Am Anfang stehen die Stoff-Qualitäten-Kräfte des Anaximander und seiner unmittelbaren Nachfolger. Dann bei Xenophanes über Empedokles bis zu Anaxagoras die Trennung des wirkenden Prinzips oder der wirkenden Prinzipien von den stofflichen Prinzipien, die ihren Charakter als Qualitäten bis zu einem gewissen Grade beibehalten, und gleichzeitig die zunehmende Beschränkung der Wirkkräfte auf mechanische Wirkungen. Endlich bei Demokrit die Beschränkung auf stoffliche Prinzipien mit rein räumlichen Qualitäten allein, wobei die Wirkkräfte durch die reine Bewegung, der eine Wirkung durch Druck und Stoß bei dem Zusammentreffen von zwei Stoffteilchen zugeschrieben wird, ersetzt sind. Bei der Wiederbelebung der Naturwissenschaft im 17. Jhdt. war, abgesehen von der Einwirkung theologischer Vorstellungen, diese Vorstellung weitgehend übernommen worden. Dann folgt durch Newton die erneute Trennung der stofflichen Prinzipien von den wirkenden Kräften, doch so, daß die Kräfte zwar an die Massenteilchen und ihre Akkumulationen gebunden erschienen, sie selbst aber etwas von diesen völlig Verschiedenes waren, und der Grund, warum sie an jene gebunden waren, im Dunkel blieb. Endlich wird von Boscović und seinen Nachfolgern das Verhältnis Demokrit gegenüber umgekehrt, indem nun die raumerfüllenden „stofflichen" Massenteilchen als überflüssig erscheinen und durch ausdehnungslose Kraftzentren oder — wie man, da dem Begriff der Kraft, der ursprünglich von dem Gefühl der Muskelkraft abgeleitet ist, auch etwas Anthropomorphes anhaftet, vielleicht besser sagen würde — durch

räumlich lokalisierte Wirkzentren oder Wirkquanten ersetzt werden.
Fragt man aber, warum nach Ausschaltung des anthropomorphen und
emotionalen Aspektes der Grundgegebenheiten über ein Jahrtausend
hindurch immer wieder diese beiden Grundvorstellungen bald zusammen, bald getrennt und so, daß man mit einem von ihnen allein auszukommen versucht, auftreten und was es eigentlich mit ihnen für eine
Bewandtnis hat, so kann man vielleicht sagen, daß beiden einerseits ein
ganz abstrakter Begriff, andererseits eine empirische Grunderfahrung
zugrundeliegt. Im ersten Fall ist dies der ganz abstrakte Begriff eines
Seins gegenüber dem Nichtsein, woraus ja die Atomtheorie bei Leukipp
und Demokrit hervorgegangen ist, und die konkrete Erfahrung, daß es
überall in unserer Umgebung Dinge gibt, die man erst beiseite schieben
muß, wenn man an die Stelle, die sie einnehmen, gelangen will, und daß
dies letztere nicht möglich ist, wenn man sie nicht beseitigen kann. Im
zweiten Fall ist dies abstrakt der Begriff der Kausalität, die Vorstellung,
daß alles, was geschieht, durch irgend etwas bewirkt worden sein muß,
eine Vorstellung, über deren Grundlage oder Herkunft noch zu handeln
sein wird, und konkret die Erfahrung, daß man mit seiner Muskelkraft
oder sekundär durch Verwendung der Muskelkraft anderer Lebewesen
tatsächlich etwas, primär Bewegung, bewirken kann.

Während der Atomismus in seiner zuletzt erörterten Form und die
Lehre Boscović' von den Kraftzentren noch miteinander im Streite lagen,
hatte jedoch infolge der stürmischen Fortschritte, welche die Chemie seit
dem Ende des 18. Jhdts. gemacht hatte, eine neue Entwicklung eingesetzt,
die dazu bestimmt war, dem Atomismus wieder eine ganz neue Richtung
zu geben. Die Entdeckung der chemischen Elemente und dann zuerst der
sog. Atomgewichte, die ursprünglich nicht mehr bedeuteten als die konstanten Gewichtsverhältnisse, in denen oder in deren Multiplen die chemischen Elemente sich miteinander verbinden, dann der Periodizität der
Elemente, dann der sog. Isomerien in der Chemie, endlich zusätzliche Entdeckungen auf anderen Gebieten, wie z. B. die Entdeckung des Gesetzes
der rationalen Indices in der Kristallographie, legten den Gedanken nahe,
daß die Elemente tatsächlich aus diskreten Teilchen bestehen, die sich sozusagen als Einzelindividuen oder wohlgeordnete Kombinationen von
solchen miteinander verbinden. Aber die Ableitung einer Atomtheorie
von diesen und ähnlichen Phänomenen machte zugleich eine fundamentale
Abweichung von der demokriteischen Atomtheorie notwendig. Die Atome
Demokrits hatten alle nur möglichen Gestalten gehabt; ja die Theorie
ihrer Verbindung zu größeren Einheiten hatte bei Demokrit ebenso wie

bei vielen unter den ersten seiner modernen Nachfolger eben diese Variabilität der Gestalt der Atome zur Voraussetzung gehabt. Die neue Ableitung der Atomtheorie dagegen setzte voraus, daß die Atome in eine endliche, nicht einmal sehr große Anzahl von Gruppen von untereinander gleichartigen Atomen zerfallen. Ja das ganzzahlige oder annähernd ganzzahlige Verhältnis der Atomgewichte zueinander nebst ihrer Periodizität legte den Gedanken nahe, daß die Atome der verschiedenen Elemente selbst alle aus denselben Bausteinen zusammengesetzt seien, womit die Atome aufhörten, überhaupt Atome im demokriteischen Sinne, d. h. wirklich unteilbar, zu sein.

Wichtiger noch ist, daß von einer Verbindung dieser Atome miteinander nach den Vorstellungen der demokriteischen oder Boyleschen Atommechanik, nach der die Atome durch wirkliche Häkchen, die sich untereinander verhaken, zusammenhängen, gar nicht mehr die Rede sein kann. Niemand würde es einfallen, das chemische Symbol für Schwefelsäure H_2SO_4 bzw.

$$ O \diagdown \diagup HO $$
$$ S $$
$$ O \diagup \diagdown HO $$

so aufzufassen als ob hier wirklich ein Schwefelatom in der Mitte stünde, das mit den Sauerstoffatomen und den HO-Molekülen, die um es herum angeordnet sind, durch materielle Verbindungsstricke verbunden ist. Wirkkräfte der verschiedensten Art spielen hier wieder eine beherrschende Rolle. Besonders interessant sind hier für die Frage der historischen Zusammenhänge der verschiedenen Phasen der Atomtheorie die Wirkkräfte, welche als „Ladungen" der verschiedenen Komponenten des Atoms, des Atomkerns und der nach dem Bohrschen Atommodell es umkreisenden Elektronen bezeichnet werden. Denn diese Ladungen sind im Gegensatz zu den sich kontinuierlich ausbreitenden Anziehungskräften Newtons selbst diskret und an gewisse raumerfüllende (?) Massenteilchen gebunden. Der Gedanke an solche „Ladungen" war naturgemäß innerhalb der demokriteischen Atomtheorie völlig unmöglich. Umgekehrt wird nun auch die Frage, ob oder inwieweit die letzten Teilchen der teilbar gewordenen Atome im Sinne des Demokrit noch wirklich als raumerfüllend, d. h. völlig starr und undurchdringlich gedacht werden können, unbeantwortbar.

Statt dessen tritt nun in Diskussionen über solche Fragen ein Hilfsbegriff auf, der einen viel ungewisseren Ursprung hat als der Atombegriff bei Demokrit, aber gleich zu Beginn des modernen Atomismus in Erscheinung tritt und nicht minder seltsame und verwirrende Entwicklungen durchgemacht hat als der Atombegriff selbst: der Begriff der Substanz. Der Terminus Substanz ist seinem etymologischen Ursprung nach eine wörtliche Nachbildung des griechischen Wortes ὑπόστασις, wird aber von Beginn seines modernen Gebrauches bei Giordano Bruno an auch als Übersetzung des aristotelischen Wortes οὐσία gebraucht, eine Übersetzung, die auch noch fast allen modernen englischen Übersetzungen und Kommentaren der Werke des Aristoteles gemeinsam ist. Die Tatsache, daß die griechische Definition der Trinität lautet μία οὐσία ἐν τρισὶ ὑποστάσεσι: eine οὐσία in drei ὑποστάσεις: also, wenn man sowohl οὐσία wie ὑπόστασις mit „Substanz" übersetzt: eine Substanz in drei Substanzen, zeigt wohl mit besonderer Deutlichkeit, daß es sich hier um einen Begriff oder Terminus von vorbildlicher Klarheit und Eindeutigkeit der Bedeutung handelt.

Οὐσία ist bei Platon eine Bezeichnung der Ideen, weil sie allein ein eigentliches Sein haben, ein solches nämlich, das nicht dem Werden und Vergehen unterworfen ist. Aristoteles, der die platonische Ideenlehre aufgegeben hat, bezeichnet als οὐσία das, was den Veränderungen zugrunde liegt (ὑπόκειται)[172]. Das ist in erster Linie und im eigentlichen Sinne das Einzelding, das alle Arten von Veränderungen erleiden kann, z. B. seines Verhältnisses zu andern Dingen, und so fort, ohne seine Identität zu verlieren. In der Aussage erscheint demgemäß die οὐσία in der Regel als Subjekt des Satzes, von dem Verschiedenes der oben genannten Art, d. h. der sogenannten Kategorien (von κατηγορεῖν: aussagen) ausgesagt wird[173]. In gewisser Weise kann jedoch auch die Materie (ὕλη), obwohl sie nicht für sich existieren kann wie die οὐσίαι der erstgenannten Art, sondern nur verbunden mit oder in einer bestimmten Gestalt, und also kein eigentliches unabhängiges Sein hat, οὐσία genannt werden[174], insofern sie jeder Veränderung, auch der Gestaltveränderung, zugrunde liegt (ὑπόκειται). Dieser aristotelische Begriff der οὐσία ist es, welcher in unserer Zeit primär mit „Substanz" bezeichnet zu werden pflegt. Es ist aber deutlich, daß er, selbst wenn man von dem zweiten oder der Zeit nach vielmehr ersten

---

[172] Cf. Aristoteles, Metaphysik Z, 2, 1028 b, 8 ff.

[173] Über den ontologischen und den logisch-grammatischen Aspekt der aristotelischen Kategorienlehre vgl. K. v. Fritz, „Der Ursprung der aristotelischen Kategorienlehre", in Archiv f. Gesch. d. Philos. XL (1931), S. 449 ff.

[174] Aristoteles, Metaphysik Z, 3, 1029 a, 10 ff.: καὶ ἔτι ἡ ὕλη οὐσία γίγνεται.

Ursprung des Substanzbegriffes von dem griechischen Wort ὑπόστασις absieht, schon zwei sehr verschiedene Bedeutungen in sich schließt.

In den Anfängen der modernen Atomtheorie tritt nun der Substanzbegriff sogleich bei Giordano Bruno auf, wenn er sagt[175]: „Ad corpora respicienti omnium substantia minimum corpus est seu atomus". Es ist sehr deutlich, wie dieser Substanzbegriff mit dem aristotelischen οὐσία-Begriff zusammenhängt. Die minima oder Atome sind das, was allen Veränderungen zugrunde liegt. Sie sind also Substanzen im Sinne des aristotelischen ὑποκείμενον. Sie sind aber weder οὐσίαι wie ein Mensch, der viele Veränderungen erleiden kann, ohne seine Identität zu verlieren, der aber auch entstehen und vergehen kann, noch sind sie οὐσίαι im Sinne der aristotelischen Materie oder ὕλη, die kein Sein für sich hat, sondern nur allen Gestalten zugrunde liegt. Vielmehr sind in dieser Grundsubstanz Raumerfüllung und Gestalt untrennbar miteinander vereinigt: so jedoch, daß diese Gestalt zwar durch die Vereinigung mit andern gestalteten Minima oder Atomen alle möglichen Gestalten hervorbringen kann, selbst aber sich in der Grundsubstanz nicht verändert. Das Atom als Minimum vereinigt also gewissermaßen in sich die Eigenschaften der beiden Arten von aristotelischen οὐσίαι.

Es würde zu viel Raum erfordern, den Gebrauch des Substanzbegriffes in Verbindung mit dem Atomismus durch die folgenden Jahrhunderte zu verfolgen, ist jedoch auch nicht nötig, da er noch am Ende des 19ten Jahrhunderts bis auf leichte Modifikationen unverändert auftritt. „Es bedarf der Begriff des physischen Körpers" heißt es in einer Kritik des Bruno'schen Atombegriffs vom Jahre 1889[176], „bevor kausale Beziehungen zwischen den Körpern und ihren Teilen faßbar werden, einer doppelten Festsetzung, sowohl über die Möglichkeit der Veränderungen im Raum, als auch über die Möglichkeit, für diese Veränderungen ein Subjekt zu haben, von welchem sie ausgesagt werden können. Indem nämlich alle Veränderungen als räumliche Bewegungen dargestellt werden müssen, ergibt sich die Notwendigkeit, diese Bewegungen an ein Substrat zu knüpfen. Man pflegt die bewegten und dadurch mit der intensiven Größe der Wirkungsfähigkeit ausgestatteten Raumteile als Materie zu bezeichnen. Damit aber der Begriff der räumlichen Bewegung anwendbar ist, müssen die bewegten Teile auch Ausdehnung besitzen, d. h. es muß ein Mittel geben, welches bestimmte Teile des Raumes zu einer geschlos-

---

[175] Vgl. oben Anm. 170.
[176] K. Lasswitz, a. O. (oben Anm. 171) I, 384/85.

senen Einheit verbindet, so daß jedem geometrischen Teil dieser Einheit dasselbe Prädikat der Bewegung, dieselbe intensive Größe der Geschwindigkeit, zuerteilt werden kann. Es wird sonst unmöglich, einen bewegten Teil des Raumes vom andern abzugrenzen und in der Bewegung selbst als mit sich identisch abzusondern. Dieses Mittel, welches die intensive Größe der Bewegung mit der extensiven des Raumes zu einer konstanten Einheit verbindet, ist das Denkmittel der *Substanzialität,* durch welches ein Teil des Raumes als physische (d. h. mit intensiver Größe begabte) Einheit, als *Atom,* begrifflich gesichert wird. Die sinnliche Realität und Wechselwirkung der Körper muß an den Substanzbegriff geknüpft werden, sonst verflüchtigt sich die Natur und die Materie, und es wird unmöglich, zu einer Objektivierung der subjektiven sinnlichen Empfindungen zu gelangen. Der Atombegriff erweist sich als notwendig, um die Objektivität der sinnlichen Erfahrung als dynamische Wechselwirkung von Substanzen zu sichern".

Um dieses Fortbestehen derselben Grundvorstellungen durch die mannigfachsten Veränderungen und Variationen hindurch in seiner Bedeutung voll zu verstehen, ist es notwendig, zunächst kurz etwas über eine Entwicklung der modernen Physik zu sagen, die ganz über ihre antiken Ansätze und Antezedenten hinausliegt und daher eigentlich außerhalb des Rahmens der gegenwärtigen Untersuchungen liegt, die aber doch kurz erwähnt werden muß, um das hierher Gehörige dagegen absetzen zu können. Die entscheidende Wendung zur modernen Physik wurde weit mehr als durch die zunehmende Bedeutung, die dem Experiment zugemessen wurde, gegeben durch die Einführung von Koordinatensystemen, die völlig von den durch sie zu erfassenden Gegenständen unabhängig sind, durch Descartes, durch die dadurch ermöglichte Entwicklung der analytischen Geometrie, d. h. der Arithmetisierung und Algebraisierung der Geometrie, die dann mit Hilfe der Erfindung der Infinitesimalrechnung durch Newton und Leibniz weiterausgestaltet worden ist und jene Mathematisierung der Physik ermöglichte, die dem Altertum in dieser Form noch völlig fremd war und den rapiden Fortschritten der Physik von Newton bis zur Gegenwart zugrunde liegt. Hier werden nun schon gleich zu Anfang einige Grundvorstellungen neu gefaßt und zwar in solcher Weise, daß sie in mathematische Formeln gebracht werden können: so die Vorstellung der Masse[177], d. h. des Maßes des Trägheitsmomentes,

---

[177] Über Ursprung, Entstehung und Entwicklung des Begriffes der Masse vgl. das ausgezeichnete Buch von Max Jammer, Der Begriff der Masse in der Physik, Darmstadt 1964.

des Widerstandes, welchen ein Körper der Veränderung seiner Bewegung entgegensetzt, ein Begriff oder eine Vorstellung, welche ermöglicht, auch den alten Begriff der Kraft zu mathematisieren, indem ihr Maß definiert wird als das Produkt von Masse und Beschleunigung oder nach der ursprünglichen Formulierung Newtons $F = m\ddot{s}$ ($\ddot{s}$ = zweite Ableitung des Weges), woraus dann bei Leibniz die Formel für die „lebendige Kraft" $K = mv^2$ geworden ist. Dabei sind sowohl Masse sowie Geschwindigkeit und Beschleunigung zunächst durchaus als kontinuierliche, nicht als diskrete Größen gedacht und werden auch mathematisch als solche behandelt.

Das Bemerkenswerte ist jedoch, daß durch diese ganze stürmische neue Entwicklung hindurch dieselben bei den Griechen zuerst auftretenden Grundbegriffe sich erhalten haben und bei Lasswitz wiederum in ihrer aus Demokrit und Aristoteles kombinierten Form auftreten, wobei das demokriteische Atom als Minimum mit dem Wort Substanz bezeichnet wird, die ihrerseits als Substrat (aristotelisch: ὑποκείμενον) aufgefaßt wird, das allen Veränderungen und Bewegungen zugrunde liegt, aber auch als Träger von Wirkkräften erscheint. Ferner wird diesem Substrat, soweit es als Substanz auftritt, ausdrücklich Ausdehnung zugeschrieben und damit implizite auch räumliche Gestalt. Hier sind also alle Ingredientien des aristotelisch-demokriteischen Kombinats erhalten, während in den dazwischen liegenden Jahrhunderten, wie oben gezeigt, mehrfach der Versuch gemacht worden war, bald ohne den Begriff der Kraft auszukommen, bzw. in dieser nur die Wirkung der Bewegung eines Körpers, wenn er mit einem andern Körper zusammentrifft, auf diesen zu sehen, bald ohne die Annahme eines ausgedehnten Substrates für die Kräfte auszukommen.

Seit dem Erscheinen des Buches von Lasswitz zu Ende des 19. Jahrhunderts hat bekanntlich die Atomtheorie eine stürmische Entwicklung durchgemacht, in deren Verlauf die Atome ihren ursprünglichen Charakter vollständig geändert haben. Nicht nur sind die Atome nicht mehr unteilbar, also auch keine Atome im ursprünglichen Sinne, sei es Demokrits sei es der Minimalehre des Mittelalters und der beginnenden Neuzeit, mehr, sondern erweisen sich als bestehend aus einer immer größer werdenden Anzahl von Teilchen, von denen manche außerordentlich flüchtiger Natur, also auch nicht in irgendeiner der oben analysierten Bedeutungen des Wortes „Substanzen" sind. Ihr Wesen, soweit man von einem solchen sprechen kann, wird immer mehrdeutiger, sodaß sie bald durch „Wellen" ersetzt bald als lokale Erregungen in kontinuierlichen

Kraftfeldern bezeichnet werden können. Der Versuch, auf diese Dinge genauer einzugehen, würde den Rahmen dieser Untersuchung sprengen. Er würde auch nicht viel nützen, da die moderne Atomtheorie derartig im Flusse ist, daß alles, was über diese Dinge gesagt werden kann, nach kurzer Zeit doch wieder veraltet ist.

Wohl aber ist es sowohl möglich wie für den Zusammenhang notwendig, auf einige Aspekte dieser Entwicklung im Großen hinzuweisen, in welchen die uralten Probleme der Anfänge der Wissenschaft bei den Griechen in leicht veränderter Form wieder auftauchen. Schon in den frühesten Zeiten der vorsokratischen Philosophie und Wissenschaft war die Frage aufgetaucht, ob gewisse Mittel, mit deren Hilfe wir die Erscheinungen der uns umgebenden Welt genauer zu erfassen suchen, aus den Dingen selbst genommen sind oder ihnen von uns, um sie besser erfaßbar zu machen, auferlegt werden. Hierbei hatte es sich in jener Zeit wesentlich um mathematische Hilfsmittel verschiedener Art gehandelt. Dagegen war bei den Vorsokratikern nie ein Zweifel an der objektiven Realität zuerst der Stoff-Kräfte-Eigenschaften, dann der Grundstoffe und von ihnen verschiedenen Grundkräfte, dann der Atome und ihrer Bewegungen und sonstigen Eigenschaften aufgetreten, wenn man auch im einzelnen zweifeln konnte, ob die den Erscheinungen zugrunde liegenden Stoffe, Kräfte, Atomkombinationen etc. jeweils adaequat erkannt wurden, da dies von der Konstitution des Apparates der Sinnesempfindungen abzuhängen schien. Dasselbe gilt für die aristotelische Unterscheidung zwischen οὐσία und συμβεβηκός, woraus sich dann später der moderne Substanzbegriff entwickelt hat. In dem oben zitierten Abschnitt aus dem 22 Jahre vor der ersten Auflage von Vaihingers' 'Philosophie des Als Ob' erschienenen Werk von Lasswitz dagegen ist von den Atomen, von Substraten, von Substantialität usw. als „Denkmitteln" in einer solchen Weise die Rede, daß es als zweifelhaft erscheint, ob diese noch als den Erscheinungen zugrundeliegende Realitäten bzw. deren adaequate Bezeichnung und Beschreibung betrachtet werden oder als bloße Gedankenkonstruktionen, mit deren Hilfe wir eine uns in ihrem eigentlichen Wesen unzugängliche Realität bis zu einem gewissen Grade erfaßbar zu machen suchen.

In der Folgezeit ist dann eben hierüber eine Kontroverse entstanden, in welcher A. Einstein und M. Planck an der objektiven Realität der nach der physikalischen Theorie den Erscheinungen zugrundeliegenden Gegebenheiten festzuhalten suchten, während W. Heisenberg deren bloßen Symbolcharakter betonte. So sagte er in einem Vortrag von 1949[178], das unteilbare Elementarteilchen sei „seinem Wesen nach nicht ein materielles Gebilde in Zeit und Raum, sondern ein Symbol, bei dessen Einführung die Naturgesetze eine besonders einfache Gestalt annehmen" und ein Jahr darauf in einem auf der Tagung der Naturforscher und Ärzte in München im Dezember 1950 gehaltenen Vortrag mit Beziehung auf einen 23 Jahre früher in Brüssel abgehaltenen Kongreß und die dort entbrannte Diskussion dieser Frage: „hier stand die alte, seit Descartes eingewurzelte Vorstellung von der Teilung der Welt in eine objektive, in Raum und Zeit ablaufende Welt und eine von ihr getrennte Seele, in der sie sich spiegelt, im Kampfe gegen neue Auffassungen, in deren Licht sich die Trennung nicht mehr in der früheren primitiven Weise durchführen ließ". In seinem 1959 erschienenen Buche „Physik und Philosophie"[179] wiederholt Heisenberg dieselbe Auffassung mit den folgenden Worten: „In den Experimenten über Atomvorgänge haben wir mit Dingen und Tatsachen zu tun, mit Erscheinungen, die ebenso wirklich sind wie irgend welche Erscheinungen im täglichen Leben. Aber die Atome und Elementarteilchen sind nicht ebenso wirklich. Sie bilden eher eine Welt von Tendenzen und Möglichkeiten als eine von Dingen und Tatsachen". Das ist eine höchst interessante Umkehrung der in mannigfacher Weise aber noch bis in die Gegenwart weiterwirkenden Auffassung Demokrits, wonach die Welt, in der wir leben, eine Welt der Erscheinungen und Täuschungen ist, welcher die philosophisch-wissenschaftlich zu konstruierende Welt der Atome und des leeren Raumes als die allein „wahre" Welt gegenüberzustellen ist. Von Sinn und Bedeutung einer solchen Umkehrung wird im folgenden noch im Zusammenhang mit ähnlichen Erscheinungen bei den alten Griechen die Rede sein.

Im letzten Kapitel seines Buches stellt Heisenberg jedoch darüber hinaus noch höchst interessante Betrachtungen über den Gebrauch der Sprache in der Physik an. Er beginnt dieses Kapitel mit dem Hinweis[180], daß „dieser modernste Teil der Naturwissenschaft an vielen Stellen sehr alte Denkwege berührt, daß er sich einigen der ältesten Probleme von einer neuen Richtung her nähert", was eben hier etwas ausführlicher und eingehender aufzuweisen versucht wird. Schon im vorhergehenden

---

[178] W. Heisenberg, Wandlungen in den Grundlagen der exakten Naturwissenschaften, Stuttgart 1949, S. 49.

[179] W. Heisenberg, Physik und Philosophie, Stuttgart 1959, S. 180. Zur weiteren Begründung vgl. die Kapitel II und III desselben Buches.

[180] Op. coll. S. 181.

Kapitel hatte Heisenberg z. T. im Anschluß an Überlegungen von C. F.
v. Weizsäcker ausgeführt, daß zur präzisen Erfassung von Vorgängen
im Bereich der Atome eine neue Sprache, oder eigentlich vielmehr neue
Sprachen notwendig seien, die aber jeweils nur innerhalb eines engen
Gebietes gültig, bzw. anwendbar sind. Als Beispiel führt er den von
Weizsäcker geprägten Ausdruck „koexistierende Zustände" an. Über
diesen Ausdruck führt Heisenberg weiter das Folgende aus: „Dieser Ausdruck ‚koexistierend' beschreibt die Situation korrekt; es wäre in der Tat
schwierig, sie etwa ‚verschiedene Zustände zu nennen', denn jeder Zustand enthält bis zu einem gewissen Grad auch die andern ‚koexistierenden Zustände'. Dieser ‚Zustands'begriff würde dann hinsichtlich einer
Ontologie der Quantentheorie eine erste Definition bilden. Man erkennt
sofort, daß dieser Gebrauch des Wortes ‚Zustand', besonders des Ausdrucks ‚koexistierender Zustand', so verschieden ist von dem der gewöhnlichen materialistischen Ontologie, daß man zweifeln kann, ob man hier
noch eine zweckmäßige Terminologie benützt. Wenn man andererseits
das Wort ‚Zustand' so auffaßt, daß es eher eine Möglichkeit als eine
Wirklichkeit bezeichnet — man kann sogar einfach das Wort ‚Zustand'
durch das Wort ‚Möglichkeit' ersetzen —, so ist der Begriff von den
‚koexistierenden Möglichkeiten' ganz plausibel, da eine Möglichkeit eine
andere einschließen oder sich mit anderen Möglichkeiten überschneiden
kann."

Im letzten Kapitel selbst macht dann Heisenberg über das Verhältnis
dieser wissenschaftlichen Spezialsprachen zu der „gewöhnlichen Sprache"
eine höchst interessante Bemerkung[181]: „Ferner hat uns die Entwicklung
und die Analyse der modernen Physik die wichtige Erfahrung vermittelt,
daß die Begriffe der gewöhnlichen Sprache, so ungenau sie auch definiert
sein mögen, bei der Erweiterung des Wissens stabiler zu sein scheinen als
die exakten Begriffe der wissenschaftlichen Sprache, die als eine Idealisierung aus einer nur begrenzten Gruppe von Erscheinungen abgeleitet
sind. Dies ist im Grunde auch nicht überraschend, da die Begriffe der
gewöhnlichen Sprache durch die unmittelbare Verbindung mit der Welt
gebildet sind: sie stellen die Wirklichkeit dar; sie sind daher nicht sehr
wohl definiert und können im Laufe der Jahrhunderte auch Änderungen
erleiden, so wie die Wirklichkeit sich selbst verändert, aber sie verlieren
doch niemals die unmittelbare Verbindung mit der Wirklichkeit. Die
wissenschaftlichen Begriffe andererseits sind Idealisierungen, sie sind aus

---

[181] Ibidem S. 194/95.

Erfahrungen abgeleitet, die mit den feinsten experimentellen Hilfsmitteln gewonnen sind, und sie sind durch Axiome und Definitionen präzis definiert. Nur auf Grund solcher präzisen Definitionen ist es möglich, die Begriffe mit einem mathematischen Schema zu verknüpfen und dann mathematisch die unendliche Vielfalt möglicher Erscheinungen in diesem Gebiet abzuleiten. Aber durch diesen Prozeß der Idealisierung und präzisen Definition geht die unmittelbare Verknüpfung mit der Wirklichkeit verloren. Die Begriffe passen immer noch sehr gut zu jener Teilwirklichkeit, die hier der Gegenstand der Forschung gewesen war. Aber die Entsprechung kann in anderen Gruppen von Erscheinungen verloren gehen."

Wenn jedoch Heisenberg unmittelbar darauf auf solche Termini oder Begriffe der gewöhnlichen Sprache zu sprechen kommt[182], so erwähnt er — außer den bei einer früheren Gelegenheit erwähnten Begriffen von Zeit und Raum — die Begriffe „Geist", „menschliche Seele", „Leben", „Gott", von denen er meint, daß die Wissenschaft wieder Raum für sie lassen müsse, da sie selbst zur natürlichen Sprache gehörig „mit der Wirklichkeit unmittelbar verbunden sind". Dabei sind jedoch nach zwei Seiten hin je ein ganz außerordentlich wichtiges Gebiet ausgelassen, zwei Gebiete, die berücksichtigt werden müssen, wenn das höchst bedeutsame Problem, auf das Heisenberg hier hingewiesen hat, wirklich durchsichtig werden soll. Der oben gegebene kurze Überblick[183] hat schon gezeigt, daß eine Reihe von Termini, welche keineswegs in dem Sinne der gewöhnlichen Sprache angehören, wie die Begriffe „Geist", „Seele", „Leben", „Gott", sich Jahrhunderte hindurch als außerordentlich stabil erwiesen haben, z. B. die Begriffe „Atom", „Materie", „Substanz", „Substrat", die alle historisch datierbare Schöpfungen von Philosophen gewesen sind und niemals, wie die Begriffe „Leben", „Seele", „Gott", und „Geist" vor dieser Schöpfung in einer gewöhnlichen Sprache existiert haben, außerdem auch etwa der Begriff der „Kraft" im physikalischen Sinne, bei dem das Wort zwar — wie übrigens auch Materie (ὕλη), das in der gewöhnlichen Sprache aber „Bauholz" heißt — aus der gewöhnlichen Sprache stammt, in dieser aber etwas von dem wissenschaftlichen Begriff der Kraft ganz Verschiedenes bezeichnet. Für diese Stabilität der erwähnten, keineswegs der gewöhnlichen Sprache angehörigen Termini findet sich ein sehr instruktives Beispiel an einer ganz anderen Stelle

---

[182] Ibidem S. 195 f.
[183] Vgl. oben S. 97 ff.

des Heisenbergschen Buches, wo gesagt wird[184]: „Da Masse und Energie
nach der Relativitätstheorie im wesentlichen das Gleiche sind, kann man
sagen, daß alle Elementarteilchen aus Energie bestehen. Man kann also
die Energie als Grundsubstanz, als den Grundstoff der Welt betrachten.
In der Tat hat sie wesentliche Eigenschaften, die zu dem Begriff Substanz
gehören: sie bleibt erhalten." Hier wird also der Substanzbegriff, der in der
modernen Physik seit ihren ersten Anfängen eine so große und mannigfaltige Rolle spielt, wieder eingeführt, nicht im Sinne von ὑπόστασις noch
im ersten und eigentlichen Sinne des οὐσία-Begriffes des Aristoteles, d. h.
des Einzeldinges, das, während seine kategorialen Bestimmungen sich
ändern, dasselbe bleibt, noch in dem Sinne, in welchem von Giordano
Bruno bis Lasswitz Substanz ein Ding bezeichnet, das sich zwar selbst
nicht ändert, aber durch Kombinationen mit andern Dingen der selben
Art die Veränderungen in den Erscheinungen hervorbringt, sondern in
einem Sinn, der sich am meisten noch dem Sinne der aristotelischen οὐσία
im uneigentlichen Sinne als dem ὑποκείμενον annähert, ohne jedoch mit
diesem identisch zu sein. Zugleich klingen in der Verwendung des Substanzbegriffes durch Heisenberg die verschiedenen Erhaltungstheorien —
der Grundstoffe, der Kraft, der Atome, der Materie als des allgemeinen
Substrates aller Veränderungen etc. —, die in der griechischen Naturphilosophie von ihren Anfängen an eine so große und mannigfaltige
Rolle gespielt haben, wieder an.

Damit ist diese Verwendung des Substanzbegriffes durch Heisenberg,
die völlig außerhalb seiner Betrachtungen über die Bedeutung der wissenschaftlichen und der gewöhnlichen Sprache für unser Denken steht, eine
höchst instruktive Illustration der Tatsache, daß gewisse von den antiken
Philosophen geprägte Termini sich durch die Jahrtausende hindurch erhalten, aber ihre präzise Bedeutung unaufhörlich geändert haben. Auch
der Begriff der Energie, die in den zitierten Ausführungen von Heisenberg als Substanz bezeichnet wird, ist, wenn auch in einer etwas anderen
Richtung, in diesem Zusammenhang sehr interessant. Das Wort stammt
von der aristotelischen Wortprägung ἐνέργεια, welche das „im Werk
sein", d. h. die Aktualität im Gegensatz zur Potentialität (δύναμις) bezeichnet. In der modernen Verwendung des Energiebegriffes dagegen

---

[184] Op. coll. S. 55; vgl. auch ibid. S. 47: „Die Energie ist eine Substanz, denn ihr ge-
samter Betrag ändert sich nicht, und die Elementarteilchen können tatsächlich aus
dieser Substanz gemacht werden."

spielt die potentielle Energie eine sehr wesentliche Rolle[185], was nach der aristotelischen Bedeutung des Wortes ἐνέργεια ein hölzernes Eisen wäre. Auch hier hat sich also die Bedeutung des Wortes fundamental geändert. Doch gab es in diesem Falle keine kontinuierliche Geschichte der Bedeutungsänderungen. Vielmehr ist der moderne Begriff der Energie eine Neuschöpfung mit bloßer äußerer Anlehnung an die aristotelische Wortbildung. Zugleich ist dieser moderne Energiebegriff ebenso wie der moderne Begriff der Masse wohl von Anfang an im Hinblick auf seine Mathematisierbarkeit geschaffen worden, zuerst wohl in der Formel für die kinetische Energie: $E_{kin} = 1/2 \, m \, v^2$. Der Fall ist also keineswegs mit dem der Begriffe wie Substrat, Substanz, Materie und dergleichen gleichartig, sondern nähert sich zum mindesten dem der von Heisenberg als präzise idealisiert und mathematisierbar bezeichneten im engeren Sinne spezial-wissenschaftlichen Begriffsbildungen an[186].

Es zeigt sich also, daß es zwischen den beiden von Heisenberg einander gegenübergestellten Gebieten der streng idealisierten und präzisierten,

---

[185] Vgl. dazu Heisenberg op. coll. 151: „Alle Elementarteilchen sind aus derselben Substanz, aus demselben Stoff gemacht, den wir nun Energie oder universelle Materie nennen können; sie sind nur verschiedene Formen, in denen Materie erscheinen kann. Wenn man die Situation vergleicht mit den Begriffen Stoff (gemeint ist ὕλη = Materie) und Form bei Aristoteles, so kann man sagen, daß die Materie des Aristoteles, die ja im wesentlichen ‚Potentia‘, d. h. Möglichkeit war, mit unserem Energiebegriff verglichen werden sollte; die Energie tritt als materielle Realität durch die Form in Erscheinung, wenn ein Elementarteilchen erzeugt wird." Hier ist zugleich besonders deutlich, wie die verschiedenen Begriffe, welche die antiken Philosophen, weil sie verschiedene Aspekte des Geschehens zu bezeichnen schienen, mit großer intellektueller Anstrengung voneinander zu trennen versuchten — eine Trennung, die dann in der Geschichte der Wissenschaft, speziell der Physik, eine so große und im großen und ganzen durchaus positive Rolle gespielt hat —, wieder miteinander verschmelzen.

[186] Höchst interessant in diesem Zusammenhang ist die Tatsache, daß Galilei in seinen Considerazioni sopra il discorso di Colombo das Recht des Wissenschaftlers, einem in verschiedenen Bedeutungen gebrauchten Wort einen ganz neuen Sinn zu geben, wenn er nur diese neue Bedeutung des Wortes genau definiere, auf das energischste verteidigt hat. Er war dazu dadurch veranlaßt worden, daß Colombo in dem von Galilei eingeführten Begriff des spezifischen Gewichts (gravità in specie) das Wort species im Sinne der Tierspecies ausgelegt und ihm vollendeten Unsinn vorgeworfen hatte (Vgl. dazu L. Olschki, Galilei und seine Zeit, Halle 1927, S. 251 ff.). Genau in diesem Sinne sind die modernen Begriffe der Masse und der Energie neu gebildete und exakt definierte wissenschaftliche Begriffe, obwohl die Wörter früher in anderem Sinne gebraucht waren, nicht dagegen Begriffe wie Materie oder Substanz, die immer etwas von ihrer ursprünglichen Bedeutung behalten, aber sich trotzdem unaufhörlich ändern, ohne daß sich ihre Bedeutung genau definieren ließe.

aber nur innerhalb eines beschränkten Umkreises sinnvoll anwendbaren Begriffe und Termini und der Termini und Begriffe der gewöhnlichen Sprache noch ein höchst interessantes Zwischengebiet von Termini gibt, die, von antiken Philosophen geschaffen, sich als Termini außerordentlich stabil erwiesen, dabei aber ihre Bedeutung immer wieder geändert haben. Es lohnt sich wohl über Wesen und Natur dieses Gebietes und seine Bedeutung für die Geschichte der Wissenschaft etwas genauere Betrachtungen anzustellen. Schon die gewöhnliche vorphilosophische Sprache unterscheidet zwischen Substantiven und Adjektiven, die freilich charakteristischerweise in der ältesten griechischen Grammatik noch unter derselben Bezeichnung zusammengefaßt werden: also zwischen Worten wie Feuer (πῦρ) und Wasser (ὕδωρ) auf der einen und Worten wie heiß, kalt, feucht, trocken auf der andern Seite. Trotzdem steht am Anfang der griechischen philosophisch-wissenschaftlichen Naturbetrachtung, wie oben gezeigt, die Vorstellung von Stoff-Eigenschaften-Kräften, in denen das Feuer bald als Stoff oder „Substanz", bald als Eigenschaft des Heißseins, bald als verbrennende und verzehrende oder auch bewegende Kraft erscheint, ohne daß diese drei Aspekte scharf voneinander geschieden würden. Dann setzen die Versuche ein, den Stoff von den durch ihn oder auf ihn wirkenden Kräften, das stoffliche Ding von seiner Eigenschaft, die stoffliche Grundlage des Dinges von seiner Gestalt zu unterscheiden, ein Prozeß, in dessen Verlauf eben jene Termini und die ihnen entsprechenden Begriffe und Vorstellungen entwickelt worden sind, die dann in dem weiteren Verlauf der Geschichte der Naturwissenschaften sich als so stabil erwiesen haben und doch immer wieder einen etwas anderen Inhalt bekamen, weil sich die verschiedenen Aspekte, die zu unterscheiden sie geschaffen waren, nicht reinlich in der angestrebten Form voneinander trennen ließen. Dabei bewegen sich die verschiedenen Bedeutungen eines jeden Terminus aus dieser Gruppe jeweils in jenem engen Umkreis, der durch die verschiedenen Kombinationsmöglichkeiten der Grundaspekte gegeben ist. Nur den Aspekt des Lebendigen, bzw. Emotionalen, welcher den Stoff-Eigenschaften-Kräften der ältesten Vorsokratiker noch anhaftet, ist es gelungen, verhältnismäßig früh schon gänzlich zu beseitigen, obwohl es amüsant ist zu sehen, wie in dem Vortrag eines Physikers allerneuesten Datums[187] über die neuesten Ergebnisse der Atomtheorie davon die Rede ist, daß „atomare Teilchen sich nicht gerne einsperren

---

[187] Vgl. Walter Thirring, „Urbausteine der Materie", in Almanach der österreich. Akademie d. Wiss. (1968), S. 154.

lassen" und „ein temperamentvolles Verhalten zeigen". Natürlich sind das
hier bloße Metaphern und nicht wie bei den frühen Vorsokratikern Hinweise auf eine als wirklich betrachtete Verwandtschaft zwischen physikalischen und emotionalen Kräften. Aber es zeigt, wie nahe es dem Menschen noch heute liegt, Vorstellungen aus der Sphaere des lebendigen
Lebens in die Analyse der nicht-lebendigen Natur hineinzutragen.

Über die aus der antiken Philosophie stammenden zählebigen und zugleich variablen Begriffe kann man vielleicht folgendes sagen: sie haben
sich nicht wie die neugeschaffenen Begriffe der Masse, der Energie und
der trotz seiner uralten Antezedentien ebenfalls neu geschaffene Begriff
der physikalischen Kraft als mathematisierbar erwiesen, da ihnen die
dazu notwendige Präzision gefehlt hat. Man kann sie daher vom Standpunkt des wissenschaftlichen Positivismus aus verwerfen und der Meinung sein, daß erst die Schaffung mathematisierbarer Begriffe Naturwissenschaft im modernen, d. h. im eigentlichen Sinne ermöglicht habe.
Sie stellen aber auch ein echtes Zwischenstadium dar, insofern in ihnen
ebenso wie in den idealisierenden und mathematisierbaren Begriffen Elemente, die aus der Struktur unseres Erkenntnisvermögens stammen, mit
Elementen, die aus fundamentalen Erfahrungen innerhalb der uns unmittelbar umgebenden Welt abzuleiten sind[188], in schwer zu trennender
Weise miteinander verbunden sind. Die Analyse ihrer Rolle in der Geschichte der Physik und „exakten" Naturwissenschaften führt daher auf
ein ähnliches Erkenntnisproblem zurück wie die Zenonischen Para-

---

[188] Es hängt damit noch ein weiteres Problem zusammen, das von Konrad Lorenz
in seiner Schrift „Gestaltwahrnehmung als Quelle wissenschaftlicher Erkenntnis",
Wissenschaftl. Buchgesellschaft, Reihe Libelli CXV (1963) diskutiert wird, nämlich
die Frage, wieweit die Formen, unter denen wir die Außenwelt in unserer Wahrnehmung aufnehmen — wofür Lorenz vor allem die Farbempfindung anführt,
„die das Kontinuum der Wellenlängen völlig willkürlich in ein Diskontinuum von
‚Spektralfarben‘ einteilt" —, ein Ergebnis der biologischen Entwicklung sind. Er
geht dabei von der früher erwähnten Überzeugung von Max Planck und A. Einstein aus, daß das physikalische Weltbild sich einer Erkenntnis der Wirklichkeit
oder wahren Welt, die hinter den Erscheinungen verborgen ist, zum mindesten
annähere, eine Überzeugung, die sie mit den vorsokratischen Philosophen teilen
und die zu dem Wirklichkeitsbegriff Heisenbergs in einem gewissen Gegensatz
steht, obwohl auch dieser natürlich nicht daran zweifelt, daß die moderne Physik
in gewisser Weise zu wirklichen Erkenntnissen führe. Es zeigt sich hier jedoch,
daß eine genauere Analyse der Wissenschaft allenthalben auf erkenntniskritische
Fragen führt und daß es in keiner Weise möglich ist, sich bei den Ergebnissen der
Naturwissenschaft als der Weisheit letztem Schluß zu beruhigen. Diese erkenntniskritischen Fragen aber sind, wenn auch in komplizierterer Form, dieselben, die
sich schon zu Beginn der griechischen Philosophie gestellt haben.

doxien[189], die auch weder durch Metasprachen noch durch mathematische Formeln vollständig zu beseitigen sind.

Dies führt sogleich auf ein sehr viel weiter reichendes Problem. Kant hatte eine scharfe Unterscheidung gemacht zwischen den a priori gegebenen transzendentalen Formen unserer Anschauung und unseres Verstandes, dem uns in seinem wahren Wesen unerkennbaren Ding an sich, und den Gegenständen unserer Erfahrung a posteriori, die uns nur in der Form, die sie durch die a priori gegebenen Formen unseres Erkenntnisvermögens aufgeprägt bekommen, gegeben sind. Für eine vielleicht oberflächlichere, aber für eine vollständige Klärung des Problems nicht unwichtige Betrachtung erscheint es jedoch im einzelnen Falle oft nicht ganz leicht zu unterscheiden, wie weit es sich um im strikten Sinne a priori gegebene Formen handelt oder um Vorstellungsschemata, die aus Grunderfahrungen a posteriori stammen, aber dann, eben weil sie aus Grunderfahrungen hervorgegangen sind, alle weitere Erfahrung fast wie a priori gegebene Formen bestimmen. Dies scheint mir die Grundtatsache zu sein, welche den höchst interessanten Betrachtungen von Paul Lorenzen[190] über die Scheidung zwischen a priori und a posteriori in den Grundwissenschaften der Arithmetik, der Geometrie, der Mechanik und dem, was er Protophysik nennt, zugrunde liegt. Was Lorenzen auf ein paar Seiten ausführt, ist nur ein allererster Ansatz, von dem er selbst sagt, daß noch sehr viele Einzelfragen zu klären sind. Der Versuch, diese zu beantworten, würde viele sehr subtile Untersuchungen und Unterscheidungen erfordern und vermutlich den Umfang eines eigenen Buches in Anspruch nehmen. Einen besonders wichtigen Platz innerhalb einer solchen Untersuchung wird in jedem Fall das uralte Problem der Kausalität zu beanspruchen haben, von dem im folgenden noch von verschiedenen Gesichtspunkten aus die Rede wird sein müssen. Zur Vorbereitung darauf ist es notwendig, die Dinge zunächst noch einmal von einem etwas anderen Gesichtspunkt aus zu betrachten.

An einer früheren Stelle wurde gesagt, daß die Algebraisierung der Geometrie und die sich daran anschließende Mathematisierung der Physik einen sehr viel bedeutenderen Einschnitt bedeutet habe als die Einführung des Experiments. Verifizierende und falsifizierende Experimente in gewissem Sinne, sind wie sich gezeigt hat, schon in der Antike, wenn auch nur ziemlich sporadisch, vorgenommen worden. Grundlegend wich-

---

[189] Vgl. oben S. 42 ff.
[190] Paul Lorenzen, Methodisches Denken, Theorie 2, Suhrkamp Verlag 1968, S. 146 f.

tig ist jedoch, daß sie in der neueren Zeit nicht nur in Verbindung mit der Mechanik, was schon im Altertum bis zu einem gewissen Grade der Fall gewesen ist, sondern vom 16. Jahrhundert an mit einer neuen Zielsetzung erscheinen, welche der modernen Naturwissenschaft von da an in steigendem Maße einen ganz neuen Charakter verleiht, der auch die philosophische Theorie der Naturwissenschaft, ja der Wissenschaft überhaupt, auf das tiefste beeinflußt hat.

Um ganz zu sehen, was dies bedeutet, ist es notwendig, zunächst einige verschiedene Wortbedeutungen des Wortes „mechanisch" klar voneinander zu unterscheiden. Als „mechanisch" oder „mechanistisch" wird vielfach eine Welterklärung bezeichnet, welche entweder alles Geschehen überhaupt oder alles Geschehen außerhalb der Welt menschlicher Entscheidungen letzterdings allein auf die Nahwirkungen von Druck und Stoß zurückzuführen versucht. In diesem Sinne bezeichnet z. B. C. F. von Weizsäcker die Erklärung der Bewegungen und scheinbaren „Handlungen" der Lebewesen mit Ausnahme des Menschen durch Descartes als „mechanisch"[191]. Nach dieser Bedeutung des Wortes ist die Newton'sche Physik nicht mechanisch, da sie mit Fernwirkungen rechnet. Nach einer anderen in verschiedenen Formulierungen weit verbreiteten Definition[192] wird die mechanische Naturanschauung definiert als „die Ansicht, daß alle physikalischen Vorgänge sich vollständig auf Bewegungen von unveränderlichen gleichartigen Massenpunkten oder Massenelementen zurückführen lassen". Nach dieser Definition ist die Newton'sche Naturerklärung, in der das Prinzip der Bewegungsgröße angewendet auf einen materiellen Punkt eine grundlegende Rolle spielt, eine mechanische. Dies Prinzip läßt sich jedoch im Rahmen der Relativitätstheorie nicht mehr aufrecht erhalten. In diesem Sinne ist oft davon die Rede, daß die moderne Physik die mechanische Naturerklärung aufgegeben habe.

In dem in der jetzt vorzunehmenden Untersuchung relevanten Zusammenhang muß von Mechanik und mechanisch in einem ganz anderen Sinne die Rede sein, in welchem auch die modernste Physik in eminentem Grade eine mechanische genannt werden kann. Die Ausdrücke „Mechanik" und „mechanisch" sind abgeleitet von dem griechischen Wort μηχανή, das ursprünglich einen Kunstgriff oder eine List bedeutet. Ein Kunst-

---

[191] C. F. von Weizsäcker, Die Tragweite der Wissenschaft I: Schöpfung und Weltentstehung, 2. Aufl. Stuttgart 1966, S. 214.

[192] Die oben gegebene Formulierung der Definition bei Max Planck, „Die Stellung der neueren Physik zur mechanischen Naturanschauung", in Vorträge und Erinnerungen, Stuttgart 1949, S. 53.

griff besonderer Art ist jeder Automat und jede Maschine. Auch dieser Begriff der μηχανή ist schon uralt. In diesem Sinne ist Daidalos, der Dinge herzustellen verstand, die von selber zu laufen verstanden oder sich von selber (ἀπὸ ταὐτομάτου) bewegten, der mythische Ahnherr der Mechanik. Aber auch die Herstellung und die Benützung von Instrumenten anderer Art, die zur Bewältigung praktischer Aufgaben dienen konnten, wurden mit demselben Namen benannt. Daß man sich schon früh auch mathematischer und „wissenschaftlicher" Erkenntnisse zur Herstellung solcher Instrumente bedient hat, zeigt der früher erwähnte[193] Tunnel des Eupalinos. Zu den ältesten Zeugnissen der griechischen Ingenieurkunst, zweifellos teilweise auf „wissenschaftlicher" Grundlage, gehört ferner die Erbauung der Brücken über den Bosporos im Jahre 513 v. Chr. zur Vorbereitung des Skythenzuges des Dareios durch den Samier Mandrokles und i. J. 481 zur Vorbereitung des Xerxeszuges durch Harpalos[194]. In der ersten Hälfte des 4ten Jh. hat sich der durch seine Lösung des Problems der Würfelverdopplung und durch seine Theorie der Akustik bekannte Pythagoreer Archytas von Tarent mit mechanischen Problemen beschäftigt. Unter anderem wird ihm die Konstruktion einer hölzernen Taube, die fliegen konnte, zugeschrieben. Es wird vielfach angenommen, daß er die mechanischen, d. h. technischen Kenntnisse seiner Zeit in einer Schrift zusammengefaßt habe, von der sich Spuren in Platons späten Schriften, dem Philebos[195] und den Gesetzen[196] finden. Doch läßt sich das nicht strikt beweisen. Im übrigen wurde zu damaliger Zeit auch die Methode, mit welcher Archytas seine mathematische Konstruktion der Würfelverdopplung ausführte, da sie nicht mit Zirkel und Lineal auskommt, sondern sich um Achsen drehende Dreiecke und senkrecht zu einer Ebene sich um einen Punkt drehende Halbkreise zu Hilfe nehmen muß, als „mechanisch" bezeichnet. Archimedes hat dann bekanntlich seine mathematischen und mechanischen Kenntnisse benützt, um bei der Belagerung von Syrakus durch die Römer i. J. 212 äußerst genial konstruierte und wirksame Wurfmaschinen zur Verteidigung seiner Vaterstadt zur Verfügung zu stellen. Aufgrund seiner Beobachtung der primitiven Schöpfgeräte zur Bewässerung des Landes bei einem Besuch in Ägypten hat er die sogenannte Wasserschraube erfunden und vieles andere. Die mathema-

---

[193] Vgl. oben Anm. 164.
[194] Vgl. Herodot IV 87—89 und Laterculi Alexandrini col. 8, 8—10.
[195] Platon, Philebos 55 D/E.
[196] Platon, Gesetze X 893 C/D.

tischen Kenntnisse und Beobachtungen mechanischer Gesetze sind also im Altertum vielfach von großen Mathematikern zur Konstruktion von praktisch brauchbaren Instrumenten verwendet worden. Dagegen haben umgekehrt diese Entdeckungen und Erfindungen auf die antike Naturwissenschaft anders als in der Neuzeit kaum einen merklichen Einfluß ausgeübt.

Der Grund für diese Erscheinung liegt, wie F. Krafft gesehen und ausgeführt hat[197], darin, daß die Mechanik im Altertum als etwas Unnatürliches und Widernatürliches, daher als für die Naturerklärung nicht geeignet betrachtet worden ist. Dies wird besonders deutlich durch die Einleitung einer Schrift „über mechanische Probleme" (μηχανικὰ προβλήματα), die in der Überlieferung dem Aristoteles zugeschrieben wird und jedenfalls zum mindesten seiner Zeit oder der Zeit kurz nach ihm angehört. Sie beginnt mit den folgenden Ausführungen[198]: „Man wundert sich über das, was gemäß der Natur (κατὰ φύσιν) geschieht und dessen Ursachen unbekannt sind, und über das, was gegen die Natur (παρὰ φύσιν) geschieht, durch künstliches Verfahren (διὰ τέχνην) zum Nutzen des Menschen. Denn in vielen Dingen verfährt die Natur so, daß es gegen unseren Nutzen ist. Denn die Natur verfährt immer in derselben Weise und nach einfachen Gesetzen. Das für uns Nützliche dagegen ändert sich auf die mannigfaltigste Weise. Wenn es nun notwendig ist, etwas gegen die Natur zu tun, hat das seine Schwierigkeiten und bedarf daher der Kunst (τέχνη). Daher nennen wir denjenigen Teil der Kunst, der uns in solchen Schwierigkeiten zu Hilfe kommt, Mechanik (μηχανή). Denn wie der Dichter Antiphon es ausgesprochen hat, so verhält es sich auch: durch die Technik gewinnen wir die Oberhand, wo wir sonst der Natur unterliegen[199]."

---

[197] Vgl. hierüber und über das Folgende den höchst instruktiven Aufsatz von F. Krafft, „Die Anfänge einer theoretischen Mechanik und die Wandlung ihrer Stellung zur Wissenschaft von der Natur", in Arbeiten aus dem Institut für Geschichte der Naturwissenschaften an d. Univ. Hamburg, 1967, S. 12—33. Über die Schrift des Archytas speziell S. 25 f.

[198] Vgl. F. Krafft, op. coll. 27 ff.

[199] Aristot. Mech. 847 a, 11 ff.: Θαυμάζεται τῶν μὲν κατὰ φύσιν συμβαινόντων, ὅσων ἀγνοεῖται τὸ αἴτιον, τῶν δὲ παρὰ φύσιν, ὅσα γίνεται διὰ τέχνην πρὸς τὸ συμφέρον τοῖς ἀνθρώποις. ἐν πολλοῖς γὰρ ἡ φύσις ὑπεναντίον πρὸς τὸ χρήσιμον ἡμῖν ποιεῖ· ἡ μὲν γὰρ φύσις ἀεὶ τὸν αὐτὸν ἔχει τρόπον καὶ ἁπλῶς, τὸ δὲ χρήσιμον μεταβάλλει πολλαχῶς. ὅταν οὖν δέῃ τι παρὰ φύσιν πρᾶξαι, διὰ τὸ χαλεπὸν ἀπορίαν παρέχει καὶ δεῖται τέχνης. διὸ καὶ καλοῦμεν τῆς τέχνης τὸ πρὸς τὰς τοιαύτας ἀπορίας βοηθοῦν μέρος μηχανήν. καθάπερ γὰρ ἐποίησεν Ἀντιφῶν ὁ ποιητής, οὕτω καὶ ἔχει. τέχνῃ γὰρ κρατοῦμεν, ὧν φύσει νικώμεθα.

Die Illustration dieser allgemeinen Ausführungen beginnt dann mit dem Gebrauch des Hebels. Von Natur sind gewisse Dinge zu schwer, als daß wir sie von ihrem Ort bewegen könnten. Aber mit Hilfe des Hebels gelingt es uns. Die Hebelwirkung aber erscheint als etwas höchst Wunderbares und Staunen Erregendes. Denn Dinge, die zu schwer sind als daß wir sie mit aller Kraftanstrengung von ihrem Ort bewegen könnten, lassen sich mit Hilfe des Hebels bewegen, obwohl dabei doch das Gewicht des Hebels noch dazu kommt. Die Hebelwirkung wird dann zu der Kreisbewegung in Beziehung gesetzt, die ebenfalls als eine Art Wunder gekennzeichnet wird, weil sie paradoxerweise aus Ruhe (des Zentrums) und Bewegung zusammengesetzt zu sein scheint und weil bei der Drehung des Kreises um sein Zentrum alle außerhalb des Zentrums gelegenen Teile die gleiche Winkelgeschwindigkeit, aber je weiter sie vom Zentrum entfernt sind, eine umso größere lineare Geschwindigkeit haben. Im folgenden wird dann erörtert, ob die Wirkung des Keils darauf zurückgeführt werden kann, daß er eine Art Doppelhebel darstellt, und so fort.

Die Erkenntnis der Gesetze der Mechanik steht hier offenbar noch ganz am Anfang, hat aber dann im dritten Jahrhundert durch Archimedes sowohl theoretisch wie in ihrer praktischen Anwendung enorme Fortschritte gemacht. Im ersten Jahrhundert n. Chr. Geburt hat dann Heron v. Alexandria die mechanischen Kenntnisse seiner Zeit in mehreren Schriften zusammengefaßt. Die Naturerklärung und „Naturwissenschaft" ist jedoch, vor allem in nacharistotelischer Zeit, davon fast vollständig unberührt geblieben, eben weil die Mechanik als etwas der Natur Entgegengesetztes, d. h. Naturwidriges galt. Das hat zur Folge gehabt, daß die Mathematik in der Mechanik schon damals eine weite Anwendung gefunden hat. Aber auch Experimente haben dabei offenkundig eine nicht unbedeutende Rolle gespielt, wie die Bestimmung des spezifischen Gewichtes einer Krone durch Archimedes unter vielem anderen zeigt. Dagegen bleiben die eigentlich naturwissenschaftlichen Experimente wie diejenigen des Straton zur Entscheidung der Frage, ob und in welcher Form es einen leeren Raum gibt, auf ganz wenige Beispiele beschränkt.

Im Mittelalter hat dann — wie es scheint als erster — Robert Grosseteste (1175—1253) das Experiment in der Naturwissenschaft gefordert mit der Begründung, daß im Gegensatz zur Mathematik, die von notwendigen allgemeinen Prinzipien ausgehen kann, die Naturwissenschaft auf Beobachtung und Induktion angewiesen ist, diese aber, weil dieselbe Erscheinung verschiedene Ursachen haben kann, der Nachprüfung durch

Experimente bedarf, um die wahre Ursache von andern möglichen Ursachen zu unterscheiden. Damit ist auch das Prinzip der Verifikation und Falsifikation ausgesprochen, das in der modernen Naturwissenschaft und in noch viel höherem Maße in der modernen positivistischen Wissenschaftstheorie eine so beherrschende Rolle spielt. Diese Forderung ist von Roger Bacon (1219—1294) übernommen worden, der die Forderung der Anwendung der Mathematik auf die Naturwissenschaft hinzugefügt hat. In gewisser Weise scheinen damit die methodischen Grundelemente der modernen Naturwissenschaft zusammen zu sein. A. C. Crombie, der diese Dinge zuerst ins Licht gestellt hat[200], hat diese Wendung darauf zurückführen zu können geglaubt, daß das Christentum gegenüber dem auf passive Theorie und Betrachtung der Welt gerichteten Geist der Antike einen Geist der Aktivität in die Welt gebracht habe, der sich auch in der Tendenz auf eine scientia activa und operativa ausgedrückt habe und dessen Ursprung in der biblischen Vorstellung von dem Schöpfer-Gott und der ebenfalls biblischen Hochschätzung eines Lebens der Mühe und Arbeit zu suchen sei. Er glaubt daher auch eine enge Verbindung herstellen zu können zwischen dieser Wendung der Theorie der Naturwissenschaft und der Entwicklung der mechanischen Künste, vor allem der Herstellung von Instrumenten. In der ersten Behauptung liegt wohl etwas Richtiges, wenn auch A. Koyré in einer sehr interessanten Kritik[201] der Ausführungen Crombie's mit recht darauf hingewiesen hat, daß die christliche Auffassung des menschlichen Lebens als das eines Viator, eines Pilgers auf Erden, diese Tendenz sehr stark eingeschränkt hat. Man könnte in dieser Hinsicht wohl sagen, daß erst die zunehmende Saekularisierung des christlichen Geistes diese Tendenz hat zur vollen Auswirkung kommen lassen. Was aber die Verbindung der Wissenschaft mit den mechanischen Künsten und dem Handwerk angeht, so hat die Erfindung von Instrumenten wie der mechanischen Uhren seit dem Ende des 13. Jahrhunderts sich vor allem in der Astronomie als nützlich erwiesen, in der auch im Altertum „mechanische" Instrumente verwendet worden sind, aber im übrigen hat sich die Mechanik, die Kunst der Herstellung von Instrumenten, im Mittelalter ebenso getrennt von der Naturwissenschaft entwickelt wie im Altertum.

Die erste entscheidende Wendung in dieser Hinsicht geschah durch Galilei und seine Nachfolger, die „aufzeigten, warum man auch mit

---

[200] A. C. Crombie, Robert Grosseteste and the Origins of Experimental Science 1100—1700, Oxford 1953, p. 16 ff. und 293 f.

[201] A. Koyré, „Les origines de la science moderne", in Diogène, 1956, n° 16.

mechanischen Hilfsmitteln nur etwas erreichen kann, wenn man der Natur folgt, sich nach ihren ‚Gesetzen‘ richtet[202]." Dies bedeutet den Bruch mit der Auffassung, daß die Anwendung von Maschinen etwas Widernatürliches sei. Im übrigen liegt die Bedeutung Galileis keineswegs in erster Linie in den Experimenten zur Theorie des Falles und des Wurfes, die er angestellt hat, sondern schon bei ihm, eine Generation vor Descartes, der seine Prinzipia erst 1644, zwei Jahre nach dem Tode Galileis veröffentlicht hat, auf der Mathematisierung der Naturwissenschaft, die es ihm und seinen Nachfolgern ermöglichte, sozusagen an die Natur exakt formulierte Fragen zu stellen und die quantitative Messung zur Grundlage des Experimentes zu machen. Ferner war das Ziel seiner Versöhnung oder Vermählung von Naturwissenschaft und Mechanik keineswegs jenes χρήσιμον, das für den Menschen Nützliche, das in den dem Aristoteles zugeschriebenen μηχανικὰ προβλήματα als Ziel der Mechanik erscheint, sondern die Erkenntnis der wahren Natur der Dinge ganz im Sinne der aristotelischen Theoria.

Der Mann, der im Gegensatz dazu das χρήσιμον im Sinne der Einleitung zu den pseudoaristotelischen μηχανικὰ προβλήματα zum Schibboleth gemacht hat, war Galileis um drei Jahre älterer Zeitgenosse Francis Bacon (1561—1626). Sein Verhältnis zu Galilei und seinen Nachfolgern sowie zur weiteren Entwicklung der Naturwissenschaften war ein höchst eigentümliches. Er fordert überall das Experiment als die Grundlage der Wissenschaften, deren Ziel es vor allem sein müsse, dem Nutzen und der Bequemlichkeit der Menschen zu dienen (usui et commodo hominum consulimus), und preist den Nutzen von Erfindungen, teils uralten, wie der Seidenspinnerei, teils und vor allem von neueren und neuesten wie des Schießpulvers, der Magnetnadel und ihrer Verwendung in der Schiffahrt[203], sowie an anderer Stelle[204] die allerneueste der künstlichen Herstellung von Eis und der Verwendung des Eises und der Kälte überhaupt zur Konservierung von verderblichen Lebensmitteln. Aber, wie die Herausgeber seiner gesammelten Werke in der Mitte des 19. Jahrhunderts, J. Sped-

---

[202] Dies die ausgezeichnete Formulierung von F. Krafft, a. O., p. 27. Es ist jedoch bemerkenswert, daß sich dieselbe Formulierung fast wörtlich bei Francis Bacon findet: Novum Organum I, 129 (S. 222 der Ausgabe der Werke von 1856): „Hominis autem imperium in res in solis artibus et scientiis ponitur. *Naturae enim non imperatur nisi parendo.*"

[203] Novum Organum I, 109 (S. 207/08 der Ausgabe von 1856).

[204] De Augmentis Scientarum III, 5 am Ende (S. 575).

ding und R. L. Ellis zu ihrer Verwunderung feststellen mußten[205], findet sich nirgends in seinen umfangreichen Schriften eine Andeutung davon, daß er selbst solche Experimente angestellt hätte und dadurch zu für die Menschen nützlichen Resultaten gelangt wäre. Nur in den letzten Wochen seines Lebens soll er (von Spedding a. O. nicht erwähnt) Experimente über die Frischerhaltung des Fleisches eines geschlachteten Huhnes durch Kälte angestellt und sich dabei die Erkältung zugezogen haben, an der er dann gestorben ist.

Bacon spricht ausführlich über den außerordentlich großen Nutzen der Induktion für alle Wissenschaften und vor allem einer besonderen Art der Induktion, welche von den vielen beobachtbaren Eigenschaften einer Gegebenheit ausgeht, dann nacheinander alles ausscheidet, was in manchen Vorkommnissen der Gegebenheit nicht zu finden ist, sowie auch das, was auch andern Gegenständen oder Gegebenheiten anderer Art zukommt, um so am Ende zu einer unbedingt sicheren und vollständigen Bestimmung der wesentlichen Eigenschaften des Gegenstandes zu gelangen. Aber das einzige ausgeführte Beispiel einer solchen Induktion in seinen Werken[206], die Wesensbestimmung der Wärme im 2. Buch des Novum Organum[207], endet nach einer mehrere Seiten umfassenden „vindemnatio" mit der Wesensbestimmung der Wärme als „motus expansivus, cohibitus, et nitens per partes minores", mit den beiden Zusätzen: „modificatur autem expansio, ut expandendo in ambitum nonnihil tamen inclinet versus superiora" und „modificatur autem et nixus ille per partes, ut non sit omnino segnis, sed incitatus et cum impetu nonnullo", einer Wesensbestimmung der Wärme, die zwar in der ersten Bestimmung der Wärme als Bewegung etwas Richtiges enthält, im folgenden jedoch durchaus an die nicht von Aristoteles, aber aus dem mittelalterlichen Aristotelismus, stammenden Qualitätsbetrachtungen erinnert, gegen die Boyle[208] sich so energisch gewendet hat. In der ersten englischen Version seines Werkes 'On the Advancement of Learning' von 1607 wird die Mathematik allgemein als eine für die Naturwissenschaft grundlegende

---

[205] Vgl. den langen Brief von J. Spedding an seinen Mitherausgeber R. L. Ellis vom J. 1847, der in der Gesamtausgabe von 1856 in der „Preface" zu Bacons Parasceve S. 371 ff. wieder abgedruckt ist (Ein Neudruck der Gesamtausgabe der Werke ist 1936 im Verlag von Günter Holzboog, Stuttgart, Bad Cannstatt erschienen).

[206] Vgl. darüber R. L. Ellis in seinem allgemeinen Vorwort zu den philosophischen Werken von F. Bacon, S. 37 der Gesamtausgabe.

[207] Novum Organum II, Kapitel XI—XX (236—268).

[208] Vgl. oben S. 95.

Wissenschaft anerkannt, in der späteren vermehrten und ausgestalteten lateinischen Übersetzung der früheren Schrift läßt Bacon dagegen nur noch die angewandte Mathematik als nützlich gelten[209] mit der Bemerkung, die reine Mathematik verliere sich, wo sie an keine konkreten Gegenstände gebunden ist, leicht in überflüssige Spekulationen. Interessant ist auch, daß Bacon die Begriffe oder Termini „Substanz", „Qualität", „Sein", „Element", „Materie", die in der Geschichte der Physik eine so zählebige Rolle gespielt haben, nebst einer Reihe von weiteren für „phantastisch und schlecht definiert" erklärt, obwohl er sich gerade des volatilsten unter ihnen, des Substanzbegriffes, in seinen folgenden Ausführungen nicht selten bedient.

Bacons Stellung zur antiken Philosophie ist so, daß er die „aristotelische" Philosophie, d. h. in Wirklichkeit den mittelalterlichen Aristotelismus, scharf kritisiert und abweist, weil er zu leeren Spekulationen ohne praktischen Nutzen führe. Ebenso lehnt er die aristotelische Teleologie ab, deren eigentlichen Sinn er ebenso mißverstanden hat wie fast alle seine Nachfolger bis auf die Gegenwart[210]. Im übrigen weist er darauf hin, daß die Philosophie seit dem Altertum keine Fortschritte gemacht habe, während die mechanischen Künste auf das lebhafteste fortgeschritten seien und noch viel schneller und lebhafter fortschreiten könnten, wenn sie unter Anwendung der von ihm empfohlenen Methoden systematisch betrieben würden[211]. Dagegen läßt er die antike Moralphilosophie gelten[212] und führt sogar einige Beispiele aus der Antike für ihre Nützlichkeit und ihre Würde an[213]. Es ist jedoch deutlich, daß sein Herz nicht bei

---

[209] De Augmentis Scientiarum III, cap. VI: Hoc enim habet ingenium humanum, ut cum ad solida non sufficiat, in supervacuis se atterat."

[210] Vgl. darüber ausführlich unten S. 279 ff.

[211] Instauratio Magna, Praefatio: „In artibus autem mechanicis contrarium evenire videmus; quae, ac si aurae cuiusdam vitalis forent participes, quotidie crescunt et perficiuntur, et in primis autoribus rudes plerumque et fere onerosae et informes apparent, postea vero novas virtutes et commoditatem quandam adipiscuntur, eo usque, ut citius studia hominum et cupiditates deficiant et mutentur quam illae ad culmen et perfectionem suam pervenerint. Philosophia contra et scientiae intellectuales, statuarum more, adorantur et celebrantur, sed non promoventur. Quin etiam in primo nonnunquam autore maxime vigent et deinceps degenerant."

[212] Novum Organum II, praefatio (S. 153): „Nos siquidem de deturbanda ea, quae nunc floret philosophia aut si quae alia sit aut erit hac emendatior aut auctior, minime laboramus. Neque enim officimus, quin philosophia ista recepta, et aliae id genus disputationes alant, sermones ornent, ad professoria munera et vitae civilis compendia adhibeantur et valeant."

[213] Vgl. z. B. De Augment. Sc. I, 1, S. 446: „Haud aliter Seneca, postquam quinquennium illud Neronis aeternae eruditorum magistrorum consecrasset gloriae, domi-

der Sache ist und daß seine Liebe allein den Künsten und Wissenschaften gehört, die dem Nutzen und Wohlbehagen der Menschen dienen.

Aufgrund der von den Herausgebern der großen Ausgabe der gesammelten Werke Bacons um die Mitte des 19. Jahrhunderts ans Licht gezogenen Tatsachen erscheint es als zweifelhaft, wie weit die Methodenlehre Bacons und ihre Forderungen faktisch zur Entwicklung auch nur der nützlichen Wissenschaften etwas beigetragen haben. Aber zur Zeit der Anfänge der rapiden Entwicklung der Technik und im Beginn der sogenannten industriellen Revolution in der ersten Hälfte des 19. Jahrhunderts wurde man enthusiastisch über die Bedeutung Bacons für die Entwicklung der nützlichen Künste und Wissenschaften. Höchst interessant in diesem Zusammenhang ist eine Rezension einer kurz zuvor erschienenen Biographie Bacons durch Lord Macauley aus dem Jahre 1831[214]. Der Biograph hatte auch den Charakter Bacons in jeder Weise zu verteidigen gesucht. Dagegen empörte sich Macauley und stellte in seiner Rezension die moralischen Schwächen Bacons schonungslos heraus, aber nur um seinen Genius und die Verdienste, die er sich durch seine Förderung der nützlichen Künste um die Menschheit erworben habe, um so heller ins Licht zu stellen. Dabei ging er in der abschätzigen Beurteilung der antiken Moralphilosophie noch weit über Bacon hinaus. Hatte dieser der antiken Ethik immer noch einen gewissen, wenn auch beschränkten Nutzen zugebilligt, so betont Macauley mit Nachdruck, wie es doch eine unvergleichlich würdigere Aufgabe der Philosophie und der Wissenschaft sei, den Menschen durch nützliche Erfindungen zu einem leichteren und bequemeren Leben zu verhelfen als sie, wie die antiken Moralphilosophen, lehren zu wollen, sich den gegebenen Bedingungen des Lebens anzupassen, und die Schwierigkeiten, Mühen und Leiden, die

---

num suum omnibus iam flagitiis inquinatissimum libere atque fidenter monere non destitit, magno suo periculo, ac postremo praecipitio." Es ist aber nicht ganz uninteressant, daß Bacon, freilich im Anschluß an die allgemeine Verehrung, die Seneca im Mittelalter genoß, den praktischen Wert der Moralphilosophie gerade an diesem römischen Philosophen zu illustrieren versuchte, der, wie seine Schrift de clementia zeigt, den adulescenten Nero dadurch moralisch zu beeinflussen suchte, daß er ihm vorhielt, daß er eine fast schrankenlose Macht besitze, sie aber eben deshalb nicht mißbrauchen dürfe, womit er jedoch den Größen- und Machtwahn Neros zweifellos gefördert hat. Auch später hat Seneca jahrelang das Prinzip verfolgt, alle Untaten des Princeps zu verschleiern, um so seinen Einfluß nicht zu verlieren und „noch Schlimmeres zu verhindern."

[214] Zuerst veröffentlicht in der Juninummer der Edinbourgh Review von 1831, dann wieder abgedruckt als Nr. 16 in vielen Auflagen und Ausgaben der „Critical and Historical Essays by Lord Macauley."

es mit sich bringt, mit Gleichmut zu ertragen. Hier wird die Tendenz auf Umgestaltung der Welt statt Anpassung an sie, die in ihren ersten Anfängen schon Jahrhunderte früher beginnt, seit der Zeit Macauleys sich aber rasant weiterentwickelt hat, ganz deutlich, aber auch mit großer Naivität hinsichtlich der möglichen Folgen, herausgestellt.

Hat nun auch Francis Bacon vermutlich auf die faktische Entwicklung der Naturwissenschaft nur eine ganz geringe Wirkung gehabt und sind auch die größten Naturwissenschaftler zum mindesten des 16. Jahrhunderts primär durchaus an reiner Erkenntnis der Natur und nicht an deren praktischer Ausnützung interessiert gewesen, so waren doch seit Galilei durch die neue Auffassung von dem inneren Konnex zwischen Mechanik und Naturwissenschaft die Weichen gestellt, und ist der Prozeß auch innerhalb der Naturwissenschaften in zunehmendem Maße im selben Sinne verlaufen. Die Natur dieses Prozesses ist von Heisenberg in sehr prägnanter Weise bezeichnet worden, indem er sagt[215]: „Gleichzeitig hat sich die menschliche Haltung der Natur gegenüber aus einer kontemplativen in eine pragmatische verwandelt. Man war nicht mehr so sehr interessiert an der Natur, wie sie ist, sondern man stellte eher die Frage, was man mit ihr machen kann. Die Naturwissenschaft verwandelte sich daher in Technik. Jeder Fortschritt des Wissens war mit der Frage verbunden, welcher praktische Nutzen aus diesem Wissen gezogen werden könnte. Dies galt nicht nur in der Physik, sondern auch in der Chemie und in der Biologie war die Tendenz im wesentlichen die gleiche, und der Erfolg der neuen Methoden in der Medizin oder in der Landwirtschaft trug entscheidend zu der Verbreitung dieser Haltung bei". In diesem Sinne ist also die moderne Naturwissenschaft trotz ihrer Abwendung von einer mechanischen Naturerklärung im Sinne älterer Bedeutungen dieser Wortbildung immer noch und sogar in zunehmendem Maße mechanisch.

Kehren wir nun von diesem Exkurs über das Verhältnis der modernen Naturwissenschaft zur „Mechanik" oder, wie wir heute sagen, zur „Technik", zu der Frage der naturwissenschaftlichen Begriffsbildung, zur Frage des Verhältnisses wissenschaftlicher Sprachen zur natürlichen Sprache und den damit verbundenen erkenntniskritischen Problemen zurück, so schließt sich alles zusammen. Die verifizierenden und falsifizierenden Experimente, die in der modernen Naturwissenschaft eine so entscheidende Rolle spielen, sind im eminenten Sinne Experimente des Machens, auch

---

[215] Heisenberg, op. coll. (oben Anm. 179), S. 191.

dann, wenn es sich um die Voraussage von Bewegungserscheinungen an Himmelskörpern handelt, da es hier nur die Größenordnung der Phaenomene ist, welche das faktische Machen verhindert, die Bewegungen der von Menschen gemachten künstlichen Himmelskörper aber nach den selben Gesetzen hervorgerufen oder „gemacht" werden. Aber die Folgerungen, die daraus gezogen werden, haben sich geändert. Ein so großer Physiker wie Boltzmann konnte noch ganz naiv sagen, „Beweis dafür, daß unsere physikalischen Theorien richtig sind, ist die Tatsache, daß unsere Maschinen, die wir aufgrund dieser Theorien konstruieren, funktionieren". Für die mathematischen Formeln und Berechnungen, mit deren Hilfe die Maschinen konstruiert werden, gilt das immer noch. Aber für die Begriffe und anschaulichen Vorstellungen von Elementarteilchen, Wellen, Feldern usw. ist dies zweifelhaft geworden, so daß sich auf einmal zwei entgegengesetzte Begriffe der Wirklichkeit gegenüberstehen, ein Vorgang, der, wie sich zeigen wird, schon in der klassischen Antike seine Parallele hat.

„In Wirklichkeit" ist der Mensch ein Konglomerat von einer riesigen Anzahl von durcheinanderwirbelnden Atomen und einer noch viel größeren Anzahl von zum Teil in Bruchteilen von Sekunden entstehenden und vergehenden Elementarteilchen mit so viel leerem Raum dazwischen, daß die wirkliche Masse der in ihm enthaltenen Materie auf weniger als ein ccm zusammengepreßt werden könnte. So spricht auch K. Lorenz[216] auf einem freilich eingeschränkteren Gebiet davon, daß der menschlichen diskontinuierlichen und auf einen Teil des *wirklichen* Kontinuums der Wellen beschränkten Farbempfindung ein Kontinuum der Wellenlängen entspreche, wobei der Zusatz „in Wirklichkeit" an dieser Stelle nur zufällig fehlt, da im folgenden ausgeführt wird, daß es Planck und Einstein gelungen sei, ein zutreffendes Bild „der außersubjektiven Realität" zu entwerfen. Aber gerade Lorenz ist sich darüber klar, daß wir in dieser „außersubjektiven Welt" nicht leben und, was wichtiger ist, daß, selbst wenn man Einsteins und Plancks Glauben an diese außersubjektive Realität annimmt, das, was von ihr auch in den neuesten Theorien in die Naturwissenschaft eingegangen ist, nur einen kleinen Ausschnitt aus dieser „außersubjektiven Realität" darstellt. Bei Heisenberg dagegen hat sich eine vollständige Umkehrung dieses Begriffes der Wirklichkeit vollzogen[217]. „Wirklichkeit" sind wieder die „Erscheinun-

---

[216] Konrad Lorenz, op. coll. (oben Anm. 188), S. 10 ff.
[217] Ibidem S. 180.

gen im täglichen Leben". Gewiß: die mathematischen Formeln der Physik sagen auch hinsichtlich der Erscheinungen des täglichen Lebens Wichtiges aus. Aber gerade die „realer" als mathematische Formeln erscheinenden Gegenstände der modernen Physik, die Elementarteilchen, Wellen, Kraftfelder und dergleichen, die ihre Gestalt sehr weitgehend der Welt der Erscheinungen, in der wir leben, entlehnt haben, sind bloße Symbole oder „bilden eher eine Welt der Tendenzen oder Möglichkeiten als eine von Dingen und Tatsachen".

Was sind nun die erkenntniskritischen Folgerungen aus dieser Umkehrung des Wirklichkeitsbegriffes? Der phaenomenale Charakter der „Wirklichkeit" des täglichen Lebens wird dadurch natürlich nicht beseitigt. Die erkenntniskritische Konsequenz ist also, daß wir eingeschlossen sind zwischen eine phaenomenale Welt, eine „Welt für uns", und eine Welt der bloßen Symbole, mit der wir eine Realität hinter der phaenomenalen Wirklichkeit zu erfassen suchen, aber nicht wirklich erfassen. Was die Wissenschaft wirklich leistet, sind zwei, wie sich gezeigt hat, sehr eng miteinander zusammenhängende Dinge: uns zu ermöglichen, künftige Ereignisse (Phaenomene) innerhalb der phaenomenalen Welt vorauszusagen, und vor allem viele Dinge (Phaenomene) innerhalb der phaenomenalen Welt mit Hilfe der uns durch die Wissenschaft zur Verfügung gestellten Mittel hervorzurufen (zu machen). Damit ist in einem in früheren Zeiten, selbst durch Bacon, nicht geahnten Ausmaße die Möglichkeit gegeben, die phaenomenale Welt, in der wir leben, zu verändern. Von dieser Möglichkeit ist denn auch seit dem Beginn des 19. Jahrhunderts in immer schneller zunehmendem Maße Gebrauch gemacht worden, und in den letzten Jahren ist die Veränderung der Welt zum Schibboleth einer revoltierenden Jugend geworden.

Aber die selbe Wissenschaft, welche die Instrumente für eine solche Veränderung der Welt zur Verfügung gestellt hat, hat keinerlei Antwort auf die Frage anzubieten, auf welche Weise und in welcher Richtung denn nun die Welt mit diesen Mitteln verändert werden soll. Wir haben zwar andere Wissenschaften neben den Naturwissenschaften entwickelt, vor allem die Sozialwissenschaften und die politische Wissenschaft. Aber in diesen gilt seit langem das Schlagwort von der „Wertfreiheit" der Wissenschaft. Man bemüht sich zwar auf historischer und empirischer Grundlage herauszufinden, welche, zum Teil der natürlichen Erwartung widersprechende, Folgen gewisse Handlungen und Entscheidungen haben. Aber darüber, ob man diese Folgen bewußt herbeiführen oder sie zu vermeiden suchen soll, hat die Wissenschaft nach diesem Prinzip nichts zu sagen. Während Francis Bacon und noch Macauley ganz naiv glauben konnten, mit dem Schlagwort „usui et commodo hominum consulimus" sei alles gesagt, heißt es seit Max Weber: „die Werte liegen miteinander im Streite. Jeder muß sich selbst den Gott oder Daemon wählen, dem er dienen will". Während noch am Ende des 19. Jahrhunderts der naive Glaube vorherrschte, eine Befreiung der Menschen von der Arbeitsfron werde ungeahnte geistige Kräfte freisetzen, hat sich nun gezeigt, daß die Mehrzahl der Menschen Mühe hat, mit der gewonnenen freien Zeit etwas anzufangen, und ist die „Freizeitgestaltung" zu einem Problem geworden. Während man zur selben Zeit noch glaubte, es genüge, allen Menschen genügend „Lebensmittel" im weitesten Sinne des Wortes zur Verfügung zu stellen, um sie glücklich zu machen, hat bei einem Teil der Jugend der wirtschaftlich bevorzugten Länder ein Überdruß an der „Konsumgesellschaft" Platz gegriffen, während in andern Teilen der Welt noch Hunger und Mangel an den elementarsten Existenzmitteln herrscht.

Das hat eine tiefe Veränderung im Selbstverständnis der führenden Naturwissenschaftler herbeigeführt. Im 19. Jahrhundert konnte man jede neue naturwissenschaftliche Entdeckung ohne Skrupel und Bedenken feiern. Die einzige Befürchtung war, man werde bald so weit sein, daß es nichts Neues mehr zu entdecken gebe. Die Popularisierer der Naturwissenschaften, wie in der Mitte des Jahrhunderts Ludwig Büchner mit seinem „Kraft und Stoff", in der zweiten Hälfte E. Haeckel mit seinen „Welträtseln", glaubten alle wesentlichen Fragen gelöst zu haben, und man konnte glauben, sich in dieser so durch und durch erkannten Welt und der vom Menschen immer mehr beherrschten Natur behaglich einrichten zu können, wofür das 1872 in der Mitte dieser Periode veröffentlichte Buch des „Bildungsphilisters" David Friedrich Strauß „Der alte und der neue Glaube", gegen das Nietzsche seinen schonungslosen Angriff gerichtet hat, immer noch das instruktivste Beispiel ist.

Die großen neuen naturwissenschaftlichen Entdeckungen im Verein mit den gewaltigen sozialen Bewegungen und Umwälzungen des beginnenden 20. Jahrhunderts haben diesen behaglichen Glauben gründlich zerstört, schon ehe durch die Konstruktion der Atombombe erschreckend klar wurde, daß es viel leichter war, mit den neuen von der Wissenschaft zur Verfügung gestellten Hilfsmitteln die ganze Menschheit, ja sogar das gesamte höhere Leben auf der Erde, auszurotten als dem „Nutzen" der Menschheit zu dienen, zumal wenn keine allgemeingültige Vorstellung darüber bestand, was denn eigentlich der wahre „Nutzen" der Menschheit sei.

Gerade die hervorragendsten unter den Naturwissenschaftlern, wie Albert Einstein, Max Planck, C. F. von Weizsäcker, Werner Heisenberg, ja unter den logischen Positivisten, wie Ludwig Wittgenstein, kamen zu der Einsicht, daß Logik, Mathematik und Naturwissenschaften als Grundlage der für das menschliche Leben notwendigen Einsichten nicht ausreichend sind, eine Erkenntnis, die in jedem einzelnen der genannten Fälle einen etwas verschiedenen Ausdruck gefunden hat. Den radikalsten Ausdruck hat sie bei Wittgenstein gefunden. Es mag zunächst genügen, ein paar Sätze aus seinem Tractatus logico-philosophicus anzuführen[218]: „6.52": „wir fühlen, daß selbst, wenn alle *möglichen* wissenschaftlichen Fragen beantwortet sind, unsere Lebensprobleme noch gar nicht berührt sind. Freilich bleibt dann eben keine Frage mehr: und eben dies ist die Lösung!" 6, 521: „Die Lösung des Problems des Lebens merkt man am Verschwinden dieses Problems. Ist dies nicht der Grund, warum Menschen, denen der Sinn des Lebens nach langem Zweifeln klar wurde, warum diese dann nicht sagen konnten, worin dieser Sinn bestand?", 7: „Wovon man nicht sprechen kann, darüber muß man schweigen" und etwas vorher, ein paar Sätze, die sich für die weitere Erörterung als sehr wichtig erweisen werden: 6, 421: „Es ist klar, daß sich die Ethik nicht aussprechen läßt. Die Ethik ist transscendental (gemeint ist vermutlich: transcendent). Ethik und Ästhetik sind Eins". Hier wird also die völlige Inkommunikabilität dessen behauptet, was für das menschliche Leben das Wichtigste ist. Die Wissenschaft dagegen ist kommunikabel. Wittgenstein hat seine Ansichten später stark modifiziert. Aber es ist höchst interessant, daß eine solche radikale Konsequenz aus dem wissenschaftlichen Positivismus einmal gezogen worden ist.

Den optimistischsten Ausdruck hat der gemeinsamen Einsicht Max Plancks gegeben, am optimistischsten in einem Vortrag von 1935[219], der freilich offensichtlich einen unmittelbar praktischen Zweck verfolgte, nämlich nach einer ganz leichten Konzession an das nationalsozialistische Schlagwort von der überragenden Bedeutung der Volksgemeinschaft zu

---

[218] Ludwig Wittgenstein, Tractatus logico-philosophicus. Logisch-philosophische Abhandlung, zuerst veröffentlicht 1921 in den Annalen der Naturphilosophie; dann zweisprachig 1922 in London; jetzt bequem zugänglich in der Edition Suhrkamp, 12 (1963).

[219] Max Planck, „Die Physik im Kampf um die Weltanschauung", Vorträge und Erinnerungen, Stuttgart 1949, S. 285—300.

einer Anerkennung überall und allen Völkern und Rassen gegenüber
gültiger ethischer Prinzipien zurückzurufen. Hier wird im äußersten
Gegensatz zu den angeführten Sätzen von Wittgenstein der Versuch
gemacht, die Ethik mit der Naturwissenschaft in Verbindung zu bringen,
ja gewissermaßen sie aus ihr abzuleiten, indem darauf hingewiesen wird,
daß jede Wissenschaft es mit der Herstellung einer Ordnung zu tun habe.
Dabei offenbare sich schon von Anfang an ein unlöslicher wechselseitiger
Zusammenhang zwischen Erkenntnisurteilen und Werturteilen[220]. Die
Forderung der wissenschaftlichen Widerspruchslosigkeit enthalte unmittelbar die ethische Forderung der Wahrhaftigkeit und Ehrlichkeit. Von
der Wahrhaftigkeit unzertrennlich sei die Gerechtigkeit, die ja nichts
weiter bedeute als die widerspruchslose praktische Durchführung der
sittlichen Beurteilung von Gesinnungen und Handlungen. Es ist jedoch
klar, daß es sich hier nicht eigentlich um eine wissenschaftliche Begründung, geschweige denn um eine wissenschaftliche inhaltliche Bestimmung
der Ethik handelt, sondern nur um den Versuch eines Nachweises, daß
zur erfolgreichen Durchführung wissenschaftlicher Forschung gewisse
moralische Eigenschaften des Forschers erforderlich seien. Die weiteren
Folgerungen, die Planck dort im Dienste des Kampfes gegen den Amora-
lismus des Nationalsozialismus zieht, liegen noch weiter von der Wissenschaft in dem Sinne, in dem sie von Planck vertreten wird, ab.

Ein zwei Jahre später im Baltikum gehaltener Vortrag[221] sucht sich,
unbelastet von unmittelbaren praktischen Zwecken, mit dem Verhältnis
zwischen Naturwissenschaften und Religion auseinanderzusetzen. Die
Wissenschaft, so wird dort ausgeführt, mache es unmöglich, gewisse Überlieferungen der christlichen Lehre, wie vor allem die Wundergeschichten
des alten und des neuen Testaments als historische Tatsachen anzuerkennen. Zugleich aber sei es ein unbezweifelbares Ergebnis der physikalischen Forschung, „daß die elementaren Bausteine des Weltgebäudes
nicht in einzelnen Gruppen ohne Zusammenhang nebeneinanderliegen,
sondern daß sie sämtlich nach einem einzigen Plan aneinandergefügt
sind, oder, mit andern Worten, daß in allen Vorgängen der Natur eine
universale, uns bis zu einem gewissen Grade erkennbare Gesetzlichkeit
herrscht". Damit führe die Naturwissenschaft selbst zu der Annahme
eines Wesens, das diesen Plan geschaffen habe. Im übrigen habe sich
die Verehrung dieses Wesens und die Bindung an es in verschiedenen

---

[220] Ibidem 298.
[221] Max Planck, „Religion und Naturwissenschaft", ibidem 318—333.

Völkern in verschiedenen Symbolen kristallisiert, die bis zu einem gewissen Grade auch die Form der unmittelbaren Erfahrung des göttlichen Geistes im einzelnen Menschen bestimme. Daher sei es natürlich, daß der einzelne seinen Glauben an Gott durch die Verehrung der ihm vertrauten religiösen Symbole betätige; er solle aber Verständnis dafür haben, daß anderen Menschen, die zu andern religiösen Gemeinschaften gehören, andere Riten und Symbole vertraut und heilig sind. Wäre dies immer beherzigt worden, so hätte es keine Religionskriege gegeben.

In einem nach dem zweiten Weltkrieg verfaßten Nachtrag zu einem zuerst i. J. 1941 gehaltenen Vortrag[222] wird kaum mehr der Versuch gemacht, einen direkten Zusammenhang zwischen Naturwissenschaft und Religion herzustellen, aber unter dem Eindruck der furchtbaren Wirkungen der Atombombe und der Möglichkeiten, die sich daraus für die Zukunft ergeben, der Satz formuliert: „So sehen wir uns das ganze Leben hindurch einer höheren Macht unterworfen, deren Wesen wir vom Standpunkt der exakten Wissenschaft aus niemals werden ergründen können, die sich aber auch von niemand, der einigermaßen nachdenkt, ignorieren läßt".

C. F. von Weizsäcker handelt in seinem Buch über die Tragweite der Wissenschaft[223] in zwei Kapiteln vom Christentum. Im ersten dieser Kapitel stellt er fest, daß er Christ zu sein versuche, daß er aber vieles in der christlichen Tradition, im Denken und im Leben, schwer verständlich gefunden habe und einiges so, daß er nicht folgen könne. Dann spricht er über die Entstehung des Christentums aus dem Judentum und über das, was das Christentum übernommen und was es ihm gegenüber Neues gebracht hat. Er betont dabei auch den Gegensatz des Christentums zur vorchristlichen Antike mit ihrem Begriff der Natur oder Physis. „Das Christentum ist im Angriff gegen die Natur[224]" und „durch Gott wurde die Welt entgöttert"[225]. Im zweiten der Kapitel[226] spricht er von der Säkularisierung des Christentums. Er glaubt — mit etwas anderer Begründung als Crombie[227] — die Entstehung der modernen

---

[222] „Sinn und Grenzen der exakten Wissenschaft", ibidem S. 379.

[223] C. F. von Weizsäcker, Die Tragweite der Wissenschaft I: Schöpfung und Weltgeschehen. Die Geschichte zweier Begriffe, Stuttgart 1962; 2. Aufl. 1966.

[224] Op. coll. S. 92.

[225] Ibid. S. 93.

[226] Zehnte Vorlesung: „Was ist Säkularisierung?", ibid. 173—200.

[227] Vgl. oben S. 117 f.

Wissenschaft mit dem Christentum in Verbindung bringen zu können: „der Begriff strenger und allgemeiner Naturgesetze hätte kaum ohne den christlichen Schöpfungsbegriff aufkommen können". Aber nicht nur die Wissenschaft, sondern auch die modernen Revolutionen und politischen und sozialen Umwälzungen haben ihren Ursprung in christlichen Idealen, der Freiheit, der Gleichheit und der Brüderlichkeit. Sie haben aber ihre Verbindung mit ihrem Ursprung verloren. „Die Reformation spaltete die Kirche in streitende Kirchen, und die Säkularisierung spaltete die Welt in ein offizielles Christentum, das zum reinen Konservativismus tendiert, und eine nichtchristliche Welt, deren Radikalismus sich selbst nicht mehr vom Evangelium her versteht[228]." Das säkularisierte Christentum bestimmt auch das Verhältnis des modernen Menschen zur Natur, eben jene Verbindung von Naturwissenschaft und Beherrschung der Natur, von der vorher mehrfach die Rede gewesen ist. „Der Mensch als Gottes Sohn hat die Macht über die Natur empfangen... Er kann sich jetzt die Natur unterwerfen[229]." Aber durch die Säkularisierung des Christentums ist alles ambivalent, zweideutig geworden. In einem gewissen Sinne sind alle modernen Revolutionen erfolgreich gewesen. Aber in tieferem Sinne haben sie alle ihr Ziel verfehlt. Um aus dieser Situation herauszukommen, ist es notwendig, diese Ambivalenz zu sehen. Aber die Frage, wie dies dann in concreto geschehen kann, ob durch eine Rückkehr zum ursprünglichen Christentum — aber schon Jesus scheint die Unvermeidlichkeit der Ambivalenz gesehen und in dem Gleichnis vom Weizen und Unkraut, die zusammen aufwachsen müssen, gekennzeichnet zu haben[230] — oder auf welche andere Weise, bleibt offen.

Bei Heisenberg haben wir den Hinweis auf die Begriffe der gewöhnlichen Sprache gefunden[231], wie „Geist, menschliche Seele, Gott, Leben", die, eben weil sie zur natürlichen Sprache gehören, mit der Wirklichkeit unmittelbar verbunden sind, „obwohl sie nicht im wissenschaftlichen Sinne wohldefiniert sein können und ihre Anwendung zu mancherlei inneren Widersprüchen führen wird". Am Ende der Betrachtung steht die Feststellung, daß „ohne einen festen Standpunkt alle menschlichen Handlungen ihre Kraft verlieren, ein starr festgehaltener Glaube, der nicht wohl begründet ist, aber eine große Gefahr bedeuten kann". Des-

---

[228] Op. coll. S. 183.
[229] Op. coll. S. 196.
[230] Op. coll. S. 197.
[231] Op coll. (oben Anm. 179), S. 194/95.

halb gehört es wohl zum menschlichen Leben, daß in irrationaler Weise
eine scheinbare oder wirkliche Wahrheit oder oft eine Mischung von
beiden die Lebensgrundlage bildet. „Diese Tatsache muß für uns einerseits der Anlaß sein, die Lebensgrundlage einer Gemeinschaft vor allem
nach der ethischen Haltung zu beurteilen, in der sie sich manifestiert,
und muß andererseits bereit machen, auch die Lebensgrundlagen anderer
Gemeinschaften zu respektieren, die von unseren weit verschieden
sind[232]".

Überall steht also am Ende hier die Einsicht, daß die Wissenschaft
im modernen Sinne in keiner Weise dem menschlichen Leben eine gesicherte Grundlage geben kann und daß es notwendig ist, eine andere
Grundlage zu finden. Alle großen Naturwissenschaftler und Wissenschaftstheoretiker, von denen hier die Rede gewesen ist, haben für sich
persönlich eine solche Grundlage gefunden. Aber es ist offenkundig,
daß bei keinem von ihnen — auch nicht bei C. F. von Weizsäcker, dessen
Analyse der Sachlage zweifellos die am tiefsten eindringende ist — diese
Lebensgrundlage in dem Sinne kommunikabel ist, daß sie von einem
persönlichen Zentrum ausstrahlend zur Lebensgrundlage für eine größere
Gruppe von Menschen werden könnte. Die Traditionen, an welche die
großen Physiker sie anknüpfen, bedeuten für die meisten der jungen
Leute, die heute darauf ausgehen, die Welt zu verändern, nichts mehr,
oder werden vielleicht auch von ihnen umso heftiger abgelehnt, weil
sie in vieler Hinsicht noch stark unter ihrem Einfluß stehen. Es ist aber
der Unterschied der gegenwärtigen Situation von der Situation vor
früheren Revolutionen, daß die früheren Revolutionen ein bestimmtes
Ziel hatten, das oft einseitig und illusionär war, aber doch ein festes Ziel,
während bei den jungen Rebellen unserer Zeit nicht nur ein Chaos der
verschiedensten und widersprechendsten Ziele bei den verschiedensten
Gruppen besteht, sondern viele der Revolutionäre sogar eingestandenermaßen keinerlei klares Ziel vor Augen haben: „Man muß nur erst
einmal das Bestehende beseitigen. Dann kann man zusehen, was man
daraus machen kann". Einen Ausweg aus dieser chaotischen Situation
kann nur entweder ein völlig irrationaler Sturm geben, der plötzlich
die Menschen mit sich reißt, oder der Versuch, sich nicht damit abzufinden, daß das Leben nun einmal eine irrationale Grundlage hat, sondern nach einer rationalen Grundlage zu suchen.

---

[232] Ibidem S. 200.

In der radikalsten der oben zitierten Schriften wird gesagt, daß die Ethik sich nicht aussprechen läßt und daß die Dinge, die für das menschliche Leben am wichtigsten sind, inkommunikabel sind. „Worüber man nicht sprechen kann, darüber soll man schweigen." Zu Anfang von Aristoteles' Politika wird gesagt[233], das, was den Menschen zum Menschen mache, sei die Diskussion oder die Verständigung darüber, was recht und unrecht sei. Daß damit nicht die Diskussion gemeint sei, die ein Rechtsanwalt mit einem Staatsanwalt darüber führen kann, ob ein Satz des positiven Rechts auf einen Tatbestand anwendbar ist oder nicht, versteht sich von selbst. Offenbar handelt es sich um einen Begriff von Recht und Unrecht, nach dem auch darüber entschieden werden kann, ob ein Satz des „positiven" Rechts recht oder unrecht ist. Das Wort, das ich mit Diskussion oder Verständigung übersetzt habe, ist λόγος, das auch mit „ratio" übersetzt wird. Aristoteles war also der Meinung, daß eine rationale Diskussion darüber, was recht und unrecht sei, möglich ist. Und seine Schriften über Ethik zeigen, daß diese seine Meinung sich nicht nur auf „recht" und „unrecht" im engeren Sinne, sondern auf ethische Fragen überhaupt bezog.

Wenn diese Meinung des Aristoteles richtig sein sollte, dann ist bei allen den zitierten Betrachtungen moderner Wissenschaftler und Wissenschaftstheoretiker ein ganz fundamental wichtiges Gebiet, das rationaler, wenn auch nicht ganz im Sinne der modernen Naturwissenschaft „wissenschaftlicher" Erkenntnis zugänglich ist, ausgelassen. Die Grundlage für eine solche rationale Betrachtung gewinnt Aristoteles aus einer Analyse der Natur, und zwar der lebendigen, und speziell der menschlichen Natur. Der Ausgangspunkt einer solchen Betrachtung allerdings ist nicht das Streben nach Veränderung und nach Beherrschung der Natur, sondern die Meinung, daß der Mensch, selbst wenn er mechanische Tricks gebraucht, um seinem Nutzen zu dienen, wenn er seinem wahren Nutzen dienen will, sich nach den gegebenen Gesetzen der Natur und des Lebens, die bis zu einem gewissen Grade erkennbar sind, richten muß. Es ist also in gewisser Weise eine Ergänzung zu der Galileischen Einsicht, mit der die moderne Wissenschaft beginnt, daß man auch in der Mechanik sich nach den gegebenen Naturgesetzen richten muß. Wie das im einzelnen verwirklicht werden kann und in der vielverachteten

---

[233] Aristoteles, Politika, I, 2, 10/11, 1253 a, 14—18: ὁ δὲ λόγος ἐπὶ τῷ δηλοῦν ἐστι τὸ συμφέρον καὶ τὸ βλαβερόν, ὥστε καὶ τὸ δίκαιον καὶ τὸ ἄδικον· τοῦτο γὰρ πρὸς τὰ ἄλλα ζῷα τοῖς ἀνθρώποις ἴδιον, τὸ μόνον ἀγαθοῦ καὶ κακοῦ καὶ δικαίου καὶ ἀδίκου καὶ τῶν ἄλλων αἴσθησιν ἔχειν· ἡ δὲ τούτων κοινωνία ποιεῖ οἰκίαν καὶ πόλιν.

antiken Moralphilosophie verwirklicht worden ist, muß in einem späteren Kapitel zu zeigen versucht werden. Für die dezidierten Christen mag dies als Rückkehr zum Heidentum erscheinen. Aber wenn die Lebensgesetze ebenso wie die Gesetze der nichtlebendigen Natur von Gott gesetzt sind, kann die Freiheit eines Christenmenschen ja wohl kaum darin bestehen, sich über sie hinwegzusetzen. Aber bevor die Untersuchung in dieser Richtung weitergeführt werden kann, ist es notwendig, die Grundlagen der antiken Mathematik und Naturwissenschaften noch von zwei anderen Aspekten aus zu betrachten.

7. Die Entwicklung der antiken Astronomie

Gleich im ersten Absatz der einleitenden Betrachtungen zu der vorliegenden Abhandlung wurde darauf hingewiesen, daß die babylonische Astronomie einer weit verbreiteten modernen positivistischen Definition exakter wissenschaftlicher Methode — derjenigen nämlich, wonach diese in einer Mathematisierung der Ergebnisse von Beobachtungen, einschließlich der Beobachtung an künstlich angestellten Experimenten bestehen soll, welche es erlaubt, künftige Ereignisse vorauszusagen, und deren Ergebnisse durch das Eintreffen oder Nicht-Eintreffen dieser Voraussagen verifiziert oder falsifiziert werden —, daß also die babylonische Astronomie dieser positivistischen Definition wissenschaftlicher Methode sehr viel besser entspricht als die griechische Astronomie der älteren Zeit, und daß trotzdem diese Astronomie von einem ihrer hervorragendsten Erforscher noch vor kurzem für „pre-scientific" erklärt worden ist[234], während niemand bezweifelt, daß die Griechen ganz entscheidende Schritte auf die moderne Astronomie zu, ja bis zur Aufstellung des heliozentrischen Systems getan haben. Auf der anderen Seite wird in einem noch umfassenderen neueren Werk[235] über babylonische Astronomie eine Theorie, deren Entstehung der Verfasser mit überzeugenden Gründen in die zweite Hälfte des 7. Jahrhunderts v. Chr. setzt, unter der Überschrift „der wissenschaftliche Charakter des Systems A" als „wohl das älteste Beispiel einer Theorie, die einerseits empirisch, andererseits exakt mathematisch ist wie unsere heutige Naturwissenschaft" bezeichnet. Zugleich wird daselbst mit ebenfalls überzeugenden Gründen zu beweisen

---

[234] Otto Neugebauer, The Exact Sciences in Antiquity, Princeton 1952, p. 47.
[235] B. L. Van der Waerden, Erwachende Wissenschaft II: Die Anfänge der Astronomie, Groningen 1968, S. 157.

versucht, daß einige der ältesten astronomischen Errungenschaften der Griechen ihren Anstoß und sogar einen beträchtlichen Teil ihres Inhalts von eben jenen babylonischen Theorien empfangen haben. Handelte es sich nun nur darum, daß durch die neuesten Untersuchungen einige wissenschaftliche Entdeckungen der Babylonier etwas weiter zurückdatiert werden können, so daß eine Art Prioritätsstreit zwischen Babyloniern und Griechen zu Gunsten der ersteren entschieden werden müßte, so hätte das Ganze nur ein rein historisches Interesse. Es handelt sich jedoch in Wirklichkeit um etwas ganz anderes, nämlich darum, daß innerhalb der Entwicklung der griechischen Astronomie längere Zeit zwei Stränge nebeneinander hergehen, von denen der eine an die Babylonier anknüpft, der andere völlig unabhängig aus griechischem Denken hervorgegangen ist, und daß der eine griechische Strang, obwohl in seinen Anfängen und auf beträchtliche Zeit hinaus vom modernen Standpunkt aus sehr viel unwissenschaftlicher als die babylonische Mathematik des späten 7ten Jahrhunderts, im Endeffekt viel Entscheidenderes zur Entstehung der modernen Astronomie beigetragen hat als der von den Babyloniern ausgehende Strang.

Es wird für den gegenwärtigen Zweck genügen, aufgrund der Ergebnisse Van der Waerdens nur ganz kurz das für die weitere Entwicklung Bedeutsame an der altbabylonischen Astronomie zusammenzustellen. Schon in der Hammurapi-Dynastie unter dem babylonischen König Ammizaduga, dessen Regierung Van der Waerden aufgrund mannigfacher Indizien auf die Jahre 1581—1561 v. Chr. datiert[236], wurden 21 Jahre lang sorgfältig Beobachtungen der Venus angestellt: wie Van der Waerden glaubt, teilweise aus religiösen Gründen. Diese Beobachtungen setzen schon die Kenntnis der Tatsache voraus, daß der Morgenstern und der Abendstern miteinander identisch sind, eine Erkenntnis, welche die Griechen für eine verhältnismäßig neue Erkenntnis gehalten haben müssen, da sie sie bald dem Pythagoras[237], bald dem Parmenides[238] zuschrieben, die aber Pythagoras von seinen Reisen im Orient mitgebracht haben kann. Das Wichtigste daran ist, daß aufgrund der Beobachtung eine Periodizität der Himmelserscheinungen festgestellt wird: nämlich daß[239] die Sichtbarkeitsdauer der Venus als Morgen- und

[236] Van der Waerden, op. coll., p. 34 ff.
[237] Diogenes Laertius VIII, 1, 14.
[238] Ibidem und IX, 23 nach Favorin.
[239] Van der Waerden, op. coll., p. 48. vgl. auch Langdon and Fotheringham, The Venus Tablets of Ammizaduga, Oxford 1928.

Abendstern immer dieselbe ist, die Dauer der Unsichtbarkeit aber periodisch zwischen 7 Tagen und 3 Monaten wechselt.

Aus den folgenden 800 Jahren gibt es eine Reihe von astronomischen Dokumenten, von denen das wichtigste die sogenannte mul-APIN-Serie darstellt, die aus zwei Tafeln besteht, die beide in mehreren Kopien aus verschiedenen Zeiten, aus denen sich der Originaltext weitgehend rekonstruieren läßt, erhalten sind[240]. Das Original scheint sich approximativ auf die Zeit um 700 v. Chr. datieren zu lassen und enthielt offenbar eine Art Kompendium des astronomischen Wissens der Babylonier, das in assyrischer Zeit angefertigt worden ist. Aus diesem und den anderen Dokumenten[241] lassen sich folgende im gegenwärtigen Zusammenhang bedeutsame astronomische Erkenntnisse der Babylonier vor 700 v. Chr. erschließen: 1. genaue Beobachtungen des jährlichen heliakischen Aufgangs von Fixsternen; 2. Beobachtungen des täglichen Aufgangs, Untergangs und der Kulmination von Fixsternen; 3. Darstellungen der Venus-Bewegungen durch arithmetische Folgen; 4. Berechnung der Länge des Tages und der Nacht im Kreislauf des Jahres mit Hilfe von steigenden und fallenden arithmetischen Folgen, zuerst ausgehend von dem für Babylon ungenauen Verhältnis der Extremwerte von 2:1, später nach dem besseren Wert von 3:2; 5. darauf beruhend eine Einteilung von Tag und Nacht in je 12 Teile, wobei die Länge dieser „Stunden" nach der Jahreszeit variiert. Daß die Griechen diese Einteilung von Tag und Nacht von den Babyloniern übernommen haben, wird von Herodot bestätigt[242]. 6. Berechnungen des Auf- und Untergangs des Mondes mit Hilfe steigender und fallender arithmetischer Folgen. 7. Seit Nabonassar (747—735) scheinen ferner regelmäßige Beobachtungen von Finsternissen stattgefunden zu haben, die wenig später die Voraussage von Mondfinsternissen erlaubten[243]. Damit zusammen hängt natürlich auch die

---

[240] Hierfür und für das Folgende vgl. Van der Waerden, op. coll. p. 64 ff.

[241] Über weitere Dokumente aus der Zwischenzeit vgl. ibidem p. 54 ff.

[242] Herodot II, 109.

[243] Eine besondere Schwierigkeit hat schon immer die Angabe des Herodot I, 74 bereitet, wonach Thales für das Jahr der Schlacht am Halys zwischen dem Mederkönig Kyaxares und dem Lyderkönig Alyattes eine Sonnenfinsternis vorausgesagt haben soll, die dann eintraf, die Kämpfenden, die von Thales' Voraussage nichts wußten, aber so erschreckte, daß sie die Schlacht abbrachen. Denn einerseits berichtet Diog. Laert. I, 1, 23, schon Xenophanes, der noch ein Zeitgenosse des Thales war, habe die Voraussage bewundernd erwähnt, so daß sie sehr gut bezeugt erscheint. Andererseits erscheint es als ausgeschlossen, daß Thales oder seine babylonischen Zeitgenossen imstande gewesen sein sollten, eine *für einen be-*

Bestimmung der jährlichen Bewegung der Sonne und des Mondes auf
der sogenannten Ekliptik, d. h. eben auf der Bahn, auf welcher Finster-
nisse (ἐκλείψεις) stattfinden können, als einer Bahn, die zum Himmelsaequator geneigt ist und die schon damals durch die Sternbilder bezeichnet wurde, welche in dieser Bahn gelegen sind[244]: eine Vorstufe der Erfindung des sogenannten Tierkreises. Dabei scheint die Einteilung des
Sonnenjahres in 12 schematische von den Mondmonaten abweichende
Monate der Erfindung des Tierkreises vorangegangen zu sein, so daß
dieser also seine Entstehung dem Bestreben zu verdanken scheint, jedem
der 12 Abschnitte ein einziges Sternbild zuzuweisen. Natürlich behielten
daneben die Mondmonate ebenfalls ihre Gültigkeit. Aus der Tatsache,
daß diese sich nicht ganzzahlig in das Sonnenjahr einfügen lassen, hatte
sich schon von Alters her die Notwendigkeit ergeben, Schaltmonate ein-
zufügen. Diese Einschaltungen waren in älterer Zeit ziemlich unregelmäßig durch königliches Dekret erfolgt, wenn immer die Diskrepanz
so groß wurde, daß es als notwendig erschien, sie durch diese Manipulation zu beseitigen oder zu verringern. Später versuchte man Regeln

---

stimmten Ort sichtbare Sonnenfinsternis richtig vorauszusagen. Vielleicht läßt sich
das Rätsel aber so erklären, daß Thales nach dem Eintritt der Sonnenfinsternis darauf aufmerksam machte, daß sie zu einem Zeitpunkt eintrat, zu dem gemäß den
Bahnen der Sonne und des Mondes Sonnenfinsternisse naturgemäß eintreten können, daß das Ereignis also zum natürlichen Lauf der Dinge gehörte, nicht anders
als die regelmäßigen sichtbaren Mondfinsternisse, und daß dies dann in eine Voraussage der Finsternis umgedeutet wurde. Dies ist umso wahrscheinlicher, als es
einen ganz analog formulierten Bericht gibt, bei dem es ganz ausgeschlossen ist,
daß eine wirkliche Voraussage stattgefunden hat. Plutarch in seinem Leben
Lysanders 12 berichtet von dem Fall eines riesigen Meteorsteines in der Nähe von
Aigospotamoi, der von vielen als ein gewaltiges Omen betrachtet wurde. Anaxagoras jedoch, fährt Plutarch fort, habe verkündet (προειπεῖν), die Gestirne befänden sich am Himmel nicht an ihrem natürlichen Ort (oder dem Ort ihres Ursprungs: ἐν ᾗ πέφυκε χώρᾳ), sondern würden von dem Luftwirbel gewaltsam
herumgewirbelt, wobei sie sich durch die Reibung und den Luftwiderstand entzündeten. Dabei könne es vorkommen, daß ein Stück abbreche und auf die Erde
herunterfalle. Ganz offensichtlich ist dies nicht die Voraussage eines Ereignisses,
das auch heutzutage noch niemand voraussagen kann, sondern eine nachträgliche
„natürliche" Erklärung dessen, was geschehen war. Das von Plutarch gebrauchte Wort
προειπεῖν kann also dem Zusammenhang nach nicht „voraussagen", sondern nur
„verkündigen" heißen, wird aber dennoch, wie ich mich überzeugt habe, in den
meisten modernen Übersetzungen sinnwidrig mit „voraussagen" übersetzt. Es
ist daher sehr wahrscheinlich, daß die Geschichte von der Voraussage der Sonnenfinsternis durch Thales aus einem ähnlichen Mißverständnis entstanden ist.
    Für die Methoden, mit deren Hilfe Thales bestimmen konnte, in welchem Jahre
und dann auch, zu welcher Zeit dieses Jahres eine Sonnenfinsternis natürlicherweise
auftreten konnte, vgl. Van der Waerden, op. coll. 123.
[244] Vgl. Van der Waerden, op. coll. 78/79.

der Schaltung zu entwickeln, von denen die zweite der mul-APIN-Tafeln verschiedene, z. T. unvollkommen erhaltene Ansätze enthält[245]. I. J. 527 v. Chr. wurde dann ein Schaltzyklus erfunden, nach welchem auf je 8 Jahre 3 Schaltmonate kommen, i. J. 499 ein verbesserter Schaltzyklus, nach welchem auf 19 Jahre 7 Schaltmonate gerechnet werden[246].

Abgesehen von diesen Ergebnissen der systematischen Verarbeitung von Beobachtungen ist wichtig für die Folgezeit und vor allem auch für die Weiterentwicklung der Astronomie bei den Griechen die Erfindung des Gnomon, der Sonnenuhr, d. h. eines senkrecht auf einer Tafel oder einem Teil einer Hohlkugel, auf welcher eine Stundeneinteilung eingeritzt war, aufgestellten Stabes, ein Instrument, das für jeden Ort, an dem es aufgestellt war, je nach der Polhöhe und der geographischen Länge des Ortes besonders eingerichtet sein mußte. Herodot berichtet[247], daß die Griechen dies Instrument zugleich mit den Nachbildungen der Himmelskugel mit ihren Sternbildern und mit der Einteilung von Tag und Nacht in 12 „Stunden" von den Babyloniern übernommen haben. Doch waren die griechischen Sonnenuhren schon des 6. Jahrhunderts v. Chr. genauer und praktischer als die in den mul-APINtexten erwähnten, welche zu ihrer Benutzung besonderer Tabellen bedurften. Eine Sonnenuhr, welche Anaximander in Sparta aufgestellt haben soll[248], soll außer den Stundeneinteilungen auch die Sonnenwenden und Tag- und Nachtgleichen angezeigt haben.

Dies sind die astronomischen Errungenschaften der Babylonier, welche von den Griechen übernommen und weiter ausgebildet worden sind[249]. Von nicht minderer Bedeutung für die Einschätzung des Beitrages der Griechen zur Entwicklung der Astronomie sind jedoch astronomische Errungenschaften der Babylonier, die bei den Griechen keine oder nur eine ganz umgewandelte Verwendung gefunden haben, die aber vielleicht z. T. auch schon in eine Zeit gehören, die den ersten astronomischen Versuchen der Griechen vorausgeht oder zum mindesten streckenweise mit ihr zusammenfällt. Überliefert sind diese Errungenschaften in ca. 300

---

[245] Ibidem, S. 79.

[246] Ibidem 80.

[247] Herodot II, 109.

[248] Favorin bei Diogenes Laert. II, 1, 3.

[249] Kaum Erwähnung verdient in diesem Zusammenhang der von Van der Waerden, op. coll. S. 54 ff. diskutierte Text aus der Hilprecht-Sammlung in Jena, nicht einmal als möglicher Vorläufer von spekulativen Distanzbestimmungen von Sternen durch griechische Philosophen, da der Sinn des Fragmentes zu ungeklärt ist.

Keilschrifttexten aus seleukidischer Zeit[250], die in Babylon und Uruk gefunden worden sind und von denen die in Babylon gefundenen aus der Zeit zwischen 310 und 10 v. Chr. stammen. Dies bedeutet jedoch ebensowenig wie bei den mul-APINtexten, daß die darin angewendeten Methoden erst in dieser Zeit gefunden worden wären. Vielmehr gelingt es Van der Waerden, es sehr wahrscheinlich zu machen[251], daß die darin zu findenden Methoden der Mondrechnung z. T. schon im 5. Jahrhundert v. Chr., diejenigen der Planetenrechnung z. T. zwischen 520 und 300, z. T. zwischen 480 und 240 v. Chr. erfunden worden sind.

Bei der Mondrechnung handelt es sich vor allem um die folgenden Aufgaben. Wie jeder weiß, entfernt sich der Mond bei seinem Umlauf um die Erde von der Erde aus gesehen bis zum Vollmond immer weiter von der Sonne, um sich ihr dann bis zum Neumond wieder anzunähern. Da die Umlaufbahn des Mondes um die Erde gegen die Umlaufbahn der Erde um die Sonne etwas geneigt ist, entfernt sich der Mond von der Sonne jedoch nicht nur in der Längsrichtung, sondern auch in der „Breite", d. h. er entfernt sich von der Sonnenbahn, der sogenannten Ekliptik, nach oben und unten bis zu ca. 5°. Die Kreuzungspunkte des Mondes mit der Sonnenbahn (von der Erde aus gesehen) werden Mondknoten genannt. Wenn diese Kreuzung zur Zeit des Vollmondes stattfindet, sind die Bedingungen für eine Mondfinsternis, wenn sie zur Zeit des Neumondes stattfindet, für eine Sonnenfinsternis gegeben, die, da der Mondschatten naturgemäß wesentlich kleiner ist als der Erdschatten, seltener und jeweils nur an bestimmten Orten der Erde zu beobachten ist. Endlich ändert sich der Winkel zwischen der Ekliptik und dem Horizont mit den Jahreszeiten, was die Voraussage der heliakischen Aufgänge des Mondes sehr erschwert. Für die Lösung der damit gestellten Aufgaben gibt es nun in den genannten Dokumenten zwei Systeme, die zuerst von F. X. Kugler[252] mit I und II bezeichnet, dann, da das System II wahrscheinlich das ältere ist, von O. Neugebauer in B und A umbenannt worden sind[253]. Die Dokumente des Systems A stammen aus

---

[250] Veröffentlicht von O. Neugebauer in Astronomical Cuneiform Texts, London 1955. Zur Interpretation Van der Waerden, op. coll., 163 ff.

[251] Op. coll. S. 169 ff. Van der Waerden (ibid. 172) hält es für wahrscheinlich, daß das System A der Mondrechnung von dem bei griechischen Autoren unter dem Namen Naburianos erwähnten Nabu-Rimannu, das System B der Mondrechnung von dem bei den Griechen Kidenas genannten Babylonier Kidinnu erfunden worden ist.

[252] F. X. Kugler, Sternkunde und Sterndienst in Babel, I, Münster 1907.

[253] Vgl. oben Anm. 250 und Van der Waerden, op. coll. 138.

der Zeit zwischen 262 und 13 v. Chr., die des Systems B aus der Zeit
zwischen 251 und 62 v. Chr. Beide scheinen längere Zeit nebeneinander
angewendet worden zu sein. Beide gestatten es, das zweite mit sowohl
vereinfachten wie auch exakteren Methoden, den jeweiligen Längenab-
stand des Mondes von der Sonne, die Abweichung des Mondes von der
Sonnenbahn, sowie die heliakischen Aufgänge des Mondes mit sehr be-
achtenswerter Annäherung vorauszubestimmen. Dies geschieht mit Hilfe
von Zahlenreihen, die sich graphisch als „Zackenfunktionen" verschiedener Art darstellen lassen. Analoges gilt für die Planetenrechnung, die
naturgemäß vor allem für die äußeren Planeten sehr viel komplizierter
und schwieriger ist und in einzelnen Fällen arithmetische Reihen nicht
nur erster Ordnung, sondern auch zweiter und dritter Ordnung erfordert[254].

Das System A ist, wie Van der Waerden bemerkt[255], „wohl das
älteste Beispiel einer Theorie, die einerseits empirisch, andererseits exakt
mathematisch ist, wie unsere heutige Naturwissenschaft." In der Tat
entspricht es genau der Wissenschaftsdefinition der modernen positivistischen Wissenschaftstheorie. Es geht aus von Beobachtungen, die sich über
viele Jahre erstrecken, und sucht die Resultate dieser Beobachtungen in
ein mathematisch fundiertes System zu bringen. Endlich werden auf
Grund dieser mathematisch fixierten Regeln oder Formeln Voraussagen
über zukünftige Ereignisse gemacht, durch deren Eintreffen es verifiziert,
durch deren Nicht-Eintreffen das System falsifiziert, bzw., da das Nicht-
Eintreffen nur ein teilweises und eingeschränktes ist, als der Korrektur
bedürftig erwiesen wird. Die weiteren erwähnten Systeme bedeuten eine
gewaltige Präzisierung und Erweiterung der Anwendung solcher Methode, ändern aber nichts daran, daß der im modernen Sinne wissenschaftliche Charakter schon dem ältesten der genannten Systeme zugesprochen werden kann.

Es kann kein Zweifel daran sein, daß die astronomischen Errungenschaften der Babylonier auf einen Zweig oder Strang der griechischen
Astronomie einen entscheidenden Einfluß ausgeübt haben. Daß schon
in der Odyssee ein Heliotropion auf der Insel Syros erwähnt wird[256],
d. h. ein markierter Punkt, an dem, gesehen von einem anderen ebenfalls markierten Punkt, die Sonne am Tag der Sommersonnenwende

---

254 Vgl. Peter Huber, Zeitschr. f. Assyriologie, N. F. 18, S. 279 ff.
255 Op. coll. S. 157.
256 Odyssee XV, 403.

aufging, zeigt wohl, wenn der im Zusammenhang nicht notwendige Vers nicht interpoliert ist, daß schon zu einer Zeit, die vor einer wahrscheinlichen Einwirkung der Babylonier liegt, von Griechen einfache astronomische Beobachtungen angestellt worden sind. Aber schon von der Sonnenuhr, dem Gnomon, dessen Erfindung in einem Teil der griechischen Überlieferung dem Anaximander zugeschrieben wird, sagt Herodot, wie früher erwähnt[257], ausdrücklich, daß die Griechen ihren Gebrauch von den Babyloniern gelernt hätten. Ob und wie weit die Kenntnis der Schiefe der Ekliptik von den Babyloniern zu den Griechen gekommen ist, ist schwer zu sagen, da sich die Tatsache als solche auch der einfachsten Beobachtung aufdrängt. Wenn jedoch von Aetius behauptet wird, die Schiefe der Ekliptik sei von Pythagoras entdeckt worden und Oinopides von Chios habe sie sich unrechtmäßig angeeignet, so ist die wahrscheinlichste Erklärung wohl die, daß Pythagoras die Kenntnis der mit der Ekliptik zusammenhängenden Probleme von seinem babylonischen Aufenthalt mitgebracht hat, und daß es Oinopides ist, der, ganz im Sinne der pythagoreischen mathematisch-physikalischen Spekulationen, den Neigungswinkel der Ekliptik gegenüber dem Himmelsaequator als identisch mit dem Radialwinkel des regelmäßigen 15-Ecks, d. h. also auf 24° zu bestimmen gesucht hat[258].

Daß der achtjährige und der 19jährige Schaltzyklus der Griechen von den Babyloniern übernommen worden sind, kann kaum bezweifelt werden. Censorin[259] sagt, die meisten glaubten, Eudoxos von Knidos habe die Oktaeteris eingeführt (was historisch unmöglich ist, da zur Zeit des Eudoxos schon sehr viel bessere Zyklen bestanden), andere führten seine Einführung auf Kleostratos von Tenedos zurück. Kleostratos wird in der Überlieferung als Schüler des Thales bezeichnet, muß also in der zweiten Hälfte des 6. Jahrhunderts gelebt haben. Es besteht daher kein Grund, die Angabe der alii des Censorin in Zweifel zu ziehen[260], da Kleostratos

---

[257] Was mit dem von Herodot zusammen mit dem Gnomon erwähnten πόλος gemeint ist, ist nicht ganz sicher. A. Rehm im Artikel Horologium in der RE VIII, 2417 deutet den πόλος als den halbhohlkugelförmigen Schattenfänger des Gnomonstabes an der Sonnenuhr, so daß πόλος und γνώμων als die beiden Teile der Sonnenuhr zusammengehören würden, was von Van der Waerden akzeptiert wird. Doch bezeichnet πόλος an anderen Stellen einfach eine Sternkarte.

[258] Vgl. dazu meinen Artikel Oinopides in der RE XVII, 2260 ff.

[259] Censorinus, de die natali 18, 5: „hanc octaeterida vulgo creditum est ab Eudoxo Cnidio institutam, sed alii Cleostratum Tenedium primum ferunt composuisse et postea alios aliter."

[260] Vgl. darüber ausführlich J. K. Fotheringham, „Cleostratus" in Journal of Hellenic Studies XXXIX (1920), p. 164—184.

offenbar in der Zwischenzeit zwischen der Erfindung des achtjährigen und des 19jährigen Schaltzyklus gelebt hat. Die Einführung des 19jährigen Schaltzyklus in Griechenland wird von der griechischen Überlieferung den griechischen Astronomen Meton und Euktemon zugeschrieben, von denen Ptolemaios (Almagest III, 1) berichtet, daß sie i. J. 431 (ein Jahr nach dem überlieferten Datum der Einführung des Schaltzyklus) die Sommersonnenwende beobachtet haben. Aber selbst wenn sie sie früher beobachtet hätten, hätte das nichts zu sagen, da der Schaltzyklus langjährige Beobachtungen voraussetzt. Es hat sich dabei also wohl vielmehr um eine Nachprüfung gehandelt.

Unabhängig von den Babyloniern verbessert wurde der Schaltzyklus genau 100 Jahre später, i. J. 330 durch den Astronomen Kallippos, der vier 19-Jahre-Schaltzyklen zu einem Zyklus von 76 Jahren zusammenfaßte, in dem er einen Schalttag wegließ.

Dagegen ist das sogenannte Parapegma, der Steckkalender, in seiner griechischen Form zweifellos eine griechische Erfindung, aber ebenso zweifellos auf von den Babyloniern gelieferter Grundlage. Ein Parapegma ist ein meist auf Stein aufgezeichneter Kalender, auf welchem die Auf- und Untergänge (heliakische und akronychische) der wichtigsten Sterne und Sternbilder vermerkt sind. Die Daten werden nach den Tierkreiszeichen gegeben, von deren jedem ausgehend die Tage bis zu den jeweils folgenden Auf- und Untergängen gezählt werden. In den meisten Steckkalendern, so vor allem auch in dem des Euktemon, sind die Auf- und Untergänge mit sogenannten ἐπισημασίαι, d. h. Wettervorhersagen, verknüpft, die schon bei den Babyloniern neben anderen mit den Gestirnbewegungen verknüpften Omina eine Rolle spielen und in den griechischen Parapegmen allein davon übrig geblieben sind. Die Beziehung zum bürgerlichen Kalender der verschiedenen Städte, in denen solche Parapegmen aufgestellt wurden, wurde mit Hilfe von Löchern hergestellt, die an der Außenseite des Kalenders angebracht waren und in welche die Tagesnummern der bürgerlichen Monate der Stadt (welche, da die Monatsschaltungen in den verschiedenen Staaten ganz verschieden vorgenommen wurden und sich nicht nach den Schaltzyklen der Astronomen zu richten pflegten, von Ort zu Ort und von Jahr zu Jahr verschieden waren) hineingesteckt wurden.

Die Erfindung der Parapegmen war also eine griechische, geschah aber auf babylonischer Grundlage, da sie den babylonischen Tierkreis und die Bestimmung der Auf- und Untergänge der Sterne zur Grundlage hat,

deren Einführung in Griechenland von der Überlieferung ebenfalls dem
Kleostratos von Tenedos zugeschrieben wird[261]. Die Tatsache, daß in dem
Parapegma des Euktemon die Zeichen Wassermann, Fische, Widder,
Stier, Zwillinge je 31 Tage umfassen, die übrigen Tierkreiszeichen da-
gegen 30, weist, wie Van der Waerden bemerkt hat[262], darauf hin, daß
Euktemon das System A der babylonischen Mondrechnung gekannt hat,
in welchem die Ekliptik in einen langsam und einen schnell durchlaufe-
nen Teil eingeteilt ist.

Die babylonische Astronomie hat also auf den praktischen, rechne-
rischen und kalendarischen Zweig der griechischen Astronomie in seinen
Anfängen einen ganz grundlegenden Einfluß ausgeübt und war in dieser
Hinsicht der griechischen Astronomie auf lange Zeit hinaus sehr wesentlich voraus. Auf der anderen Seite hat es die babylonische Mathematik
durchaus mit den am Himmel sichtbaren Phaenomenen zu tun und mit
der mathematischen Erfassung der dort zu beobachtenden Bewegungen,
so daß ihre Voraussage ermöglicht wird. Es findet sich schlechterdings
kein Anzeichen davon, daß die rein babylonische Astronomie jemals den
Versuch gemacht hätte, zwischen scheinbaren und wirklichen Bewegungen
der Gestirne zu unterscheiden.

Die griechische Betrachtung der siderischen Phaenomene hat spätestens
von Anaximander an ganz andere Fragen gestellt und versucht, diese Erscheinungen nicht nur in mathematische Regeln zu fassen, sondern auch
zu erklären. Sie hat dabei von Anfang an den Gedanken gefaßt, daß die
Dinge in Wirklichkeit vielleicht nicht so sind, wie sie uns erscheinen,
oder zum mindesten, daß hinter den Erscheinungen noch anderes verborgen ist, das nicht unmittelbar wahrgenommen werden kann, aber sich
auf andere Weise eruieren läßt. Sie hat sich dabei vor allem in den Anfängen in mancherlei Spekulationen ergangen, die, von den modernen
positivistischen Vorstellungen von exakter Wissenschaft aus betrachtet,
als äußerst unwissenschaftlich und phantastisch erscheinen. Und doch
sind die Griechen, von solchen Spekulationen aus, schon um die Mitte des
dritten Jahrhunderts zu dem heliozentrischen System gelangt, von dem
man wohl sagen kann, daß es für die Entwicklung der Astronomie seit
Kopernikus, der es zuerst wieder aufnahm, nachdem es im Altertum von
Ptolemaios aufgegeben worden war, von größerer Bedeutung gewesen

---

[261] Vgl. die Zeugnisse bei Fotheringham, op. coll. p. 165—67.
[262] Van der Waerden, op. coll. p. 170.

ist als die Berechnungsmethoden der Babylonier. Und auch Ptolemaios, der das System aufgegeben hat, sucht doch die Gestirnbewegungen am Himmel aufgrund griechischer Prinzipien zu erklären[263] und unterscheidet zwischen den wahren und den scheinbaren Bewegungen. Es ist wohl der Mühe wert, dieser unwissenschaftlichen Bewegung auf Wissenschaft hin etwas mehr im Einzelnen nachzugehen.

Der älteste Beitrag zu dieser Entwicklung, der sich greifen läßt, ist der des Anaximander. Bei ihm finden sich sogleich mehrere verschiedene Elemente dieser Entwicklung beisammen. Er hat die Sonnenuhr von den Babyloniern übernommen. Aber er hat sich nicht mit der Übernahme dieses Apparates zur praktischen Verwendung der Resultate von Beobachtungen der Gestirnbewegung begnügt. Er wollte diese auch *erklären*. Bei den Babyloniern war wohl in einer älteren Zeit der Untergang des Sirius und seine Wiederkehr als Höllenfahrt der Ištar und Wiederkehr von ihr erklärt oder in späterer Zeit die Bewegungen der Venus mit Schicksalen der selben Göttin in Verbindung gebracht worden. Aber die frühgriechischen Philosophen haben keine orientalischen Mythologien übernommen. Sie mußten stattdessen nach einer natürlichen Erklärung der Phaenomene suchen. So ergibt sich von selbst die Frage: was geschieht mit den Gestirnen, wenn sie untergehen, und wie kommt es, daß sie an einer anderen Stelle des Himmels wieder erscheinen? Anaximander versucht das Problem im Zusammenhang mit seiner allgemeinen Kosmologie zu lösen: der Kosmos ist aus einem Kampf zwischen dem Heißen und dem Kalten entstanden. Von dem Heißen ist nur noch wenig zu sehen. Also muß der größte Teil davon für uns unsichtbar sein. Mithin sind die Gestirne, die wir sehen, nicht die ganzen Gestirne. Nimmt man dies an, dann löst sich das Problem des Verbleibens der Gestirne nach ihrem Untergang ohne große Schwierigkeiten. Sie gehen gar nicht unter und gehen daher auch nicht auf. Sie sind immerdar vorhanden als feurige Ringe, die sich um die ganze Erde legen, also auch jeder Zeit oberhalb und unterhalb der Erde sind. Nur ist jederzeit nur ein kleiner Teil von ihnen für uns sichtbar, und dieses Luftloch, durch das wir sie sehen können, bewegt sich in regelmäßiger Bewegung um die Erde. Hier wird

---

[263] Dies bedeutet natürlich nicht, daß Ptolemaios von den babylonischen Rechenmethoden und ihren Ergebnissen keinen Gebrauch gemacht hätte. Er hat sie im Gegenteil ausgiebig benützt, aber unter den Voraussetzungen seines von anderen Grundlagen ausgehenden Systems. Vgl. darüber O. Neugebauer, „Mathematical Methods in Ancient Astronomy" in Bulletin of the Am. Mathematical Society, LIV (1948), 1013—41.

also ein Problem, das sich sofort stellt, wenn man die mythologische Erklärung aufgibt, im Zusammenhang mit einer Erklärung der Weltentstehung durch Spekulation, die aber offensichtlich am Leitfaden nicht unlogischer Gedankengänge fortschreitet, zu lösen versucht.

Aus diesem Versuch einer Erklärung der Himmelserscheinungen ergibt sich von selbst die Frage nach der Gestalt der Erde und der Bedeutung der Richtungen oben und unten. Was die Gestalt der Erde angeht, so hat Anaximander an dem Augenschein festgehalten, daß wir, abgesehen von den gebirgigen Erhebungen, auf der Erdoberfläche im großen Ganzen auf einer ebenen Fläche leben, die — ebenfalls nach Analogie des kreisrunden Horizontes — als kreisrund betrachtet werden kann. Aber die Vorstellung von den Gestirnen als Ringen, die sich um die ganze Erde herumlegen, hat es ihm ermöglicht, einzusehen, bzw. hat ihm die Erkenntnis aufgedrängt, daß die Richtungen nach oben und unten nicht, wie es uns natürlicherweise vorkommt, absolute sind, die sich nach beiden Seiten ins Unendliche erstrecken, sondern daß die Richtung nach unten mit der Richtung nach dem Mittelpunkt der Erde, bzw. des Kosmos, identifiziert werden muß, die Richtung nach oben mit der Richtung vom Mittelpunkt weg, womit sich dann auch das weitere alte Problem erledigt, worauf die Erde eigentlich ruht oder warum sie nicht ins Bodenlose fällt, da es keinen Grund gibt, anderswohin als in ihren eigenen Mittelpunkt zu fallen. So werden also, wie es scheint, völlig unabhängig von orientalischen Vorgängern kosmologische Probleme und astronomische Probleme im Sinne von Problemen der Erklärung der Himmelserscheinungen miteinander in Verbindung gebracht, und zugleich die Grundlage gelegt für die Befreiung von der Herrschaft des Augenscheines, welche für Entstehung und Entwicklung der modernen Astronomie von so entscheidender Bedeutung ist.

Als viertes Element der „Astronomie" des Anaximander endlich kann man betrachten seine Angaben über die Größenverhältnisse der Erde, die er als Stück eines Zylinders betrachtete, und der Umlaufbahnen der Gestirne. Was die Erde angeht, so nahm er an[264], daß der Durchmesser der Erde sich zu ihrer „Tiefe" (βάθος), d. h. zur Achse des Erdzylinders, verhalte wie 3:1. Hinsichtlich der Gestirnbahnen nahm er an, daß der Ring, von dem die sichtbare Sonne ein Teil ist, den größten Umfang habe, der des Mondes der Erde näher sei und dann die Ringe der Plane-

---

[264] Vgl. Diels/Kranz, Vorsokratiker 12 A 10: ὑπάρχειν δέ φησι τῷ μὲν σχήματι τὴν γῆν κυλινδροειδῆ, ἔχειν δὲ τοσοῦτον βάθος ὅσον ἂν εἴη τρίτον πρὸς τὸ πλάτος.

ten und Fixsterne folgten[265]. Die Angaben über die von ihm angegebenen Zahlenverhältnisse in der Größe der Ringe sind widersprechend und an einigen Stellen korrupt überliefert. Mit einiger Sicherheit läßt sich nur erkennen, daß er den Ring der Sonne als 27mal so groß (als den Erddurchmesser?) erklärt hat. Ob dabei Dreierpotenzen oder Vielfache von Drei, wie vielfach angenommen wird, eine Rolle gespielt haben, ist nicht mit Sicherheit festzustellen[266]. Im Ganzen kann man wohl sagen, daß sich seine astronomischen Bemühungen von der Übernahme babylonischer relativ exakter Zeitmessungsinstrumente, die auch andere astronomische Erscheinungen berücksichtigen, über spekulative Erklärungen von Himmelserscheinungen, die doch eine erstaunliche innere logische Kohaerenz besitzen, bis zu reinen Zahlenspekulationen, die, soweit sich bis jetzt erkennen läßt, kaum mit babylonischen Vorbildern in Beziehung gesetzt werden können, erstreckt haben.

Das Problem, wo die Gestirne hinkommen, wenn sie untergehen, und wie sie im Osten wieder aufgehen können, wenn sie im Westen untergegangen sind, stellte sich naturgemäß auch für Anaximanders Nachfolger Anaximenes. Da er jedoch ein anderes kosmogonisches System hatte, konnte er die Erklärungen Anaximanders nicht annehmen, ein interessantes Beispiel dafür, wie sehr in dieser frühen Zeit die „astronomischen“ Erklärungen der Himmelserscheinungen von der allgemeinen Kosmologie abhängig sind, woraus sich ergibt, daß, was von modernen Anschauungen aus als fortschrittlicher, d. h. modernen Anschauungen näher kommend oder sie von ferne vorbereitend, erscheint, nicht immer seiner Entstehung nach chronologisch das spätere zu sein braucht. Für Anaximenes schwimmt die Erde, die nun wieder als flache Scheibe erscheint, auf der Luft wie eine Art Floß und kann das wegen ihrer großen Breite[267]. Dasselbe gilt für die Gestirne, die aus Feuer bestehen und ebenfalls als Platten auf der Luft schwimmen. Dadurch wird die Annahme unmöglich gemacht, daß die Gestirne analog zu den Löchern der Gestirnringe bei Anaximander im Kreis unter der Erde durchlaufen und dann im Osten wieder hochkommen, da sie dann in der die Erde tragenden Luft untertauchen müßten statt auf ihr zu schwimmen. Anaximenes nahm daher an, daß die Sonne und die anderen Gestirne, die unterzu-

---

[265] Ibidem 12 A 11, 5 und 12 A 18.

[266] Ibidem 12 A 11, 5; 12 A 18; 12 A 21; 12 A 22.

[267] Diels/Kranz 13 A 7, 4: τὴν δὲ γῆν πλατεῖαν εἶναι ἐπ' ἀέρος ὀχουμένην, ὁμοίως δὲ καὶ ἥλιον καὶ σελήνην καὶ τὰ ἄλλα ἄστρα πάντα πύρινα ὄντα ἐ π ο χ ε ῖ σ θ α ι τῷ ἀέρι διὰ πλάτος.

gehen scheinen, vielmehr am Rande um die Erde herumliefen, bis sie im Osten wieder aufstiegen, während dieses Umlaufs aber durch den höheren Rand der Erde verborgen würden[268].

Diese Lehre ist dann, wie es scheint, um die Mitte des 5ten Jahrhunderts, von Archelaos, der Schüler des Anaxagoras und Lehrer des jungen Sokrates gewesen sein soll und daher um diese Zeit gelebt haben muß, ausgebaut worden mit Hilfe der Annahme, daß die Erdoberfläche auch abgesehen von den einzelnen gebirgigen Erhebungen, keine Ebene, sondern an den Rändern erhöht sei, also eine Art Becken bilde, mit dem Mittelmeer und der griechischen Halbinsel in der Mitte[269]. Diese Ausgestaltung der Lehre wurde dann von Demokrit übernommen, der sie weiter unterbaut zu haben scheint, indem er zu erklären versuchte, wie es gekommen sei, daß die ursprünglich im Wesentlichen ebene Erde sich in der Mitte gesenkt habe[270].

Seltsamerweise bereitet es nun außergewöhnliche Schwierigkeiten, die wichtigste Errungenschaft der frühen kosmologischen Astronomie der Griechen, die Entdeckung der Kugelgestalt der Erde, auch nur annähernd mit einiger Sicherheit zu datieren. Die modernen Ansätze erstrecken sich von der zweiten Hälfte des 6. bis zur Mitte des 4. Jahrhunderts, differieren also um nahezu 200 Jahre, eine höchst eigentümliche Situation, wenn man bedenkt, wie viele Einzelheiten über die astronomisch-kosmologischen Spekulationen dieser Zeitspanne uns sonst überliefert sind. Was nun die frühesten Ansätze angeht, so lassen sie sich doch wohl ohne große Schwierigkeit als unrichtig erweisen. Zwar berichtet Diogenes Laertios[271], Anaximander habe die Erde als kugelgestaltig bezeichnet, was z. B. von Schiaparelli[272] und F. Enriques[273] angenommen worden ist. Aber angesichts der genauen Angaben der übrigen Tradition[274] über Ge-

---

[268] Diels/Kranz 13 A 7, 6.

[269] Diels/Kranz 60 A 4, 4.

[270] Diels/Kranz 68 A 94—96.

[271] Diogenes Laertios II 1, 1.

[272] Giovanni Schiaparelli, „Sui Parapegmi o Calendari astrometeorologici degli antichi", Scritti sulla storia della astronomia antica, Parte Prima, Tomo Secondo, Bologna 1926, p. 248—50.

[273] F. Enriques „Il problema della forma della terra nell'antica Grecia" in Periodico di matematica Seria 4, vol. VI (1926), p. 73—98. Über mögliche vorgriechische Spekulationen über Kugelgestalt der Erde vgl. Hugo Berger, Geschichte der wissenschaftlichen Erdkunde der Griechen, 2. Aufl. 1903 (Neudruck 1966), p. 33/34. Doch sind die Zeugnisse alle recht vage und unbestimmt.

[274] Vgl. darüber oben S. 143.

stalt und Ausmaße der Erde bei Anaximander kann kaum ein Zweifel daran bestehen, daß es sich bei dieser Angabe um eine Verwechslung der Gestalt des Kosmos mit der Gestalt der Erde handelt. Ähnlich steht es wohl mit der Behauptung desselben Diog. Laert.[275] (die seiner Behauptung über Anaximander widerspricht), Parmenides sei der erste gewesen, der die Erde für kugelförmig erklärt habe, eine Behauptung, die vor allem von R. Mondolfo[276] in einem im übrigen sehr viele ausgezeichnete Bemerkungen und Interpretationen enthaltenden Aufsatz energisch verteidigt worden ist. Auch hier handelt es sich, wie noch durch den Zusammenhang, in dem die Behauptung erscheint, bestätigt wird, wahrscheinlich um eine Verwechslung mit dem, was Parmenides über das ὄν sagt[277], vielleicht gefördert durch die Tatsache, daß Parmenides nach Angabe des Theophrast bei Diog. Laert. selbst[278] die Erde στρογγύλη = „rund" genannt hat, was aber, wenn, wie an der zitierten Stelle, nicht angegeben wird, was der Gegensatz zu „rund" ist, wie an vielen anderen Stellen auch diskusförmig bedeuten kann[279].

Die späteren Ansätze drehen sich alle um die Interpretation einiger schwieriger Stellen und Abschnitte in Platons Phaidon. An der ersten Stelle berichtet Sokrates davon, wie er in seiner Jugend mit der Philosophie des Anaxagoras bekannt geworden sei, aber durch sie enttäuscht wurde. Denn da Anaxagoras die Entstehung der Welt auf den ΝΟΥΣ zurückführte, habe Sokrates angenommen, daß dieser die Welt „gut" einzurichten versucht habe und daß daher bei jedem Versuch, die tatsächliche Gestalt der Teile des Kosmos zu eruieren, auch eine Erklärung gegeben werden müsse, *warum* die Dinge so seien, d. h., daß sie so, wie sie sind, besser seien als sie es wären, wenn sie anders wären. In diesem Zusammenhang ist auch von einer Kontroverse die Rede[280], die darüber geführt worden sei, ob die Erde πλατεῖα sei oder στρογγύλη, in welchem Falle στρογγύλη kaum etwas anderes heißen kann als „kugelförmig", da der Gegensatz zu „rund" an dieser Stelle „flach" ist und wenn „rund" hier eine kreisrunde Fläche bedeutete, was es an anderen Stellen durch-

---

[275] Diogenes Laertios IX 3, 21.

[276] R. Mondolfo. „La prima affermazione della sfericità della terra". In Momenti del pensiero greco e cristiano, Neapel 1964, p. 101—17.

[277] Vgl. Diels/Kranz 28 B 8, 44.

[278] Diogenes Laertios VII 1, 48 = Diels/Kranz 28 A 48.

[279] Vgl. J. S. Morrison, „Parmenides and ER" in The Journal of Hellenic Studies LXXV (1955) p. 59 ff.

[280] Platon, Phaidon 97 d/e.

aus bedeuten kann, der Gegensatz offenbar ein anderer, wie etwa „eckig"
oder „unregelmäßig gestaltet" — letzteres war z. B. die Ansicht des
Herodot hinsichtlich der Gestalt der Erde — sein müßte[281]. Das scheint
also zu beweisen, daß die Frage, ob die Erde vielleicht kugelgestaltig
sein könnte, in der Jugendzeit des Sokrates mindestens diskutiert worden
ist, obwohl noch der um 10 Jahre jüngere Demokrit die Theorie von der
in der Mitte konkaven Erdscheibe festgehalten hatte.

An einer anderen Stelle desselben Dialoges kommt Sokrates, nachdem
er von der Seelenwanderung und von dem Schicksal der Seelen nach dem
Tode gesprochen hat, von Neuem zu der Frage der Gestalt der Erde
zurück und beginnt mit der Bemerkung[282], er sei von jemandem — über
die Identität dieses „jemand" (τις) wird keine weitere Angabe gemacht —
überzeugt worden, daß, wenn die Erde sich im Zentrum des Weltgebäudes
(ἐν μέσῳ τῷ οὐρανῷ) befinde und „rund" (περιφερής) sei, sie durch nichts
getragen zu werden brauche, weder durch die Luft noch durch sonst
etwas; denn wenn ein Gegenstand völlig nach allen Seiten hin ausbalan-
ciert in der Mitte von einer ebenfalls gleichförmigen Umgebung sich
befinde, dann bestehe schlechterdings kein Grund, warum sie nach irgendeiner Richtung daraus herausfallen sollte. Dies scheint in gewisser Weise
einfach eine Wiederherstellung der Anschauung und der Schlußfolgerung
des Anaximander und ihre Verteidigung gegen seine Nachfolger von
Anaximenes an zu sein, nur daß auch hier im Gegensatz zu Anaximander
die Kugelgestalt statt der Zylindergestalt der Erde angenommen wird,
da das „nach allen Seiten gleichmäßig Ausgewogensein der Erde", von
dem hier die Rede ist, ja doch wohl ihre Kugelgestalt impliziert. Dies
wird auch bestätigt durch die Ausführung etwas später[283], wo es heißt,
wenn jemand die Erde von oben betrachtete, würde sie aussehen wie einer
der (bekannten) aus 12 Stücken zusammengenähten Lederbälle (αἱ δωδεκάσκυτοι σφαῖραι), was dann weiter ausgeführt wird.

Diese Stellen sind jedoch in sehr verschiedener Weise interpretiert
und für die Datierung der Entdeckung der Kugelgestalt der Erde benützt worden. E. Frank[284] betrachtet sie ebenso wie Mondolfo und viele

---

[281] Vgl. Morrison, op. coll. (Anm. 279), p. 64: „It is true that Socrates in the Phaedo
states that when he was younger he had looked to Anaxagoras to solve the problem
whether the earth was flat or στρογγύλη, *a word which, though ambigous, in this
context must mean 'spherical'*".

[282] Platon, Phaidon 108 a ff.

[283] Ibidem 110 b/c.

[284] Erich Frank, Platon und die sogenannten Pythagoreer, Halle 1923, 184 ff.

andere als Beweis dafür, daß zur Zeit der Abfassung des Dialoges Phaidon die Lehre von der Kugelgestalt der Erde bekannt gewesen sei, meint
jedoch, sie müsse damals etwas ganz Neues gewesen sein, weil Sokrates,
bevor er zu seinen konkreten Ausführungen über die Gestalt der Erde
kommt, sagt, seine Ansichten, die er im Folgenden darlegen werde,
wichen in vieler Hinsicht von denjenigen „der Leute, die über die Erde
zu reden pflegen", also wohl derjenigen, die sich als Experten darin betrachteten, ab. Er schließt daraus, daß die Lehre von der Kugelgestalt
der Erde kurz vor der Abfassung des Dialoges Phaidon entstanden sein
müsse, also um 380 v. Chr., vermutlich im Kreise des Pythagoreers Archytas, den Platon kurz zuvor auf seiner ersten Reise nach Unteritalien
und Sizilien kennen gelernt hatte. Der Schluß ist jedoch in dieser Form
kaum sehr zwingend, da 1. die fiktive Zeit des Dialogs nicht 380, sondern 399 v. Chr. ist und Platon, wenn er auch in seinen Dialogen gelegentlich die Chronologie für seine Zwecke etwas zurechtschiebt, sich
im Allgemeinen hütet, allzu flagrante Anachronismen zu begehen, 2. weil
in den folgenden Ausführungen des Sokrates im Dialog noch so viel anderes und z. T. Phantastisches über die Gestalt der Erde gesagt wird,
daß das über den Gegensatz zu den Experten Gesagte sich nicht auf die
Kugelgestalt der Erde zu beziehen braucht.

Eine andere erst in neuester Zeit aufgetretene Interpretation der Stellen[285] leugnet, daß an ihnen überhaupt von der Kugelgestalt der Erde
die Rede sei. Die erste Stelle wird so erklärt, daß στρογγύλη trotz des Ge-
gensatzes von πλατεῖα = „eben" nur kreisförmig, nicht kugelförmig bedeute. An der zweiten Stelle wird argumentiert, daß die Erde von oben
wie ein Ball aussehe, bedeute doch höchstens, daß sie wie eine Halbkugel
aussehe, d. h. auch das nur „aussehe", aber ganz und gar nicht, daß sie
eine Vollkugel sein müsse[286]; außerdem handle es sich nur um die Zusammensetzung der Oberfläche. Nimmt man diese Interpretation an, so
war auch zur Zeit, als Platon den Phaidon schrieb, d. h. um 380 v. Chr.
oder kurz danach, die Kugelgestalt der Erde noch niemandem bekannt.
Das erste Zeugnis für die Erkenntnis der Kugelgestalt der Erde ist dann

---

[285] Vgl. T. G. Rosenmeyer, „Phaedo 111 c ff." in The Classical Quarterly 50 (N. S. 6),
1956, p. 193—97 und J. S. Morrison, „The Shape of the Earth in Plato's Phaedo" in
Phronesis IV (1959), p. 101—119.

[286] Rosenmeyer a. O. bedient sich auch des Arguments, der Plural δωδεκάσκυτοι
σφαῖραι bei Platon zeige, daß die Reflexion auf die Einteilung der Kugelober-
fläche gehe, nicht auf die Kugelgestalt. Aber der Plural kann das nicht heißen,
sondern bedeutet den Hinweis darauf, daß es sich um eine bekannte Art von Bällen
handelt. Für die natürliche Interpretation von στρογγύλη vgl. oben Anm. 281.

eine Stelle in der Schrift des Aristoteles de caelo[287], wo Aristoteles den Beweis zu führen versucht, daß die Erde kugelförmig sein *muß*, weil sie sonst nicht im Zentrum des Kosmos ruhen, sondern das Gleichgewicht verlieren würde. Er erwähnt dabei weder einen Vorgänger in der Lehre von der Kugelgestalt der Erde, noch sagt er, daß er der erste gewesen sei, der diese Lehre aufgestellt habe. Soweit ist also die Stelle sowohl mit der Annahme vereinbar, daß Aristoteles der erste gewesen ist, der die Kugelgestalt der Erde annahm, wie auch damit, daß er darin Vorgänger hatte. Im selben Zusammenhang setzt er jedoch seine Lehre von der Ursache der Kugelgestalt der Erde in Gegensatz zur Lehre nicht mit Namen genannter φυσιολόγοι, welche lehrten, daß die Erde (als Stoff) nicht, wie Aristoteles annimmt, von Natur die Tendenz hat, sich auf den Mittelpunkt der Erde zuzubewegen und sich deshalb dort zusammenballt, sondern weil sie durch einen Wirbel dort zusammengepreßt wird. Simplicius in seinem Kommentar zu der Stelle[288] identifiziert diese „Physiologen" oder Naturerklärer mit Anaxagoras, der ja die Lehre vertreten hatte, daß der Kosmos aus einem Wirbel entstanden sei. Die Überlieferung über die Ansichten des Anaxagoras über die Gestalt die Erde ist nicht eindeutig. Simplicius an einer anderen Stelle[289] erwähnt Anaxagoras mit Anaximenes und Demokrit zusammen als einen von denen, welche annahmen, daß die scheiben- oder trommelgestaltige Erde von der Luft getragen oder nach oben gestoßen werde. Aristoteles selbst in der Meteorologie[290], wo er die Erdbeben zu erklären versucht, berichtet, Anaxagoras habe diese daraus erklärt, daß die Luft von unten in die zahlreichen Höhlungen der Erde eindringe und nach oben dränge, und wenn die Öffnungen nach oben verstopft seien, so daß sie nicht entweichen könne, die Erde erschüttere: dies sei „der obere Teil der ganzen Kugel, auf der wir wohnen", wobei der obere Teil der Kugel, auf dem wir wohnen, kaum das Himmelsgewölbe über uns bezeichnen kann. Diese Ambiguität der Überlieferung hinsichtlich der Erdgestalt in der Philosophie des Anaxagoras läßt es als nicht unmöglich oder unwahrscheinlich erscheinen, daß von Anaxagoras und in seiner Umgebung, wie es die nächstliegende Interpretation der ersten Stelle in Platons Phaidon aussagt, die Frage, ob die Erde kugelförmig sei oder eine andere Gestalt habe, erörtert worden ist.

---

[287] Aristoteles de caelo II, 14, 297.

[288] Simplicius in Aristotelis de caelo (Comm. in Arist. Graeca VII) ed. I. L. Heiberg, p. 543, 4 ff.

[289] Simplicius ibidem 511, 23.

[290] Aristoteles, Meteorol. B. 7, 365 a, 14 ff. = Diels/Kranz 59 A 89.

Der Haupteinwand dagegen, daß Sokrates in Platons Phaidon von der Kugelgestalt der Erde rede, kommt denn auch weder von dem Wortlaut der Stellen, die nach der natürlichen Interpretation die Kugelgestalt bezeichnen, noch von der Beziehung auf Anaxagoras, sondern daher, daß sich aus den weiteren Ausführungen des Sokrates über den wirklichen Wohnsitz der Menschen auf der Erde — daß sie nämlich gar nicht, wie sie sich einbildeten, auf der Oberfläche der Erde wohnten, sondern in Höhlungen, so daß sie die Himmelserscheinungen gar nicht in richtiger Perspektive sähen, sondern ähnlich, wie sie den Fischen auf dem Grunde des Meeres erscheinen müßten —, wenn man sie mit der Lehre von der Kugelgestalt der Erde verbindet, höchst seltsame Konsequenzen ergeben, dergleichen sich nirgends sonst in der antiken Kosmologie finden[291]. Diese Beobachtung ist völlig richtig und wäre für die Entscheidung der Frage von sehr beträchtlichem Gewicht, wenn die Konstruktion, die Sokrates dort vorträgt, als kosmologische Erklärung ernst zu nehmen wäre. Sie ist jedoch offenbar, wie schon die Stelle[292] zeigt, in der davon die Rede ist, daß die Menschen um das Mittelmeer herum leben wie die Frösche oder die Ameisen um einen Teich herum, nicht ernst gemeint, wie sich die ganze Vorstellung auch gar nicht konkret durchführen läßt, sondern eine humoristische Vorstufe des Höhlenmythus im Staat, die noch einmal bekräftigen soll, daß die Menschen zu der Welt des wahren Seins, solange ihre Seelen sich nicht von ihren Körpern gelöst haben, keinen unmittelbaren Zugang haben.

Zieht man nun das Fazit aus dieser ganzen Untersuchung, so ergibt sich als wahrscheinlich, daß die Kugelgestalt der Erde seit der Mitte des 5. Jahrhunderts, d. h. seit Anaxagoras, als Möglichkeit in Erwägung gezogen worden ist, aber erst sehr allmählich allgemeinere Annahme gefunden hat. Es ist richtig, daß sie erst bei Aristoteles in der erhaltenen Tradition als feste nicht weiter zu bezweifelnde Grundlage aller Erklärungen der Himmelserscheinungen auftritt. Aber eben diese Tatsache, daß eine so grundlegende Erkenntnis nicht chronologisch eindeutig fixierbar ist, ist für den Charakter der Entwicklung der kosmologischen Astronomie bis auf den späten Platon und den frühen Aristoteles von Bedeutung. Nirgends ist überliefert, daß die Erkenntnis, daß sich der frühere Aufgang und Untergang der Gestirne, je weiter östlich der Ort der Be-

---

[291] J. S. Morrison, Phronesis IV (1959), p. 111 ff. Vgl. jedoch seine Bemerkung über die natürliche Interpretation der Phaidonstelle in seinem früheren Aufsatz (oben Anm. 281).

[292] Platon, Phaidon 109 a/b.

obachtung gelegen ist, am besten aus der Kugelgestalt der Erde erklären läßt, bei der Entdeckung die entscheidende Rolle gespielt habe,
obwohl diese Erkenntnis sich im Laufe der Zeit natürlich durchgesetzt
hat. Aber noch Aristoteles stützt sich bei seinem Beweis für die Kugelgestalt der Erde nicht darauf, sondern auf völlig andere Argumente.
Die Beobachtung der Himmelserscheinungen, die bei den Babyloniern
mit solcher Konsequenz weiter getrieben worden ist, spielt in der frühen
kosmologischen Astronomie der Griechen zwar eine Rolle, aber vor
allem in den Anfängen und noch auf beträchtliche Zeit eine untergeordnete Rolle.

Kehren wir nun von diesem Exkurs über die Chronologie der Entdeckung der Kugelgestalt der Erde zu den kosmologisch-astronomischen
Erklärungen der Himmelserscheinungen bei den Griechen zurück, so sind
außer den schon behandelten Fragen der Gestalt der Himmelskörper
und ihrer Bewegungen zu der Zeit, wo sie für uns nicht sichtbar sind,
vor allem zwei weitere Fragen von Bedeutung: 1. die Frage der materiellen Zusammensetzung der Himmelskörper, also nach unserer Terminologie die Astrophysik, und 2. die Frage der optischen Grundlagen der
sichtbaren Erscheinungen: Fragen der Reflexion und Refraktion des
Lichts.

Was die erste Frage angeht, so steht am Anfang natürlicherweise die
Identifikation des Stoffes, aus dem die Gestirne bestehen, mit dem Feuer
als dem Leuchtenden. Aber schon bei Anaximenes findet sich die Angabe, daß die Gestirne zwar „πύρινα", aus Feuer bestehend, oder „feurig"
seien, daß aber mit ihnen zugleich auch aus „Erde" (festen Stoffen) bestehende Körper (γεώδεις φύσεις) sich (um uns, um die Erde) „herum-
bewegen" (συμπεριφερομένας)[293], eine Modifikation der Lehre, die einfach auf die Beobachtung von Meteorfällen zurückzuführen sein mag.

Die Überlieferung über die kosmologisch-astronomischen Theorien des
Anaxagoras ist, wie die Überlieferung über diesen Teil der frühgriechischen Philosophie und Wissenschaft überhaupt, ungenau und z. T. widersprüchlich, was zum großen Teil darauf zurückzuführen ist, daß die griechischen Doxographen die Gewohnheit hatten, ähnliche Lehren verschiedener Philosophen einander gleichzusetzen, ohne die feineren Verschiedenheiten und Abweichungen zu berücksichtigen, und ebenso bei den individuellen Philosophen die Nuancen in der Anwendung eines allgemeinen
Prinzipes auf spezielle Fälle nicht zu vermerken. Nach einer ausführ-

---

[293] Diels/Kranz 13 A 7, 5.

lichen, zweifellos aus der Doxographie des Theophrast stammenden, Darstellung der Astronomie des Anaxagoras bei dem Bischof Hippolytos[294] erklärte Anaxagoras, daß alle Himmelskörper glühende Steine (λίθοι ἔμπυροι) seien, die von der Luft im Wirbel mitgerissen würden. In Anwendung dieses Satzes heißt es in späterer Überlieferung häufig[295], Anaxagoras habe den Mond als glühende Erde bezeichnet. Dies steht jedoch in einem gewissen Widerspruch zu der Angabe sowohl des Hippolytos-Theophrast-Berichtes wie auch der Angaben anderer antiker Autoren, wonach Anaxagoras wie andere Philosophen seit Thales die Ansicht vertreten habe, der Mond habe kein eigenes Licht, sondern werde von der Sonne beleuchtet. Die angebliche Ansicht des Anaxagoras hinsichtlich *aller* Himmelskörper unterlag also offenbar gewissen Modifikationen. Wie diese aussahen, geht aus zwei anderen Stellen hervor. Im Zusammenhang mit der Erzählung von dem Fall eines riesigen Meteorsteines bei Aigospotamoi in seinem Leben Lysanders[296] berichtet Plutarch, Anaximander habe erklärt, die Gestirne befänden sich nicht an ihrem natürlichen Ort[297], sondern würden von einem Wirbel gewaltsam fortgerissen und entzündeten sich an dem Widerstand (ἀντερείσει) der Luft. Daß dies jedoch seiner Ansicht nach nicht für alle Himmelskörper gleichmäßig galt, geht daraus hervor, daß Anaxagoras nach einer anderen Stelle des Hippolytos-Theophrast-Berichts[298] die Mondfinsternisse zum Teil daraus erklärte, daß für uns nicht sichtbare, also offenbar nicht glühende, Himmelskörper zwischen die Erde und den Mond träten. Die Sonnenfinsternisse erklärte er korrekt aus dem Dazwischentreten des Mondes zwischen die Erde und die Sonne, scheint aber auch die Mondfinsternisse zum Teil korrekt daraus erklärt zu haben, daß der Mond, wenn sich die Sonne auf der anderen Seite der Erde befindet, in den Erdschatten trete. Macht man also diese Korrekturen an der späteren vielfach durch gewaltsame Vereinfachung getrübten Überlieferung, so ist die Theorie des Anaxagoras im ganzen durchaus konsequent: Alle Himmelskörper sind Steine — die Sonne ein Stein viele Male größer als die Peloponnes[299]. Sie werden durch einen Wirbel (der mit dem Wirbel, aus dem der Kosmos

---

[294] Diels/Kranz 59 A 42, 6.

[295] Diels/Kranz 59 A 77: aus Aetius und aus der Isagoge des Achilles zu den Phainomena des Arat.

[296] Plutarch, Lysander 12.

[297] Vgl. auch oben Anm. 243.

[298] Diels/Kranz 59 A 42, 6 und 9.

[299] Diels/Kranz 59 A 42.

überhaupt entstanden ist[300], identisch ist oder einen Teil von ihm bildet) gewaltsam um die Erde herum bewegt, wobei manche sich durch die Reibung entzünden und selbstleuchtend werden, andere dagegen nicht. Soweit die Astrophysik.

Dazu kommen dann die optischen Erklärungen. Zunächst die Erklärung, daß der Mond kein eigenes Licht hat, sondern sein Licht von der Sonne bezieht, eine Erklärung, die von einigen antiken Doxographen schon auf Thales zurückgeführt wird. Dann die zum größten Teil richtige Theorie der Sonnen- und Mondfinsternisse durch Eintreten der Erde in den Mondschatten bei der Sonnenfinsternis und des Mondes in den Erdschatten bei der Mondfinsternis, wobei freilich für manche Mondfinsternisse Anaxagoras noch uns unsichtbare dunkle Himmelskörper zu Hilfe nehmen zu müssen glaubte. Auch die Mondphasen scheint Anaxagoras mit Hilfe seiner Theorie der Beleuchtung des Mondes durch die Sonne im wesentlichen richtig erklärt zu haben, obwohl er den Mond, wenn die späte Überlieferung richtig ist[301], noch für eine Scheibe gehalten zu haben scheint, was die Erklärung der optischen Phaenomene sehr erschwert. Endlich hat Anaxagoras nach dem selben Prinzip die dunklen Zeichnungen auf der Mondoberfläche, das „Gesicht" des Mondes, aus den Unebenheiten der Mondoberfläche und den von den Erhöhungen geworfenen Schatten erklärt[302], eine Erklärung, die freilich in der spätantiken Überlieferung durch die Vorstellung, daß auch der Mond „feurig" sein und also sein eigenes Licht haben müsse, verdunkelt ist. Aus dieser Beobachtung und Erklärung der optischen Phaenomene am Himmel hat Anaxagoras ferner noch den Schluß gezogen[303], der für die weitere Entwicklung der griechischen Astronomie grundlegend wichtig ist, daß der Mond und die Sonne der Erde näher sind als der Fixsternhimmel und der Mond näher als die Sonne, im Gegensatz zu älteren Vorstellungen, nach denen die Reihenfolge die umgekehrte war.

Von diesen optischen Betrachtungen hat jedoch Anaxagoras oder seine Schüler noch einen höchst seltsamen Gebrauch gemacht, vielleicht unter dem Einfluß des sehr viel jüngeren Demokrit, den Aristoteles mit ihm zusammen als Vertreter der Lehre nennt, wenn die Urheber der Lehre nicht überhaupt erst Schüler des Anaxagoras gewesen sind, die unter den

---

[300] Vgl. darüber oben S. 79 f.
[301] Diels/Kranz 59 A 55.
[302] Diels/Kranz 59 A 77.
[303] Diels/Kranz 59 A 42, 7.

Einfluß des Demokrit geraten waren. Nach dieser Theorie erklärt sich das diffuse Licht oder Leuchten der Milchstraße daraus, daß das Licht der in der Nacht für uns, weil auf der Gegenseite der Erde befindlich, nicht sichtbaren Sonne, dort, weil die Milchstraße im Erdschatten liegt, nicht hinkommen und dieses diffuse Licht, das andernfalls auch überall sonst am Nachthimmel zu sehen wäre, nicht auslöschen kann. Diese seltsame Theorie, mit der sich Aristoteles in der Meteorologie ausführlich auseinandersetzt, ist wohl nur aufgrund der Annahme Demokrits zu erklären, daß das Licht in ἀπορροαί, in Ausflüssen, besteht[304], daß diese Ausflüsse auf dem Wege zu uns mit Ausflüssen, die von uns ausgehen, zusammentreffen, sich dadurch verdichten und so in unsere Sinnesorgane gelangen. Unter dieser Voraussetzung ist die Annahme durchaus plausibel, daß so schwache Lichtstrahlen wie diejenigen der Milchstraße sich gegen die entgegengesetzten der Sonne nicht durchsetzen könnten und nur da, wo sie durch den Erdschatten geschützt sind, die Erde erreichen können. Freilich ist der von Aristoteles dagegen erhobene Einwand naheliegend und durchschlagend, daß die Sonne sich in der Nacht ja bewege und der Erdschatten sich nicht gut über die ganze Breite des Himmels erstrecken könne.

Faßt man das Ganze zusammen, so ergibt sich, daß die kosmologische Astronomie durch Anaxagoras ganz erstaunliche Schritte auf moderne Anschauungen hin getan hat. Am erstaunlichsten ist wohl die Erkenntnis, daß die Gestirne nicht aus einer leichten Materie bestehen, die von Natur nach oben strebt oder auf der Luft „schwimmen" kann, sondern aus solidem und schwerem Gestein und daß sie durch ihre Bewegung am Herabfallen auf die Erde gehindert werden: in gewisser Weise eine Vorwegnahme der Descartes'schen Wirbeltheorie oder sogar der Kant-Laplaceschen Theorie, die freilich weitergehende Voraussetzungen hat. Diese Erkenntnis hat sich zunächst im Altertum nicht weiter durchgesetzt. Das zweite ist die, wenn auch nicht ganz richtige, so doch sich der richtigen Erklärung sehr weit annähernde Erklärung der Sonnen- und Mondfinsternisse sowie der Mondphasen aufgrund der Erkenntnis, daß der Mond sein Licht von der Sonne empfängt. Damit im Zusammenhang steht ferner die im Wesentlichen richtige Konstruktion der Reihenfolge der Entfernungen der Hauptgestirne von der Erde, endlich die richtige Erklärung des „Gesichtes" im Mond. Besteht dabei auch ein gewisser Zusammenhang zwischen den Prinzipien der verschiedenen Erklärungen,

---

[304] Vgl. darüber ausführlich unten S. 599 ff.

so ist doch das Erstaunliche, in wie viele Richtungen gleichzeitig sich die wissenschaftliche Spekulation erstreckt. Auf der andern Seite zeigt die Astronomie des Anaxagoras, vor allem, wenn die von Aristoteles der Anaxagoreischen Schule (οἱ περὶ Ἀναξαγόραν) zugeschriebene Erklärung der Milchstraße noch von ihm persönlich angeregt worden sein sollte, dieselbe Neigung zu gewaltigen Verallgemeinerungen und zur Anwendung von Erklärungsprinzipien auf Gegenstände und Erscheinungen, auf die sie nicht anwendbar sind, wie die frühen philosophischen Spekulationen der Griechen über die Gesamtstruktur der Welt[305].

Viel ausgeprägter erscheint dieses letztere Element noch in den kosmologisch-astronomischen Spekulationen des Empedokles. Freilich ist hier die Schwierigkeit, seine Lehren aus den überlieferten wörtlichen Fragmenten nebst der indirekten Überlieferung zu rekonstruieren, noch wesentlich größer als bei Anaxagoras, weil die wörtlich zitierten Fragmente aus dem Zusammenhang gerissen zitiert werden und daher oft nicht zu erkennen ist, ob sie zu einer der Abteilungen der empedokleischen Kosmogonie gehören oder zu einer Beschreibung der gegenwärtigen Struktur des Kosmos, und weil die indirekte Überlieferung über die Lehren des Empedokles ebenso wie bei Anaxagoras an vielen Stellen aus denselben Gründen wie dort ungenau und schwer verständlich ist.

Nach Aristoteles[306] hat auch Empedokles die Tatsache, daß die Gestirne nicht auf die Erde fallen, aus ihrer Bewegung erklärt und diese Erklärung durch ein Experiment bekräftigt: daß, wenn man ein mit Wasser gefülltes offenes Gefäß schnell im Kreise herumschwinge, das Wasser, auch wenn das Gefäß nach unten offen ist, nicht herausfällt. Vielleicht hat der mit Empedokles gleichzeitige Anaxagoras die Anregung für seine Theorie von Empedokles bekommen. Doch findet sich bei Empedokles die Lehre von den Gestirnen als schweren Steinen, welche die besondere Eigentümlichkeit des Anaxagoras ausmacht, nicht. Vielmehr erscheint der Mond bei ihm als eine kristallartige Verdichtung der Luft in der Art eines riesigen Hagelkorns[307], und auch die für uns sichtbare Sonne erscheint als eine Art Kristall. In dieser Hinsicht kann Empedokles als eine Art Vorläufer des Anaxagoras erscheinen. In anderer Hinsicht erscheinen manche Lehren des Empedokles wie Erweiterungen und Präzisionen von Lehren des Anaxagoras, wie z. B. daß der Mond der Erde

---

305 Vgl. darüber oben S. 47 f.
306 Aristoteles, de caelo B 13, 295 a, 13 f. = 31 A 67.
307 Diels/Kranz 31 A 60.

näher ist als der Sonne und der Abstand des Mondes von der Sonne doppelt so groß wie sein Abstand von der Erde[308], wonach also der Abstand der Sonne von der Erde dreimal so groß wäre wie der Abstand des Mondes von der Erde.

Vor allem aber ist Empedokles in der Anwendung optischer Prinzipien auf die Erklärung der Himmelserscheinungen nach der spätgriechischen Tradition sehr viel weiter gegangen als Anaxagoras. Danach hat nicht nur der Mond kein eigenes Licht, sondern auch die uns sichtbare Sonne. Der ausführlichste Bericht über diese Lehre[309] spricht von zwei Sonnen, einer wahren oder originalen (ἀρχέτυπον) und einer scheinbaren (φαινόμενον). Es scheint jedoch, daß Empedokles vielmehr die Weltkugel in zwei Halbkugeln geteilt hat, eine dunkle Nachthalbkugel, an der jedoch die Fixsterne als leuchtende Gestirne befestigt sind, während die Planeten von ihr losgelöst sind und sich frei bewegen können[310], und eine helle Taghalbkugel. Diese ganz von strahlendem Licht erfüllte Taghalbkugel ist es offenbar, die Aetius in seinem Bericht als die Ursonne oder wirkliche Sonne bezeichnet. Das Licht dieser Taghalbkugel strahlt auf die Erde, wird von dieser reflektiert und trifft die scheinbare Sonne, welche aus Kristall besteht und das von der Erde zurückgestrahlte Licht wie in einem Brennspiegel gesammelt auf die Erde zurückwirft[311]. Man sieht, wie hier die Möglichkeiten einer optischen Erklärung der Himmelserscheinungen bis aufs äußerste angespannt werden. In welchem chronologischen Verhältnis diese Theorien zu denen des Anaxagoras stehen ob sie eine Ausdehnung von dessen optischen Erklärungen darstellen oder ob Anaxagoras die Theorien des Empedokles kannte und einen Teil von ihnen als phantastisch wieder aufgegeben hat, läßt sich kaum mit Sicherheit feststellen, obwohl das letztere, da Anaxagoras länger gelebt hat als Empedokles, vielleicht wahrscheinlicher ist. Jedenfalls zeigt sich, mit welcher fast explosiven Kraft neue physikalische Entdeckungen, wie die Entdeckung der „Zentrifugalkraft", eigentlich eines Effekts des Trägheitsgesetzes, oder die neuen Entdeckungen an Hohlspiegeln, Kristallen und Linsen sofort auf die Erklärung der Himmelsphänomene angewendet worden sind. Sollte dabei auch Anaxagoras einiges kritisch stillschwei-

---

[308] Diels/Kranz 31 A 55 und 61.
[309] Diels/Kranz 31 A 56.
[310] Diels Kranz 31 A 54.
[311] Ein Versuch, diese eigentümliche optische Konstruktion im einzelnen genau zu rekonstruieren, findet sich bei Jean Bollack, Empédocle, Paris 1965, p. 186—90.

gend oder ausdrücklich zurückgewiesen haben, so haben doch er selbst
oder seine Schüler die selben Prinzipien auf andere Phänomene ausgedehnt, und die Lehre des Empedokles selbst ist in ein eigentümliches späteres System der Erklärung der Himmelserscheinungen aufgenommen
worden, das wohl dem Ende des 5. oder dem Anfang des 4. Jahrhunderts
angehört.

Konzentriert man sich bei einer Betrachtung der Geschichte der Astronomie einerseits auf ihre Entwicklung bei den Babyloniern, andererseits
auf ihre Entwicklung von Kopernikus bis Newton, so steht in der ersten
eindeutig die Berechnung und Vorausbestimmung der Bewegungen der
Himmelskörper, bei der zweiten neben der Berechnung und Vorausbestimmung die Erklärung der Bewegungen der Gestirne im Vordergrund. In der kosmologischen Astronomie der Griechen vom 6ten bis zur
ersten Hälfte des 4ten Jahrhunderts spielt ebenfalls die Erklärung der
Bewegungen der Himmelskörper eine wichtige Rolle — während ihre
Berechnung und Vorausbestimmung eine Zeitlang sozusagen als zweiter
Zweig der Astronomie daneben her läuft —, aber daneben spielen andere
Gesichtspunkte, wie die Erklärung der Entstehung und der Natur der
Himmelskörper, der Ursachen ihrer Leuchtkraft, und dergleichen, eine
mindest ebenso große Rolle und gehen diese Probleme und die Metho-
den zu ihrer Lösung mit den Methoden zur Lösung der Frage nach der
Natur und Ursache der Bewegungen der Himmelskörper eigentümliche
und für den Historiker der Astronomie, der von den ihm aus anderen
Epochen vertrauten Problemstellungen als den natürlichen ausgeht, nicht
leicht verständliche und durchschaubare Verbindungen ein.

Eines der seltsamsten Produkte dieser Art ist ein System der Erklärung
der astronomischen Phänomene, das von Aristoteles „einigen der in Italien lebenden (oder gelebt habenden) Pythagoreer“, von einer späteren
Überlieferung dem später in Tarent lebenden, aus Kroton stammenden
Pythagoreer Philolaos zugeschrieben wird, der etwa mit Demokrit gleichzeitig gewesen sein dürfte, vermutlich bis in die ersten Jahrzehnte des
4ten Jahrhunderts gelebt hat und dessen Schrift Platon für eine hohe
Summe erworben und nach Griechenland gebracht haben soll[312].

Von dem Doxographen Aetius wird das astronomische Weltbild des
Philolaos in der folgenden Weise dargestellt[313]: In der Mitte des „Ganzen“ (des „Alls“: τοῦ παντός) „um sein Zentrum herum“ befinde sich

---

[312] Vgl. darüber ausführlich meinen Artikel Philolaos im XII. Suppl. Band der RE.
[313] Aetius II, 7, 7 = Diels/Kranz 44 A 16.

Feuer. Dies Feuer nenne Philolaos den „Herd" (Ἑστία) des Alls, die Wohnung des Zeus, die Mutter der Götter, den Altar (βωμός), sowie den Zusammenhalt (συνοχή) und das Maß (μέτρον) der Natur. Ein anderes Feuer befinde sich ganz oben. Dies sei das Umfassende (περιέχον) des Alls. Von Natur das erste sei das in der Mitte befindliche. Um dieses kreisten zehn göttliche Körper (θεῖα σώματα)... Nach diesem Satz nehmen die meisten Herausgeber und Kommentatoren des Textes eine Lücke an, in welcher die Bezeichnung des äußersten Körpers ausgefallen sei, da das Wort οὐρανός = Himmel nicht diesen äußersten Körper bezeichnen zu können scheint, weil es im Folgenden für eine andere Region des Weltgebäudes verwendet wird. Doch hängt damit noch eine weitere Frage zusammen, die erst später behandelt werden kann. Danach fährt der Text jedenfalls mit der Aufzählung der weiteren Himmelskörper fort: es folgten die fünf Planeten, darauf die Sonne, dann der Mond, darunter die Erde, darunter die Gegenerde (ἀντίχθων) und endlich im Zentrum, wie schon zu Anfang gesagt, das Herdfeuer, welches das Zentrum des Alls einnehme. Den äußersten oder höchsten Teil des Umfassenden, in welchem sich die Reinheit der Elemente (εἰλικρίνεια τῶν στοιχείων) befinde, nenne Philolaos den Olymp. Den Bewegungsraum unter dem Olymp, in welchem die fünf Planeten, die Sonne und der Mond sich befänden, nenne er Kosmos. Die unter dem Mond und um die Erde herum befindliche Region, in welcher der Bereich des die Veränderung liebenden Werdens (τῆς φιλομεταβόλου γενέσεως) zu suchen sei, nenne er οὐρανός (hier also der Widerspruch zu der Benennung der äußersten Region mit der selben Bezeichnung). Die σοφία = Weisheit habe es mit den wohlgeordneten Dingen (τεταγμένα) der oberen Region zu tun, die ἀρετή dagegen mit den Dingen, die in der Region der Unordnung (ἀταξία) geschehen. Jene (die σοφία) sei vollkommen, diese (die ἀρετή) dagegen unvollkommen. Soweit der erste Bericht.

Eine gewisse Ergänzung zu diesem Bericht wird durch eine Reihe von anderen Fragmenten aus der Doxographie des Aetius gegeben, die sich ihrerseits wieder durch andere antike Berichte bis zu einem gewissen Grad ergänzen oder berichtigen lassen, nämlich[314]: 1. die Gegenerde liege und bewege sich der Erde gegenüber, weshalb auch die auf jener befindlichen (Lebewesen?) von der Erde aus nicht gesehen werden könnten... Das kann wohl nur heißen, daß die Gegenerde sich mit einer der Geschwindigkeit der Erde gleichen Geschwindigkeit auf der entgegengesetzten Seite des

---

[314] Aetius III, 11, 3 = Diels/Kranz 44 A 17.

Zentralfeuers um dieses herumbewegt, so daß, da die Menschen auf der dem Zentralfeuer abgekehrten Seite der Erde leben, sie weder die Gegenerde und alles, was sich auf ihr befindet, noch das Zentralfeuer sehen können[315]; 2. die Sonne sei glasartig (ὑαλοειδής), nehme den Widerschein (ἀνταύγεια) des kosmischen Feuers auf und filtere (διηϑοῦσα) das Licht und die Wärme (ἀλέα) auf uns zu, so daß es in gewisser Weise zwei Sonnen gebe: das Feuer am Himmel und das von ihm ausgehende „Feuerartige" (πυροειδές) gemäß dem (oder „an dem"?) „Spiegelartigen" (κατὰ τὸ ἐνοπτροειδές), wenn nicht jemand als drittes noch den von dem Spiegel (?: ἀπὸ τοῦ ἐνόπτρου) durch Reflexion (oder Brechung?: κατ' ἀνάκλασιν) in Richtung auf uns zerstreuten (διασπειρομένην) Schein (αὐγήν) hinzurechnen wolle.

Dieser Bericht ist voller Unklarheiten, da die Reflexion des „Feuers" bzw. Lichtes durch einen Spiegel vorauszusetzen scheint, daß das Licht vom Zentralfeuer oder jedenfalls von einer Lichtquelle „unterhalb" der Sonne kommt, was auch mit der Bedeutung des Wortes οὐρανός in dem ersten der zitierten Berichte[316] übereinstimmt, der Gebrauch des Wortes διηϑεῖν dagegen anzudeuten scheint, daß das Licht durch den glasartigen Körper hindurchgeht. Auch wäre es seltsam, daß die Lichtquelle, die, wenn man Reflexion durch einen Spiegel annimmt, nicht gut etwas anderes sein kann als das Zentralfeuer, nicht genauer bezeichnet wird. Eine ganz andere Darstellung der Theorie wird jedoch durch den Aratkommentator Achilles[317] gegeben. Danach empfängt die Sonne das „Feuerartige" (πυροειδές) und Strahlende (διαυγές) von oben, von dem den Kosmos umgebenden Aetherfeuer (αἰϑέριον πῦρ) und sendet den Schein (αὐγήν) durch gewisse ἀραιώματα (hier offenbar im Sinn von „Poren") weiter zu uns. Hiernach ist mit dem „Himmel" (οὐρανός) eindeutig der äußere Fixsternhimmel gemeint und nicht eine sublunare Region, und die Sonne wird nicht als Spiegel, sondern als eine Art Brennglas aufgefaßt. In sich ist diese Darstellung jedenfalls sehr viel schlüssiger und plausibler. Vielleicht ist die zuerst angeführte des Aetius darauf zurückzuführen, daß dieser die Theorien des Philolaos und des Empedokles, bei dem wirklich von der Sonne als Spiegel die Rede gewesen zu sein scheint[318], durcheinandergebracht hat.

---

[315] Aetius II, 20, 12 = 44 A 19.
[316] Diels/Kranz 44 A 16.
[317] Achilles, Isagog. in Arati Phaen. 19, p. 46, 13 ff. Maass.
[318] Vgl. oben S. 156.

3. An noch einer anderen Stelle[319] wird berichtet, Philolaos habe den
Mond als „erdartig" (γεώδης) bezeichnet, weil er wie unsere Erde von
Tieren und Pflanzen bevölkert sei und zwar von größeren und schöneren
als die Erde. Denn sie seien fünfzehnmal so stark als diese und hätten
keine Ausscheidungen. Der Mondtag aber sei „ebensolang" (d. h. offenbar: 15 mal so lang) wie der Erdtag.

4. Dazu kommt noch die seltsame Angabe[320], die Erde bewege sich um
das Zentralfeuer „gleichartig" (ὁμοιοτρόπως) mit Sonne und Mond in
einem schrägen Zirkel, wobei nicht klar ist, ob das heißen soll, daß die
Erde sich auch auf der Ekliptik bewegt, oder daß die Erdbahn wie die
der Sonne und des Mondes, aber auf andere Weise, zum Himmelsaequator
geneigt sei.

Ein beträchtlicher Teil der von Aetios dem Philolaos zugeschriebenen
Kosmologie wird auch von Aristoteles[321] mit erklärenden Zusätzen und
kritischen Bemerkungen erwähnt, aber „denen in Italien: den sogenannten Pythagoreern" (οἱ περὶ Ἰταλίαν, καλούμενοι δὲ Πυθαγόρειοι) ohne individuelle Namensnennung zugeschrieben. Aufgrund dieser doppelten
Überlieferung hat sich in neuerer Zeit eine ausgedehnte Kontroverse
über Autorschaft, inhaltliche Herkunft, inneren Zusammenhang und chronologische Einordnung der Lehren des Philolaos in die Geschichte der
antiken Kosmologie und „Astronomie" entwickelt. Nun ist am meisten
in die Augen fallend an diesem System die Tatsache, daß hier zum ersten
Mal in der Geschichte der menschlichen Weltbetrachtung überhaupt die
Erde, auf der wie leben, die den soliden und festen Grund unseres Lebens
zu bilden scheint, als in dauernder und dazu sehr rascher Bewegung befindlich betrachtet wird. Damit erscheint die dem Philolaos zugeschriebene Kosmologie als der erste und bedeutsamste Schritt in Richtung auf
das kopernikanische Weltsystem. Tatsächlich ist sogar das philolaische
System seit Kopernikus bis zum Ende des 18ten Jahrhunderts, ja bis tief
in das 19. Jahrhundert hinein, als dem kopernikanischen System nahe
verwandt, ja als nahezu mit ihm identisch betrachtet worden[322]. Die Tendenz, es als einen sehr ernst zu nehmenden Vorläufer dieses Systems zu
betrachten, besteht sogar bis in die Gegenwart fort. Aus diesem Grunde

---

[319] Aetius II, 30, 1 = 44 A 20.
[320] Aetius III, 13, 2 = 44 A 21.
[321] Aristoteles, Metaphysik A, 5, 986 a, 1 ff. und de caelo II, 13, 293 a, 15—b, 15.
[322] Vgl. z. B. Th. H. Martin „l'hypothèse astronomique de Philolaus" in Bulletino di
Bibliografia e di Storia delle Scienze mat. e fis. V (1872), 128 ff.

wird das System von E. Frank[323] in die Zeit um 355 v. Chr. gesetzt —
allerdings mit dem Zusatz, ca. 20—25 Jahre später sei es schon wieder
aufgegeben gewesen, — obwohl es in diesem Fall kaum von Philolaos
stammen kann, da der Lehrer des Epaminondas und des Archytas kaum
bis in diese Zeit gelebt haben kann oder das System erst als Mummel-
greis erfunden haben müßte. Aber auch B. L. Van der Waerden in seiner
tief eindringenden und grundlegenden Abhandlung über die Astronomie
der Pythagoreer[324] setzt das System in ungefähr die selbe Zeit aufgrund
der Annahme, daß Platon zur Zeit der Abfassung der „Gesetze" sich zu
diesem System habe bekehren lassen[325].

Voraussetzung für diese Einschätzung des Systems des Philolaos ist
die für jeden Astronomiehistoriker, der von der babylonischen Astronomie einerseits, von der Entwicklung der modernen Astronomie seit Galilei andererseits ausgeht, natürliche Annahme, daß es jedem Erfinder
eines neuen astronomischen Systems vornehmlich und vor allem auf eine
Erklärung der scheinbaren Bewegungen der Himmelskörper angekom-
men sein müsse. Da erscheint dann natürlicherweise der Gedanke, diese
Bewegungen mit Hilfe einer Bewegung der scheinbar feststehenden Erde
zu erklären, als eine ganz großartige Denkleistung, welche ein verhältnismäßig sehr fortgeschrittenes astronomisches Denken voraussetzt. Aber
in Wirklichkeit leistet das System des Philolaos ebenso wie das, welches
Aristoteles den in Italien lebenden sogenannten Pythagoreern zuschreibt,
für eine bessere Erklärung der Bewegung der Himmelskörper, wie Van
der Waerden selbst bemerkt[326], sehr wenig, weshalb er bezweifelt, daß
sein Inhalt korrekt überliefert sei. Tatsächlich erklärt jedoch Aristoteles,
welcher der Entstehung des Systems immerhin noch zeitlich nahe stand
und es nebst seinen Begründungen vor Augen gehabt haben muß, ausdrücklich, daß das System seine Entstehung keineswegs dem Bestreben,
die Bewegungen der Himmelskörper besser zu erklären, verdanke[327].

---

[323] Erich Frank, Platon und die sog. Pyth. (oben Anm. 284), 278 ff.

[324] B. L. Van der Waerden „Die Astronomie der Pythagoreer", verhand. d. kon.
nederl. Akad. van Wetensch., Afd. Natuurk., 1951, 53 ff.

[325] Über diese schwierige Frage vgl. unten S. 175 ff.

[326] Op. coll. S. 54.

[327] Aristoteles, de caelo II, 13, 293 a, 20—34: ἐναντίως οἱ περὶ τὴν Ἰταλίαν, καλούμενοι δὲ Πυθαγόρειοι, λέγουσιν· ἐπὶ μὲν γὰρ τοῦ μέσου πῦρ εἶναί φασι, τὴν δὲ
γῆν, ἓν τῶν ἄστρων οὖσαν, κύκλῳ φερομένην περὶ τὸ μέσον νύκτα τε καὶ ἡμέραν
ποιεῖν. ἔτι δ᾽ ἐναντίαν ἄλλην ταύτῃ κατασκευάζουσι γῆν, ἣν ἀντίχθονα ὄνομα
καλοῦσιν, οὐ πρὸς τὰ φαινόμενα τοὺς λόγους καὶ τὰς αἰτίας ζητοῦντες, ἀλλὰ πρὸς
τινας λόγους καὶ δόξας αὑτῶν τὰ φαινόμενα προσέλκοντες καὶ πειρώμενοι συγ-

Er führt vielmehr die Entfernung der Erde aus dem Mittelpunkt des Weltgebäudes durch die italischen Pythagoreer *allein* auf deren Überzeugung zurück, daß das Begrenzende vornehmer (τιμιώτερον) sei als das Begrenzte und daß infolgedessen die äußersten Grenzen des Universums sowohl nach außen wie nach innen dem vornehmsten Element, dem Feuer, zugewiesen werden müßten[328]. Dies steht auch in allerbester Übereinstimmung mit einer Reihe von wörtlich überlieferten Fragmenten aus dem Werke des Philolaos[329] über die Bedeutung des περαῖνον, so daß auch hier die Identifikation der von Aristoteles erwähnten Pythagoreer mit Philolaos sich aufdrängt.

Ähnlich steht es mit der Annahme einer „Gegenerde". Aristoteles[330] führt die Annahme der Existenz einer solchen allein auf den Wunsch zurück, die Zahl der sich um das Zentralfeuer herumbewegenden σώματα (wobei die Fixsternsphaere, wie auch der Aristoteleskommentator Alexander von Aphrodisias[331] erklärt, offenbar als *ein* σῶμα genommen wird) voll

---

κοσμεῖν, πολλοῖς δ' ἂν καὶ ἑτέροις συνδόξειε μὴ δεῖν τῇ γῇ τὴν τοῦ μέσου χώραν ἀποδιδόναι, τὸ πιστὸν οὐκ ἐκ τῶν φαινομένων ἀθροῦσιν ἀλλὰ μᾶλλον ἐκ τῶν λόγων. τῷ γὰρ τιμιωτάτῳ οἴονται προσήκειν τὴν τιμιωτάτην ὑπάρχειν χώραν, εἶναι δὲ πῦρ μὲν γῆς τιμιώτερον, τὸ δὲ πέρας τοῦ μεταξύ, τὸ δ' ἔσχατον καὶ τὸ μέσον πέρας· ὥστ' ἐκ τούτων ἀναλογιζόμενοι οὐκ οἴονται ἐπὶ τοῦ μέσου τῆς σφαίρας κεῖσθαι αὐτήν, ἀλλὰ μᾶλλον τὸ πῦρ.

328 Wenn Aristoteles kurz darauf (293 b, 2 ff.) sagt, die selben Pythagoreer bezeichneten die Mitte des Kosmos als φυλακὴ Διός, so mag das auf den ersten Blick in Widerspruch damit zu stehen scheinen, daß an anderer Stelle berichtet wird, Philolaos habe auch den Tierkreis und den Planeten Jupiter mit Zeus in Verbindung gebracht. Doch hat Proklos, der von diesen Lehren des Philolaos berichtet, gleich zu Anfang seines Berichtes (Proclus in Euclid. Elem., p. 130, 8 ff.) bemerkt, Philolaos habe öfters denselben Gegenstand mit verschiedenen Göttern und den selben Gott mit verschiedenen Gegenständen in Beziehung gesetzt. Dagegen erscheint es als für die Denkweise des Philolaos sehr charakteristisch, daß er aufgrund der Überzeugung, daß der Ehrenplatz im Universum dem Feuer zukomme, nicht die sichtbare Sonne in dieses Zentrum gesetzt hat, womit er sich wirklich dem kopernikanischen System angenähert und einen großen Beitrag zur Entwicklung der Astronomie gemacht hätte, sondern ein unsichtbares Zentralfeuer, das überhaupt nicht zu den sichtbaren Phaenomenen, die einer Erklärung bedürfen, gehört. Ja, er scheint nicht einmal das Zentralfeuer, wie Empedokles seine Tagessphaere, dazu benützt zu haben, um die Konzentration des Lichtes in der Sonne zu erklären. Schon das allein zeigt, daß Aristoteles recht hat, wenn er behauptet, Philolaos sei gar nicht primär an der Erklärung der Gestirnbewegungen interessiert gewesen.

329 Über die Frage der Echtheit dieser Fragmente vgl. W. Burkert, Weisheit und Wissenschaft (Erlanger Beiträge zur Sprach- und Kunstwissenschaft X, Nürnberg 1962), 209 ff. und meinen Artikel Philolaos in der RE Suppl. Bd. XII.

330 Aristoteles, Metaphysik A 5, 986 a, 8 ff.

331 Alexander Aphr. in Aristoteles Metaph., p. 40, 27 ff. Hayduck.

zu machen, weil die Zehnzahl als die „vornehmste" Zahl betrachtet werde wie das Feuer als vornehmstes der Elemente[332]. Die Annahme einer Gegenerde kann ja auch schlechterdings ganz und gar nichts zur Erklärung der sichtbaren Phaenomene am Himmel beitragen, da sie ausdrücklich als für uns unsichtbar und der der von uns bewohnten Oberfläche der Erde entgegengesetzten Seite der Erde gegenüberliegend erklärt wird und also auch nicht, wie die Lehre des Anaxagoras von den dunklen Himmelskörpern, zur Erklärung von Finsternissen etwas beitragen kann.

Völlig phantastisch ist vollends die dem Philolaos zugeschriebene Lehre, die Lebewesen auf dem Monde seien 15mal größer und stärker als die Lebewesen auf der Erde, weil der Mondtag (offenbar der halbe Monat) 15mal länger sei als der Erdentag (der Tag als Hälfte des aus Tag und Nacht bestehenden astronomischen Tages). Wenn daher Van der Waerden die Alternative aufstellt[333], entweder seien „die Fragmente", d. h. was die späteren Doxographen über die Lehre des Philolaos mitteilen, falsch oder die „Fragmente" seien echt, dann sei Philolaos ein Wirrkopf und kein Mathematiker gewesen, und dann die erste Alternative annimmt, weil ein Wirrkopf nicht Urheber eines so raffiniert ausgedachten astronomischen Systems gewesen sein könne, so ist darauf vielleicht doch zu antworten, daß Aristoteles, der dem Bekanntwerden des Systems noch nahestand und die unmittelbaren Zeugnisse für seinen konkreten Inhalt besaß, das System keineswegs als eine raffiniert ausgedachte Erklärung der Bewegungen der Himmelskörper betrachtet hat und das raffiniert ausgedachte System, von dem Van der Waerden spricht, in dieser Weise nirgends in der Antike überliefert ist, sondern seine Entstehung dem genialen Versuch Van der Waerdens verdankt, dem System des Philolaos einen auf die Rettung der Phaenomene gerichteten Sinn unterzulegen.

Es ist ganz natürlich, daß es dem Astronomen und Mathematiker auf das äußerste widerstrebt, einen so wichtigen Schritt in der Entwicklung der Astronomie wie die Befreiung von der Vorstellung, daß unsere Erde in der Mitte des Weltalls steht, was sie für unsere unmittelbare Anschau-

---

[332] Wenn Aristoteles de caelo B 13, 293 b, 20 f. im Anschluß an seine Erörterung der pythagoreischen Lehre von der Gegenerde sagt, manche Philosophen nähmen noch eine größere Anzahl von unsichtbaren um die Mitte (τὸ μέσον) kreisenden Körpern an, um daraus die Häufigkeit der Mondfinsternisse zu erklären, so meint er damit offensichtlich Anaxagoras und seine Schule (vgl. oben S. 152). Man kann daraus nicht den Schluß ziehen, die von Aristoteles erwähnten Pythagoreer hätten eine Gegenerde aus ähnlichen Gründen angenommen.

[333] Van der Waerden op. coll. (Anm. 324), S. 54.

ung ja doch tut, einem unmathematischen Wirrkopf zuzuschreiben. Aber es lohnt sich vielleicht doch, sich die verschiedenen Ingredientien des dem Philolaos zugeschriebenen Systems etwas näher anzusehen, um zu prüfen, ob das nicht doch möglich war, und wie es gegebenenfalls dazu kommen konnte. Überall in diesem System steht im Vordergrund die Vorstellung von dem τιμιώτερον, dem Vornehmeren. Das Begrenzende ist vornehmer als das, wodurch es ausgefüllt ist und das von Philolaos das Unbegrenzte genannt wird. Diese Vorstellung läßt sich schon auf die frühesten Pythagoreer zurückführen. Von den Elementen ist das Feuer das „vornehmste". Dazu kommt die ebenfalls schon für die frühesten Pythagoreer bezeugte Vorstellung, die dann in der griechischen Astronomie eine ganz außerordentlich wichtige Rolle gespielt hat, daß die Kreisbewegung vornehmer oder besser und schöner sei als jede andere Bewegung[334]. Endlich kommt dazu die Vorstellung, daß die Zehnzahl, die auch als Summe der ersten vier Zahlen Tetraktys genannt und von den Pythagoreern so heilig gehalten wurde, daß der Eid bei ihr als besonders heiliger Eid galt, vornehmer ist als alle anderen Zahlen. Die ersten drei Vorstellungen genügen, um die Erde aus ihrer Stellung im Mittelpunkt des Kosmos zu verdrängen und ihr wie allen anderen Himmelskörpern eine Kreisbewegung zuzuschreiben. Die vierte Vorstellung führt zu der Annahme einer Gegenerde, um die Zehnzahl voll zu machen. Um dieses System für eine Erklärung der scheinbaren Bewegungen der Himmelskörper oder gar deren mathematische Erfassung brauchbar zu machen, bedarf es ziem-

---

[334] Vgl. Geminus, Elementa Astronomiae (εἰσαγωγὴ εἰς τὰ φαινόμενα) I, 19/20: ὑπόκειται γὰρ πρὸς ὅλην τὴν ἀστρολογίαν ἥλιόν τε καὶ σελήνην καὶ τοὺς πέντε πλανήτας ἰσοταχῶς καὶ ἐγκυκλίως καὶ ὑπεναντίως τῷ κόσμῳ κινεῖσθαι. οἱ γὰρ Πυθαγόρειοι πρῶτοι προσελθόντες ταῖς τοιαύταις ἐπιζητήσεσιν ὑπέθεντο ἐγκυκλίους καὶ ὁμαλὰς ἡλίου καὶ σελήνης καὶ τῶν πέντε πλανητῶν ἀστέρων τὰς κινήσεις. τὴν γὰρ τοιαύτην ἀταξίαν οὐ προσεδέξαντο πρὸς τὰ θεῖα καὶ αἰώνια, ὡς ποτὲ μὲν τάχιον κινεῖσθαι, ποτὲ δὲ βράδιον, ποτὲ δὲ ἑστηκέναι· οὓς δὴ καὶ καλοῦσι στηριγμοὺς ἐπὶ τῶν πέντε πλανητῶν ἀστέρων. οὐδὲ γὰρ περὶ ἄνθρωπον κόσμιον καὶ τεταγμένον ἐν ταῖς πορείαις τὴν τοιαύτην ἀνωμαλίαν τῆς κινήσεως προσδέξαιτο ἄν τις. αἱ γὰρ τοῦ βίου χρεῖαι τοῖς ἀνθρώποις πολλάκις αἴτιαι γίνονται βραδυτῆτος καὶ ταχυτῆτος· περὶ δὲ τὴν ἄφθαρτον φύσιν τῶν ἀστέρων οὐδεμίαν δυνατὸν αἰτίαν προσαχθῆναι ταχυτῆτος καὶ βραδυτῆτος. δι' ἥντινα αἰτίαν προέτειναν οὕτω, πῶς ἂν δι' ἐγκυκλίων καὶ ὁμαλῶν κινήσεων ἀποδοθείη τὰ φαινόμενα. Hier wird am Ende, wenn auch nicht mit diesen Worten, so doch dem Sinne nach völlig deutlich die Forderung des σῴζειν τὰ φαινόμενα ausgesprochen. Aber am Anfang steht das Prinzip, daß die wahren Bewegungen der Himmelskörper kreisförmig und gleichmäßig, d. h. von gleichbleibender Geschwindigkeit sein müssen, weil alles andere ihrer göttlichen Natur unwürdig wäre. Die Forderung, dies nun auch mathematisch im Einzelnen durchzuführen, steht erst an zweiter Stelle.

lich komplizierter Annahmen über die relative Geschwindigkeit der Umläufe der einzelnen Gestirne, wie sie von Van der Waerden angestellt
worden sind, im Altertum jedoch nirgends mit dem philolaischen System
in Verbindung gebracht, ja von Aristoteles prinzipiell geleugnet werden.
Was Philolaos sonst noch zu der Anwendung der altpythagoreischen
Hauptprinzipien hinzugetan hat, die Adaption gewisser optischer Erklärungen von Himmelserscheinungen durch den ebenfalls stark pytha-
goreisierenden Empedokles oder gar die Spekulationen über die Größe
der Lebewesen auf dem Mond, ist nicht geeignet, die Charakterisierung
der Lehre der unteritalischen Pythagoreer, bzw. des Philolaos, durch
Aristoteles zu widerlegen. Sie paßt auch auf das allerbeste zu dem Charakter der sonstigen Philosophie des Philolaos, wie sie sich aus den
Fragmenten rekonstruieren läßt. Es hilft also nichts: alles spricht dafür,
daß jener entscheidende Schritt zur Überwindung des Augenscheins, der
so schwer zu tun war, daß die Antike nach der Entdeckung des kopernikanischen Systems durch Aristarch zur Annahme, die Erde bilde den
Mittelpunkt des Alls, wieder zurückgekehrt ist, von einem unmathematischen Wirrkopf getan worden ist[335]. Der Wirrkopf hatte den Mut, der
vielen großen Beobachtern und mathematisch voll ausgebildeten Wissenschaftlern fehlte, sich um der Prinzipien, an die er glaubte, willen über
den sich unmittelbar aufdrängenden Augenschein hinwegzusetzen. Aber
die Annahme dieser Prinzipien hat für die weitere Entwicklung der
Astronomie, und gerade der wissenschaftlichen Astronomie eine außerordentliche Bedeutung gehabt.

Um die weitere Entwicklung der antiken Astronomie zu verstehen und
auch mit einer gewissen Probabilität die Frage beantworten zu können,
ob die Lehre des Philolaos als solche doch noch eine Umbildung erfahren
hat, die sie für eine Erklärung der Himmelsphaenomene brauchbar

---

[335] Im Grunde sagt dies auch Van der Waerden selbst, wenn er es auch, sozusagen um
der Ehre der Geschichte der Astronomie willen, nicht wahr haben will. So sagt er
op. coll. (Anm. 324), p. 56: „Ich nehme an, daß Philolaos ein mehr mythisches als
wissenschaftliches kosmisches System aufgestellt hat, mit dem heiligen Feuer in der
Mitte und einem zweiten Feuer ringsherum. Die erhabenen Bezeichnungen ‚Herd
des Ganzen‘, ‚Haus des Zeus‘, ‚Mutter und Altar der Götter‘, ‚Zusammenhalt und
Maß der Natur‘ mögen von Philolaos herrühren. Als nun ein halbes Jahrhundert
später Hiketas seine astronomische Theorie aufstellte, nach der die Erde nicht mehr
in der Mitte ruhte, berief er sich auf den alten Philolaos, *der ja auch schon die
Erde für unwürdig gehalten hatte, den besten Platz in der Mitte einzunehmen*“.
Wenn Philolaos dies getan hat, muß er ja doch wohl der Erde einen Platz außerhalb der Mitte angewiesen haben und also der erste gewesen sein, der diesen Schritt
getan hat.

machte, wie Van der Waerden annimmt[336], oder was der nächste Schritt
in der Richtung auf eine wissenschaftliche Astronomie hin gewesen ist,
ist es notwendig, sich etwas mit den astronomischen Theorien Platons,
bzw. seiner Stellungnahme zu zeitgenössischen astronomischen Theorien
zu beschäftigen.

Hier stößt man auf ein außerordentlich schwieriges Problem, das in
neuester Zeit in ganz verschiedener Weise zu lösen versucht worden ist.
In vier seiner Dialoge gibt Platon so etwas wie eine Beschreibung des
Himmelsgebäudes und der Stellung der Erde in ihm. Die erste — wenn
auch zunächst etwas seltsam erscheinende — Frage muß lauten: wieweit
handelt es sich in jedem der Fälle um den Versuch einer Astronomie?
Im ältesten der vier Dialoge, dem Phaidon, handelt es sich primär um
die Unterscheidung der Erkenntnis, deren die Seele fähig ist, solange
sie an den Körper gebunden ist, und der Erkenntnis der Seele, wenn sie
nach dem Tode vom Körper getrennt in anderen Regionen weilt, wo sie
nicht mehr an die Sinnesorgane gebunden ist. In diesem Zusammenhang
spricht Sokrates von der Kugelgestalt der Erde, die im Mittelpunkt des
Kosmos sich in der Schwebe halte, und kombiniert das dann mit der alten
demokriteischen Theorie, wonach wir in einer Vertiefung der Erdoberfläche leben, zu der Behauptung, die Menschen lebten nicht, wie sie glaubten, auf der Oberfläche der Erde, sondern in Höhlungen. Es kann kaum
zweifelhaft sein, daß es sich hier nicht um den Versuch einer ernsthaften
astronomischen Lehre handelt, sondern um eine Vorwegnahme des Höhlenmythus im Staat.

Sehr viel schwieriger ist die Frage nach der Bedeutung des astronomischen
Passus im 10. Buch des Staates zu beantworten, obwohl es sich auch hier
wieder primär um einen Jenseitsmythus handelt. Für die Beurteilung der
Stelle ist von einiger Bedeutung ein Abschnitt im 7. Buch des Staates, wo
die Frage aufgeworfen wird[337], wie sich ein wahrhaft astronomischer
Mann[338] den am Himmel sichtbaren Phaenomenen gegenüber verhalten
wird[339]. Da heißt es, ein solcher Mann werde die mannigfachen Erscheinungen am Himmel als das Schönste und Exakteste betrachten, was es
in der den Sinnen zugänglichen Welt zu sehen gebe, aber der Meinung

---

[336] Vgl. die vorangehende Anmerkung.
[337] Platon, Staat VII 529 c ff.
[338] Ibidem 530 a: τῷ ὄντι δὴ ἀστρονομικὸν ὄντα.
[339] Hierfür und für das Folgende vgl. auch vor allem: Jürgen Mittelstraß, Die Rettung der Phaenomene, Berlin 1962, S. 125 ff.

sein, daß sie (an Schönheit und Praezision) weit zurückstünden hinter den wahren Bewegungen, welche die wirkliche Geschwindigkeit und die wirkliche Langsamkeit in der wahren Zahl und allen den wahren Figuren gegeneinander vollziehen und in welchen sie die in ihnen befindlichen Körper dahintragen, und welche alle nicht mit dem Gesichtssinn, sondern nur mit dem Geist (νοῦς) faßbar sind[340]. So weit läßt, was hier über den wahren Astronomen gesagt wird, sich durchaus so auffassen, daß es seine Aufgabe sei, die scheinbaren unregelmäßigen Bewegungen der Himmelskörper, d. h. von Sonne und Mond und den Planeten auf gleichförmige Kreisbewegungen zurückzuführen, d. h. das zu tun, was in der antiken Astronomie σῴζειν τὰ φαινόμενα: „die Phaenomene retten" genannt worden ist. Aber etwas weiter[341] wird etwas ganz anderes gesagt: „Meinst du nicht" heißt es da, „daß er (der wahre Astronom) denjenigen als einen etwas seltsamen Mann betrachten wird, der glaubt, daß das Verhältnis des Tages zur Nacht und des Tages zum Monat, des Monats zum Jahr, und der Umläufe der andern Gestirne zu diesen und zu einander immer gleich verlaufen und sich niemals ändern, obwohl sie doch körperlich sind und der sichtbaren Welt angehören, und der mit allen Mitteln versucht, der Wahrheit über diese (die sichtbaren Gestirne) habhaft zu werden?". Und dann wird weiter ausgeführt, der Astronom müsse es machen wie der Mathematiker, der seine Betrachtungen nicht über gezeichnete Figuren anstellt, sondern über ideale, er müsse also die Erscheinungen am Himmel fahren lassen, wenn er wirklich für die Seele Gewinn aus der Astronomie schöpfen wolle. Hier wird also ganz und gar nicht die Forderung aufgestellt, „die Phaenomene zu retten", sondern vielmehr eine ideale Astronomie a priori zu konstruieren, von welcher die wirklichen Vorgänge am Himmel in Zeit und Raum nur ein unvollkommenes Abbild darstellen.

Der astronomische Abschnitt im 10. Buch von Platons Staat[342] bildet ebenso wie der „astronomische" Abschnitt im Phaidon einen Teil eines Jenseitsmythos, wenn auch das Astronomische darin konsequenter ausgeführt und nicht aus verschiedenen Elementen halb humoristisch zu-

---

[340] Platon, Staat VII, 529 c/d: ταῦτα μὲν τὰ ἐν τῷ οὐρανῷ ποικίλματα, ἐπείπερ ἐν ὁρατῷ πεποίκιλται, κάλλιστα μὲν ἡγεῖσθαι καὶ ἀκριβέστατα τῶν τοιούτων ἔχειν, τῶν δὲ ἀληθινῶν πολὺ ἐνδεῖν, ἃς τὸ ὂν τάχος καὶ ἡ οὖσα βραδυτὴς ἐν τῷ ἀληθινῷ ἀριθμῷ καὶ πᾶσι τοῖς ἀληθέσι σχήμασι φορᾶς τε πρὸς ἄλληλα φέρεται καὶ τὰ ἐνόντα φέρει, ἃ δὴ λόγῳ μὲν καὶ διανοίᾳ ληπτά, ὄψει δ' οὔ.

[341] Platon, Staat VII 530 a/b.

[342] Platon, Staat X 616 a ff.

sammengefügt ist wie dort. Es ist die Geschichte von dem Armenier ER, der, nachdem er auf dem Schlachtfeld getötet worden und längere Zeit tot dagelegen war, auf dem Scheiterhaufen, auf dem seine Leiche verbrannt werden soll, wieder zum Leben erwacht und erzählt, was er im Jenseits gesehen hat, um die Menschen zu warnen, daß nach dem Tode alles Gute und alles Schlechte, was sie in ihrem Erdenleben getan haben, ihnen zehnfach vergolten werden wird. Im ersten Teil des Mythos also sieht ER das Totengericht. Im letzten Teil sieht er, wie den Seelen, die zu einer neuen Geburt auf die Erde zurückkehren, die Lebenslose für ihr künftiges Erdenleben zugeteilt werden, bzw. sie selbst sich diese auswählen, wobei vielen große Irrtümer darüber, welches äußere Los für den Menschen gut ist, unterlaufen. Zwischen dem ersten und dem zweiten Teil des Mythos kommt ER an einen Ort, von wo aus er das ganze Himmelsgebäude überblicken kann. Dieses erscheint ihm in der Form einer Spindel, deren Enden an einem Lichtband befestigt seien, welches das ganze Himmelsgebäude wie eine Art Gurt zusammenhalte. Die Spindel heißt die Spindel der Notwendigkeit (ἀνάγκη). Durch sie werden alle Umläufe in Bewegung gesetzt. Sie habe aber acht hohle Wirtel, die ineinander gefügt seien wie Schachteln. Die Spindel drehe sich als Ganzes, bzw. mit dem äußersten Wirtel in einer Richtung. Die sieben inneren Wirtel dagegen bewegten sich langsam mit verschiedener Geschwindigkeit in entgegengesetzter Richtung. Der äußerste Wirtel entspricht hier offenbar dem Fixsternhimmel, die inneren der Sonne, dem Mond und den Planeten. Diese werden nun voneinander unterschieden nach ihrer Entfernung von der Erde, nach der Geschwindigkeit der Umdrehung ihres Eigenkreises, nach der Breite des Ringes, auf dem sie sich bewegen und nach ihrer Farbe und Helligkeit. Nach ihrer Entfernung von der Erde ordnen sie sich wie folgt: 1. Mond; 2. Sonne; 3. Venus; 4. Mercur; 5. Mars; 6. Juppiter; 7. Saturn; 8. Fixsternhimmel. Hinsichtlich der Eigengeschwindigkeit werden nur die inneren Gestirne aufgezählt, da sich von selbst versteht, daß der Fixsternwirtel, der alle anderen in seiner Bewegung mitnimmt, sich am schnellsten bewegt und es sich also um die relative Geschwindigkeit der Gegenbewegungen handelt. Die Reihenfolge ist dann 1. Mond; 2. Sonne, Venus, Mercur, die als sich gleich schnell bewegend betrachtet werden; 3. Mars; 4. Juppiter; 5. Saturn, dessen Gegenbewegung die langsamste ist. Nach der Breite des Randes des Wirtels ist die Reihenfolge die folgende: 1. Fixsternhimmel; 2. Venus; 3. Mars; 4. Mond; 5. Sonne; 6. Mercur; 7. Juppiter; 8. Saturn. Bei der Beschreibung nach Helligkeit, Farbe und Leuchtkraft gehen verschiedene Prin-

zipien durcheinander, so daß sich keine einfache Reihenfolge ergibt. Vom
Fixsternhimmel wird gesagt, er sei „bunt" und mannigfaltig (ποικίλον),
von der Sonne, sie sei am strahlendsten, vom Mond, er habe kein eigenes
Licht, sondern beziehe seine Leuchtkraft von der Sonne, am weißesten
sei das Licht des Jupiter, und demnächst das Licht der Venus, Saturn
und Mercur seien sich in Leuchtkraft und Farbe ähnlich und etwas „blon-
der" (hellgelber: ξανθότερα) als Sonne und Mond, der Mars endlich habe
ein rötliches Licht.

Man sieht sogleich, daß im Gegensatz zu der astronomischen Stelle im
Phaidon hier vieles auf Beobachtung beruht, und daß das Ganze ein
wohlüberlegtes einheitliches System darstellt, dessen Einzelheiten freilich hinsichtlich ihres Ursprungs nicht ohne Weiteres durchsichtig sind.
Die Art der Beschreibung weist jedoch, wie man schon immer gesehen
hat, deutlich auf ein mechanisches Modell hin, an welchem die Bewegungen vordemonstriert werden konnten. Offenbar muß es also in der
Akademie zu der Zeit, als Platon diesen Teil des „Staates" schrieb, ein
solches Modell gegeben haben. Doch ist das Ganze in einen mythischen
Zusammenhang eingeordnet.

Im Timaios findet man nun ein ähnliches, von Van der Waerden[343]
sogar als identisch betrachtetes, System des Aufbaus des Himmelsgebäudes, aber in einem andersartigen Zusammenhang. Hier wird das kosmologisch-astronomische Weltbild nicht als Beigabe zu einem Jenseitsmythos
gegeben, sondern als Teil einer Darstellung der Weltschöpfung überhaupt. Wie in den berühmten Abschnitten des 6. und 7. Buches des Staates wird auch hier die Welt der menschlichen Erkenntnis eingeteilt[344] in
zwei Hauptbereiche, das Bereich des ewig Seienden, sich nie Verändern-
den, das Reich der Ideen, das nicht mit den Sinnen, sondern nur durch
den νοῦς erfaßt werden kann, und das Bereich der wahrnehmbaren Dinge
in Zeit und Raum, von dem es keine absolut sichere Erkenntnis, sondern
nur Meinung (δόξα) nach der Wahrscheinlichkeit (τὸ εἰκός) gibt. Diese
wahrnehmbare Welt wird geschildert als geschaffen von einem welt-
schöpferischen Gott (δημιουργός), der die Welt in Zeit und Raum geschaffen hat mit dem Blick auf das Reich der ewigen Ideen und folglich
so schön und gut wie es mit dem Material, aus dem er sie zu schaffen
hatte, möglich war.

---

[343] Op. coll. (Anm. 324),S. 25.
[344] Platon, Timaios 27 d ff.

Der kosmologisch-astronomischen Darstellung der Erschaffung des Himmelsgebäudes geht jedoch noch ein spezieller Abschnitt über die Erschaffung der Weltseele durch den Demiurgen voraus, der sowohl für die Astronomie direkt als auch vor allem für die richtige Interpretation des Passus über das Verfahren des „wirklichen Astronomen" im 7. Buch des Staates[345] von großer Bedeutung ist. Die Erschaffung der Weltseele wird hier geschildert als die Herstellung einer Mischung aus dem „Selbigen" (ταὐτόν), d. h. dem ewig Unveränderlichen, und dem „Anderen" (τὸ ἕτερον), d. h. dem Veränderlichen, eine Mischung, die nach gewissen Zahlenverhältnissen geschieht, welche zu den musikalischen Tonskalen in Beziehung steht. Dieser schwierige Passus[346] wird von den verschiedenen Interpreten in der verschiedensten Weise ausgelegt[347], wobei in den meisten Fällen dem Text Gewalt angetan wird, um, wie man meint, doch einigen Sinn hineinzubringen, oder zum mindesten die Auslegung des Wortlauts eine sehr gewaltsame ist. Die plausibelste und, wie mir scheint, richtige Interpretation ist erst vor wenigen Jahren von B. Kytzler gegeben worden[348], der gezeigt hat, daß man, wenn man den Text, statt ihn zu ändern oder ihm durch künstliche Interpretation Gewalt anzutun, Wort für Wort so annimmt, wie er überliefert ist, und ihn zu der antiken Musiktheorie in Beziehung setzt, zu einem sehr sinnvollen Resultat gelangt. Dieses hier im Einzelnen darzulegen, würde zu viel Raum in Anspruch nehmen. Was sich ergibt, ist jedoch, daß es sich keineswegs, wie von den meisten Interpreten bis dahin angenommen worden war, um eine völlig phantastische Konstruktion handelt, die zu der zu Platons Zeiten praktisch ausgeübten Musik keinerlei Beziehung hat, wohl aber um eine Art Konstruktion a priori, welche die im Altertum in der Praxis gebrauchten Haupttonarten in sich schließt, zugleich aber die Theorie über das in der Praxis mit den damaligen Musikinstrumenten oder auch mit der menschlichen Stimme Ausführbare hinaus sowohl präzisiert als auch erweitert. Dies entspricht ja auch allein der Ideenlehre, nach der die Dinge in Zeit und Raum als unvollkommene Abbilder der Ideen erschei-

---

[345] Vgl. oben S. 167.

[346] Platon, Timaios 35 a—36 b.

[347] Vgl. vor allem A. E. Taylor, A Commentary on Plato's Timaeus, Oxford 1928, p. 136 ff.; F. Cornford, Plato's Cosmology, London 1937, p. 45 ff.; O. Tiby, „Note musicologiche al Timeo di Platone", Dioniso XII (1949), S. 1 ff.; J. Handschin, „The Timaeus Scale", Musica Disciplina IV (1950), 3 ff.

[348] Bernhard Kytzler, „Die Weltseele und der musikalische Raum" in Hermes 87 (1959), S. 393—414.

nen, was allein schon ausschließt, daß eine a priorische Konstruktion
der Dinge sich von der Struktur der Erscheinungswelt in Zeit und Raum
beliebig entfernen könnte. Dies ist auch für die Interpretation des über
den „wirklichen" Astronomen im 7. Buch des Staates Gesagten von grundlegender Bedeutung.

Der eigentlich kosmologisch-astronomische Teil des Timaios beginnt
dann mit der Schilderung[349], wie der Demiurg das vorher beschriebene
nach Proportionen zusammengefügte Gemisch der Länge nach in zwei
Hälften spaltet, beide Teile in der Gestalt des Buchstabens χ zusammen-
schlingt und aus jeder einen Kreis macht, so daß sie auch an dem gegenüberliegenden Ende wieder miteinander zusammentreffen. Er machte den
einen Kreis zum äußeren, den anderen zum inneren und gab beiden eine
gleichförmige, sich an demselben Ort vollziehende Kreisbewegung. Dem
ersten Kreis gibt er den Namen des „Selbigen", dem anderen den des
„Anderen", läßt den ersten sich nach rechts, den andern sich nach links
bewegen, gibt aber dem Umschwung des „Selbigen" die Oberhand (so
daß er den anderen in seiner Bewegung mitnimmt) und läßt ihn unge-
teilt, den inneren aber spaltet er sechsmal, so daß sich sieben ungleiche
Kreise ergeben, gemäß doppelten und dreifachen Intervallen in jedem
Falle, so daß es von jeder Art drei gibt. Dann ordnete er an, daß die
Kreisbewegungen in entgegengesetzter Richtung zu einander gehen sollten, und gab drei von ihnen dieselbe Geschwindigkeit, den andern vier
jedoch eine von dieser und untereinander verschiedene Geschwindigkeit,
aber in einem bestimmten Verhältnis...

Darauf folgt noch einmal ein Abschnitt[350], in dem von der Weltseele
die Rede ist und von der Art, wie sie Erkenntnis erwirbt sowohl des
zeitlos Seienden wie auch des veränderlichen ἕτερον. In diesem Zusammenhang ist die Rede von der Erschaffung der Zeit (χρόνος) als eines be-
weglichen Abbilds der zeitlosen Ewigkeit, das fortschreitet nach dem Gesetz der Zahl. Damit schuf der Demiurg zugleich Tag und Nacht, die
Monate und die Jahre, die es vor der Erschaffung des Himmelsgebäudes
nicht gegeben hatte. Zeit und Himmelsgebäude, so wird nochmals versichert[351], sind also zusammen entstanden und werden, wenn sie jemals
vergehen sollten, auch zusammen vergehen.

---

[349] Platon, Timaios 36 b ff.
[350] Ibidem 36 e ff.
[351] Ibidem 38 b: Χρόνος δ' οὖν μετ' οὐρανοῦ γέγονεν, ἵνα ἅμα γεννηθέντες ἅμα καὶ
λυθῶσιν.

Daran schließt sich die Fortsetzung der Astronomie[352]. Bis dahin waren nur die sich drehenden Kreise geschaffen worden. Erst nun werden die Himmelskörper erschaffen und in die Kreise gesetzt: sie folgen aufeinander in der selben Reihenfolge wie im 10. Buch des Staates. Aber über die Umläufe und die Geschwindigkeiten der Umläufe der Planeten werden einige höchst unklare Angaben gemacht, die daher auch den antiken wie den modernen Interpreten sehr große Schwierigkeiten bereitet haben. Von Venus (Lucifer) und Mercur heißt es, sie würden in Kreise gesetzt, die einen Umlauf haben, welcher dem der Sonne an Geschwindigkeit gleich ist, aber einen ihm entgegengesetzten Antrieb erhalten haben, woher es auch komme, daß die Sonne, der Mercur und die Venus (Lucifer) in gleicher Weise einander überholten und voneinander überholt würden[353].

Die Bewegungen der übrigen Planeten, heißt es dann weiter, sollten nicht genauer analysiert werden, da dies größere Mühe machen würde als dem gegenwärtigen Zweck entspreche. Im folgenden wird aber dann doch ausgeführt, daß die Planeten (insgesamt) innerhalb der Bewegung des ἕτερον, die zu der des „Selbigen" schräg gestellt war und von dieser mitgenommen wurde, teils größere, teils kleinere Kreise beschreiben, und zwar die kleineren schneller, die größeren langsamer, wodurch es kommt, daß durch den Umschwung des „Selbigen" die am schnellsten umlaufenden von den langsamer umlaufenden überholt zu werden scheinen, während sie tatsächlich die überholenden sind, was dann noch weiter ausgeführt wird. Dann kommt Platon noch einmal auf die Bedeutung der Gestirnumläufe für die Zeiteinteilung zurück, wobei er bemerkt, daß die Menschen in dieser Hinsicht nur den Umläufen des „Selbigen", d. h. des Fixsternhimmels, des Mondes, und der Sonne Beachtung zu schenken pflegen, worauf die Einteilung der Zeit nach Tagen und Nächten, nach Monaten und Jahren beruht, obwohl die Umläufe der übrigen Planeten, die eine unglaubliche Menge und Variation[354] von Wanderungen durchlaufen, nicht minder für die Zeiteinteilung bedeutsam seien. Trotz-

---

[352] Ibidem 38 c ff.

[353] Ibidem 38 d: ἑωσφόρον δὲ καὶ τὸν ἱερὸν Ἑρμοῦ λεγόμενον εἰς [τὸν] τάχει μὲν ἰσόδρομον ἡλίῳ κύκλον ἰόντας, τὴν δὲ ἐναντίαν εἰληχότας αὐτῷ δύναμιν· ὅθεν καταλαμβάνουσίν τε καὶ καταλαμβάνονται κατὰ ταὐτὰ ὑπ' ἀλλήλων ἥλιός τε καὶ ὁ τοῦ Ἑρμοῦ καὶ ἑωσφόρος.

[354] Platon, Timaios 39 d: πλάνας, πλήθει μὲν ἀμηχάνῳ χρωμένας, πεποικιλμένας δὲ θαυμαστῶς·

dem sei es möglich, zu der Einsicht zu gelangen, daß „die vollkommene
Zahl der Zeit das vollkommene Jahr dann vollfüllt, wenn die zu einander in bestimmten Verhältnissen stehenden Geschwindigkeiten der acht
Umläufe wieder zu ihrem Ausgangspunkt zurückkommen, gemessen an
dem Kreislauf des sich immer gleichmäßig bewegenden ‚Selbigen'"[355].

Vergleicht man diese astronomischen Fragmente mit dem entsprechenden Passus im Staat, so sind zwei sehr wesentliche Grundlagen die selben:
die Reihenfolge der Himmelskörper hinsichtlich ihrer Entfernung von
der Erde und die Reihenfolge ihrer Geschwindigkeiten: auch im Staat
wird die Geschwindigkeit von Venus und Mercur als mit derjenigen der
Sonne gleich bezeichnet und erscheinen die Geschwindigkeiten der äußeren
Planeten als langsamer als die der inneren Planeten. Eigentümlich ist, daß
von der Schiefe der Ekliptik im Staat mit keinem Wort die Rede ist,
während sie im Timaios immer wieder hervorgehoben wird. Da schon
Oinopides im 5. Jahrhundert sich mit der Bestimmung des Neigungs-
winkels der Ekliptik beschäftigt hatte und die Schiefe der Ekliptik sich
ohnehin jedem auch nur ein wenig sorgfältigen Beobachter des Laufs
der Gestirne aufdrängt, ist es kaum denkbar, daß die Tatsache Platon,
als er den Staat schrieb, unbekannt gewesen sein sollte. Man wundert
sich, ob sie nicht an dem Instrument, nach dem ER den Aufbau des
Himmelsgebäudes zu beschreiben scheint, angedeutet gewesen sein muß.
Aber gerade dann ist es bezeichnend, daß sich Platon mit einer so ungenauen Beschreibung begnügt hat.

Ein ähnliches Problem ergibt sich in Bezug auf die seltsame Beschreibung des Umschwunges von Venus und Mercur im Timaeus, „welcher
dem der Sonne an Geschwindigkeit gleich ist, aber einen ihm entgegengesetzten Antrieb erhalten hat, woher es auch kommt, daß die Sonne,
der Mercur, und die Venus in gleicher Weise einander überholen und
voneinander überholt werden[356]." Schon viele spätantike Kommentatoren
kamen zu dem Ergebnis[357], daß diese Stelle am besten zu verstehen sei,

---

[355] Ibidem: ἔστιν δ' ὅμως οὐδὲν ἧττον κατανοῆσαι δυνατὸν ὡς ὅ γε τέλεος ἀριθμὸς
χρόνον τὸν τέλεον ἐνιαυτὸν πληροῖ τότε, ὅταν ἁπασῶν τῶν ὀκτὼ περιόδων τὰ
πρὸς ἄλληλα συμπερανθέντα τάχη σχῇ κεφαλὴν τῷ τοῦ ταὐτοῦ καὶ ὁμοίως ἰόντος
ἀναμετρηθέντα κύκλῳ. Vgl. auch B. L. Van der Waerden, „Das Große Jahr und die
ewige Wiederkehr" in Hermes 80 (1952), 129—55, und „Das Große Jahr des
Orpheus", Hermes 81 (1953), 481—83.

[356] Für den Text vgl. Anm. 353.

[357] Die antiken Zeugnisse bei Van der Waerden, op. coll. (Anm. 324), S. 38 ff.

wenn man annehme, daß Platon hier an Epizyklen gedacht habe, welche
ja in der spätantiken Astronomie eine sehr große Rolle gespielt haben,
und Van der Waerden ist unabhängig davon durch eigene Überlegungen
zu der selben Erklärung geführt worden. Er meinte dann, die selbe Erklärung auch auf das seinem Inhalt nach im wesentlichen identische
System des 10. Buches des Staates übertragen zu müssen. Tatsächlich ist
dies die einleuchtendste Erklärung des von Platon im Timaios beschriebenen Vorgangs. Aber niemand, der die entsprechende Stelle im 10. Buch
des Staates liest, wo weder von den Extrakreisen noch von dem gegenseitigen Überholen und Überholtwerden die Rede ist, kann auf den Gedanken kommen, daß die beiden Planeten sich auf einer Bahn bewegen,
die nicht das selbe Zentrum wie die Kreise des Mondes und der Sonne
hat, und auch im Timaios ist davon nicht mit einem Wort die Rede. Van
der Waerden glaubte, eine Spur der epizyklischen Theorie im Staat in
den Angaben über die verschiedenen Breiten der Halbkugelränder entdecken zu können[358]. Aber wenn sich auf diese Weise auch die besondere
Breite des Randes der Venushalbkugel besonders gut erklären läßt, so
ist doch schwer zu erklären, wie danach die noch größere Breite des Randes der Fixsternhalbkugel erklärt werden soll, da den Fixsternen ja
nicht gut eine epizyklische Bewegung zugeschrieben werden kann. Man
muß dann daher, wie auch Van der Waerden selbst feststellt[359], doch noch
ein anderes Prinzip hinzunehmen, nämlich das der Harmonie der Sphaeren, die auf den Intervallen der verschiedenen Gestirnsphaeren beruht.
Aber dann sollte dieses Prinzip, das außerdem mit Epizyklen schwer vereinbar ist, allein herrschen. Dazu kommen Einwände, die zum großen
Teil schon von Van der Waerden selbst angeführt werden[360]: so z. B., daß
die Epizyklentheorie die Erscheinungen sehr viel besser erklärt als die
Theorie der homozentrischen Sphaeren des Eudoxos von Knidos und
daß die Entstehung der letzteren daher schwer zu erklären sei, wenn die
Epizyklentheorie schon vorher gefunden war. Van der Waerden begegnet diesem Einwand damit, daß er darauf hinweist, daß die vermutete Epizyklentheorie im Timaios nur auf Mercur und Venus angewendet wurde, nicht auch auf die äußeren Planeten. Aber es ist schwer
zu glauben, daß ein Mathematiker vom Kaliber des Eudoxos nicht imstande gewesen sein sollte, die Theorie auf die äußeren Planeten auszu-

---

[358] Ibidem, S. 38.
[359] Ibidem, S. 44.
[360] Ibidem, S. 48.

dehnen, und statt dessen sich lieber den homozentrischen Sphaeren zugewendet haben sollte, wenn die Epizyklentheorie für Venus und Mercur schon vorlag. Endlich wäre es äußerst seltsam, wenn Aristoteles, der sich so eingehend mit dem „philolaischen" System der in Italien lebenden Pythagoreer auseinandersetzt, ein schon viel früheres, von Platon schon im Staat und im Timaios benütztes pythagoreisches System, das mit Epizyklen arbeitete, mit keinem Wort erwähnt haben sollte.

Von welcher Seite auch immer man aber die Dinge ansieht, so bleibt die unübersehbare Tatsache, daß Platon immer wieder an den entscheidendsten Stellen über Einzelheiten seines kosmologisch-astronomischen Systems ganz unklare Angaben gemacht hat, und zwar gerade da, wo seine apriorischen Prinzipien mit den Erfordernissen der Phaenomene in Konflikt zu geraten drohten. Aus diesem Grund ist es auch so schwer, mit einiger Sicherheit festzustellen, welches astronomische System er an der vierten Stelle, an der er sich über astronomische Dinge äußert, in den Gesetzen, im Sinne gehabt hat. Die Angaben über die Bewegungen der Gestirne gehen hier sehr viel weniger ins einzelne als in den astronomischen Abschnitten im Staat und im Timaios. Platon beginnt hier damit, die mechanischen und materialistischen Erklärungen der Gestirnbewegungen heftig zu bekämpfen[361]. Die Bewegungen der Himmelskörper werden vielmehr von einer Seele gelenkt, die besser und vernünftiger ist als die der Erdenbewohner. Schon an einer früheren Stelle der Gesetze, wo von der Erziehung der Jugend die Rede gewesen war[362], war gesagt worden[363], daß diejenigen sich täuschen, die glauben, daß die Gestirne ihren Lauf immer wieder ändern, daß vielmehr jedes von ihnen nicht viele Bahnen beschreitet, sondern eine und immer im Kreis. Nun wird gefordert, daß die vernunftgemäße Bewegung „immer in gleicher Weise und an dem selben Orte und um das selbe herum und in *einem* (gleichbleibenden) Verhältnis und nach *einer* Ordnung"[364] sich bewegt. Hier ist also ganz offensichtlich in keiner Weise von Epizyklen die Rede, sondern wird gefordert, daß alle Gestirne sich in gleichför-

---

[361] Platon, Leges, X 887 b ff.

[362] Ibidem VII 817 e ff.

[363] Ibidem VII 822 a/b: οὐ γάρ ἐστι τοῦτο, ὦ ἄριστοι, τὸ δόγμα ὀρθὸν περὶ σελήνης τε καὶ ἡλίου καὶ τῶν ἄλλων ἄστρων, ὡς ἄρα πλανᾶταί ποτε ... τὴν αὐτὴν γὰρ αὐτῶν ὁδὸν ἕκαστον καὶ οὐ πολλὰς ἀλλὰ μίαν ἀεὶ κύκλῳ διεξέρχεται, φαίνεται δὲ πολλὰς φερόμενον.

[364] Ibidem X 898 a: τὸ κατὰ ταὐτὰ δήπου καὶ ὡσαύτως καὶ ἐν τῷ αὐτῷ καὶ περὶ τὰ αὐτὰ καὶ πρὸς τὰ αὐτὰ καὶ ἕνα λόγον καὶ τάξιν μίαν ἄμφω κινεῖσθαι λέγοντες.

miger Bewegung um einen gemeinsamen Mittelpunkt drehen. Wenn also
Platon früher einer epizyklischen Theorie angehangen haben sollte,
müßte er in seinem höchsten Alter zu einer Theorie homozentrischer
Kreisbewegungen zurückgekehrt sein. Wiederum jedoch ist es wegen der
mangelnden Präzision des Ausdruckes nicht leicht, festzustellen, welches
System Platon hier im Auge gehabt hat. Van der Waerden nimmt an[365],
daß es nur das (vermutlich von einem Hiketas, von dem nur wenig
bekannt ist) verbesserte System des Philolaos sein könne, da dieses das
einzige ist, in welchem alle Gestirne ganz einfache Kreisbewegungen um
einen gemeinsamen Mittelpunkt vollziehen, also auch nicht kombinierte
Kreisbewegungen wie in den von Platon im Staat und im Timaios beschriebenen Systemen, wo die inneren Kreise von dem äußeren Kreis
mitgerissen oder mitgeführt werden, so daß der Mond, die Sonne und
die Planeten in Wirklichkeit kombinierte Kreisbewegungen vollziehen.
Mittelstraß dagegen ist sicher[366], daß es sich vielmehr um das System
der homozentrischen Sphären des Eudoxos handelt, was impliziert, daß
mit der *einen* gleichmäßigen Kreisbewegung, die jedes Gestirn ausführt,
die Bewegung gemeint ist, die es, sozusagen von sich aus, auf seinem eigenen Kreis ausführt — unter Vernachlässigung der Tatsache, daß nach
diesem System dieser eigene Kreis noch von vielen andern zugleich in
verschiedenen Drehungen mitgeführt werden kann.

Tatsächlich muß man wegen der Ungenauigkeit in Platons Ausdrucksweise, die sich überall in den astronomischen Abschnitten hat feststellen
lassen, mit dieser Möglichkeit rechnen. Ja, sie hat aus allgemeineren
Gründen eine ziemlich große Wahrscheinlichkeit für sich, da das neue
System des Eudoxos, da Eudoxos Platon nur ganz kurz überlebt hat[367],
zur Zeit der Abfassung von Platons Alterswerk vorgelegen haben muß
und es nicht sehr wahrscheinlich ist, daß Platon dieses System, das in
der Überlieferung zu Platon in besonders enge Beziehung gesetzt wird, um
eines selbst in der von Van der Waerden angenommenen verbesserten Form
sehr gewaltsam vereinfachenden Systems des Philolaos willen unberück-
sichtigt gelassen haben sollte. Aber wichtiger als die Entscheidung dieser
eben wegen des Mangels an Präzision in Platons Ausdrucksweise kaum
mit voller Sicherheit zu beantwortenden Frage ist die möglichst genaue

---

[365] Op. coll. (Anm. 324), S. 55 ff.

[366] Op. coll. (oben Anm. 339), 130 ff.

[367] Vgl. K. v. Fritz, „Die Lebenszeit des Eudoxos von Knidos", Philologus 85 (1930),
478—81.

Feststellung des Grundcharakters der platonischen und vorplatonisch pythagoreischen Astronomie. Mittelstraß hat in seinem Buch[368] die These zu beweisen versucht, daß Platon im Phaidon, im Staat und im Timaios eine ideale Astronomie zu konstruieren versucht habe, die sich um die wirklichen beobachtbaren Phaenomene am Himmel im Einzelnen nicht kümmere, da diese eben, wie alle wahrnehmbaren Dinge in Zeit und Raum, nur ein sehr unvollkommenes Bild der wahren und ewigen Ordnung darstellten. Erst im hohen Alter sei er mit einer Theorie — eben der Theorie des Eudoxos — bekannt geworden, welche die faktisch beobachtbaren Phaenomene am Himmel mit den idealen Forderungen der platonischen apriorischen Astronomie in Einklang brachte, und nun habe er sich voller Erstaunen, daß dies möglich sei, zu diesem astronomischen System bekehrt.

Aber diese These ist nur mit Einschränkung richtig[369]. Richtig ist, daß in den astronomischen Theorien Platons die idealen, sozusagen apriorischen Forderungen vor den beobachteten Phaenomenen den Vorrang haben: die Forderung, daß alle Bewegungen der Himmelskörper letzterdings sich müssen auf reine Kreisbewegungen zurückführen lassen, die Forderung, daß diese Kreisbewegungen mit absolut gleichbleibenden Geschwindigkeiten sich vollziehen müssen, und endlich die Forderung, daß die Umlaufzeiten der verschiedenen Gestirne in einem ganzzahligen Verhältnis zueinander stehen müssen, was die Voraussetzung der Konstruktion eines Großen Jahres[370] darstellt. Alle diese Forderungen lassen sich letzterdings auf pythagoreische Vorstellungen zurückführen[371], wozu dann bei Philolaos noch einige weitere hinsichtlich der Ehrenplätze im Universum hinzugekommen sind. Aber, wie schon bei der Diskussion

---

[368] Op. coll. S. 117 ff.

[369] Es ist das große Verdienst des Werkes von Mittelstraß, energisch auf die apriorischen Elemente in der Astronomie Platons hingewiesen und gezeigt zu haben, daß bei ihm diese apriorischen Elemente vor der „Rettung der Phaenomene" den Vorrang haben. Aber es ist ein großer Mangel des Werkes, daß es zwar eingehend die Interpretation der platonischen Ideenlehre durch H. Cohen und P. Natorp kritisiert, die vielleicht unterirdisch noch nachwirkt, aber kaum noch von jemand als solche angenommen wird, sich dagegen nirgends im Einzelnen mit der grundlegenden scharfsinnigen und vor allem keiner Frage und keinem Einwand aus dem Weg gehenden Untersuchung von Van der Waerden auseinandersetzt, obwohl diese 11 Jahre vorher erschienen war und im Literaturverzeichnis von Mittelstraß angeführt wird.

[370] Vgl. Van der Waerden, op. coll. S. 26 ff. und oben S. 173 mit Anm. 355.

[371] Vgl. die Zeugnisse bei Van der Waerden, S. 29 ff.; vor allem Geminus in dem oben Anm. 334 zitierten Passus.

der idealen Tonleiter im Timaios festgestellt worden ist[372], bedeutet
dieser Vorrang der apriorischen Forderungen keineswegs, daß Platon
sich bei einer solchen Konstruktion beliebig weit von den Phaenomenen
entfernen konnte, schon deshalb nicht, weil die Dinge in Zeit und Raum
an sich und überall Abbilder, wenn auch unvollkommene, der ewigen
Ideen sind, die Gestirne und ihre Bewegungen aber die vollkommensten,
die es in der wahrnehmbaren Welt gibt. Es ist daher auch nicht möglich,
die astronomischen Exkurse im Phaidon, im Staat und im Timaios auf
die selbe Stufe zu stellen, da es sich im ersten Fall teilweise um einen
halb humoristischen Mythos handelt, im zweiten Fall, wie Mittelstraß
hier mit Recht bemerkt, um eine Einschaltung in einen Jenseitsmythus,
die keine selbständige Bedeutung in Anspruch nimmt, im Timaios aber
um eine Beschreibung der Schöpfung der Welt, freilich nicht nach strenger ἐπιστήμη, sondern κατὰ τὸ εἰκός, aber doch um eine Darstellung der
wirklichen Gestirnbewegungen, nicht einer den wirklichen Gestirnen
jenseitigen Welt. Das drückt sich auch darin aus, daß Platon hier in der
Beschreibung der Einzelheiten vorsichtiger ist. Er lehnt es ab, über den
Charakter der Bewegungen der äußeren Planeten genauere Angaben zu
machen, und macht sehr dunkle Angaben über die Bewegungen von
Venus und Mercur. Mittelstraß hat recht damit, daß Platons Streben
nicht auf eine „Rettung der Phaenomene" im modernen Sinne hin-
zielt, d. h. eine mathematische Konstruktion, welche die Phaenomene
mit immer zunehmender Genauigkeit zu erfassen und vorauszusagen
unternimmt. Dies kann für ihn schon deshalb nicht das Ziel gewesen
sein, weil es für ihn in der wahrnehmbaren Welt kein exaktes Wissen
gibt, sondern nur „Meinung"[373]. Aber das bedeutet nicht, daß es für
ihn, angesichts der von ihm angenommenen göttlichen Natur der Himmelskörper nicht ein sehr erfreuliches Ergebnis mathematischer Versuche, die Bewegungen zu erklären, wäre, wenn sich zeigen läßt, daß
diese Bewegungen tatsächlich mit großer Annäherung als das Ergebnis
reiner Kreisbewegungen von gleichbleibender Geschwindigkeit erklärt
werden können, da dies für Platon zugleich eine Bestätigung der
göttlichen Natur der Gestirne darstellt. Die Freude über ein solches Ergebnis einer neuen Theorie findet in den Gesetzen ihren Ausdruck.

---

[372] Vgl. oben S. 170.

[373] In sehr sorgfältiger Weise differenziert F. M. Cornford, Plato's Cosmology, London 1937, p. 28 ff zwischen der modernen Vorstellung einer immer genaueren Annäherung an eine exakte Formulierung und Erfassung der Gesetze der Gestirnbewegungen und Platons Vorstellung von der Annäherung an oder „Nähe zu" der
„Wahrheit".

Eine solche Bestimmung der Grundhaltung Platons kosmologisch-astronomischen Fragen gegenüber ist auch notwendig für ein Verständnis des Verhältnisses Platons zu der neuen Erklärung der astronomischen Phaenomene durch Eudoxos von Knidos mit Hilfe von 27 ineinandergefügten Sphaeren[374]. Nach der antiken Tradition, die spätestens auf Sosigenes, vielleicht schon auf den Aristotelesschüler Eudem von Rhodos zurückgeht[375], hatte Platon den Mathematikern die Aufgabe gestellt, herauszufinden, unter der Voraussetzung von welchen gleichmäßigen Kreisbewegungen die Phaenomene hinsichtlich der Gestirnbewegungen „gerettet" würden, und hatte Eudoxos diese Aufgabe zuerst durch sein System der konzentrischen Sphaeren gelöst. An der Stellungnahme moderner Wissenschaftshistoriker zu dieser Überlieferung kann man amüsante Beobachtungen hinsichtlich des Einflusses allgemeiner Überzeugungen über das Wesen der Wissenschaft auf die Beantwortung rein historischer Fragen anstellen. Mittelstraß ist der Überzeugung[376], daß der Anstoß zu der Theorie des Eudoxos nicht von Platon ausgegangen sein kann, da Platon gar nicht an der Erklärung der Phaenomene interessiert war, sondern sich seine Astronomie a priori konstruierte. Der große Mathematiker muß also ganz von sich aus darauf gekommen sein, und Platon hat dann seine Theorie im Alter mit Verwunderung, aber ohne

---

[374] Die ausführlichste Darstellung des Systems des Eudoxos findet sich in dem Kommentar des Simplicius zu Aristoteles de caelo II, 12, p. 492 unten ff., jetzt auch als Frg. 124 bei F. Lasserre, Die Fragmente des Eudoxos von Knidos, Berlin 1966, S. 67 ff. Einen ausgezeichneten Versuch der noch genaueren Rekonstruktion des Systems macht O. Becker, Das mathematische Denken der Antike, Göttingen 1927, Studienhefte zur Altertumswissenschaft, Heft 3, S. 80 ff.

[375] Simpl. in Arist. de coelo II, 12, p. 488 Heiberg = Eudoxos, frg. 121 Lasserre: καὶ πρῶτος τῶν Ἑλλήνων Εὔδοξος ὁ Κνίδιος, ὡς Εὔδημός τε ἐν δευτέρῳ τῆς Ἀστρολογικῆς ἱστορίας ἀπεμνημόνευσε καὶ Σωσιγένης παρὰ Εὐδήμου τοῦτο λαβών, ἅψασθαι λέγεται τῶν τοιούτων ὑποθέσεων Πλάτωνος, ὥς φησι Σωσιγένης, πρόβλημα τοῦτο ποιησαμένου τοῖς περὶ τοῦτο ἐσπουδακόσι, τίνων ὑποτεθεισῶν ὁμαλῶν καὶ τεταγμένων κινήσεων διασωθῇ τὰ περὶ τὰς κινήσεις τῶν πλανωμένων φαινόμενα. Das nochmalige Zitat des Sosigenes durch Simplicius kann auf zwei Arten verstanden werden: entweder so, daß das über die von Platon gestellte Aufgabe Gesagte nicht von Eudem stammt, sondern von Sosigenes (Peripatetiker des 2. Jahrh. n. Chr.), oder so, daß Simplicius von Eudems Meinung nur durch Sosigenes wußte und nicht sicher war, wie weit sich das Zitat des Eudem bei Sosigenes erstreckte. Da keinerlei Anzeichen dafür besteht, daß Simplicius die Astronomiegeschichte des Eudem aus erster Hand kannte, und Sosigenes in seinen Ausführungen, wie viele Fragmente zeigen, weitschweifiger war, ist das zweite sehr viel wahrscheinlicher. Die Formulierung, vor allem auch das σῴζειν τὰ φαινόμενα, stammt dann zweifellos von Sosigenes, aber die Angabe, daß Platon mit der Entstehung des Systems des Eudoxos etwas zu tun hatte, kann von Eudem stammen.

[376] Mittelstraß, op. coll. (Anm. 339), S. 130 ff.

besondere Begeisterung akzeptiert. S. Bochner auf der anderen Seite ist überzeugt, daß der große Mathematiker ein so kurioses System nur erfunden haben kann, um seinem philosophischen Freund Platon einen Gefallen zu tun: "Eudoxos was a powerful mathematician, and he was quite capable of presenting Plato with a planetary system which was all based on spheres, if that was what Plato wanted. But there is nothing to suggest that Eudoxos shared Plato's most trivial 'philosophical' view that spheres are 'divinely' or 'transcendentally' beautiful[377]."

In Wirklichkeit liegt die Wahrheit wohl etwas in der Mitte, und das Ganze ist für die Entwicklung der Astronomie im Altertum höchst interessant. Es ist notorisch, daß Eudoxos von Knidos längere Zeit an der platonischen Akademie zubrachte, z. T. während der Abwesenheit Platons in Sizilien. In dieser Zeit hat Eudoxos sich mit mancherlei Lehren Platons auseinandergesetzt, z. B. mit Platons Ideenlehre[378] und mit Platons Lehre vom Guten, und hat sich darauf vom Standpunkt des nüchternen Mathematikers und Naturwissenschaftlers aus einen Vers zu machen gesucht. Daß damals in der Akademie auch astronomische Fragen diskutiert wurden, ob nun von einem apriorischen oder von einem empirischen Standpunkt aus, kann auch nicht bezweifelt werden: ebensowenig, daß dabei die Reduktion der Bewegungen der Himmelskörper auf Kreisbewegungen mit gleichmäßiger Geschwindigkeit eine Rolle spielte. Daß Eudoxos daraus die Anregung schöpfte, zu versuchen, ob sich die tatsächlich zu beobachtenden Phaenomene nicht aufgrund der Annahme gleichförmiger Kreisbewegungen mathematisch erklären ließen, ist ganz natürlich und steht völlig auf der selben Linie mit seinen sonstigen Versuchen, platonische Lehren auf eine mehr naturwissenschaftliche Basis zu stellen, gleichgültig ob er mit Platon an die Göttlichkeit der Gestirne glaubte oder nicht: es war vermutlich für ihn ein rein mathematisches Problem. Soweit hat Bochner zweifellos recht. Aber wenn man sich die Bedeutung der Konstruktion des Eudoxos für die weitere Entwicklung der antiken Astronomie ansieht, kann man sich bei dem Spott Bochners über das Verhältnis des Mathematikers zu dem Philosophen vielleicht doch nicht ganz beruhigen.

Hier hat nun wieder Mittelstraß recht. Während die Mathematisierung des größten Teiles der Physik im Altertum durch die Überzeugung ge-

---

[377] S. Bochner, op. coll. (oben Anm. 2), p. 95.
[378] Vgl. K. von Fritz, „Die Ideenlehre des Eudoxos von Knidos und ihr Verhältnis zur platonischen Ideenlehre", Philologus 82 (1927), 1 ff.

hindert worden ist, daß das sublunarische Geschehen zu wenig geordnet sei, um sich präzis mathematisch fassen zu lassen, hat Eudoxos die Astronomie aus dieser Situation herausgenommen und ihr die Richtung auf die exakte mathematische Erfassung der *beobachteten* Phaenomene gegeben. Von nun an gilt für die Astronomie das Schlagwort σῴζειν τὰ φαινόμενα: die Phaenomene „retten", das bei Aristoteles noch nicht in dieser Form erscheint, sondern in der Form ἀποδιδόναι τὰ φαινόμενα[379], was aber bei ihm praktisch dasselbe bedeutet. Trotzdem ist die spätere Formulierung nicht ohne Bedeutung. Auch die babylonischen Vorausberechnungen der (nach unserer Terminologie „scheinbaren") Bewegungen der Himmelskörper geben in gewisser Weise die Phaenomene wieder (ἀποδιδόασιν). Aber zu „retten" braucht man die Phaenomene erst, wenn man zwischen wahren und scheinbaren Bewegungen zu unterscheiden hat[380]. *Daß* aber eine solche Unterscheidung notwendig wird, beruht einzig und allein auf der Forderung, daß sie auf gleichförmige reine Kreisbewegungen zurückzuführen seien, und diese Forderung stammt in dieser rigorosen Form aus der pythagoreisch-platonischen Philosophie mit ihrer Überzeugung von der Harmonie und Göttlichkeit des Kosmos. Dabei ist es nicht uninteressant zu sehen, daß auch die mehr oder minder materialistischen Naturerklärer wie Anaxagoras mit seiner Wirbeltheorie

---

[379] Aristoteles, Metaphysik, 8, 1073 b, 37 und 1074 a, 1; vgl. dazu auch G. E. L. Owen, „τίθεσθαι τὰ φαινόμενα" in Aristote et les problèmes de méthode, Publications universitaires de Louvain 1961, p. 83 ff.

[380] E. de Strycker in einer Rezension des Buches von Mittelstraß im International Philosophical Quarterly IV (1964), 492/93 weist mit Recht darauf hin, daß σῴζειν τὰ φαινόμενα eigentlich nichts anderes heißt, als daß der Astronom sich an die beobachteten Phaenomene halten, ihnen nicht Gewalt antun soll: „it does not express an aim that the scientist should achieve, but simply a condition he has to fulfil". Aber das Bedeutsame ist eben, daß man es bis Eudoxos mit der Bedingung nicht sehr ernst genommen hatte, wenn auch nicht in dem Ausmaß, wie es nach der Darstellung von Mittelstraß erscheint. Darin liegt die Bedeutung der durch Eudoxos bewirkten Wendung. F. Krafft in einer Rezension des selben Werkes in Sudhoffs Archiv f. Gesch. der Medizin und der Naturwissenschaften 49 (1965), 221—23 geht eben davon aus, daß die Forderung des ὁμαλῶς den Begriff der Anomalie voraussetzte, der wiederum nur Sinn habe aufgrund eines Systems, welches die Kreis- und Gleichförmigkeit der Bewegungen der Himmelskörper fordere. Ein solches System habe aber erst Aristoteles geschaffen. Die Forderung könne daher nicht vor ihm, also nicht von Platon, erhoben und nicht von Eudoxos erfüllt worden sein. Aber damit wird, wie mir scheint, ein historischer Vorgang allzusehr in abstracto konstruiert. Die Forderung ergab sich, wie ich oben zu zeigen versucht habe, für einen Mathematiker aus den apriorischen Betrachtungen in der Akademie —, und das System des Aristoteles wurde dann gerade durch die, freilich zunächst ziemlich approximative, Erfüllung der Forderung durch Eudoxos ermöglicht.

dazu neigen, den Gestirnen reine Kreisbewegungen zuzuschreiben. Doch
ist Anaxagoras weniger rigoros in der Forderung der Gleichförmigkeit
der Bewegung, da er annimmt, daß die gelegentlichen (für uns „scheinbaren") rückläufigen Bewegungen der Planeten durch den Luftwiderstand hervorgerufen sein könnten. Es ist aber gerade die von den „trivialen" Vorstellungen der Göttlichkeit und Harmonie des Kosmos ausgehende rigorose Forderung der Gleichfömigkeit reiner Kreisbewegungen,
welche die stürmische Entwicklung der griechischen Astronomie auf das
kopernikanische System hin in Gang gesetzt hat. So paradox vom Standpunkt eines orthodoxen modernen Wissenschaftsbegriffes aus ist die
antike Entwicklung bei den Griechen verlaufen.

Es ist aber wohl auch instruktiv, diese Entwicklung zu einer früheren
Entwicklung in der griechischen Philosophie und Wissenschaft und einem
anderen Schlagwort, das dabei eine Rolle gespielt hat, in Beziehung zu
setzen: ὄψις τῶν ἀδήλων τὰ φαινόμενα[381]: einem Schlagwort, in dem auch
wieder die Phaenomene, die „Erscheinungen", im Mittelpunkt stehen.
Auch hier steht am Anfang eine philosophische Forderung, die des Parmenides, daß das Seiende auf keine Weise werden oder vergehen kann.
Da aber in der uns in der Wahrnehmung gegebenen Welt die Dinge
unaufhörlich zu werden und zu vergehen scheinen, ergab sich daraus,
daß die wirkliche Welt anders sein muß als die uns erscheinende. Auch
hier ergab sich daraus die weitere Notwendigkeit, die Welt der Erscheinungen aus der erschlossenen wahren Welt abzuleiten und zu erklären, und es
ist in diesem Zusammenhang, daß Anaxagoras nach der Überlieferung die
Formel geprägt hat[382], die Phaenomene seien die Art, wie wir die uns
verborgene (wahre) Welt zu Gesicht bekommen, ein Satz, der dann vor
allem von Demokrit, zu dessen Welterklärung sie noch besser paßt als
zu der des Anaxagoras, aufgenommen worden ist. Sowohl die Vorstellung, daß die Welt, in der wir leben, eine Welt der „Erscheinungen" ist,
der eine wahre Welt zugrunde liegt, die sich durch Denken erschließen
läßt, geht letzterdings auf den Satz des Parmenides zurück, wie auch

---

[381] Vgl. Diels/Kranz 42 B 21 a aus Sext. Empiricus VII, 140: Διότιμος δὲ τρία κατ᾽
αὐτὸν (sc. τὸν Δημόκριτον) ἔλεγεν εἶναι κριτήρια, τῆς μὲν τῶν ἀδήλων κατα-
λήψεως τὰ φαινόμενα· „ὄψις γὰρ τῶν ἀδήλων τὰ φαινόμενα", ὥς φησιν Ἀναξαγό-
ρας, ὃν ἐπὶ τούτῳ Δημόκριτος ἐπαινεῖ. Vgl. dazu auch Otto Regenbogen, „Eine
Forschungsmethode antiker Naturwissenschaft" in Kleine Schriften, München 1961,
S. 141 ff., vor allem 153 ff., und Hans Diller, ΟΨΙΣ ΑΔΗΛΩΝ ΤΑ ΦΑΙΝΟΜΕΝΑ
in Hermes 67 (1932), 14 ff., sowie Mittelstraß, op. coll. S. 140.

[382] Vgl. auch Anaxagoras bei Diels/Kranz 42 B 21.

die verschiedenen Erhaltungssätze — der Materie, der Kraft, zuletzt der Energie —, die bis in die Gegenwart in der Physik eine so entscheidende Rolle spielen. Die letzteren sind alle apriorische Sätze, wie gerade bei Robert Mayer, der sich mit nie nachlassender Energie um die empirische Bestätigung seines Satzes, wo es nicht stimmen wollte, bemüht hat, besonders deutlich ist[383].

Die Erhaltungssätze sind natürlich sehr viel tieferliegend als die Forderung der Kreis- und Gleichförmigkeit für die Bewegungen der Himmelskörper, von denen die erste ja auch schließlich aufgegeben werden mußte. Die Forderung der „Schönheit" der Gestirnbewegungen mußte

---

[383] Wie F. Klemm und H. Schimank in zwei Abhandlungen „Julius Robert Mayer zum 150. Geburtstag" Abhandlungen und Berichte des Deutschen Museums, Heft 3, München 1965 gezeigt haben, ist Robert Mayer zunächst durch das Mißlingen seiner jugendlichen Versuche, ein Perpetuum Mobile herzustellen, zu dem Satz von der Erhaltung der Kraft gelangt, der erst mehrere Jahre nach dem Erscheinen seiner grundlegenden Arbeiten von anderen in den Satz von der Erhaltung der Energie umbenannt worden ist. Aber dann wurde es für ihn, wie auch für andere, die vor ihm oder gleichzeitig mit ihm einen solchen Gedanken gefaßt hatten, ein apriorisches Prinzip, dessen experimentelle Bestätigung er jedoch auf allen Gebieten leidenschaftlich suchte. Am deutlichsten kommt dies zum Ausdruck in zwei Sätzen in einem Aufsatz von R. J. Mayer aus dem Jahre 1851, die von M. Hartmann, „Das Gesetz der Erhaltung der Energie in seinen Beziehungen zur Philosophie" in E. Pietsch und H. Schimank, Robert Mayer und das Energieprinzip, Berlin 1942, S. 309 zitiert werden: „Das Gesetz ist auf einige Grundvorstellungen des menschlichen Geistes zurückgeführt worden. Der Satz, daß eine Größe, die nicht aus dem Nichts entsteht, auch nicht vernichtet werden kann, ist so einfach und klar, daß gegen seine Richtigkeit wohl so wenig als gegen ein Axiom der Geometrie etwas Begründetes wird eingewendet werden können, und dürfen wir ihn überhaupt so lange annehmen, als nicht durch eine unzweifelhaft festgestellte Tatsache das Gegenteil erwiesen ist." Und weiter: „Das aufgestellte Axiom fordert aber jetzt, daß die verschwindende Bewegung zu Wärme wird, oder daß, mit anderen Worten, diese beiden Objekte in einer unveränderlichen Größenbeziehung zu einander stehen. Die Prüfung dieses Satzes auf dem Erfahrungswege, die Feststellung desselben in allen Einzelfällen, der Nachweis einer zwischen den Denkgesetzen und der objektiven Welt bestehenden vollkommenen Harmonie ist die interessanteste, aber auch umfassendste Aufgabe, die sich denken läßt." Hier zeigt der zweite Satz des ersten Zitates auch besonders deutlich die Beziehung zu den Erhaltungssätzen der Antike, letzterdings zu den Argumenten des Parmenides. Vgl. dazu auch noch H. Schimank, „Die geschichtliche Entwicklung des Kraftbegriffs bis zum Aufkommen der Energetik", ibidem S. 98 ff., vor allem S. 102: „Nur Sadi Carnot, Mayer, Colding, Joule, Holtzmann und Helmholtz sind dazu fähig gewesen und haben jeder auf höchst persönliche Weise eine metaphysische Überzeugung zu einer physikalisch nachprüfbaren Aussage umzuprägen gewußt" und S. 103: „Colding, den eine wesentlich metaphysisch gerichtete Denkweise die Naturkräfte zu der geistigen ... Macht in Beziehung setzen ließ, die die Natur in ihrem Fortschritt lenkt." Über die Prägung des Wortes Energie vgl. ibidem S. 145ff.

schließlich auf die Forderung der Einfachheit und Gleichförmigkeit reduziert werden. Aber vielleicht sollte man die Beziehungen zwischen dem „trivialen" Prinzip der Schönheit und der Harmonie und dem wissenschaftlichen Prinzip der Einfachheit und Gleichförmigkeit doch nicht unterschätzen, worauf noch zurückzukommen sein wird. Jedenfalls kann kaum ein Zweifel daran sein, daß durch die Eudoxische Lösung der „Aufgabe" — ob diese nun ausdrücklich gestellt worden war oder für den naturwissenschaftlichen Denker Eudoxos aus der Problemlage, wie er sie verstand, sich von selbst ergab — die Weiche gestellt war. Für Aristoteles stand sowohl die Forderung der Kreis- und Gleichförmigkeit der Bewegung der Himmelskörper als auch das Prinzip, daß die durch Beobachtung feststellbaren scheinbaren Bewegungen der Himmelskörper auf solche Bewegungen zurückgeführt werden müßten, fest. Da die 27 ineinandergeschachtelten Sphären des Eudoxos nicht zu einer befriedigenden Erklärung der beobachteten Phaenomene ausreichten, hat in der zweiten Hälfte des 4. Jahrhunderts der Astronom Kallippos, der auch den Kalender des Meton und Euktemon verbessert hat, die Zahl der Sphaeren auf 33 erhöht. Nicht so sehr, um noch genaueren Beobachtungen gerecht zu werden, als um ein kohaerentes mechanisches System zu schaffen, hat schließlich Aristoteles durch Einschaltung von 22 rückrollenden Sphaeren die Zahl der Sphaeren auf 55 erhöht. Damit hatte die Entwicklung in der Richtung des Eudoxischen Entwurfs ihr Extrem erreicht. Die Prinzipien waren gewahrt. Aber das Verlangen nach Einfachheit der Erklärung war auf andere Weise auf das Stärkste verletzt.

Da das, wenn auch astronomisch phantastische, System des Philolaos schon die Kühnheit gehabt hatte, die Erde aus ihrer Ruhelage im Zentrum des Universums zu entfernen, die Aristoteles aus Gründen seiner physikalischen Vorstellungen nicht aufgeben konnte, war es im Grunde nur eine natürliche Konsequenz der historisch gegebenen Voraussetzungen, eine Vereinfachung der Erklärung der Himmelserscheinungen auf diesem Wege zu versuchen. Es ist daher auch nicht so erstaunlich, wie vielfach angenommen wird, wenn der nächste Schritt auf diesem Wege von einem Mann getan worden ist, dessen Schriften, soweit wir sie kennen, ihn sonst eher als begabten Stilisten und Popularisator mit gelegentlichen guten eigenen Einfällen denn als tiefgründigen Philosophen oder exakten Wissenschaftler charakterisieren: Herakleides aus Herakleia am Pontos (ca. 390—ca. 310 v. Chr.), der wohl ungefähr gleichzeitig mit Aristoteles in die platonische Akademie eingetreten ist, in der späteren Überlieferung aber nicht nur als Schüler Platons, sondern auch des Aristoteles gilt.

Leider ist die antike Überlieferung über das astronomische System des Herakleides — *wenn* es ein solches System gegeben hat — z. T. dunkel und widersprüchlich[384]. Alle Zeugnisse stimmen darin überein, daß Herakleides der Erde eine Kreisbewegung zugeschrieben habe. Aber während manche von diesen Zeugnissen eindeutig von einer Bewegung der im Zentrum des Kosmos stehenden Erde um ihre Achse sprechen[385], lassen andere auch die Auslegung zu, daß es sich um eine Bewegung der Erde um einen anderen Mittelpunkt handele[386]. An einer Stelle ist davon die Rede[387], daß Herakleides sich mit dem Umlauf der Venus beschäftigt und gezeigt habe, wie es komme, daß unter der Annahme, daß Sonne und Venus sich in konzentrischen Kreisen drehen, es durch Projektion des Bildes der Sonne und der Venus auf den viel weiter entfernten Fixsternhimmel von der Erde aus so aussehen könne, als ob die Venus bald östlich, bald westlich von der Sonne stünde. Endlich wird an einer Stelle gesagt[388], daß die scheinbare Unregelmäßigkeit in der Bewegung der Sonne auch unter Voraussetzung der Annahme erklärt werden könne, daß die Erde sich in gewisser Weise bewegt, die Sonne dagegen in gewisser Weise ruht. Um alle diese Angaben miteinander vereinigen zu können, hat Van der Waerden in genialer Weise ein System des Herakleides konstruiert[389], in welchem die Erde sich um ihre Achse dreht, außerdem aber Sonne, Venus und Erde um einen gemeinsamen Mittelpunkt kreisen, in welchem sich kein Gestirn befindet. Doch macht diese Konstruktion mehrfache Textumdeutungen nötig. Nun läßt jedoch der Wortlaut des für diese Deutung wichtigsten Satzes es als sehr wahrscheinlich erscheinen[390], daß es sich bei

---

[384] Die Fragmente bei F. Wehrli, Die Schule des Aristoteles, Texte und Kommentare VII: Herakleides Pontikos, Frgt. 104—117 (S. 35 ff.) mit Kommentar (S. 94 ff.) und teilweise bei Van der Waerden, op. coll. (Anm. 324), S. 63 ff.

[385] Frgt. 104 und 106 Wehrli (9:5 Van der Waerden).

[386] Frgt. 105 Wehrli, (9:4 Van der Waerden).

[387] Frgt. 109 Wehrli (9:6 Van der Waerden) aus Chalcidius' Kommentar zu Platons Timaeus.

[388] Frgt. 10 Wehrli (9:7 Van der Waerden).

[389] Van der Waerden, op. coll. (oben Anm. 324), S. 65—73.

[390] Der griechische Text lautet: διὸ καὶ παρελθών τις, φησὶν Ἡρακλείδης ὁ Ποντικὸς ⟨ἔλεγεν⟩ [Aldina] ὅτι καὶ κινουμένης πως τῆς γῆς, τοῦ δὲ ἡλίου μένοντός πως, δύναται ἡ περὶ τὸν ἥλιον φαινομένη ἀνωμαλία σῴζεσθαι. Das ἔλεγεν in diesem Satz steht nur in der ältesten gedruckten Ausgabe und kann eine Konjektur sein, kann aber auch aus einer unbekannten Handschrift stammen. Auf keinen Fall aber

Herakleides um einen Dialog gehandelt hat, in welchem verschiedene mögliche Erklärungen bestimmter Himmelserscheinungen erörtert worden sind, und es ist deshalb zweifelhaft, ob Herakleides überhaupt den Versuch gemacht hat, diese verschiedenen Erklärungsmöglichkeiten zu einem ausgearbeiteten System der Erklärung aller Himmelserscheinungen zu vereinigen. Das wird auch bestätigt durch den Satz, den Geminus auf das Zitat aus Herakleides folgen läßt[391]: überhaupt sei es aber nicht Aufgabe des Astronomen, festzustellen, was von Natur feststehe und was beweglich sei, sondern Hypothesen aufzustellen, nach denen einige Körper feststehen, andere sich (auf verschiedene Weisen) bewegen, und zu untersuchen, mit welchen Hypothesen die Erscheinungen zusammenpassen. So entspricht es auch besser einem einfallsreichen spekulativen Kopf, als den sich Herakleides in den Fragmenten seiner sonstigen Werke präsentiert, als die genaue Ausarbeit eines vollständigen Systems. Aber er hat zweifellos durch solche Spekulationen zur Auflockerung des astronomischen Denkens beigetragen und dadurch eine nicht ganz zu vernachlässigende historische Bedeutung gehabt.

Im Gegensatz zu Herakleides war Aristarch von Samos (ca. 310—230) ein hervorragender Mathematiker und Astronom. In dem Widmungsbrief, mit dem Archimedes seinen berühmten Sandrechner, ein System zur Erzeugung beliebig hoher Zahlen, an Gelon, den Sohn und Mitherrscher

---

kann Ἡρακλείδης ὁ Ποντικός im Text eines griechisch als seine Muttersprache schreibenden Autors Apposition zu τις sein wie in der von Van der Waerden S. 65 benutzten Übersetzung. Es bleiben nur zwei Möglichkeiten: entweder das ἔλεγεν stand im Text; dann war die Schrift ein Dialog, in welcher eine der Dialogfiguren die Ansicht vertrat oder auch nur auf die Möglichkeit hinwies, daß die Erde sich um die Sonne drehe, oder Ἡρακλείδης ὁ Ποντικός ist eine in den Text geratene Randglosse, deren Autor die Identität des τις des Textes näher zu bestimmen suchte. In keinem Fall ist die These, daß die Erde sich um die Sonne bewege, als definitiver Teil einer astronomischen Theorie des Herakleides bezeugt. Dagegen ist es sehr wohl möglich, ja wohl das Wahrscheinlichste, daß Herakleides eine solche Theorie als Möglichkeit neben andern diskutierte. F. Hultsch, „Das astronomische System des Herakleides von Pontos", Ilbergs Jahrbücher f. Klass. Philologie XLII (1896), 1. Abt. S. 305 ff., hat aus den antiken Zeugnissen zu beweisen versucht, daß Herakleides gelehrt habe, daß Mercur und Venus sich um die Sonne drehen, eine Ansicht, die dann als definitive Lehre des Herakleides in viele Bücher und Artikel aufgenommen worden ist. Es ist sehr wohl möglich, sogar wahrscheinlich, daß auch diese Erklärung bei Herakleides erörtert worden ist. Aber strikt beweisen läßt es sich aus diesen Zeugnissen nicht.

[391] Geminus apud Simpl. in Aristot. Phys. II, 2, S. 292 Diels: ὅλως γὰρ οὐκ ἔστιν ἀστρολόγου τὸ γνῶναι τί ἠρεμαῖόν ἐστι τῇ φύσει καὶ ποῖα τὰ κινητά, ἀλλὰ ὑποθέσεις εἰσηγούμενος τῶν μὲν μενόντων τῶν δὲ κινουμένων σκοπεῖ, τίσιν ὑποθέσεσιν ἀκολουθήσει τὰ κατὰ τὸν οὐρανὸν φαινόμενα.

Hierons von Syrakus übersandt hat, teilt er mit[392], Aristarch habe angenommen, daß die Sonne im Mittelpunkt der Fixsternsphaere ihren Platz
habe, die Fixsternsphaere still stehe und die Erde sich in einem Kreis um
die Sonne bewege. Die Größe des Kosmos, d. h. die Entfernung der Fixsternsphaere sei so groß, daß im Verhältnis dazu die Erdbahn um die
Sonne wie ein Punkt erscheine[393]. Damit wird das heliozentrische System,
soweit es die Drehung der Erde um ihre Achse wie auch die Drehung der
Erde um die Sonne angeht, von einem Zeitgenossen Aristarchs, der nur
um ca. 25 Jahre jünger war, bezeugt, zugleich aber auch, was noch wichtiger ist, daß Aristarch das Fehlen einer beobachtbaren Parallaxe der
Fixsterne aus dem ungeheuren Umfang der Fixsternsphaere erklärt hat.
Es ist diese letztere Annahme, die Archimedes im Zusammenhang seiner
Größenrechnungen interessiert. Das ist wohl auch der Grund, warum er
keine genauere Auskunft über das System Aristarchs gibt. Eine weitere
Bestätigung durch einen Zeitgenossen gibt eine Notiz bei Plutarch[394], der
Stoiker Kleanthes habe gesagt, Aristarch sollte von den Griechen wegen
ἀσέβεια verklagt werden, weil er den „Herd des Universums" von seinem
Platze zu entfernen gesucht habe durch seine Annahme, daß der Himmel
stillstehe und die Erde sich sowohl in einem schiefen Kreis um die Sonne,
als auch zugleich um ihre eigene Achse drehe. In der erhaltenen Schrift des
Aristarch über Größe und Entfernung von Mond und Sonne von der
Erde[395] ist von dem heliozentrischen System nicht die Rede. Wohl aber
wird darin angenommen, daß der Mond sich um die Erde als Mittelpunkt
bewegt. Da die Bewegung der übrigen Planeten um die Sonne aus der
Bewegung der Erde um die Sonne folgt, kann wohl angenommen werden,
daß Aristarch das vollständige heliozentrische System erfunden hat. Es
ist jedoch charakteristisch für die weitere Entwicklung der Astronomie im
Altertum, daß die Überlieferung über Aristarchs großartige Konstruktion
so dünn ist. Der einzige, von dem berichtet wird[396], daß er sich dem
System des Aristarch angeschlossen, ja einen zusätzlichen Beweis dafür zu

---

[392] Archimedes, Arenarius I, 4 ff., p. 218 ed. Heiberg.

[393] Archimedes scheint den Sinn des von Aristarch Gesagten etwas mißverstanden zu
haben, indem er ihn eine Proportion zwischen Erddurchmesser und Abstand der
Erde von der Sonne einerseits und dem Durchmesser der Erdbahn um die Sonne
und dem Abstand des Sonnensystems vom Fixsternhimmel andererseits herstellen
läßt. Doch kann an dem eigentlichen Sinn der Äußerung Aristarchs kaum ein
Zweifel sein; vgl. dazu Th. Heath, Aristarchus of Samos, Oxford 1913, S. 308/09.

[394] Plutarch, de facie in orbe lunae 6, p. 922 f.

[395] Vgl. Th. Heath, op. coll. p. 351 ff.

[396] Plutarch, quaestiones Platonicae 8.

liefern unternommen habe, ist ein von Strabon als „Chaldaeer" bezeich-
neter Seleukos aus Seleukeia am Tigris, der um 150 v. Chr., also etwa ein
Jahrhundert nach Aristarch lebte.

Aber zur selben Zeit, zu der Seleukos sich das System des Aristarch zu
eigen machte, wendete sich der sorgfältigste Beobachter unter den griechischen Astronomen, Hipparchos von Nikaia, von dem heliozentrischen
System des Aristarch ab[397] und entwickelte das von Apollonios von
Perge zuerst ausgearbeitete[398] System der Erklärung der Himmelserscheinungen mit Hilfe von Epizyklen und exzentrischen Kreisen, das dann
von Ptolemaios aufgenommen und verfeinert worden ist, weiter. Über
die Gründe, die Hipparch zur Ablehnung des heliozentrischen Systems
bestimmten, ist nichts Näheres bekannt. Doch dürfte einer der Haupt-
gründe gewesen sein[399], daß bei der Annahme der Stellung der Sonne im
Zentrum des Kosmos und beim Festhalten an reinen Kreisbewegungen
viele genauere Beobachtungen doch nicht mit der durch das System
gegebenen Erklärung völlig übereinstimmten und die Epizyklen- und
Exzentriktheorie flexibler und anpassungsfähiger war. Dazu kommt ein
weiteres Element, das in den Einwendungen des Ptolemaios gegen das
heliozentrische System, bzw. seiner positiven Begründung des geozentri-
schen Systems besonders deutlich hervortritt und das mir überhaupt für
das Verständnis des Wesens der Entwicklung der griechischen Astronomie
grundlegend zu sein scheint.

Es ist heute üblich, für die Ablehnung des heliozentrischen Systems
durch Ptolemaios und seine Vorgänger vor allem die physikalischen Einwände verantwortlich zu machen[400], die dieser am Ende des 7. Kapitels
des I. Buches seiner Syntaxis dagegen anführt[401]: daß es seltsam wäre,
wenn ein so schwerer Körper wie die Erde eine so rasend schnelle Bewegung haben sollte, und daß man sich die aus den leichten Elementen
Aether und Feuer bestehenden Sterne viel eher in so schneller Bewegung
befindlich denken kann, ferner daß die in die Luft geworfenen Körper,
selbst wenn sie von der mit der Erde sich bewegenden Atmosphäre mitgerissen würden, doch entgegen der Bewegungsrichtung der Erde zurück-

---

[397] Das ausführlichste Zeugnis bei Ptolemaios, Syntaxis IX, 2, p. 210 f. Heiberg.
[398] Vgl. ibidem XII, 1, p. 450 Heiberg.
[399] Vgl. darüber Th. Heath, op. coll. p. 308 ff.
[400] Vgl. Van der Waerden, op. coll. (Anm. 324) p. 74 f. und C. F. von Weizsäcker, op.
coll. (Anm. 223), p. 97.
[401] Ptolemaios, Syntaxis, I, 7, p. 22 ff. ed. Heiberg.

bleiben müßten, und dergleichen mehr. Aber sehr viel bedeutsamer scheinen mir die Einwände zu sein, die sich aus den positiven Beweisen der vorangehenden Kapitel[402] über die Kugelgestalt des Universums und die Kugelgestalt der Erde sowie für ihre Stellung im Zentrum des Universums ergeben. Diese Beweise sind insofern naiv, als sie von der Annahme der Existenz einer feststellbaren Achse des Fixsternhimmels ausgehen, die zwei ebenfalls feststehende Enden, die Pole, hat. Geht man von dieser Annahme aus, so läßt sich leicht beweisen, daß die Annahme, die Erde liege auf der Achse, sei aber dem einen Ende der Achse näher als dem anderen, oder aber sie liege außerhalb der Achse, mit den beobachteten Erscheinungen unvereinbar ist. Nur ist dabei übersehen, daß diese Himmelsachse nichts als die Verlängerung der Erdachse ist, und daß, wenn angenommen wird, die Sonne stehe im Mittelpunkt des Kosmos, die Achse des Kosmos, wenn überhaupt noch eine solche angenommen werden kann, durch die Sonne gehen müßte, in Wirklichkeit aber dann von einer feststehenden Achse des Universums überhaupt nicht mehr die Rede sein kann. Die astronomischen, d. h. aus der Beobachtung der Gestirnbewegungen geschöpften Einwände der folgenden Kapitel gegen die Theorie Aristarchs[403] hängen aber alle von dieser Grundannahme ab, die nichts als eine Rückkehr sozusagen zum naiven Augenschein bedeutet. Auf der andern Seite ist es wohl nicht unrichtig, wenn F. Hultsch sagt[404], es sei für die konstruktive mathematische Verarbeitung der Beobachtungen zunächst von Vorteil gewesen, von einem als feststehend angenommenen Standort des Beobachters auszugehen: wie man von da aus zu einer immer verfeinerten Kombination von Epizyklen und exzentrischen Kreisen gekommen sei, hätte man auch weiter zur Annahme elliptischer Bewegungen kommen und schließlich von da aus den Sprung zu einer verbesserten zunächst heliozentrischen, dann azentrischen, Erklärung der Phaenomene machen können. Faktisch jedoch ist das Prinzip, daß alles auf reine und gleichförmige, wenn auch z. T. epizyklische und exzentrische, Kreisbewegungen zurückgeführt werden müsse, im Altertum bis zum Ende immer festgehalten worden.

Richtet man nun von diesem Endergebnis den Blick zurück auf die Anfänge und auf die verschiedenen Entwicklungsphasen der griechischen

---

[402] Ibidem I, 3 ff.
[403] Ibidem I, 5 und 7.
[404] F. Hultsch, op. coll. p. 312 f.

Astronomie, so enthüllt sich die ganze Kompliziertheit dieses Vorgangs, der keineswegs den Vorstellungen und Forderungen einer orthodoxen positivistischen Wissenschaftstheorie entspricht. Diesem Ideal haben nur die Babylonier voll entsprochen: immer genauere Beobachtungen in immer genauere mathematische Tabellen und Formeln zu fassen. Aber damit allein hätte man bei der mathematischen Erfassung der eigentümlichen von den Planeten beschriebenen Kurven und „Pferdefesseln" (Hippopeden) sowie ihrer Stillstände, Rückläufigkeiten und Beschleunigungen stehenbleiben können. Die zusätzliche Forderung der Zurückführung auf einfachere Konstruktionen und Gesetze ist bei den Griechen zuerst in der Form der Forderung der Erklärung in den „schönsten" und „harmonischsten" Bewegungen und Kurven aufgetreten, die in der Form der Forderung der reinen und gleichmäßigen Kreisbewegungen bis zum Ende der Antike in Kraft geblieben ist. Es waren diese und noch seltsamere ideale Forderungen, die dem Wirrkopf Philolaos zuerst den Mut gegeben haben, die Erde gegen den offenkundigsten Augenschein aus dem Zentrum des Universums zu entfernen und sie, statt sie dort ruhen zu lassen, in Bewegung zu setzen. Um die „Rettung der Phaenomene" scheint er sich dabei nach dem Zeugnis des Aristoteles nur wenig gekümmert zu haben. Nicht sehr viel später hat ein einfallsreicher und spekulativer Kopf, der aber wiederum keineswegs durch eigentliche mathematische Leistungen ausgezeichnet war, Überlegungen darüber angestellt, wie man die Himmelsphaenomene unter der Annahme, daß die Erde sich bewege und andere Himmelskörper sich zwar auch in gleichförmigen reinen Kreisbewegungen, aber um andere Zentren bewegen, erklären könnte. Nicht ganz hundert weitere Jahre später hat dann ein großer Mathematiker und Astronom aller Wahrscheinlichkeit nach vollständig das System entdeckt, mit welchem fast genau 1800 Jahre später die moderne Astronomie beginnt.

Die Entwicklung, die im System Aristarchs kumulierte, war in gewaltigen Sprüngen geschehen. Beobachtungen und Mathematik hatten dabei gewiß eine bedeutende Rolle gespielt, aber eine noch größere Rolle kühne, z. T. nur sehr ungenügend durch Beobachtung und Mathematik gestützte Spekulation. Vielleicht kann man es auch als für die griechische Entwicklung charakteristisch bezeichnen, daß von den beiden im eigentlichen Sinn wissenschaftlichen Faktoren bei Aristarch offenbar der mathematische Faktor der dominierende ist. Für seine Bestimmung der Größe und Entfernung von Sonne und Mond hat Aristarch sich ein ausgezeichnetes mathematisches Instrument geschaffen. Aber die Beobachtungsgrundlage dafür war weit schlechter als sie mit den damals zur Verfügung stehenden

Instrumenten hätte sein können. Schon Hipparch hat ihn darin sehr wesentlich korrigiert[405].

Neben dieser sich in Sprüngen vollziehenden Entwicklung, die mit dem heliozentrischen System des Aristarch, das außer bei Seleukos bei niemand Annahme fand, zu einem abrupten Abschluß kam, aber natürlich nicht ganz ohne gegenseitige Beeinflussung, ging eine andere langsamere und vorsichtigere Entwicklung einher. Sie begann mit der selben Diskrepanz zwischen idealen Forderungen und beobachteten Phaenomenen. Diese führte bei Platon zunächst zu der Neigung, analog zu seiner Musiktheorie, zwischen einer idealen und einer empirischen Astronomie zu unterscheiden, wobei sich die ideale Astronomie von der empirischen doch nicht zu weit entfernen durfte. Dann hat der Mathematiker Eudoxos von Knidos dieser Entwicklung energisch die Richtung auf die Erklärung der beobachtbaren Phaenomene gegeben, dabei aber den Standpunkt des Beobachters als ruhend in der Mitte des Universums beibehalten. Davon stammen letzterdings nicht nur die Systeme des Kallippos und des Aristoteles, sondern auch die epyzyklischen und exzentrischen Systeme des Apollonios von Perge, des Hipparch und des Ptolemaios, wenn auch bei den letzteren der Beobachter nicht mehr im Mittelpunkt aller Kreisbewegungen der Himmelskörper stehend gedacht ist. Aber die alte ideale Forderung der reinen und gleichförmigen Kreisbewegungen wird auch hier überall beibehalten. Der Standpunkt der mathematischen Astronomen in dieser Hinsicht wird sehr schön und deutlich von Ptolemaios im Prooemium zu seiner Syntaxis zum Ausdruck gebracht[406]. Er spricht dort von der Einteilung der Arten der Erkenntnis der außermenschlichen Welt in Theologie, Physik und Mathematik. Die beiden ersten entbehrten für sich der Sicherheit, die erste wegen der Unsichtbarkeit (τὸ ἀφανές) und daraus folgenden schweren Faßbarkeit (τὸ ἀνεπίληπτον) ihres Gegenstandes, die zweite wegen der Unbeständigkeit (ἄστατον) und Verworrenheit (ἄτακτον) der materiellen Dinge. Nur die Mathematik sei imstande, ein zuverlässiges und unumstößliches Wissen zu vermitteln. Deshalb habe er sich dieser

---

[405] Vgl. darüber Th. Heath, op. coll., p. 337 ff. Anfang 1969 hat M. Schramm im wissenschaftsgeschichtlichen Colloquium der Universität München einen Vortrag gehalten, in dem er die Diskrepanz zwischen der Vortrefflichkeit der mathematischen Grundlagen der Entfernungsbestimmungen des Aristarch und der Mangelhaftigkeit der den tatsächlichen Entfernungsbestimmungen zugrundeliegenden Beobachtungen, deren Genauigkeit weit unter dem lag, was sich mit den damalig vorhandenen Instrumenten hätte erreichen lassen, ausführlich behandelte. Leider scheint der Vortrag bisher nicht in ausgearbeiteter Form vorzuliegen.

[406] Ptolemaios, Syntaxis I, 1, p. 6 ff. Heiberg.

vor allem gewidmet, insbesondere aber *dem* Zweige derselben, der sich mit den göttlichen und himmlischen Dingen beschäftige und mit deren ewig sich gleichbleibenden Bewegungen. Eben damit könne aber die Mathematik, bzw. Astronomie, auch sowohl der Theologie wie dem menschlichen Leben einen Dienst leisten, indem sie die strenge Ordnung (εὐταξία), Harmonie (συμμετρία) und Einfachheit (ἀτυφία: im moralischen Sinn: Mangel an Wichtigtuerei), die dort herrschten, zur Anschauung bringe.

Aber auch den Vätern der modernen Astronomie lagen solche Betrachtungen nicht fern. Als Christen konnten sie die Gestirne nicht für göttliche Wesen halten, und die Erfindung der Fernrohre ließ bald an der soliden Natur des Mondes jedenfalls keinen Zweifel mehr aufkommen. Aber an Stelle der Göttlichkeit der Gestirne trat die Schönheit der göttlichen Gesetze und Ordnungen. Von Eudoxos ist nicht überliefert, daß er an die Göttlichkeit der Gestirne glaubte, sondern nur, daß er sich der Forderung der Erklärung aus gleichförmigen und reinen Kreisbewegungen fügte und der Meinung war, daß die *wirklich* beobachteten Himmelserscheinungen so erklärt werden müßten und nicht die einer idealeren Welt, von der die sinnlich wahrnehmbare nur ein unvollkommenes Abbild sei. Bei Kepler kann kein Zweifel daran sein, daß er an die Vollkommenheit und Harmonie der himmlischen Sphaeren glaubte. Er ging ursprünglich von der Überzeugung aus, daß die Gestirne sich in reinen Kreislinien bewegen müßten, weil der Kreis die vollkommenste aller Figuren sei. Aber zu seiner Zeit lagen die sehr genauen Beobachtungsreihen von Tycho Brahe vor, die mit dem kopernikanischen System auf der Grundlage der Annahme reiner Kreisbewegungen nicht übereinstimmten. Da für Kepler im Gegensatz zu Platon kein Zweifel daran bestehen konnte, daß die wirklich zu *beobachtenden* Gestirnbewegungen zu erklären seien, suchte er mühevoll, bis er eine befriedigende Erklärung fand, und fand sie in elliptischen Bahnen. Es scheint eine Art Schock für ihn gewesen zu sein, den Glauben an die Bewegung in der „vollkommensten" und „der Metaphysik angemessensten" Figur des Kreises aufgeben zu müssen. Er scheint aber dann einen Trost darin gefunden zu haben, daß sich die Bewegungen nach seinen Berechnungen in „vollkommenen" Ellipsen (figura perfecte elliptica[407]) vollzogen und zwar um einen realen

---

[407] Kepler, Astronomia Nova IV, 58. Zur Entwicklung der Lehre Keplers und über sein Widerstreben, die antike Lehre von den gleichmäßigen reinen Kreisbewegungen aufzugeben vgl. J. Mittelstraß, op. coll. (Anm. 339), p. 214 ff.

Körper als einen Brennpunkt der Ellipse, nicht um materiell nicht ausge-
füllte Mittelpunkte wie die exzentrischen Kreise des Ptolemaios.

Man kann vielleicht sagen, daß Kepler und sein etwas älterer Zeitgenosse Galilei, der ihn aber überlebt hat, *zusammen* einen Wendepunkt
bezeichnen, dem durch Eudoxos von Knidos in der antiken Astronomie
bezeichneten Wendepunkt vergleichbar. In gewisser Weise ist Keplers
elliptisch-kopernikanisches System nichts als eine konsequente Fortsetzung des Unternehmens des Eudoxos, die beobachteten Phaenomene auf
möglichst gleichförmige und einfache Bewegungen zurückzuführen, nur
daß Kepler durch die neuesten viel exakteren Beobachtungen dahin geführt worden war, sowohl die Forderung der reinen Kreisbewegung wie
auch die der absolut gleichförmigen Bewegung aufzugeben, das letztere
insofern als die in Ellipsen sich bewegenden Gestirne ihre Bewegung bei
der Annäherung an den im einen Brennpunkt stehenden Himmelskörper
beschleunigen. Doch konnte wie der Kreis durch die „vollkommene
Ellipse" so die absolute Gleichförmigkeit der linearen Geschwindigkeit
durch die Gleichförmigkeit der vom Radiusvektor des Planeten durch-
strichenen Flächen ersetzt werden. So bleibt für Kepler bis zu einem
gewissen Grade das Ausgezeichnete der Gesetze der Himmelsbewegungen
bestehen, das in der antiken Astronomie eine so große Rolle spielt, obwohl
er sich mit der Annahme eines Einflusses der Himmelskörper aufeinander
auch einer physikalischen Erklärung der Bewegungen der Himmelskörper
im modernen Sinne angenähert hatte.

Der entscheidende Schritt wurde jedoch durch Galilei getan. Während
Kepler sich von Jugend an außer mit der allem als Grundlage dienenden
Mathematik vor allem mit Optik und Astronomie beschäftigt hatte, hatte
Galilei sich auf viel weiteren Gebieten, vor allem auf dem Gebiete der
Mechanik, hervorgetan[408]. Er hatte schon in seiner Jugend sich mit der
Bestimmung des Schwerpunktes fester Körper, mit den Problemen der
schiefen Ebene und der Hebelwirkung, und mit Problemen des Falles und
der Ballistik beschäftigt. Er hatte die aristotelische Annahme widerlegt,
daß es von Natur nach oben strebende Körper gebe, sowie die Vorstellung, daß die fortgesetzte Bewegung eines durch Anstoß in Bewegung gesetzten Körpers durch die Mitwirkung der von ihm in Bewegung gesetzten Luft erfolge, und vieles andere. Schon in seinen frühen nicht veröffentlichten Schriften wird das „Beharrungs"- und Trägheitsgesetz viel-

---

[408] Vgl. darüber ausführlich L. Olschki, Geschichte der neusprachlichen wissenschaftlichen Literatur III: Galilei und seine Zeit, Halle 1927, 134 ff.

fach stillschweigend vorausgesetzt, das bei ihm später in der Erklärung
der Bewegungsphaenomene eine grundlegende Rolle spielt, obwohl es
von ihm niemals abstrakt und allgemein formuliert wird. In einem Brief
an Kepler vom Jahre 1597 hatte Galilei sich als Anhänger des kopernikanischen Systems bekannt, aber in seinem Unterricht hatte er weiter das
ptolemaeische System gelehrt und es sogar in einer Schrift vom Jahre 1605
mit Einschränkungen dargestellt und begründet. Als er sich dann aufgrund neuester astronomischer Entdeckungen intensiv der Astronomie
zuwandte, konnte er sich nicht mehr zurückhalten und veröffentlichte die
Verteidigung des kopernikanischen Systems, die er später widerrufen
mußte. Der entscheidende Schritt, der es wohl rechtfertigt, ihn, zumin-
dest neben Kepler, als Initiator der modernen Astronomie und Physik zu
betrachten, besteht natürlich nicht in seiner Zuwendung zu dem kopernikanischen System in seiner durch Kepler verbesserten Form, sondern in
der völligen Aufgabe der Vorstellung von dem Bereich der Himmelserscheinungen als einem höheren Reich, in dem eine höhere Ordnung
herrschen muß, und in der stillschweigenden Annahme des Prinzips, daß
in der sublunarischen Welt dieselben Gesetze gelten wie in der Mechanik
des Himmels und daß daher die letztere aufgrund der ersteren erklärt,
bzw. konstruiert werden muß. Von hier aus und nicht von Kepler führt
der gerade Weg zu der klassischen Mechanik der Himmelserscheinungen,
die Newton geschaffen hat.

Danach kann kein Zweifel daran bestehen, daß die moderne Astronomie und die mit ihr zusammenhängende Physik durch die Überwindung der antiken griechischen, Jahrhunderte hindurch mit äußerster Zä-
higkeit festgehaltenen, Vorurteile entstanden ist. Hätte die moderne
Astronomie an die altbabylonische angeknüpft, so wäre zwar vieles zu
korrigieren, zu präzisieren, schließlich umzuwandeln, gewesen, aber es
wäre nicht nötig gewesen, festgewurzelte Vorurteile wie das, daß alle
Gestirnbewegungen letzterdings auf gleichförmige reine Kreisbewegungen
zurückgeführt werden müßten, zu überwinden. So zeigt sich hier wieder, daß die Babylonier und nicht die Griechen die wahren Wissenschaftler gewesen sind. Und doch hat, so viel ich sehen kann, dies niemand in
dieser Form ausgesprochen, und erscheint eine solche Behauptung auch ein
wenig lächerlich, wenn man sich ansieht, wie viel näher die Griechen,
nicht *trotz* ihrer Vorurteile, sondern *infolge* ihrer Vorurteile der modernen Astronomie gekommen sind als die alten Babylonier mit Ausnahme
des Seleukos von Seleukeia, der aber in die griechische, nicht in die babylonische Tradition gehört.

Hier stößt man also auf ein Paradox, ein Paradox jedoch, das für die Grundfrage menschlicher Erkenntnis und ihrer Bedeutung für das menschliche Leben eine ganz entscheidende Bedeutung hat. Es handelt sich prinzipiell um die Frage der Ordnung in der Welt. In der Antike war die Überzeugung weit verbreitet, daß in der Welt der Himmelserscheinungen eine „schönere" und einfachere Ordnung herrschen müsse als in der sublunaren Welt. Daher auf der einen Seite die übertriebene Forderung der Erklärung aus gleichmäßigen Kreisbewegungen, auf der andern Seite der Verzicht auf eine mathematische Physik, weil die Diskrepanz zwischen der Exaktheit der Mathematik und der Inexaktheit und Variabilität der Erscheinungen in der sublunaren Welt zu groß zu sein schien, um eine mathematische Erfassung der physikalischen Erscheinungen in der sublunaren Welt möglich erscheinen zu lassen. Es ist dieser antike Irrtum, der in der großen Wende vom 16ten zum 17ten Jahrhundert korrigiert worden ist. Nun gelang es, die Erscheinungen der nicht-belebten sublunarischen und supralunarischen Natur auf gemeinsame Gesetze von großer Einfachheit zurückzuführen, die sich zwar nicht mit absoluter Exaktheit, aber doch mit früher nicht erträumter Approximation an absolute Exaktheit mathematisch formulieren ließen. Sogar die Gestirnbewegungen ließen sich auf schöne und „vollkommene" Ellipsen reduzieren, von denen freilich später auch störende Abweichungen festgestellt werden mußten, gewissermaßen in Bestätigung des alten Satzes des Heraklit, daß die verborgene Harmonie stärker ist als die offenkundige[409]. Man sollte aber dabei nicht vergessen, daß der Anstoß zu den großen neuen wissenschaftlichen Errungenschaften von der griechischen Forderung nach ganz einfachen Gesetzen ausgegangen ist, wenn die zu enge Anwendung des Prinzips auch für längere Zeit das Fortschreiten der Erkenntnis aufgehalten hat.

---

[409] Dieser „heraklitische" Übergang von der antiken Astronomie zur modernen Physik ist mit großartiger Präzision charakterisiert worden von Hermann Weyl, Philosophy of Mathematics and Natural Science, Princeton, 1949, p. 159. Er beginnt mit einem Zitat aus Dilthey: „Kepler, Galilei, and Bruno" says Dilthey, „share with the ancient Pythagoreans the belief in a universe ordered by most perfect and rational mathematical laws and in divine reason as the source of the rational in nature, to which at the same time human reason is related." On the long path of experience during the succeeding centuries this belief has always found new and surprising partial fulfilments, the most perfect perhaps in Maxwell's theory of the electromagnetic field in empty space. But again and again nature still proved itself superior to the human mind and compelled it to shatter a picture held final prematurely *in favor of a more profound harmony.*"

Die Forderung, die sich dann bis zum Ende des Altertums durchgesetzt hatte, war vor allem von denen ausgegangen, welche die Gestirne für mit höherer als menschlicher Vernunft ausgestattete Lebewesen gehalten hatten. Die Aufgabe der Forderung wurde dadurch erleichtert, daß durch das Christentum der Glaube an Gestirngötter beseitigt war. An seine Stelle war der Glaube an die Schöpferkraft des einen Gottes getreten, der die Welt nach seinen Gesetzen eingerichtet hatte. Das erleichterte es auch, die selben Gesetze in der sublunarischen Welt und am Himmel wiederzufinden. Galileis Konflikt mit der Kirche ist ganz und gar nicht auf atheistische Neigungen auf seiner Seite zurückzuführen. Es war kein dialektischer Trick, sondern tiefste Überzeugung, wenn Galilei seinen theologischen Gegnern entgegenhielt, daß der Mensch zwar immer nur Bruchteile der Weisheit Gottes erfassen werde, daß Gott aber dem Menschen den Geist gegeben habe, um so viel als möglich von dem Wunder seiner Schöpfung zu verstehen. So sehr ist der Gang der Wissenschaften auch von den religiösen Überzeugungen abhängig gewesen.

Mit der fortschreitenden Säkularisation glaubte man immer mehr, auf den Schöpfergeist verzichten zu können, wenn auch einzelne ganz große Wissenschaftler wie Einstein daran festgehalten haben, und kehrte, wenn auch im einzelnen in verfeinerter Form, zu der Auffassung der Vorsokratiker, Empedokles, Anaxagoras und Demokrit zurück, daß alles, was es gibt, aus einem Zusammenwirken blinder Kräfte entstanden sei. Am Ende trat die Frage auf, ob die unverbrüchlichen Naturgesetze, die festzustellen sich die Wissenschaft bemüht, nicht letzterdings auf rein statistischen Gesetzen beruhen, ihnen im Grunde also eine Art chaotischer Zustand zugrunde liege. Auch das führt zurück zu einem der ältesten bei den griechischen Philosophen und Wissenschaftlern auftretenden Probleme, der Frage, wieweit die Ordnung, die wir in den Dingen finden, in diesen selbst zu finden oder ihnen durch unseren eigenen Geist aufgelegt ist. An dieser Stelle zeigt sich von neuem ein historisches und philosophisches sehr bedeutsames Paradox. Was immer auch die Antwort auf die zuletzt gestellten Fragen sein mag: der Mensch kann die Ordnungen nicht entbehren. Mit Hilfe der in den Dingen entdeckten und der ihnen aufgezwungenen Ordnungen ist es ihm gelungen, jene Wissenschaft des Voraussagens und des Machens zu schaffen, die es ihm ermöglicht, die Welt immer mehr nach seinem Belieben umzugestalten. Aber darüber ist ihm jede geordnete Einsicht darüber abhanden gekommen, in welcher Richtung die Welt verändert werden soll und wie weit sie ohne Schaden für den Menschen verändert werden kann.

Der Glaube an die geregelten Bewegungen der als göttlich und lebendig betrachteten Gestirne bei den Pythagoreern und Platon war wohl nichts als eine Projektion eines Ideales menschlicher Vernunft in die himmlischen Sphaeren, im Bewußtsein der Mangelhaftigkeit der menschlichen Vernunft im menschlichen Leben. Aber während die damit verbundene Verachtung der sublunaren Sphaere die griechischen Philosophen und Wissenschaftler daran gehindert hat, eine exakte, mathematisch unterbaute Physik, d. h. Analyse der unbelebten Natur auf dieser Erde aufzubauen, hat sie sie nicht daran gehindert, das Wesen der menschlichen Vernunft und die Gründe ihrer Unvollkommenheit und Korruption auf das Genaueste zu untersuchen: eine Untersuchung und eine Erkenntnisart, die in der modernen Zeit trotz aller Entfaltung der sogenannten Sozialwissenschaften und Geisteswissenschaften völlig verschwunden ist, ohne welche jedoch notwendigerweise die Sozialwissenschaften, die politischen Wissenschaften und die sogenannten Geisteswissenschaften letzterdings richtungslos bleiben müssen. Diese Erkenntnis der natürlichen Bedingungen menschlicher Einsicht sowie der natürlichen Gründe der Verderbnis der menschlichen Vernunft kann auch der Christ nicht ungestraft vernachlässigen, auch wenn er an eine Einsicht glaubt, die höher ist als alle Vernunft. Aber bevor darauf näher eingegangen werden kann, ist es notwendig, in möglichster Kürze noch einen weiteren Aspekt der Entwicklung der antiken Wissenschaft und des wissenschaftlichen Denkens zu betrachten.

8. Logik, Dialektik und Beweistheorie

Dieser an sich fundamental wichtige Aspekt der Entwicklung der Wissenschaft und des wissenschaftlichen Denkens in der Antike kann hier verhältnismäßig kurz behandelt werden, da die Einzelheiten weiter unten z. T. in umfangreichen Spezialabhandlungen zur Diskussion kommen. Es genügt daher, an dieser Stelle auf die allgemeinsten Zusammenhänge hinzuweisen. Eine der ältesten Einteilungen des logischen Prozesses ist die nach Deduction und Induction. In der Deduction werden aus allgemeinen Sätzen nach bestimmten Regeln weitere allgemeine Sätze zwingend abgeleitet. Durch Induction gewinnt man die ersten Sätze, aus denen die weiteren Sätze abgeleitet werden können, sofern nicht, wie angeblich in der Mathematik, die ersten Sätze willkürlich gewählt und als Axiome aufgestellt werden. Auf den der Erfahrung unterliegenden Gebieten jedenfalls kann man nicht von willkürlich gewählten Sätzen ausgehen, sondern muß die Induction zu Hilfe nehmen.

Bis zu einem gewissen Grade seit Francis Bacon, vor allem aber seit John Stuart Mill's berühmtem Buch „A System of Logic, ratiocinative and inductive[410]", gilt als Induction der Schluß von der Tatsache, daß ein gewisser Zusammenhang oft beobachtet worden ist und daß keine Gegeninstanz beobachtet worden ist, darauf, daß derselbe Zusammenhang immer und überall bestehen werde. Bacon, den Mill zitiert[411], hatte dies als die Induction „der Alten" bezeichnet und sie definiert als „inductio per simplicem enumerationem ubi non reperitur instantia contraria". Natürlich waren sich Bacon und Mill darüber klar, daß ein solcher Schluß trügerisch sein kann, da es immer möglich ist, daß Gegeninstanzen, die bis dahin nicht zur Kenntnis gekommen waren, später auftauchen. Im Grunde gehört daher nach Ansicht Mills zur vollen Gültigkeit eines Inductionsschlusses eine obere Praemisse, wie etwa der Satz von der Uniformität und Allgemeingültigkeit der Naturgesetze oder der Unverbrüchlichkeit und Allgemeingültigkeit des Kausalgesetzes. Aber diese allgemeinen Sätze, die als maior gelten könnten, sind nach Mills Ansicht selbst wiederum nur Verallgemeinerungen aufgrund partikulärerer Induktionen, so daß letzterdings die inductio per enumerationem simplicem doch die einzige fundamentale Form der Induktion ist[412]. Diese aber kann nach dieser Theorie als um so sicherer gelten, je mehr Fälle eines Zusammenhangs ohne Gegeninstanzen gefunden werden. Nun ist es offenkundig, daß, wenn der Old Faithful Geyser 200 000mal alle 45 Minuten heißes Wasser gespien hat, er doch unmittelbar danach mit dieser Gewohnheit aufhören kann, wenn, etwa durch eine Erdbewegung oder einen unterirdischen Einsturz, die Bedingungen für das Phaenomen geändert worden sind. Auf der andern Seite besteht allerdings eine sehr große Wahrscheinlichkeit dafür, daß sich das Phaenomen auch das 200 001. Mal und noch viele Male danach wiederholen wird, eine Wahr-

---

[410] John Stuart Mill, A System of Logic, Ratiocinative and Inductive, being a connected View of the Principles of Evidence and the Methods of Scientific Investigation, London 1843.

[411] Op. coll. Book III, Chapter III § 2.

[412] Ibidem Chapter XXI § 1: „It would seem, therefore, that induction *per enumerationem simplicem* not only is not necessarily an illicit logical process, but is in reality the only kind of induction possible; since the more elaborate process (sc. of connecting it with a major premise like that of the uniformity of natural laws or the universal validity of the law of causation) depends for its validity on a law, itself obtained in that artificial mode."

scheinlichkeit, die groß genug ist, um, wenn man das Schauspiel genießen möchte, sich von einem Besuch des Yellowstone Parks durch die Unsicherheit seiner Wiederholung nicht abhalten zu lassen. Es handelt sich dann jedoch nicht um Gewißheit, sondern um Wahrscheinlichkeiten und ein sicherer Schluß von einer großen Anzahl von Fällen auf alle Fälle kann im Falle der inductio per enumerationem simplicem niemals gezogen werden. So ist die Induktionstheorie in der neueren Zeit denn auch in eine enge Verbindung mit der Wahrscheinlichkeitstheorie getreten[413]. Aber diese Induktionstheorie hat mit der antiken nur sehr wenig zu tun.

Das Wort Induktion (inductio) ist eine genaue Nachbildung des griechischen Wortes ἐπαγωγή. Aber dieses Wort bedeutet ursprünglich etwas ganz anderes als inductio oder induction bei Bacon, Mill und ihren modernen Nachfolgern sowie bei den Vertretern der Verbindung von induktiver Logik mit Wahrscheinlichkeitstheorie. Die Bedeutung seines Gegenstückes ἀπαγωγή ist von der Bedeutung des lateinischen Wortes deductio und dem Begriff der Deduktion in ihrer allgemeinen Anwendung auf jede Art des logischen Schlusses noch weiter entfernt. So weit dies den *aristotelischen* Begriff der ἐπαγωγή angeht, der aber einem Stadium angehört, in dem sich schon verschiedene Aspekte des Vorganges vermischt hatten, wird diese Frage unten[414] in einer besonderen Abhand-

---

[413] Vgl. die modernen Standardwerke über induktive Logik: William Kneale, Probability and Induction, Oxford 1949 und R. Carnap und W. Stegmüller, Induktive Logik und Wahrscheinlichkeit, Wien 1958. Auch der Sammelband, Induction. Some current issues, ed. by Henry E. Kyburg and E. Nagel, Wesleyan University Press 1963, der Beiträge zur Anwendung der Induktion auf den verschiedensten Gebieten enthält, geht überall von dieser Auffassung der Induktion aus. Das extremste Beispiel ist der Vortrag von W. R. Ashby, Induction. Prediction and Decision-Making in Cybernetic Systems, ibid. p. 55—66. Hier wird tatsächlich der Satz $(a + b)^2 = a^2 + 2\,ab + b^2$ auf Induktion zurückgeführt, die aber nur einen beschränkten Wahrscheinlichkeitswert habe, weil es in der modernen Mathematik auch Gebilde gibt, für die der Satz, wenn man sie für a oder b einsetzt, nicht gilt. Daß der Satz für natürliche Zahlen nicht deshalb allgemeingültig ist, weil ein Computer, wenn man immer neue natürliche Zahlen einsetzt, keine Gegeninstanz findet (so p. 57), ist dem Verfasser nicht aufgegangen. Bei ihm findet sich auch der Satz „statements are not true or false; their probabilities go toward 1 or 0." Obwohl der Vortrag von den Teilnehmern in der darauffolgenden Diskussion sozusagen in der Luft zerrissen worden ist, ist es doch interessant, wie weit die Probabilitätstheorie in der induktiven Logik getrieben werden kann, und einer der Diskussionsteilnehmer, der selbst sehr kritisch war, bescheinigte Ashby doch, „er reite wahrscheinlich auf der Welle der Zukunft". Mit dieser Kritik soll natürlich der Wert der Wahrscheinlichkeitstheorie der Induktion, wo sie am Platz ist, nicht bestritten werden. Vgl. unten S. 673 f.

[414] Vgl. unten S. 623 ff.

lung ausführlich diskutiert und ist es daher an dieser Stelle nicht nötig, näher darauf einzugehen. Wenn man die griechische Logik in ihrer besonderen Eigenart verstehen will, ist es jedoch nötig, sich auch mit den Anfängen zu beschäftigen.

Es ist zu Anfang dieser Abhandlung gezeigt worden[415], daß die ersten Ansätze zu einer Art wissenschaftlichen Beweisverfahrens daraus hervorgegangen sind, daß sich die Griechen einer hoch entwickelten orientalischen, vor allem babylonischen Mathematik gegenüber sahen, welche zwischen exakten und approximativen Resultaten nicht unterschied, für die verschiedenen Gebiete ihrer praktischen Anwendung jedoch jeweils ausreichende Approximationen bereit hatte, woraus, wenn die Griechen solche Methoden ohne Bindung an die bestimmten Anwendungsgebiete übernahmen, naturgemäß Schwierigkeiten entstanden. Sie wollten daher genau wissen, was exakt war und was nicht, und mußten sich daher eine neue Grundlage schaffen. Daraus entstand das natürliche Bedürfnis, alles, und vor allem auch ganz elementare Sätze, auf irgend eine Weise genau zu „beweisen". Es bedarf keiner tiefen Untersuchung, um zu sehen, daß die moderne Methode des sogenannten „Conventionalismus", die Axiome, auf welche man das weitere mathematische System aufbaut, wirklich oder angeblich „willkürlich" auszuwählen, die allerungeeignetste für diesen Zweck gewesen wäre[416]. Man bedurfte also einer anderen. Eine Methode, deren sich, wie sich gezeigt hat, Thales ziemlich weitgehend bedient hat, war die sogenannte Deckungsmethode: d. h. die Methode, quantitative Gleichheitsbeziehungen dadurch festzustellen und zu sichern, daß man zeigte, daß gewisse geometrische Gegenstände sich miteinander zur Deckung bringen lassen, eine Methode, deren sich übrigens noch ein so bedeutender moderner Mathematiker wie Ingrami kurz vor der Neubegründung der Grundlagen der Geometrie durch Hilbert bedient hat.

Die wörtliche Bedeutung des Wortes ἐπαγωγή ist „Heranführung". Durch die Deckungsmethode vergewissert man sich des Bestehens gewisser Gleichheitsbeziehungen, und wenn man die so gewonnene Gewißheit auf einen andern übertragen will, führt man ihn an den Gegenstand heran, zeigt ihm, wie z. B. die beiden Teile, in welche der Kreis durch den Durchmesser geteilt wird, wenn man sie aufeinanderlegt, müssen zur Deckung gebracht werden können, und läßt ihn dann selbst die weitere

---

[415] Vgl. oben S. 10 ff.

[416] Vgl. darüber ausführlicher K. v. Fritz, Platon, Theaetet und die antike Mathematik, Darmstadt 1969, Nachtrag S. 68 ff.

Folgerung ziehen. Es ist wohl einsichtig, daß man dazu nicht 200 000 Kreise zu zerlegen und ihm die Sache an ihnen vorzuführen braucht, sondern daß er an einem einzigen Beispiel völlig zureichend einsehen wird, daß, was für einen Kreis gilt, für alle Kreise gelten muß und zwar deshalb, weil die Kreise sich zwar an Größe, aber nicht an Gestalt voneinander unterscheiden und, was hier an einem Beispiel vorgeführt wird, offenbar nur von ihrer Gestalt abhängig ist. Die Einsicht aber, daß in Hinsicht auf den aufgewiesenen Zusammenhang die Kreise sich nicht an Gestalt unterscheiden, kann wiederum ganz gewiß nicht durch Induktion an unzähligen Fällen gewonnen sein, da gar nicht einzusehen ist, wie eine induktive Nachprüfung an unzähligen Fällen überhaupt aussehen sollte, zumal die Krümmung, das allenfalls Meßbare, bei Kreisen verschiedener Größe ja verschieden ist.

ἐπαγωγή, d. h. Heranführung in diesem ganz elementaren Sinne, sind aber auch Fälle der „Beweisführung", in welche Elemente der Deduktion im modernen Sinne mit eingehen. Besonders deutlich ist dies an dem von Platon im Menon[417] angeführten Falle, wo Sokrates den ungebildeten Sklaven dadurch, daß er ihn an das Problem mit Hilfe einer gezeichneten Figur heranführt und ihm die Zusammenhänge zeigt, dazu bringt, nach einigen unrichtigen Versuchen von selbst darauf zu kommen, daß man, wenn man ein Quadrat seinem Flächeninhalt nach verdoppeln will, so daß der verdoppelte Flächeninhalt wieder die Form eines Quadrates hat, das Quadrat über der Diagonale errichten muß.

Im wesentlichen dasselbe gilt auch für den mutmaßlichen Beweis der Inkommensurabilität am regelmäßigen Fünfeck[418]. Hier spielen deduktive Elemente im modernen Sinne eine nicht ganz unbeträchtliche Rolle, wie wenn z. B. die Gleichheit der Diagonalen des regelmäßigen, d. h. gleichseitigen und gleichwinkeligen Fünfecks mit Hilfe des schon von Thales vermutlich aufgrund der Deckungsmethode bewiesenen Satzes, daß im gleichschenkligen Dreieck die Basiswinkel gleich sind und umgekehrt, bewiesen wird, ebenso Addition und Subtraktion von Winkeln und Strecken. Aber die Methode als solche ist doch im ganzen die des Heranführens an die Figur und des Weiterführens von Schritt zu Schritt immer an Hand der Anschauung, die zeigt, wie die Diagonalen eines jeden regelmäßigen Fünfecks im Innern wieder ein regelmäßiges Fünfeck bilden, bis zu der Schlußfolgerung, daß der Prozeß der gegenseitigen Abziehung:

---

[417] Platon, Menon 82 B ff.
[418] Vgl. darüber ausführlich unten S. 545 ff.

Seite von Diagonale, Diagonale von Seite, niemals zu einem Ende kommt und daher ein gemeinsames Maß für Diagonale und Seite nicht gefunden werden kann. Innerhalb dieses Beweisprozesses kann man also deduktive Elemente im Sinne des späteren Begriffes der Deduktion unterscheiden. Aber das Ganze ist eine Art ἐπαγωγή im ursprünglichsten Sinne des Wortes.

Es ist nun aber höchst interessant, daß der andere Beweis für die Inkommensurabilität, der aus dem Altertum überliefert ist, ganz anderer Art ist, ein apagogischer Beweis, eine ἀπαγωγή, was aber nicht einfach einen deduktiven Beweis bedeutet, sondern das, was wir auch einen indirekten Beweis zu nennen pflegen. Ganz im Einklang mit der ursprünglichen Bedeutung des Wortes ἀπαγωγή in der gewöhnlichen Sprache, bedeutet dies einen Beweis, in welchem der mit dem Beweis Konfrontierte zunächst jedenfalls nicht zu etwas hingeführt, sondern von etwas weggeführt wird und erst aufgrund der Tatsache, daß die Annahme, von der er weggeführt werden soll, sich als unhaltbar erweist, zu der entgegengesetzten Annahme gelangt, bzw. hingeführt wird. Im Gegensatz zum epagogischen Beweis im ursprünglichen Sinne des Wortes, der, auch wo er deduktive Elemente im späteren Sinne aufzunehmen gezwungen ist, möglichst weitgehend anschaulich verfährt, bedient sich der apagogische Beweis in der Regel eines ganz abstrakten Verfahrens.

Das älteste Beispiel eines solchen indirekten oder apagogischen Beweises in der griechischen Literatur ist der früher erwähnte[419] Beweis des Xenophanes, daß der alles lenkende, alles durchdringende Gott nicht geworden sein und auch nicht vergehen kann. Das Charakteristische dieses Beweises ist, daß der ganze Beweis aus dem Begriff eines alles lenkenden Wesens herausgesponnen ist. Dasselbe gilt in noch höherem Maße für den Beweis des Parmenides, daß überhaupt nichts entstehen oder vergehen kann, ein Beweis, der allein darauf beruht, daß die ganz abstrakten Begriffe des Seienden und des Nichtseienden in ihrer absolutesten Bedeutung genommen werden und dann die logische Konsequenz gezogen wird, daß aus dem Nichtseienden nichts hervorgehen kann, weil es das Nichtseiende der strikten Bedeutung des Wortes nach nicht gibt und der Begriff des Hervorgehens oder Entstehens das Hervorgehen oder Entstehen *aus* etwas in sich zu schließen scheint. Vor allem der zweite Beweis hat etwas Gewaltsames an sich, um so mehr als er zu einem Resultat gelangt, das mit der unmittelbarsten täglichen Erfahrung in Widerspruch zu stehen

---

[419] Vgl. oben S. 38/39.

scheint, woraus dann, wie gezeigt, die mehr oder minder verzweifelten Versuche der Nachfolger des Parmenides resultieren, das Resultat des logischen Denkzwanges mit der Erfahrung einigermaßen in Einklang zu bringen. Bei den Beweisen der Paradoxien Zenons von Elea wird noch deutlicher, daß in der abstrakten Analyse der Vielheit und der Bewegung zwei dem Menschen gleich notwendige und natürliche Arten des Erfassens der Dinge, wenn mit äußerster Konsequenz zu Ende gedacht, mit einander in Widerspruch geraten[420].

Der in einer Appendix zum 10. Buch von Euklids Elementen überlieferte[421] apagogische Beweis für die Inkommensurabilität der Diagonale des Quadrats mit seiner Seite geht von weniger radikalen begrifflichen Voraussetzungen aus. Übersetzt man ihn der Kürze und besseren Verständlichkeit halber in eine etwas modernisierte Terminologie, so besagt er folgendes: Nach dem pythagoreischen Lehrsatz ist das Quadrat über der Diagonale doppelt so groß wie das Quadrat über einer Seite, d. h. wie das Quadrat selbst. Verhielte sich nun die Länge der Diagonale zur Länge der Seite wie irgend zwei zueinander prime ganze Zahlen[422] d und s, so wäre auch das Quadrat (d. h. die zweite Potenz) der Maßzahl der Diagonale d gleich dem doppelten Quadrat der Maßzahl der Seite s, also $d^2 = 2s^2$. Also wäre d^2 durch 2 teilbar, also eine gerade Zahl. Da aber jede Quadratzahl jeden ihrer Faktoren in der zweiten Potenz enthalten muß, müßte auch d selbst den Faktor 2 enthalten, also eine gerade Zahl sein. Da nun s nach der Voraussetzung keinen Faktor mit d gemeinsam haben soll, so kann es den Faktor 2 nicht enthalten, müßte also eine ungerade Zahl sein. Wenn aber d, wie sich ergeben hat, eine gerade Zahl ist, muß $1/2$ d eine ganze Zahl sein. Setzt man nun $1/2$ d = e, so muß $e^2 = 1/4 \, d^2$ sein, und da $d^2 = 2s^2$ ist, muß $e^2 = 1/2 \, s^2$ sein, woraus wiederum folgt, daß $s^2 = 2e^2$ ist. Da nun e, wie gezeigt worden ist, eine ganze Zahl ist, muß s^2 eine gerade Zahl sein und folglich auch s. Es hatte sich aber ergeben, daß s eine ungerade Zahl sein muß. Unter der angenommenen

---

[420] Vgl. oben S. 44 und eingehender meinen demnächst erscheinenden Artikel in der RE über Zenon von Elea.

[421] Euklid, Elemente X, Appendix 27 (Bd. IV, p. 408 f. der Ausgabe von Heiberg).

[422] Dieser Ausdruck gehört wohl der ältesten Form des Beweises nicht an. Aber daß sich das Verhältnis von zwei ganzen Zahlen, die gemeinsame Faktoren haben, durch „Kürzen" auf ein Verhältnis von zwei zueinander primen Zahlen, d. h. von zwei Zahlen, die keine gemeinsamen Faktoren haben, zurückführen läßt, gehört zu den ältesten Erkenntnissen der pythagoreischen Proportionenlehre. Sie wird in dem von Euklid mitgeteilten Beweis offenbar vorausgesetzt.

Voraussetzung, daß d und s sich zueinander verhalten wie irgend welche zueinander prime ganze Zahlen, d. h. da irgend zwei ganze Zahlen durch Division durch den oder die gemeinsamen Faktoren auf das Verhältnis von zwei zueinander primen ganzen Zahlen zurückgeführt werden können, wie irgendwelche ganze Zahlen, ergibt sich also ein Widerspruch. Also muß diese Voraussetzung unrichtig sein. Also haben die beiden Strecken kein gemeinsames Maß, mit dem sie gemessen werden können.

Der Beweis unterscheidet sich von den Beweisen des Parmenides und des Zenon von Elea dadurch, daß er nicht auf Antinomien des menschlichen Erkenntnisvermögens zurückführt. Er setzt nur eine ziemlich weitgehende zahlentheoretische Analyse der Zusammensetzung von Zahlen aus Faktoren voraus. Auf der andern Seite unterscheidet er sich von dem Inkommensurabilitätsbeweis am regelmäßigen Fünfeck dadurch, daß er, statt Anschauung zu Hilfe zu nehmen, sich ganz und gar in abstrakten Begriffen bewegt und etwas logisch Gewaltsames hat. Sieht man sich nun die früher erwähnten Sätze an, mit deren Hilfe die Proportionenlehre zuerst auf inkommensurable Größen anwendbar gemacht worden ist, so findet man, daß die beiden Anwendungen der Definition „im gleichen Verhältnis zueinander stehen Größen, welche die gleiche gegenseitige Abziehung haben" am regelmäßigen Fünfeck und an den Rechtecken mit gleicher Höhe[423] weitgehend den Weg der Anschauung gehen: man kann unmittelbar sehen, daß der Prozeß des gegenseitigen Abziehens beim regelmäßigen Fünfeck immer genau einen Schritt in jeder Richtung gehen muß, und daß die Rechtecke beim gegenseitigen Abziehen ihrer Basen jedesmal mitgehen müssen. Dagegen ist die spätere eudoxische Definition des gleichen Verhältnisses bei Euklid V, def. 5 sowohl in sich wie in ihren Anwendungen ganz abstrakt. Das spricht vielleicht auch bis zu einem gewissen Grade dafür, daß der Beweis zuerst am regelmäßigen Fünfeck geführt worden ist.

In der ältesten griechischen Mathematik scheinen also zum „Beweis" mathematischer Sätze, bzw. zur Vergewisserung über mathematische Zusammenhänge zwei verschiedene Methoden verwendet worden zu sein, von denen die eine möglichst weitgehend die Anschauung zu Hilfe nimmt, während die andere ganz mit abstrakten Begriffen operiert, die aber beide in ihrer weiteren Ausgestaltung Elemente der Deduktion im späteren Sinne in sich schließen. Im weiteren Verlauf der Entwicklung hat man dann, wie es scheint, zunehmend den Versuch gemacht, das anschauliche

---

[423] Vgl. oben S. 55 ff.

Element als nicht streng dem Charakter der Mathematik entsprechend nach Möglichkeit auszuschalten und sich auf streng deduktive Beweise zu konzentrieren; es erhebt sich dann aber die Frage, woher man die ersten Praemissen bekommt, von denen man alles andere ableiten kann. Das älteste direkte Zeugnis für die Suche nach ersten Praemissen findet sich in dem Bericht des Simplicius über die Möndchenbeweise des Hippokrates von Chios, wo es heißt, Hippokrates habe sich eine ἀρχή gemacht[424], einen festen Ausgangspunkt, und zwar in der Form einer Verallgemeinerung des pythagoreischen Lehrsatzes, die diesen auf alle über der Hypotenuse und den beiden Katheten eines rechtwinkligen Dreiecks errichteten ähnlichen Figuren, darunter auch Halbkreise, ausdehnt. Die Frage ist dann, wie es Hippokrates gemacht hat, sich diesen Ausgangssatz zu verschaffen. Es wurde früher (auch von mir selbst) allgemein angenommen, Hippokrates müsse sich aufgrund des Versuches des Antiphon, den Kreis mit Hilfe von sich der Peripherie des Kreises immer mehr annähernden eingeschriebenen und umbeschriebenen Polygonen zu quadrieren, einer unvollkommenen Vorform des eudoxischen Exhaustionsverfahrens bedient haben. Doch hat O. Becker gezeigt[425], daß Hippokrates sich auch eines einfacheren Verfahrens, einer Konstruktion mit fester Zirkelöffnung, bedient haben kann, das zwar deduktive Elemente enthält, aber bis zu einem gewissen Grade auch auf die Anschauung rekurriert. Man hätte dann hier wiederum ein interessantes Beispiel für den Übergang der Methoden.

Wie einige überbestimmte Definitionen bei Euklid zeigen, die offenbar frühere Deckungsbeweise ersetzen sollen[426], scheint dann in einem späteren Stadium der Mathematik einmal der Versuch gemacht worden zu sein, die notwendigen Grundlagen und Ausgangspunkte deduktiver Beweise in Definitionen zu finden, wobei die von einer Mathematikerschule vertretene Auffassung, daß die mathematischen Gegebenheiten vom menschlichen Geist geschaffen werden, eine Rolle gespielt hat: der mathematische Gegenstand wird durch die Definition erzeugt und diese kann

---

[424] Der vollständige Text der Beweise bei F. Rudio, „Der Bericht des Simplicius über die Qradraturen des Antiphon und des Hippokrates", Urkunden zur Geschichte der Mathematik im Altertum, Heft 1, Leipzig 1907.

[425] O. Becker, „Der mutmaßliche Beweis des Hippokrates von Chios für die Proportionalität von Kreisfläche und Durchmesserquadrat", Archiv für Begriffsgeschichte IV (1959), p. 218 ff.

[426] Hierfür und für das Folgende vgl. die ausführliche Begründung bei K. v. Fritz, op. coll. (oben Anm. 416), S. 80 ff.

daher auch als Grundlage für Beweise hinsichtlich der Eigenschaften des Gegenstandes dienen. In dieser Weise war ja der neue Begriff der Proportion, der diesen auch auf inkommensurable Größen anwendbar machte, durch Definitionen geschaffen worden, zuerst durch die ältere Definition aufgrund der gegenseitigen Abziehung, dann durch die eudoxische Definition Euklid, Elemente V, def. 5.

Der Aufbau eines mathematischen Beweissystems auf Definitionen allein bereitet jedoch Schwierigkeiten, wie schon die Tatsache zeigt, daß nicht die Definitionen der Proportion, wohl aber die erwähnten zur Beweisgrundlage dienenden Definitionen bei Euklid überbestimmt sind. Eine andere Schwierigkeit liegt darin, daß die „Erschaffung" mathematischer Gegenstände mit Hilfe von Definitionen durch die faktische Konstruierbarkeit eingeschränkt ist[427]. Man kann ein regelmäßiges Hendekaeder nach Analogie der Definition des regelmäßigen Dodekaeders definieren, aber man kann es nicht konstruieren. Diese Einschränkung hat später Aristoteles zu seiner Unterscheidung zwischen Realdefinitionen und bloßen Nominaldefinitionen veranlaßt. Wird also der Nachweis der Konstruierbarkeit der mathematischen Gegenstände verlangt, so teilen sich die mathematischen Sätze und Beweise in Existenzsätze und Existenzbeweise einerseits, d. h. Beweise, in denen bewiesen wird, daß einen definierten Gegenstand zu erschaffen möglich ist, und in Relationssätze und Relationsbeweise, in welchen bewiesen wird, daß zwischen bestimmten existierenden, d. h. herstellbaren, mathematischen Gegenständen gewisse Beziehungen allgemein und notwendig bestehen. Die Frage nach den APXAI, d. h. nach den ersten Ausgangssätzen, von welchen man bei deduktiven Beweisen ausgehen kann, stellt sich dann für jede der beiden Arten von Sätzen.

Da von den Anfängen der griechischen Mathematik her sich noch lange die Vorstellung gehalten zu haben scheint, daß man alles beweisen müsse, war bei manchen Mathematikern, wie wir durch Aristoteles erfahren[428], nach Aufgabe des anschaulichen Beweises mit Hilfe der Deckungsmethode der Gedanke aufgetaucht, daß man die ersten Sätze mit Hilfe von Zirkelschlüssen beweisen könne und müsse. Aristoteles hat dann endgültig den Beweis geführt, daß der Zirkelschluß in Wirklichkeit nichts beweist, und daraus die Folgerung abgeleitet, daß man von *unbe-*

---

[427] Vgl. ibidem S. 88 ff.
[428] Aristoteles, Analytica Posteriora I, 3, 72 b, 17 ff.

wiesenen ersten Sätzen ausgehen müsse. Da es zwei Arten von bewiesenen Sätzen gibt, die Konstruktions- oder Existenzsätze und die Relationssätze, muß es auch entsprechend zwei verschiedene Arten von ersten und unbewiesenen Sätzen geben. Daher die Teilung der APXAI in Axiome (κοιναὶ ἔννοιαι) und Postulate (αἰτήματα) bei Euklid, die schon bei Aristoteles vorgebildet ist, aber die ganze Antike hindurch große Schwierigkeiten gemacht hat[429], weil Aristoteles auch eine Einteilung in Sätze, die für alle Zweige der Mathematik (vornehmlich Arithmetik und Geometrie) gelten, wie z. B. „Gleiches zu Gleichem addiert gibt Gleiches" und speziell geometrische Sätze angenommen hat, diese beiden Einteilungen sich aber nicht miteinander zur Deckung bringen lassen.

Obwohl Aristoteles allem Anschein nach der erste gewesen ist, der zu beweisen versucht hat, daß jedes System aus deduktiven Beweisen letzterdings auf erste unbewiesene und unbeweisbare Sätze zurückgehen muß, da sonst ein regressus in infinitum stattfindet, so daß man mit dem beweisen gar nicht anfangen kann, kann doch kein Zweifel sein, daß eine Reihe solcher Sätze schon vor Aristoteles aufgestellt worden sind. Doch ist dies nicht in der Weise geschehen, daß, wie in Hilberts Grundlagen der Geometrie, der Versuch gemacht worden ist, ein vollständiges Axiomensystem zu schaffen, aus dem sich alles Folgende mit logischer Folgerichtigkeit ableiten läßt. Vielmehr scheinen Axiome und Postulate gerade da ausdrücklich formuliert worden zu sein, wo aus irgendeinem Grunde ein Zweifel an ihrer Allgemeingültigkeit geäußert worden ist[430]. Das hat zu einer etwas paradoxen Situation auch in der axiomatisch-postulatorischen Grundlegung von Euklids Elementen geführt. Es kann, wenn man seine Methoden genau untersucht[431], kein Zweifel daran bestehen, daß Euklid gewisse Annahmen als selbst-evident voraussetzt — wie z.B. daß geometrische Gebilde, die sich, abgesehen von ihrer Lage im Raum, nur quantitativ voneinander unterscheiden, wenn sie quantitativ gleich sind, sich zur Deckung bringen lassen —, die er nirgends als Axiome oder Postulate formuliert. Umgekehrt haben die Axiome, die er den verschiedenen Teilen seiner Elemente voranschickt, etwas Aufgerafftes, in demselben Sinne, in welchem Kant die Kategorien des Aristoteles als „aufgerafft" bezeichnet. Daraus erklären sich zum größten Teil die flagranten

---

[429] Vgl. darüber ausführlich unten S. 366 ff.

[430] Vgl. die in Anm. 416 zitierte Abhandlung, S. 95 f.

[431] Vgl. darüber die Abhandlung über Gleichheit, Kongruenz und Ähnlichkeit, unten S. 430 ff.

Mängel, welche moderne Mathematiker in dem Axiomensystem des Euklid gefunden haben[432].

Noch ein anderer Aspekt der axiomatisch-postulatorischen Grundlegung der Mathematik ist vom Standpunkt der modernen Mathematik aus von großem Interesse. Die Methode der anschaulichen Hinführung zu elementaren geometrischen Einsichten mit Hilfe der Deckungsmethode war aufgegeben worden zu Gunsten abstrakterer im wesentlichen deduktiver Beweismethoden. Aber dann erhebt sich die Frage, nach welchem Prinzip die ersten Sätze, die Axiome und Postulate, ausgewählt werden sollen. Das Prinzip des modernen Conventionalismus, nach welchem die Axiome angeblich oder wirklich willkürlich ausgewählt werden, ist von niemandem im Altertum aufgestellt worden. Es widerspricht zu sehr den Bedingungen und Notwendigkeiten, unter denen der mathematische Beweis oder Beweisversuch zu Beginn der antiken Mathematik entstanden war. In unserer Zeit ist es möglich, mit der Auswahl von Axiomen bis zu einem gewissen Grade zu experimentieren, weil mathematische Strukturen so mannigfaltig und so durchsichtig geworden sind, daß man ein Beweissystem auf die eine oder die andere Weise aufbauen kann. Trotzdem kann man zweifeln, ob es sich dabei um eine im eigentlichen Sinne willkürliche Wahl handelt und, wenn das Ganze nicht sinnlos sein soll, nicht schon vorher die Intention auf bestimmte Strukturen zugrunde liegen muß[433]. In der Lage der Mathematik zur Zeit des Aristoteles und des Euklid kam es immer noch darauf an, von möglichst unmittelbar einsichtigen ersten Sätzen auszugehen. Daher hat Aristoteles die Forderung aufgestellt, daß die APXAI, die ersten Sätze, einfacher und einsichtiger sein müssen als die von ihnen abgeleiteten. Er hätte Hilberts Beweis der Gleichheit aller Rechten Winkel nicht anerkannt, da er aufgrund des als Axiom aufgestellten ersten Kongruenzsatzes, der viel komplizierter ist, geführt wird.

Eben dies Verhältnis ist nun aber wieder sehr interessant, da Euklid bekanntlich den Beweis des ersten Kongruenzsatzes mit Hilfe der sonst verworfenen Deckungsmethode führt. Es läßt sich jedoch zeigen[434], daß Euklid (an dieser und an sehr wenig anderen Stellen, an denen er sich außerdem ihrer bedient) sie nicht naiv verwendet, sondern sie sorgfältig mit Hilfe

---

[432] Vgl. darüber z. B. E. M. Bruins, La Géometrie Non-Euclidiennee dans l'Antiquité, Publications de l'Université de Paris D 121 (1968), p. 32 ff.

[433] Vgl. darüber auch unten S. 219 f.

[434] Vgl. die in Anm. 431 zitierte Abhandlung.

von Konstruktions- und Eindeutigkeitssätzen zu unterbauen gesucht hat. Es ist bis zu einem gewissen Grade eine Rückkehr zu der epagogischen Methode des Heranführens mit Hilfe der Anschauung, nur daß die Anschauung nicht mehr genügt, sondern der Versuch gemacht wird, ihr — umgekehrt wie in den Anfängen ihrer mathematischen Anwendung, wo die logische deduktive Ableitung auf den ersten rein anschaulichen Deckungsbeweis *folgt* — durch *vorherige* Einschaltung logisch-deduktiver Überlegungen zu Hilfe zu kommen. Die Schwierigkeiten einer auf anschauliche Evidenz gegründeten Axiomatik werden hier sehr deutlich. Ähnliches gilt natürlich für das berühmte Parallelenaxiom, dessen ausreichende Evidenz von Anfang an und schon bei Aristoteles als zweifelhaft erschien[435], weshalb immer wieder Versuche gemacht wurden, es von evidenteren und einfacheren Sätzen abzuleiten, bzw. es zu beweisen, die sich bis Saccheri (1667—1733) fortgesetzt haben[436]. Das ist in ganz großen Zügen die Entwicklung der mathematischen Beweistheorie von den Anfängen bis auf Aristoteles und Euklid. Erst sehr viel später sind von dem Epikureer Zenon von Sidon berechtigte Einwände gegen die Lückenhaftigkeit des euklidischen Axiomensystems erhoben worden, haben aber auf die Weiterentwicklung der Axiomatik in der antiken Mathematik keinen Einfluß ausgeübt, weil sie nicht als Einwände innerhalb der Mathematik vorgebracht wurden, als welche sie für die weitere Entwicklung sehr bedeutsam hätten werden können, sondern als Einwände gegen die Mangelhaftigkeit der Mathematik überhaupt, als welche sie die Mathematiker der Zeit zur Verteidigung ihrer Wissenschaft aufgerufen haben, ohne daß diese merkten, daß es sich in Wirklichkeit um Einwände gegen einen unvollkommenen Stand ihrer Wissenschaft handelte[437].

---

[435] Vgl. darüber Imre Tóth, „Das Parallelenproblem im Corpus Aristotelicum", in Archive for History of the Exact Sciences III (1967), 250—520.

[436] Gerolamo Saccheri, Euclides ab omni naevo vindicatus sive conatus geometricus quo stabiliuntur prima ipsa universae geometriae Principia, Mailand 1733. Eine ausgezeichnete Analyse der Schrift Saccheris und ihrer Bedeutung innerhalb der Geschichte des Parallelenproblems findet sich in dem zuerst 1906 italienisch erschienen, jetzt am leichtesten in der englischen Übersetzung von H. S. Carslaw zugänglichen Buch von R. Bonola, „Non-Euclidian Geometry", Dover Publications, New York 1955, p. 22 ff. Daselbst auch p. 63 ein Hinweis auf einen primitiven Beweisversuch von B. F. Thibaut, der 1809 veröffentlicht wurde, zwei Jahre, nachdem F. K. Schweikart seine Schrift „Die Theorie der Parallellinien nebst dem Vorschlag ihrer Verbannung aus der Mathematik", die von Gauss sehr positiv aufgenommen wurde, veröffentlicht hatte.

[437] Vgl. darüber ausführlich meinen Artikel über Zenon von Sidon in der RE.

In den Analytica Posteriora hat Aristoteles aufgrund der Entwicklung des mathematischen Beweises bis auf seine Zeit eine wissenschaftliche Beweistheorie zu schaffen versucht. Diese bildet in gewisser Weise die Krönung seiner Logik. Aber seine Logik als Ganzes ist offensichtlich nicht aus dem Studium der Mathematik und ihrer Beweismethoden entstanden, sondern aus seiner Analyse der sogenannten Dialektik. Diese und ihr Verhältnis zur wissenschaftlichen Logik ist vor allem für die Zuwendung des Erkenntnisstrebens zu der menschlichen Welt, von der in den folgenden Abschnitten die Rede sein wird, von grundlegender Bedeutung, aber auch für das Verständnis der antiken Mathematik und Wissenschaftstheorie bedeutsam.

Argumente sind natürlich nicht nur in der Mathematik oder in anderen strengen Wissenschaften, sondern auch im täglichen Leben verwendet worden. Eine besonders wichtige Rolle spielen sie in der politischen Diskussion, hier aber wiederum nicht so sehr in den Volksversammlungen einer Demokratie, wo der Appell an die Emotionen noch wirksamer zu sein pflegt, sondern in beratenden Gremien sowie vor Gericht. Es ist daher nicht verwunderlich, daß die Kunst des logischen Argumentierens in Griechenland sich zuerst einerseits in Unteritalien entwickelt hat, wo schon für das Ende des 6. Jahrhunderts lebhafte Parteikämpfe in den griechischen Gemeinden bezeugt sind, andererseits in Athen in Verbindung mit der Entwicklung eines Gerichtswesens, in dem nicht so sehr die sachliche Evidenz hinsichtlich des vorliegenden Tatbestandes — was bezeichnender Weise als ἄτεχνοι πίστεις: nichttechnische oder auch kunstlose Evidenz bezeichnet wurde — als die Plaidoyers, d. h. die Argumente der Parteien, die als ἔντεχνοι πίστεις oder kunstgemäße Beweise bezeichnet wurden, für das Urteil den Ausschlag zu geben pflegten. In einem Artikel der 2. Auflage der großen Sowjet-Enzyklopädie über Mathematik[438] wurde sogar die Entstehung des mathematischen Beweises überhaupt aus diesen politischen Verhältnissen hergeleitet.

Nun dürfte der erste apagogische Beweis, den wir kennen, in dem diese abstrakte deduktive Methode in Reinkultur erscheint, der des Xenophanes, kaum erst in Italien unter dem Eindruck des dortigen politischen Argumentierens entstanden sein. Trotzdem ist es wohl kein Zufall, son-

---

[438] A. N. Kolmogorow, zitiert von A. Szabó, „Anfänge des euklidischen Axiomensystems", in Archive for History of the Exact Sciences I (1960), S. 39. Szabó selbst leitet die abstrakt deduktive Beweismethode in der Mathematik aus der eleatischen Philosophie ab, was wohl weitgehend richtig ist.

dern hängt tatsächlich mit diesen Verhältnissen zusammen, daß, wie die anschaulich epagogische Methode zuerst in Ionien, so die abstrakt argumentierende apagogische zuerst in Unteritalien und Sizilien weiter entwickelt worden ist, wenn es auch ganz sicher unrichtig wäre, den Ioniern ein Monopol für die eine, den Griechen Unteritaliens ein Monopol für die andere zu geben. Vielmehr zeigen die oben für beide Methoden gegebenen Beispiele auf das Deutlichste, daß beide Methoden eine Zeit lang nebeneinander in derselben politischen Umgebung entwickelt worden sind. Höchst interessant ist jedoch, daß ganz abstrakte, aus der Philosophie stammende Argumente von dem zu Anfang des 5. Jahrhunderts, also zur Zeit des Parmenides und des Pythagoras lebenden Epicharm in seinen „Komödien", die wohl eher komische „sketches" als Komödien im Sinne der attischen Komödie gewesen sind, komisch verwendet wurden[439], was voraussetzt, daß diese Art des Argumentierens bei einem Theaterpublikum, das sicher nicht nur den höheren Ständen angehörte, so weit bekannt und ihm vertraut war, daß solche Argumentationen von ihm goutiert werden konnten.

In der politischen Argumentation und in der Argumentation des täglichen Lebens pflegt man jedoch nicht von Axiomen auszugehen und auch nicht von apagogischen Beweisen oder von verhältnismäßig so komplizierten Manipulationen wie der Deckungsmethode des Thales, sondern man argumentiert e concessis, d. h. man geht von etwas aus, von dem man glaubt, daß der- oder diejenigen, die man überzeugen oder überreden will, es für richtig halten oder es jedenfalls aus subjektiven Gründen billigen, und sucht dann durch mehr oder minder korrekte Schlußfolgerungen zu zeigen, daß, wenn man *jenes* für richtig halte oder billige, man auch *das* für richtig halten oder billigen müsse, was der Überredende den andern plausibel oder annehmbar machen will. Darauf beruht nach ihrer logischen Seite die Dialektik, die dann von den sogenannten Sophisten weiter ausgebildet wurde. Aber auch die ebenfalls in Unteritalien und Sizilien zuerst ausgebildete Kunst der Rhetorik bediente sich weitgehend der gleichen Mittel, nur daß diese solche Argumente bevorzugt, die an die Emotionen appellieren, die erste dagegen sich primär an den Intellekt wendet.

Diese politische Argumentation bedient sich von früh an auch der Trugschlüsse, die charakteristischer Weise auch in den komischen sketches

---

[439] Vgl. Diels/Kranz, Vorsokratiker 23 B 1 bis B 6.

des Epicharm den Hauptwitz ausmachen[440], was wiederum zeigt, wie allgemein man zu seiner Zeit schon mit dieser Seite des politischen Argumentierens vertraut war. Bei Epicharm besteht der Witz natürlich darin, daß der Trugschluß offenkundig ist. In der politischen Praxis dagegen mußten die Trugschlüsse, unter denen formal die Quaternio terminorum an erster Stelle steht, naturgemäß solcher Art sein, daß sie nicht auf den ersten Blick erkennbar sind, wenn sie ihre Wirkung haben sollen. Ein besonders häufiger und beliebter Trick ist es, daß ein Wort, welches der Zeitströmung entsprechend bei der Majorität Gefühle der Zustimmung zu erregen geeignet ist, in den verschiedensten Bedeutungen gebraucht wird, um unter diesem Vorspann Zustimmung zu Vorschlägen oder zu Prinzipien zu finden, die sich als scheinbar notwendige Folgerung aus dem Bestreben, den durch das Wort bezeichneten Zustand herbeizuführen, ableiten lassen. So wird in unserer Zeit das Wort Demokratie gebraucht, welches so völlig von einander verschiedene Dinge bezeichnen kann, wie einen auf Teilung der Gewalten und ein inneres Gleichgewichtssystem basierten Rechtsstaat, ein System der reinen Mehrheitsherrschaft, die Diktatur einer Minderheit, die den Anspruch erhebt, besser zu wissen, was dem Volke frommt, als das Volk selbst, oder endlich einen Zustand der Anarchie, in dem es einer Minderheit erlaubt ist, sich ungestraft gegen jede politische Ordnung zu erheben, so daß man nach dem faktischen heutigen Sprachgebrauch die Demokratie als dasjenige Gesellschafts- und Staatssystem bezeichnen kann, welches derjenige, der das Wort gebraucht, für wünschens- und förderungswert zu halten *vorgibt*. So wurde im Athen des ausgehenden 5. Jahrhunderts, zu einer Zeit, als in den verschiedensten Bevölkerungsschichten eine unbestimmte Sehnsucht herrschte, aus der Verworrenheit der Gegenwart zu gesunderen und gefestigteren Zuständen einer älteren Zeit zurückzukehren, der Ausdruck πάτριος πολιτεία für die verschiedensten Verfassungsformen, darunter solche, die in Wirklichkeit niemals bestanden hatten, gebraucht, um daraus folgern zu können, daß diese

---

[440] Besonders amüsant ist in dieser Hinsicht das Fragment B 2, das halb an pythagoreische Zahlenweisheit, halb an Heraklit anzuknüpfen scheint. Zuerst heißt es: sieh her, wenn man zu einer ungeraden Zahl eine Eins dazufügt, bleibt sie nicht ungerade, und umgekehrt. Ebenso verändern sich die Maßzahlen, wenn man von einem Stück Stoff etwas abschneidet. So geht's auch mit den Menschen: täglich geht etwas zu und etwas ab. Also bleibt er nicht derselbe Mensch. Wahrscheinlich wurde daraus der praktische Schluß gezogen, daß jemand, der sich Geld geliehen hatte, es nicht zurückzuzahlen brauchte, weil er nicht derselbe Mensch mehr war wie zu der Zeit, als er es sich auslieh.

oder jene politische Neuerung eingeführt werden müßte. Diese Art des
Mißbrauchs logischen Schließens hat es natürlich zu allen Zeiten gegeben,
in denen Politik mit Hilfe von Argumenten gemacht oder von solchen
beeinflußt worden ist.

Das Eigentümliche der griechischen Entwicklung ist jedoch, daß diese
aus der politischen Argumentation entstandene Dialektik, die mit Aequivokationen und anderen logischen Trugschlüssen, darunter vor allem
auch dem falschen Analogieschluß arbeitet, sich auf andere Gebiete ausdehnt und schließlich den entscheidenden Anstoß zur Entstehung einer
theoretischen Logik gegeben hat. Eine der seltsamsten Erscheinungen in
diesem Prozeß ist in der zweiten Hälfte des 5. Jahrhunderts die Entwicklung einer dialektischen Streitkunst, der sogenannten Eristik, die als
eine Art geistiger Fechtkunst um ihrer selbst willen betrieben wurde.
Hier wurde mit Trugschlüssen gearbeitet, die, im Gegensatz zu den in
der politischen Argumentation gebrauchten, von jedermann schon an der
völligen Paradoxie der Schlußfolgerung sofort als solche erkennbar sind,
wenn die Wirkung des Tricks auch natürlich in der völligen Verblüffung des Gesprächspartners gelegen ist, der zwar erkennt, daß ein Trugschluß vorliegen muß, aber nicht sofort durchschaut, worauf dieser beruht. Ein hübsches Beispiel dafür gibt Platon im Euthydem[441], wo die
Virtuosen der eristischen Kunst, Dionysodor und Euthydem, dem jungen
Ktesippos beweisen, daß er seinen Vater geschlagen hat: nämlich seinen
Hund, welcher, da er von einer Hündin Junge hat, Vater ist, zugleich
aber, da er dem Ktesipp gehört, „sein", also wenn man beides zusammen
nimmt, „sein Vater". Zugleich wird gezeigt, wie Sokrates das Spiel
durchschaut, aber nun nicht den Trugschluß theoretisch durch Hinweise
auf die verschiedenen Bedeutungen des Wortes „sein" aufdeckt, sondern
das Spiel weiterführt, indem er beweist, daß die Skythen ihre eigenen
Schädel von innen besehen und sogar Wein daraus trinken, die Schädel
nämlich ihrer erschlagenen Feinde, welche, da in ehrlichem Kampf durch
Tötung der Feinde legitim erworben, eben ihre (ihnen) eigenen Schädel
sind.

Von dieser eristischen Dialektik geht jedoch auch, gewissermaßen als
Gegenmittel dagegen, ein Gebrauch der logischen Schlußfolgerung aus,
der in unserer Zeit fast vollständig außer Gebrauch gekommen ist, der
aber in den Bemühungen des späten 5. und des 4. Jahrhunderts um Erkenntnis eine außerordentlich große Rolle gespielt hatte, so daß es für

---

[441] Platon, Euthydem 298 D ff.

das Verständnis dieser Zeit von großer Bedeutung ist, zu verstehen, worum es sich dabei handelt. Die logische Deduktion geht von maior und minor, die beide aus Sätzen mit Subjekt und Prädikat bestehen, zur conclusio, für die das Gleiche gilt und die dann wieder als Praemisse für weitere Conclusionen dienen kann. Der ganze Prozeß geht also von Sätzen über Sätze zu Sätzen und entwickelt als Resultat ein System von untereinander in logischer Verbindung stehenden Sätzen. Wenn dieser Prozeß nicht ein leeres Spiel mit Formeln werden soll, sondern sich auf wirkliche Gegenstände beziehen, kommt alles darauf an, daß die in den Schlußfolgerungen gebrauchten Worte immer genau denselben Gegenstand bezeichnen, da sonst die Trugschlüsse aufgrund von Aequivokationen entstehen, die in der eristischen Dialektik bewußt gezogen werden, um den Gesprächspartner zu verblüffen, ebenso aber auch, daß der gemeinsame Gegenstand genau ins Auge gefaßt wird, um keine unrichtigen Schlüsse zu ziehen, die dann alles Folgende affizieren. Die Worte und Termini der gewöhnlichen Umgangssprache, aber auch, wie oben aufgewiesen worden ist[442], der philosophischen und wissenschaftlichen Sprache, sind jedoch häufig keineswegs so eindeutig, daß solche Fehler ohne Schwierigkeit vermieden würden, wofür die in der modernen Mengenlehre aufgetretenen Paradoxien und Widersprüche nur ein besonders in die Augen springendes Beispiel sind. Die Dialektik, von der hier die Rede ist, geht nun im Gegensatz zu der eristischen Dialektik darauf aus, durch Nachweis von den bei der Deduktion auftretenden Widersprüchen wieder zu dem Gegenstand der Untersuchung zurückzuführen, so daß dessen eigentliches Wesen besser bestimmt werden kann, um so — und nicht, wie es in der modernen Axiomatik vielfach geschieht, durch Verbot gewisser Manipulationen, die zu den Widersprüchen geführt haben — Widersprüche in den weiteren Conclusionen zu vermeiden. Diese Art der Dialektik tritt bei den Griechen seit der zweiten Hälfte des 5. Jahrhunderts in verschiedenen, bald reineren, bald mit anderen Elementen vermischten Variationen auf. Darauf kann im einzelnen erst später eingegangen werden. Hier kommt es vorläufig nur darauf an, auf Existenz, Charakter und Bedeutung dieser Art von Dialektik hinzuweisen.

Was nun die Entstehung der aristotelischen Logik angeht, so kann wohl kaum ein Zweifel daran bestehen, daß sie ihren ersten Anstoß von dem Wunsch empfangen hat, die Trugschlüsse der praktischen (politischen) und der eristischen Dialektik aufzulösen und auf ihren Ursprung

---

[442] Vgl. oben S. 99 ff.

zurückzuführen. Dies geschieht in grundlegender, wenn auch z. T. in etwas skizzenhafter Weise in der aristotelischen Schrift περὶ σοφιστικῶν ἐλέγχων, die in der antiken Ausgabe der Lehrschriften des Aristoteles durch Andronikos als 9. Buch an die 8 Bücher der sogenannten Topik angehängt worden ist. Doch zeigt die Einleitung, daß Aristoteles sich zur Zeit der Abfassung der Schrift in ihrer vorliegenden Form schon Gedanken über andere Formen der deduktiven Argumentation, unter denen er die didaktisch-wissenschaftlich beweisende, die dialektische (im oben bezeichneten Sinne), und die „peirastische" oder prüfende unterscheidet, gemacht und manches davon wohl auch schon schriftlich, bzw. in Vortragsmanuskripten ausgeführt hatte[443]. Nachdem er dann seine Absicht ausgesprochen hat, sich in dieser Schrift speziell mit der eristischen Argumentation zu beschäftigen, zählt Aristoteles die verschiedenen hauptsächlichen Paralogismen auf, zunächst diejenigen, die aus der sprachlichen Formulierung entstehen (οἱ παρὰ τὴν λέξιν), von denen die Aequivokation und die Ambiguität die häufigsten und wichtigsten sind, dann die, welche nicht aus der Formulierung, sondern aus falschen Relationen oder Verletzungen der logischen Regeln entstehen (οἱ ἔξω τῆς λέξεως)[444], erörtert dann die verschiedenen Zwecke, welchen absichtliche Paralogismen dienen, und wendet sich darauf der Auflösung der wichtigsten Paralogismen zu, wobei er jedoch bemerkt, daß es unmöglich ist, alle möglichen Kombinationen von Paralogismen aufzuzählen und sozusagen im Voraus generell zu widerlegen. Es ist deutlich, daß damit, wenn auch in sehr skizzenhafter Form, sozusagen die Grundlage der gesamten Logik gelegt ist insofern es als deren Ziel betrachtet werden kann, richtige von falschen Deduktionen zu unterscheiden.

In den übrigen Büchern der Topik behandelt Aristoteles die Kunst der Dialektik in positiver Weise. Da, wie früher bemerkt, bei dem dia-

---

[443] In meiner Schrift über den Beginn universalwissenschaftlicher Bestrebungen bei den Griechen im Studium Generale XIV (1961), p. 606 hatte ich denselben Fehler begangen, den ich anderwärts an einigen modernen Interpreten des Werkes Herodots getadelt hatte, nämlich die Entstehung eines Werkes mit seiner Niederschrift zu identifizieren, und dementsprechend die Schrift περὶ σοφιστικῶν ἐλέγχων als die früheste der logischen Schriften des Aristoteles bezeichnet. I. Düring in seinem umfassenden Werk „Aristoteles", Heidelberg 1966, S. 56, hat demgegenüber mit Recht darauf hingewiesen, daß das Werk in seiner vorliegenden Form Teile enthält, die es als später niedergeschrieben erweisen. Doch glaube ich immer noch, daß sich deutlich erkennen läßt, daß alle anderen logischen Schriften des Aristoteles auf den elementaren Analysen von Trugschlüssen in dieser Schrift aufbauen und letzterdings davon ausgegangen sind.

[444] Aristoteles, Topik IX, 4, 165 b, 23 ff.

lektischen Frage- und Antwortspiel e concessis disputiert wird, kommt
es für den Frager darauf an, von seinem Gesprächspartner solche Sätze
concediert zu bekommen, aus denen er die Conclusionen, die er zu ziehen
beabsichtigt, ableiten kann. Da er dem Partner seine Antworten nicht
vorschreiben kann, muß er ihm solche Sätze zur Zustimmung oder Ver-
neinung hinstrecken, von denen er annehmen kann, daß der Partner in
dem von ihm gewünschten Sinne positiv oder negativ darauf antworten
wird, so daß er diese positive oder negative Antwort als Praemisse für
seine weiteren Schlußfolgerungen benützen kann. Deshalb heißen die
Praemissen προτάσεις = Hinstreckungen. Wenn der Fragende vermutet,
daß der Gesprächspartner die von ihm angestrebte Schlußfolgerung nicht
gerne ziehen, bzw. annehmen wird, muß er darauf sehen, daß der Partner nicht sogleich merkt, worauf es hinaus will, und etwa eine „hinge-
streckte" Behauptung — eventuell auch gegen seine Überzeugung —
ablehnt, um nicht zu der ihm unangenehmen Schlußfolgerung gezwungen zu werden. Umgekehrt muß der Antwortende auf seiner Hut sein,
nicht solchen Sätzen zuzustimmen, aus denen ihm als unannehmbar erscheinende Schlußfolgerungen abgeleitet werden können. Diese Technik,
die darauf ausgerichtet ist, in der Diskussion die Oberhand zu gewinnen,
kann natürlich im übrigen für jeden Zweck benützt werden: für den
eristischen, den Gesprächspartner und die Zuhörer zu verblüffen, für den
von Aristoteles davon unterschiedenen „sophistischen", als „weiser" oder
„gescheiter" zu erscheinen als der Gesprächspartner[445], in welchem Falle
die etwa gebrauchten Trugschlüsse nicht so offenbar sein dürfen wie im
ersten, für den politischen, in welchem etwaige Paralogismen vom Partner und vor allem von den Zuhörern überhaupt nicht bemerkt werden
dürfen, wenn die Methode wirksam sein soll, und für den Zweck der
eigentlichen philosophischen Dialektik, die zur besseren Einsicht in den
Gegenstand führen soll, in welchem Falle die Paralogismen nur dazu
dienen dürfen, auf die Aequivokationen, Ambiguitäten usw. aufmerksam zu machen, aus den die Paralogismen und die aus ihnen im weiteren
Verlauf der Diskussion sich ergebenden Paradoxien und Widersprüche
hervorgehen.

In dieser Unterscheidung verschiedener Arten der Dialektik nimmt, was
auch wichtig ist, die politische Dialektik keine eindeutige Stellung zwischen den übrigen Arten ein. Sie kann absichtlich auf Täuschung des
Diskussionspartners oder vor allem der an der Diskussion nicht aktiv

---

445 Ibidem IX, 11, 171 b, 24 ff.

beteiligten Zuhörer berechnet sein, wie vor allem in den früher erwähnten Fällen, wo die Ambiguität von Emotionen erregenden in ihrem eigentlichen Inhalt aber unbestimmten Schlagwörtern dazu benützt wird, die Masse der Zuhörer dazu zu bringen, Dingen zuzustimmen, denen sie ohne diese bewußte Irreführung nicht zustimmen würden. Die in der dialektischen Diskussion üblichen Arten der ἐπαγωγή, der Heranführung, wozu z. B. auch der Analogieschluß gehört, können aber auch durchaus gutgläubig dazu verwendet werden, die Diskussionspartner und Zuhörer zu etwas zu bewegen, was der Redner oder Diskutant faktisch für zweckmäßig oder notwendig hält, ohne daß dies tatsächlich der Fall zu sein braucht. Ein Beispiel, das Aristoteles anführt[446], ist das folgende: „Wir müssen die Perser unter allen Umständen verhindern, Ägypten wieder in Besitz zu bekommen. Denn bevor sie (zuerst Dareios, dann Xerxes in den Perserkriegen) den Versuch gemacht haben, Griechenland zu erobern, haben sie sich zuerst Ägyptens bemächtigt." Die (unausgesprochene) Prämisse in diesem Fall ist: jedesmal wenn die Perser sich Ägyptens bemächtigen, tun sie dies als Vorbereitung auf einen Angriff auf Griechenland. In solchen Fällen ist es oft nicht nötig, nach der allgemeinen Regel zunächst zu verbergen, welche Conclusion beabsichtigt ist, da diese, obwohl sie ebenso wie die unausgesprochene Prämisse faktisch durchaus falsch sein kann, leicht einleuchtet und, da das Ereignis nicht viele Male stattgefunden hat, auch kaum durch Anführung von Gegeninstanzen zu entkräften ist. Mit dieser Art der Offenheit hat das gutgläubige politische Argument der Form nach eine gewisse Ähnlichkeit mit dem nicht-dialektischen wissenschaftlichen Argument, von dem Aristoteles sagt[447]: „Dem Philosophen aber, der für sich selbst die Wahrheit sucht, wird es, sofern nur die Sätze, aus denen seine Schlußfolgerungen hervorgehen, wahr und einsichtig sind, nichts ausmachen, wenn der Antworter sie nicht annimmt, weil sie der ersten Annahme, aus der sie abgeleitet werden, nahe stehen und der Antworter daher voraussieht, worauf es hinauswill. Er wird im Gegenteil alles daran setzen, daß seine ersten Prinzipien (ἀξιώματα) so einsichtig und der Schlußfolgerung so nahestehend sind wie möglich. Denn eben daraus kommen die wissenschaftlichen Schlüsse zustande."

---

[446] Das Beispiel stammt aus der Rhetorik II, 20, 1393 a, 32 ff. Aristoteles spricht dort von dem Gebrauch des παράδειγμα in der Rhetorik und setzt diesen Gebrauch dem Gebrauch der ἐπαγωγή in der Dialektik gleich. Auch hier handelt es sich um ein Hinführen der Zuhörer zu dem, was der Redner ihnen suggerieren will.

[447] Aristoteles, Topik VIII, 1, 155 b, 10—16.

Auch dieser Satz steht noch in der Topik. In den ersten Analytiken hat dann Aristoteles die Schlußformen systematisch untersucht und die falschen von den richtigen zu unterscheiden, sowie ihre Beziehungen untereinander festzustellen versucht. Dies Werk enthält also das, was man die Syllogistik zu nennen pflegt, das eigentliche Kernstück von Aristoteles' Logik, mit dem er mehr noch als in der Topik und in περὶ σοφιστικῶν ἐλέγχων, zu deren Problemstellungen doch wenigstens erste Ansätze vorhanden waren, etwas ganz Neues geschaffen hat. In den zweiten Analytika folgt dann die Beweistheorie mit den Untersuchungen darüber, woher die Ausgangssätze für einen wissenschaftlichen Beweis, der einen Inhalt hat, zu beziehen sind und wie sie aussehen müssen. Da davon an anderer Stelle ausführlicher gehandelt werden wird[448], braucht hier nicht näher darauf eingegangen zu werden.

Auf zwei ganz fundamentale und eng miteinander zusammenhängende Dinge muß jedoch an dieser Stelle schon aufmerksam gemacht werden. In Mills Logik heißt es gleich in der Einleitung[449]: "The sole object of logic is the guidance of our own thoughts" und: "other purposes... for instance the imparting of knowledge to others... has never been considered as within the province of logic". Es könnte leicht so scheinen, als ob mit dem oben zitierten Satz, daß „es dem Philosophen nicht darauf ankomme, ob ihm jemand zustimme", Aristoteles dieselbe Meinung zum Ausdruck bringe. Aber bei weitem der größte Teil seiner logischen Schriften hat es ja mit der dialektischen und ganz allgemein mit der argumentierenden Auseinandersetzung von Menschen mit Menschen zu tun und an der früher erwähnten Stelle, wo Aristoteles die verschiedenen Grundarten des Gebrauchs von Argumenten unterscheidet, nennt er die wissenschaftliche die didaktische[450]. Gewiß ist die Vergewisserung über die Exaktheit mathematischer Formeln und Zusammenhänge, die am Anfang der griechischen Mathematik steht, zuerst ein sich selbst Vergewissern. Aber schon die beiden termini technici, welche die beiden ursprünglichsten Vergewisserungsmethoden bezeichnen, ἐπαγωγή und ἀπαγωγή, bezeichnen ein Hinführen und ein Hinwegführen, das doch nur ein Hinführen und Hinwegführen derer sein kann, denen man die eigene Erkenntnis mitteilen und zwingend machen will.

---

[448] Vgl. unten S. 335 ff.

[449] Op. coll. (Anm. 410), Introduction and Province of Logic, § 3 am Ende. Vgl. dazu auch E. Kapp, Greek Foundations of Traditional Logic, New York 1943, p. 85 ff. und unten S. 627 ff.

[450] Aristoteles, Topik IX, 2, 165 a, 36 ff.

Damit hängt ein zweites auf das engste zusammen. In Aristoteles' Lehrbuch der Kunst der Dialektik, der Topik, wird zwar der Gebrauch der syllogistischen Schlußform im dialektischen Frage- und Antwortspiel immer vorausgesetzt, aber die Kunst, die gelehrt wird, ist nicht die des Gebrauchs der Schlußformen, sondern die Kunst, die Prämissen zu finden[451], mit deren Hilfe man den Partner dazu bringen kann, die Schlußfolgerungen, die man ziehen will, zuzugeben. Aber auch in der Wissenschaftslehre der zweiten Analytiken handelt es sich primär darum, wie man die Prämissen findet. Das bedeutet natürlich nicht, daß die Richtigkeit des Prozesses des Schließens unwichtig wäre. Im Gegenteil: in gewissem Sinne ist, wie gesagt, die Syllogistik das Kernstück der aristotelischen Logik. Aber tatsächlich vollzieht sich der Erwerb neuer Einsichten niemals so, daß Prämissen irgend welcher Art, sei es erste oder selbst schon abgeleitete, sozusagen in die logische Maschine gesteckt werden und dann am Ende eine neue Erkenntnis herauskommt. Vielmehr ist der tatsächliche Erkenntnisvorgang immer gerade der umgekehrte: daß ein neuer Zusammenhang geahnt wird und dann die Prüfung stattfindet, ob das, was man erkannt zu haben glaubt, richtig ist, d. h. ob es sich in einen logisch festgefügten Zusammenhang einordnen läßt. Das hat Aristoteles im Gegensatz zu J. St. Mill und den ihm folgenden modernen Logikern sehr richtig erkannt[451a].

Vielleicht kann man von hier aus auch eine wenigstens teilweise Antwort auf die Vexierfrage finden, ob und in wieweit die Auswahl eines Axiomensystems in der modernen Mathematik eine willkürliche genannt werden kann. Nach einem Vortrag, den ich in Karlsruhe über die Anfänge einer mathematischen Axiomatik bei den Griechen gehalten hatte, wurde auch diese Frage aufgeworfen, und auf meinen an der wörtlichen Richtigkeit der Behauptung geäußerten Zweifel sagte einer der Diskussionsteilnehmer, er habe ein ungutes Gefühl, wenn der Wissenschaft irgend ein Experimentieren mit logischen Möglichkeiten verboten werden solle. Aber es handelt sich zum mindesten primär gar nicht darum, etwas zu verbieten, sondern darum, daß man mit im strikten Sinne willkürlich zusammengestellten Axiomen schlechterdings nichts anfangen kann. Jeder

---

[451] Eben davon hat die Topik ihren Namen: es ist primär die Kunst, die „Örter" zu finden, wo man sich seine προτάσεις holen kann.

[451a] Vgl. dazu auch den sehr interessanten Aufsatz von B. L. Van der Waerden „Denken ohne Sprache" in Thinking and Speaking. A Symposium edited by G. Révész, Amsterdam, 1954, S. 165—174.

faktischen Zusammenstellung von Axiomen ist noch immer eine Vorstellung von Strukturzusammenhängen vorausgegangen, auf welche sich die Axiome anwenden lassen. Das gilt sogar für solche Beispiele, die hauptsächlich aufgestellt werden, um zu zeigen, *daß* man von den allgemeiner geltenden Axiomen abgehen und sie willkürlich durch andere Axiome ersetzen kann, wie in Hilberts Grundlagen der Geometrie der Aufweis, daß man auch ein mathematisches System aufstellen kann, in welchem aus der Kongruenz von Dreiecken ihre Inhaltsgleichheit nicht folgt[452]. Daß dabei von Willkürlichkeit der Auswahl die Rede ist, hat auf der einen Seite den Sinn, daß sich die aristotelische Forderung, daß die Axiome durchweg einfacher und einsichtiger sein müssen als die aus ihnen abgeleiteten Sätze, — wie oben gezeigt, schon bei Euklid, der, um der Schwierigkeit auszuweichen, das Deckungsverfahren in verbesserter Form wieder einführen mußte — nicht hat durchführen lassen. Gibt man dieses Prinzip jedoch auf, ist es schwer, eine andere feste Regel, nach der die Axiome für die logische Analyse eines Strukturzusammenhangs auszuwählen sind, zu finden. Daher ein gewisses Maß der Auswahlfreiheit, das irreführender Weise als „willkürlich" bezeichnet wird. Sieht man sich aber die Praxis an, so wird man finden, daß im allgemeinen das aristotelische Prinzip so weit als möglich angewendet zu werden pflegt. Das zweite Element der Willkür liegt in der Schaffung von Axiomsystemen für beliebige Strukturzusammenhänge. Hier kann sich die Frage erheben, ob man alle nur denkbaren Strukturzusammenhänge systematisch mit Hilfe von dazu erfundenen Axiomen erforschen soll, oder nur solche, die in irgendeinem Sinne als „sinnvoll" erscheinen, wobei die Schwierigkeit entsteht, genau festzustellen, was „sinnvoll" in diesem Sinne ist, und ferner, selbst wenn diese Frage beantwortet wird, die weitere Schwierigkeit, daß, was zunächst nicht sinnvoll und bloße Spielerei zu sein scheint, sich beim Auftauchen neuer Probleme plötzlich als sinnvoll erweisen kann. Dies ist tatsächlich eine schwierige und vielleicht nie ganz zu beantwortende Frage. Es ist aber vielleicht doch nützlich, sie wenigstens in klarer Form zu stellen statt die eigentliche Frage durch die unklare und irreführende Redeweise von der Willkürlichkeit der Auswahl der Axiome und Axiomensysteme und den sich daraus ergebenden Conventionalismus zu verdunkeln.

---

[452] D. Hilbert, Grundlagen der Geometrie, Kapitel IV, § 20; vgl. auch unten S. 259 ff. und Anm. 503.

9. Die Rückwendung zur Menschenwelt
Die Sophisten und Sokrates

Die Versuche der philosophischen und wissenschaftlichen Welterklärung hatten seit Parmenides immer mehr dazu geführt, die Welt, in der wir leben, nicht nur auf ihre Zusammenhänge und ihre Entstehung hin zu analysieren, sondern zwischen einer bloß phänomenalen Welt, in der wir uns bewegen, und einer „wirklichen" Welt, die hinter dieser phänomenalen Welt verborgen und ganz anders ist als die phänomenale Welt, zu unterscheiden. Am stärksten ausgeprägt ist dies, abgesehen von Parmenides' Postulat einer Welt des reinen Seins, in der atomistischen Theorie des Leukipp und Demokrit, nach welcher die wahre Welt aus nichts besteht als aus den raumfüllenden Atomen und dem leeren Raum, nebst den primären Relationen der Atome zum Raum wie Gestalt, Lage, „Einfügung" und Bewegung, alles andere aber, was den Inhalt unseres Lebens ausmacht, vor allem auch die Sinnesempfindungen sozusagen eine Art Umwandlung der wahren Welt in eine phänomenale Welt für uns bedeutet. „Entweder ist nichts wahr oder das Wahre ist uns verborgen" ist der demokriteische Satz, in welchem diese Weltansicht am prägnantesten ausgedrückt ist.

Die moderne Wissenschaft, die ja in vieler Hinsicht an die antike angeknüpft hat, hat eine ähnliche Entwicklung durchgemacht. Vom 18. Jahrhundert bis in die Gegenwart zieht sich in verschiedenen Variationen der Glaube, daß es der Wissenschaft gelungen sei, ein zutreffendes Bild von der „außersubjektiven Realität" zu entwerfen, welche der phänomenalen Welt, in welcher wir leben, zugrunde liege. Aber trotz der ungeheuren Erfolge der modernen Wissenschaften, aufgrund ihres Bildes von der außersubjektiven Welt Ereignisse (in der phänomenalen Welt) vorauszusagen, Dinge (in der phänomenalen Welt) herzustellen und in jedem Sinn zu „machen" und auf diese Weise die (phänomenale) Welt, in der wir leben, zu verändern, ist immer zweifelhafter geworden, wie weit jene von der Wissenschaft erforschte oder konstruierte wahre Welt hinter der phänomenalen Welt als eine reale Welt betrachtet werden kann. Bei einem der allergrößten Wissenschaftler der heutigen Zeit, bei Heisenberg, endlich schlägt das Verhältnis der beiden Welten zueinander in gewisser Weise um. Obwohl sich Heisenberg des phänomenalen Charakters der Welt, in der wir täglich leben, natürlich voll bewußt ist,

spricht er doch von dieser Welt als der „wirklichen" Welt und betrachtet
die Welt der „außersubjektiven" Realität als eine Welt der Symbole[453].

Ein ähnlicher Umschwung kann in der Antike in der zweiten Hälfte
des 5. Jahrhunderts beobachtet werden mit dem Auftreten der sogenannten Sophisten und des Sokrates. Die Sophisten revoltieren gegen die Behauptung, daß die wahre Welt ganz anders sei als die Welt, in der wir
leben. Selbst wenn es eine solche wahre Welt gäbe, hätte es keinen Sinn,
sich damit zu beschäftigen, da sie eben nicht unsere Welt ist. Das ist auch
der ursprüngliche Sinn des berühmten Satzes des Protagoras (ca. 490—
ca. 420 v. Chr.), der Mensch sei das Maß aller Dinge, der seienden, daß
sie sind, der nichtseienden, daß sie nicht sind[454]. Dieser Satz ist uspüng-
lich nicht, wie später meistens interpretiert worden ist, der Ausdruck
einer subjektivistischen oder sensualistischen oder relativistischen Theorie, sondern richtet sich primär gegen alle jene philosophischen und wissenschaftlichen Welterklärungen, nach denen die Welt ganz anders ist
als „die Menschen" glauben, daß sie sei, und als sie ihnen erscheint. Dabei
argumentierte dann freilich Protagoras mit dem einzelnen Menschen,
indem er sagte: wie es keinen Sinn hat, einem einzelnen Menschen, der
friert, zu sagen: „aber es ist doch ganz warm", da er davon nicht wärmer
wird und es für ihn eben kalt ist, so hat es erst recht keinen Sinn, den
Menschen im allgemeinen zu sagen, die Welt sei ganz anders als sie ihnen
vorkommt. Denn sie leben nun einmal in der Welt, wie sie ihnen vorkommt, und nicht in einer anderen Welt[455].

---

[453] Vgl. oben S. 123 ff.

[454] Unter den modernen Interpreten gibt es eine Kontroverse darüber, ob das ὡς
in der griechischen Fassung des Satzes mit „daß" oder mit „wie" übersetzt werden
müsse. Rein sprachlich kann nicht der geringste Zweifel daran bestehen, daß es
„daß" heißen muß, da ὡς in der Bedeutung „wie" = „auf welche Weise" und
nicht „wie beschaffen" ist. Aber schon Platon hat an der Stelle, wo er den Satz
zitiert, das ὡς durch οἷα = „wie beschaffen" ersetzt. Das ist daraus zu erklären,
daß Protagoras an dem Wendepunkt steht von der älteren Auffassung (vgl. oben
S. 20 ff.), wonach die Eigenschaften wie „warm" und „kalt" eigentlich der Stoff
sind, aus dem die Welt gemacht ist, zu der Auffassung, nach der sie bloße Eigenschaften von „Substanzen" sind. Wenn Protagoras sagt, „daß sie sind", meint er,
daß „die Kälte" wirklich da ist oder *daß* sie nicht da ist. Aber in Wirklichkeit
existiert sie für ihn nicht außerhalb des Menschen, der die Kälte fühlt. Für Platon
ist die Kälte eine Eigenschaft von Dingen, z. B. der uns umgebenden Luft, daher
seine Übersetzung mit οἷα: *wie* die Dinge, d. h. die uns umgebende Luft oder ein
Ding, das wir berühren, sind.

[455] Platon im Theaetet im Zusammenhang einer ausführlichen Diskussion des Protago-
reischen Satzes sucht zwar zu zeigen, daß sich, wenn man alle logischen Schlußfolgerungen aus dem Satz und seiner Begründung durch Protagoras zieht, der

Ganz analog war offenbar der Sinn der gewollt paradox formulierten Schrift des Gorgias „Über die Natur oder das Nichtseiende"[456], in welcher er zu beweisen suchte: 1. daß nichts ist; 2. daß, wenn es etwas gäbe, wir es nicht erkennen könnten; 3. daß, wenn es für jemand erkennbar wäre, er diese Erkenntnis doch nicht mitteilen könnte. Die „Natur", von der hier wie bei den früheren und gleichzeitigen Philosophen die Rede ist, steht in diesem Zusammenhang für die „eigentliche" Wirklichkeit, wie sie die „wissenschaftlichen" Philosophen zu erkennen versucht hatten, für das ungewordene, unveränderliche, unvergängliche Seiende des Parmenides, die Homoiomerien des Anaxagoras, den leeren Raum und die raumerfüllenden Atome des Leukipp und des Demokrit, lauter untereinander verschiedene „wahre" Welten, die alle wirklicher sein sollten als die Welt, in der wir uns täglich bewegen. Eben hiergegen richtet sich die Kritik des Gorgias: diese wahren Welten gibt es nicht, und wenn es sie gäbe, wären sie für uns nicht erkennbar, wenn aber doch jemand auf wunderbare Weise eine solche Erkenntnis haben sollte, könnte er sie nicht mitteilen, da wir nun einmal von Natur in der sinnlich wahrnehmbaren Welt eingeschlossen sind, in der wir uns im täglichen Leben betätigen: und — das ist der praktische Sinn des Ganzen — es wäre gescheiter, sich in dieser uns erkennbaren Welt zu orientieren und häuslich einzurichten, als über verschiedene „wahre" Welten zu spekulieren.

Mit dieser Auslegung steht auch das, was sonst über die (älteren) Sophisten berichtet wird, in bester Übereinstimmung. Sehr interessant ist, daß Protagoras sich gegen die mathematische Definition der Tangente als einer Geraden, welche den Kreis in nur einem Punkt berührt, gewendet haben soll[457]: eine Gerade oder andere Linie berühre den Kreis immer in mehreren Punkten, bzw. habe immer eine Strecke mit ihm gemeinsam. Damit wandte Protagoras sich gegen die „idealen" Gegenstände der Mathematik, die in der empirisch gegebenen Wirklichkeit ja tatsächlich nicht vorkommen, greift aber damit zugleich natürlich die Grundlagen der „wissenschaftlichen" Bewältigung der Welt gerade auch im Sinne der modernen Naturwissenschaft an, die sich vor allem der

---

extremste Relativismus und Subjektivismus daraus ableiten läßt, gibt aber zu, daß Protagoras selbst diese Folgerungen nicht ausdrücklich gezogen hat. Vgl. im einzelnen hierfür und für das in der vorangehenden Anm. Erörterte meinen Artikel über Protagoras in der RE (Pauly-Wissowa, Realenzyklopädie), XXIII, Sp. 913 ff.

[456] Vgl. Diels/Kranz, Vorsokratiker 82 B 3.
[457] Vgl. ibidem 80 B 7.

mathematischen Hilfsmittel bedient, obwohl hier, wie sich gezeigt hat, ja auch wiederum eine gewisse Spannung zwischen dem mathematischen Exaktheitsstreben und der immer bloß approximativen Bewältigung der physikalischen Gegebenheiten durch die Mathematik besteht. Auf der anderen Seite steht es aber auch wiederum nicht mit der prinzipiellen Haltung des Protagoras im Widerspruch, wenn ein anderer Sophist, Hippias von Elis, selbst mathematische Entdeckungen oder Erfindungen gemacht hat, wie die berühmte Quadratrix[458]. Charakteristischerweise hat sich Hippias mit der Erfindung dieser Kurve von der Forderung, alles aus den Urgegebenheiten des Kreises und der Geraden abzuleiten, emanzipiert, zugleich aber damit ein Instrument geschaffen, welches für den praktischen Gebrauch, vor allem die Winkelteilung, außerordentlich nützlich war. Die Sophisten brauchten eben ihren Prinzipien nach nicht wissenschaftlich konsequent zu sein und konnten auch wieder alles gelten lassen, was zur praktischen Bewältigung des Lebens, wie wir es nun einmal leben, nützlich ist.

Auch auf dem moralischen Gebiet sind die älteren Sophisten, wie ihnen gerade ihr Gegner, Platon, mehrfach bescheinigt hat[459], durchaus keine kühnen Neuerer gewesen, sondern haben im allgemeinen die überkommenen moralischen Anschauungen akzeptiert. Was sie Positives zu geben zu haben glaubten, war im Grunde nichts als ein verbesserter und erleuchteter Common sense und mit seiner Hilfe allerhand Mittel, sich im Leben, wie es nun einmal gegeben ist, besser zurecht zu finden und Erfolg zu haben. Wie es aber dazu gekommen ist, daß ihre Lehren als moralisch gefährlich betrachtet werden und vielleicht im weiteren Verlauf es wirklich werden konnten, ist auch für das Verständnis ihrer Bedeutung innerhalb der Entwicklung der Wissenschaften nicht ganz unwichtig, sich klar zu machen.

Wenn Platon in seinem Dialog „Theaetet" Sokrates den Theodoros fragen läßt[460], „Was kann der weise Protagoras eigentlich lehren, wenn

---

[458] Vgl. Proclus in Primum Eucl. element. librum, p. 272 und 356 Friedlein. Die Stelle und der Hinweis fehlt in den neueren Auflagen von Diels/Kranz, vermutlich weil Kranz bezweifelte, daß der von Proclus genannte Hippias mit Hippias von Elis identisch sei. Doch ist die Beschäftigung des Hippias mit mathematischen Dingen auch sonst, z. B. im Hippias Maior, mehrfach bezeugt und die Erfindung der Kurve in der Zeit des Hippokrates von Chios durch einen Mann von der allseitigen Intelligenz des Hippias keineswegs unmöglich.

[459] Vgl. Platon, Staat 492—93 a; Protagoras 333 c; Menon 91 c.

[460] Platon, Theaetet 161 ff.; vgl. dazu auch Euthydem 287 a: τίνος διδάσκαλοι ἥκετε;

für ihn die Wirklichkeit nur das ist, was jedes Individuum wahrnimmt und empfindet und es für ihn keine über das subjektive Empfinden hinausgehende Wirklichkeit oder darüber hinaus gültige Wahrheit gibt?", so ist die Antwort, man könne diese wahrgenommene Welt sehr wohl so verändern, daß sie für den Wahrnehmenden und Empfindenden angenehmer werde. Worauf es ankomme, sei nicht, eine absolute Wahrheit zu finden, die es doch nicht gebe oder die jedenfalls für den erkennenden Menschen nicht erreichbar sei, sondern eine τέχνη, eine praktische Kunst zu entwickeln, sich in dieser etwas unsicheren Welt zurechtzufinden und die Dinge zu unseren Gunsten zu wenden. Diese τέχνη versprechen die Sophisten zu lehren und damit zugleich die ἀρετή, was wir mit Tugend oder allenfalls mit Tüchtigkeit zu übersetzen pflegen, was aber bei den Sophisten weder das eine noch das andere im eigentlichen Sinne bedeutet, sondern eher die Fähigkeit, Einfluß zu gewinnen und sich durchzusetzen.

Das gilt auf den verschiedensten Gebieten; Gorgias war stolz darauf[461], daß er es besser fertig brachte als sein Bruder, der Arzt war, einen Kranken dazu zu überreden, sich einer schmerzhaften Operation zu unterziehen, obwohl er im Gegensatz zu seinem Bruder nicht imstande war, zu beurteilen, ob eine Operation nötig war oder nicht. Diese Kunst des Beeinflussens und Überredens gewinnt natürlich auf zwei Gebieten eine besondere Bedeutung: vor den Gerichten und in der Politik. Das Schlagwort, das hier in Geltung kam, lautete τὸν ἥττονα λόγον κρείττω ποιεῖν, wörtlich: die schwächere Rede zur stärkeren zu machen, ein Schlagwort, in dem zugleich die Ambiguität der Tätigkeit der Sophisten einen prägnanten Ausdruck findet. Das Schlagwort *kann* einfach bedeuten, ein schwaches Plädoyer durch das Auffinden besserer Argumente und deren bessere Formulierung und Präsentation zu verbessern und so „stärker" zu machen. Es *kann* aber auch bedeuten und ist sehr bald so verstanden worden: die schlechtere *Sache* durch täuschende Argumente als die bessere und stärkere erscheinen zu lassen. Das erste ist völlig legitim. Gegen das zweite kann man, wenn man an die verderblichen Wirkungen demagogischer Propaganda denkt, Einwände erheben.

Die Beurteilung der Sophisten sowie auch die Wandlungen, welche die sophistische τέχνη durchgemacht hat, hängen aber auch mit der politischen Situation zusammen, in welcher die Sophisten in Athen zuerst aufgetreten sind. Die Abkömmlinge der alten Aristokratie hatten in Athen noch lange nach der vollständigen Demokratisierung der athenischen Ver-

---

[461] Platon, Gorgias 456 a ff.

fassung die politische Führerschaft behalten infolge ihres ererbten An-
sehens sowohl als auch infolge ihrer von Eltern an die Kinder weiter-
gegebenen Erfahrung und ihres Könnens auf militärischem und admini-
strativem Gebiet. Als jedoch in der zweiten Hälfte, bzw. im letzten
Drittel des 5. Jahrhunderts v. Chr. diese traditionelle Überlegenheit ins
Wanken geriet und neue Persönlichkeiten aus anderen Schichten zur politischen Führerschaft drängten, war es natürlich, daß gerade politisch ehrgeizige Angehörige der vornehmen und reichen Klassen sich an die wan-
dernden Sophisten wandten, um mit ihrer Hilfe, d. h. mit Hilfe der von
ihnen gelehrten Technik, den schwindenden Einfluß wiederzugewinnen.
Sie waren auch diejenigen, die am ersten imstande waren, die sehr
hohen, von den Sophisten für ihren Unterricht geforderten Honorare zu
bezahlen. Die Opposition gegen sie kam daher nicht nur und nicht in
erster Linie von den Konservativen im modernen Sinne, d. h. den Vertretern der alten Aristokratie, obwohl es auch unter diesen naturgemäß
solche gab, denen die neuen Tricks der Volksbeeinflussung unheimlich
waren, sondern von den emporstrebenden Politikern und Demagogen
der Mittelklasse. Das konservative Element in dieser Opposition war
das Mißtrauen gegen das Geistreiche und Gekünstelte der neuen Technik, das sich verband mit der Abneigung gegen das großartige und hoch-
mütige Auftreten der älteren Sophisten. Von dieser Situation aus ist die
schon früh in Athen verbreitete Opposition gerade der bürgerlichen bzw.
demokratischen Politiker gegen die Sophisten und ihre Verbannung aus
Athen zu verstehen, ebenso wie die Tatsache, daß Platon trotz seiner
eigenen Abneigung gegen die Sophisten sie gegen den Vorwurf, sie hätten
offen den Immoralismus gepredigt, in Schutz nimmt.

Die älteren Sophisten konnten schon deshalb nicht als Immoralisten
auftreten, sondern mußten sich so sehr wie möglich an die überlieferten
moralischen Vorstellungen halten, weil jede andere Haltung ihrer Wirkung den schwersten Eintrag getan hätte. Man kann nicht in einem
Prozeß in einem Gericht obsiegen oder in einer Volksversammlung die
Menge der Bürger für seine politischen Ziele gewinnen, wenn man den
moralischen Überzeugungen der Richter oder der Teilnehmer an der Versammlung ins Gesicht schlägt. Aber der eigentliche Sinn der sophistischen
Technik war der Erfolg. Insofern war sie ihrem Wesen nach den moralischen Prinzipien gegenüber wesensmäßig indifferent. Es ist daher in
gewisser Weise nur in der Konsequenz der Sache gelegen, daß, als die
Technik der Sophisten in ihrer älteren moralischen Form sich nicht als
ausreichend erwies, um die politische Suprematie wiederzugewinnen, bei

jüngeren Sophisten wie bei Thrasymachos von Chalkedon[462] auch offen immoralistische Theorien über das Recht der „Besseren", d. h. der Klügeren, der Gebildeteren, der intellektuell besser Ausgestatteten, sich die von der Natur schlechter Bedachten zu unterwerfen und ihrem persönlichen Nutzen dienstbar zu machen, entwickelt wurden.

Was hier zuletzt gesagt worden ist, scheint auf den ersten Blick wenig mit der Entwicklung der Wissenschaft bei den Griechen und der Bedeutung der Sophisten für diese zu tun zu haben, mußte aber doch so kurz wie möglich erwähnt werden, um andere Aspekte ihrer Tätigkeit, die mit dem Wissen vom Menschen zu tun haben, in der richtigen Perspektive zu sehen. Ganz abgesehen davon, daß die Konzentration auf die Meisterung des praktischen Lebens es den Sophisten erlaubte, sich auch mit Mathematik und Naturwissenschaft zu beschäftigen und dies ganz uneingeschränkt durch deren ideale Prinzipien, die den Philosophen Schwierigkeiten bereiteten, führte sie ihre Tätigkeit auf ganz natürlichem Wege auch zur Beschäftigung mit Dingen, die bisher noch nicht in den Gesichtskreis der Philosophen und Naturwissenschaftler getreten waren und die einerseits für grundlegende Fragen der Wissenschaft überhaupt von Bedeutung waren, andererseits neue Gebiete für eine bis zu einem gewissen Grade wissenschaftliche Behandlung eröffneten.

Die Wissenschaft, von der in den vorangehenden Kapiteln die Rede war, war ganz auf Sachverhalte gerichtet. Die Sprache spielte eine Rolle dabei nur, insofern sie zur Bezeichnung der Sachverhalte und ihrer Mitteilung von Mensch zu Mensch diente. Nur ganz am Ende, wo von dem Umschwung von dem Glauben an eine von der phänomenalen Welt verschiedene, der Erkenntnis zugängliche reale Welt zu der Einsicht, daß der Realitätscharakter dieser „wahren" Welt ein zweifelhafter war und daß die phänomenale Welt für den Menschen immer die eigentlich reale Welt seines Lebens bleiben wird, die Rede war, tauchte das Problem der Sprache auf[463], wie ja auch in der modernsten Wissenschaftstheorie die Semantik eine früher gar nicht geahnte Rolle zu spielen begonnen hat. Es ist sehr interessant, daß genau diese selbe Erscheinung bei der Abwendung von den Spekulationen der frühgriechischen Philosophen und von der Suche nach wahren Welten hinter der phänomenalen Welt und

---

[462] Vgl. Diels/Kranz 85 B 6 und 6 a.

[463] Vgl. hierfür und für das Folgende ausführlich die ausgezeichneten Ausführungen von Rudolf Pfeiffer, History of Classical Scholarship I: From the Beginnings to the End of the Hellenistic Age, Oxford 1968, 29—42.

bei der Rückwendung zur Menschenwelt eingetreten ist. In der dialektischen Auseinandersetzung über menschliche Dinge ebenso wie in der rhetorischen politischen Propaganda konnten Äquivokationen und die Ambiguität der Worte oder Bezeichnungen zur Täuschung benutzt werden. Aber zur Widerlegung solcher Argumente ebenso wie zur Erfindung neuer und überzeugenderer Argumente war es dann notwendig, die Bedeutungen der Worte genauer zu bezeichnen, bzw. Bedeutungsnuancen zunächst zwischen verschiedenen Worten, dann auch des selben Wortes zu unterscheiden und zu fixieren. So finden sich bei allen bedeutenderen Sophisten von Protagoras an Ansätze zu semantologischen Unterscheidungen dieser Art. Zur Spezialität machte diese Art von „Wissenschaft", die Wissenschaft vom richtigen Gebrauch der Worte oder ὀρθοέπεια, Prodikos von Keos, der etwa 20 Jahre jünger war als Protagoras.

Freilich kann es sich dabei höchstens um die ersten, höchst unvollkommenen Ansätze zu einer „Wissenschaft" handeln, da auch die semantischen Betrachtungen des Prodikos vielfach einen etwas künstlichen, spitzfindigen Charakter hatten, mehr dazu geeignet, vor einer Zuhörerschaft zu glänzen als eine wirkliche Bedeutungswissenschaft zu begründen. Besonders deutlich ist dieser zwielichtige Charakter der sophistischen Bedeutungswissenschaft in den Ansätzen zu einer anderen halbwissenschaftlichen Methode bei den älteren Sophisten: der Dichterinterpretation. Die Aussprüche der großen alten Dichter genossen bei den Griechen des 5. und noch des 4. Jahrhunderts eine große Autorität. Man konnte sich daher zur Bekräftigung seiner eigenen Behauptungen oder Maximen auf sie berufen. Es kam dann darauf an, was sie gesagt hatten, so auszulegen, daß es mit den eigenen Tendenzen übereinstimmte, wozu wiederum Wortauslegungen oder Wortunterscheidungen dienen konnten. Man konnte auch seine eigene höhere Weisheit dadurch zu beweisen suchen, daß man einem großen Dichter einen Widerspruch in seinen Aussprüchen nachzuweisen suchte. Endlich haben sich Sophisten, wenn ihnen das σοφίζεσθαι, das (allzu) klug sein Wollen, vorgeworfen wurde, auf die alten Dichter berufen und behauptet, sie setzten nur fort, was jene getan hätten: Lebensweisheit zu verbreiten. Alles das ist kein methodisches Bemühen, den Sinn des von einem Autor Gesagten so genau wie möglich festzustellen, sondern ein ziemlich willkürliches Umspringen damit, wobei eine oft nicht weniger willkürliche Semantik zu Hilfe genommen wird. Trotzdem ist damit der Anstoß zu einer ernsthafteren und „wissenschaftlichen" Behandlung dieser Dinge gegeben; und in Hinsicht auf Dinge, die nicht unmittelbar in der Diskussion zu gebrauchen sind, sondern nur der ersten

Grundlage dienen, haben die Sophisten die allerersten Ansätze zu einer wissenschaftlichen Grammatik geliefert. Da endlich die Tätigkeit der Sophisten prinzipiell nichts ausschloß, was für das praktische Leben von Bedeutung sein konnte, haben sie sich auch sonst, wie mit mathematischen Dingen, so auch mit anderen Gegenständen, wie z. B. mit antiquarischen Forschungen, die mehr oder minder wissenschaftlich behandelt werden konnten, beschäftigt.

Es ist nun zum Abschluß dieses Überblickes vielleicht nicht ganz uninteressant, sich mit der Einschätzung der Sophisten in neuerer Zeit etwas zu beschäftigen. Die Sophisten haben jahrhundertelang wegen ihrer negativen Beurteilung sowohl durch die antiken Politiker und Historiker wie durch die Philosophen Sokrates und Platon und in etwas geringerem Grade durch Aristoteles sozusagen eine sehr schlechte Presse gehabt. Seit etwas über hundert Jahren begannen sie zuerst in den angelsächsischen Ländern, dann in zunehmendem Maße auch in anderen Ländern, eine gute Presse zu haben. Sie galten nun als die Männer des Fortschrittes, der openmindedness, des common sense und auch des demokratischen Geistes, im Gegensatz zu den obskurantistischen Reaktionären wie Platon mit seinem „feudalistischen" Idealstaat und dem ebenfalls reaktionären Aristoteles, von Sokrates ganz zu schweigen. In dieser Einschätzung der Sophisten mischen sich sehr verschiedenartige Elemente in höchst kurioser Weise. Daß die Sophisten als Demokraten erscheinen, kann nur darauf zurückzuführen sein, daß ihre Technik auf die politische Diskussion und die demagogische Rede ausgerichtet ist, deren Freiheit freilich die athenische vollendete Demokratie zur *Voraussetzung* hat. Daß irgendeiner von ihnen für die Demokratie eingetreten wäre, dürfte schwer nachzuweisen sein. Vielmehr geht die Tendenz immer mehr in die entgegengesetzte Richtung, und daß Demagogie dazu benützt werden kann, die Demokratie, bzw. einen Zustand der Freiheit des Wortes, zu zerstören und abzuschaffen, sollte unserer Zeit bekannt sein.

Die Hochschätzung der Sophisten durch Anhänger einer modernen positivistischen Philosophie ist trotz der Kritik der Mathematik durch Protagoras weniger paradox. Sie ist aus denselben Voraussetzungen zu erklären wie die um die Mitte des 19. Jahrhunderts erwachende Begeisterung für Francis Bacon, der ja auch nur noch die angewandte Mathematik gelten lassen wollte und die reine Mathematik als nutzlose Spekulation betrachtete. In der praktisch anwendbaren Mathematik hatte sich aber gerade Hippias von Elis ausgezeichnet. Vor allem gefiel natürlich den Positivisten die Abwendung der Sophisten von jeder ontolo-

gischen Spekulation, von der „Metaphysik", die von den Positivisten als
„meaningless" bezeichnet wird, die Hinwendung zum wirklichen oder
scheinbaren common sense und zu den Problemen des täglichen Lebens.
Das ist alles ganz konsequent, wenn man die Strukturvorstellungen, die
in der Physik und den anderen Naturwissenschaften eine Rolle spielen,
als reine Hilfskonstruktionen betrachtet, die nur der Voraussagbarkeit
von Ereignissen innerhalb der phänomenalen Welt, in der wir leben,
und dem „Machen", d. h. der Bewirkung oder Herstellung künftiger Ereignisse in dieser Welt dienen. Dagegen ist es eine völlig unklare Vermischung entgegengesetzter Auffassungen, wenn man gleichzeitig von der
Wissenschaft eine Lösung der Welträtsel oder des Rätsels des Lebens
erwartet.

    Wie die Sophisten hat auch Sokrates sich von der ontologischen und bis
zu einem gewissen Grade naturwissenschaftlichen Spekulation abgewendet
aus Enttäuschung darüber, daß daraus so wenig für das menschliche Leben zu gewinnen sei. Er hat, wie wohl gesagt worden ist, nicht nur das
ἠθικὸν γένος in die Philosophie eingeführt, sondern die Philosophie vom
Himmel auf die Erde und zu den Menschen zurückgeführt. Aber auch in
der Methode bestehen, gerade weil sie an der Oberfläche liegen, zwischen
Sokrates und den Sophisten nicht zu übersehende Ähnlichkeiten. Alle erhaltenen sokratischen Dialoge zeigen, daß auch Sokrates sich in seinen
dialektischen Gesprächen vielfach einer Art von Äquivokationen bedient
haben muß; und Analogieschlüsse, die nach den Prinzipien einer strengen
Wissenschaft nicht als beweisend anerkannt werden würden, spielen bei
ihm erst recht eine große Rolle. Endlich hat er, wie es scheint, dem Wortlaut, wenn auch, wie sich zeigen wird, nicht dem Sinne nach, die Meinung
vertreten, daß die ἀρετή durch Erkenntnis, durch ἐπιστήμη erworben
werde oder jedenfalls weitgehend von dieser abhängig sei. Es ist daher
nicht verwunderlich, daß Sokrates von vielen seiner Mitbürger und Zeitgenossen zu den Sophisten gerechnet wurde, wenn er sich auch äußerlich
dadurch von ihnen unterschied, daß er keinen Unterricht gab und kein
Geld mit seiner Weisheit zu verdienen suchte.

    Die Erkenntnis dessen, was Sokrates eigentlich gewesen ist, ist dadurch
erschwert, daß er nie etwas geschrieben hat und daß sein Bild ebenso wie
das seiner Philosophie bei seinen verschiedenen Schülern sehr verschieden
erscheint, von seinen Gegnern nicht zu reden. Am besten und einheitlich-
sten ist, wenn man von den späten platonischen Dialogen absieht, in
denen Sokrates ganz offensichtlich zum Sprachrohr Platons geworden ist,

seine Stellungnahme in politischen Dingen überliefert. Wenn man von
hier ausgeht und sich an dem weitertastet, was damit am besten zusammenstimmt, ist es doch wohl möglich, ein weitgehend zutreffendes Bild
von der Eigenart seines Philosophierens zu bekommen.

In den Zeiten der Demokratie pflegte Sokrates sich darüber zu wundern, daß in der Volksversammlung jeder beliebige sich nicht nur zum
Wort melden konnte, sondern sich auch faktisch zum Wort meldete und
angehört wurde, ohne daß er eine besondere Sachkenntnis in den Dingen
zu haben brauchte, über die er sprach. Wie es dabei zuging und was es
für Folgen haben konnte, dafür ist vielleicht das beste Beispiel aus der
Zeit des Sokrates die Sizilische Expedition, zu der das athenische Volk
aufgefordert und überredet wurde von Männern, die von den Resourcen
des zu erobernden Landes und der Schwierigkeit der Aufgabe keinerlei
zureichende Vorstellung hatten, was ja dann auch zur Katastrophe führte.
Sokrates aber ging unter diesen Umständen in der Stadt herum und
fragte diesen oder jenen Mitbürger: „Sag einmal, als neulich dein Sohn
krank war, hast du da diesen oder jenen Volksredner um Rat gefragt?"
„Nein." „Wen denn?" „So, so, einen Arzt. Weil er das Heilen von
Krankheiten gelernt hat. Weil er Sachkenntnis hat. Aber haben die
Redner in der Volksversammlung, die doch Ratschläge geben über Dinge,
die nicht nur für einen einzelnen, sondern für die ganze Stadt von lebenswichtiger Bedeutung sind, entsprechende Sachkenntnis in den Dingen, von
denen sie reden? Und wenn nicht, wäre es dann nicht besser, sich die
nötigen Sachkenntnisse zu erwerben, bevor man in der Volksversammlung über die wichtigsten Dinge spricht, und sich zu vergewissern, ob der
Redner Sachkenntnisse hat, ehe man für seine Anträge stimmt?" Durch
solche Fragen machte sich Sokrates bei den Demagogen und Politikern im
allgemeinen nicht gerade beliebt und geriet in den Verdacht, ein Antidemokrat und Reaktionär zu sein, eine Vorstellung, die bei vielen seiner
modernen Kritiker immer noch herrscht[464]. Als aber dann am Ende des

---

[464] Vgl. z. B. A. D. Winspear and T. Silverberg, Who was Socrates?, New York 1939.
Hier muß sogar der Name der guten Xanthippe zum Beweis der „feudalen" Familienverbindungen des Sokrates dienen. Freilich sollen seine antidemokratischen Vorurteile nur für eine Übergangsperiode gelten. Dabei ist übersehen, daß Sokrates
unter der wiederhergestellten Demokratie hingerichtet worden ist. Die ganze Konstruktion beruht offenbar auf der allerdings für die Mehrzahl der Menschen, aber
gottlob doch nicht für alle richtigen Annahme, daß derselbe Mann nicht die Absurditäten der praktischen Verwirklichung entgegengesetzter Staats- und Gesellschaftsprinzipien sehen kann, sondern einem oder dem anderen mit Haut und
Haaren anhängen muß.

Peloponnesischen Krieges die Demokratie gestürzt wurde und mit Hilfe
der Spartaner ein oligarchisches Regime, das der sogenannten dreißig
Tyrannen, an ihre Stelle trat, das sich nur durch Gewalt und Terror,
durch die ohne gesetzmäßiges Gerichtsverfahren angeordnete Hinrichtung
vieler Bürger, an der Herrschaft erhalten konnte, ging Sokrates wieder in
der Stadt herum[465] und fragte, ob derjenige ein guter Hirte sei, der die
Zahl der Schafe vermindere statt sie zu vermehren, worauf der Führer
der Dreißig ihn kommen ließ und ihn mit grimmigem Humor verwarnte,
er solle sich in acht nehmen, daß er die Zahl der Schafe nicht um seine
eigene Person vermindere[466]. Nur der bald darauf erfolgte Sturz der
Dreißig hat es wohl verhindert, daß es tatsächlich dazu gekommen ist.
Aber unter der wiederhergestellten Demokratie wurde Sokrates ange-
klagt, daß er die Jugend verderbe — offenbar dadurch, daß er ihnen den
Glauben an und den Respekt vor der Weisheit der Politiker nahm. Er
hatte aber nicht nur die Jugend gegen die Politiker skeptisch zu machen
gesucht, was viele andere zu vielen Zeiten aus sehr viel weniger einwand-
freien Motiven auch getan haben und noch tun, sondern er hatte auch
ehrgeizige junge Leute, die sich mit Leidenschaft an der Politik zu betei-
ligen suchten, um eine Rolle zu spielen, um Macht zu gewinnen, um die
öffentliche Aufmerksamkeit auf sich zu ziehen und Ruhm zu erwerben,
darauf aufmerksam gemacht[467], daß es besser sei, sich zuerst Sachverstand
zu erwerben, ehe sie versuchten, das Volk zu lenken und zu politischen
Abenteuern zu veranlassen.

Aufgrund dieser Überlieferung über die politische Haltung des Sokrates lassen sich nun schon einige Eigentümlichkeiten seiner Philosophie und
seiner Tätigkeit innerhalb eines gewissen Umkreises bestimmen. Seine
Haltung unter dem oligarchischen Regime der Dreißig zeigt ganz deutlich,
daß die antike und moderne Auffassung unrichtig ist, die meint, Sokrates
habe vor allem Kritik an Verfassungsformen und politischen Institutionen geübt; vielmehr ist deutlich, daß er sich immer und überall an den

---

[465] Vgl. Xenophon, Memorabilia I 2, 32 ff.

[466] Daß Sokrates trotz seiner Widerspenstigkeit und seiner Kritik die Herrschaft der
Dreißig überhaupt überlebte, hatte er zweifellos der Tatsache zu verdanken, daß
einige seiner glühendsten Bewunderer, vor allem der junge Platon, dem radikalen
Führer der Dreißig, Kritias, sehr nahe standen, bzw. nahe mit ihm verwandt
waren. Aber Kritias war nicht der Mann, sich durch solche Rücksichten auf lange
Zeit von energischem Durchgreifen abhalten zu lassen, zumal da sein Neffe Platon
unter dem Einfluß des Sokrates von ihm abrückte und seine Methoden scharf ver-
urteilte.

[467] Vgl. darüber unten S. 239 ff.

einzelnen wandte, um diesen auf die unabdingbaren Voraussetzungen einer Politik, die dem Wohle des Staatswesens als ganzem, damit aber auch jedes einzelnen Bürgers dieses Staatswesens dienen sollte, aufmerksam zu machen. Hierin zeigt sich auch sehr deutlich der Unterschied zwischen Sokrates und den Sophisten.

Das Wort ἐπιστήμη, welches bei den „wissenschaftlichen" Philosophen vor Sokrates gar keine Rolle spielt, später aber bis zu einem gewissen Grade auch zu einer Bezeichnung für Wissenschaft wird, ja in der modernen Philosophengeschichte vielfach geradezu als *die* griechische Bezeichnung für Wissenschaft erscheint, bedeutet ursprünglich „ein Metier beherrschen", „darüber stehen", „sich auf eine Sache verstehen", das haben, was man im Englischen als den „know how" bezeichnet. Daher wird es ursprünglich vornehmlich vom Künstler und Handwerker gebraucht. Wenn die Sophisten von ἀρετή reden, meinen sie die Fähigkeit zu außergewöhnlichen Leistungen im Leben überhaupt, vor allem zur politischen Führerschaft, sowie diese Leistung selbst, in der sich die Fähigkeit dazu aktualisiert. Um diese Fähigkeit zu erwerben, braucht man in der Demokratie des 5. Jahrhunderts, aber auch in den von demokratischen Bewegungen bedrohten Oligarchien, den politischen „know how", welchen die Sophisten zu lehren versprachen. Indem sie diesen know how zuerst als τέχνη, dann auch als ἐπιστήμη bezeichneten, dehnten sie also den Geltungsbereich dieses Begriffes auf die politische Sphäre aus. Inhaltlich kann man diese Art der ἐπιστήμη als die Kunst der Menschenbehandlung im weitesten Sinne bezeichnen, wozu natürlich vor allem auch die Kunst gehört, die Teilnehmer an einer Volksversammlung für den eigenen Standpunkt zu gewinnen.

Wenn Sokrates in bezug auf Politik von ἐπιστήμη sprach, verstand er darunter, wie die für ihn bezeugten politischen Gespräche zeigen, etwas ganz anderes: den Sachverstand. Ihm und seinem Schüler Platon war eben jene Fähigkeit, jener know how des gewiegten Politikers unheimlich, die Menschen dazu zu bringen, ihm zuzustimmen, ihn in dem zu unterstützen, was er ihnen suggerierte, ohne daß er selbst zu wissen brauchte, und ganz gewiß, ohne daß diejenigen, die er zur Zustimmung veranlaßte, eine klare Einsicht darin hatten, ob das, was er ihnen suggerierte, für das Staatswesen als ganzes und damit auch für sie persönlich gut sei oder nicht, — wie dies durch das früher zitierte Beispiel[468] von Gorgias und

---

[468] Platon, Gorgias 456 a ff. Vgl. oben S. 225.

seinem Bruder trefflich illustriert wird. Das eben erschien Sokrates und seinem Schüler als das Merkwürdige und Zweifelhafte an der Politik, daß nur hier die Menschen blindlings den Propagandisten zu folgen pflegen, ohne sich des Sachverstandes dieser Führer zu vergewissern, wie sie es auf jedem anderen Gebiet, bei einem Arzt, bei einem Fechtmeister, bei einem Architekten oder einem Schiffskonstrukteur tun würden.

Gegenüber der Technik der Propaganda und der Überredung, welche die Sophisten zu lehren versprachen, bestand Sokrates auf dem Sachverstand. Aber dieser Sachverstand war doch durchaus nicht identisch mit dem, was wir heute etwa als Sachverstand in der Politik zu bezeichnen und der bloßen politischen Propaganda entgegenzusetzen pflegen. Um zu verstehen, was Sokrates mit seiner Forderung des Sachverstandes meinte und worauf seine Fragetechnik eigentlich zielte, ist es nötig, sich zunächst einige weitere antike Zeugnisse näher anzusehen.

In den Memorabilien des Xenophon[469] findet sich ein Gespräch des jungen Alkibiades mit seinem berühmten Onkel Perikles, von dem Xenophon ziemlich naiv sagt, es zeige, wie manche jungen Leute bei Sokrates die Dialektik gelernt, dann aber sich von Sokrates abgewendet hätten, um sie zu ganz anderen Zwecken zu verwenden als zu denen, die Sokrates im Sinne gehabt habe. Die Herkunft dieses Gespräches ist ganz unbekannt. Daß Xenophon es selbst gehört haben sollte, ist ganz unmöglich, da er zur Zeit, zu der es hätte stattfinden können, höchstens in den Windeln gelegen haben kann, vielleicht noch gar nicht geboren war; daß jemand anders damals ein solches Gespräch aufgezeichnet haben sollte, ist auch nicht sehr wahrscheinlich. Alkibiades selbst freilich wäre durchaus imstande gewesen, ein solches Gespräch zu führen und noch in späteren Jahren davon zu erzählen. Es kann aber auch erfunden sein. Aber gleichviel wie es entstanden ist, ist es jedenfalls für gewisse Aspekte der sokratischen politischen Dialektik höchst interessant. Der junge Alkibiades fängt also seine Unterhaltung mit dem großen Staatsmann damit an, daß er ihn mit ganz unschuldiger Miene fragt, ob er ihm erklären könne, was eigentlich ein Gesetz sei. „Gewiß", antwortet Perikles. „Das ist keine schwierige Frage: Alles was das Volk in einer Volksversammlung unter Einhaltung der ordentlichen Regeln der Prozedur darüber beschließt, was man tun darf oder soll und was man nicht tun darf, das sind Gesetze." „Meint das Volk dabei, daß man Gutes tun soll oder Schlechtes?" fragt Alkibiades weiter. „Gutes natürlich, lieber Junge",

---

[469] Xenophon, Memorabilia I, 2, 40—46.

antwortet Perikles. „Wenn nun aber nicht das Volk, sondern z. B. in einer Oligarchie wenige zusammenkommen und festsetzen, was man tun soll und was nicht, wie würdest du das nennen?" „Auch das", antwortet Perikles, „sind Gesetze. Alles was der Souverän, bzw. die herrschende Körperschaft (τὸ κρατοῦν), in einem Staate an Regeln für das richtige Verhalten nach angemessener Beratung beschließt, ist ein Gesetz." „Aber wenn nun ein Tyrann die Macht im Staate in Händen hat und solche Verhaltensvorschriften macht, nennst du das auch ein Gesetz?" „Auch was ein Tyrann als Herrscher eines Staates festsetzt und verkündet, wird Gesetz genannt", ist die Antwort des Perikles. „Aber was ist denn dann Gewalt und Vergewaltigung von Recht und Gesetz (ἀνομία)? Ist das nicht, wenn der Stärkere den Schwächeren, ohne ihn zu überzeugen, sondern mit Gewalt, zwingt, zu tun, was ihm, dem Stärkeren, gutdünkt?" „Ja, schon", sagt Perikles. „Wenn also ein Tyrann, ohne die Bürger zu überzeugen und für seine Meinung zu gewinnen, sie zwingt, sich den von ihm festgesetzten Regeln zu fügen, ist das nicht eben das, was wir eben als Widerrechtlichkeit bezeichnet haben?" „Du hast recht", antwortet Perikles. „Ich nehme zurück, was ich eben gesagt habe. Was ein Tyrann gegen den Willen der Bürger festsetzt, kann man nicht eigentlich als Gesetz bezeichnen." „Wenn nun in einer Oligarchie eine Minderheit dasselbe tut, sollen wir das Gesetz oder Gewalt und Willkür nennen?" „Nun ja", sagt Perikles, „alle Regeln, die jemand anderen mit Gewalt aufzwingt, ob er sie nun schriftlich formuliert und ordnungsmäßig verkündigt oder nicht, sollten eigentlich eher Vergewaltigungen als Gesetze genannt werden." „Wenn nun die Masse der Bürger etwas zum Schaden der wohlhabenderen Minderheit beschließt, ohne deren Zustimmung zu gewinnen, ist das nicht auch eher Gewalt als Gesetz und Rechtlichkeit?" „Mein lieber Alkibiades", antwortet darauf Perikles, „wie ich so alt war wie du, war ich auch ein Champion in solchen Dingen. Damals haben wir jungen Leute uns auch in solchen Sophistereien geübt, wie du es jetzt tust", worauf der junge Frechdachs antwortet: „Ich wollte, ich hätte dich damals gekannt, als du noch im vollen Besitz deiner geistigen Kräfte warst."

Dieses Gespräch, ob ein solches nun jemals stattgefunden hat oder nicht, ist in mehr als einer Hinsicht höchst instruktiv. Es erinnert stark an gewisse „Diskussionen", die heute zwischen Vertretern der älteren und der jüngeren Generation geführt werden. Der Sache nach liegt ihm eines der schwersten und in gewisser Weise unlösbaren Probleme einer jeden menschlichen Ordnung zugrunde. Es ist für den Menschen unmöglich, ohne jede Ordnung auszukommen. Es ist ebenso unmöglich, eine Ordnung zu finden, der alle Menschen ohne Einschränkung zustimmen. Daraus folgt, daß jede gesellschaftliche Ordnung bis zu einem gewissen Grade notwendig auf Zwang beruht. Das Problem ist, eine Ordnung zu finden, die möglichst weitgehend auf Zustimmung aller beruht und die nicht mehr Zwang anwendet und Freiheitsbeschränkungen mit sich bringt als unumgänglich notwendig ist. Darüber, wann dies der Fall ist, lassen sich keine absolut festen und klaren Regeln aufstellen. Es ist vielmehr Gegenstand jenes λόγος περὶ τοῦ δικαίου καὶ τοῦ ἀδίκου, von dem Aristoteles sagt, er sei das, was eigentlich den Menschen zum Menschen macht, und von dem noch die Rede sein wird[470]. Dem jungen Alkibiades aber kommt es gar nicht darauf an, zur Lösung dieses schwierigen Problems in einer konkreten Situation etwas beizutragen oder auch nur auf sein Bestehen hinzuweisen. Es kommt ihm nur darauf an, seinen jugendlichen Mutwillen und seinen Witz gegenüber der Autorität des angesehenen Staatsmannes auszulassen. Perikles in dem Dialog ist zu überlegen, um sich davon ärgern zu lassen. Man kann sich jedoch leicht vorstellen, wie weniger überlegene Politiker sich über solche Naseweisheit junger Leute, die bei Sokrates das Argumentieren gelernt hatten, ärgerten und daß sie sich beschwerten, Sokrates verderbe die Jugend.

Was die Haltung des Sokrates *selbst* diesen Dialogen gegenüber gewesen ist, zeigt der sokratischste unter den Dialogen Platons: wohl der erste Dialog, den Platon nach der Hinrichtung des Sokrates geschrieben hat: ein Dialog, in dem er die Gründe darstellt, warum es Sokrates, obwohl er von seiner Unschuld völlig überzeugt war, verschmäht hat, sich von seinen Freunden, die alles vorbereitet hatten, zur Flucht aus dem Gefängnis verhelfen zu lassen: der Dialog Kriton. Diese Gründe und der Dialog, in dem sie erörtert werden, sind schon im Altertum von den meisten nicht verstanden worden, so daß sogar in einer unter Xenophons Namen überlieferten Schrift[471] die Meinung vertreten werden konnte, Sokrates habe sozusagen bewußt einen indirekten Selbstmord begangen, weil er des Lebens überdrüssig gewesen sei und sich vor dem Alter gefürchtet habe. Es ist aber für das Verständnis des Sokrates grundlegend wichtig, diese Gründe und diesen Dialog, von dem im Gegensatz zu anderen platoni-

---

[470] Aristoteles, Politica I, 1, 10/11, 1253 a, 13 ff.

[471] Die unter Xenophons Namen überlieferte Apologie des Sokrates. Über die Echtheitsfrage vgl. K. v. Fritz, „Zur Frage der Echtheit der xenophontischen Apologie des Sokrates", Rhein. Museum 80 (1931), S. 36—68.

schen Dialogen kaum bezweifelt werden kann, daß er die wirkliche Meinung des historischen Sokrates wiedergibt, zu verstehen[472].

Es ist den meisten Menschen heutzutage und war es schon den meisten Menschen zur Zeit des Sokrates, darunter sogar seinen nächsten Freunden und Schülern, völlig unverständlich, daß ein Mensch, der seiner eigenen Überzeugung nach unschuldig verurteilt worden ist, nicht das Recht haben sollte, sich den Folgen seiner Verurteilung mit allen Mitteln zu entziehen. Es ist nicht nötig, die Gegenargumente des Sokrates in all der Ausführlichkeit, in der sie in Platons Dialog vorgebracht werden, zu reproduzieren. Sie lassen sich auf einige ganz wenige Hauptpunkte reduzieren. Die Antwort des Sokrates ist, die Gesetze von Athen hätten ihm nichts zuleide getan. Wenn er mit ihnen unzufrieden gewesen wäre, hätte es ihm freigestanden, Athen zu verlassen und sich anderswo niederzulassen. Er habe unter den Wohltaten, die sie ihm bereiteten, gelebt. Er wolle ihnen daher auch jetzt nichts zuleide tun, bzw. sie zerstören. Das aber würde er tun, wenn er sich einem rechtskräftig und nach den Gesetzen gefällten Urteil entzöge. Die nächstliegende Antwort darauf ist — und sie wird natürlich auch von den Advokaten der Flucht gegeben —, daß durch eine ungerechte Verurteilung die Gesetze ja nicht richtig angewendet worden seien und daß daher auch keine Verletzung der Gesetze vorliegen könne, wenn Sokrates sich der Ausführung des ungerechten Urteils entziehe.

Diese Auslegung erkennt Sokrates nicht an. Die *Richter* haben falsch geurteilt. Sie sind einem Irrtum unterlegen. Aber sie haben sich an das durch die Gesetze vorgeschriebene Verfahren, durch das ein möglichst gerechtes Urteil gesichert werden sollte, gehalten. Die *Gesetze* haben daher Sokrates auch durch das Urteil kein Unrecht getan. Es sind aber die *Gesetze*, deren Autorität untergraben würde, wenn ein rechtskräftig, wenn auch sachlich unrichtig, Verurteilter sich den Folgen der Verurteilung eigenmächtig entzieht.

In dieser Argumentation ist ein Element enthalten, welches im Dialog Kriton nicht ausdrücklich ausgesprochen wird, das aber zu dem Alkibiades-Periklesdialog und der dort zutage tretenden unvermeidlichen Unvollkommenheit einer jeden möglichen Gesetzgebung und ihrer Anwendung eine enge Beziehung hat. Jede mögliche Gesetzgebung ist not-

---

[472] Sehr gut ist die Interpretation des Dialoges Kriton durch Romano Guardini in seiner Schrift „Der Tod des Sokrates" in Rowohlts Deutscher Enzyklopädie 27, S. 81—97.

wendig unvollkommen, nicht nur weil es unmöglich ist, einen Gesetzeskodex zu schaffen, der schlechterdings jedermanns Zustimmung findet, sondern auch, wie Platon im Politicus ausführlich auseinandergesetzt hat[473], weil jedes Gesetz notwendig als allgemeine Regel formuliert ist, die unmöglich auf alle die unendlich variablen Fälle des menschlichen Lebens eine genaue Anwendungsregel enthalten kann, daher immer vieles der möglicherweise irrtümlichen Auslegung der Richter überlassen bleiben muß. Aber das Urteil des von einem Gericht Verurteilten, ob ihm Unrecht geschehen sei, ist in noch viel höherem Maße als das der Richter der Verfälschung durch Irrtum und durch die Leidenschaften und das Selbstinteresse des Betroffenen ausgesetzt. Wenn daher jeder, der in einem ordnungsmäßigen Verfahren verurteilt worden ist, für sich in Anspruch nähme, das Urteil sozusagen aus eigener Machtvollkommenheit zu korrigieren, indem er sich seinen Folgen entzieht, könnte überhaupt keine gesetzliche Ordnung irgendeiner Art bestehen. Sokrates hatte also recht mit seiner Überzeugung, daß er „den Gesetzen Unrecht tun“ würde, wenn er sich einem ungerechten, auf Grund ihrer gefällten Urteile entzöge, und hat ohne Rücksicht auf seine Person aus dieser Überzeugung die Konsequenzen gezogen. Das ist das äußerste Gegenteil des Verhaltens der jungen Rebellen unserer Zeit, die bei dem kleinsten oft nur eingebildeten Unrecht, das ihnen widerfahren ist, gleich mit Gewalt sich über jede bestehende Ordnung glauben hinwegsetzen zu dürfen. Zugleich ist das Verhalten des Sokrates der durchschlagende Beweis dafür, daß Sokrates mit seiner Kritik des Verhaltens der meisten Bürger unter der Demokratie nicht die demokratische Verfassungsordnung als solche anzugreifen im Sinne hatte, sondern die, wie es ihm schien, absurde Verhaltensweise der meisten Bürger unter dieser Ordnung kritisieren wollte.

Das in dem Verhalten des Sokrates nach seiner Verurteilung praktisch zum Ausdruck kommende Prinzip, sich auch gegen ein aufgrund einer existierenden Ordnung begangenes *Unrecht* nicht mit illegalen Mitteln aufzulehnen, impliziert jedoch keineswegs, daß man sich unter keinen Umständen gegen die bestehende Staatsgewalt (τὸ κρατοῦν τῆς πόλεως, wie es in der Antwort des Perikles Alkibiades gegenüber heißt) auflehnen darf. Es gibt dafür ein von den modernen Biographen des Sokrates fast nirgends erwähntes, aber ganz unverdächtiges Zeugnis aus dem Historiker Ephoros[474]. Danach hat Sokrates, als Kritias als Führer des radikalen

---

[473] Platon, Politikos 299 b ff.
[474] Bei Diodor XIV 5, 2.

Flügels der Dreißig den Führer des gemäßigten Flügels, Theramenes, in einem tumultarischen Verfahren zum Tode verurteilen ließ, die Umstehenden aufgefordert, den festgenommenen Theramenes mit Gewalt zu befreien, und erst davon Abstand genommen, als Theramenes selbst ihn bat, davon abzustehen, da bei den bestehenden Machtverhältnissen der Versuch doch aussichtslos sein und nur zur Gefährdung anderer führen würde. Der Grund der Verschiedenheit des Verhaltens des Sokrates im einen und im anderen Falle war gewiß nicht der, daß es sich im ersten Falle um ihn selbst, im anderen um einen anderen handelte, sondern daß im ersten Fall, wenn auch in unrichtiger und irrtümlicher Weise, nach gesetzlichen Regeln verfahren worden war, im zweiten Falle dagegen an Stelle der Anwendung von Gesetzen die Willkür der Machthaber die Entscheidung herbeiführte. Aus demselben Grunde hatte Sokrates, als nach der Schlacht bei den Arginusen die Mehrzahl der Volksversammlung die Verurteilung der athenischen Befehlshaber zum Tode forderte, sich als Prytane hartnäckig und trotz der Drohungen, die ihm aus der Versammlung entgegenschallten, schließlich mit Erfolg geweigert, darüber abstimmen zu lassen, da ein Todesurteil nach den bestehenden Gesetzen nur von einem Gericht nach ordnungsmäßiger Gerichtsverhandlung, nicht aber durch die Volksversammlung oder, wie seine Gegner sagten, „durch das souveraine Volk" gefällt werden könne.

Es versteht sich, daß Sokrates aufgrund einer solchen Auffassung vom Wesen einer gesellschaftlichen Ordnung nicht nur die Propagandatechnik der Sophisten, die nur darauf gerichtet war, Einfluß zu gewinnen, ohne sich darum zu kümmern, zu welchem Ende dieser Einfluß ausgeübt würde, ablehnen mußte, sondern auch von dem „Sachverstand", der ἐπιστήμη, die er stattdessen von den Leitern der Politik verlangte, eine andere Vorstellung als die gewöhnliche haben mußte. Die Demagogen und politischen Führer der Zeit des Peloponnesischen Krieges nach dem Tode des Perikles, darunter Alkibiades, der einmal unter dem starken Einfluß des Sokrates gestanden, dann aber sich von ihm abgewendet hatte, hatten Athen zu gefährlichen Abenteuern verlockt, die dann zur Niederlage und zur Katastrophe des Jahre 405 v. Chr. führten. Aber frühere athenische politische Führer wie Perikles und vor ihm Themistokles und Miltiades hatten zwar auch eine kühne, aber doch eine umsichtigere Politik getrieben. Sie hatten zur Erhaltung der griechischen Freiheit bei der von den Persern drohenden Gefahr entscheidend beigetragen und dann Athen „groß", ja neben und über Sparta hinaus zur führenden Macht in Griechenland gemacht. Sie scheinen also, wenn man von der zu allen Zeiten

üblich gewesenen Beurteilung des Politikers ausgeht, nicht nur erfolgreiche
Demagogen und Propagandisten gewesen zu sein, sondern auch den nötigen Sachverstand gehabt und von ihm den besten Gebrauch zum Nutzen
ihres Gemeinwesens gemacht zu haben.

Wir wissen nicht mit Sicherheit, welche Meinung der historische So-
krates von Perikles gehabt hat. Aber Platon greift diesen in seinem
Dialog Gorgias ebenso wie den Themistokles heftig an[475]: und man darf
wohl sagen, daß, ob nun der historische Sokrates sich faktisch in ähnlicher
Weise geäußert hat oder nicht, die Prinzipien des Sokrates nach dem
Zeugnis anderer Sokratiker von denen, welche ihm Platon in diesem
Dialog zuschreibt, nicht ganz verschieden gewesen sein können. Glanz,
Größe und Macht waren für Sokrates durchaus nicht identisch mit dem,
was für ein Gemeinwesen „gut" ist. Im Gegenteil: sie können eine kor-
rumpierende Wirkung ausüben, wenn ihr Erwerb nicht auf eine „gerechte" Weise erfolgt ist: und Macht wird selten, wenn je, auf eine vom
Standpunkt des strengen Rechthandelns auf einwandfreie Weise erworben[476]. Wird aber Recht und Gerechtigkeit zum Kriterion des „Wohles"
eines Gemeinwesens gemacht, und zwar nicht nur hinsichtlich seines Zustandes im Innern, sondern auch hinsichtlich seines Verhaltens gegenüber
anderen Staaten, dann können Männer wie Themistokles und Perikles,
welche mit List und Gewalt das unter der Führung Athens zum gemeinsamen Schutz gegen die Perser geschaffene Seebündnis in ein attisches
Reich, eine ἀρχή, eine Herrschaft, verwandelt hatten, die ganz anderen
Zwecken dienen sollte, nicht mehr als vorbildliche Politiker und Staatsmänner gelten, so groß ihr Erfolg und ihr Sachverstand vom Standpunkt
der reinen Machtpolitik aus auch gewesen sein mochte.

Indem nun aber das, was gemeinhin als politische Leistung und damit
zugleich als Ergebnis des politischen Sachverstandes betrachtet wird, von
Sokrates und Platon nicht anerkannt wird, verändert sich naturgemäß
auch der Begriff der ἐπιστήμη oder des Sachverstandes. Auch darüber ist
in Platons Dialog Gorgias Grundlegendes zu lesen. Wenn die Kunst des
Arztes, des Architekten, des Trainers dort als ἐπιστήμη anerkannt werden,
die Kunst des Redners und des Propagandisten, ja sogar des im üblichen

---

[475] Platon, Gorgias 515 b ff.

[476] Thukydides II 63 läßt Perikles in einer Rede vor der athenischen Volksversammlung zu Anfang des Krieges sagen, die Athener besäßen die Seeherrschaft wie eine
Art Tyrannis. Wie sie diese erworben hätten, sei vielleicht nicht ganz „recht" gewesen. Aber sie jetzt fahren zu lassen, sei gefährlich.

Sinne erfolgreichen Staatsmannes dagegen nicht, obwohl deren Leistungen doch auch eine Art Sachverstand im Sinne des know how voraussetzen, so deshalb, weil die Tätigkeit des Arztes, des Trainers, des Architekten usw. eindeutig auf ein „Gut" ausgerichtet zu sein scheinen, die Kunst des Propagandisten, der mit gleicher Virtuosität für das, was sich später als verderblich herausstellen wird, Propaganda machen kann, dagegen nicht, und weil die sachlichen „Güter", auf deren Beschaffung die Tätigkeit des sachverständigen Staatsmannes gerichtet ist, sich als trügerisch herausstellen können. Der Staatsmann mit den Gütern, die er zu beschaffen versteht, wird in diesem Zusammenhang mit einem Koch verglichen[477], der nur dem Gaumen zu schmeicheln versteht, ohne Rücksicht darauf, ob man sich durch den Genuß der von ihm so wohlschmeckend zubereiteten Speisen seinen Magen verdirbt oder auf längere Zeit hinaus seine Gesundheit schädigt, im Gegensatz zum Diaetetiker, der die Kost danach zu regeln sucht, ob sie für die Gesundheit förderlich ist. Als wahre ἐπιστήμη in den Künsten und Fertigkeiten wird daher diejenige Kenntnis betrachtet, die auf ein „Gut" in diesem Sinne gerichtet ist.

Aber auch das ist nur eine erste Annäherung an das eigentliche Ziel der Betrachtung. Die Gesundheit, welche der Trainer zu erhalten, der Arzt, wenn sie verloren gegangen ist, aufgrund seiner Sachkenntnisse wiederherzustellen versucht, ist natürlich ein „Gut" oder, wie Aristoteles es später bezeichnet hat, ein ἁπλῶς ἀγαθόν[478]: ein „Gut" im einfachen Sinne des Wortes. Aber gegen Ende des Dialoges Gorgias sucht der platonische Sokrates zu zeigen, daß selbst dieses Gut nur für den ein wirkliches Gut ist, der in einem höheren Sinne selbst „in Ordnung" ist. Ist er das nicht und verfällt er in eine Krankheit, dann ist es, wenn er nicht auch in einem höheren Sinne geheilt und wieder in Ordnung gebracht wird, besser für ihn, von der Krankheit nicht wieder aufzustehen, also zu sterben, als nur rein körperlich von ihr wieder zu genesen[479]. Damit erhebt sich über der ἐπιστήμη im Sinne des Sachverstandes in bezug auf eine Tätigkeit, welche ein Gut im einfachen Sinne des Wortes, ein ἁπλῶς ἀγαθόν, zum Ziele hat, noch eine höhere ἐπιστήμη, ein Wissen darum, was dem Menschen im höheren Sinne frommt.

---

[477] Platon, Gorgias 517 b ff. Es ist interessant, daß dabei auch Kimon, der Führer der konservativen Partei, in das Verdammungsurteil mit einbezogen wird. Auch hier handelt es sich also nicht um eine Parteinahme für die oligarchische antidemokratische Partei.

[478] Aristoteles, Eth. Nicom. V, 1, 1129 b, 5 ff.

[479] Platon, Gorgias 511 d ff.

Als allgemeinsten konkreten Inhalt dieser ἐπιστήμη im höchsten Sinne als eines Wissens darum, was dem Menschen frommt, bei Sokrates kann man wohl die Überzeugung bezeichnen, daß nichts Anderes in höherem Grade die Grundlage des Wohles eines Menschen sein kann als niemals etwas Unrechtes zu tun und zwar nicht wegen irgend welcher möglichen äußeren Folgen, sei es im Diesseits oder im Jenseits — der Mythos von einem Gericht im Jenseits am Ende von Platons Gorgias[480] ist, wie Platon im Staat[481] indirekt selbst eingestanden hat, sicher nicht sokratisch —, sondern weil derjenige, der Unrecht tut, nicht mit sich selbst in Übereinstimmung bleiben kann. Die Stoiker, welche es liebten, das, was bei Sokrates lebendig und konkret war, in abstrakte Formeln umzusetzen, haben diese Grundbedingung der εὐδαιμονία das ὁμολογουμένως ζῆν[482] genannt. Denselben Sinn hat es im Grunde, wenn Platon im Gorgias[483] den Sokrates sagen läßt, durch Unrechttun werde die Seele häßlich, nur daß die innere Disharmonie hier sozusagen so bezeichnet wird, wie sie sich von außen ansieht.

Die Aufweisung des Mangels an innerer Übereinstimmung eines Menschen mit sich selbst kann nun wiederum auf sehr verschiedene Weisen erfolgen, in denen sich verschiedene Aspekte der praktischen Philosophie des Sokrates enthüllen. Sehr illustrativ in dieser Hinsicht ist ein Gespräch des Sokrates, von dem Xenophon berichtet[484] und bei dem er selbst Zeuge gewesen sein mag. Ein junger Mann ist gerade von einer langen Fußreise zurückgekehrt und beklagt sich über die Strapazen der Reise und über seine Ermüdung und Erschöpfung. Da fragt ihn Sokrates, ob er kein Gepäck dabei gehabt habe. — Doch. — Ob er das selber getragen habe? — Nein, sein Sklave. — Ob der auch so erschöpft sei und sich über die Strapazen der Reise beklage? — Nein. Davon habe er nichts bemerkt. — Nun, schämst du dich dann nicht, daß du, ein junger Mann aus vornehmem Geschlecht, weniger aushalten kannst als dein Sklave?

Hier handelt es sich, primär jedenfalls, nicht um Rechttun oder Unrechttun im engeren, im moralischen Sinn, sondern um das richtige Verhalten,

---

480 Ibidem 523 a ff.

481 Platon, Staat, 362 e ff., besonders 363 d/e.

482 Vgl. Stoicorum Veterum Fragmenta, ed. von Arnim I, 179 = Stobaeus, Ekl. II, 75, 11. Die Formel wurde später durch die Formel ὁμολογουμένως φύσει ζῆν ersetzt, aus der dann allerhand Mißverständnisse des Prinzips entstanden.

483 Platon, Gorgias 511 a; vgl. auch 525 a.

484 Xenophon, Memorabilia III, 13, 6.

wie es einem jungen Manne ansteht. Trotzdem ist die Geschichte in mehrfacher Hinsicht interessant. Die Geschichte hätte offenbar an dem Punkte, an dem der junge Mann antwortet, sein Sklave habe das Gepäck getragen, auch anders weitergeführt werden können, nämlich mit den Worten: „Schämst du dich nicht, deinen armen Sklaven auch noch das Gepäck tragen zu lassen, wenn du selbst von dem weiten Fußmarsch schon ohne Gepäck ganz erschöpft bist?" Die Verschiedenheit in der Weiterführung des Gesprächs kann aber auch wieder verschiedene Gründe haben: zunächst einen sachlichen in der Verschiedenheit der faktischen Situation. Das Gespräch kann nicht so weitergeführt werden, wie es bei Xenophon tatsächlich weitergeführt wird, wenn der Sklave nicht tatsächlich die Anstrengung verhältnismäßig gut ausgehalten hat. Wäre er unterwegs zusammengebrochen oder hätte er mit Peitschenhieben oder anderen Zwangsmitteln weitergetrieben werden müssen — ein Verhalten, das bei Athenern im 5. Jahrhundert jedenfalls keineswegs üblich war —, so wäre nur die zweite Alternative der Weiterführung des Gespräches möglich gewesen. Aber die Weiterführung des Gespräches kann auch weitgehend durch die zu einer bestimmten Zeit vorherrschenden Auffassungen und Haltungen mitbestimmt werden. Man wird wohl kaum fehlgehen, wenn man annimmt, daß in unserer Zeit die Neigung, den Sklaven zu bedauern, vorherrschend wäre und daher die Neigung, die Geschichte auf die zweite Art zu Ende zu führen, während zur Zeit des Sokrates, wo man nicht mit jeder Schwäche Mitleid hatte und der Meinung war, daß der Mensch sich so ausbilden solle, daß er auch etwas aushalten könne, allgemein und nicht nur bei Sokrates die Neigung zur ersten Version die vorherrschende war. Endlich aber — und das ist für die Beurteilung besonders wichtig — kann das Gespräch überhaupt nur in der Weise, in der es bei Xenophon der Fall ist, zu Ende geführt werden, weil der junge Mann in einer aristokratischen Tradition steht, innerhalb deren es als selbstverständlich galt, daß der Adlige und der Herr sowohl an körperlicher Ausbildung wie auch vor allem an Selbstbeherrschung und Selbstkontrolle über dem Sklaven zu stehen habe — was durchaus nicht bei allen Aristokratien der Fall gewesen ist. Auf dieser vorgegebenen Basis aber wird durch die Fragen des Sokrates dem jungen Manne offenbar, daß er nicht mit sich selbst, d. h. in diesem Falle mit seinen ihm in Fleisch und Blut übergegangenen aristokratischen Idealen, in Übereinstimmung bleiben kann, wenn er sich so verhält, wie er sich verhalten hat.

Der Dialog ist damit vor allem dadurch interessant, daß er zeigt, wie Sokrates durchaus nicht immer sogleich auf eine Vorstellung von dem

absolut Richtigen oder absolut Guten oder Gerechten zu rekurrieren
brauchte, sondern auch an zeitgebundene und gruppengebundene Vorstellungen anknüpfen konnte. Das Gegenstück in unserer Zeit wäre
etwa, junge Leute, die vorgeben und bis zu einem gewissen Grade glauben, für die Unterprivilegierten einzutreten, darauf aufmerksam zu
machen, daß es ein Widerspruch ist, gleichzeitig für sich Privilegien, die
sich ganz eindeutig zum Schaden weniger Privilegierter auswirken, in
Anspruch zu nehmen. Da Sokrates immer e concessis disputiert, gehört es
zu seiner Methode, an etwas anzuknüpfen, was in irgendeiner Weise in
dem Gesprächspartner, wenn auch diesem selbst zunächst verborgen, vorhanden ist und von Sokrates angesprochen werden kann. Zugleich liegt
aber darin noch ein weiteres sehr wichtiges Element. Wie an zahlreichen
Beispielen gezeigt werden könnte, hat Sokrates niemals Traditionen ohne
Not angegriffen, sondern sie überall da stehen lassen, wo sie ihm in
bezug auf das Wesentliche, das recht oder unrecht Tun, entweder indifferent zu sein oder einen positiven Anknüpfungspunkt zu bieten schienen.
Das ist auch charakteristisch für seine Haltung gegenüber der überlieferten Religion. Wenn man ihm mit der zu seiner Zeit weit verbreiteten Mythenkritik kam, pflegte er zu sagen, er habe keine Zeit, sich mit solchen
Dingen zu beschäftigen, solange er nicht sicher sei, daß er selber nicht ein
seltsameres Monstrum sei als die Chimaira. So verrichtete er auch die
durch die Überlieferung vorgeschriebenen religiösen Opfer und sonstigen
Zeremonien, ohne daran Kritik zu üben. Wo man nicht sicher sein könne,
es wirklich besser zu wissen, schien es ihm besser, an überlieferten Gebräu-
chen festzuhalten. Dagegen verweigerte er solchen Mythen, in denen die
Götter offenkundig Dinge taten, die in der menschlichen Welt als Untaten
und Verletzung der heiligsten Ordnungen betrachtet worden wären, den
Glauben auf Grund der festen Überzeugung, daß die Götter, wenn sie
Götter seien, nichts Unrechtes tun könnten: nicht deshalb weil sie als
Götter über dem Sittengesetz stünden und daher tun könnten, was sie
wollten, sondern gerade umgekehrt, weil sie, wenn sie unrecht handelten,
keine Götter sein könnten. Die Götter als Götter mit anderen Worten
standen für ihn nicht über, sondern unter dem sittlichen Gesetz. Es ist
nicht überliefert, ob die Anklage des Sokrates wegen ἀσέβεια, bzw. weil
er, wie es in der Anklageschrift hieß, „nicht an die Götter glaube, an
welche die Stadt Athen glaubte, sondern andere Götter einzuführen
suchte[485]", sich nur auf das „Daimonion" bezog, jene innere Stimme, von

---

[485] Ibidem I, 1, 1.

der Sokrates sagte, sie halte ihn manchmal ab, etwas zu tun, oder auch auf die hier gekennzeichnete Besonderheit seiner Religiosität. Aber daß in dieser Hinsicht sein Glaube an die Götter sich von dem seiner Mitbürger unterschied, ist offenkundig. Nicht anders war er auch sonst von traditionell allgemein angenommenen Werturteilen und Einschätzungen völlig unabhängig, sobald sie mit dem in Konflikt gerieten, was er im letzten Grunde für das „Gute" und „Richtige" hielt: so eben in der positiven Einschätzung von Staatsmännern, die im Sinne der außenpolitischen Machtgewinnung mit ethisch zweifelhaften Mitteln erfolgreich gewesen waren.

Es gab also für Sokrates ein höheres Kriterion als jede Tradition, das ihm doch erlaubte, auch spezielle Traditionen auf dem Gebiete des Ethischen anzuerkennen und sogar positiven Gebrauch von ihnen zu machen. Das Verhältnis dieser beiden Kriterien zueinander soweit wie möglich genau zu bestimmen, ist für das Verständnis der Philosophie und der Tätigkeit des Sokrates von fundamentaler Bedeutung. Das ὁμολογουμένως ζῆν ist deshalb schwierig, weil der Mensch von verschiedenartigen Motiven bewegt wird, sein Wollen also in gewisser Weise ein zwiespältiges oder sozusagen mehrspältiges ist. Die Frage des ὁμολογουμένως ζῆν läuft daher im Grunde darauf hinaus, ob seinem Wollen eine einheitliche Richtung gegeben werden kann. In prinzipiellster Form wird diese Frage wiederum in Platons Gorgias gestellt. Als höchstes Glück für den Menschen wird es dort von Polos bezeichnet[486], die Macht zu haben, zu tun, was er will. Als nächste Verwirklichung dieses erstrebenswerten Zustandes erscheint das Leben eines Tyrannen, der töten lassen kann, wen er will, der jedem seiner Untertanen wegnehmen kann, was er will, der nach Willkür verfahren kann und sich nach keinerlei Gesetzen und Regeln zu richten braucht. Sokrates, mit dieser Darstellung höchsten menschlichen Glückes konfrontiert, erlaubt sich zu bezweifeln, daß der Tyrann, wenn er handelt, wie Polos es beschrieben hat, tut, was er will (ἃ βούλεται). Ja: er tue, was ihm gut dünkt (ἃ δοκεῖ αὐτῷ). Aber er täusche sich in dem, was ihm gut dünkt. Wollen könne man dagegen naturgemäß nur, was gut (für einen) sei. Da das, was der Tyrann tue, nicht gut sei, könne er es auch nicht wollen.

Die beiden Worte „für einen", die ich in Klammern beigesetzt habe, die aber im griechischen Text nicht stehen, zeigen, daß Sokrates in seiner Argumentation sich offenkundig der gröbsten Aequivokation schuldig

---

[486] Platon, Gorgias 466 b ff.

macht, da er zwischen zwei Bedeutungen des Wortes „gut", nämlich im
Sinne von dem, was für einen einzelnen gut oder vorteilhaft oder erfreu-
lich ist, und „gut" im Sinne dessen, was allgemein als „gut" oder anstän-
dig anerkannt ist, nicht unterscheidet, vielmehr beide Bedeutungen so behandelt, als ob sie miteinander identisch wären, und auf diese Weise zu
seinen Schlußfolgerungen gelangt. Aber die Aequivokation hat hier doch
offensichtlich einen anderen Sinn als in den eristischen Trugschlüssen
etwa in Platons Euthydem. Schon die altgriechische dichterische Spruch-
weisheit hatte zwischen verschiedenen Arten des „Guten" unterschieden:

$$κάλλιστον\ τὸ\ δικαιότατον,\ λῷστον\ δ᾽\ ὑγιαίνειν,$$
$$πρῆγμα\ δὲ\ τερπνότατον\ οὗ\ τις\ ἐρᾷ\ τὸ\ τυχεῖν.$$

heißt es in einem alten Spruch, von dem es mancherlei Varianten gibt, in
prägnantester Formulierung. Da steht am Ende, wenn auch ohne daß so
brutale Konsequenzen daraus gezogen werden, was Polos als höchstes
Glück des Menschen erscheint: zu bekommen, was sein Herz begehrt, was
immer das auch sein mag. Aber davor stehen zwei andere Wertungen:
„Am schönsten ist das Gerechteste" und „Am besten ist die Gesundheit".
Vergleicht man zunächst das zweite mit dem dritten, so entfernt sich das
zweite in keiner Weise von der Bedeutung von „gut" als dem, was *für*
den einzelnen gut ist. Im Gegenteil: es soll offenbar das bezeichnen, was
wirklich objektiv gut für ihn ist, während zu bekommen, was das Herz
begehrt, zwar im Augenblick das Erfreuendste sein mag, aber der menschlichen Erfahrung nach sich oft in der Länge der Zeit als enttäuschend und
in seiner Auswirkung keineswegs als „gut" erweist. So wird auch von
Sokrates im Gorgias weiter argumentiert, wenn er die großen Staatsmänner, die mit großer Klugheit dem Volke zu verschaffen wissen, was es
begehrt, mit Zuckerbäckern und Köchen vergleicht, die dem Gaumen
schmeicheln und nicht daran interessiert sind, ob das Volk sich daran den
Magen verdirbt. Es zeigt sich also, daß schon da, wo es sich ganz eindeutig um das handelt, das *für* den, der es hat, „gut" ist, die Frage nach
dem „Guten" nicht so ganz einfach zu beantworten ist.

Schwieriger wird es noch bei dem καλόν. „Das Schönste ist das Gerechteste" pflegen wir wörtlich zu übersetzen. Auch in dem Gebrauch
dieses Wortes in der Argumentation bedient sich Sokrates des Mittels der
Aequivokation. Ob das „Schöne" nicht gut und das „Gute" nicht schön
sei, fragt Sokrates. Wenn ihm das zugestanden wird, fragt er weiter, ob
das Häßliche und Scheußliche nicht das Gegenteil des Schönen sei. Und
wenn das zugestanden wird, ob es nicht scheußlich sei, wenn ein Tyrann

nach Laune Unschuldige hinrichten lasse und sich ihrer Güter bemächtige. Wenn aber das so ist, so kann doch das, was der Tyrann tut, nicht gut sein. Hier ist die zu Anfang erwähnte Aequivokation zwischen dem „Guten" als dem objektiv für schön und gut gehaltenen und dem „gut für ihn", den Tyrannen, offenkundig. Objektiv schön und gut ist das, was der Tyrann tut, nach allgemeiner Anschauung nicht. Und doch ist der Wunsch nicht selten: Wenn doch *ich* das hätte und könnte! Da kann man im Deutschen sogar fortfahren: Wie schön wäre das. Es ist fraglich, ob man das Wort im Griechischen so für die Lust des Tyrannenlebens gebrauchen könnte, aber mit dem τερπνότατον des zitierten Spruches wird es in einem berühmten Sapphogedicht unzweideutig als gleichbedeutend gebraucht[487]. Auch das Wort καλόν ist also mehrdeutig im Gebrauch. Die Grundbedeutung des Wortes allerdings scheint zu sein: was spontane Bewunderung erregt. Das kann körperliche Schönheit sein oder eine große Leistung oder, wie es in dem Spruche heißt: τὸ δικαιότατον: das Gerechteste. Es ist aber doch charakteristisch, daß es in dem Dichterspruch, lange vor Sokrates, mit dem „Gerechtesten" verbunden erscheint.

Es ist hier nicht Raum dafür, alle Verbindungen zu erörtern, die das „Schöne" und das „Gute" bei den Griechen vor Sokrates und bei Sokrates eingehen können. Aber einiges ist grundlegend. Im Griechischen bedeutet θαυμάζειν sowohl „bewundern" wie „erstaunen". Bewunderung erregen und Erstaunen erregen scheinen nahe miteinander verwandt. Ja, wie Herostrat ein großes Kunstwerk zu zerstören, erregt mehr Aufsehen als einfach schlicht das Rechte tun. Die Neigung, wenn nötig, selbst durch Verbrechen Aufsehen zu erregen, um nur nicht unbeachtet dahin leben zu müssen, hat es zu allen Zeiten gegeben. Dazwischen liegt der brennende Ehrgeiz, große und glänzende Taten zu tun, wenn möglich zum Nutzen des eigenen Staates: indem man seiner Stadt oder seinem Lande das verschafft, was es begehrt, wie nach dem Urteil des Sokrates in Platons Gorgias Themistokles, Kimon, und Perikles. Aber dieses καλόν hatte nach Meinung des Sokrates etwas Hohles, Unechtes und Brüchiges. Das kam auch in Sokrates' Verhältnis zu dem jungen Alkibiades zum Ausdruck,

---

[487] ΣΑΠΦΟΥΣ ΜΕΛΗ, ed. E. Lobel, Oxford 1925, I, 5 (p. 4): „Die einen sagen, eine Kavallerieparade sei das Schönste auf Erden, die anderen, eine Parade von Fußtruppen, die anderen, eine Flotte von Schiffen (es ist offenbar an die Prachtentfaltung lydischer Truppen gedacht), ich aber sage, das Schönste ist für jeden, was er begehrt." Eine bessere Übersetzung von ἔραται ist hier wohl: was einer liebt. Da aber Sappho dann mit Helena exemplifiziert, die um des geliebten oder begehrten Mannes willen Mann, Kind und Eltern verlassen hat, bleibt offenbar auch die Bedeutung „begehren" gewahrt.

dem begabtesten und ehrgeizigsten unter den jungen Athenern seiner Zeit. Auch der junge Alkibiades erlag für einige Zeit der Faszination der bohrenden Fragen des Sokrates. Aber später soll er seine Gesellschaft gemieden haben[488]. Er fürchtete sich davor, durch den Einfluß des Sokrates und seine Fragen nach dem wahren καλόν und dem wahren ἀγαθόν daran gehindert zu werden, mit allen Mitteln nach einer glänzenden politischen Rolle zu streben.

Die Aequivokationen in den Argumenten des Sokrates haben also einen ganz anderen Sinn als bei den Eristikern. Ihnen liegt die Überzeugung zugrunde, daß es sich in Wirklichkeit keineswegs um Aequivokationen handelt, sondern daß das, was für den einzelnen gut ist, wirklich mit dem, was an sich die genuinste und wahrhaftigste Bewunderung erregt, dem δικαιότατον, identisch sei. Auch die vollste Befriedigung der Ehrsucht und Ruhmsucht kann, wo der Ruhm mit Mitteln, die das δίκαιον verletzen, gewonnen ist, das geheime Bewußtsein nicht übertönen, daß dieser Ruhm und Glanz im Grunde etwas Hohles ist. Der Haß und die angenommene Verachtung derer, die keine Ordnung in sich haben, gegen diejenigen, die von dem ἀγαθόν und dem καλόν im sokratischen Sinne nicht nur reden, sondern danach zu leben versuchen, umgekehrt ist nur ein Ausdruck ihrer widerwilligen geheimen Anerkennung. Daß nach sokratischen Prinzipien zu handeln und zu leben, für den, der so zu leben versucht, wenn es den jeweils Mächtigen nicht gefällt, im landläufigen Sinne die schmerzlichsten und unangenehmsten Folgen haben kann, war Sokrates sehr wohl bekannt. Er hat trotzdem seine Überzeugung nicht nur bis zuletzt vertreten, sondern auch danach gelebt; und diejenigen, die dabei gewesen waren, als er den Giftbecher trank, mußten eingestehen, daß Sokrates εὐδαίμων, daß er „glücklich" war.

Es bleibt noch übrig, Sokrates' Verhältnis zur Tradition zu erklären. Seine eigentliche Philosophie und seine persönliche Haltung scheint in seiner Überzeugung von einem absoluten, nicht an eine bestimmte Zeit und Gruppe gebundenen καλόν und ἀγαθόν verankert gewesen zu sein. Aber wenn wir auch in einer Zeit leben, welche die historische Bedingtheit des Menschen in ungeheuerlichem Maße überschätzt, so daß man manchmal den Eindruck hat, daß die Tagesschriftsteller, Avantgardisten, Revo-

---

[488] Vgl. dazu vor allem auch den Alkibiades-Dialog des Aeschines von Sphettos. Die Fragmente bei H. Dittmar, „Aischines von Sphettos. Studien zur Literaturgeschichte der Sokratiker", Philologische Untersuchungen, Band XXI (1912), S. 65 ff.: Die Alkibiadesdichtung der Sokratiker.

lutionäre und dergleichen mit hängender Zunge hinter der Zeit herlaufen, nur um, wie in dem Wettlauf des Hasen mit dem Igel, zu finden, daß diejenigen, die sich nicht von jeder politischen, künstlerischen oder sonstigen Mode abhängig machen, immer schon da sind, wenn sie angekeucht kommen, so ist es doch richtig, daß die Einsicht in das καλόν und ἀγαϑόν selten in absoluter Form auftritt, sondern immer oder fast immer an bestimmte durch die Umgebung und die Bedingungen, unter denen ein Mensch aufgewachsen ist, bedingte Formen gebunden ist. Der einzelne kann nach dem Absoluten streben. Aber es ist nicht gut und hat, wie die Geschichte immer wieder gezeigt hat, das Gegenteil der erwünschten Folgen, wenn man den Menschen um eines absoluten Ideales willen ganz aus seinen Bedingtheiten herauszureißen versucht. Auch hier zeigt sich, wie in dem Verhalten des Sokrates zu den Gesetzen, daß er die menschliche Unvollkommenheit in Betracht gezogen hat. So wollte er auch nicht die politischen Institutionen umstürzen, sondern versuchte die einzelnen dazu zu bringen, etwas einsichtiger mit ihnen umzugehen.

Was so weit über Sokrates gesagt worden ist, scheint nichts mit Wissenschaft zu tun zu haben und hat auch unmittelbar nichts damit zu tun. Trotzdem ist es wichtig für die Wissenschaft vom Menschen, die sich in der folgenden Zeit entwickelt hat. Die beiden am besten überlieferten und am weitesten bekannten Tatsachen über Sokrates sind, daß er einerseits darauf bestand, daß die ἀρετή Wissen sei, d. h. daß das richtige Handeln, auch im moralischen Sinne, allein auf richtiger Einsicht (ἐπιστήμη) beruhe, auf der anderen Seite jedoch leugnete, daß er selbst ἐπιστήμη besitze und daß er die zum richtigen Handeln notwendige Einsicht lehren könne. Trotzdem hatten diejenigen, die mit ihm umgingen, den Eindruck, daß sie durch die Gespräche mit ihm besser würden. Besonders schön herausgearbeitet ist dies in dem Alkibiades-Dialog des Aeschines von Sphettos, der bei vielen im Altertum als derjenige Sokratesschüler galt, der in seinen Dialogen das getreueste Bild von dem historischen Sokrates gegeben habe[489]. Das Paradox ist aber gelöst in dem , was oben zur Dar-

---

[489] Vgl. ibidem S. 152 ff. Dittmar hat allerdings den Sinn des Schlusses des Dialogs kaum ganz richtig verstanden. Wenn sich hier herausstellt, daß Alkibiades durch das Gespräch mit Sokrates besser geworden ist, obwohl das Besserwerden durch Einsicht geschehen soll und Sokrates ihn nichts gelehrt hat, und wenn dann von Sokrates gesagt wird, so müsse es wohl ϑείᾳ μοίρᾳ = durch göttliche Schickung, durch göttliches Eingreifen, geschehen sein, so bedeutet dies natürlich nicht, wie Dittmar S. 158 sagt, daß Aeschines die ϑεία μοῖρα als gleichberechtigt neben die ἐπιστήμη gestellt hat, sondern es ist die sokratische, bei allen Sokratikern, sogar bei Xenophon zu findende Art des Sokrates auszudrücken, daß es nicht auf die gewöhnlich erwartete Weise, d. h. nicht durch direkte Belehrung geschehen sei.

stellung zu bringen versucht wurde. Das richtige Handeln kann weder durch Moralpredigen noch durch die Mitteilung von Lehrsätzen oder Maximen gelehrt werden. Die Einsicht oder ἐπιστήμη des Sokrates ist daher nicht direkt mitteilbar[490]. In Platons Dialog Laches wird gezeigt, wie Nikias, der sich die sokratische Einsicht theoretisch anzueignen versucht hat und im Dialog das sokratische Prinzip, daß die ἀρετή auf Einsicht beruhe, zu verteidigen sucht, existentiell weniger von dieser Einsicht hat als der ganz unphilosophische Laches, der sich über die seltsamen Prinzipien des Sokrates, wenn sie ihm aus dem Munde seines Kollegen Nikias entgegentönen, lustig macht, in Sokrates selbst aber den Mann respektiert, bei dem er noch nie einen Widerspruch zwischen Reden und Handeln hat entdecken können, während Nikias, bei dem dies nicht so ist, schließlich auch im Theoretischen versagt. Als Oberbefehlshaber bei der Sizilischen Expedition hat er bekanntlich, als die Situation hoffnungslos geworden war, zu lange gezögert, das athenische Heer nach Hause zu bringen, weil er fürchtete, von dem irregeleiteten athenischen Volk wegen vorzeitiger Aufgabe des Kampfes zum Tode verurteilt zu werden. Als wirklicher Sokratiker hätte er einsehen müssen, daß es weniger schlimm sei, ungerecht hingerichtet zu werden (wie Sokrates), als den Untergang eines ganzen Heeres und damit den Tod unzähliger Menschen zu verschulden. Das ist die existentielle Einsicht, die Sokrates durch seine Fragen in seinen Unterrednern hervorzurufen versuchte. Wie aus dieser nicht unmittelbar lehrbaren Einsicht später sich dennoch eine bis zu einem gewissen Grade mitteilbare Wissenschaft vom Menschen entwickelt hat, soll in den folgenden Kapiteln zu zeigen versucht werden.

10. Platons Stellung zur Wissenschaft.
Ideenlehre und platonische Dialektik.

Es ist möglich, daß Sokrates bei seiner Verurteilung erwartet hat, daß seine Schüler und Anhänger nach seinem Tode seine Tätigkeit des unaufhörlichen Fragens fortsetzen würden. Jedenfalls haben einige seiner

---

[490] Eben dies zu zeigen, ist auch der Sinn des platonischen Dialoges Protagoras, in dem Protagoras behauptet, die ἀρετή sei lehrbar, aber nicht rein auf Einsicht begründet, Sokrates dagegen, sie sei rein auf Einsicht begründet, aber nicht lehrbar, obwohl ἐπιστήμη, wenn man es mit „Wissen" übersetzt, eigentlich κατ' ἐξοχήν das sein müßte, was sich lehren läßt. Es ist aber eben die Überzeugung des Sokrates, daß es sich hier um eine Art der Einsicht handelt, die nicht direkt lehrbar, sondern nur auf Umwegen bis zu einem gewissen Grade übertragbar ist.

Schüler, darunter Platon, diese Erwartung gehegt[491]. Es ist aber nichts daraus geworden. Seine Schüler haben sich zerstreut. Nicht wenige von ihnen sind Schriftsteller geworden und haben unter anderem sokratische Dialoge geschrieben, nachdem vermutlich Platon mit dem Kriton den Anfang damit gemacht hatte[492]. Damit änderte sich jedoch unvermeidlich der Charakter der sokratischen Philosophie. Im lebendigen faktischen Dialog des Sokrates mit einem Gesprächspartner brauchte die Frage, welches das letzte Kriterion des richtigen Handelns in abstracto sei, nicht gestellt zu werden. Für den jeweils gegenwärtigen Zweck, wie z. B. einen Mitbürger dazu zu veranlassen, sich der sachlichen Fähigkeiten eines redegewandten Demagogen zu versichern, ehe er seinen Anträgen in der Volksversammlung zustimmte, oder wie im Falle des jungen Adligen das schwächliche Getue mit seiner Ermüdung und Erschöpfung zu lassen, genügte es durchaus, wenn Sokrates ihn an eine Stelle führen konnte, wo ihm der Zusammenhang oder der Widerspruch seines Verhaltens mit einem ihm schon immer mehr oder minder bewußten Prinzip des Handelns einsichtig wurde: nur daß er es nicht mit dem konkreten Fall seines Verhaltens zusammen gebracht hatte. Im geschriebenen sokratischen Dialog ist der Gesprächspartner notwendig ein fiktiver. Der in ihm behandelte Fall muß daher, wenn er eine Leserschaft interessieren soll, von etwas allgemeiner Gültigkeit sein. Ferner kann der Verfasser eines geschriebenen Dialoges nie genau wissen, ob sein wirklicher Partner, der ja nicht der fiktive Dialogpartner des Sokrates im geschriebenen Dialog, sondern sein Leser ist, so antworten würde, wie er es den Dialogpartner des Sokrates in seinem Dialog tun läßt. Er kann daher auch nicht, wie Sokrates im wirklichen lebendigen Dialog, wissen, ob er den Leser zu der von ihm gewünschten Einsicht bringt. Aus allen diesen Gründen wird hier die Frage, was das Kriterion des richtigen Handelns in abstracto sei, akut. Der Sokratiker, der sich um die Beantwortung dieser Frage die größte Mühe gemacht hat und in ihr am weitesten gegangen ist, ist Platon. Bei ihm tritt dann auch die Frage nach dem Wesen der ἐπιστήμη, der richtigen Einsicht, in einer neuen Form auf.

---

[491] Vgl. die Prophezeiung des Sokrates in Platons Apologie 39 c/d.

[492] Die von Wilamowitz vertretene Ansicht, daß Platon einige Dialoge, wie vor allem den Protagoras, vor dem Tode des Sokrates geschrieben und veröffentlicht habe, kann wohl als widerlegt gelten. Der Protagoras gehört aufs engste zusammen mit dem Laches und dem Charmides, die beide von Wilamowitz selbst in die mittlere Periode Platons gesetzt werden.

In dem platonischen Dialog Euthyphron, in dem das ὅσιον, das „Fromme" oder besser „das den Göttern Genehme" erörtert wird und dann die Frage gestellt wird, was denn das den Göttern Genehme „selbst" (αὐτό) oder „an sich" sei, d. h. das, wodurch alle die vielen einzelnen Dinge oder Handlungsweisen, die den Göttern genehm sind, eben den Göttern angenehm werden, taucht zum ersten Male das Wort ἰδέα im Sinne eines solchen absoluten oder allgemeinen Kriterions auf[493]. Das Wort pflegt ebenso wie das weitgehend damit synonyme Wort εἶδος mit Idee übersetzt zu werden, wobei man sich im allgemeinen bewußt ist, daß eine platonische Idee nicht ganz mit dem identisch ist, was im Deutschen sonst mit „Idee" oder gar im Englischen mit „idea" bezeichnet wird. Beide Wörter sind von dem Wort ἰδεῖν = „sehen" abgeleitet. Aber sie bezeichnen etwas, das nicht mit den Augen gesehen wird, sondern auf das man sozusagen mit seinen geistigen Augen „hinblickt" — ἀποβλέπειν ist der Ausdruck, der von Platon selbst in diesem Zusammenhang immer wieder verwendet wird —, also etwas, an dem man sich im gegebenen Fall orientiert, wenn man sich vergewissern will, ob etwas Einzelnes, also etwa eine bestimmte Handlungsweise, ὅσιον sei. Im Grunde sind ἰδέα und εἶδος also zunächst nur Wörter, die gewählt sind, um etwas zu bezeichnen, das es in irgendeiner Weise zu geben scheint, für das es aber noch keinen Namen gibt. Immerhin ist es nicht ganz ohne Bedeutung, daß εἶδος in der vorplatonischen Sprache auch schon „Gestalt" heißt[494]. Es scheint sich also um etwas in irgendeiner Weise Gestalthaftes zu handeln. Darüber geht es in diesem Dialog noch nicht hinaus.

Eine Lehre von den εἴδη oder ἰδέαι, etwas, das man Ideenlehre nennen kann, ist aus diesem ersten Ansatz erst geworden, als die Beobachtung hinzukam, daß es auf einem ganz anderen Gebiet, dem Gebiet der Mathematik, etwas in gewisser Weise Analoges zu geben scheint, eine Beobachtung, die zuerst in den platonischen Dialogen Menon und Phaidon auftritt. Hier knüpft sich also ein eigentümliches Band zwischen der exaktesten Wissenschaft in dem Sinne, in dem bisher von Wissenschaft die Rede gewesen ist, und dem, worauf es Platon als Sokratiker vor allem ankam, dem Wissen um das, was an sich und für den Menschen „gut" ist, zwischen zwei Gebieten also, die dem modernen „wissenschaft-

---

[493] Platon, Euthyphron 6 d ff.

[494] Vgl. die Belege bei K. v. Fritz, Philosophie und sprachlicher Ausdruck bei Demokrit, Platon und Aristoteles, Darmstadt 1966, S. 46 ff.

lich" gebildeten und „wissenschaftlich" gesinnten Menschen soweit wie nur irgend möglich auseinanderzuliegen scheinen.

Am deutlichsten wird das, worum es sich handelt, an einer Stelle des Dialogs Phaidon[495] gemacht und zwar an dem Begriff des ἴσον, der Gleichheit. Es wird darauf aufmerksam gemacht, daß es das Gleiche im strengen Sinne in der Welt der sinnlichen Erfahrung gar nicht gibt, da hier nur Annäherung an die Gleichheit, die man mit einem nicht ganz zutreffenden Ausdruck approximative Gleichheit nennen kann, vorkommt. Der Begriff oder die Vorstellung, an dem das approximativ Gleiche gemessen und der Grad seiner Approximation bestimmt wird, scheint also nicht aus der Erfahrung stammen zu können, sondern seinen Ursprung anderswo haben zu müssen; und zwar scheint es, da die Vorstellung ja nicht von einem einzelnen Menschen willkürlich geschaffen, sondern uns in irgendeiner Weise vorgegeben ist, vorgegeben sogar als etwas, was wir gar nicht entbehren können, weil wir uns ohne es auch in der Welt der Erfahrung gar nicht orientieren könnten, seinen Ursprung in einem Bereich haben zu müssen, das als ein von uns unabhängiges jenseits der sinnlichen Erfahrung gelegen ist. Da ferner die Dinge in der sinnlichen Welt zu dem jenem anderen Bereich angehörigen Begriff des Gleichen in dem Verhältnis von Approximationen stehen, scheinen die Dinge der Sinnenwelt in gewisser Weise unvollkommenere Abbilder der Gegebenheiten jenes anderen Bereiches sein zu müssen. Darin scheint es nun aber ganz analog mit dem „Rechten", dem „Guten", dem „Gerechten", dem „Schönen" zu stehen. Auch sie sind in der Erfahrung entweder überhaupt nicht oder nur in Approximationen gegeben. Und doch können wir nicht eine Stunde unseres wachen Daseins leben, ohne unaufhörlich mit diesen Vorstellungen und Begriffen zu tun zu haben und uns an ihnen zu orientieren. So konstituiert sich also für Platon jenes Reich der Ideen jenseits der zeiträumlichen Welt des Werdens und Vergehens, ein Reich der Ideen, das dann später von den Ideen des Gleichen, des Rechten, des Guten und dergleichen auch auf Ideen von Dingen, wie die Idee des Menschen oder auch der Biene, ausgedehnt worden ist. Doch braucht diese Erweiterung der Ideenlehre an dieser Stelle noch nicht diskutiert zu werden.

Von zentraler Bedeutung für das Verständnis von Platons Philosophie ist dagegen die Stellung, die er der Idee des Guten, der ἰδέα τοῦ

---

[495] Platon, Phaidon 74 a ff.

ἀγαθοῦ im Bereich der Ideen und im Aufbau der Welt überhaupt[496] angewiesen hat. Er nennt sie ἐπέκεινα τῆς οὐσίας: noch jenseits des Seins, dem Sein übergeordnet, und zugleich die Grundlage und Bedingung einer jeden Erkenntnis, aller ἐπιστήμη. Das ist für die Angehörigen einer Zeit, in welcher das Schlagwort von der Wertfreiheit der Wissenschaft zum Dogma geworden ist, das ganz Unbegreifliche: ein Beispiel dafür, zu welchen phantastischen Spekulationen sich ein Philosoph, der sich von der Erfahrung entfernt, versteigen kann. In Wirklichkeit ist es vielmehr ein höchst illustratives Beispiel für durch zeitbedingte Vorurteile verursachte Irrtümer und Mißverständnisse. Die Forderung einer „wertfreien Wissenschaft" stammt bekanntlich von Max Weber und in dem Sinne, in welchem sie *ursprünglich* gemeint war, ist sie völlig berechtigt. Sie richtete sich ursprünglich gegen die Gewohnheit der Kathedersoziologen und vieler Historiker seiner Zeit, alle Dinge von einem einseitigen ideologischen oder sogar von ihrem politischen Parteistandpunkt, dem „deutschnationalen", dem konservativen, dem bürgerlichen, dem liberalen, dem marxistischen Standpunkt aus vorzutragen und die dabei geäußerten kräftigen Werturteile als Ergebnis der Wissenschaft auszugeben, eine Praxis, an welcher sich im übrigen, obwohl die Forderung Webers unterdessen zu einer Art Schibboleth geworden ist, seither wenig geändert hat. Wenn aber diese in ihrem ursprünglichen Sinn und in ihrer ursprünglichen Einschränkung voll und ganz berechtigte Forderung verabsolutiert und zum allgemeingültigen Dogma erhoben wird, wird sie zu einem fundamentalen Irrtum und verhindert die Einsicht in die Grundstruktur des Erkennens. In einer erst in einem späteren Stadium von Max Weber gefundenen Formulierung, wonach die Werte in einem unauflöslichen Kampf miteinander liegen und jeder sich den Dämon, dem er folgen will, selbst wählen muß, hat sie wiederum in der Verabsolutierung dieses Prinzips sogar verhängnisvolle Folgen gehabt. Aber davon kann erst später die Rede sein. Zunächst ist es notwendig, den Sinn der platonischen Behauptung in ihrer allerweitesten Anwendungsmöglichkeit zu klären.

Obwohl Platon als Sokratiker von dem „Guten" sowie dem „Rechten" im ethischen Sinne ausgegangen ist, hat seine Behauptung eine weit über das ethische Gebiet im engeren Sinne hinausgehende Anwendung, wie ja schon daraus hervorgeht, daß Platon die Idee des Guten nicht nur als Grund und Bedingung einer jeden Erkenntnis, sondern als ἐπέκεινα

---

[496] Platon, Staat 509 b.

τῆς οὐσίας, als Jenseits des Seins stehend, bezeichnet, sie also auch zum Grund alles Seins erklärt. Damit ist primär gemeint, daß es ein in irgendeinem Sinn bestimmbares oder feststellbares Sein erst geben kann, wo sich ein in irgendeiner Weise Gesetzmäßiges, Geordnetes, Gestaltetes aus dem Chaos der Eindrücke heraushebt. Das aber ist ganz buchstäblich wahr. Denn das Wort, das hier mit „Sein" übersetzt wird, ist οὐσία, was nicht das reine Existieren bezeichnet, sondern ein Sein, das sich als ein bestimmtes identifizieren läßt. Selbst wo die Meinung vertreten wird, daß alle Naturgesetze letzterdings nur statistische seien, wird aber eine Wissenschaft von der Natur erst möglich, wo sich geordnete Gesetzmäßigkeiten erfassen und in Beschreibungen oder Formeln oder in mathematischen Gleichungen zur Darstellung bringen lassen. Selbst die Experimente einer angeblich völlig wertfreien Psychologie, wie die berühmten Rattenexperimente, bei denen die unglückliche Ratte in ein Labyrinth gesetzt wird, in dem sie Futter riecht, aber nicht weiß, wie sie dazu gelangen kann, und wo nun ihr Verhalten beobachtet wird, wären völlig sinnlos und würden kein irgendwie faßbares Resultat ergeben, wenn es nicht den einen, für die Ratte als den „guten" bezeichneten, Punkt gäbe, an dem sich das Stückchen Käse befindet, das die Ratte riecht, und das dem Ganzen erst Sinn verleiht. Ganz allgemein aber ist jede Form von Erkenntnis unmöglich, wenn nicht das Richtige als das „Bessere" vor dem Unrichtigen ausgezeichnet ist, wenn also nicht der Beweis, der streng nach den Gesetzen der Logik fortschreitet, als „besser" gilt als derjenige, der diese Regeln verletzt. Ferner wird jeder Mathematiker den eleganteren Beweis, der das Ziel in kürzeren und übersichtlicheren Schritten erreicht, für „besser" halten als den, der unnötig viele Umwege dazu braucht, den Beweis, der einen Einblick in umfassende Strukturen eröffnet, als besser als einen Beweis, der nur ein begrenztes Teilresultat ergibt. Nirgends kann auch nur ein Schritt in der Erkenntnis getan werden, ohne daß „gut" und „schlecht", „besser" und „schlechter" unaufhörlich eine dominierende Rolle spielen. Hier ist von gut und schlecht zunächst in einem außermoralischen Sinne die Rede. Doch hat P. Lorenzen kürzlich in einem höchst interessanten Kapitel seines Buches über methodisches Denken[497] sogar die Frage aufgeworfen, ob in dem Grundlagenstreit der modernen Mathematiker nicht sogar moralische Urteile bis zu einem gewissen Grade berechtigt seien. Auf diese Frage soll hier zu-

---

[497] Paul Lorenzen: „Moralische Argumentationen im Grundlagenstreit der Mathematiker" = S. 152—161 seines Buches Methodisches Denken, Theorie 2, Suhrkamp Verlag, Frankfurt a. M. 1966.

nächst nicht weiter eingegangen werden. Es genügt, wenn das so weit
Gesagte ausreicht zu zeigen, daß, ob man die platonische Ideenlehre in
der Art, in der sie von Platon ausgebaut worden ist, für akzeptabel hält
oder nicht, Platon mit dem über die Idee des Guten Gesagten jedenfalls keinen philosophischen Halbunsinn geredet[498], sondern auf einen
ganz fundamentalen Zusammenhang hingewiesen hat.

Was es mit diesem Zusammenhang für eine Bewandtnis hat, läßt sich
vielleicht am besten an jener berühmten Stelle von Platons Staat zeigen,
an welcher Platon das Verfahren des philosophischen Dialektikers mit
demjenigen des wissenschaftlichen Mathematikers kontrastiert[499]. Da

---

[498] In seinem Buche „Arete bei Platon und Aristoteles. Zum Wesen und zur Geschichte der platonischen Ontologie", Heidelberg 1959, hatte Hans Joachim Krämer
auf S. 473 den Satz Platons im Staat 509 b, wo er sagt, die Idee des Guten gebe
den Dingen Seiendheit und Erkennbarkeit, dem Erkennenden Erkenntnisfähigkeit,
als „philosophischen Halbunsinn" bezeichnet, an einer späteren Stelle desselben
Buches (474) dann allerdings erklärt, in Wirklichkeit liege ein primär ontologisches,
nicht axiologisches Problem ersten Ranges zugrunde, das jedoch Platon, seiner
Gewohnheit gemäß, in seinen Dialogen seine wirklichen Gedanken vor seinen Lesern zu verschleiern, eben in der Form eines philosophischen Halbunsinns zum
Ausdruck gebracht habe. Nachdem ich dann in einem Aufsatz mit dem Titel „Die
philosophische Stelle im siebten platonischen Brief und die Frage der ‚esoterischen
Philosophie' Platons" ähnlich wie hier zu zeigen versucht hatte, daß die Behauptung Platons im Staat, weit davon entfernt, philosophischer Halbunsinn zu sein,
einen Wahrheitskern enthält, der sie unmittelbar auf heutige Probleme anwendbar
erscheinen läßt, hat Krämer in einem Aufsatz mit dem Titel „ΕΠΕΚΕΙΝΑ ΤΗΣ
ΟΥΣΙΑΣ. Zu Platon, Politeia 509 B", im Archiv für Geschichte der Philosophie LI
(1969), S. 25 ff. darauf in der Weise geantwortet, daß er das von mir sehr klar
und deutlich Gesagte durch schiefe Auslegung in Verwirrung bringt. Ich „könne
den Übergang zur Funktion des Guten als Prinzip des Erkennbaren und des Seins
nicht ohne den ‚Begriff' der ‚Gestalt' vollziehen", als ob es sich dabei auf meiner
Seite um ein widerwilliges Zugeständnis gehandelt hätte und nicht um meinen Ausgangspunkt. Mein „aus der modernen Wissenschaftstheorie übernommener Gesichtspunkt subjektivbestimmter Bevorzugung oder Auswahl unter möglichen Erkennt-
nisgegenständen wirke innerhalb dieser Konzeption fremdartig und hebe ihre innere Geschlossenheit auf." Es ist aber in meinem damaligen Aufsatz ebenso wie
oben keineswegs von „subjektivbestimmten Bevorzugungen" die Rede gewesen,
sondern im Gegenteil der Nachweis zu führen unternommen worden, daß die Wissenschaft gar nicht ohne solche Bevorzugungen operieren kann. Natürlich kann
daher die mir zugeschriebene unrichtige Anwendung, von der ich genau das Gegenteil gesagt habe, bei Platon keine Stütze finden (ibidem mit Anm. 82). Im
übrigen scheint mir, daß der hohe Wert und die Fruchtbarkeit einer wissenschaftlichen wie einer philosophischen Theorie sich darin erweisen, daß sie sich auch ganz
neuen Problemstellungen gegenüber, die ihrem Autor noch unbekannt waren, bewährt, nicht darin, daß man sie mit hohen Worten preist, statt den Beweis ihrer
Fruchtbarkeit in concreto zu führen.

[499] Platon, Staat VI 510 c ff.

ich darüber an anderer Stelle ausführlich gehandelt habe[500], will ich mich hier darüber so kurz wie möglich fassen, aber einiges, was ich bei früheren Gelegenheiten nicht gesagt habe, das aber das Kernproblem vielleicht besonders gut zu illustrieren geeignet ist, hinzufügen. Platon sagt an jener Stelle, die Mathematiker gingen von gewissen Grundgegebenheiten als von etwas, das man weiß und kennt, aus, indem sie weiter keine Rechenschaft mehr davon geben, und machten dies zur Grundlage, von der aus sie zu dem fortschritten, auf das ihre Absicht von Anfang an gerichtet gewesen sei. Was den ersten Teil dieses Satzes angeht, so ist es strittig, ob mit diesen Grundgegebenheiten, von denen die Mathematiker keine weitere Rechenschaft mehr geben zu müssen glauben, Axiome, Postulate und Definitionen gemeint sind, oder nur die idealen Gegenstände der Mathematik (Zahlen, geometrische Figuren, etc. nebst den Definitionen der letzteren), worauf die von Platon gewählte Ausdrucksweise hinzudeuten scheint[501]. Da mathematikhistorisch gesehen Platon gerade an jenem Wendepunkt steht, an dem ein mathematisches System, das mit Definitionen als Ausgangspunkten der mathematischen Beweise auskommen zu können glaubte, durch ein System, das neben den Definitionen noch Axiome und Postulate als Grundlagen forderte, ersetzt zu werden begann, ist diese Frage schwer zu beantworten. Was in dem zweiten Teil des Satzes gemeint ist, ist das Gebäude von Lehrsätzen und ihren Beweisen, welches die Mathematiker auszuarbeiten sich bemühen. Wie immer dann der erste Teil in concreto zu verstehen ist, so viel ist klar, daß Platon sagt, die Mathematiker gingen von Voraussetzungen aus, von denen sie weiter keine Rechenschaft geben zu müssen glaubten, und errichteten auf diesen ihr Lehrgebäude. Von den philosophischen Dialektikern dagegen sagt Platon, sie machten die Grundlagen (ὑποθέσεις) der Mathematik nicht (wie die Mathematiker) zu ersten Prinzipien (ἀρχαί), sondern benützten sie vielmehr als Sprungbretter (ἐπιβάσεις), um von dort zu dem nicht weiter begründeten Prinzip (ἀνυπόθετος ἀρχή) aufzusteigen und dann, nur von Ideen zu Ideen fortschreitend, wieder herabzusteigen.

Diese nicht gerade leicht zu verstehenden Worte sind in sehr verschiedener Weise ausgelegt worden. Vor allem hat man das Verhältnis Platons zur Mathematik in ganz verschiedener Weise sich zurechtlegen zu

---

[500] Vgl. die in Anm. 416 zitierte Arbeit, S. 60 ff. und S. 98 ff.

[501] Über das ganze Problem der bloß definitorischen und der axiomatisch-definitorischen Grundlegung der Geometrie zur Zeit Platons vgl. ibidem S. 84 ff.

müssen geglaubt. Nach der einen Ansicht soll Platon das über die Mathematiker Gesagte nur deshalb haben sagen können, weil das mathematische Beweisverfahren zu seiner Zeit noch sehr unvollkommen entwickelt war, so daß er seine Meinung über das Verfahren der Mathematiker geändert haben würde, wenn er die moderne Mathematik gekannt hätte. Nach der anderen Ansicht gilt vielmehr das, was Platon über die Mathematiker an dieser Stelle sagt, für die Mathematik überhaupt und hätte er es gerade auch der modernen Mathematik gegenüber aufrechterhalten, soll er aber mit seiner Entgegensetzung des mathematisch-wissenschaftlichen und des dialektischen Verfahrens über die Mathematiker gespottet haben.

Beide Ansichten lassen sich wohl ziemlich leicht als unrichtig erweisen, die erste schon deshalb, weil, ob nun Platon zu der Zeit, als er den Passus schrieb, schon von den ersten Versuchen einer definitorisch-axiomatischen Grundlegung der Mathematik wußte oder nicht, was er sagt, sachlich jedenfalls auf das axiomatische Verfahren der antiken wie der modernen Mathematik ganz ausgezeichnet paßt. Die zweite Ansicht läßt sich deshalb kaum aufrecht erhalten, weil es ganz unwahrscheinlich ist, daß der Mann, der nach der Legende über dem Eingang zu seiner Akademie die Worte soll haben anbringen lassen μηδεὶς ἀγεωμέτρητος εἰσίτω, die Absicht gehabt haben sollte, die von ihm so außerordentlich hoch geschätzte Wissenschaft zu verspotten. Er hat ja auch die discursiv-beweisende Erkenntnisart in der Hierarchie der Erkenntnisarten, die er am Ende des 6. Buches des Staates aufstellt, an die zweithöchste Stelle gestellt. Wohl aber hat er die Dialektik an Erkenntniswert noch höher als die diskursiv-beweisende Erkenntnis gestellt. Diese dialektisch-philosophische Methode besteht, wie früher gezeigt worden ist, in einer Art Umkehrung des logisch-deduktiven Beweisverfahrens. Während das letztere davon ausgeht, daß die in den Sätzen vorkommenden Termini immer den identischen Inhalt haben und daher keine Fehlschlüsse durch Aequivokationen oder Ambiguität der im Beweisverfahren vorkommenden Begriffe vorkommen können, sucht das dialektische Verfahren gerade mit Hilfe der sich bei der Verwendung unscharfer Begriffe ergebenden Widersprüche den Blick auf den Gegenstand zurückzulenken, um diesen schärfer zu fassen. Für eine Anwendung dieses Verfahrens, das auf einer Verengung und Präzisierung der Fragemethode des Sokrates beruht, auf mathematische Gegenstände gibt es in den Dialogen Platons außer etwa einem ganz schwachen Ansatz dazu in der Szene mit dem Sklaven in Platons

Menon[502] keine Beispiele. Diese sind fast alle einerseits auf die Analyse ethischer Begriffe, andererseits auf die Aufklärung der mit der Ideenlehre zusammenhängenden begrifflichen Schwierigkeiten beschränkt. Es ist daher wohl möglich, daß Platon, wenn er am Ende des 6. Buches die Mathematik als hervorragendstes Beispiel einer deduktiv-beweisenden Wissenschaft der Dialektik als einer anderen Erkenntnismethode gegenüberstellte, gar nicht an die mögliche Anwendung dieser letzteren Methode auf die Mathematik dachte, sondern nur die Methoden als solche miteinander kontrastieren wollte. Umso mehr kann dann mit der Gegenüberstellung keine Kritik an oder gar Hohn auf die Mathematik beabsichtigt gewesen sein.

Interessanterweise lassen jedoch gewisse Entwicklungen in der modernen Mathematik eine Anwendung von Platons philosophisch-dialektischen Methoden auf die Mathematik als möglich erscheinen, von der Platon in seiner Zeit noch nichts ahnen konnte, eine Anwendung jedoch, die Platon vielleicht eher zur Kritik an gewissen modernsten mathematischen Richtungen Anlaß geben würde als zur Kritik an der noch zu unvollkommenen Mathematik seiner Zeit. Die Gegenstände der Mathematik gehören nach Ansicht Platons zwar nicht der Sinnenwelt an, obwohl man sie sich an der Sinnenwelt angehörigen gezeichneten Figuren veranschaulichen kann, sind aber als solche vorgegeben und gehören einem eigenen Bereich an, das nur für den νοῦς erfaßbar ist. An diesen Gegenständen orientieren sich die Mathematiker, wenn sie ihre Definitionen dieser (und, wenn die Mathematik so weit entwickelt ist, ihre Axiome und Postulate über diese) Gegenstände aufstellen, über welche sie dann weiter keine Rechenschaft mehr geben zu müssen glauben, mit deren Hilfe sie aber ihre Lehrsätze beweisen. So sind denn auch die Mathematiker nach Platon bis an das Ende der Antike verfahren. Nach diesen Prinzipien ist es völlig in Ordnung, wenn Hilbert in seinen Grundlagen der Geometrie den größten Wert darauf legte, daß seine Axiome nichts enthalten sollten als das ausdrücklich in ihnen Ausgesagte und daß striktestens vermieden wird, irgend welche Elemente der sinnlichen Anschauung unvermerkt in sie hineinzutragen oder hineinzuinterpretieren. Er formuliert seine Axiome, indem er die üblichen Bezeichnungen für die mathematischen Gegenstände wie Punkte, Gerade, Dreieck und derglei-

---

[502] Platon, Menon 82 b ff.

chen benützt[503]: z. B. „Zu zwei Punkten A, B gibt es stets eine Gerade a,
die mit jedem der beiden Punkte A, B zusammengehört", wobei schon
der anschaulichere Ausdruck, „die durch beide Punkte hindurchgeht"
vermieden ist. Hilbert fügt jedoch hinzu, er würde lieber die bekannten
Ausdrücke Punkte, Gerade, Winkel vermeiden, um nichts aus der Anschauung hineinzutragen, und schreibt in einem Brief an Frege[504]: „Wenn
ich unter meinen Punkten irgendwelche Systeme von Dingen, z. B. das
System: Liebe, Gesetz, Schornsteinfeger ... denke und dann nur meine
sämtlichen Axiome als Beziehungen zwischen diesen Dingen annehme,
so gelten meine Sätze, z. B. der Pythagoras, auch von diesen Dingen.
Mit andern Worten: eine jede Theorie kann stets auf unendlich viele
Systeme von Grundelementen angewendet werden." Daraus hat Frege
die Konsequenz gezogen und das oben zitierte Axiom über Gerade und
Punkte in der folgenden Weise formalisiert: „Wenn A ein Π und B
ein Π ist, so gibt es etwas, zu dem sowohl A als auch B in der q-Bezie-
hung steht". Damit geht jedoch die Formalisierung über die von Platon
geforderte Befreiung von Verunreinigungen durch die sinnliche Anschauung hinaus und gelangt zu einer ἀνυπόθετος ἀρχή, die von der von Platon
geforderten durchaus verschieden ist. Die ἀνυπόθετος ἀρχή im gegebenen
Fall wäre für Platon einerseits die rein ideelle, absolut eindimensionale,
in keiner Weise gekrümmte, absolute kontinuierliche Gerade, derenglei-
chen in der empirischen Welt nicht vorkommt, andererseits der ausdehnungslose Punkt, während Hilbert auch noch die ideelle Gerade aus
seinem Axiomensystem auszuschalten versucht. Über diese Art der Vor-
aussetzungslosigkeit hat sich dann gerade Frege, der Hilbert darauf aufmerksam gemacht hat, was in der Konsequenz der von Hilbert in seinem
Brief an ihn gemachten Äußerungen lag, lustig gemacht mit der Äußerung: „Wir haben Münchhausen, der sich an seinem eigenen Schopfe
aus dem Sumpfe zieht". Er hat auch die Vorstellung von der „Willkürlichkeit" der Auswahl der Axiome und von der impliziten Definition
der in ihnen vorkommenden Begriffe und Termini durch die Axiome
selbst durch Aufstellung des Axiomes karikiert: „Jedes Anej bazet wenig-

---

[503] D. Hilbert, Die Grundlagen der Geometrie, Erstes Kapitel: Die fünf Axiomgruppen, § 2 Die Axiomsgruppe I: Axiome der Verknüpfung I, 1. Zu dem unmittelbar
Folgenden vgl. die ausgezeichneten Ausführungen und Zusammenstellungen des
nicht überall leicht zusammen aufzufindenden Materials bei F. Kambartel, Erfahrung und Struktur, Bausteine zu einer Kritik des Empirismus und Formalismus,
Suhrkamp Verlag: Theorie 2, Frankfurt a. M. 1968, S. 156 ff.

[504] Zitiert ibidem S. 157.

stens zwei Ellah"[505], in dem immer noch die drei aus der gewöhnlichen Sprache bekannten, nicht selbst wieder erst implizit definierten Begriffe „Jedes", „wenigstens" und „zwei" vorkommen. Für die Grundlagen der Geometrie haben diese theoretischen Auseinandersetzungen verhältnismäßig wenig konkrete Bedeutung, da kaum ein Zweifel daran bestehen kann, daß Hilbert sich faktisch bei der Aufstellung seiner Axiome ganz platonisch an den ideellen Gegenständen, über die er seine Axiome aufstellt, orientiert hat[506] und sich praktisch wohl hütete, seien es Schornsteinfeger seien es, wie er bei einer anderen Gelegenheit sagte, Uhren und Bierseidel an Stelle von Punkten und Geraden oder auch q-Beziehungen an Stelle des „Hindurchgehens" einzusetzen. Sie können nur zur Bekräftigung dessen dienen, was oben[507] über den Sinn der „willkürlichen" Wahl von Axiomensystemen gesagt worden ist.

Auf einem anderen Gebiete, das in der modernen Mathematik eine bedeutende Rolle spielt, bekommen diese Auseinandersetzungen jedoch eine sehr reale Bedeutung: auf dem Gebiet der Cantorschen Mengenlehre. Bei der Aufstellung seiner neuen und in vieler Hinsicht genialen mathematischen Theorie war Cantor weitgehend von metaphysischen bzw. ontologischen Überzeugungen ausgegangen, vor allem, wo er mit Nachdruck auf der Existenz eines aktual Unendlichen insistierte[508], aber

---

[505] Zitiert ibidem S. 168.

[506] Natürlich sind nicht alle mathematischen Gegenstände in der Weise für eine noetische Anschauung gegeben wie die von Platon erwähnten Gegenstände der Geometrie. Schon in seiner Habilitationsschrift über Rechnungsmethoden, die sich auf eine Erweiterung des Größenbegriffes gründen", von 1874 (jetzt wieder abgedruckt in Gottlob Frege, Kleine Schriften, ed. I. Angelelli, Darmstadt 1967, S. 50 ff.) hat G. Frege darauf aufmerksam gemacht, daß mit der Einführung der komplexen Zahlen und ihrer geometrischen Darstellung ein von dem antiken Größenbegriff abweichender in die Mathematik eingeführt worden ist und damit gewissermaßen neue mathematische Gegenstände eingeführt worden sind, die sich nicht so unmittelbar fassen lassen wie die der Antike geläufigen. Umso größeren Nachdruck legte er von Anfang an darauf, das Wesen dieser Gegenstände als *Gegenstände* genau zu bestimmen. In seinem Vortrag „Über formale Theorien der Arithmetik" von 1885 (ibidem S. 103 ff., vor allem 105 ff.) sowie in seiner „Antwort auf die Ferienplauderei des Herrn Thomae" (ibidem 324 ff.) und seiner Abhandlung „Die Unmöglichkeit der Thomaeschen formalen Theorien aufs Neue nachgewiesen" (ibidem S. 329 ff.) setzt sich Frege dann mit formalistischen Theorien auseinander, die von bestimmten Gegenständen in dem in der Habilitationsschrift definierten Sinn glauben absehen zu können. Vgl. auch noch die Abhandlung über „Begriff und Gegenstand", ibid. S. 167 ff.

[507] Vgl. oben S. 219 ff.

[508] G. Cantor war sich des metaphysischen Charakters seiner Annahmen über die Existenz des aktual Unendlichen durchaus bewußt und — im Gegensatz zu der

durchaus ohne Platons philosophisch-dialektische Methode darauf anzuwenden[509], weshalb er auch sehr erstaunt war, als sich später Paradoxien und Widersprüche herausstellten und es nicht gelang, gewisse
von ihm auf Grund seiner Überzeugungen als mit Sicherheit bestehend
angenommene Beziehungen wie die zwischen der Continuumsmenge
und dem zweiten Alef der Alefreihe, der Menge aller abzählbar unendlichen Mengen $\aleph_1$, herzustellen[510].

Bekanntlich ist Cantors Mengenlehre sogleich nach der Veröffentlichung
der ersten Abhandlungen von dem damals angesehensten deutschen Zah-
lentheoretiker L. Kronecker, der auch einer der Lehrer Cantors gewesen
war, scharf angegriffen worden. Cantors Verhalten gegenüber diesen An-
griffen war ein höchst eigentümliches. In einem gewissen Widerspruch
zu seinem metaphysischen Wahrheitsanspruch, den er gegenüber An-

---

freilich erst später aufgekommenen) positivistischen Schule, bei der das Wort
„metaphysisch" zu einer Art Schimpfwort geworden ist — stolz darauf. Vgl. den
bei H. Meschkowski, Probleme des Unendlichen, Werk und Leben Georg Cantors,
S. 111 zitierten Brief Cantors an den Pater Thomas Esser, in dem es heißt: „Die allgemeine Mengenlehre, welche Ihnen sowohl in der Schrift ‚Zur Lehre des Transfiniten' wie auch in dem ersten Artikel der begonnenen Arbeit ‚Beiträge zur Begründung der transfiniten Mengenlehre' in ihren Prinzipien entgegentritt, gehört
durchaus zur Metaphysik ... Hieran wird durch die Bilder nichts geändert, deren
ich mich, wie alle Metaphysiker tun, zur Klarlegung metaphysischer Begriffe
bediene, und auch der Umstand, daß die unter meiner Feder noch entstehende Arbeit in mathematischen Journalen herausgegeben wird, modifiziert nicht den metaphysischen Charakter und Inhalt derselben." Vgl. auch ibidem S. 110 das Zitat aus
G. Kowalewski über die „Heiligkeit" der Alef-Reihe für Cantor, die er gewissermaßen als Stufen zum Throne der Unendlichkeit, zum Throne Gottes, betrachtete.

[509] Es entspricht einem in unserer Zeit ganz allgemein verbreiteten Mißverständnis
des Wesens der platonischen Philosophie, wenn F. Kambartel op. coll. (oben
Anm. 503) S. 240, Anm. 31 wegen des eingestandenermaßen metaphysischen Charakters der ursprünglichen Mengenlehre von dem Cantorschen „Mengenplatonis-
mus" spricht. Es ist gerade nicht platonisch, in der Art des frühen Cantors metaphysische Annahmen ohne sorgfältige dialektische Nachprüfung der „Realität",
d. h. der konstruktiven Durchführbarkeit, ihrer Gegenstände zu machen; vgl. auch
unten S. 265 ff.

[510] Seit dem Tode Cantors ist zuerst von K. Gödel, The Consistency of the Continuum Hypothesis, Princeton 1940, der Beweis geführt worden, daß die Cantorsche Annahme, die Continuumsmenge c sei identisch mit $\aleph_1$, innerhalb des
Abianschen Axiomensystems der Mengenlehre unter Auslassung des Auswahlaxioms
nicht zu einem Widerspruch führt. Umgekehrt hat P. J. Cohen, „The Independence
of the Continuum Hypothesis", Proceedings of the National Academy of Sciences
50 (1963), p. 1143—48, und 51 (1964), p. 105—110, bewiesen, daß auch kein Widerspruch mit den Abianschen Axiomen einschließlich des Auswahlaxioms entsteht,
wenn man annimmt, daß c nicht gleich $\aleph_1$, ist, woraus sich doch wohl ergibt, daß
sich entgegen der Meinung Cantors die Continuumsmenge nicht eindeutig in die
Alefreihe einordnen läßt.

griffen von philosophischer Seite her verteidigte, schrieb er in einem Brief an seinen Freund und Anhänger G. Mittag-Leffler[511]: „Es handelt sich hier gewissermaßen um eine Machtfrage und die kann niemals durch Überredung entschieden werden; es wird sich fragen, welche Ideen mächtiger, umfassender und fruchtbarer sind, die Kroneckers oder die meinigen; nur der Erfolg wird nach einiger Zeit unsern Kampf entscheiden". Damit ist gewissermaßen das Grundprinzip des bis in die Gegenwart fortdauernden Kampfes um Sinn, Geltung und Ausdehnung der Cantorschen Mengenlehre ausgesprochen: es ist ein Kampf zwischen den Prinzipien der Einsichtigkeit und der Fruchtbarkeit. Die neue Lehre eröffnete so viele Möglichkeiten praktischer mathematischer Anwendungen auf dem Gebiete der Analysis und dem neu sich entwickelnden Gebiete der Topologie, daß es unmöglich schien, sie wegen Unklarheiten in den zugrundeliegenden Begriffen aufzugeben; und als sich die berühmten Paradoxien, die von B. Russel und anderen gefunden wurden, herausstellten, fand man den Ausweg, Regeln aufzustellen, durch welche die Widersprüche vermieden wurden, ohne daß es notwendig war, im Sinne der Forderung der platonischen Dialektik, den Begriff der unendlichen Menge selbst zu untersuchen und nach Möglichkeit zu voller Klarheit zu bringen.

Der Ausweg, der hier gefunden wurde, war ein sehr eigentümlicher: nicht nur die reale, sondern auch die ideelle Existenz der unendlichen Mengen zu leugnen und trotzdem die Cantorsche Lehre von den unendlichen Mengen in der Mathematik so zu benützen, als ob sie existierten: in der Formulierung von A. Robinson[512]: "Infinite totalities do not exist in any sense of the word (i. e. either really or ideally). More precisely, any mention, or purported mention of infinite totalities is literally meaningless. Nevertheless we should continue the business of mathematics as usual, i. e. we should act as if infinite totalities really existed". Es ist höchst interessant, an dieser Stelle dem Worte „meaningless" zu begegnen, das sonst von den wissenschaftlichen Positivisten gebraucht wird, um eine Behauptung als „metaphysisch" zu diskreditieren, hier jedoch mit der Aufforderung verbunden ist, die mathematische Theorie der als im wörtlichsten Sinne „sinnlos" bezeichneten Gegenstände der Betrachtung unbekümmert um ihre Sinnlosigkeit weiter auszubauen. Diese Stellungnahme ist vielleicht in abstracto betrachtet nicht ganz inkonsequent,

---

[511] Zitiert von F. Kambartel, op. coll. S. 227.
[512] Zitiert ibidem S. 229.

wenn man auf die vor-Carnapsche positivistische Theorie Vaihingers zurückgeht und die unendlichen Mengen als Fiktionen betrachtet, die ihre nützliche Funktion im Erkenntnisprozeß haben, denen aber kein in irgendeinem Sinne realer Gegenstand entspricht, so daß sie am Ende des Prozesses wieder ausgeschieden werden müssen. So erscheint ja auch in dem zweiten Satze Robinsons das Wörtchen as if: Als ob, sozusagen das Grundwort der Vaihingerschen Philosophie. Trotzdem kann man fragen, ob nicht „Fiktionen" dieser Art als nicht völlig willkürliche Produkte unseres Geistes im Sinne Freges auf ihre Struktur untersucht werden sollten und der Aufbau eines Axiomensystems, wenn ein solcher vorgenommen wird, sich nach den Ergebnissen dieser Strukturanalyse richten sollte. Daß es sich hier um ein wirkliches Problem handelt, zeigt unter anderem das Verhalten eines so großen Mathematikers wie Hermann Weyl, der sein ganzes Leben zwischen der Annahme der Mengenlehre wegen ihrer Fruchtbarkeit und der Ablehnung von wenigstens Teilen der Mengenlehre in ihrer modernen formalaxiomatischen Gestalt wegen der Unklarheit ihres Gegenstandes geschwankt hat[513].

Kehrt man nun von diesem Exkurs in Probleme der modernen Mathematik zu Platon zurück, so ergibt sich Folgendes. Einerseits kann gar keine Rede davon sein, daß eine strikt deduktiv beweisende Mathematik erst unter dem Einfluß Platons entstanden wäre, wie dies bis zu einem gewissen Grade von Erich Frank, vor allem aber von F. Solmsen zu zeigen versucht worden ist[514]. Platon setzt eine schon ziemlich weit entwickelte, streng beweisende Mathematik voraus, deren Verfahrensweise er am Ende des 6. Buches des Staates beschreibt. Zu dieser beweisenden Mathematik als solcher dürfte Platon persönlich keine Beiträge geliefert haben. Auf der anderen Seite ist überliefert, daß in der Akademie zu Platons Lebzeiten mehr oder minder philosophische Grundfragen der Mathematik erörtert worden sind, die aber doch auch für den Auf-

---

[513] Vgl. den 1921 in Zürich gehaltenen Vortrag „Über die neue Grundlagenkrisis der Mathematik", Mathematische Zeitschrift X (1921), 30—70, Neudruck in der Reihe Libelli CXXI von der Wiss. Buchges., Darmstadt 1965. In diesem Vortrag schloß sich H. Weyl nach langen Überlegungen der „intuitionistischen" Auffassung der Mengenlehre von L. E. J. Brouwer an. Über sein späteres wiederholtes Schwanken vgl. die ausgezeichnete Tübinger Dissertation von Peter Beisswanger, Die Anfechtbarkeit der klassischen Mathematik. Studien über Hermann Weyl, Stuttgart 1965.

[514] Vgl. Erich Frank, op. coll. (oben Anm. 284), passim, und F. Solmsen, „Platons Einfluß auf die Bildung der mathematischen Methode", Quellen und Studien zur Geschichte der Mathematik B I (1929), S. 93 ff.

bau eines mathematischen Systems beträchtliche Bedeutung hatten: so die Frage, ob die Gegenstände der Mathematik durch uns geschaffen werden oder als einem vom menschlichen Geist unabhängigen, aber nicht der Welt der sinnlichen Wahrnehmung angehörigen Bereich zugehörig vorgegeben sind[515]. Damit im Zusammenhang erhob sich die für den praktischen Aufbau der Mathematik bedeutsame Frage, ob mathematische Gegenstände durch Definition mehr oder minder willkürlich geschaffen werden können, oder ihre Existenz, d. h. ihre Möglichkeit durch Konstruktion nachgewiesen oder bei den einfachsten Gegenständen durch besondere Postulate postuliert werden muß. Es wird sich wohl kaum leugnen lassen, daß hier in einem sehr viel elementareren Stadium der Mathematik eine gewisse Analogie zu dem Problem der Existenz der unendlichen Mengen in Verbindung mit der Frage ihrer Konstruierbarkeit besteht. Wie früher bemerkt, gibt es kein Beispiel dafür, daß, abgesehen von den Diskussionen in der Akademie über die Existenzart mathematischer Gegenstände überhaupt, Platon in bezug auf bestimmte mathematische Gegenstände die Art von dialektischer Prüfung durch Rückwendung des logischen Prozesses auf den Gegenstand vorgenommen hätte, die er am Ende des 6. Buches des Staates für die Dialektik überhaupt postuliert. Aber es scheint mir bei sorgfältiger Interpretation der Stelle kaum bezweifelt werden zu können, daß eine solche dialektische Klärung des Begriffs der unendlichen Menge, ja des Begriffs der Menge überhaupt, einschließlich der Prüfung der Frage der Konstruierbarkeit unendlicher Mengen, wenn Platon die moderne Mengenlehre gekannt hätte, in der Konsequenz der platonischen Unterscheidung von Dialektik und beweisender Wissenschaft gelegen hätte. Weit entfernt, die Mathematik, wie sie von den Mathematikern getrieben wird, zu verspotten und stattdessen eine Methode zu empfehlen, bei der für die Mathematik nichts herauskommt, wie P. Lorenzen glaubt[516], hat Platon für die Mathematik als deduktive Wissenschaft, wie sie von den Mathematikern getrieben wird, größte Hochachtung gehabt, hätte aber auch zu den Schwierigkeiten der Grundlegung der Mathematik und, wenn er heute gelebt hätte, vielleicht bis zu einem gewissen Grade zur Stützung der Stellungnahme Lorenzens in dieser Auseinandersetzung etwas zu sagen gehabt.

Es kommt nun jedoch alles darauf an, die Anwendungen, welche die platonische Lehre von der Idee des Guten als der Grundlage alles (er-

---

[515] Vgl. oben S. 259 und unten S. 391 ff.
[516] Vgl. P. Lorenzen, „Methodisches Denken", in Logique et Analyse, Nouvelle Série VI (1963), p. 219.

kennbaren und unterscheidbaren) Seins und damit aller Erkenntnis einerseits und seine sich auf den Gegenstand zurückwendende Dialektik
andererseits auf den verschiedenen Gebieten menschlicher Erkenntnis
finden kann, genau zu unterscheiden, wenn ein Abgleiten in phantastische
Spekulationen und ein völliges Mißverständnis der Intentionen Platons
vermieden werden soll. Es hatte sich gezeigt, daß das, was Platon über
die Idee des Guten als Grundlage jeder Erkenntnis sagt, auch für jede
Wissenschaft, also auch für die Mathematik gilt. Aber das Prinzip des
„Guten" ist hier der Wissenschaft immanent: es bedeutet einfach, daß die
Wissenschaft als Wissenschaft nicht funktionieren kann, wenn nicht unaufhörlich zwischen dem Guten und dem Schlechten, dem Besseren und
dem weniger Guten in verschiedener Hinsicht unterschieden wird. Die
Frage, ob jemand moralisch zu verurteilen sei, der absichtlich mit Schein-
argumenten etwas wissenschaftlich Unrichtiges als Ergebnis der Wissenschaft ausgibt, oder auch derjenige, der, statt sich mit wissenschaftlich relevanten Problemen zu beschäftigen, sich mit formalistischen pseudowissenschaftlichen Spielereien abgibt, ist von ganz anderer Art und hat mit
der sozusagen wissenschaftsimmanenten Unterscheidung zwischen dem
Guten und Schlechten unmittelbar nichts zu tun. Auch das Problem der
„moralischen Argumentationen im Grundlagenstreit der Mathematiker"[517] kann daher damit nicht ohne weiteres in Verbindung gebracht
werden. Es ist wichtig zu sehen, daß auch Platon sich *darüber* durchaus
im klaren gewesen ist, wenn man auch in anderer Hinsicht über die Art,
wie er Ethik und Mathematik miteinander in Verbindung zu bringen
suchte, verschiedener Meinung sein kann.

Wie an einer früheren Stelle gezeigt worden ist[518], ist die platonische
Ideenlehre in ihren Grundzügen, wenn auch noch nicht in ihrer vollen
späteren Ausbildung, in dem Augenblick entstanden, als Platon bemerkte,
daß es auf dem Gebiete der Mathematik ebenso wie auf dem Gebiete
der Ethik etwas gibt, was in der Welt in Zeit und Raum, in der wir uns
täglich bewegen, so nicht zu finden ist und das uns dennoch zur Orientierung, d. h. um uns erkennend und handelnd in dieser Welt zurechtzufinden, ganz unentbehrlich ist. Die Richtigkeit der Verbindung beider
an sich kaum bezweifelbarer Beobachtungen in seiner einheitlich konzi-
pierten Ideenlehre kann man bezweifeln. Kant hat bekanntlich die Idea-
lität der mathematischen Begriffe aus ihrem apriorischen Charakter, die

---

[517] Vgl. oben Anm. 497.
[518] Vgl. oben S. 252 ff.

Eigentümlichkeit der moralischen Prinzipien aus den Postulaten der praktischen Vernunft zu erklären versucht. Für Platon ergab sich der Zusammenhang zwischen beiden Gebieten nicht nur, worauf schon hingewiesen worden ist, daraus, daß es auf beiden unentbehrliche Prinzipien gibt, die in der sinnlich wahrnehmbaren Welt, in der wir leben, nicht oder nur in unvollkommener Annäherung zu finden sind, sondern auch daraus, daß es auf beiden Gebieten eine Exaktheit und Sicherheit der Erkenntnis zu geben schien, für die es auf anderen Gebieten kein Analogon gibt. Dies scheint nun für das ethische Gebiet eine höchst seltsame Vorstellung zu sein. Aber hier hatte Platon in der Unerschütterlichkeit des Rechthandelns seines Lehrers Sokrates in jeder Situation ein Beispiel oder glaubte es zu haben, das mit der Sicherheit, Unumstößlichkeit und Exaktheit mathematischer Lehrsätze und Beweise gleichgesetzt werden konnte.

Ursprung und Bedingungen dieser Exaktheit und Sicherheit sind jedoch in beiden Gebieten durchaus verschieden, ja in gewisser Weise entgegengesetzt. Die Sicherheit und Exaktheit der Mathematik beruht auf der strikt logischen deduktiven Ableitung der Beweise der Lehrsätze von den ersten Prinzipien, d. h. von dem Axiomensystem, bzw. dem System von Definitionen, Postulaten und Axiomen, auf denen Euklid und die späteren antiken Mathematiker ihre Beweissysteme aufgebaut haben, und auf der festen logischen Verankerung jedes einzelnen Lehrsatzes in diesem System. Das Element der Unsicherheit oder Anfechtbarkeit in der Mathematik liegt in der Auswahl der Axiome. Dies kam im Altertum vor allem zum Ausdruck in den Zweifeln, welche schon damals gegen das sogenannte archimedische, eigentlich eudoxische Lemma erhoben worden sind und schon Archimedes veranlaßt haben, sich diesen Zweifeln gegenüber auf die Fruchtbarkeit des Lemmas, das es Eudoxos ermöglichte, seine berühmtesten Sätze zu beweisen, zu berufen[519], sowie in den Versuchen, das Parallelenaxiom zu beweisen, weil es nicht ausreichend selbstevident erschien, um einwandfrei als Axiom anerkannt werden zu können. In unserer Zeit zeigt sich die Unsicherheit und Anfechtbarkeit viel radikaler und prinzipieller in dem Streit um die Frage der „Willkürlichkeit" der Auswahl der Axiome. Die platonische Umkehrung des Prozesses der Deduktion in der Dialektik versucht diese Schwierigkeit durch Rückwendung auf die Gegenstände der Mathematik und durch deren möglichste begriffliche, auch konstruktive Klärung

---

[519] Vgl. unten S. 384 u. 390.

zu überwinden, wobei es jedoch fraglich bleibt, ob es hier vollständig gelingt.

In der Ethik ist es ganz anders. Die exakten und im mathematischen System logisch fest verankerten Sätze sind alle von strikt allgemeiner Geltung. Die Festigkeit und Unerschütterlichkeit des Sokrates im Handeln beruht nicht auf abstrakten festlegbaren Sätzen. Im Gegenteil: Sokrates wie auch Platon weisen immer wieder nach, daß es wirklich in allen Fällen exakt zutreffende Formulierungen ethischer Prinzipien nicht gibt. Im Staat werden daher die Entscheidungen und Regulierungen, welche die staatliche Ordnung erfordert, den Herrschenden überlassen, weil die menschlichen Verhältnisse zu mannigfaltig und differenziert sind, um durch feststehende Gesetze, die notwendig allgemein formuliert sein müssen, in wirklich gerechter und den Umständen angepaßter Form reguliert werden zu können. Im „Staatsmann"[520] und noch mehr in den „Gesetzen" wird die Notwendigkeit der Gesetzgebung in allgemeinen Formulierungen wegen der möglichen intellektuellen und/oder moralischen Korruption der Herrschenden hervorgehoben, zugleich aber in noch viel schärferer Form die unvermeidliche Unvollkommenheit aller Gesetze, d. h. aller Versuche, die menschlichen Dinge mit allgemein formulierten Regeln gerecht zu regeln, aufgewiesen. Die Gesetze — gleich welcher Art — werden mit einem eigensinnigen alten Mann verglichen, der immer dasselbe wiederholt, was er so schon in seiner Jugend zu sagen pflegte, und der dabei nicht merkt oder nicht merken will, daß die Umstände sich unterdessen geändert haben und daher das, was vor hundert Jahren eine gerechte und richtige Regelung gewesen sein mag, unter anderen Bedingungen nicht mehr recht und gerecht ist[521]. Auch die Dialektik kann auf diesem Gebiet keine Grundlage für ein System von gesetzlichen Regelungen, die sich mechanisch auf alle Dinge, vor allem auch auf Rechtsstreitigkeiten, anwenden ließen, schaffen. Was sie tun kann, ist, den einzelnen in einer ganz bestimmten konkreten Situation an einen

---

[520] Platon, Politikos 294 b/c.

[521] Damit ist natürlich nicht gemeint, daß mit dem Aufkommen einer neuen ideologischen Mode, sei es einer faschistischen, „demokratischen", „liberalistischen", „sozialistischen", anarchistischen oder was noch, plötzlich recht und gerecht wird, was vorher unrecht gewesen ist und umgekehrt, weil es den „modernen Anschauungen", die ja doch jeweils schnell sterbende Eintagsfliegen sind, nicht entspricht, sondern daß z. B. Regelungen, die in einer vorwiegend bäuerlichen Familienwirtschaft nötig und daher auch recht und „gerecht" gewesen sind, in einer sich entwickelnden oder voll entwickelten Industriewirtschaft nicht aufrechterhalten werden können und daher geändert werden müssen. Vgl. auch unten S. 299 ff.

Punkt hinzuführen, an dem ihm deutlich wird, wie er in diesem ganz bestimmten Fall handeln und sich entscheiden muß, wenn er mit sich selbst in Übereinstimmung bleiben will.

Platon war sich also der Verschiedenheit der inneren Gesetzmäßigkeiten der beiden Gebiete durchaus bewußt. Trotzdem hat er sie in seiner Ideenlehre in gewaltsamer Weise miteinander zusammengefügt, ja ist, wie gezeigt, die Ideenlehre in der Form, in welcher Platon sie dann später weiter ausgebildet hat, aus dieser Zusammenfügung entstanden[522]. Das hat für die Anwendung der Prinzipien von Platons Philosophie auf dazwischenliegende Gebiete sehr eigentümliche und vielleicht nicht immer ganz glückliche Folgen gehabt. Die Unterscheidung zwischen dem Reich der ewigen, unveränderlichen, sich immer gleich bleibenden und miteinander in Harmonie stehenden Ideen und der Welt der sinnlichen Wahrnehmung und des Werdens und Vergehens, die ein unvollkommenes Abbild der Welt der Ideen ist und in der zwar eine gewisse Ordnung herrscht, welche der Ordnung in der Ideenwelt nachgebildet ist, aber mit der es nie ganz stimmt, hat Platon daran gehindert, an eine „Wissenschaft" im eigentlichen Sinne von den Dingen dieser Welt zu glauben. Daher seine seltsamen Versuche, der Theorie der in unserer Welt ertönenden Musik die Theorie einer absoluten Musik, der Astronomie der beobachteten Himmelserscheinungen sozusagen eine höhere Astronomie a priori an die Seite zu setzen, von denen schon die Rede gewesen ist[523].

Diese Auffassung vom Wesen der Welt in Zeit und Raum hat Platon nicht davon abgehalten, sich in seinem Dialog Timaios mit einer Art Analyse dieser Welt, von der Analyse dessen, was wir ihre physikalische Grundstruktur nennen würden, bis zu einer Theorie der Sinnesempfindungen und zu einer Art theoretischer Anatomie des menschlichen Körpers nebst Analyse der Funktionen seiner verschiedenen Teile abzugeben. Er kommt dabei sogar zu einer Art Atomtheorie, die sich von derjenigen Demokrits ziemlich stark unterscheidet. Sie besteht in der Annahme[524], daß jedes der (vier) Elemente aus gleichartigen Teilchen von bestimmter

---

[522] Natürlich soll damit nicht eine Kritik an der platonischen Ideenlehre als ganzer vorgenommen werden, die eine viel eingehendere Erörterung erfordern würde. Aber daß die Art der Zusammenfügung zweier sehr verschiedener Gebiete, die am Anfang der Formulierung der Ideenlehre als Ideenlehre steht, in gewisser Hinsicht eine gewaltsame ist, läßt sich, glaube ich, mit Hilfe der oben angestellten Überlegungen zeigen.

[523] Vgl. oben S. 167 ff.

[524] Platon, Timaios 53 c ff.

geometrischer Form bestehe, diese jedoch auch noch in kleinere Urteilchen zerspalten und dann wieder zusammengesetzt werden könnten, so daß, da diese bei dreien der Elementen die gleichen sind, die Elemente auch ineinander verwandelt werden können. Obwohl Platons Vorstellung von der Form dieser Urteilchen von derjenigen der modernen Atomtheorie ganz verschieden ist, ist doch nicht zu übersehen, daß diese Atomtheorie mit ihrer Zuweisung von jeweils gleichartigen Atomen zu den verschiedenen Elementen und der Annahme, daß diese Atome sich so teilen lassen, daß die Elemente unter gewissen Umständen ineinander verwandelt werden können, der modernen Atomtheorie, vor allem in ihren Anfängen, sehr viel näher steht[525] als die Atomtheorie Demokrits mit ihrer Annahme einer völlig ungeordneten Gestaltsverschiedenheit der Atome; und auch die Erwägungen, aus denen die Atomtheorie Platons hervorgegangen ist, haben mit den Erwägungen, die am Anfang der modernen Atomtheorien stehen, in vieler Hinsicht eine gewisse Ähnlichkeit.

Umso interessanter ist es, daß Platon es auf das strengste vermeidet, diese seine physikalischen Theorien als ἐπιστῆμαι oder als zu einer ἐπιστήμη gehörig zu bezeichnen, und vielmehr einerseits von εἰκότα, d. h. von Plausibilitäten oder Wahrscheinlichkeiten (im etymologischen Sinn des Wortes, nicht im Sinne eines Probabilitätskalküls), andererseits von bloßer δόξα oder „Meinung" redet. Das scheint nun wiederum der modernen Auffassung ganz entgegengesetzt, welche die Physik als die exakteste Wissenschaft nächst der Mathematik betrachtet. Und doch ist die Kluft nicht so groß, wie es auf den ersten Blick erscheinen mag. In gewisser Weise kann man sagen, daß das Wort εἰκός nichts anderes als das Wort „Hypothese" im modernen Sinn dieses Wortes bedeutet, nämlich eine Theorie, welche die bekannten Phänomene auf eine plausible Weise erklärt, die aber jederzeit, wenn sich herausstellt, daß andere Phänomene nicht mit ihr in Einklang gebracht werden können, geändert oder durch eine bessere ersetzt werden kann (während das antike Wort ὑπόθεσις sowohl bei Platon wie auch bei Aristoteles seiner Etymologie entsprechend vielmehr gerade die festen Grundlagen einer Wissenschaft bezeichnet)[526]. Sieht man die Dinge von dieser Seite aus an, so kann der moderne

---

[525] Vgl. auch W. Heisenberg, op. coll. (oben Anm. 179), S. 56.

[526] Wenigstens ist dies der vorherrschende Gebrauch. Daneben erscheint das Wort allerdings auch da, wo, um die Richtigkeit einer Theorie zu erproben, ein gewisser Satz als Ausgangspunkt genommen und von da aus weiter gefolgert wird, um zu sehen, ob dabei ein Selbstwiderspruch oder ein Widerspruch zu einer anderweitig gesicherten Tatsache herauskommt, also in jener Umkehrung des deduktiven Pro-

Physiker oder Naturwissenschaftler, wenn er auch der Meinung sein wird, daß seine Hypothesen den Phänomenen sehr viel besser gerecht werden und daher sehr viel besser begründet sind als diejenigen Platons, in dieser Hinsicht bis zu einem gewissen Grade beistimmen. Auch der moderne Physiker ist sich bewußt, daß er in der Voraussage von Phänomenen niemals über Approximationen, wenn auch teilweise außerordentlich hohe Approximationen, hinauskommen kann, von den Zweifeln an der Adäquatheit der anschaulichen Vorstellungen und der Begriffe, mit welchen er die innere Struktur der Vorgänge zu fassen versucht, ganz zu schweigen. Daß Philosophen und Naturwissenschaftler in unserer Zeit sich darin einig sind, gerade dies oder sogar n u r dies Wissenschaft zu nennen, während Platon sich weigert, das Wort ἐπιστήμη, das er doch der Mathematik nicht minder als dem festem Wissen von dem, was „gut" ist, zuerkennt, für diese Art der Erforschung und Erkenntnis der Welt gelten zu lassen, bezeichnet weniger eine Meinungsverschiedenheit über die einzuschlagenden Methoden — wenn auch Platon, da er dieser Art von Erkenntnis eine viel geringere Bedeutung beimißt, über die Ausbildung der Methoden auf diesem Gebiet viel weniger nachgedacht hat — als eine fundamentale Differenz hinsichtlich des Begriffs der Erkenntnis.

Die eigentümlichsten Folgen hat jedoch das gewaltsame Zusammenschweißen von zwei ganz verschiedenen Erkenntnisgebieten in der Ideenlehre bei Platon auf dem Gebiete der praktischen Philosophie, d. h. vor allem der politischen und Gesellschaftsphilosophie. Wie früher erwähnt, gibt es keinerlei Anzeichen dafür, daß Sokrates jemals die Ambition gehabt hätte, die politischen Institutionen oder gar „die Gesellschaft" zu ändern. Es erschien ihm als unvergleichlich wichtiger, den einzelnen dazu zu bringen, sich innerhalb der gesellschaftlichen Gegebenheiten besser und einsichtiger zu verhalten. Er war sich der außerordentlichen Bedeutung einer festen Rechtsordnung für das menschliche Leben bewußt. Aber er wußte auch, daß wegen der Unvollkommenheit des menschlichen Wesens auch die beste Rechtsordnung nie vollkommen funktionieren kann. Er hielt es für grundlegend für die innere Harmonie eines Men-

---

zesses, der die Dialektik im platonischen Sinne charakterisiert. Daraus entwickelt sich dann später die Theorie der „hypothetischen" Urteile und Schlüsse. Doch ist es an dieser Stelle nicht notwendig, die verschiedenen Bedeutungen zu untersuchen, welche das Wort ὑπόθεσις im Altertum annehmen kann. Es genügt, daß seine Bedeutung nicht mit der des modernen Wortes Hypothese (in dem Sinne, in dem schon Newton es gebrauchte, wenn er sagte: hypotheses non fingo) identisch ist. Vgl. im übrigen O. Becker im Archiv f. Begriffsgesch. IV, S. 210 f.

schen, nie Unrecht zu tun. Aber er war auch der Ansicht, daß es für
einen Menschen, der sich seiner Sterblichkeit bewußt ist und daher zu
sterben versteht, nicht das entsetzlichste denkbare Unglück ist, ungerecht
zum Tode verurteilt und hingerichtet zu werden: daß ein solches Ereignis, auch wenn es einem selbst geschieht, nicht den Versuch rechtfertigt,
deshalb gleich die ganze Gesellschaftsordnung umzustürzen.

Für Platon dagegen war es, wie er selbst angibt[527], von früher Jugend
an ein mit Leidenschaft verfolgtes Ziel, die politische und die Gesellschaftsordnung zu verbessern. Von dem oligarchischen Regime der sogenannten Dreißig, dem mehrere seiner Verwandten mütterlicherseits
angehörten und auf das er nach seinem eigenen Zeugnis einige Hoffnungen gesetzt hatte, war er sehr bald auf das bitterste enttäuscht[528]. Es ent-
sprach allzuwenig den Vorstellungen des Sokrates von einer selbst unvollkommenen Rechtsordnung, und Sokrates selbst kam bald auf mehrfache Weise mit dem terroristischen Regime der Männer, die eine bessere
Ordnung zu schaffen versprochen hatten, in Konflikt. Hier wurde Platon
in früher Jugend — er war während der Dauer der Herrschaft der Dreißig 22—24 Jahre alt — auf das eindringlichste mit dem Problem der
Gewalt in der Politik konfrontiert, das ihn dann sein ganzes Leben
hindurch beschäftigt hat. Er sah, was auch Sokrates bewußt gewesen war,
daß es unmöglich ist, irgendeine gesellschaftliche oder politische Ordnung
ohne jede Gewaltanwendung zu schaffen oder zu erhalten, weil es unmöglich ist, alle Menschen eines Landes von der Gerechtigkeit irgendeiner
Ordnung in jeder Hinsicht zu überzeugen, und daß es in jeder, auch der
besten, Staatsordnung wegen der Unvollkommenheit der Menschen irr-
tümliche und daher „ungerechte" Anwendungen auch der besten Gesetze
geben wird. Aber gerade die Herrschaft der Dreißig zeigte ihm auch,
wie leicht die Anwendung von Gewalt durch das Ressentiment, das sie
bei denen, gegen die sie angewendet wird, hervorruft, Gegengewalt erzeugt, die dann wiederum stärkere Gewaltanwendung zu ihrer Unter-
drückung zu erfordern scheint, in einer gefährlichen Eskalation. Trotzdem
gab Platon den Glauben nicht auf, daß es möglich sein müsse, eine bessere
politische Ordnung zu schaffen als einerseits die Demagogendemokratie
des Athen der zweiten Hälfte des 5. Jahrhunderts, die schließlich außen-
politisch zur Katastrophe geführt hatte, und andererseits ein oligarchi-

---

[527] Platon, Epist. VII 324 b.
[528] Ibidem 324 d/e: er habe zunächst große Hoffnungen auf das neue Regime gesetzt,
aber nach kurzer Zeit gefunden, daß die Demokratie noch Gold gewesen sei gegen
das Terrorregime, das nun sehr bald einsetzte.

sches Terrorregime wie das, in welches die Herrschaft der Dreißig sehr bald ausgeartet war. Es mußte ein Staat sein, in welchem Sokrates nicht, wie unter der Oligarchie beinahe und unter der wiederhergestellten Demokratie faktisch, hingerichtet worden wäre.

Alle Grundprobleme der Errichtung wie der Erhaltung einer solchen Staats- und Gesellschaftsordnung hingen mit dem Problem der Gewaltanwendung zusammen. Was die Errichtung eines Staates nach seinen Idealen angeht, war Platon sich bewußt, daß die Änderung eines bestehenden Zustandes ohne jede Gewalt immer ihre Schwierigkeiten hat, da es immer Menschen geben wird, die sich in den gegebenen Verhältnissen wohlfühlen und daher ihrer Änderung Widerstand entgegensetzen. Die beste Möglichkeit schien zu bestehen, wenn es gelänge, den oder die im Besitz der uneingeschränkten Staatsgewalt Befindlichen zu einer freiwilligen Aufgabe dieser Macht zugunsten einer besseren Ordnung zu überreden. Eine größere Gruppe von Menschen zu einer solchen freiwilligen Machtaufgabe zu überreden, schien aussichtslos. Die einzige Möglichkeit zu einem gewaltlosen Übergang schien sich zu bieten, wenn es gelänge, einen einzelnen, im uneingeschränkten Besitz der Macht Befindlichen, also einen Tyrannen, zu freiwilligen Reformen im Sinne Platons zu überreden. Obwohl die Tyrannis nach Platons Überzeugung die schlechteste aller Regierungsformen war, schien es, daß hier allein durch Sinnesänderung des Tyrannen der Ausgangspunkt für einen Idealstaat gefunden werden könnte[529]. In ganz kleinem Maßstab schien das Experiment bei einem kleinen Tyrannen einer Stadt in Kleinasien, Hermias von Atarneus, für eine kurze Zeit zu gelingen, als dieser durch drei Mitglieder der Akademie, denen es gelungen war, in ihren der Stadt des Tyrannen benachbarten Heimatstädten politischen Einfluß zu erringen, überredet wurde, seiner Stadt eine Art Verfassung im platonischen Sinne zu geben und mit den anderen Städten ein Bündnis zu schließen. Leider ist über die Einzelheiten dieses Experiments nichts weiter bekannt. Jedenfalls war es nur von sehr kurzer Dauer, da die Stadt des Hermias bald darauf durch einen Vertragsbruch den Persern in die Hände fiel und Hermias ans Kreuz geschlagen wurde. Ein zweiter großangelegter Versuch, mit Hilfe von Platons Freund Dion, den er bei einem ersten Besuch in Sizilien um 386 kennengelernt und für seine politischen Ideale gewonnen hatte, den jüngeren Dionys von Syrakus, der im Jahre 367 seinem Vater, dem ersten Dionys, auf dem Throne gefolgt war, für eine

---

[529] Vgl. Platon, Gesetze IV 709 c/d—710 a.

politische Reform im Sinne Platons zu gewinnen, mißlang bekanntlich
nach über mehrere Jahre sich erstreckenden Bemühungen völlig[530]. Obwohl der jüngere Dionys Platon zunächst mit großer Hochachtung bei
sich aufgenommen hatte, gelang es Platon nicht, das Mißtrauen des
Tyrannen gegen Platons Freund Dion, das durch Einflüsterungen der
höfischen Umgebung immer von neuem geschürt wurde, zu überwinden. Schließlich wurde der Tyrann von Dion doch — ohne Zustimmung
Platons zu diesem Vorgehen, aber auch ohne dessen ausgesprochenen
Widerstand dagegen[531] — mit Gewalt gestürzt: mit allen schlechten
Folgen der Gewaltanwendung, die Platon gefürchtet hatte. Im folgenden hat Dion sich offenbar unter dem Einfluß Platons bemüht, mit so
wenig Gewaltanwendung wie möglich auszukommen, ist aber dann eben
daran gescheitert, da er von einem ehemaligen politischen Gesinnungs-
genossen, der ihm seine Zurückhaltung als unverzeihliche Schwäche vorhielt, ermordet wurde. Aber auch der Mörder mit seinen Anhängern
konnte sich nicht halten. So wurde der ganze große Plan zunichte.

Aber das Problem der Gewaltanwendung bei der Errichtung einer
idealen Staats- und Gesellschaftsordnung ist nicht das einzige Problem
der Gewaltanwendung, das sich in diesem Zusammenhang erhebt. Fundamentaler noch ist das Problem der Gewalt in einer existierenden Ordnung. In seiner ersten großen Staatsschrift, die noch vor den sizilischen
Abenteuern Platons verfaßt wurde, hat Platon das Problem mit Hilfe
der staatlichen Erziehung zu lösen versucht: in höchst bemerkenswerter
Analogie zu neuesten Staats- und Gesellschaftsideologien, die sich das
Ziel gesetzt haben, zur Ermöglichung einer besseren Gesellschaftsordnung
mit allen Mitteln, vornehmlich auch den Mitteln fast schrankenloser
Gewaltanwendung, einen neuen Menschen zu schaffen, nur daß Platon
auch hier sich der Problematik der Gewaltanwendung von Anfang an
bewußt gewesen und sich ihrer im Laufe seiner praktischen Erfahrungen
noch immer bewußter geworden ist.

In einem gewissen Gegensatz zu seinem Lehrer Sokrates hat Platon
bekanntlich im Staat die Lehre von den irrationalen Seelenteilen, vom
θυμός, dem Seelenteil der leidenschaftlichen Aufwallungen, und den
ἐπιθυμίαι, den Begierden eingeführt, welche der Einsicht, dem νοῦς,
Widerstand leisten und die im Einzelnen der Herrschaft der Einsicht

---

[530] Vgl. dazu K. v. Fritz, Platon in Sizilien und das Problem der Philosophenherr-
schaft, Berlin 1968.
[531] Vgl. ibidem S. 59 ff.

unterworfen werden müssen. Analog dieser Teilung der Seele des einzelnen sollte auch der Staat und die Gesellschaft in drei Klassen eingeteilt sein: an der Spitze die φύλακες, die „Wächter" und Lenker des Staates, in denen die Einsicht völlig die Oberhand über die übrigen Seelenteile gewonnen hat, nächst ihnen die ἐπίκουροι, ihre Helfer, die Kriegerkaste, die in gewisser Weise dem θυμός entsprechen, in denen durch rechte Erziehung jedoch ebenfalls die Einsicht so weit die Überhand hat, daß sie den weisen Herrschern sich freiwillig unterordnen und ihnen gehorchen. Endlich der dritte Stand der Produzierenden und Erwerbenden, die den ἐπιθυμίαι entsprechen, die aber auch dazu erzogen sind, sich der weisen Herrschaft der φύλακες zu unterwerfen. Doch ist ihnen Privatbesitz gestattet, während die Angehörigen der beiden oberen Stände in völliger Gütergemeinschaft leben, um jede Möglichkeit der Begierde nach materiellen Gütern bei ihnen auszuschließen. Es ist offenkundig, daß diese Konstruktion etwas Künstliches hat, da, wenn die Lehre von den Seelenteilen richtig ist, alle Seelenteile in allen Menschen vorhanden sein müssen und nach der platonischen Konstruktion durch Erziehung und etablierte Ordnung eine Art Herrschaft des höchsten Seelenteiles über die anderen bei allen Ständen garantiert werden soll. Daß eine solche Erziehung zum richtigen Verhalten und Handeln durch schärfsten staatlichen und gesellschaftlichen Zwang von frühester Jugend an doch auch ihre Nachteile hat, hat Platon in einer späteren Schrift selbst zugegeben, wenn er in den Gesetzen[532] den Spartaner Megillus sagen läßt, wenn jemand ganz ohne äußeren Zwang allein durch sich selbst zur richtigen Einsicht und zum richtigen Handeln gelangt sei, dann sei er vortrefflicher als jemand, der durch Zwang und Erziehung dazu gebracht worden sei.

In seinen späteren Schriften hat denn auch Platon dieselben Probleme in einer ganz anderen Weise behandelt. Im „Staatsmann", der schon unter dem Einfluß der ersten praktischen Erfahrungen in Sizilien entstanden ist, wird das Problem von Ordnung und Gewalt in Gesellschaft und Staat mit aller Schärfe herausgestellt. Eine auf strikte Befolgung eines Codex geschriebener Gesetze basierte Ordnung muß notwendig eine sehr unvollkommene sein, weil Gesetze allgemein formuliert sein müssen und daher die Mannigfaltigkeit der menschlichen Situationen nicht adäquat zu erfassen vermögen. Dazu kommt ihre Starrheit: wenn sie nicht geändert werden, werden sie den sich ändernden Umständen immer weniger angepaßt sein, was schließlich zu einem gewaltsamen Umsturz der be-

---

[532] Platon, Gesetze II 642 c.

stehenden Ordnung führen kann. Die beste Ordnung wäre daher die, welche alle Entscheidungen der Einsicht eines einzelnen, vollkommen einsichtigen und gerechten Mannes überläßt, der jede Situation nach ihren eigenen Erfordernissen beurteilen kann. Der müßte dann auch das Recht der Gewaltanwendung haben, ohne an feste, notwendig unvollkommene gesetzliche Regeln gebunden zu sein[533]. Aber wo sollte es möglich sein, einen Mann zu finden, der nicht durch den Besitz absoluter Gewalt korrumpiert werden kann, der sich niemals irrt, der niemals glaubt, er habe recht, wenn er sich geirrt hat, ja auch nur, der niemals um seines Prestiges willen an einem Irrtum festhält, nachdem er ihn erkannt hat? Nur ein Wesen, das einer höheren Species angehört als der Mensch, nur ein Gott, könnte alle die Eigenschaften haben, die der vollkommene Staatsmann, der zum absoluten Herrscher berufen wäre, haben müßte. Dieses fundamentale Dilemma einer jeden Herrschaft von Menschen über Menschen, die doch, da der Mensch einer gesellschaftlichen und staatlichen Ordnung nicht entbehren kann, unvermeidlich ist, wird von Platon im „Staatsmann" mit unvergleichlicher Schärfe herausgestellt. Am Ende wird als mögliche Lösung eine Art Webekunst der Verflechtung verschiedener Temperamente und Tendenzen erörtert, was aber eine Andeutung bleibt und nicht mehr im einzelnen durchgeführt wird.

In Platons letzter Staatsschrift endlich, den Gesetzen, wird das Problem noch einmal in ganz großem Rahmen aufgenommen. Im Gegensatz zum „Staat" liegt nun der Nachdruck auf der Korruptibilität der menschlichen Natur durch den Besitz der Gewalt[534] und daher, wie auch der Titel des Werkes schon andeutet, auf der Bindung der Regierenden an feste Gesetze. Aber es muß die Möglichkeit erhalten bleiben, die Gesetze und ihre Anwendung flexibel zu erhalten. Da ferner die Gesetze sich nicht selber verteidigen können, es sei denn die ganze Bevölkerung sei von frühester Jugend an mit einem blinden Glauben an die bestehenden Gesetze indoktriniert, ist es nötig, noch zusätzliche Mittel zur Beschränkung der Macht der Herrschenden zu finden. Ein solches Mittel findet Platon in verschiedenen Ansätzen zu einer Lehre von der Mischung verschiedener

---

[533] Platon, Politikos 293 c—e. Es ist charakteristisch für die in der modernen Literatur so außerordentlich verbreitete Oberflächlichkeit der Platoninterpretation, daß diese Stelle bis auf den heutigen Tag unaufhörlich als Ausdruck von Platons letztgültiger Meinung zitiert wird, obwohl sie keineswegs am Ende des Dialoges steht und im weiteren Verlauf des Dialoges auf das nachdrücklichste eingeschränkt wird. Vgl. die oben Anm. 530 zitierte Untersuchung, S. 125 ff.

[534] Vgl. Platon, Gesetze III 691 c/d und IV 713 c.

Staatsformen: Monarchie, Oligarchie und Demokratie, die in gewisser Weise schon auf eine Art Teilung der Gewalten, eine Art System of Checks and Balances hinausläuft. Doch hat Platon darum den Glauben an die Bedeutung einer systematischen Erziehung durch den Staat nicht aufgegeben, sondern ihn ungeachtet der oben zitierten Bemerkung seiner Dialogfigur Megillus aufrecht erhalten. Nur hat er sie durch Erprobung junger Leute in Situationen, in denen man geneigt ist, über die Stränge zu schlagen, zu ergänzen gesucht[535]. Endlich hat Platon in diesem letzten Werk, um dem Grundübel schon der antiken Staaten, dem Antagonismus zwischen Reich und Arm zu entgehen, eine scharfe Einschränkung der möglichen Ungleichheit des Besitzes in seinen Gesetzesstaat eingebaut, wenn er auch die Forderung einer vollständigen Gütergemeinschaft für die Angehörigen der herrschenden Schicht nicht mehr aufrecht erhält.

Alles das zeigt, daß Platon sich mit den Grundproblemen einer jeden gesellschaftlichen und staatlichen Ordnung in den späteren Schriften, nicht zuletzt aufgrund seiner praktischen Erfahrungen, auf das intensivste auseinandergesetzt hat. Aber die Verbindung zu Platons Lehrer Sokrates und selbst zur Ideenlehre ist vor allem in den späteren Staatsschriften dünn. Sokrates hatte es ja immer nur mit dem Einzelnen zu tun gehabt und sich nie mit der Frage der Schaffung einer idealen Gesellschaftsordnung beschäftigt. Er hatte nur daran festgehalten, niemals Unrecht zu tun, das innerhalb einer auf annehmbaren Gesetzen beruhenden Staatsordnung dennoch unvermeidliche Unrecht aber hingenommen. Platon in dem berühmten Höhlenmythos des Staates spricht von der Schwierigkeit, wenn man aus der Helligkeit der Welt der Ideen in diese Welt, in der wir uns täglich bewegen, zurückkehrt, sich zurecht zu finden[536]. Aber das ist eben das Grundproblem, daß eine Staats- und Gesellschaftsordnung ohne Gewalt, die unvermeidlich auch Unrecht tut, nicht möglich ist. Für dieses Problem hat Platon in der Empfehlung von inneren Gleichgewichtssystemen eine approximative Lösung gefunden. Aber diese Lösung ist mit der Philosophie des Sokrates und mit Platons eigener Ideenlehre nur lose verbunden. Erst Aristoteles ist es gelungen, zwischen seiner Grundphilosophie und seiner Staats- und Gesellschaftsphilosophie eine enge und notwendige Verbindung herzustellen. Aber durch Aristoteles und andere antike Staats- und Gesellschaftstheoretiker hindurch, welche den Gedanken einer Mischung der Verfassungen und einer Teilung der

---

[535] Platon, Gesetze I 647 c ff.
[536] Platon, Staat VII 517 d.

Gewalten aus Platons letzten Schriften aufgenommen und in verschiedener Weise ausgebaut haben, hat Platon eben damit eine außerordentliche historische Wirkung in moderner Zeit auf die Konstruktion von Verfassungen, die einen Rechtsstaat garantieren sollen, ausgeübt.

Es ist betrüblich, daß man die moderne Literatur zur platonischen Staats- und Gesellschaftstheorie fast ohne Ausnahme in drei Gruppen einteilen kann. Die erste interessiert sich für diesen Gegenstand nur historisch und vermeidet es sorgfältig, irgendein Urteil über Richtigkeit oder Anwendbarkeit der platonischen Theorien zu fällen. Die zweite, unter den Staatstheoretikern etwa vertreten durch Leo Strauss, meint alles, was Platon über diese Dinge gesagt hat, richtig finden zu müssen, obwohl dies am allerwenigsten Platons eigener Haltung entspricht, der bis in sein höchstes Alter immer wieder sich selbst zu korrigieren bereit gewesen ist. Die dritte endlich, am prominentesten repräsentiert durch Karl Popper, meint von der Höhe ihrer „demokratischen" Überzeugungen aus auf Platon herabsehen und ihn als „feudalistischen" oder „faschistischen" „Feind der offenen Gesellschaft" brandmarken zu können, ohne sich darum zu kümmern, wie wenig solche Bezeichnungen selbst für den Idealstaat des Dialoges „Der Staat" zutreffend sind, und ohne zu bemerken, wie viel der moderne „demokratisch" genannte Rechtsstaat der zuerst von Platon in Ansätzen vertretenen Lehre von der Teilung der Gewalten verdankt.

Eine abgewogene Betrachtung der platonischen Staatsphilosophie und ihres Verhältnisses zum Sokratismus und zur platonischen Ideenlehre ist vor allem auch erforderlich, um Entstehung und Wesen der aristotelischen Staatstheorie im Verhältnis zur Teleologie des Aristoteles zu verstehen.

11. Aristoteles' anthropologische Ethik.
Der Sinn der aristotelischen Teleologie. Die Methode des τύπῳ περιλαβεῖν.
Der λόγος περὶ τοῦ δικαίου καὶ τοῦ ἀδίκου.

Aristoteles hat bekanntlich die platonische Ideenlehre abgelehnt. Soweit er dennoch an sie anknüpft, knüpft er nicht an jene Form der Ideenlehre an, die bei Platon die ursprüngliche gewesen und aus der etwas gewaltsamen Vereinigung der über die Erfahrung hinaus liegenden Elemente der sokratischen Ethik und der Mathematik entstanden ist, sondern an ihre spätere Form, die auch Ideen von D i n g e n , wie die Idee des

Menschen, den αὐτοάνθρωπος, ja in einer gewissen Phase auch Ideen von Artefakten, wie von Tisch und Stuhl, annahm und in den Kreis ihrer Betrachtung zog. Das berühmteste Argument des Aristoteles, das sog. τρίτος ἄνθρωπος-Argument, richtet sich ausdrücklich gegen diese Art von Ideen. Entsprechend richtet sich seine Kritik gegen das, was er den χωρισμός der Ideen nennt, d. h. die Annahme, daß die Idee, gewissermaßen das Urbild des Menschen, eine wesenhaftere Existenz oder ein wesenhafteres Sein in einem jenseitigen Reich habe als der konkrete Mensch in unserer Welt in Zeit und Raum. Die Idee ist für Aristoteles nur eine Abstraktion. Das eigentlich Wesenhafte ist für ihn das einzelne Ding, aber das einzelne Ding, insofern es eine Gestalt, eine Form hat, die das eigentlich Wesentliche an ihm ist. Indem er so den Nachdruck auf die Form legt, entfernt er sich doch nicht ganz von der Philosophie seines großen Vorgängers und Lehrers. Aber er betrachtet diese Form als ein sich jeweils Entwickelndes, das doch in der Reproduktion von Individuen derselben Gattung oder Species eine gewisse, die Zeiten überdauernde Konstanz besitzt[537]. Das ist der Ausgangspunkt der aristotelischen Teleologie.

Über die Teleologie ist in den vergangenen zwei Jahrhunderten unendlich viel geschrieben worden und der Kampf zwischen Teleologen und Antiteleologen dauert immer noch unvermindert fort, wenn auch im Urteil der großen Mehrzahl der Wissenschaftler die Antiteleologen die Schlacht schon längst gewonnen haben und die Sache der Teleologie nicht immer mit großer Einsicht in das Wesen des Problems vertreten worden ist. Schon N. Hartmann[538] erschien die Sache so sehr als endgültig entschieden, daß er gar nicht mehr die Frage stellen zu müssen glaubte, ob an der Teleologie in ihrer aristotelischen Form nicht vielleicht doch etwas Beachtenswertes sei, sondern nur noch nach einer Erklärung dafür suchte, wie eine so seltsame Theorie in sonst nicht ganz unbegabten Köpfen habe entstehen können. W. Stegmüller in einer scharfsinnigen Untersuchung

[537] Vom modernen Standpunkt aus charakterisiert das Verhältnis des Aristoteles zu Platon in dieser Hinsicht recht gut Walter Strich, Telos und Zufall, Tübingen 1961, S. 36, mit folgenden Worten: „Die platonische Idee ist die Form. Plato bestimmte ihr Verhältnis zur Realität statisch als Teilhaben oder Erscheinung (gemeint ist natürlich, daß das Einzelding als eine Art ‚Erscheinung' der Idee betrachtet wird). Aristoteles begnügte sich nicht mit dieser formalen Logik. In gewissem Sinn kann man ihn mit größerem Recht als Platon den Kant der Antike nennen. Er befreite die Form aus ihrer metaphysischen Existenz, die nur einen logischen Zusammenhang mit der Wirklichkeit erlaubt, um sie kritisch in der Realität zu begründen."
[538] Nikolai Hartmann, Teleologisches Denken, Berlin 1951.

allerneuesten Datums[539] gibt sich sehr viel größere Mühe um die Aufhellung des sachlichen Problems. Er unterscheidet zwischen formaler und materialer Teleologie sowie zwischen zielintendiertem und bloß zielgerichtetem Handeln und Geschehen. Es wird ausführlich die Frage diskutiert, ob dasselbe Geschehen sowohl a tergo (kausal) wie auch a fronte (teleologisch) bestimmt sein könne, wobei das Telos als eine Art von der Zukunft her ziehende statt von der Vergangenheit her schiebende Kausalität betrachtet wird, sowie ob Ereignisse ausschließlich oder zum Teil a fronte, von der Zukunft her, bestimmt sein können. Es wird dann zu zeigen versucht, daß auch eine zielintendierte Handlung, wie z. B. die Vorbereitung für ein Examen, nur a tergo durch die Vorstellung von dem Examen und den Wunsch, es zu bestehen, bestimmt sein könne, da es ja möglich ist, daß der Kandidat trotz seiner Bemühung das Examen gar nicht besteht, das von ihm intendierte Bestehen also selbst in der Zukunft gar nicht existieren wird, und da ein nicht Existierendes keine Wirkung ausüben kann: eine Argumentation, die eine bemerkenswerte Ähnlichkeit mit parmenideischen Gedankengängen aufweist. Immerhin wird anerkannt, daß es in diesem Sinne zielintendierte Handlungen gibt, für deren Verursachung es wesentlich ist, daß das vorgestellte intendierte Ereignis als ein zukünftiges vorgestellt wird, da die Vorbereitung wegfiele, wenn das Examen schon bestanden wäre. Es wird also zu zeigen versucht, daß jede Kausalität notwendig eine Kausalität a tergo ist. Darüberhinaus wird das Bereich der zielintendierten Handlungen im bezeichneten Sinne auf das äußerste eingeschränkt. Alle Handlungen und Geschehnisse, bei denen die Auswahl der Handlungsstücke nicht bewußt nach ihrer (geglaubten) Zweckmäßigkeit für die Erreichung des als zukünftig vorgestellten Ereignisses erfolgt, selbst alle in irgendeinem Sinne „instinktmäßig" vorgenommenen Handlungen, werden als „irrational" von dieser Gruppe ausgeschlossen, womit, wie mir scheint, ein höchst interessantes Zwischengebiet etwas im Dunkeln gelassen wird. Mit Recht wird auch darauf hingewiesen, daß auch die neovitalistische Erklärung von Erscheinungen auf dem Gebiete des Lebendigen mit Hilfe einer Entelechie durch H. Driesch im Grunde eine kausale Erklärung ist, in die nur dieser Dämon mit dem Namen Entelechie als zusätzliche Ursache eingesetzt wird, die sich von anderen Ursachen dadurch unterscheidet, daß man sie in keiner Weise manipulieren kann. Nur hat W. Stegmüller unzweifelhaft

---

[539] Wolfgang Stegmüller, Probleme und Resultate der Wissenschaftstheorie und analytischen Philosophie I: Wissenschaftliche Erklärung und Begründung. Teil 4: Teleologie, Funktionsanalyse und Selbstregulation, Berlin, Heidelberg, New York 1969.

unrecht, wenn er diese neovitalistische Theorie mit Aristoteles in Verbindung bringt, der daran völlig unschuldig ist. Entelechie bedeutet bei Aristoteles den Zustand der vollen Verwirklichung einer organischen Form und keineswegs eine Ursache, die, sei es allein, sei es mit anderen Ursachen zusammen, die Entstehung einer Form bewirkt.

W. Strich in dem früher zitierten Werk versucht im Gegensatz zu Stegmüller zu beweisen, daß die Entstehung von Leben und lebenden Organismen sich überhaupt nicht kausal, auch nicht nach der Theorie von Hans Driesch, erklären lasse, wobei freilich der Begriff der Kausalität bei Stegmüller und Strich ein verschiedener ist. Der Versuch, zunächst die Begriffe, auf deren Verschiedenheit die Diskrepanz der Theorien von Stegmüller und Strich letzterdings beruht, zu klären und dann aufgrund dieser Klärung nach Möglichkeit die Streitfrage selbst zu entscheiden, würde eine eigene, ziemlich umfangreiche Abhandlung erfordern, die hier nicht eingeschaltet werden kann. Doch ist dies auch nicht nötig, da das Problem bei Aristoteles ein vollkommen anderes ist.

Die Antagonisten Stegmüller und Strich sind sich nicht nur in der Ablehnung des Driesch'schen Neovitalismus einig, sondern auch darin, daß die Teleologie keine Erklärung liefert, nur daß Strich der Meinung ist, daß es auch andere Erkenntnisarten gibt, die mindestens so wichtig sind wie „Erklärungen" in dem gemeinten eingeschränkten Sinne[540]. Dies ist in der Tat der springende Punkt. Wenn nach dem ganz zu Anfang dieser Abhandlung zitierten Satz[541] man nur das erkennt, was man machen kann, und man nur das machen kann, dessen Entstehungsursachen man kennt und manipulieren kann, so folgt per definitionem, daß nur die Erhellung von Ursachen, und zwar, da es sich um ein *Herstellen,* das ein Bewirken ist, handelt, nur von causae *efficientes* als der Erkenntnis dienliche Erklärung gelten kann. Man kann sich dann alle weiteren Untersuchungen darüber, ob auch Zwecke oder causae finales als Erklärungen dienen können, füglich ersparen. Das Eigentümliche ist nur, daß Antiteleologen, die sich für Empiristen halten, zu glauben scheinen, daß die Annahme, daß jedes Ding seine Ursache haben müsse, auf Erfahrung beruhe. J. St. Mill, bei dem alle Erkenntnis letzterdings auf Induktion beruht, glaubte sogar den Glauben, daß alles Geschehen eine Ursache haben muß, auf unbewußte Induktion, d. h. auf die Beobachtung, daß man überall eben eine Ursache vorfinde, zurückführen zu können. Dies ist

---

[540] Walter Strich, op. coll. (oben Anm. 537), S. 40.
[541] Vgl. oben S. 8 ff.

jedoch ein wahrhaft seltsames Exempel für den Einfluß vorgefaßter Meinungen auf wissenschaftliche, ja sogar logische Theorien. In dem zitierten Buche von Stegmüller findet sich ein höchst interessanter und aufschlußreicher Satz[542]: „Es gibt keinerlei Beobachtungen oder Experimente, auf Grund derer wir sagen müßten oder auch nur sagen könnten: ‚Diese Experimente und Beobachtungen verifizieren die Hypothese oder liefern zum mindesten eine gute Bestätigung dafür, daß das Zusammenspiel, der Verlauf und die Entwicklung des organischen Lebens von zwecksetzenden Entitäten geliefert wird‘.“ Was Stegmüller hier sagt, ist richtig. Aber was bedeutet es eigentlich? In der kausalen Erklärung werden Hypothesen über die jeweils wirkenden Ursachen aufgestellt und durch Beobachtungen und Experimente verifiziert oder falsifiziert. In der teleologischen Betrachtung ist das nicht so. Daß man bei der Kausalforschung Hypothesen aufstellen und dann durch Beobachtungen oder Experimente verifizieren oder falsifizieren muß, bedeutet offenbar, daß die Ursache sehr häufig *nicht* auf der Hand liegt. Sonst brauchte man keine Hypothesen darüber aufzustellen und diese mühevoll zu verifizieren oder zu falsifizieren. In den meisten Fällen und in allen den Fällen, in denen wissenschaftliche Ursachenforschung getrieben wird, ist mithin die Ursache n i c h t ohne weiteres empirisch gegeben. Der allgemeine Satz, daß jedes Ding oder jedes Geschehen eine Ursache haben muß, kann also gewiß nicht ein auf Empirie beruhender Satz sein. Er ist vielmehr entweder, wie Kant glaubte, eine Kategorie des Verstandes a priori oder in anderer Weise ein Postulat.

Wie groß die Begriffsverwirrung auf diesem Gebiete ist, zeigt auch die entgegengesetzte Meinung von Wilhelm Wundt, die primitiven Völker kennten den Kausalbegriff noch nicht, weil sie z. B. glaubten, daß beim Rudern die Ruderbewegungen die Wassergeister bewögen, das Boot zu ziehen. In Wirklichkeit beweist das angeführte Beispiel natürlich, daß auch die primitiven Naturvölker gerade eine sehr lebhafte Vorstellung des Kausalprinzips haben, da sie sich eine phantastische Ursache hinzuerfinden, wo sie die wirkliche nicht erkennen können. Das Beispiel zeigt jedoch sehr deutlich auch den sozusagen praktischen Ursprung des Postulats. Der Mensch will die Dinge nach seinem Willen lenken, Dinge bewirken, Dinge machen. Das kann er nur, wenn er die Ursachen ihres Entstehens manipulieren kann. Also will er die Ursachen wissen und postuliert, daß jedes Ding letzterdings seine erkennbare Ursache haben

---

muß. Das ist auch der Sinn der wissenschaftlichen Ursachenforschung.
Darum geraten die Wissenschaftler in Aufregung, wenn durch irgendeine
Theorie der Ursachenforschung eine Grenze gesetzt werden soll, indem
entweder überhaupt geleugnet wird, daß gewisse Erscheinungen im üblichen Sinn kausal erklärbar seien, oder an Stelle von manipulierbaren
Ursachen ein unkontrollierbarer Dämon Entelechie eingesetzt wird, den
man nicht manipulieren kann. Dagegen ist gar nichts einzuwenden. Man
soll auch der üblichen Ursachenforschung in der Wissenschaft, einschließlich der Wissenschaften, die es mit dem Leben und dem Lebendigen zu
tun haben, keine künstlichen Grenzen setzen. Man sollte sich jedoch auch
darüber klar sein, daß die Annahme, daß sich alle Geschehnisse auch auf
dem Gebiet des Lebens und des Organischen in lückenloser Kette aufgrund
derselben Art von Ursachen erklären lassen wie sie auf dem Gebiet des
Anorganischen gefunden werden, und daß deshalb morphologische und
funktionelle Analysen keine selbständige Bedeutung haben können, sondern nur als vorläufige unvollkommene Analysen für die alleinselig-
machende Kausalerklärung Geltung haben, ein Postulat darstellt, das
nicht bewiesen werden und ebensowenig auf absolute Geltung Anspruch
erheben kann wie das berühmte Parallelenpostulat in der Mathematik.
So hat auch Stegmüllers „logische" Ableitung seines Prinzips[543]: „Da Erklärungen mit Hilfe von Endursachen, sofern sie nicht in andere Sprech-
weise übersetzbar sind, Pseudoerklärungen darstellen, und da die Annahme von der Existenz zielbewußter, das Geschehen lenkender Wesen
auf eine empirisch unhaltbare Gespensterhypothese hinauslaufen würde,
muß es prinzipiell möglich sein, für alle Selbstregulationsvorgänge eine
kausale Analyse in dem Sinne zu geben, daß sämtliche in dem Regula-
tionsprozeß vorkommenden Teilvorgänge aus Antecedenzbedingungen
mit Hilfe von deterministischen oder statistischen Gesetzmäßigkeiten
erklärbar sind", ganz offensichtlich den Charakter eines reinen Postulats,
da die zweite Hälfte des Satzes, auch wenn man dessen erste Hälfte als
uneingeschränkt richtig unterstellt, in keiner Weise aus dessen erster
Hälfte logisch folgt.

Was aber nun umgekehrt die Teleologie im Sinne der Feststellung der
Entwicklung auf bestimmte organische Gestalten hin angeht, so steht es
damit gerade umgekehrt wie mit der Kausalitätserklärung. Die Tatsache,
daß man zu dieser Feststellung keine Hypothesen aufzustellen braucht,
die dann mühselig mit Hilfe von Beobachtungen und Experimenten veri-

---

[543] Ibidem S. 595.

fiziert oder falsifiziert werden müssen, beruht ja doch gewiß nicht darauf, daß diese Prozesse empirisch nicht oder nur mit Mühe aufzufinden wären. Vielmehr ist die Beobachtung, daß ein Tannensamen, sofern er nicht zugrundegeht, sich zu einer ausgewachsenen Tanne, eine Tulpenzwiebel zur blühenden Tulpe, der menschliche Same zuerst zum Embryo, dann zum Säugling, dann zum Kind, endlich zum erwachsenen Menschen entwickelt, daß aus einem Hühnerei, wenn es nicht verfault oder gegessen, sondern ausgebrütet wird, zuerst ein Küken, dann ein Huhn, aus einem Entenei, selbst wenn es von einem Huhn ausgebrütet wurde, eine Ente wird, und so fort, eine der überwältigendsten Erfahrungstatsachen auf dem Gebiet des Lebendigen, die es gibt. Es heißt die Dinge völlig auf den Kopf stellen und ist wirklich — nur umgekehrt wie Nikolai Hartmann meint — nur psychologisch, nämlich aus dem überwältigenden Bedürfnis des Menschen, etwas zu machen, etwas zu bewirken, die Dinge, um das moderne Schlagwort zu gebrauchen, zu manipulieren, zu erklären, wenn die durchgängige Kausalität als empirisch beobachtete Tatsache oder „Realkategorie", die Teleologie als Verstandespostulat bezeichnet wird[544]. Auch wenn es

---

[544] N. Hartmann, op. coll. S. 3. Wie sehr die Menschen von Natur geneigt sind, die angebliche „Realkategorie" auch da anzuwenden, wo ihr nachweislich keine Realität entspricht, zeigen auch die interessanten Untersuchungen von A. Michotte zur Psychologie der Kausalvorstellungen in „Causalité, Permanence et Réalité phénoménales" par A. Michotte et Collaborateurs, Louvain 1962, vor allem der Aufsatz von Michotte selbst: „La Causalité phénoménale", S. 214—230. J. Klowski, „Der historische Ursprung des Kausalprinzips", in Archiv f. Geschichte der Philosophie 48 (1966), S. 225—266, andererseits hat am Beispiel des Hesiod und anderer früher griechischer Schriftsteller nachzuweisen versucht, daß die Überzeugung, daß jedes Ding eine Ursache haben muß, nicht von Anfang an überall verbreitet gewesen ist. Wenn man daraus, daß Hesiod gewisse Urmächte entstehen läßt, ohne, wie bei allen anderen Dingen, Göttern und Mächten die Ursache ihres Entstehens anzugeben, schließen darf, daß er an die Möglichkeit eines ursachenlosen Entstehens glaubte, würde das vielleicht gegen die Annahme der Apriorität der Kausalkategorie sprechen, die sich ja dann überall ohne Ausnahme geltend machen müßte, und dafür sprechen, daß es sich um ein Postulat handelt, das den oben im Text vermuteten Ursprung hat. Doch soll hier nicht der Versuch gemacht werden, diese schwierige Frage zu entscheiden. Entscheidend im vorliegenden Zusammenhang ist nur, daß der Glaube an eine durchgängige Kausalität, das, was heute das Kausal*prinzip* genannt zu werden pflegt, ganz gewiß nicht rein empirischen Ursprungs ist.

Sehr gute Unterscheidungen, z. B. zwischen „causal determinism" und „noncausal determinism", zwischen kausalen und nicht-kausalen Erklärungen, causality und rational knowledge etc., enthält das Buch von Mario Bunge, Causality. The Place of the Causal Principle in Modern Science, Cambridge (Mass.) 1959. Doch finden sich darin auch einige charakteristische Irrtümer, nicht nur der allverbreitete hinsichtlich der aristotelischen Teleologie (S. 83 ff.). So heißt es auf S. 240: „What is logically possible need not be causally possible. Thus it is logically possible for something to emerge out of nothing (in particular, to be non-caused); in other

tatsächlich gelingen sollte, alle Phasen der Entwicklung auf solche organischen Gestalten hin im Sinne Stegmüllers kausal zu erklären, bliebe die empirische Tatsache, daß solche Entwicklungen auf dem Gebiet des Organischen allenthalben in der Welt in großer Fülle vorgefunden werden, davon völlig unberührt. Sie ist von der Möglichkeit oder Unmöglichkeit der Durchführbarkeit solcher Erklärungen gänzlich unabhängig.

Gerade weil die Teleologie in diesem Sinne eine empirisch gegebene und nichts als eine empirisch gegebene Tatsache ist, erklärt sie freilich nichts. Man kann daher fragen, welche Rolle sie dann, abgesehen von der einfachen Konstatierung des Faktums, für die menschliche Erkenntnis haben kann. Eben hier liegt nun die Bedeutung der aristotelischen Teleologie. Man kann den modernen teleologischen Theorien, nicht nur dem Neovitalismus von H. Driesch, bis zu einem gewissen Grade den Vorwurf machen, daß sie immer noch in viel zu hohem Grade der Kausalerklärung verhaftet sind. Aristoteles sagt darüber nur ganz wenig. Er sagt, daß im Gegensatz zu den Kunstprodukten, welche die Ursache ihrer Entstehung außer sich selbst, d. h. in ihrem Hersteller, haben, die lebendigen Organismen ihre ἀρχὴ κινήσεως (ihre causa *efficiens*, die Aristoteles also auch bei den lebendigen Organismen durchaus anerkennt) *in* sich haben[545]. Darüber, auf welche Weise sie sie in sich haben, sagt er nichts, und was er sagt, wäre dem Wortlaut nach auch mit Kausalerklärungen im Stegmüllerschen Sinne zu vereinbaren. Er ist dem modernen Streit zwischen Teleologen und Antiteleologen gegenüber darin ganz indifferent. Die Bedeutung der Teleologie liegt für ihn auf einem ganz anderen Gebiet.

Die Teleologie beruht primär auf der überwältigenden Erfahrungstatsache, daß aus einer Buchecker, wenn überhaupt etwas, eine Buche, aus

---

words no rule of logic prevents us from conceiving of such a possibility, even though it contradicts the known laws of nature." Das ist wörtlich verstanden nicht ganz unrichtig. Nur daß die „known laws of nature" keine a posteriori gefundenen sind, sondern, wenn sie nicht auf einer Verstandeskategorie a priori beruhen, aus einem Postulat hervorgegangen sind, das mit den logischen Schlüssen des alten Parmenides eine enge Verbindung eingegangen ist.

[545] Vgl. Aristoteles, Metaphysik Λ, 3, 1070 a, 16 und de gen. animalium B, 4, 740 a, 16. Wenn Aristoteles in der Physik Θ, 3, 253 b, 5 ff. sagt, ὑπόθεσις γὰρ ὅτι ἡ φύσις ἀρχὴ τῆς κινήσεως, so meint er im Grunde nichts anderes. Für die Erklärung der Bewegung in der Welt überhaupt hat Aristoteles freilich den ersten Beweger oder besser das erste selbst unbewegte Bewegende. Aber das braucht die Ursachenforschung im einzelnen nicht zu beeinträchtigen. Die Bedeutung der Teleologie innerhalb der Philosophie des Aristoteles jedenfalls liegt nicht in ihrem Verhältnis zur Ursachenforschung, sondern in der Untersuchung der Bedeutung der Bewegung auf organische Gestalten hin, die zunächst empirisch vorgefunden wird.

einem Sonnenblumensamen, wenn überhaupt etwas, eine Sonnenblume, aus einem Straußenei ein Strauß usw. wird, wobei unter „überhaupt etwas" im Sinne des oben über die platonische οὐσία Gesagten eine aus dem Chaos des Gestaltlosen sich heraushebende, als solche identifizierbare Gestalt gemeint ist. Eben mit dieser letzteren Bestimmung steht sie jedoch noch in einem anderen Zusammenhang, der eben die eigentliche Bedeutung der aristotelischen Teleologie ausmacht. Aus einem Tannensamen wird, wenn überhaupt etwas, eine Tanne. Aber je nach den Umständen, unter denen der Same, der Trieb, der Schößling entwickelt wird, kann daraus eine voll ausgebildete, schöne, „vollkommene" Tanne oder eine verkümmerte, eine verkrüppelte Tanne werden.

Hier werden nun freilich in die Betrachtung eine Reihe von Begriffen eingeführt, die wegen ihres scheinbar „vagen" und „subjektiven" Charakters als etwas von jeder Wissenschaft, die diesen Namen verdient, strengstens Fernzuhaltendes gelten. Man kann zwar vielleicht, wenn man sich vorher darüber einig geworden ist, wie eine schöne oder vollkommene Tanne aussehen soll, die in ihr zu findenden Proportionen bis zu einem gewissen Grad approximativ in mathematische Formeln bringen. Einer der größten antiken Künstler, Polyklet, hat sogar einen Kanon, eine Art mathematische Richtschnur, für den vollkommenen männlichen Körper aufzustellen versucht, und einige der größten Künstler der Renaissance wie Leonardo da Vinci und Albrecht Dürer haben solche Versuche in bezug auf die Maße des menschlichen Körpers noch weiter ausgebaut. Aber es gibt keinen logischen oder mathematischen Beweis, mit dessen Hilfe man beweisen könnte, daß eine vollkommene Tanne an sich vollkommener ist als eine verkrüppelte. Statistisch sind die verkrüppelten Tannen vermutlich weit in der Mehrzahl; und warum sollte man nicht, z. B. für die Anlage eines japanischen Gartens, eine verkrüppelte Tanne schöner finden als eine vollkommen ausgebildete, vollkommen schön proportionierte? Im französischen Ziergarten werden die Bäume künstlich und absichtlich ihrer natürlichen „vollkommenen" Form beraubt und in eine andere Form gezwungen, die nun freilich ihrerseits wieder eine mehr oder minder vollkommene geometrische Form zu sein pflegt von der Art, wie sie in der griechischen Astronomie eine so bedeutsame, teils fördernde, teils hemmende Rolle gespielt hat.

Trotzdem ist es nicht minder eine Tatsache, daß jeder Mensch, der nicht ganz stumpf ist, durchaus weiß, wovon die Rede ist, wenn man von einer schönen, von einer vollkommen ausgebildeten Tanne im Gegensatz zu einer verkrüppelten spricht, und die eine von der anderen sehr wohl zu unterscheiden vermag. Ebenso ist es offenbar, daß, im weitesten Sinne genommen, die Frage, was schön oder schöner, edler, vollkommener ist, im täglichen Leben der Menschen, im privaten nicht minder als im öffentlichen, in den das Handeln des Menschen weitgehend bestimmenden Ideologien, in der politischen Propaganda usw. eine ungeheuere Rolle spielt. Aber darin liegt ja nun natürlich gerade die Gefahr für jede „objektive" Wissenschaft, daß damit Wertvorstellungen in die Wissenschaft hineingetragen werden, die von ihr, wenn sie Wissenschaft bleiben soll, auf das strengste ferngehalten werden müssen. So heißt es bei Stegmüller[546] in bezug auf die Vorstellung des gut oder richtig Funktionierens, die ja bei Organismen mit der Vorstellung von der richtigen, unverstümmelten, vollkommenen Gestalt unlöslich verknüpft ist: „Die Gefahr ist umso größer als für diese subjektiven Interpretationen (nämlich des richtigen oder guten Funktionierens) bewußt oder unbewußt Wertvorstellungen maßgebend werden: ‚funktioniert normal' wird gedeutet als ‚funktioniert gut'[547], wobei der Interpret seinen eigenen, vielleicht sehr stark weltanschaulich bedingten Begriff der *Güte* eines Systems zugrunde legen wird. In der Soziologie wird z. B. ein Marxist vermutlich mit einem

---

[546] Stegmüller, op. coll. S. 575.

[547] Leider wird an der zitierten Stelle nicht angegeben, was unter „normal" zu verstehen ist. Wenn damit der statistische Durchschnitt gemeint ist, wie es vielfach geschieht, sollte vom positivistischen Standpunkt aus eigentlich nichts dagegen einzuwenden sein. Allerdings ist gerade dann der Übergang zweifelhaft und das Prinzip kaum durchführbar, ohne sich auf einen anderen Begriff dessen, was „gut" ist, zu berufen, der in Wirklichkeit, z. B. in einer Wissenschaft wie der Medizin, gar nicht zu entbehren ist. Was bei einem Mann von 30 Jahren normal ist, kann bei einem Mann von 70 Jahren nicht als „normal" gefordert werden. Was bei einem Bauern von 40 Jahren an Körperkräften normal ist, braucht bei einem Professor desselben Alters nicht als Norm vorausgesetzt zu werden. Die Einteilungen, nach denen normale statistische Durchschnitte hergestellt werden können, beruhen immer auf schon vorher auf andere Weise gewonnenen Vorstellungen von Normalität. Wenn die ganze Bevölkerung einer Insel Malaria hat, können die Schwankungen der Körpertemperatur dieser Bevölkerung, obwohl sie dem statistischen Durchschnitt entsprechen, nicht als „normal" im Sinne des Übergangs zum „gut" betrachtet werden. Trotzdem dürfte in diesem Zusammenhang die Unterscheidung zwischen dem, was „gut", und dem, was nicht „gut" ist, von marxistischen oder antimarxistischen Weltanschauungen unabhängig sein. Das Bemühen, wegen des Mißbrauchs der Wertungen in der Politik alle Wertungen aus der Wissenschaft auszuschalten, führt nur zu größeren Absurditäten als der Mißbrauch selbst, der nur durch Zurückgehen auf fundamentalere Wertungen wirklich überwunden werden kann. Vgl. darüber auch ausführlich K. v. Fritz, „Relative and Absolute Values", in Moral Principles of Action. Science of Culture Series, vol. VI, New York 1952, p. 94—121.

ganz anderen Gütebegriff operieren als ein Nichtmarxist und in der Nationalökonomie ein Planwirtschaftler mit einem anderen als ein Vertreter
der freien Verkehrswirtschaft." Das ist, soweit damit nur auf eine bestehende Gefahr aufmerksam gemacht wird, durchaus richtig und gerechtfertigt. Aber das daraus abgeleitete absolute Tabu gegen jede Wertunterscheidung in der Wissenschaft hat sich schon an einer anderen Stelle als
völlig sinnlos erwiesen[548], sinnloser und unvernünftiger als die Taburegeln
der primitivsten Völker. Ähnliches gilt auch für die Rolle von Wertvorstellungen innerhalb der richtig verstandenen aristotelischen Teleologie.
Gibt es hier, wie die konsequenten modernen Positivisten meinen, wirklich nur subjektive Meinungen, Gefühle, Geschmacksurteile, aus dem
Nichts entstandene Ideologien: eine wilde Anarchie des vermeintlichen
Erkennens — denn der Mensch kann ja keine Stunde seines wachen Lebens leben, ohne unaufhörlich zu werten: das eine Ding dem anderen
vorzuziehen —, so daß selbst die Möglichkeit einer in irgendeinem Sinne
objektiven, geschweige denn „wissenschaftlichen" Erkenntnis von vorneherein ausgeschlossen werden muß?

Geht man von hier zunächst wieder zu dem Gebiet der Pflanzen zurück, so gibt es ja zunächst eine Gartenbaukunde, die freilich nicht unter
die „Wissenschaften" gerechnet zu werden pflegt, die aber doch gewisse
mehr oder minder objektive und übertragbare Erkenntnisse vermittelt.
Hier gibt es nun in unserer Zeit zwei Hauptzweige. Der eine ist darauf
ausgerichtet, möglichst „vollkommene" Exemplare von Pflanzen, Sträuchern, Blumen zu züchten. Diese aber kann der Gärtner nicht „machen"
oder herstellen, wie man einen Apparat, eine Maschine oder sonst ein
künstliches Gebilde herstellen kann, sondern seine Kunst besteht darin,
dafür zu sorgen, daß alle Bedingungen dafür vorhanden sind, daß sich
die Pflanze in ihrer vollkommensten Form, ohne zu welken, zu verdorren oder zu verkrüppeln, entwickeln kann. Diese Form selbst aber
wird nicht von dem Gärtner wie bei einem Kunstwerk oder einem Werk
der Technik entworfen, sondern entsteht dann als Resultat des Wachstumsprozesses von selbst, so daß auch ihr Telos im höheren Sinne in gewisser Weise von der „Natur", so wie es Aristoteles bezeichnet, vorgegeben zu sein scheint. Das andere ist die Erzeugung von neuen Spezies
durch Kreuzung oder Pfropfung, wie sie vor nahezu 100 Jahren zuerst in
großem Stil von Luther Burbank mit so großem Erfolg betrieben worden
ist, und ganz neuerdings auch bis zu einem gewissen Grade durch künst

---

[548] Vgl. oben S. 254 ff.

lich hervorgerufene Mutationen. Dies ist in gewissem Sinne eine Kombination von Technik oder μηχανή im aristotelischen Sinne mit der ursprünglichen Gartenbaukunde, indem eine auf bestimmte menschliche
Ziele gerichtete Einwirkung auf das ohne solche Wirkung anders verlau-
fende Geschehen gewissermaßen aufgepfropft wird. Aber auch hier kann
der Züchter seine Produkte nicht in der Weise machen, wie der Ingenieur
oder Techniker Apparate oder Maschinen macht, sondern er muß das aus
den Kreuzungsprozessen oder den künstlichen Mutationen Hervorgehen-
de auswählen und dann das seinen Zwecken entsprechend Ausgewählte
weiter im Sinne der Beförderung der ihm inhärenten „vollkommenen
Form" zu pflegen suchen. Selbst bei den „künstlich" erzeugten Organismen kommt man also um eine Rücksicht auf ihre inhärente Form nicht
herum, kann man nicht wie bei einer Maschine einfach erzeugen, was man
will.

Am offenkundigsten ist jedoch die Notwendigkeit der Rücksichtnahme
auf vorgegebene Formtendenzen beim Menschen, der selbst ein von der
Natur hervorgebrachter Organismus ist. Hier ist es schlechterdings sinnlos
zu sagen, daß alle von der Natur faktisch hervorgebrachten Formen
gleichwertig sind: genauso sinnlos wie die Behauptung, daß eine falsche
Lösung einer Rechenaufgabe, bei der der Rechner sich verrechnet hat,
genauso gut ist wie die richtige Lösung oder ein Trugschluß genauso gut
wie ein richtiger Schluß, weil man den einen so gut wie den anderen aussprechen oder zu Papier bringen kann. Man mag der Meinung sein, daß
eine Krankheit, die eine Störung oder Hemmung der natürlichen Lebens-
funktionen darstellt, der geistigen und seelischen Entwicklung eines Menschen förderlich sein kann und daß es für den Menschen vielleicht sogar
nicht gut ist, sich ganz ohne Schwierigkeiten und Widerstände entfalten
zu können: ein weiteres Beispiel des heraklitischen Satzes, daß die verborgene Harmonie stärker ist als die offenkundige. Aber es ist offensichtlich
völlig sinnlos vom menschlichen Standpunkt aus, aus bloßer logischer
Konsequenzmacherei und um das Prinzip der Wertfreiheit der Wissenschaft im absoluten Sinn aufrechterhalten zu können, zu behaupten, es
gebe keinen Grund, warum man ein Kind mit vier gesunden Gliedmaßen
und normalem Intellekt höher einschätzen solle als ein Contergankind
mit vier Stümpfen statt der Beine und Arme oder ein Kind mit einem
Wasserkopf oder einen entwicklungsunfähigen Idioten. Kein Mensch
wendet ein so absurdes Prinzip in der Praxis an und eine ganze Wissenschaft, die Medizin, beruht darauf, daß ein unverstümmelter Körper für
besser und wünschenswerter gehalten wird als ein verstümmelter. Ich

kann auch nicht finden, daß in dieser Hinsicht ein Unterschied der Auffassung bestünde zwischen Kapitalisten, Marxisten, Faschisten, Feudalisten, Monarchisten, Demokraten oder was auch immer, wenn auch zu gewissen Zeiten um besonderer Zwecke willen einzelne Menschen, um sie zu Instrumenten für solche Zwecke zu machen, verstümmelt, z. B. ihrer Zeugungsfähigkeit beraubt worden sind.

Ist dies aber so, so folgt daraus, daß es ganz fern von jenen Gefahren, von denen Stegmüller an der zitierten Stelle spricht und die Max Weber veranlaßt haben, seine Forderung der Wertfreiheit der Wissenschaft zu erheben, möglich ist, wenigstens einen ganz weiten äußeren Rahmen festzustecken, dergestalt, daß es nur innerhalb dieses Rahmens möglich ist, vernünftige Meinungen darüber zu haben, was für den Menschen und für die Menschen im allgemeinen gut ist und was nicht, und daß, was außerhalb dieses Rahmens fällt, von einer Diskussion, die noch den Anspruch auf das Prädikat „vernünftig" erheben will, ausgeschlossen ist. Es folgt dann aber auch weiter daraus, daß es sinnvoll ist zuzusehen, ob es nicht möglich ist, diesen Rahmen etwas enger zu ziehen. Genau dies ist der Sinn dessen, was Aristoteles die Methode des τύπῳ περιλαβεῖν nennt[549], von der noch öfter die Rede zu sein haben wird, die aber ihrem allgemeinsten Sinne nach einfach bedeutet, Umrißlinien zu ziehen, innerhalb deren eine vernünftige Diskussion darüber, was im einzelnen Fall „gut" ist, möglich ist, außerhalb ihrer jedoch nicht.

Wird nun die äußerste Umrißlinie in dieser Bestimmung des „Guten" dadurch konstituiert, daß, ganz gleichgültig, welches die Ursachen oder causae efficientes dieser Tatsache sein mögen, jeder lebendige Organismus auf eine bestimmte Gestalt oder Form hin angelegt ist und daß „gut" für ihn ist, was der vollen Verwirklichung dieser Gestalt dienlich ist, schlecht dagegen, was die Verwirklichung dieser Gestalt hindert oder beeinträchtigt, so werden die engeren Umrißlinien für den Menschen naturgemäß dadurch bestimmt werden, auf welche spezielle Form oder Gestalt hin der Mensch angelegt ist. Darüber glaubte Aristoteles einige seiner Meinung nach durchaus objektive Feststellungen machen zu können, die sich vielleicht bei näherer Nachprüfung sowohl als richtig wie auch als grundlegend erweisen. Der Mensch unterscheidet sich nach Meinung des Aristoteles[550] von allen anderen Lebewesen vor allem dadurch, daß er

---

[549] Vgl. Aristoteles, Ethica Nicom. I, 3, 1094 b, 13 ff.; II, 2, 1104 a, 1 ff.; II, 7, 1107 b, 14 ff.

[550] Aristoteles, Politica I, 10, 1253 a, 7 ff.

„mehr als jede Biene" auf das Zusammenleben und Zusammenwirken mit seinen Artgenossen angewiesen ist. Er ist so sehr ein ζῷον πολιτικόν, ein gesellschaftliches Lebewesen, daß er ohne das Zusammenleben mit seinen Artgenossen gar nicht zu einem Menschen werden, d. h. das Telos seiner Entwicklung, die Verwirklichung dessen, was im Menschen nach Ausweis der Entwicklung der ungeheueren Mehrzahl der Menschen angelegt ist, nicht einmal im Sinn des am natürlichen Endpunkt der Entwicklung stehenden Typus erreichen kann: und zwar so, daß, selbst wenn ihm die äußeren Bedingungen seiner physiologischen Entwicklung von außen gegeben werden — indem er etwa im ersten Stadium der Hilflosigkeit von Tieren ernährt und aufgezogen würde und mit diesen dann weiterlebte —, er zwar die äußere Gestalt eines erwachsenen Menschen nach Ablauf der dazu erforderlichen Zeit annehmen, aber im eigentlichen Sinn doch kein Mensch werden, sondern ein Tier bleiben, ja in vieler Hinsicht tierischer als ein Tier werden würde.

Die Notwendigkeit des Zusammenlebens und Zusammenwirkens der Menschen ergibt sich nach Meinung des Aristoteles aus zwei Faktoren, die in verschiedener Richtung von grundlegender Bedeutung sind. Das eine ist der Mangel des einzelnen Menschen an αὐτάρκεια, an Selbstgenügsamkeit, aus der schon Platon im Staat[551] das menschliche Zusammenleben in Gemeinschaften abgeleitet hatte. Aber Aristoteles hat die Analyse dieses Faktors sehr viel weiter getrieben als Platon, bei dem es sich vor allem um die Herstellung der zum Leben notwendigen materiellen Güter handelt. Bei Aristoteles handelt es sich *auch*, aber nicht primär darum, daß der einzelne Mensch kaum imstande ist, alle die zu seinem Leben notwendigen Dinge in ausreichender Menge und Qualität selbst zu produzieren, sondern, was noch viel wesentlicher ist, auch darum, daß kein individueller Mensch imstande ist, alle in dem Menschen als Menschen, d. h. in der Spezies Mensch, gelegenen Möglichkeiten und Fähigkeiten gleichmäßig zu entwickeln. Vielmehr können die in dem Menschen überhaupt gelegenen Möglichkeiten und Fähigkeiten nur in der Weise voll verwirklicht werden, daß verschiedene Menschen verschiedene Fähigkeiten so vollkommen wie möglich ausbilden, so daß die Gesamtheit der im Menschen angelegten Fähigkeiten erst in dem Zusammenwirken der Menschen miteinander in verschiedenen Funktionen zur Verwirklichung kommt. Dabei ist es ferner nicht so, daß jeder Mensch jede beliebige Fähigkeit (unter Vernachlässigung anderer Fähigkeiten) ausbilden und in ihr einen hohen

---

[551] Platon, Staat II 369 b ff.

Grad der Vollendung erreichen könnte. Es ist aber auch nicht so wie bei den Bienen, wo gewisse Bienen (etwa die Arbeiterbienen) überhaupt nur eine bestimmte Funktion, andere (wie etwa die Drohnen) eine andere Funktion auszuüben imstande sind. Vielmehr gibt es unter den Menschen solche, die von Geburt oder frühester Jugend an die Anlage zur Ausbildung gewisser Funktionen in sehr viel stärkerem Maße aufweisen als die Fähigkeit zur Ausbildung anderer Fähigkeiten und offensichtlich nur in der Ausbildung dieser Fähigkeiten den höchsten Grad der ihnen möglichen Ausbildung menschlicher Fähigkeiten überhaupt erreichen können[552], während andere die Anlage zur Ausbildung vieler verschiedener Fähigkeiten haben, aber in geringerem Maße, so daß sie ihre Funktion verhältnismäßig leicht wechseln können. Gleichgültig ob man dies „teleologisch" oder rein kausal, ja völlig gleichgültig, ob man es rein aus „statistischen" Gesetzen „erklärt", ist es eine schlichte Tatsache, daß diese besondere Art der Verschiedenheit und Flexibilität der Anlagen, durch die sich der Mensch etwa von den Termiten unterscheidet, bei denen die Funktion des Individuums ein für alle mal festgelegt ist, der menschlichen Gemeinschaft die Möglichkeit verleiht, sich verschiedenen Situationen, die verschiedene Funktionen erfordern, in höherem Maße anzupassen als dies bei anderen „gesellschaftlichen" Tieren wie den Bienen, Ameisen oder Termiten der Fall ist. Will man dies alles vom Standpunkt der aristotelischen Telos-Philosophie, d. h. einer Philosophie der Gestaltverwirklichung — bei der es auf die Frage der Kausalität, die diese Gestalten hervorbringt, wie mehrfach ausgeführt, gar nicht ankommt — aus zusammenfassen, so kann man auch sagen, daß nur eine als Ganzes autarke menschliche Gemeinschaft das menschliche Telos als ganzes verwirklichen kann. Der einzelne Mensch dagegen kann — im Gegensatz etwa zu einer Tanne, welche die in ihr angelegte Gestalt im allgemeinen am besten verwirklichen wird, wenn sie allein steht, während in einem Wald, wo viele Tannen nahe beieinander stehen, die meisten von ihnen unten verdorren und ihre volle Gestalt nicht verwirklichen können — nur einige der im Menschen angelegten Funktionen oder τέλη voll verwirklichen und bedarf dazu, da er sich sonst zur Befriedigung seiner mannigfachen Bedürfnisse

---

[552] Vgl. Aristoteles, Eth. Nic. X, 5, 1175 a, 30 ff. Freilich erhebt sich gegen diese Feststellung des Aristoteles der moderne Behaviourismus Watsons und seiner Anhänger und Nachfolger: auch eines jener angeblich empiristischen, in Wirklichkeit sich dogmatisch über die offenkundigste Erfahrung hinwegsetzenden philosophischen Systeme. Der Grund der Annahme ist natürlich auch hier der Wunsch, alles nach Belieben zu machen und manipulieren zu können, aus dem dann streng logisch geschlossen wird, daß „es möglich sein muß". Vgl. oben S. 283 mit Anm. 543.

zersplittern muß, der Gemeinschaft und des Zusammenwirkens mit anderen Individuen seiner Art. Das alles sind Dinge, die sich objektiv empirisch feststellen lassen und die viel offener zutage liegen als es bei den meisten Kausalerklärungen der Fall ist.

Das zweite ist in der Tatsache beschlossen[553], daß der Mensch sich von anderen Lebewesen durch den Besitz der Sprache unterscheidet und daß ihm die Sprache nicht nur zur Verständigung über die Verteilung der Funktionen unter den Individuen zur Erreichung des gemeinsamen Telos, sondern auch zur Auseinandersetzung darüber dient, was im gegebenen Falle nützlich oder schädlich, gut oder schlecht, recht oder unrecht ist. Darin liegt, daß der Mensch im Gegensatz zu anderen Lebewesen nicht nur wie die Tiere — ihrerseits wiederum im Gegensatz zu den Pflanzen — imstande ist, die günstigeren Bedingungen für die Erreichung seines Telos aufzusuchen, sondern auch bis zu einem beträchtlichen Grade sie sich selbst zu schaffen, dazu aber wiederum der Verständigung mit seinen Artgenossen bedarf. Diese Verständigung aber betrifft nicht nur die Bedingungen für die Erreichung des Telos, sondern auch die Erkenntnis des Telos selbst. Mit anderen Worten: die Entwicklung auf das Telos, d. h. auf die voll entwickelte Gestalt und ihr Funktionieren hin, erfolgt beim Menschen nicht wie innerhalb des wachsenden Organismus rein unbewußt, so daß sie nur durch äußere Einwirkungen positiver und negativer Art, wie zu große Kälte oder Hitze, Mangel an den für Erhaltung und Wachstum des Organismus notwendigen Nährstoffen und dergleichen, gestört oder zunichte gemacht werden kann, sondern sie erfolgt bis zu einem gewissen Grade bewußt, nämlich eben durch das, was Stegmüller als zweck- oder ziel*intendierte* Handlungen im Gegensatz zu bloß — wirklich oder scheinbar — zweckgerichtetem Handeln bezeichnet. Das bewußte Denken ist aber dem Irrtum unterworfen. Es besteht daher die Möglichkeit der Täuschung sowohl über das Telos selbst wie über die Mittel zu seiner Erreichung, so daß hier die Störung des Prozesses auf ein Telos hin nicht nur von außen durch ungünstige Einflüsse der gekennzeichneten Art, sondern auch von innen her möglich ist. Diese Möglichkeit der Täuschung hatte schon bei Aristoteles' Vorgängern, bei Sokrates und bei Platon, in der Unterscheidung zwischen φαινόμενα ἀγαθά, von nur scheinbaren Gütern, und wirklichen Gütern eine wichtige Rolle gespielt, wird aber nun im Zusammenhang mit seiner Teleologie in ganz neuer Weise theoretisch untersucht.

---

[553] Vgl. Aristoteles, Politica I, 2, 1253 a, 9 ff.

Auch hier geht Aristoteles wieder von empirischen Beobachtungen aus: Beobachtungen dessen, was faktisch geschieht. Er unterscheidet zwischen zwei Arten von bewußten menschlichen Tätigkeiten[554]: solchen, die auf ein außerhalb ihrer selbst gelegenes Telos gerichtet sind, d. h. alle Tätigkeiten, die auf das Herstellen von Gegenständen ausgerichtet sind; und solchen Tätigkeiten, die ihr Telos, ihren Sinn, ihren Zweck, in sich selbst haben, wie das Flötenspielen oder das Spazierengehen, Tätigkeiten also, bei denen nicht am Ende ein fertiges Produkt, wie ein Schuh oder ein Haus, herauskommt, sondern die darin, daß sie bis zuende vollzogen werden, in sich selbst vollendet sind. Diese verschiedenen Tätigkeiten stehen wiederum in einem gewissen notwendigen Verhältnis zueinander. So hat die Tätigkeit des Instrumenten- oder Werkzeugmachers das fertige Werkzeug zum Telos, zum Zweck oder Ziel, mit dessen Vollendung sie selbst so weit zu ihrem natürlichen Ende kommt. Aber das Werkzeug dient dem Handwerker, der es gebraucht, zur Herstellung einer anderen Art von Gegenständen und erhält eben dadurch seinen Sinn. Alle Gegenstände, die τέλη menschlicher Tätigkeiten sind, dienen jedoch letzterdings dem menschlichen Leben, das selbst in gewisser Weise eine Tätigkeit ist, die ihr Telos in sich hat, oder, wie Aristoteles sagt, eine ἐνέργεια. Es gibt also offensichtlich eine Art Hierarchie der τέλη, da viele Dinge, die das Ziel einer Tätigkeit sind, an sich keinen Sinn haben, sondern nur dadurch, daß sie als Instrumente für die Erreichung anderer τέλη dienen. An der Spitze dieser Hierarchie der τέλη steht jedoch naturgemäß nicht ein ἔργον, ein Werk, ein Gegenstand, sondern eine ἐνέργεια. Da ferner auch hier, wie überall in der Welt der Lebewesen, das Telos einen doppelten Charakter hat, die Tanne schlechthin als Ende der naturgemäßen Entwicklung des Tannensamens und die möglichst voll und harmonisch entwickelte schöne Tanne, so ist auch hier für den Menschen das an der Spitze stehende Telos in gewissem Sinne einfach das Leben und seine Erhaltung, in höherem Sinne aber das, was Aristoteles das εὖ ζῆν nennt, das „gute“, d. h. möglichst vollkommen entfaltete Leben.

Daraus läßt sich sogleich eine sehr wichtige weitere Folgerung ziehen. Die untergeordneten τέλη sind zwar, wie sich gezeigt hat, jeweils das natürliche Ende, die Vollendung des auf ihre Hervorbringung gerichteten Handelns, aber sie erhalten ihren Telos-Charakter jeweils durch das höhere Telos, dem sie dienen, und besitzen diesen Telos-Charakter de facto nur so lange, als sie dies tun: Es hat keinen Sinn, mehr Werkzeuge

---

[554] Vgl. das ganze erste Buch der Eth. Nic.

zur Herstellung von Schuhen herzustellen als die Schuster für ihre Tätigkeit brauchen, und es hat für den Schuster keinen Sinn, mehr Werkzeuge zu haben als er für seine Tätigkeit und allenfalls als Reserve für den Fall, daß eines seiner Werkzeuge zerbrechen oder sonst untauglich werden sollte, braucht. Noch einsichtiger ist dies bei den unmittelbar zum Leben notwendigen Gegenständen, vor allem, wenn diese verderblich sind. In einer geschlossenen Naturalwirtschaft, etwa einer großen primitiven Gutswirtschaft, wo in bezug auf die einfachen Lebensbedürfnisse kein Austausch mit anderen Gemeinschaften besteht, hat es keinen Sinn, mehr Brot herzustellen als innerhalb der Gemeinschaft verbraucht wird. Aristoteles hat darauf aufmerksam gemacht, welche Bedeutung dies für die Gastfreundschaft in primitiver Naturalwirtschaft hat. Wenn die Produktion an Lebensmitteln reichlich ist und Überfluß herrscht, kann es keinen Geiz und keine Sparsamkeit gegenüber dem Fremdling, der auf dem Hofe vorspricht, geben. Es hätte keinen Sinn, die Dinge aufzuheben und zu akkumulieren, die doch verderben würden. So freut man sich der Gegenwart des Fremden, der Abwechslung und Anregung in das einfache Leben bringt, und teilt ihm freigebig mit.

Das alles scheinen Binsenwahrheiten zu sein und sind es auch, aber Binsenwahrheiten, deren weitere Anwendung und Konsequenzen wir zu vergessen pflegen und die doch für das menschliche Leben von ganz grundlegender Bedeutung sind. So zeigt Aristoteles in einer ganz kurzen, aber dicht gedrängten Abhandlung im ersten Buche seiner Politika[555], wie die Geldwirtschaft, deren Einführung auf der einen Seite von großem Nutzen gewesen ist, weil sie den Austausch der von Menschen hergestellten materiellen Güter erleichtert, auf der anderen Seite doch zu einer Verfälschung des natürlichen Verhältnisses der τέλη zueinander geführt hat. Weil das Geld in gewisser Weise für alle Güter steht, weil man alle Güter dafür erwerben kann, kann der Anschein entstehen, als ob der Nutzen, den sein Besitz bringt, nicht wie bei allen anderen Sachgütern durch das höhere Telos, dem sie dienen, begrenzt wäre. Dadurch wird das ganze Leben verfälscht.

Um die Implikationen dieser Beobachtung des Aristoteles ganz deutlich zu machen, ist es notwendig, auf seine Theorie der τέλη und ihres Zusammenhanges untereinander noch etwas näher einzugehen. Aristoteles folgert daraus, daß der Telos-Charakter der untergeordneten τέλη — und dazu gehören alle materiellen Güter — durch die übergeordneten τέλη,

---

[555] Aristoteles, Politica I, 9, 1257 b, 22 ff.

d. h. letzterdings das εὖ ζῆν, bestimmt wird, keineswegs, daß alle materiellen Güter gleichmäßig unter alle Menschen zu verteilen seien. Im Gegenteil. Da das Gesamt-Telos der Menschheit nur dadurch verwirklicht werden kann, daß verschiedene Menschen verschiedene Einzeltele verwirklichen, so ergibt sich von selbst, daß die materiellen Güter, deren sie bedürfen, z. T. von diesen τέλη abhängig sind. Zwar diejenigen Güter wie Nahrung und Kleidung, die zur Erhaltung des physischen Organismus nötig sind, braucht jeder, obwohl es auch hier je nach der ausgeübten Tätigkeit gewisse Unterschiede gibt. Aber darüber hinaus braucht jeder das, was für die ihm vornehmlich angemessene Energeia notwendig ist: der beste Flötenspieler die beste Flöte, um das Beste, was auf dem Gebiet des Flötenspielens möglich ist, zu realisieren, der Handwerker sein Handwerkszeug, der Gelehrte seine Bibliothek, aber auch derjenige, der von Natur zum Organisieren des Zusammenlebens einer Gemeinschaft oder zum Planen gemeinsamer Unternehmungen begabt ist, den Einfluß und die Macht, die ihm für die Ausbildung und Anwendung der ihm von der Natur verliehenen Gabe notwendig ist[556]. An diesem letzteren Beispiel zeigt sich auch, daß das, was Aristoteles die ἁπλῶς ἀγαθά nennt, die Güter im gewöhnlichen und schlichten Sinne des Wortes, nicht notwendig materielle Güter zu sein brauchen. Sie können auch in Macht und Einfluß bestehen. Überall aber gilt, wie Aristoteles zu zeigen versucht, das Gesetz, daß diese ἁπλῶς ἀγαθά nur so weit wirkliche Güter für den sind, der sie besitzt, als sie der Entfaltung und Verwirklichung derjenigen ἐνέργεια dienen, die dem Besitzer von Natur als Anlage gegeben ist und in deren Ausbildung und Anwendung er sein natürliches Telos findet und zu der εὐδαιμονία, dem Zustand innerer Befriedigung, gelangt, dessen er fähig ist, während er durch diese Tätigkeiten zugleich auch der menschlichen Gemeinschaft dient.

Aus der entgegengesetzten Möglichkeit ergibt sich zu einem großen Teil die für die Erkenntnis der Grundtatsachen des Lebens so außerordentlich wichtige Erklärung des Phänomens, daß die Menschen geneigt sind, sich durch das, was die griechischen Philosophen φαινόμενα ἀγαθά nannten, irreführen zu lassen. Die untergeordneten Güter, die erst dadurch, daß sie im Dienste höherer τέλη stehen, zu wirklichen τέλη werden, werden selbst zu τέλη aus eigenem Recht gemacht: Besitz und Macht werden nicht mehr um der höheren Zwecke willen, denen sie dienen können, sondern um

---

[556] Vgl. Aristoteles, Politica I, 3 ff. über die Formen des Herrschens und Beherrschtwerdens.

ihrer selbst willen angestrebt. Daraus entsteht das Grundübel, das Aristoteles die πλεονεξία nennt[557], das Mehrhabenwollen, das wiederum zwei Aspekte hat: nicht nur den des Mehrhabenwollens *als andere*, die aus gleichem echtem Bedürfnis den gleichen Anspruch erheben können, sondern auch im Verhältnis zu sich selbst, d. h. mehr haben zu wollen als dem einzelnen selbst zur Entfaltung seiner Anlagen und zur Erreichung der ihm möglichen εὐδαιμονία dienlich ist. Ferner ist dieses Mehrhabenwollen nicht nur die Ursache der größten Zahl der zerstörerischen Konflikte zwischen Menschen, sondern das simple Mehrhaben, selbst wo es ohne solche Konflikte besteht, ist nicht nur dem Besitzenden nicht mehr dienlich, sondern kann ihm sogar schädlich sein.

Um dies zu sehen, ist es freilich notwendig, noch eine andere, von Aristoteles ausführlich erörterte[558] Grundtatsache des menschlichen Lebens in den Kreis der Betrachtung zu ziehen. Wegen der ebenfalls naturgegebenen Unvollkommenheit des Menschen ist es ihm nicht möglich, dauernd in voller aktiver Verwirklichung der ihm angemessenen ἐνέργεια oder ἐνέργειαι zu leben. Vielmehr bedarf er periodisch der Entspannung, der ἀνάπαυσις, des Pausierens, das wiederum zwei Grundformen hat: die völlige Ruhe des Schlafens oder schlafähnlicher Zustände und auf der anderen Seite die παιδιά, das Spiel, die entspannte Tätigkeit: ein Zustand zwischen der auf ein Telos hingerichteten Tätigkeit und der völlig entspannten Ruhe, wozu bis zu einem gewissen Grade auch das gerechnet werden kann, was wir als Amüsement zu bezeichnen pflegen. Da nun die Anspannung der ernsthaften (σπουδαία), auf ein Telos gerichteten Tätigkeit — was natürlich auch für diejenigen Tätigkeiten gilt, die ihr Telos in sich haben: auch der Vortrag eines Musikstückes erfordert diese Anspannung und ist auf ein Telos, eben die Vollendung des Vortrages des ganzen Stückes, gerichtet, obwohl am Ende kein materielles ἔργον übrig bleibt —, da also eine solche Anspannung zur Ermüdung führt und danach Ruhe und die Entspannung der παιδιά als lustvoll empfunden wird und da ferner die Sorge für die Notwendigkeiten des Lebens eine größere und längere Anspannung erfordert als daß sie noch als lustvoll oder auch nur nicht als Bürde empfunden werden könnte, so kann leicht die Vorstellung entstehen, als ob ein Leben, das aus nichts als Ruhe, Spiel und Amüsement bestehe, ein besonders glückliches und erstrebenswertes Leben sei. Die Erfahrung zeigt, daß dies ein außerordentlich verbreiteter Irrtum

---

[557] Über die πλεονεξία vgl. vor allem Eth. Nic. V, 2, 1129 a, 32 ff.
[558] Vgl. Aristoteles, Eth. Nic. X, 6, 1176 b, 9 ff.

ist. Daß jedoch Aristoteles recht hat, wenn er diese Vorstellung als Irrtum bezeichnet, kann in diesem Fall sogar in gewisser Weise objektiv „verifiziert" werden, insofern die Statistik, die wahrste Grundlage aller wirklichen Wissenschaft, zeigt, daß unter denjenigen, die zu viel haben und ein Leben des Müßiggangs führen, die Zahl der Selbstmorde und der nervösen Erkrankungen wesentlich größer ist nicht nur als bei denen, die gerade so viel haben als zur Entfaltung ihrer Anlagen und zur Ausübung einer befriedigenden Tätigkeit nötig ist, sondern sogar als bei denen, die zu wenig haben und sich über das dem Menschen zuträgliche Maß hinaus anstrengen müssen. Damit ist innerhalb jener äußersten Rahmenlinie, die das für Organismen oder organische Leben allgemein „Gute" und „Schlechte" definiert, eine innere Linie gezogen, die das speziell für den Menschen als Menschen „Gute" und „Schlechte" zu bestimmen sucht.

Fragt man nun nach der möglichen praktischen Anwendung solcher Einsichten, so kann diese offensichtlich auf zwei verschiedene Weisen geschehen: durch den Versuch, den einzelnen Menschen zu einer Einsicht in diese Grundtatsachen des menschlichen Lebens zu bringen, die ihn veranlaßt, sich in seinem Verhalten und seinem Handeln nach ihnen zu richten, also das zu tun, was Sokrates sein ganzes Leben hindurch in einer etwas anderen Richtung getan hatte, oder durch den Versuch, die Gesellschaft und die staatlichen Einrichtungen so zu verändern, daß diesen Einsichten Rechnung getragen wird, d. h. das, worauf Platons Streben in seinen späteren Jahren gerichtet gewesen ist. In beiden Fällen stehen der praktischen Anwendung der aristotelischen Einsichten sehr große Schwierigkeiten entgegen, die wenigstens in ihren Grundzügen erörtert werden müssen, um dann zu sehen, welche Konsequenzen Aristoteles aus diesen Schwierigkeiten gezogen hat. Zuvor wird es jedoch nützlich sein, noch einmal die Frage zu stellen, ob und wieweit das, was hier so weit erörtert worden ist, als eine Art „Wissenschaft" oder im antiken Sinne als ἐπιστήμη bezeichnet werden kann.

Hier trifft es sich glücklich, daß sich Aristoteles selbst zu dieser Frage geäußert hat, indem er betont[559], daß es gewisse Untersuchungen gebe, bei denen man nicht versuchen dürfe, absolut exakte Resultate zu erzielen (τὸ ἀκριβὲς ἐπιζητεῖν), sondern sich damit begnügen müsse, die Dinge im

---

[559] Vgl. Aristoteles, Eth. Nic. I, 3, 1094 b, 13 ff.

Umriß klarzulegen, eben jenes τύπῳ περιλαβεῖν[560], von dem schon früher die Rede gewesen ist[561]. Da sich nun gezeigt hat, daß das Neue, das die Griechen gebracht haben, das, was man die Anfänge der griechischen Wissenschaft nennen kann und was in der modernen Wissenschaft in Fortentwicklung dieser griechischen Anfänge sich herausgebildet hat, aus dem Bestreben nach Sicherheit, Exaktheit und restloser Übertragbarkeit von Erkenntnissen hervorgegangen ist, so scheint damit schon das (negative) Urteil über den wissenschaftlichen Charakter der aristotelischen Betrachtungen gesprochen zu sein.

Trotzdem ist es der Mühe wert, sich genauer darüber zu informieren, was es denn mit diesem Verzicht auf Exaktheit und der Forderung des τύπῳ περιλαβεῖν eigentlich für eine Bewandtnis hat. Zunächst ist eine grundlegend wichtige Unterscheidung zu treffen. Der Verzicht auf Exaktheit in Hinsicht auf das, was für den Menschen „gut" und „nicht gut" ist, bedeutet ganz und gar nicht, daß man es in ethischen Fragen oder bei moralischen Entscheidungen nicht so genau zu nehmen brauchte. Wohl aber bedeutet es, daß sich für solche Entscheidungen keine exakten allgemeinen *Regeln* festsetzen lassen, die in jedem einzelnen Fall eindeutig aus der Regel abzuleiten erlauben, welche Entscheidung recht oder richtig ist. Das hatte schon Platon bei seiner Kritik an jeder möglichen Gesetzgebung impliziert, zugleich aber daran festgehalten, daß die ἰδέα τοῦ ἀγαθοῦ das exakteste aller Maße sei. Die Richtigkeit aber des über die Fassung der Ethik, in etwas geringerem Maße aber auch des Rechts, in allgemeinen Regeln Gesagten wird weiter durch die historische Tatsache bewiesen, daß noch alle Versuche einer völlig durchgeführten moralischen Kasuistik, die zu verschiedenen Zeiten und in verschiedenen Kulturen unternommen worden sind, letzterdings in Lächerlichkeit geendet haben, sowie daß der Kampf zwischen positivem Recht und Naturrecht, der Kampf um das „richtige Recht", bis in unsere Zeit immer weiter geht.

Daraus läßt sich nun auch sofort verstehen, warum eine „Wissenschaft" dieser Art, sofern sie diesen Namen verdient, worauf noch zurückzukommen sein wird, nicht in derselben Weise verfahren kann wie die Mathematik oder die Naturwissenschaften. Jeder noch so einfache und elementare arithmetische oder geometrische Satz läßt sich in jedem individuell

---

[560] Vgl. dazu auch noch Eth. Nic. II, 2, 1104 a, 1 ff. und II, 7, 1107 b, 14 ff., wo auch davon die Rede ist, ob und wieweit die jeweils äußeren Umrißlinien im Inneren weiter ausgefüllt werden können.

[561] Vgl. oben S. 290.

unter ihn fallenden Fall exakt und ohne Modifikation anwenden. Wenn also z. B. bewiesen ist, daß in einem Dreieck, das zwei gleiche Winkel hat, auch die diesen Winkeln gegenüberliegenden Seiten gleich sind, so gilt dies für jedes beliebige Dreieck dieser Art und läßt sich, wo solches zu Messungen verwendet wird, überall ohne Einschränkung anwenden. Die von der Naturwissenschaft festgestellten Gesetze gelten zwar, abgesehen von den Grunddefinitionen, nur approximativ, aber die Approximation kann immer weiter verbessert werden und gilt dann genauso für jeden einzelnen Fall wie in der Mathematik. Dagegen ist dies bei der Erkenntnis, daß es dem Menschen schädlich ist, ein Telos, das nur im Dienst eines höheren Telos seinen Teloscharakter bekommt, zum absoluten Telos seines Handelns zu machen, nicht in gleicher Weise der Fall, da der Übergang von der Verfolgung eines untergeordneten um eines übergeordneten Telos willen zu seiner Verfolgung über das dadurch gesetzte Maß hinaus ein gleitender ist und sich die Grenzen nicht mit Exaktheit feststellen lassen. Nur wo die Überschreitung eine extreme ist, läßt sie sich als Überschreitung leicht erkennen. Ob man daher eine Erkenntnis dieser Art eine „Wissenschaft" nennt oder nicht, ist eine Sache der Definition. Im Sinne der Mathematik und der Naturwissenschaften ist es keine Wissenschaft. Trotzdem hat sie bis zu einem gewissen Grade einen wissenschaftlichen Charakter, insofern als, wie gezeigt, für die extremeren Fälle sich die Richtigkeit ihrer Sätze sogar statistisch verifizieren läßt. Zugleich gehört sie zu dem Gebiet, von dem Positivisten wie Wittgenstein zugeben, daß es für den Menschen unvergleichlich viel wichtiger sei als die Wissenschaft, von dem sie aber meinen schweigen zu müssen, weil man nichts Begründetes darüber sagen könne[562].

Die praktische Anwendung dieser Art von Erkenntnis stößt nun freilich auf sehr große Schwierigkeiten und nicht nur wegen des gekennzeichneten Elements der Unbestimmtheit in ihrer Anwendbarkeit auf den einzelnen Fall. Entgegen steht ihr schon bei dem Versuch, sie in der Weise des Sokrates dem einzelnen als Richtschnur seines Handelns plausibel zu machen, die außerordentlich große Neigung der Menschen, die φαινόμενα ἀγαθά für die einzigen wahren ἀγαθά zu halten. Unendlich viel schwieriger aber wird das Problem, wo es sich nicht einfach um den Einzelnen und um die Frage handelt, in welchem Umfang die Güter im gewöhnlichen Sinn ihm wirklich nützlich sind, sondern um die Verteilung dieser Güter unter den Mitgliedern einer menschlichen Gemeinschaft. Es ist nicht

---

[562] Vgl. oben S. 126.

schwer zu sehen, daß aus der Hierarchie der τέλη, wie Aristoteles sie annimmt, folgt, daß jeder nach Möglichkeit von den ἁπλῶς ἀγαθά so viel bekommen sollte, wie ihm zur Ausübung der ihm angemessenen und daher sowohl der Entfaltung seiner Person wie auch der Gemeinschaft dienenden Tätigkeit notwendig ist und nicht mehr, wenn aber nicht genug Güter hergestellt oder herbeigebracht werden können, um alle legitimen Bedürfnisse zu befriedigen, dann jedem in dem Verhältnis zu seinem Bedürfnis, das zugleich auch, insofern sein Bedürfnis durch die Ausübung der ihm angemessenen Tätigkeit, die der Gemeinschaft zugute kommt, bestimmt wird, seinem „Verdienst" um die Gemeinschaft direkt proportional ist. Die beiden Prinzipien „everybody according to his merits" und „everybody according to his needs" stehen also von diesem Gesichtspunkt aus nicht zueinander im Gegensatz, sondern in einer Art prästabilierten Harmonie. Mit diesen Prinzipien, deren Verhältnis zueinander von Aristoteles in seiner Ethik ausführlich erörtert wird[563], scheint Aristoteles mit den Prinzipien des modernen Sozialismus und Kommunismus, vor allem in der Form des liberalen und humanen Kommunismus, der bei der jüngsten Generation in vielen Ländern so großen Anklang findet, in vollem Einklang zu stehen. Wenn Aristoteles trotzdem von den Dingen nicht ganz so redet, wie ich es hier als Konsequenz aus seinen Grundanschauungen dargestellt habe, und wenn er vor allem nicht dieselben Konsequenzen daraus zieht, so deshalb, weil er noch eine andere Grundeigentümlichkeit des Menschen berücksichtigen zu müssen glaubt.

Wenn jeder Mensch wüßte, was für ihn als Individuum und im Zusammenwirken mit der Gemeinschaft wirklich gut ist, d. h. wenn er die Grenze genau kennte, bis zu welcher der Besitz an materiellen Gütern und an Macht für ihn persönlich gut ist, und jederzeit nach dieser Einsicht handelte, dann gäbe es keinen Streit. Da aber die Menschen in ihrer ungeheueren Mehrzahl diese Grenzen nicht kennen und bestenfalls eine Minderheit bis zu einem gewissen Grade zu dieser Erkenntnis gebracht werden kann, da vielmehr in der Vorstellung der Majorität ὄντως ἀγαθά und φαινόμενα ἀγαθά unzertrennlich miteinander vermischt zu sein pflegen und zugleich miteinander im Streite liegen, wer sollte da imstande sein, selbst wenn ihm alle Macht dazu gegeben wäre, die richtige Verteilung der ἁπλῶς ἀγαθά nach wirklichem Verdienst und Bedürfnis eines jeden vorzunehmen? Er müßte nicht nur selbst von jeder πλεονεξία, von jedem Mehrhabenwollen, frei sein, sondern auch noch imstande sein, von

---

[563] Aristoteles, Eth. Nic. V, 6, 1131 a, 10 ff.

jedem Menschen genau zu wissen, wieviel an seinem Streben nach ἁπλῶς ἀγαϑά aus wirklichem Bedürfnis im Sinne des ihm gemäßen Telos und wieviel aus πλεονεξία hervorgegangen ist. Er müßte daher, wie Platon es in einem etwas anderen Zusammenhang in seinem Dialog vom Staatsmann ausgeführt hat, so hoch wie ein Gott über seinen Mitmenschen stehen[564]. Deshalb gibt es, wie schon Platon eben dort ausgeführt hatte, nur eine zweite oder zweitbeste „Fahrt" (δεύτερος πλοῦς), nämlich die Regelung durch Gesetze, die auf einfacheren Prinzipien beruhen und die innerhalb gewisser Grenzen den einzelnen in dem Genuß eines „legitim", d. h. eben innerhalb der Grenzen der festgesetzten Gesetze erworbenen Besitzes auch da schützen, wo Legitimität des Besitzes nicht durch sein wahres Bedürfnis in dem von Aristoteles festgestellten Sinne, sondern durch Erbrecht, Vertragsrecht oder andere geltende Rechtsprinzipien bestimmt wird.

Es folgt daraus, daß es, solange die Menschen sind, was sie nun einmal sind, unvermeidlich verschiedene Arten der Gerechtigkeit oder des „Gerechten" und des Richtigen geben muß, wie ja auch wir zu unterscheiden pflegen zwischen der Gerechtigkeit, die der Richter in einem Gerichtshof zu repräsentieren und zu verwirklichen hat, und der „sozialen Gerechtigkeit", die mit der ersten nie, auch in den sozialistischen Ländern nicht, vollständig in Übereinstimmung zu bringen ist. In einem der wichtigsten Abschnitte seiner Nikomachischen Ethik[565] versucht Aristoteles diese verschiedenen Arten der Gerechtigkeit und des „Rechten" zu unterscheiden, in ihrem Wesen zu bestimmen und zu zeigen, wie sie sich zum Teil gegenseitig ergänzen, zum Teil aber auch in einem gewissen Widerspruch zueinander stehen und wo jeweils im Interesse der Individuen sowohl wie der Allgemeinheit die Grenze ihrer Anwendung zu ziehen ist. Ein starres, über lange Zeiträume hin andauerndes Festhalten an einem System von Gesetzen der Art, wie sie der Richter zu vertreten hat und die vom Standpunkt der natürlichen und „sozialen" Gerechtigkeit im aristotelischen Sinne notwendig unvollkommen sind, muß notwendig zur Erstarrung und Vergewaltigung der natürlichen Gesetze des menschlichen

---

[564] Vgl. Platon, Politikos 267 a ff. Der russische Satiriker M. Sostschenko hat in der Anfangszeit der Kommunistenherrschaft in Rußland unter dem Titel „Ak oder das Komitee der unbedingten Entschlossenheit" eine ausgezeichnete Satire geschrieben über den Herrscher und sein Komitee, das über die Nützlichkeit eines jeden einzelnen für die Gesellschaft und damit über sein Lebensrecht absolut zutreffende Entscheidungen glaubt fällen zu können.

[565] Aristoteles, Eth. Nic. V, 1, 1129 a, 3 ff.

Lebens und, wenn keine Änderung und Anpassung erfolgt, zu einer
Explosion führen, wie sie im Altertum und noch viel mehr in der neuesten
Zeit öfters eingetreten ist. Aber der Versuch, unaufhörlich neue Regelungen zu treffen, um die natürliche Gerechtigkeit voll zu verwirklichen,
übersteigt bei weitem die menschliche Fähigkeit und kann nur zuerst zum
Chaos, dann in der Reaktion dagegen zu einer noch schlimmeren Gewalt-
ordnung führen, zumal wenn er auf die Weise gemacht wird, daß einzelne
Gruppen sich das Recht nehmen, wo immer ihrer Meinung nach die
absolute Gerechtigkeit auch nur in der geringsten Weise gestört ist, sich
mit Gewalt gegen die bestehende Ordnung aufzulehnen. Hier kann die
Aufgabe nur sein, einen Weg zwischen den beiden gleich verderblichen
Extremen zu suchen. Da es aber hierfür keine auf den Einzelfall mechanisch anwendbare allgemeine Regeln geben kann, kommt hier das dritte
aristotelische Prinzip zur Geltung, das in der Überschrift dieses Kapitels
herausgestellt ist: der λόγος περὶ τοῦ δικαίου καὶ τοῦ ἀδίκου.

Der λόγος in diesem Sinne ist durch zwei Dinge bestimmt, einmal dadurch, daß er ein Gespräch, eine *Auseinandersetzung* ist, andererseits dadurch, daß er eine *vernünftige* Auseinandersetzung ist, was zugleich impliziert, daß er zu einer Verständigung führen will. Eine solche Auseinandersetzung kann sich natürlich auf alles Mögliche beziehen. Aber ein
besonderes Gebiet, auf dem sie für das menschliche Leben von fundamentaler Bedeutung ist, ist eben der Ausgleich zwischen den verschiedenen
Arten der Gerechtigkeit. Der λόγος muß versuchen, mit den einzelnen,
die der πλεονεξία verfallen sind, so weit wie möglich zu einer Verständigung darüber zu kommen, was wirklich für sie „gut", was in ihrem
wahren Interesse ist. Da dies nur in beschränktem Umfang möglich ist,
muß er versuchen, zu einer Verständigung darüber zu kommen, wie weit
es nötig ist, die Dinge mit einem Modicum von Gewalt, am besten durch
neue Gesetze, zu ändern und der natürlichen Gerechtigkeit anzunähern,
aber auch wie man mit möglichst wenig Gewalt auskommen kann, die
immer Ressentiment und damit Gegendruck hervorruft. Die Antwort auf
diese Probleme hängt jeweils von der besonderen gegebenen Situation ab.
Es kann daher dafür keine mechanisch anzuwendenden Regeln geben. Die
Auseinandersetzung braucht sich aber auch nicht in einem leeren Raum
beliebiger Wertsetzungen zu bewegen und kann es nicht, wenn sie eine
vernünftige bleiben will.

Die moderne politische Wissenschaft, so weit sie auf ihre „Wertfreiheit"
Wert legt — ich wähle absichtlich diesen paradoxen Ausdruck, um darauf

aufmerksam zu machen, daß auch das Insistieren auf der Wertfreiheit auf
einem Wertprinzip beruht —, versucht durch Abstraktion von Erfahrungen und Analyse von geschichtlichen Zusammenhängen zu zeigen, was die
— vielfach der Erwartung zuwiderlaufenden — Folgen gewisser Entscheidungen und Handlungsweisen sind. Sie sagt gewissermaßen: „wenn
du das tust, wird das und das, sei es notwendig, sei es mit großer Wahrscheinlichkeit, die Folge davon sein. Nun mußt du dir überlegen, ob du
diese Folgen wirklich willst oder sie wenigstens um anderer Dinge willen
mit in Kauf nehmen willst." Aber sie sagt nichts darüber, ob man solche
Folgen wünschen oder in Kauf nehmen soll. *Das* zu entscheiden überläßt
sie dem einzelnen, gemäß dem Wertsystem, dem er sich verpflichtet hat,
oder gemäß dem Weber'schen „Dämon", dem er folgen will. Aristoteles
versucht diese vom Einzelproblem ausgehende Betrachtungsweise zu ergänzen durch seine Methode des τύπῳ περιλαβεῖν, die Umrißlinien zu
zeichnen versucht, innerhalb deren eine Auseinandersetzung, die noch eine
vernünftige genannt werden will, stattfinden muß, und damit jener
Anarchie der letzten Wertsetzungen zu entgehen, von welcher die „wert-
freie" Wissenschaft zum mindesten theoretisch ihren Ausgangspunkt
nimmt, obwohl bei den meisten ihrer Vertreter bald ausgesprochen, bald
unausgesprochen die Hoffnung im Hintergrund steht, daß, wenn man
einem Menschen die Folgen gewisser Entscheidungen deutlich genug
mache, er sie doch werde vermeiden wollen. Demgegenüber erscheint die
Methode des Aristoteles sowohl als klärender wie auch in gewissem
Sinne als aufrichtiger.

Die Auffassung des Aristoteles von der Bedeutung des λόγος περὶ τοῦ
δικαίου καὶ τοῦ ἀδίκου, welcher es seiner Meinung nach eigentlich ist, der
den Menschen zum Menschen macht[566], hat jedoch noch einen anderen,
vielleicht noch gewichtigeren Aspekt. Nach der konsequentesten positivistischen Theorie hat nur das einen Sinn, ist nur das „meaningful", was
sich entweder exakt logisch fixieren oder durch das Eintreffen vorausgesagter Ereignisse „verifizieren", ferner dessen Erkenntnis sich ohne
Verlust von einem Menschen auf den anderen übertragen läßt. Alles
andere ist „meaningless". Aber was ein für allemal exakt festgelegt ist, ist
starr und tot. Ein mathematisches System oder eine mathematische
Theorie mag in sich vollendet, sie mag sogar in gewissem Sinne von großer
Schönheit sein. Aber es ist eine kristallene Schönheit. Zum Leben und
Lebendigen hat sie keine direkte Beziehung. Soweit die mathematisch

---

[566] Vgl. Aristoteles, Politica I, 10/11, 1253 a, 14 ff.

fundierte naturwissenschaftliche Theorie auf die Praxis, d. h. auf das Handeln, anwendbar ist, bezieht sie sich auf das „Machen": sie verhilft zur Produktion von ἔργα, von untergeordneten τέλη, und sie hat nichts darüber zu sagen, wann diese untergeordneten τέλη durch Unterordnung unter höhere τέλη sinnvoll sind. In einem gewissen Sinn verfehlt gerade sie den Sinn. Das Leben und das Lebendige sind weder Chaos noch eine starre Ordnung, sondern es ist immer eine flexible Ordnung, die, was immer auch die Ursache davon sein mag, auf dem Wege zu einem Telos, zu einer Vollendung ist, die es doch nie erreicht und vor deren Erreichung es wieder vergeht, um in der Fortpflanzung eine neue bewegliche Ordnung derselben Art aus sich hervorzubringen. Dem entspricht die Flexibilität und Offenheit des Gesprächs als Auseinandersetzung über das, was „gut" und „schlecht", was „recht" und „unrecht", d. h. was im Sinne einer solchen sich flexibel entwickelnden, ihr Ziel nie ganz erreichenden Entwicklung ist oder nicht. Sofern sie sich innerhalb der durch das τύπῳ περιλαβεῖν gegebenen, in leicht verschwimmenden, nicht starr fixierten Linien gezeichneten Umrissen bewegt, ist diese Auseinandersetzung vom Standpunkt des Lebendigen aus sehr viel mehr „meaningful" als eine starre mathematische Formel oder ein in einer Formel fixiertes Naturgesetz, mit deren Hilfe man die Welt verändern kann, durch die man aber nichts darüber erfährt, in welcher Richtung die Welt zu verändern für den Menschen gut oder wünschenswert ist[567].

Es ist nun vielleicht nicht nur historisch, sondern auch sachlich interessant zu sehen, in welchem Verhältnis diese ganze aristotelische Art, die Dinge zu betrachten, zu Platon steht. Obwohl Aristoteles die platonische Ideenlehre und speziell seine Lehre von der ἰδέα τοῦ ἀγαθοῦ ablehnt, lassen sich doch wichtige Beziehungen zwischen seiner Teleologie und der platonischen Lehre nachweisen. Ihr Ausgangspunkt ist freilich ein völlig verschiedener. Platon geht davon aus, daß in der Welt des Werdens und

---

[567] Vgl. darüber den ausgezeichneten Vortrag von Eric Weil, „Philosophie et Réalité", in Bulletin de la Société française de Philosophie, 1963, p. 117—147, vor allem auch p. 131: „La philosophie et éminemment communicable, mais seulement à celui qui est préparé à recevoir la communication vivante, qui veut vivre en comprenant et qui veut comprendre en sa vie; elle n'est pas transmissible à la manière d'une équation et d'une classification des espèces animales. On peut apprendre à philosopher chez les philosophes, on ne peut pas apprendre d'eux la philosophie". Es ist seltsam, wie wenige unter den Teilnehmern an der folgenden Diskussion, infolge der positivistischen Vorurteile, imstande waren, den Sinn der Ausführungen E. Weil's zu verstehen. Vgl. auch noch E. Weil, „Pensée dialectique et politique", in Revue de Métaphysique et de Morale 1955, 1—25.

Vergehens, in der wir leben, nichts feststeht und deshalb auch keine sichere, allgemein gültige, unveränderliche Erkenntnis von dieser sich unaufhörlich ändernden Welt und den Dingen in ihr möglich ist. Er sucht daher eine unveränderliche zeitlose Welt, von der es auch eine unveränderliche, ewig gültige Erkenntnis geben kann. Er findet solche unveränderliche Welten in der Welt der mathematischen Gegenstände und in der Welt der Ideen, von welcher die Welt des Werdens und Vergehens, in welcher wir leben, nur ein unvollkommenes Abbild ist. Für Aristoteles ist gerade die Welt des Werdens und Vergehens, in der wir leben, die wahrhaft wirkliche und reale Welt. In ihr sucht er sich zu orientieren und auch eine Richtung für das menschliche Handeln zu finden. Das ist auch der Sinn seiner Teleologie.

Aber obwohl Platon und Aristoteles in dieser Weise von ganz entgegengesetzten Punkten ausgehen, gibt es doch einen Punkt oder ein Gebiet, wo sie ganz nahe zusammenkommen. Platon war bei der Begründung seiner Ideenlehre, wo sie zuerst als Lehre im vollen Sinne des Wortes auftritt, von der Feststellung ausgegangen, daß es das „Gleiche" in der Welt der Erfahrung gar nicht gibt und daß wir doch ohne den Begriff des Gleichen oder die Vorstellung der „Gleichheit" nicht auskommen können und daß von dem „Guten" und „Rechten" das gleiche gilt. Aristoteles schöpft seine Vorstellung von den τέλη unmittelbar aus der Erfahrung. Aber selbst in bezug auf das Telos in jenem allgemeinen Sinne, in welchem das Telos der Entwicklung eines Tannensamens irgendeine (verkrüppelte oder schöne, „vollkommen" oder unvollkommen ausgebildete) Tanne ist, kann er dies doch nur, insofern die Gestalt einer Tanne überhaupt als organische Form aus dem Chaos der möglichen Formen als eine in irgendeiner Weise ausgezeichnete sich heraushebt. Ohne daß es voll zum Bewußtsein kommt, ist also auch hier vorausgesetzt, was Platon meint, wenn er sagt, daß die ἰδέα τοῦ ἀγαθοῦ sowohl allem Sein wie aller Erkenntnis vorausgehe, weil es ohne sie in dem Chaos der unbestimmten Formen keine ausgezeichneten Punkte gibt.

Noch deutlicher wird dieser Zusammenhang an der Stelle, wo ausgeführt wird, wo der eigentliche Sinn der Teleologie als eines Mittels, sich in der Welt zu orientieren, gelegen ist. Die vollkommene Tanne gibt es ebenso wie die „Gleichheit" in der Welt des Werdens und Vergehens nur in Approximation. Statistisch sind sogar vermutlich, da die Tannen sehr oft in dichten Wäldern beisammen stehen, wo sie sich gegenseitig das Licht wegnehmen und ihre unteren Teile daher verdorren, die verkrüppelten

Tannen bei weitem in der Überzahl: ein weiterer Beweis dafür, daß die „Norm" im Sinne des „Guten" nicht mit dem statistischen Durchschnitt gleichgesetzt werden kann[568]. Trotzdem weiß jeder, was eine voll entwickelte, schöne Tanne ist, und erkennt sie als solche, wenn er sie sieht. Auch hier ragt also in die Erfahrung etwas hinein, was in reiner Gestalt innerhalb der Erfahrung nicht zu finden und doch für die Orientierung innerhalb der Erfahrung ganz unentbehrlich ist, von dem aber nun doch auch nicht, wie es von der Vorstellung der Gleichheit vielleicht möglich ist, gesagt werden kann, daß es der Erfahrung erst durch den menschlichen Intellekt als eine aus diesem stammende apriorische Form auferlegt wird. Denn die, wie sogar Stegmüller nach den Feststellungen von E. S. Russell zugibt[569], in gewissem Sinne „hartnäckige" Entwicklung des Tannensamens auf die Form der Tanne überhaupt hin ist ja durchaus durch die Erfahrung gegeben. Es ändert auch an dem aufgewiesenen Zusammenhang gar nichts, wenn etwa innerhalb eines japanischen Gartens eine (nicht beliebig, sondern auf eine ganz bestimmte Weise) verkrüppelte Tanne als schöner erscheint als eine gerade und unverkrüppelt gewachsene. Denn solche Ausnahmen gelten nur innerhalb eines größeren und spezifischen Zusammenhangs. Niemand wird eine Tanne, die innerhalb eines dichten Tannenwaldes gewachsen und daher in ihrem unteren Teil verdorrt ist, in einem japanischen Garten schön finden. So illustriert das Beispiel nur, was auch von Platon ausdrücklich vermerkt wird[570]: daß es nicht darauf ankomme, daß ein einzelnes Teilstück für sich die höchste Vollkommenheit besitze, sondern darauf, daß in dem größeren Zusammenhang, in den es gehört, alles harmonisch zusammenpasse.

Freilich ist die Stellung des Lebendigen in der Welt als ganzem und innerhalb der Welt des Lebendigen wiederum die condition humaine eine so eigentümliche, daß es notwendig ist, das Gesagte noch etwas weiter zu präzisieren und bis zu einem gewissen Grade zu modifizieren. Wie die

---

[568] Vgl. oben S. 287 und Anm. 547.

[569] Stegmüller, op. coll. 586 ff. Der auf den folgenden Seiten nach Braithwaite gegebene Vergleich mit Sonnen- und Mondfinsternissen, bei denen man auch annehmen könnte, die Himmelskörper steuerten auf das Ziel der Konjunktion, welche die Verfinsterung hervorruft, hin, läßt natürlich gerade das Wichtigste aus: daß es sich im einen Fall um organische Gestalten handelt, im anderen nicht. Wenn man die Existenz der sich aus der mehr oder minder gestaltlosen Welt heraushebenden Gestalten leugnet oder beschließt, keine Notiz davon zu nehmen, verschwinden natürlich die Unterschiede. Das kann jedoch nicht verhindern, daß diese Gestaltungen für den Menschen und sein Leben fundamental wichtig sind.

[570] Vgl. Platon, Staat IV 419 a ff.

starre vollkommene Form tot ist und es zum Wesen der organischen Form gehört, daß sie sich auf ein spezifisches Telos hin entwickelt, es aber niemals vollkommen erreicht, so scheint hier überall, vor allem aber in der Menschenwelt, das Wort des Heraklit zu gelten, daß die verborgene Harmonie besser und stärker ist als die offenkundige. Um eine Annäherung an die vollkommene Form zu ermöglichen, ist eine Gunst der äußeren Verhältnisse nötig, welche die Ausbildung aller Anlagen ermöglicht und fördert. Aber allzu große Gunst der Verhältnisse, die jede Anstrengung, das Ziel zu erreichen, unnötig macht, kann zu Verweichlichung führen und der Erreichung der vollkommenen Ausbildung hinderlich statt förderlich sein. Das gilt bis zu einem gewissen Grade sogar in der Pflanzenwelt, in höherem Grade in der Tierwelt und in hohem Grade in der Menschenwelt. Vielleicht kann man sagen, daß Platon in seinem Staat gegen diese Einsicht verstoßen hat, wenn er einen Idealstaat konstruierte, in dem Sokrates nicht hingerichtet worden wäre, aber dabei übersehen hat, daß in einem solchen Staat, in welchem jeder von Kindheit an fast unausweichlich mit mehr oder minder sanfter Gewalt auf dem Wege der Tugend gehalten würde, ein Sokrates gar nicht hätte entstehen können. Dagegen hat Aristoteles dem Rechnung getragen, indem er Raum ließ für die Auseinandersetzung über das, was recht und was unrecht ist, eine Auseinandersetzung, die nicht mehr möglich ist, wo das Rechte für jeden Fall durch eine äußere Autorität definitiv festgelegt ist. Freilich ist auch dies eine Diskrepanz, mehr mit Platons Staat als mit Platon selbst, in dessen Akademie die Diskussion über das „Gute" bis in sein hohes Alter immer fortgesetzt worden ist, womit sich Platon das Mißfallen des reaktionären Historikers Theopomp zugezogen hat[571], welcher der Meinung war, daß jeder anständige Mensch wisse, was gut und was gerecht ist, und daß man die jungen Leute nur verderbe, wenn man ihnen diese Begriffe zweifelhaft mache, indem man sie darüber diskutieren lasse. Aber diese Offenheit der Auseinandersetzung im einzelnen ändert nichts daran, daß ohne ein auf eine, wenn auch nicht an der Oberfläche liegende, so doch von der Willkür des einzelnen unabhängige und bis zu einem gewissen Grad erkennbare Harmonie des Telos gerichtetes Erkenntnisstreben das menschliche Leben die Richtung verliert und chaotisch wird.

Die durch das aristotelische τύπῳ περιλαβεῖν gegebenen Umrißlinien geben, weit davon entfernt jene Gefahren heraufzubeschwören, denen

---

[571] Vgl. Theopomp in Fragmente d. griech. Historiker, ed. F. Jacoby 115 F 175.

Weber mit seiner Forderung der Wertfreiheit der Wissenschaft zu entgehen suchte, vielmehr gerade die Möglichkeit, von einem gemeinsamen Ausgangspunkt aus über die Vorzüge und Mängel der spezifischen Wertsysteme miteinander im Streit liegender Ideologien vernünftig zu diskutieren, sofern nur ein wirklicher Wille zur Einsicht und zur Verständigung besteht. Dieser Wille kann freilich, wie so viele antike Philosophen und mit besonderer Deutlichkeit Aristoteles gesehen haben, durch die φαινόμενα ἀγαθά ab- und mißgeleitet sein. Aber das beweist nichts gegen die Kraft der von den aristotelischen Umrißlinien hergeleiteten Argumente als Argumente. Im Gegenteil. Alkibiades hätte nicht in seinen späteren Jahren der Begegnung mit Sokrates sorgfältig aus dem Wege zu gehen brauchen, wenn er sich nicht vor der Kraft seiner bohrenden Fragen, die er in seinen jungen Jahren erfahren hatte, gefürchtet hätte. Die totalitären Machthaber aller Schattierungen brauchten nicht die freie Meinungsäußerung mit Gewalt zu unterdrücken und die rebellierende Jugend unserer Zeit brauchte nicht — damit in ihrer Weise in die Fußstapfen der Gewalthaber, gegen die sie angeblich revoltiert, tretend — unbequeme Argumente mit Buh-rufen oder Schlagwörtern und Schimpfnamen niederzuschreien oder mit Eiern und Tomaten zu werfen, wenn sie sich nicht vor der Kraft der Argumente fürchtete. Es ist nicht wahr, daß die Diskussion über Werte und Wertsysteme in einem wertfreien Raum geführt werden muß. Freilich ist es richtig, daß man mit dem, der die Prinzipien leugnet, nicht diskutieren kann. Aber es ist nicht ganz leicht, gewisse Prinzipien, wenn sie nur fundamental genug sind, zu leugnen, wenn auch die Diskussion über ihre Anwendung im einzelnen Fall, wenn sie lebendig bleiben soll, innerhalb des durch die Prinzipien gegebenen Rahmens offen bleiben muß. Blickt man von hier aus auf das Verhältnis des Aristoteles zu Platon zurück, so kann man vielleicht sagen, daß Aristoteles, obwohl er sich von Platons Ideenlehre abgewendet hat, durch seine teleologisch-biologisch-anthropologisch orientierte Philosophie sich von der platonischen Ideenlehre gar nicht so weit entfernt, wie es auf den ersten Blick erscheint. Diese Philosophie erlaubt es Aristoteles aber, die ganze Gesellschafts- und Staatsphilosophie konsequent von seinen Prinzipien aus zu entwickeln und jene Lücke zu schließen, die sich gegen Ende von Platons Leben zwischen seiner theoretischen Philosophie und seiner Staatsphilosophie auftut.

Freilich erhebt sich nun am Ende gegen alles, was hier zuletzt gesagt worden ist, noch ein gewaltiger Einwand, der von allen jenen Religionen — mit denen Platon darin einig ist — kommt, die leugnen, daß das spe-

zifische Telos, das Aristoteles aufgrund seiner Beobachtung glaubte als
das menschliche Telos feststellen zu können, das eigentliche und letzte
Telos des Menschen sei, und welche lehren, daß der eigentliche Sinn des
menschlichen Lebens weit über die biologisch im Menschen angelegte Gestalt hinaus, ja in einer ganz anderen Richtung liege. Da ist es nun sehr
interessant, daß es in Aristoteles' eigener Philosophie etwas gibt, das
seine biologische Telos-Philosophie in bezug auf den Menschen zu durch-
kreuzen und mit ihr in einem gewissen Widerspruch zu stehen scheint.
Diese Anwendung der biologischen Telos-Philosophie speziell auf den
Menschen war ja bei Aristoteles von der Beobachtung ausgegangen, daß
der Mensch im Gegensatz zu anderen Lebewesen die im Menschen als solchem gegebenen Anlagen nur in Gemeinschaft mit anderen Menschen und
durch Differenzierung der Funktionen voll entwickeln kann, ja daß dies
in einem solchen Grade der Fall ist, daß der Mensch ohne Zusammenleben mit anderen Menschen nicht einmal zum Menschen werden kann,
ja „ἀφρήτωρ, ἀθέμιστος, ἀνέστιος" wilder und reißender wird als das wil-
deste Tier[572]. Aber am Ende desselben Abschnittes wird dasselbe etwas
anders formuliert[573]. Da heißt es, wer des Umgangs mit anderen nicht
bedürfe und sich selbst genug sei, sei entweder ein Tier oder ein Gott. Daß
das nicht nur zur Ergänzung hingeworfen ist, zeigt eine andere Diskrepanz der Prinzipien, die im zehnten Buch der Nikomachischen Ethik,
welches an seinem Ende zum ersten Buch von Aristoteles' Politica über-
leitet, aufs deutlichste hervortritt. Das Zusammenwirken der Menschen
beruht auf der Differenzierung ihrer Funktionen. Dabei mag es höhere
und niederere Funktionen geben, insofern als jede Art der Zusammen-
arbeit im größeren Rahmen einheitlich geplant und dann die Ausführung
des Planes dirigiert werden muß, so daß es notwendigerweise Dirigie-
rende und Ausführende geben muß, wobei auch hier wieder, zu welcher
Gruppe der einzelne gehört, durch seine Fähigkeiten bestimmt wird. Daraus leitet Aristoteles eine Art System der Herrschaftsformen ab, wobei
das Problem hinsichtlich derer, die untereinander in gleicher Weise zum
Planen und Dirigieren befähigt sind, dadurch gelöst wird, daß sie abwechselnd „herrschen" und „beherrscht werden", anordnen und das von
anderen Angeordnete ausführen müssen. Nichts fällt dabei aus dem Ge-
samtrahmen der Verteilung der Funktionen heraus. Aber im zehnten Buch
der Nikomachischen Ethik wird eine Frage aufgeworfen[574], die eigent-

---

[572] Aristoteles, Politica I, 9, 1253 a 5,
[573] Ibidem I, 12, 1253 a, 28 ff.
[574] Aristoteles, Eth. Nic. X, 7 ff.

lich nicht ganz in diesen Rahmen paßt: die Frage, ob das tätige Leben, der βίος πρακτικός, oder das ganz einer geistigen Tätigkeit gewidmete Leben das höhere und das bessere sei — und diese Frage wird eindeutig zu Gunsten des βίος θεωρητικός entschieden. Dabei wird alles Planen, Regieren, Dirigieren eindeutig zum tätigen oder praktischen Leben gerechnet. Die Höherstellung der rein geistigen Betätigung hat also schlechterdings nichts mit der durch Anordnen und Ausführen notwendig gegebenen Über- und Unterordnung zu tun. Dabei wird die geistige Tätigkeit als eine Art Muße (σχολή) bezeichnet, obwohl sie zugleich nach Aristoteles' Meinung eine „ernsthafte" (σπουδαία) Tätigkeit ist, nicht ein Spiel (παιδιά). Es wird hervorgehoben, daß, während alle anderen Tätigkeiten eine größere oder geringe Menge von ἁπλῶς ἀγαθά, von materiellen Instrumenten, Macht und dergleichen benötigen, der Philosoph außer dem Nötigsten, was er zur Erhaltung des Lebens nötig hat, fast nichts braucht. Alles, was er braucht, ist von selbst für ihn da. Selbst der Umgang mit anderen Menschen hat für ihn nicht mehr dieselbe Bedeutung. Der Zustand des Philosophen, wenn er einmal ganz zum Philosophen geworden ist, hat etwas Göttliches, das ihn zwar, da er an den menschlichen Leib gebunden ist, nicht zum Gott macht, aber ihn doch dem Zustand der Götter, die nichts Materielles bedürfen, annähert. Endlich bietet das rein der Erkenntnis gewidmete Leben θαυμαστάς τινας ἡδονάς: Freuden, wie niemand anders sie kennt.

Auch hier bleibt Aristoteles in dieser Welt, betrachtet nicht wie Platon eine andere Welt, in welcher die menschliche Seele von den Fesseln der Körperlichkeit befreit ist, als die eigentliche Heimat des Menschen. Aber er ist der Philosophie Platons, der glaubte, daß diejenigen, die sich in dieser Welt ganz der Philosophie gewidmet und kein Unrecht begangen haben, nach ihrem Tode nicht wieder in die Körperlichkeit zurückzukehren brauchen, nicht ganz fern. Zum mindesten wird hier auch bei Aristoteles ein Telos sichtbar, das über das sonstige biologische Telos des Menschen hinausliegt.

Wie Platon — aber nicht wie Aristoteles, für den das Göttliche, das der Mensch in sich entwickeln kann, innerhalb des irdischen Lebens bleibt, und auch nicht wie der historische Sokrates[575] — haben viele Reli-

---

[575] Daß der Verweis des platonischen Sokrates auf ein Gericht im Jenseits am Ende des Dialoges Gorgias nichts mit dem historischen Sokrates zu tun hat, wird durch das Zeugnis vieler Sokratiker einschließlich Platons (in der Apologie 40 c/d) bewiesen, die alle bezeugen, daß Sokrates der Meinung war, entweder sei mit dem Tode alles aus oder dem, der immer recht gehandelt habe, könne auch im Jenseits

gionen den eigentlichen Sinn des menschlichen Lebens jenseits des irdischen Daseins gefunden, ja in seiner Überwindung oder in der Erlösung davon. Darauf näher einzugehen ist hier nicht der Ort. Aber es muß noch einmal betont werden, was am Ende des 7. Kapitels gesagt worden ist[576]: Nicht nur das irdische Leben selbst kann nicht übersprungen werden, da wir einmal in es hineingeboren werden, sondern auch nicht das Natürliche darin, das Aristoteles in seinen ethischen Schriften herauszustellen gesucht hat. Man kann das menschliche Leben nicht damit anfangen, ein Heiliger, und ebensowenig damit, ein Weiser oder ein sein Leben der Erkenntnis widmender Philosoph wie Aristoteles zu sein. Überall ist die Vorausbedingung für die Möglichkeit eines höheren Lebens oder selbst einer Überwindung des Lebens, zunächst durch das natürliche Leben als ζῷον πολιτικόν mit anderen Menschen, wie es von Aristoteles analysiert wird, hindurchgegangen zu sein. Das haben vor allem die Inder aller Religionen und Sekten sehr deutlich gesehen, während innerhalb der christlichen Sekten die übertriebene Vorstellung von der Sündhaftigkeit des Natürlichen, die in den Evangelien keine Stütze findet, zu den Abirrungen eines sterilen Puritanismus wie der entgegengesetzten, ebenso unnatürlichen, Aufforderung „pecca fortiter" Anlaß gegeben hat. Die antike Ethik ist als natürliche Ethik keine Ethik des „Predigens" noch eine des Gebietens und Verbietens, sondern eine Ethik des Aufweisens und Aufmerksammachens. Dies gilt für alle respektablen antiken Philosophen, so sehr sie sich sonst durch den speziellen Inhalt ihres Philosophierens oder durch ihre Methode voneinander unterscheiden mögen[577].

Was aber die in unserer Zeit so weit verbreitete Abneigung angeht, von der antiken Lehre vom wahrhaft Schönen, von den wirklichen Gütern und von der Irreführung durch die scheinbaren Güter überhaupt Kennt-

---

nichts wahrhaft Schlimmes widerfahren, daß für ihn das Diesseits jedoch völlig ausreiche als Grundlage für seine ethischen Überzeugungen. Bestätigt wird dies auch durch Glaukon und Adeimantos, die in Platons „Staat" (II 363 b ff.) darauf bestehen, daß ohne jede Rücksicht auf ein Jenseits nachgewiesen werden müsse, daß recht tun besser sei als unrecht tun, auch wenn in diesem Leben weder das eine noch das andere von den Menschen als das erkannt werde, was es sei, ein Übeltäter also als solcher ganz unerkannt bleiben könne.

[576] Vgl. oben S. 129 ff.

[577] Die Protreptik, das Ermahnen, richtet sich in der Antike charakteristischerweise in der Regel nicht auf die „Tugend", sondern auf das Philosophieren: Nachdenken soll man. Dann wird man schon von selbst zum richtigen Handeln kommen. Zwar hat es vor allem in der späteren Zeit auch eine Art Straßenprediger gegeben, die direkt zur Tugend ermahnten. Aber sie gehörten sozusagen nicht zur respektablen Philosophie.

nis zu nehmen, so liegt der Grund dafür wohl teilweise in dem berechtigten Widerwillen gegenüber dem falschen Zungenschlag vieler Moralprediger, die diese Worte auch in den Mund nehmen, was aber mit antiker Ethik gar nichts zu tun hat, sondern ihr völlig fremd ist. In nicht geringerem Maße aber liegt der Grund für diese Abneigung zweifellos auch in dem, was Alkibiades veranlaßt hat, in seinen späteren Jahren den Umgang mit Sokrates zu meiden: in der Furcht davor, durch bessere Einsicht in der Jagd nach den geliebten Scheingütern behindert zu werden, unter denen, vor den Menschen eine Rolle zu spielen und die Aufmerksamkeit auf sich zu ziehen, nicht nur bei Alkibiades alle anderen Scheingüter und wirklichen Güter an Anziehungskraft übertroffen hat.

12. *Conclusio*

In einer Diskussion über die Aussichten und die Zukunft der klassischen Altertumswissenschaft wurde von einem Teilnehmer an der Diskussion — nicht einem klassischen Philologen — die Meinung vertreten, man solle doch, um die klassischen Studien der gegenwärtigen Generation annehmbar und interessant zu machen, die ganze antike Moralphilosophie mit ihren Reden von dem Schönen und Guten, die gänzlich veraltet sei und von der niemand mehr etwas wissen wolle, beiseite lassen und stattdessen lieber herausstellen, welch große Beiträge die alten Griechen zur strengen Wissenschaft geleistet haben. Das ist zweifellos eine weit verbreitete Meinung, wenn sie auch nicht oft in so dezidierter Form ausgesprochen wird. Aber nichts könnte die Dinge mehr auf den Kopf stellen. Eine Wissenschaftsgeschichte, die nichts täte, als zu zeigen, wie ein Steinchen nach dem anderen zu dem immer weiter wachsenden Gebäude der strengen Wissenschaft beigetragen worden ist, und vielleicht dazu noch, wie ein kleiner Nebenbau gelegentlich einmal einstürzte, aber sogleich auf festerer Basis und mit soliderem Material wieder errichtet und höher aufgebaut wurde, wäre eine reine Kuriositätswissenschaft ohne jeden wahren Erkenntniswert, eine Art der „Wissenschaft" freilich, die sich bei einer gewissen Art von Leserschaft einer nicht geringen Beliebtheit erfreut. Dagegen ist das, was die antike Moralphilosophie gefunden hat, gerade uns in einer Zeit, wo die strenge Wissenschaft den Menschen die Mittel an die Hand gegeben hat, die Welt in einem Ausmaß zu verändern, wie es nie zuvor der Fall gewesen ist, sie aber völlig im Stiche läßt hinsichtlich der Frage, in welcher Richtung sie zu verändern für den Menschen gut und nützlich ist, nötiger als je.

Es ist erschreckend, wie oft man lesen kann, daß ein berühmter Philosoph oder großer Wissenschaftler unserer Zeit sich hat in psychiatrische Behandlung begeben müssen. Ein antiker Philosoph, der das nötig gehabt hätte, hätte als schlechter Philosoph gegolten und sofort seine Zuhörer eingebüßt. In der Abhandlung eines modernen Psychiaters habe ich gelesen, alle chemischen Mittel der Behandlung und alle Psychotherapie im engeren Sinne hälfen letzterdings nichts, so nützlich sie auch bis zu einem gewissen Grade sein könnten, wenn der Patient nicht zugleich bereit sei, an seinem Charakter zu arbeiten. Die antiken Philosophen, soweit sie sich mit ethischen Dingen beschäftigt haben — und das waren die meisten, auch der Materialist Demokrit —, vertraten oft kuriose Theorien, sozusagen als theoretischen Oberbau: aber darauf haben sie sich alle verstanden. Ihre Ethik war auch kein „intellektueller Oberbau" über einem ökonomischen System, etwa der Sklavenwirtschaft, sondern sie haben es verstanden, durch Einsicht in die wahre Hierarchie der Werte den einzelnen von den ökonomischen und sozialen Bedingungen, unter denen er zu leben hatte, weitgehend innerlich unabhängig zu machen.

Die Geschichte der antiken Wissenschaft hat jedoch andere sehr wichtige Dinge zu lehren. Die antike Wissenschaft hat sich ganz und gar nicht nach dem Schema entwickelt, nach welchem sich eine Wissenschaft, die wirkliche Wissenschaft werden will, nach den Prinzipien der modernen positivistischen Wissenschaftslehre zu entwickeln hat. Sie hat im Gegenteil mit kühnen Verallgemeinerungen begonnen, die sich naturgemäß später als teilweise unrichtig erwiesen haben und korrigiert werden mußten, die aber sogleich an die Grenzen der menschlichen Erkenntnis führten und damit zu erkenntnistheoretischen Fragestellungen Anlaß gegeben haben, die für die Einsicht in das, was menschliche Erkenntnis leisten kann, von grundlegender Wichtigkeit sind, von dem modernen Wissenschaftspositivismus aber um einer vermeintlichen Sicherheit der zu erreichenden Erkenntnis willen weitgehend zugedeckt werden. Sie hat aber auch ganz früh schon gewisse Grundprinzipien aufgestellt, die nicht empirischer Natur sind, die sich aber in sich wandelnden Formen wie z. B. derjenigen der verschiedenen Erhaltungssätze, der Materie, der Kraft, der Energie, bis in die Gegenwart als Grundlagen der Naturwissenschaften erhalten haben.

Es ist der antiken Wissenschaft zunächst, wie sich gezeigt hat, schwer gefallen, anthropomorphe oder allgemein aus dem Bereiche des Lebendigen genommene Begriffe und Vorstellungen aus der Analyse der nicht belebten Natur auszuschalten, obwohl sie in der Ausschaltung des im engeren Sinne Anthropomorphen gegenüber früheren Vorstellungen sowohl der Griechen wie orientalischer Völker gleich zu Anfang Riesenschritte getan hat. Am längsten hat sie in der Astronomie an dieser Belebung der unbelebten Natur festgehalten, indem sie Jahrhunderte hindurch an dem Glauben, die Gestirne seien vernunftbegabte Lebewesen und bewegten sich deshalb in besonders „schönen" und geregelten Bahnen, festgehalten hat. Das hat sich am Ende als dem Fortschritt der wissenschaftlichen Erkenntnis abträglich erwiesen, so daß die Astronomie erst nachdem der Glaube an Gestirngötter durch eine neue Religion unmöglich geworden war, zu einer genaueren Bestimmung der Gestirnbewegungen fortgeschritten ist, die es dann ermöglichte, diese auf physikalische Gesetze zurückzuführen. Aber die Forderung der „Schönheit" und Gleichförmigkeit der Gestirnbewegungen beruhte doch nicht *nur* auf einer willkürlichen Extrapolation von Erscheinungen und Postulaten der Welt des Lebendigen in die Welt der unbelebten Natur, sondern *auch* auf der Beobachtung, daß die Gestirnbewegungen solchen einfachen und gleichförmigen Bewegungen empirisch angenähert waren, so daß die Annahme nicht ganz ferne lag, sie müßten in Wirklichkeit noch einfacher und gleichmäßiger sein als es vom Standpunkt des irdischen Beobachters aus den Anschein hat. Diese kühne Annahme hat sich denn auch als weitgehend richtig erwiesen und der Mut, eine solche Annahme gegen den Augenschein zu machen, hat es den Griechen ermöglicht, sich der modernen wissenschaftlichen Astronomie in einem Tempo zu nähern, wie es den vorsichtigeren, viel genauer nach den Prinzipien der modernen positivistischen Wissenschaftstheorie arbeitenden Babyloniern in keiner Weise gelungen ist.

Das mag man als einen gewissermaßen zufälligen Erfolg betrachten. Aber der erwähnte Mangel der antiken Wissenschaft hat noch andere, sehr viel wichtigere und tiefer liegende positive Aspekte. Die antike Wissenschaft und Wissenschaftslehre hat nie daran gedacht, alles zur menschlichen Sphäre Gehörige in dem Maße aus der Wissenschaft, ja aus der menschlichen Erkenntnis überhaupt ausschließen zu wollen, wie es der moderne Szientismus strengster Observanz versucht. Einer der Aspekte, die hier eine Rolle spielen, ist die sogenannte Wertfreiheit der Wissenschaft. Es ist richtig, daß in der Natur als solcher Werte unmittelbar nicht vorzufinden sind. Es ist daher auch möglich, innerhalb gewisser Wissenschaften die Betrachtung und Feststellung der Relationen ihrer Gegenstände zueinander wertfrei zu halten. Aber es ist völlig unmöglich, irgendeine Wissenschaft als solche ohne Wertunterscheidungen zu konstituieren. Dabei gibt es solche Werte, die für schlechterdings alle Erkenntnis und also auch für jede Art von Wissenschaft konstituent sind[578], während bei anderen Wissenschaften, wie z. B. der Medizin, weitere Wertbestimmungen zusätzlich eine in diesen Wissenschaften unverzichtbare konstituierende Rolle spielen.

Das ist jedoch nur *ein* Aspekt der Sache. Was die „Wertfreiheit der Wissenschaft", wenn dies Prinzip weiter ausgedehnt wird als dem ursprünglichen Anlaß zu dieser Forderung Max Webers entspricht, in der Praxis bedeutet, kann gerade am Beispiel Max Webers selbst illustriert werden. Da der Mensch handeln muß und sich als Ziel seines Handelns nur etwas setzen (oder, um der rein kausalen Terminologie die schuldige Reverenz zu erweisen, als Motiv seines Handelns nur etwas haben) kann, was er in irgendeinem Sinne als sei es in sich selbst, sei es für ihn persönlich „gut" betrachtet, ist die unumgängliche Ergänzung der Lehre von der absoluten Wertfreiheit der Wissenschaft jene zweite Lehre Max Webers von dem Kampf der Werte, in welchem jeder sich „den Dämon, dem er folgen will, frei wählen muß". In einem Brief ungefähr aus eben der Zeit, in welcher Max Weber die berühmte Schrift „Wissenschaft als Beruf" verfaßt hat, in welcher er die beiden erwähnten Lehren verkündete, schrieb Max Weber, für Deutschland würde er sich mit dem Teufel verbünden. Aus Kenntnis seines Charakters und seiner faktischen politischen Stellungnahmen zu seinen Lebzeiten ist wohl mit einiger Sicherheit zu erschließen, daß Weber sich mit dem nationalsozialistischen Teufel nicht verbündet haben würde, sondern ihm vielmehr trotz dessen Anspruch, der Sache Deutschlands zu dienen, vielmehr heftigen Widerstand geleistet hätte. Aber zum mindesten vor dem theoretischen Irrtum, der sich in jener brieflichen Äußerung ausspricht, hat ihn die Wertfreiheit der Wissenschaft nicht bewahrt und konnte es ihrem Wesen nach auch nicht. In der antiken Ethik ist von dem oder einem Teufel naturgemäß nicht die Rede. Trotzdem ergibt sich aus der Ethik des Aristoteles nicht

---

[578] In der oben Anm. 539 zitierten Abhandlung von W. Stegmüller wimmelt es von Werturteilen. Wenn eine Theorie sich dem metaphysischen oder teleologischen Tabu nähert, aber verhältnismäßig leicht so umgemodelt werden kann, daß das Tabu vermieden wird, heißt sie „harmlos", wenn dies nicht leicht möglich ist, wird sie gefährlich genannt.

minder als aus der des Sokrates und derjenigen Platons mit großer Klarheit, daß es einer Sache nicht gut tun kann, wenn man sich um ihretwillen mit dem Teufel verbindet, in welcher Gestalt sich dieser auch verbergen mag. Im übrigen geht man wohl nicht fehl in der Annahme, daß den modernen Ideologen, die das Prinzip der Wertfreiheit ablehnen und stattdessen die Forderung erheben, daß die Wissenschaft einem ideologischen (Pseudo-)Wertsystem zu dienen habe, ihre Propaganda durch die Forderung einer in dieser Ausdehnung undurchführbaren Wertfreiheit der Wissenschaft erleichtert wird, während ihnen die in jeder Weise berechtigte Forderung einer ideologiefreien Wissenschaft verbunden mit dem aristotelischen anthropologischen τύπῳ περιλαβεῖν wirklich auf den Leib rücken würde.

Noch tiefer greift jedoch die antike Erkenntnis von der besonderen Natur des Lebendigen und ihrer Erfaßbarkeit durch Erkenntnisarten, die sich von der wissenschaftlichen Erkenntnis der unbelebten Natur unterscheiden, eine Erkenntnis, die unserer Zeit gänzlich verloren zu gehen droht, so daß einer der prominentesten Vertreter des positivistischen Scientismus bekennen muß[579], daß die Wissenschaft über das, was für das menschliche Leben eigentlich wichtig ist, nichts zu sagen hat, und da es keine andere Art mitteilbarer Erkenntnis gibt als die wissenschaftliche, man über das, was für den Menschen eigentlich wichtig ist, schweigen muß. Wenn der Versuch gemacht wird[580], die lückenlose Durchführbarkeit einer im Bereich der nicht belebten Natur geltenden Kausalitätserklärung im Gebiet des Lebendigen dadurch zu beweisen, daß es in neuester Zeit möglich ist, Roboter zu konstruieren, die scheinbar alles leisten können, wozu Lebewesen imstande sind, einschließlich der selbständigen Korrektur von Fehlleistungen, und noch Beträchtliches darüber hinaus, so steht ja zunächst wohl fest, daß diese Roboter und Computer das Resultat intentional zweckgerichteter Handlungen sind, d. h. von Handlungen, deren von hinten wirkende Ursachen dadurch charakterisiert sind, daß sie ohne die Vorstellung von einem in Zukunft erst zu realisierenden Gegenstand nicht existieren würden. Da läge die Analogie nahe zu sagen, daß die Lebewesen auch durch solche intentional-zweckgerichtete Handlungen, etwa eines Gottes, entstehen. Aber gerade diesen Analogieschluß hat Aristoteles nicht gezogen. Er hat die Ursachen der Entstehung von Lebewesen im einzelnen im Dunkeln gelassen. Aber er

---

[579] Vgl. oben S. 126 ff.
[580] Vgl. Stegmüller, op. coll. (Anm. 539), S. 594 ff., vor allem 612 ff.

hat die Lebewesen jedenfalls nicht zu einem „Gemächte" gemacht, dessen Funktionen bis ins letzte von einem sie erfindenden und erschaffenden Wesen bestimmt sind. Er hat ihnen aufgrund der empirischen Beobachtung die Freiheit und den Spielraum gelassen, daß sie sich zwar — sogar mit einer gewissen „Hartnäckigkeit" — auf eine bestimmte Gestalt hin entwickeln, aber die geringere oder größere Abweichung von der Verwirklichung dieser Gestalt nicht nur durch äußere Einwirkungen, sondern auch durch in ihnen selbst gelegene Ursachen bewirkt werden kann. Er hat sich dann auf die Untersuchung konzentriert, worin bei den verschiedenen Gattungen das Spezifische dieser Gestalt besteht, wodurch die Störungen ihrer Verwirklichung verursacht werden und wie diese Ursachen sich beseitigen lassen. Darüber ist schon gesprochen worden und es soll hier nicht im einzelnen wiederholt werden. Aber es lohnt sich vielleicht, einige Betrachtungen darüber anzustellen, welche Konsequenzen diese Einsicht in das Besondere des Lebendigen auf wichtigen Gebieten, die noch nicht in den Kreis der Betrachtung gezogen worden sind, hat.

In einer seiner Abhandlungen setzt sich W. Stegmüller[581] mit dem Diltheyschen Begriff des „Verstehens" auseinander, den er scharf kritisiert, wobei er zu dem Ergebnis kommt, es gebe nur „Erklären", eben in dem Sinne der kausalen Erklärung, der in seiner Philosophie eine zentrale Rolle spielt, und Beschreibung. Ein besonderes Verstehen gebe es nicht. Er versucht dann zu zeigen, daß das Verstehenwollen, das so verfährt, daß man sich an die Stelle der zu verstehenden handelnden Person zu setzen versucht, zu den offenkundigen Irrtümern verleite, weil es überall ein rationales Verhalten der Menschen voraussetze, während dieses außerordentlich häufig durch irrationale Motive bestimmt würde. Nun kann nicht der geringste Zweifel daran bestehen, daß Stegmüller mit seinem Hinweis auf die Fehlerhaftigkeit einer bloß mit rationalen Motiven rechnenden Erklärung recht hat, und es ist sein Verdienst, energisch auf die Bedeutung irrationaler Motive im historischen Geschehen hingewiesen zu haben. Tatsächlich wird in der historischen Forschung, besonders in bezug auf die historische Kritik, nicht selten eine abominable Methode gelehrt, die ich die Widerspruchsphilologie genannt habe: eine Methode, die überall nach einer rationalen Logik verfährt, die zu wirklichem menschlichem Leben keine auch nur entfernte Beziehung hat. Ich will

---

[581] W. Stegmüller, Probleme und Resultate III: Historische, psychologische und rationale Erklärung. Kausalitätsprobleme, Determinismus und Indeterminismus, Berlin 1969, S. 360 ff.

dafür ein paar Beispiele anführen, die aber zugleich auch zeigen werden, was dieser Methode entgegenzusetzen ist und daß sich dies von dem, was Stegmüller an die Stelle des Diltheyschen Verstehens setzen will, sehr stark unterscheidet.

Bei Diodor findet sich folgende Geschichte: der junge Demetrius ist von seinem Vater Antigonus zum ersten Mal mit dem Kommando eines Heeres beauftragt worden. Als er dem Heer des Ptolemaios gegenübersteht, raten ihm seine Generale von der Annahme der Schlacht ab. In jugendlichem Enthusiasmus befiehlt er dennoch den Angriff für den folgenden Tag. Als er aber dann zu den Truppen sprechen soll, bekommt er für einen Augenblick Lampenfieber und gerät in Verwirrung. Die Soldaten, die ihn als tapferen Anführer kennen und lieben, rufen ihm zu: „Nur Mut. Sprich frei heraus!" Dann wird es mäuschenstill, ohne daß wie gewöhnlich der Herold Ruhe zu gebieten braucht, und nun findet Demetrius die richtigen Worte. In einer neueren Abhandlung wird argumentiert, diese hübsche, lebenswahre Geschichte müsse aus einer demetriusfreundlichen und einer demetriusfeindlichen Überlieferung zusammengestoppelt sein, da Demetrius nicht zugleich mutig und feige gewesen sein könne. Als ob es nicht ganz natürlich wäre, daß ein junger Mann, der im Handgemenge ein Draufgänger ist, in Verwirrung geraten kann, wenn er zum ersten Mal vor einer großen Menge eine Rede halten soll. In einem anderen Aufsatz wird argumentiert, Hesiod könne nicht zwischen der Abfassung seiner „Theogonie" und seiner „Werke und Tage" den Prozeß gegen seinen Bruder verloren haben, weil er in den „Werken und Tagen" leidenschaftlich seinem Glauben an die Gerechtigkeit des Zeus Ausdruck gibt. Er habe unmöglich an die Gerechtigkeit des Zeus glauben können, wenn dieser Glaube gerade vorher durch den Mißerfolg in seinem Prozeß so bitter enttäuscht worden wäre. Als ob nicht durch Enttäuschungen mit der irdischen Gerechtigkeit der Glaube an eine überirdische Gerechtigkeit bei vielen Menschen ganz natürlicherweise nur befestigt worden wäre. Aber woher weiß man so etwas? Aus Lebenserfahrung und aus eben jenem Einfühlungsvermögen, das Dilthey als Verstehen bezeichnet hat und das ganz und gar nicht auf das Verstehen rationaler Entscheidungen beschränkt ist. Wenn man für solche Einsichten auf die seit Le Bon entwickelte Wissenschaft der Massenpsychologie oder auf die Psychoanalyse warten müßte, die Stegmüller als wissenschaftliche Hilfsmittel der historischen Interpretation empfiehlt, wäre es um die Geschichtswissenschaft schlecht bestellt. Was bisher an solchen

Hilfsversuchen vorliegt, wie etwa G. Marañons Buch über Tiberius[582] oder das Buch von Esser über die julisch-claudische Dynastie[583] oder von Erik H. Erikson über Luther[584], ist in dieser Hinsicht nicht ermutigend, nicht deshalb, weil das in diesen Büchern Vorgebrachte durchaus falsch wäre, sondern weil das darin Aufgewiesene einen so dünnen Faden in dem Gewebe der historischen Kausalität darstellt, daß die Proportionen verschoben werden, wenn *ein* Faden dieses Gewebes in solcher Weise herausgehoben wird. Das ist umso interessanter, als Erikson einer der ausgezeichnetsten, am wenigsten an einseitigen Theorien hängenden Vertreter seines Faches ist, der über allgemeine psychologische Probleme ganz vorzügliche Bücher geschrieben hat.

Hier liegt aber überhaupt der Kern des Problems. In der Wissenschaft von der unbelebten Natur und vielleicht noch in den Grundforschungen der Biologie kommt es darauf an, die *eine* Ursache zu finden, mit deren Hilfe man unfehlbar den gewünschten Effekt erzielen oder auf Grund von deren Kenntnis man mit Sicherheit eintreffende Voraussagen machen kann. Für geschichtliche Abläufe bestimmend ist immer ein dichtes Gewebe von Ursachensträngen, die alle nicht nur für sich, sondern in ihrer Verflechtung in Betracht gezogen werden müssen, wenn eine einigermaßen adäquate historische Erkenntnis erreicht werden soll. Wenn man die Geschichte in Verbindung mit der Geschichtsschreibung durch die Jahrhunderte verfolgt, wird man bemerken, daß in gewissen Zeiten *eine* Art von Ursachen, zu andern andere eine besonders starke Wirkung ausgeübt haben: bald ökonomische, bald der Einfluß religiöser Ideen oder anderer Ideologien, bald irrationale Massenbewegungen, bald der Wille und die Intelligenz bedeutender Einzelpersonen, obwohl keine dieser Ursachen jemals völlig abwesend gewesen ist. Es ist aber eine sehr bemerkenswerte Erscheinung, daß die Geschichtsschreibung der unmittelbar folgenden Epoche, auch wo sie sich mit ganz anderen, weit zurückliegenden Zeiten beschäftigt, die Tendenz hat, alles Geschehen vornehmlich aus derjenigen Ursachenart zu erklären, die in der vorangegangenen Epoche die am stärksten wirksame gewesen ist, obwohl dies für die eigene Zeit gar nicht mehr zutreffen mag. Die Erklärung aus dieser Ursachenart pflegt dann in der betreffenden Epoche als besonders „wissenschaftlich" zu gelten. Dar-

---

[582] G. Marañon, Tiberio. Historia de un resentimiento, Buenos Ayres 1939.

[583] A. Esser, Caesar und die julisch-claudische Familie im biologisch-ärztlichen Blickfeld, Leiden 1958.

[584] Erik H. Erikson, Young Man Luther, New York 1958.

aus entstehen jené „terribles simplifications", von denen der Marxismus nur die in unserer Zeit besonders deutlich erkennbare ist. Die aufgrund dieser „wissenschaftlichen" Geschichtskonstruktion gemachten Voraussagen sind alle nicht eingetroffen. Die Revolutionen haben sich nicht in den Ländern ereignet, in denen sie der Theorie nach hätten eintreten sollen, sondern in Ländern, die der Theorie nach noch längst nicht für eine sozialistische Revolution reif waren. Die „Diktatur des Proletariats" hat nicht als Übergangsstadium das baldige Verschwinden der Staatsmacht zur Folge gehabt, sondern zu einer sich immer härter etablierenden Zwangsgewalt des Staates geführt. Trotzdem wird unter dem Zwang eben dieser Staatsmacht die Fiktion aufrechterhalten, daß die Marxistische Lehre die Grundlage aller wahren Wissenschaft sei.

In der Geschichte des Marxismus enthüllt sich noch eine weitere Eigentümlichkeit historischer „Gesetze", die von grundlegender Wichtigkeit ist. Da Geschichte aus dem Handeln der Menschen hervorgeht, sind alle historischen Gesetze letzterdings psychologische Gesetze, wie ja auch Stegmüller die Massenpsychologie und die Psychoanalyse auf die Geschichte angewendet wissen will. So hat im Altertum schon Polybius aufgrund psychologischer Gesetze die geschichtliche Zukunft vorauszusagen versucht: in seiner berühmten Theorie vom Kreislauf der Verfassungen[585]: jede Staatsform hat infolge einer gewissen inertio der Regierenden, wenn sie sich im Besitz der Gewalt sicher fühlen, die Tendenz, zu erstarren und sich zu verhärten, außerdem das ihr inhärente Prinzip ins Extrem zu treiben. Das führt schließlich zu unerträglichen Zuständen und damit zum Umsturz der bestehenden Ordnung, des „establishments", wie man es heute zu nennen pflegt. Die neue Ordnung pflegt zunächst besser zu funktionieren, weil die Unzuträglichkeiten des früheren Zustandes noch in frischer Erinnerung sind. Aber bald setzt die Entwicklung zur Erstarrung und Verhärtung von neuem ein, bis ein neuer Umsturz erfolgt.

An dieser Konstruktion ist ein gut Teil Richtiges, obwohl sich die Entwicklung nie so schematisch vollzogen hat, wie es Polybius in seiner Theorie darstellt. Aber er hat seine Theorie nicht nur aufgestellt, um die Zukunft vorausbestimmen zu können, was ohnehin wegen der unendlichen möglichen Varianten des Prozesses, die Verzögerungen oder Beschleunigungen bedeuten können, eine prekäre Sache ist, sondern auch um ein Mittel gegen den circulus vitiosus zu finden. Er fand dieses Mittel in seiner Theorie von der gemischten Verfassung, in der die verschiedenen

---

[585] Polybius VI 3 ff.

Elemente der „reinen" Verfassungen so gemischt sind, daß die sonst eintretende Verhärtung und Erstarrung verhindert oder wenigstens auf lange Zeit hinausgezögert wird. Allgemein gesprochen findet darin die Erkenntnis Ausdruck, daß die Wirksamkeit gewisser historischer Ursachenarten, eben weil sie psychologische sind, durch Einsicht in die Natur ihrer Wirksamkeit verhindert werden kann, womit jedoch auch die Möglichkeit wegfällt, aufgrund solcher Gesetze sichere Voraussagen zu machen. Denn wer könnte voraussagen, wann und wo in dem Kopfe eines Mannes die Idee auftauchen wird, wie man die Wirksamkeit des Gesetzes verhindern kann, und dazu noch, wieweit er die Macht und die Möglichkeit haben wird, seiner Einsicht zur praktischen Verwirklichung zu verhelfen. Eben die Geschichte des Marxismus in den kapitalistischen Ländern ist ein Beispiel dafür, wie teilweise durch die marxistische Lehre selbst, teilweise durch direkte Erfahrung, teilweise durch andere Lehren, sich zuerst bei wenigen, dann in weiteren Kreisen die Einsicht in die Gefahren durchgesetzt hat, die entstünden, wenn man die Dinge einfach treiben ließe, und wie diese Einsicht dann zu Modifikationen des kapitalistischen Systems Anlaß gegeben hat, welche das Eintreten der von Marx vorausgesagten unausweichlichen Entwicklung in den kapitalistischen Ländern verhindert hat.

Nun ist es gewiß möglich, aufgrund besserer Einsicht auch jene einseitige Geschichtsinterpretation zu vermeiden, die einen bestimmten Ursachenstrang immer gerade dann als für alles geschichtliche Geschehen überhaupt maßgebend betrachtet, wenn er in der eigenen Gegenwart aufgehört hat, der dominierende zu sein, und an ihre Stelle eine ausgewogenere Betrachtung des historischen Ursachengewebes zu setzen. Aber überall gilt für die historischen „Gesetze", was Platon über die juristischen Gesetze gesagt hat: daß das menschliche Leben zu mannigfaltig ist, als daß es sich durch Gesetze, die notwendig allgemein formuliert sein müssen, adäquat einfangen ließe. Das bedeutet nicht, daß das Aufstellen solcher Gesetze überflüssig wäre. Im Gegenteil: ohne sie ist alles in Gefahr, ins Unbestimmte zu zerfließen. Aber wie in der Ethik des Aristoteles, wie in der praktischen Anwendung der Gesetze in allen Rechtsstaaten der Welt, können diese nur die Funktion des τύπῳ περιλαβεῖν haben, innerhalb dessen Raum bleiben muß für Freiheit der Entscheidung oder der Erklärung im Hinblick auf die nicht in allgemeine Formeln zu fassenden Besonderheiten des individuellen Falles.

Hier hat die Erfahrung und das, was Dilthey unter dem historischen „Verstehen" sehr mit Recht als etwas von kausaler Erklärung nach den

Regeln der Naturwissenschaft ebenso wie von der bloßen äußeren Beschreibung Verschiedenes verstanden hat, seinen legitimen Platz. In den politisch verhältnismäßig ruhigen und gesicherten Zeiten von der zweiten Hälfte des vorigen Jahrhunderts bis in das gegenwärtige hinein war das Verständnis für gewisse Erscheinungen menschlichen Verhaltens unter terroristischen Regierungen wie der der Dreißig in Athen oder unter manchen römischen Kaisern in dem Maße geschwunden, daß man in zeitgenössischen antiken Schriften sogar den Text ändern zu müssen glaubte, weil man nicht mehr verstand, was da geschrieben stand[586]. Nach der Etablierung der terroristischen totalitären Systeme in europäischen Ländern war das Verständnis für diese Dinge ganz von selbst wieder da und der ursprüngliche Text in antiken Autoren konnte wieder eingesetzt werden. Aber in Amerika hielt das mangelnde Verständnis sowohl für die gleichzeitigen Ereignisse und Zustände in Europa ebenso wie für analoge Ereignisse und Zustände in vergangenen Zeiten noch lange an und ist bis heute nicht vollständig überwunden. Nun ist die Geschichte in gewisser Weise eine Verlängerung der Erfahrung über die Lebensspanne des einzelnen Menschen hinaus und so kann die persönliche Erfahrung bis zu einem gewissen Grade durch geschichtliche Kenntnisse ersetzt werden. Aber als Erfahrung nicht durch die notwendig allgemein formulierten Sätze einer „streng wissenschaftlichen" Geschichtsanalyse, sondern durch Lektüre eindringlicher *detaillierter* Darstellungen lebendigen Geschehens in einer von der dem Leser aus persönlicher Erfahrung vertrauten Zeit verschiedenen Zeit.

Stegmüller zitiert ohne Angabe des genaueren Herkunftsortes Ausführungen von E. Zilsel[587], in denen darauf hingewiesen wird, daß die Methode des Verstehens zu einander widersprechenden Resultaten führen kann. So könne man z. B., wenn man sich in den Geist der Bevölkerung einer belagerten Stadt der Vergangenheit versetze, sowohl verstehen, daß diese durch ihre Leiden zur Kapitulation veranlaßt, wie daß sie dadurch zu umso erbittererem Widerstand angestachelt werde. Das ist so in abstracto gesagt natürlich richtig. Nur daß sich von selbst verstehen sollte, daß bei der Beurteilung einer solchen Lage durch einen in der Kunst des Verstehens Geübten andere Faktoren, wie etwa die religiösen Überzeugungen der belagerten Einwohner, z. B. von La Rochelle, Furcht

---

[586] Für Beispiele vgl. Deutsche Vierteljahresschrift für Literatur- und Geistesgeschichte XXXIII (1959), S. 518 ff., und Classical Philology LII (1957), S. 73 ff.

[587] Vgl. W. Stegmüller, op. coll. (Anm. 581), S. 365.

vor grausamer Behandlung, Empörung über früheres Unrecht und vieles
andere eine Rolle spielen und einer so simplen Alternative im Wege
stehen werden[588]. Dabei bleibt bestehen, daß die Methode des Verstehens
aufgrund von Erfahrung und Einfühlung dem Irrtum ausgesetzt ist und
ein Element der Unsicherheit in sich trägt: wie alles, was mit im eigentlichen Sinne menschlichen Dingen zu tun hat. Aber da es sich dabei um
Nuancen handelt, werden diese Irrtümer unvergleichlich geringer und
weniger verhängnisvoll sein als die Irrtümer, die durch Anwendung angeblich streng wissenschaftlicher, auf die Variabilität des menschlichen
Lebens ihrer Natur nach nicht streng anwendbarer Gesetze entstehen.
So ist es eine verhängnisvolle Folge des Wissenschaftsaberglaubens unserer
Zeit, daß die jungen Leute, welche die Lehren gewisser Soziologen mit
Enthusiasmus eingesogen haben, glauben, sie könnten die Aktionen und
Reaktionen der Menschen unter einem totalitären System sowie dessen
ganze Atmosphäre und Wirkungsweise aufgrund „streng wissenschaftlicher", völlig abstrakter Analysen besser verstehen als diejenigen, die
davon aus persönlicher Erfahrung oder durch intensive Lektüre von
lebendigen Darstellungen von Zeitgenossen Kenntnis haben. Die Fehl-
handlungen und falschen Prognosen, die daraus folgen, sind für jedermann nur allzu deutlich zu sehen.

Was soweit gesagt worden ist, läßt sich noch deutlicher machen, wenn
seine Anwendung auf die Dichtkunst in den Kreis der Betrachtung gezogen wird. Auf dem zweiten internationalen Kongreß für Altertums-
wissenschaften in Kopenhagen, dem sog. Congressus Madvigianus, i. J.
1954[589] wurde von verschiedenen Teilnehmern die Meinung vertreten,

---

[588] Die Unzulänglichkeit der Ausführungen E. Zilsels, ganz abgesehen von seiner sim-
plistischen Auslegung des Diltheyschen Begriffes des Verstehens, zeigt sich auch darin, daß die Computer, die so viel bessere Wissenschaftler sind als die Menschen,
sich bei Voraussagen über den Ausgang von Abstimmungen und Wahlen noch immer
sehr beträchtlich geirrt haben, obwohl sie hier mit den Ergebnissen von Meinungs-
umfragen gefüttert werden und sich auf dieser Grundlage der statistischen Berechnungen, des angeblich zuverlässigsten Hilfsmittels, bedienen können. Wie könnten
sie also zu prognostischen Zwecken hinsichtlich des Widerstandes einer Bevölkerung
gegen ein belagerndes Heer oder eine tyrannische Regierung benützt werden, wo
solche Mittel nicht zur Verfügung stehen und so viel zahlreichere Faktoren berücksichtigt werden müssen? Ist dies aber nicht der Fall, wie kann es dann ein Einwand
gegen die Methode des Verstehens sein, daß sie in solchen Dingen auch keine absolut
sicheren Voraussagen machen kann? Es sollte aber damit doch die Überlegenheit
der „wissenschaftlichen" Methoden bewiesen werden.

[589] Vgl. Acta Congressus Madvigiani II: The Classical Pattern of Modern Western
Civilization, Formation of the Mind, Forms of Thought Moral Ideas, Kopenhagen
1958.

die Dichtkunst könne der Wissenschaft außerordentlich wertvolle Anregungen geben. Aber es komme darauf an, die in der Dichtkunst enthaltenen Einsichten in wissenschaftliche Erkenntnisse umzusetzen: „Rational thought is a method of demonstrating a view which was first reached by non-rational means". Die äußerste Konsequenz dieser Auffassung, die an anderer Stelle auch ausgesprochen worden ist, ist der Glaube, es gebe *eine* wissenschaftlich richtige Interpretation eines literarischen Kunstwerks, z. B. einer Tragödie, die dann wie eine mathematische Formel dem ewigen Bestand der wissenschaftlichen Erkenntnis einverleibt werden könne. Durch eine solche Interpretation würde dann, was die aus dem Kunstwerk zu gewinnende Erkenntnis angeht, die Lektüre oder Aufführung des Dichtwerks überflüssig gemacht werden oder höchstens noch die Bedeutung haben, die Emotionen des Lesers oder Zuschauers in mehr oder minder angenehme Bewegung zu setzen. Die Dichtkunst als Quelle der Erkenntnis menschlichen Lebens müßte allmählich von der Wissenschaft aufgezehrt werden.

Aber worin sollte eigentlich die endgültige wissenschaftliche Interpretation eines Werkes der Dichtkunst bestehen? Darin, daß der Interpret vollständig exakt herausgefunden hat, welche theoretischen, sozialen, psychologischen, anthropologischen oder sonstigen Erkenntnisse der Verfasser in seinem Dichtwerk hat zum Ausdruck bringen wollen? Dann wäre es offenbar am besten, alle Verfasser aufzufordern, mit ihrem Drama oder Roman oder sonstigem Gedicht zugleich immer auch einen Aufsatz zu veröffentlichen, in dem sie selber sagen, was sie theoretisch sagen wollten, wie es G. B. Shaw mit den Vorreden zu seinen Dramen getan hat. Dann brauchten sich die sonstigen „wissenschaftlichen" Interpreten nicht mehr weiter zu bemühen. Aber die Werke der wirklichen Dichter, die freilich nur einen kleinen Prozentsatz der Literaturproduzenten darstellen, sind klüger als ihre Verfasser. Sie sind ein Stück Leben, das wie jedes wirkliche Leben unendlich viele Facetten hat, die auch durch die Verfasser nicht alle theoretisch herausgestellt und analysiert werden können. Daher ist die Aufgabe der Interpretation eines großen literarischen Kunstwerkes eine unendliche, die niemals abgeschlossen sein kann. Daher wird die „Wissenschaft" vom Menschen von der großen Dichtung immer zu lernen haben, während die Dichtung von der Wissenschaft nichts zu lernen hat. So ist es der Dichtung auch nie gut bekommen, wenn ein Dichter, wie etwa Eugene O'Neill in „Mourning becomes Electra", versucht hat, die Freudsche Theorie vom Ödipuskomplex — die mit dem antiken Ödipus, der gar nicht weiß, daß der Mann, den er erschlägt, sein

Vater ist, schlechterdings nichts zu tun hat — auf die Bühne zu bringen. Gerade hier zeigt sich auf das deutlichste, daß die Wissenschaft immer nur einen Strang verfolgen kann und daß man das Lebendige vergewaltigt, wenn man es auf einen Strang zu reduzieren versucht.

Die griechische Wissenschaft hat mit der Suche nach dem absolut Exakten und Gesicherten begonnen. Die Griechen haben auf dem Gebiete der Mathematik, in dem κατ' ἐξοχήν die Exaktheit ihren legitimen Platz hat, selbst in der Behandlung des Infinitesimalen eine Exaktheit erreicht, die bis auf den heutigen Tag unübertroffen geblieben ist. Dies Streben nach Exaktheit ist ihnen für die Anwendung der Mathematik auf die Naturwissenschaft, in der sich nur Approximationen, wenn auch sehr hohe, erreichen lassen, hinderlich geworden. Sie haben in der Astronomie aufgrund der irrigen Annahme, es in den Gestirnen mit Lebewesen einer übermenschlichen Vollkommenheit zu tun zu haben, eine Art der — nicht wissenschaftlichen, sondern in der Sache selbst angenommenen — Exaktheit aufspüren zu sollen geglaubt, die sich in den Phänomenen in dieser Weise nicht findet. Aber gerade dieses Streben nach Exaktheit hat sie nie vergessen lassen, daß diese Art der Exaktheit auf dem Gebiet des Lebendigen überhaupt und speziell des Menschlichen nicht erreichbar ist, und sie davor bewahrt, auf diese Gebiete eine Methode ausdehnen zu wollen, die da nur auf das *nicht* Lebendige anwendbar, für das Lebendige letzterdings tödlich ist. Sie haben sich damit die Einsicht bewahrt, daß es auf diesem Gebiete Methoden der Erkenntnis gibt, die sich bis zu einem gewissen Grade denen der Wissenschaft im engeren Sinne annähern, aber nicht mit ihnen identisch sind. Sie sind daher auch nicht in den Irrtum verfallen zu glauben, daß eine Wissenschaft, die zum „Machen" und zur Voraussage künftiger Ereignisse befähigt, die einzige Form der Erkenntnis sei, die für den Menschen Wert besitzt. Im menschlichen Bereich führt diese Art Erkenntnis bestenfalls dazu, klüger zu werden für ein anderes Mal. Aber der Weiseste der modernen Historiker sah nicht darin den letzten Sinn der Geschichte und der Geschichtsschreibung, wenn er sagte: „Wir wollen nicht klüger werden für ein anderes Mal, sondern weise für alle Zeiten."

APPENDIX

Es ist vielleicht erlaubt, auf Grund eines an der University of California in Berkeley im Februar 1970 gehaltenen Vortrags mit dem Titel „Is Mechanism possible?" und auf Grund der sich daran anschließenden Diskussion einen Versuch der weiteren Erklärung des Sinnes der aristotelischen Teleologie und teleologischen Ethik sowie ihres Verhältnisses zu modernen „mechanistischen" Theorien einerseits, theologischen Welterklärungen andererseits zu machen.

Zunächst ist es wohl zweckmäßig, nochmals zu untersuchen, was in solchem Zusammenhang unter „mechanistisch" zu verstehen ist. In der gewöhnlichen Sprache des täglichen Lebens versteht man unter einem Mechanismus ein Gebilde, welches von einem mit Intelligenz begabten Wesen unter Benützung bekannter Naturgesetze so konstruiert worden ist, daß es für eine gewisse Zeit ohne weitere Einwirkung von außen gewisse Funktionen ausführt, aber immer wieder durch neue Einwirkungen von Seiten intelligenter Wesen in der Ausübung dieser Funktionen beeinflußt werden kann. So läuft der Motor eines Automobils, nachdem er angelassen worden ist, „von selbst"; aber es bedarf der Einschaltung des Getriebes durch den Fahrer, um mit Hilfe des Motors den Wagen in Bewegung zu setzen, und diese Bewegung kann durch die Betätigung verschiedener Hebel beschleunigt, verlangsamt oder ganz zum Stillstand gebracht, ferner durch Betätigung des Steuer„mechanismus" in der Richtung geändert werden. Nach diesem in der Sprache des täglichen Lebens mit dem Worte „Mechanismus" verbundenen Begriff wäre die perfekte mechanistische Erklärung des Weltgeschehens gerade eine theologische: nämlich die Annahme eines Gottes, welcher die Welt so konstruiert hat, daß sie unter Benützung fundamentaler, sei es ebenfalls von diesem Gott geschaffener, sei es ohne ihn bestehender Naturgesetze weitgehend „von selber läuft", wobei es dem Gotte jedoch unbenommen bleibt, jederzeit, wie der Fahrer eines Automobils, bald hier bald da, sozusagen mit verschiedenen Hebeln, in den Weltlauf einzugreifen, um ihn nach seinem Willen zu lenken.

Die Welterklärung, welche sich mechanistisch nennt, versucht im Gegensatz hierzu, gerade die Annahme der Einwirkung einer Intelligenz auf das Weltgeschehen völlig auszuschalten. Sie ist also, wenn man von der ursprünglichen und in der Sprache des täglichen Lebens immer noch gültigen Bedeutung der Worte „mechanisch" und „Mechanismus" ausgeht, gerade antimechanistisch. Betrachtet man es, wie oben in Anschluß an Galilei zugestanden worden ist[1], als zulässig, einem Wort eine ganz neue Bedeutung zu geben, so ist dagegen nichts einzuwenden. Nur sollte man dann — zumal wenn zwischen der alten und der neuen Bedeutung doch eine gewisse Beziehung besteht — den Versuch machen, die neue Bedeutung des Wortes sehr genau zu bestimmen.

In allerallgemeinster Form kann eine solche Erklärung wohl so lauten: Die Welt als Ganzes kann als eine Art „Mechanismus" betrachtet werden, welcher nicht durch die Tätigkeit eines intelligenten Wesens geschaffen, sondern durch das blinde Wirken von Naturgesetzen durch Zufall zustande gekommen ist, nun aber wie ein durch Intelligenz geschaffener Mechanismus weiter läuft, bis er ebenso auf Grund des Wirkens der selben Naturgesetze, wieder auseinanderfällt oder zum Stillstand kommt. Es ist dann aber wohl weiter zu fragen, was bei einer solchen Erklärung eigentlich unter „Zufall" und unter „blinden Naturgesetzen", welch letztere dann noch gelegentlich als bloß statistische Gesetze erklärt werden, zu verstehen sei. Konsequent mechanistisch in diesem Sinne ist allein eine mechanistische Welterklärung in der ersten der oben[2] unterschiedenen Bedeutungen des Wortes „mechanisch", nämlich die Welterklärung Demokrits, der alles allein aus dem Wirbel der Atome, die sich im leeren Raume bewegen und die Geschwindigkeiten und Richtungen ihrer Bewegungen allein durch Nahwirkungen wie Druck, Stoß, Zug und Verhakungen gegenseitig beeinflussen, erklärt, wobei jedoch schon Demokrit gezwungen war, im weiteren Verlauf seiner Welterklärung mehr oder minder unbemerkt eine ganze Reihe zusätzlicher Wirkkräfte und Wirkungen dieser Kräfte einzuführen. An die Möglichkeit einer so einfachen und konsequent mechanistischen Welterklärung glaubt heute niemand mehr, am wenigsten die Physiker, die unaufhörlich „Energien" entdecken, deren Wirkungskraft ungeheuerlich über die eines bloßen Stoßes, der von einem erfüllten Raumpartikelchen auf ein anderes

---

[1] vgl. oben S. 109 mit Anm. 186.
[2] Vgl. oben S. 113 ff.

ausgeübt werden könnte, hinausgeht. Die „mechanistische" Erklärung erfolgt denn auch auf jedem Gebiete auf eine besondere Weise.

Ein Beispiel, das in der erwähnten Diskussion angeführt wurde, war, daß durch die Einwirkung elektrischer Ströme auf gewisse Teile des Gehirns Muskelbewegungen, Drüsenabsonderungen und Empfindungen ausgelöst werden können. Dies ist ja nun offenbar eine empirische Feststellung, an der nichts auszusetzen ist. Es wurde dann aber weiter folgendes Beispiel gegeben: Ein Patient kommt mit einem gelähmten Arm. Es wird festgestellt, daß keine organische Veränderung zu entdecken ist, durch welche die Lähmung erklärt werden könnte. Es stellt sich dann heraus, daß er mit diesem Arm jemanden geschlagen oder erschlagen hat. Die Erklärung ist also psychologisch, nicht organisch. Trotzdem wurde gefolgert: in diesem Falle müsse der selbe „Mechanismus" wirksam gewesen sein. Es wurde nicht behauptet, daß die postulierten vom Gehirn ausgehenden, die Lähmung bewirkenden elektrischen Ströme tatsächlich festgestellt worden seien. Aber selbst wenn solche festgestellt wären oder in Zukunft festgestellt würden, wäre schlechterdings nichts darüber gesagt, wodurch diese vom Gehirn ausgehenden Ströme selbst ausgelöst worden sind.

Die Ärzte, die einen Patienten dieser Art behandeln, sprechen davon, daß in diesem Falle die Lähmung durch ein unbewußtes oder verdrängtes Schuldgefühl verursacht werde. Trotzdem wird gesagt, daß es sich auch hier um einen „Mechanismus" handle. Wiederum ist zu fragen, was in diesem Falle unter einem Mechanismus zu verstehen ist. Ein Schuldgefühl, ob bewußt oder nicht, gehört für unsere unmittelbare Erfahrung jenem Gebiet an, das wir das moralische zu nennen pflegen. Daß dies auch dann der Fall ist, wenn das Schuldgefühl als ein unbewußtes bezeichnet wird — was ja, da es sich um ein Gefühl handelt, nicht bedeuten kann, daß es überhaupt nicht ins Bewußtsein tritt, sondern daß es nicht als Schuldgefühl identifiziert wird —, tritt dadurch besonders klar zu Tage, daß, wenn es dem Arzt gelingt, das Schuldgefühl als solches ins Bewußtsein zu erheben und den Patienten entweder davon zu überzeugen, daß das Schuldgefühl unberechtigt war, oder ihn dazu zu bringen, auf andere Weise, z. B. durch angemessene Sühne, damit fertig zu werden, die Lähmung zu verschwinden pflegt. Für unsere unmittelbare Erfahrung also zum mindesten werden die vom Gehirn ausgehenden Strömungen, welche die Lähmung bewirken — *wenn* es in diesem Fall solche elektrischen Strömungen gibt —, durch Kräfte ausgelöst, welche einem ganz anderen Gebiet angehören. Darin liegt an sich gar nichts Verwunderliches, da selbst schon im Gebiet der unbelebten Natur ein Stück Eisen, das sich unter dem Einfluß der Gravitation in der Richtung auf den Erdmittelpunkt zu bewegt, sich unter dem Einfluß einer andersartigen Kraft, der eines Elektromagneten, in der entgegengesetzten Richtung bewegt, von dem Falle, daß es von einem intelligenten Wesen zu einem bestimmten Zwecke hochgehoben wird, ganz zu schweigen. Trotzdem wurde in einer sich an den Vortrag anschließenden privaten Fortsetzung der Diskussion die These aufgestellt, man müsse annehmen, daß auch in allen den eben genannten Fällen das Geschehen im Körper des Patienten, die Lähmung sowohl als ihre Auflösung, letzterdings durch physikalische Kräfte von prinzipiell der selben Art wie die elektrischen Strömungen im Gehirn, aber solche, die von außerhalb des Körpers kommen, verursacht werde und in allen seinen Phasen ebenso zwangsläufig verlaufe wie das Zucken der Muskeln unter dem Einfluß eines elektrischen Stromstoßes. Anders sei das Geschehen nicht zu „erklären".

Hier stoßen wir wieder auf den Begriff der Erklärung, den etwas genauer zu analysieren an anderer Stelle versucht worden ist[3]. Erkennt man eine verstehende Erklärung an, so sind die Wirkungen verdrängter Schuldgefühle wie die Wirkung der Aufhebung ihrer Verdrängung innerhalb des Gebietes moralischen Bewußtseins durchaus zu erklären. Geht man dagegen von dem Satze aus, daß man nur das versteht, was man machen oder manipulieren kann, wobei wiederum die Dinge mit eingeschlossen sind, die bloß ihrer Größenordnung wegen für den Menschen nicht manipulierbar sind, sich in verkleinerter Nachbildung aber als durchaus manipulierbar erweisen, so sind freilich die moralischen Kräfte, wie jeder Psychologe weiß, der einen Patienten durch Analyse zu heilen versucht hat, nicht mit der Sicherheit manipulierbar, wie sich die Zuckungen der Froschmuskeln durch elektrische Ströme manipulieren lassen. Aber wenn man hiervon ausgeht, ergibt sich ein höchst paradoxes Resultat. Niemand glaubt wohl, daß es jemals möglich sein wird, die elektrischen Wellen oder sonstigen „blind mechanisch" wirkenden Naturkräfte, die von außen auf das Gehirn des Ödipus einwirken, wenn er erfährt, daß der Mann, den er, ohne dadurch in seinem Gewissen beunruhigt zu werden, da er in gerechtfertigter Selbstverteidigung zu handeln glaubte, an dem Kreuzweg getötet hat, sein Vater war, und welche die Muskeln in seinen Armen und Händen in Bewegung setzen, so daß er sich die Augen

---

[3] Vgl. oben S. 8 f., 281 ff. und 318 f.

ausreißt, als solche völlig zu identifizieren und physikalisch manipulierbar zu machen, so daß man den Vorgang im Sinne der eindeutigen Manipulierbarkeit „erklären" kann; und sofern die Schallwellen, die in sein Ohr dringen, eine solche Wirkung haben, geht diese für unser Verständnis offenbar über die B e d e u t u n g der durch diese Schallwellen vermittelten Mitteilung. Es wird also um des Prinzips einer theoretischen Erklärbarkeit, die sich praktisch nie durchführen läßt, willen, die innerhalb des menschlichen Bereiches sinnvolle Erklärbarkeit aufgegeben.

Eine andere Rechtfertigung der Erklärung aller menschlichen Handlungen aus „mechanischen" und daher unüberwindlichen Zwängen ist die, daß sie verhindere, Menschen für Dinge verantwortlich zu machen, die sie unter der Einwirkung unwiderstehlicher „mechanischer" Einwirkungen getan haben. Aber der Grund, warum man Menschen nicht für etwas verantwortlich machen soll, wofür sie nichts können, ist doch wohl ein moralischer, und es erscheint widersprüchlich, moralische Gründe zur Rechtfertigung eines Erklärungsprinzipes anführen zu wollen, das alle moralische Beurteilung abschaffen will. Umgekehrt: wenn alle menschlichen Handlungen unter mechanischem Zwang geschehen, gilt das auch für das „Verantwortlichmachen", und es ist nicht einzusehen, warum es anders als alle andern Handlungen betrachtet werden soll. Überall verwickelt sich die „mechanische" Welterklärung in dem angegebenen Sinne in Widersprüche.

Ein Argument, das für sie angeführt zu werden pflegt und auch in der erwähnten Diskussion gebraucht wurde, stützt sich auf die Beobachtung, daß Hypnotisierte für die Handlungen, die sie auf Befehl des Hypnotiseurs nach dem Erwachen aus der eigentlichen Hypnose ausführen, rationale Erklärungen zu geben pflegen, woraus geschlossen wird, die Welt des Bewußtseins, in dem es Sinnzusammenhänge und rationale Beweggründe des Handelns gibt, sei nur ein „Epiphaenomen": der wahre Zusammenhang sei ein „mechanischer". Nun ist es bisher niemand gelungen, aufzuklären, worauf das Phänomen der Hypnose eigentlich beruht, und es erscheint als zweifelhaft, ob es jemals gelingen wird, die physikalischen Kräfte, seien es Strahlen oder Wellen oder was sonst, zu entdecken, welche in diesem Fall den „Mechanismus" der Handlungen der Hypnotisierten in Bewegung setzen sollen. Es ist aber auch gar nicht wesentlich. Denn man braucht keine moderne Physik studiert zu haben, um gewahr zu sein, daß physische Einwirkungen auf das Gehirn eines Menschen sein Bewußtsein beeinträchtigen, ihm die Sprechfähigkeit nehmen, seinen

Körper in Zuckungen versetzen können. Es war zweifellos schon in der Steinzeit bekannt, daß ein Keulenschlag auf den Kopf eines Menschen solche Wirkungen auslösen kann. Das beweist nur, was ohnehin evident ist, daß der Mensch als Wesen, das einen Körper hat, auch physikalischen Gesetzen unterworfen ist. Aber ganz abgesehen von der doch sehr wesentlichen Tatsache, daß diese physikalischen Gesetze selbst nur durch unser Bewußtsein zu unserer Kenntnis kommen und daß sehr begründeter Verdacht besteht, daß die Art, wie sie von uns konzipiert und formuliert werden, mindestens so sehr von der Struktur unseres Erkenntnisvermögens bestimmt wird wie von irgendwelchen außerhalb desselben existierenden Vorgängen[4], leben wir als Menschen mehr und wesentlicher in einer Welt der Sinnzusammenhänge als der physikalischen Gesetze, und es besteht nicht der geringste logische Grund, diese Welt der Sinnzusammenhänge für weniger ursprünglich zu halten, als die sogenannten physikalischen Gesetze, die demselben Bewußtseinszusammenhang angehören. Da der Mensch beiden Bereichen angehört, ist es nicht verwunderlich, daß, wenn ihm etwas widerfährt, das aus dem einen Bereich stammt, aber die Form von Erscheinungen hat, die dem andern Bereich angehören, er sie in den Zusammenhang dieses Bereiches einzuordnen und in Begriffen dieses Bereiches zu erklären versucht. Daß aber dieses zweite und für den Menschen als lebendiges Wesen wesentlichere Bereich nicht ganz dem „mechanischen" untertan ist, wird durch die bekannte Tatsache bewiesen, daß Menschen von starken moralischen Überzeugungen durch Hypnose nicht zu Handlungen, die sie für moralisch verwerflich halten, veranlaßt werden können. Endlich werden in neuester Zeit die erstaunlichen Leistungen der Computer als Beweis dafür angesehen, daß die menschliche Intelligenz ein „Mechanismus" sei. Dies ist sogar so weit geführt worden, daß ganz im Ernst behauptet wurde, ein Computer müsse Bewußtsein haben. Das oft gebrauchte Gegenargument, daß Computer „dumm" seien, weil sie sich nicht selbst Probleme stellen können, ist vielleicht ein unvollkommenes Argument, da in anderer Hinsicht die Computer so viel „intelligenter" zu sein scheinen als wir; und da es in gewisser Weise sogar möglich sein mag, Computer dazu zu bringen, sich selbst „Probleme zu stellen". Man kommt damit überall auf nicht leicht endgültig zu beantwortende Fragen. Der wirkliche fundamentale Unterschied zwischen dem Lebendigen und einem noch so „intelligenten" Mechanismus liegt gerade auf der entgegengesetzten Seite: in der Unvollkommenheit des Lebendi-

---

[4] Vgl. oben S. 122 ff. und 221 ff.

gen vom mechanistischen Standpunkt aus: daß es sich nicht wie das Unbelebte vollkommen manipulieren läßt. Das macht schon die Körpermedizin, von der Psychiatrie ganz zu schweigen, zu einer vom positivistischen Standpunkt aus so unvollkommenen Wissenschaft, so daß ein Arzt, wenn ihn ein Patient um Hilfe bittet, oft zu erklären gezwungen ist: „ein lebendiger Körper läßt sich eben nicht wie ein Mechanismus reparieren". Aber diese Unvollkommenheit ist auch etwas sehr Positives: eben das, was das Leben zum Leben macht. Es ist das tragische Paradox der modernen Wissenschaft, daß sie in gewisser Weise mit der Devise Francis Bacons beginnt: commodo hominum inservire volumus, und nicht nur damit endet, Mittel zur Verfügung zu stellen, mit denen man alles höhere Leben auf der Erde ausrotten kann, sondern auch damit, alles auf physikalische, d. h. in der Welt des Unbelebten geltende Gesetze zurückzuführen und damit vollständig manipulierbar machen zu wollen: aber das bedeutet für das Lebendige, dessen „commoda" gedient werden soll, den Tod.

Es ist nun nicht schwierig zu sehen, wie Aristoteles und seine Theologie und Teleologie zu dem allem steht. Es gibt in Aristoteles' Welterklärung einen Gott, den ersten Beweger. Aber dieser Gott hat die Welt nicht wie ein Ingenieur konstruiert, noch lenkt er sie wie ein Lokomotivführer oder der Chauffeur eines Autos, indem er immer wieder in den Mechanismus eingreift, um ihn bald da, bald dorthin zu lenken. Aristoteles' Theologie ist das äußerste Gegenteil der zu Anfang dieser Appendix erwähnten Theologie, welche die einzige konsequente im ursprünglichen und in der täglichen Sprache immer noch fortlebenden Sinne „mechanische" Welterklärung liefert. Der Gott des Aristoteles bewegt die Welt „wie das Geliebte das Liebende bewegt". Er ruht dabei in sich selbst (ἀκίνητον) und braucht nichts zu manipulieren, da er durch sein bloßes Dasein wirkt. Es ist interessant zu bemerken, wie weit das mit der Theologie Epikurs übereinstimmt, der zu Unrecht als Atheist betrachtet wird. Epikur suchte die Menschen von der Furcht vor den Göttern zu befreien. Die Götter stehen seiner Meinung nach zu hoch, als daß sie sich um die Menschen kümmern, geschweige denn ihnen Böses zufügen oder sie bestrafen könnten. Aber eben weil sie vollkommen sind, sind sie trotzdem wichtig für den Menschen, weil es für den Menschen gut ist, auf etwas Vollkommenes zu schauen. So bewegt auch der erste Beweger des Aristoteles die Welt, indem er die Gestirne veranlaßt, sich in vollkommenen Kurven zu bewegen, und die lebenden Dinge, sich auf die ihnen zugeordnete Vollkommenheit zuzubewegen. Er ist eine Ursache (ἀρχὴ κινήσεως), aber er übt keinen Zwang auf die Dinge aus.

Diese Theologie macht es für Aristoteles möglich, die Frage, welche anderen, in unserem Sinne „mechanische" oder „physikalische" Ursachen, die es für Aristoteles auch gibt, dabei mitwirken, d. h. die Frage der causae secundae — im Sinne der mittelalterlichen Philosophie — der Entwicklung der Lebewesen auf ihr Telos hin weitgehend offenzulassen und es bei der empirischen Beobachtung zu belassen, *daß* sie sich auf ein solches Telos hin bewegen. Man kann den Gott des Aristoteles auch weglassen und sich mit der empirischen Feststellung des Aristoteles begnügen, daß es für lebendige Wesen und damit für den Menschen „gut" ist, sein Streben auf die möglichste Verwirklichung des ihm von der „Natur" vorgegebenen Telos hin zu richten, aus dem einfachen Grunde, daß er sich sonst, was immer er auch für sonstige Ziele im Dienste des von ihm gewählten „Dämon" erreichen mag, letzterdings selbst verkrüppelt.

DIE APXAI IN DER GRIECHISCHEN MATHEMATIK

Die Geschichte und Erklärung der von den griechischen Mathematikern für die mathematischen Prinzipien, Definitionen, Axiome, Postulate usw. gebrauchten Termini ist mit der Geschichte und Erklärung der Entstehung einer definitorisch-axiomatischen Grundlegung der Mathematik bei den Griechen unlöslich verknüpft. Es ist unmöglich, die Bedeutungsgeschichte eines einzelnen Terminus getrennt zu verfolgen oder etwa zu erklären, warum der eine Autor diesen, der andere jenen Ausdruck für anscheinend dieselbe Art von Prinzipien wählt oder warum bei dem einen unter einem Terminus subsumiert erscheint, was bei dem anderen getrennt ist, ohne alle diese Fragen zusammen zu behandeln. Das terminologische und das sachliche Problem lassen sich nicht voneinander trennen. Das sachliche Problem aber führt auf die Frage des historischen Ursprungs der definitorisch-axiomatischen Grundlegung der Mathematik bei den Griechen.

Entdeckungen und Untersuchungen der letzten Jahrzehnte haben gezeigt, daß die vorgriechische babylonische Mathematik sehr viel weiter entwickelt war, als vorher angenommen wurde, und daß die Babylonier ca. tausend Jahre vor dem Beginn der griechischen Mathematik imstande waren, verhältnismäßig komplizierte Aufgaben mit ziemlich guten Approximationen zu lösen[1]. Auch hat sich gezeigt, daß die Griechen manches von den Babyloniern übernommen und gelernt haben. Aber nirgends hat sich ein Zeichen dafür gefunden, daß die Babylonier oder gar die Ägypter, deren Mathematik sehr viel weniger weit entwickelt war als die der Babylonier, jemals den Versuch gemacht hätten, alle mathe- | matischen

---

[1] Vgl. vor allem O. Neugebauer, Vorlesungen über die Geschichte der antiken mathematischen Wissenschaften, Band I: Vorgriechische Mathematik, Berlin 1934 und The exact Sciences in Antiquity, Princeton University Press 1952, sowie F. Thureau-Dangin, Textes mathématiques babyloniens, Leiden 1938; O. Gillain, La science Égyptienne, l'aritmétique du Moyen Empire, Brüssel 1927, und B. L. van der Waerden, Die Entstehungsgeschichte der ägyptischen Bruchrechnung in Quellen und Studien zur Geschichte der Mathematik, Abteilung B, Band IV (1937), p. 359—382.

Sätze streng logisch von ersten Prinzipien abzuleiten; und alles, was bis jetzt über diese Mathematik bekannt ist, läßt es als äußerst unwahrscheinlich, um nicht zu sagen, unmöglich erscheinen, daß der Eindruck, es habe vor den Griechen derartiges nicht gegeben, nur auf die Lückenhaftigkeits unseres Wissens zurückzuführen sei[2].

Es darf also angenommen werden, daß ein axiomatischer Aufbau der Mathematik zuerst von den Griechen versucht worden ist. Dann erhebt sich die Frage, wie es dazu gekommen ist. War es der spezielle wissenschaftliche Genius der Griechen, der sie dazu veranlaßt hat, oder haben besondere historische Umstände, die auch auf andere hätten ähnlich wirken können, dazu beigetragen? Ist es der Einfall eines Einzelnen gewesen, oder hat sich der Gedanke in einer längeren Entwicklung allmählich herausgebildet? Endlich: ist es aus der Mathematik selbst hervorgegangen, oder hat die griechische Philosophie dabei eine entscheidende Rolle gespielt?

Die Beantwortung dieser Fragen bereitet beträchtliche Schwierigkeiten. Das älteste vollständig erhaltene griechische mathematische Werk gehört dem Autolykos von Pitane[3], einem älteren Zeitgenossen Euklids um die Wende des vierten zum dritten Jahrhundert. Das sind mehr als zwei Jahrhunderte nach dem in der antiken Tradition angenommenen Beginn der griechischen Mathematik. Aus früherer Zeit sind einige Beweise des Hippokrates von Chios aus dem Ende des fünften Jahrhunderts erhalten, geometrische Konstruktionen des Hippias von Elis ebenfalls aus der zweiten Hälfte des fünften Jahrhunderts, und des Archytas von Tarent aus der ersten Hälfte des vierten Jahrhunderts. Diese Beweise und Konstruktionen machen Gebrauch von Lehrsätzen, die damals bekannt und anerkannt gewesen sein müssen. Aber wie diese Lehrsätze bewiesen waren und ob und in welcher Weise sie letzterdings aus Axiomen abgeleitet waren, läßt sich aus den erhaltenen Beweisen nicht mit Sicherheit entnehmen, obwohl sie natürlich im Zusammenhang mit anderen Indizien für den Stand der griechischen Mathematik in jener frühen Zeit von größter Bedeutung sind.

Alles, was sonst von frühgriechischer Mathematik bekannt ist, beruht auf indirekter Tradition. Die früheste Überlieferung dieser Art findet sich bei Platon und Aristoteles. Platon spielt nicht selten auf mathema-

---

[2] Vgl. Neugebauer, The exact Sciences, p. 47.

[3] Vgl. Autolyci de sphaera quae movetur, de ortibus et occasibus, una cum scholiis ed. F. Hultsch, Leipzig 1885, Teubner.

tische Einzelsätze an, die mehr oder minder deutlich bezeichnet werden, gibt aber mit Ausnahme eines ganz elementaren Satzes nie | einen Beweis. Er erörtert mehrfach das Wesen der mathematischen Erkenntnis, macht aber keine klaren Angaben über einen etwa schon entwickelten streng axiomatischen Aufbau der Mathematik. Aristoteles gebraucht ebenfalls nicht selten mathematische Beispiele[4]. Vor allem aber erörtert er in den Analytica Posteriora das Wesen der beweisenden Wissenschaft an der Mathematik. Diese Kapitel sind natürlich von grundlegender Bedeutung, stellen aber, wie sich zeigen wird, sehr schwierige Probleme. Alle übrige Tradition über frühgriechische Mathematik findet sich bei späten Autoren; bei den Aristoteleskommentatoren, bei späten Pythagoreern und Pseudopythagoreern, in den Scholien zu Euklid, und vor allem in Proklos' Kommentar zum ersten Buch[5] und in dem nur in der arabischen Übersetzung des Abu Othman al-Dimišqî erhaltenen Kommentar des Pappus zum zehnten Buch der Elemente Euklids[6].

Proklos in seinem Kommentar zitiert mehrfach die Mathematikgeschichte des Aristotelesschülers Eudem von Rhodos, und bis vor kurzem war die Meinung vorherrschend gewesen, daß ein kurzer und freilich sehr dünner Abriß der Geschichte der griechischen Mathematik, den Proklus seinem Kommentar eingefügt hat[7], seinem Inhalt nach ebenfalls auf Eudem zurückgehe und daher eine beträchtliche Autorität besitze. Alles das ist jedoch in neuerer Zeit angezweifelt worden. Auf der einen Seite wurden Zweifel daran geäußert, daß der Abriß tatsächlich auf Eudem basiere, obwohl die Tatsache, daß er mit der Zeit Eudems aufhört, sehr stark für ihn als Verfasser des Werkes spricht, aus dem der Abriß abgeleitet ist, den Eudem freilich gewiß nicht in der verdünnten Form, in der er bei Proklos vorliegt, geschrieben hat. Auf der anderen Seite ist die Autorität des Eudem selbst angezweifelt worden und die Vermutung ausgesprochen, daß die von ihm gezeichnete Entwicklung nicht so sehr auf damals noch feststellbaren Tatsachen beruhe, als vielmehr weitgehend eine Konstruk-

---

[4] Die beste Zusammenstellung mit eingehendem Kommentar bei T. Heath, Mathematics in Aristotle, Oxford 1949.

[5] Procli Diadochi in primum Euclidis elementorum librum commentarium rec. G. Friedlein, Leipzig 1873, Teubner.

[6] The commentary of Pappus on book X of Euclid's Elements, text, transl. and notes by G. Junge und W. Thomson in Band VIII der Harvard Semitic Series, Cambridge (Massachusetts) 1930.

[7] Proclus, pp. 65 ff., Friedlein.

tion darstelle[8]. Er habe die Reihenfolge der mathematischen Entdeckungen nach den methodischen Forderungen seiner eigenen Zeit zu rekonstruieren versucht, d. h. er habe angenommen, daß | Sätze oder Postulate, die nach den Anschauungen seiner Zeit zum Beweis eines Satzes notwendig waren, auch tatsächlich zur Zeit, als dieser Satz zuerst aufgestellt oder zu beweisen versucht wurde, formuliert gewesen sein müßten, und habe dann diese Formulierung einem früheren Mathematiker zugeschrieben. In Wirklichkeit jedoch sei es durchaus zweifelhaft, ja geradezu unwahrscheinlich, daß die frühesten griechischen Mathematiker dieselben oder auch nur ähnliche Auffassungen von den notwendigen Voraussetzungen eines strikten mathematischen Beweises gehabt haben sollten wie Eudem und seine Zeitgenossen. Daher habe, was Eudem sage, keine historische Autorität.

Gegenüber solchen Einwänden gegen die mit Sicherheit oder Wahrscheinlichkeit auf Eudem von Rhodos zurückzuführende Tradition muß zunächst zugegeben werden, daß geschichtliche Konstruktionen auch hinsichtlich der politischen Geschichte im fünften und vierten Jahrhundert tatsächlich nachweisbar vorgekommen sind[9] und daß die Mathematikgeschichte ihrer Natur nach solchen Konstruktionen sogar eine leichtere Handhabe bietet als die politische Geschichte. Die Skepsis ist also an sich durchaus berechtigt und wird noch verstärkt durch die von Neugebauer gemachte und immer wieder betonte Beobachtung, daß in der antiken Überlieferung denselben Mathematikern oder Mathematikern derselben Zeit sowohl „tiefliegende" Entdeckungen, wie die der Inkommensurabilität, als auch ganz „triviale" Sätze und Konstruktionen, wie etwa die Antragung eines Winkels in einem gegebenen Punkt an eine gegebene Strecke, zugeschrieben werden. Auf Grund solcher scheinbarer oder wirklicher Diskrepanzen hatte einige Zeit die Tendenz geherrscht, die „tieferliegenden" Entdeckungen chronologisch ziemlich weit herabzurücken, während in neuerer Zeit die Neigung dahin geht, die elementaren Sätze und trivialen Konstruktionen, die frühgriechischen Mathematikern zugeschrie-

---

[8] Vgl. vor allem K. Reidemeister, Das exakte Denken der Griechen, Hamburg 1949, pp. 18 ff. und O. Neugebauer, The exact Sciences, p. 142.

[9] Die von Aristoteles in seinem Traktat über die Geschichte der athenischen Verfassung über die Zeit vor Solon gemachten Angaben sind z. B. zweifellos weitgehend eine historische Konstruktion, die wahrscheinlich teilweise auf Hellanikos, teilweise auf Aristoteles selbst zurückgeht und deutlich den Stempel der Zeit trägt, in der sie entstanden ist.

ben werden, für Erfindungen der antiken Mathematikhistoriker zu halten[10].

So sehr nun jedoch eine solche Skepsis aus den angeführten Gründen berechtigt sein mag, so ist doch auch einiges auf der Gegenseite zu bemerken. Einige der den frühesten griechischen Mathematikern zu- | geschriebenen Sätze sind zu speziell, um ihre Zuschreibung aus allgemeinen Erwägungen ohne spezielle Anhaltspunkte zu erklären. Ihre Zuschreibung an einzelne bestimmte Mathematiker kann kaum ganz willkürlich erfolgt sein. Selbst wenn diese Zuschreibung an sie daher auf falschen Schlüssen beruhen sollte, wäre vielleicht doch noch etwas daraus zu lernen, falls sich über die Prämissen dieser Schlüsse etwas sollte ausfindig machen lassen. Endlich wird sich gerade bei dem Satz, dessen Zuweisung an Thales Neugebauer als besonders überzeugendes Beispiel dafür anführt, daß es sich hier vielfach um historische Konstruktionen handeln müsse, zeigen lassen, daß es damit eine besondere Bewandtnis hat und daß Eudems Angabe in diesem Fall aller Wahrscheinlichkeit nach richtig ist[11].

Aus alledem geht hervor, daß die bei Proklos und ähnlichen Schriftstellern zu findende Überlieferung über die älteste griechische Mathematik und selbst die ausdrücklich auf Eudem zurückgeführten Angaben nicht ohne Prüfung als historisch betrachtet werden können, daß es aber doch auch unrichtig wäre, sie ohne Prüfung zu verwerfen. Es handelt sich also darum, haltbare Kriterien für eine solche Prüfung zu finden. Den Ausgangspunkt muß dabei natürlich die Analyse der logischen Schriften des Aristoteles und der Elemente Euklids bilden, da dies die ältesten zusammenhängenden Zeugnisse sind. Es muß der Versuch gemacht werden, aus diesen Schriften Rückschlüsse auf das zu ziehen, was ihren Verfassern schon vorgelegen hat. Bei Euklid ist dies dadurch erschwert, daß er, wie alle antiken Mathematiker, einem gewissen Purismus huldigt, der ihn verhindert, sich darüber zu äußern, warum er z. B. Axiome und Postulate unterschieden hat und warum er gewisse Sätze zu der ersten, andere zu der zweiten Kategorie rechnet. Hier ist jedoch der Kommentar des Proklos von großem Wert, indem er von den Kontroversen berichtet, die darüber stattgefunden haben; und daß dies nicht eine reine historische Konstruktion ist, geht sowohl aus Aristoteles' Erörterungen hervor wie

---

[10] Für die erste Tendenz vgl. vor allem Erich Frank, Platon und die sogenannten Pythagoreer, Halle 1923; für die zweite Tendenz das oben zitierte Werk von Neugebauer.

[11] Vgl. unten p. 402 u. Anm. 145.

aus den Schwierigkeiten, die die Euklidische Einteilung und Verteilung bietet, und wird auch dadurch indirekt bestätigt, daß Archimedes, der innerhalb seiner mathematischen Werke demselben Purismus huldigt wie Euklid und kein Wort über die Gründe seiner von Euklid abweichenden Einteilung und Verteilung der ersten Prinzipien sagt, in seinen einleitenden Briefen an Dositheos doch andeutet, daß solche Erörterungen über die Grundlagen stattgefunden haben[12]. |

Eine weitere Hilfe bietet unter Umständen die Terminologie selbst, wie umgekehrt in anderen Fällen die Aufklärung der sachlichen Entwicklung die wechselnde Terminologie verständlich macht. Wenn z. B. das mathematische Verhältnis zwischen Größen διάστημα und die Glieder des Verhältnisses oder der Proportion ὅροι genannt werden, so ist dies rein aus der Mathematik heraus nicht verständlich, erklärt sich aber sofort, wenn man daran denkt, daß die musikalischen Intervalle, für die das Wort διάστημα sehr gut paßt, als Zahlenverhältnisse ausgedrückt werden und daß die das Intervall bildenden Töne, die zugleich die Glieder des Verhältnisses sind, als Grenzen des Intervalls aufgefaßt werden können. Das beweist dann aber auch den allerengsten Zusammenhang der mathematischen Proportionenlehre mit der Theorie der Musik. Wo sich die Terminologie nachweislich geändert hat und eine frühere Terminologie später nicht mehr gebräuchlich gewesen ist, kann das Vorkommen der frühen Terminologie in einem späten Zeugnis über frühgriechische Mathematik als Anzeichen dafür verwendet werden, daß echtes Material zugrunde liegen muß, wenn es auch falsch ausgedeutet sein mag[13], während umge-

---

[12] Vgl. vor allem die berühmte Stelle in dem Brief des Archimedes an Dositheos, mit dem er ihm die Schrift de quadratura parabolae übersandt hat (Archimedis opera ed. Heiberg, vol. II, p. 264). An dieser Stelle sagt Archimedes, daß er für seine Beweise von einem Lemma oder Postulat (vgl. darüber unten p. 381 ff. und Anm. 96) Gebrauch gemacht habe, das auch von früheren Geometern gebraucht worden sei. Da nun die auf Grund dieses Lemmas bewiesenen Lehrsätze für nicht weniger gesichert gehalten würden als die ohne dieses Lemma bewiesenen, so genüge es ihm, seine neuen Sätze ebenso sicher und einleuchtend bewiesen zu haben wie jene Sätze von anderen bewiesen worden seien. Dies zeigt deutlich, daß das von ihm erwähnte Lemma angezweifelt oder zum mindesten diskutiert worden war. In den mathematischen Werken jedoch wird niemals die geringste Anspielung auf solche Diskussionen gemacht. Über den Purismus des Archimedes und der antiken Mathematiker im allgemeinen vgl. auch Th. Heath, A History of Greek Mathematics II (Oxford 1921), 20/21. Für spätere antike Diskussionen der mathematischen Prinzipien durch Mathematiker vgl. Proclus, p. 76 ff. und unten p. 366 ff.

[13] So läßt sich z. B. (vgl. Classical Philology XLI [1946], 33 f.) eine für uns zuerst bei Alexander Polyhistor auftretende Nachricht, die Pythagoreer hätten den Tieren νοῦς und θυμός, aber keine φρένες, zugeschrieben, dadurch als auf alter

kehrt der Gebrauch späterer Terminologie in einem Bericht über ganz frühe Theorien ein sicheres Anzeichen dafür ist, daß das ursprüngliche Material, wenn solches überhaupt vorlag, Veränderungen erlitten hat.

Ein drittes Hilfsmittel ist natürlich der Vergleich der Nachrichten über die früheste griechische Mathematik mit der allgemeinen Entwicklung des Denkens, wie sie sich in der philosophischen Spekulation und Naturbetrachtung ausspricht. Endlich läßt sich ein methodisches Kriterium angeben, das mit dem bekannten Prinzip der lectio difficilior in der philologischen Textkritik eine gewisse Ähnlichkeit hat und vielleicht nicht am wenigsten wichtig ist. Jenes Prinzip besagt bekanntlich, daß, wenn in zwei Handschriften zwei verschiedene Lesarten zu finden sind, von denen die eine ohne weiteres verständlich ist, die andere dagegen dem Verständnis zunächst Schwierigkeiten macht, bei näherem Zusehen aber einen ganz besonders guten und subtilen Sinn ergibt, diese schwierigere Lesart vorzuziehen sei, da es nicht sehr wahrscheinlich ist, daß ein einfacher, leicht verständlicher Ausdruck von einem Abschreiber durch einen subtileren ersetzt worden sei, während es sich ohne weiteres erklären läßt, daß jemand den leichteren einsetzte oder zur Erklärung an den Rand schrieb, von wo er dann durch Irrtum in den Text geraten sein kann. In ähnlicher Weise kann man wohl sagen, daß, wenn eine späte Überlieferung zunächst als in sich widersprechend erscheint oder mit dem, was man natürlicherweise annehmen würde, nicht in Übereinstimmung steht, bei Berücksichtigung aller Umstände, wie sie sich aus einer Analyse des oben angegebenen Materials ergeben, aber diese Schwierigkeiten wegfallen und die späte Überlieferung eine Lücke in dem anzunehmenden Zusammenhang auf das glücklichste füllt, diese Überlieferung, wo immer sie auch zu finden sein mag, als historisch begründet betrachtet werden kann.

Ihren Ausgangspunkt aber muß eine solche Untersuchung offenbar von Aristoteles nehmen, da bei ihm die zugehörigen Fragen zum erstenmal im Zusammenhang diskutiert werden.

Überlieferung beruhend beweisen, daß seit Plato allgemein der νοῦς als das gilt, was den Menschen von den Tieren unterscheidet, während vor Sokrates und Plato νοῦς eine Eigenschaft bezeichnet, welche Tiere durchaus haben können. Daran würde sich auch dann nichts Wesentliches ändern, wenn, wie K. Reich eingewendet hat, die Möglichkeit bestünde, daß Herakleides Pontikos oder ein anderer früher Schriftsteller eine ursprünglich auf Anaxagoras bezogene und auf ihn zutreffende Nachricht auf die Pythagoreer übertragen hätte. In Wirklichkeit ist jedoch diese Annahme ganz unwahrscheinlich, obwohl es richtig ist, daß Anaxagoras, wie alle Vorsokratiker außer Demokrit, bei dem sich schon die spätere Auffassung vorbereitet, keine Bedenken trägt, den Tieren νοῦς zuzuschreiben.

1.

Die Grundlagen einer jeden beweisenden Wissenschaft und damit auch der Mathematik werden von Aristoteles in den Analytica Posteriora untersucht. Die chronologische Stellung der Analytica Posteriora innerhalb der logischen Schriften des Aristoteles ist umstritten. Vor ca. vierzig Jahren hat F. Solmsen zu beweisen gesucht[14], daß die Ana-|lytica Posteriora vor den Priora geschrieben sein müßten, weil sie eine größere Annäherung an platonische Begriffe aufwiesen, eine These, gegen die sich starke Bedenken erheben. Hier kann auf diese Frage nicht näher eingegangen werden. Es muß genügen, das sachliche Verhältnis zwischen den verschiedenen logischen Schriften des Aristoteles, soweit das für unsere Frage wichtig ist, kurz zu bestimmen.

Hier hat nun E. Kapp auf das deutlichste gezeigt[15], daß die Aristotelische Logik aus der Dialektik hervorgegangen ist. In der dialektischen Auseinandersetzung aber ist es die Aufgabe des einen Dialogpartners, den andern dazu zu bringen, einen von ihm gewählten Satz zuzugeben. Zu diesem Zweck muß er solche Prämissen finden, die der Partner für richtig hält und daher zugeben wird, und aus denen sich der Endsatz, den der Partner nicht für richtig hält und nicht zugeben will, mit logischer Notwendigkeit ableiten läßt. In gewisser Weise ist also der Schluß jeweils schon gegeben und es werden die Prämissen dazu gesucht, obwohl innerhalb des dialektischen Gesprächs der Schluß natürlich auch wieder am Ende erscheint. Die Topik, die wohl allgemein mit den zugehörigen sophistici elenchi als die früheste logische Schrift des Aristoteles betrachtet wird, beschäftigt sich eben mit diesem Prozeß und seinen Regeln, während die Analytica Priora, die die Syllogistik im engeren Sinne behandeln, es speziell mit den Schlußformen zu tun haben. Doch handeln auch die Analytica Priora von der Richtigkeit oder Unrichtigkeit der Schlüsse nur insoweit, als sie bestimmen, aus der Kombination von Prämissen welcher Art ein Schluß zwingend folgt, während über die Wahrheit der Schlußfolgerung als solcher damit noch nichts ausgesagt ist.

Demgegenüber haben es die Analytica Posteriora mit den Prinzipien einer beweisenden *Wissenschaft* zu tun. Hier wird also untersucht, auf

---

[14] F. Solmsen, Die Entwicklung der aristotelischen Logik und Rhetorik, in: Neue Philologische Untersuchungen, Heft IV (1929).

[15] Vgl. den Artikel Syllogistik bei Pauly-Wissowa, Realenzyklopaedie IV A, 1048 und 1058/59, und Greek Foundations of traditional Logic, Columbia University Press, New York 1942, passim.

welche Weise man durch logisches Schließen zu notwendigen und wahren Schlußfolgerungen kommen kann. Auf den ersten Blick kann es daher | so scheinen, als ob nun hier der Weg eindeutig und ohne Umweg von den Prämissen zu den Schlußfolgerungen führe. In Wirklichkeit jedoch werden mathematische Sätze nicht so gefunden, daß irgendwelche als wahr bekannte Prämissen durch die logische Maschine getrieben werden und dann etwas Neues dabei herauskommt. Sondern es beginnt mit der Vermutung, daß etwas sich so und so verhalte, und dann wird der Versuch gemacht, ob es sich auf Grund bekannter Sätze streng logisch beweisen lasse, wobei sich auch herausstellen kann, daß sich vielmehr das Gegenteil der ursprünglichen Annahme beweisen läßt. Auch hier ist also gewissermaßen das Resultat, wenn auch zunächst nur als Vermutung, das erste; und die Prämissen, aus denen es sich beweisen läßt, werden auch hier erst nachträglich gefunden[16]. Daher auch die allgemeine historische Erscheinung, daß die exakte axiomatische Grundlegung einer neuen mathematischen Theorie immer erst erfolgt ist, nachdem die Theorie schon ziemlich weit ausgebildet war. Ob und wie weit dies etwa bei den Griechen anders war, und falls dies der Fall gewesen sein sollte, welche besonderen historischen Bedingungen dafür bestanden haben, kann erst aus der Einzeluntersuchung hervorgehen.

Aus Gründen, die sich später von selbst ergeben werden, ist es zweckmäßig, diese Untersuchung mit dem zweiten Kapitel des ersten Buches der Analytica Posteriora zu beginnen. Das Kapitel beginnt mit einer Definition des Wissens: man weiß etwas, wenn man den Grund erkennt, warum es so ist, und damit die Gewißheit hat, daß es nicht anders sein kann. *Eine* Art, etwas auf diese Weise zu wissen, ist durch einen Beweis. Ein Beweis ist ein wissenschaftlicher, d. h. im oben angegebenen Sinn zum Wissen führender, logischer Schluß (Syllogismus). Auf Grund dieser ersten und allgemeinsten Bestimmungen sucht Aristoteles dann festzustellen, welche Eigenschaften diejenigen Prämissen haben müssen, aus denen jede bewiesene Wissenschaft letzterdings abgeleitet wird: sie müssen wahr (ἀληθεῖς), erste (πρῶται), unvermittelt (ἄμεσοι), einsichtiger

---

[16] Es ist vielleicht nicht ganz uninteressant, daß Archimedes in seiner Methodus ad Eratosthenem (opera II, 428 ff. Heiberg) dies von seiner eigenen Methode, seine Beweise zu finden, geradezu ausspricht und auch von Eudoxos dasselbe annimmt.

Zur Frage der Entstehung mathematischer Beweise vgl. auch den ausgezeichneten und höchst instruktiven Aufsatz von B. L. Van der Waerden, „Denken ohne Sprache" in Thinking and Speaking. A Symposium, ed. by G. Révész, Amsterdam, 1954, S. 165—174.

(γνωριμώτεραι) als das aus ihnen Geschlossene, früher (πρότεραι), und das aus ihnen Geschlossene begründend (αἴτιαι) sein.

Gleich durch die erste der geforderten Eigenschaften der Prämissen unterscheidet sich der wissenschaftlich beweisende vom dialektischen Schluß, dessen Prämissen nur vom Dialogpartner als wahr angenommen werden, aber nicht notwendig wirklich wahr zu sein brauchen. Die zweite Forderung, daß sie ‚erste' sein müssen, wird im dritten Kapitel näher | erklärt. Es ist unmöglich, alles zu beweisen, da dies zu einem regressus in infinitum führen würde. Also gibt es entweder keine Wissenschaft oder sie muß aus unbewiesenen Prinzipien bewiesen werden. Da es jedoch zum Wesen einer auf Beweisen beruhenden Wissenschaft gehört, daß alles, was sich beweisen läßt, auch bewiesen wird, so müssen die ersten Prinzipien nicht nur unbewiesen, sondern auch unbeweisbar sein. Eben damit sind sie auch ἄμεσοι, d. h. ihre Erkenntnis ist nicht aus einer anderen Erkenntnis abgeleitet oder durch sie vermittelt. Die drei Eigenschaften, daß sie erste, unbeweisbar und unabgeleitet oder unableitbar sein müssen, sind also im Grunde identisch.

Ein neues Element tritt dagegen auf mit der Forderung, daß sie γνωριμώτεραι oder einsichtiger sein müssen als das aus ihnen Geschlossene. Offenbar bedeutet dies nicht, daß sie sicherer gewußt werden als das Erschlossene, da dieses, wenn es richtig bewiesen ist, genau so mit unbedingter Sicherheit gewußt wird wie die unbeweisbare und unmittelbar einsichtige Prämisse[17]. Aristoteles kennt bekanntlich zwei Arten des | Einsichti-

---

[17] Vgl. Analytica Posteriora I, 2, 72 a, 25 ff. Auf den ersten Blick scheint das, was Aristoteles in diesem Abschnitt sagt, sich selbst zu widersprechen. Denn auf der einen Seite wird gesagt: wir wissen etwas, wenn wir es bewiesen haben, und wer im strengen Sinne etwas weiß, ist in seinem Wissen unerschütterlich (ἀμετάπειστος). Auf der anderen Seite wird gesagt, daß die ersten und unbeweisbaren Prämissen einsichtiger sein müssen und wir ihnen m e h r „vertrauen" müssen als dem, was aus ihnen bewiesen wird, genau so wie uns das lieber ist, um dessen willen uns etwas anderes lieb ist, als das, was uns um jenes anderen willen lieb ist. Der scheinbare Widerspruch löst sich jedoch, wenn man versteht, daß zwar die Sicherheit des durch Beweis Gewußten objektiv nicht weniger groß ist als die des unmittelbar evidenten ersten Prinzips, daß aber zur absoluten Sicherheit der Evidenz des letzteren eben nur diese Evidenz selbst gehört, zu der Sicherheit des Wissens des durch Beweis Gewußten dagegen sowohl die unmittelbare Evidenz aller ersten Prinzipien, auf denen der Beweis direkt oder indirekt beruht, als auch die Evidenz aller logischen Schritte, durch die das bewiesene Wissen erreicht wird.

H. Scholz, Die Axiomatik der Alten, in: Blätter für deutsche Philosophie IV (1930), p. 269, bemerkt, daß, sofern in moderner Wissenschaftslehre der Evidenzbegriff überhaupt eine Stelle habe, er eine Steigerung nicht zulasse, und daß Aristoteles, indem er Grade der Evidenz annehme, ein subjektives oder, wie Scholz

gerseins, das für uns Einsichtigere oder leichter Faßbare, nämlich das Einzelne und mit den Sinnen Wahrgenommene, und auf der anderen Seite das an sich (καθ᾽ αὑτὸ) Einsichtigere, das gerade umgekehrt mit dem Allgemeineren und Abstrakteren, aber auch mit dem Einfacheren gleichgesetzt wird. Diese Art des Einsichtigerseins ist es, die von den Prinzipien oder ersten Prämissen einer beweisenden Wissenschaft gefordert wird.

Das ist eine sehr wichtige Forderung. Es ist in neuerer Zeit viel davon die Rede gewesen, ob die griechische Mathematik, speziell die des Euklid, „anschaulicher" gewesen oder auf größere Anschaulichkeit ausgegangen sei als die moderne. Gegenüber falschen Auffassungen dieser Anschaulichheit hat K. Reidemeister mit Recht betont, daß Euklid gewiß nicht auf diejenige Anschaulichkeit ausgegangen ist, die Schopenhauer von der Geometrie gefordert hat, sondern seine Leistung gerade in der vollen Durchführung der rein abstrakt logischen Beweismethode bestanden hat[18]. Hat ja doch Schopenhauer selbst dem Euklid gerade diesen Mangel an Anschaulichkeit zum Vorwurf gemacht und seinen Beweis des pythagoreischen Lehrsatzes als einen Mausefallenbeweis bezeichnet. Trotzdem sind diejenigen nicht ganz im Unrecht, die an dieser Stelle einen Unterschied zwischen antiker, euklidischer und moderner Mathematik gefunden haben, wenn der Ausdruck „Anschaulichkeit" auch vielleicht nicht glücklich gewählt ist, um den Unterschied zu bezeichnen, da er mißverstanden werden kann.

Die Forderung, daß die ersten Prinzipien ‚einsichtiger' sein müssen als die aus ihnen abgeleiteten Sätze, steht in engem Zusammenhang mit den beiden folgenden Forderungen, daß sie πρότεραι und αἴτιαι τοῦ συμπεράσματος sein müssen. Die Forderung, daß in der logischen Schlußfolgerung der logische Grund der logischen Folge vorangehen muß, ist trivial und offenbar nicht, was Aristoteles hier im Sinne hat. Vielmehr bedeutet es

---

es ausdrückt, ein psychologisches Element in die logische Betrachtung einführe. Das ist an sich durchaus richtig. Nur kann man auf Grund der bisher in Betracht gezogenen Ausführungen des Aristoteles ihn nicht bezichtigen, das Logische und das Psychologische unklar vermengt zu haben. Denn die objektive Sicherheit des auf Grund von Axiomen Bewiesenen ist ihm eben nicht um das Geringste weniger groß als die der Axiome selbst, wohl aber ist nach seiner Meinung das, was in vielen Schritten bewiesen werden muß, subjektiv sehr viel weniger unmittelbar einsichtig und insofern auch subjektiv weniger sicher als man sich der Richtigkeit jedes logischen Schrittes des Beweises vergewissern muß, um zu dieser Sicherheit zu gelangen, und außerdem der gebrauchten Axiome und anderen Prinzipien gewiß sein muß, während die Wahrheit des Axiomes *unmittelbar* gewiß ist. Vgl. auch unten p. 347 und Anm. 20.

[18] pp. 51 ff. des in Anm. 8 angeführten Buches.

offenbar, daß die Auswahl dessen, was als erstes Prinzip genommen, und dessen, was daraus abgeleitet wird, nicht frei steht, sondern durch das Verhältnis der beiden zu einander bestimmt wird und zwar so, daß das als Prinzip Angenommene in sich einsichtiger, einfacher und abstrakter sein muß als das, was daraus abgeleitet wird[19]. Man wird | also z. B. annehmen dürfen, daß es Aristoteles nicht für gleichgültig gehalten hätte, ob etwa der erste Kongruenzsatz mit seinen mannigfaltigen Relationen als Axiom angenommen und die Gleichheit aller Rechten Winkel auf Grund seiner bewiesen wird, wie dies Hilbert getan hat, oder umgekehrt. Jedenfalls hat sich Euklid offenbar an das Prinzip gehalten, daß nur die einfachsten Relationen als unmittelbar einsichtig als Postulate aufgestellt werden dürfen, hat dafür allerdings die ἐφαρμόζειν-Methode beim Beweis des ersten Kongruenzsatzes mit in Kauf nehmen müssen, worauf noch zurückzukommen sein wird. Jedenfalls aber ist es beachtenswert, daß von Aristoteles eine solche Forderung aufgestellt worden ist[20]. Dies sind also

---

[19] Das πρότερον und ὕστερον in bezug auf geometrische Gegenstände wird von Aristoteles in der Metaphysik (Z 1035 b, 4 ff.) dahin bestimmt, daß das πρότερον jeweils dasjenige ist, das (direkt oder indirekt) in der Definition des anderen vorkommt. Danach ist der rechte Winkel πρότερον gegenüber dem spitzen und dem stumpfen Winkel, da diese durch den Rechten Winkel definiert werden, und der Kreis ist πρότερον gegenüber dem Halbkreis aus demselben Grunde. Es ist nicht schwer zu sehen, daß nach demselben Prinzip die Winkel den ebenen Figuren, wie dem Dreieck, gegenüber πρότερα sind.

Proklos (p. 179 Friedlein) stellt als Prinzip auf, daß die ἀρχαί, d. h. Axiome und Postulate, sich vor dem, was aus ihnen abgeleitet wird, durch Einfachheit auszeichnen müssen (ἁπλότητι διαφέρειν). Aber auch der Mathematiker Geminus (bei Proklos p. 183) spricht aus, daß die ἀρχαί unmittelbar einsichtiger sein müssen als die aus ihnen abgeleiteten Sätze, und greift Apollonius von Perge an, weil er versucht hatte, das erste Gleichheitsaxiom auf Grund von viel weniger einsichtigen Annahmen oder Voraussetzungen zu beweisen.

[20] H. Scholz hat p. 268 mit Recht bemerkt, daß die beiden Forderungen, daß die Axiome einsichtiger und daß sie früher sein müssen als der daraus gezogene Schluß, aufs engste miteinander zusammenhängen und im Grunde nur zwei Seiten derselben Sache darstellen. Er nennt diese beiden Forderungen „abhängig von den beiden Forderungen, daß die Prinzipien wahr und unbeweisbar sein müssen". Ich würde eher sagen, daß sie die unentbehrliche Ergänzung zu jenen darstellen. Denn es ist eben durch die unmittelbare Evidenz der Axiome, daß man sich nach Aristoteles' Meinung ihrer Wahrheit versichert. Es ist der Grad dieser Evidenz im Vergleich zu anderen Sätzen, der ihre Ordnung im logischen Aufbau des wissenschaftlichen Systems bestimmt und es ermöglicht, zu sagen, daß *dieser* Satz und nicht ein *anderer* der unmittelbar einleuchtendere ist und daher als Axiom angenommen werden kann, während der andere bewiesen werden muß.

Durch diese Kombination von Forderungen unterscheidet sich Aristoteles' Wissenschaftslehre auf das schärfste von der Auffassung, die Hilberts mathematischem System zugrunde liegt. H. Scholz (p. 276) sagt mit Recht, daß von dem Standpunkt

die Eigenschaften, die alle ersten Prinzipien irgendeiner beweisenden Wissenschaft nach Aristoteles haben müssen. |

In demselben zweiten Kapitel des ersten Buches der Analytica Posteriora geht nun Aristoteles dazu über, verschiedene Arten solcher ersten Prinzipien oder ἀρχαί zu unterscheiden[21]. Hier finden sich denn auch die ersten Ansätze zur Festlegung einer bestimmten Terminologie. Die erste Unterscheidung, die Aristoteles hier macht, ist zwischen θέσις und ἀξίωμα. Von der Thesis sagt er, daß sie unbeweisbar ist (wie alle ersten Prinzipien) und daß es nicht für jeden, der irgend etwas (im wissenschaftlichen Sinn) lernen will, notwendig ist, im Besitz der Thesis zu sein. Das Axiom unterscheidet sich von der Thesis eben dadurch, daß jeder, der irgend etwas wissenschaftlich begreifen will, in seinem Besitz sein muß. Die Thesis wird dann weiter untergeteilt in ὑπόθεσις und ὁρισμός. Die ὑπόθεσις sagt aus, daß etwas ist oder nicht ist. Der ὁρισμός oder die Definition tut das nicht. Sie ist (wie die ὑπόθεσις auch) eine Annahme oder ‚Setzung‘, indem sie festsetzt, daß z. B. die Einheit das der Quantität nach Unteilbare ist. Sie unterscheidet sich aber von der ὑπόθεσις dadurch, daß sie nicht, wie die entsprechende ὑπόθεσις, festsetzt, daß etwas ist, d. h. sie definiert die Einheit, aber setzt nicht fest, daß es die Einheit gibt.

---

aus, den Aristoteles in den Analytica einnimmt, die „Hilbertsche Wenn-So-Mathematik" nur als ein großartiges dialektisches Schauspiel erscheint und nicht als Wissenschaft.

Es ist nicht die Aufgabe der vorliegenden Untersuchung, die Vorzüge und Mängel der beiden Systeme gegeneinander abzuwägen. Es genügt im wesentlichen, den Unterschied zwischen beiden deutlich gemacht und gezeigt zu haben, daß manche antiken Mathematiker, wie z. B. Geminus — es wird sich später zeigen, weitgehend auch Euklid —, dem aristotelischen System gefolgt sind.

Nur so viel kann vielleicht zur richtigen Auffassung des Aristoteles hinzugefügt werden: H. Scholz hat recht, wenn er (p. 269) sagt, daß Aristoteles zur Beantwortung der Frage, wer darüber entscheidet, ob eine Behauptung so evident ist, daß sie unter die Prinzipien aufgenommen werden kann, oder welche von zwei Behauptungen die evidentere ist, auf den νοῦς rekurrieren muß, und zum Beweis auf Anal. post. 100 a, 5 ff. verweist. Seiner Meinung nach ist dies der fundamentale Mangel des sonst großartigen logischen Systems des Aristoteles. Dann ist jedoch die oben zitierte Folgerung nicht radikal genug. Denn wenn man auf die Begründung auf die unmittelbare Einsicht des νοῦς ganz und gar verzichtet, werden auch der Satz vom Widerspruch und die logischen Regeln zu willkürlich gewählten Spielregeln, und das auf diese Weise erzeugte System ist nicht einmal mehr ein dialektisches Schauspiel, das immer noch mit für wahr gehaltenen, wenn auch nicht notwendig wahren, Prämissen, gespielt wird, sondern ein reines Spiel wie Schach oder Dame.

[21] Analytica Posteriora I, 2, 72 a, 14 ff.

Die erste dieser beiden Unterscheidungen, die zwischen Thesis und Axiom, findet ihre nähere Erklärung im zehnten Kapitel[22]. Hier macht Aristoteles die Unterscheidung zwischen κοινά und ἴδια. Κοινά sind diejenigen Prinzipien, welche κατ᾽ ἀναλογίαν auf alle Wissenschaften anwendbar sind. Als Beispiel werden die Gleichheitsaxiome angeführt, die κατ᾽ ἀναλογίαν für Zahlen, Strecken, Flächen, Körper, Zeitspannen usw. gelten, also sowohl in der Arithmetik wie in der Geometrie, Stereometrie usw. gebraucht werden, in jeder dieser Wissenschaften gemäß den ihr eigenen Gesetzen[23]. Die Axiome sind also in diesem Sinne κοινά: d. h. nie-

---

[22] A. P. I, 10, 76 a, 37 ff.

[23] H. Scholz, p. 171, hat diese Ausführungen des Aristoteles mit Recht in Verbindung gebracht mit jenen Stellen (vor allem I, 7, 75 a, 38 ff.), wo Aristoteles sich gegen die μετάβασις εἰς ἄλλο γένος ausspricht, zugleich aber in einer Anmerkung (nr. 28) davor gewarnt, aus diesen Stellen den Schluß zu ziehen, daß „Aristoteles die Isomorphie inhaltlich verschiedener Gebiete nicht gekannt oder gewürdigt habe". Was Scholz hier die Isomorphie der Gebiete nennt, hat Aristoteles eben dadurch zum Ausdruck gebracht, daß nach ihm die Axiome κατ᾽ ἀναλογίαν in den verschiedenen Gebieten Gültigkeit haben. Wenn Scholz weiter von „formalen Axiomen" spricht, „die für mehr als eine Interpretation der in ihnen vorkommenden Variablen in wahre Aussagen übergehen", so ist auch dies richtig. Doch sagt Aristoteles nichts darüber, wie dies geschieht, und da Scholz nicht über Aristoteles hinausgeht, hat auch er naturgemäß nicht mehr darüber zu sagen. Es wird sich jedoch zeigen, daß eben hier, d. h. bei der Anwendung der allgemeinen, für Zahlen, Strecken, Flächen, Körper usw. geltenden Gleichheitsaxiome auf planimetrische und stereometrische Gegenstände, bei den antiken Mathematikern beträchtliche Schwierigkeiten entstehen, die bei Euklid auf das deutlichste zu beobachten sind. Vgl. unten p. 394 ff. und Anm. 120—123.

Endlich ist es vielleicht nicht ganz überflüssig, wenigstens anmerkungsweise an dieser Stelle auf zwei Abschnitte der Metaphysik kurz einzugehen, an denen Aristoteles von den Axiomen im übermathematischen Sinne spricht: Metaphysik Γ, 3, 1005 a, 19 ff. und Κ, 4, 1061 b, 17 ff. An beiden Stellen führt Aristoteles aus, daß es also die Sache des Philosophen, der „ersten" Philosophie oder der Wissenschaft vom Seienden als Seiendem ist, sich mit den „in der Mathematik so genannten" Axiomen zu beschäftigen. An der ersten der beiden Stellen fügt Aristoteles hinzu, daß der Geometer und der Arithmetiker es nicht unternimmt, diese Axiome weiter zu untersuchen, wozu jedoch zu bemerken ist, daß Apollonius von Perge noch lange nach Aristoteles den Versuch unternommen zu haben scheint, das erste Gleichheitsaxiom für Strecken besonders zu beweisen (Proclus, p. 183; vgl. oben Anm. 19). An der zweiten Stelle sagt Aristoteles, daß der Mathematiker die κοινά, d. h. die Axiome, ἰδίως anwendet. An der ersten der beiden Stellen ferner scheint Aristoteles eine gewisse Rangordnung unter den Axiomen aufzustellen, indem er den Satz vom Widerspruch als die einsichtigste und gewisseste aller ἀρχαί bezeichnet, über deren Richtigkeit sich niemand täuschen kann und ohne die jedes Wissen überhaupt unmöglich ist, wozu an der zweiten Stelle noch hinzugefügt wird, daß ohne die Annahme dieses Satzes jede Kommunikation unmöglich ist. An der zweiten Stelle werden ferner die Gleichheitsaxiome als Axiome bezeichnet, die für alle ποσά gelten, von den Mathematikern dagegen jeweils auf bestimmte Arten von ποσά wie Zah-

mand | kann mit irgendeiner Wissenschaft anfangen, ohne im Besitz dieser
allen Wissenschaften gemeinsamen Prinzipien zu sein. Die ἴδια dagegen
sind auf bestimmte Wissenschaften beschränkt. Dazu gehören natürlich
die Definitionen, die die Gegenstände der einzelnen Wissenschaften definieren, wie die Einheit, die Strecke, den Kreis usw. Es gehören aber dazu
auch Existentialsätze, die die Existenz solcher Gegenstände postulieren,
wie die der Linie usw. Das sind also die im zweiten Kapitel erwähnten
ὑποθέσεις.

Hier wird nun noch eine sehr wichtige weitere Unterscheidung gemacht[24]. Die Definition besagt τί σημαίνει ἕκαστον, was ein jedes bedeutet.
Dies muß von allen Gegenständen einer Wissenschaft (ohne Beweis) angenommen werden (λαμβάνεται), sowohl von den ,ersten' wie von den aus
den ersten abgeleiteten oder zusammengesetzten (τὰ ἐκ | τούτων). Die Exi-
stenz dagegen darf nur für die πρῶτα (ohne Beweis) angenommen oder
postuliert werden, muß für die zusammengesetzten und abgeleiteten Gegenstände dagegen bewiesen werden (in der Geometrie wird dieser Beweis natürlich durch die Konstruktion geführt)[25]. Mit anderen Worten:
was ein regelmäßiges Dodekaeder bedeutet, kann man nicht beweisen,
sondern muß es durch Definition bestimmen oder annehmen (λαμβάνειν),
aber *daß* es einen dieser Definition entsprechenden regelmäßigen Körper
gibt, darf nicht ,angenommen' werden, sondern ist durch einen Konstruktionsbeweis zu beweisen. Dagegen kann die Existenz der ,ersten' und einfachsten geometrischen Gegenstände wie des Punktes oder der Linie nicht
durch einen Konstruktionsbeweis bewiesen werden und muß daher angenommen oder postuliert werden.

So weit scheint alles vollständig klar. Es bleiben aber doch noch einige
Fragen sowohl sachlicher wie terminologischer Natur weiter zu klären.
Zunächst mag es aufgefallen sein, daß Aristoteles die Definitionen ausschließlich unter den ἴδια, d. h. also unter den θέσεις ansetzt, Definitionen
für die κοινά dagegen nicht annimmt. Dies wird von Aristoteles noch aus-

---

len, Strecken, Winkel usw. angewendet werden. Doch wird nicht ausdrücklich gesagt, daß die Gleichheitsaxiome, insofern sie nur auf ποσά anwendbar sind, ein engeres Anwendungsgebiet haben als der Satz vom Widerspruch und andere logische
Axiome.

[24] Analytica Posteriora I, 10, 76 a, 31 ff.

[25] Vgl. Analytica Posteriora II, 7, 92 b, 15/16: „Was ,Dreieck' bedeutet, nimmt der
Geometer an, aber daß es existiert (daß es den durch die Definition bezeichneten
Gegenstand gibt), beweist er."

drücklich weiter ausgeführt, wenn er sagt[26], daß von den κοινά nicht postuliert wird, was sie bedeuten, „da dies ohnehin bekannt ist", d, h. es
braucht nicht definiert zu werden, was „Gleiches von Gleichem abziehen"
bedeutet. Es braucht kaum gesagt zu werden, daß in dieser Erklärung in
gewisser Weise, wenn auch nicht ganz klar formuliert, der moderne
Begriff der impliziten Definition vorweggenommen ist: das ἴσον wird
durch die Gleichheitsaxiome implizite definiert. Im übrigen wird von Aristoteles die implizite Definition nicht ausdrücklich auf die κοινά beschränkt[27].

Wichtiger und tiefer greifend ist eine andere Schwierigkeit. Im ersten
Kapitel des ersten Buches werden nur zwei Arten von Prinzipien er-
wähnt, | die man vorher haben muß, um eine beweisende Wissenschaft
darauf aufzubauen: man muß wissen oder verstehen (συνιέναι), *was* etwas
bedeutet, und man muß wissen, *daß* etwas ist. Die erste Art des Wissens
wird durch die Definition gegeben. Für die zweite gibt Aristoteles zwei
Beispiele, nämlich 1. das Wissen, daß der Satz vom Widerspruch wahr ist,
und 2. das Wissen, daß es die Einheit gibt. Das erste ist offenbar ein κοινόν, d. h. es ist ein Satz, den man wissen, oder eine Erkenntnis, die man
haben muß, um irgendeine Wissenschaft anfangen zu können. Der zweite
ist ein ἴδιον, insofern die Einheit der Arithmetik speziell angehört. Im
übrigen aber ist es bemerkenswert, daß Aristoteles hier keinen Unterschied
macht zwischen dem Satz, daß der Satz vom Widerspruch *ist* oder gilt,
und dem Satz, daß die Einheit *ist* oder daß es sie gibt. Mit anderen Worten, Aristoteles macht hier keinen Unterschied zwischen Sätzen, die Relationen ausdrücken, und Existenzsätzen, sondern stellt beide gleichzeitig
den Definitionen, die das Was bestimmen, als Sätze darüber, *daß* etwas
ist, gegenüber. Auf der anderen Seite sind aber die Sätze, die Aristoteles
im zehnten Kapitel als Beispiele für die κοινά anführt, alle Relationssätze, während die Sätze, die er als Beispiele für ὑποθέσεις, also die eine

---

[26] Analytica Posteriora I, 10, 76 b, 20/21.

[27] H. Scholz, p. 274, sagt: „Ein korrekt definierter Begriff muß nach Aristoteles genau
    so διὰ προτέρων καὶ γνωριμωτέρων definiert werden wie ein korrekt bewiesener
    Satz διὰ προτέρων καὶ γνωριμωτέρων bewiesen werden muß", und beruft sich da-
    bei mit Recht auf die Topik VI, 4, 141 a, 26 ff. Er folgert daraus, daß auch die De-
    finitionen der Begriffe letzterdings auf undefinierbare erste Begriffe zurückgehen
    müssen wie die bewiesenen Sätze auf unbeweisbare Grundsätze. Diese Folgerung ist
    logisch korrekt. Doch weist Scholz selbst darauf hin, daß sie bei Aristoteles nirgends
    klar ausgesprochen ist. Die oben im Text zitierte Behauptung bezieht sich nicht auf
    die Begriffe, sondern auf die Axiome, wobei freilich die in den Axiomen gebrauchten
    Begriffe in irgendeiner Weise wohl mit einbegriffen sein müssen.

Art der ἴδια, anführt, alle Existenzbehauptungen darstellen[28]. Im selben Kapitel scheint er anzudeuten, daß Existenzbehauptungen unter den κοινά nicht nötig sind aus demselben Grunde, aus dem die κοινά nicht definiert zu werden brauchen: mit anderen Worten, das ἴσον wird nicht nur nicht definiert, es braucht auch nicht eigens postuliert zu werden, daß es das ἴσον gibt. Die Axiome über die verschiedenen Gleichheitsrelationen genügen für beides[29]. Aber selbst wenn dies allgemein angenommen wird, so bleibt doch die Frage übrig, ob es nicht für die einzelnen Wissenschaften, wie die Geometrie, unbeweisbare Relationssätze gibt, die für den Aufbau der Wissenschaft notwendig sind und daher unter ihre Prinzipien, aber unter die ἴδια, nicht die κοινά | gehören. Es wird sich zeigen, daß diese Unklarheit, die sich hier bei Aristoteles findet, auch bei den antiken Mathematikern zu Schwierigkeiten und Kontroversen geführt hat.

Über die von Aristoteles gebrauchte Terminologie läßt sich vorläufig folgendes sagen. Wie gezeigt, unterscheidet Aristoteles zwischen ἀξίωμα und θέσις und teilt die letztere wieder in ὁρισμός und ὑπόθεσις. Der Terminus ἀξίωμα kommt, soviel ich sehen kann, in der erhaltenen voraristotelischen Literatur nirgends in einem Sinne vor, der dem des mathematischen Axioms nahesteht, sondern heißt überall ‚Ehre‘, ‚Schätzung‘, ‚Einschätzung‘ oder dergleichen. Dasselbe gilt auch für ἀξίωσις; denn die Angabe von Liddell und Scott, es habe bei Thukydides II, 88, 2 die Bedeutung ‚Prinzip‘, ‚Maxime‘, ist kaum richtig, da es dort offenbar ‚Selbsteinschätzung‘ bedeutet. Höchstens könnte man sagen, daß es an jener Stelle und in ähnlichen Fällen leicht in dem von Liddell und Scott angegebenen Sinne mißverstanden werden konnte und daß, wie so oft, auch hier ein Bedeutungswechsel aus einem ursprünglichen Mißverständnis hervorgegangen sein könnte.

---

[28] Analytica Posteriora I, 10, 76 a, 37 ff. Beispiel für die κοινά ist der Satz, daß Gleiches von Gleichem subtrahiert Gleiches ergibt. Beispiele für ἴδια sind in der Arithmetik die Annahme, daß es die Einheit gibt, für die Geometrie das Postulat der Existenz des Punktes und der Linie.

[29] Analytica Posteriora I, 10, 76 b, 16 ff. Ausdrücklich wird nur gesagt, daß in manchen Wissenschaften die Existenz des γένος nicht postuliert wird und daß nicht postuliert werden braucht, was „Gleiches von Gleichem abziehen" bedeutet. Da aber nach I, 1, 71 a, 13/14 das Sein (Gelten) eines Axioms postuliert werden muß, so kann Aristoteles vielleicht dahin verstanden werden, daß das Postulat der Gleichheitsaxiome das Postulat der Existenz des ἴσον in sich schließt. Hier macht sich aber sofort die Schwierigkeit wieder bemerkbar, daß die Axiome nur κατ᾿ ἀναλογίαν in den verschiedenen Wissenschaften gelten und der Gleichheitsbegriff erst jeweils in jeder der speziellen Wissenschaften einen konkreten Inhalt erhält. Vgl. oben p. 348 und Anm. 23 und unten p. 394 und Anm. 121.

Viel ungezwungener und deutlicher läßt sich der Übergang jedoch an dem Verbum ἀξιοῦν beobachten. Die ursprüngliche Bedeutung ist auch hier offenbar ‚einschätzen', ‚für würdig halten', wie z. B. bei Euripides, Alkestis, 572:

$$\text{σέ τοι καὶ ὁ Πύθιος εὐλύρας Ἀπόλλων}$$
$$\text{ἠξίωσε ναίειν.}$$

‚Apollon hat dich für würdig gehalten, in dir zu wohnen.' Von hier aus lassen sich dann zwei Bedeutungsübergänge beobachten: der erste bei Antiphon, Tetralogie A, 3, 4. Dort hat in der zweiten Rede der Tetralogie der Angeklagte bestritten, daß dem Zeugnis des mit seinem Herrn ermordeten Sklaven Glauben zu schenken sei, der, eben bevor er den Geist aufgab, noch versichert hatte, den Angeklagten als einen der Mörder erkannt zu haben. Das Zeugnis eines Sklaven sei überhaupt nicht annehmbar. Andernfalls wäre es nicht der Brauch, die Sklaven bei der Einvernahme zu foltern. Darauf antwortet der Ankläger, das sei ein ganz falsches Argument. Bei Fällen wie dem vorliegenden pflege man Sklaven nicht zu foltern, sondern ihnen die Freiheit zu geben. Nur wo der Verdacht bestehe, daß der Sklave selbst ein Verbrechen begangen habe oder ein Verbrechen seines Herrn zu verbergen suche, τότε βασανίζοντες ἀξιοῦμεν τἀληθῆ λέγειν αὐτούς. Die einfachste Übersetzung ist natürlich: dann nehmen wir an, daß sie unter der Folter (wenn wir sie foltern) die Wahrheit sagen werden. Aber in Wirklichkeit ist der Gedanke | doch etwas komplizierter. Denn nicht darauf liegt ja der Nachdruck, daß sie die Wahrheit sagen werden, sondern darauf, daß dann und nur dann die Folterung nötig ist, um sie zum Bekennen der Wahrheit zu zwingen. Also: „dann schätzen wir die Sachlage so ein, daß sie nur, wenn wir sie foltern, die Wahrheit sagen" (oder grammatisch ganz korrekt: „dann schätzen wir nur, wenn wir sie foltern, die Sachlage so ein, daß usw."). Hier ist also der Übergang von „einschätzen" zu „annehmen" ganz deutlich.

Ein etwas anderer Übergang ist bei Herodot II, 162, 4 zu beobachten. Patarbemis hat als Bote des Königs Apries den Amasis aufgefordert, sich zum König zu begeben, und ist mit dem antiken Äquivalent der Antwort des Götz von Berlichingen abgefertigt worden. Darauf fährt Herodot fort: ὅμως δὲ αὐτὸν ἀξιοῦν τὸν Πατάρβημιν βασιλέος μεταπεμπομένου ἰέναι πρὸς αὐτόν. Die einfachste Übersetzung ist: trotzdem habe P. ihn aufgefordert, zum König zu gehen, oder: gefordert, daß er gehen solle. Aber wiederum ist die zugrunde liegende Bedeutung, „habe er der Einschätzung der Sachlage Ausdruck gegeben, daß er, wenn der König nach ihm schicke, auch zu ihm gehen müsse" deutlich genug.

Noch ein anderes, wieder etwas verschiedenes Beispiel findet sich in Xenophons Memorabilien II, 1, 9: καὶ γὰρ ἀξιοῦσιν αἱ πόλεις, τοῖς ἄρχουσιν ὥσπερ ἐγὼ τοῖς οἰκέταις χρῆσθαι. ἐγώ τε γὰρ ἀξιῶ τοὺς θεράποντας ἐμοὶ μὲν ἄφθονα τὰ ἐπιτήδεια παρασκευάζειν, αὐτοὺς δὲ μηδενὸς τούτων ἅπτεσθαι, αἵ τε πόλεις οἴονται χρῆναι τοὺς ἄρχοντας ἑαυταῖς μὲν ὡς πλεῖστα ἀγαθὰ πορίζειν, αὐτοὺς δὲ πάντων τούτων ἀπέχεσθαι. Hier wird also das ἀξιοῦσιν durch οἴονται χρῆναι wieder aufgenommen und dadurch interpretiert. „Sie glauben, die Magistratspersonen müßten ihnen alles Gute verschaffen usw." ist gleichbedeutend mit: „ἀξιοῦσιν, die M. wie ihre Diener zu behandeln". Also ist dem Sinn nach wohl die einfachste Übersetzung von ἀξιοῦσιν: „sie halten es für richtig". Da dies „für richtig halten" hier aber nicht einem einzelnen Fall, sondern allgemein gilt, so kann man auch übersetzen: „sie machen es zum Prinzip" (ihres Verhaltens). Hier ist also der Übergang von „für richtig halten" zu „zum allgemeinen Prinzip erheben" sehr deutlich zu sehen, aber auch die Beziehung zu der ursprünglichen Bedeutung „einschätzen", „für würdig halten" ist noch nicht ganz verwischt. Es braucht wohl kaum hinzugefügt werden, daß „für richtig halten" an dieser Stelle nicht „für wahr halten" bedeutet. Aber das zeigt nur, daß das Wort vor Aristoteles noch den verschiedensten Bedeutungsentwicklungen offen ist.

Im Verbum ἀξιοῦν sind also schon vor Aristoteles verschiedene Bedeutungsentwicklungen angedeutet, die bei der Wahl des Wortes ἀξίωμα zur Bezeichnung der ersten Beweisprinzipien eine Rolle gespielt haben | können: Annahme, Forderung, Prinzip, im Sinne allerdings eines Prinzips des Verhaltens. Die Bedeutungsentwicklung dieses Wortes selbst bei Aristoteles läßt sich dann an einigen Beispielen illustrieren. Hier ist nun vor allem zu bemerken, daß in der Topik das Wort mehrfach in einer weiteren und loseren Bedeutung gebraucht wird als an den oben angeführten Stellen der zweiten Analytik, an einer Stelle aber sich der Übergang von der einen zu der anderen Bedeutung noch ganz genau aufweisen läßt.

In der Topik wird mit ἀξίωμα häufig der Satz bezeichnet, den der Disputant in einem dialektischen Gespräch (oder der Lehrer seinem Schüler gegenüber) zum Ausgangspunkt seiner Beweisführung machen will. Es werden dann Anweisungen darüber gegeben, wie solche Sätze auszuwählen seien[30]. Natürlich müssen sie so sein, daß der Gegner im Disput sie wahrscheinlich annehmen wird. Daher dürfen sie dem, was der Disputant beweisen will, sein Gegner aber bestreitet, nicht so nahe stehen, daß dies ohne weiteres daraus folgt. Sonst wird der Gegner es nicht annehmen und sagen, es sei eine petitio principii. Der Zusammenhang zwischen dem ἀξίωμα und dem daraus zu schließenden Ergebnis muß also verschleiert werden. Aus demselben Grund muß man die zum Beweis nötigen ἀξιώματα nicht in ihrer logischen Folge, sondern durcheinander vorbringen und sie erst, wenn alle zugegeben sind, zusammenbringen, um den Gegner zu überführen. Natürlich brauchen ἀξιώματα dieser Art nicht notwendig wahr zu sein, so lange es sich nicht um Auffindung der Wahrheit, sondern nur um Widerlegung des Gegners in der dialektischen Disputation handelt. Sie brauchen aber auch nicht, wie die Axiomata und alle echten ἀρχαί in den beweisenden Wissenschaften einsichtiger und daher einfacher zu sein als das, was auf Grund ihrer bewiesen werden soll. Vielmehr kann es als besonderer dialektischer Trick benützt werden, das Einfachere aus dem Komplizierteren und daher schwieriger zu Durchschauenden abzuleiten[31].

Als einfachste Übersetzung des Wortes in diesem Zusammenhang bietet sich „Annahme" an, in dem ganz wörtlichen Sinne von etwas, das von beiden Parteien in der Disputation angenommen wird. In gewissem Sinn kann man es auch als „Forderung" oder „Postulat" bezeichnen, insofern der Führer der Disputation „fordert" oder „postuliert", daß der aufgestellte Satz der weiteren Diskussion zugrunde gelegt werde. Da dies jedoch von der Zustimmung des Partners abhängt, so führt dies doch wieder auf die Urbedeutung des Einschätzens (des Satzes in bezug auf seine Richtigkeit) zurück[32]. Die Verbindung mit den Bedeutungsentwicklungen des Verbums ἀξιοῦν vor Aristoteles ist hier also noch ziemlich eng.

Der Übergang von dieser weiteren Bedeutung des Terminus in der Dialektik zu seiner engeren Bedeutung in den beweisenden Wissenschaften

---

[30] Für das Folgende vgl. Topica VIII, 1, 155 b, 29 ff.

[31] Topica VIII, 3, 159 a, 3 ff.

[32] In der Topik wird in der Behandlung des dialektischen Frage- und Antwortspiels das Wort ἀξιοῦν häufig von dem Satz gebraucht, von dem der Frager hofft, daß ihn der Antworter zugeben wird. Dieses Zugeben selbst wird dann als τιθέναι bezeichnet (vgl. z. B. 155 b, 30 ff.; 159 a, 14 ff. und öfter). Wenn auf das ἀξιοῦν das τιθέναι gefolgt ist, kann das dialektische Schließen weitergehen. Man kann hier also ἀξιοῦν mit „postulieren" übersetzen, das aber dann eben ein Postulieren nur ad hominem ist. Auch hier scheint aber vielleicht die Bedeutung des „für (der Zustimmung) würdig haltens" noch durch.

wird zu Anfang des Θ der Topik völlig deutlich gemacht. Dort wird darauf hingewiesen, daß der Dialektiker in der Disputation seine ἀξιώματα, d. h. die Sätze, die er seinem Beweis zugrunde legen will, nicht so wählen darf, daß sie der Schlußfolgerung zu nahe stehen, da der Gegner sonst voraussieht, worauf er hinaus will und seine Ausgangssätze nicht annehmen wird. Dann fährt Aristoteles fort[33]: τῷ δὲ φιλοσόφῳ καὶ ζητοῦντι καθ᾽ ἑαυτὸν οὐδὲν μέλει, ἐὰν ἀληθῆ μὲν ᾖ καὶ γνώριμα δι᾽ ὧν ὁ συλλογισμός, μὴ θῇ δ᾽ αὐτὰ ὁ ἀποκρινόμενος διὰ τὸ σύνεγγυς εἶναι τοῦ ἐξ ἀρχῆς καὶ προορᾶν τὸ συμβησόμενον· ἀλλ᾽ ἴσως κἂν σπουδάσειεν ὅτι μάλιστα γνώριμα καὶ σύνεγγυς εἶναι τὰ ἀξιώματα· ἐκ τούτων γὰρ οἱ ἐπιστημονικοὶ συλλογισμοί. Also: „dem Philosophen aber, der für sich (die Wahrheit) sucht, macht es, sofern nur die Sätze, auf denen seine Schlußfolgerung beruht, wahr und einsichtig sind, nichts aus, wenn der Dialogpartner (der, der auf seine dialektischen Fragen antwortet) sie nicht annimmt, weil sie der zu Anfang aufgestellten These zu nahe stehen und weil er (der Antworter) voraussieht, welche Schlußfolgerung dabei herauskommen wird. Er (der Philosoph) wird wohl eher sogar darauf bedacht sein, daß seine Ausgangssätze (ἀξιώματα) so einsichtig wie möglich sind und der Schlußfolgerung so nahe als möglich stehen. Denn auf solchen beruhen die wissenschaftlichen Schlüsse.“

Aus dem Zusammenhang geht nicht mit Sicherheit hervor, ob die ἀξιώματα, die der Philosoph nach dieser Stelle zum Ausgangspunkt nimmt, schon die Axiome sind, von denen Aristoteles in den Analytica Posteriora redet, d. h. erste Prinzipien, die unbeweisbar und allen beweisenden Wissenschaften gemeinsam sind[34]. Aber zwei Eigenschaften werden | ihnen zugeschrieben, die alle Sätze haben müssen, die zur Grundlage eines wissenschaftlichen (im Gegensatz zu einem dialektischen) Beweises dienen sollen: sie müssen wahr sein und einsichtig bzw. einsichtiger als das, was daraus bewiesen werden soll. Der Übergang von der weiteren zu der spezielleren Bedeutung, die das Wort in den zweiten Analytiken annimmt, ist darum nicht weniger klar. Zuerst bedeutet es einfach einen Satz, der zum ersten Ausgangspunkt eines Beweises genommen wird und der beim dialektischen Beweis so beschaffen sein muß, daß der Gegner in der Disputation

---

[33] Topica VIII, 1, 155 b, 10 ff.

[34] Übrigens hat Aristoteles auch in notorisch relativ späten Schriften das Wort ἀξίωμα durchaus nicht immer in der speziellen genau definierten Bedeutung gebraucht, die er ihm in der Wissenschaftslehre der zweiten Analytiken gegeben hat. So bezeichnet er im N der Metaphysik (1090 a, 36) mit ἀξιώματα mathematische Sätze, nicht Sätze, die allen Wissenschaften gemeinsam sind. Vgl. auch unten p. 357.

ihn annimmt (oder, wo es sich um Lehren handelt, daß er dem Schüler einleuchtet). Die philosophische Beweisführung, durch die der Philosoph für sich selbst die Wahrheit sucht, hat dazu eine gewisse Analogie. Doch kommt es nun nicht mehr darauf an, daß der Satz angenommen wird, sondern daß er wahr ist und einsichtig. Wird nun die Beweislehre für den philosophischen oder wissenschaftlichen Beweis so weiter entwickelt, daß sich herausstellt, daß zwar nicht der einzelne wissenschaftliche Beweis, der ja auch von schon bewiesenen Sätzen ausgehen kann, wohl aber das gesamte Beweissystem einer Wissenschaft von wahren Sätzen ausgehen muß, die außerdem die Eigenschaft haben müssen, unbeweisbar und allgemeiner und einsichtiger zu sein als alles später von ihnen Abgeleitete, und daß die allerallgemeinsten und grundlegendsten Sätze dieser Art von ἀξιώματα allen beweisenden Wissenschaften gemeinsam sind, so werden diese letzteren Sätze naturgemäß zu den ἀξιώματα, d. h. den Ausgangssätzen κατ' ἐξοχήν. Mit anderen Worten: was die ἀξιώματα zu Axiomen im strengen Sinn des Wortes macht, wie es von Aristoteles in den Analytica und später von den Mathematikern gebraucht wird, liegt nicht ursprünglich in der Bedeutung dieses Wortes, sondern folgt aus der Analyse der Eigenschaften, welche die grundlegenden Ausgangssätze einer jeden beweisenden Wissenschaft haben müssen.

Es bleibt die Frage, wo sich der beschriebene Bedeutungsübergang zuerst vollzogen hat. Die Tatsache, daß er sich, wie eben gezeigt, innerhalb der logischen Schriften des Aristoteles Schritt für Schritt verfolgen läßt, legt den Schluß nahe, es sei Aristoteles selbst gewesen, der das Wesen der Axiome und ihre Funktion in den beweisenden Wissenschaften zuerst allgemein und theoretisch zu bestimmen versuchte und den Ausdruck ἀξίωμα als terminus technicus geschaffen hat. Auf der anderen Seite nimmt Aristoteles nicht nur seine Beispiele für das, was er ἀξιώματα | nennt, offensichtlich aus der zeitgenössischen Mathematik, in der solche Sätze also bewußt gebraucht worden sein müssen, sondern spricht auch, wie früher bemerkt, von den ἐν τοῖς μαθήμασι καλούμενα ἀξιώματα[35]. Er sagt ferner, daß die Mathematiker diese ἀξιώματα, obwohl sie κοινά sind, ἰδίως gebrauchen[36]. Auch das entspricht völlig seinen eigenen Ausführungen über die ἀξιώματα im zehnten Kapitel des ersten Buches der Posteriora. Nach alledem könnte es wiederum scheinen, als ob Aristoteles in dem Übergang von der Topik zu den Posteriora nur eine Entwicklung nach-

---

[35] Metaphysik Γ 3, 1005 a, 20.
[36] Metaphysik K 4, 1061 b, 18; vgl. auch Γ 3, 1005 a, 25 ff.

gezeichnet habe, die sich in der Mathematik schon vor ihm oder gleichzeitig mit ihm vollzogen hatte.

Einem solchen Schluß stehen jedoch wieder andere Beobachtungen
entgegen. In den Posteriora legt Aristoteles, wie gesehen, den allergrößten Wert darauf, daß die Axiome wie alle wahren wissenschaftlichen
ἀρχαί unbeweisbar, einsichtiger und „früher" sein müssen als das, was aus
ihnen abgeleitet wird, und macht zugleich eine scharfe Unterscheidung
zwischen den ἀξιώματα und anderen ἀρχαί, die dennoch dieselben Grundeigenschaften haben müssen. Er trägt dies als seine eigene Theorie vor
und sagt von den Mathematikern nur[37], daß οὐθεὶς τῶν κατὰ μέρος ἐπι-
σκοπούντων ἐγχειρεῖ λέγειν τι περὶ αὐτῶν (sc. τῶν ἀξιωμάτων), εἰ ἀληθῆ
ἢ μή, οὔτε γεωμέτρης οὔτ᾽ ἀριθμητικός, also: „weder der Arithmetiker
noch der Geometer (was hier natürlich den Mathematiker bedeutet, der
sich mit Planimetrie beschäftigt) unternimmt es, etwas über sie (die
Axiome) zu sagen, ob sie wahr sind oder nicht." Ferner setzt er sich gleich
zu Anfang der Posteriora[38] mit zwei Gruppen von Männern auseinander,
von denen die ersten die Meinung vertraten, daß es eine (beweisende)
Wissenschaft überhaupt nicht geben könne, während die anderen behaupteten, daß alles bewiesen werden müsse. Vielleicht könnte man diese
letztere Theorie auch so formulieren, daß man sagt, daß wissenschaftliche
Sätze nur in einem System Sinn haben und daß es auf die Widerspruchsfreiheit des Systems ankomme. Demgegenüber sucht Aristoteles zu zeigen,
daß ein jedes solches System auf einen gigantischen Zirkelschluß hinausläuft, daß ein Zirkelschluß niemals die Wahrheit irgendeines in ihm vorkommenden Satzes verbürgen kann und daß daher auch über die Wahrheit eines nur widerspruchsfreien Systems, sofern keine weiteren Kriterien
hinzukommen, schlechterdings nichts ausgesagt werden kann. Da nach
Aristoteles' Meinung Wissenschaft es mit wahren Sätzen zu | tun hat, ist
ein solches System seiner Meinung nach keine Wissenschaft. Er setzt daher
den von ihm kritisierten Theorien die Theorie entgegen, daß jede wahre
Wissenschaft, d. h. jede beweisende Wissenschaft, auf unbeweisbaren,
selbstevidenten, einsichtigen und „früheren" Prinzipien beruhen muß, zu
denen dann die Axiome gehören. Dies zuerst systematisch und zwingend
gezeigt zu haben, scheint er für sich in Anspruch zu nehmen und insofern
denn also auch die genaue Wesensbestimmung des Axioms im technischen
Sinn, wozu auch seine klare Unterscheidung von anderen Arten unbe-

---

[37] Metaphysik Γ 3, 1005 a, 29 ff.
[38] Analytica Posteriora I, 3, 72 b, 5 ff.

weisbarer Prinzipien gehört. Freilich bleibt dabei zunächst die Frage
offen, was sich die mit Aristoteles gleichzeitigen Mathematiker dabei gedacht haben, wenn sie von Axiomen sprachen. Die Antwort auf diese
Frage kann erst der Analyse der mathematischen Überlieferung entnommen werden.

Das ist alles, was sich vorläufig über die Entwicklung des Axiom-
begriffs bis auf Aristoteles sagen läßt. Doch mag zur Ergänzung noch
hinzugefügt werden, daß Aristoteles das Wort ἀξίωμα außerhalb der
Schriften zur Logik und Dialektik auch einfach in der Bedeutung „Annahme", „Meinung", „Lehrstück" usw. gebraucht, ein Gebrauch, der sich
aus der voraristotelischen Bedeutungsgeschichte des Verbums ἀξιοῦν ohne
weiteres verstehen läßt. Vor allem werden auch kurz zusammenfassende
Lehrsätze früherer Philosophen so bezeichnet[39]. Daraus hat sich dann
wohl (nicht notwendig von Aristoteles ausgehend, obwohl man den Einfluß des Peripatos und der dort entwickelten Terminologie auf die hellenistischen Philosophenschulen nicht unterschätzen sollte) der bei den
Stoikern übliche Gebrauch des Wortes ἀξίωμα zur Bezeichnung des Aus-
sagesatzes entwickelt[40]. Doch hat das mit der Entwicklung des Axiom-
begriffs in der Mathematik nichts mehr zu tun.

Über den Ursprung des Wortes θέσις, des zweiten, das bei Aristoteles
in seiner Einteilung der wissenschaftlichen ἀρχαί an entscheidender Stelle
steht, kann sehr viel kürzer gehandelt werden. Zwar kommt auch dieses
Wort vor Aristoteles nicht in genau derselben Bedeutung vor, in der es
bei ihm erscheint, und kann dies auch nicht, da Aristoteles ja erst die
scharfe Unterscheidung macht, deren eine Seite es bezeichnet. Wohl aber
kommen θέσις und das zugehörige τίθεσθαι bei Plato außerordentlich
häufig vor im Sinne des Aufstellens einer Behauptung, These oder Annahme, die dann in der dialektischen Untersuchung auf ihre Haltbarkeit
geprüft wird. Die Stellen dieser Art sind so häufig, daß es überflüssig ist,
sie anzuführen. Als eine solche θέσις kann bei Plato auch eine Definition |
erscheinen, deren Richtigkeit dann geprüft wird. Plato stimmt also mit
dem Gebrauch, den Aristoteles von dem Worte macht, insofern überein,
als es sowohl einen Satz wie eine Definition bezeichnen kann. Auf der
anderen Seite bezeichnet es bei Plato nicht einen Satz, auf den ein Beweis
gestützt wird, sondern vielmehr gerade einen Satz oder eine Definition,
deren Richtigkeit erst geprüft werden soll. Auch hier läßt sich nun wieder

---

[39] Vgl. z. B. Metaphysik B 4, 1001 b, 7.
[40] Vgl. Stoicorum Veterum Fragmenta ed. J. von Arnim II, nr. 193—220.

der Übergang von der einen zu der anderen Bedeutung in der Topik beobachten.

Auch in der Topik bedeutet θέσις vielfach, ganz wie bei Plato, die These, über die disputiert werden soll. Das Wort τιθέναι wird jedoch, wie schon bemerkt[41], häufig auch als Korrelat zu ἀξιοῦν gebraucht und zwar so, daß es die Zustimmung zu dem Postulat des Dialogpartners, also zu einem ἀξίωμα im ursprünglichen Sinne, bezeichnet. Mit anderen Worten: das Verbum, das ursprünglich „setzen" bedeutet, wird sowohl von dem Aufstellen einer These, die diskutiert werden soll, wie von der Zustimmung zu einem Satz, den der Dialogpartner zum Beweis benutzen will, gebraucht. Ein Satz, der durch solche Zustimmung „angesetzt" oder „festgesetzt" worden ist, dient dann natürlich als Ausgangspunkt und Grundlage des folgenden dialektischen Beweises. Wird ein solches τεθειμένον oder eine solche θέσις dagegen zur Grundlage und zum Ausgangspunkt eines *wissenschaftlichen* Beweises, so wird sie naturgemäß allen den besonderen Anforderungen unterworfen, welche für die ἀρχαί wissenschaftlicher Beweise allgemein gelten. Ferner ist zu bemerken, daß τιθέναι oder τίθεσθαι und λαμβάνειν -(an)nehmen in der Topik oft völlig synonym und auswechselbar gebraucht werden. Auch eine scharfe Unterscheidung zwischen θέσις und ἀξίωμα, im Sinne der im zweiten Kapitel des ersten Buches der zweiten Analytik gemachten, wird in der Topik nicht gemacht. Der Ausdruck θέσις ist also ebenfalls aus der in der Topik gegebenen Kunst der Dialektik in die Wissenschaftslehre der zweiten Analytiken hinübergenommen worden, hat dort aber eine Präzisierung erfahren, die zugleich eine Verengerung seines Bedeutungsumfangs bedeutet. Hier ist noch deutlicher als bei dem Ausdruck ἀξίωμα, daß erst Aristoteles die neue technische Bedeutung des Wortes geschaffen hat.

Über das Wort ὁρισμός braucht hier vorläufig nichts gesagt zu werden, da es nebst dem zugehörigen Verb ὁρίζεσθαι schon bei Plato und in Xenophon's Memorabilien im Sinne von Definition, definieren ganz geläufig ist. Dagegen wird von verschiedenen Arten mathematischer Definition später zu reden sein. |

Sehr wichtig ist das Wort ὑπόθεσις, das Aristoteles als terminus technicus für die nicht-definitorischen θέσεις gebraucht. Auch dieses Wort kommt in den Aristotelischen Lehrschriften in einer großen Anzahl verschiedener Bedeutungen vor. Daß das Wort ursprünglich „Grundlage", „Funda-

---

[41] Vgl. oben Anm. 32.

ment" heißt und auch bei Aristoteles sowohl im wörtlichen als auch im
übertragenen Sinne oft so gebraucht wird, braucht nicht gezeigt zu werden. Wie ἀξίωμα und θέσις wird auch das Wort ὑπόθεσις im Bereich der
Logik und Dialektik in einer weiteren und einer engeren Bedeutung gebraucht. Vielfach bedeutet es einfach die Voraussetzung eines Schlusses.
Eine solche braucht nicht wahr zu sein[42]. Sie braucht aber auch nicht im
Sinne der ἀρχαί in der Wissenschaftslehre, von denen die ὑποθέσεις dort
ja eine Art darstellen, „erste" zu sein. Bei der reductio ad absurdum wird
ὑπόθεσις die Annahme (z. B. daß die Seite des Quadrates mit der Diagonale kommensurabel sei) genannt, deren Unmöglichkeit nachher bewiesen wird[43]. Im „hypothetischen" Schluß heißt ὑπόθεσις die Annahme
oder Voraussetzung, aus der, *wenn* sie richtig ist, das weitere folgt[44].
Hier ist es besonders deutlich, daß die ὑπόθεσις in diesem Sinne nicht
„erste Grundlage" im Sinne der ὑπόθεσις der Wissenschaftslehre der
zweiten Analytik zu sein braucht.

Ebenso wie die Wörter θέσις und ἀξίωμα erfährt also auch das Wort
ὑπόθεσις in der Wissenschaftslehre der zweiten Analytik eine Präzisierung
und Verengerung seiner Bedeutung, und in diesem Fall wird dies in
einem Zusatz zum zehnten Kapitel des ersten Buches[45] noch besonders
hervorgehoben, wenn dort gesagt wird, was der Lehrer ohne Beweis
annehme, obwohl es beweisbar sei, heiße, wenn die Annahme dem
Lernenden einleuchte, eine ὑπόθεσις, wozu dann aber hinzugefügt wird,
dies sei nicht eine ὑπόθεσις im eigentlichen Sinne (ἁπλῶς), sondern nur in
bezug auf den Lernenden. Dieser ὑπόθεσις im uneigentlichen Sinne fehlt
also alles das, was die ὑπόθεσις im eigentlichen Sinne, d. h. im Sinne der
Wissenschaftslehre, haben muß, d. h. wahr, unbeweisbar und „erste"
zu sein.

Wichtiger als diese Feststellungen, die nur für die ὑπόθεσις bestätigen,
was sich vorher schon für das ἀξίωμα und die θέσις ergeben hatte, ist
etwas anderes. In der zweiten Analytik werden, wie oben gezeigt, die
ὑποθέσεις als ἴδιαι ἀρχαί, d. h. erste Prinzipien, die einer bestimmten Wis-
senschaft angehören, von den ἀξιώματα als κοιναὶ ἀρχαί, d. h. erste | Prin-
zipien, die allen Wissenschaften gemeinsam sind, unterschieden. Ferner

---

[42] Vgl. z. B. Metaphysik M, 9, 1086 a, 15: αἴτιον δ᾽ ὅτι αἱ ὑποθέσεις καὶ αἱ ἀρχαὶ
ψευδεῖς.

[43] Vgl. Analytica Priora I, 44, 50 a, 29 ff.

[44] Ibidem 50 a, 16 ff.

[45] Analytica Posteriora I, 10, 76 b, 23 ff.

hat sich gezeigt, daß die Beispiele für ὑποθέσεις in diesem Sinn in der zweiten Analytik alle aus der Mathematik genommen und alle Existenzbehauptungen sind. Demgegenüber ist es bemerkenswert, daß das Wort ὑπόθεσις auch außerhalb der Analytiken im Sinne eines ersten, aber einer speziellen Wissenschaft angehörigen Prinzips vorkommt, das dort gegebene Beispiel aber kein Existenzsatz ist[46].

Auf den ersten Blick wird man auf diese Beobachtung hin vielleicht geneigt sein, die Tatsache, daß in den entscheidenden Kapiteln der Analytica nur Existenzbehauptungen als ὑποθέσεις angeführt werden, für einen bloßen Zufall zu halten, zumal da die Beispiele, wie bei Aristoteles durchweg, nicht sehr zahlreich sind. Da jedoch, wie sich zeigen wird[47], bei griechischen Mathematikern später eine Kontroverse darüber entstanden ist, ob Axiome und Postulate als κοιναὶ ἀρχαί und ἴδιαι oder als Relationssätze und Existenzsätze voneinander unterschieden werden sollten und die mangelnde Identität dieser beiden Einteilungsprinzipien Schwierigkeiten bereitet hat, so ist es vielleicht der Mühe wert, der Frage etwas weiter nachzugehen.

Nun kann kaum ein Zweifel daran bestehen, daß der Abschnitt über die ὑποθέσεις als ἴδιαι ἀρχαί im zehnten Kapitel des ersten Buches der Analytica Posteriora in einer gewissen Beziehung steht zu der berühmten Stelle am Ende des sechsten Buches von Platons Staat[48], wo Plato von den Mathematikern sagt, daß sie das ἄρτιον und das περιττόν, die Figuren und die drei Arten von Winkeln zu ὑποθέσεις machen, „als ob sie schon ein Wissen von ihnen hätten", und daß sie „es nicht für nötig halten, sich oder andern noch irgend eine weitere Rechenschaft davon zu geben als über etwas, das jedermann klar ist, und also (diese ὑποθέσεις) zu ihrem Ausgangspunkt nehmen und dann das Übrige (die mathematischen Beweise) durchlaufen bis sie zu dem gelangen, auf dessen Untersuchung sie ausgegangen sind" (d. h. die mathematischen Lehrsätze). Im weiteren Verlauf sagt dann bekanntlich Plato[49], die Mathematiker handelten so, „als ob es nicht möglich sei, über diese ὑποθέσεις hinauszukommen". Dagegen, sagt er, gibt es eine andere, dialektische Art, die Dinge zu untersuchen, bei der die ὑποθέσεις nicht (wie dies von den Mathematikern

---

[46] Vgl. Physik Θ 3, 253 b, 5 f.: ὑπόθεσις γὰρ ὅτι ἡ φύσις ἀρχὴ τῆς κινήσεως. Im Zusammenhang wird dieser Satz dort als eine der ἀρχαί, also eines der ersten Prinzipien, der Physik bezeichnet.

[47] Vgl. unten p. 368 ff.

[48] Plato, Staat, VI, 510 C.

[49] Ibidem, 511 A/B.

geschieht) zu ἀρχαί gemacht werden, sondern wirklich nur zu ὑποϑέσεις, d. h. zu Ausgangspunkten oder Sprungbrettern, von | denen aus der νοῦς zu der wahren ἀρχή, dem wahren Ursprung des Ganzen, aufsteigt, um erst von dort wieder zu den Einzelerkenntnissen herabzusteigen.

Es kann ja nun wohl gewiß kein Zufall sein, daß die bei Plato vorkommenden Beispiele fast dieselben sind wie diejenigen, die Aristoteles im zehnten Kapitel des ersten Buches der zweiten Analytik gebraucht. Ebensowenig ist zu verkennen, daß Aristoteles Plato in mehrfacher Hinsicht zu korrigieren versucht. Plato hatte es als ein Zeichen der relativen Unvollkommenheit der Mathematik gegenüber der philosophischen Dialektik[50] betrachtet, daß die Mathematiker die ὑποϑέσεις unbesehen hinnehmen und sie zu den letzten Prinzipien ihrer Wissenschaft machen, während der dialektische Philosoph sie nur als Ausgangspunkte betrachtet, von denen aus er mit Hilfe der dialektischen Methode zu den wahren ἀρχαί aufsteigt. Dem kann Aristoteles, der die beweisende Wissenschaft über die Dialektik stellt und die zu der letzteren gehörige Ideenlehre aufgegeben hat, natürlich nicht zustimmen. Die ὑποϑέσεις sind für ihn wirkliche ἀρχαί. Zugleich muß jedoch Aristoteles, um das von Plato Gesagte seiner Beweistheorie anzupassen, noch einige weitere Korrekturen vornehmen.

Von dem ἄρτιον und περιττόν, die Plato als Beispiele von ὑποϑέσεις anführt, welche die Mathematiker ohne Prüfung annehmen, von Quadrat- und Kubikzahlen in der Arithmetik, sowie von dem Inkommensurablen in der Geometrie und dem Gebrochensein und „Sich Neigen"[51] der Linien,

---

[50] Damit hat Plato natürlich nicht gemeint, daß die Mathematik nicht einen sehr hohen Wert besitze oder daß die Mathematik als Mathematik anders betrieben werden sollte als sie betrieben wird und als Plato es beschrieben hat. Es bedeutet nur, daß die philosophisch-dialektische Betrachtungsweise, die zur unmittelbaren Erkenntnis der Ideen führt, der Mathematik, die durch logische Schlußfolgerungen zu Lehrsätzen gelangt, übergeordnet ist. Vgl. dazu ausführlich K. v. Fritz, Platon, Theaetet und die antike Mathematik, Darmstadt, Wissenschaftliche Buchgesellschaft, 1969, S. 37—65 und 98—103.

[51] Die νεῦσις (das Sich-Neigen) spielt in der antiken Geometrie eine große Rolle bei Konstruktionsaufgaben, die sich nicht mit Zirkel und Lineal lösen lassen. Es handelt sich dabei darum, eine Strecke von gegebener Länge so zwischen zwei gegebene Kurven „einzuschieben", daß ihre Verlängerung durch einen gegebenen Punkt geht; oder in anderen Worten, die Endpunkte der Strecke so zu legen, daß sie auf den gegebenen Kurven liegen und die Strecke sich nach dem außerhalb der Kurven gelegenen Punkte zu „neigt" (νεύει). Vor Aristoteles scheint die νεῦσις-Methode z. B. zur Lösung des Problems der Dreiteilung des Winkels benützt worden zu sein. Später hat Apollonius von Perge zwei Bücher über νεύσεις geschrieben, von denen Pappus im siebten Buch seiner Synagoge einiges erhalten hat.

wodurch die Winkel und ferner die Figuren erzeugt werden, die Plato erwähnt hatte, sagt Aristoteles, daß, *was* sie bedeuten (also in diesem Fall die Definition), zwar ohne Beweis angenommen werden muß, ihre Existenz (*daß* sie sind) dagegen bewiesen werden muß. Nur die Existenz | der Einheit und der einfachsten geometrischen Gebilde, wie des Punktes und der Linie, darf und muß ohne Beweis angenommen werden.

Diese Umsetzung dessen, was Plato gesagt hatte, ist innerhalb der aristotelischen Beweistheorie durchaus notwendig. Denn die ἀρχαί des Beweises und der beweisenden Wissenschaften sind ja Sätze, nicht Begriffe. Werden nun statt der von Plato als Beispiele gegebenen Begriffe des Geraden und Ungeraden, der Winkel usw. Sätze eingesetzt, so ergibt sich sofort, daß zwar die *Definition* des Geraden und Ungeraden, des Drei-ecks, des Inkommensurablen usw. angenommen werden darf, daß aber, daß es diese Dinge wirklich gibt, durch Ableitung von einfacheren Ge-gebenheiten bewiesen werden muß. Es ist also, wie Aristoteles von seinem Standpunkt aus mit Recht bemerkt, nicht so, daß diese Gegebenheiten von den Mathematikern in jeder Hinsicht ohne Prüfung angenommen werden. Nur von den einfachsten arithmetischen und geometrischen Ge-gebenheiten ist es richtig, daß sowohl ihre Definition als auch ihre Existenz ohne Prüfung angenommen wird. Hier ist also mit Händen zu greifen, daß die aristotelische Unterscheidung zwischen Definitionen und *Existenz-*sätzen innerhalb der ϑέσεις, der speziellen Grundprinzipien der einzel-nen Wissenschaften, einfach aus Aristoteles' Kritik an Platos Beschrei-bung des Verfahrens der Mathematiker hervorgegangen ist.

Diese Kritik wird dann in dem letzten Abschnitt des zehnten Kapitels des ersten Buches fortgesetzt, einem Abschnitt, der von den modernen Kommentatoren durchweg mißverstanden worden ist, weil sie die Bezie-hung auf Plato nicht bemerkt haben. „Die Termini"[52], sagt Ari- | stoteles

---

[52] Sowohl Th. Waitz (Aristoteles Organon Graece, Leipzig 1846, vol. II, p. 328) wie auch D. Ross (Aristotle's prior and posterior Analytics, Oxford 1949, p. 541) und Th. Heath (Thirteen Books of Euclids Elements, I, Oxford 1926, p. 119, über-setzen ὅροι an dieser Stelle mit „Definitionen" statt mit „Termini". Nun ist es rich-tig, daß Aristoteles das Wort ὅρος sowohl im Sinne von „Definition" wie auch im Sinne von „Terminus" gebraucht und daß es in beiden Bedeutungen auch in den Analytica vorkommt, wozu jedoch hinzugefügt werden mag, daß an allen Stellen der Posteriora vor der hier zu interpretierenden, an der von Definitionen die Rede ist, der Ausdruck ὁρισμός dafür gebraucht wird und an den beiden einzigen Stellen innerhalb dieses Abschnittes, an denen das Wort ὅρος vorkommt, es nicht Definition heißen kann. Was es an unserer Stelle heißt, muß also aus dem Zusammenhang hervorgehen. Doch spricht, da eben das Wort in den Posteriora vorher nie für De-

dort, „sind keine ὑποθέσεις, denn sie besagen nicht, daß etwas ist oder nicht ist. Vielmehr gehören ὑποθέσεις zu den Sätzen. Die Termini braucht man nur zu verstehen. Aber das ist keine ὑπόθεσις, wenn man nicht das bloße Verstehen eine ὑπόθεσις nennen will. ὑποθέσεις aber sind etwas, aus dem, wenn es gesetzt wird, etwas anderes gefolgert werden kann." Was Aristoteles hier sagen will, ist also, daß das Gerade und Ungerade in der

---

finition gebraucht worden ist, die Wahrscheinlichkeit von vornherein dafür, daß es auch hier nicht diese Bedeutung hat.

Nun sagt Aristoteles an der fraglichen Stelle, daß ὅροι keine προτάσεις seien (so interpretiert auch D. Ross a. a. O.: definitions are not hypotheses because they do not occur among the premises on which proof depends). Definitionen wurden aber, wie sich zeigen wird, sowohl nach Aristoteles wie in noch viel größerem Umfang vor Aristoteles sehr vielfach als Prämissen in mathematischen Beweisen gebraucht. Auf der anderen Seite ist es richtig, daß Aristoteles hier wie noch ausführlicher im siebten und achten Kapitel des zweiten Buches der Posteriora darauf besteht, daß Definitionen durch Existenzsätze (Existenzpostulate oder Existenzbeweise) ergänzt werden müssen. Man könnte also der Meinung sein, daß Aristoteles an der interpretierten Stelle an dem Verfahren gewisser Mathematiker Kritik übe und ihnen die Lehre gegenüberstelle, daß Definitionen *allein* (ohne die ergänzenden Existenzsätze) nicht als Grundlage eines wissenschaftlichen Beweises dienen können. Aber davon steht an der Stelle nichts, und daß Aristoteles nicht der Meinung gewesen sein kann, daß Definitionen überhaupt nicht als Prämissen von Beweisen gebraucht werden können, geht schon daraus hervor, daß er sie zu Anfang des ersten Buches ausdrücklich als eine der Arten der ἀρχαί des wissenschaftlichen Beweises anführt. Wenn also Aristoteles in dem oben erörterten Abschnitt den Definitionen schlechthin die Möglichkeit abspräche, als Prämissen in einem wissenschaftlichen Beweis zu dienen, würde er sich selbst widersprechen.

Es ist aber zum vollen Verständnis der Stelle wohl notwendig, kurz noch auf einen besonderen, bei Aristoteles gelegentlich vorkommenden Gebrauch des Wortes ὅρος im Sinne von „Terminus" einzugehen. An sich ist der Ausdruck in diesem Sinne aus der Proportionenlehre auf die Syllogistik übertragen und bezeichnet daher sozusagen die Glieder im syllogistischen Calculus, ohne auf ihren Inhalt zu reflektieren. Da jedoch, wo immer der syllogistische Calculus in der Wissenschaft oder in der Dialektik zur Erzeugung eines Wissens oder einer Meinung benützt wird, diese Glieder mit Bedeutung erfüllt sein müssen, so kann ὅρος auch den als Glied eines Syllogismus auftretenden sinnerfüllten Begriff bezeichnen. Diese Doppelheit des Begriffes ὅρος tritt gleich zu Anfang der Priora hervor, wenn (24 b, 16 f.) es heißt, die πρότασις werde in die ὅροι zerlegt, nämlich das Ausgesagte und das, von dem etwas ausgesagt wird, und wenn dann im folgenden die ὅροι bald mit A, B, C bezeichnet, bald durch Beispiele (Tier, Mensch, weiß, Hund usw.) verdeutlicht werden. Wenn also dann zu Anfang der Posteriora (72 b, 24) davon die Rede ist, daß es auch eine ἀρχὴ ἐπιστήμης geben muß, ᾗ τοὺς ὅρους γνωρίζομεν, so können mit diesen ὅροι wiederum nicht Definitionen gemeint sein, von deren Verständnis Aristoteles auch nie das Wort γνωρίζειν gebraucht, sondern die Gegenstände und deren Begriffe, die dann in den Definitionen und Sätzen erscheinen. Um diese handelt es sich auch in der erörterten Stelle, wie sofort deutlich ist, sobald man sieht, daß Aristoteles sich hier auf Plato bezieht, der gesagt hatte, daß die Mathematiker die mathematischen Gegenstände zu ὑποθέσεις machen.

Arithmetik und die Winkel in der Geometrie nicht die Beweisgrundlagen sind, von denen die Mathematiker ausgehen. Die Beweisgrundlagen bestehen vielmehr in Sätzen, natürlich Sätzen, *in* denen jene Termini vorkommen, und *über* die Gegenstände, die durch sie bezeichnet werden, aber sie bestehen doch eben nicht in jenen Termini selbst. Aristoteles hätte seine Kritik also auch damit anfangen können | zu sagen, daß die ὅροι keine Sätze sind. Er sagt aber: „sie sind keine ὑποθέσεις", weil Plato sie als die ὑποθέσεις der Mathematiker bezeichnet hatte, und fährt dann fort: „ὑποθέσεις sind nämlich Sätze."

Auch was bei Aristoteles darauf noch folgt, bestätigt die Beziehung auf die Ausführungen Platos am Ende des sechsten Buches der Republik. Aristoteles wendet sich hier gegen den Einwand, der Geometer gehe von falschen Prinzipien aus, wenn er von einer (gezeichneten) Linie, die nicht gerade ist, annimmt, sie sei gerade. Dieser Einwand, sagt Aristoteles, ist nicht stichhaltig, da der Geometer seinen Schluß nicht darauf basiert, daß die (gezeichnete) Linie, die er als Gerade bezeichnet hat, eine Gerade ist. Das ist in der Sprache von Aristoteles' Beweistheorie genau dasselbe, was Plato am Ende des sechsten Buches, 510 D, so ausgedrückt hatte, daß er sagt, die Mathematiker stellten ihre Untersuchungen zwar *an* den gezeichneten Figuren an, aber nicht *über* die gezeichneten Figuren, sondern über das Quadrat als solches und über die Diagonale an sich. Alles dies zusammen schließt jeden Zweifel daran aus, daß sich Aristoteles im größten Teil des zehnten Kapitels mit Platos Ausführungen am Ende des sechsten Buches der Republik auseinandersetzt. Man erhält also hier einmal einen ganz direkten Einblick in die Beziehung zwischen der aristotelischen und *einer,* wenn auch nicht notwendig *der,* voraristotelischen Auffassung des Wesens der Mathematik.

Am Schluß dieser Erörterung der Terminologie des Aristoteles muß noch kurz auf das Wort αἴτημα eingegangen werden. Dieses Wort wird von Aristoteles definiert in jenem eingeschobenen Zusatz zum zehnten Kapitel[53], in dem er auch die ὑπόθεσις im uneigentlichen, d. h. im dialektischen Sinne definiert[54]. Es wird dort als eine Annahme bezeichnet, die der Meinung des Lernenden zuwiderläuft oder die ohne Beweis gemacht wird, obwohl sie beweisbar wäre. Es ist offenbar, daß das αἴτημα in diesem Sinne oder in diesen Bedeutungen — denn es sind ja zwei ganz verschiedene Bedeutungen, die hier gegeben werden —, ebenso wie die

---

[53] Analytica Posteriora I, 10, 76 b, 30 ff.

[54] Vgl. oben p. 360.

ὑπόθεσις im uneigentlichen Sinne, in der Wissenschaftslehre nichts zu suchen hat und in die Dialektik gehört[55]. Es spielt denn auch in den Analytiken sonst gar keine Rolle. Wichtig ist der Ausdruck jedoch deshalb, weil er, wie sich zeigen wird, später von den Mathematikern zur Bezeichnung dessen verwendet wird, was Aristoteles in der Wissenschaftslehre ὑπόθεσις (im eigentlichen Sinne) nennt. Der Grund für diese Änderung in der Terminologie ist wohl darin zu suchen, daß das Wort ὑπόθεσις später in der Philosophie vorwiegend als Bezeichnung | des Wenn-Satzes in einer hypothetischen Behauptung dient und daher zur Bezeichnung eines als wahr und notwendig betrachteten Prinzips nicht geeignet erschien. Zugleich zeigt diese Änderung jedoch, daß der Ausdruck αἴτημα zur Zeit des Aristoteles noch keine feste Stelle in der Mathematik hatte und daß überhaupt sowohl in Hinsicht der Klärung der Begriffe wie in Hinsicht der Terminologie zu seiner Zeit noch alles im Flusse war.

Zusammenfassend läßt sich als Resultat dieser ersten Analyse der für diesen Zusammenhang wichtigsten Kapitel der Analytiken sagen, daß ohne Zweifel vieles von dem, was Aristoteles über die ersten Prinzipien einer beweisenden Wissenschaft im allgemeinen und über die ersten Prinzipien in der Mathematik im besonderen zu sagen hat, von ihm zum ersten Mal aufgestellt worden ist. Auf der anderen Seite ist nicht weniger deutlich zu sehen, daß Aristoteles nicht in der Weise, in der er es tut, hätte mit konkreten Beispielen aus der Mathematik operieren können, wenn Ansätze zu einer definitorisch-axiomatischen Grundlegung der Mathematik, oder wie immer man es nennen mag, nicht schon vor ihm vorhanden gewesen wären. Bevor jedoch der Versuch unternommen werden kann, das Aristotelische vom Voraristotelischen genauer zu unterscheiden als dies bis zu diesem Punkt geschehen ist, und das Verfahren der voraristotelischen Mathematiker zu rekonstruieren, wird es notwendig sein, die Untersuchung nun auf das wichtigste frühe Dokument der griechischen Mathematik nach Aristoteles auszudehnen: die Elemente Euklids.

2.

Zu Beginn des ersten Buches der Elemente Euklids[56] finden sich 23 Definitionen unter dem Namen ὅροι. Darauf folgen fünf unbewiesene Sätze

---

[55] So auch richtig D. Ross, op. coll., p. 540.
[56] Euclidis Elementa, ed. I. L. Heiberg, Leipzig 1883, vol. I, p. 2 ff.

unter dem Titel αἰτήματα, darauf neun weitere unter dem Titel κοιναὶ ἔννοιαι. Zu Anfang aller anderen Bücher finden sich nur Definitionen, aber weder αἰτήματα noch κοιναὶ ἔννοιαι. Die Definitionen bieten eine große Menge von Problemen, die eine eigene Behandlung erfordern. Im Rahmen des vorliegenden Aufsatzes kann darauf nur soweit eingegangen werden, als es für den Hauptgegenstand unumgänglich notwendig ist. Im übrigen muß sich die Untersuchung auf die αἰτήματα und κοιναὶ ἔννοιαι beschränken.

Die Aufzählung der αἰτήματα beginnt mit dem Wort ᾐτήσθω „es soll gefordert werden", von dem alle folgenden fünf Sätze abhängig sind. |
Diese fünf Sätze lauten:

1. von irgendeinem Punkte nach irgendeinem Punkte eine Gerade zu ziehen;
2. eine begrenzte Gerade (Strecke) stetig nach einer gegebenen Richtung zu verlängern;
3. um irgendeinen Mittelpunkt mit irgendeinem Abstand (Radius) einen Kreis zu zeichnen;
4. daß alle Rechten Winkel einander gleich sind;
5. daß, wenn zwei Geraden von einer dritten geschnitten werden und die (Summe der) beiden Innenwinkel auf einer Seite kleiner ist als zwei Rechte, die beiden geschnittenen Geraden, wenn man sie ins Unendliche verlängert, sich auf der Seite schneiden, auf der die Summe der Innenwinkel kleiner ist als zwei Rechte.

Die in den Handschriften unter dem Titel κοιναὶ ἔννοιαι angeführten Sätze sind die folgenden:

1. Sind zwei Größen derselben (dritten) gleich, so sind sie einander gleich.
2. Wenn zu gleichen gleiche (Größen) hinzugefügt werden, sind die Ganzen einander gleich.
3. Wenn gleiche (Größen) von gleichen weggenommen werden, ist das was übrig bleibt gleich.
4. Wenn zu Ungleichem Gleiches hinzugefügt wird, sind die Ganzen (Summen) ungleich.

   (In der Mehrzahl der Handschriften, aber nicht in allen, folgt hier noch der entsprechende Satz für die Subtraktion.)

5. Das Doppelte von Gleichem (wörtlich: desselben) ist gleich.

6. Das Halbe von Gleichem ist gleich.

7. Aufeinanderpassende (Flächen?) sind gleich.

8. Das Ganze ist größer als der Teil.

9. Zwei Gerade schließen keinen Raum ein.

Von diesen κοιναὶ ἔννοιαι sind alle, außer den drei ersten, schon im Altertum aus sachlichen Gründen angefochten und aus ähnlichen Gründen in neuerer Zeit als wahrscheinlich nichteuklidisch angezweifelt worden[57]. Doch hat schon Proklos in seinem Kommentar[58] energisch darauf hin-| gewiesen, daß zum mindesten das siebte und das achte Axiom als Grundlage mehrerer euklidischer Beweise gebraucht werden. Dies ist tatsächlich der springende Punkt. Läßt man diese Axiome aus, so entstehen Lücken im Aufbau der euklidischen Beweise; und werden diese Lücken durch die inkriminierten Axiome ausgefüllt, so ergeben sich die Schwierigkeiten in der Verteilung der ersten Prinzipien auf die beiden Gruppen der κοιναὶ ἔννοιαι und αἰτήματα, mit denen sich Geminus, Proklos und andere auseinandergesetzt haben und von denen gleich zu handeln sein wird. Im übrigen wird sich zeigen, daß, wie die ἐφαρμόζειν-Methode, so das ἐφαρμόζειν-Axiom, ob man es nun für sachlich verwerflich hält oder nicht, in der Entstehung einer axiomatisch-definitorischen Grundlegung der Mathematik historisch eine entscheidende Rolle spielt.

Wie schon erwähnt, wird die zuletzt angeführte Gruppe in den Handschriften der Elemente Euklids als κοιναὶ ἔννοιαι bezeichnet. Proklos in seinem Kommentar dagegen nennt sie ἀξιώματα und bezeichnet alle drei Gruppen von Prinzipien (Definitionen, αἰτήματα und κοιναὶ ἔννοιαι) als κοιναὶ ἀρχαί[59]. Daraus braucht nicht geschlossen zu werden, daß die Handschriften nicht den ursprünglichen Text des Euklid wiedergeben[60]. |

---

[57] Vgl. P. Tannery, Sur l'authenticité des axiomes d'Euclide in Mémoires scientifiques II, p. 48 ff. Tannery selbst hält ebenfalls alle Axiome außer den drei ersten für spätere Hinzufügungen.

[58] Proclus, p. 196 ff.

[59] Ibidem, p. 76.

[60] Proklos selbst gebraucht an der eben angeführten Stelle den Ausdruck ἀξιώματα als synonym mit κοιναὶ ἔννοιαι. Man sieht also, daß auch ihm beide Ausdrücke geläufig waren und als auswechselbar erschienen. Doch bedarf die Frage vielleicht noch einer etwas ausführlicheren Erörterung. In Proklos' Kommentar zu den Axiomen findet sich gleich zu Anfang (p. 193/194) der folgende Passus: καὶ οἵ γε ἀπὸ τῆς Στοᾶς ἅπαντα λόγον ἁπλοῦν ἀποφαντικὸν ἀξίωμα προσαγορεύειν εἰώθασιν.

Tatsächlich ist ja, wenn man von Aristoteles ausgeht, in der Bedeutung der beiden Ausdrücke kein Unterschied, da nach ihm die Axiome Prinzipien sind, die allen Wissenschaften gemeinsam (κοινά) sind. Das Wort ἔννοια auf der anderen Seite kommt schon bei Plato nicht selten im Sinn von (spezieller) Einsicht vor und ist auch bei Aristoteles in diesem Sinn nicht selten. „(Allen Wissenschaften) gemeinsame Einsichten" ist also nichts als ein anderer, durchaus treffender Ausdruck für das, was Aristoteles als Axiome bezeichnet. Da Proklos, wie sich zeigen wird, sich weitgehend an Aristoteles orientiert, ist es in keiner Weise sonderbar, daß er, was ihm als eine Umschreibung des aristotelischen Ausdruckes erscheinen

καὶ ὅταν διαλεκτικὰς ἡμῖν γράφωσι τέχνας περὶ ἀξιωμάτων, τοῦτο διὰ τῶν ἐπιγραμμάτων δηλοῦν ἐθέλουσιν. ἀκριβέστερον δέ τινες ἀπὸ τῶν ἄλλων προτάσεων διακρίνοντες τὸ ἀξίωμα τὴν ἄμεσον καὶ αὐτόπιστον δι᾽ ἐνάργειαν πρότασιν οὕτως ὀνομάζουσιν, ὥσπερ καὶ ὁ Ἀριστοτέλης καὶ οἱ γεωμέτραι λέγουσιν. ταὐτὸν γάρ ἐστιν κατὰ τούτους ἀξίωμα καὶ ἔννοια κοινή. Dieser Passus wird von A. Schmekel (Die positive Philosophie in ihrer geschichtlichen Entwicklung I, Berlin 1938, p. 618) so ausgelegt, daß er sagt: „Er (Proklos) sagt unumwunden heraus, daß „einige Stoiker" die stoischen koinai ennoiai mit den euklidischen Axiomen und den aristotelischen Amesa gleichgesetzt haben. Daß unter diesen ‚einigen Stoikern' Posidonius mitgemeint ist, ist zweifellos." Nun besteht a priori kein Grund, warum die τινές, die an der zitierten Stelle den οἱ ἀπὸ τῆς Στοᾶς entgegengesetzt werden, auch Stoiker sein sollen. Da jedoch Geminus, der ein Schüler des Poseidonios gewesen ist, tatsächlich den engeren aristotelischen Axiombegriff angenommen hat, so ist es nicht ausgeschlossen, daß Proklos ihn und möglicherweise seinen Lehrer Poseidonios unter die τινές gerechnet hat, obwohl er sonst Geminus mit Namen zitiert. Dagegen ist es zum mindesten irreführend zu sagen, daß diese τινές, wer immer sie auch sein mögen, die euklidischen Axiome und aristotelischen Amesa mit den *stoischen* κοιναί ἔννοιαι gleichgesetzt hätten. Die stoischen κοιναὶ ἔννοιαι sind allgemeine *Vorstellungen*, keine Sätze (vgl. Stoicorum Veterum Fragmenta, ed. H. von Arnim, II, 154, 29 ff. und III, 51, 41), während die κοιναὶ ἔννοιαι des Euklid ebenso wie die Axiome des Aristoteles Sätze sind. Wenn also Geminus (und möglicherweise sein Lehrer Poseidonios, worüber wir aber gar nichts wissen), das Wort κοινὴ ἔννοια im euklidischen Sinne übernahmen, so haben sie den stoischen Begriff der κοινὴ ἔννοια durch den euklidischen ersetzt, nicht ihn damit identifiziert, wie ja Proklos auch mit aller Deutlichkeit sagt, daß die τινές s t a t t des altstoischen Begriffes des ἀξίωμα den aristotelischen eingeführt haben, nicht die beiden identifiziert, was ja auch gar nicht möglich wäre, es sei denn durch völlige Konfusion. Das setzt aber auch voraus, daß es den euklidischen Begriff der κοιναὶ ἔννοιαι schon gab und daß er nicht erst nach Geminus in die Elemente eingeführt worden sein kann.

Höchstens kann man die Möglichkeit in Betracht ziehen, daß das κοιναὶ bei Euklid wie bei dem stoischen Begriff der κοιναὶ ἔννοιαι das allen Menschen Gemeinsame, nicht das allen Wissenschaften Gemeinsame bedeutet habe. Doch ändert sich auch dann nicht sehr viel, da eben im allgemeinen nur die allen Wissenschaften gemeinsamen Sätze als von allen gewußt vorausgesetzt werden können. Nur der ἐφαρμόζειν-Satz ist auf diese Weise leichter unter den κοιναὶ ἔννοιαι unterzubringen, da es sich hier wirklich um etwas unmittelbar jedem Verständliches handelt.

mußte, durch den von Aristoteles gebrauchten oder eingeführten terminus technicus ersetzte.

Beträchtliche Schwierigkeiten dagegen bereitet die Verteilung der verschiedenen Sätze auf die beiden Gruppen der αἰτήματα und ἀξιώματα oder κοιναὶ ἔννοιαι, und zwar sowohl in terminologischer wie auch in sachlicher Hinsicht. Proklos kommt zweimal auf diese Fragen zu sprechen: das erste Mal in der zweiten Einleitung zu seinem Kommentar, wo er die Grundlagen der Mathematik ganz allgemein erörtert[61]. An dieser Stelle orientiert er sich ganz an jenem eingeschobenen Abschnitt[62] im zehnten Kapitel des ersten Buches der Analytica Posteriora[63], in dem Aristoteles die ὑπόθεσις im uneigentlichen Sinne (d. h. in dem Sinne, in dem das Wort in der Dialektik gebraucht wird) von dem αἴτημα unterscheidet. Indem er die dort von Aristoteles gemachte Unterscheidung durch Mitberücksichtigung des ἀξίωμα zu vervollständigen sucht, kommt Proklos zu der folgenden dreifachen Unterscheidung. Ein Prinzip werde Axiom genannt, wenn es dem Lernenden ohne weiteres als Beweisprinzip einleuchtend | und sicher erscheine. Sei es dem Lernenden dagegen nicht von vornherein bekannt, aber *der* Art, daß er es sofort einsehe und zugebe, wenn es ihm auseinandergesetzt werde, dann sei es eine ὑπόθεσις. Endlich, wenn es als erstes Prinzip angenommen werde, ohne dem Lernenden als solches einsichtig zu sein, dann sei es ein αἴτημα. Als Beispiel für das Axiom wird das erste Gleichheitsaxiom angeführt, als Beispiel für die ὑπόθεσις die Definition des Kreises, als Beispiel für das αἴτημα der Satz, daß alle Rechten Winkel einander gleich sind, wobei noch hinzugefügt wird, Postulate dieser Art seien oft diskutiert und angefochten worden, woraus man sehen könne, daß sie nicht unmittelbar einleuchtend seien.

Da Proklos hier von einer Stelle in den Analytica ausgeht, die, wie oben gezeigt, von der ὑπόθεσις im uneigentlichen Sinne und vom αἴτημα in der Dialektik und im Lehrprozeß, nicht in der reinen beweisenden Wissenschaft, handelt, so ist es nicht zu verwundern, daß Proklos bei der Anwendung der davon abgeleiteten Einteilung auf Euklid in Schwierigkeiten gerät. Bleibt man innerhalb der von Proklos an dieser Stelle gewählten Definition der drei Arten von Prinzipien, ohne der Definition der ὑπόθεσις im zweiten Kapitel des ersten Buches der Analytica Posteriora irgendwelche Beachtung zu schenken, dann sind die Beispiele für

---

[61] Proclus, p. 76 ff.
[62] Vgl. oben p. 360 und 365.
[63] Analytica Posteriora I, 10, 76 b, 30 ff.

die beiden ersten Arten von Prinzipien nicht schlecht gewählt. Denn die
Definition des Kreises als des geometrischen Ortes aller Punkte in einer
Ebene, die von einem gegebenen Punkte den gleichen Abstand haben,
erfordert ja zum Verständnis etwas mehr mathematische, d. h. speziell
geometrische, Einsicht als das erste Gleichheitsaxiom. Mit der im zweiten
Kapitel der Posteriora gegebenen Definition der ὑπόθεσις in den beweisenden Wissenschaften dagegen steht das zweite Beispiel in deutlichem
Widerspruch. Denn als Beispiel wird eine Definition gegeben, während
an der erwähnten Stelle die ὑπόθεσις ausdrücklich von der Definition
unterschieden und ihr als eine andere Art von wissenschaftlicher ἀρχή
gegenübergestellt wird[64].

Etwas komplizierter ist das Problem des αἴτημα. Sowohl das sogenannte
Parallelenpostulat wie das Postulat von der Gleichheit aller Rechten
Winkel waren schon im Altertum umstritten. Das letztere sucht Proklos[65]
mit Hilfe der ἐφαρμόζειν-Methode zu beweisen, worauf noch zurückzukommen sein wird, und Pappus hatte geltend gemacht, die Umkeh-
rung, nämlich daß jeder einem Rechten Winkel gleiche Winkel auch |
ein Rechter Winkel sei, gelte nicht[66]. Von dem Parallelenaxiom sagt
Proklos[67], daß es als Lehrsatz hätte bewiesen werden sollen und daß
sowohl Geminus wie Ptolemäus daran Kritik geübt hätten, der letztere
sogar ein ganzes Buch darüber geschrieben habe, um das Problem zu
lösen. Offenbar wurden also beide Postulate im Altertum von einer
ganzen Anzahl von Mathematikern nicht als selbstevident betrachtet,
und insofern kann man sagen, daß sie der ersten der beiden von Aristoteles im zehnten Kapitel[68] gegebenen Definitionen des αἴτημα entsprechen,
die Proklos in seiner Einteilung wiederholt. Folgt man nun ferner dem
Proklos und den von ihm angeführten Autoritäten, so könnte man sagen,
daß das vierte und fünfte Postulat auch der zweiten aristotelischen
Definition des αἴτημα entsprechen[69], nach der dies ein Satz ist, der ohne
Beweis zugrunde gelegt wird, obwohl er beweisbar ist und also auch
bewiesen werden sollte. Es ist jedoch nicht wahrscheinlich, daß dies die
Meinung des Euklid gewesen ist. Da er Elemente schreibt und mit den

---

[64] Über den engen Zusammenhang zwischen Definitionen und ὑποθέσεις, die Existenzsätze darstellen, bei Aristoteles vgl. unten p. 390 ff.
[65] Proclus, p. 188 ff. Friedlein.
[66] Ibidem, p. 189, vgl. darüber auch unten Anm. 166.
[67] Ibidem, p. 191 ff.
[68] Analytica Posteriora I, 10, 76 b, 31.
[69] Ibidem, p. 76 b, 32.

elementarsten Sätzen und Konstruktionen anfängt, so kann er nicht, wie Archimedes in manchen seiner Schriften, anderweitig bewiesene Sätze vorangestellt haben. Auch hat er es offenbar verschmäht, den Satz über die Rechten Winkel mit der zum Beweis der Dreieckskongruenzen verwendeten ἐφαρμόζειν-Methode zu beweisen, was ihm nicht schwer gefallen sein könnte. Vor allem aber sind bei ihm die beiden inkriminierten Sätze mit den Postulaten, zwischen zwei Punkten eine Gerade zu ziehen, eine Strecke nach einer Seite zu verlängern, und um einen gegebenen Punkt mit einem gegebenen Radius einen Kreis zu schlagen, in einer Gruppe und unter derselben Bezeichnung αἰτήματα bzw. ᾐτήσθω vereinigt. Es ist also nicht wahrscheinlich, daß er ihnen einen geringeren Sicherheitsgrad oder eine größere Beweisbarkeit oder größere Notwendigkeit, durch Beweis gesichert zu werden, habe zuschreiben wollen als jenen drei anderen Sätzen; und gegen jene drei Sätze bzw. ihre Aufstellung als unableitbare Prinzipien scheint, soweit sich aus Proklos ersehen läßt[70], im Altertum kein Einspruch erhoben worden zu sein. Man kann daraus wohl schließen, daß Euklid bei der Wahl des Ausdrucks αἰτήματα für diese Sätze nicht an die Aristotelischen Definitionen im zehnten Buch der Analytica Posteriora gedacht haben kann. Noch weniger kann er die dortige Definition der ὑπόθεσις im Sinn gehabt haben, da dieser Ausdruck bei ihm unter den ἀρχαί gar nicht | vorkommt. So zeigt der besprochene Abschnitt bei Proklos zunächst nur, wie man später alles, was man bei Aristoteles fand, überall anzuwenden versuchte, auch wo es gar nicht paßt.

Tiefer in den Kern der Schwierigkeiten führt dagegen die zweite Erörterung der mathematischen Prinzipien bei Euklid zu Anfang des eigentlichen Kommentars[71].Hier geht Proklos von einer ganz anderen Unterscheidung zwischen ἀξίωμα und αἴτημα aus als in der zweiten Einleitung. Beiden, sagt er, ist es gemeinsam, daß sie keines Beweises bedürfen, sondern als selbst-evident angenommen werden (der Ausdruck ist λαμβάνειν wie bei Aristoteles) und als Prinzipien dienen für das Folgende. Sie unterscheiden sich aber voneinander in derselben Weise, in der Lehrsätze und Konstruktionen sich voneinander unterscheiden. Denn wie wir in den Lehrsätzen erkennen wollen, was aus Vorgegebenem (ὑποκείμενα) folgt, in den Konstruktionen dagegen uns die Aufgabe stellen (προσταττόμεθα), etwas herzustellen und zu machen, in derselben Weise nehmen wir

---

[70] Vgl. den Kommentar zu diesen Postulaten, Proclus, p. 185 ff.
[71] Ibidem, p. 178 ff.

in den Axiomen das an, was auch der unbelehrten Einsicht (ἔννοια) durchsichtig und leicht zu fassen ist, während wir in den αἰτήματα das zu fassen suchen, was leicht zu beschaffen und herzustellen ist und keiner komplizierten Veranstaltung bedarf. Als Beispiel für die Analogie zwischen αἴτημα und Konstruktion und zugleich für den Unterschied zwischen beiden wird dann das Schlagen eines Kreises und die Konstruktion eines gleichschenkligen Dreiecks angeführt: in beiden Fällen geht es nicht darum, einen Zusammenhang zu erkennen wie beim Axiom und beim Lehrsatz, sondern darum, einen mathematischen Gegenstand herzustellen. Aber beim Kreis geschieht dies ἀπραγματεύτως, während es im Falle des gleichschenkligen Dreiecks einer gewissen Methode bedarf. Dabei wird auch hervorgehoben, daß sowohl das Axiom als auch das αἴτημα unbeweisbar, selbstevident und einfacher (ἁπλότητι διαφέρον) sein muß als im ersten Falle der Lehrsatz, im zweiten die Konstruktion.

Diese Unterscheidung zwischen Axiomen und αἰτήματα oder Postulaten wird von Proklos dem Geminus, einem Philosophen und Mathematiker des ersten Jahrhunderts v. Chr., zugeschrieben. Aber man kann in dieser Unterscheidung auch eine gewisse Beziehung — die, wie sich zeigen wird, durchaus nicht eine historische Abhängigkeit zu sein braucht — finden zu jenem Abschnitt im zehnten Kapitel von Aristoteles' Analytica Posteriora[72], wo dieser die Axiome als κοιναί von den ὑποθέσεις als ἴδιαι ἀρχαί unterscheidet. Diese innere Beziehung wird auch dadurch bestätigt, daß die Existenzbeweise, die Aristoteles an jener Stelle für die komplizierteren geometrischen Gegebenheiten fordert, im Falle daß die | letzteren Figuren sind, ja zweifellos durch Konstruktionsbeweise geführt werden müssen und daß Geminus bei Proklos die αἰτήματα als die den Konstruktionen entsprechenden ἀρχαί definiert. Nimmt man also eine solche Beziehung an, so würden die αἰτήματα Euklids nicht den αἰτήματα, sondern den ὑποθέσεις des Aristoteles entsprechen. Zugleich ist jedoch nicht zu verkennen, daß der Verschiedenheit der Formulierung bei Aristoteles und bei Geminus auch eine gewisse Verschiedenheit der Auffassung entspricht, die sich für die Aufklärung der entwicklungsgeschichtlichen Zusammenhänge noch als wichtig erweisen wird[73].

Unmittelbar nach der Mitteilung der Meinung des Geminus hinsichtlich des Unterschiedes zwischen Axiomen und Postulaten erwähnt Proklos dann noch die abweichende Meinung von „anderen", die er nicht bei

---

[72] Analytica Posteriora I, 10, 76 a, 37 ff.
[73] Vgl. unten p. 375 ff.

Namen nennt, und die dahin geht, daß als Axiome diejenigen Prinzipien zu bezeichnen seien, die allen quantitativen Wissenschaften gemeinsam sind, als Postulate dagegen diejenigen, die einer Einzelwissenschaft wie der Arithmetik oder der Geometrie allein angehören. Auch das entspricht, wie leicht zu sehen, einer aristotelischen Einteilung, da ja Aristoteles die κοινά, die mit den ἀξιώματα identisch sind und die jeder, der irgendeine Wissenschaft haben will, wissen muß, den ἴδια gegenübergestellt hatte, die zu einer bestimmten Wissenschaft gehören. Zu den ἴδια gehörten als Prinzipien die Definitionen und die ὑποθέσεις. Da von den Definitionen hier nicht die Rede ist, so entsprechen also auch hier die αἰτήματα des Proklos den ὑποθέσεις des Aristoteles.

Es zeigt sich also, daß alle die drei verschiedenen Einteilungsprinzipien, die Proklos für die Unterscheidung von Postulaten und Axiomen anführt, mit Unterscheidungen, die in Aristoteles' zweiter Analytik vorkommen, aufs engste zusammenhängen, obwohl Proklos nur die erste ausdrücklich dem Aristoteles zuschreibt. Doch gilt dies bei der zweiten und dritten Einteilung nur von den Einteilungsprinzipien, nicht von der Terminologie, da bei diesen beiden Einteilungen dem aristotelischen Terminus ἀξίωμα der euklidische Terminus κοινὴ ἔννοια und dem euklidischen Terminus αἴτημα nicht der aristotelische Terminus αἴτημα, sondern ὑπόθεσις entspricht. Es bleibt ferner noch zu untersuchen, wie weit diese verschiedenen Einteilungsprinzipien tatsächlich jeweils auf die von Euklid oder von späteren Herausgebern seines Werkes den beiden Gruppen zugeteilten Sätze angewendet werden können.

Hier hat sich ja nun schon gezeigt, daß das erste von Proklos unter dem Namen des Aristoteles angeführte Einteilungsprinzip sich auf Euklids Gruppen kaum anwenden läßt. Im Falle der meisten Sätze paßt | es überhaupt nicht, und ganz allgemein besteht kein Grund zu der Annahme, daß Euklid eine Gruppe von Sätzen habe als an sich einsichtiger, eine andere als an sich weniger einsichtig oder gar als weniger sicher habe bezeichnen wollen. Anders das zweite Einteilungsprinzip, das von Proklos dem Geminus zugeschrieben wird. Hier ist es ganz deutlich, daß alle in den Euklidhandschriften aufgezählten κοιναὶ ἔννοιαι einschließlich derer, deren euklidischer Ursprung im Altertum angezweifelt wurde, dem Einteilungsprinzip des Geminus genügen. Es sind alles Sätze, die Relationen festlegen oder, wie Geminus es genauer ausdrückt, die feststellen, was aus Vorgegebenem folgt, z. B. daß aus der Gleichheit von zwei Größen mit einer Dritten folgt, daß die beiden Größen auch untereinander gleich sind usw. Dagegen paßt das Einteilungsprinzip nur auf die ersten drei αἰτήματα. Diese haben es mit der Existenz und „Herstellung" von einfachsten geometrischen Gebilden, einer Strecke, einer Geraden, eines Kreises zu tun und entsprechen damit der geometrischen Konstruktion, wie es das Einteilungsprinzip des Geminus verlangt. Allenfalls kann man auch sagen, daß das fünfte Postulat, das sogenannte Parallelenpostulat, in dem bekanntlich keine Parallelen vorkommen, diesem Einteilungsprinzip entspricht, indem es die Existenz des Schnittpunktes von zwei Geraden postuliert unter der Bedingung, daß, wenn diese Geraden von einer dritten geschnitten werden, die Summe der Innenwinkel kleiner als 2 R ist auf der Seite, auf der die Existenz des Schnittpunktes postuliert wird. Aber das vierte Postulat, das Postulat von der Gleichheit aller Rechten Winkel, ist ganz offenkundig nicht dieser Art und entspricht einem Lehrsatz, nicht einer Konstruktion[74]. Hier erleidet also die Anwendbarkeit des Einteilungsprinzips des Geminus eine flagrante Ausnahme; und es mag gleich hinzugefügt werden, daß gar nichts damit gewonnen ist, wenn man das Postulat dem Euklid abspricht, wie auf Grund dieser Schwierigkeit versucht worden ist. Ganz abgesehen davon, daß ein solches Verfahren die reine Willkür ist, da | sonst kein Grund dafür vorliegt, das Postulat für nicht euklidisch zu halten, wird ja die sachliche Schwierigkeit damit in keiner Weise gelöst, solange Postulate dieser Art in der Grundlegung der Geometrie notwendig sind. Denn wenn das Postulat dadurch überflüssig gemacht und zum Lehrsatz degradiert wird, daß man statt seiner den ersten Kongruenzsatz zum Postulat erhebt, so fragt sich ja wiederum, ob dieser Satz ein Axiom sei oder ein Postulat, und wenn das letztere, dann wird wieder das Einteilungsprinzip des Geminus verletzt.

Sucht man nun endlich das dritte von Proklos erwähnte Einteilungsprinzip auf die von Euklid auf die beiden Gruppen verteilten Sätze an-

---

[74] Zeuthen in einer ausgezeichneten Analyse der Postulate Euklids in seiner Geschichte der Mathematik im Altertum und Mittelalter (Kopenhagen 1896), p. 123 ff., hat zu zeigen versucht, daß auch das vierte Postulat eine Existenz- und Eindeutigkeitsbehauptung sei, und zwar behaupte es die Eindeutigkeit der Streckenverlängerung. Da diese jedoch schon im zweiten Postulat behauptet wird, kann dies unmöglich die Bedeutung des vierten Postulates sein. Zwar ließe sich im Zusammenhang einer eingehenderen Analyse der euklidischen Lehre von der Gleichheit geometrischer Gegenstände vielleicht die Auffassung verfechten, daß das vierte Postulat in gewissem Sinn auch eine Eindeutigkeitsbehauptung anderer Art in sich schließt. Aber auch dann würde sich nichts daran ändern, daß es formell aus der Gruppe der αἰτήματα herausfällt, da es seiner Form nach eine Relationsaussage enthält und sich zu den Gleichheitssätzen stellt.

zuwenden, so ist es umgekehrt so, daß alle bei Euklid unter den Postulaten aufgeführten Sätze zweifellos zu dieser Gruppe gehören: es sind alles speziell geometrische Sätze. Dagegen machen nun umgekehrt einige der unter den κοιναὶ ἔννοιαι angeführten Sätze Schwierigkeit. Die ersten sechs Axiome, ob sie nun alle euklidisch sind oder nicht, sind alle κοινά: sie lassen sich κατ' ἀναλογίαν sowohl auf Zahlen, wie auch auf jede andere Art von Größen anwenden, und sie befriedigen die von Aristoteles für die ἀξιώματα aufgestellte Forderung, daß jeder, der irgendeine quantitative Wissenschaft betreiben will, sie besitzen muß. Dagegen sind das siebte und das neunte Axiom, die besagen, daß, was aufeinander paßt, gleich ist, und daß zwei Gerade keinen Raum einschließen, offenbar geometrisch. Nach dem dritten der von Proklos angeführten Einteilungsprinzipien müßten sie also zu den Postulaten, nicht zu den Axiomen, gerechnet werden.

Da nun jedoch einige der in den Euklidhandschriften unter den ἀξιώματα angeführten Sätze schon im Altertum angezweifelt worden sind[75], so ist es notwendig, noch einmal ganz genau festzustellen, wie sich das Verhältnis zwischen Aristoteles und Euklid darstellt, je nachdem, welche Axiome dem letzteren zu- oder abgesprochen werden. Da nun das Parallelenpostulat und das Postulat von der Gleichheit aller Rechten Winkel dem Euklid kaum abgesprochen werden können, so ist klar, daß Euklid die Unterscheidung der Postulate als Existenzsätze von den Axiomen als Relationssätzen nicht durchgeführt hat. Aber diese Unterscheidung des Geminus ist ja, wie sich gezeigt hat, bei Aristoteles nur implicite zu finden und so, daß es keineswegs sicher ist, ob Aristoteles der Meinung war, daß alle ἴδιαι ἀρχαί, die nicht Definitionen sind, Existenzsätze sein müßten.

Dagegen ist die aristotelische Unterscheidung nach κοινά und ἴδια, wenn man mit den ersten die ἀξιώματα, mit den zweiten die αἰτήματα | identifiziert, bei Euklid vollständig durchgeführt, wenn man nur die drei ersten Axiome für echt hält. Läßt man dem Euklid sowohl das siebte wie auch das neunte Axiom, so ist keines der drei von Proklos angeführten Unterscheidungsprinzipien voll anwendbar, und es ist überhaupt schwer zu sagen, was Euklid bei der Verteilung der Grundprinzipien auf die beiden Gruppen eigentlich im Sinn gehabt haben könnte. Streicht man dagegen nur das neunte Axiom, das von den meisten antiken Kommentatoren ausgelassen oder verworfen wird, und läßt das siebente bestehen,

---

[75] Proclus, p. 196 ff.

von dem Proklos bemerkt[76], daß es als Grundlage der Kongruenzsätze
unentbehrlich sei, so wird zwar immer noch der Wortlaut der aristotelischen Einteilung verletzt, da dieser Satz geometrisch und nicht arithme-
tisch ist und also auch nicht im strengsten Sinn als κοινόν bezeichnet werden kann. Aber der Satz nimmt doch eine besondere Stellung ein, die es
erlaubt, ihn in gewissem Sinn als κοινόν zu bezeichnen, da er sich nicht
auf einen speziellen geometrischen Gegenstand bezieht, sondern das Kriterium des Gleichseins für die Planimetrie allgemein festsetzt[77]. Das
scheint auch die Meinung des Proklos gewesen zu sein, da er gegen den
Satz, daß zwei Gerade keinen Raum einschließen, einwendet[78], dieser
Satz sei wegen seiner geometrischen Natur kein Axiom, ein solches Bedenken gegen das ἐφαρμόζειν-Axiom dagegen nicht zu haben scheint.

Läßt sich nun auch wegen der angegebenen Unsicherheitsfaktoren das
Verhältnis Euklids zu Aristoteles nicht mit absoluter Sicherheit bestimmen, so bleibt doch bestehen, daß schon er zwei verschiedene Arten von
Prinzipien außer den Definitionen angenommen hat. Auf diese Einteilung, ob sie nun selbst unmittelbar von Aristoteles beeinflußt war oder
nicht, haben dann spätere antike Mathematiker zwei verschiedene Unterscheidungsprinzipien anzuwenden gesucht, von denen das eine bei Aristoteles deutlich ausgesprochen ist, das andere aber zum mindesten impliziert zu sein scheint. Bei Aristoteles sind diese beiden Unterscheidungsprinzipien so miteinander verbunden, daß es den Anschein erweckt, als
fielen die auf die beiden verschiedenen Unterscheidungsprinzipien basierten Einteilungen sachlich zusammen. Dies hat sich dann aber als irrtümlich herausgestellt, da es nicht möglich ist, ohne speziell geometrische
Axiome auszukommen, die nicht Existenzsätze sind. Das hat dann weiter die oben analysierten Schwierigkeiten hervorgerufen und Proklos
veranlaßt, die Lösung in einer Kombination der beiden Einteilungsprinzipien zu suchen, so nämlich, daß er Grundsätze, die Relationen bestim-
men, ἀξιώματα, Grundsätze, die die Existenz von | Gegenständen postulie-
ren, αἰτήματα zu nennen vorschlägt, innerhalb jeder dieser beiden Gruppen aber jeweils zwischen κοινά und ἴδια unterscheidet. Er ordnet also die
Hauptunterscheidung der von Aristoteles nur nebenbei und implizite gemachten Unterscheidung von Relationssätzen und Existenzsätzen unter.

---

[76] Proclus, p. 196.
[77] Vgl. darüber ausführlicher unten p. 401 und 431 ff.
[78] Proclus, p. 196.

In diesem Zusammenhang ist nun jedoch noch eine weitere Beobachtung zu machen, die sich als für die Rekonstruktion der Entwicklung der Axiomatik sehr wichtig erweisen wird. Wir haben bis jetzt der Einfachheit halber so geredet, als ob die Existenzsätze, die Aristoteles unter seinen Prinzipien ansetzt, genau derselben Art wären wie die Existenzsätze, welche die Mehrzahl von Euklids Postulaten bilden. Dies ist streng genommen jedoch nicht der Fall, obwohl es sich in beiden Fällen um Existenzsätze handelt. Aristoteles sagt im zehnten Kapitel des ersten Buches[79], die Mathematiker nähmen die Existenz (τὸ εἶναι oder ὅτι ἔστι) der Einheit in der Arithmetik und der Linie und des Punktes in der Geometrie an und bewiesen oder zeigten in der Arithmetik die Existenz des Geraden und Ungeraden und in der Geometrie die Existenz des Inkommensurablen und des Dreiecks. Alle die hier genannten Existenzpostulate (nicht natürlich die Existenz*beweise*) fehlen jedoch bei Euklid. In den arithmetischen Büchern VII bis IX und in den stereometrischen Büchern XI bis XIII findet man überhaupt keine Existenzpostulate noch irgendwelche anderen Postulate, sondern nur Definitionen. Aber auch zu Anfang der planimetrischen Bücher wird die Existenz der Größe nicht postuliert noch die des Punktes oder der Linie schlechthin, wie es Aristoteles doch zu fordern oder sogar als bei den Mathematikern üblich zu bezeichnen scheint[80]. Was postuliert wird, ist, zwischen zwei gegebenen Punkten eine Gerade zu ziehen, eine schon gegebene Gerade in einer bestimmten Richtung zu verlängern, um einen gegebenen Punkt mit einem gegebenen Radius einen Kreis zu schlagen. Die Existenzsätze des Euklid beziehen sich also zwar auf relativ sehr einfache geometrische Gebilde, stehen aber doch den Konstruktionen näher als die Existenzpostulate des Aristoteles, da es sich bei Euklid immer darum handelt, aus schon Vorgegebenem ein geometrisches Gebilde an einer bestimmten Stelle zu erzeugen oder herzustellen, während nach Aristoteles die Existenz dessen, was hier als vorgegeben angenommen wird, zuerst postuliert werden muß. Ferner postulieren zwar die Postulate des Euklid in gewisser Weise die Existenz der verbindenden Strecke zwischen zwei Punkten. Aber die Art, wie dies Postulat später in Beweisen verwendet wird, zeigt, daß | damit nicht nur die Existenz bzw. die Möglichkeit[81] einer Verbin-

---

[79] Analytica Posteriora I, 10, 76 b, 7 ff.

[80] Vgl. darüber ausführlicher unten p. 457 mit Anm. 39.

[81] Daß mathematische Existenz die Möglichkeit bedeutet, spricht Aristoteles indirekt aus, wenn er Analytica Posteriora II, 7, 92 b, 20 ff. zuerst sagt, daß die Definition

dungsstrecke postuliert wird, sondern auch die Eindeutigkeit. Dasselbe gilt für die Verlängerung einer Strecke in einer bestimmten Richtung, für den Kreis mit gegebenem Mittelpunkt und Radius und für den Schnittpunkt zweier nicht paralleler Geraden. Es besteht also zweifellos eine gewisse Beziehung zwischen den Sätzen, die Aristoteles als ὑποθέσεις bezeichnet, und den αἰτήματα des Euklid, insofern beide Existenzsätze sind und gewissermaßen als unableitbare Konstruktionen betrachtet werden. Aber sie sind doch nicht identisch miteinander. Was dies bedeutet und welche Schlüsse daraus etwa für die Entwicklung der axiomatischen Grundlegung der Mathematik bei den Griechen vor und nach Aristoteles gezogen werden können, wird später zu untersuchen sein.

Zunächst ist es nötig, noch zuzusehen, was sich aus den erhaltenen Werken des Archimedes über den Stand der mathematischen Axiomatik im dritten Jahrhundert v. Chr. entnehmen läßt. Da Archimedes keine Elemente geschrieben hat, sondern die Elementarmathematik voraussetzt, erscheinen bei ihm naturgemäß keine Axiome im Sinne von Aristoteles' κοινά, sondern nur Prinzipien, die einer bestimmten Wissenschaft angehören, in der Geometrie der Geometrie, in der Mechanik der Mechanik usw. Hinsichtlich der Terminologie ist die Ausgabe von Heiberg[82] etwas irreführend, da dieser den Sammlungen von Voraussetzungen, die Archimedes seinen Abhandlungen vorauszuschicken pflegt, aus eigener Machtvollkommenheit Überschriften gegeben hat, wo solche in den Handschriften fehlen, und diese Überschriften den von Archimedes selbst in den einleitenden Briefen gebrauchten Ausdrücken nicht immer entsprechen. So gibt Heiberg z. B. den Sätzen, die Archimedes seiner Methodus ad Eratosthenem vorausgeschickt hat, im griechischen Text die Überschrift Προλαμβανόμενα, in der lateinischen Übersetzung den Titel Lemmata[83], während Archimedes in dem einleitenden Brief an Eratosthenes einfach von προτάσεις spricht. Für den gewöhnlichen Leser sind diese Überschriften, welche die von Archimedes zum Ausgangspunkt genommenen und nicht bewiesenen Sätze von den zu beweisenden Lehrsätzen absetzen, eine große Erleichterung. In einer terminologischen| Untersuchung dagegen müssen sie naturgemäß außer Betracht bleiben. Es kann also vor allem

---

des Kreises nicht die Existenz (ὅτι ἔστιν) des Kreises beweist, und dann diese Feststellung wiederholt mit den Worten: οὔτε γὰρ ὅτι δυνατὸν εἶναι τὸ λεγόμενον προσδηλοῦσιν οἱ ὅροι.

[82] Archimedis opera omnia cum commentariis Eutocii, ed. J. L. Heiberg, 3 Bände, 2. Aufl., Leipzig 1910—1915.

[83] Op. coll. II, 430 f.

aus der Tatsache, daß die Mehrzahl der dieser Abhandlung vorausgeschickten Sätze anderweitig bewiesen werden und also keine echten ἀρχαί sind, kein Schluß auf die Bedeutung der Ausdrücke λαμβανόμενον und λῆμμα bei Archimedes gezogen werden.

Eine weitere Schwierigkeit für die terminologische Untersuchung ergibt sich daraus, daß, wie Heiberg gezeigt hat[84], die meisten Werke des Archimedes uns in den Handschriften in späteren Überarbeitungen vorliegen, wodurch die Sprache verändert worden ist und eine große Menge von Zusätzen hinzugekommen ist, die sich manchmal, aber durchaus nicht immer, von dem originalen Text mit Sicherheit ablösen lassen. Doch ist die daraus entstehende Schwierigkeit gerade für den Gegenstand der gegenwärtigen Untersuchung vielleicht nicht ganz so groß als es auf den ersten Augenblick erscheinen könnte. Zunächst werden die Prinzipien nicht selten in den Briefen erwähnt, die Archimedes vielen seiner Abhandlungen vorausgeschickt hat, und diese Dedikationsbriefe sind naturgemäß späteren Veränderungen, abgesehen etwa vom Dialekt, nicht in demselben Maße ausgesetzt gewesen wie die Abhandlungen selbst. Aber auch wo es notwendig ist, über diese einleitenden Briefe hinauszugehen, ist die Lage nicht allzuschlecht. Zwar hat Heiberg zu zeigen versucht[85], daß die erhaltenen Handschriften nicht selten Zusätze enthalten, die später sind als der Kommentar des Eutokios. Doch zeigen sowohl der Kommentar des Eutokios zu Archimedes wie der Kommentar des Proklos zu Euklid aufs deutlichste, daß man zu der Zeit, als diese Kommentare geschrieben wurden, allenthalben bemüht war, auf die mathematischen Prinzipien aristotelische Terminologie anzuwenden. So weit sich daher in den Handschriften eine durchaus unaristotelische Terminologie findet, ist es äußerst unwahrscheinlich, daß diese Terminologie nacheutokischen Herausgebern zu verdanken sein sollte, zumal da diese Terminologie zum mindesten teilweise sich auch in den Dedikationsbriefen findet. Was aber mögliche voreutokische Bearbeitungen des Archimedes angeht, so ist es für den Zweck der gegenwärtigen Untersuchung ja zwar gewiß nicht unwichtig festzustellen, | welcher Terminologie sich Archimedes bedient hat,

---

[84] J. L. Heiberg, Quaestiones Archimedeae, Diss., Kopenhagen 1879; und Philologische Studien zu Griechischen Mathematikern in Fleckeisens Jahrbüchern für klassische Philologie, Suppl.-Band XI (1880), 357—398 (über Eutokios und über die Möglichkeit der Wiederherstellung der ursprünglichen Gestalt der Bücher de sphaera et cylindro) und Suppl.-Band XIII (1884), 531—577 (über den Dialekt des Archimedes).

[85] Vgl. vor allem den Aufsatz über die Schrift de sphaera et cylindro (oben Anm. 84).

noch viel wichtiger jedoch zu wissen, wie die Terminologie in der hellenistischen Zeit überhaupt ausgesehen hat und wie sie sich zu Aristoteles
verhält. Darüber aber kann der Sprachgebrauch in den erhaltenen Schriften des Archimedes aus den angegebenen Gründen ohne Zweifel Aufschluß geben.

Was nun an der Terminologie der archimedischen Schriften in bezug
auf die mathematischen Prinzipien am meisten auffällt, ist ihre außerordentliche Freiheit und Variabilität. In der Schrift de conoidibus et
sphaeroidibus[86] wird das Wort ὑποτίθεσθαι in der Form ὑποτιθέμεθα mehrfach gebraucht, um Definitionen einzuführen, in der Schrift de corporibus fluitantibus[87] in der Form ὑποκείσθω: „es soll zugrunde gelegt werden", um Prinzipien (ἴδια ἀξιώματα im Sinne der von Proklos vorgeschla-
genen Einteilung und Terminologie)[88] der Mechanik der Flüssigkeiten
einzuführen. In der Schrift de planorum aequilibriis[89] dagegen werden
ganz analoge mechanische Prinzipien mit dem Wort αἰτούμεθα: „wir
postulieren" eingeführt, eine Stelle, die von Proklos mit dem Zusatz zitiert wird[90], Archimedes hätte hier besser von Axiomen sprechen sollen.
Am Ende der Aufzählung dieser Prinzipien dagegen[91] weist Archimedes
mit den Worten τούτων ὑποκειμένων auf sie zurück, bedient sich also desselben Verbums wie in der Schrift de corporibus fluitantibus. Anderwärts
führt Archimedes ἴδια ἀξιώματα der Geometrie mit dem Wort λαμβάνω
ein[92] und bezeichnet die so eingeführten Sätze als λαμβανόμενα[93]. Endlich
kommt in dem Brief an Dositheos, der die Schrift de sphaera et cylindro
einleitet, auch der Ausdruck ἀξιώματα vor[94]. Es ist im Zusammenhang
der vorliegenden Untersuchung nicht notwendig, auf alle diese Stellen
näher einzugehen, da viele von ihnen nur beweisen, daß Archimedes der
Terminologie vollkommen frei gegenüberstand und die verschiedenen zur
Verfügung stehenden Ausdrücke nach Belieben und weitgehend als miteinander auswechselbar gebraucht hat.

---

[86] Opera I, p. 248 und 252, beides in dem Dedikationsbrief an Dositheos.

[87] Opera II, p. 318.

[88] Vgl. oben p. 52—54.

[89] Opera II, p. 124.

[90] Proclus, p. 181 Friedlein.

[91] Opera II, p. 126.

[92] Opera I, p. 8 (de sphaera et cylindro I).

[93] Ibidem, p. 4. Am Ende der Aufzählung dieser λαμβανόμενα weist dann Archimedes
wiederum mit den Worten τούτων ὑποκειμένων auf sie zurück.

[94] Ibidem, p. 4.

Zwei Stellen müssen jedoch etwas ausführlicher behandelt werden. Die erste findet sich in dem einleitenden Brief zu der frühen Schrift des Archimedes, die unter dem Titel de quadratura parabolae bekannt ist. Hier sagt Archimedes[95], es hätten schon vor ihm einige versucht, den Kreis und andere Kegelschnitte zu quadrieren. Da sie dabei jedoch οὐκ | εὐπαραχώρητα λήμματα gebraucht hätten, seien ihre Beweise nicht anerkannt worden. Er selbst werde nun in den folgenden Beweisen von dem λῆμμα Gebrauch machen, daß „der Überschuß des größeren von zwei ungleichen Raumstücken[96] über das kleinere durch fortgesetzte Addition zu sich

---

[95] Opera II, p. 262.

[96] Dasselbe „Lemma" erscheint auch an fünfter Stelle unter den λαμβανόμενα der Schrift de sphaera et cylindro, dort aber in der genaueren Form: ἔτι δὲ τῶν ἀνίσων γραμμῶν καὶ τῶν ἀνίσων ἐπιφανειῶν καὶ τῶν ἀνίσων στερεῶν τὸ μεῖζον τοῦ ἐλάσσονος ὑπερέχειν τοιούτῳ, ὃ συντιθέμενον αὐτὸ ἑαυτῷ δυνατόν ἐστιν ὑπερέχειν παντὸς προτεθέντος τῶν πρὸς ἄλληλα λεγομένων. Die χωρία = Raumstücke sind hier also in Linien, Flächen und Körper aufgespalten, und es wird somit deutlich gemacht, daß der Satz jeweils nur für homogene Raumgrößen, in den angeführten Fällen Raumgrößen derselben Dimensionalität, gilt. Dies verdeutlicht zugleich den Zusammenhang dieses Lemmas mit der vierten Definition des fünften Buches Euklids, in der eben ausgesprochen wird, daß zwei Größen dann (und nur dann) ein Verhältnis zueinander haben, wenn sie vervielfältigt einander übertreffen können. Eine gewisse Unstimmigkeit bleibt dabei insofern, als Euklid die Definition V, def. 5, welche die Definition V, def. 4, voraussetzt, in VI, 33 auf (geradlinig begrenzte) Winkel anwendet, obwohl er im ersten Buch (def. 8—12) den Begriff des Winkels auf Winkel kleiner als 2 R zu beschränken scheint, so daß das archimedische Lemma auf Winkel, wenn der Begriff des Winkels nicht geändert wird, streng genommen keine Anwendung findet, wie denn auch in dessen genauerer Fassung die Winkel nicht vorkommen und in der ungenaueren offen bleibt, was alles unter den χωρία begriffen sein soll.

Eine andere Seltsamkeit ist, daß bei Euklid zu Anfang des fünften Buches zwei Definitionen des λόγος stehen: V, def. 3: Λόγος ἐστὶ δύο μεγεθῶν ὁμογενῶν ἡ κατὰ πηλικότητά ποια σχέσις, und V, def. 4: Λόγον ἔχειν πρὸς ἄλληλα μεγέθη λέγεται ἃ δύναται πολλαπλασιαζόμενα ἀλλήλων ὑπερέχειν, von denen die zweite, wenn wie oben verstanden, die erste impliziert. Die erste ist denn auch oft als Interpolation betrachtet worden, obwohl sie in allen Handschriften steht. Es hängen aber damit noch einige weitere Schwierigkeiten zusammen. In V, 16 wird der Satz über die ἐναλλάξ bewiesen, ohne daß mit einem Wort darauf hingewiesen wird, daß der Satz nur gilt, wenn die Größen der zweiten Gruppen denen der ersten Gruppe homogen sind und daß die ἐναλλάξ auf Sätze wie VI, 33, wo die Größen der zweiten Gruppe denen der ersten nicht homogen sind, keine Anwendung findet. Nun kann man sagen, daß sich dies nach der inkriminierten Definition V, def. 3 von selbst versteht, da sich daraus ergibt, daß das erste Glied zum dritten und das zweite zum vierten keinen λόγος haben kann, wenn die erste Größe der dritten und die zweite der vierten nicht homogen ist. In V, 23 wird jedoch der ἐναλλάξ-Satz zum Beweis eines Satzes verwendet, der auch dann gilt, wenn die Größen der ersten Gruppe denen der zweiten nicht homogen sind, und später auch in dieser allgemeineren Form gebraucht wird. In einigen Handschriften ist dieser Beweis ersetzt durch

selbst jede vorgegebene endliche Größe übertrifft". Archimedes stellt dann
fest, daß dieses λῆμμα schon vor ihm von früheren Mathematikern ge-
braucht worden sei, und zählt eine Reihe von Sätzen | auf, die auf Grund
eines ähnlichen λῆμμα bewiesen worden seien: alles Sätze aus dem zwölften Buch von Euklids Elementen, die nach der Überlieferung im wesentlichen auf Eudoxos von Knidos zurückgehen[97]. Am Schluß sagt dann
Archimedes, es genüge ihm, wenn die von ihm zu beweisenden Sätze
ebenso sicher seien wie die auf Grund eines ähnlichen λῆμμα bewiesenen,
an denen niemand zweifle.

Diese Ausführungen sind aus mehrfachen Gründen außerordentlich
wichtig. Proklos[98] sagt, der Ausdruck λῆμμα werde von vielen Mathematikern für jede Voraussetzung gebraucht, die sie zu einem Beweis eines
anderen Satzes brauchten. So gäben sie z. B. oft die Anzahl der λήμματα
an, die sie zu einem Beweis brauchten. In eigentlichem Sinne jedoch bezeichne das Wort λῆμμα in der Geometrie eine Voraussetzung, die eines
Beweises bedürfe, oder mit anderen Worten einen Satz, den man als Voraussetzung annehme, ohne ihn zu beweisen, der sich aber von einem
Axiom oder einem Postulat (αἴτημα) eben dadurch unterscheide, daß er
ἀποδεικτόν sei, also beweisbar und daher auch eines Beweises bedürftig.
Nun kann jedoch nach dem Zusammenhang nicht der geringste Zweifel
daran bestehen, daß Archimedes den Satz, den er hier als λῆμμα bezeichnet, nicht als anderweitig bewiesen annimmt noch als einen Satz, den er
selbst anderweitig beweisen will, sondern als ein nicht zu beweisendes
Prinzip, wie der Satz ja denn auch in der Mathematikgeschichte im allgemeinen unter der Bezeichnung des *Axioms* des Archimedes bekannt ist.
Auf der anderen Seite geht aus dem, was Archimedes an dieser Stelle
sagt, aber auch deutlich hervor, daß die Berechtigung des von ihm so genannten Lemmas als eines ersten Prinzips diskutiert worden war. Er
lehnt eine Teilnahme an dieser Diskussion ab, indem er ausspricht, ihm
genüge es, wenn die von ihm auf Grund dieses Lemmas bewiesenen Sätze

---

einen Beweis, der den ἐναλλάξ-Satz nicht verwendet. Aber das ist zweifellos eine
spätere Korrektur, nachdem der Mangel des euklidischen Beweises entdeckt worden
war. Es bestehen also hier überall Unklarheiten, die nur zu erklären sind, wenn man
annimmt, daß das archimedische Lemma zur Zeit Euklids nur in der Form der Definition Euklid V, def. 4 existierte und daß diese Definition nicht immer präzise
in alledem, was sie impliziert, verstanden wurde.

[97] Für einige der wichtigsten dieser Sätze wird diese Zuweisung an Eudoxos von
Archimedes selbst an anderer Stelle (vgl. den Brief an Dositheos, opera I, p. 4 und
den Brief an Eratosthenes, opera II, p. 430) ausgesprochen.

[98] Proclus, p. 211 Friedlein.

denselben Grad der Sicherheit besäßen wie die bekannten Sätze (des Eudoxos), die jedermann anerkenne. Vielleicht hat er eben deshalb den etwas unbestimmten Namen λῆμμα dafür gewählt.

Von diesem λῆμμα sagt Archimedes, daß es schon andere Geometer vor ihm gebraucht hätten zum Beweis von Sätzen, die wir in Euklids zwölftem Buch wiederfinden. Bei Euklid findet sich das λῆμμα in der von Archimedes zitierten Form jedoch nicht. Statt dessen wird in den Beweisen der fraglichen Sätze des zwölften Buches der erste Satz des zehnten Buches Euklids gebraucht, welcher lautet: „Wenn von der | größeren von zwei gegebenen Größen mehr als die Hälfte abgezogen wird und von dem Rest wieder mehr als die Hälfte und so fort, so wird (schließlich) eine Größe übrig bleiben, die kleiner ist als die kleinere der beiden gegebenen Größen." Dieser Satz wird von Euklid mit Hilfe der vierten Definition des Fünften Buches der Elemente bewiesen, welche lautet: „Von Größen wird gesagt, daß sie zu einander im Verhältnis stehen, wenn sie, vervielfältigt (d. h. beliebig viele Male zu sich selbst addiert), einander übertreffen können." Aus der Art, wie diese Definition in Beweisen gebraucht wird, geht hervor, daß sie das sogenannte Axiom des Archimedes einschließt bzw. voraussetzt. Doch wird dieses Axiom oder λῆμμα selbst bei Euklid nicht ausgesprochen. Auch das hat, wie sich zeigen wird, für die Entwicklung eine gewisse Bedeutung.

Dem eben besprochenen λῆμμα, das Archimedes als Grundlage seiner eigenen Beweise annimmt, ohne sich weiter darüber auszulassen, ob es noch eines weiteren Beweises bedürftig sei oder nicht, stellt nun Archimedes in demselben Brief an Dositheos[99] λήμματα gegenüber, von denen er sagt, daß sie von Männern, die sich in früheren Zeiten mit der Kreisquadratur beschäftigten, gebraucht worden seien, und die er als οὐκ εὐπαραχώρητα λήμματα bezeichnet. Leider ist der Sinn dieser Stelle im einzelnen keineswegs ganz klar. Sie lautet in den Handschriften: Τῶν μὲν οὖν πρότερον περὶ γεωμετρίαν πραγματευθέντων ἐπεχείρησάν τινες γράφειν ὡς δυνατὸν ἐὸν κύκλῳ τῷ δοθέντι καὶ κύκλου τμάματι τῷ δοθέντι χωρίον εὑρεῖν εὐθύγραμμον ἴσον, καὶ μετὰ ταῦτα τὸ περιεχόμενον χωρίον ὑπό τε τᾶς ὅλου τοῦ κώνου τομᾶς καὶ εὐθείας τετραγωνίζειν ἐπειρῶντο λαμβάνοντες οὐκ εὐπαραχώρητα λήμματα, διόπερ αὐτοῖς ὑπὸ τῶν πλείστων οὐκ εὑρισκόμενα ταῦτα κατεγνώσθεν. Nimmt man nun κύκλῳ τῷ δοθέντι und κύκλου τμάματι τῷ δοθέντι als getrennte Aufgaben, so würde es sich einfach um die

---

[99] Opera II, p. 262.

mißglückten Kreisquadraturen des fünften und vierten Jahrhunderts handeln und die οὐκ εὐπαραχώρητα λήμματα wären dann als falsche Voraussetzungen zu verstehen. Betrachtet man dagegen beides als ein und dieselbe Aufgabe, so könnte es sich um die Quadratur der Summe eines Kreises und eines Möndchens handeln, die dem Hippokrates von Chios zugeschrieben wird[100]. Da diese Quadratur richtig ist, wäre es dann denkbar, daß Archimedes mit dem Ausdruck οὐκ εὐπαραχώρητα λήμματα nur die unvollkommene Auswahl und Formulierung der dazu notwendigen λήμματα (im weitesten Sinne)[101] hätte bezeichnen wollen. Was aber mit | dem χωρίον ὑπό τε τᾶς ὅλου τοῦ κώνου τομᾶς καὶ εὐθείας περιεχόμενον gemeint ist, ist, so viel ich sehen kann, noch niemandem gelungen, mit Sicherheit festzustellen. Umso weniger läßt sich daher mit Sicherheit sagen, wie die bei dem Versuch einer solchen Quadratur etwa gebrauchten οὐκ εὐπαραχώρητα λήμματα ausgesehen haben könnten. Den Ausdruck οὐκ εὐπαραχώρητον übersetzt Heiberg mit minime manifesta, also: „keineswegs klar einsichtig", was auf die zweite der oben als möglich diskutierten Auslegungen hinzuweisen scheint. Aber παραχωρεῖν heißt meistens: „zugeben". Es fragt sich also, ob οὐκ εὐπαραχώρητον „nicht leicht zugänglich, nicht leicht einzusehen" oder „nicht leicht zuzugeben" bedeutet. Nimmt man die erste Erklärung an, so könnte man die Stelle als Anzeichen dafür betrachten, daß auch Archimedes wie Aristoteles von den ἀρχαί unmittelbare Evidenz bzw. die Eigenschaft des γνωριμώτερον gegenüber allem, was daraus abgeleitet werden soll, gefordert habe. Aber die Bedeutung des Wortes παραχωρεῖν in der außermathematischen Literatur ist dieser Auslegung nicht günstig, und in jedem Falle ist die Interpretation der Stelle zu unsicher, um irgendwelche weiterreichenden Schlüsse daraus zu ziehen.

Die zweite Stelle bei Archimedes, auf die kurz eingegangen werden muß, findet sich am Ende des Briefes an Dositheos, mit dem die Schrift de sphaera et cylindro, die der mittleren Periode des Archimedes angehört, eingeleitet wird. Hier sagt Archimedes[102]: γράφονται πρῶτον τά τε ἀξιώματα καὶ τὰ λαμβανόμενα εἰς τὰς ἀποδείξεις αὐτῶν, worauf dann zwei Gruppen von unbewiesenen Prinzipien folgen, von denen die zweite mit den Worten λαμβάνω δὲ ταῦτα eingeleitet wird. Die erste Gruppe stellt

---

[100] Vgl. F. Rudio, Der Bericht des Simplicius über die Quadraturen des Antiphon und des Hippokrates, Leipzig 1907, p. 69 ff.

[101] Vgl. oben p. 383.

[102] Opera I, p. 4.

also zweifellos die ἀξιώματα dar. Während die zweite Gruppe, die λαμβανόμενα, nun alle ἴδια ἀξιώματα im Sinne des Proklos sind, d. h. speziell
geometrische Relationssätze, von denen der erste und einfachste lautet,
daß von allen Linien, die dieselben Endpunkte haben, die Gerade die
kürzeste ist, beginnen die ἀξιώματα mit dem Satz: „Es gibt in der Ebene
begrenzte krumme Linien, welche entweder ganz auf derselben Seite der
Geraden liegen, die ihre Endpunkte miteinander verbindet, oder keinen
Teil auf der anderen Seite derselben haben." Auf Grund dieses Satzes
werden dann „nach derselben Seite hohle Kurven" als solche Linien definiert, bei denen die Verbindungsstrecken zwischen irgend zwei auf den
Linien liegenden Punkten entweder ganz auf derselben Seite der Kurve
liegen oder teilweise auf derselben Seite, teilweise auf der Kurve, nie-
mals aber auf der anderen Seite. Das dritte und vierte ἀξίωμα bestehen |
dann aus einem entsprechenden Satz für gekrümmte Flächen nebst der
entsprechenden Definition. Darauf folgen zwei weitere Definitionen.

Eutokios in seinem Kommentar zu diesem Abschnitt[103] gebraucht den
Ausdruck ἀξίωμα nicht, sondern nennt die den beiden ersten Definitionen
vorausgeschickten Sätze ὑποθέσεις, die ihnen folgenden Definitionen ὅροι
τῶν ὑποθέσεων. Für die beiden noch weiter folgenden Definitionen hat er
keine besondere Bezeichnung, faßt sie aber mit Recht als Nominaldefinitionen auf. Da Eutokios seinen Kommentar dem jüngeren Ammonios von
Alexandria, einem der eifrigsten Aristoteleskommentatoren, gewidmet
hat, so kann wohl kaum ein Zweifel daran bestehen, daß er selbst mit
den logischen Schriften des Aristoteles, die Ammonios vor allem kom-
mentierte, bekannt war. Er hat also offenbar die von Archimedes seinen
Definitionen vorausgeschickten Sätze als Existenzsätze im Sinne des zehnten Kapitels des zweiten Buches der Analytica Posteriora aufgefaßt und
ihnen deshalb den dort gebrauchten Namen ὑποθέσεις gegeben. Dagegen
nennt er die von Archimedes als λαμβανόμενα bezeichneten, speziell geometrischen Relationsaxiome αἰτήματα. Hierin folgt er also den ἄλλοι des
Proklos[104], welche die κοιναὶ ἀρχαί generell als ἀξιώματα, die ἴδιαι ἀρχαί
als αἰτήματα bezeichneten.

Auch bei Eutokios tauchen also die beiden Unterscheidungsprinzipien
nach κοινά und ἴδια und nach Relationssätzen und Existenzsätzen wieder
auf, die von dem zwei Generationen älteren Proklos so eingehend diskutiert worden waren. Auch er gibt sich offenbar die größte Mühe, die Ter-

---

[103] Archimedis opera III, p. 4.
[104] Vgl. oben p. 373 f.

minologie ins Reine zu bringen und sich dabei so nah als möglich an Aristoteles anzuschließen. Das Resultat dieser Bemühungen ist außerordentlich interessant. Obwohl Archimedes zweifellos für seine Definitionen und vorausgeschickten Existenzfeststellungen das Wort ἀξιώματα gebraucht hatte, gebraucht Eutokios dies Wort nicht, da ja gar kein Zweifel daran bestehen kann, daß es sich nicht um Axiome im Sinne des Aristoteles, d. h. um allen oder allen quantitativen Wissenschaften gemeinsame Prinzipien, handelt. Er sieht, daß die Sätze, die Archimedes denjenigen Definitionen vorausgeschickt hat, die mathematische Gegenstände bezeichnen, deren Existenz nicht durch Konstruktion bewiesen wird, genau dem entsprechen, was Aristoteles ὑποθέσεις nennt, die ja auch den Definitionen als die entsprechenden Existenzbehauptungen gegenübergestellt werden. Er ersetzt daher an dieser Stelle die archimedische durch aristotelische Terminologie und spricht von ὑποθέσεις und ὅροι τῶν ὑποθέσεων. Dieser letztere Ausdruck ist auch insofern ganz korrekt im | aristotelischen Sinne, obwohl er von Aristoteles so nicht gebraucht wird, als Aristoteles, wie sich zeigen wird, die ὑποθέσεις tatsächlich als Grundlagen von Definitionen im vollen Sinne, von Gegenständen, deren Existenz nicht abgeleitet werden kann, betrachtet hat[105].

Anders steht es mit den Sätzen, die Archimedes λαμβανόμενα genannt hat. Es handelt sich hier um speziell geometrische Relationssätze. Für diese gibt es bei Aristoteles keine besondere Rubrik. Nimmt man an, daß unbewiesene (und unbeweisbare) Sätze, die einer speziellen Wissenschaft angehören, ὑποθέσεις sind, so müßten sie zu den ὑποθέσεις gerechnet werden, obwohl Aristoteles als *Beispiele* von ὑποθέσεις nur Existenzsätze anführt. Aber diesen Ausdruck hat Eutokios schon für die Existenzsätze, die Archimedes ἀξιώματα nennt, gebraucht. So greift er zu dem Ausdruck αἰτήματα, obwohl er sich damit in Widerspruch setzt mit Geminus, der diesen Ausdruck für Existenz- und Eindeutigkeitssätze, welche die den Konstruktionen entsprechenden Prinzipien darstellen, reservieren wollte[106], und auch mit Proklos, der diese Sätze geometrische Axiome nennen würde[107]. Auch das beweist übrigens, daß Eutokios die Posteriora gekannt und auf sie Rücksicht genommen hat, da ja Aristoteles dort das Wort ἀξιώματα ausdrücklich auf die κοινά beschränkt.

---

[105] Vgl. unten p. 390 ff.
[106] Proclus, p. 179—182.
[107] Ibidem, p. 184.

So zeigt sich auch hier wieder aufs deutlichste, wie die Unklarheiten, die der Einteilung der ersten Prinzipien in verschiedene Gruppen sowohl bei Aristoteles wie bei Euklid anhaften, in der Zeit der Wiederbelebung des Aristotelesstudiums zu immer neuen Versuchen geführt haben, im Anschluß an Aristoteles eine völlig klare und eindeutige Terminologie zu schaffen, wie aber diese Versuche nie ganz zum Ziele führen und in gewisser Weise die terminologische Verwirrung noch vergrößern, indem dieselben Dinge immer wieder anders bezeichnet und die traditionellen Termini immer wieder anders gebraucht werden. Zugleich wird deutlich, wie völlig unmöglich es wäre, eine sinnvolle Geschichte etwa eines einzelnen der in der antiken Axiomatik gebrauchten Termini schreiben zu wollen. Nur wenn man alle diese Termini zusammen betrachtet, kann man sehen, welche sachlichen Probleme der terminologischen Verwirrung zugrunde liegen und warum an dieser oder jener Stelle dieser oder jener Terminus in dieser oder jener Bedeutung gebraucht worden sein mag. In diesem Zusammenhang ist es nun notwendig, zu Aristoteles zurückzukehren und sein Verhältnis zu den vorangehenden, zeitgenössischen und nachfolgenden Mathematikern so gut als möglich zu bestimmen. |

3.

In bezug auf die Axiome hat die Analyse der mathematischen Schriften des Euklid und des Archimedes sowie der antiken Kommentare zu diesen Schriften nicht sehr viel Neues ergeben. Dies wenige Neue jedoch ist nicht ganz ohne Bedeutung. Zunächst hat sich gezeigt, daß das Wort ἀξίωμα als terminus technicus von ganz bestimmter Bedeutung keineswegs im mathematischen Sprachgebrauch so fest verankert war, wie man erwarten würde, wenn man die Metaphysikstellen, an denen Aristoteles von den ἐν τοῖς μαθήμασι καλούμενα ἀξιώματα spricht, die κοινά sind, von den Mathematikern aber ἰδίως angewendet werden, mit den ganz analogen Stellen der Posteriora zusammennimmt, an denen die ἀξιώματα als κοιναὶ ἀρχαί bezeichnet werden, die κατ' ἀναλογίαν in den verschiedenen Einzelwissenschaften, darunter der Arithmetik und der Geometrie, Anwendung finden. Zwar sind bei Euklid Sätze dieser Art bis zu einem gewissen Grad von den speziell geometrischen Postulaten getrennt, obwohl das ἐφαρμόζειν-Axiom, das sich schwer entbehren läßt, der aristotelischen Definition des Axioms nicht ganz entspricht. Aber die von Euklid für diese Sätze gewählte Bezeichnung ist nicht ἀξιώματα, sondern κοιναὶ ἔν-

voιαι. Dies entspricht nun freilich wieder der Wesensbestimmung des
Axioms durch Aristoteles ganz genau und läßt es daher als unwahrscheinlich erscheinen, daß Euklid Sätze, die dieser Wesensbestimmung gar nicht
entsprechen, wie den speziell geometrischen Satz, daß zwei Gerade keinen Raum einschließen, unter dieser Rubrik angeführt haben sollte. Auf
der anderen Seite ist die Tatsache, daß dieser zuletzt angeführte Satz in
der von Proklos benützten Ausgabe der Elemente schon unter dieser Rubrik zu finden war, doch auch nicht ganz ohne Bedeutung für eine Untersuchung wie die vorliegende, da die antiken Herausgeber und „Interpolatoren" der Elemente Euklids ja zweifellos Mathematiker waren und die
Veränderungen, welche sie am Text Euklids vorgenommen haben, für die
zu ihrer Zeit herrschenden Auffassungen von den mathematischen Prinzipien bis zu einem gewissen Grade charakteristisch sind. Archimedes wiederum benützt im Gegensatz zu Euklid das Wort ἀξίωμα, gebraucht es
aber als Überschrift für eine Gruppe von Definitionen nebst zugehörigen
Existenzbehauptungen, die nicht κοινά sind.

Wichtiger als diese rein terminologischen Feststellungen sind einige Andeutungen über die herrschenden Auffassungen des Wesens der Axiome,
die sich aus der Analyse der mathematischen Schriften ergeben. Vor
Aristoteles hatte, wie er selbst in den Posteriora erwähnt[108], eine leb- |
hafte Kontroverse darüber geherrscht, ob es überhaupt eine beweisende
Wissenschaft im strengsten Sinne geben könne, da das zu einem regressus
in infinitum führe, oder ob diese Schwierigkeit dadurch zu überwinden
sei, daß die verschiedenen Sätze eines Wissenschaftssystems auseinander
bewiesen würden. Beiden Auffassungen hatte Aristoteles seine Lehre gegenübergestellt, daß jede Wissenschaft aus unbeweisbaren, aber wahren
ersten Prinzipien abgeleitet werden müsse, und dann die verschiedenen
Eigenschaften festzustellen versucht, welche solche ersten Prinzipien
haben müssen. Die Angabe des Proklos[109], Apollonios von Perge habe das
erste Gleichheitsaxiom zu beweisen versucht und sei von Geminus dafür
getadelt worden, weil er ein völlig einsichtiges Prinzip auf Grund von
viel weniger einsichtigen Annahmen zu beweisen versucht habe, scheint
darauf hinzuweisen, daß auch zur Zeit des Apollonios, d. h. am Ende des
dritten Jahrhunderts, ungefähr ein Jahrhundert nach Aristoteles, dessen

---

[108] Analytica Posteriora I, 3, 72 b, 5 ff. Ein ganz ausführlicher Beweis dafür, daß nicht
alles bewiesen werden kann, sondern jeder Beweis letzterdings auf unbewiesene
Prämissen zurückgeführt werden muß, wird dann noch in Kap. 19 bis 23 des ersten
Buches gegeben; vgl. vor allem auch p. 83 b, 32—84 a, 6.

[109] Proclus, p. 183.

Auffassung sich noch keineswegs durchgesetzt hatte und noch immer Versuche unternommen wurden, die Prinzipien zu beweisen.

Nun hat jedoch Proklos an einer anderen Stelle[110] den apollonischen Beweis des ersten Gleichheitsaxioms mitgeteilt, und hier zeigt es sich, daß es sich nicht um einen Beweis des Axioms im aristotelischen Sinne, d. h. eines für alle quantitativen Wissenschaften gemeinsam geltenden Satzes, handelt, sondern um einen Beweis in spezieller Anwendung auf Strecken, und zwar so, daß zu zeigen versucht wird, daß, wenn zwei Strecken denselben Raum einnehmen wie eine dritte, sie auch untereinander denselben Raum einnehmen. Es scheint also, daß Apollonios vielmehr die Transitivität der Kongruenz für Strecken beweisen wollte. Leider läßt sich nicht mehr feststellen, in welchem Zusammenhang das geschehen ist. Doch ist es auch so noch nicht unwichtig, daß Apollonios einen solchen Satz nicht postuliert, sondern zu beweisen gesucht hat.

Was Archimedes über das von ihm so genannte λῆμμα sagt[111], zeigt auf der anderen Seite, wie der größte Mathematiker des dritten Jahrhunderts sowohl die allgemeinen Kontroversen wie die Kontroverse über einen speziellen unbewiesenen Grundsatz beiseite schiebt und sich auf die mathematische Fruchtbarkeit zurückzieht: der Satz kann und muß als unbewiesenes Prinzip angenommen werden, weil er sich als mathematisch fruchtbar erwiesen hat, wobei die Frage, ob er sich etwa beweisen lasse, offengelassen wird. |

Was die Existenzsätze angeht, so hat sich ergeben, daß die αἰτήματα des Euklid kaum etwas mit dem zu tun haben, was Aristoteles αἴτημα nennt, daß aber gewisse Beziehungen zu den von Aristoteles so genannten ὑποθέσεις bestehen, insofern unter beiden Gruppen Existenzsätze eine besondere Rolle spielen, die jedoch wiederum bei Aristoteles und Euklid einen etwas verschiedenen Charakter haben. Auch darüber läßt sich nun noch etwas mehr sagen. Im zweiten Buch der Analytica Posteriora nimmt Aristoteles das Problem der Definitionen noch einmal auf. Die Analyse dieser Kapitel ist dadurch erschwert, daß Aristoteles hier Probleme, die sich aus seiner Auffassung der Physik und der physikalischen Beweismethode ergeben, mit den Problemen der mathematischen Definition, wo die Dinge vielfach anders liegen, vermischt. Es ist daher notwendig, das, was für die hier zu behandelnde Frage von Bedeutung ist, aus verschiedenen Stellen zusammenzusuchen.

---

[110] Ibidem, p. 194 f.
[111] Archimedes II, p. 262 ff.; vgl. oben p. 384 ff.

In den früher erörterten Stellen des ersten Buches[112] der Posteriora wird die Definition als ein Satz bezeichnet, der sagt, „was etwas bedeutet". Im zweiten Buch dagegen heißt es[113], daß die Definition klar macht, was etwas *ist*. An einer späteren Stelle[114] wird dann ausgeführt, daß man nicht wissen kann, *was* etwas ist, das überhaupt nicht existiert. Wohl aber kann man angeben, was ein Wort bedeutet, das etwas nicht Existierendes bezeichnet, z. B. das Wort Kentaur oder Tragelaphos, die nicht existierende Fabelwesen bezeichnen. Dagegen kann man nicht sagen, was ein Kentaur wirklich ist, da es ihn nicht gibt. Daher ist die Erklärung der Bedeutung eines Wortes, das etwas nicht Existierendes bezeichnet, nicht im eigentlichen, sondern nur im uneigentlichen Sinne eine Definition. Definitionen im eigentlichen Sinn setzen also die Existenz des definierten Gegenstandes voraus. In der Mathematik bedeutet Existenz die Möglichkeit des Gegenstandes[115]. Für eine mathematische Definition eines nicht existierenden Gegenstandes wird von Aristoteles kein Beispiel gegeben. Es ist aber nicht schwer zu sehen, daß er von seinen Prinzipien aus ein Zweieck oder ein regelmäßiges Hendekaeder als solche nicht existierende mathematische Gegenstände und etwa die | Definition des letzteren als eines aus elf kongruenten gleichseitigen und gleichwinkligen Polygonen gebildeten Körpers als eine solche uneigentliche Definition betrachtet haben würde. Die eigentliche Definition, die als ἀρχή in einem wissenschaftlichen Beweis gebraucht werden kann, setzt also die Existenz des Gegenstandes, dessen τί sie bezeichnet, voraus. Da jedoch die Definition selbst keine Angabe über die Existenz des definierten Gegenstandes macht, so muß diese anderweitig gesichert werden. Damit kehrt die Erörterung zu dem, was Aristoteles im zehnten Kapitel des ersten Buches nur ganz kurz ausgeführt hatte, zurück. Die Existenz des Gegenstandes wird, wenn dieser zusammengesetzt ist, bewiesen, was in der Geometrie durch die Konstruktion geschieht. Andernfalls muß sie „angenommen" werden.

---

[112] Analytica Posteriora I, 71 a, 15 und 72 a, 21; vgl. auch 76 a, 32 f.

[113] Ibidem, II, 3, 90 b. 30 f.: ὁρισμὸς γὰρ τοῦ τί ἐστι καὶ οὐσίας, vgl. auch II, 10, 93 b, 29, wo die Definition, die nur angibt τί σημαίνει τὸ ὄνομα, von der Definition, die ein λόγος τοῦ τί ἐστι ist, unterschieden wird.

[114] Ibidem, II, 7, 92 b, 4 ff.: ἔτι πῶς δείξει τὸ τί ἐστιν; ἀνάγκη γὰρ τὸν εἰδότα τὸ τί ἐστιν ἄνθρωπος ἢ ἄλλο ὁτιοῦν εἰδέναι καὶ ὅτι ἔστιν. τὸ γὰρ μὴ ὂν οὐδεὶς οἶδεν ὅ τι ἔστιν, ἀλλὰ τί μὲν σημαίνει ὁ λόγος ἢ τὸ ὄνομα, ὅταν εἴπω τραγέλαφος (sc. οἶδεν), τί δ' ἐστὶ τραγέλαφος, ἀδύνατον εἰδέναι.

[115] Vgl. oben p. 378/79 und Anm. 81.

Diese zusätzlichen Ausführungen des Aristoteles machen es nun besser möglich, den Zusammenhang zwischen den von ihm im zehnten Kapitel ausgesprochenen Prinzipien und dem tatsächlichen Befund bei den Mathematikern zu verstehen. Im zehnten Kapitel heißt es[116], daß die Existenz des Dreiecks bewiesen werden muß, die Existenz der Größe, des Punktes, und der Linie dagegen von den Mathematikern angenommen wird. Der Beweis der Existenz des Dreiecks findet sich denn auch bei Euklid in der Konstruktion eines gleichseitigen Dreiecks, mit dem die Elemente beginnen. Dagegen finden sich keine Sätze, welche die Existenz der Einheit in der Arithmetik oder des Punktes und der Linie in der Geometrie postulieren. Die Existenz dieser mathematischen Gegebenheiten wird also, wie es scheint, stillschweigend angenommen; und dies ist es, was Aristoteles mit den Worten, daß die Mathematiker die Existenz dieser Gegenstände annehmen, gemeint haben muß. Daran hat sich also auch nach Aristoteles nichts wesentliches geändert. Bei Euklid finden sich Existenzpostulate nur für die drei unableitbaren Elementarkonstruktionen der Verbindungsstrecke zwischen zwei Punkten, der Verlängerung einer Strecke, und des Kreises, bei denen, wie schon bemerkt, offenbar nicht nur die Möglichkeit, sondern auch die Eindeutigkeit der Konstruktion postuliert wird. Daß Existenzpostulate dieser letzteren Art schon vor Aristoteles von Mathematikern bewußt aufgestellt wurden, geht aus dem Kommentar des Proklos zu Euklids Postulaten hervor, wo er berichtet[117], daß schon Speusipp das *Postulat* der Verbindungsstrecke zwischen zwei Punkten der *Konstruktion* des gleichseitigen Dreiecks gegenübergestellt habe. Irgendein direkter Einfluß des Aristoteles auf Euklid in dieser Hinsicht ist also nicht nachzuweisen. Auch ist deutlich, daß die Über-|legungen, die zu den Ausführungen des Aristoteles im zehnten Kapitel der Posteriora und zu der Aufstellung der Existenzpostulate in Euklids Elementen geführt haben, sozusagen von entgegengesetzten Enden ausgehen. Speusipp und Euklid gehen direkt von den Konstruktionen aus und setzen vor die in ihren einzelnen Schritten abzuleitenden Konstruktionen eine Reihe von einfachen Konstruktionen oder Konstruktionspostulaten, die sich nicht weiter ableiten lassen. Aristoteles dagegen geht von der Analyse der Funktion der Definition im wissenschaftlichen Beweis aus und kommt dabei zu dem Resultat, daß die Definition nur dann im wissenschaftlichen Beweis gebraucht werden kann, wenn die Existenz des definierten Gegenstandes

---

[116] Analytica Posteriora I, 10, 76 b, 2 ff.
[117] Proclus, p. 179 f.

feststeht, woran sich dann die Beobachtung anschließt, daß die Existenz zusammengesetzter Gegenstände von den Mathematikern durch Konstruktion bewiesen, die der einfachsten dagegen „angenommen" wird. Es ist ganz natürlich, daß Aristoteles, von solchen ganz allgemeinen Erwägungen ausgehend, das „Angenommenwerden" der allereinfachsten und daher von der Konstruierbarkeit im engeren Sinne am weitesten abliegenden Gegebenheiten betont, während die Mathematiker seiner Zeit, aber ebenso nach ihm, es nicht nötig fanden, diese Existenzannahmen ausdrücklich auszusprechen, wohl aber die Möglichkeit und Eindeutigkeit der nicht mehr ableitbaren oder beweisbaren Konstruktionen zu postulieren, die in den Konstruktionsbeweisen allenthalben gebraucht werden. Trotz diesen Verschiedenheiten ist es deutlich, daß zwischen beidem eine sachliche Beziehung besteht, und man kann fragen, ob und inwieweit etwa das archimedische Lemma, das ja gewissermaßen einer euklidischen Definition vorgeschaltet ist, und die Definitionsaxiome der Schrift de sphaera et cylindro als eine Annäherung an die aristotelische Auffassung betrachtet werden können.

Damit hängt nun aber eine weitere Frage zusammen, deren Beantwortung auf viel frühere Anfänge der griechischen Mathematik zurückführen wird. Im zehnten Kapitel des ersten Buches der Posteriora wird gesagt[118], daß die ἀξιώματα als κοινά auf den verschiedenen Gebieten κατ' ἀναλογίαν angewendet werden. Hinsichtlich der Gleichheitsaxiome bedeutet dies, daß diese Axiome zwar für alle quantitativen Wissenschaften gleichmäßig gelten, daß sie aber konkret erst anwendbar werden, nachdem gewisse Gleichheitsbeziehungen primär und unabhängig von diesen Axiomen schon festgestellt worden sind, was wiederum in den verschiedenen Wissenschaften auf verschiedene Weise geschieht.

Nimmt man diese Feststellung als Ausgangspunkt, so lassen sich an den Elementen Euklids sehr eigenartige Beobachtungen machen. Ein | sehr großer Teil der ersten beiden Bücher der Elemente ist der Lehre von der Flächenverwandlung bzw. von der Inhaltsgleichheit geradlinig begrenzter ebener Flächenstücke gewidmet. Ja, man kann sagen, daß in gewisser Weise alle Sätze dieser Bücher entweder unmittelbar zu dieser Lehre gehören oder ihrer Vorbereitung dienen. In den zu dieser Lehre unmittelbar gehörigen Sätzen bzw. in den Beweisen dieser Sätze werden die ersten drei Gleichheitsaxiome unaufhörlich angewendet. Ihre Anwendung ist jedoch nur möglich, weil zuerst die Gleichheit gewisser Flächenstücke pri-

---

[118] Analytica Posteriora I, 10, 76 a, 38 f.

mär festgestellt worden ist. Dies geschieht im vierten und achten Satz des ersten Buches mit Hilfe der ἐφαρμόζειν-Methode für Dreiecke, die in gewissen Stücken übereinstimmen, mit anderen Worten, in den sogenannten Kongruenzsätzen, von denen die beiden ersten mit Hilfe der ἐφαρμόζειν-Methode bewiesen werden. So kann dann z. B. die Inhaltsgleichheit von Parallelogrammen mit gleicher Basis und gleicher Höhe durch Addition und Subtraktion von Dreiecken, deren Inhaltsgleichheit sich aus dem ersten Kongruenzsatz ergibt, und von identischen Dreiecken bewiesen werden[119]. Dieser Satz selbst kann dann wieder in ähnlicher Weise zum Beweis anderer Sätze über die Gleichheit ebener Flächenstücke benützt werden.

Die Behandlung der sogenannten Kongruenzsätze durch Euklid und die ἐφαρμόζειν-Methode sind bekanntlich der Gegenstand einer jahrhundertelangen Kontroverse geworden, und es ist offensichtlich nicht möglich, alle damit zusammenhängenden Probleme im gegenwärtigen Zusammenhang eingehend zu behandeln, da dies eine eigene Untersuchung erfordert. Vor allem ist es hier weder notwendig noch möglich, die viel erörterte Frage wieder aufzunehmen, ob Euklid mit der ἐφαρμόζειν-Methode illegitimer Weise ein empirisches Element in die Geometrie eingeführt hat, weil das Aufeinanderpassen der beiden Dreiecke eine Bewegung und bei nicht gleichsinnigen Dreiecken sogar ein Heraustreten des einen Dreiecks aus seiner Ebene und eine Drehung im Raume erfordert, oder ob B. Russell recht hat, wenn er sagt: „the apparent use of motion is deceptive. Actual superposition, which is nominally employed by Euclid, is not required; all that is required is the transference of our attention from the original figure to a new one defined by the position of some of its elements and by certain properties which it shares with the original figure[120]." |

Dagegen ist es unumgänglich, kurz etwas zu sagen über die weitverbreitete Meinung[121], daß Euklid überhaupt keinen einheitlichen Gleichheitsbegriff habe und Gleichheit und Kongruenz verwechsle, was darin zum Ausdruck komme, daß in den ersten vierunddreißig Sätzen des er-

---

[119] Euclid, Elemente, I, 35.

[120] Für eine eingehende Behandlung dieser Fragen vgl. unten S. 430 ff.

[121] Vgl. Th. Heath, The Thirteen Books of Euclids Elements, Cambridge 1926, vol. I, p. 327 ff. Es mag vielleicht in diesem Zusammenhang erwähnt werden, daß auch K. Reidemeister in einer an einen Vortrag anschließenden Diskussion das erste Buch der Elemente Euklids als „ganz schlecht" bezeichnet hat, weil Euklid hier dauernd Gleichheit und Kongruenz verwechsele. Vgl. auch unten Anm. 123.

sten Buches der Elemente ἴσον kongruent bedeute, von da an aber meistens inhaltsgleich. Richtig ist, daß Euklid in seinen Beweisen von vornherein annimmt, daß gleiche Strecken und gleiche Winkel sich zur Deckung bringen lassen oder, wie er es ausdrückt, aufeinander passen, diese Annahme aber, wenn man keinen Ausfall in den Manuskripten annehmen will, nicht als Axiom oder Postulat ausgesprochen und formuliert hat. Das ist zweifellos ein schwerer Mangel, der sich aber leicht durch Einfügung der entsprechenden Axiome oder Postulate beseitigen läßt, wie denn auch Proklos in seinem Kommentar annimmt[122], daß Euklid sich solcher Postulate stillschweigend bedient habe. Über die Gründe, weshalb Euklid es nicht für nötig gehalten haben mag, diese Postulate ausdrücklich auszusprechen, kann man auf Grund des ausführlichen Kommentars des Proklos zum ersten Kongruenzsatz verschiedene Betrachtungen anstellen, die jedoch auch in einen anderen Zusammenhang gehören, der zu weitläufig ist, um hier im einzelnen behandelt werden zu können[123]. |

Richtig ist ferner, daß die gleichen Flächenstücke, die in den ersten vierunddreißig Sätzen vorkommen, tatsächlich auch kongruent sind. Aus alledem folgt jedoch in keiner Weise, daß Euklid, wo er von ἴσον spricht, zuerst kongruent, später aber inhaltsgleich gemeint habe. Vielmehr geht das Gegenteil schon daraus auf das deutlichste hervor, daß Euklid schon lange vor dem fünfunddreißigsten Satz, in dem er zum ersten Male Flächenstücke addiert, das zweite und dritte Gleichheitsaxiom, d. h. also die Additions- und Subtraktionsaxiome, auf Strecken und Winkel anwendet[124]. Er meint also mit dem Worte ἴσον diejenige Gleichheit, die durch die Gleichheitsaxiome implizit definiert ist[125]. Dasselbe kann | man auch daraus schließen, daß er in späteren Büchern, wo er wirklich die Kongruenz braucht, dafür den Ausdruck ἴσον καὶ ὅμοιον gebraucht, im ersten Buch aber, wo er die Kongruenz von Dreiecken beweist, jeweils alle

---

[122] Proclus, p. 241.

[123] Ohne die Lücke als solche bestreiten zu wollen, kann doch vielleicht gezeigt werden, daß hier sozusagen keine zufällige, sondern eine systematische Lücke vorliegt. Vgl. über dies ganze Problem ausführlich unten S. 454 ff.

[124] Vgl. z. B. Elemente I, 5; 13; 14; 15; und passim.

[125] So hat ihn auch Proklos verstanden, wenn er die Behauptung, daß Dreiecke, die aufeinander passen, ἴσα seien, dahin interpretiert, daß ihr Inhalt, ihr ἐμβαδόν, gleich sei, wozu sogleich hinzugefügt werden muß, daß ἐμβαδόν ein Ausdruck ist, der aus der Sprache der Landvermesser genommen ist, die Landstücke, also Flächeninhalte, ausmessen und denen an der Kongruenz der von ihnen ausgemessenen Flächenstücke gewiß nichts gelegen ist (vgl. Proclus, p. 236: τρίγωνον δὲ αὖ ἴσον τριγώνῳ λέγεται τηνικαῦτα ἡνίκα ἂν τὸ ἐμβαδὸν αὐτῶν ἴσον ᾖ).

Übereinstimmungen in Seiten, Winkeln und im Inhalt aufzählt, wo er dagegen vom fünfunddreißigsten Satz an die Inhaltsgleichheit allein braucht, jeweils nur sagt: „und das Dreieck ist gleich dem Dreieck", die übrigen Übereinstimmungen dagegen unerwähnt läßt. Endlich kann man darauf hinweisen, daß das Wort ἐφαρμόζειν nirgends in einem Lehrsatz vorkommt, sondern nur in dem ἐφαρμόζειν-Axiom und in den Beweisen einiger Lehrsätze. Das alles zeigt aufs deutlichste, daß der ἐφαρμόζειν-Begriff und die ἐφαρμόζειν-Methode bei Euklid ausschließlich den Zweck haben, sich primär der Gleichheit einiger Flächenstücke zu vergewissern, um dann die Gleichheitsaxiome auf sie anwenden zu können, aus denen ja, da sie nur Beziehungen zwischen Gleichheiten statuieren, nichts folgt, solange nicht die Gleichheit wenigstens einiger Gegebenheiten vorher anderweitig postuliert oder bewiesen ist. Hier finden sich denn freilich einige Lücken im axiomatisch-postulatorischen Aufbau, da, wie erwähnt, von Strecken und Winkeln stillschweigend angenommen wird, daß sie, wenn sie gleich sind, auch aufeinanderpassen, dies aber nirgends axiomatisch oder postulatorisch ausdrücklich festgelegt wird, obwohl dasselbe für Flächenstücke nicht gilt. Aus diesen Lücken dürfen jedoch keine weitreichenden Schlüsse gezogen werden, zumal da, wie sich sogleich zeigen wird, die Lehre von der Inhaltsgleichheit bei Euklid auch sonst hinsichtlich ihrer ersten Grundlegung empfindliche Mängel aufweist, die es aber möglich machen werden, in die Entwicklung der Axiomatik vor Euklid einen gewissen Einblick zu gewinnen.

Die Lehre von der Flächenverwandlung, d. h. von den Gleichheitsbeziehungen zwischen geradlinig begrenzten ebenen Flächen, die den größten Teil der ersten beiden Bücher der Elemente Euklids ausmacht, beruht letzterdings auf den ersten beiden Kongruenzsätzen, die auf Grund der ἐφαρμόζειν-Methode und also des ἐφαρμόζειν-Axioms unmittelbar bewiesen werden und dann auch zum Beweis der übrigen sogenannten Kongruenzsätze gebraucht werden, die aber, wie gezeigt, für Euklid nicht eigentlich Kongruenzsätze, sondern Sätze über Gleichheitsbeziehungen im Sinne des durch die Gleichheitsaxiome implicite definierten Gleichheitsbegriffes sind. In der Lehre vom Kreis, die in den | beiden folgenden Büchern behandelt wird, dagegen werden zwar die Resultate der ersten beiden Bücher vorausgesetzt und zum Teil benützt, außerdem aber auch Gleichheitsbeziehungen vorausgesetzt, die weder in den beiden ersten Büchern vorkommen noch mit Hilfe der ἐφαρμόζειν-Methode bewiesen werden. Vielmehr werden diese Gleichheitsbeziehungen seltsamerweise in Definitionen ausgesprochen. Die erste dieser Definitionen findet sich schon zu Anfang des ersten Buches[126] und lautet: διάμετρος δὲ τοῦ κύκλου ἐστὶν εὐθεῖά τις διὰ τοῦ κέντρου ἠγμένη καὶ περατουμένη ἐφ᾽ ἑκάτερα τὰ μέρη ὑπὸ τῆς τοῦ κύκλου περιφερείας, ἥτις καὶ δίχα τέμνει τὸν κύκλον, also: „der Durchmesser ist eine durch den Mittelpunkt des Kreises gelegte Gerade, die beiderseitig durch die Peripherie des Kreises begrenzt wird und den Kreis halbiert." Der letzte Teil dieser Definition enthält offenbar die Behauptung, daß die beiden Teile, in die der Kreis durch den Durchmesser geteilt wird, einander gleich seien. Damit ist die Definition jedoch überbestimmt, da der Durchmesser schon durch den ersten Teil der Definition vollständig und eindeutig bestimmt ist. Dieser Mangel der Definition ist natürlich schon oft bemerkt worden[127], was auch zu dem Versuch geführt hat, den Mangel dadurch zu beseitigen, daß man den anstößigen letzten Teil der Definition streicht. Damit ist jedoch nichts gewonnen, da in der folgenden Definition bei Euklid der Halbkreis definiert wird als diejenige ebene Figur, die von dem Durchmesser des Kreises und dem von dem Durchmesser abgeschnittenen Teil der Peripherie des Kreises begrenzt wird, wie denn auch später die Gleichheit der Halbkreise bzw. der beiden Teile, in die der Durchmesser den Kreis teilt, benutzt wird. Es ist also nichts daran zu ändern, daß Euklid hier in eine Definition aufgenommen hat, was entweder hätte als Lehrsatz bewiesen oder, wenn der Satz unbeweisbar ist, als Axiom oder Postulat hätte ausgesprochen werden sollen. Dies ist um so seltsamer, als Proklos berichtet[128], daß Thales den Satz, daß der Durchmesser den Kreis in zwei gleiche Teile teilt, zu beweisen versucht habe, und selbst verschiedene Beweisversuche anführt.

Der Satz über die Durchmesser ist nun aber keineswegs der einzige Satz dieser Art. Gleich zu Anfang des dritten Buches, mit dem die Lehre vom Kreis beginnt, findet sich ein ähnlicher Satz: ἴσοι κύκλοι εἰσίν, ὧν αἱ διάμετροι ἴσαι εἰσίν, ἢ ὧν αἱ ἐκ τῶν κέντρων ἴσαι εἰσίν. Gleiche Kreise sind Kreise, deren Durchmesser gleich sind oder deren Radien gleich sind. Dieser Satz ist um so seltsamer, als er mit einer ganz geringen Änderung als Axiom oder Postulat hätte ausgesprochen werden können: | Kreise mit gleichem Radius sind gleich. Aber er ist nicht nur als Definition formuliert, sondern erscheint auch unter Überschrift ὅροι und zusammen

---

[126] Euklid. Elemente, I, def. 17 (p. 4, ed. Heiberg).
[127] Vgl. Heath, The Thirteen Books, I, 185 f.
[128] Proclus, p. 157.

mit einer Reihe von Sätzen, die alle wirkliche Definitionen sind. Auch hier ist schon oft von Mathematikern bemerkt worden, daß die Definition keine Definition, sondern ein Axiom oder ein Postulat sei: und es ist jedenfalls nicht möglich, sie als Nominaldefinition zu verteidigen („mit der Bezeichnung gleiche Kreise meine ich Kreise mit gleichem Radius"), da z. B. im sechsundzwanzigsten Satz des dritten Buches davon Gebrauch gemacht wird, daß die Flächen von Kreisen mit gleichem Radius im Sinne der Gleichheitsaxiome einander gleich sind. Allerdings hat Heath die Definition dadurch zu verteidigen gesucht[129], daß er darauf hinweist, daß die Gleichheit von Kreisen mit gleichem Radius aus dem dritten Postulat, wenn man es als Eindeutigkeitspostulat betrachtet, gefolgert werden kann. Aber auch dadurch wird die Formulierung als Definition kaum weniger seltsam.

Endlich findet sich nun aber noch eine dritte Definition dieser Art an einer ganz grundlegenden Stelle im elften Buch Euklids[130]: ἴσα δὲ καὶ ὅμοια στερεὰ σχήματά ἐστι τὰ ὑπὸ ὁμοίων ἐπιπέδων περιεχόμενα ἴσων τῷ πλήθει καὶ τῷ μεγέθει. Gleiche und ähnliche Körper sind Körper, welche von ähnlichen Flächenstücken begrenzt sind, die an Anzahl und Größe einander gleich sind. Die Definition ist für die euklidische Lehre von Gleichheit und Kongruenz auch deshalb wichtig, weil hier der Ausdruck ἴσα καὶ ὅμοια erscheint und die Inhaltsgleichheit hier als μεγέθει ἴσον bezeichnet wird. Doch kann darauf hier nicht weiter eingegangen werden[131]. Zweifellos ist jedenfalls, daß auch an dieser Stelle ἴσον die Gleichheit im Sinn der Gleichheitsaxiome bezeichnet. Im übrigen hat jedoch die Definition eine Reihe von Mängeln, die schon oft hervorgehoben worden sind. Zunächst ist auch hier wieder in Form einer Definition ausgesprochen, was eigentlich in einem Satz festgestellt werden sollte. Dann ist dieser Satz ebenso wie der der vorangehenden Definition der Ähnlichkeit von ebenen Flächenstücken begrenzter stereometrischer Körper entsprechende Satz nur dann allgemein gültig, wenn hinzugefügt wird „ὁμοίως κειμένων = in gleicher Weise angeordneter", wie dies in der 118. Definition bei Heron tatsächlich geschieht[132]. Der sachliche Fehler ist

---

[129] Heath, Thirteen Books II, p. 2.

[130] Euklid, Elemente XI, def. 10 (vol. IV, p. 4, ed. Heiberg).

[131] Vgl. oben Anm. 120.

[132] Eine ausführliche und eindringliche Erörterung des ganzen Problems ist neuerdings von S. Heller gegeben worden („Über Euklids Definitionen ähnlicher und kongruenter Polyeder" in Janus LI, 1964, S. 271—290): Er gibt eine ganze Anzahl von Beispielen, die zeigen, daß man Paare von Polyedern erzeugen kann, die der eukli-

also schon im Altertum bemerkt und korrigiert worden. Auch in diesem Fall hat Th. Heath die euklidische Definition damit zu verteidigen gesucht, daß unter den Einschränkungen, unter denen Euklid die Definition im Folgenden anwendet, Körper, die dieser Definition entsprechen, tatsächlich aufeinander oder, wie man in diesem Falle wohl besser sagen sollte, ineinander passen. Was Heath hier zu zeigen versucht, ist durchaus richtig, wenn man davon absieht, daß bei symmetrischen Körpern das Aufeinanderpassen innerhalb des dreidimensionalen Raumes nicht durch tatsächliches Ineinanderlegen vollziehbar ist. Aber damit tritt ja nur um so deutlicher die Diskrepanz hervor, daß in der Lehre von den geradlinig begrenzten ebenen Flächen die ἐφαρμόζειν-Methode benutzt wird, um primäre Gleichheitsbeziehungen festzustellen, von denen aus dann mit den Gleichheitsaxiomen weitergerechnet werden kann, während sonst überall — mit der einzigen Ausnahme des Postulats der Gleichheit aller rechten Winkel — solche primäre Gleichheitsbeziehungen durch Definitionen hergestellt werden, die entweder überbestimmt oder nur der Form nach Definitionen sind oder sonstige Mängel haben. Dies ist eine Erscheinung, die jedenfalls nach einer Erklärung verlangt.

Um zu einer solchen Erklärung zu gelangen, die naturgemäß dann auch zu einem Einblick in die Entwicklung der Axiomatik vor Euklid und vor Aristoteles führen muß, ist es zweckmäßig, noch einmal alle die Seltsamkeiten zusammenzustellen, welche direkt oder indirekt mit den erörterten Sätzen zusammenhängen, und dabei auch noch einmal auf Aristoteles zurückgehen. Aristoteles hatte die ἀρχαί eingeteilt in ἀξιώματα, die für alle oder für alle quantitativen Wissenschaften gelten, und θέσεις, die speziellen Wissenschaften zugeordnet sind[133]. Als Beispiele für Axiome hatte er neben einigen logischen Axiomen wie dem Satz vom Widerspruch vor allem die Gleichheitsaxiome angeführt, von denen er sagt, daß sie in den Einzelwissenschaften κατ' ἀναλογίαν angewendet werden[134]. Die θέσεις

---

dischen Definition entsprechen und doch nicht kongruent sind, und zwar nicht nur dann, wenn der eine der beiden Polyeder einspringende Ecken hat, wie Heath gemeint hatte. Er gibt ferner eine Geschichte der Behandlung des Problems in neuerer Zeit, vor allem durch Legendre und Cauchy, und kommt zu dem Ergebnis, daß das der euklidischen Definition entsprechende Axiom, um vollständig ausreichend zu sein, lauten müßte: „Konvexe Polyeder, die von ebenen geradlinig begrenzten und paarweise kongruenten Flächen in gleicher Anzahl *und gleicher Anordnung nach Lage und Richtung* umfaßt werden, sind kongruent".

[133] Analytica Posteriora I, 2, 72 a, 14 ff.
[134] Ibid. I, 10, 76 a, 37 ff.

hatte er in ὁρισμοί oder Definitionen und ὑποθέσεις eingeteilt[135]. Die letzteren haben es nach seiner Definition mit den ὑπάρχοντα καθ᾽ αὑτά einer Wissenschaft zu tun und setzen deren Existenz an[136], während von den πάθη καθ᾽ αὑτά der καθ᾽ αὑτὰ ὑπάρχοντα nur die Definition „angenommen", die Existenz dagegen bewiesen wird[137]. Dagegen wird, obwohl Aristoteles doch gesagt hatte, daß die Axiome κατ᾽ ἀναλογίαν in den verschiedenen Wissenschaften angewendet werden, mit keinem Wort angegeben, zu welcher Art von ἀρχαί denn die speziellen Gleichheitssätze zu rechnen seien, ohne welche der Anwendung der all-|gemeinen Gleichheitsaxiome in den Einzelwissenschaften die Grundlage fehlt. Zu den Axiomen selbst können sie nicht gehören, da sie nicht κοινά sind. Sie sind aber auch keine Existenzsätze; und doch werden die ὑποθέσεις im zehnten Kapitel jedenfalls als Existenzsätze beschrieben, obwohl Aristoteles, wie erwähnt, in der Physik einmal eine ὑπόθεσις erwähnt, die er als ἀρχή bezeichnet und die kein Existenzsatz ist[138]. Es bleiben also nur die Definitionen übrig, bei denen sie aber auch nicht erwähnt werden und unter denen sie, wie gezeigt, auch nicht unterzubringen sind.

Daß all dies nicht Zufall ist, sondern mit einer Unstimmigkeit in der axiomatischen Grundlegung der Mathematik zur Zeit des Aristoteles aufs engste zusammenhängt, geht daraus hervor, daß es, wie gezeigt, eben diese speziellen Gleichheitssätze sind, die bei Euklid alle und überall Schwierigkeiten machen. Einer davon, der ἐφαρμόζειν-Satz, steht bei Euklid unter den Axiomen oder κοιναὶ ἔννοιαι, obwohl er im strengsten Sinn nicht κοινόν, sondern ein speziell geometrischer bzw. planimetrischer Satz ist, es sei denn, daß man ihn in etwas veränderter Form auf die Stereometrie anzuwenden versucht, wie dies von Simson und Heath getan wird[139], was bei Euklid aber eben gerade nicht geschieht. Ein zweiter, der Satz über die Gleichheit aller rechten Winkel, erscheint unter den αἰτήματα, kommt aber dadurch in Konflikt mit dem Einteilungsprinzip nach Relationssätzen und Existenz- oder Konstruktionssätzen, das Euklid doch auch bis zu einem gewissen Grad befolgt zu haben scheint. Die restlichen drei endlich erscheinen unter den Definitionen, ohne wirkliche Definitionen zu sein, und sind zum großen Teil noch mit anderen Mängeln behaftet.

---

[135] Ibid. I, 2, 72 a, 37 ff.
[136] Ibid. I, 10, 76 b, 2 ff.
[137] Ibid. I, 10, 76 b, 5 ff.
[138] Vgl. oben Anm. 46.
[139] Vgl. Heath, Thirteen Books, III, p. 266.

Es lassen sich nun aber einige weitere Beobachtungen hinzufügen. Das ἐφαρμόζειν-Axiom läßt sich nicht gut entbehren, da sonst der Beweis des ersten Kongruenzsatzes in der Luft schwebt. Aber es ist allerdings auffallend, daß das Axiom so allgemein formuliert und dann nur für zwei Sätze gebraucht wird, von denen sich außerdem der zweite leicht hätte auf den ersten zurückführen lassen. Und selbst wenn man annimmt, daß das ἐφαρμόζειν-Axiom nicht von Euklid stamme, was nicht wahrscheinlich ist, so bleibt es nicht minder seltsam, daß eine solche Methode eingeführt wird, um praktisch nur ein einziges Mal angewendet zu werden, zumal da sich die Unstimmigkeiten in den Gleichheitsdefinitionen, wie Simson und Heath mit Recht festgestellt haben[139], leicht hätten vermeiden lassen, wenn von der ἐφαρμόζειν-Methode ein etwas reichlicherer Gebrauch | gemacht worden wäre. Es ist daher schon a priori ganz unwahrscheinlich, daß die ἐφαρμόζειν-Methode eben nur für diesen einen Fall erfunden worden sein sollte. Alles spricht dafür, daß ihre Anwendung bei Euklid das letzte Überbleibsel einer einstmals viel weiteren Anwendung ist, und dieser Schluß wird auch sogleich auf mannigfache Weise bestätigt. Zunächst erwähnt Proklos eine ganze Anzahl von Beweisen, bei denen die ἐφαρμόζειν-Methode angewandt wird und die bei Euklid nicht vorkommen, darunter einen Beweis des Postulats von der Gleichheit aller rechten Winkel[140] und einen Beweis, daß der Durchmesser den Kreis in zwei gleiche Teile teilt[141], also des Satzes, den Euklid in einer überbestimmten Definition verborgen hat. Ferner sagt Proklos ausdrücklich[142], daß Thales diesen letzteren Satz bewiesen habe; und obwohl Proklos offenbar keine direkte Überlieferung darüber hatte, wie der Beweis des Thales ausgesehen hat, so haben die Kommentatoren bis auf Heath doch mit Recht immer wieder gesagt[143], daß Thales kaum einen anderen Beweis dafür gehabt haben kann als einen Beweis mit der ἐφαρμόζειν-Methode. Es bestätigt sich also, daß diese Methode einmal in viel weiterem Umfang angewendet worden sein muß, als dies bei Euklid der Fall ist. Sie scheint auf den ersten Anfang der griechischen Mathematik zurückzugehen, und es ist dann nicht leicht, es als einen reinen Zufall zu betrachten, daß von den fünf Sätzen, die dem Thales in der antiken Über-

---

[140] Proclus, p. 188, Friedlein.
[141] Ibidem, p. 157.
[142] Ibid.
[143] Heath, Thirteen Books I, p. 185.

lieferung zugeschrieben werden, vier sich direkt und der fünfte indirekt mit der Deckungsmethode beweisen lassen[144].

Freilich wird gegen die Annahme, die Deckungsmethode habe somit am ersten Anfang der griechischen Mathematik gestanden, sofort wieder der traditionelle Einwand erhoben werden, das sei eine von jenen schon im Altertum beliebten Rekonstruktionen, durch die den ältesten griechischen Mathematikern das zugeschrieben werde, was sie nach späteren Vorstellungen zur Begründung von Sätzen, die sie kannten oder in irgendeiner Weise angewendet hatten, gebraucht hätten, während in Wirklich- | keit gar kein Grund bestehe, schon jenen ältesten Mathematikern oder mathematisierenden Philosophen solche fortgeschrittenen Vorstellungen vom Aufbau eines mathematisschen Beweises zuzuschreiben. Das Argument ist jedoch in diesem Falle nicht allzu schwer zu widerlegen. Zunächst zeigen die Stellen, an denen Proklos den Eudem von Rhodos mit Namen zitiert, daß dieser außerordentlich sorgfältig gewesen ist in der Unterscheidung dessen, was unmittelbar bekannt war, und dessen, was allenfalls daraus erschlossen werden kann[145]. Es kann also keine Rede davon sein, daß Eudem den älteren Mathematikern ohne weiteres Sätze zugeschrieben hätte, die sie einer späteren Auffassung gemäß zum Beweis von ma-

---

[144] Vgl. darüber auch ausführlicher meinen Aufsatz über den gemeinsamen Ursprung der Geschichtsschreibung und der exakten Wissenschaften bei den Griechen in Philosophia Naturalis II (1953), p. 220 ff. Vielleicht darf ich hier darauf hinweisen, daß infolge einer Verkettung von Umständen (der Herausgeber der Zeitschrift, Professor May, war während des Druckes schwer erkrankt, und dem in Amerika befindlichen Verfasser wurden keinerlei Korrekturen zugesandt) dieser Aufsatz in außerordentlich nachlässiger Weise gedruckt worden ist. Ganze Seiten und Zeilen sind ausgelassen, und es wimmelt von Umstellungen und Druckfehlern. Eine Berichtigung dieser Auslassungen und Fehler ist inzwischen in Heft 3 des II. Bandes der Zeitschrift Philosophia Naturalis p. 376 ff. gedruckt worden.

[145] So sagt Eudem bei Proclus p. 352 ausdrücklich, daß die Kenntnis des zweiten Kongruenzsatzes bei Thales nur aus der Benützung dieses Satzes zur Berechnung von Abständen erschlossen ist, und fügt nicht hinzu, daß Thales den Satz bewiesen habe. Wenn er daher bei dem Satz, daß der Durchmesser den Kreis in zwei gleiche Teile teilt, dem Thales ausdrücklich einen Beweis des Satzes zuschreibt, so ist es doch wohl sehr wahrscheinlich, daß dem irgendeine Überlieferung zugrunde gelegen hat. Für unsere Frage würde es im übrigen durchaus genügen, zu wissen, daß es vor Euklid, der ihn nicht mehr hat, einen solchen Beweis gegeben haben muß, und daran läßt sich nach Lage der Dinge überhaupt nicht zweifeln. Auf der anderen Seite ist es doch auch wieder höchst bemerkenswert, daß eben gerade für den Satz, den Eudem dem Thales nur auf Grund eines Schlusses zuschreibt, bei Aristoteles (Analytica Priora, A, 24, p. 41 b, 13 ff.) ein archaischer Beweis überliefert ist, der mit krummen Winkeln operiert und letzterdings ein ἐφαρμόζειν-Beweis gewesen sein muß (vgl. über den letzteren Punkt Th. Heath, Mathematics in Aristotle, Oxford 1949, p. 23 ff.).

thematischen Sätzen, die sie oder ihre Nachfolger praktisch anwendeten, hätten haben müssen, nach dem damaligen Zustand der Mathematik aber keineswegs bewußt aufgestellt haben müssen. Dann ist es keineswegs so, daß die früheste griechische Mathematik einen absoluten Anfang dargestellt hätte, wo es denn freilich kaum begreiflich sein würde, daß jemand sich die Mühe gegeben haben sollte, eine so unmittelbar einleuchtende Wahrheit wie die, daß der Durchmesser den Kreis in zwei gleiche Teile teilt, erst zu beweisen, da in den allerersten Anfängen das Interesse naturgemäß auf das Neue und daher Schwierigere und Kompliziertere gerichtet zu sein pflegt, wie dies in der babylonischen und ägyptischen Mathematik auch deutlich ist. Gegenüber diesen früheren Mathematiken, die ganz aus sich selber bzw. aus praktischen Bedürfnissen herausgewachsen waren, hat die griechische Mathematik jedoch von vornherein eine ganz andere historische Grundlage[146]. Die griechische Mathematik fängt an, als die Griechen mit den orientalischen Völkern in Berührung kamen, die schon ziemlich weit entwickelte mathematische Methoden besaßen. Es kann kein Zweifel sein, daß sie von dieser Tradition | beeinflußt wurden und ihre Resultate zu übernehmen suchten. Da sie sich hier jedoch einer verwirrenden Mannigfaltigkeit von Formeln und Methoden gegenüber fanden, die in vielen Fällen nur zu approximativen Resultaten führten, so ist es ganz natürlich, daß sie sich der Grundlagen zu vergewissern suchten. Dieses Neuanfangen, um eine sichere Grundlage zu gewinnen, ist charakteristisch nicht nur für die früheste griechische Mathematik, sondern auch für die Anfänge der griechischen Naturwissenschaft und Philosophie und bis zu einem gewissen Grad selbst der Geschichte, und es erklärt das Nebeneinander von anscheinend ganz elementaren Sätzen und Konstruktionen und von Untersuchungen schwieriger und komplizierter Probleme. Es ist auch völlig natürlich, daß diese Entwicklung nicht damit angefangen hat, daß man selbstevidente Sätze aufstellte oder gar nach ihrer mathematischen Fruchtbarkeit ausgewählte Axiome, sondern mit dem Versuch, alles zu beweisen, d. h. sich auch der Gültigkeit der einfachsten Sätze zu vergewissern, wozu sich denn die ἐφαρμόζειν-Methode wiederum zur Feststellung einfachster geometrischer Gleichheitsbeziehungen sozusagen von selbst darbietet.

Was endlich die Zuschreibung an Thales angeht, so darf vielleicht hier gesagt werden, daß entwicklungsgeschichtlich gar nicht viel darauf ankommt, ob die Sätze von Thales stammen oder von jemand anders —

---

[146] Vgl. darüber ausführlicher den Anm. 144 zitierten Aufsatz S. 206 ff.

man ist versucht, nach dem Vorbild der berühmten „endgültigen Lösung
der homerischen Frage" zu sagen, von einem anderen Philosophen desselben Namens[147]. Was entscheidend ist, ist, daß sie, obwohl an verschiedenen Stellen, alle unter demselben Namen überliefert sind, daß sie tatsächlich gewisse Ähnlichkeiten aufweisen, obwohl dies in der Überlieferung nicht betont wird, daß der Beweis der Gleichheit der Teile, in die
der Durchmesser den Kreis teilt, mit Hilfe der ἐφαρμόζειν-Methode alt
sein muß, da diese Beweismethode für den Satz ja später aufgegeben
wurde, und daß die von Pythagoreern ausgegangene Mathematik, wie
sich zeigen wird, einen anderen Charakter hat. Mit anderen Worten,
worauf es ankommt, ist, daß die ἐφαρμόζειν-Methode offenbar zu den
sehr alten, wenn nicht ältesten Methoden der griechischen Mathematik
gehört, von der bei Euklid nur noch ganz kleine Reste übriggeblieben
sind.

   Es bleibt die Frage, wie es kommt, daß bei Euklid, der die ἐφαρμόζειν-
Methode nur noch für die Dreieckssätze verwendet, die geometrischen
Prinzipien der Lehre von den Flächen- oder Körperinhalten so vielfach |
in der Form von Definitionen auftreten, statt, wie es der Gegenstand erforderte, als Postulate formuliert zu sein. Eine Antwort auf diese Frage
läßt sich vielleicht, wenigstens bis zu einem gewissen Grade, aus der Entwicklung der pythagoreischen Mathematik gewinnen. Dabei ist von drei
eng miteinander in Beziehung stehenden Tatsachen auszugehen. Den Pythagoreern wurde bekanntlich im Altertum die Lehre zugeschrieben, daß
alles Zahl sei oder daß alle Dinge Zahlen seien oder daß die Zahl das
Wesen aller Dinge sei[148] usw., offenbar alles verschiedene Formulierungen
desselben fundamentalen Gedankens, dessen ursprüngliche sprachliche
Fassung nicht erhalten ist und sich nicht mit Sicherheit rekonstruieren
läßt. Ferner läßt die antike Tradition keinen Zweifel darüber, daß die
Pythagoreer einen sehr starken Anteil an der Ausbildung der Proportionenlehre gehabt haben, was immer auch sonst die Natur ihrer mathematischen und philosophischen Spekulationen gewesen sein mag[149]. Endlich ist von Bedeutung, daß das mathematische Verhältnis in der griechi-

---

[147] Die „endgültige Lösung" der homerischen Frage ist bekanntlich, daß die Ilias nicht
   von Homer stammt, sondern von einem anderen Dichter desselben Namens.

[148] Vgl. Aristoteles, Metaphysik, A, 5, 987 a, 19: ἀριθμὸν εἶναι τὴν οὐσίαν πάντων;
   987 b, 25/26: τοὺς ἀριθμοὺς αἰτίους εἶναι τοῖς ἄλλοις τῆς οὐσίας; M, 6, 1080 b,
   17 f.: ἐκ τούτου (sc. τοῦ μαθηματικοῦ ἀριθμοῦ) τὰς αἰσθητὰς οὐσίας συνεστάναι.

[149] Vgl. Th. Heath, A History of Greek Mathematics, I, 84 ff.

schen Mathematik allgemein λόγος, in der älteren Zeit daneben aber διά-στημα genannt wird[150].

Die beiden zuletzt erwähnten sprachlichen Tatsachen sind sehr wichtig für ein Verständnis der ursprünglichen Bedeutung der pythagoreischen Zahlenlehre. Die Bezeichnung des Zahlenverhältnisses als διάστημα zeigt den engen Zusammenhang der ältesten Proportionenlehre mit der Musik. Denn vom rein mathematischen Standpunkt aus ist schlechterdings nicht einzusehen, warum ein Zahlenverhältnis durch ein Wort bezeichnet werden sollte, das „Abstand" bezeichnet. In der Musik dagegen entsprechen den musikalischen Intervallen auf der Tonskala Längenverhältnisse der Saiten, durch welche die Töne, welche das Intervall bilden und als dessen ὅϱοι oder Grenzen bezeichnet werden, hervorgebracht werden, und das Intervall kann natürlich sehr gut als διάστημα bezeichnet werden.

Noch wichtiger ist die Bezeichnung λόγος. Später ist dieses Wort in seiner mathematischen Bedeutung mit ratio übersetzt worden, und Ableitungen dieses Wortes dienen in den meisten modernen westeuropäischen Sprachen als termini technici für das mathematische Verhältnis, an deren Ursprung niemand mehr denkt. Diese Entwicklung zum reinen terminus technicus läßt sich schon im Griechischen bis zu einem hohen Grade beobachten. Aber im Anfang ist es zweifellos kein terminus | technicus gewesen, und eben dieser Übergang von einer allgemeineren Bedeutung zu der engeren eines terminus technicus ist aufschlußreich. Es kann hier nicht im einzelnen auf die Bedeutungsentwicklung der Wörter λέγειν und λόγος im Griechischen eingegangen werden[151]. Aber so viel ist auch der oberflächlichsten Betrachtung zugänglich, daß diese Wörter von Anfang an, im Gegensatz zu εἰπεῖν und ἔπος, welche das einfache Sprechen, vor allem auch das erzählende, bezeichnen, ein Sprechen bezeichnen, das etwas erklärt oder auseinandersetzt. Daraus ergibt sich von Anfang an eine gewisse Doppeldeutigkeit der Worte λέγειν und λόγος, die den Wörtern εἰπεῖν und ἔπος in keiner Weise eignet und die z. B. darin ihren Ausdruck findet, daß man in demselben Satze sagen kann λέγει oder φησί (er sagt) ... λέγων[152] (womit er meint), wobei dann auf das erste λέγει die tatsächlich gesprochenen Worte des Redners folgen, auf das zweite λέγων da-

---

[150] Vgl. Porphyrius in Ptolemaei harm., p. 267.

[151] Eine ausführliche Geschichte des λόγος-Begriffes zu geben, gehört natürlich zu den zukünftigen Aufgaben des Archivs für Begriffsgeschichte. Vgl. vorläufig Classical Philology XL (1945), p. 233 ff.

[152] Vgl. z. B. Plato, Theaetet, 181 c.

gegen die Interpretation dessen, was er mit den vorher angeführten Worten gemeint hat oder was ihr Sinn ist. Ebenso kann das Wort λόγος dann bald mit „Wort", bald mit „Sinn" zu übersetzen sein. An diese erste Doppeldeutigkeit schließt sich sogleich eine zweite, die nicht minder wichtig ist. Der Sinn des Gesagten ist in dem, der es sagt und meint; aber sofern das, was er meint, sich doch auch auf etwas außerhalb dessen, der es meint, bezieht, ist der Sinn des Gesagten doch auch wiederum diese Sache oder deren Struktur oder Wesen selbst. Aus dieser Mehrdeutigkeit des Wortes λόγος, die diesem Wort schon in den ältesten Dokumenten der griechischen Literatur zu eigen ist, ergeben sich z. B. alle die Schwierigkeiten in der Erklärung der Bedeutung des Wortes bei Heraklit, wo es oft einfach das Wort des Heraklit zu bedeuten scheint, d. h. einfach das, was Heraklit sagt, bald den Sinn dessen, was er sagt, bald das Weltgesetz, das er in und mit seinen Worten auszudrücken oder zu formulieren sucht[153].

Von dieser Bedeutung des Wortes λόγος als einer Mitteilung von etwas Wesentlichem an einem Gegenstand ist die Übertragung auf das Zahlenverhältnis in seiner Funktion in der Musik nicht allzuschwer begreiflich. Denn durch die Kenntnis der Zahlenverhältnisse kann man dieselben Harmonien in verschiedenen Tonhöhen und auf verschiedenen Instrumenten immer wieder erzeugen. Die Zahlenverhältnisse aber kann man in einfacher Weise sprachlich mitteilen, was mit den Harmonien als solchen nicht der Fall ist. Daß aber die Frage der Erzeugung derselben | Harmonien mit verschiedenen Instrumenten mit Hilfe der Zahlenverhältnisse in der pythagoreischen Musiktheorie und Zahlenphilosophie eine entscheidende Rolle gespielt hat, ist in der antiken Überlieferung direkt bezeugt[154]. Nach all dem ist es nicht verwunderlich, daß die Zahlen, welche in gewisser Weise die Harmonie bezeichnen und mit deren Hilfe sie wieder erzeugt werden kann, λόγοι genannt wurden.

Ähnliches gilt nun aber auch für die geometrische Ornamentik oder ornamentive Geometrie. In der ältesten pythagoreischen Mathematik spielt das rechtwinklige Dreieck eine große Rolle. Setzt man nun drei Längen, die in dem Maßverhältnis von drei, vier und fünf zueinander stehen, zu einer Figur zusammen, so entsteht ein rechtwinkliges Dreieck, gleichgültig nach welchem Maß das Maßverhältnis hergestellt worden ist. Doch

---

[153] Vgl. vor allem Heraklit, Frgt. B 1 und B 2, Diels-Kranz.
[154] Vgl. darüber jetzt vor allem den ausgezeichneten Aufsatz von B. L. van der Waerden, Die Harmonielehre der Pythagoreer, in: Hermes LXXVIII (1942), p. 163 ff.

nicht nur dies; alle auf diese Weise geschaffenen Dreiecke, ob klein oder
groß, sehen gleich aus, haben die gleiche Gestalt oder sind einander ähnlich. Dasselbe gilt aber nicht nur von rechtwinkligen Dreiecken, sondern
von allen Dreiecken, die jeweils nach gleichen Maßverhältnissen ihrer Seiten zusammengesetzt werden. Von solchen Beobachtungen aus ist es nicht
allzuweit zu der Beobachtung, daß allgemein Strukturen auf den in ihnen
enthaltenen Maßverhältnissen beruhen.

Die Zeit des Pythagoras ist in der griechischen Philosophie und Wissenschaft eine Zeit gewaltiger spekulativer Vereinfachungen auf Grund von
sehr beschränkten Beobachtungen, aber auch eine Zeit, in der solche Verallgemeinerungen nachträglich durch Einzelbeobachtungen, Forschungs-
reisen und bis zu einem gewissen Grade selbst durch einfache Experimente
nachgeprüft zu werden beginnen[155]. Es ist daher durchaus im Einklang
mit allgemeinen Tendenzen der Zeit, wenn aus Beobachtungen wie den
oben angeführten die Lehre enstand, daß man die in den Dingen steckenden Zahlen finden müsse, um sie zu verstehen oder ihr Wesen zu erfassen, eine Lehre, die dann eben in den oben zitierten Sätzen formuliert
worden ist.

In neuerer Zeit ist mehrfach die Frage erörtert worden, ob den ältesten
Pythagoreern die Idee einer Arithmetica Universalis zuzuschreiben sei
oder nicht[156]. Aber in dieser Form ist die Frage über-| haupt nicht zu be-
antworten. Die Lehre „alles ist Zahl" ist an sich überhaupt nicht im
eigentlichen Sinne mathematisch. Noch bedeutet λόγος ursprünglich das
Verhältnis im mathematischen Sinn. Vielmehr bedeutet es offenbar ursprünglich einfach die Gruppe oder das Bündel von Zahlen, die in einem
Ding stecken und mit deren Hilfe es sich sowohl beschreiben als wiedererzeugen läßt. Nur wenn man hiervon ausgeht, kann man verstehen, was
doch schon von Plato und Aristoteles ausdrücklich bezeugt ist, daß sich
nämlich in der pythagoreischen Schule eine wirkliche, sich schnell ent-
wickelnde Mathematik und ganz kindliche Zahlenspekulationen, wie die
Versuche, die Zahl der Gerechtigkeit oder der Ehe zu finden, oder gar,
wie dies von Eurytus berichtet wird, die Zahl des Pferdes oder des Menschen dadurch zu bestimmen, daß man die Umrisse eines Menschen oder

---

[155] Vgl. im einzelnen van der Waerden, a. a. O. p. 175 ff. und den in Anm. 144 angeführten Aufsatz in Philosophia Naturalis, p. 208 f.

[156] Vgl. vor allem H. Hasse und H. Scholz, Die Grundlagenkrisis in der griechischen
Mathematik, Charlottenburg 1928, p. 5 ff., und dagegen, K. Reidemeister, Das
exakte Denken der Griechen, p. 30.

Pferdes mit Steinchen ausfüllte[157], nebeneinander halten und ausbilden konnten. Daß zwei Dinge denselben λόγος haben, was ja dann zur Bezeichnung der Proportion wird, bedeutet in dieser einfachsten Form der Lehre nichts weiter als daß dieselben Zahlenbündel in ihnen stecken, woraus dann aber folgt, daß sie in ihrer Struktur identisch sind oder die gleiche Gestalt im weitesten Sinne haben. Natürlich ist damit schon von frühester Zeit an die Kenntnis verbunden, daß 2, 3, 5 und 4, 6, 10 oder 6, 9, 15 usw. dieselben λόγοι sind, was dann zur Ausbildung der arithmetischen Proportionenlehre führt, durch welche die Pythagoreer offenbar auch die ältere Bruchlehre zu ersetzen suchten. Doch kann darauf im gegenwärtigen Zusammenhang nicht eingegangen werden.

Die Lehre von der Arithmetica Universalis kann insofern als in dieser ältesten λόγος-Theorie enthalten betrachtet werden, als sie auf der Vorstellung basiert, daß solche Zahlenbündel, die es erlauben, eine Gestalt zu reproduzieren, allen Gestalten zugrunde liegen bzw. deren eigentliches Wesen ausmachen[158], und als man sich andere als ganze Zahlen (oder | Brüche, die sich ja aber auf Verhältnisse von ganzen Zahlen zurückführen lassen) gar nicht vorstellen konnte, nicht dagegen im Sinne der bewußten Behauptung, daß „alles Meßbare kommensurabel sei", die ja das

---

[157] Über Eurytus vgl. Theophrast in seiner Metaphysik 6 a, 12 ff. (Theophrastus, Metaphysics, ed. W. D. Ross and F. H. Fobes, p. 12). Über die Zahl der Gerechtigkeit, der Seele usw. vgl. Aristoteles, Metaphysik A, 5, 985 b, 29 ff.

[158] Ganz besonders deutlich ist dies ausgesprochen bei Aristoteles, Metaphysik, Λ, 11, 1036 b, 8 ff., wo die Pythagoreer zwar nicht ausdrücklich genannt sind, aber unzweifelhaft gemeint, wie auch von Alexander von Aphrodisias in seinem Kommentar bestätigt wird. Hier sagt Aristoteles, daß „einige" das Problem aufstellen (ἀποροῦσιν), daß der Kreis und das Dreieck vielleicht besser nicht mit Hilfe von Linien und anderen kontinuierlichen Größen zu definieren seien, sondern auf Zahlen zurückzuführen, da die ersteren (d. h. die Linien und kontinuierlichen Größen) sich zum Wesen der Figur verhielten wie das Fleisch und die Knochen zum Menschen oder das Erz und der Stein zu der Statue, die aus ihnen gemacht ist. Offenbar ist damit gemeint, daß das wirkliche Dreieck und der wirkliche Kreis, der Kreis an sich, d. h. ihre wesentliche Struktur, am adäquatesten durch eine mathematische (arithmetische?) Formel ausgedrückt werden, von der die von einer Kurve begrenzte kontinuierliche Kreisfläche eine quasi-materielle Verkörperung darstellt. Die von Aristoteles im selben Zusammenhang erwähnte Lehre, daß die der Linie entsprechende Zahl die Zwei sei, wird anderweitig dem Philolaos zugeschrieben, kann aber auch älter sein. Im übrigen ist es natürlich nicht wahrscheinlich, daß das, was Aristoteles an der angeführten Stelle über den Kreis und das Dreieck sagt, zu den ältesten Formulierungen der pythagoreischen Zahlenlehre gehört. Trotzdem ist es wichtig, daß die ursprüngliche Lehre in dieser Weise von Pythagoreern interpretiert wurde zu einer Zeit, als die Kontinuität der Entwicklung von den ersten Anfängen her noch nicht unterbrochen war.

Bewußtsein von der Möglichkeit des Gegenteils voraussetzen würde. Wurde aber nun der Versuch gemacht, wie es in der allgemeinen Tendenz der Zeit gelegen war, die allgemeine Lehre im einzelnen zu verifizieren und die in ausgezeichneten mathematischen Gebilden verborgenen Zahlen zu finden, so war, wenn diese Untersuchung mit genügender Energie unternommen wurde, die Entdeckung der Inkommensurabilität unvermeidlich, zumal sie mit verhältnismäßig außerordentlich einfachen Mitteln nicht nur gemacht, sondern auch bewiesen werden konnte[159]. |

---

[159] In einem Aufsatz in den Annals of Mathematics XLVI (1945), p. 242 ff. (vgl. unten S. 545 ff.) habe ich zu zeigen versucht, daß kein Grund besteht, die antike Überlieferung zu bezweifeln, welche die Entdeckung der Inkommensurabilität dem Hippasus von Metapont zuschreibt, der um die Mitte des fünften Jahrhunderts gelebt hat, und daß die Entdeckung wahrscheinlich am regelmäßigen Fünfeck gemacht worden ist. Natürlich bin ich mir bewußt, daß die letztere Annahme eine Konjektur ist, die keinen Anspruch darauf erheben kann, als sicheres historisches Faktum angenommen zu werden. Noch mehr gilt dies natürlich von meinem Versuch, den Beweis im einzelnen zu rekonstruieren.

Das ist auch nicht der Sinn einer solchen Konjektur. Es war jedoch seit E. Franks Buch über Platon und die sogenannten Pythagoreer allgemein die Meinung herrschend geworden, daß die Entdeckung der Inkommensurabilität nicht zu einem so frühen Zeitpunkt stattgefunden haben könne, sondern sehr viel später angesetzt werden müsse. Demgegenüber hat, wie mir scheint, meine Rekonstruktion, wenn auch im einzelnen naturgemäß nur exempli causa, unwidersprechlich gezeigt, daß die Entdeckung nicht nur ohne Schwierigkeit zu so früher Zeit und mit den damals vorhandenen mathematischen Mitteln gemacht werden konnte, sondern daß darüber hinaus in jenem Zeitpunkt alles auf die Entdeckung hindrängte, so daß die antike Überlieferung in diesem Punkte mit dem, was sich auch ohne sie erschließen lassen würde, auf das Beste übereinstimmt. Im übrigen sagt allerdings van der Waerden, der in einem Anhang zu meinem Artikel über die Pythagoreer in der RE (Pauly-Wissowa) XXIV, 281 ff. die Entdeckung der Inkommensurabilität entgegen der Meinung von E. Frank und seiner vielen Nachfolger wieder in die Mitte des fünften Jahrhunderts setzt, mit Recht, daß man nicht *wissen* kann, ob die Entdeckung am Fünfeck oder an der Quadratdiagonale erfolgte. Trotzdem glaube ich, daß die erstere Annahme einen gewissen Vorrang hat, weil der Beweis hier leichter ist und die Annahme auch sonst mit dem, was über die unteritalischen Pythagoreer des fraglichen Zeitraums im allgemeinen und über Hippasus im besonderen überliefert ist, besonders gut zusammenpaßt. Aus ganz analogen Gründen scheint mir umgekehrt van der Waerdens neue Rekonstruktion der Beweise des Theodoros von Kyrene für weitere Inkommensurabilitäten (Mathematische Annalen CXX, p. 678 ff.) vor allen früheren Erklärungsversuchen, einschließlich meines eigenen (in Pauly-Wissowa V A, 1823 ff.) bei weitem den Vorzug zu haben, obwohl van der Waerden am Ende seiner Ausführungen selbst sagt, daß Theodoros *möglicherweise* auch anders verfahren sein könnte. Auch wo sich absolute historische Sicherheit nicht erreichen läßt, ist es für das Verständnis der antiken Mathematik doch keineswegs ohne Wert, jeweils diejenige Lösung eines mathematischen Problems zu ermitteln, die sich mit den zu einer bestimmten Zeit nachweislich vorhandenen Miteln und vorherrschenden Methoden am leichtesten finden ließ und die auch sonst den etwaigen besonderen Angaben der antiken Überlieferung am besten entspricht.

In neuerer Zeit ist die Frage erörtert worden, ob die Entdeckung der Inkommensurabilität auf diejenigen, die ihre Bedeutung verstanden, einen niederschmetternden Eindruck machte, weil sie die Grundlage der bisherigen pythagoreischen Lehre zu zerstören schien, oder ob sie als großartige Leistung des menschlichen Geistes gefeiert wurde[160]. Es ist wohl kaum nötig, diese Frage zu beantworten. Aber zwei Dinge sind deutlich, einmal, daß die ursprüngliche Auffassung vom λόγος von da an nicht mehr als allgemein anwendbar zu halten war, und auf der anderen Seite, daß die dadurch hervorgerufene Krise, die wohl kaum vollständig geleugnet werden kann, außerordentlich schnell überwunden worden ist.

Wiederum ist hier eine Reflexion auf die Terminologie sehr aufschluß-reich. Das griechische Wort für irrational ist ἄλογον. Für uns bedeutet das, ebenso wie rational, einfach einen mathematischen terminus technicus. Aber das kann das Wort, ebenso wie λόγος, unmöglich von Anfang an gewesen sein[161]. Vielmehr muß es anfänglich das bedeutet haben, was kei-nen λόγος hat, und die Entdeckung, daß es solche Gebilde gibt, und dazu noch unter den einfachsten geometrischen Gegebenheiten, kann zu Anfang kaum anders als eine beunruhigende gewesen sein, auch wenn sie später, nachdem es gelungen war, die daraus entstandene Schwierigkeit zu über-winden, als eine großartige Leistung bewundert wurde oder selbst von dem Entdecker als solche empfunden worden sein mag. Um es an einem ganz einfachen Beispiel zu illustrieren: Alle Dreiecke, deren Seiten sich wie 3, 4, 5 verhalten, d. h. deren λόγος drei, vier, fünf ist, sehen gleich aus, haben dieselbe Struktur, sind ornamental gleich oder wie immer man es nennen will, und die älteste Lehre von den Zahlen als dem Wesen der Dinge schließt die Annahme ein, daß umgekehrt | Dinge, die ornamental oder strukturell gleich sind, denselben λόγος haben. Gleichschenklig-recht-winklige Dreiecke sind gewiß ornamental gleich, ebenso Dreiecke, die von zwei Seiten eines regelmäßigen Fünfecks und der sie verbindenden Dia-gonale gebildet werden. Nun stellt sich aber heraus, nicht etwa, daß sie nicht den gleichen λόγος haben, sondern daß sie im ursprünglichen Sinn überhaupt keinen λόγος haben, da Seiten und Diagonale inkommensu-rabel sind und sich ihr Verhältnis daher nicht in (ganzen) Zahlen aus-drücken läßt. Trotzdem bleibt das Faktum bestehen, daß alle gleich-

---

[160] Vgl. darüber jetzt vor allem K. von Fritz, Platons Theaetet und die antike Mathe-matik, Nachtrag, S. 78/79 (Darmstadt, Wissenschaftl. Buchgesellschaft, Reihe Libelli CCLVII, 1969).

[161] Für eine etwas ausführlichere Erörterung der Terminologie der Lehre vom Irratio-nalen vgl. unten S. 571 ff.

schenklig-rechtwinkligen Dreiecke einander ähnlich zu sein scheinen und daß auch das quantitative Verhältnis ihrer Katheten zu ihrer Hypotenuse immer dasselbe zu schein scheint.

Hier ist nun die Lösung der Schwierigkeit, wie aus einer Stelle in Aristoteles' Topik klar hervorgeht[162], durch eine Definition gefunden worden. Diese Lösung zwar zweifellos vorbereitet durch die arithmetische Proportionenlehre, in der es eine der Grundaufgaben ist, die kleinsten Zahlen zu finden, die „in demselben λόγος sind", wozu es, wenn sie nicht schon selbst prim zueinander sind, notwendig ist, ihren größten gemeinsamen Teiler zu finden, was durch die Methode der gegenseitigen Abziehung (ἀνθυφαίρεσις oder ἀνταναίρεσις) geschieht[163]. Auf dieselbe Weise findet man bei kommensurablen Strecken das größte gemeinsame Maß und, indem man sie dann mit diesem Maße mißt, ihren λόγος oder, wie es später heißt, den λόγος, in dem sie zueinander sind. Bei inkommensurablen Größen nun nimmt der Prozeß des gegenseitigen Abziehens kein Ende, weshalb kein gemeinsames Maß und kein λόγος im ursprünglichen Sinn gefunden werden kann. Darauf basiert die neue Definition des αὐτὸς λόγος, indem sie den Prozeß selbst statt seines Resultates zum Kriterion des αὐτὸς λόγος oder der Proportion macht. Dies ist eine echt konstitutive Definition, die einen neuen Begriff des αὐτὸς λόγος schafft, welcher den ursprünglichen Begriff, soweit er mathematisch ist, als einen Spezialfall mitumfaßt, aber nicht aus ihm abgeleitet werden kann. Die | Definition ist außerdem mathematisch außerordentlich fruchtbar[164]. Sie wurde später, aller Wahrscheinlichkeit nach von Eudoxos, durch die äqui-

---

[162] Aristoteles, Topica Θ, 3, 158 b, 32 ff.

[163] K. Reidemeister (Das exakte Denken, p. 22) hat Zweifel daran ausgesprochen, ob die ἀνταναίρεσις in der von Aristoteles vorausgesetzten Definition: ἐν τῷ αὐτῷ λόγῳ εἰσὶν τὰ ἔχοντα τὴν αὐτὴν ἀνταναίρεσιν mit der ἀνθυφαίρεσις in der euklidischen Bestimmung des größten gemeinsamen Teilers (Elemente VII, 2 ff.) identisch sei. Doch kann nach Lage der Dinge kein Zweifel daran bestehen, daß es sich in beiden Fällen um denselben Prozeß der Wechselwegnahme handelt, der bei kommensurablen Größen und daher bei natürlichen Zahlen endlich, bei inkommensurablen Größen dagegen unendlich ist. Van der Waerden (Mathematische Annalen CXX, p. 688) macht daher mit Recht, nach einer ausführlichen Auseinandersetzung mit Reidemeister, diese Annahme wieder zur Grundlage seiner Rekonstruktion der Entwicklung der Lehre von der Inkommensurabilität.

[164] Was alles von den Sätzen der Elemente Euklids mit Hilfe dieser Definition bewiesen werden kann und aller Wahrscheinlichkeit nach zu einem großen Teil tatsächlich vor der Einführung der neuen eudoxischen Definition so bewiesen worden ist, hat O. Becker in ausgezeichneter Weise in den Quellen und Studien zur Geschichte der Mathematik, Abt. B, vol. II, p. 311 gezeigt.

valente Definition Euklid V, def. 5 ersetzt, welche den Beweis weiterer sehr wichtiger Sätze ermöglicht, die mit Hilfe der alten Definition nicht bewiesen werden können. In der Ausarbeitung einer Proportionenlehre auf Grund dieser beiden Definitionen findet man dann freilich wieder die Lücke, daß ohne weitere axiomatische oder andere Begründung angenommen wird, daß, wenn ein Verhältnis von zwei Größen gegeben ist und eine dritte Größe, es eine vierte Größe geben muß, die zu der dritten Größe im selben Verhältnis steht wie die zweite zur ersten, oder, mit anderen Worten, daß die Existenz einer vierten Proportionalen ohne weitere Begründung angenommen wird[165].

Es ist nun an der Zeit, aus den gemachten Beobachtungen einige Schlüsse zu ziehen. Zunächst ist klar geworden, daß es doch etwas irre- | führend ist, das archimedische Lemma so ohne weiteres als das Lemma oder Axiom des Eudoxos zu bezeichnen, wie es in neuerer Zeit üblich geworden ist[165a].

---

[165] Vgl. dazu den Aufsatz von O. Becker, Warum haben die Griechen die Existenz der vierten Proportionale angenommen? in: Quellen und Studien, Abt. B, vol. II, p. 369 ff. Becker hat zweifellos recht mit der Annahme, daß es sich bei der sogenannten Quadratur des Bryson (vgl. Aristoteles, Analytica Posteriora A, 7, 75 b, 40 nebst den Kommentaren des Themistius und des Philoponus zu der Stelle) um eine Stetigkeitsbetrachtung handelt und nicht um den naiven Trugschluß, den ihm Proklos (bei Philoponus 119, 21 ff.) zuschreibt. Weniger sicher scheint mir zu sein, ob Bryson, wie Becker auf Grund von Philoponus und Themistius annimmt, mit Polygonen operierte oder ob er, wie aus den Angaben des Alexander von Aphrodisias (in Aristoteles Soph. El., p. 90, 10 ff.) hervorzugehen scheint, vielmehr von einem dem Kreis eingeschriebenen und einem dem Kreis umschriebenen Quadrat ausging und argumentierte, daß, wenn man das innere Quadrat stetig wachsen lasse, bis es mit dem äußeren zusammenfalle, irgendwann in diesem stetigen Prozeß auch einmal ein Quadrat vorkommen müsse, das dem Kreis inhaltsgleich sei. Was Aristoteles zur Kritik des Brysonischen Beweises sagt, scheint mir mit der letzteren Annahme am besten in Einklang zu bringen zu sein.

Im übrigen beweist das, was Becker in diesem Aufsatz zusammengestellt hat, von neuem, was sich für eine etwas spätere Zeit aus den Briefen des Archimedes entnehmen läßt, daß nämlich über grundlegende Fragen der Mathematik wesentlich mehr diskutiert worden ist als sich aus den erhaltenen mathematischen Schriften unmittelbar ersehen läßt, bestätigt aber auch zugleich, daß die Resultate solcher Diskussionen nur sehr langsam bei den Mathematikern Aufnahme gefunden haben. Jedenfalls findet sich bei Euklid weder das Postulat der Existenz einer vierten Proportionale für kontinuierliche Größen noch das Stetigkeitsaxiom, aus dem es abgeleitet werden könnte, obwohl von der Existenz der vierten Proportionale bei Euklid im fünften, sechsten, zehnten und zwölften Buch auch da vielfach Gebrauch gemacht wird, wo dies zu vermeiden gewesen wäre (leicht zu vermeiden z. B. V, 18; für das zehnte und zwölfte Buch vgl. auch O. Becker, Quellen und Studien, Abt. B, vol. III, p. 370 ff.).

[165a] Von einer ganz anderen Seite her hat J. Hjelmslev (in Centaurus I, p. 2 ff.) einen Unterschied zwischen dem Lemma des Archimedes und dem (in Euklid V, def. 4 implizierten) „Axiom" des Eudoxos aufzuweisen gesucht.

Daß nach Archimedes' Angabe die berühmtesten eudoxischen Sätze vor Archimedes mit Hilfe dieses Lemmas bewiesen worden waren, beweist nicht, daß Eudoxos selbst das Lemma in dieser Form ausgesprochen und benutzt hat. Vielmehr zeigt die Abwesenheit des Lemmas in Euklids Elementen auf das deutlichste, daß Eudoxos ausschließlich die bis zu einem gewissen Grad äquivalente Definition Euklid V, def. 4 und den daraus abgeleiteten Satz X, 1 gebraucht hat, wobei freilich sogleich wieder hinzugefügt werden kann, daß die Definition im Beweis des Satzes X, 1 (τὸ Γ γὰρ πολλαπλασιαζόμενον ἔσται ποτὲ τοῦ AB μεῖζον) gebraucht wird, als ob sie ein Axiom oder ein Postulat wäre, genau ebenso wie die Definition XI, def. 10 in dem Beweis des Satzes XI, 28 und anderer Sätze des elften und zwölften Buches gebraucht wird, als ob es sich um ein Postulat handelte, und ebenso die Definition III, def. 1 in den Sätzen III, 28; III, 29 usw. Da nun die Definition XI, def. 10 für die allgemein dem Eudoxos zugeschriebenen Lehrsätze und Beweise des zwölften Buches von ebenso grundlegender Bedeutung ist wie die Definition V, def. 4 für die Exhaustionsbeweise desselben Buches, so ist die Annahme kaum zu umgehen, daß Eudoxos auch diejenigen ἀρχαί seiner Lehre (abgesehen von den κοιναὶ ἔννοιαι des Euklid), die streng genommen hätten als Postulate formuliert werden müssen, glaubte als Definitionen formulieren zu können; und da erst Speusipp damit begonnen zu haben scheint, Konstruktionspostulate zu formulieren, so führt dies weiter fast zwingend auf die Annahme, daß es eine Zeit oder zum mindesten eine Schule gegeben hat, die (wiederum abgesehen von den κοιναὶ ἔννοιαι) mit Definitionen als der einzigen Art von ἀρχαί auskommen zu können glaubte.

Ob in derselben Zeit oder von derselben Schule auch der Versuch gemacht worden ist, die ἐφαρμόζειν-Methode auszuschalten und die dadurch unbeweisbar gewordenen Sätze ebenfalls durch Definitionen zu ersetzen, wie man auf Grund der Definition I, def. 17 annehmen könnte, läßt sich nicht mit Sicherheit sagen. Denn in diesem speziellen Fall kann der Grund auch der gewesen sein, daß man die für die ältere Zeit charakteristische naive Methode, Gleichheitsbeziehungen zwischen krumm- und gemischtlinigen Winkeln aufzustellen, die Thales in seinem Beweis wahrscheinlich gebraucht hatte, aufgab und damit auch den Beweis des | Thales selbst aufgeben mußte[166]. Aber abgesehen davon weist die Tatsache, daß

---

[166] Ein archaischer Beweis des Satzes Euklid I, 5, in dem mit der Gleichheit krummer Winkel operiert wird, findet sich, wie oben (Anm. 145) erwähnt, bei Aristoteles, Analytica Priora I, 24, 41 b, 13. Euklid hat dafür einen Beweis, in dem krumme Winkel nicht vorkommen. Überhaupt findet sich bei ihm nirgends eine Gleichset-

diese überbestimmte Definition so leichte Aufnahme gefunden hat, doch
auf denselben Zusammenhang, wenn man sie auch kaum dem Eudoxos
zuschreiben wird.

4.

Bevor nun zum Schluß der Versuch gemacht wird, die Ergebnisse der
bisherigen Untersuchung zusammenzufassen, den Gang der Entwicklung,
soweit er sich rekonstruieren läßt, kurz zu skizzieren und die terminologische Verwirrung, die bei den antiken Autoren herrscht, soweit als möglich aufzuklären, wird es vielleicht nützlich sein, auf einige unvermeidliche Lücken der vorliegenden Untersuchung hinzuweisen. Es hat sich
nicht vermeiden lassen, zur Aufklärung gewisser Fragen gelegentlich von
Lücken im axiomatischen Aufbau der Elemente Euklids zu reden. Aber es
ist wohl kaum nötig zu sagen, daß es nicht die Aufgabe der vorliegenden
Untersuchung sein konnte, diese Lücken systematisch aufzuweisen und zu
erörtern. Eine empfindlichere Auslassung ist der Mangel einer eingehenden Analyse der Definition bei Autolykos, Euklid, Archimedes und späteren Mathematikern. Aber eine genaue Bestimmung der Rolle der Definition in der griechischen Mathematik im allgemeinen und der verschiedenen Definitionsarten, die sich bei Euklid finden, läßt sich historisch
sinnvoll nur im Rahmen einer Geschichte der Definition in der griechi-
schen Wissenschaft bis auf Aristoteles und Euklid oder bis | auf die Stoi-
ker und Archimedes vornehmen, in der dann auch Platon ausführlich behandelt werden müßte, der in der vorliegenden Untersuchung nur ganz

---

zung krumm- oder gemischtliniger Winkel miteinander, sondern nur der Satz III,
16, der besagt, daß Halbkreiswinkel (d. h. Winkel, die von dem Durchmesser und
der Peripherie eines Kreises gebildet werden) größer sind als jeder geradlinige
Winkel kleiner als ein Rechter und daß hornförmige Winkel (d. h. Winkel, die
von der Kreisperipherie mit einer Kreistangente gebildet werden) kleiner sind als
jeder geradlinige Winkel. Später (vgl. im einzelnen O. Neugebauer, Quellen und
Studien B, II, 380 ff.) werden die krumm- und gemischtlinigen Winkel von den
antiken Mathematikern als ἀσύμβλητοι bezeichnet. Auf der anderen Seite ist über
Thales überliefert, daß er gleiche Winkel als „ähnlich" bezeichnete (Proclus, p. 157),
was darauf hinweist, daß zwischen der Ähnlichkeit von Figuren, d. h. der Gleichheit ihrer ornamentalen Gestalt, und der nach einem absoluten Maß meßbaren
Gleichheit geradlinig begrenzter Winkel, die aber ja κατ' ἐξοχὴν die ornamentale
Gestalt geradliniger Figuren konstituieren, keinen Unterschied machte. Von diesem
Gesichtspunkt aus konnte er daher ohne weiteres mit der Gleichheit oder, wie
es nannte, Ähnlichkeit krummer oder gemischtliniger Winkel operieren, während
später alles auf die Meßbarkeit der geradlinig begrenzten Winkel, die in einem
eindeutigen Maßverhältnis zum Rechten Winkel stehen, abgestellt ist.

am Rande vorkommt[167]. Was über die Konstruktionspostulate gesagt
worden ist, sollte eingeordnet werden in eine Untersuchung über die Bedeutung der mathematischen Konstruktion und des Begriffes der mathematischen Existenz in der griechischen Mathematik[168]. Die Notwendigkeit
einer eingehenderen Untersuchung der Begriffe der Kongruenz, Gleichheit
und Ähnlichkeit bei Euklid und seinen Vorgängern ist schon erwähnt
worden[169]. Endlich gehört zu einer Untersuchung der Entwicklung einer
definitorisch-axiomatischen Grundlegung der antiken Mathematik eine
Geschichte der Entwicklung strenger Schlußmethoden, die früher begonnen hat und zu größerer Vollkommenheit gebracht worden ist als die
axiomatische Grundlegung. Aber jede dieser Untersuchungen würde eine
Arbeit von nicht sehr viel geringerem oder größerem Umfang als die vorliegende erfordern, und ich glaube nicht, daß sie, wenn einmal vorgenommen, an den wesentlichen Linien des Bildes, das sich auf Grund der vorliegenden Analyse zeichnen läßt, etwas ändern werden, so sehr sie zu
seiner Ergänzung und Vervollständigung im einzelnen notwendig und
wünschenswert sind.

Nach den neueren Untersuchungen, vor allem von O. Neugebauer[170],
kann kein Zweifel mehr daran bestehen, daß die griechische Mathematik
nicht, wie man früher angenommen hatte, einen absoluten Anfang darstellt. Ein sehr großer Teil der babylonischen Astronomie und Mathematik und in etwas geringerem Ausmaße auch wichtige Elemente der ägyptischen Mathematik sind von den Griechen, vielfach allerdings in mehr
oder minder veränderter Form, übernommen worden. Diese Übernahme
ist naturgemäß nicht ohne Schwierigkeiten vor sich gegangen, die sich
teilweise auch daraus ergaben, daß die bei den Babyloniern übliche Behandlung gewisser Aufgaben nur zu approximativen Lösungen führte,
und auch dies nur unter bestimmten Voraussetzungen. Es ist|daher nur
natürlich, daß bei den Griechen frühzeitig das Bedürfnis entstand, neue
Kriterien für die Unterscheidung des Exakten vom nur Approximativen

---

[167] Vgl. auch unten p. 428.

[168] Über einzelne Aspekte dieses Problems vgl. vor allem die folgenden Arbeiten:
A. D. Steele, Über die Rolle von Zirkel und Lineal in der griechischen Mathematik
Quellen und Studien B, III, 287 ff.; O. Neugebauer, Comptes Rendues du
Congrès International des mathématiciens (Oslo 1936), p. 160 ff.; O. Becker in
Quellen und Studien B, II, p. 375 ff. (über abstrakte Existenz und konstruktive
Erzeugung) und ibid. B, IV, p. 370 ff.; sowie Verf. in dem Artikel Oinopides, in:
Pauly-Wissowa, RE, XVII, 2267 ff. (über Konstruktion und Konstruktionsanalyse).

[169] Vgl. oben p. 395 ff.

[170] Vgl. vor allem den Anm. 168 angeführten Aufsatz von Neugebauer, p. 157 ff.

zu finden, und dies ist zweifellos einer der Gründe, weshalb bei ihnen schon so früh „Grundlagenfragen" eine Rolle zu spielen beginnen.

Es wäre sehr seltsam, wenn man dabei sogleich auf den Gedanken gekommen wäre, logisch widerspruchsfreie Systeme auf ersten, nicht weiter ableitbaren Sätzen und Gruppen von Sätzen aufzubauen, und tatsächlich zeigt eine Analyse der Überlieferung, daß davon gar nicht die Rede sein kann. Wohl aber war es natürlich, daß man sich gewisser einfacher Relationen, von denen aus weiter geschlossen werden konnte, definitiv zu vergewissern suchte, und die antike Tradition zeigt deutlich, daß eine der ältesten Methoden, deren man sich bedient hat, die ἐφαρμόζειν-Methode ist, ob sie nun auf Thales zurückgeht oder nicht.

Ein weiteres Charakteristikum, das sich bis zu einem hohen Grade aus der speziellen historischen Situation der Griechen im siebten, sechsten und fünften Jahrhundert v. Chr. erklären läßt, und zwar ein Charakteristikum nicht nur der frühgriechischen Mathematik, sondern auch der Anfänge der griechischen philosophischen, physikalischen, geographischen und medizinischen Spekulationen ist es, daß auf Grund verhältnismäßig sehr eingeschränkter Beobachtungen außerordentlich weitreichende verallgemeinernde Theorien aufgestellt werden, die aber dann im einzelnen nachgeprüft und auf Grund dieser Nachprüfung entweder bestätigt oder modifiziert oder vollständig umgestoßen werden. Das ausgezeichnetste Beispiel dieses Verfahrens in der frühgriechischen Mathematik ist die pythagoreische Lehre, daß alles Zahl sei und die aus der Verifizierung dieser Lehre folgende Entdeckung der Inkommensurabilität, ob diese Entdeckung nun an dem Verhältnis der Seite zur Diagonale des regelmäßigen Fünfecks oder an der Quadratdiagonale oder der sectio canonis in der Musik gemacht worden ist. Das Charakteristische an diesem Verfahren ist, daß hier eine Methode des strengen Schließens ausgebildet wird, wie denn die Entdeckung der Inkommensurabilität weder am Fünfeck noch an der Quadratdiagonale ohne strenges Schlußverhalten gemacht werden konnte, daß aber im einzelnen noch viele Unklarheiten und Fehlschlüsse vorkommen und daß darüber, wovon das Schlußverfahren seinen Ausgangspunkt zu nehmen habe, keinerlei systematische Klarheit herrscht.

Sehr hoch ausgebildet ist diese Methode des streng logischen Schlußverfahrens schon gegen Ende des fünften bzw. um die Wende des fünften zum vierten Jahrhundert in den von Eudem mitgeteilten Möndchenquadraturen des Hippokrates von Chios, der sich neben der Kreis-|quadratur auch mit dem anderen großen Problem der Zeit, dem der Wür-

felverdopplung, abgegeben und in der Geschichte der Konstruktionsanalyse eine entscheidende Rolle gespielt hat[171]. In seinem Bericht über
die Möndchenquadraturen des Hippokrates sagt nun Eudem gleich zu
Anfang[172], Hippokrates habe sich eine ἀρχή gemacht und als ersten der
für seinen Beweis nützlichen Sätze den Satz angenommen (ἔθετο), daß
ähnliche Segmente von Kreisen sich zueinander verhalten wie die Quadrate ihrer Basen. Diesen Satz habe er mit Hilfe des Satzes bewiesen, daß
Kreise sich zueinander verhalten wie die Quadrate ihrer Durchmesser.
Die ἀρχή ist also hier ein Hilfssatz, der selbst bewiesen wird, also ein
Lemma in dem Sinne, in dem das Wort in neuerer Zeit meist gebraucht
wird und der auch von Proklos als eine der verschiedenen üblichen Bedeutungen des Wortes erwähnt wird. Dagegen macht Eudem, wenigstens
in dem Auszug aus seiner Schrift bei Simplizius, leider keine Angabe darüber, in welcher Weise Hippokrates den Satz bewiesen hat, mit dessen
Hilfe er seinen Hilfssatz bewies. Dieser Satz, daß Kreise sich verhalten
wie die Quadrate ihrer Durchmesser (Euklid XII, 2), kann aber nur mit
Hilfe der Exhaustionsmethode streng bewiesen werden, die ihrerseits
wieder den Satz Euklid X, 1 und damit indirekt das Axiom des Archimedes oder die Definition Euklid V, def. 4 voraussetzt. Nun hat van der
Waerden mit großer Wahrscheinlichkeit gezeigt[173], daß der Satz X, 1 (die
Formulierung des Satzes braucht dabei natürlich nicht ganz dieselbe gewesen zu sein) schon von Theaetet und wahrscheinlich von dessen Lehrer
Theodoros zur Begründung von Sätzen einer Proportionenlehre benützt
worden ist, die Theaetet seiner ausgedehnten Theorie der Inkommensurablen zugrunde legte. Es ist also keineswegs ausgeschlossen, daß auch
Hippokrates den Satz Euklid X, 1 schon in irgendeiner Form benutzt hat,
wie er denn zweifellos die voreudoxische, auch von Theaetet benutzte,
auf Inkommensurable anwendbare und auf die ἀνταναίρεσις basierte Definition der Proportion gekannt und benutzt hat. Ob Hippokrates oder
Theaetet oder der mit Hippokrates etwa gleichaltrige Theodoros von
Kyrene den Satz Euklid X, 1 mit Hilfe der Definition Euklid V, def. 4
bewiesen haben oder ihn auf eine andere Weise zu beweisen suchten[173a]

---

[171] Vgl. den Anm. 168 angeführten Oinopides-Artikel, 2268 ff.

[172] Vgl. F. Rudio, Der Bericht des Simplicius über die Quadraturen des Antiphon und
des Hippokrates (Leipzig 1907), p. 48: ἀρχὴν ἐποιήσατο.

[173] Mathematische Annalen CXX, p. 691 ff.

[173a] Daß sich Hippokrates auch einer primitiveren, im platonischen Sinne „mechanischen" Art von „Beweis" bedient haben kann, hat G. Becker, Archiv für Begriffsgeschichte IV, S. 128 gezeigt. Vgl. auch noch B. Gladikow, „Thales und der
διαβήτης" in Hermes XCVI (1968), 264 ff.

oder ohne weiteres als von selbst einleuchtend ihren Beweisen zugrunde legten, läßt sich nicht mit Sicherheit sagen. Aber daran kann, wenn man nicht alles, was bei einer genauen Analyse der | Überlieferung aufs beste zusammenstimmt, ohne irgendeinen stichhaltigen Grund für Erfindung erklären will, nicht gezweifelt werden, daß schon Hippokrates eine streng beweisende Methode, bei der aufs sorgfältigste von vorbereitenden Sätzen, die, wenn möglich, wieder bewiesen werden, weitergeschlossen wird, ausgebildet hatte. Auf der anderen Seite ist es doch auch für die Zeit des Hippokrates charakteristisch, daß Aristoteles ihm einen vorschnellen Schluß von den von ihm tatsächlich ausgeführten Quadraturen auf die Möglichkeit der Kreisquadratur zuschreiben konnte[174].

Wie etwaige Ansätze zu einer axiomatischen Grundlegung der Mathematik bei Hippokrates, Theodorus und Theaetet im einzelnen ausgesehen haben könnten, läßt sich nicht im einzelnen sagen. Aber wenn man die verschiedenen Beobachtungen zusammennimmt, die sich auf Grund der Überlieferung haben machen lassen, so ergibt sich doch ein allgemeines

---

[174] Keine der drei Stellen (Analytica Priora II, 24, 69 a, 30 ff.; de sophist. elench. 11, 171 b, 14 ff. und Phys. A, 2, 185 a, 14 ff.), an denen Aristoteles den Hippokrates eines Trugschlusses in bezug auf die Kreisquadratur beschuldigt, ist vollkommen klar. Doch kann nach der ausführlichen Wiedergabe der Quadraturen des Hippokrates durch Eudem von Rhodos bei Simplicius (vgl. oben Anm. 172) kein Zweifel daran bestehen, daß nach Aristoteles' Meinung der Trugschluß des Hippokrates darin bestand, daß er, nachdem er die Summe eines Möndchens und eines Kreises quadriert und ferner verschiedene Arten von Möndchen für sich quadriert hatte, den Schluß gezogen habe, daß nun auch der Kreis als solcher quadriert oder quadrierbar sei, obwohl die von Hippokrates quadrierten Möndchen nicht mit dem Möndchen identisch waren, das mit dem Kreis zusammen quadriert worden war.
　　In neuer Zeit ist vielfach die Meinung geäußert worden, daß Aristoteles den Hippokrates müsse mißverstanden haben, da einem Mathematiker, dessen Beweise so scharfsinnig und streng sind wie die des Hippokrates, ein solcher Irrtum nicht könne zugetraut werden. Auch eine Art Kompromißlösung dieses Problems wurde versucht von Björnbo (in dem Hippokrates-Artikel in der RE VIII, 1796 ff.) mit Hilfe der Annahme, Hippokrates selbst sei sich des Trugschlusses wohl bewußt gewesen, auch habe er den Schluß nicht ausdrücklich gezogen, aber als Sophist habe er bei seinem Leser durch zweideutige Ausdrucksweise oder Darstellung den Eindruck zu erwecken gewußt, daß nun auch der Kreis quadriert sei.
　　Diese letztere Lösung der Frage ist doch wohl zu künstlich. Eine plausiblere Annahme ist es wohl, daß Hippokrates sich zwar bewußt war, den Kreis nicht quadriert zu haben, daß er aber aus den mannigfachen Quadraturen von durch Kreislinien begrenzten Figuren, die ihm tatsächlich gelungen waren, den Schluß zog, daß sich durch weitere Bemühungen in derselben Richtung und mit ähnlichen Methoden auch der Kreis schließlich müsse quadrieren lassen. Denn einen solchen Schluß scheinen auch Antiphon und Bryson gezogen zu haben, deren mathematische Betrachtungen im übrigen durchaus sinnvoll sind, und die sich wahrscheinlich auch bewußt waren, den Kreis nicht tatsächlich quadriert zu haben.

Bild des Zustandes vor Aristoteles, das sich auch dadurch als richtig bestätigt, daß einige Beobachtungen, die zunächst als völlig wider-| sprechend und unerklärlich erscheinen mußten, in diesem Zusammenhang ohne Schwierigkeit ihre Erklärung finden.

Sowohl das durch die historische Situation der Griechen bedingte Bedürfnis, sich der von anderen überkommenen Lehren genauer zu versichern, wie auch die aus dem Versuch, sich eine eigene neue Welterklärung aufzubauen, entspringende Tendenz, selbstgemachte weite Verallgemeinerungen im einzelnen nachzuprüfen, mußte zur Ausbildung von logisch aufgebauten Beweismethoden führen, wie sie in der Philosophie zum ersten Mal bei den Eleaten, in der erhaltenen Mathematik auf einer hohen Stufe der Entwicklung schon bei Hippokrates zu finden sind. Überall mußte sich dann die Schwierigkeit bemerkbar machen, die Aristoteles in den zweiten Analytica formuliert, daß man einen Ausgangspunkt für den Beweis haben muß oder, wie es Eudem in seinem Bericht über Hippokrates ausdrückt, daß man sich eine ἀρχή machen muß.

Eine systematische Reflexion darüber, welche Eigenschaften solche ἀρχαί haben müßten oder wie man sie sich verschafft, hat sich natürlich erst allmählich entwickelt. Aber obwohl die früheste griechische Mathematik weitgehend in Dunkel gehüllt ist, lassen sich einige Elemente dieser Entwicklung doch noch bestimmen. Daß im Anfang die „anschauliche" Evidenz eine nicht unbeträchtliche Rolle gespielt hat, zeigt die in einem frühen Stadium, wie sich gezeigt hat, reichliche Verwendung der ἐφαρμόζειν-Methode, während umgekehrt die fortschreitende, wenn auch bis auf Euklid nicht vollständige Ausschaltung dieser Methode und das sichtliche Bestreben Euklids, den letzten Überbleibseln der Methode, die er nicht vermeiden kann, ein axiomatisches Fundament zu geben und sie auch sonst ihres empirischen Charakters so sehr als möglich zu entkleiden, Reidemeister Recht geben, wenn er darauf besteht[175], daß das Charakteristische der griechischen Mathematik eben ist, daß sich in ihr „die Umwendung vom Anschaulichen zum Begrifflichen vollzieht". Man wird aber, wenn es sich auch nicht strikt beweisen läßt, kaum fehlgehen, wenn man annimmt, daß, wenn nach Angabe des Aristoteles der Satz, daß Rechtecke mit gleichen Höhen sich verhalten wie ihre Basen, mit Hilfe der ἀνταναίρεσις-Definition des αὐτὸς λόγος bewiesen wurde, es zunächst als unmittelbar anschaulich evident betrachtet wurde, daß bei dem gegenseitigen Abziehungsprozeß der Basen die darüber errichteten Rechtecke sozusagen ein-

---

[175] Das exakte Denken der Griechen, p. 51.

fach mitgehen, oder daß ebenso bei einem Beweis der Inkommensurabilität am regelmäßigen Fünfeck zunächst einfach darauf hingewiesen wurde, daß in jedem Fünfeck die Diagonalen sichtlich wieder ein regelmäßiges Fünfeck bilden, wenn auch andere Teile des | Beweises auf Grund früher bekannter und bewiesener Sätze logisch abgeleitet wurden. In jedem Fall ist es für die primitiven ἐφαρμόζειν-Beweise wie für erschlossene Beweise der eben erwähnten Art charakteristisch, daß hier ein evidenter Ausgangspunkt jeweils individuell für einen speziellen Satz gefunden, nicht dagegen ein System erster evidenter Sätze einem Komplex von Lehrsätzen vorangestellt wird.

Gegenüber diesem in dem angegebenen Sinn unsystematischen Rekurrieren auf eine mehr oder minder empirische Anschauung, das sich für die älteste griechische Mathematik kaum leugnen läßt und das Reidemeister ja wohl auch nicht zu leugnen beabsichtigte, da man sonst kaum von einer Umwendung vom Anschaulichen zum Begrifflichen sprechen könnte, läßt sich diese Umwendung in bezug auf die axiomatische Grundlegung an drei Faktoren, die für die Zeit vor Aristoteles bezeugt sind, demonstrieren. Der erste dieser Faktoren ist die Einführung von Definitionen als Beweisgrundlagen, die wahrscheinlich, wie gezeigt, von der Proportionenlehre ausgegangen ist, dann aber weitgehend auf primäre Gleichheitsbeziehungen ausgedehnt und in diesem Zusammenhang dann auch dazu benutzt wurde, die ἐφαρμόζειν-Methode teilweise — oder bei manchen Mathematikern vielleicht auch vollständig — auszuschalten.

Der zweite Faktor ist das nach Angabe des Aristoteles[176] von verschiedenen Philosophen oder Mathematikern vertretene Prinzip, daß es Wissen nur von dem geben könne, was bewiesen sei, wobei dann die eine Gruppe auf Grund dieses gemeinsamen Prinzips zu dem Resultat gelangte, daß es ein Wissen im strengsten Sinn nicht geben könne, weil der Versuch, alles zu beweisen, zu einem Regressus in infinitum führe, während die andere Gruppe die Schwierigkeit dadurch zu beseitigen suchte, daß sie den Versuch machte, die ersten Prinzipien „auseinander"[177] abzuleiten. Beiden Gruppen aber ist es offenbar gemeinsam, daß sie mit einem Rekurrieren auf die unmittelbare Anschauung nicht zufrieden sind, da sonst die Schwierigkeit nicht entstehen würde.

Sehr wichtig sind in diesem Zusammenhang ferner die sogenannten ἀξιώματα in der Mathematik vor Aristoteles. Was Aristoteles darüber in

---

[176] Analytica Posteriora I, 3, 72 b, 5 ff.; vgl. auch Metaphysik Γ, 4, 1006, 5 ff.
[177] Analytica Posteriora I, 3, 72 b, 18: ἐξ ἀλλήλων.

der Metaphysik sagt, schien mit dem, was aus seinem eigenen Sprachgebrauch in der Topik im Vergleich zur Terminologie der Analytica
Posteriora zu erschließen war, und vor allem mit dem bei den Mathematikern Euklid und Archimedes beobachteten Tatbestand auf keine
Weise zusammenzupassen. Denn in der Metaphysik[178] sagt Aristoteles, |
die Mathematiker gebrauchten die ἐν τοῖς μαϑήμασι καλούμενα ἀξιώματα,
obwohl sie κοινά sind, ἰδίως, also genau so, wie nach seinen eigenen Ausführungen in den Posteriora die ἀξιώματα gebraucht werden müssen.
Danach sieht es, wie früher bemerkt, so aus, als ob sowohl der Terminus
ἀξίωμα als auch die Sache selbst den voraristotelischen Mathematikern
völlig geläufig gewesen wären, und zwar genau in demselben Sinne, in
dem Aristoteles selbst in den Posteriora sie verwendet oder davon spricht.
Aber wenn das der Fall war, ist es ganz unbegreiflich, daß Euklid für
das, was Aristoteles ἀξιώματα nennt, eine andere Bezeichnung hat und
Archimedes umgekehrt den Ausdruck ἀξίωμα für etwas anderes gebraucht;
und es hat sich gezeigt[179], daß es gar nichts hilft, diese terminologischen
Abweichungen nach beliebter Methode etwaigen „Interpolatoren" zuzuschreiben. Endlich schien ein Vergleich zwischen Aristoteles, Topik und
den Posteriora auf die Annahme zu führen, daß Aristoteles den präzisen
Begriff des Axioms selbst geschaffen haben müsse.

Diese scheinbar unlösliche Schwierigkeit löst sich nun auf Grund der
in den letzten Abschnitten gemachten Beobachtungen ziemlich leicht,
und die so gefundene Lösung kann dann wiederum als Element in der
Rekonstruktion des Zustands der Axiomatik in der griechischen Mathematik vor Aristoteles dienen. Wenn Aristoteles sagt, daß die Axiome,
die später bei Euklid am Anfang der κοιναί ἔννοιαι erscheinen, in der
Mathematik als ἀξιώματα bezeichnet wurden, so kann an der Richtigkeit
seiner Aussage natürlich nicht gezweifelt werden, da nicht abzusehen ist,
wie er so etwas hätte erfinden sollen. Auf der anderen Seite hat sich
gezeigt, daß die speziellen Gleichheitssätze, durch welche die allgemeinen
Gleichheitsaxiome erst in den einzelnen Disziplinen wie der Planimetrie
oder der Stereometrie konkret anwendbar werden, in der voraristotelischen Mathematik nicht als Axiome oder Postulate formuliert wurden,
sondern entweder auf irgendeine Weise zu beweisen gesucht wurden oder
in der Form von Definitionen erschienen. Auf Grund dieser Beobachtungen war die Vermutung ausgesprochen worden, daß in jener Zeit speziell

---

[178] Metaphysik Γ, 3, 1005 a, 20 f. zusammen mit K, 4, 1061 b, 18.
[179] Vgl. oben p. 51 ff.

geometrische Relationssätze überhaupt nicht anders als in der Form von Definitionen als unbewiesene Prinzipien formuliert wurden. Nimmt man diese Vermutung an, so erklärt sich die scheinbare Diskrepanz zwischen dem, was Aristoteles den Mathematikern zuschreibt, und dem Tatbestand bei den späteren Mathematikern leicht. Die voraristotelischen Mathematiker haben *faktisch* den Terminus ἀξιώματα für dieselben κοινά gebraucht, die Aristoteles mit diesem Terminus bezeichnet. Aber dies bedeutet keineswegs, daß der Terminus bei ihnen dieselbe | präzise Bedeutung gehabt hätte, die er bei Aristoteles in den Posteriora annimmt. Die Bedeutung des Wortes kann durchaus noch die ziemlich allgemeine und unbestimmte gewesen sein, die das Wort in Aristoteles' Topik vielfach hat und die von der präzisen Bedeutung, die es in den Posteriora erhält, so stark abweicht; wie denn Aristoteles in der Metaphysik ja sogar so weit geht zu sagen[180], weder der Geometer noch der Arithmetiker sage etwas über die Axiome, ob sie wahr seien oder nicht. Die *faktische* Spezialisierung des Terminus auf das, was Aristoteles κοινά nennt, in der voraristotelischen Mathematik aber bedeutet einfach deshalb nichts, weil die Frage der Ausdehnung der Bedeutung des Wortes auf andere Prinzipien gar nicht auftauchen konnte, solange solche nicht formuliert waren, und weil die Frage, was solche Prinzipien eigentlich sind, wie sie aussehen sollen und in welche verschiedenen Arten sie etwa einzuteilen seien, noch völlig ungeklärt war. So ist es denn auch kein Wunder, daß der Terminus nach Aristoteles von Mathematikern auf Sätze anderer Art angewendet oder daß hinwiederum in Anwendung auf die von Aristoteles sogenannten Axiome ein anderer Ausdruck vorgezogen werden konnte. Die oben auf Grund unabhängiger Beobachtungen ausgesprochene Vermutung über den Stand der „Axiomatik" vor Aristoteles löst also die Schwierigkeit vollkommen. Damit bestätigt diese Lösung aber auch wiederum die Vermutung, da ohne deren Richtigkeit die Diskrepanz zwischen der Behauptung des Aristoteles und dem Tatbestand bei Euklid und Archimedes wirklich unerklärlich wäre.

Eine Ausdehnung der bewußten Formulierung von „ersten Sätzen" über Definitionen und ἀξιώματα hinaus vor Aristoteles bedeutet allerdings die Einführung der Konstruktions-ἀρχαί durch Speusipp, von der Proklos berichtet[181]. Da jedoch Speusipp nur höchstens zwanzig Jahre

---

[180] Metaphysik Γ, 3, 1005 a, 28—31.

[181] Proclus, p. 179, Friedlein. Die Überlieferung, daß die Konstruktions-ἀρχαί von Speusipp ausgegangen seien, ist von vielen Gelehrten als ganz unwahrscheinlich bezweifelt worden. Zu ihrer Verteidigung vgl. K. von Fritz, Platon, Theaetet,

älter gewesen ist als Aristoteles und erst 339 gestorben, so zwingt nichts zu der Annahme, daß seine Neuerung zu der Zeit, als Aristoteles seine Posteriora schrieb, schon allgemeine Aufnahme gefunden hatte, zumal sie im Zusammenhang mit einer Auffassung der mathematischen Konstruktion stand, die von anderen heftig bestritten wurde. Immerhin führt, was Aristoteles über die ἀξιώματα bei den Mathematikern sagt, auf den Schluß, daß dieser Ausdruck bei den Mathematikern üblich gewesen sein muß, ehe durch die Neueinführung des Speusipp neue terminologische Probleme entstanden.

Damit läßt sich nun auch die Stellung des Aristoteles im Verhältnis zu der ihm vorangegangenen Mathematik und das Eigentliche und Neue | seiner Leistung ziemlich genau bestimmen. Die Wendung vom Anschaulichen zum Begrifflichen, von der Reidemeister spricht, hatte, auch abgesehen davon, daß vieles von dem, was die Griechen aus der orientalischen Mathematik übernahmen, selbst „begrifflich" war, mindestens hundert Jahre, bevor Aristoteles seine Wissenschaftslehre schrieb, energisch begonnen; und zu seiner Zeit hatte die „Begrifflichkeit" der griechischen Mathematik, vor allem in dem streng logischen Aufbau der mathematischen Beweise, schon einen sehr hohen Grad erreicht. Auch „erste Prinzipien" zu benützen, war schon eine geraume Zeit vor Aristoteles üblich geworden, und zwar in den drei Formen der κοινὰ ἀξιώματα, der wirklichen Definitionen, und der als Definitionen verschleierten Axiome oder Postulate, wozu dann Speusipp, wahrscheinlich nicht allzulange vor der Abfassung der Posteriora, als vierte Form die Konstruktions-ἀρχαί hinzugefügt hatte, die dann bei Euklid unter dem Titel αἰτήματα zusammen mit dem Postulat über die Gleichheit der rechten Winkel und dem Parallelenpostulat wiederkehren.

Aristoteles hatte also ein beträchtliches ihm schon vorliegendes Material, an dem er sich orientieren konnte und, wie die ersten Kapitel der Posteriora zeigen, tatsächlich orientiert hat. Dagegen kann kein Zweifel daran bestehen, daß über die Frage, ob diese verschiedenen ἀρχαί als selbstevident anzunehmen oder noch weiter zu begründen und in welcher Form sie zu formulieren seien, sowie über die Frage, ob es verschiedene Arten solcher ἀρχαί gebe und wie sie voneinander zu unterscheiden seien, vor Aristoteles keinerlei Klarheit erreicht worden war. Die eigene Leistung des Aristoteles ist es dann, daß er versucht hat, den Beweis zu er-

---

und die antike Mathematik, Nachtrag zum Neudruck (Darmstadt, Wissenschaftliche Buchgesellschaft, Reihe Libelli CCLVII, 1969) S. 94 f.

bringen, daß jede Wissenschaft von ersten unbeweisbaren, aber nichtsdestoweniger wahren und gesicherten Prinzipien ausgehen muß, daß er die Eigenschaften, die solche Prinzipien haben müssen, allgemein festzustellen suchte, und daß er den Versuch machte, diese ersten Prinzipien in Gruppen einzuteilen. Die von ihm vorgeschlagene Einteilung in ἀξιώματα, ὁρισμοί und ὑποθέσεις führt zu einer engeren Definition des Axioms, als sie in der modernen Mathematik vorausgesetzt wird, indem der Terminus auf die κοινά beschränkt wird. Bei der Einteilung der ἴδια oder θέσεις in Definitionen und ὑποθέσεις bleibt ferner die Unklarheit, daß sich aus Aristoteles' Ausführungen nicht ergibt, ob unter den ὑποθέσεις nur Existenzsätze oder auch Relationssätze zu finden sind. Diese Unklarheit ist, wie sich gezeigt hat, darauf zurückzuführen, daß in der voraristotelischen Mathematik Prinzipien der letzteren Art als Definitionen verschleiert wurden. In dieser Hinsicht ist also Aristoteles nicht über das ihm vorliegende Material hinausgekommen. |

Auch das Verhältnis der nacharistotelischen Mathematiker zu Aristoteles läßt sich nun näher bestimmen. Die Tatsache, daß die Terminologie des Euklid ebenso wie die des Archimedes von der des Aristoteles ohne Not vollständig abweicht, beweist wohl, daß die führenden Mathematiker die Wissenschaftslehre nicht gelesen haben. Das ist nicht verwunderlich, da auch sonst alles darauf hinweist, daß die πραγματεῖαι des Aristoteles außerhalb der Schule bis zur Wiederbelebung des Aristotelesstudiums im ersten Jahrhundert v. Chr. nicht verbreitet wurden[182]. Das bedeutet jedoch keineswegs, daß Aristoteles auf die Weiterentwicklung der Axiomatik keinen Einfluß gehabt hätte, da man in jener Zeit unter den Mathematikern immer noch an den Meinungen der Philosophen über mathematische Gegenstände interessiert war und die aristotelischen Lehrmeinungen ja durch die Diskussionen im Peripatos auf mannigfaltige Weise in die Öffentlichkeit drangen. Die Frage ist also nicht so sehr, ob Aristoteles auf die Mathematiker einen Einfluß gehabt hat, sondern wie weit er gegangen ist und worin er bestanden hat.

Eine Reihe von Beziehungen zwischen den von Aristoteles aufgestellten Forderungen und den von den Mathematikern der Folgezeit tatsächlich befolgten Regeln und Einteilungen springt sofort in die Augen: vor allem, daß nun allgemein das Prinzip angenommen ist, daß die ἀρχαί in

---

[182] Dagegen läßt sich die berühmte Geschichte, nach der die πραγματεῖαι des Aristoteles vollkommen verloren waren und erst im ersten Jahrhundert in einem Keller in Assos wieder aufgefunden wurden, nicht aufrechterhalten.

Gruppen geordnet den Lehrsätzen vorausgeschickt werden, wobei die Neuheit des Prinzips in dieser Form sich bei Euklid darin ausdrückt, daß außerhalb des, wie allgemein angenommen wird, von Euklid neu bearbeiteten ersten Abschnitts der Elemente, diese vorausgeschickten ἀρχαί nur aus Definitionen bestehen; dann die Einteilung nach κοινά und ἴδια nebst der damit konkurrierenden Einteilung nach Relations- und Existenzsätzen, von denen die erste bei Aristoteles ausgesprochen ist, die zweite impliziert zu sein scheint; dann das Prinzip, daß die ἀρχαί evidenter und daher einfacher sein müssen als die daraus abgeleiteten Sätze, das Euklid in der Praxis zu befolgen scheint[183]; ferner die Bezeichnung der Axiome als κοιναὶ ἔννοιαι, das zwar nicht der Terminologie des Aristoteles, wohl aber seiner Definition der Axiome entspricht; endlich, daß Archimedes denjenigen seiner Definitionen, die sich auf Gegenstände beziehen, die nicht durch Konstruktion abgeleitet werden, Existenzbehauptungen der Art vorausschickt, wie sie Aristoteles im zweiten Buch der Posteriora verlangt. |

Diese Beziehungen bedeuten nicht notwendig alle Abhängigkeiten von bekanntgewordenen Lehren des Aristoteles. Vor allem das von Aristoteles so stark betonte Prinzip, daß die ἀρχαί einsichtiger (γνωριμώτεραι) sein müssen als das aus ihnen Abgeleitete, was dann dahin ausgelegt wird, daß sie einfacher und allgemeiner sein müssen, muß Euklid nicht notwendig von Aristoteles übernommen haben, da es auch den ersten Versuchen, Ausgangspunkte für Beweise zu finden, in gewisser Weise zugrunde liegt, wenn dort auch statt der Allgemeinheit die unmittelbare Anschaulichkeit betont wird. Die Einteilung nach Relations- und Konstruktionsprinzipien ergab sich aus den Kontroversen des Speusipp und Menaichmos[184] über den Unterschied zwischen Lehrsätzen und Konstruktionen und kann von dort viel leichter hergeleitet werden als von Aristoteles. Aber die anderen angeführten Übereinstimmungen sind schwer zu erklären, ohne daß wenigstens ein gewisser indirekter Einfluß des Aristoteles durch die vom Peripatos ausgehenden Diskussionen angenommen wird, ein Einfluß, der freilich nicht so weit ging, daß er Apollonius verhindert hätte, den Beweis des ersten Gleichheitsaxioms oder eines äquivalenten Kongruenzaxioms speziell für Strecken doch noch zu versuchen.

Die immer größere Aufmerksamkeit auf die ersten Prinzipien der mathematischen Beweise, die an sich im Zug der Entwicklung liegt, durch

---

[183] Vgl. oben p. 373 f.
[184] Proclus, p. 77, Friedlein.

das, was von der Wissenschaftslehre des Aristoteles etwa bekannt wurde, aber zweifellos noch weiter gefördert wurde, brachte die Einführung weiterer „erster Sätze" mit sich, wie des Parallelenaxioms, des Postulats der Gleichheit aller rechten Winkel[185], und wahrscheinlich der Formulierung des ἐφαρμόζειν-Axioms, um der ἐφαρμόζειν-Methode eine axiomatische Grundlage zu geben. Eben damit aber ergaben sich Schwierigkeiten in der Einteilung der ersten Prinzipien in verschiedene Gruppen, da die beiden Einteilungsprinzipien, die sich aus der Entwicklung bis dahin sozusagen natürlich ergaben und die bei Aristoteles noch als mehr oder minder identisch erscheinen, sich nicht mehr identifizieren ließen, nachdem speziell geometrische Relationssätze unter die | ἀρχαί aufgenommen worden waren. Diese Schwierigkeit ist, so weit sich sehen läßt, im ganzen Altertum nicht vollständig gelöst worden, es sei denn, daß man den oben erwähnten Vorschlag des Proklos als eine solche Lösung ansehen will.

Daß darüber hinaus nicht nur die korrekte Formulierung, sondern auch die Zulässigkeit einzelner ἀρχαί diskutiert wurde, zeigt die Einleitung zu Archimedes' Schrift de quadratura parabolae, in der Archimedes, ohne auf die Gründe, aus denen gegen das von ihm angenommene Axiom oder Postulat Einwände erhoben worden waren, einzugehen, sich auf die mathematische Fruchtbarkeit des von ihm angenommenen unbewiesenen Satzes zurückzieht.

Aus allen diesen Faktoren zusammen erklärt sich die vollständige terminologische Verwirrung und Unbestimmtheit, die bei den nacharistotelischen Mathematikern hinsichtlich der Bezeichnung der verschiedenen Gruppen von ἀρχαί herrscht und welche auch die späten Kommentatoren des Euklid und Archimedes, die eine streng aristotelische Terminologie durchzuführen suchten, nicht zu beseitigen imstande waren. Diese Verwirrung hier noch einmal in allen ihren Einzelheiten vorzuführen, würde mehrere Seiten erfordern und ist wohl nach den eingehenden, früher gegebenen Analysen kaum mehr nötig. Nur so viel darf vielleicht noch einmal gesagt werden, daß, auch wenn man von dem außermathe-

---

[185] Die Einführung dieses Postulates hängt natürlich mit der Neudurcharbeitung der Lehre von den Winkeln zusammen und dürfte kaum sehr viel älter sein als Euklid, was sich jedoch nur im Zusammenhang einer speziellen Untersuchung der Geschichte der Lehre von den Winkeln nachweisen läßt. Doch kann hier vielleicht darauf hingewiesen werden, daß dieses Postulat nicht als Definition verkleidet werden konnte, weil schon die Definition des Rechten Winkels (Euklid I, def. 10) auf einer Gleichheitsbeziehung beruht: ὅταν εὐθεῖα ἐπ' εὐθεῖαν σταθεῖσα τὰς ἐφεξῆς γωνίας ἴσας ἀλλήλαις ποιῇ, ὀρθὴ ἑκατέρα τῶν ἴσων γωνιῶν ἐστι, καὶ ἡ ἐφεστηκυῖα εὐθεῖα κάθετος καλεῖται.

matischen Gebrauch der in der Mathematik gebrauchten Termini wie
etwa dem Gebrauch der Ausdrücke κοινὴ ἔννοια und ἀξίωμα bei den
Stoikern vollkommen absieht, kein einziger der Termini überall ganz
gleich und ganz eindeutig angewendet wird. Dies gilt sogar von dem
Ausdruck κοιναὶ ἔννοιαι, der in der Mathematik nur an einer Stelle bei
Euklid vorkommt, aber in solcher Weise, daß nicht ganz deutlich ist, was
mit dem Wort κοιναί gemeint ist[186].

Was aber die zu Anfang aufgeworfenen allgemeinen Fragen über den
Ursprung der Axiomatik bei den Griechen angeht, so dürfte klar geworden sein, daß sich keine dieser Fragen auf Grund einer einfachen Alternative beantworten läßt. Ohne Zweifel hat die historische Situation der
Griechen für die Tendenz des Nachprüfens und das Bestreben, eine feste
Grundlage allen Wissens zu gewinnen, aus denen sich dann allmählich
die logische Beweismethode und endlich die Anfänge einer Axiomatik
entwickelten, eine entscheidende Rolle gespielt, ohne daß deshalb doch
geleugnet werden kann, daß es des besonderen griechischen Genius bedurfte, um eine so schnelle und glänzende Entwicklung möglich zu machen.
Dabei | sind die entscheidenden Anstöße vor allem in den ersten Anfän-
gen offenbar von Philosophen ausgegangen. Aber die speziell mathematische Beweismethode ist von Philosophen, die sich stark auf Mathematik spezialisiert hatten, und von reinen Mathematikern ausgebildet
worden. Obwohl nicht bekannt ist, wer die neue Definition der Proportion zuerst aufgestellt hat, die es möglich machte, die Lehre vom αὐτὸς
λόγος auf inkommensurable Größen anzuwenden, so ist doch klar, daß
diese Definition, die dann zum Vorbild für andere konstruktive Definitionen, aber auch für als Definitionen verkleidete Axiome und Postulate geworden ist, unmittelbar aus einem mathematischen Problem hervorgegangen und nicht auf Grund einer allgemeinen philosophischen
Doktrin oder Forderung aufgestellt worden ist. Auf der anderen Seite
würde eine Geschichte der Definition in der griechischen Philosophie und
Wissenschaft wohl zeigen, daß die Fülle von mathematisch unfruchtbaren
Definitionen, die sich in den Elementen Euklids finden, d. h. von Definitionen, die in keinem mathematischen Beweis gebraucht werden können, ihr Dasein dem Einfluß philosophischer Doktrinen und Forderungen
verdankt. Die antike Mathematik verdankt also der Philosophie sehr
viel, und doch kann man nicht sagen, daß der Einfluß der Philosophie

---

[186] Vgl. oben Anm. 60.

auf die Mathematik und die mathematische Grundlegung nur ein positiver gewesen ist.

Endlich ist die Entwicklung der Anfänge einer Axiomatik ein langsamer Prozeß gewesen, an dem viele teilgenommen haben, darunter
manche, deren Namen sich nicht erhalten hat. Auf der anderen Seite ist
es ein Einzelner, Aristoteles, gewesen, der zuerst nachzuweisen suchte, daß
und warum jede beweisende Wissenschaft von unbeweisbaren Prinzipien
ausgehen muß, und der dann systematisch untersuchte, welche Eigenschaften solche Prinzipien haben müßten und in welche verschiedenen
Gruppen sie einzuteilen seien.

Hier wird das gegenseitige Verhältnis zwischen Philosophie und
Mathematik noch einmal besonders deutlich. Auf der einen Seite hat sich
Aristoteles an der zu seiner Zeit vorhandenen Mathematik orientiert
und selbst gewisse Lücken in seiner Erörterung der verschiedenen Arten
von ἀρχαί, die sich haben aufweisen lassen, sind zweifellos darauf zurückzuführen, daß sie innerhalb der Mathematik selbst noch nicht ausgefüllt
waren. Umgekehrt ist das Verhältnis der Mathematik der Folgezeit zu
Aristoteles in eigentümlicher Weise unbestimmt. Seine Wissenschaftslehre
wurde, wie sich gezeigt hat, von den Mathematikern der nächsten zwei
bis drei Jahrhunderte nicht gelesen, hat aber doch, durch die im Peripatos
gepflogenen Diskussionen, die sich daran anschlossen, einen gewissen
Einfluß ausgeübt. Aber ein großer Teil dessen, was bei Euklid | und Archi-
medes an Neuem zu finden ist, würde zweifellos kaum viel anders aussehen, wenn es die Wissenschaftslehre des Aristoteles' nicht gegeben hätte.
In diesem Sinn kann man also sagen, daß die mathematische Entwicklung weitgehend an Aristoteles vorbeigegangen ist. Wirft man einen
Blick voraus auf die moderne Mathematik, so zeigt sich, daß die einfluß-
reichste Schule der Mathematiker Aristoteles' Forderung, daß alles auf
selbstevidente und absolut einsichtige Prämissen zurückgeführt werden
müsse, verwirft, da kein Kriterium für das Selbstevidente zu finden sei,
und sich auf die Widerspruchsfreiheit des Systems zurückzieht. Aber wie
immer man darüber auch urteilen mag, so läßt sich doch nicht leugnen,
daß eine strenge Beachtung der aristotelischen Forderung, alle Beweise
letzterdings auf formulierte erste Prämissen zurückzuführen, die Mathematiker hätte veranlassen müssen, den unausgesprochenen ersten Voraussetzungen ihrer Beweise größere Beachtung zu schenken, sie ausdrücklich
herauszustellen und zu formulieren und damit die vielen Lücken zu fül-
len, die in der axiomatischen Grundlage der Elemente bei Euklid und,

soweit sich sehen läßt, auch bei seinen Nachfolgern, die überall auf seine Elemente zurückgreifen, bestehen bleiben. Aber als das Studium der aristotelischen Wissenschaftslehre seit dem Ende des ersten Jahrhunderts v. Chr. immer weitere Verbreitung gefunden hatte, brachten es die an Aristoteles orientierten Kommentatoren des Euklid und Archimedes nur noch dazu, eine Art Ausgleich zwischen der Terminologie und den Einteilungen des Aristoteles einerseits und dem bei den Mathematikern vorgefundenen Tatbestand andererseits zu suchen, ohne an eine Erneuerung der Axiomatik auf Grund der Forderungen des Aristoteles und der sachlichen Leistungen der Mathematiker auch nur zu denken.

GLEICHHEIT, KONGRUENZ UND ÄHNLICHKEIT IN DER ANTIKEN MATHEMATIK BIS AUF EUKLID.*

1.

In meiner im ersten Band des Archivs für Begriffsgeschichte veröffentlichten Arbeit über die ΑΡΧΑΙ in der griechischen Mathematik hatte ich Gelegenheit, mich mit der weit verbreiteten Meinung auseinanderzusetzen, daß Euklid keinen einheitlichen Gleichheitsbegriff gehabt habe und im ersten Buch seiner Elemente mehrfach Gleichheit und Kongruenz verwechsle. Ich habe an jener Stelle zu zeigen versucht[1], daß zwar die axiomatisch-postulatorische Grundlegung der Lehre von der Gleichheit von Flächenstücken im ersten und zweiten Buch von Euklids Elementen, wie übrigens auch, obwohl in ganz anderer Weise, die Lehre von der Kongruenz und Gleichheit stereometrischer Körper im elften und zwölften Buch, in vieler Hinsicht mangel- und lückenhaft ist, daß dagegen von einer Uneinheitlichkeit des Euklidischen Gleichheitsbegriffes oder gar von einer Verwechslung von Gleichheit und Kongruenz durch Euklid weder an der einen noch an der anderen Stelle die Rede sein kann. Die Frage erfordert jedoch eine viel eingehendere Behandlung.

---

* Die vorliegende Arbeit verdankt sehr vieles Untersuchungen und Besprechungen, die ich vor mehr als einem Vierteljahrhundert über Probleme der griechischen Mathematikgeschichte mit meinem Freund und damaligen Kollegen S. Bochner, jetzt Professor der Mathematik an der Universität Princeton, N. J. gepflogen habe, und von denen einiges damals auch schriftlich aufgezeichnet worden ist. Da ich jedoch seit langem keine Gelegenheit mehr gehabt, mich mit meinem Freund über diese Fragen zu verständigen, und da der jetzige Aufbau der Arbeit und die Formulierungen neu sind, ferner auch inhaltlich vieles damals nicht Berührte hinzugekommen ist, muß ich die Verantwortung für alle Mängel der Arbeit, wie sie jetzt vorliegt, allein übernehmen.

Zu danken habe ich auch noch Herrn B. L. van der Waerden, der die Arbeit im Manuskript gelesen hat, für eine Reihe von kritischen Bemerkungen, die in der endgültigen Fassung berücksichtigt worden sind.

[1] Vgl. oben S. 394 ff.

Dies Problem ist sowohl ein terminologisches als auch ein im eigentlichen Sinne begriffsgeschichtliches. Denn, wie sich zeigen wird, ist nicht nur, wie dies auch sonst häufig vorkommt, im Laufe der Zeit derselbe Begriff mit verschiedenen Termini bezeichnet und umgekehrt derselbe Terminus für verschiedene Begriffe verwendet worden, sondern es hat sich auch bei den wiederholten Versuchen, gewisse sachliche Probleme zu lösen, der Aspekt, unter dem sie betrachtet wurden, unmerklich geändert, so daß es oft sehr genauer Untersuchungen der Umgebung, in der ein Terminus vorkommt, bedarf, um festzustellen, ob ihm noch derselbe Begriff zugrunde liegt wie in früheren Behandlungen desselben Problems, oder ob sich ein anderer an seine Stelle geschoben hat. Ohne eine solche Klärung aber ist es weder möglich, die Euklidische Behandlung der Probleme noch die spätere Entwicklung der Behandlung derselben Probleme richtig zu verstehen.

Die Natur des Problems, um das es sich hier handelt, läßt sich am besten dadurch im Umriß deutlich machen, daß man denselben zentralen Terminus sozusagen von den beiden geschichtlichen Enden her betrachtet. Die Termini „Kongruenz" und „kongruent" sind von dem lateinischen Wort *congruere* abgeleitet. Dieses Wort aber ist eine genaue Übersetzung des griechischen Wortes ἐφαρμόζειν, das „aufeinanderpassen" bedeutet, also mehr oder minder einen empirischen Begriff. Dieser halbempirische, in gewisser Weise vormathematische Charakter des Euklidischen Begriffes des ἐφαρμόζειν zeigt sich bei Euklid sehr auffallend darin, daß der Terminus in seinen Elementen — im schärfsten Gegensatz zu dem Gebrauch des Terminus kongruent in der modernen Mathematik — in keinem einzigen Lehrsatz vorkommt, sondern nur in den Beweisen von Lehrsätzen, aber auch hier nur von einigen wenigen besonders elementarer Art. Diese Zurückhaltung Euklids in dem Gebrauch des ἐφαρμόζειν-Begriffs bedeutet freilich schon eine fortgeschrittene Etappe in der Entwicklung der Lehre von der Kongruenz. Denn, wie ich in dem zu Anfang zitierten Aufsatz zu zeigen versucht habe[2], ist die ἐφαρμόζειν-Methode in der frühgriechischen Mathematik vor Euklid sehr viel ausgiebiger gebraucht worden als von Euklid selbst, so daß seine Behandlung der Kongruenz- oder, wie sich zeigen wird, vielmehr Gleichheitslehre, schon einen Versuch darstellt, sie so weit als möglich auszuschalten. Die Ent- | wicklung der Lehre von der Kongruenz in der modernen Mathematik seit dem ersten modernen wissenschaftlichen Kommentar von Euklids

---

[2] Vgl. oben S. 400 ff.

Elementen von Jacques Peletier[3] besteht in immer erneuten Versuchen,
nach und nach jedes Fleckchen, das noch an den beschämenden halb
empirischen Ursprung der Theorie erinnert, zu beseitigen, ohne jedoch,
wie dies Euklid getan hatte, den Gebrauch des Begriffes „kongruent"
einzuschränken.

Es ergibt sich also, daß der moderne Terminus „Kongruenz" bzw.
„kongruent" zwar unmittelbar von einer wörtlichen Übersetzung des
griechischen Terminus ἐφαρμόζειν abgeleitet ist, seine Bedeutung aber
keineswegs ohne weiteres mit derjenigen des Terminus ἐφαρμόζειν gleichgesetzt werden kann, obwohl es, wie sich zeigen wird, durchaus nicht
leicht ist, die Unterschiede und etwaigen doch noch bestehenden Übereinstimmungen in der Bedeutung der beiden Termini exakt zu bestimmen. Da jedoch der moderne Begriff der Kongruenz, der in Lehrsätzen
vorkommt, zu den unentbehrlichen Grundbegriffen der Elementargeometrie gehört, so erhebt sich, da dieser Begriff durch den in Lehrsätzen
nicht vorkommenden Terminus ἐφαρμόζειν nicht gedeckt wird, die Frage,
ob dieser Begriff sich in der Euklidischen[4] Mathematik nicht unter einer
oder vielleicht mehreren Gestalten verberge, und was diese Verschiedenheit dann etwa für den unterschiedlichen Charakter der Euklidischen und
der modernen Elementargeometrie bedeute; oder, da auch in den neueren
Versuchen einer neuen Grundlegung der Elementargeometrie verschiedene
Auffassungen hervorgetreten sind, wie sich diese zu dem, was Euklid
gewollt hat, verhalten. Bevor diese Frage beantwortet werden kann, ist
es naturgemäß notwendig, diese modernen Auffassungen kurz zu bestimmen und auch auf die Entwicklung, die zu ihnen geführt hat, kurz einzugehen.

Nimmt man nun etwa Hilberts Grundlagen der Geometrie als einen
Anfang „vom anderen Ende" zum Ausgangspunkt, so zeigt sich, daß |

---

[3] Jacobi Peletarii Cenomani in Euclidis Elementa geometrica demonstrationum
libri sex, Leyden 1557.

[4] Um Mißverständnisse oder lästige immer zu erneuernde Erklärungen zu vermeiden, bezeichne ich im Folgenden als Euklidische (mit großem E) Geometrie
oder Mathematik diejenige Geometrie oder Mathematik, welche tatsächlich in
Euklids Elementen oder in seinen sonstigen Schriften, vornehmlich den Data, zu
finden ist, als euklidische (mit kleinem e) Geometrie dagegen diejenige spezielle
Form der Geometrie, die heute von den nicht-euklidischen Geometrien unterschieden wird und die zwar von Euklid und seinen griechischen Vorgängern begonnen,
seither aber nicht nur in den verschiedensten Richtungen weit über das von Euklid
Geleistete hinaus ausgebaut, sondern auch, vor allem in neuester Zeit, in mancher
Hinsicht aber schon seit der Mitte des 16. Jahrhunderts, axiomatisch sorgfältiger zu
begründen versucht worden ist.

sowohl bei Hilbert wie bei Euklid der Begriff der Gleichheit und der Begriff der Kongruenz in enger Beziehung zueinander stehen. Aber sowohl die Art, wie beide Begriffe fundiert, als auch die Art, wie sie zueinander in Beziehung gesetzt werden, ist völlig verschieden. Euklid schickt dem ersten Buch seiner Elemente die Gleichheitsaxiome voraus[5]. Durch diese Axiome wird der aus dem vormathematischen Denken genommene Begriff der Gleichheit mathematisch präzisiert und zwar, wie sich aus vielen Anzeichen entnehmen läßt, mit der Absicht, in dem folgenden Aufbau der Geometrie nur die Axiome zu benutzen und nichts weiter der Anschauung zu entnehmen. Die Axiome selbst lassen sich wieder in zwei Gruppen teilen. Die Axiome der ersten Gruppe setzen Beziehungen zwischen Gleichheiten fest und gelten für die Arithmetik sowohl wie für alle Arten der Geometrie. Die zweite Gruppe besteht nur aus einem Axiom, eben dem ἐφαρμόζειν-Axiom. Dieses Axiom besagt, daß „Aufeinanderpassende" einander gleich sind. Es dient dazu, in der Planimetrie — die Stereometrie in den drei letzten Büchern der Elemente Euklids ist, wie sich zeigen wird, voreuklidisch und bedient sich anderer Prinzipien — primär Gleichheiten zu statuieren bzw. sich ihrer zu vergewissern, damit sie dann mit Hilfe der Gleichheitsaxiome miteinander in Beziehung gesetzt werden können. Aber auch das ἐφαρμόζειν-Axiom gilt allgemein für planimetrische Größen jeder Art.

Völlig anders ist der Aufbau bei Hilbert[6]. Zunächst ist der Begriff des Axioms für ihn ein anderer als für Euklid und für die Mehrzahl derjenigen modernen Mathematiker, die sich, wie Pasch, Ingrami, und Veronese, kurz vor ihm um eine neue Grundlegung der Elementargeometrie bemüht hatten. Die Axiome werden von ihm nicht aufgefaßt als mathematische Präzisionen von vormathematischen Begriffen, die sich, wie der Gleichheitsbegriff, nicht vollständig definieren lassen, worauf schon Aristoteles hingewiesen hatte, sondern sie sind für ihn „implizite Definitionen" und die in ihnen vorkommenden Termini sollen nicht bestimmte vormathematisch gegebene Begriffe oder Gegenstände bezeichnen, sondern irgendwelche Dinge, welche die Axiome erfüllen. Da er sich jedoch ebenfalls der Termini „gleich", „kongruent", „Strecken",

---

[5] Euklid, Elemente κοιναὶ ἔννοιαι 1—7.

[6] D. Hilbert, Die Grundlagen der Geometrie, Kapitel I, § 5: Die Axiomgruppe III: Axiome der Kongruenz. (Wegen der vielen Auflagen, die das Werk erfahren hat und die fast alle verschiedene Paginierung aufweisen, zitiere ich nach Kapiteln und Paragraphen und nicht nach Seiten, da es wohl nur wenige Bibliotheken geben wird, in denen alle Auflagen des Buches zu finden sind).

„Winkel", „Dreiecke", „Polygone" usw. bedient, und da z. B. die |
Strecken der vorhilbertschen euklidischen Mathematik jedenfalls zu den
Dingen gehören, welche die von Hilbert für Strecken aufgestellten
Axiome erfüllen, so kann dieser Aspekt der Hilbertschen Mathematik
vorläufig außer Betracht bleiben, und ist es wichtiger, zunächst fest-
zustellen, wie er bei der Aufstellung seiner Axiome im Unterschied zu
Euklid tatsächlich praktisch verfährt.

Ein fundamentaler Unterschied gegenüber Euklid besteht nun sogleich
darin, daß Hilbert an den Anfang nicht Sätze stellt, welche, wie die erste
Gruppe der Euklidischen Gleichheitsaxiome, für mathematische Gegebenheiten überhaupt oder, wie das ἐφαρμόζειν-Axiom, für planimetrische
Größen allgemein gelten, sondern sozusagen stückweise vorgeht. Er konstituiert zunächst den Kongruenzbegriff für Strecken durch eine Reihe
von 3 Axiomen, von denen das erste die Möglichkeit der Konstruktion
einer einer gegebenen Strecke gleichen Strecke von einem gegebenen
Punkt auf einer gegebenen Geraden fordert, das zweite die Transitivität
der Kongruenz für Strecken festsetzt analog dem ersten Gleichheitsaxiom
Euklids (Sind zwei Größen derselben dritten gleich, so sind sie auch
untereinander gleich), das dritte die Addierbarkeit von Strecken fordert
bzw. besagt, daß die Summen kongruenter Strecken einander kongruent
sind[7], analog dem zweiten Gleichheitsaxiom Euklids (Gleiches zu Gleichem addiert ergibt Gleiches). Dann konstituiert er den Kongruenzbegriff
analog für Winkel durch ein Axiom, das dem ersten Streckenaxiom entspricht, und zwei (bewiesene) Sätze[8], die dem zweiten und dritten
Streckenaxiom und damit wiederum dem ersten und zweiten Gleichheitsaxiom Euklids entsprechen. Dann definiert er die Kongruenz explizit für Dreiecke durch die Definition: „Dreiecke heißen kongruent, wenn
in ihnen alle Kongruenzen (d. h. aller drei Seiten und aller drei Winkel)
erfüllt sind"[9]. Nachdem dann noch der erste Kongruenzsatz Euklids als
Axiom aufgestellt worden ist, wird Kongruenz für ebene Figuren allgemein explizit definiert durch die Definition: „Figuren heißen kongruent,
wenn ihre Punkte sich paarweise einander so zuordnen lassen, daß die
auf diese Weise einander zugeordneten Strecken und Winkel einander

---

[7] Ibid. Kap. I, § 5, Axiome III, 1—3. Die Analogie zu Euklid bezieht sich nur auf
　die Transitivität und Addierbarkeit. Über die sonstigen Unterschiede der hierin
　analogen Axiome vgl. unten pp. 435 f.

[8] Ibid. § 5. Axiom III, 4 nebst Erklärungen und Zusätzen.

[9] Ibid. Axiom III, 5.

paarweise kongruent sind." Der Begriff der Kongruenz wird also nicht
von vornherein für planimetrische Gegenstände allgemein eingeführt,
sondern für die verschiedenen Arten planimetrischer Gegebenheiten indi-
viduell konstituiert und zwar so, daß der Begriff der Kon- | gruenz für
Figuren aus dem spezielleren Kongruenzbegriff für Strecken und Winkel
abgeleitet und sozusagen aus ihm aufgebaut wird.

Noch komplizierter sowohl in sich selbst als auch in seiner Beziehung
zu dem Kongruenzbegriff ist der Gleichheitsbegriff in Hilberts „Grundlagen der Geometrie". Für Strecken und Winkel wird zwischen dem
Begriff der Kongruenz und dem Begriff der Gleichheit kein Unterschied
gemacht. Der Abschnitt über die Axiome der Kongruenz beginnt demgemäß mit der „Erklärung": „Die Strecken stehen in gewissen Beziehungen zueinander, zu deren Beschreibung uns die Worte ‚*kongruent*'
und ‚*gleich*' dienen", und eine analoge Erklärung steht am Anfang des
Abschnittes über die Kongruenz von Winkeln. Dem entspricht es, daß
das zweite und dritte *Kongruenz*axiom Hilberts für Strecken (und die
beiden bewiesenen Kongruenzsätze für Winkel) dem ersten und zweiten
*Gleichheits*axiom Euklids analog sind, obwohl natürlich, im Gegensatz
zu den für Größen allgemein geltend gedachten Axiomen Euklids, auf
Strecken und Winkel spezialisiert. Dagegen werden für Polygone neue
Gleichheitsbegriffe eingeführt, die zwar teilweise ebenfalls mit Hilfe des
Kongruenzbegriffes definiert werden, aber keineswegs mit ihm identisch
sind, und zwar 1) der Begriff der Zerlegungsgleichheit, der explizit definiert wird durch die Erklärung: „zwei einfache Polygone heißen zerlegungsgleich, wenn sie in eine endliche Anzahl von Dreiecken zerlegt
werden können, die paarweise einander kongruent sind", 2) der Begriff
der Ergänzungsgleichheit, der definiert wird durch die Erklärung: „zwei
einfache Polygone heißen ergänzungsgleich, wenn sich zu ihnen eine
endliche Anzahl von solchen paarweise zerlegungsgleichen Polygonen
hinzufügen läßt, daß die beiden auf diese Weise zusammengesetzten
Polygone einander zerlegungsgleich sind"[10], 3) der Begriff der Gleichheit
des Inhaltsmaßes, der auf der Streckenrechnung beruht, die ihrerseits
wieder einen Gleichheitsbegriff voraussetzt, der von dem Kongruenzbegriff für Strecken abgeleitet, aber nicht mit ihm identisch ist[11]. Es wird
dann ferner bewiesen, daß sowohl zerlegungsgleiche wie auch ergänzungs-
gleiche Polygone immer gleiches Inhaltsmaß haben und daß umgekehrt

---

[10] Ibid. Kap. IV, § 18.
[11] Ibid. § 20 und die Streckenrechnung Kap. III, § 15.

Polygone mit gleichem Inhaltsmaß immer entweder ergänzungsgleich oder zerlegungsgleich sind[12].

Das Verfahren Euklids und Hilberts unterscheidet sich aber — auch abgesehen von dem „formalistischen" Charakter der Hilbertschen | Mathematik — nicht nur darin, daß Hilbert schrittweise vorgeht und Kongruenz und Gleichheit zunächst durch implizite Definitionen für Strecken und Winkel konstituiert, wobei Gleichheit und Kongruenz in diesem Bereich als gleichbedeutend erscheinen, d. h. dieselben Axiome erfüllen, dann aber für Polygone Kongruenz und Gleichheit voneinander unterscheidet, indem er sie für verschiedene Gebilde durch explizite Definitionen verschieden definiert, sondern, was für unsere Untersuchung zunächst noch wichtiger ist, dadurch, daß Hilbert Kongruenz und Gleichheit hinsichtlich der Art ihrer Konstituierung vollständig gleich behandelt, Euklid dagegen nur den Gleichheitsbegriff durch die Gleichheitsaxiome so präzisiert, daß in den folgenden Beweisführungen — wenigstens der Absicht nach — nichts vorkommen soll, was nicht in den Axiomen festgelegt und ausgesprochen oder beweisend schon vorher aus ihnen abgeleitet worden ist, das ἐφαρμόζειν dagegen bei ihm nur in einem (Gleichheits-)Axiom vorkommt, und zwar als ein Mittel, planimetrische Gleichheiten primär festzustellen, selbst aber weder axiomatisch noch definitorisch weiter festgelegt wird. Das ist das Gegenstück dazu, daß es, wie schon erwähnt, im Gegensatz zu dem modernen Kongruenzbegriff, in Lehrsätzen nicht vorkommt und auch aus den Beweisen so schnell als möglich wieder verschwindet.

Hierin liegt also das eigentliche Problem; und es läßt sich schon aus dem bisher Gesagten entnehmen, daß es nicht möglich ist, den Euklidischen Aufbau der Lehre von Gleichheit und Kongruenz richtig zu verstehen, indem man die modernen Begriffe der Gleichheit und Kongruenz ohne weiteres auf Euklid überträgt und dann feststellt, daß nicht alles stimmt. Vielmehr ist es notwendig, sich zu fragen, was er gewollt hat, oder genauer, von welchen ihm von seinen Vorgängern überlieferten oder auf Grund dessen, was sie ihm überlieferten, von ihm selbst neu entdeckten Schwierigkeiten und Problemen er ausgegangen ist und auf welche Weise er sie zu lösen versucht hat. Da er jedoch wie viele antike und auch moderne Mathematiker — darunter bis zu einem einem gewissen Grade selbst Hilbert — einem gewissen stilistischen Purismus huldigt, der ihn

---

[12] Ibid. Kap. IV, § 21, Satz 52.

veranlaßt, von den Schwierigkeiten, die er zu überwinden sucht, nicht ausführlich zu reden, sondern statt dessen ein fertiges System zu präsentieren, in dem die Schwierigkeiten seiner Meinung nach so weit als möglich überwunden sind, so erscheint es als zweckmäßig, für die weitere Analyse zunächst diejenigen historisch bzw. chronologisch zwischen Euklid und Hilbert liegenden Mathematiker und Philosophen heranzuziehen, die sich mit den Schwierigkeiten explicite und nicht nur implicite auseinandergesetzt haben. |

Wie zu Anfang erwähnt ist das moderne Wort „Kongruenz" eine Übersetzung des griechischen Wortes ἐφαρμόζειν, dessen Bedeutung jedoch keineswegs ohne weiteres derjenigen des modernen Terminus *kongruent* gleichgesetzt werden kann und das in der Euklidischen Lehre von der Gleichheit von Flächenstücken eine höchst eigentümliche Rolle spielt. Wenn es erlaubt ist, den Beginn der modernen abendländischen Mathematik nicht von irgendeiner speziellen mathematischen Entdeckung zu datieren, sondern von dem Versuch, diejenige Strenge des Aufbaues und der Grundlegung der Mathematik, die im Altertum erreicht war und für welche das Verständnis, wie die mittelalterlichen Euklidkommentare zeigen, im Verlauf des Mittelalters und vielleicht schon in der Spätantike allmählich verlorengegangen war, nicht nur wieder zu erreichen, sondern zu übertreffen, so kann man sagen, daß die moderne Mathematik eben mit der Kritik an dem durch das Wort ἐφαρμόζειν bezeichneten Begriff, bzw. seiner Verwendung in der mathematischen Begründung der Lehre von der Gleichheit von Flächenstücken, beginnt.

Diese Kritik findet sich zuerst in dem schon erwähnten Kommentar des Jacques Peletier[13] zu den ersten sechs Büchern der Elemente Euklids und setzt an bei dem Beweis des sogenannten ersten Kongruenzsatzes, bei dem sich Euklid zum ersten Male der ἐφαρμόζειν-Methode bedient, indem er zu zeigen versucht, daß, wenn zwei Dreiecke in zwei Seiten und dem eingeschlossenen Winkel übereinstimmen, die erste Seite auf die entsprechende Seite, dann der Winkel auf den entsprechenden Winkel, darauf die zweite Seite auf die entsprechende Seite „paßt", woraus dann folgt, daß die Endpunkte der beiden Seiten aufeinanderfallen und folglich, da zwischen zwei Punkten nur eine Gerade gezogen werden kann, auch die dritte Seite auf die entsprechende Seite fallen muß, also auch die von den Seiten eingeschlossenen Winkel aufeinanderfallen müssen. Damit betrachtet dann Euklid den Beweis als erbracht, daß auch das ganze

---

[13] Vgl. oben Anm. 3.

Dreieck, dessen Grenzen als aufeinanderpassend erwiesen worden sind, auf das ganze Dreieck paßt, woraus dann weiter nach dem Axiom[14], das besagt, daß aufeinanderpassende (Größen?)[15] einander gleich sind, auf die Gleichheit der Dreiecke geschlossen wird.

Peletier erhebt gegen dieses Verfahren Euklids einen Einwand, der später in verschiedenen Abwandlungen immer wieder, z. B. auch von | Schopenhauer, erhoben worden ist, daß nämlich Euklid an dieser Stelle von der sonst von ihm befolgten streng axiomatisch-syllogistischen Methode abweiche und, indem er die beiden an einem verschiedenen Ort befindlichen Dreiecke zur Deckung bringe, eine Bewegung einführe, die, wenn der Beweis, wie dies bei Euklid ja offenbar der Fall ist, auch für ungleichsinnige Dreiecke gelten solle, sogar aus der Ebene herausführe und eine Drehung im Raume voraussetze[16]. Er macht ferner darauf aufmerksam und belegt diese Behauptung mit mehreren Beispielen, daß zahlreiche Euklidische Sätze mit dieser Methode sehr viel leichter und bequemer bewiesen werden könnten als sie von Euklid tatsächlich bewiesen werden[17], der aber die rein syllogistische Methode überall da anwendet, wo er die ἐφαρμόζειν-Methode vermeiden kann. Peletier schließt aus dieser Beobachtung, daß das Deckungsverfahren zu der streng syllogistischen Methode, welche Euklid sonst anwendet, in einem gewissen Gegensatz stehe und also einen Fremdkörper in dem sonst durchaus einheitlichen Aufbau der Elemente darstellt.

Bis zu diesem Punkt ist die Kritik Peletiers von vielen späteren Kritikern Euklids wiederholt worden. Peletier macht jedoch noch eine weitere Bemerkung, die in späterer Zeit nur wenig Beachtung gefunden hat und die doch für das Verständnis Euklids von fundamentaler Bedeutung ist. Er fährt fort[18]: „Quur ergo Euclides hoc (sc. den ersten Kongruenzsatz) inter theoremata reposuit, non inter principia praemisit?" und antwortet: „nimirum cum speciem quodammodo mixtam principii et theorematis prae se ferret: principii quod in communi animi iudicio consisteret, theorematis quod speciatim triangula triangulis comparanda praeponeret: maluit Euclides inter theoremata referre, praesertim cum multa capita

---

[14] Über den Euklidischen Ursprung des Axioms und seine Stellung unter den Euklidischen Axiomen vgl. oben p. 400 f.

[15] Euklid sagt einfach: „Aufeinanderpassende" (τὰ ἐφαρμόζοντα) ohne Zusatz eines Substantivs.

[16] A. a. O., pp. 15 f.

[17] Über die Gültigkeit einiger dieser Beispiele vgl. unten p. 456 f.

[18] A. a. O., p. 15.

haberet, principium vero simplex et nudum esse debeat". Hiermit ist
wirklich etwas für die Euklidische Mathematik ganz Wesentliches ausgesprochen. Freilich bedürfen die Ausführungen Peletiers, um dies ganz deutlich zu machen, selbst noch der Interpretation. Zunächst ist das multa capita
haberet nicht so zu verstehen, als ob die Schwierigkeit dadurch überwunden werden könnte, daß etwa nur die Übereinstimmung in einem weiteren Winkel postuliert würde, wie dies ja bei Hilbert tatsächlich geschieht[19],
alles übrige aber, was Euklid im ersten Kongruenzsatz ausspricht (also
die Übereinstimmung|in den übrigen Stücken und im Inhalt), bewiesen
würde. Vielmehr ist, wie das praesertim cum deutlich zeigt, was hier
gesagt wird, nur eine Ergänzung zu dem, was vorher über das speciatim
gesagt worden war, und der eigentliche Einwand richtet sich vielmehr
dagegen, daß hier ein spezieller Satz zu einem Axiom erhoben werden
müßte. Aber auch dieser erste Einwand gegen die Erhebung des ersten
Kongruenzsatzes zum Axiom vom Standpunkt Euklids aus bedarf einer
näheren Erklärung.

Der von Peletier gebrauchte Ausdruck commune animi iudicium entspricht bis zu einem gewissen Grade dem griechischen Ausdruck κοινὴ ἔννοια, mit dem Euklid die Axiome bezeichnet und der auch bei Aristoteles
vorkommt, obwohl dieser die Axiome ἀξιώματα nennt. Bei dem von
Euklid gewählten Ausdruck kann man die Frage aufwerfen, ob das κοινόν der ἔννοιαι das allen Menschen oder allen Wissensgebieten Gemeinsame bezeichnen soll. Doch scheint Aristoteles beides damit gemeint zu
haben, wenn er sagt, daß die Axiome jeder kennen muß, der irgendeine
Wissenschaft betreiben will, und dann von solchen Axiomen spricht, die
allen quantitierenden Wissenschaften gemeinsam sind, wozu vor allem
die Gleichheitsaxiome gehören[20]. Auch bei Peletier scheint dieselbe Doppelheit der Bedeutung vorzuliegen, da das commune animi iudicium als
Wortverbindung kaum etwas anderes als das allen *Menschen* Gemeinsame bezeichnen kann, während das speciatim des Nachsatzes einen speziellen *Gegenstand* bezeichnet, als Gegensatz also ein allgemeineres Gebiet von Gegenständen voraussetzt. Freilich ist eben damit dasjenige, was
bei Aristoteles als eine Einheit betrachtet wird, bei Peletier getrennt.
Darin liegt also ein Problem.

---

[19] Die Übereinstimmung in dem dritten Winkel folgt daraus unmittelbar. Die Übereinstimmung in der dritten Seite kann auf Grund der Übereinstimmung in zwei Seiten und den drei Winkeln bewiesen werden. (Hilbert, Kap. I, § 6, Satz 12).

[20] Vgl. oben p. 347 ff.

Dieses Problem ist, wie eine genauere Analyse zeigt, ein doppeltes. Wie schon erwähnt, scheint Aristoteles des Glaubens gewesen zu sein, daß man mit Axiomen auskommen könne, die insofern *gemeinsam* sind, als sie per analogiam für mehr als ein Wissensgebiet gelten, daß es also mit anderen Worten keiner speziell geometrischen Axiome bedürfe. Aber schon Euklid hat sich genötigt gesehen, ein speziell geometrisches Axiom aufzustellen, das Axiom von der Gleichheit aller Rechten Winkel. Er hat diesen Satz jedoch nicht unter die Axiome im engeren Sinne, sondern unter die Postulate oder αἰτήματα gestellt, die aber sonst, gemäß einer aristotelischen Theorie, alle Existenzsätze sind. Daraus sind für die antiken Mathematiker und ihre spätantiken Kommentatoren gewisse Schwierigkeiten entstanden, die innerhalb der Antike nie vollständig gelöst worden sind. Aber diese ganze Frage, die in der erwähnten Ab-|handlung über die APXAI in der antiken Mathematik ausführlich behandelt worden ist[21], kann hier beiseite gelassen werden.

Läßt man aber auch diese Schwierigkeit, die letzterdings auf einen sachlichen Irrtum zurückgeht, und damit überhaupt die Unterscheidung zwischen Axiomen und Postulaten, wie sie bei Euklid und seinen antiken Kommentatoren gemacht wird, außer acht, so bleibt doch die zweifellos von Euklid beachtete aristotelische Forderung, daß die ἀρχαί, ob nun Axiome oder Postulate, in jedem Fall „evidenter" oder einsichtiger und deshalb einfacher sein müssen als die aus ihnen abgeleiteten Lehrsätze, als ein allgemeines Prinzip der antiken Mathematik bestehen, durch das sie sich von der modernen oder modernsten Mathematik, die den Evidenzbegriff weitgehend aufgegeben hat, unterscheidet[22]. Diesem Prinzip zufolge wäre es für Euklid unmöglich gewesen, das Postulat der Gleichheit aller Rechten Winkel auf Grund des als Axiom oder Postulat aufgestellten ersten Kongruenzsatzes zu beweisen, wie dies Hilbert getan hat[23]. Aber es ist auch deutlich, daß der erste Kongruenzsatz überhaupt, selbst in der von Hilbert gewählten Form, in der nur die Kongruenz eines weiteren Winkels ohne Beweis gefordert, der Rest aber der von Euklid in seinem ersten Kongruenzsatz geforderten Relationen bewiesen wird, nicht so einfach und unmittelbar evident ist, wie dies von Aristoteles für ein Axiom oder Postulat gefordert worden ist.

---

[21] oben p. 363 ff.
[22] oben p. 344 ff.
[23] Grundlagen, Kap. I, § 6, Satz 21.

Von solchen Betrachtungen aus liegt die Annahme nahe, daß Euklid das ἐφαρμόζειν im ersten Kongruenzsatz verwendet habe, um sozusagen der Evidenz nachzuhelfen, so daß, wie dies Peletier hervorhebt, eben auch in den Augen Euklids dieser Satz speciem quodammodo mixtam principii et theorematis an sich gehabt hätte. Freilich scheint mit einer solchen Erklärung wenig gewonnnen, da sie im Grunde nur die Schwierigkeiten der Sachlage noch einmal betont, aber an dem von Peletier aufgewiesenen Mangel des Beweises, wenn man ihn einen Beweis nennen darf, nichts ändert und auch nicht erklärt, warum dann Euklid doch den Satz unter die Theoremata und nicht unter die Axiome oder Postulate gestellt hat.

Doch ist die Frage nicht ganz müßig, welche nur durch seinen Purismus verschleierten Gedanken Euklid etwa noch über das bisher Gesagte hinaus bei seiner so sorgfältig beschränkten Verwendung des ἐφαρμόζειν-Prinzips gehabt habe. In diesem Zusammenhang sind auch die neueren Diskussionen des Sinnes des Euklidischen ἐφαρμόζειν nicht ganz ohne Wert. Während die weitaus überwiegende Mehrzahl der mathematischen und philosophischen Beurteiler der Kongruenzlehre Euklids, einschließlich Schopenhauer[24], sich der Kritik Peletiers angeschlossen und in der Einführung des ἐφαρμόζειν ein unerlaubtes Zurückgreifen auf ein empirisches Prinzip gesehen haben, hat B. Russell in einer älteren Auflage der Encyclopaedia Britannica[25] Euklid in Schutz zu nehmen versucht, indem er sagt, es sei nicht nötig, die Figur tatsächlich aus der Ebene heraustreten zu lassen und mit der andern Figur zum Zusammenfallen zu bringen, sondern es genüge ein Übertragen der Aufmerksamkeit von der einen Figur zur andern, um die Relationen, die Euklid im ersten Kongruenzsatz feststellen will, einsichtig zu erfassen, und das sei es offenbar auch gewesen, was Euklid mit seinem Beweis gewollt habe. Er zitiert ferner in diesem Zusammenhang eine von Leibniz gegebene Definition der Kongruenz: „Kongruent sind zwei Figuren, wenn man sie abgesehen von ihrer Plazierung im Raum in nichts unterscheiden kann" und spricht die

---

[24] Werke I, p. 143 der Ausgabe letzter Hand: „Mich wundert, daß man nicht vielmehr das 8. Axiom angreift: Figuren, die sich decken, sind einander gleich. Denn das sich decken ist entweder eine bloße Tautologie oder etwas ganz Empirisches, welches nicht der reinen Anschauung, sondern der äußeren sinnlichen Erfahrung angehört. Es setzt nämlich Beweglichkeit der Figuren voraus; aber das Bewegliche im Raum ist allein die Materie. Mithin verläßt ein Provozieren auf das Sichdecken den reinen Raum, das alleinige Element der Geometrie, um zum Materiellen und Empirischen überzugehen."

[25] Encyclopaedia Britannica, Suppl. Vol. IV (1902), Artikel: Geometry, non-Euclidean.

Vermutung aus, daß Euklid im Grunde denselben Begriff der Kongruenz gehabt habe.

Hier wird nun die Natur des Problems ganz besonders deutlich, sowie auch, daß es sich, wie schon zu Anfang ausgesprochen, keineswegs um ein terminologiegeschichtliches Problem im üblichen Sinne handelt. Denn soviel dürfte ja bis hierher ganz klargeworden sein, daß alle, Euklid (und seine Vorgänger), Leibniz, und Hilbert, in gewisser Weise denselben Sachverhalt im Auge haben, und da dieser Sachverhalt in einer Relation besteht, welche zwischen sehr verschiedenartigen mathematischen Gegenständen, Strecken, Winkeln, Polygonen, aber auch anderen Flächenstükken, bestehen kann, doch wohl auch denselben Begriff, daß aber trotzdem wesentliche Verschiedenheiten zwischen ihnen bestehen. Es handelt sich aber auch nicht einfach darum, daß sie denselben Begriff im gewöhnlichen Sinne verschieden definiert hätten. Denn Leibniz ist von den Genannten der Einzige, der den Begriff der Kongruenz allgemein und explizit zu definieren versucht hat. Euklid hat für sein ἐφαρμόζειν überhaupt keine Definition, ja man kann nicht einmal sagen, daß er es durch das eine Axiom, in dem es vorkommt, mathematisch präzisiert hätte, da es dort vielmehr zur Präzisierung des Gleichheitsbegriffes in der Planimetrie dient. Hilbert endlich ist so weit davon entfernt, eine einheitliche Definition für seinen Kongruenzbegriff zu haben, daß er die Kongruenz für Strecken und Winkel implizit durch Axiome und Lehrsätze definiert, dann explizit für Dreiecke und endlich ebenfalls explizit für Polygone allgemein, und zwar so, daß die Definition für Polygone sich auch auf Dreiecke anwenden läßt, aber von der ersten und ursprünglichen Definition für Dreiecke, die ihrerseits in der Definition für Polygone allgemein verwendet wird, abweicht. In einem weiteren Sinn freilich handelt es sich doch um ein Definitionsproblem, insofern es allen, Mathematikern und Philosophen, antiken und modernen, letzterdings darum zu tun war, jenen Sachverhalt, den sie alle im Auge hatten, so genau als möglich zu bestimmen.

2.

Auf Grund dieser vorläufigen Betrachtungen und Beobachtungen ist es nun möglich, das Problem in bezug auf Euklid in einer Reihe von Fragen genauer zu präzisieren, wobei es vorläufig dahingestellt bleiben soll, ob sich alle diese Fragen eindeutig und sicher beantworten lassen. Bei einigen von ihnen ist dies, wie sich zeigen wird, ohne Zweifel der Fall. Diese Fragen sind die folgenden. Ist es richtig, wie so oft in neuerer Zeit behauptet worden ist, daß Euklid in den Beweisen der Sätze 4—34 des ersten Buches seiner Elemente unaufhörlich Gleichheit und Kongruenz verwechselt? Ist der Begriff des ἐφαρμόζειν ursprünglich oder überhaupt ein empirischer oder halbempirischer, und wenn dies der Fall ist, war sich Euklid dieses Charakters des von ihm gebrauchten Begriffes bewußt, und wenn sich Anzeichen dafür finden lassen, hat sich Euklid einfach damit abgefunden oder hat er in irgendeiner Weise versucht, diesem Mangel so weit als möglich abzuhelfen? In welchem Verhältnis steht der voreuklidische und der entweder mit ihm übereinstimmende oder von ihm abweichende Euklidische Begriff des ἐφαρμόζειν zu dem modernen Begriff der Kongruenz, bzw. zu dem gemeinsamen Sachverhalt, welchen antike und moderne Theorien gleichermaßen zu erfassen versuchen? Endlich: finden sich bei Euklid außer dem Terminus ἐφαρμόζειν noch andere Termini, welche denselben Sachverhalt bezeichnen, und wenn dies der Fall ist, was ist der Ursprung dieser Termini und was haben sie innerhalb der antiken Mathematik zu bedeuten?

Die Antwort auf die erste dieser Fragen ist verhältnismäßig am leichtesten zu geben und im wesentlichen in meiner Arbeit über die | ΑΡΧΑΙ schon gegeben worden. Ihre Beantwortung führt aber unmittelbar auf die anderen Fragen, die sehr viel schwerer zu beantworten sind. Daß der ganze Aufbau des ersten Buches der Elemente Euklids von Anfang an auf die Lehre von der Flächenvergleichung hinstrebt, die im zweiten Teil dieses Buches und im zweiten Buch ausführlich behandelt wird, kann niemandem entgehen, der die beiden Bücher mit Aufmerksamkeit durchgenommen hat, und wird, soviel ich sehen kann, von niemandem bezweifelt. Es ist schon öfters und in neuester Zeit mit besonderer Klarheit von B. L. van der Waerden in seinem Buche Science Awakening[26], gezeigt worden, daß einen Teil des Inhaltes des zweiten Buches „Lehrsätze" bilden, die eigentlich Lösungen von Aufgaben sind, und zwar von algebraischen Aufgaben, die hier in eine eigentümlich geometrische Form gekleidet sind[27]. Sie können ohne weiteres als quadratische Gleichungen angeschrieben werden. Der Grund für das eigentümliche Verfahren Euklids ist auch nicht verborgen. Er liegt, wie ebenfalls von Van der Waerden hervorgehoben wird, darin, daß die griechischen Mathematiker keine Irrationszahlen aufgebaut haben, sich aber auch nicht wie ihre babylonischen Vor-

---

[26] B. L. van der Waerden, Science Awakening, Groningen, 1954, p. 118 f.
[27] Vgl. jedoch auch unten p. 498 f.

gänger mit Approximationen begnügen wollten. So hat Euklid, oder wer immer diese Art der geometrischen Algebra zuerst geschaffen haben mag, den Maßbegriff in diesem Teil seines Werkes vollständig ausgeschaltet. Da es aber Gleichungen sind, auf deren Lösung er hier letzterdings ausgeht, und da die Gleichheitsaxiome nur Relationen zwischen schon bestehenden Gleichheitsbeziehungen zum Gegenstand haben, Zahlen jeder Art aber, die eine Gleichheit primär etablieren könnten, zugleich mit dem Maßbegriff ausgeschaltet sind, so braucht Euklid ein Mittel, sich der Gleichheit von Flächenstücken, mit denen er hier operiert, primär zu versichern, und dazu dient ihm offenbar die ἐφαρμόζειν-Methode, basiert auf sein siebtes Axiom: τὰ ἐφαρμόζοντα ἐπ' ἄλληλα ἴσα ἀλλήλοις ἐστίν. Er braucht die Kongruenzsätze, um überhaupt einmal Flächenstücke zu bekommen, von denen feststeht, daß sie einander gleich sind. Indem er diese Flächenstücke dann zu identischen Flächenstücken addiert oder zu andern kongruenten Dreiecken oder zu Flächenstücken, die aus der Addition von kongruenten und identischen Flächenstücken entstanden sind, oder von ihnen subtrahiert, kann er alle die Gleichungen lösen, deren Lösung er sich vorgesetzt hat. Daß er hier aber überall Gleichheit meint und nicht Kongruenz, wird dadurch bewiesen, daß er durchweg das ἐφαρμόζειν der Dreiecke (womit er ihren Flächeninhalt meint) von der Überein- | stimmung in ihren Stücken unterscheidet, und zwar bis zu der Pedanterie, jedesmal, wenn er die Gleichheit des Inhalts von kongruenten Dreiecken braucht, die Übereinstimmung in sämtlichen Stücken plus der Gleichheit „des Dreiecks mit dem Dreieck" vollständig aufzuzählen, ferner dadurch, daß er schon in Buch I, Satz 6, also innerhalb der Reihe von Sätzen, in denen er nach der Meinung vieler moderner Kommentatoren Kongruenz und Gleichheit verwechselt, die Gleichheit zweier Dreiecke mit dem Größersein des einen gegenüber dem anderen in Gegensatz setzt. Alles dies zeigt aufs deutlichste, daß die Gleichheit, die Euklid hier im Sinne hat und auf die er ausgeht, diejenige ist, welche er innerhalb des ersten Buches durch die Gleichheitsaxiome mathematisch präzisiert hat und deren man sich sonst durch die Gleichheit der Maßzahlen versicherte, nur daß eben hier die Maßzahlen aus den angegebenen Gründen ausgeschaltet sind.

Der Eindruck, daß Euklid in den ersten Sätzen des ersten Buches häufig Gleichheit und Kongruenz verwechsle, entsteht nun aber dadurch — und darin haben seine modernen Kritiker recht —, daß er im Beweis des ersten Kongruenzsatzes und noch einige Male später stillschweigend anzunehmen scheint, daß „gleiche" Strecken und Winkel ἐφαρμόζουσιν, d. h. „sich decken", „aufeinanderpassen", „kongruent sind", oder wie immer man es bezeichnen will, obwohl doch das siebte Axiom nur besagt, daß „Aufeinanderpassende" (geometrische Gegenstände allgemein?) einander gleich sind, keineswegs aber, daß Gegenstände, die im Sinn der Gleichheitsaxiome einander gleich sind, auch aufeinanderpassen müssen, was ja auch für gleiche Flächenstücke der Art, wie sie überall im ersten und zweiten Buch vorkommen, durchaus nicht zutrifft.

Daß darin ein Mangel des Aufbaues des ersten Buches der Elemente liegt, kann niemand leugnen. Da jedoch durch die angeführten Beobachtungen die Annahme ausgeschlossen scheint, daß Euklid sich des Unterschiedes von Gleichheit und Kongruenz nicht bewußt gewesen sei, oder daß er, wie oft gesagt worden ist, sie verwechselt habe, so ist vielmehr zu fragen, wie diese Lücke sich erklärt, ob Euklid sich ihrer nicht bewußt gewesen ist, oder ob er nicht gar, wenn auch in einer unvollkommenen Weise, versucht hat, sie auszufüllen. Damit hängt aber auch noch die tiefer liegende Frage zusammen, was denn überhaupt der Kongruenzbegriff des Euklid gewesen ist, ob er sich erschöpft in der Formulierung der empirisch beobachtbaren Relation des Aufeinanderpassens, oder ob Euklid schon in irgendeiner Weise versucht hat, ihn abstrakter zu fassen.

Nun habe ich schon in meiner Arbeit über die APXAI (Anm. 123) darauf hingewiesen, daß die Lücke, soweit es eine ist, sich nicht nur im | ersten Buche findet, wo immer auf sie hingewiesen wird, sondern daß man auch in einem Satz des sechsten Buches eine analoge Lücke aufweisen kann, dort aber in einem Zusammenhang, in welchem der Terminus ἐφαρμόζειν gar nicht vorkommt, so daß nicht davon die Rede sein kann, daß Euklid hier Gleichheit und ἐφαρμόζειν miteinander identifiziert oder „verwechselt" hätte. Dort wird nämlich in VI, 22 ohne weiteren Beweis angenommen, daß in ähnlichen Polygonen, die einander inhaltsgleich sind, auch die korrespondierenden Seiten einander gleich sind. Diese Annahme aber schwebt innerhalb des Zusammenhanges des VI. Buches nicht in der Luft. Denn kurz vor VI, 22 ist in dem Konstruktionsbeweis VI, 18 die Aufgabe gelöst worden, über einer gegebenen Strecke ein einem gegebenen Polygon ähnliches Polygon zu errichten. Betrachtet man nun die Konstruktion zugleich als Eindeutigkeitsbeweis, so impliziert sie, daß alle über gleichen Strecken nach derselben Seite errichteten einem gegebenen Polygon ähnlichen Polygone, abgesehen von der Lage im Raum, identisch, also kongruent sind. Da nun Euklid — abgesehen von einem analogen Fall im

III. Buch, der unten behandelt wird — sonst nie von der Inhaltsgleichheit auf die Gleichheit der Stücke schließt, hier aber dem Beweis, in dem er einen solchen Schluß zieht, die Konstruktion VI, 18 fast unmittelbar vorausgeht, so ist wohl die Folgerung kaum abzuweisen, daß Euklid den Schluß von der Inhaltsgleichheit auf Übereinstimmung in den Stücken bei solchen geometrischen Gegebenheiten für erlaubt gehalten hat, welche sich, abgesehen von der Lage im Raum, nur durch ihre Größe unterscheiden, was eben für ähnliche Polygone durch VI, 18 bewiesen worden war. An dieser Stelle ist dann aber der Schluß vorbereitet und sozusagen unterbaut[28], so daß sich um so mehr die Frage stellt, ob Ähnliches nicht auch sonst noch bei Euklid zu finden ist.

Zugleich zeigt die Tatsache, daß der Terminus ἐφαρμόζειν weder in VI, 19 noch in VI, 22 noch — um dies gleich hinzuzufügen — irgendwo im VI. Buch der Elemente vorkommt, daß Euklid außer dem Begriff des ἐφαρμόζειν noch einen anderen Begriff der Kongruenz gehabt haben muß, welcher dem Leibnizschen Begriff der Ununterscheidbarkeit ab-|gesehen von der Lage im Raum sehr nahe kommt. Eine der Leibnizschen irgendwie ähnliche Definition oder Bezeichnung der Kongruenz findet sich freilich im VI. Buch und überhaupt in den Elementen nicht. Dagegen ist etwas anderes sehr bemerkenswert. Wo, wie in VI, 22, aber auch z. B. in VI, 29, im VI. Buch die Kongruenz unausgesprochen eine Rolle spielt, da erscheint sie als Kombination von Gleichheit und Ähnlichkeit, ohne daß sie an dieser Stelle geradezu mit der Wortkombination ἴσον καὶ ὅμοιον bezeichnet würde. Diese Auffassung der Kongruenz als einer Kombination von Gleichheit und Ähnlichkeit spielt nun aber vor allem in den stereometrischen Büchern der Elemente Euklids eine beherrschende Rolle; und zwar tritt sie dort gleich zu Anfang auf in einer Definition, durch welche kongruente von Polygonen begrenzte Körper definiert werden mit Hilfe der Kongruenz der sie einschließenden Polygone[29]. Ich habe schon in dem mehrfach zitierten Aufsatz über die APXAI in der griechischen Mathe-

---

[28] Daß Euklid sich an dieser Stelle des Zusammenhanges deutlich bewußt war, geht im übrigen aus dem Satz 55 der Data hervor, welcher lautet: ἐὰν χωρίον τῷ εἴδει καὶ τῷ μεγέθει δεδομένον ᾖ, καὶ αἱ πλευραὶ αὐτοῦ τῷ μεγέθει δεδομέναι ἔσονται· „wenn ein Flächenstück der Größe und der Gestalt nach gegeben ist, sind auch seine Seiten der Größe nach gegeben“. Da ferner der Beweis dieses Satzes der Data auf VI, 18 der Elemente zurückgreift, kann auch kein Zweifel daran bestehen, daß der Zusammenhang von VI, 18 und VI, 22 Euklid bewußt und von ihm beabsichtigt war.

[29] Elemente XI, def. 10: Ἴσα δὲ καὶ ὅμοια στερεὰ σχήματά ἐστι τὰ ὑπὸ ὁμοίων ἐπιπέδων περιεχόμενα ἴσων τῷ πλήθει καὶ τῷ μεγέθει.

matik darauf aufmerksam gemacht[30], daß diese Definition, die auch sonstige Mängel aufweist, eigentlich hätte als Axiom oder Postulat ausgesprochen werden müssen, es sei denn, daß sie als Lehrsatz bewiesen werden konnte, und daß sie zu einer Gruppe von uneigentlichen Definitionen gehört, die historisch zusammengehören und es als wahrscheinlich erscheinen lassen, daß einmal der Versuch gemacht worden ist, innerhalb der Geometrie durchweg mit Definitionen, d. h. ohne speziell geometrische Axiome oder Postulate, auszukommen.

Was in dem gegebenen Zusammenhang interessiert, ist, daß hier die Bezeichnung ἴσον καὶ ὅμοιον für „kongruent" in einem Satz auftritt, der für den Aufbau der Gleichheitslehre in der Stereometrie dieselbe grundlegende Bedeutung hat wie das ἐφαρμόζειν in der Planimetrie, und daß sie einen Sachverhalt bezeichnet, welcher demjenigen analog ist, der in den ersten Büchern der Elemente mit Hilfe des ἐφαρμόζειν evident gemacht wird. Um, soweit dies möglich ist, die sachlichen und historischen Ursachen dieser Verschiedenheit im Aufbau der Gleichheitslehre in der Planimetrie und in der Stereometrie bei Euklid zu verstehen, ist es notwendig, noch einmal die Unterschiede zwischen den verschiedenen Büchern der Elemente in der Verwendung der genannten Grundbegriffe genau festzulegen.

Die ersten beiden Bücher gehen auf Gleichungen zwischen Flächenstücken aus und bedienen sich zur Herstellung primärer Gleichheiten, mit denen dann weitergerechnet werden kann, der ἐφαρμόζειν-Methode, | was immer auch diese letzterdings bedeuten mag. Nicht nur der Maßbegriff und die Begriffe des Verhältnisses und der Proportion sind von diesen Büchern streng ferngehalten, sondern auch der Begriff der Ähnlichkeit kommt in ihnen in keiner Weise vor. Erst nachdem im fünften Buch die Begriffe des Verhältnisses und der Proportion eingeführt und die wichtigsten Regeln der Proportionenlehre abgeleitet worden sind, wird im sechsten Buch der Begriff der Ähnlichkeit für geradlinig begrenzte Figuren eingeführt und mit Hilfe der Proportionalität entsprechender Seiten und der Gleichheit korrespondierender Winkel definiert. In den Sätzen, Beweisen und Konstruktionen dieses Buches ist unaufhörlich von der Gleichheit und der Ähnlichkeit von Figuren die Rede, nicht selten auch innerhalb derselben Aufgabe, wie z. B. in VI, 25, wo die Aufgabe gestellt und gelöst wird, ein Polygon zu konstruieren, welches einem gegebenen Polygon gleich und einem anderen gegebenen Polygon ähnlich ist. Wie

---

[30] Vgl. oben S. 398 ff.

schon erwähnt, wird ferner in dem Beweis von VI, 22 angenommen, daß
Polygone, die einander sowohl gleich wie auch ähnlich sind, auch in ihren
Stücken übereinstimmen, oder genauer: daß die korrespondierenden Seiten in ihnen einander gleich (und also wohl, da im ersten Buch vorausgesetzt wird, daß gleiche Strecken sich miteinander zur Deckung bringen
lassen, auch, daß sie kongruent) sind. Doch kommt der Ausdruck ἴσον καὶ
ὅμοιον als solcher im sechsten Buch nicht vor, d. h. ἴσον und ὅμοιον erscheinen in der Formulierung immer nur als getrennte Eigenschaften von Figuren in ihrem Verhältnis zueinander, nicht in einer Formel vereinigt.
Erst im elften Buch erscheint ἴσον καὶ ὅμοιον als ein einheitlicher Grund-
begriff, welcher im folgenden der stereometrischen Gleichheitslehre ebenso
zugrunde gelegt wird, wie das ἐφαρμόζειν der planimetrischen Gleichheitslehre zugrunde gelegt worden war. Der Terminus ἐφαρμόζειν andererseits
kommt schon vom fünften Buch an nicht mehr vor, obwohl die Kongruenzsätze, die mit Hilfe des ἐφαρμόζειν bewiesen worden sind, sowohl
im sechsten Buche wie in den stereometrischen Büchern unaufhörlich gebraucht werden.

Besonders eigentümlich aber sind die Verhältnisse im dritten Buch, das
bisher außerhalb der Betrachtung geblieben ist und das nun etwas eingehender untersucht werden muß. Wie die Gleichheitslehre in den stereometrischen Büchern Euklids auf einer Definition aufgebaut ist, die einen
Satz enthält und die also entweder hätte als Axiom ausgesprochen oder
in diesem Fall als Lehrsatz hätte bewiesen werden sollen, so beginnt auch
das dritte Buch mit einer Definition — „Gleiche Kreise sind Kreise, deren
Radien einander gleich sind" —, die einen Satz enthält, da gleiche Kreise
später als inhaltsgleiche Kreise betrachtet | werden. Doch wird im Gegen-
satz zu den stereometrischen Büchern in den Beweisen der Sätze des dritten Buches gelegentlich auch das ἐφαρμόζειν gebraucht. Da das Buch den
Büchern voraufgeht, in denen der Begriff der Proportion eingeführt wird,
hält es sich von dem Begriff des Verhältnisses natürlich ebenso fern wie
die beiden ersten Bücher. Doch wird der Begriff der Ähnlichkeit im dritten Buch für Kreissegmente eingeführt durch die Definition: „ähnliche
Kreissegmente sind Segmente, die gleiche (Peripherie)winkel in sich aufnehmen oder in denen die (Peripherie)winkel einander gleich sind", jedoch ohne daß hier oder später über das Verhältnis dieses Ähnlichkeits-
begriffes zu dem Ähnlichkeitsbegriff für Polygone, wie er im sechsten
Buche mit Hilfe des Proportionsbegriffes eingeführt und in den stereometrischen Büchern weiter gebraucht wird, etwas ausgesagt würde. Merk-

würdig an dieser Definition ist auch, daß der Sinn ihrer ersten Formulierung „in sich aufnehmen", die Möglichkeit der zweiten Formulierung „in
denen ... gleich sind" sowie die Äquivalenz der beiden Formulierungen
miteinander überhaupt erst durch den Satz III, 21 begründet wird, der
besagt, daß die Peripheriewinkel innerhalb eines Segmentes einander
gleich sind. Auch zeigt sich der mehr oder minder willkürliche Charakter
der Definition darin, daß ähnliche Segmente, wenn sie schon durch bloße
Merkmale definiert werden, ebensogut z. B. durch die Gleichheit der
Sehnentangentenwinkel definiert werden könnten.

Noch eigentümlicher sind die Sätze, bzw. Beweise, in denen die Definition vorkommt. Dies ist zum ersten Mal der Fall in III, 23, wo bewiesen
werden soll, daß es unmöglich ist, über derselben Geraden nach derselben
Seite zwei Kreissegmente zu errichten, die einander ähnlich, aber ungleich
sind. Der Beweis ist einfach. Denn, so lautet er, man nehme an, es seien

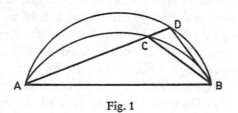

Fig. 1

über derselben Strecke zwei ungleiche, aber ähnliche Kreissegmente errichtet. Dann ziehe man von dem einen Endpunkt der Strecke A eine Gerade ACD, die beide Segmente (in C und D) schneidet, und verbinde die
beiden Schnittpunkte C und D mit dem anderen Endpunkt der Sehne B.
Dann ist gemäß der Definition ähnlicher Segmente der $\sphericalangle ACB \equiv \sphericalangle ADB$,
da beide Peripheriewinkel in ähnlichen Segmenten sind. $\sphericalangle ACB$ ist aber
auch Außenwinkel des Dreieckes BCD und folglich nach I, 16 größer
als $\sphericalangle ADB$, der ihm in dem Dreieck BCD gegenüberliegt. Die Winkel
ACB und ADB sind danach also zugleich | gleich und ungleich, was un-
möglich ist. Also ist es auch unmöglich, über derselben Strecke zwei Kreissegmente zu errichten, die zugleich ähnlich und ungleich sind.

Gegen diesen Beweis ist öfter der Einwand erhoben worden, daß er
unvollständig sei, da er den Fall nicht in Betracht ziehe, daß sich die beiden ungleichen Segmente überschneiden. Dieser Einwand ist jedoch nur
insofern zutreffend, als in der in den Handschriften beigegebenen Figur tatsächlich das eine Segment vollständig innerhalb des anderen liegt.

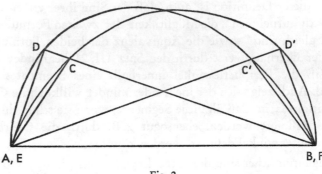

Fig. 2

Es ist aber nicht schwer zu sehen, daß der Beweis genau so geführt wer-
den kann, wenn die Segmente sich überschneiden, da überall außer an
dem Schnittpunkt der beiden Segmente sich die in dem oben angeführten
Beweis benutzten Dreiecke ergeben. Wohl aber ist höchst eigentümlich das
Verhältnis des Beweises des folgenden Satzes III, 24 zu dem Beweis des
Satzes III, 23. Der Satz III, 24 besagt, daß ähnliche Kreissegmente über
gleichen Strecken einander gleich sind. Er wird mit Hilfe der ἐφαρμόζειν-
Methode bewiesen. Die Beweisführung ist die folgende: Es seien gegeben
zwei ähnliche Kreissegmente *ACD'B* und *EDC'F* über den beiden gleichen
Geraden *AB* und *EF*. Da nun *AB = EF*, so wird *AB* auf *EF* passen (es
wird also hier wieder wie im ersten Buche angenommen, daß gleiche
Strecken aufeinanderpassen). Es kann dann bewiesen werden, daß dann
auch das Segment *ADB* auf das Segment *ECF* paßt. Denn wenn dies nicht
der Fall wäre, dann müßte es entweder ganz innerhalb oder ganz außerhalb des Segmentes *ECF* zu liegen kommen oder es müßte *ECF* überschneiden. Das letztere ist aber unmöglich, da sich dann die beiden Kreise,
denen die Segmente angehören, in mehr als zwei Punkten schneiden würden (den aufeinanderliegenden Endpunkten der beiden Sehnen und dem
Punkt, in dem sich die Segmente überschneiden), was nach III, 10 un-
möglich ist. |

Dieser Beweis ist nun, so wie er in den Handschriften steht, für sich
genommen, tatsächlich unvollständig, da er die beiden vorher ausdrücklich erwähnten Fälle, in denen das eine Segment ganz innerhalb des
anderen zu liegen kommt, nicht berücksichtigt. Es ist ja aber mit Händen
zu greifen, daß der fehlende Teil des Beweises in dem Beweis von III, 23
vorausgeliefert worden ist. Darüber hinaus ist gezeigt worden, daß es
einer besonderen Berücksichtigung des dritten Falles oder zum mindesten

des Rekurrierens auf den Satz III, 10 gar nicht bedurft hätte. Wäre dies aber der Fall, so wäre der Beweis von III, 23 unvollständig. In jedem Fall handelt es sich, sobald einmal die gleichen Strecken in III, 24 aufeinandergelegt sind, um genau dieselbe Sache wie in III, 23. Der Satz III, 23 hat überhaupt nur Sinn, wenn ihn Euklid als notwendige Vorbereitung für den Vollzug des ἐφαρμόζειν in III, 24 aufgefaßt hat. Wenn man geometrische Gegenstände einfach aus der Ebene herausnehmen und aufeinanderlegen kann, genügt der Beweis von III, 24. III, 23 folgt dann unmittelbar als Spezialfall daraus. Denn wenn ähnliche Segmente über gleichen Strecken einander gleich sind, so können zweifellos ähnliche Segmente über derselben Strecke, die doch sich selbst gleich ist, nicht ungleich sein.

Der Satz III, 23 ist aber auch kein Konstruktionssatz im eigentlichen Sinne. Es wird nicht gezeigt, wie man ein einem gegebenen Segment ähnliches Segment über einer gegebenen Strecke konstruiert, obwohl eine solche Konstruktion auf Grund des Porismas von III, 1 nicht schwierig gewesen wäre. Der Beweis des Satzes ist ein reiner Eindeutigkeitsbeweis. Der Verlauf des Beweises aber macht noch ganz besonders deutlich, daß die Eindeutigkeit der Konstruktion mit dem Zusammenfallen aller nach derselben Seite über der Strecke errichteten ähnlichen Segmente identisch ist. Hier kann also nicht der geringste Zweifel daran bestehen, daß Euklid den Versuch gemacht hat, das ἐφαρμόζειν durch einen Eindeutigkeitsbeweis über die Konstruktion zu unterbauen, und daß es also doch wohl auch kein Zufall ist, daß im sechsten Buch der Konstruktionssatz VI, 18, der einen Eindeutigkeitssatz in sich schließt, dem Beweis des Satzes VI, 22 vorangeht. Damit soll nicht behauptet werden, daß dieser Unterbau des ἐφαρμόζειν bei Euklid ausreichend und gelungen ist, sondern nur, daß Euklid das Bedürfnis gefühlt und den Versuch gemacht hat, und also nicht, wie vielfach geglaubt wird, von den Schwierigkeiten der Frage gar keine Vorstellung gehabt hat.

Daß es sich ferner bei der Vorbereitung des ἐφαρμόζειν-Beweises III, 24 durch den Eindeutigkeitsbeweis III, 23 nicht um einen vereinzelten Fall, sondern um ein systematisches Verfahren handelt, wird | dadurch bestätigt, daß der mit Hilfe der ἐφαρμόζειν-Methode bewiesene zweite Kongruenzsatz I, 8 ganz ebenso durch einen Eindeutigkeitsbeweis unmittelbar vorbereitet wird, nämlich den Beweis des Satzes I, 7, der besagt, daß es nicht möglich ist, an den Endpunkten einer gegebenen Strecke zwei einem vorgegebenen Streckenpaar gleiche Strecken nach derselben Seite[31] und von den entsprechenden Endpunkten aus so anzutragen, daß sie sich in einem anderen Punkte treffen als das vorgegebene Streckenpaar. Auf der anderen Seite muß aber auch darauf aufmerksam gemacht werden, daß, wenn diese Eindeutigkeitssätze jeweils ἐφαρμόζειν-Beweise vorbereiten und ihnen zur Grundlage dienen, diese Eindeutigkeitssätze ihrerseits wieder mit Hilfe von Sätzen bewiesen werden, zu deren Begründung der erste Kongruenzsatz notwendig ist (I, 7 bewiesen mit Hilfe von I, 5, der seinerseits mit Hilfe des ersten Kongruenzsatzes I, 4 bewiesen wird, III, 23 mit Hilfe von I, 16, der ebenfalls mit Hilfe von 1, 4 bewiesen wird). Um so dringlicher ist also die Frage, ob auch der erste Kongruenzsatz bei Euklid in irgend einer Weise eine ähnliche Grundlage hat.

Bevor der Versuch gemacht wird, diese Frage zu beantworten, ist es jedoch nötig, zunächst noch den Beweis des Satzes III, 26 genauer zu untersuchen, da dieser Beweis besondere Schwierigkeiten enthält, die das bisher Gesagte vielleicht wieder in Frage zu stellen scheinen. Dieser Satz besagt, daß in gleichen Kreisen sowohl gleiche Peripheriewinkel wie auch gleiche Centriwinkel auf gleichen Bögen stehen. Zum Beweis werden in beiden Kreisen die Sehnen zu den gleichen Centriwinkeln gezogen und dann mit Hilfe des ersten Kongruenzsatzes leicht bewiesen, daß die Sehnen einander gleich sind. Da die Peripheriewinkel nach Voraussetzung einander gleich sind, folgt aus III, def. 11, daß die Segmente, in denen sie stehen, einander ähnlich sind, und folglich, da auch die Sehnen, die diese Segmente begrenzen, einander gleich sind, nach III, 23 auch die Segmente selbst. Soweit ist gegen den Beweis nichts einzuwenden. Dann aber geht es bei Euklid in folgender Weise weiter: „Es ist also das Segment *BAC* gleich dem Segment *GFH*. Aber auch der Kreis *BACL* ist gleich dem Kreis *GFHM*. Folglich ist auch der Bogen *BLC* gleich dem Bogen[32] *GMH*, was zu beweisen war". Hier aber macht | der Beweis offenbar einen Sprung. Denn aus der Gleichheit der Kreise *BACL* und *GFHM* und der Gleichheit der Segmente *BAC* und *GFH* folgt zwar unzweifelhaft die Gleichheit der Segmente *BLC* und *GMH*, aber durchaus

---

[31] Über die Bedeutung des „nach derselben Seite" vgl. unten p. 456, 457 und 504.

[32] Euklid gebraucht hier für den Bogen den Ausdruck περιφέρεια, in den vorangehenden Ausführungen für das Segment den Ausdruck τμῆμα. Daß aber τμῆμα hier das Segment bedeutet und nicht etwa ein anderer Ausdruck für einen Bogenabschnitt ist, wird dadurch bewiesen, daß es keinen Sinn hätte, zu sagen, daß ein Bogenabschnitt einen Peripheriewinkel „in sich aufnimmt" (δέχεται), wie dies vorher von dem Segment gesagt worden ist.

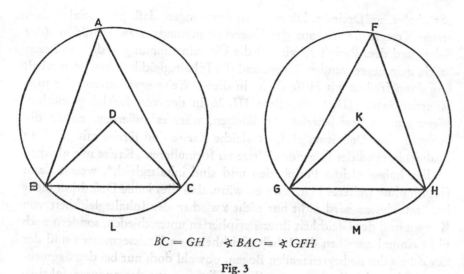

$$BC = GH \quad \sphericalangle BAC = \sphericalangle GFH$$

Fig. 3

nicht ohne weiteres die Gleichheit der Bogenstücke, durch welche sie begrenzt werden. Diese Lücke in der Begründung ist um so auffallender,
als es ganz leicht gewesen wäre, sie auszufüllen. Denn aus III, 22 (In
einem einem Kreis eingeschriebenen Viereck ergänzen sich die gegenüberliegenden Winkel zu zwei Rechten) hätte sich mit Leichtigkeit ableiten
lassen, daß die Segmente *BLC* und *GMH* gleiche Peripheriewinkel einschließen, also einander nicht nur gleich, sondern auch ähnlich sind und
folglich (zwar nicht auf Grund des Satzes III, 24, wohl aber auf Grund
des Beweises dieses Satzes), daß die Segmente und also auch die sie begrenzenden Bogen aufeinander passen und also nicht nur die Segmente,
sondern auch die Bogen einander gleich sind.

Diese letzte Beobachtung macht es nun jedoch möglich, den Zusammenhang dieses ganzen Komplexes von Sätzen noch von einer anderen Seite
zu beleuchten, so daß deutlicher wird, worum es sich eigentlich im Grunde
handelt. An sich wird ja in III, 24 faktisch nicht nur die Gleichheit der
Segmente, sondern auch die Gleichheit der Bogen durch das ἐφαρμόζειν
bewiesen, und es wäre nur nötig gewesen, dies ausdrücklich auszusprechen,
um den Satz an den ersten Kongruenzsatz anzupassen, in dem ja auch
die Gleichheit der Stücke und des Inhaltes aufs sorgfältigste getrennt aus-
gesprochen werden, obwohl sie aus dem | selben ἐφαρμόζειν folgen. Ob-
wohl die eingeschlossenen Peripheriewinkel eines Segmentes nicht im
selben Sinne „Stücke" des Segmentes sind wie die Winkel und Seiten

„Stücke" eines Dreiecks, könnte man dann sagen, daß, ganz analog dem ersten Kongruenzsatz, aus der Übereinstimmung in zwei Stücken (der Sehne und dem Peripheriewinkel) die Übereinstimmung in dem weiteren Stück, dem begrenzenden Bogen, und die Inhaltsgleichheit bewiesen wird. Um dann freilich mit Hilfe dieses in dieser Weise erweiterten oder präzisierten Satzes III, 24 den Satz III, 26 in der von Euklid gewählten Weise einwandfrei beweisen zu können, wäre es außerdem notwendig gewesen, die „Definition" III, 1 (Gleiche Kreise sind Kreise mit gleichem Radius) in etwa der folgenden Weise zu formulieren „Kreise mit gleichen Radien haben gleiche Peripherien und sind inhaltsgleich", womit dann freilich ohne weiteres klar gewesen wäre, daß dies keine Definition mehr ist. Statt dessen wird nicht nur nicht zwischen der Inhaltsgleichheit von Kreisen und der Gleichheit ihrer Peripherien unterschieden, sondern auch nicht einmal zwischen der Inhaltsgleichheit von Kreissegmenten und der Gleichheit der sie begrenzenden Bogen, obwohl doch nur bei den Segmenten gleicher, d. h. kongruenter, Kreise die eine aus der anderen faktisch folgt. Dies ist nun freilich wieder eine schwere Unausgeglichenheit und Lücke, die sich nicht ableugnen läßt. Auch hier wieder — und hier in besonders flagranter Weise — macht sich also dieselbe Diskrepanz bemerkbar, daß Euklid einerseits seine ἐφαρμόζειν-Sätze sorgfältig und bewußt vorbereitet und sich also der speziellen Natur des ἐφαρμόζειν sehr wohl bewußt zu sein scheint, auf der andern Seite aber in gewissen Fällen auf die gröbste Weise zu verfehlen scheint, Gleichheit und Kongruenz voneinander zu unterscheiden.

3.

Die Ergebnisse des vorangegangenen Abschnitts dieser Untersuchung lassen sich kurz in folgender Weise zusammenfassen. Weder die Annahme, Euklid habe keinen Versuch gemacht, den empirischen Charakter der ἐφαρμόζειν-Methode zu überwinden, noch die Annahme, er habe Gleichheit und Kongruenz in vielen Fällen einfach verwechselt, läßt sich aufrechterhalten. Denn es läßt sich zeigen, daß Euklid nicht nur einmal, sondern immer wieder seine Kongruenzannahmen, ob sie nun ausdrücklich mit Hilfe der ἐφαρμόζειν-Methode bewiesen werden oder nicht, mit Eindeutigkeitssätzen oder Konstruktionen, die solche implizieren, vorbereitet hat; und zwar so, daß mindestens in einem dieser|Fälle der Eindeutigkeitssatz überhaupt keinen anderen Sinn haben kann als den-

jenigen, den ἐφαρμόζειν-Beweis zu unterbauen. Die Analyse des Verhältnisses zwischen VI, 18 und VI, 22 hat ferner ergeben, daß Euklid den
Schluß von der Gleichheit auf das Aufeinanderpassen dann für erlaubt
gehalten hat, wenn ein mathematischer Gegenstand, abgesehen von seiner
Lage im Raum, eindeutig durch eine einzige Quantität (bei ähnlichen
Polygonen durch die Länge *einer* Seite) bestimmt wird. Trotzdem sind
bei der weiteren Untersuchung eine ganze Reihe von Unklarheiten und
anscheinenden Unstimmigkeiten übriggeblieben. Um diese nach Möglichkeit weiter aufzuklären, ist es nötig, von der spezielleren eben gemachten
Beobachtung auszugehen, daß zwar einerseits die späteren ἐφαρμόζειν-
Sätze und Kongruenzannahmen durchweg durch explizite oder implizite
Eindeutigkeitssätze vorbereitet werden, diese Eindeutigkeitssätze selbst
aber indirekt nur mit Hilfe des ersten Kongruenzsatzes bewiesen werden
können. Wenn es sich also bei der Vorbereitung der ἐφαρμόζειν-Sätze
durch Eindeutigkeitssätze um ein Prinzip handelt, wie doch wohl angenommen werden muß, da das Ganze sonst sinnlos ist, so ist naturgemäß
zu fordern, daß auch der erste Kongruenzsatz in irgendeiner Weise derart vorbereitet ist, was, da ein regressus in infinitum nicht stattfinden
kann, letzterdings auf erste Prinzipien zurückführen muß. Es ist also zu
fragen, ob sich Spuren einer solchen Vorbereitung des ersten Kongruenzsatzes, d. h. da der Beweis dieses Satzes sich in mehreren Schritten vollzieht, seiner verschiedenen Schritte, nachweisen lassen.

Sind nun zwei Dreiecke *ABC* und *DEF* gegeben, in denen *AB = DE*,
AC = DF und $\sphericalangle BAC = \sphericalangle EDF$, so besteht der erste Schritt des ἐφαρ-
μόζειν-Beweises darin, daß der Punkt *A* auf den Punkt *D* und die Strecke
AB auf die Strecke *DE* gelegt wird, wobei sich dann aus der Gleichheit

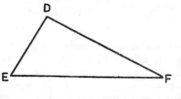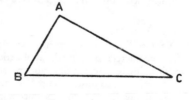

Fig. 4

von *AB* und *DE* ergibt, daß *AB* dann auf *DE* „paßt" und der Punkt *B*
auf den Punkt *E* fallen muß. Nun ist nicht schwer zu sehen, daß dieser
erste Schritt des ἐφαρμόζειν-Beweises durch die drei vorangehenden Konstruktionen I, 1—3 vorbereitet wird, die in der Aufgabe gipfeln, auf

einer gegebenen Halbgerade von einem Punkt aus eine | einer gegebenen
Strecke gleiche Strecke abzutragen. An dieser Stelle hat Peletier Euklid
offenbar nicht verstanden, wenn er sagt[33], habe man die ἐφαϱμόζειν-
Methode überhaupt zugelassen, so könne man sich den zweiten und dritten Konstruktionsbeweis der Elemente sparen und das selbe ebensogut
durch einfaches Verlegen und Darauflegen der gegebenen Strecke erreichen. Statt der dritten Konstruktion brauche man ja dann nur die
abzutragende Strecke von dem gegebenen Punkt aus auf die Halbgerade
zu legen. Dann sei das Abtragen geschehen und eine lange Konstruktion
nicht nötig[34]. Das ist ganz analog dem Argument, das wir oben[35] hypo-
thetisch in bezug auf das Verhältnis von III, 23 zu III, 24 gebraucht
haben: Wenn es erlaubt ist, eine geometrische Größe ohne weiteres an
einen anderen Ort zu übertragen, dann ist III, 23 völlig überflüssig und
als Spezialfall in III, 24 mitenthalten. Aber eben deshalb kann dies nicht
Euklids Meinung gewesen sein und muß angenommen werden, daß
III, 23 dazu dienen soll, das ἐφαϱμόζειν zu unterbauen. Ganz dasselbe
gilt dann aber offenbar auch von I, 3 im Verhältnis zu dem ersten Schritt
des Beweises von I, 4. Tatsächlich begegnet die Konstruktion I, 3 denn
auch in durchaus wirksamer Weise wenigstens für den ersten Schritt des
Beweises dem Einwand Schopenhauers, das Bewegliche im Raum sei
allein die Materie und deshalb ein Transferieren der geometrischen Gegebenheiten nicht erlaubt, da ja die Transposition der Strecke als Erzeug-
nis einer ihr gleichen an einem anderen Ort innerhalb der Ebene gerade
durch die vorangehenden Konstruktionen garantiert wird. Eine andere
Frage ist es freilich, ob die Annahme, daß die so transponierte Strecke
sich mit der ihr gleichen, auf die sie gelegt wird, deckt, durch die Konstruktionen und durch die Postulate und Definitionen, deren jene sich
bedienen, ausreichend begründet ist.

---

[33] A. a. O., p. 15.

[34] „Nam si linearum figurarumque superpositiones in probationem recipiamus, tota
fere geometria huiusmodi applicationibus erit referta vixque ulla occurret pro-
positio, quae hac ratione non possit probari. Secunda enim jam inde ac tertia,
quas modo demonstravimus, sic probari poterant. Nam si ad datum punctum
linea datae lineae aequalis ducenda sit, illico translatā lineā ad ipsum punctum
absolutum erit negotium. Applicatio vero quamvis superpositione sit tolerabilior
tamen in geometria repudiatur. Immo ne lineam quidem transportare licet, ut
secundum ipsius magnitudinem circulum describamus, quin prius aequalis linea
ducta sit. Alioqui secunda prorsus vacaret. Tum si a maiori linea minor sit abscin-
denda, quid aliud quam maiori minorem superponemus, ut quod superat rese-
cemus? Sed hoc quam sit a geometriae dignitate alienum ... etc.“

[35] Vgl. oben p. 451.

Auf das Aufeinanderlegen der beiden Seiten *AB* und *DE* folgt das Aufeinanderlegen der ihnen anliegenden Winkel ⦨ *BAC* und ⦨ *EDF*. Hier erscheint nun, im Gegensatz zu allen bisher betrachteten Fällen | des ἐφαρμόζειν, eine begründete Vorbereitung auf den ersten Blick völlig zu fehlen, obwohl gerade bei diesem Schritt eine Unterbauung am notwendigsten erscheint, da bei symmetrischen, aber ungleichsinnigen Dreiecken, welche doch, wie die spätere Anwendung des Satzes zeigt, ebenfalls mit Hilfe des ἐφαρμόζειν als sowohl inhaltsgleich wie auch gleich in ihren Stücken erwiesen werden sollen, der Winkel aus der Ebene heraustreten muß, um auf den entsprechenden Winkel gelegt werden zu können. Doch mag diese Frage bis zum Schluß zurückgestellt werden.

Für den darauf folgenden Schritt des Aufeinanderpassens von *AC* auf *DF* gilt positiv wie negativ dasselbe, was für *AB* und *DE* gesagt worden ist.

Nachdem dann bewiesen worden ist, daß Punkt *C* auf Punkt *F* fällt (Punkt *B* war schon zu Beginn auf Punkt *E* gelegt worden), wird ferner bewiesen, daß infolgedessen auch die Strecke *BC* mit der Strecke *EF* zusammenfallen muß. In den Beweisen, wie sie in den griechischen Handschriften der Elemente stehen, wird dieser Beweis mit Hilfe des Axioms geführt, daß zwei Gerade keinen Raum einschließen[36]. Dieses Axiom ist im Altertum deshalb angegriffen worden, weil es speziell geometrisch ist, die Axiome aber nach einer verbreiteten, letzterdings aller Wahrscheinlichkeit nach auf Aristoteles zurückgehenden, Theorie allgemein, d. h. nicht auf eine spezielle Wissenschaft beschränkt werden sollen[37], in neuerer Zeit deshalb, weil es überflüssig sei, da nach einer von Zeuthen aufgestellten und seither fast allgemein angenommenen Meinung die Postulate oder αἰτήματα nicht nur die *Möglichkeit* der Konstruktion, sondern auch ihre *Eindeutigkeit* fordern, und daher das Zusammenfallen der Strecken, deren Endpunkte zusammenfallen, unmittelbar aus Euklids erstem Postulat folge[38]. Da jedoch die Richtigkeit der von Zeuthen vertretenen Meinung nicht über allen Zweifel erhaben ist[39], so ist es besser, die Untersuchung unabhängig davon zu führen. |

---

[36] Euklid, Elemente, κοινὴ ἔννοια IX: Δύο εὐθεῖαι χωρίον οὐ περιέχουσιν.

[37] Proclus, in Euclidis Elementa, p. 183 Friedlein.

[38] Vgl. darüber Th. Heath, The Thirteen Books of Euclid's Elements, I (Cambridge, 1908), pp. 232 ff.

[39] In der ursprünglichen Fassung der vorliegenden Arbeit habe ich mich, ebenso wie in meiner Abhandlung über die ΑΡΧΑΙ (oben S. 377—379), der seit Zeuthen, soviel ich sehen kann, fast allgemein angenommenen Meinung angeschlossen, daß die

Ob Euklid das Axiom, daß zwei Gerade keinen Raum einschließen, aufgestellt hat, bzw. als Axiom hat gelten lassen, läßt sich nicht mit Sicherheit feststellen. Das Axiom, daß „Aufeinanderpassende" gleich sind, ist jedenfalls für ihn unentbehrlich und ist auch speziell geometrisch, obwohl nicht in derselben Art wie das Axiom, daß Gerade keinen Raum einschließen, da es für alle planimetrischen Gegenstände allgemein gilt, nicht nur, wie das Raum-Geraden-Axiom für spezielle, und also in gewisser Weise eine Zwischenstellung zwischen den allgemeinen und den speziellen APXAI einnimmt. Ob also Euklid dieses letztere Axiom als solches angenommen hat, läßt sich nicht mit Sicherheit sagen. Doch kann kein Zweifel daran sein, daß seine Verwendung im Beweis des ersten Kongruenzsatzes sehr viel älter ist als Proklos. Es gehört also in jedem Falle in den Zusammenhang der Versuche, die ἐφαρμόζειν-Beweise zu unterbauen, hinein, die sich in den ersten Büchern der Elemente überall nachweisen lassen, ob es nun von Euklid selbst hier benützt worden ist

---

Konstruktionspostulate Euklids (αἰτήματα 1—3) nicht nur die Möglichkeit, sondern auch die Eindeutigkeit der postulierten Konstruktionen fordern. In einem längeren Briefwechsel mit Herrn van der Waerden (vgl. oben S. 430, Anm. *), in welchem ich die von Zeuthen aufgestellte Behauptung zu begründen suchte, habe ich mich jedoch davon überzeugen lassen müssen, daß sich ein Beweis für diese Behauptung nicht erbringen läßt.

In bezug auf das Postulat der Streckenverlängerung, an das sich die Kontroverse vor allem anknüpfte, ließe sich vielleicht zusätzlich sagen, daß in dem Beweis von Euklid, Elem. I, 5 die Eindeutigkeit der Streckenverlängerung nicht vorausgesetzt wird, daß sie sich aber leicht als Corollarium aus I, 5 ableiten läßt, so daß, wenn sie später vorausgesetzt wird, daraus nicht mit Notwendigkeit folgt, daß sie in dem zweiten Postulat als Forderung mit enthalten gedacht worden ist.

Auf der anderen Seite glaube ich, daß sich daraus doch auch umgekehrt nicht mit Sicherheit erschließen läßt, daß Euklid in den Konstruktionspostulaten die Eindeutigkeit *nicht* mit fordern wollte. Denn einmal zeigen die Sätze I, 7 und III, 23, daß er die ἐφαρμόζειν-Beweise vielfach gerade durch Eindeutigkeitsbeweise vorbereitete, auf der anderen Seite ist, wie oben (p. 450 f.) gezeigt wurde, dabei eine unnötige Häufung von Beweisen nicht immer vermieden. Ich würde es darum immer noch für möglich halten, daß Euklid selbst das Aufeinanderpassen der dritten Seite beim Beweis des ersten Kongruenzsatzes auf das erste Postulat als Eindeutigkeitspostulat stützte und daß die Berufung auf das Axiom, daß zwei Gerade keinen Raum einschließen, ein späterer Zusatz ist. Aber für das hier zu behandelnde Problem kommt es auf die Beantwortung dieser speziellen und auf Grund des vorliegenden Materials kaum mit Sicherheit zu beantwortenden Frage nicht sehr an. Denn daß, wer immer die ersten Bücher der Elemente bearbeitet hat, sich große Mühe gegeben hat, das ἐφαρμόζειν zu unterbauen, ist auf Grund der oben zusammengestellten Tatsachen nicht zu bezweifeln, und ganz läßt sich diese Bemühung nicht von der Person Euklids trennen, da das Verhältnis von VI, 18 und VI, 22 in den Data verankert ist. (Über die Bedeutung der Personenfrage für das mathematikgeschichtliche Problem vgl. auch unten, p. 500 ff.).

oder von jemand eingefügt, der den Euklidischen Unterbau auf Grund einer nicht ganz konsequent durchgeführten Auffassung der Postulate für ungenügend hielt.

Ist nun das Aufeinanderfallen der Strecken *BC* und *EF* bewiesen, so folgen die beiden letzten Schritte des Beweises, das Aufeinanderfallen | der Winkel ⪦ *ACB* mit ⪦ *DFE* und von ⪦ *ABC* mit ⪦ *DEF*, unmittelbar aus der Definition des Winkels als der Neigung zweier Kurven zueinander[40], da die beiden Streckenpaare, wenn sie zusammenfallen, offenbar auch dieselbe Neigung zueinander haben müssen.

Es hat sich also gezeigt, daß alle Schritte des Beweises des ersten Kongruenzsatzes mit Ausnahme des zweiten in irgendeiner Weise vorbereitet oder unterbaut sind, und dieser zweite Schritt bleibt als alleinige Ausnahme übrig. Dies aber ist aus zwei Gründen besonders merkwürdig, einmal weil im Gegensatz zu dem ersten Schritt des ἐφαρμόζειν-Beweises, bei dem die Konstruktion der Streckentransposition in der Ebene dem Aufeinanderlegen der Strecken vorausgeht, die Konstruktion, d. h. die Konstruktion des Antragens eines Winkels in einem gegebenen Punkt an eine gegebene Halbgerade, erst lange nach dem ersten Kongruenzsatz in I, 23 folgt, und der Beweis hier auf zwei Sätzen beruht (I, 22 und I, 8), die beide indirekt auf dem ersten Kongruenzsatz aufgebaut sind und von denen der zweite außerdem noch selbst mit Hilfe der ἐφαρμόζειν-Methode bewiesen wird, zweitens weil eine Transposition in der Ebene hier, wie schon vorher bemerkt, nicht genügt, sondern der Winkel, wenn sein Schenkel auf den entsprechenden Schenkel des anderen Winkels gelegt worden ist, bei symmetrischen Dreiecken „umgeklappt" werden, d. h. aus der Ebene heraustreten muß, um mit dem anderen Winkel zur Deckung gebracht werden zu können.

Nun ist in der Konstruktion der Winkelabtragung bei Euklid I, 23 mit keinem Wort davon die Rede, daß der Winkel an einem Halbstrahl nach zwei verschiedenen Seiten angetragen werden kann. Es wird auch dort vom Drehsinn des Winkels vollständig abgesehen. Auf der anderen Seite fordert die Analogie mit den andern ἐφαρμόζειν-Beweisen und Beweisteilen bei Euklid nicht, daß eine Konstruktion vorausgehe, da Euklid ja mehrfach auch da, wo eine solche möglich gewesen wäre, vielmehr einen Eindeutigkeitsbeweis gewählt hat. Die Frage stellt sich also,

---

[40] Euklid, Elemente I, def. 8: ἐπίπεδος δὲ γωνία ἐστὶν ἡ ἐν ἐπιπέδῳ δύο γραμμῶν ἁπτομένων ἀλλήλων καὶ μὴ ἐπ' εὐθείας κειμένων πρὸς ἀλλήλας τῶν γραμμῶν κλίσις.

ob sich für den zweiten Schritt des ersten ἐφαρμόζειν-Beweises irgend etwas finden läßt, das erklärt, warum Euklid in diesem Fall eine Unterbauung nicht, wie doch in allen anderen Fällen, für nötig gehalten hat oder etwas, das eine solche Unterbauung in gewisser Weise ersetzen kann.

Vielleicht ist es erlaubt, an dieser Stelle zunächst noch einmal auf Peletier zurückzugreifen, dem gerade dies spezielle Problem ebenfalls besonders zu schaffen gemacht hat. Denn wenn sich bei ihm auch keine | wirkliche Lösung des Problems findet, so ist es doch sowohl an sich mathematikgeschichtlich interessant als auch für das Verständnis des Euklid von Nutzen, zuzusehen, wie sich das Problem im Geiste eines scharfsinnigen und kritischen Mathematikers, der eine hohe Vorstellung von mathematischer Strenge und Exaktheit hatte, aber lange vor der Entwicklung modernster mathematischer Methoden und Auffassungen gelebt hat, widerspiegelte.

Nachdem Peletier in der früher erörterten Weise die ἐφαρμόζειν-Methode kritisiert und dann die Frage diskutiert hat, warum Euklid nicht den ersten Kongruenzsatz vielmehr als Axiom ausgesprochen habe, stellt er die folgende eigentümliche Überlegung an[41]: Vielleicht könne man den ersten Kongruenzsatz als eine Art Definition ansehen, und zwar

---

[41] A. a. O., p. 16: Nam quum de re aliqua sermonem instituimus, ea nobis tacite per definitionem in animum subit. Non enim duos angulos aequales esse cogitabo, nisi quid sit aequales esse angulos concipiam. Quod respiciens Euclides angulorum aequalitatem proponere atque eadem opera definire voluit, ut hoc theorema (sc. den ersten Kongruenzsatz) pro definitione haberemus. Nemo enim significantius explicabit angulorum aequalitatem quam si dixerit duos angulos aequales fieri quum duo latera unum angulum continentia duobus alterum angulum continentibus fiunt aequales et bases quae latera connectunt aequales. Constat enim angulum tantum esse quanta est duarum linearum ipsum continentium apertio seu diductio; hanc vero tantam esse quanta est basis, hoc est, linea ipsas connectens. Atque, ut clare dicam, tantum est angulus *BAC* quanta est remotio lineae *AC* ab ipsa *AB*, tanta vero efficitur remotio, quantam exhibet linea *BC*. Hoc autem in isoscelibus est evidentius. Sint enim duo isoscelia, *ABC* et *DEF*, quorum unius duo latera *AB* et *AC* duobus *DE* et *DF* alterius sint aequalia angulusque *A* angulo *D*. Ac positis centris in *A* et *D* punctis ducantur duo circuli: prior secundum *AB*, alter secundum *DE* spatium. Horum prior manifesto transibit per *B* et *C*, alter vero per *E* et *F* puncta, quum *AB* et *AC* itemque *DE* et *DF* sint aequalia et a centro utrimque exeuntia. Atque, ex definitione aequalium angulorum erunt arcus *BC* et *EF* aequales. Angulorum enim magnitudo designatur ex arcubus circulorum qui per extremas lineas quae angulos continent transeunt. Ac converso modo aequales anguli atque aequalibus lineis comprehensi aequales subtendunt peripherias. Quum enim aequalia sint spatia *BC* et *EF*, ea aequalibus lineis rectis claudi oportet: propterea quod recta linea est a puncto ad punctum brevissima. Atque haud dissimili iudicio ex laterum ratione et basium quanta sit angulorum magnitudo aestimabimus.

als eine Definition der Gleichheit von Winkeln. Denn, so fährt er fort, man könne sich bei der Behauptung, zwei Winkel seien gleich, nichts denken, wenn man nicht wisse, was die Gleichheit von Winkeln eigentlich bedeute. Die Gleichheit von Winkeln aber könne nicht besser definiert werden als indem man sage, zwei Winkel seien dann gleich, wenn sowohl die beiden sie einschließenden Strecken paarweise einander gleich seien als auch die Strecken, welche die Endpunkte der sie einschließenden Strecken miteinander verbinden. Am deutlichsten, fügt er dann hinzu, sei dies bei gleichschenkligen Dreiecken. Mit anderen Worten: $\sphericalangle BAC =$

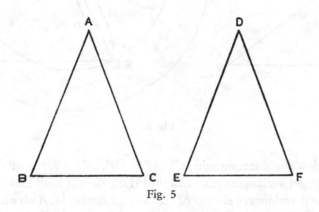

Fig. 5

$\sphericalangle EDF$, wenn $BA = ED$, $AC = DF$ und $BC = EF$. Ganz am Ende seiner Erörterung des ersten Kongruenzsatzes führt Peletier dann aus, daß man auch umgekehrt, wenn man die von ihm angenommene Definition der Gleichheit von Winkeln voraussetze, den ersten Kongruenz-|satz einwandfrei beweisen könne als dies durch Euklid geschehen sei, und zwar in folgender Weise[42]: man nehme die beiden Dreiecke ABC und DEF, in

---

[42] Ibid., pp. 16—17: „Manente duorum triangulorum ABC et DEF conditione continuabo ED usque ad G punctum per primam petitionem et ponam DG aequalem AB per secundam propositionem. Atque itidem continuata FD ponam DH aequalem AC. Tum super puncto D ducam duos circulos: alterum spatio DG, alterum spatio DH. Quorum prior manifesto transit per punctum E quum sint DE et DG aequales: alter vero per punctum F ob eandem rationem. Iam a puncto D duco lineam rectam DL ad E punctum: quae omnino transibit super DE. Nam si extra transeat ut DML aut DNL duae rectae lineae concludent superficiem contra ultimam animi notionem. Itidem ab eodem D puncto ducam lineam DK: quae etiam efficietur eadem cum linea DF. Ac demum lineā LK ductā efficietur eadem cum linea EF. Iam vero manifestum est lineam DL esse aequalem lineae DG ac propterea ipsi AB ex constructione et animi notione: lineam quoque DK esse

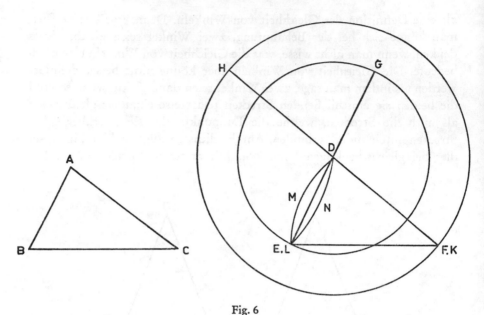

Fig. 6

denen nach Voraussetzung sein soll $AB = DE$, $AC = DF$ und $\sphericalangle\, BAC =$ $\sphericalangle\, EDF$. Dann verlängere man ED und trage darauf nach Euklid I, 3 BA ab bis G und verlängere ebenso FD und trage darauf | CA ab bis H. Dann schlage man mit $DH = AC$ einen Kreis um D, der, da $DH = AC = DF$, durch F gehen muß und ebenso mit DG um D einen Kreis, der, da $DG = AB = DE$, durch E gehen muß. Nun, sagt er, verbinde man den Punkt D mit dem Punkt E. Die verbindende Strecke DL (die Punkte L und E sind hier natürlich identisch) wird dann mit DE zusammenfallen, da zwei Gerade keinen Raum einschließen können. Ebenso verbinde man D mit F durch die Strecke DK (K identisch mit F). Dann wird DK mit DF zusammenfallen. Ebenso müssen dann die Strecken EF und LK zusammenfallen. Nun ist aber $DL = DG$ als Radien desselben Kreises und $DG = DE = AB$; folglich $DL = AB$; und aus analogem Grunde $DK = DH = AC$. Ferner ist der Winkel $\sphericalangle\, LDK$ identisch mit und deshalb gleich

---

∢ *EDF* und folglich, da dieser nach Voraussetzung gleich ∢ *BAC* ist auch ∢ *LDK* = ∢ *BAC*. Der Raum, der von den Strecken *DL* und *DK* umschlossen wird, ist also gleich dem Raum, der von den Strecken *AB* und *AC* umschlossen wird. Daher die Strecke, die den Raum zwischen *DL* und *DK* abschließt, also *LK*, gleich sein muß mit der Strecke *BC*, die den von *AB* und *AC* umschlossenen Raum abschließt, und folglich, da *LK* identisch ist mit *EF*, *EF* = *BC*, q. e. d.

Es ist wohl kaum nötig, die zahlreichen Mängel dieses im übrigen unnötig komplizierten Beweises alle im einzelnen zu analysieren. Was daran interessant ist, ist nur das Folgende. Obwohl Peletier zuerst der Meinung Ausdruck gegeben hat, daß man, wenn das ἐφαρμόζειν erlaubt sei, auch die Konstruktionsaufgaben Euklid I, 2 und I, 3 einfach durch das ἐφαρμόζειν ausführen könne, benutzt er diese nachher doch, um dem immer noch mit dem ἐφαρμόζειν arbeitenden Beweis des ersten Kongruenzsatzes, den er selbst an Stelle des Euklidischen setzt, eine seiner Meinung nach bessere und wissenschaftlichere Grundlage zu geben, und gibt | damit zu, daß sie eben dazu dienen können. Was er dagegen vermißt, ist eine analoge Vorbereitung oder Grundlegung des zweiten Schrittes des Beweises. Er ist der Meinung, daß eine solche Grundlegung nur dadurch geschaffen werden könne, daß der Begriff von Gleichheit von Winkeln in einer solchen Weise definiert wird, daß damit der ἐφαρμόζειν-Beweis, und zwar ohne Rücksicht auf den Drehsinn der Winkel, zu Ende geführt und zunächst vor allem die Gleichheit der dritten Seite bewiesen werden kann.

Da sich nun hat nachweisen lassen, daß Euklid alle späteren ἐφαρμόζειν-Sätze bewußt und sorgfältig, wenn auch nicht immer auf eine ganz einwandfreie Weise, vorbereitet hat, und da sich ferner gezeigt hat, daß von den verschiedenen Schritten des ersten Kongruenzsatzes der erste (das Aufeinanderlegen der ersten Seiten) durch die vorangehenden Konstruktionsbeweise I, 1—3, die beiden letzten aber (das Aufeinanderfallen der dritten Seiten und des zweiten und dritten Winkels) entweder durch das erste Postulat oder durch das Raum-Geraden-Postulat und die Definition I, def. 8 gestützt sind, so bleibt allein der erste Winkel übrig, für dessen „Daraufpassen" auf den entsprechenden Winkel des anderen Dreiecks sich nicht ohne weiteres eine begründende Vorbereitung aufweisen läßt.

Nun kann es ja vielleicht als sicherer und als „wissenschaftlicher" erscheinen, sich auf das unmittelbar Aufweisbare zu beschränken und da, wo eine Vorbereitung und Unterbauung eines der ἐφαρμόζειν-Schritte nicht sofort sichtbar ist, sich dabei zu beruhigen, indem man sagt: Hier ist eben eine Lücke und das einzige, was sich nach Analogie des sonstigen Befundes mit einiger Sicherheit sagen läßt, ist, daß Euklid die geradlinigen Winkel zu denjenigen geometrischen Gegebenheiten gerechnet haben muß, die sich, abgesehen von der Lage im Raum, nur durch ihre Größe unterscheiden. Aber die Lücke, die dann hier angenommen werden muß, ist doch eine sehr seltsame und zwingt geradezu dazu zu fragen: warum denn gerade an dieser Stelle, wenn Euklid sich doch sonst überall offenbar die größte Mühe gegeben hat, die Lücken auszufüllen? Vielleicht können aber die folgenden Überlegungen etwas weiterhelfen.

Unter den Postulaten Euklids erscheint als viertes das Postulat der Gleichheit aller Rechten Winkel, ein Postulat, das in Hilberts Grundlagen der Geometrie als Lehrsatz wiederkehrt, der mit Hilfe des als Axiom angenommenen ersten Kongruenzsatzes bewiesen wird. Bei Euklid jedoch geht das Postulat von der Gleichheit aller Rechten Winkel dem ersten Kongruenzsatz nicht zufällig voraus, sondern auf Grund des von Aristoteles ausgesprochenen Prinzips, daß das Einfachere nicht auf Grund des Komplizierteren bewiesen werden dürfe. |

Dem Postulat der Gleichheit aller Rechten Winkel geht weiter voraus die Definition des Rechten Winkels[43]. Ὅταν εὐθεῖα ἐπ᾽ εὐθεῖαν σταθεῖσα τὰς ἐφεξῆς γωνίας ἴσας ἀλλήλαις ποιῇ, ὀρθὴ ἑκατέρα τῶν ἴσων γωνιῶν ἐστιν, durch welche Rechte Winkel durch eine Gleichheitsbeziehung, d. h. also eine Größenbeziehung, definiert werden. Unmittelbar darauf werden die spitzen und stumpfen Winkel durch ihr kleiner, bzw. größer gegenüber dem Rechten Winkel definiert[44], der auf Grund von I, def. 10 und Postulat 4 zum absoluten Maß qualifiziert wird. Was bedeutet dies nun? Offenbar doch, daß die verschiedenen Species der geradlinig begrenzten Winkel durch quantitative Bestimmungen voneinander unterschieden werden. Mit anderen Worten, die Größe oder Quantität wird hier zur artbildenden differentia specifica.

Um weiter zu verstehen, was die ja sonst in der Geometrie nicht wieder vorkommende Tatsache, daß hier die Quantität artbildend werden kann, innerhalb des zur Diskussion stehenden Zusammenhanges bedeutet, ist es

---

[43] Euklid, Elemente I, def. 10.

[44] Elemente I, def. 11: Ἀμβλεῖα γωνία ἐστὶν ἡ μείζων ὀρθῆς und I, def. 12: Ὀξεῖα δὲ ἡ ἐλάττων ὀρθῆς.

notwendig, etwas vorzugreifen. Es wird sich später zeigen[45], daß in den
Anfängen der griechischen Mathematik die Winkel allgemein und damit
auch die geradlinigen Winkel als das gestaltbildende Element an den
Figuren betrachtet, daher auch gleiche Winkel als der Gestalt (nicht als
der Quantität) nach gleich bezeichnet worden sind. Demgegenüber ist
später eine quantitierende Betrachtung der geradlinig begrenzten Winkel
durchgeführt worden, welche bei Euklid eben in den oben angeführten
Definitionen und Postulaten kulminiert, ohne daß dabei natürlich das
Bewußtsein davon verloren gegangen ist, daß die Winkel etwas Gestalthaftes sind und sich durch ihre Gestalt voneinander unterscheiden. Man
kann es auch so ausdrücken, daß bei den geradlinig begrenzten Winkeln
Gestalt und Größe — es handelt sich bei dem Winkel ja auch nicht um
Quantität genau in demselben Sinn wie bei Strecken, Flächen und Körpern, die nach allen Richtungen begrenzt sind, während der Winkel offen
ist — miteinander identisch sind. Nur auf Grund dieses sachlichen Zu-
sammenfallens von Gestalt und Quantität bei den geradlinigen Winkeln
ist es möglich, daß die Quantität zur speciesbestimmenden differentia
specifica werden kann. Eben aus diesem Zusammenfallen aber folgt zugleich, daß die geradlinigen Winkel sich abgesehen von der Lage im Raum
nur durch ihre (Gestalt =) Größe unterscheiden und also, wenn sie gleich
sind, ἐφαρμόζουσιν. Zugleich | wird damit eine Brücke geschlagen zu der
Auffassung der Kongruenz als einer Kombination von Gestaltgleichheit
und quantitativer Gleichheit, also ὅμοιον und ἴσον, die in den nächsten
Abschnitten eingehender behandelt werden wird, so daß darauf voraus-
verwiesen werden muß.

Freilich sagt Euklid von alledem, was hier ausgeführt worden ist,
nichts mit ausdrücklichen Worten. Aber er sagt auch nichts über den
Zusammenhang von VI, 18 mit VI, 22, von III, 23 mit III, 24, von I, 7
mit I, 8 oder von I, 1—3 mit dem ersten Schritt, von def. I, 8 mit den
beiden letzten Schritten des Beweises des ersten Kongruenzsatzes. Daß
jedoch Euklid sich des Zusammenhanges zwischen VI, 18 und VI, 22
bewußt war, läßt sich aus den Data beweisen, bei III, 23 und 24 ebenso
wie bei I, 7 und 8 ergibt es sich unwidersprechlich aus einer Analyse
dieser Sätze selbst, bei I, 1—3 und I, 4 außerdem aus der Analogie mit
den vorher genannten Sätzen. Daß Euklid alles dies nicht ausdrücklich

---

[45] Vgl. darüber unten pp. **474 ff.**

erwähnt, gehört zu seinem Purismus[46], wie er ja überhaupt die Sätze, die er in seinen Beweisen gebraucht, nur sehr selten zitiert, meistens aber es seinem Leser überläßt, sie sich aus dem, was vorangegangen ist, zu ergänzen. Anders steht es nur bei dem zweiten Schritt des ἐφαρμόζειν-Beweises, dem Aufeinanderpassen der Winkel, deren Gleichheit vorausgesetzt wird, da hier der Zusammenhang, d. h. der Grund, warum angenommen werden kann, daß die gleichen (geradlinigen) Winkel aufeinanderpassen, nicht nur im Beweis selbst nicht angegeben wird, sondern sich auch nicht, wie in den soeben aufgezählten Fällen, unmittelbar aus kurz vorausgegangenen Sätzen entnehmen läßt. Denn wenn sich auch hier mit großer Wahrscheinlichkeit der Grund angeben läßt, warum Euklid ohne weiteres annehmen zu dürfen glaubte, daß gleiche Winkel aufeinanderpassen, und diese Wahrscheinlichkeit sich durch die folgende Untersuchung der Behandlung der geradlinigen Winkel vor und bei Euklid noch erhöhen und der Gewißheit annähern lassen wird, so ist dieser Grund hier doch nicht, wie in den anderen Fällen, in speziellen Sätzen deutlich formuliert ausgesprochen.

Eine gewisse Analogie dazu bildet nun aber auch das Aufeinanderlegen der beiden Strecken, bzw. Seiten, beim ersten und dritten Schritt des Beweises des ersten Kongruenzsatzes. Denn wenn die Konstruktionssätze I, 1—3 auch die Transposition der Strecke in der Ebene in der Form der Erzeugung einer einer gegebenen Strecke gleichen Strecke an | einem anderen Ort begründen, so garantieren sie doch nicht, daß zwei gleiche Strecken aufeinanderfallen, sofern mit gleichen Strecken nicht schon von Anfang an kongruente Strecken gemeint sind. Die Frage des Verhältnisses zwischen Gleichheit und Kongruenz tritt hier also noch einmal auf und führt wiederum zurück auf die APXAI.

Nun hat sich ja schon bis hierher immer wieder gezeigt, daß Euklid den Schluß von der Gleichheit auf die Kongruenz, bzw. auf das Aufeinanderpassen, überall da für erlaubt gehalten hat, wo sich geometrische Gegebenheiten abgesehen von der Lage im Raum nur durch ihre Größe unterscheiden. Die Annahme aber, daß dies für die Strecken generell zutrifft, ist bei Euklid in den APXAI zwar nicht ausgesprochen, wird aber in ihnen sozusagen implicite schon vorausgesetzt, wenn in I, def. 15

---

[46] Über den Purismus des Euklid und der antiken Mathematiker überhaupt sowie seine Durchbrechung in den Briefen, aber nicht in den Schriften, des Archimedes vgl. oben S. 436 mit Anm. 12 und Th. Heath, A History of Greek Mathematics II, 20—21.

der Kreis definiert wird als eine ebene Figur, die so beschaffen ist, daß
alle Strecken, welche von einem (bestimmten) der in ihr gelegenen Punkte
auf sie (die Kurve) zulaufen, einander gleich sind, in Postulat 3 aber
gefordert wird, mit jedem beliebigen *Abstand* um jeden beliebigen Mittelpunkt einen Kreis zu schlagen, so daß also, wenn diese beiden Sätze
einander entsprechen sollen, die gleichen *Strecken* der Definition im
Postulat als der *Abstand*, als eine reine Größe, wiederkehren. Es ist so
offenbar, daß Euklid es versäumt oder nicht für nötig gehalten hat, auszusprechen, daß sich Strecken und Winkel jeweils untereinander, abgesehen von der Lage im Raum, nur durch ihre Größe unterscheiden,
daß er dies aber stillschweigend vorausgesetzt und auf Grund dieser
Voraussetzung die weitere Annahme für erlaubt gehalten hat, daß
gleiche Strecken und gleiche Winkel, wenn sie aufeinandergelegt werden,
sich decken.

Endlich läßt sich vielleicht auf Grund einer analogen Überlegung auch
die seltsame überbestimmte Definition III, def. 1 verstehen, in welcher
gleiche Kreise als Kreise mit gleichen Radien definiert, unter gleichen
Kreisen aber, wie das Folgende zeigt, faktisch Kreise mit gleicher Peripherie und gleichem Inhalt verstanden werden. Auch hier mag Euklid
den Schluß von der Gleichheit der Radien auf die Übereinstimmung im
Inhalt und in der Peripherie und damit die Definition deshalb für gerechtfertigt gehalten haben, weil der Kreis nur durch sein Zentrum und
den Abstand, mit dem er geschlagen wird, bestimmt ist, so daß sich
Kreise, die mit demselben Abstand um verschiedene Mittelpunkte geschlagen werden, nur durch ihre Lage im Raum voneinander unterscheiden. Dies ändert jedoch natürlich nichts an der Tatsache, daß hier
überall eine Lücke in der axiomatischen Formulierung konstatiert werden
muß. |

Zusammenfassend läßt sich als Resultat dieses Abschnittes der Untersuchung sagen, daß gar keine Rede davon sein kann, daß Euklid das
ἐφαρμόζειν ganz naiv gehandhabt hätte, von der Behauptung, er habe
Gleichheit und Kongruenz verwechselt, ganz zu schweigen. Daß er sich
große Mühe gegeben hat, die ἐφαρμόζειν-Beweise jeweils zu unterbauen,
wird durch das Verhältnis von I, 1—3 zu I, 4, von I, 7 zu I, 8, von III, 23
zu III, 24, von VI, 18 zu VI, 22 zwingend bewiesen. Aber überall finden
sich auf der anderen Seite Ungeschicklichkeiten und Lücken, so in dem
Beweis von III, 26 die nicht bewiesene Annahme, daß, wenn von gleichen
Kreisen gleiche Segmente abgezogen werden, nicht nur die restlichen

Segmente, sondern auch die sie einschließenden Bogen einander gleich
sind, obwohl sich hier der Beweis auf Grund von III, 22 und des Beweises
III, 24 hätte erbringen lassen; in III, 23 und III, 24 die ungeschickte
Verteilung des Beweises auf die beiden Sätze, wo ein einziger Beweis
genügt hätte; die Formulierung des Satzes über die gleichen Kreise als
überbestimmte Definition, die auch dann anstößig bleibt, wenn Euklid
auf Grund von Überlegungen wie den oben angestellten die Behauptung,
daß Kreise mit gleichem Radius sich nur durch die Lage im Raum voneinander unterscheiden und daher sowohl im Inhalt als in der Gestalt,
d. h. der umgrenzenden Linie übereinstimmen, für gerechtfertigt hielt;
endlich die durchgehende Lücke, daß Euklid nirgends das Prinzip ausspricht, daß geometrische Gegebenheiten, die sich abgesehen von ihrer
Lage im Raum nur durch ihre Größe unterscheiden, wenn sie gleich sind,
sich decken, noch, was schwerer wiegt, irgendwo ausspricht, für welche
geometrischen Gegebenheiten dies zutrifft. Während es sich nun bei den
zuerst genannten Mängeln z. T. um Ungeschicklichkeiten handelt, die
leicht hätten beseitigt werden können, kann man über die zuletzt genannten Lücken wohl sagen, daß hier die axiomatische und definitorische
Präzisierung der vormathematischen Begriffe nicht vollständig durchgeführt worden ist, ohne daß daraus der Schluß gezogen werden dürfte,
daß sich Euklid über das ausdrücklich Ausgesprochene hinaus keine Gedanken gemacht hat.

Ist nun der Sachverhalt bei Euklid soweit geklärt, so erhebt sich vor
allem die historische Frage nicht nur nach dem Ursprung der von Euklid
verwendeten ἐφαρμόζειν-Methode, sondern auch nach den Ursachen,
warum diese Methode bei Euklid zwar, wie gezeigt, in gewisser Weise
weiterentwickelt, purifiziert und unterbaut worden, aber doch offensichtlich in einem Übergangsstadium stecken geblieben ist. In diesem
Zusammenhang tritt auch die bisher[47] nur am Rande gestreifte Frage |
wieder auf, was es zu bedeuten hat, daß im XI. Buch der Elemente, in
dem die Grundlage der Stereometrie gelegt wird, ein anderer Kongruenzbegriff oder eine andere Bezeichnung für die Kongruenz auftritt, das ἴσον
καὶ ὅμοιον. Da nun unter den Historikern der Mathematik wohl allgemeine Übereinstimmung darüber besteht, daß das XII. Buch der Elemente im wesentlichen auf Eudoxos von Knidos zurückgeht und die
Sätze des XI. Buches nebst den zugehörigen Definitionen den unentbehr-

---

[47] Vgl. oben p. 447 f.

lichen Unterbau für das XII. Buch bilden[48], so kann die Frage auch dahin präzisiert werden, warum Euklid, obwohl ihm eine abstraktere Fassung des Kongruenzbegriffes offenbar schon vorgelegen hat, doch in den ersten Büchern zu dem ἐφαρμόζειν zurückgekehrt ist. Auch ist es vielleicht nicht ganz irrelevant, darauf hinzuweisen, daß noch in neuerer Zeit zwei verschiedene Symbole für die Kongruenz nebeneinander gebraucht werden: ≌ und ≡, von denen das erste offenbar eine Kombination von Gleichheit und Ähnlichkeit darstellt, während das zweite, wenn man es einmal ganz naiv betrachten darf, eine verstärkte Gleichheit zu bezeichnen scheint. Jedenfalls wird es in diesem Zusammenhang notwendig sein, nunmehr auch die Begriffe der Gleichheit und Ähnlichkeit, d. h. des ἴσου und ὅμοιον, die bis hierhin nur im Zusammenhang mit dem Begriff des ἐφαρμόζειν in den Kreis der Betrachtung gezogen worden sind, auch an sich auf ihre Bedeutungsentwicklung hin zu untersuchen.

4.

Die Anfänge der griechischen Mathematik sind weitgehend in Dunkel gehüllt, da sich aus der Zeit vor Euklid nur eine Schrift des Autolykos de sphaera quae movetur und einige kurze, zum großen Teil nicht wörtliche | Auszüge aus Schriften des Archytas von Tarent, des Hippias von Elis, und des Hippokrates von Chios, sowie eine Anzahl von ziemlich spärlichen Berichten und Angaben über andere frühe mathematische Leistungen erhalten haben, von denen manche auch noch erst auf ihre historische Zuverlässigkeit geprüft werden müssen. Trotzdem kann eine sorgfältige

---

[48] Daß die Definitionen XI, 1—24 der Vorbereitung und der Unterbauung des (eudoxischen) XII. Buches der Elemente dienen, die Definitionen 25—28 aber als Unterbau der (wohl mit Recht im wesentlichen auf Theaetet zurückgeführten) Konstruktion der 5 regelmäßigen Körper im XIII. Buche angehängt sind, geht daraus hervor, daß in XI, def. 12: Πυραμίς ἐστι σχῆμα στερεὸν ἐπιπέδοις περιεχόμενον ἀπὸ ἑνὸς ἐπιπέδου πρὸς ἑνὶ σημείῳ συνεστώς die Eudoxische Pyramide definiert wird und nicht das von Theaetet konstruierte regelmäßige Tetraeder, das Theaetet als Pyramide bezeichnet und das ein Spezialfall der Eudoxischen Pyramide ist. Die Definition der Theaetetischen Pyramide sollte vor XI, def. 25 stehen, ist dort aber weggelassen, offenbar weil „die" Pyramide, aber nicht dieselbe Pyramide, schon in XI, def. 12 definiert worden war. Daß aber die Definition XI, def. 10 Ἴσα δὲ καὶ ὅμοια στερεὰ σχήματά ἐστι τὰ ὑπὸ ὁμοίων ἐπιπέδων περιεχόμενα ἴσων τῷ πλήθει καὶ τῷ μεγέθει, in welcher das ὅμοιον καὶ ἴσον zuerst als fester Terminus für die Kongruenz vorkommt, der Unterbauung des (eudoxischen) XII. Buches dient, wird dadurch noch besonders bewiesen, daß sie gleich im Beweis des ersten stereometrischen Satzes dieses Buches (XII, 3) an ganz entscheidender Stelle gebraucht wird.

Prüfung der fragmentarischen Überlieferung im Verein mit einer Analyse entsprechender Stellen in den Werken Euklids vielleicht einiges ans Licht bringen, das nicht ganz an der Oberfläche liegt. Außerdem ist auch das Verhältnis des außermathematischen und vormathematischen Sprachgebrauchs zu dem mathematischen von einiger Bedeutung zu einer Zeit, die ihre termini technici nicht, wie die modernen Wissenschaften in der Mehrzahl der Fälle, entweder direkt als Fremdwörter oder indirekt durch Übersetzungen aus fremden Sprachen bezog, sondern sie unmittelbar aus der Umgangssprache beziehen mußte.

Was sich etwa über die Etymologie der beiden Wörter ἴσον und ὅμοιον ausmachen läßt, ist für unsere Frage wenig ergiebig. Das Wort ὅμοιον hängt zweifellos mit Sanskrit „sama“, englisch „same“ zusammen, was „das selbe“, die Identität, bedeutet. Das Wort ἴσον wird von den meisten Etymologen mit dem Stamm vid- und griechisch εἶδος zusammengebracht und hängt also wahrscheinlich, obwohl hier der Zusammenhang und die Urbedeutung weit weniger sicher sind, mit dem Begriff des Abbilds zusammen. Weit wichtiger ist, was sich über die Bedeutung und den Bedeutungsunterschied der beiden Wörter in der ältesten griechischen Literatur etwa von Homer bis Herodot feststellen läßt. Hier zeigt sich nun sofort, daß der Unterschied zwischen ἴσον und ὅμοιον in der außermathematischen Sprache nicht dem der Wörter „gleich“ und „ähnlich“ in der deutschen Umgangssprache entspricht; so also daß das erste Wort vornehmlich die genaue Übereinstimmung gegenüber der bloß approximativen, die durch das zweite Wort ausgedrückt wird, bezeichnete. Vielmehr können beide sowohl die genaue wie die approximative Übereinstimmung bezeichnen, ὅμοιον z. B. so sehr die genaue Übereinstimmung, daß es selbst bei Aristoteles noch mit gewissen Weisen des τὸ αὐτό, der Identität, gleichgesetzt werden kann, während ἴσον in Vergleichen bei Homer unzählige Male offenkundigerweise nicht „gleich“ sondern „vergleichbar“ bedeutet. Daß umgekehrt allerdings auch ἴσον die genaue Übereinstimmung in gewissen Hinsichten, ὅμοιον die bloße Ähnlichkeit bezeichnen kann, braucht wohl nicht erst mit Beispielen belegt zu werden. Wichtig ist nur, daß die beiden Wörter sich nicht wie ihre angeblichen deutschen Äquivalente darin wesentlich voneinander unterscheiden. |

Dagegen läßt sich von Anfang an beobachten, daß ἴσον vornehmlich, wenn nicht ausschließlich, eine Gleichheit oder Übereinstimmung in demjenigen bezeichnet, in Hinsicht dessen es ein mehr oder weniger gibt, also eine quantitative Gleichheit, ohne daß dies eine quantitative Gleichheit zu sein braucht, die sich in irgendeiner Weise exakt messen ließe. Selbst wenn ἴσον in einem Vergleich gebraucht wird und also weniger „gleich" als „vergleichbar" bedeutet, also z. B. in dem Ausdruck ἴσος Ἄρευι, bedeutet es „(dem Ares) vergleichbar an Kraft", „an Wildheit", „an Fürchterlichkeit" also, wie schon gesagt, in Hinsicht auf etwas, was sich zwar nicht notwendigerweise messen läßt, was aber doch insofern als etwas Quantitatives bezeichnet werden kann, als es ein mehr oder weniger zuläßt. Aber die Affinität zu dem auch quantitativ *Meßbaren* ist damit natürlich von Anfang an gegeben, und so ist es nicht verwunderlich, daß schon bei Homer und noch viel häufiger später ἴσον sehr häufig im Zusammenhang mit qualifizierenden Wörtern erscheint, die es als ein quantitativ Meßbares erscheinen lassen: ἴση μοῖρα „der gleiche Anteil", ἴσα νέμειν: „Gleiches zuteilen", ἴσον τὸ μῆκος, τὸ πλάτος, τὸ ὕψος „gleich an Länge, Breite, Höhe", usw.

Demgegenüber bezeichnet ὅμοιον von Anfang an das, was von gleicher Art ist, wie in dem berühmten Vers ὡς ἀεὶ τὸν ὅμοιον ἄγει θεὸς πρὸς τὸν ὅμοιον[49], was wir im Deutschen charakteristischerweise mit „Gleich und Gleich gesellt sich gern" übersetzen, worin sich sogleich die eben bemerkte Verschiedenheit in dem griechischen und dem deutschen Wortgebrauch manifestiert. Da aber die Gleichheit der Art sich vornehmlich und am offenkundigsten in der Gleichheit der Gestalt und des Aussehens ausdrückt, so ist es wiederum natürlich, daß ὅμοιον auch und vor allem, obwohl nicht überall und notwendig, die Gestaltgleichheit bezeichnet. Wie sehr aber dieser Bedeutungsunterschied im Griechischen von Anfang an und außerhalb jeder mathematischen Terminologie festliegt, läßt sich am besten an ein paar Beispielen zeigen, in denen die beiden Wörter entweder unmittelbar nebeneinander oder innerhalb derselben Wendung vorkommen. So sagt in der Ilias[50] Apollon zu Diomedes:

> Φράζεο, Τυδείδη, καὶ χάζεο, μηδὲ θεοῖσιν
> ἴσ' ἔθελε φρονέειν, ἐπεὶ οὔποτε φῦλον ὅμοιον.

Wo wir wieder das ὅμοιον mit „gleich" übersetzen: „denn die (Götter und Menschen) sind nicht von gleicher Art", diese Art von Gleichheit aber eben nicht mit ἴσον ausgedrückt werden kann, wohl aber die Gleichheit | im ersten Teil des Satzes, wo es heißt, er solle nicht den Göttern gleich „denken", d. h. seine Gedanken nicht so *hoch* erheben, nicht so *viel* von

---

[49] Odyssee P (XVII), 218: Die Gleichen sind hier die Schlechten.
[50] Ilias E (V), 440/41.

sich denken als ob er ein Gott sei. Nicht minder instruktiv sind drei Sätze bei Herodot, in denen zweimal ὅμοιον und einmal ἴσον ganz in derselben Wortverbindung vorkommen, aber in einem verschiedenen sachlichen Zusammenhang. So stellt Herodot I, 18 fest, daß den Milesiern im Kriege gegen die Lyder niemand von den Ioniern zu Hilfe kam außer den Chiern. „οὗτοι δὲ τὸ ὅμοιον ἀνταποδιδόντες ἐτιμώρεον. καὶ γὰρ δὴ πρότερον οἱ Μιλήσιοι τοῖσι Χίοισι τὸν πρὸς Ἐρυθραίους πόλεμον σμνδιήνεικαν." Also: „Sie haben ihnen Gleiches mit Gleichem vergolten." Aber das bedeutet nicht, daß sie quantitativ das Gleiche geleistet haben, sondern daß sie Hilfe mit Hilfe vergolten haben, also der Art nach Gleiches getan: deshalb heißt es: τὸ ὅμοιον. Ebenso IV, 119 „Ihr seid zuerst in Persisches Gebiet eingefallen. Jetzt fallen sie in euer Gebiet ein und τὴν ὁμοίην ὑμῖν ἀποδιδοῦσιν". Anders dagegen ganz zu Anfang des Werkes Herodots I, 2: wo die Frage erörtert wird, wer denn an dem Konflikt zwischen Orient und Occident schuld sei, d. h. wer „angefangen" habe. Hier wird erzählt, daß zuerst die Ägypter die Io aus Argos geraubt haben und dann die Griechen die Europa aus Phoenikien: ταῦτα μὲν δὴ ἴσα σφισὶ πρὸς ἴσα γενέσθαι: „Das war also Gleich gegen Gleich." Das ist nun freilich auch „gleich der Art nach", aber zugleich auch der Zahl nach: *eine* Frau gegen *eine* andere Frau: und daß es Torheit sei, hier etwa qualitative Unterschiede zu machen, wird von den Orientalen, die Herodot hier reden läßt, noch ausdrücklich betont[51].

Deutlicher könnte der Unterschied in der Bedeutung der beiden Wörter kaum in Erscheinung treten, und dies um so mehr, als Herodot hier ja gewiß keinen Unterricht in subtilen Bedeutungsunterscheidungen geben will wie sein jüngerer Zeitgenosse Prodikos, sondern ganz offenkundig jeweils einfach schreibt, was ihm natürlicherweise in die Feder kommt. Nicht minder instruktiv ist die Tatsache, daß man in allen drei Fällen bei Herodot ebenso wie bei den beiden Wendungen bei Homer|im Deut-

---

[51] Interessant ist auch, daß zur Zeit Herodots (vgl. z. B. Herodot IX, 7a) und später Verträge vielfach ἐπ' ἴσῃ καὶ ὁμοίᾳ geschlossen werden. Es wird also stipuliert, daß die Gegenseitigkeit sowohl der Art als auch der Quantität nach garantiert werden soll. Freilich bedeutet dies bei ungleichen Partnern nicht, daß etwa ein kleiner Staat die gleiche Menge von Truppen stellen müßte wie ein großer, der mit ihm das Bündnis eingegangen ist. Vielmehr bedeutet das ἴσον hier, daß beide Staaten sich verpflichten, im Verhältnis zu ihren Fähigkeiten und Resourcen dasselbe zu leisten. Es ist die „geometrische", d. h. proportionale Gleichheit gemeint, die dann auch in der Staats- und Gesellschaftslehre des Aristoteles eine so große Rolle spielt. Aber diese Verschiebung in der Terminologie ist für die Anfänge der Mathematik ohne Bedeutung.

schen schlechterdings mit „gleich" übersetzen muß und das Wort „ähnlich" nicht gebrauchen kann. Diese Feststellung hat vielleicht auch an sich ein gewisses terminologiegeschichtliches Interesse, insofern sie zeigt, daß der Gebrauch der Wörter „gleich" und „ähnlich" für gewisse Relationen in der Mathematik im Deutschen nicht aus der deutschen Umgangssprache stammt, sondern auf einer Übersetzung aus dem Griechischen, bzw. dem Lateinischen, das seine Terminologie selbst aus dem Griechischen bezogen hat, beruht. Im Zusammenhang der gegenwärtigen Untersuchung aber ist sie noch wichtiger deshalb, weil nur auf Grund dieser genauen Feststellung der Bedeutungsdifferenz in der vor- und außermathematischen Sprache sich die Bedeutung einer von der indirekten Überlieferung bezeugten Entwicklung der mathematischen Terminologie verstehen läßt.

In meiner Arbeit über die APXAI habe ich zu zeigen versucht, daß die ἐφαρμόζειν-Methode aller Wahrscheinlichkeit nach von Thales stammt und von diesem in viel größerem Umfang, d. h. zugleich natürlich in viel unkritischerer Weise, angewendet worden ist als von Euklid[52]. Ihre Anwendung in dieser Form gehört in eine Zeit, in der die Griechen begannen, die Resultate und Methoden der in vieler Hinsicht schon hoch entwickelten orientalischen, d. h. vornehmlich babylonischen und ägyptischen, Mathematik zu übernehmen und sich dabei bald in die Notwendigkeit versetzt sahen, sich neue und exaktere Grundlagen zu schaffen, da in ihren Vorlagen exakte und bloß approximative Lösungen nicht deutlich unterschieden waren und daher in der Anwendung der letzteren auf neue Probleme für den, der nicht in der orientalischen Tradition aufgewachsen war, große Schwierigkeiten entstehen mußten. Die ἐφαρμόζειν-Methode diente dann offenbar dazu, sich im Gebiete der Planimetrie gewisser Gleichheitsbeziehungen als exakt zu versichern, wenn auch die Art, wie dies geschah, nicht im Sinne späterer Forderungen an die vollständige und rein abstrakte Grundlegung der Mathematik als exakt bezeichnet werden kann. Darauf brauche ich hier nicht noch einmal einzugehen.

Von Thales ist aber auch überliefert[53], daß er gleiche Winkel (τὰς ἴσας [γωνίας]) als „ähnlich", d. h. mit dem Wort ὅμοιος bezeichnet habe. Das kann keinesfalls, wie wohl gesagt worden ist, bedeuten, daß Thales „noch"

---

[52] Vgl. oben S. 400 ff.

[53] Vgl. Proclus, in Euclidis Elem. p. 157, 10 Friedlein (Diels, Vorsokratiker I, 11, A, 20).

keinen klaren Gleichheitsbegriff gehabt oder gar die Wörter ὅμοιον und ἴσον promiscue gebraucht habe[54]. Denn das hat sich ja mit der | vollsten Klarheit zeigen lassen, daß schon bei Homer die Bedeutung der beiden Wörter sich scharf unterscheidet, und zwar nicht wie die Bedeutung der Wörter „gleich" und „ähnlich" in der deutschen Umgangssprache, sondern so, daß ἴσον die quantitative Gleichheit, ὅμοιον dagegen die Gestaltgleichheit bezeichnet. Dann aber ergibt sich, daß Thales die Gleichheit und Ungleichheit der Winkel nicht als eine quantitative, geschweige denn eine des Maßes, sondern als eine der Gestalt betrachtete. Das ist auch gar nicht erstaunlich, da die Winkel für die Gestalt einer Figur eine ausschlaggebende Rolle spielen.

Diese Auffassung von der Natur des Winkels hat sich in gewisser Weise bis in die Zeit Euklids hinein erhalten, wodurch die eben gegebene Interpretation der Bedeutung der von Thales gewählten Bezeichnung für gleiche Winkel bestätigt wird. Proklos in seinem Kommentar zum ersten Buch der Elemente Euklids berichtet[55], daß unter den alten Mathematikern, womit er, wie die dann angeführten Namen zeigen, die Mathematiker des 4.—3. Jahrh. v. Chr. meint, eine Meinungsverschiedenheit darüber geherrscht habe, zu welcher Kategorie (im Aristotelischen Sinne) die Winkel zu rechnen seien. Der Peripatetiker Eudem (d. h. Eudem von Rhodos, der Verfasser der ältesten Mathematikgeschichte) habe in einem eigenen Buch über die Winkel der Meinung Ausdruck gegeben, daß die Winkel der Kategorie der ποιότης zuzurechnen seien. Denn Winkel seien Brechungen oder Knicke einer Linie und wenn das Geradesein und das Krummsein einer Linie ποιότητες oder Qualitäten der Linie seien, dann müsse auch die κλάσις oder das Gebrochensein als eine ποιότης der Linie betrachtet werden. Diese Begründung seiner Theorie zeigt, daß Eudem die Winkel als Gestalteigenschaften der Linien betrachtet hat.

Während Proklos von Eudem berichtet, daß er bewußt und ausdrücklich die Winkel als ποιότητες bezeichnet habe, *schließt* er bei Euklid aus dessen Definition des Winkels als einer Neigung von zwei Linien zueinander, daß Euklid die Winkel der Kategorie des πρός τι zugerechnet habe. Dagegen hätten Plutarch[56], der auch Apollonios[57] in diesem Sinne

---

[54] So z. B. Charles Mugler, Platon et la recherche mathématique de son époque, Straßburg, 1948, p. 65.

[55] Proclus, in Eukl. Elem., pp. 121 ff. (vor allem 125), Friedlein.

[56] Plutarch von Athen, der Lehrer Syrians.

[57] Es ist offenbar Apollonios von Perge, der Verfasser des berühmten Werkes über die Kegelschnitte, gemeint, der in demselben Abschnitt von Proklos mehrfach

interpretiert habe, und Karpos von Antiochia den Winkel | als ποσότης bezeichnet, und zwar habe Plutarch ihn bezeichnet als das πρῶτον διάστημα ὑπὸ τὸ σημεῖον: den ersten Abstand unter dem Scheitelpunkt. Denn, so habe er argumentiert, es müsse einen ersten Abstand nächst dem Knickpunkt der einschließenden Linie oder (bei körperlichen Ecken) Fläche geben, obwohl dieser erste Abstand nicht faßbar sei, da jeder Abstand unendlich teilbar sei, wie ja auch, wenn man den ersten Abstand begrenzen könnte, auch durch ihn (d. h. wohl seinen anderen Endpunkt) eine Gerade müßte gezogen werden können, so daß dann ein Dreieck (Dreiwinkel) statt eines einzigen Winkels entstünde[58].

Proklos selbst entscheidet sich diesen drei voneinander abweichenden Theorien gegenüber dahin, daß der Winkel an allen drei Kategorien teilhabe, und kritisiert von diesem Standpunkt aus die Definition Euklids. Interessant ist an diesem Bericht des Proklos vor allem, daß er einen gewissen Einblick gibt in die allgemeinen Erörterungen über das Wesen geometrischer Gegenstände, die im vierten und dritten Jahrh. v. Chr. eine große Rolle gespielt haben müssen, von denen wir aber aus den erhaltenen rein mathematischen Werken wegen ihres Purismus garnichts erfahren, sondern nur auf Umwegen gelegentlich etwas erschließen können. Er ist ferner interessant, weil er zeigt, daß die Auffassung von den Winkeln als etwas wesentlich nicht Quantitativem sondern Gestalthaftem noch zur Zeit Euklids von einem bedeutenden Mathematiker und Mathematikhistoriker energisch vertreten worden ist, am Schluß aber doch die rein quantitative Auffassung der Winkel steht, wobei die Auffassung Plutarchs von Athen, die vielleicht schon bis zu einem gewissen Grad bis auf Apollonios von Perge zurückgeht, wenn man von den infinitesimalen Betrachtungen absieht, ja eine sehr interessante Affinität zu den Betrachtungen Peletiers aufweist[59].

Wichtiger noch als diese Zeugnisse über die allgemeinen Erörterungen der Natur des Winkels ist die Beantwortung der Frage, wie sich der Wandel der Auffassungen in der konkreten Behandlung der Winkel in den

---

zitiert wird. Der seltsame Ausdruck εἰς τὴν αὐτὴν δόξαν συνωθῶν καὶ τὸν Ἀπολλώνιον kann wohl nur bedeuten, daß Plutarch von Athen aus den Bemerkungen des Apollonios über den Winkel eine der seinigen ähnliche Auffassung des Winkels (gewaltsam?) herausgelesen oder herausinterpretiert hat.

[58] Δεῖ γὰρ εἶναί τι διάστημα πρῶτον ὑπὸ τὴν κλάσιν τῶν περιεχουσῶν γραμμῶν ἢ ἐπιφανειῶν, καίτοι γε συνεχοῦς ὄντος τοῦ ὑπὸ τὸ σημεῖον διαστήματος ἀδύνατον τὸ πρῶτον λαβεῖν. ἐπ’ ἄπειρον γὰρ πᾶν διάστημα διαιρετόν.

[59] Vgl. oben S. 460 f. mit Anm. 41.

mathematischen Lehrsätzen und Beweisen ausgedrückt hat, zumal da sich nur auf diese Weise mit Sicherheit feststellen läßt, ob die von Proklos gegebene Interpretation der Winkeldefinition Euklids richtig, bzw. ausreichend ist.

Von Interesse ist in diesem Zusammenhang vor allem ein älterer Beweis des Satzes von der Gleichheit der Basiswinkel im gleichschenkligen Dreieck, der durch Aristoteles erhalten worden ist[60]. Dieser Beweis ist der folgende: Man schlage um die Spitze A des gleichschenkligen Dreiecks ABC einen Kreis mit AB, der, da $AB = AC$, durch C gehen muß. Dann ist der gemischte Halbkreiswinkel $\sphericalangle DB(F)C = \sphericalangle EC(F)B$. Da ferner angenommen wird, daß die beiden gemischten Winkel, die von

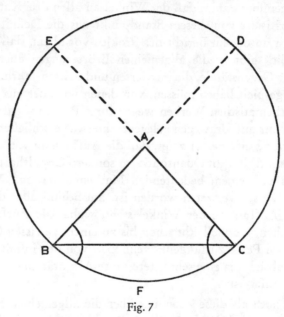

Fig. 7

einer Sehne mit der Peripherie des Kreises gebildet werden, gleich sind, so ist ferner der gemischte Winkel $\sphericalangle CBF = \sphericalangle BCF$. Es ist aber $\sphericalangle ABC = \sphericalangle DB(F)C - \sphericalangle CBF$ und $\sphericalangle ACB = \sphericalangle AC(F)B - \sphericalangle BCF$ und folglich, da Gleiches von Gleichem subtrahiert Gleiches ergibt, $\sphericalangle ABC = \sphericalangle ACB$, q. e. d.

In diesem Beweis werden nun sowohl die gemischten wie auch die geradlinigen Winkel jeweils als miteinander ἴσαι bezeichnet, nicht als

---

[60] Aristoteles, Analytica Priora I, 24; p. 41ᵇ, 13—22.

ὅμοιαι, und das ist auch notwendig, da auf sie eines der Gleichheitsaxiome angewendet wird, die ja nur für ἴσα, nicht für ὅμοια gelten. Die Winkel sind hier also durchweg dem ἴσον-Begriff unterstellt. Auf der anderen Seite beruht der Beweis auf der Annahme, daß in einem Kreis alle Halbkreiswinkel, d. h. alle gemischten Winkel, die aus der Peripherie und einem Durchmesser gebildet sind, einander gleich sind. Ein solcher Satz findet sich bei Euklid nicht, und es entsteht die Frage, wie der Satz bewiesen worden ist, bzw. worauf sich die Annahme stützte. Nun gibt es eine gewisse Analogie dazu darin, daß Proklos, zweifellos nach Eudem, berichtet[61], Thales habe den Satz, daß der Durchmesser den Kreis in zwei gleiche Teile teilt, bewiesen, während sich ein solcher Beweis bei Euklid nicht mehr findet, sondern vielmehr durch die überbestimmte Definition I, def. 17 ersetzt ist. Ein archaischer Beweis für den genannten Satz läßt sich am ehesten als ein ἐφαρμόζειν-Beweis denken, freilich ein | ἐφαρμόζειν, das dann noch nicht wie bei Euklid sorgfältig unterbaut gewesen ist. Wird aber der Satz des Thales durch ἐφαρμόζειν bewiesen, so ergibt sich das ἐφαρμόζειν und damit die Gleichheit der Halbkreiswinkel von selbst. Es liegt daher zum mindesten sehr nahe, diese beiden Dinge zusammenzubringen und sie als Bestätigung für die auch sonst sehr plausible Annahme zu betrachten, daß es in den Anfängen der griechischen Mathematik eine Periode gegeben hat, in der die ἐφαρμόζειν-Methode wesentlich mehr und wesentlich freier angewendet worden ist als bei Euklid[62].

Fest steht jedenfalls — und das ist bedeutsam genug —, daß es bei Euklid keinen Beweis für die Gleichheit der Segmente mehr gibt, in die der Kreis durch den Durchmesser geteilt wird, daß der Beweis für die Gleichheit der Basiswinkel im gleichschenkligen Dreieck bei Euklid[63] ganz anders aussieht als bei Aristoteles und daß die Benutzung von krummlinigen oder gemischten Winkeln bei Euklid nicht nur in dem Beweis dieses Satzes, sondern in Beweisen allgemein vermieden wird. Statt dessen finden sich im dritten Buch zwei Sätze, die ganz für sich alleine stehen und von denen im folgenden nirgends in irgendeiner Form Gebrauch gemacht wird. Sie sind angehängt an Satz III, 16, in dem bewiesen wird, daß eine im Endpunkt des Durchmessers eines Kreises errichtete Senkrechte außerhalb des Kreises fällt und daß man zwischen

---

[61] Proclus, op. coll. p. 157 Friedlein.
[62] Vgl. darüber ausführlicher oben S. 400 ff.
[63] Vgl. Euklid, Elemente I, 5. Der Beweis wird hier mit Hilfe des 1. Kongruenzsatzes und der Subtraktion geradliniger Winkel geführt.

eine solche Gerade und die Peripherie des Kreises keine weitere Gerade mehr einschieben kann, und sie besagen, daß der von der Peripherie des Kreises mit dem Durchmesser gebildete gemischte Winkel größer ist als jeder spitze Winkel (also größer ist als jeder gerade Winkel, der kleiner ist als ein Rechter) und der von der Peripherie mit dem Lot gebildete Winkel kleiner als jeder spitze Winkel.

Diese beiden Sätze, die — was vielleicht auch charakteristisch ist —, bei Euklid nicht als selbständige Sätze, sondern sozusagen als Anhängsel an einen anderen Satz vorkommen, bilden in gewisser Weise die negative Ergänzung zu der nunmehr vollständig durchgeführten Quantitierung der geradlinigen Winkel, indem sie zeigen, daß die gemischten Winkel nicht wie die geradlinigen ein eindeutiges Verhältnis zum Rechten Winkel haben. Was dies im Zusammenhang der Euklidischen Planimetrie bedeutet, kann man sich vielleicht auf die folgende Weise klar machen. Errichtet man auf dem Endpunkt einer Halbgeraden *A* das Lot und schlägt man um verschiedene Punkte der Halbgeraden Kreise, deren | Peripherien durch *A* gehen, so entstehen eine Reihe von mondförmigen Winkeln *BAD*, *BAE*, *BAG*, usw., die alle größer sind als der größte spitze Winkel, und von hornförmigen Winkeln *CAD*, *CAE*, *CAF*, *CAG*, usw., die alle kleiner sind als der kleinste spitze Winkel. Nun kann man wohl mit Hilfe eines ἐφαρμόζειν-Beweises wie III, 24 beweisen, daß der mondförmige

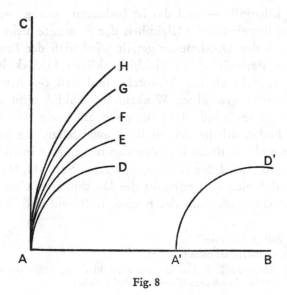

Fig. 8

Winkel *BAD* einem anderen Winkel $\not< BA'D'$ gleich ist, d. h. das siebte Gleichheitsaxiom Euklids darauf anwenden. Man kann ferner den mondförmigen Winkel *BAE* als die Summe des mondförmigen Winkels *BAD* und des sichelförmigen Winkels *DAE* auffassen und also das zweite Gleichheitsaxiom Euklids darauf anwenden. Daß man das erste Gleichheitsaxiom darauf anwenden kann, versteht sich von selbst. Dasselbe gilt mutatis mutandis von den hornförmigen Winkeln *CAD* und *CAE*. Aber die mond-, horn- und sichelförmigen Winkel haben kein eindeutiges quantitatives Verhältnis zum Rechten Winkel, oder, wie Proklos es ausdrückt[64], der Rechte Winkel ist nicht ihr μέτρον, wie er das μέτρον der spitzen und stumpfen Winkel ist, und sie haben keinen λόγος zueinander, weil sie sie sich nicht zu sich selbst addieren lassen, also nicht, wie es die Definition des λόγος verlangt, vervielfältigt einander übertreffen können[65]. Die geradlinigen Winkel dagegen gehören zu den Größen, die vervielfältigt einander übertreffen können und werden daher auch im sechsten Buch der Proportionslehre unterworfen[66], obwohl Euklid keine Winkel $\geq 2\,R$ kennt und das πολλαπλασιάζειν für Winkel bei ihm daher eigentlich nicht uneingeschränkt gilt. Die Quantitierung der geradlinigen Winkel ist also bei Euklid trotz | der Definition I, def. 8, welche nach Proklos' Meinung die Winkel der Kategorie des πρός τι unterordnet und gegen die er deshalb Einwendungen erhebt, praktisch völlig durchgeführt, während er nun umgekehrt, anders als Aristoteles, die Benutzung der krummlinigen Winkel auch in Beweisen derjenigen Bücher vermeidet, in denen Proportionen nicht vorkommen, speziell also auch keine Additionen oder Subtraktionen der Art mit ihnen vornimmt, wie sie in dem von Aristoteles mitgeteilten Beweis für die Gleichheit der Basiswinkel im gleichschenkligen Dreieck vorkommen.

Als Resultat dieses Teiles der Untersuchung ergibt sich also, daß sich in der Anwendung der Begriffe der Gleichheit und der Ähnlichkeit auf Winkel drei Etappen nachweisen lassen.

Von Thales, der am Anfang steht, werden Winkel überhaupt, d. h. einschließlich der geradlinigen Winkel, nicht als gleich, sondern als ähnlich bezeichnet, weil sie als etwas Gestalthaftes betrachtet werden. Dies entspricht nicht nur der ursprünglichen Bedeutung des Wortstammes von

---

[64] Proclus, p. 134 Friedlein.

[65] Euklid, V, def. 5: Λόγον ἔχειν πρὸς ἄλληλα μεγέθη λέγεται ἃ δύναται πολλαπλασιαζόμενα ἀλλήλων ὑπερέχειν.

[66] Vgl. Elemente VI, 33.

ὅμοιον (sama, the same), sondern auch der Bedeutung des Wortes in der Umgangssprache. In der allgemeinen Theorie des Winkels hat sich die Auffassung, daß der Winkel seinem Wesen nach eine Gestalteigenschaft, nicht etwas Quantitatives sei, bis auf Eudem von Rhodos erhalten.

Demgegenüber werden in dem von Aristoteles zitierten Beweis des Satzes von der Gleichheit der Basiswinkel im gleichschenkligen Dreieck die Winkel, und zwar die gemischten ebensowohl als die geradlinigen, nicht mehr als ὅμοιαι, sondern als ἴσαι bezeichnet, offenkundig deshalb, weil sie den Gleichheitsaxiomen unterworfen werden, deren eines Aristoteles in diesem Zusammenhang ausdrücklich zitiert.

Bei Euklid endlich ist die Quantitierung der geradlinigen Winkel vollständig durchgeführt[67]. Der Rechte Winkel wird zu ihrem μέτρον, wie Proklos es ausdrückt[68], und die Proportionslehre wird auf sie angewandt. Von den krummlinigen und gemischten Winkeln dagegen wird gezeigt, daß sie nicht im Sinne der Definition V, def. 3 homogene Größen | sind, da sie sich nicht vervielfältigt übertreffen können[69] und also keinen λόγος zueinander haben[70]. Offenbar aus einem gewissen Purismus heraus | wird es ferner von Euklid auch da vermieden, Additionen oder Subtraktionen mit nicht geradlinigen Winkeln durchzuführen oder andere Gleichheitsaxiome wie das ἐφαρμόζειν-Axiom auf sie anzuwenden, wo dies möglich

---

[67] Die vollständige Durchführung der Quantitierung bedeutet natürlich nicht, daß der gestalthafte Charakter der Winkel vergessen wäre. Sie bedeutet nur, daß bei den geradlinigen Winkeln die Gestalt des Winkels mit seiner Größe im Verhältnis zum Rechten Winkel identisch ist, wie dies offenbar auch bei dem ἐφαρμόζειν der Winkel in den Kongruenzsätzen vorausgesetzt wird (vgl. oben S. 464 f.).

[68] Proclus, p. 134 Friedlein. Daß das Postulat Elemente, post. 4, welches die Gleichheit aller Rechten Winkel fordert, als Postulat erst nach Aristoteles in die Mathematik eingeführt worden ist, läßt sich mit Sicherheit daraus erschließen, daß Aristoteles speziell geometrische Postulate, die nicht Existenzsätze sind, nicht kennt (vgl. darüber oben S. 371 ff.).

[69] Vgl. dazu auch Proclus, op. coll., p. 121 ff. Die gemischt- und krummlinigen Winkel werden von ihm aus den angegebenen Gründen ἀσύμβλητοι genannt.

[70] In der späteren antiken Mathematik ist dieser Purismus nicht überall aufrecht erhalten worden. So zeigt z. B. Pappus (bei Proclus, 189—90), daß sich das Postulat von der Gleichheit aller Rechten Winkel nicht in dem Sinne umkehren läßt, daß jeder Winkel, der einem Rechten gleich ist, selbst ein Rechter sein müsse, indem er den Rechten Winkel, der aus dem Durchmesser und der Tangente des Kreises entsteht, in den mondförmigen Halbkreiswinkel und den hornförmigen Winkel, der von der Tangente und der Kreisperipherie gebildet wird, zerlegt und diese beiden Winkel dann anders zusammensetzt, so daß ein stumpfer mondförmiger Winkel entsteht, der dann als Summe gleicher Winkel nach dem Additionsaxiom dem Rechten Winkel gleichgesetzt werden kann.

gewesen wäre und frühere Mathematiker dies, ohne irgend welche Skrupel zu empfinden, getan haben.

5.

Die Anfänge der Lehre von der Ähnlichkeit von geometrischen Figuren bei den Griechen sind in Dunkel gehüllt. Doch kann kaum bezweifelt werden, daß derjenige Zweig der pythagoreischen Schule, welcher versuchte, die altpythagoreische Lehre, daß „Alles Zahl" sei, im wissenschaft-

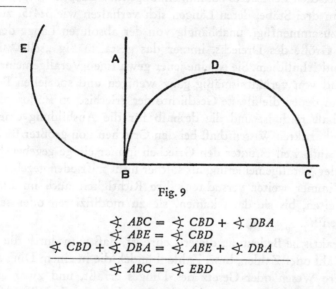

Fig. 9

$$\sphericalangle\, ABC = \sphericalangle\, CBD + \sphericalangle\, DBA$$
$$\sphericalangle\, ABE = \sphericalangle\, CBD$$
$$\sphericalangle\, CBD + \sphericalangle\, DBA = \sphericalangle\, ABE + \sphericalangle\, DBA$$
$$\overline{\qquad\qquad\qquad\qquad\qquad\qquad\qquad}$$
$$\sphericalangle\, ABC = \sphericalangle\, EBD$$

Vielleicht kann man an eben diesem Beispiel auch erkennen, warum Euklid selbst die Addition und Subtraktion von krumm- und gemischtlinigen Winkeln zu- und voneinander vermieden hat und wie dieser „Purismus" aufs engste mit seiner Behandlung der Winkel in den Kongruenzbeweisen zusammenhängt. Denn, wie gezeigt, fallen bei den geradlinigen Winkeln quantitative und Gestalt-Gleichheit zusammen und ist deshalb bei ihnen Gleichheit und Kongruenz identisch, da sie sich außer durch ihre Lage im Raum nur durch ihre Größe = Gestalt unterscheiden. Wenn aber krumm- und gemischtlinige Winkel so zueinander addiert werden können, daß ein geradliniger einem krummlinigen Winkel gleichgesetzt werden kann, so gilt die Identität von Größe und Gestalt nicht mehr. Das ἀσύμβλητον der krumm- und gemischtlinigen Winkel wird also streng genommen. Es hat keinen Sinn, sie als Größen zu addieren, da sie weder geschlossene Größen sind noch wie die geradlinigen Winkel, welche ebenfalls ins Unendliche offen sind, durch die Beziehung auf ein festes Maß wie den Rechten Winkel im eigentlichen Sinn gemessen werden können.

lich mathematischen Sinne weiter auszubauen, in entscheidender Weise daran beteiligt gewesen ist.

Die wahrscheinlich schon auf Pythagoras selbst zurückgehende Lehre, daß alles Zahl ist, beruht, soweit sich aus der antiken Tradition ersehen läßt, auf einer Kombination verschiedener Elemente; der von den Babyloniern übernommenen Erkenntnis der zahlenmäßigen Berechenbarkeit wichtiger Himmelserscheinungen; der aus der Musik geschöpften Erkenntnis, daß man „dieselbe" Harmonie in verschiedener Tonhöhe und auf verschiedenen Instrumenten durch Beobachtung derselben Zahlenverhältnisse wiedererzeugen kann; der mit einem einfachsten Fall des pythagoreischen Lehrsatzes zusammenhängenden Beobachtung, daß man, wenn man drei Stäbe, deren Längen sich verhalten wie 3:4:5, zu einem Dreieck zusammenfügt, unabhängig von der absoluten Länge der Stäbe und der Größe des Dreiecks, immer das gestaltmäßig „selbe" Dreieck erhält, und Ähnlichem. Sie ist eine jener gewaltigen Verallgemeinerungen auf Grund von verhältnismäßig ganz wenigen und speziellen Beobachtungen, an denen die älteste Geschichte der griechischen Philosophie und Wissenschaft reich ist und die deshalb für die Ausbildung einer ganz neuen und exakten Wissenschaft bei den Griechen von größter Bedeutung gewesen sind, weil es unter den Griechen immer einige gegeben hat, die sich mit der Verallgemeinerung als solcher nicht zufrieden gegeben haben, sondern immer weiter versuchten, ihre Richtigkeit auch im Einzelnen nachzuweisen, bis sie dazu kamen, sie zu modifizieren oder selbst zu widerlegen[71].

Die praktische Bedeutung dieser Lehre ist, daß man durch die Kenntnis der Zahl oder Zahlen, bzw. Zahlenbündel, die in einem Ding stecken, das innere Wesen oder Gesetz des Dinges erfaßt, und zwar auf eine solche Weise, daß man es sowohl mitteilen als auch mit Hilfe der durch diese Mitteilung gewonnenen Erkenntnis wiedererzeugen kann[72]. Obwohl es Proportionen in gewisser Weise schon vor dem Beginn der griechischen Mathematik bei den Babyloniern gegeben hat, so hängt die spezielle Form, welche die Proportionenlehre bei den griechischen Mathematikern angenommen hat, und vor allem die Bezeichnung des mathematischen Verhältnisses als λόγος, „Wort", offenbar mit der genannten

---

[71] Für Beispiele vgl. meinen Aufsatz, Der gemeinsame Ursprung der Geschichtsschreibung und der exakten Wissenschaften bei den Griechen, in Philosophia Naturalis II (1953), pp. 220 ff. und 376 f.

[72] Vgl. oben S. 407 ff.

Lehre zusammen. Der λόγος ist eben das Zahlenbündel, mit Hilfe dessen man den Gegenstand, die musikalische Harmonie, die Gestalt des Dreiecks, usw. aussprechen und mitteilen kann.

Ob nun schon in der ältesten Zeit in diesem Zusammenhang von den Pythagoreern für die Figuren von gleicher Gestalt, die, wie z. B. ähnliche Dreiecke, mit Hilfe der λόγοι ihrer Seiten wiedererzeugt werden können, der Ausdruck ὅμοιον gebraucht worden ist, läßt sich nicht mit Sicherheit feststellen. Es ist aber außerordentlich wahrscheinlich, wenn man von der Tatsache ausgeht, daß ὅμοιον schon bei Homer dasjenige bezeichnet, was der Art nach und dann auch speziell der Gestalt nach „das selbe" ist, und daß Thales nach einer direkten Überlieferung die Übereinstimmung der Winkel, d. h. des par excellence gestaltbestimmenden Elementes an einer ornamentalen Figur, ebenfalls mit ὅμοιον bezeichnet hat.

Bemerkenswert ist jedoch vor allem, daß auch zu einer Zeit, als sich die Lehre von den Zahlenbündeln, die in den Dingen stecken und mit deren Hilfe man sie rekonstruieren kann, schon längst zu einer voll ausgebildeten Proportionenlehre ausgewachsen hatte, und also a fortiori zweifellos auch in der ältesten Zeit, im Griechischen niemals von *gleichen* Verhältnissen die Rede ist, sondern immer nur von ὁ αὐτὸς λόγος, von dem *selben* Verhältnis, obwohl doch z. B. bei der Proportion 2:3:5 = 6:9:15 die Zahlen zu beiden Seiten des (von *uns* verwendeten) Gleichheitszeichens durchaus nicht die selben sind. Es ist immer der *selbe* (nicht der gleiche) λόγος, der das *selbe* Dreieck vergrößert oder verkleinert wiedererzeugt.

Unmittelbar faßbar, d. h. in im Wortlaut erhaltenen Schriften oder Teilen von Schriften nachweisbar, wird der Ausdruck in Anwendung auf ganze Figuren allerdings erst in den durch Vermittlung des Eudem von Rhodos von Simplicius erhaltenen Möndchenbeweisen des Hippokrates| von Chios und in den Dialogen Platons[73]. In beiden ist der Gebrauch des Terminus ὅμοιον für die Gestaltgleichheit schon ganz geläufig. Die zu klärende Frage ist nun, wie dieser Begriff vor Euklid und bei Euklid mathematisch gefaßt wird, woran sich dann die weitere Frage nach der Bedeutung des ὅμοιον καὶ ἴσον in der Geometrie vor und bei Euklid anschließen kann.

---

[73] Für das erste vgl. F. Rudio, Der Bericht des Simplicius über die Quadraturen des Antiphon und des Hippokrates, griechisch und deutsch mit Kommentar und Anhang, Leipzig, 1907; für Platon vgl. unten p. 490.

Bei Euklid ist uns der Terminus ὅμοιον bisher in der Definition ähnlicher Kreissegmente als solcher Segmente, welche gleiche Peripheriewinkel „in sich aufnehmen", begegnet. Von dieser Definition hat de Morgan bemerkt[74], daß sie eigentlich einen Lehrsatz darstelle, da mit Ähnlichkeit offenbar Ähnlichkeit der Gestalt oder Form gemeint sei. Doch liegt der Fall hier offenbar nicht ganz genauso wie bei den Definitionen I, def. 17; III, def. 1 und XI, def. 10. Worin der Unterschied besteht und was er bedeutet, kann man sich am besten klarmachen, wenn man die Euklidische Definition ähnlicher Segmente mit der überbestimmten Definition des Durchmessers I, def. 17 einerseits und der Definition des αὐτὸς λόγος (V, def. 5), bzw. deren voreuklidischen Vorgängern, andererseits vergleicht.

Der Definition I, 17 sind die Gleichheitsaxiome, auch wenn sie ihr in der Anordnung der Sätze im 1. Buch der Elemente nicht vorangehen, sachlich vorgeordnet. Wenn also in der Definition I, 17 der Durchmesser als eine Gerade definiert wird, welche durch das Zentrum des Kreises geht, von der Peripherie des Kreises zu beiden Seiten begrenzt wird und den Kreis in zwei gleiche Teile teilt, so ist diese Definition in doppelter Weise überbestimmt, einmal generell, insofern als der Durchmesser dadurch, daß er durch das Zentrum geht und zu beiden Seiten durch die Peripherie begrenzt wird, schon vollständig bestimmt ist, jede weitere Bestimmung also ein weiterer Satz ist, dann aber auch in bezug auf ihren zweiten Teil, denn die zweite Hälfte der Definition kann auch nicht als Definition der Gleichheit für Halbkreise betrachtet werden, da, wenn die Axiome über Gleichheit vorangehen, die Behauptung, die Halbkreise seien gleich, zugleich die Behauptung in sich schließt, daß sich die Gleichheitsaxiome auf sie anwenden lassen. Die zweite Hälfte des Satzes hätte also in jedem Fall als Satz, nicht als Definition aufgestellt und entweder als solcher bewiesen, oder aber als Axiom oder Postulat verselbständigt werden müssen. |

Ganz anders steht es mit der Definition des αὐτὸς λόγος im fünften Buch der Elemente. Zwar geht hier dieser Definition die Definition des λόγος als einer Art quantitativen Verhältnisses (κατὰ πηλικότητά ποια σχέσις) voraus[75]. Aber über die Art, wie dieses quantitative Verhältnis bestimmt wird oder unter welchen Voraussetzungen solche Verhältnisse einander gleichgesetzt werden können, sagt diese vorausgehende Defi-

---

[74] Zitiert von Th. Heath, The Thirteen Books of Euclid's Elements, II, 5.
[75] Euklid V, def. 3: Λόγος ἐστὶ δύο μεγεθῶν ἡ κατὰ πηλικότητά ποια σχέσις.

nition gar nichts. Dies wird erst durch die Definition V, def. 5 festgestellt. Sie ist daher eine echte konstitutive Definition, in der ein vormathematischer Gegenstand innerhalb des Systems zuerst mathematisch fixiert wird, unbeschadet der Tatsache, daß es vor dieser von Eudoxos stammenden Definition andere Definitionen des αὐτὸς λόγος gegeben hat: eine ältere aus der Zeit vor der Entdeckung der Inkommensurabilität stammende, nach der αὐτὸς λόγος das selbe Zahlenverhältnis bedeutet und die einen Spezialfall definiert, und eine spätere auf inkommensurable Größen anwendbare, die Aristoteles aufbewahrt hat[76] und die, in einer unvollkommeneren Form, sachlich auf dasselbe hinausläuft wie die von Eudoxos übernommene Definition in Euklids Elementen V, def. 5.

Wieder etwas anders liegt der Fall bei der von de Morgan inkriminierten Definition ähnlicher Segmente bei Euklid III, def. 11. Im Gegensatz zu I, def. 17 enthält diese Definition nichts außer der Definition ähnlicher Segmente. Sie ist also nicht in der Weise wie I, def. 17 überbestimmt. Es gehen ihr aber auch keine Definitionen oder Axiome über Ähnlichkeit voraus. Der Begriff der Ähnlichkeit ist noch in keiner Weise mathematisch vorher präzisiert. Trotzdem ist der Fall nicht dem der Definition des αὐτὸς λόγος völlig analog. Denn der Begriff der Ähnlichkeit ist, wie sich später zeigt, ein viel weiterer Begriff, der hier jedoch für ganz spezielle Gegenstände definiert wird, während die Definition V, def. 5 den αὐτὸς λόγος sogleich in seiner größten Allgemeinheit definiert. Das bedeutet freilich nicht, daß die Definition III, 11 darum als Definition illegitim wäre, sofern nur später die Beziehung dieser Definition der Ähnlichkeit zu der Definition der Ähnlichkeit für andere Gegenstände, bzw. zu daraus sich ergebenden umfassenderen Definitionen, einwandfrei klargestellt wird. So definiert z. B. Hilbert[77], nachdem zuerst die Kongruenz für Strecken und Winkel implizit durch Axiome definiert worden ist, die Kongruenz für Dreiecke in folgender Weise: „Ein Dreieck ABC heißt einem Dreieck $A'B'C'$ kongruent, wenn sämtliche Kongruenzen $AB = A'B'$, $AC = A'C'$, $BC = B'C'$, $\sphericalangle A = \sphericalangle A'$, $\sphericalangle B = \sphericalangle B'$, $\sphericalangle C = \sphericalangle C'$ erfüllt sind." Später wird dann eine allgemeinere Definition der Kongruenz für ebene Figuren aufgestellt: „Zwei Figuren heißen kongruent, wenn ihre Punkte sich paarweise einander so zuordnen lassen, daß die auf diese Weise einander zugeordneten Strecken und Winkel sämtlich einander kongruent sind." Der Zusammenhang wird hier da-

---

[76] Aristoteles, Topica Θ, 3, 158ᵇ, 32 ff. Vgl. auch oben S. 411 f.
[77] Hilbert, Grundlagen, I, 6.

durch hergestellt, daß die allgemeine Definition für Figuren sich auch als
für Dreiecke, die nach der ersten und eingeschränkteren Definition einander kongruent sind, gültig erweist.

Von dieser Seite her ist also gegen die Euklidische Definition der ähnlichen Segmente nichts einzuwenden. Trotzdem erscheint der Einwand
de Morgans nicht als ganz unberechtigt, wenn man bedenkt, daß dieser
Definition im Gegensatz zu der Hilbertschen Definition kongruenter
Dreiecke etwas Zufälliges anhaftet. Man hätte ja z. B. ähnliche Segmente
ebensogut durch die Gleichheit ihrer Sehnentangentenwinkel wie durch
die Gleichheit der Peripheriewinkel, die sie einschließen, definieren können, und eine solche Definition wäre vielleicht sogar vorzuziehen gewesen,
da die Definition durch die Peripheriewinkel, um überhaupt sinnvoll zu
sein, den Beweis des Satzes voraussetzt, daß alle Peripheriewinkel in
dem selben Segment einander gleich sind.

In diesem Zusammenhang ist es nun doch bemerkenswert, daß Hippokrates in dem zuvor angeführten Fragment[78] den Begriff der ähnlichen
Segmente anders definiert hat als Euklid. Simplicius, durch den dieses
Fragment auf uns gekommen ist, stellt zunächst fest, Hippokrates habe
als Ausgangspunkt oder Grundlage (ἀρχή) seiner Möndchenbeweise den
Satz aufgestellt, daß ähnliche Segmente von Kreisen sich zueinander
verhalten wie die Quadrate ihrer Sehnen oder Basen. Zum Beweis dieses
Satzes habe er zunächst bewiesen, daß Kreise sich zueinander verhalten
wie die Quadrate ihrer Durchmesser.

Nach diesem indirekten Bericht über die Grundlagen des Verfahrens
des Hippokrates und einem eingeschalteten Zitat der Euklidischen Version des zuletzt angeführten Satzes fährt Simplicius fort: ὡς γὰρ οἱ κύκλοι
πρὸς ἀλλήλους ἔχουσιν οὕτως καὶ τὰ ὅμοια τμήματα. ὅμοια γὰρ τμήματά ἐστι
τὰ τὸ αὐτὸ μέρος ὄντα τοῦ κύκλου, οἷον ἡμικύκλιον ἡμικυκλίῳ καὶ τριτημό-
ριον τριτημορίῳ. διὸ καὶ γωνίας ἴσας δέχεται τὰ ὅμοια τμήματα. αἱ γοῦν
τῶν ἡμικυκλίων πάντων ὀρθαί εἰσιν, καὶ αἱ τῶν μειζόνων ἐλάττονες ὀρθῶν
καὶ τοσούτῳ ὅσῳ μείζονα ἡμικυκλίων τὰ τμήματα καὶ αἱ τῶν ἐλαττόνων
μείζονες τοσούτῳ ὅσῳ ἐλάττονα τὰ τμήματα. |

Hier werden also ähnliche Segmente nicht wie bei Euklid als Segmente
definiert, welche gleiche Peripheriewinkel in sich aufnehmen, sondern als
Segmente, welche gleiche aliquote Teile der Kreise sind, welchen sie an-

---

[78] Rudio, a. a. O. (vgl. Anm. 73) p. 48 ff.

gehören; und der Satz, daß sie gleiche Peripheriewinkel in sich aufnehmen, wird als abgeleiteter Satz angeschlossen.

Nun hat Th. Heath[79] einen Zweifel daran ausgesprochen, ob der Satz
διὸ καὶ γωνίας ἴσας δέχεται τὰ ὅμοια τμήματα in dem Zusammenhang, in
dem er steht, von Eudem, bzw. von Hippokrates stamme oder nicht
vielmehr als Zusatz des Simplicius zu betrachten sei. Daß aber Hippokrates den Satz nicht nur gekannt, sondern auch gebraucht hat, läßt sich
wohl mit Sicherheit daraus entnehmen, daß er ihn für seinen unmittelbar
auf den oben zitierten Abschnitt folgenden Möndchenbeweis braucht.

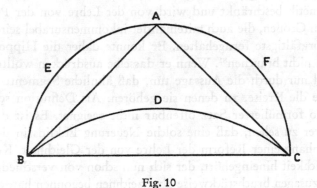

Fig. 10

Denn für diesen Beweis ist es nötig, zu den beiden Kreissegmenten, welche
von einem Halbkreis durch die Katheten (*AB* und *AC*) eines ihm einbeschriebenen gleichschenkligen Dreiecks abgeschnitten werden (*AEB* und
AFC) ein ihnen ähnliches Kreissegment (*BDC*) über der Hypotenuse zu
konstruieren, und hierzu (vgl. Euklid III, 33) braucht man den Satz, daß
ähnliche Segmente gleiche Peripheriewinkel einschließen. Hippokrates
kann diesen Satz auf dem Weg über die Gleichheit der Zentriwinkel
(vgl. Euklid III, 20 und III, 22) leicht auf Grund seiner Definition ähnlicher Segmente bewiesen haben, wenn er, wie von Rudio und Heath
angenommen worden ist[80], bei der Konstruktion ähnlicher Segmente zunächst von ähnlichen Sektoren ausging. Daß er so verfahren ist, ist um so
wahrscheinlicher als sich auch die anderen vorbereitenden Sätze, welche
er für seine Möndchenbeweise braucht, auf diese Weise am leichtesten
beweisen lassen.

---

[79] Th. Heath, A history of Greek Mathematics, I, p. 191.
[80] Rudio, a. a. O., 49; Heath, p. 192.

Ist nun also Hippokrates von der von Simplicius mitgeteilten Definition ähnlicher Segmente ausgegangen und hat er den Inhalt der Euklidischen Definition III, def. 11, nach der ähnliche Segmente gleiche Peripheriewinkel einschließen, als Satz daraus abgeleitet, so hat er | genau das getan, was Euklid nach de Morgans Meinung hätte tun sollen. Um so bemerkenswerter ist es, daß Euklid dies nicht getan hat.

Der Grund nun, warum Euklid nicht die von Hippokrates gewählte Definition zum Ausgangspunkt gewählt hat, ist nicht schwer zu finden. Denn in Euklids Elementen ist die Verwendung der Begriffe τὸ αὐτὸ μέρος und τὰ αὐτὰ μέρη in bezug auf die Proportionalität striktestens auf die Arithmetik beschränkt und wird von der Lehre von der Proportionalität von Größen, die auch miteinander inkommensurabel sein können, auf das sorgfältigste ferngehalten. Er konnte daher die Hippokratische Definition nicht brauchen[81]. Wenn er dasselbe ausdrücken wollte, konnte er es wohl nur durch die Aussage tun, daß ähnliche Segmente sich verhalten wie die Kreise, zu denen sie gehören. Als Definition schien ihm aber ein so formulierter Satz offenbar nicht geeignet. Es ist dann auch nicht schwer zu sehen, daß eine solche Neuerung Euklids in den selben Zusammenhang einer Reform der Lehre von der Gleichheit, Kongruenz und Ähnlichkeit hineingehört, der sich nun schon von verschiedenen Seiten her sozusagen bruchstückweise abzuzeichnen begonnen hat, aber noch nicht als Ganzes klar geworden ist. Jedenfalls hat sich schon bei verschiedenen Gelegenheiten gezeigt, daß dabei eine Neufassung der Proportionenlehre eine Rolle gespielt hat.

Um den Gesamtzusammenhang soweit als möglich aufzuklären, wird es nötig sein, noch einige Zwischenglieder zwischen der ältesten von den Anfängen bis zum Ende des fünften Jahrhunderts reichenden Epoche der griechischen Mathematik, der auch Hippokrates noch angehört, auf der einen Seite und Euklid auf der anderen zu finden. Hier sind nun vor allem einige Bemerkungen des Aristoteles von Bedeutung, welche zeigen, daß manches von dem, was im zweiten und dritten Abschnitt dieser Untersuchung für Euklid nachzuweisen versucht worden ist, sich schon zur Zeit des Aristoteles vorbereitet, aber in charakteristisch anderer Form. Von fundamentaler Bedeutung ist die folgende Stelle aus dem I der Metaphysik[82]: λεγομένου δὲ τοῦ ταὐτοῦ πολλαχῶς ἕνα μὲν τρόπον κατ᾽ ἀριϑ-

---

[81] Dies ist auch hervorgehoben worden von B. L. van der Waerden in Mathematische Annalen CXVII (1940/41) p. 157 ff.

[82] Aristoteles, Metaphysik I, 3, 1054ᵃ, 32 ff.

μὸν λέγομεν ἐνίοτε αὐτό, τοῦτο δ᾽ ἐὰν καὶ λόγῳ καὶ ἀριθμῷ ἓν ᾖ, οἷον σὺ
σαυτῷ καὶ τῷ εἴδει καὶ τῇ ὕλῃ ἕν. ἔτι δ᾽ ἐὰν ὁ λόγος ὁ τῆς πρώτης οὐσίας εἷς
ᾖ, οἷον αἱ ἴσαι γραμμαὶ εὐθεῖαι αἱ αὐταὶ καὶ τὰ ἴσα [καὶ τὰ ἰσογώνια] τετρά-
γωνα, καίτοι πλείω. ἀλλ᾽ ἐν τούτοις ἡ ἰσότης ἑνότης. ὅμοια δὲ ἐὰν μὴ ταὐτὰ
ἁπλῶς ὄντα μηδὲ κατὰ τὴν οὐσίαν ἀδιάφορα τὴν συγκειμένην, κατὰ τὸ | εἶδος
ταὐτὰ ᾖ, οἷον τὸ μεῖζον τετράγωνον τῷ μικρῷ ὅμοιον καὶ αἱ ἄνισοι εὐθεῖαι,
αὗται γὰρ ὅμοιαι μὲν αἱ αὐταὶ δ᾽ ἁπλῶς οὔ. Τὰ δ᾽ ἐὰν τὸ αὐτὸ εἶδος ἔχοντα,
ἐν οἷς τὸ μᾶλλον καὶ τὸ ἧττον ἐγγίγνεται, μήτε μᾶλλον ᾖ μήτε ἧττον.

Hier wird also gesagt, daß der Terminus „das selbe" in verschiedener
Bedeutung gebraucht wird, einmal so, daß wir das, was „der Zahl nach"
das selbe ist, so bezeichnen. Das aber ist der Fall, wenn etwas sowohl dem
Begriff wie der Zahl nach eines ist, „so wie du mit dir selber eins bist
sowohl der Form wie dem Stoff nach". Er wird aber auch gebraucht,
wenn der Begriff der ersten Wesenheit eins ist, „wie gleiche Strecken
dieselben sind und gleiche Quadrate, obwohl sie (der Zahl nach) mehrere
sind". „Bei diesen", fügt Aristoteles hinzu, „ist die Gleichheit (ἰσότης)
zugleich Selbigkeit." Dann definiert Aristoteles im Gegensatz dazu das
ὅμοιον, d. h. die Gestaltgleichheit (Ähnlichkeit im griechischen Sinne).
Ὅμοια heißen diejenigen Dinge, die nicht einfach dieselben sind und nicht
ununterscheidbar hinsichtlich der ersten (oder individuellen) Wesenheit,
aber selbig in bezug auf die Gestalt, wie das größere Quadrat im Verhältnis zu dem kleineren Quadrat oder ungleiche Strecken im Verhältnis zueinander. „Denn diese sind einander ὅμοια (gestaltgleich), aber nicht
einfach die selben." Endlich kehrt Aristoteles von hier aus zu dem Begriff des „das selbe" zurück und sagt: „Wenn aber diejenigen Dinge,
welche die selbe Gestalt haben und bei denen es ein mehr oder weniger
gibt, weder mehr noch weniger sind, (dann sind sie auch die selben)."

Diese Stelle ist nun nach zwei Seiten hin von grundlegender Bedeutung. Auf der einen Seite wird hier der Begriff der Ununterscheidbarkeit
abgesehen von der Lage im Raum, wenn auch in einer etwas anderen
Fassung, auf das deutlichste formuliert, und zwar gerade in bezug auf
die Kategorien von mathematischen Gegenständen, für die wir ihn auf
Grund einer sorgfältigen Analyse der ersten Bücher der Elemente postuliert haben, obwohl er bei Euklid nicht direkt ausgesprochen wird. Auch
wird hier ausdrücklich gesagt, was wir ebenso als Euklidische Voraussetzung postuliert haben: daß gleiche Strecken, obwohl mehrere, doch
„die selben sind", d. h. daß sie sich abgesehen von der Lage im Raum
nicht voneinander unterscheiden. Auch das wird ferner ausdrücklich

gesagt, daß alle Strecken einander gestaltgleich sind und sich nur der
Quantität nach (dem mehr oder weniger nach) unterscheiden. Endlich
wird allgemein gesagt, daß Gegebenheiten, die der Gestalt nach gleich
sind und bei denen ein mehr oder weniger möglich ist, wenn sie sich nicht
durch das mehr oder weniger unterscheiden, „die selben" sind, also abgesehen von der Lage im Raum ununterscheidbar. Wenn diese Dinge
bei Aristoteles so deutlich ausgesprochen sind, so müssen sie doch wohl
auch dem Euklid, der, wie sich an anderer Stelle gezeigt hat[83], mit den
philosophischen Spekulationen zur Mathematik sehr wohl vertraut war,
wenn er die πραγματεῖαι des Aristoteles auch nicht im Wortlaut gelesen
hat, vertraut gewesen sein. Das ist eine wertvolle Bestätigung für das,
was wir auf Grund einer Analyse seiner Elemente gefunden haben.

Auf der anderen Seite ist nun aber in diesem ganzen Zusammenhang
bei Aristoteles von einem ἐφαρμόζειν mit keinem Wort die Rede. Alles
wird basiert auf die „Selbigkeit" dessen, was sowohl der Gestalt wie der
Quantität (dem größer oder kleiner, dem mehr oder weniger nach) gleich
ist. Wenn auch Aristoteles in den zitierten Sätzen den Ausdruck ὅμοιον
καὶ ἴσον nicht geradezu gebraucht, so ist doch offensichtlich alles darauf
abgestellt, und unmittelbar davor[84], wo Aristoteles von den verschiedenen Bedeutungen des ἕν spricht, erscheint auch der Ausdruck selbst:
ἔστι δὲ τοῦ μὲν ἑνὸς . . . . τὸ ταὐτὸ καὶ ὅμοιον καὶ ἴσον.

Außer bei Aristoteles kommt der Ausdruck ὅμοιον καὶ ἴσον vor Euklid
noch bei Platon und bei Autolykos vor. Bei Platon findet er sich im
Timaeus in dem Abschnitt über den Aufbau der Elemente aus den regelmäßigen Körpern[85]. Nachdem der regelmäßige Tetraeder aus vier gleichseitigen Dreiecken aufgebaut worden ist (die selbst wieder aus den sechs
rechtwinkligen Dreiecken zusammengesetzt werden, in die das gleichseitige Dreieck durch seine drei Höhen zerlegt wird), heißt es, daß der
Tetraeder das ganze περιφερές (womit offenbar die Oberfläche der „umgebenden" Kugel, d. h. der dem Tetraeder umschriebenen Kugel, gemeint ist) εἰς ἴσα μέρη καὶ ὅμοια, d. h. also in gleiche und ähnliche Teile
zerteilt. Daß die Dreiecke, aus denen der Tetraeder aufgebaut wird,
gleich und ähnlich sind, wird nicht ausgesprochen, doch folgt das zweite

---

[83] Vgl. oben S. 424 ff. Daselbst auch die Gründe für die Annahme, daß Euklid die
πραγματεῖαι des Aristoteles nicht im Wort gelesen haben kann, aber mit den Diskussionen, die sich innerhalb des Peripatos daran angeschlossen haben, bis zu einem
gewissen Grade bekannt gewesen sein muß.

[84] Metaphysik, I, 3, 1054ᵃ, 29 ff.

[85] Platon, Timaeus, 54 E f.

natürlich aus ihrer Gleichseitigkeit und das erste wird von Platon stillschweigend angenommen, so daß anzunehmen ist, daß Platon auch in
bezug auf die Dreiecke sich des Ausdrucks ἴσα καὶ ὅμοια bedient haben
würde. Ein Beweis für die Gleichheit und Ähnlichkeit oder Kongruenz
der Kugelsegmente wird nicht angedeutet, so daß sich leider nicht feststellen läßt, wie ähnliche Kugelsegmente zur Zeit Platons definiert wor-
den sind. |

Ähnlich steht es bei Autolykos. Sein Werk beginnt mit der Definition[86]:
„Von Punkten wird gesagt, daß sie sich gleichmäßig bewegen, wenn sie
in gleicher Zeit gleiche und ähnliche Kurven durchlaufen." In den folgenden Beweisen wird häufig der Satz benützt, daß aus parallelen Kreisen der Kugel, (welche gleiche Pole haben), größte Kreise der Kugel,
welche durch ihre Pole gehen, ähnliche Bogenstücke herausschneiden.
Aber auch hier wird der Beweis des gebrauchten Satzes nicht gegeben,
so daß man nicht sehen kann, wie ähnliche Bogenstücke von Autolykos
definiert wurden.

So viel immerhin ist aus diesen Stellen deutlich, daß der Ausdruck
ὅμοιον καὶ ἴσον seit der Spätzeit Platons geläufig war. Die vorliegenden
Verwendungen des Ausdrucks bei Platon und Autolykos gehören zu dem
Gebiet der Stereometrie, innerhalb deren der Ausdruck auch in den
Elementen Euklids vorkommt. Die Definition XI, def. 10 gehört zu den
wichtigsten Grundlagen des Buches XII der Elemente, dessen Inhalt
allgemein im wesentlichen auf Eudoxos von Knidos zurückgeführt wird.
Damit stimmt es aufs beste überein, daß der Ausdruck ἴσον καὶ ὅμοιον
zum ersten Male in Platons Timaeus vorkommt, einem Dialog, der nicht
allzulange vor Platons Tod und also auch nicht allzulange vor dem Tode
des Eudoxos, der kurz nach Platon gestorben ist[87], verfaßt worden ist.

Die angeführte Stelle aus Aristoteles' Metaphysik ist die einzige erhaltene aus dem fraglichen Zeitintervall, in welcher der Ausdruck außerhalb der Stereometrie vorkommt. Hier aber ist, um dies noch einmal
hervorzuheben, besonders wichtig, daß alle Strecken als ähnlich und die
Kombination von ἴσον und ὅμοιον als τὸ αὐτό, als „Selbigkeit" abgesehen
von der Lage im Raum bezeichnet wird.

---

[86] Autolyci de sphaera quae movetur liber; de ortibus et occasibus libri duo ed.
F. Hultsch, Leipzig 1885, p. 2: Ὁμαλῶς λέγεται φέρεσθαι σημεῖα ὅσα ἐν ἴσῳ
χρόνῳ ἴσα τε καὶ ὅμοια μεγέθη διέρχεται.

[87] Vgl. K. v. Fritz, Die Lebenszeit des Eudoxos von Knidos, Philologus 85 (1930),
pp. 478 ff.

6.

Die bisherige Untersuchung ist etwas im Zickzack verlaufen und hat sich bald auf der chronologischen Linie der Entwicklung auf- und abwärts bewegt, bald verschiedene Gebiete der Geometrie in manchmal scheinbar regelloser Abfolge aufgesucht. Das hat sich nicht vermeiden lassen, da ebensowohl chronologisch wie auch zwischen den verschiedenen Sachgebieten Zusammenhänge bestehen, die zuerst geklärt werden müssen, ehe es möglich ist, von der Gesamtentwicklung ein einigermaßen | klares Bild zu gewinnen. Nun muß der Versuch gemacht werden, die einzelnen Stücke soweit als möglich zu einem Bild zusammenzufügen.

Vielleicht ist es am zweckmäßigsten, zunächst einige definitive Unterschiede zwischen der Mathematik von Euklids Elementen und einer Mathematik, die sich in den Werken des Aristoteles widerspiegelt und zu seiner Zeit als gültig betrachtet worden zu sein scheint, noch einmal zusammenzustellen.

Der erste dieser Unterschiede besteht darin, daß zur Zeit, als Aristoteles die zweiten Analytica schrieb, das vierte Postulat Euklids, das die Gleichheit aller Rechten Winkel fordert, kaum formuliert oder als anerkannter Teil der Grundlegung der Geometrie bekannt gewesen sein kann, da sonst Aristoteles nicht von der Voraussetzung hätte ausgehen können, die seinen Erörterungen in den Analytica offenbar zugrunde liegt, daß man in den Einzelwissenschaften nur Definitionen und Existenzsätze als erste Prinzipien brauche, unbeweisbare Relationssätze aber immer Sätze seien, die mehreren oder allen wissenschaftlichen Gebieten gemeinsam sind, wie dies bei dem Satz vom Widerspruch oder den Gleichheitsaxiomen der Fall ist.

Der zweite Unterschied besteht darin, daß Aristoteles noch mit der Addition und Subtraktion von krummen oder gemischten Winkeln als einem legitimen mathematischen Verfahren rechnet, Euklid dagegen die quantitierende Betrachtung solcher Winkel vollständig aufgegeben, die Quantitierung der geradlinigen Winkel dagegen vollständig durchgeführt hat. Da die letztere wesentlich auf dem Postulat von der Gleichheit aller Rechten Winkel beruht, gehören beide Erscheinungen offenbar zusammen und bestätigt die eine Beobachtung die andere.

Der dritte Unterschied besteht darin, daß Aristoteles einen Begriff der Kongruenz vorauszusetzen scheint, nach dem diese als „Selbigkeit an verschiedenen Stellen" definiert wird, was wohl im wesentlichen mit

Leibniz' Ununterscheidbarkeit abgesehen von der Lage im Raum identisch ist, diese „Selbigkeit" aber bei geometrischen Gegenständen *dann*
angenommen wird, wenn sie sowohl ἴσα wie auch ὅμοια, also sowohl der
Quantität wie auch der Gestalt nach gleich sind. Diese letztere Bestimmung der Kongruenz findet sich formuliert auch in Platons Timaeus und
in der Schrift des Autolykos de sphaera quae movetur, außerdem aber
auch in den stereometrischen Büchern von Euklids Elementen, und zwar
in Verbindung mit denjenigen Lehrsätzen, die auf Eudoxos von Knidos
zurückgehen. Dagegen findet sich von dem Begriff des ἐφαρμόζειν, der bei
Euklid in den planimetrischen Büchern die Grundlage der Kongruenz-
lehre bildet, als einem gültigen und geläufigen Verfahren keine | Spur.
Der Fall ist jedoch hier insofern schwieriger und weniger klar als bei den
ersten beiden Unterschieden zwischen Aristotelischer und Euklidischer
Mathematik, als einerseits kein Zweifel daran bestehen kann, daß die
ἐφαρμόζειν-Methode schon vor Euklid einmal im Gebrauch gewesen ist,
andererseits sich auch auf Grund der analysierten Aristotelesstelle nicht
mit Sicherheit behaupten läßt, daß sie bei den Mathematikern seiner Zeit
gar keine Rolle mehr spielte. Hier liegt ja aber überhaupt das zentrale
Problem der Kongruenz- und Gleichheitslehre Euklids, das zum Schluß
noch einmal wird aufgenommen werden müssen.

Der vierte Unterschied läßt sich sachlich ganz präzise feststellen. Doch
ist der chronologische Einschnitt hier nicht mit gleicher Sicherheit zu
fixieren wie bei den beiden ersten Unterschieden. Er besteht darin, daß
Euklid ähnliche Kreissegmente durch die Gleichheit der eingeschlossenen
Peripheriewinkel definiert, während es, wie Hippokrates zeigt, eine Zeit
gegeben hat, zu der sie als gleiche Teile der Kreise, zu denen sie gehören,
definiert wurden und die Eigenschaft, daß sie gleiche Peripheriewinkel
aufnehmen, auf Grund dieser Definition bewiesen worden ist. Daß Definitionen der Ähnlichkeit auf Grund des Begriffes der „gleichen Teile"
von Euklid in der Geometrie bewußt vermieden werden und nur noch in
der Arithmetik als zulässig gelten[88], kann nicht bezweifelt werden. Wenn
man nun aus der Tatsache, daß Eudem von Rhodos diesen Begriff in
seiner Wiedergabe des Beweises des Hippokrates verwendet, schließen
dürfte, daß Eudem selbst noch diesen Begriff außerhalb der Arithmetik

---

[88] Die Definition ähnlicher Zahlen (Elemente VII, def. 22) bei Euklid enthält zwar
nicht unmittelbar den Begriff der „gleichen Teile", geht aber indirekt auf ihn
zurück.

verwendet und als legitim betrachtet hat[89], so könnte man weiter daraus folgern, daß die Purifizierung der Proportionenlehre für Größen, die sich in der Vermeidung des Begriffes ausspricht, ganz das Werk Euklids war, der ja nicht sehr viel jünger war als Eudem. In Wirklichkeit ist jedoch ein solcher Schluß nicht gerechtfertigt, da ja Eudem nicht seinen eigenen Beweis, sondern den des sehr viel älteren Hippokrates wiedergibt. Auch ist es unwahrscheinlich, daß längere Zeit, nachdem Eudoxos die Proportionenlehre durch die Definition Euklid V, def. 5 auf eine neue Grundlage gestellt hatte, Mathematiker von Rang noch die von Euklid verworfene Definitionsart gebraucht haben sollten. Aber auch wenn dies nicht der | Fall war und eine gewisse Purifizierung der Proportionen- und Ähnlichkeitslehre in dieser Hinsicht sich schon einige Zeit vor Euklid durchgesetzt hatte, ist es doch keineswegs unmöglich, daß erst Euklid daraus die Konsequenz der Neudefinierung ähnlicher Segmente gezogen hat.

Der Versuch, die Entwicklung der Kongruenz-, Gleichheits- und Ähnlichkeitslehre in ihren wesentlichen und vor allem begrifflichen Grundlagen bis zu dem Einschnitt, der sich, wie eben gezeigt, auf vierfache Weise abzeichnet, zu rekonstruieren, muß bei der Spärlichkeit der Überlieferung notwendig unvollkommen und lückenhaft bleiben. Er läßt sich aber vielleicht doch so weit verwirklichen, daß der Charakter und Zusammenhang des in Euklids Elementen auftretenden Neuen besser verständlich wird.

Der erste, von dem die griechische Überlieferung etwas weiß, ist Thales. Was über ihn berichtet wird, ist nur zu verstehen, wenn man die Überlieferung, daß er von den Orientalen gelernt hat, annimmt, zugleich aber seine Bedeutung darin sieht, daß er der erste gewesen ist, der nicht nur von den Orientalen erfundene Methoden und Formeln übernommen, sondern auch den Versuch gemacht hat, das Übernommene zu prüfen und eine exaktere Grundlage zu finden. Daß er sich dabei handgreiflicherer Instrumente bediente als des abstrakten Begriffes der Evidenz, ist an sich wahrscheinlich und wird bestätigt durch die Angabe in dem Auszug aus

---

[89] Van der Waerden, Science Awakening, p. 132 und E. J. Dijksterhuis (De Elementen van Euclides I, 34) lassen die Möglichkeit gelten, daß noch Eudem den Ausdruck von sich aus auf ähnliche Segmente angewendet habe, während van der Waerden in einem früheren Aufsatz (Mathematische Annalen CVII) der Meinung zuzuneigen scheint, daß eine so unpräzise Definition seit Theaetet und vor allem Eudoxos bei Mathematikern von Rang nicht mehr vorgekommen sein dürfte.

einer Mathematikgeschichte bei Proklos[90], daß Thales πολλῶν τὰς ἀρχὰς τοῖς μετ᾽ αὐτὸν ὑφηγήσατο τοῖς μὲν καθολικώτερον ἐπιβάλλων, τοῖς δὲ αἰσθητικώτερον. Sachlich mußte es Thales bei einem solchen Unternehmen vor allem darauf ankommen, fundamentale Gleichheitsbeziehungen exakt festzustellen. An begrifflich-terminologischen Grundlagen stellte ihm die griechische Sprache (im Gegensatz zu den meisten modernen europäischen Sprachen einschließlich der deutschen) dafür zwei Worte, ἴσον und ὅμοιον, zur Verfügung, von denen das eine von vorne herein und eindeutig die quantitative Gleichheit, das andere die Gestaltgleichheit bezeichnete. Quantitative Gleichheit in der Geometrie bedeutete für ihn zweifellos vor allem Gleichheit der Längen und der Flächeninhalte. Gleiche Winkel bezeichnete er als ὅμοιαι, nicht als ἴσαι, was bei der Eindeutigkeit des Sprachgebrauches zu seiner Zeit beweist, daß er die Gleichheit von Winkeln als Gestaltgleichheit betrachtete. Das schließt nicht aus, daß er diese Gestaltgleichheit ebenso wie die quantitative Gleichheit von Flächenstücken mit Hilfe des ἐφαρμόζειν zu beweisen suchte[91]. Jedenfalls kann kein Zweifel daran sein, daß diese | Methode älter ist als Euklid; und da sie andererseits in der Periode unmittelbar vor Euklid, bzw. vor Aristoteles, keine wesentliche Rolle gespielt zu haben scheint, gehört sie offenbar zu den ältesten Methoden der griechischen Mathematik.

Die Begründung der geometrischen Ähnlichkeitslehre auf die Proportionenlehre ist hervorgegangen aus einer viel allgemeineren Theorie, der zufolge alle Dinge durch die in ihnen steckenden Zahlenbündel bestimmt werden und durch sie ausgedrückt werden können, eine Theorie, die in ihrer allgemeinsten Form den Glauben in sich schließt, daß auch das Wesen der Ehe, der Gerechtigkeit, des Menschen, des Pferdes, usw. sich in Zahlen oder Zahlenbündeln ausdrücken lassen. In ihrer zur Proportionenlehre mathematisierten Form hat diese Lehre erstaunlich früh in ihrer Anwendung auf geometrische Gegenstände zur Entdeckung der Inkommensurabilität geführt, einer Entdeckung, die um die Mitte des 5. Jahrhunderts gemacht worden sein muß, wahrscheinlich — obwohl dies angezweifelt worden ist — durch eben den Mann, dem sie von der Überlieferung zugeschrieben wird, den Pythagoreer Hippasos von Metapont[92]. Diese Entdeckung bedeutete die Widerlegung des Glaubens, daß

---

[90] Proclus, p. 65 Friedlein.

[91] Vgl. oben S. 400 ff.

[92] Vgl. darüber unten S. 545 ff. und für die Chronologie des Hippasos meinen Artikel „Pythagoreer" in der Pauly-Wissowa'schen Realenzyklopaedie, XXIV, 223 f.

sich alle Dinge, oder auch nur eine scheinbar so einfache und feststehende quantitative Beziehung wie diejenige der Diagonale zur Seite eines Quadrats, durch ganze Zahlen ausdrücken lasse. Die Schwierigkeit wurde jedoch verhältnismäßig bald überwunden durch eine neue Definition der Proportion oder des αὐτὸς λόγος, die den Prozeß selbst, durch den man bei kommensurablen Größen das Zahlenverhältnis, z. B. zwischen zwei Strecken, findet, nämlich die gegenseitige Abziehung (ἀνταναίρεσις) zum Kriterium der Proportionalität erhebt, so daß die Proportionalität auch dann festgestellt werden kann, wenn der Prozeß niemals zu Ende kommt und daher keine zwei gleichen Zahlenpaare gefunden werden können[93]. Wenn Hippokrates von Chios ähnliche Segmente als Segmente definiert, welche gleiche aliquote Teile der Kreise sind, zu denen sie gehören, und also in seiner Definition die Möglichkeit nicht berücksichtigt, daß das Verhältnis eines gegebenen Segments zu seinem Kreis sich nicht in einem echten Bruch ausdrücken läßt, so muß dahingestellt bleiben, ob dies darauf zurückzuführen ist, daß er von der Entdeckung der Inkommensurabilität noch keine Kenntnis erhalten hatte, oder viel- | mehr — was wahrscheinlicher erscheint — darauf, daß, wie es bei umwälzenden Entdeckungen meistens zu gehen pflegt, nicht sogleich alle Folgerungen aus der Entdeckung gezogen wurden. Jedenfalls kann kaum bezweifelt werden, daß die Entdeckung zur Zeit der mathematischen Tätigkeit des Hippokrates gemacht war, und ist es zum mindesten wahrscheinlich, daß die erste Überwindung der daraus entstehenden Schwierigkeit mit Hilfe der von Aristoteles erhaltenen Definition des αὐτὸς λόγος noch in seine Lebenszeit fällt.

In der ersten Hälfte des vierten Jahrhunderts hat dann Eudoxos von Knidos durch die geniale Definition der Proportion, welche in Euklids Elementen als 5te Definition des Vten Buches erscheint, die Proportionenlehre von neuem auf eine neue Grundlage gestellt[94]. Diese neue Grundlegung der Proportionenlehre und die dadurch ermöglichte strenge Exhaustionsmethode haben es Eudoxos ermöglicht, die stereometrischen Sätze, welche den Hauptteil des XIIten Buches von Euklids Elementen bilden und die inhaltlich zum größten Teil schon den Ägyptern bekannt waren, mit vorbildlicher Strenge zu beweisen. Unter den unentbehrlichen

---

[93] Vgl. darüber ausführlicher oben S. 411 ff.

[94] Über die sonstigen damit zusammenhängenden Sätze, vor allem das sogenannte Axiom des Archimedes, das seinem Inhalt nach auf Eudoxos zurückgeht, wenn es von diesem auch nicht als Axiom aufgestellt worden ist, vgl. oben S. 381 ff.

Hilfsmitteln einiger dieser Beweise befindet sich aber auch die Definition
Euklid XI, def. 10: „Gleiche und ähnliche Körper sind Körper, welche
von ähnlichen Flächenstücken begrenzt sind, die an Zahl und Größe
einander gleich sind", eine Definition, die zugleich ungenau und überbestimmt ist und in ihrer später durch Heron ergänzten Form hätte als
Satz herausgestellt und bewiesen werden sollen.

Eudoxos war einer der genialsten Mathematiker aller Zeiten, und
was er in den 55 Jahren seines Lebens nicht nur für die Mathematik,
sondern auch für die Astronomie und die theoretische wie die empirische
und deskriptive Geographie geleistet hat, ist erstaunlich. Da jedoch die
angeführte Definition für einige der Sätze des Eudoxos unentbehrlich ist
und da in der griechischen Mathematik vor Euklid nirgends etwas zu
finden ist, was sie hätte ersetzen können, so kann kaum bezweifelt werden, daß Eudoxos sich durch den glänzenden Erfolg der verschiedenen
neuen definitorischen Grundlegungen der Proportionenlehre hat verlei-
ten lassen, zu glauben, daß auch der grundlegende Satz über die Kongruenz von geradlinig begrenzten ebenen Flächenstücken begrenzter
Körper sich rein definitorisch formulieren lasse. Zugleich zeigt die von
Euklid erhaltene Definition, deren er sich offenbar bedient hat, daß |
Eudoxos den Versuch gemacht hat, die Kongruenz- und Gleichheitslehre
zum mindesten in der Stereometrie, mit der er sich vor allem beschäftigt
hat, auf den Begriff des ὅμοιον καὶ ἴσον statt auf das ἐφαρμόζειν zu
basieren.

Dafür, daß Eudoxos sich darüber hinaus mit einer Neubegründung der
Grundlagen der Geometrie, vor allem also der Planimetrie, abgegeben
hätte, gibt es keine Anzeichen. Die beiden anderen überbestimmten Definitionen, die sich in Euklids Elementen gefunden haben, nämlich I,
def. 17: der Durchmesser, welcher durch das Zentrum geht und „den
Kreis in zwei gleiche Teile teilt" und III, 1: „Gleiche Kreise sind Kreise
mit gleichem Radius oder Durchmesser", brauchen daher nicht von
Eudoxos zu stammen. Aber im Verein mit der Tatsache, daß Aristoteles
von speziell geometrischen Axiomen nichts weiß, zeigen diese Definitionen, daß vor Euklid bei einer Gruppe von Mathematikern der Glaube
herrschte, daß man in der Geometrie (abgesehen von den allgemeinen,
nicht auf die Geometrie beschränkten Axiomen und den Postulaten, d. h.
Existenzsätzen) mit Definitionen auskommen könne. Da man aber, wenn
Definitionen, wie die angeführten, als gültig angenommen werden, auch
ohne Kongruenzaxiome bzw. ohne das sie ersetzende ἐφαρμόζειν auskom-

men kann, so bedeutet dies wohl auch eine Geometrie, in der das ἐφαρμόζειν überflüssig ist. Man könnte dann sagen, daß eine solche Grundlegung der Geometrie, von der wir freilich bei der Spärlichkeit der Überlieferung nicht wissen, wie weit sie durchgeführt war, von einem Begriff
der Kongruenz ausging, aus dem jenes Element der Anschaulichkeit schon
entfernt war, welches dem ἐφαρμόζειν anhaftet und welches bei den
Modernen seit Peletier so großen Anstoß erregt hat, daß aber den ersten
Sätzen, in denen dieser abstraktere Begriff der Kongruenz mathematisch
präzisiert wurde, Mängel vom Standpunkt der logischen Sauberkeit aus
anhafteten. Im übrigen erschien hier der Begriff der Kongruenz als ein
(aus dem Begriff der quantitativen Gleichheit und der Ähnlichkeit oder
Gestaltgleichheit) zusammengesetzter Begriff.

Soll nun auf Grund dieser Übersicht und der vorangegangenen Einzel-
analysen der Versuch gemacht werden, die Grundlegung der Kongruenz-
und Gleichheitslehre in Euklids Elementen im ganzen besser zu verstehen,
so ist zunächst hervorzuheben, daß dieses Werk, wie für manche seiner
Teile schon seit langen bekannt war, für andere in neuerer Zeit vor allem
von B. L. van der Waerden nachgewiesen worden ist, zum größten Teil
eine Kompilation darstellt, und zwar eine Kompilation aus Werken sehr
verschiedenen Wertes: dies letztere gilt vor allem für die|arithmetischen
Bücher VII—IX⁹⁵. Nur dieser Charakter des Werkes als einer Kompilation erklärt es überhaupt, daß es eine ganze Reihe von Sätzen und
Definitionen enthält, die mit dem systematischen Aufbau der Kongruenz-
und Gleichheitslehre in den ersten vier Büchern nur sehr schlecht zusam-
menstimmen. Aber daß ein umfassendes Lehrbuch dieser Art zum größten Teil eine Kompilation darstellt und nur in einzelnen Teilen neu
durchgearbeitet ist, das ist ja in der Geschichte der Mathematik kein
vereinzelter Fall.

Was sich nun in der vorangegangenen Analyse hat als nacharistotelisch
nachweisen lassen, gehört alles zu den ersten vier Büchern der Elemente.
Ein großer Teil dieser Bücher besteht in der geometrischen Algebra, von
der früher die Rede gewesen ist. Daß die Anfänge dieser geometrischen
Algebra lange vor Euklid liegen, kann nicht bezweifelt werden. Dies
kann sogar aus Euklids Elementen selber nachgewiesen werden, da das
XIII. Buch, dessen Inhalt im wesentlichen auf Theaetet zurückgeht, mit

---

⁹⁵ Vgl. die ausgezeichnete Analyse der Arithmetischen Bücher in Euklids Elementen
(Buch VII—IX) durch B. L. van der Waerden in Mathematische Annalen CXX
(1948) pp. 127 ff. und kürzer in Science Awakening p. 111 ff. und 153 ff.

einer Reihe von Sätzen beginnt, die in das Gebiet der geometrischen Algebra gehören und als Vorbereitung auf das Folgende unentbehrlich sind. Diese Sätze und die dazugehörigen Beweise sehen nun aber ganz anders aus als diejenigen der ersten vier Bücher der Elemente, insofern sie alle die Proportionenlehre (natürlich in ihrer nichtarithmetischen Form) benützen, während diese von den ersten vier Büchern der Elemente strikt ausgeschlossen ist. Darüber hinaus hat Th. Heath in seinem Kommentar zu diesen Sätzen im einzelnen gezeigt[96], daß eine Reihe von ihnen viel einfacher mit Hilfe der in II, 11 benützten Figur hätten bewiesen werden können, und van der Waerden hat daraus mit Recht geschlossen[97], daß, wenn Euklid das XIII. Buch selbst geschrieben hätte, diese Beweise anders aussehen würden. Man kann das auch so ausdrükken, daß das zweite Buch später ist, oder ein späteres Entwicklungsstadium darstellt, als das XIII. Buch. Das ist eine willkommene Bestätigung für das, was sich aus dem Vergleich zwischen Aristoteles und Euklids Elementen hat erschließen lassen. Aber auch zwischen dem zweiten und dem sechsten Buch gibt es eine eigentümliche Beziehung, insofern der schon erwähnte Satz II, 11 zweimal vorkommt, aber in ganz verschiedener Form: in II, 11 als die Aufgabe, eine gegebene Strecke so zu teilen, daß das Rechteck aus der ganzen Strecke und ihrem kleineren Abschnitt gleich dem Quadrat über dem größeren Abschnitt | ist, in VI, 30 als die Aufgabe, eine gegebene Strecke nach dem goldenen Schnitt zu teilen. Das ist natürlich der Sache nach ganz dasselbe. Aber im zweiten Fall wird die Aufgabe nicht nur anders formuliert, sondern auch auf Grund vorher bewiesener Proportionssätze gelöst, während im zweiten Buch wiederum die Benutzung von Proportionen strikt vermieden ist und alles mit der Addition und Subtraktion von Flächenstücken bestritten wird. Im Übrigen ist der Zusammenhang schon von antiken Herausgebern der Elemente bemerkt worden, da sich in den Handschriften ein Zusatz zu dem Beweis von VI, 30 findet, in dem der Beweis kurz auf II, 11 zurückgeführt wird.

Daß der Gedanke, die geometrische Algebra so weit als möglich unter Ausschaltung der Proportionenlehre aufzubauen, nebst seiner Durchführung von Euklid stammt, läßt sich nicht streng beweisen. Wohl aber ist sicher, daß einige Grundlagen dieser Bücher nacharistotelisch und einige

---

[96] The Thirteen Books of Euclid's Elements III, p. 441 ff.
[97] Science Awakening, p. 173 f.

Elemente der Durchführung[98] nachtheaetetisch sind, während zweifellos der größte Teil des Inhaltes der späteren Bücher voraristotelisch ist. Van der Waerden sagt[99], Euklid sei keineswegs ein großer Mathematiker gewesen, wie daraus hervorgehe, daß er (in den Büchern V—XIII) dann ausgezeichnet ist, wenn er einer ausgezeichneten Vorlage folgt, dagegen von dieser Höhe herabsinkt, wenn seine Vorlage weniger gut ist, preist jedoch Euklid wegen seiner unvergleichlichen Fähigkeiten als Lehrer, und zwar auf Grund von Buch I—IV und wegen des Gedankens, „die wichtigsten Gegenstände der Schulgeometrie unter Ausschaltung der Proportionenlehre zu behandeln und es so selbst mittelmäßigen Schülern möglich zu machen, die ersten Bücher in sich aufzunehmen, ohne gleich von Anfang an durch Dinge abgeschreckt zu werden, die über ihren Verstand hinausgehen". Er nimmt also an, daß dieser Gedanke und seine Durchführung von Euklid stammt. Wenn dies richtig ist — und es spricht jedenfalls für diese Annahme, daß das Intervall zwischen Aristoteles und Euklid nicht sehr groß ist und wir sonst keinen Mathematiker kennen, dem dieser Gedanke zugeschrieben werden könnte —, dann würde ich sagen, daß, was die Elemente angeht, Euklid als Mathematiker nach den ersten vier Büchern beurteilt werden muß. Denn in den anderen Büchern ist er wesentlich ein Kompilator. Es ist schwer zu sagen, was er in diesen Büchern dem, was er seinen Vorgängern entnahm, hinzugefügt hat. Hier besteht sein Verdienst wesentlich | in der Auswahl, der Zusammenstellung und allenfalls der Hinzufügung von Verbindungsstücken und Rückverweisen, die aber nicht ganz selten auch fehlen. Stammt aber auch der Gedanke der Ausschaltung der Proportionenlehre und das, was an den ersten Büchern nacharistotelisch ist, nicht von Euklid, so ist Euklid in den Elementen überhaupt nur ein Kompilator, und die beobachteten Neuerungen müssen einem X zugeschrieben werden. Für die Mathematikgeschichte scheint mir diese Frage nicht von ausschlaggebender Bedeutung zu sein, sondern vielmehr, was zu welcher Zeit aus welchen Gründen und in welchem systematischen Zusammenhang getan worden ist und was es für die weitere Entwicklung der Mathematik bedeutet hat. An welchen Namen es dann zu hängen ist, ist von untergeordneter Bedeutung. Ich halte es aber für zweckmäßig, im folgenden von Euklid zu reden, wobei es jedermann unbenommen bleibt, statt dessen ein X oder, wenn er die Annahme

---

[98] Die Durchführung der Lösung der im zweiten Buch gestellten Aufgaben der geometrischen Algebra setzt nicht überall genau die Grundlegung der Kongruenzlehre voraus, die wir oben im ersten Buch der Elemente nachzuweisen versucht haben.

[99] Science Awakening, p. 197.

einer Reihe von sukzessiven Autoren für nötig hält, ein X, Y, Z einzusetzen.

Auch kann vorläufig die Frage außer Betracht bleiben, ob die Neubearbeitung der Elementargeometrie rein aus pädagogischen oder ganz oder teilweise aus anderen Gründen erfolgte. Statt dessen soll die Frage vorangestellt werden, welchen Problemen sich Euklid in der historischen Situation, in der er sich befand, d. h. unter Voraussetzung des Entwicklungsstadiums der Geometrie und der geometrischen Terminologie, welche Aristoteles widerspiegelt, gegenübersah, nachdem er, aus welchen Gründen auch immer, den Entschluß gefaßt hatte, die geometrische Algebra soweit als möglich unter Ausschaltung der Proportionenlehre aufzubauen.

Da es sich um Gleichungen von Flächenstücken handelt, bei denen nur die Rechnungsarten der Addition und Subtraktion verwendet werden, ist es notwendig, sich primär der Gleichheit von Flächenstücken zu versichern. Da wie die Proportionen so auch der Maßbegriff ausgeschaltet ist, ist dies nur mit Hilfe von Kongruenzbeziehungen möglich. Über den Unterschied von Kongruenz und Gleichheit konnte sich Euklid oder wer immer diese Bücher der Elemente aufgebaut hat, nicht gut im unklaren sein nach den ausführlichen Erörterungen, die nach Ausweis der Metaphysik des Aristoteles in der vorangehenden Generation darüber angestellt worden waren. Wohl aber mußte ihm die mathematische Bestimmung der Kongruenz Schwierigkeiten bereiten. Den Begriff des ὅμοιον καὶ ἴσον, der bei und nach Eudoxos offenbar eine bestimmende Rolle gespielt hatte, konnte er nicht gebrauchen, da mit der Proportionenlehre auch die darauf basierende Ähnlichkeitslehre und Ähnlichkeitsbestimmung ausgeschaltet war. Dann boten sich aus frü||heren Behandlungen des Problems zwei Termini an: das τὸ αὐτό, das sich bei Aristoteles findet, und das ἐφαρμόζειν aus einem früheren Stadium der Mathematik. Daß der Terminus τὸ αὐτό, der eigentlich die Identität bezeichnet, bei der Formulierung der entsprechenden Definitionen und Axiome beträchtliche Schwierigkeiten gemacht hätte, ist nicht schwer zu sehen, da ja eben der Begriff der Identität im strengen Sinne ausgeschaltet werden mußte. Auf der anderen Seite kann ein Mathematiker der Zeit nach Aristoteles, ein Mann, der über die von Aristoteles als gültig angenommene Mathematik hinaus die Addition und Subtraktion von krummen Winkeln ausgeschaltet und die Quantitierung der geraden Winkel neu fundiert hat, über die Unvollkommenheiten der ἐφαρμόζειν-Methode, wie sie von Thales oder anderen Mathematikern der Frühzeit der griechischen Mathematik ange-

wendet worden war, keine Illusionen gehabt haben. Die andere Möglichkeit, wenn er nicht einen ganz neuen Terminus für Kongruenz schaffen
wollte, war also, den alten Terminus zu übernehmen und den damit verbundenen Begriff nach Möglichkeit von seinen Unvollkommenheiten zu
befreien. Etwas anderes hat schließlich auch die modernste Mathematik
nicht getan, wenn sie sich des Terminus „kongruent" bedient, der eine
Übersetzung des griechischen ἐφαρμόζειν ist. Allerdings war es für die
modernen Mathematiker leichter, diesen Terminus von allen unerwünschten Nebenbedeutungen freizuhalten, eben deshalb, weil er als Übersetzung seinem Ursprung schon an sich ferner stand und weil außerdem
durch einen über mehr als zwei Jahrtausende sich erstreckenden Gebrauch
die Entfernung von seinem Ursprung noch größer geworden war.

Auf der anderen Seite ist die rein terminologische Schwierigkeit weder
die einzige noch die größte Schwierigkeit, welcher sich Euklid bei seinem
Versuch, unter den angegebenen Bedingungen die Lehre von den Gleichheitsbeziehungen zwischen Flächenstücken auf Grund eines Kongruenzbegriffes neu aufzubauen, gegenübersah. Wenn Euklid sich des Terminus
ἐφαρμόζειν bedient hätte innerhalb eines Axiomensystems der Art, wie es
Pasch, Veronese oder Hilbert bei ihren Bemühungen, der euklidischen
Geometrie eine neue und festere Grundlage zu geben, aufgestellt haben,
so würde für seine griechischen Leser sich die Erinnerung an die ursprüngliche empirische Bedeutung des Wortes vielleicht immer noch in uner-
wünschter Weise eingedrängt haben, aber der sachliche und inhaltliche
Aufbau seines Axiomensystems wäre trotzdem derselbe gewesen wie bei
seinen modernen Nachfolgern, und die von diesen gegen sein System
erhobenen Einwände würden sich nicht gegen ihn erheben lassen. |

Es stellten sich aber einem solchen Versuch noch zwei Prinzipien der
voreuklidischen griechischen Mathematik entgegen, die sich bei Aristoteles
auf das deutlichste abzeichnen. Das eine ist das Prinzip, daß die Gleichheitsaxiome nicht einem bestimmten Gebiet angehören, sondern den
speziellen Gebieten vorangehen, also auch diesen übergeordnet sind und
nur in jedem Gebiet ihre spezielle Anwendung finden. Das zweite ist das
Prinzip, daß die Axiome selbstevident sind und deshalb eine besondere
Einfachheit besitzen müssen; vor allem aber, daß nicht ein einfacherer
Satz auf Grund eines komplizierteren Satzes, der als Axiom angenommen
wird, bewiesen werden darf. Ein solches Verfahren wäre für Aristoteles
und seine Zeitgenossen die Umkehrung, eine Perversion, des Prinzips
einer wahrhaft beweisenden Wissenschaft gewesen, die nur von dem an

sich Einsichtigen zu dem weniger Einsichtigen fortschreiten darf, aber nicht umgekehrt.

Das erste dieser beiden Prinzipien macht es unmöglich, den Begriff der Gleichheit oder den der Kongruenz allmählich aufzubauen wie dies bei Hilbert geschieht, da er in gewisser Weise schon vor dem Beginn der Geometrie vorgegeben ist. Doch ist dies nicht die entscheidende Schwierigkeit, da man mit einer etwas anderen Formulierung der Sätze die Grundlagen der Geometrie auch unter dieser Voraussetzung im wesentlichen so aufbauen kann, wie es in Hilberts Grundlagen der Geometrie geschieht. Sehr viel einschneidender ist das zweite Prinzip, das ja auch von den meisten modernen Mathematikern zusammen mit dem Evidenzbegriff aufgegeben worden ist. Dies macht es für Euklid unmöglich, den Satz von der Gleichheit aller Rechten Winkel auf Grund des ersten Kongruenzsatzes zu beweisen, aber auch, den ersten Kongruenzsatz einfach als Axiom aufzustellen. Diese Unmöglichkeit hat Euklid offenbar veranlaßt, den Satz über die Rechten Winkel als Postulat voranzustellen, zumal da darin für ihn zugleich die Möglichkeit der Bestimmung der geradlinigen Winkel allein durch ihre Quantität hing, zugleich aber auch, für den Beweis des ersten Kongruenzsatzes und einiger weiterer Sätze die Methode des *Aufweisens* zu wählen, welche, wie Peletier richtig bemerkt, aus diesem Satz speciem quodammodo mixtam principii et theorematis macht.

Schon Peletier, auf den diese Charakterisierung des ersten Kongruenzsatzes des Euklid zurückgeht, hat auch die Frage aufgeworfen, warum ihn Euklid unter die Lehrsätze gestellt habe und nicht unter die Postulate, da er doch seinem Wesen nach zwischen beiden stehe. Um diese Frage zu beantworten, muß man auf das allgemeine Unterscheidungsprinzip zwischen ἀρχαί (Axiomen, Definitionen und Postulaten) und ab | geleiteten Sätzen (Lehrsätzen und Konstruktionen) zurückgehen. Dieses besteht darin, daß die ersteren auf nichts früheres zurückgeführt werden können, sondern selbstevident sind, die letzteren dagegen mit Hilfe der ersteren und der von ihnen abgeleiteten Sätze durch ein syllogistisches Schlußverfahren bewiesen werden können und müssen. Die Tatsache nun, daß es bei dem ersten Kongruenzsatz als nötig erscheint, der Selbstevidenz durch Rekurrieren auf die Anschauung (mit Hilfe des Aufeinanderlegens) nachzuhelfen, allein kann den Satz nicht zu einem abgeleiteten Satz, also zu einem Lehrsatz machen. Auch dies weist also darauf hin, daß der Satz, wenn ihn Euklid unter die Lehrsätze aufnahm, von ihm als von anderen Sätzen abhängig gedacht worden ist, mit anderen Worten, daß er ihn zu

unterbauen versucht hat. Auf welche Weise Euklid dies zu tun versucht
hat, ist im Vorangehenden im einzelnen nachzuweisen versucht worden.
Beim ersten Kongruenzsatz besteht diese Unterbauung darin, daß Euklid
die Konstruktion einer Strecke, die einer anderen Strecke gleich ist, an
einer gegebenen Stelle der Ebene vorausschickt und damit die Transponierbarkeit der Strecke in der Ebene beweist. Die Transponierbarkeit
des Winkels, ohne daß dieser bei symmetrischen Winkeln aus der Ebene
heraustreten müßte, ergibt sich dann aus der Transponierbarkeit der
Strecken nebst der Definition des Winkels als Neigung der Strecken zueinander. Daß gleiche Strecken aufeinanderpassen, ergibt sich daraus, daß sie
sich abgesehen von ihrer Lage im Raum nur durch ihre Größe unterscheiden. Das selbe folgt bei geradlinigen Winkeln daraus, daß bei ihnen
Gestalt und Größe identisch sind und sie sich daher ebenfalls abgesehen
von ihrer Lage im Raum nur durch ihre Größe = Gestalt voneinander
unterscheiden. Dies war schon vor Euklid von Aristoteles deutlich ausgesprochen und war Euklid nicht nur bekannt, sondern wurde von ihm
bei dem axiomatisch-postulatorischen Aufbau der Planimetrie offenbar
berücksichtigt. Bei späteren Kongruenzbeweisen hat sich Euklid weiterer
Unterbauungen bedient.

Daß diese Unterbauung in mehrfacher Hinsicht dunkel, unausgeglichen
und lückenhaft ist, wird damit nicht geleugnet. Auf diese Unausgeglichenheiten und Lücken hier noch einmal im einzelnen einzugehen, ist
nicht nötig, da sie schon früher[100] ausführlich behandelt worden sind.
Dabei ist auch schon der Versuch gemacht worden, zu zeigen, daß alle
diese Dunkelheiten und Lücken in gewisser Weise historisch bedingt sind.
Trotzdem ist nicht schwer zu sehen, daß einige der Unausgeglichenheiten
und Lücken sich hätten vermeiden lassen, auch | wenn man die beiden
oben herausgestellten Grundprinzipien der euklidischen und voreuklidischen (aristotelischen) Mathematik, daß die Gleichheitsaxiome allen
speziellen Gebieten vorangehen und daß die ἀρχαί einfach sein müssen
und das Einfachere nicht auf Grund eines komplizierteren als Prinzip
angenommenen Satzes bewiesen werden darf, als strikt verbindlich betrachtet, andere dagegen durch die Annahme dieser Prinzipien bedingt
werden und daher für Euklid unvermeidbar gewesen sind. Es ist daher
wohl nötig, noch einmal kurz die allgemeinen methodischen Unterschiede
zwischen der antiken und der modernen Mathematik in den Kreis der
Betrachtung zu ziehen.

---

[100] Vgl. oben p. 464 f.

Für die antike Mathematik, gleichgültig ob sie durch die platonische Ideenlehre beeinflußt ist oder gegen sie Einwände erhebt, sind die Gegenstände der euklidischen Geometrie vorgegeben. Sie betrachtet es als ihre Aufgabe, die Eigenschaften dieser Gegenstände und ihre Relationen zueinander zu erforschen, und zwar so, daß die Resultate dieser Erforschung absolute Gewißheit und Exaktheit besitzen. Sie glaubt dies zu erreichen, indem sie von unmittelbar einsichtigen und gewissen Sätzen, die nicht weiter beweisbar sind, ausgeht und die weniger einsichtigen und unmittelbar gewissen Sätze mit ihrer Hilfe syllogistisch beweist und sie damit zu der selben Gewißheit erhebt.

Für die moderne Mathematik ist die euklidische Geometrie nur eine unter unzähligen möglichen Geometrien. Damit hören die Gegenstände dieser Geometrie bis zu einem gewissen Grade auf, vorgegeben zu sein. Sie werden nach wechselnden Regeln erst geschaffen. Daher kann es auch nicht mehr darauf ankommen, gewisse einfachste Sätze über diese Gegenstände unmittelbar evident zu erfassen und den Rest daraus abzuleiten, sondern vielmehr mit größerer Freiheit Gruppen von Regeln aufzustellen, aus denen die Gegenstände verschiedener Geometrien nebst ihren Eigenschaften und Relationen zueinander abgeleitet werden können. Das Augenmerk richtet sich dann nicht mehr auf die Selbstevidenz der Axiome und Axiomgruppen (die ja eben voneinander abweichen können), sondern auf die Widerspruchsfreiheit der Axiome und ihre Unabhängigkeit voneinander innerhalb des Systemes einer bestimmten Geometrie. Damit fällt die Notwendigkeit weg, etwa die Gleichheitsaxiome als für Zahlen und jede Art von Größen gleichermaßen gültig allen anderen Sätzen voranzustellen oder innerhalb jedes geometrischen Systems das Einfachere oder Einsichtigere zur Grundlage des Komplizierteren und weniger Einsichtigen zu machen.

Aber wenn die Unterschiede zwischen dem Aufbau der antiken und der modernen Mathematik auch tiefgreifende sind, so sind sie doch nicht | absolut. Auch die moderne Mathematik muß, wenn sie verständlich bleiben will, im großen ganzen jeweils von dem Einfacheren zum Komplizierteren fortschreiten, wenn sie es auch nicht mehr zum verbindlichen Prinzip erhebt, daß niemals das Einfachere auf Grund eines weniger Einfachen bewiesen werden darf. Ferner: auch wenn die euklidische Geometrie nur mehr als eine unter vielen möglichen Geometrien erscheint und selbst wenn der physikalische Raum sich als nicht mit dem euklidischen Raum identisch erweist, so bleibt der euklidischen Geometrie doch eine bevorzugte Stellung. Die Tatsache, daß die euklidische Geometrie zuerst ausgebildet worden und zwei Jahrtausende lang als die einzig mögliche betrachtet worden ist, ist nicht von der selben Art wie die Tatsache, daß aus mehr oder minder zufälligen Anlässen das mathematische Denken zu dieser oder jener Zeit diese oder jene Richtung genommen hat. Sie ist viel tiefer in der Natur des menschlichen Geistes begründet als z. B. selbst ein so wichtiges und für die Entwicklung der Mathematik auf Jahrhunderte hinaus bedeutsames Phänomen wie das, daß die Griechen keine Irrational-zahlen aufgebaut und statt dessen die geometrische Algebra ausgebildet haben. Wenn endlich in dem Aufbau der Grundlagen der Geometrie in der modernen Mathematik immer wieder betont wird, daß wir von einem mathematischen Begriff, wie z. B. dem der Gleichheit oder der Kongruenz, auf jeder Stufe dieses Aufbaus nichts wissen und nichts wissen dürfen als was jeweils in den Definitionen und Axiomen oder den auf Grund ihrer streng bewiesenen Sätzen ausdrücklich ausgesprochen ist, so ist dies zwar um der Sauberkeit des logischen Aufbaus willen grundlegend wichtig — auch Aristoteles wäre damit einverstanden gewesen —, aber auf der anderen Seite ist doch z. B. die Tatsache, daß, wenn es sich um Gleich-heitsrelationen zwischen Strecken oder zwischen Winkeln handelt, zwei verschiedene Ausdrücke (gleich und kongruent) gebraucht werden, die sich in ihrem Sinn an dieser Stelle nicht voneinander unterscheiden sollen („Die Strecken stehen in einer gewissen Beziehung zueinander, zu deren Be-schreibung uns die Worte ‚kongruent‘ und ‚gleich‘ dienen“)[101], durch das Vorauswissen bedingt, daß in Anwendung auf Figuren diese Ausdrücke für verschiedenartige Relationen gebraucht werden, welche bei Strecken und Winkeln eben faktisch zusammenfallen, bei Figuren dagegen nicht. In diesem Sinne sind die Gegenstände, für welche das eine oder das andere zutrifft, immer noch faktisch vorgegeben und werden nicht rein willkürlich erzeugt, wenn auch von dieser Tatsache beim logischen Auf-bau der Geometrie abgesehen wird.

Henri Poincaré im zweiten Kapitel seines Buches „Wissenschaft und Methode“, in dem er von der Zukunft der Mathematik handelt, sagt[102], die Mathematik habe sich immer in zwei entgegengesetzten Richtungen entwickelt, nach der Richtung einer Erweiterung durch immer neue Erfin-dungen und durch die Erschließung ganz neuer Gebiete, und nach der

---

[101] Hilbert, Grundlagen der Geometrie, Kap. I, § 5.
[102] Henri Poincaré, Wissenschaft und Methode, deutsche Ausgabe von F. und L. Linde-mann (Leipzig u. Berlin, 1914), p. 25/26.

Richtung der immer genaueren Untersuchung ihrer Fundamente. Mit ihrer Arbeit in der ersten Richtung diene die Mathematik zugleich der Physik, durch ihre Arbeit in der zweiten Richtung der Philosophie. Denn die zweite Richtung bedeute ein Nachdenken der Mathematik über sich selbst „und das", fährt Poincaré fort, „ist nötig; denn Nachdenken über sich selbst bedeutet in diesem Falle so viel wie Nachdenken über den menschlichen Geist, der die Mathematik geschaffen hat, und um so mehr als es sich um diejenige seiner Schöpfungen handelt, für welche der menschliche Geist am wenigsten Anleihen von außen gemacht hat" ... „Je mehr sich diese Spekulationen von den gebräuchlichen Vorstellungen und folglich von der Natur und von den Anwendungen entfernen, um so besser zeigen sie uns, was der menschliche Geist zu leisten vermag, wenn er sich mehr und mehr der Tyrannei der äußeren Welt entzieht, um so besser werden wir folglich in der Lage sein, das Wesen dieses Geistes zu erkennen."

Platon in dem berühmten Abschnitt am Ende des sechsten Buches des „Staates", in welchem er die vier verschiedenen Erkenntnisarten und ihre Gegenstände unterscheidet und zu bestimmen versucht, sagt von den Mathematikern[103], daß sie das Gerade und das Ungerade, die Figuren und die drei Arten von Winkeln zu ἀρχαί (Grundlagen) machen, als ob sie schon ein Wissen von ihnen hätten, und, ohne eine weitere Rechenschaft von ihnen zu geben als von etwas, das jedermann schon klar ist, von ihnen (den Figuren usw.) als Ausgangspunkten ausgehend das Übrige durchgehen und so zu dem gelangen, auf dessen Untersuchung sie ausgegangen waren.

Diese Bemerkung ist oft so ausgelegt worden, als ob sie sich auf ein unvollkommenes Entwicklungsstadium der Mathematik bezöge, so daß Platon, wenn er die Elemente Euklids oder gar die modernsten Werke über die Grundlagen der Geometrie gekannt hätte, diesen Satz nicht mehr hätte schreiben können. Platon selbst ist jedenfalls nicht der Meinung gewesen, daß eine solche Entwicklung der Mathematik, die | das, was er sagte, ungültig machen würde, vorauszusehen oder auch nur zu wünschen sei. Denn er stellt an der angegebenen Stelle die von ihm geschilderte Betrachtungsart als der Mathematik wesentlich dar und sagt geradezu, daß die Mathematiker, wenn sie nicht ganz ἀνόητοι, ganz unverständig, sind,

---

[103] Platon, Staat, 510 C; für eine ausführlichere Auseinandersetzung mit der Meinung, Platons Ansicht an dieser Stelle sei bedingt durch den damaligen unvollkommenen Stand der Mathematik, vgl. K. von Fritz, Platon, Theaetet und die antike Mathematik, Darmstadt, Wissenschaftliche Buchgesellschaft, 1969 (Reihe Libelli CCLVII), S. 40 ff. und S. 98 ff.

die weitere Untersuchung der Grundlagen, von denen sie ausgehen, den Philosophen und den Dialektikern überlassen. Steht nun das, was Poincaré über die beiden Richtungen der Mathematik sagt, mit der Ansicht Platons in Widerspruch, und ist diese durch die modernsten Untersuchungen der Grundlagen der Geometrie durch Mathematiker widerlegt? Doch wohl nicht ganz — und es ist vielleicht nicht ganz überflüssig darauf hinzuweisen —; denn so viel ist nicht schwer zu sehen, daß die Mathematiker auch dann, wenn sie sich mit den Grundlagen der Mathematik beschäftigen, bis in die Gegenwart ihr Augenmerk immer sogleich wieder auf den Aufbau des Systems von Lehrsätzen gerichtet haben, denen jene Grundlagen (Axiome und Definitionen) als sichere Unterlage dienen sollen, und daß sie (ganz nach dem Sinne Platons) die Untersuchung der Frage, in welchem Sinne und bis zu welchem Grade, um mit Poincaré zu reden, der menschliche Geist an die äußere Welt gebunden ist und ob und wie weit er sich in der Mathematik von solchen Fesseln oder von solcher Tyrannei frei machen kann, den Philosophen überlassen haben.

Die historische Untersuchung kann die Aufgabe, die damit den Philosophen gestellt ist, nicht von sich aus lösen. Sie kann aber, indem sie zeigt, welche Richtungen der menschliche Geist im Aufbau der Mathematik zu verschiedenen Zeiten eingeschlagen hat und aus welchen historisch zufälligen oder nicht so zufälligen Gründen er dies jeweils getan hat, dem Philosophen das Material liefern, das ihm, um einen Ausdruck Kants zu gebrauchen, zur Beleuchtung seines Geschäftes dienen kann.

Zum Schluß mag vielleicht noch gesagt werden, daß die vorliegende Arbeit insofern unvollständig ist, als eine Reihe von Fragen, welche sie berühren mußte, teilweise nur im Zusammenhang einer Untersuchung über die Geschichte der Definition in der antiken Mathematik und Philosophie vor Euklid, teilweise nur im Zusammenhang einer Untersuchung über die verschiedenen Auffassungen vom Wesen der mathematischen Konstruktion, welche in der selben Periode hervorgetreten sind, vollständig beantwortet werden kann. Aber diese Untersuchungen gehen in eine andere Richtung und werden daher getrennt vorgelegt werden müssen.

ACTA CONGRESSUS MADVIGIANI, VOL. II, THE CLASSICAL PATTERN OF MODERN WESTERN CIVILI-SATION, FORMATION OF THE MIND, FORMS OF THOUGHT, MORAL IDEAS

Ein ganzer Tag des internationalen Congresses für klassische Studien im Jahre 1954 war der Diskussion des Einflusses der klassischen Antike auf das moderne Denken gewidmet. Acht Vorträge von sehr verschiedener Länge behandelten verschiedene Aspekte dieses Gegenstandes, jedesmal gefolgt von einer längeren oder kürzeren Diskussion. Den Abschluß bildete die höchst interessante Auseinandersetzung eines Professors der Philosophie aus Indien mit fünf der vorangegangenen Vorträge. Alles dies, leider mit Ausnahme eines Teiles der mündlichen Diskussion, der sich wohl nicht mehr hatte rekonstruieren lassen, ist in dem zweiten Band der „Acta Congressus Madvigiani" im Druck erschienen.

Obwohl die Vortragenden, mit Ausnahme von van Groningen, der den Beitrag seines Nachfolgers in der Vortragsreihe schon vorher gelesen hatte und bei Gelegenheit vorausweisend darauf Bezug nahm, | ihre Beiträge nicht gegenseitig vorher kannten, ergänzen sie sich nicht nur in der Themenstellung, die natürlich vorausgeplant war, ausgezeichnet, sondern auch in den verschiedenen von ihnen eingenommenen Standpunkten, ja, wenn man so sagen darf, gelegentlich sogar in ihren Einseitigkeiten. Es wird wohl am besten sein, zunächst kurz über die einzelnen Beiträge zu referieren und dann einige allgemeinere Probleme zu diskutieren, die sich bei einem Überblick über die Gesamtheit der Vorträge und der an sie anschließenden Diskussionen ergeben.

Der erste der Vorträge von H. I. Marrou hat den Titel „Formation de l'esprit" und hat sich zum Ziel gesetzt, zur Einführung einen ganz kurzen Überblick über die verschiedenen Gebiete zu geben, auf denen der Einfluß der Antike auf die moderne Welt des Westens sich am deutlichsten bemerkbar macht.

Er beginnt mit der Feststellung, daß die gegenwärtige westliche Kultur im Grunde nichts anderes sei als das Stadium, das die antike Kultur in ihrer Entwicklung im gegenwärtigen Augenblick erreicht habe. Selbst die Barbarisierung des Westens zu Beginn des Mittelalters habe die Kontinuität der kulturellen Tradition nicht unterbrechen können; und selbst das mittelalterliche Christentum, das sich in vieler Hinsicht so weit vom Geiste der antiken Kultur zu entfernen scheine, sei trotz des großen zeitlichen Abstandes dieser verwandter als die Kultur der klassischen Antike etwa der ihr vorangegangenen minoisch-mykenischen Kultur verwandt gewesen sei.

Doch glaubt Marrou zwei verschiedene Arten der Einwirkung der antiken Kultur auf die moderne Kultur des Westens unterscheiden zu müssen. Das eine ist eine kontinuierliche Tradition. Sie findet ihren stärksten Ausdruck in der Entwicklung des Christentums, das doch zuerst als ein fremdes und in gewisser Weise feindliches Element in die antike Welt eingedrungen ist. Doch war von entscheidender Bedeutung, daß das Evangelium in griechischer Sprache aufgezeichnet und verbreitet wurde; dann daß das Christentum der Kirchenväter und Apologeten trotz der Bedenken, die diese gegenüber den heidnischen Elementen der antiken Kultur empfinden mußten, ganz vom antiken Geist durchtränkt war. So entstand eine Tradition, die bis auf den heutigen Tag nicht unterbrochen worden ist. Aber auch auf andern Gebieten als dem der Religion gibt es Traditionen, die niemals ganz abgebrochen worden sind.

Zu dieser kontinuierlichen Entwicklung kommen nun als zweites Element die sich im Laufe der abendländischen Geschichte immer wiederholenden Versuche, sich des Altertums von neuem unmittelbar zu bemächtigen oder zu ihm zurückzukehren: immer erneute „Wiedergeburten" des Altertums, von denen die sogenannte Renaissance nur die bekannteste und mächtigste gewesen ist. Dieses Nebeneinander einer kontinuierlichen Entwicklung und eines immer wiederholten Zurückkehrens zu den Anfängen führt zu eigentümlichen Erscheinungen, aber | auch zu eigentümlichen Problemen. In der Jugenderziehung tritt es sehr deutlich darin in Erscheinung, daß jeder junge Mensch, der irgendeine Schulerziehung erhält, schon ganz früh in der Gestalt von Kinderfabeln, dann in der Gestalt von Erzählungen, Gedichten, philosophischen Gedanken und auf mannigfache andere Weise mit Dingen in Berührung kommt, die, ohne daß er dies zu wissen braucht, aus der klassischen Antike stammen. Erhält er dann später außerdem eine „humanistische" Bildung, so lernt er durch diese vieles im Original kennen, was ihm in einer abgeleiteten Form schon seit langem vertraut gewesen war; und das gilt nicht nur für den sozusagen stofflichen Inhalt des Unterrichts, sondern auch weitgehend in bezug auf seine Form, die ebenfalls auch da, wo nicht vom Altertum geredet wird, in hohem Grade durch antike Vorbilder bestimmt oder zum mindesten stark beeinflußt ist.

Hier, in den Stufen des Schulunterrichts, scheinen sich die beiden Arten, mit dem Altertum in Berührung zu kommen, einfach zu ergänzen. Es gibt aber auch eigentümliche Probleme. Seit etwas mehr als einhundertfünfzig Jahren gibt es eine dem „Humanismus", d. h. der Pflege des Studiums des Altertums, feindliche Richtung, welche dafür eintritt, die Jugend vor allem in den modernen Wissenschaften zu unterrichten, und die der Meinung ist, es sei Zeitverschwendung, sich mit veralteten Dingen abzugeben. Aber der Anfang der spezifisch westlichen modernen Wissenschaft, die sich erst in den letzten Jahrzehnten über den ganzen Erdkreis verbreitet hat, und ihrer Methoden liegt selbst im klassischen Altertum. Ja, die große Renaissance des Altertums war eben gerade auch die Zeit des Wiedererwachens der Wissenschaft im modernen Sinn.

Von einer Seite her gesehen liegt in diesem scheinbaren Widerspruch nichts Erstaunliches. Die Entwicklung *aus* einem Anfang ist in gewisser Weise naturgemäß eine Entwicklung dessen, was in diesem Anfang noch unentfaltet enthalten war, in gewisser Weise aber doch auch eine Entwicklung von diesem Anfang weg. Zu den Anfängen zurückkehren zu wollen, kann dann wie das Unternehmen eines reifen Mannes erscheinen, der wieder ein Kind werden will, und sich resolut von den Ursprüngen zu entfernen, kann als die wahre Treue gegenüber seinem Ursprung erscheinen. Von diesem Standpunkt aus wäre der kompromißlose Anhänger der modernen Wissenschaft und Verächter des modernen Humanismus der wahre Vertreter des antiken Geistes in unserer Zeit.

Das ist natürlich nicht die Meinung Marrous, wenn er mit Nachdruck auf das genannte Problem hinweist. Vielmehr sucht er zu zeigen, daß die Entwicklung, die zu diesem Widerspruch führt, zwar eine Entwicklung von aus dem Altertum stammenden Ansätzen ist, aber eine einseitige Entwicklung, und daß der Wert des „Humanismus" als eines direkten Zurückgehens zum Altertum eben darin liegen kann, das Gleichgewicht und die Harmonie zwischen verschiedenen Seiten des menschlichen Lebens wiederherzustellen, die es im Altertum noch gab, die aber in unserer Zeit weitgehend verlorengegangen ist. Es liegt dem aber |

noch ein weiteres Problem zugrunde, das in dem Vortrag Marrous nur angedeutet ist, und das erst in den folgenden Vorträgen deutlich wird.

Der folgende Vortrag von T. B. L. Webster mit dem Titel „From Primitive to Modern Thought in Ancient Greece" betont, wie schon im Titel ausgesprochen ist, die Bedeutung der Antike für die Entstehung und Entwicklung des modernen wissenschaftlichen Denkens. Dabei werden einige sehr bedeutsame spezielle Beobachtungen gemacht. Zunächst in bezug auf die Bedeutung der Entwicklung der griechischen Sprache. In der älteren griechischen Sprache stehen die einzelnen Sätze im wesentlichen noch parataktisch nebeneinander. Hand in Hand mit der Loslösung vom „primitiven" Denken und dem Übergang zum wissenschaftlichen Denken geht der Übergang zu komplizierteren Satzkonstruktionen bzw. zu Satzperioden mit übergeordneten und untergeordneten Sätzen mannigfaltiger Art. Doch fällt dem mit der angelsächsischen Welt vertrauten Hörer oder Leser, wenn dies als ein Vorzug betrachtet wird, auf, daß in dieser Welt häufig die angelsächsische Gewohnheit, sich in kurzen, mehr oder minder unverbunden nebeneinander stehenden Sätzen auszudrücken, als zu gedanklicher Klarheit führend gepriesen und den dunklen und unübersichtlichen Sätzen sowohl der klassischen lateinischen und griechischen Autoren wie der deutschen Schriftstellerei entgegengestellt wird.

Auch Webster ist auf diese Tatsache aufmerksam. Er meint jedoch, das scheinbare Dilemma lasse sich dadurch lösen, daß es eben möglich sei, die strenge unterordnende Periodik wieder aufzulockern, wenn das Denken erst einmal durch die Zucht der periodenbildenden Rede hindurchgegangen sei. Darin liegt gewiß etwas Richtiges. Aber das Problem ist doch nicht ganz so einfach. Ich habe mit meinen amerikanischen Studenten gelegentlich Experimente in dieser Hinsicht gemacht. Über die Resultate im einzelnen zu berichten, würde einen eigenen Aufsatz erfordern. Aber so viel kann man doch sagen, daß sich dabei unzweifelhaft herausgestellt hat, daß der Glaube, kurze Sätze führten zu Klarheit, vielfach auf einer Verwechslung von Leichtfaßlichkeit mit Klarheit, die doch auch Präzision verlangt, beruht. Es zeigte sich, daß Reihen kurzer Sätze von größerer Faßlichkeit und scheinbar durchsichtiger Klarheit sehr verschiedene Interpretationen zuließen, und daß darüber, welche von diesen richtig sei (sofern überhaupt jemand bei näherer Prüfung anzugeben imstande war, was denn nun eigentlich genau gemeint sei), sich unter den Teilnehmern keine Einigkeit erzielen ließ. Dies bedeutet

gewiß nicht, daß die Vorliebe für lange Perioden notwendig zu Präzision
und Klarheit führe und nicht vielmehr, wenn die gebrauchten Begriffe
und Begriffsverbindungen unscharf sind, zu noch größerer Unklarheit
und Dunkelheit führen könne, als mit kurzen Sätzen je erzielt werden
kann. Gerade aus der deutschen sogenannten wissenschaftlichen, auch
philologischen, Literatur lassen sich für diese letztere Möglichkeit schöne |
Beispiele anführen. Wohl aber läßt sich, wie mir scheint, experimentell
beweisen, daß sich mit dem Instrument der unterordnenden Satzperiode,
wenn es richtig gehandhabt wird, eine Präzision und damit auch wirkliche Klarheit erzielen läßt, die in vielen Fällen und in Bezug auf gewisse Probleme mit dem Mittel der bloß parataktischen Rede auch heute
noch nicht zu erreichen ist.

Ein anderer Abschnitt bezieht sich auf die Bedeutung des Gebrauchs
des bestimmten Artikels sowie der Bildung der abstrakten Substantive
auf -σις und -μα für die Entwicklung des abstrakten und wissenschaftlichen Denkens, auf die schon B. Snell in den entsprechenden Teilen seines
bekannten Buches über die Entdeckung des Geistes aufmerksam gemacht
hat. Hier ist vielleicht ein kleiner Irrtum zu berichtigen, der doch weiter
reichende Folgen hat. Hinsichtlich des Gebrauchs des bestimmten Artikels
mit dem Neutrum von Adjektiven bemerkt Webster: „There is however
a possible danger here also: because the adjective is neuter, the noun
seems to denote a concrete thing." Nun, wenn es masculin oder feminin
wäre, würde es ein Lebewesen zu bezeichnen scheinen, das auch kein
Abstraktum, sondern ein Konkretum ist. Worum es sich handelt, ist
natürlich, daß es etwas Dinghaftes zu bezeichnen scheinen kann, statt
eine bloße Eigenschaft an einem Ding; dies wiederum liegt nicht daran,
daß es neutrum ist, sondern daran, daß es mit dem bestimmten Artikel
gebraucht wird. Aber auch das ist nicht das Wichtigste daran, sondern
vielmehr die Frage, was hier das Erste und was die Folge ist: die Art
der sprachlichen Bezeichnung oder die Auffassung der Dinge selbst. Hier
scheint mir, wenn man die Dinge genau ansieht, kein Zweifel daran bestehen zu können, daß es zu der nicht ganz richtig als Hylozoismus bezeichneten Weltansicht der frühen griechischen Philosophen gehört,
gewisse Phänomene, die wir (und schon Platon) als Eigenschaften bezeichnen, wie kalt und heiß, dünn und dicht, leicht und schwer usw.,
sowohl als die Grundstoffe wie als die Grundkräfte, aus denen die Welt
besteht und die in ihr wirken, zu betrachten, und daß der Gebrauch
des bestimmten Artikels mit dem Neutrum der diese Eigenschaften be-

zeichnenden Adjektiva eine Folge dieser Weltansicht ist, nicht diese Weltansicht ein Irrtum, der aus dem Gebrauch des bestimmten Artikels mit
dem Neutrum von Adjektiven zu erklären wäre. Mit dem Verhältnis
dieses Gebrauches zur platonischen Ideenlehre steht es etwas anders und
doch auch nicht fundamental anders, so daß man etwa die Rede von
„dem Guten selbst", „dem Schönen selbst", und dann von der Idee des
Guten aus einem solchen Irrtum auf Grund eines irreführenden Sprachgebrauchs erklären könnte. Dies ist durchaus nicht der Fall.

Eine analoge Umkehrung der historischen und entwicklungsgeschichtlichen Abfolge scheint mir vorzuliegen, wenn Webster den Gebrauch von
Analogien wie „Der Mann heißt kindisch vor der Gottheit, wie der
Knabe vor dem Mann[1]" oder „Gegenseitiger Austausch: des Alls gegen |
das Feuer und des Feuers gegen alle Dinge, wie Waren gegen Gold oder
Gold gegen Waren[2]" aus der pythagoreischen Proportionslehre meint
herleiten zu können und glaubt, Heraklit habe durch solche Analogien-
reihen seinen Vergleichen das Zwingende eines geometrischen Beweises
geben wollen (S. 38). Heraklit mit seinen dunklen orakelartigen Sprüchen,
in denen er den Menschen hochmütig die von ihm erschaute Einsicht
mitteilt, ist soweit als möglich vom Beweisenwollen entfernt. Freilich
haben Pythagoreer und Heraklit den Gebrauch des Wortes λόγος gemeinsam als einer Rede, welche die inneren Gesetze der Welt ausspricht. Daher
können auch beide von „dem selben Logos" reden, der verschiedene Dinge,
oder vielmehr das gleiche ihnen innewohnende Gesetz ausspricht, bzw.
da das Gesetz und der es aussprechende Logos nicht unterschieden werden,
mit ihm identisch ist. Aber für die Pythagoreer ist dieser Logos ein in den
Dingen steckendes, bzw. ihnen zugrunde liegendes Zahlenbündel. Daraus
entwickelt sich die pythagoreische Zahlenphilosophie und weiterhin die
pythagoreische, streng beweisende Mathematik. Aber dies letztere ist ein
späteres Stadium, von dem bei Heraklit noch nichts zu finden ist. Auch
dagegen, daß zwischen der pythagoreischen Mathematik und der Philosophie des Parmenides ein enger Zusammenhang bestanden hätte, wie
Cornford[3] und Raven[4] zu zeigen versucht haben und Webster, ihnen fol-

---

[1] Heraklit, fgt. 22 B 79 Diels.

[2] Ibidem 22 B 90.

[3] F. M. Cornford, Principium Sapientiae, Cambridge 1952, p. 118 ff.

[4] J. E. Raven, Pythagoreans and Eleatics, Cambridge, 1948; vgl. die ausgezeichneten
Rezensionen von G. Vlastos im Gnomon, XXV (1953) 29 ff. und von H. Cherniss
in Philosophical Review XC (1950) 375 ff.

gend, annimmt, lassen sich schwerwiegende Einwände erheben, die hier nicht im Einzelnen erörtert werden können.

Wichtiger ist ein allgemeineres Problem, das sich aus der gesamten Darstellung ergibt. Für Webster ist das primitive Denken ein personifizierendes Denken, d. h. ein Denken, welches überall persönliche Mächte am Werke glaubt und auf diese Mächte mit Mitteln, wie man sie eben Personen oder mindestens lebenden Wesen gegenüber gebrauchen kann, einzuwirken sucht. Das moderne Denken dagegen erklärt nach Websters Definition (S. 30) einzelne Ereignisse in solcher Weise, daß jedermann sie als spezielle Ergebnisse allgemeiner Gesetze verstehen kann, deren Kenntnis die Ereignisse kontrollierbar macht. Es erscheint dann als das größte Verdienst der Griechen, sich allmählich von dem personifizierenden primitiven Denken frei gemacht und das Denken in allgemeinen (mechanischen?) Gesetzen entwickelt zu haben, wobei Webster jedoch darauf aufmerksam macht, wie viele Rudimente „primitiven" Denkens selbst bei den großen griechischen Denkern der klassischen Zeit, Platon und Aristoteles, zu finden seien. Nimmt man dies absolut, so folgt daraus, daß die Griechen zwar für die Entwicklung des Westens, und vielleicht der Menschheit überhaupt, von allergrößter Bedeutung gewesen sind, | daß sie uns heute, wo wir im „modernen" Denken so viel weiter gekommen sind, jedoch eigentlich nichts mehr zu sagen haben, bzw. daß das Studium des klassischen Altertums nur noch eine historische Bedeutung hat, vielleicht sogar nur die Bedeutung, unsere historische Neugier zu befriedigen. Dann hätten die „Realisten" in der Erziehung den Humanisten gegenüber in dem früher angedeuteten Sinne doch vielleicht recht.

Ganz am Ende des Vortrages jedoch finden sich einige Andeutungen, die in eine andere Richtung weisen. Hier heißt es unter anderem: „The primitive view of the world was (and is) continually reasserting itself, ... sometimes banefully, *but sometimes helpfully.*", und etwas später: „This fantastic leap out of the primitive world into the modern world was possible because ... poets, artists, politicians, doctors, biologists, mathematicians and philosophers were still in daily contact with each other and could cross-fertilise each other. The recreation of conditions for such fruitful contact is perhaps our most difficult problem to-day." Wenn dies richtig ist, so scheint in dem „primitiven" Denken etwas stecken zu müssen, was nicht nur primitiv, sondern für alle Zeiten gültig ist. So hat denn auch in der folgenden Diskussion B. A. van Groningen die Frage gestellt: „It does not appear whether or not, according to

Professor Webster's opinion, a real human culture could possibly exist without the primitive view of the world continually reasserting itself. Does he agree that it could not? In this sense, namely, that rational thought is nothing more than a tool, a highly useful and extraordinarily efficient instrument, but an instrument, whereas the real and determining forces of culture emerge from a deeper level of human personality?" Die Antwort Websters auf diese Frage war: „Rational thought is a method of demonstrating and justifying a view which was first reached by non-rational means." Wenn dies richtig ist, würde das primitive Denken gegenüber dem „modernen" eine ähnliche Rolle spielen wie für Archimedes die von ihm selbst bezeichnete „mechanische Methode", mit deren Hilfe er viele seiner berühmtesten mathematischen Lehrsätze zuerst gefunden hat, während es ihm erst später gelungen ist, sie auf streng mathematische, d. h. von axiomatischen Grundlagen ausgehende, Weise zu beweisen. Die aus primitivem Denken hervorgegangenen Resultate der großen antiken Denker behielten dann für uns, soweit sie nicht schon durch rational bewiesene Resultate ersetzt worden sind, den Wert, uns dazu anzuregen, solche rationalen Beweise — oder nötigenfalls auch Widerlegungen oder Korrekturen — der Resultate antiken Denkens zu finden. Das Interesse an diesen wäre dann doch nicht nur historischer Natur — wenigstens so lange nicht, als nicht alles durch nach modernen Prinzipien streng wissenschaftliche Ergebnisse ersetzt ist.

Aber ist die Antwort Websters auf die Frage van Groningens richtig und ausreichend? Erschöpft sich — um an den letzten der oben zitierten | Sätze von Websters Vortrag anzuknüpfen — die Aufgabe der Dichter, Künstler, Philosophen darin, dem modernen Denken Anregungen zur wissenschaftlichen Bearbeitung und Lösung von Problemen zu geben? Vielleicht ist es erlaubt, das Problem, das hier zugrunde zu liegen scheint, zunächst mit einem nicht aus den auf dem Kongreß gehaltenen Vorträgen stammenden Beispiel zu illustrieren. Es soll primitive Stämme geben oder gegeben haben, welche die Ruderbewegungen als eine Art beschwörende Gesten betrachteten, durch welche die Wassergeister veranlaßt oder gezwungen würden, das Boot in eine bestimmte Richtung zu ziehen. Nun, wenn solche primitive Vorstellungen von der Beschwörung personifizierter Mächte durch eine Kenntnis der Hebelgesetze ersetzt wird, so wird diese es ermöglichen, die so erkannten Gesetze weit über den engen Kreis der Ruderkunst hinaus anzuwenden und mit ihrer Hilfe gewisse Ereignisse zu kontrollieren („to manage the events", wie

Webster sich ausdrückt). Das ist also ein klarer Übergang von primitivem zu modernem Denken genau im Sinne der von Webster gegebenen Definition.

Wir betrachten es aber auch als „primitiv", wenn in der vorgriechischen und frühgriechischen Welt die Vorstellung herrschte, daß die Tötung eines Verwandten oder Freundes, gleichgültig auf welche Weise, und sei es durch das unverschuldetste Mißgeschick, den Urheber der Tat mit einem Miasma beflecke, von dem er nur durch gewisse Reinigungsriten befreit werden könne, oder daß er von Dämonen verfolgt werde, die nicht nach den Umständen des Geschehens oder den Motiven fragen, sondern nur aus der reinen Tat als Faktum entstehen. Wir betrachten es als Fortschritt und Übergang zu einer höheren Stufe der Kultur und der Einsicht, wenn in den Eumeniden des Aeschylus und wahrscheinlich auch in dem letzten Stück seiner Danaidentrilogie höhere Mächte eingreifen, welche nach Motiven urteilen und das mechanische Fortwirken eines Miasma oder eines Fluches unterbrechen. Selbst wenn man annimmt, daß diese Vorstellung von höheren Mächten, die nach Motiven urteilen, selbst wieder nur ein Übergangsstadium darstelle zu einer höheren und vielleicht auch „wissenschaftlicheren" Betrachtung und Behandlung der Dinge (etwa einer Gesetzgebung, die bei der Beurteilung der Tat die Motive berücksichtigt, oder einer heilenden Psychotherapie), so wird man doch kaum leugnen können, daß dieser Fall sich von dem ersten, von dem Übergang von einer magischen Interpretation der Ruderbewegung zu einer Kenntnis und Anwendung der Hebelgesetze, fundamental unterscheidet: zum mindesten in dem Sinne, daß wir uns hier auf ein Gebiet begeben, auf dem es unvergleichlich viel schwieriger, wenn überhaupt möglich, ist, feste, womöglich in mathematischen Formeln fixierbare Gesetze wie das Hebelgesetz zu finden, die es nach Websters Definition ermöglichen „to manage the events". Websters Antwort an van Groningen erscheint also zum mindesten als nicht ganz ausreichend. Dies festzustellen mag für den Augenblick genügen, da die folgenden | Vorträge teils bewußt teils unbewußt immer wieder auf das Problem zurückführen, das hier zugrunde liegt.

Der folgende Vortrag von Bruno Snell hat den Titel „Von der Bedeutung der griechischen Denkformen für das Abendland". Der Ausgangspunkt Snells liegt dem Websters ganz nahe. Auch bei ihm handelt es sich in gewisser Weise um den Übergang von einer von Göttern und göttlichen Mächten beherrschten zu einer weitgehend von den Menschen selbst beherrschten Welt. Nur legt Snell nicht den Nachdruck auf den Übergang von dem Glauben an persönliche Mächte zur Feststellung von objektiven Gesetzen, die es dem Menschen erlauben „to manage the events", sondern auf den Übergang von dem Glauben an durch Tradition oder letzterdings durch Offenbarung gegebene Wahrheiten zur freien Erforschung nicht nur der zur Erreichung vorgegebener Ziele erforderlichen Mittel, sondern auch der durch den Menschen zu setzenden Ziele selbst. Dieser Versuch, jegliche durch Tradition gegebene und gesicherte Weltansicht durch freies Forschen zu ersetzen, hat jedoch auch eigentümliche Schwierigkeiten im Gefolge. „Je stärker das Denken wird", so drückt Snell es aus, „desto unsicherer wird die Weisheit, denn wie will der Mensch über die letzten Dinge Gewißheit beanspruchen?" Die Wissenschaft ist immer offen und nie irgendwo am Ende. Wenn sie aber als alleiniger Weg zu allem Wissen betrachtet wird, so kann das natürliche menschliche Bedürfnis nach einer festen Grundlage oder einem festen Ausgangspunkt leicht zu dem Versuche Anlaß geben, vorläufige Ergebnisse der Wissenschaft weit über das Gebiet hinaus, in dem sie eine beschränkte Geltung haben, zu verallgemeinern, und zu dem Anspruch, daß diese Ergebnisse künftig allem weiteren Forschen zugrunde gelegt und für das praktische Leben im Staate und in der Gesellschaft die unabänderliche Richtschnur bilden sollen. Tendenzen dieser Art finden sich schon in Platons Staat und in neuerer Zeit haben sie in vielen Ländern gesiegt. Daß nun die Freiheit des Geistes ein Segen für die Menschheit sei, meint Snell, sei nicht zu beweisen. Wohl aber lasse sich feststellen, daß unsere europäische Kultur auf dieser Freiheit beruht. Wenn also diese Kultur bewahrt werden solle, sei es notwendig, die Freiheit des Geistes zu verteidigen. In diesem Punkte müsse die Wissenschaft dogmatisch, d. h. gegen die Feinde der Freiheit intolerant sein. In diesem Kampfe seien die Griechen des Altertums, trotz entgegengesetzter Tendenzen bei Platon und anderen, unsere Bundesgenossen. Denn sie haben vor allem den Sinn für das Maß entwickelt und für die Harmonie.

Von Snell wird also eine andere Seite des von den Griechen inaugurierten wissenschaftlichen Denkens betont als von Webster: dort die Feststellung unveränderlicher in der Natur der Dinge gelegener Gesetze, durch deren Kenntnis man die Ereignisse bewältigen kann, hier die Freiheit und Offenheit des Denkens, das immer weiter fragt und niemals zu einem endgültigen Abschluß kommt. Vielleicht sind dies nur zwei | Seiten derselben Sache. Aber so viel kann doch, wenn man beides annimmt, nicht geleugnet werden: daß das Denken *soweit* als es zur Erkenntnis unbedingt gültiger Gesetze gekommen ist, nicht mehr offen ist. Die Freiheit und Offenheit gilt also nur für das *noch nicht* engültig Erkannte, und sofern die Wissenschaft fortschreitet, erweitert sich ständig der Kreis dessen, was nicht mehr offen ist. Snell spricht an anderer Stelle (S. 55) von einer Tendenz des Denkens als solchen auf das Absolute, durch die es immer in Gefahr sei, dogmatisch zu erstarren. Liegt diese Gefahr nur darin, daß es zu *früh* erstarren kann, da wo es *noch nicht* zu wirklich endgültigen Resultaten gelangt ist? Am Ende von Snells Vortrag findet sich der Satz: wenn er auch vornehmlich von dem selbständigen Denken und der Wissenschaft gesprochen habe, die wir den Griechen verdanken, „so sollen darüber doch nicht die anderen Denkformen vergessen werden, die von den Griechen stammen und die zu den erstgenannten in lebendiger und fruchtbarer Spannung stehen". Offenbar taucht hier wieder dasselbe Problem auf, das sich bei einem Überblick über den Vortrag Marrous zuerst in undeutlichen Umrissen abgezeichnet hatte und dann bei Gelegenheit des Vortrages von Webster schon sehr viel deutlicher hervorgetreten war, ohne daß es in einem der drei Vorträge unmittelbar ins Auge gefaßt wird.

Der Vortrag Snells war gefolgt von dem bei weitem umfangreichsten aller Vorträge des Kongresses, dem Vortrag von A. van Groningen mit dem Titel „Le Grec et ses idées morales". Der Titel führt sogleich auf die Frage: wer ist „Le Grec"? Sie wird von van Groningen selbst gestellt. Ein außergewöhnlich großer Teil der griechischen Philosophie ist Moralphilosophie. Es gibt eine große Zahl philosophischer Schulen, die sich gerade in bezug auf die Grundlagen des menschlichen Handelns auf das heftigste befehden. Trotzdem haben sie in der Art, die Dinge zu betrachten, vieles Gemeinsame. Dieses Gemeinsame als das ethische Denken des Griechen deutlich zu bestimmen, ist eines der Hauptziele des Vortrags.

Auch auf diesem Gebiet ist eines der wichtigsten Charakteristika die Freiheit gegenüber jeder Tradition. Die ethische Spekulation beginnt mit den Sophisten, die eine radikale Kritik an allen Traditionen, griechischen und außergriechischen, üben, und eben aus der Verschiedenheit dieser Traditionen den Beweis für die Relativität aller ethischen Prinzipien und Maßstäbe herleiten. Von Sokrates an ist dann die Philosophie von dem Glauben an absolute Kriterien des richtigen Handelns beherrscht. Aber diese Kriterien bestehen nicht in durch die Tradition geheiligten oder von Gott oder den Göttern den Menschen gegebenen Geboten, sondern sie müssen von den Menschen durch Nachdenken gefunden werden. Im engsten Zusammenhang damit steht die zuerst von Sokrates mit Energie vertretene, dann aber von fast allen großen Philosophen-| schulen übernommene Überzeugung, daß richtige Einsicht in das, was gut ist, mit Notwendigkeit auch zum richtigen Handeln führe. Dieser Intellektualismus der gesamten griechischen Moralphilosophie drückt sich auch darin aus, daß es in der griechischen Sprache kein Wort gibt, das dem deutschen Wort „Wille" frz. „volonté" entspricht, ferner darin, daß alle irrationalen Seelenkräfte vorwiegend als etwas der wohltätigen Herrschaft der Einsicht Widerstrebendes, durchweg aber als etwas, das, wenn der Mensch imstande sein soll richtig zu handeln, dem Intellekt und seiner Führung völlig unterworfen werden muß, betrachtet werden. Das Fehlen eines Wortes für Wille scheint zugleich anzudeuten, daß eine solche Art, die Dinge zu sehen, der Anlage nach bei den Griechen schon vor dem Beginn philosophischer Spekulation im engeren Sinn vorhanden war.

Da das Kriterium des richtigen Handelns bei den Griechen nicht von außen durch göttliche Offenbarung gegeben ist, muß es im Menschen gefunden werden. Damit hängt es unzweifelhaft zusammen, daß die griechische Moralphilosophie bei allen Verschiedenheiten im einzelnen durchweg eudaemonistisch ist in dem Sinne der Überzeugung, daß das gute und richtige Handeln den, der so handelt, „glücklich" (εὐδαίμων) machen muß. Darüber, worin diese Eudaemonie bestehe, freilich weichen die Meinungen der Philosophen außerordentlich weit voneinander ab: von dem Glauben, daß sie in mehr oder minder groben oder feinen Lustempfindungen bestehe, über jede Art von mittleren Positionen bis zu der Überzeugung, daß jede Art sinnlicher Lustempfindung der wahren Eudaemonie nur hinderlich sei. Gemeinsam ist jedoch wieder allen griechischen Philosophenschulen die Überzeugung, daß die Eudaemonie nur im Menschen, nach vielen nur im Zustand der Seele, nach anderen auch im Zustand des Körpers, jedenfalls aber nicht primär im Besitz äußerer Güter zu suchen sei. Darin allerdings läßt sich eine gewisse Entwicklung beobachten. In der ältesten Zeit findet man noch nicht selten die naive Gleichsetzung von Glück mit Besitz und Macht. Aber schon Solon macht darin Einschränkungen, nicht nur in dem Sinne, daß unrecht erworbener Reichtum kein Glück bringen könne, obwohl er auch das betont. Viel stärker tritt die Kritik an dem Glauben, Glück liege im äußeren Besitz, in der berühmten Solon-Kroisos-Geschichte bei Herodot hervor, wo geradezu mäßige äußere Glücksumstände als dem wahren Glück zuträglicher geschildert werden als übermäßiger Reichtum. Die späteren Philosophen vertreten alle entweder, wie die Kyniker, die Meinung, nur völlige Bedürfnislosigkeit führe zum Glück und Besitz sei diesem geradezu schädlich, oder erklären Besitz für indifferent wie die Stoiker oder betrachten zwar wie Aristoteles und seine Schüler einen gewissen Wohlstand als zur vollen Eudaemonie unentbehrlich, aber nur, solange er nicht ein gewisses Maß übersteigt, da ein darüber hinausgehender Reichtum dem optimalen Zustand des Menschen wieder schädlich wird. Auch die verschiedenen hedonistischen Schulen weichen darin | nicht wesentlich von den andern Philosophenschulen ab. Natürlich gab es auch im Altertum Menschen, die mit allen Mitteln nach Macht und nach Reichtum strebten, in nicht geringer Zahl; aber in der Theorie und im allgemeinen Denken war der Einfluß der herrschenden Meinung der Philosophen so mächtig, daß es im Altertum niemand eingefallen wäre, den „standard of living" zum Maßstab der Glücklichkeit eines Volkes zu machen, wie es heute im Westen wie auch im Osten allgemein üblich ist. Das hat doch auch einen gewissen Einfluß auf das, was man die soziale Entwicklung nennen kann, gehabt.

Vielleicht ist es zweckmäßig, an dieser Stelle eine kurze Erörterung der Diskussionsbeiträge des polnischen Vertreters auf dem Kongreß, des Herrn B. Biliński, einzuschalten, obwohl dieser aus rein äußeren Gründen nicht innerhalb der Diskussion des Vortrages von van Groningen, sondern zu den Vorträgen von Marrou und von Festugière gesprochen hat. Denn was er zu sagen hatte, hatte den engsten Bezug auf Probleme, die sich aus van Groningens Vortrag ergaben. Als Vertreter eines kommunistischen Landes bezeichnete er die Methode des dialektischen oder, wenn der gedruckte Text (S. 24) richtig ist, des historischen Materialismus als die einzige, die zu einer wissenschaftlichen und „korrekten" Interpretation der Geschichte führt. An dem Vortrag Marrous tadelte er, daß in ihm mehrfach von der Schaffung und Ausbildung führender Eliten die Rede war, ein Gedanke, welcher von der sozialistischen Wissenschaft völlig verworfen werde. In diesem Zusammenhang zitierte er die Bemerkung des großen polnischen Dichters Mickiewicz, die Philologen machten sich nicht klar, daß sie im Altertum wahrscheinlich die Rolle von Pädagogensklaven gespielt hätten. Im sozialistischen Staat dagegen spielen die klassischen Philologen als Erforscher des Klassenkampfes im Altertum nach Bilińskis Versicherung eine angesehene und wichtige Rolle. In seinen Bemerkungen zu dem Vortrag Festugières suchte Biliński zu beweisen, daß die Verachtung der materiellen Güter, von der in den Vorträgen van Groningens und Festugières die Rede war, mit der Verachtung der körperlichen Arbeit im Altertum zusammenhänge, die wiederum ein Ausdruck einer auf der Sklaverei aufgebauten Gesellschaftsform sei, in welcher die Sorge für die Subsistenzmittel den Freien von den Sklaven, die für sie arbeiten müssen, abgenommen wird.

Auf diese Bemerkungen Bilińskis wurde nicht nur in der gekürzten gedruckten Fassung der Diskussion, sondern auch mündlich von keinem der sonstigen Diskussionsteilnehmer in irgendeiner Weise Bezug genommen, wohl nicht so sehr wegen etwaiger Zweifel, ob der polnische Delegierte aus eigener Überzeugung oder als Propagandasprachrohr derer, die ihn zu dem Kongreß delegiert hatten, spreche, als deshalb, weil eine Diskussion, die doch voraussetzt, daß der Diskussionspartner da, wo ihm ein Gegenargument einleuchtet, dies zugeben kann, nicht möglich ist, wenn die Gefahr besteht, daß er nach seiner Heimkehr für | ein solches Zugeständnis bestraft werden kann. Das ist ein schlagendes Beispiel dafür, daß politische Systeme, welche freies Denken und freie Diskussion mit Gefahren für Freiheit und Leben bedrohen, eben das unmöglich machen, was nach Meinung des Aristoteles eigentlich das ist, was den Menschen vom Tier unterscheidet: die Auseinandersetzung und Verständigung darüber, was recht und was unrecht ist[5]. Sonst aber ist es schade, daß eine Aussprache über die Bemerkungen Bilińskis nicht stattgefunden hat. Denn manches daran wäre der Überlegung wohl wert gewesen.

Zwar einige seiner Bemerkungen sind leicht genug zu widerlegen: am leichtesten das über die Idee der Eliten Gesagte. Es gibt in der ganzen Geschichte kein Beispiel dafür, daß eine winzige Elite mit größerer Härte und Ausschließlichkeit über eine ungeheure Majorität geherrscht hätte als die Elite im Kreml, welche die Berechtigung zu ihrer in Wirklichkeit unkontrollierten Herrschaft aus der Behauptung herleitet, sie wisse besser, was dem Volke frommt, als dieses selbst. Die Behauptung dagegen, daß herrschende politische und gesellschaftliche Zustände auch auf das Denken hervorragender Geister eine gewisse Wirkung ausüben, ist keineswegs völlig falsch, wenn sie auch von den Marxisten weit über das Richtige hinaus verabsolutiert wird. Selbst bei Sokrates kann man solche Elemente finden. Daß die Verachtung körperlicher Arbeit mit der Sklavenwirtschaft zusammenhängt, wird sich kaum ganz leugnen lassen. Auch die im Altertum wichtige Frage, ob es eine Schande sei, für geistige Leistungen Geld

---

[5] Aristoteles, Politica, I, 1253 a, 9 ff.

zu bekommen, hängt damit zusammen. Auf der andern Seite ist die Behauptung, daß die relative Geringschätzung materieller Güter bei den griechischen Philosophen eine Folge der Verachtung körperlicher Arbeit sei, völlig aus der Luft gegriffen und ein reines Scheinargument. Ein Beweis dafür ist die Tatsache, daß es Sklavenhaltergesellschaften gegeben hat, in denen die Schätzung des Reichtums eine außerordentlich hohe gewesen ist. Überhaupt aber ist die Beziehung zwischen gesellschaftlichen Zuständen und theoretischen Überzeugungen nicht eine einseitige, wie es die marxistische Theorie verlangt, sondern der Einfluß von Theorien auf die praktische Politik wie auf die Entwicklung gesellschaftlicher Zustände ist zu allen Zeiten ein sehr beträchtlicher gewesen, obwohl dies seltsamerweise von Philologen oft bestritten wird.

Es ist bedauerlich, daß die Furcht davor, dem Gegner einen Finger zu reichen, dazu geführt hat, die Diskussion dieser speziellen Frage fast mit einer Art von Tabu zu belegen. Im vorliegenden Falle würde sie vielleicht gezeigt haben, daß der Kapitalismus (der glücklicherweise im Westen trotz allem nicht so mächtig ist wie der Kommunismus hinter dem eisernen Vorhang) und der Kommunismus feindliche Brüder sind, die einander außerordentlich ähneln, vor allem in der Überschätzung | der materiellen Güter und ihrer Bedeutung für das menschliche Wohlergehen. Insofern diese beiden feindlichen Brüder die westliche Kultur der Gegenwart beherrschen oder zu beherrschen suchen, kann man diese kaum mehr mit Marrou einfach als die natürliche Weiterentwicklung der antiken bezeichnen, sondern muß eingestehen, daß sie sich weit von dieser entfernt hat.

Daß nun die griechische Moralphilosophie und Beurteilung der verschiedenen Arten von Gütern sich nicht natürlich bis in die Gegenwart weiterentwickelt hat, sondern einer Art Desintegration verfallen ist, stellt auch van Groningen fest. Er glaubt diesen Verfall nicht nur auf das allgemeine Gesetz des Werdens und Vergehens, dem auch Kulturen und Kulturfaktoren unterworfen sind, zurückführen zu müssen, auch nicht allein auf das Eindringen neuer Ideen von außen, sondern auch auf innere Widersprüche, welche dem griechischen Denken auf dem Gebiete der Ethik von Anfang an angehaftet hätten. Er findet einen dieser Widersprüche in dem Eindringen eines gewissen Determinismus in das griechische Denken, welcher die moralische Verantwortlichkeit und damit letzterdings die Ethik als solche zerstöre. Am vollständigsten ausgebildet sei dieser Determinismus in der Stoa, wo er wiederum in den berühmten

Versen des Kleanthes in seinem Hymnos an Zeus, „Gib, daß ich dir freiwillig folge. Denn dir folgen muß ich auf jeden Fall" seinen stärksten
Ausdruck gefunden habe. „Mais tout fatalisme conséquent signifie la
destruction de la morale et la doctrine stoicienne n'est en fait pas loin
d'être franchement amorale."

Hier scheint mir jedoch ein Irrtum, bzw. ein Mißverständnis, vorzuliegen. Man muß wohl eine speziellere und eine allgemeinere Form des
diesem „Determinismus" zugrunde liegenden Gedankens unterscheiden.
In seiner spezielleren kleanthischen Form besagt er, daß die allgemeine
Weltordnung, die eine harmonische ist, auch durch das Schlechthandeln
des einzelnen Menschen nicht gestört werden kann. Daraus ergibt sich
freilich das Problem, wie eine harmonische gute Weltordnung möglich ist,
innerhalb deren es doch ein schlecht Handeln gibt, ein Problem, das von
Philosophen und Theologen Jahrhunderte lang diskutiert worden ist,
ohne eine logisch völlig befriedigende Lösung zu finden. Aber ein Fata-
lismus, der die Verantwortlichkeit des Handelns aufhebt, ergibt sich
auch daraus nicht. Noch deutlicher ist dies, wenn man das Problem in
seiner allgemeineren Form nimmt. Gibt es ein absolutes Kriterium des
recht Handelns, so kann das Handeln nur dann gut oder recht sein,
wenn es diesem Kriterium, das immer dasselbe bleibt, entspricht. Darin
kann es daher keine Freiheit geben. Aber das hebt die Freiheit, faktisch
von dem Guten oder Rechten abzuweichen, und daher die Verantwortung dafür, nicht auf.

Schwerer wiegt, was van Groningen über zwei andere Mängel der
griechischen theoretischen Ethik zu sagen hat, die seiner Meinung nach
zu ihrer späteren Desintegration beigetragen haben: 1. ihr „individua-|
listischer" Charakter, womit wohl gemeint ist, daß die griechische Ethik
im allgemeinen mehr von dem inneren Zustand des einzelnen Menschen
als von den Beziehungen der Menschen zueinander ausgeht; und 2. daß
der Intellektualismus der griechischen Ethik den irrationalen Seelen-
kräften nur eine negative Rolle lasse, was für die stoische Ethik fast
ohne Einschränkung richtig ist, während Platon in seinem Gleichnis im
Phaidros doch eines der beiden Pferde des Seelengespanns ein gutes und
gehorsames Pferd sein läßt und im übrigen zwar betont, daß der Wagenlenker, die Einsicht, die volle Herrschaft über die beiden Pferde, vor
allem auch über das zum Ungehorsam geneigte, haben müsse, aber doch
auch ausspricht, daß beide Pferde kräftig sein müssen, wenn das Ge-
spann als Ganzes etwas taugen soll. Doch können diese Probleme bei

Gelegenheit des folgenden Vortrages erörtert werden, bei dem sie in anderer Form wieder auftreten.

Der Vortrag von A. J. Festugière „Les trois vies" bildet eine ausgezeichnete Ergänzung zu dem vorangehenden Vortrag van Groningens. Dieser Vortrag hatte unter anderem gezeigt, daß die philosophische Ethik der Griechen, insofern sie sich an der Eudaimonia orientiert, mit bestimmten Lebensidealen zusammenhängt. Die Spekulation darüber beginnt schon ganz früh, zunächst in der lockeren Form, daß gefragt wird, welche Güter für die Menschen die erstrebenswertesten seien. Da erscheint denn alles, was dem naiven Menschen wünschbar erscheinen mag: Schönheit, Reichtum, Macht, Ruhm, die Fähigkeit, andere zu überreden und für sich zu gewinnen, aber auch Wissen, Weisheit, Mäßigung. In späterer Zeit kristallisiert sich diese Spekulation in der Diskussion darüber, welche Art, sein Leben einzurichten, die beste sei.

Bei Diogenes Laertius findet sich eine Gegenüberstellung von drei solchen Lebenstypen, die dem Pythagoras zugeschrieben wird, aber zweifellos aus viel späterer Zeit stammt: Pythagoras habe gesagt, das Leben gleiche einer (olympischen) Festversammlung. Wie dahin die einen kommen, um den Besuchern ihre Waren feil zu bieten, die andern, um an den Wettkämpfen teilzunehmen, die Besten aber als Zuschauer, so jagten im Leben die einen danach, mehr zu haben als andere, die zweiten seien Sklaven des Ruhms, die Philosophen aber strebten nach Wahrheit. Hier wird also das Leben des Philosophen als das beste gepriesen und jede andere Art des Lebens mit offener Geringschätzung behandelt. Aber die Beschreibung des philosophischen Lebens enthält zwei Elemente, die, wenn sie sich auch nicht widersprechen, doch keineswegs miteinander identisch sind. Die Bezeichnung der Philosophen als Zuschauer betont, daß sie sich von dem Getriebe der Menschen, die nach etwas streben, fern halten; ihre Bezeichnung als solche, die nach Wahrheit streben, scheint eine aktivere Haltung vorauszusetzen. Tatsächlich findet man denn auch bei den Griechen verschiedene Auffassungen vom Wesen des „theoretischen" oder philosophischen Lebens. Für Aristoteles | scheint es vornehmlich, wenn auch nicht ausschließlich, für die alexandrinischen Gelehrten wie Eratosthenes durchaus ein Leben der Forschung zu bedeuten. Es kann aber auch ein Leben bezeichnen, das der durch sokratisch-platonische Dialektik zu gewinnenden Einsicht, oder eines, das der mystischen Kontemplation gewidmet ist.

Aber auch vom Wesen des aktiven Lebens gibt es verschiedene Auffassungen. In der erwähnten, dem Pythagoras zugeschriebenen, Dreiteilung ist es ein Leben, das dem Streben nach Ruhm gewidmet ist. Die aktive Teilnahme am politischen Leben kann jedoch auch, wie unter gewissen Voraussetzungen in Platons Staat, als eine Pflicht betrachtet werden, die auch der Philosoph der menschlichen Gemeinschaft schuldig ist. Oder die aktive Beteiligung am Leben der menschlichen Gemeinschaft, wenn auch nicht notwendig in der Form politischer Betätigung, kann, wie bei Aristoteles, als etwas betrachtet werden, ohne das der Mensch nicht einmal zum Menschen werden kann — ohne daß im einen wie im anderen Fall das Streben nach Ruhm irgendeine Rolle spielte. Der dritte Lebenstyp endlich wird von Aristoteles in das dem Erwerb und das dem Genuß gewidmete Leben aufgespalten, von denen der erste Typ eigentlich nach den Mitteln strebt, die den zweiten ermöglichen, aber dazu tendiert, die Mittel selbst zum Ziel zu machen und darüber ihren eigentlichen Zweck zu verlieren. Daraus ergeben sich dann wieder die verschiedensten Kombinationen.

Dem vor allem dem Erwerb gewidmeten Leben wird von allen griechischen Philosophenschulen ein niedriger Rang angewiesen. Nicht als ob sie alle den Besitz und den Erwerb äußerer Güter an sich als verwerflich betrachteten: das ist nur bei den Kynikern der Fall; und selbst die Stoiker betrachten zwar den Besitz solcher Güter als zum Glück des Weisen in keiner Weise notwendig, aber doch als etwas, das ceteris paribus der Armut vorzuziehen sei. Der Grund ist vielmehr der schon früher genannte, daß das dem Erwerb als solchem gewidmete Leben zum Zweck macht, was vernünftigerweise nur Mittel sein kann. Auch das dem Genuß gewidmete Leben hat unter den griechischen Philosophen kaum einen unbedingten Anwalt gefunden, nicht einmal bei den verschiedenen Gruppen der sogenannten Hedoniker. Denn obwohl diese die Lust, bzw. ein möglichstes Maß an Lustempfindungen bei möglichster Freiheit von Unlustempfindungen, als das höchste Ziel des Lebens betrachten, kommen sie doch alle auf die eine oder andere Weise zu dem Resultat, daß uneingeschränktes Jagen nach Genuß der Erreichung des genannten Zieles keineswegs förderlich sei.

Dagegen wurde über den Vorrang des aktiven und des „theoretischen" oder kontemplativen Lebens unter den griechischen Philosophen auf das intensivste diskutiert. Im ganzen kann man sagen, daß die radikale Abwertung aller andern Lebenstypen zugunsten eines rein der Erkennt-

nis gewidmeten Lebens, wie sie in dem von Diogenes Laertius dem Pytha-
goras zugeschriebenen Vergleich ausgesprochen ist, bei den antiken | Philo-
sophen keineswegs überwiegt. Auch der historische Pythagoras selbst kann
kaum dieser Meinung gewesen sein, da er ja in Unteritalien einen Bund
zur Erneuerung des politischen Lebens gegründet hat, der lange Zeit am
politischen Leben auf das lebhafteste teilgenommen und einen sehr beträchtlichen Einfluß auf die dortigen Gemeinden ausgeübt hat. Über die
Haltung des Platon und des Aristoteles ist schon gesprochen worden.
Die Stoiker vertraten die Meinung, daß nur ein Leben, das aus Betrachtung und Handeln gemischt ist, oder vielmehr, in welchem beide unzertrennlich miteinander verbunden sind, den Absichten der Natur entspricht, und Panaetius — kann man hinzufügen — hat ein Werk über
die Pflichten geschrieben, in welchem die „intellektuelle Tugend" verhältnismäßig kurz abgetan wurde und sonst alles auf das Handeln im
Großen abgestellt war. Nur die hedonistischen Schulen und die Skeptiker,
d. h. gerade diejenigen Philosophenschulen, die auch die Kontemplation
und das Streben nach Wahrheit als Ziel des Lebens verneinen bzw. nur
als Mittel gelten lassen, empfehlen ein Leben der Zurückgezogenheit von
allem politischen Handeln; und unter diesen legen die Epikureer den
größten Wert auf engere private Gemeinschaften von Freunden, die sich
in gleicher Gesinnung zusammengefunden haben.

Trotzdem ist das, was van Groningen über den intellektualistischen
und individualistischen Charakter der griechischen Ethik gesagt hatte,
nicht ganz unrichtig. Niemand konnte mehr davon überzeugt sein, daß
jeder Bürger seine Pflichten der staatlichen Gemeinschaft gegenüber
erfüllen müsse, als Sokrates; und er selbst hat diese Pflichten, wenn man
der Überlieferung vertrauen kann, auf das gewissenhafteste erfüllt. Aber
sich aktiv am politischen Leben beteiligt hat er nicht, es sei denn, daß er,
wie bei der berühmten Abstimmung im Arginusenprozeß, durch die Umstände dazu gezwungen war: und auch da negativ. Platon scheint in seiner Jugend den heftigen Wunsch gehabt zu haben, aktiv am politischen
Leben teilzunehmen. Aber er kam — nicht zuletzt durch sein Verhältnis
zu Sokrates — zu der Überzeugung, daß das ganze politische Leben von
Grund aus umgestaltet werden müsse, wenn es dem Philosophen möglich
sein solle, aktiv daran teilzunehmen. Und da er der Meinung war, daß
man die bestehenden Verhältnisse nicht durch Gewalt ändern dürfe, ist er,
wenn man von den mißlungenen Versuchen in Syrakus absieht, niemals
zum politischen Handeln gelangt. Aristoteles war der Meinung, daß der

Mensch ohne Teilnahme an der Gemeinschaft nicht einmal zum Menschen werden könne. Aber er glaubte doch auch, daß der Mensch, wenn er das Göttliche in sich entwickle, schließlich ein Stadium erreiche, in welchem er der menschlichen Gemeinschaft nur noch in geringem Maße bedürfe, und daß dieses Leben dann, ein Leben der reinen Forschung und Kontemplation, sowohl das vollkommenste und höchste wie das glücklichste sei. Die stoische Doktrin besagt, die Natur verlange vom Menschen, daß Erkenntnis und Handeln völlig zu einer Einheit verwachsen, und Seneca spricht von der | Pflicht des Weisen, um seiner Mitmenschen willen sich am Leben des Staates zu beteiligen. Aber bei weitem den stärksten Einfluß hat die Stoa doch dadurch ausgeübt, daß sie den einzelnen lehrte, wenn alles mißlingt und in Stücke geht, sich in die Festung seines Innern zurückzuziehen und diese uneinnehmbar zu machen: *si fractus illabatur orbis impavidum ferient ruinae.* Endlich, um noch einmal zum Anfang der griechischen Philosophie zurückzukehren: wenn Sokrates in Platons Gorgias allen Einwänden gegenüber daran festhält, daß es besser sei, Unrecht zu leiden als Unrecht zu tun — was ja beides das Verhältnis des Menschen zu andern Menschen angeht —, und schließlich nach der letzten Begründung gefragt wird, antwortet er: weil die Seele häßlich und unordentlich werde, wenn man Unrecht tut.

So kommt überall am Ende doch wieder alles auf die Einzelseele zurück, und innerhalb der Einzelseele ist es die rechte Einsicht, auf die alles ankommt, Das ist bei allen Abweichungen doch immer wieder das Grundmotiv aller griechischen ethischen Philosophie. Man muß sich dann entscheiden, ob man das als Vorzug oder Mangel betrachten will. Festugière schließt seine Ausführungen mit den folgenden Worten, in denen er antike und moderne Grundauffassungen gegenüberstellt: „Que dire des temps modernes? Le slogan moderne est l'efficacité. Il faut produire et produire encore. Et quand il y a trop de produits, et que les produits ne se vendent plus, s'ensuit la guerre. Les philologues, Messieurs, n'ont qu'une audience très limitée. Il ne nous appartient donc pas de dicter le choix de nos contemporains. Mais il nous est permis peut-être d'observer, avec d'autres, que le meilleur et sans doute le seul moyen de sortir du cycle infernal est de rappeler que la vérité vaut par elle-même, et que l'homme n'est pas une machine." Aber wenn hier eine Einsicht gefordert wird, die uns verlorengegangen zu sein scheint, so muß man wohl von neuem die Frage stellen, die wir am Ende eines jeden der drei ersten Vorträge in leicht veränderter Form gestellt haben und die auch am Ende des vierten hätte gestellt werden können: ist eine solche

Einsicht durch "Wissenschaft" in dem modernen Sinne des Wortes zu
gewinnen: durch jene Art der Wissenschaft und des wissenschaftlichen
Denkens, von dem in den ersten Vorträgen die Rede gewesen ist und
das dort als das größte Geschenk der alten Griechen an die westliche Kultur und durch sie hindurch an die Menschheit überhaupt geschildert worden ist?

Der lange und inhaltsreiche Vortrag Festugières war gefolgt von einem
ganz kurzen Beitrag Fritz Wehrlis über „die menschliche Verantwortung
in der archaischen Dichtung der Griechen". Dieser Beitrag setzt sich mit
der von B. Snell in seinem bekannten Buche „Die Entdeckung des Geistes" vertretenen These auseinander, im Epos werde der Mensch noch
ganz in seinem Handeln durch Mächte bestimmt, über die er keine Gewalt
habe, Mächte, zu denen freilich auch sein | eigener θυμός gehöre. Das Epos
kenne daher auch keine Verantwortung des Menschen im eigentlichen
Sinne für seine Taten. Dem gegenüber macht Wehrli geltend, die Helden
Homers hielten doch manchmal mit ihrem θυμός Zwiesprache oder nähmen gelegentlich sogar den Kampf mit ihm auf. Das zeige, daß Homer
doch auch eine Art Identität des Ich kenne, eines Ich, das den menschlichen Leidenschaften als selbständiges *agens* gegenübertreten könne, womit dann doch auch eine moralische Verantwortlichkeit gegeben sei. Ja, es
kündige sich in solchen Auseinandersetzungen zwischen einem Menschen
und seinem θυμός schon der der späteren philosophischen Ethik geläufige
Kampf zwischen der Vernunft und den Trieben an. Eher könne man
sagen, daß bei Homer nicht selten entgegengesetzte Auffassungen unvermittelt nebeneinander stünden, wie z. B. wenn Achill im neunzehnten
Buch der Ilias Agamemnon vorschlägt, seinen θυμός zu bezwingen: er
wolle dann auch seinen Zorn beenden; und wenn Agamemnon dem zu-
stimmt, dann aber fortfährt, nicht er sei an dem Zwist schuld gewesen,
sondern Ate, der gegenüber selbst Zeus machtlos sei. Im Folgenden sucht
dann Wehrli zu zeigen, daß solche widersprüchlichen Auffassungen der
Zwangsläufigkeit oder der Freiheit und folglich Verantwortlichkeit des
Handelns auch bei späteren Dichtern, bei Archilochos, bei Simonides, ja
selbst bei den Tragikern nicht selten sind und daß deshalb kein so scharfer
Trennungsstrich zwischen dem Epos und der Tragödie in dieser Hinsicht
gezogen werden könne, wie Snell in seinem Buch über „Aeschylus und
das Handeln im Drama" und dann wieder in der „Entdeckung des Geistes" zu beweisen gesucht hatte. Es ist sehr zu bedauern, daß die Erwide-

rung Snells auf die Ausführungen Wehrlis in dem gedruckten Bericht über die Sitzung keine Aufnahme gefunden hat.

Der folgende Vortrag von Hadley Cantrill „Moral Ideas. Toward a Humanistic Psychology" ist von ganz ungewöhnlichem Interesse. Denn hier sprach nicht ein klassischer Philologe, sondern ein Vertreter der Art von Wissenschaft, die, wie in den ersten Vorträgen festgestellt wurde, zuerst von den Griechen geschaffen worden ist, aber doch wieder nicht einer Spezies dieser Wissenschaft, welche die Griechen schon erfunden hatten, sondern einer Wissenschaft, welche die strengen Methoden solcher schon von den Griechen geschaffener Wissenschaften wie der Mathematik, der Mechanik, der Optik, der Meteorologie usw. auf ein anderes Gebiet, auf die Erforschung des Menschen, der menschlichen Seele oder des menschlichen Geistes, sofern es für die moderne Wissenschaft noch so etwas gibt wie die Seele oder den Geist, zu übertragen versucht, soweit dies möglich ist.

Cantrill geht aus von der Frage, die in den von Lucien Price aufgezeichneten und herausgegebenen Unterhaltungen Whiteheads an diesen gestellt wird, wie es denn möglich sei, daß die Wissenschaft so ungeheure Fortschritte gemacht habe, während die „humanistischen Studien" doch | nur so langsam fortschreiten; ob wir wirklich so weit über Platon und Aristoteles hinausgekommen seien. Er nimmt auch dazu die Antwort Whiteheads, die viel Stoff zum Nachdenken gibt, aber — mit allem Respekt für den großen Logiker sei es gesagt — keine Antwort auf die gestellte Frage ist: bis ins achtzehnte, ja bis in den Beginn des neunzehnten Jahrhunderts hinein sei die soziale Struktur der westlichen Welt derjenigen der Antike noch so weit ähnlich gewesen, daß die historischen Praezedentien aus der Antike auch für uns noch von Wert gewesen seien. Jetzt habe die Technologie die moralischen Werte oder die sozialen Beziehungen so verändert, daß die alten klassischen Vorbilder nicht mehr ausreichten und man nach etwas Neuem suchen müsse. Darauf folgt ein nach dieser Feststellung vielleicht etwas unerwarteter Schluß: Früher hätten die Anwärter auf wichtige Stellungen in der Verwaltung eine klassische Ausbildung erhalten und die habe sich damals sehr gut bewährt. Jetzt versuche man, ihnen eine wissenschaftliche Schulung zu geben, aber er zweifle, ob diese sich als ebenso nützlich und adaequat erweisen werde.

Nach dieser Einleitung definiert Cantrill sein eigenes Ziel als wissenschaftlicher Psychologe, nämlich „(to formulate) a set of constructs which will enable him (den Psychologen) conceptually to 'understand', 'explain', and 'predict' the activities and experiences of the functional union we call behaving person". Er spricht dann von den Schwierigkeiten, die bei diesem Unternehmen zu überwinden seien, nämlich: 1. daß die psychologische Analyse in verschiedene, für sich zu betrachtende und zu analysierende Teile auseinandernehmen muß, was in Wirklichkeit „an indivisible functional aggregate" ist. (Vielleicht ist es erlaubt, schon hier darauf aufmerksam zu machen, daß an dieser Stelle die „wissenschaftliche" Terminologie mit sich selbst in Widerspruch gerät, indem sie als „aggregate", also als etwas Zusammengesetztes bezeichnet, was sie doch gerade als unteilbare Einheit bezeichnen will.) 2. daß die wissenschaftliche Psychologie immer in Gefahr sei, ihre eigenen begrifflichen Abstraktionen, mit denen sie ihren Gegenstand zu erfassen versucht, mit dem Gegenstand selbst zu verwechseln; 3. daß die wissenschaftliche Tradition der herrschenden psychologischen Schulen von Descartes herstamme und infolgedessen die menschliche Natur ganz „in terms of a mechanistic determinism" zu erklären versuche. Es komme aber vor allem auf das Verständnis der menschlichen Werte und Wertungen an und dafür sei die genannte Methode nicht ausreichend. Es müsse also eine neue und bessere Methode der „value inquiry" entwickelt werden.

Auf diesem Gebiete nun, meint Cantrill, könne der wissenschaftliche Psychologe viel von den Humanisten lernen. Denn diese seien „skilled in description or portrayal, how individuals have learned to sensitize themselves to value inquiry". Aber nicht nur von Humanisten könne der wissenschaftliche Psychologe lernen. Denn „some of the most penetrating descriptions of experience (sc. value experience) have been given | us by poets, novelists, composers and religious prophets". In diesem Zusammenhang wird von Cantrill auch die Frage aufgeworfen, ob die wissenschaftliche Psychologie eine Fachsprache entwickeln solle oder sich der gewöhnlichen Sprache der allgemeinen, vor allem auch der schönen, Literatur bediene. Als Antwort auf diese Frage zitiert Cantrill mit Zustimmung eine Bemerkung von H. A. Murray: „Until theory has been much further developed we would be inclined to favour the use of clear literary language, despite the current tendency among American psychologists to become suspicious whenever there appears in the writing of a fellow-scientist the slightest trace of aesthetic feeling. A psychologist who believes he can tell the truth without being 'literary' has only to try writing a case history or a biography, and then compare what he has done to a character sketch by any novelist of the first order. We academic psychologists have yet to discover how much can be learned from the realists of literature. A little humility here would add to our stature."

Trotz seiner Zustimmung zu Murrays Bemerkung hat Cantrill jedoch dessen Rat nicht ganz befolgt, sondern versucht, eine eigene technische Terminologie für seine Psychologie zu entwickeln, was ja vielleicht auch notwendig ist, wenn die Theorie, wie Murray es wünscht, so weiter entwickelt werden soll, daß sie schließlich der Dichter und Novellisten nicht mehr bedarf. Es ist dann zweifellos wichtig zu sehen, welche Dienste diese Fachsprache zu leisten im Stande ist.

In einem Unterkapitel mit dem Titel „inquiry" (p. 196 ff.) sucht Cantrill zu analysieren, auf welche Weise Menschen zu der Entdeckung oder Erfahrung (experience) von Werten kommen, die ihnen dann als Kriterien oder Leitbilder ihres Handelns dienen. Dabei kommt folgendes Beispiel vor: „Christ and Gandhi may be taken as examples of individuals who were trying to create an environment in order to act on the 'what for' value judgments emerging from their value inquiry. In order to indulge in the necessary value inquiry, Christ went to the top of the mountain and Gandhi had his day of silence" (p. 199); und etwas später (p. 201): „To return to Gandhi as an example, the function of prayer for him and one of the functions of some of his fasts was to sensitize himself to cues that could be taken into account in the process of value inquiry in order to achieve the most reliable and satisfying value judgment."

Ich glaube, jedermann, der dies liest und auch der Autor des Vortrages selbst, der sich über die Prinzipien und Resultate seiner eigenen Wissenschaft sehr kritisch und bescheiden äußert, wird empfinden, daß selbst die neue wissenschaftliche Terminologie, die der Verfasser zu schaffen versucht, ganz inadaequat ist, den Kern dessen zu beschreiben, was sie beschreiben soll, obwohl einige ganz äußerliche Aspekte des Vorgangs durchaus richtig bezeichnet sind. Man wird dann vielleicht geneigt sein, zu der Bemerkung Murrays zurückzukehren, daß es, *bis die psychologische Theorie eine sehr große Verfeinerung erfahren hat,* | geratener sei, sich der einfacheren Literatursprache zu bedienen. Sieht man sich jedoch die Gesamtheit der früheren Bemühungen auf diesem Gebiete an, die doch nun schon eine beträchtliche Zahl von Jahrzehnten hindurch angestellt worden sind, so kommt man vielleicht eher zu dem Ergebnis, daß eine Verfeinerung der Theorie die Inadaequatheit von Fachsprachen und überhaupt der „wissenschaftlichen" Methode manchen Gegenständen und Problemen gegenüber nur noch deutlicher zur Erscheinung bringen würde.

Dies alles richtet sich nicht gegen den Verfasser des diskutierten Vortrags, der sich ja vielmehr vor vielen seiner Fachgenossen dadurch auszeichnet, daß er sich der Unvollkommenheit seiner Wissenschaft und ihrer Methoden in hohem Grade bewußt ist. Es richtet sich auch nicht gegen den Versuch, eine wissenschaftliche Psychologie aufzubauen, sofern sich diese jeweils ihrer Unvollkommenheiten und Begrenztheiten bewußt ist. Aber noch deutlicher und dringender erhebt sich bei der Lektüre dieses Beitrags die Frage oder der Fragenkomplex, der sich am Ende der vorangegangenen Vorträge immer wieder in leicht abweichenden Formen angemeldet hat: was denn eigentlich das Charakteristische der „Wissenschaft" sei, von der immer die Rede gewesen ist und welche die Griechen zuerst geschaffen haben sollen; ob diese Wissenschaft potentiell keine Grenzen hat, oder, falls sie nicht nur zeitlich bedingte, sondern absolute Grenzen haben sollte, welche dies sind; endlich ob es, wenn sie solche Grenzen hat, nicht andere Erkenntnisarten gibt, die vielleicht nicht weniger wichtig sind. Wenn es gelingen sollte, diese Fragen zu beantworten, müßte sich daraus wohl auch eine Antwort auf die Frage ableiten lassen, die an Whitehead gestellt worden war und die dieser mit seinen antwortenden Worten faktisch völlig unbeantwortet gelassen hat. Aber zuvor ist es notwendig, noch kurz auf die beiden letzten Beiträge einzugehen.

Der Vortrag des modernen Psychologen Cantrill war gefolgt von dem Vortrag eines zweiten Nichtphilologen: Arnold M. Rose, dessen Spezialgebiet das Studium der zeitgenössischen westlichen Kultur ist. Der Titel seines kurzen Beitrags lautet: „Some Reflections on the Influence of ancient Thought on Contemporary Moral Ideas."

Rose beginnt damit, auf die außerordentliche Schwierigkeit eines jeden Versuches, den historischen Ursprung kultureller oder sozialer Erscheinungen aufzufinden, hinzuweisen. Denn wenn man auch den Ursprung solcher Phänomene gefunden zu haben glaube, so bleibe doch immer die Möglichkeit, daß er noch früher liege, als man ihn zuerst nachweisen könne, oder daß in Wirklichkeit keine ununterbrochene Tradition vorliege, sondern ein erneuerter Einfluß, der seinerzeit wiederum vielleicht nur deshalb habe wirksam werden können, weil sich in der Entwicklung der westlichen Kultur selbst zu irgendeiner Zeit aus inneren oder äußeren Gründen verwandte Tendenzen entwickelten. Trotzdem könne man | wohl einige Elemente einerseits der hebräisch-christlichen, andererseits der griechisch-römischen Tradition bezeichnen, von denen man mit einiger Sicherheit sagen könne, daß sie die Entwicklung der westlichen Kultur zum

mindesten insofern beeinflußt haben, als sie darauf hinwirkten, daß diese
eher in der einen als in einer anderen Richtung fortschritt. So sei z. B. der
Inhalt des geltenden Rechts in den kontinentalen Staaten sehr stark durch
das griechisch-römische Recht beeinflußt, dagegen die *Achtung* vor dem
Recht auf dem europäischen Kontinent und in den angelsächsischen Staaten komme mehr aus der hebräisch-christlichen Tradition. Denn nur diese
kenne eine göttliche Sanktion des Rechts und betrachte es als mehr als eine
von Menschen aus Gründen der gesellschaftlichen oder staatlichen Zweckmäßigkeit geschaffene Institution.

Daran ist natürlich richtig, daß es bei den Griechen keine Sanktion des
Rechtes durch einen *persönlichen* Gott gibt oder nur in ganz schwachen
Ansätzen und daß es bei den Griechen unter anderm *auch* die Theorie
gegeben hat, daß alles Recht nur θέσει sei. Aber die zitierte Formulierung
scheint mir doch den Einfluß des von der Stoa ausgehenden, von den
Römern praktisch ausgebildeten naturrechtlichen Denkens auf das Abendland gewaltig zu unterschätzen, bzw. zu übersehen, daß ein von einem
persönlichen Gott sanktioniertes Recht und ein von Menschen nach mehr
oder minder willkürlichen Prinzipien oder reinen Zweckmäßigkeitsprin-
zipien festgesetztes Recht keineswegs eine vollständige Alternative darstellen. Auch die platonische Idee des Guten ist kein persönlicher Gott
und doch etwas, das weit über allen menschlichen Zwecksetzungen steht.

Eine Zusammenstellung von weiteren aus der hebräisch-christlichen
oder der griechisch-römischen Tradition stammenden westlichen Ideen
findet sich auf S. 209, ohne daß die aus der einen oder der andern Tradition stammenden Elemente hier deutlich unterschieden würden.

Von ganz außerordentlichem Interesse ist dagegen wieder der letzte
Beitrag von B. L. Atreya, der unter dem Titel „The Classical Pattern of
Modern Western Civilization, A review of four Papers" vier, bzw. in
Wirklichkeit fünf, der vorangegangenen Vorträge einer kritischen Betrachtung unterzieht. Schon daß hier ein Mann mit ganz ausgezeichneten
Kenntnissen des griechisch-römischen Altertums, der aber als Inder nicht
der westlichen Kulturtradition angehört, zu der Frage des Einflusses
unseres klassischen Altertums — *unseres,* weil die Inder ihr eigenes klassisches Altertum haben — auf die moderne westliche Kultur Stellung
nimmt, ist etwas, das vor einigen Jahrzehnten noch nicht möglich gewesen wäre. Es gibt ihm den ungeheuren Vorteil, daß er — wenigstens
bis zu einem gewissen Grade — die Dinge ganz unbefangen von außen
ansehen kann, ohne dadurch, daß er selbst der zu beurteilenden Tradition

angehört, in seinem Urteil beeinflußt zu sein: ich sage „bis zu einem gewissen Grade", weil Atreya, wie sich zeigen wird, in gewisser Hinsicht |
doch auch ein überzeugter und nicht mehr ganz unbefangener Zögling der
westlichen Kultur ist.

Atreya beginnt mit einem Angriff auf das, was er „the humanistic
fallacy" nennt, d. h. die Tendenz der „Humanisten", alles, was aus dem
Altertum stammt, unbesehen als wundervoll zu betrachten. Schon das ist
höchst erfrischend. Ich glaube, es würde dem Humanismus (und wahrscheinlich auch dem Christentum) außerordentlich gut tun, wenn die Humanisten (und die Theologen) alle Apologetik, die nicht nur in allen Kongreß- und Festreden eine unvermeidliche Rolle spielt, sondern auch in der
Literatur, sowohl direkt als auch indirekt, einen sehr breiten Raum einnimmt, unterließen und sich damit begnügten, ihren Gegenstand nicht
nur, wenn auch vor allem, interpretatorisch, sondern auch kritisch zu
erhellen. Denn jede Apologetik hat erfahrungsgemäß die Tendenz, das,
was der Verteidigung nicht wert und vielfach, wenn auch nicht immer,
in Wirklichkeit „der Herren eigner Geist" ist, zu verteidigen und damit
zugleich das, was der Verteidigung nicht bedarf, weil es überzeitlichen
Wert besitzt, zu verdunkeln. Man braucht sich nur anzusehen, was von
philologischen Interpreten in den letzten Jahrzehnten den griechischen
Tragikern alles zugeschrieben worden ist, das, wenn es richtig wäre,
zeigen würde, daß diese Dichter vierten Ranges gewesen sind. Es wäre
sehr viel besser gewesen zu sagen „das ist schlecht". Das wäre zum mindesten ein stärkerer Anreiz dazu gewesen, nachzuprüfen, ob die von den
Interpreten aufgestellten Behauptungen, wie z. B., daß einige der berühmtesten antiken Tragödien keine Einheit der Handlung haben, richtig
sind. Aber auch da, wo der Tadel berechtigt ist, sollte man die vortreffliche, von Vauvenargues im 6. Kapitel seiner „Réflexions sur quelques
poètes" aufgestellte, Maxime befolgen: „Il serait a désirer que les gens
de lettres voulussent bien séparer les défauts des plus grands hommes de
leur perfections; car si l'on confond leur beautés avec leur fautes par une
admiration superstitieuse, il pourra bien arriver que les jeunes gens
imiteront les défauts de leur maîtres qui sont aisés á imiter, et n'atteindront jamais à leur génie."

Damit ist nicht gesagt, daß Atreya überall da recht hat, wo er seinen
Vorrednern vorwirft, der „humanistic fallacy" verfallen zu sein, noch
vielleicht überall da, wo er der Meinung Ausdruck gibt, sie seien ihr
ausnahmsweise nicht verfallen. Niemand, einschließlich natürlich des

Verfassers des gegenwärtigen kritischen Berichtes, hat noch in allem, was er sagt, das Richtige getroffen. Auf einige Fälle, in denen man in dieser Hinsicht zweifeln kann, wird noch zurückzukommen sein. Sehr richtig ist aber auch Atreyas Bemerkung, daß man einen Unterschied machen muß zwischen griechisch-römischen, das Leben und Denken bestimmenden, Prinzipien und den griechisch-römischen Stoffen. Wenn ein moderner Dichter ein Orestesdrama schreibt oder eine Dichtung mit dem Titel „Orpheus" verfaßt, so hat er sich unzweifelhaft durch die antike Sage, sei es als solche, sei es in einer schon als Dichtung gestalteten | Form, anregen lassen. Trotzdem kann seine Dichtung antikem Geiste ganz ferne stehen, wie es Atreya von Sartres Orestesdrama „Les Mouches" wohl mit Recht behauptet.

Vor allem interessant ist jedoch Atreyas abwägender Vergleich zwischen hebräisch-christlichen, griechisch-römischen und indischen Traditionen. Sehr bemerkenswert ist sogleich, daß er, der die Dinge von außen betrachtet, sich ganz auf die Seite derjenigen stellt, welche den eigentlichen Geist des Christentums und den Humanismus für unvereinbar erklären: freilich ganz und gar ohne die *Wertungen* dieser Gruppe, zu der am einen Ende Tertullian, am anderen Ende Leo Schestow oder auch H. Weinstock gehören, zu teilen. Das Christentum, ebenso wie das alttestamentarische Judentum, aus dem es hervorgegangen ist, sagt er, sind so völlig traditionsgebunden, daß sie nicht nur ihre heiligen Schriften für kanonisch und inspiriert erklären, sondern auch ihre Interpretation und Auslegung nicht frei geben und jeden verdammen, der von dem innerhalb der jeweiligen Konfession von der Autorität Gebilligten abweicht. Was die Griechen vor allen andern Völkern auszeichnet, ist gerade, daß sie sich von allen Traditionen frei machten und alles durch freie Untersuchung und freies Denken zu entscheiden suchten. Die Inder nehmen darin eine Mittelstellung ein. Zwar haben auch sie ihre heiligen Bücher, die für kanonisch gelten. Aber deren Interpretation war und ist frei; auch wurden die Häretiker in Indien nicht verbrannt, sondern nach einiger Zeit selbst kanonisiert und zu Urhebern neuer Traditionen, die neben der älteren hergehen und von ihren Anhängern eben so eifrig und als etwas Geheiligtes gepflegt werden wie die alten Traditionen. Man könnte vielleicht hinzufügen, daß es seit der Aufspaltung in verschiedene Konfessionen, die ja schon viel früher begonnen hat als mit der sogenannten Reformation, im Christentum im Grunde nicht viel anders gegangen ist; nur daß die indischen Sekten eine sehr viel größere Toleranz einander gegenüber haben.

Christentum und Humanismus unterscheiden sich nach Ansicht Atreyas ferner fundamental dadurch voneinander, daß es zum Wesen der griechischen Auffassung von der Welt gehört, das Gute und das Schöne miteinander zu identifizieren. Zwar gebe es eine solche Identifizierung auch im Christentum. Aber zum griechischen Begriff des Schönen gehöre auch die sinnliche Schönheit, während der christliche Begriff des Guten und Schönen sinnenfeindlich sei. Freilich fänden sich Ansätze zu einer solchen Sinnenfeindlichkeit auch bei Platon, der sich aber eben darin von dem Geist der griechischen Kultur entferne. In dieser Hinsicht stimme die indische Tradition ganz mit der griechischen und humanistischen überein. Sie betrachte sinnliche Schönheit als eines der vier Grundziele menschlichen Strebens, an dem nichts zu tadeln sei. Erst unter dem Einfluß christlicher Missionare, denen es zwar nicht gelungen sei, viele Inder zur offiziellen Annahme des Christentums zu bewegen, wohl aber ihre Herzen von der einheimischen Tradition abzuwenden, | seien viele Hindus zu einer Art Puritaner, zu Verleugnern der sinnlichen Schönheit, geworden, so daß sie sich sogar schämten, daß die indischen Tempel voll von Darstellungen sinnlicher Schönheit sind, statt auf diese wahrhaft klassischen Werke stolz zu sein. Der Hindu, welcher seinen Traditionen treu geblieben sei, müsse sich daher viel eher durch das griechische Ideal der Kalokagathie angezogen fühlen als durch die christliche Neigung, sinnliche Schönheit und Sünde in enge Beziehung zu einander zu setzen. So stehe auch der indische Begriff des Askese, sâdhanâ, dem griechischen Begriff der Askesis als einer Übung der natürlichen Kräfte, die zum rechten Leben nötig sind, viel näher als der griechische Askesis-Begriff dem christlichen Begriff der Askese als einer Unterdrückung der natürlichen Neigungen und Kräfte stehe. Auch sei nicht bei den Hedonikern eine wirkliche Abweichung vom griechischen Geiste, der vielleicht infolge einer Urverwandschaft viel mit dem indischen gemeinsam habe, zu finden, sondern viel eher bei dem späteren Platon, der auch kein rechter Sokratiker mehr sei.

Gemeinsam sei ferner Griechen und Indern, daß bei beiden das moralische Gesetz nicht von Gott oder den Göttern gegeben sei, sondern den Göttern übergeordnet, und zwar bei beiden so, daß die Götter sich über das moralische Gesetz leichter hinwegsetzen als die Menschen. Bei beiden sind es Weise und Heilige, die den Menschen das moralische Gesetz einprägen und nahe bringen, nicht die Götter. Griechen und Indern fehle ferner der Begriff des liberum arbitrium, das im Christentum eine so fundamentale Rolle spiele. So stünden sich klassisches Griechentum und

Indertum in fast allen Dingen näher als Indertum und Christentum. Nur in einem, das freilich von der allerhöchsten Bedeutung ist, stünden sich Indertum und Christentum näher: für die griechischen Weisen sei das Leben nach den ethischen Normen ein Ziel oder vielmehr das Ziel in sich selbst, über das hinaus es kein höheres Ziel gebe. Für den Inder, und zwar nicht nur für den Bekenner der hinduistischen Religion, sondern ganz ebenso für den Buddhisten und den Jaina, sei es nur die unterste Stufe einer Stufenleiter, die zur Vollendung, d. h. zur Erlösung, führt. Hierin berührten sich Indertum und Christentum und entfernten sie sich weit von dem antiken Griechentum und von dem Humanismus, der von ihm abgeleitet ist.

Es ist offenbar, daß diese vergleichenden Ausführungen voll von oft etwas gewaltsamen Verallgemeinerungen und Vereinfachungen sind. Es würde ein kleines Buch erfordern, sich damit im einzelnen auseinander-zusetzen. Hier ist es nur möglich, einige Punkte herauszugreifen. Um also mit einem der letzten Punkte zu beginnen, so läßt sich doch wohl kaum leugnen, daß der aristotelische Begriff der προαίρεσις dem Begriff des liberum arbitrium sehr nahe steht, wenn er auch nicht damit identisch ist; und dieser Begriff spielt in der aristotelischen Ethik eine sehr positive Rolle. Auf der anderen Seite sind selbst die angeblich deterministischen und fatalistischen Stoiker in der Leugnung der Willens|freiheit im Sinne der Möglichkeit einer freien Entscheidung für das Gute oder das Böse nicht so weit gegangen wie Calvin, aber auch nicht so weit wie Luther oder Augustin. Die Lehre des Pelagius aber, der die Auffassung vertrat, der Mensch könne auf Grund seines liberum arbitrium seine Seligkeit selbst erwirken, wird selbst von der katholischen Kirche, welche die reine Prädestinationslehre nicht anerkennt, als Ketzerei verurteilt. Auf der andern Seite hat Atreya sehr richtig bemerkt, daß der Begriff der Willens-freiheit, sei es nun daß deren Möglichkeit anerkannt oder geleugnet wird, innerhalb der christlichen Diskussion viel schärfer herausgearbeitet wor-den ist als bei irgendeinem griechischen Philosophen.

Was den griechischen Begriff des καλόν und seine Rolle in der Ethik angeht, so ist Atreya vielleicht allzusehr von einer Auffassung des Grie-chentums beherrscht, wie sie am Ende des achtzehnten Jahrhunderts in Westeuropa herrschend gewesen ist und etwa in Heinses Ardinghello einen kräftigen Ausdruck gefunden hat, die sich aber bei tieferem Ein-dringen doch nicht ganz aufrecht erhalten läßt. Aber was Atreya über den Gegensatz zwischen Sokrates und dem Verfasser des „Staates" sagt,

scheint mir höchst beachtenswert und auf ein Problem hinzuweisen, das
von der orthodoxen Philologie und dem orthodoxen Humanismus allzusehr vernachlässigt worden ist. Sokrates hat freilich auf die Mängel der
athenischen Demokratie der zweiten Hälfte des fünften Jahrhunderts und
nicht minder auf die der Oligarchie, die sie für kurze Zeit ablöste, ohne
Schonung hingewiesen und die aktiven Politiker ebenso wie diejenigen,
die es werden wollten, auf ihre persönlichen Mängel aufmerksam zu
machen gesucht. Aber er hat es, wenn die Berichte über seine letzten Tage
nicht völlig gefälscht sind, mit Gelassenheit, ja fast mit Heiterkeit, hingenommen, daß er unter dem bestehenden Regime wegen „zersetzender
Tendenzen", wie man heute sagen würde, hingerichtet werden konnte.
Platon hat in seiner berühmtesten Schrift einen Staat zu konstruieren
versucht, in dem ein Sokrates nicht hätte hingerichtet werden können.
Aber er hat dabei nicht bemerkt, daß in einem solchen Staat, in dem
jeder auf alle Weise zum Guten *gezwungen* wird, ein Sokrates gar nicht
hätte entstehen können. Erst eine Bemerkung in seinem letzten Werk, den
Gesetzen, daß derjenige, der alles selbst hat finden müssen, tiefere Einsicht habe als derjenige, der durch eine ausgezeichnete Erziehung und
ebensolche staatliche Institutionen auf den richtigen Weg geleitet worden
ist, verrät eine Ahnung davon, daß es in seinem eigenen Idealstaat vielleicht auch keinen Platon hätte geben können.

Zum Abschluß jedoch ist es notwendig, noch zu einem anderen Problem zurückzukehren. Wie schon früher bemerkt, ist Atreya nicht nur
Inder, sondern zum mindesten insofern ein Zögling der westlichen Kultur, als er ein uneingeschränkter Bewunderer der westlichen Wissenschaft
ist. Deshalb nimmt er auch T. B. L. Webster als einzigen seiner Vorredner
von dem Vorwurf aus, der „humanistic fallacy" verfallen zu | sein.
Webster habe festgestellt, daß „modern" in der Wortzusammensetzung
„moderne Wissenschaft" kein chronologischer Terminus sei, sondern vielmehr die Bezeichnung einer spezifischen Forschungsmethode, die eben von
den Griechen zuerst erfunden worden sei. Er zitiert mit emphatischer
Zustimmung Websters auch oben schon zitierte Forderung, daß die gegenseitige Befruchtung zwischen Dichtern und Sehern einerseits und der
Wissenschaft andererseits, die im Altertum so stark gewesen sei, wieder-
hergestellt werden müsse.

Aber eben darin steckt ja, wie sich gezeigt hat[6], ein ganz fundamen-
tales Problem. Wenn Atreya dann später in einer scharfen Kritik des

---

[6] vgl. oben S. 533.

Vortrags von Bruno Snell sagt: „The scientist's job is to trace the events
and find out the facts about nature that interest him; whatever others
make out of his findings is not his lookout; for if it were, science would
have to end; if the scientist took to reflecting on what his work may
possibly lead to, he had better take to shoemaking or some other hono-
rable trade", so ist dies zwar eine Bemerkung, die in den letzten Jahrzehnten unzählige Male so oder ein wenig anders gemacht worden ist;
aber an dem Problem, das in den Vorträgen immer wieder am Rande
aufgetreten ist und auf das auch Snell hinzuweisen versucht hatte, ohne
es ganz deutlich zu bezeichnen, geht sie völlig vorbei. Es ist nun an der
Zeit, es so deutlich als möglich zu formulieren und wenigstens noch einen
Ansatz zu einer Lösung zu geben, wenn auch seine eingehende Behandlung am Ende einer Rezension naturgemäß unmöglich ist.

Die erste und Grundfrage ist wohl: ist die wissenschaftliche Methode
die einzige Methode, zu Erkenntnissen zu gelangen, bzw. können alle
anderen Erkenntnismethoden, die jetzt noch nicht wissenschaftlich sein
mögen, letzterdings durch „wissenschaftliche" Erkenntnis ersetzt werden?
Um diese Frage beantworten zu können, ist es wohl notwendig, zuerst
festzustellen, wodurch sich wissenschaftliche Erkenntnis von anderen
Arten der Erkenntnis unterscheidet. Geht man hier nun von der Mathematik aus, die ja doch wohl immer noch als die wissenschaftlichste aller
Wissenschaften bezeichnet werden kann, und von dem, was ihr mit den
Wissenschaften, die ihr am nächsten stehen und nächst ihr das Ideal der
exakteren Wissenschaften zu verkörpern scheinen, gemeinsam ist, so ist es
gar nicht so einfach, die Methode zum Kriterium zu machen. Denn die
Mathematik verfährt rein deduktiv, während schon bei der ihr am nächsten stehenden Physik empirische und induktive Elemente hineinkommen, die in ihrer Natur gar nicht leicht allgemein zu bestimmen sind.
Näher schon scheint dem Begriff der Wissenschaft allgemein die Bestimmung durch die Sicherheit ihrer Ergebnisse zu kommen. Auf diese Siche-
rung unabhängig von jeder unkontrollierbaren Tradition sind denn auch
die Griechen unzweifelhaft vor allem aus gewesen, als | sie die Anfänge
der Wissenschaft geschaffen haben[7]. Aber selbst um diese Sicherheit ist es
in Wirklichkeit gar nicht so gut bestellt. Absolut sicher sind selbst die
mathematischen Lehrsätze nur jeweils innerhalb eines auf Axiomen auf-

---

[7] Vgl. darüber K. v. Fritz „Der gemeinsame Ursprung der Geschichtsschreibung und
der exakten Wissenschaften bei den Griechen", in Philosophia Naturalis II (1953),
p. 200 ff. und 376 ff.

gebauten Gebiets. Von den Axiomen selbst jedoch, auf denen das ganze
Gebäude ruht, sagt die angesehenste Gruppe der heutigen Mathematiker,
daß sie willkürlich angenommen werden müssen. Und selbst wenn man
dies nicht für richtig hält, so ist doch nicht zu zweifeln, daß man die
Axiome selbst nicht „wissenschaftlich" beweisen kann. Wie aber selbst
manche der für am gesichertsten geltenden Erkenntnisse der Physik den
umstürzendsten Änderungen oder Berichtigungen unterworfen gewesen
sind, haben wir selbst erlebt. Was die wissenschaftliche Erkenntnis, und
zwar um so mehr als sich eine Wissenschaft dem Ideal der reinen Wissenschaft annähert, auszeichnet und sie von allen andern Arten der Erkenntnis fundamental unterscheidet, ist etwas ganz anderes: es ist die völlige
Übertragbarkeit ihrer Ergebnisse ohne jeden Verlust durch direkte Mitteilung und daher deren absolute Konservierbarkeit: Die Formel $(a + b)^2$
$= a^2 + 2\,ab + b^2$ versteht man entweder ganz oder gar nicht; man kann
sie nicht besser oder weniger gut, tiefer oder weniger tief verstehen. Daher
hat auch ihre Gültigkeit in Jahrhunderten kein Tittelchen eingebüßt und
sie wird nie etwas davon einbüßen können. Daraus folgt auch die höchst
einfache Antwort auf die immer wieder gestellte, von Whitehead nicht
beantwortete Frage, wie es denn komme, daß die Wissenschaft seit ihrer
Begründung durch die Griechen, und vor allem im letzten Jahrhundert
so ungeheure Fortschritte gemacht habe, die Philosophie und die „huma-
nistische" Erkenntnis dagegen nicht. Was man unbegrenzt konservieren
kann, das kann man naturgemäß anhäufen und vermehren; und wenn
zugleich das schon Gesammelte als Instrument dazu dienen kann, das
schon Gesammelte zu vermehren, so wird, wenn man sich eben dies zum
Ziele setzt, die Vermehrung mit der Zeit immer schneller vor sich gehen.
Darin ist im Grunde durchaus nichts Erstaunliches. Es ergibt sich aber
daraus auch, daß, falls es Erkenntnisse geben sollte, in deren Wesen es
liegt, daß sie sich nicht ohne Verlust von Mensch zu Mensch durch direkte
Mitteilung übertragen lassen und die daher nicht konservierbar sind, sondern immer wieder neu erzeugt werden müssen, es schlechterdings nicht
gegen den Wert solcher Erkenntnisse spricht, daß sie nicht schrankenlos
akkumuliert werden können, und daß es infolge dessen auf dem Gebiet
solcher Erkenntnisse keinen Fortschritt der Art geben kann wie auf dem
Gebiet der reinen Wissenschaft, sondern nur einen immer wieder von
neuem zu erneuernden Fortschritt in der persönlichen Aneignung. |

Daß es aber solche Arten der Erkenntnis gibt, die nichtsdestoweniger
wirkliche Erkenntnis, wenn auch eben nicht „wissenschaftliche" Erkennt-

nis sind, das scheint mir, wenn man sich nicht völlig durch das blenden
läßt, was man in Analogie zu der „humanistic fallacy" „the scientistic
fallacy" nennen könnte, offenbar zu sein. Ein episches oder dramatisches
Gedicht, aber auch ein Geschichtswerk, enthält die Mitteilung von fiktiven oder faktischen Vorgängen. Jedermann kann die Mitteilung dieser
Vorgänge als solcher, z. B. daß Orest seine Schwester am Grabe seines
Vaters trifft, daß sie ihn dann zuerst nicht erkennt, später aber erkennt,
daß sie dann beide gehen und gemeinsam ihre Mutter ermorden, usw.,
ohne Verlust verstehen. Aber niemand wird behaupten wollen, daß darin
der Sinn des Dramas liegt, oder daß die Kenntnis der reinen Tatsache,
daß am 15. März des Jahres 44 v. Chr. ein Mann namens Caesar ermordet worden ist, für uns einen Wert besitzt.

Die dramatische und epische Dichtung ebenso wie die Geschichte lehren
aber durch die Mitteilung der fiktiven oder wirklichen Fakten hindurch,
also durch indirekte Mitteilung, auch noch etwas über das menschliche
Leben. Vielleicht läßt sich einiges davon in direkt mitteilbare und ohne
Verlust übertragbare wissenschaftliche Erkenntnis verwandeln. Dann
wird die Dichtung oder Geschichte die Wissenschaft befruchtet haben. Eine
solche Befruchtung der Soziologie oder der politischen Wissenschaft durch
die Geschichte findet zweifellos statt. Aber ein sehr großer Teil der durch
indirekte Mitteilung zu gewinnenden Erkenntnis ist nicht dieser Art. Es
wird bis ans Ende der Tage möglich bleiben, ein großes Dichtwerk oder
Geschichtswerk tiefer oder weniger tief zu verstehen. Es wird daher auch
für alle Zeiten die Notwendigkeit immer erneuter persönlicher Aneignung
im nie ganz abgeschlossenen Vorgang des Verstehens bleiben. Im übrigen
sind Dichtung und Geschichte nicht die einzigen Arten der Erkenntnis
durch indirekte Mitteilung. Auch die sokratische Dialektik ist eine solche
Art der indirekten Mitteilung, die sich durch keine wie immer geartete
direkte Mitteilung „wissenschaftlicher" Erkenntnis ersetzen läßt. Als
Inder hätte Atreya vielleicht noch von anderen Arten der Erkenntnis
durch indirekte Mitteilung sprechen können. Das ist ein weites Feld, auf
das sich weiter hinauszubegeben an dieser Stelle nicht möglich ist.

Es gibt nun freilich intransigente Anhänger der wissenschaftlichen Erkenntnis, die der Meinung sind, alle Erkenntnis außer der wissenschaftlichen sei subjektiv, unkontrollierbar, jedem Irrtum ausgesetzt, daher
überhaupt keine wirkliche Erkenntnis, weshalb es unsere Aufgabe sei,
darauf zu verzichten, bzw. diese Art Pseudoerkenntnis überall so schnell

als möglich durch wissenschaftliche Erkenntnis zu ersetzen. Daß nun die durch indirekte Mitteilung zu vermittelnde Erkenntnis nicht in derselben Weise wie die wissenschaftliche kontrollierbar, daher vielleicht in noch höherem Grade dem Irrtum ausgesetzt ist, kann sehr wohl zugegeben werden. Wenn es aber, wie mir, wenn man die Dinge unbe|fangen betrachtet, unbezweifelbar der Fall zu sein scheint, zur condition humaine gehört, daß nicht alles der wissenschaftlichen Erkenntnis zugänglich ist und daß andere Arten der Erkenntnis für den Menschen noch wichtiger sind — schließlich sind die Menschen Jahrtausende lang ohne Wissenschaft im modernen Sinne ausgekommen —, so hat es gar keinen Sinn, sich gegen dies im Wesen der menschlichen Erkenntnisfähigkeit gelegene Schicksal aufzulehnen. Es besteht auch gar keine Gefahr, daß die Verfolgung solch anderer Erkenntnisarten jemals völlig aufhören könnte, da auch der begeistertste Anhänger der Wissenschaft nicht einen Tag ohne sie leben kann. Wohl aber besteht die Gefahr, daß diese andern Erkenntnisarten zu wenig gepflegt werden, daß, wie B. Snell in seinem Vortrag trotz Atreya sehr richtig bemerkt hat, das Gleichgewicht zwischen den verschiedenen Erkenntnisarten gestört wird, ferner die Gefahr, daß für wissenschaftliche Erkenntnis gehalten und als solche angewandt wird, was keine wissenschaftliche Erkenntnis ist: eine Gefahr, die um so größer ist, je mehr die Wissenschaft das Lebendige und das Geistige zu ihrem Gegenstand macht, am größten vielleicht in der Psychologie.

Es versteht sich von selbst oder sollte sich von selbst verstehen, daß damit nicht gemeint ist, daß der wissenschaftlichen Erkenntnis da, wo sie wirklich wissenschaftlich sein kann, künstliche Schranken gesetzt werden sollen. Aber die Überschätzung der Wissenschaft und dessen, was sie leisten kann, steht wohl im Zusammenhang mit dem übermäßigen Verlangen nach Sicherheit, dem schon Platon in gewisser Weise in seinem Staat anheimgefallen ist, das im modernen sozialen Zwangsstaat um der wirtschaftlichen Sicherheit willen das geistige Leben unterdrückt und im Westen um der Sicherheit der Erhaltung der Freiheit willen paradoxerweise die physische Vernichtung der gesamten Menschheit riskiert. Dem steht die vielleicht nicht wissenschaftliche, aber darum nicht weniger wesentliche, Erkenntnis gegenüber, daß alles individuelle Leben seinem Wesen nach immer gefährdet ist und daß, es von der Gefährdung zu befreien, es mit Sicherheit zum Tode verurteilen heißt. Die Griechen haben, obwohl auch bei ihnen das Streben nach gesicherter Erkenntnis am

Anfang steht und eine sehr große Rolle spielt, doch, wie Snell und van Groningen hervorgehoben haben, noch ein Bewußtsein davon gehabt, daß wissenschaftlich beweisbare Erkenntnis nicht die einzige Art der Erkenntnis ist.

Weil alle Vorträge einzeln, und vor allem ihre Gesamtheit, überall auf die für unser heutiges Leben wichtigsten Fragen führen, wird die kritische Lektüre des vorliegenden Bandes nicht nur für klassische Philologen und Humanisten im höchsten Grade gewinnbringend sein.

DIE ENTDECKUNG DER INKOMMENSURABILITÄT
DURCH HIPPASOS VON METAPONT*

Die Entdeckung der Inkommensurabilität ist eine der erstaunlichsten und weitreichendsten Leistungen der frühen griechischen Mathematik. Sie ist um so erstaunlicher als sie nach der antiken Überlieferung zu einer Zeit gemacht wurde, da die mathematische Wissenschaft der Griechen noch in den Kinderschuhen steckte und sich scheinbar mit den elementarsten oder, wie viele moderne Mathematiker geneigt sind zu sagen, trivialsten Problemen befaßte, während zu der gleichen Zeit, wie man neuerdings erkannt hat, die Ägypter und Babylonier bereits hochstehende, komplizierte Methoden für die Lösung mathematischer Probleme höherer Ordnung entwickelt hatten und trotzdem, soweit wir sehen können, die Existenz dieses Problems nicht einmal ahnten.

Es ist daher kein Wunder, daß moderne Historiker der Mathematik geneigt sind, die antike Überlieferung, welche die Entdeckung in die Mitte des 5. Jahrhunderts v. Chr. datiert[1], zu bezweifeln, und daß eine entschiedene Tendenz besteht, das Ereignis viel später, sogar erst im ersten Viertel des 4. Jahrhunderts, anzusetzen[2]. Die Frage läßt sich jedoch

---

* Dieser Aufsatz verdankt viel den Diskussionen über die frühe Geschichte der griechischen Mathematik, die der Verfasser vor mehr als dreißig Jahren mit Professor S. Bochner, jetzt an der Princeton University, führte. Die Verantwortung für etwaige Mängel trifft jedoch natürlich den Verfasser allein.

[1] Diese Überlieferung wird unten S. 549 ff. erörtert.

[2] Der erste, der zu beweisen versuchte, daß die Entdeckung der Inkommensurabilität „spät", und mit Sicherheit später sei als die antike Überlieferung sie ansetzt, war Erich Frank in seinem Buch Platon und die sogenannten Pythagoreer (Halle, Max Niemeyer, 1923). Er legt sich nicht auf einen bestimmten Zeitpunkt fest, behauptet aber, die Entdeckung könne nicht vor dem Ausgang des 5. Jahrhunderts gemacht worden sein (S. 228 ff.). O. Neugebauer, unter den Lebenden der hervorragendste Kenner der frühesten Geschichte der Mathematik, geht noch weiter. In einem Brief an den Verfasser des vorliegenden Aufsatzes brachte er die Meinung zum Ausdruck, die Entdeckung könne nicht vor Archytas von Tarent gemacht worden sein. Da Archytas im Jahr 362 v. Chr. das Oberhaupt der Regierung von Tarent war, bedeutet dies offenbar, daß nach seiner Auffassung die Entdeckung frühestens zu

kaum auf Grund all|gemeiner Erwägungen entscheiden. Die Absicht dieses Aufsatzes ist, zu beweisen: 1. daß die frühe griechische Überlieferung, die das zweite Stadium in der Entwicklung der Theorie der Inkommensurabilität in das letzte Viertel des 5. Jahrhunderts verlegt und daher impliziert, daß die ursprüngliche Entdeckung noch früher gemacht wurde, so beschaffen ist, daß ihre Glaubwürdigkeit kaum bezweifelt werden kann, 2. daß diese Überlieferung durch indirekte Zeugnisse stark gestützt wird, 3. daß die Entdeckung möglich war auf dem „elementaren" Niveau, das die griechische Mathematik — sogar nach E. Frank und O. Neugebauer[3] — um die Mitte des 5. Jahrhunderts erreicht hatte, 4. daß der Charakter wissenschaftlicher Forschung, wie sie sich am Anfang des 5. Jahrhunderts entwickelt hatte, es nicht nur möglich, sondern sehr wahrscheinlich macht, daß die Inkommensurabilität zu der Zeit entdeckt wurde, in der die spätantike Überlieferung sie ansetzt, und 5. daß diese späte Überlieferung selbst einige Hinweise enthält auf die tatsächliche Methode, die höchstwahrscheinlich bei dieser Entdeckung angewandt wurde.

Die früheste genaue und eindeutige Überlieferung über eine Entwicklungsstufe der Theorie der Inkommensurabilität findet sich in Platons Dialog Theaetet, p. 147 B. Dieser Dialog wurde im | Jahr 368/67 v. Chr. geschrieben, kurz nach dem Tod des Mathematikers Theaetet, der in einer Schlacht tödlich verwundet worden war[4]. Platon läßt den Dialog im Jahr 399 v. Chr., d. h. im Todesjahr des Sokrates, stattfinden. Im ersten Teil des Dialogs wird der alte Mathematiker Theodoros von Kyrene eingeführt, wie er einer Gruppe junger Männer (unter ihnen befindet sich der junge Theaetet, der als Jüngling von ungefähr 17 Jahren dargestellt wird) die Irrationalität der Quadratwurzeln aus 3, 5, 6 usw. bis 17 beweist. Obgleich der Dialog selbst natürlich erdichtet ist, kann man wohl kaum annehmen, Platon habe in einem Dialog, den er dem Andenken eines Freundes widmete, der soeben frühzeitig verstorben war und der eine

---

Beginn des 4. Jahrhunderts gemacht wurde. Auch er stützte seine Meinung auf den „trivialen" Charakter der griechischen Mathematik des 5. Jahrhunderts. In dem vorliegenden Aufsatz soll versucht werden nachzuweisen, daß die griechische Mathematik in jener Epoche — verglichen mit der zeitgenössischen oder früheren Mathematik der Babylonier und Ägypter — tatsächlich in mancher Hinsicht sehr elementar, aber keineswegs „trivial" war.

[3] Siehe die vorhergehende Anmerkung.

[4] Dies hat Eva Sachs in ihrer Dissertation De Theaeteto mathematico (Berlin, 1914) bewiesen. Ihre Ergebnisse in diesem Punkt scheinen absolut sicher und sind allgemein anerkannt.

wichtige Rolle in der Entwicklung der Theorie der Inkommensurabilität und Irrationalität[5] gespielt hatte, einem anderen zugeschrieben, was in Wirklichkeit die eigene Leistung seines Freundes war. Man muß deshalb unweigerlich folgern, daß das, was Theodoros in der Einleitung des Dialogs demonstriert, tatsächlich bekannt war, als Theaetet im Alter von 17 Jahren stand[6].

Theodoros von Kyrene wird in Platons Dialog als ein Greis gezeichnet. Nach einem Auszug aus Eudemos' Geschichte der Mathematik[7] war er ein Zeitgenosse des Hippokrates von Chios und gehörte der Generation an, die auf die des Anaxagoras folgte und die derjenigen Platons voranging. Da Anaxagoras etwa um das Jahr 500 und Platon im Jahr 428 geboren wurde, bedeutet dies, daß Theodoros um 470 oder 460 geboren wurde, was mit Platons Aussage, daß er im Jahr 399 ein Greis war, übereinstimmt. Platon behauptet nicht, was Theodoros im Jahr 399 dem Theaetet und den anderen jungen Männern bewies, sei damals eine völlig neue Entdeckung gewesen; die Tatsache jedoch, daß Theodoros für jeden einzelnen der verschiedenen Fälle einen besonderen Beweis gab, zeigt, daß die Theorie noch kein fortgeschritteneres Stadium erreicht hatte[8]. Aber selbst wenn wir annehmen, daß die Beweise des Theodoros nicht sehr lange vorher zum erstenmal geführt worden waren, würde Platons Dialog trotzdem darauf hindeuten, daß die Irrationalität der Quadratwurzel von 2, beziehungsweise die Inkommensurabilität der Seite und der Diagonale eines Quadrats, durch einen anderen entdeckt worden war. Denn es ist schwer einzusehen, warum Platon den Theodoros mit der

---

[5] Näheres darüber in meinem Artikel Theaitetos in Pauly-Wissowa, RE, Bd. V A (1934), Sp. 1351—1372.

[6] E. Frank (a. a. O., S. 59, 228 und passim) und andere zitieren einen Abschnitt aus Platons Gesetzen (p. 819 c ff.) als Beweis für ihre Annahme, daß die Inkommensurabilität nicht vor dem Ende des fünften oder dem Beginn des vierten Jahrhunderts entdeckt worden sein könne. In diesem Abschnitt sagt „der alte Athener", den man gewöhnlich mit Platon gleichsetzt, er habe erst spät in seinem Leben von der Entdeckung der Inkommensurabilität erfahren und es sei eine Schande, daß „alle Griechen" immer noch nichts davon wüßten. Die letztere Behauptung ist ganz eindeutig eine rhetorische Übertreibung, da „alle Griechen", nimmt man den Ausdruck wörtlich, den Athener selbst einschließen würde, der jetzt offensichtlich davon weiß. Der Abschnitt beweist also lediglich, daß selbst auffallende mathematische Entdeckungen im fünften Jahrhundert in den weiteren Kreisen der Gebildeten nicht bekannt wurden. Aber das gilt auch für das vierte und das dritte Jahrhundert.

[7] Im Kommentar des Proklos zu Euklids Elementen, S. 66 Friedlein.

[8] Was die vermutlichen Schritte von der ersten Entdeckung bis zu der Theorie des Theodoros anbetrifft, siehe unten S. 556 ff.

Quadratwurzel aus 3 hätte anfangen lassen sollen, wenn er nicht einen historischen Hinweis darauf geben wollte, daß dies der Punkt war, an dem der eigene Beitrag des Theodoros zur mathematischen Theorie begann. Das allein würde also genügen, um zu beweisen, daß die Entdeckung der Inkommensurabilität spätestens zu Beginn des letzten Viertels des 5. Jahrhunderts gemacht worden sein muß und daß sie, da mathematisches Wissen in jener Zeit sich sehr langsam verbreitete, sehr wohl schon früher gemacht worden sein kann[9].

Was sich aus Platons Dialog Theaetet erschließen läßt, wird durch indirekte Zeugnisse nachdrücklich bestätigt, die H. Hasse und H. Scholz vorgelegt haben[10]. Es ist vielleicht nicht notwendig, | ihre Interpretation der Lehren Zenons von Elea in jeder Einzelheit zu akzeptieren. Aber es kann kaum einen Zweifel darüber geben, daß sie überzeugend nachwiesen, daß zwischen einigen berühmten Argumenten Zenons gegen die Bewegungslehre und der Entdeckung der Inkommensurabilität ein Zusammenhang bestanden haben muß[11]. Da Zenon nicht später als 490 v. Chr. geboren ist, würde die Anerkennung der Ergebnisse der erwähnten Abhandlung zu der Schlußfolgerung führen, daß die Inkommensurabilität nicht später als um die Mitte des 5. Jahrhunderts entdeckt worden sein kann. Dies ist auch der Zeitpunkt, den die antike Überlieferung angibt.

Im Gegensatz zu der Überlieferung über die zweite Stufe in der Entwicklung der Theorie der Inkommensurabilität ist die Überlieferung über die eigentliche Entdeckung nur in den Werken sehr später Autoren erhalten, und sie ist häufig verbunden mit Geschichten, die offenkundig legendenhafte Züge tragen[12]. Aber die Überlieferung schreibt die Ent-

---

[9] Siehe Anm. 6.

[10] H. Hasse und H. Scholz, Die Grundlagenkrisis der griechischen Mathematik (Charlottenburg, Kurt Metzner, 1928), S. 10 ff.

[11] Im Gegensatz dazu hat E. Frank (a. a. O., S. 219 ff.) behauptet, das mathematische Denken der Pythagoreer, das der Entdeckung der Inkommensurabilität *voranging*, setze die atomistische Weltauffassung Demokrits und eine voll entwickelte Lehre der „Subjektivität der Sinnesqualitäten" voraus. Die unten versuchte Analyse der Frühform des pythagoreischen Denkens wird, so hoffe ich, zeigen, daß dieses nicht das geringste mit Demokrits Atomismus zu tun hat und sicherlich ebensowenig von einer voll entwickelten Theorie der Subjektivität der sinnlichen Qualitäten abhängig ist wie die Philosophie des Parmenides, der mindestens 60 Jahre früher als Demokrit geboren wurde. Für Zenon vgl. jedoch oben S. 45.

[12] Zum Beispiel die bei Jamblichos berichtete Geschichte, Hippasos sei im Meer ertrunken, und das sei eine Strafe der Götter gewesen, weil er die geheimen mathematischen Lehren der Pythagoreer veröffentlicht habe.

deckung einstimmig[13] einem pythagoreischen Philosophen namens Hippasos von Metapont zu.

Die antike Überlieferung über das Leben und die Lebenszeit des Hippasos ist dürftig. In seiner Abhandlung de communi mathematica scientia[14] sagt Jamblichos, die frühe griechische Mathe|matik habe durch das Werk des Hippokrates von Chios und des Theodoros von Kyrene, die auf Hippasos von Metapont gefolgt seien, große Fortschritte gemacht. Da Hippokrates und Theodoros auch in dem Auszug aus der Geschichte der Mathematik des Eudemos von Rhodos[15] zusammen erwähnt werden, ist es wahrscheinlich, daß die Bemerkung des Jamblichos ebenfalls auf das sehr zuverlässige Werk dieses Aristotelesschülers zurückgeht. Nach diesem Werk gehörte Hippasos der Generation an, die der des Theodoros voranging (nach antikem Brauch bedeutet dies einen durchschnittlichen Altersunterschied von etwa 30 bis 40 Jahren); dieser war seinerseits ein Zeitgenosse des Hippokrates von Chios.

Nach Jamblichos' Leben des Pythagoras[16] spielte Hippasos eine wichtige Rolle bei den politischen Wirren, in welche die pythagoreische Schule im zweiten Viertel des 5. Jahrhunderts verwickelt wurde und welche mit dem Aufstand von etwa 445 endeten, der der Vorherrschaft der Pythagoreer in Unteritalien ein Ende bereitete[17]. Das stimmt völlig mit der Überlieferung überein, die ihn in die Generation vor Theodoros setzt, der — wie oben gezeigt — zwischen 470 und 460 geboren wurde. Diese Bestätigung ist um so wertvoller als die Überlieferung der politischen Geschichte der Pythagoreer, die zuerst durch Aristoxenos von Tarent und Timaios von Tauromenion gesammelt wurde, im großen ganzen von der antiken Überlieferung über die frühe griechische Mathematik, die zuerst durch Eudemos von Rhodos gesammelt wurde, völlig unabhängig ist.

---

[13] Die eine scheinbare Abweichung von der einheitlichen Überlieferung bei Proklos, a. a. O. (s. Anm. 7), S. 67, beruht offensichtlich auf einer verderbten Lesart (ἀλόγων statt ἀναλόγων oder ἀναλογιῶν) in einigen Handschriften.

[14] Jamblichos, de communi mathematica scientia 25, p. 77 Festa.

[15] Siehe Anm. 7.

[16] Jamblichos, de vita Pythagorae 257, p. 138 f. Deubner.

[17] Zu dem Zeitpunkt siehe K. von Fritz, Pythagorean Politics in Southern Italy (Columbia University Press, 1940), S. 77 ff. Für die Rolle des Hippasos in diesen Wirren und zu der Geschichte des Pythagoreismus vgl. K. v. Fritz, „Mathematiker und Akusmatiker bei den alten Pythagoreern". Sitz.-Ber. Bayr. Akademie d. Wissenschaften, phil.-hist. Klasse, 1960, Heft 11.

Die mathematischen Leistungen, welche die antike Überlieferung — abgesehen von der Entdeckung der Inkommensurabilität — dem Hippasos zuschreibt, sind folgende:

1. Ein anonymes Scholion zu Platons Phaidon[18], das ein Werk | des Aristotelesschülers Aristoxenos über die Musik zitiert, erklärt, Hippasos habe ein Experiment mit Metallscheiben durchgeführt. Er hatte vier Metallscheiben von gleichem Durchmesser, die so gemacht waren, daß die zweite Scheibe 1¹/₃mal, die dritte Scheibe 1¹/₂mal und die vierte Scheibe doppelt so dick war wie die erste. Er wies dann nach, daß, wenn man zwei dieser Scheiben anschlage, dieselbe Harmonie erzeugt werde wie durch zwei Saiten, deren Länge in demselben Verhältnis stehe wie die Dicke der Scheiben. Theon von Smyrna[19] schreibt ihm ein ähnliches Experiment mit vier Trinkgläsern zu, von denen das erste leer blieb, während die übrigen zu einem Viertel, zu einem Drittel und zur Hälfte mit Wasser gefüllt wurden.

2. Boethius[20] schreibt ihm eine Theorie der Tonleiter zu, die nachweist, wie die verschiedenen musikalischen Harmonien mathematisch auseinander abgeleitet werden können.

3. Jamblichos[21] sagt, Hippasos habe sich mit der Theorie der Proportionen und „Mittel" beschäftigt und er sei der erste gewesen, der statt des älteren Ausdrucks „konträres" oder, wie manche übersetzen, „subkonträres Mittel" die Bezeichnung „harmonisches Mittel" verwendet habe; die Formel dafür lautet: $\frac{a}{c} = \frac{a-b}{b-c}$. Aber Nikomachos schreibt diesen Wechsel der Terminologie dem Philolaos zu.

4. Nach Jamblichos[22] war Hippasos auch der erste, der den „aus 12 regelmäßigen Fünfecken bestehenden kugelförmigen Körper" zeichnete oder konstruierte[23] oder, wie es in einem anderen Abschnitt heißt[24], der

---

[18] Schol. in Plat. Phaed. 108 d; siehe Scholia Platonica, ed. W. Chase Greene (Philol. Monographs publ. by Am. Phil. Ass., Vol. VIII, 1938), S. 15. Alle in den Anmerkungen 18—24 genannten Stellen sind auch, obwohl manchmal in leicht abgekürzter Form, gesammelt bei H. Diels/Kranz Vorsokratiker, Bd. I, 18.

[19] Theo Smyrnaeus, Expos. rerum mathemat., p. 59 Hiller.

[20] Boethius, de institutione musica 11, 10.

[21] Jamblichos, in Nicomachi arithmet. introd., p. 109 Pistelli.

[22] Jamblichos, de communi mathem. scientia 25 (p. 77 Festa) und Vita Pythag. 18, 88 (p. 52 Deubner).

[23] Der griechische Ausdruck γράψασθαι hat beide Bedeutungen.

[24] Vita Pyth. 34 247 (p. 132 Deubner). Der Name des Hippasos wird in diesem Abschnitt nicht genannt, aber da mit der Veröffentlichung der Entdeckung dieselbe

einer Kugel das regelmäßige Dodekaeder | einbeschrieb und diese Konstruktion der Öffentlichkeit zugänglich machte, was als verbrecherische Enthüllung pythagoreischer Geheimwissenschaft betrachtet wurde.

Von diesen vier Aussagen sind die erste und die vierte besonders wichtig; sie müssen sorgfältig untersucht werden. Dagegen sind die zweite und die dritte Aussage von einer gewissen Bedeutung für unser Problem hauptsächlich nur in Verbindung mit der ersten.

Was die Experimente des Hippasos anbetrifft, so scheint es angebracht, darauf hinzuweisen, daß zu der Zeit, als Hippasos lebte, andere griechische Philosophen ebenfalls wissenschaftliche Experimente durchführten, während wir danach, mit *einer* möglichen Ausnahme[25], erst wieder im 3. Jahrhundert von wissenschaftlichen Versuchen hören. Der Philosoph, dem die meisten dieser Experimente zugeschrieben werden, Empedokles (etwa 490 bis 430 v. Chr.), war in Sizilien geboren, lebte einige Zeit in Unteritalien und wurde, obwohl selbst nicht Pythagoreer, zweifellos durch pythagoreisches Gedankengut beeinflußt.

Die Experimente, die man dem Empedokles zuschreibt, sind folgende: 1. ein Versuch, der zeigte, daß es möglich sei, Trinkwasser aus dem Meer zu ziehen; dieser Versuch sollte beweisen, daß die Fische nicht von Salzwasser „lebten", sondern von Süßwasser, das sich daraus extrahieren ließ[26]; 2. ein Versuch mit kleinen offenen Gefäßen, die mit Wasser gefüllt waren und an einer Schnur im Kreis herumgeschwungen wurden, um die Existenz einer — wir würden sagen — Zentrifugalkraft zu beweisen, die seiner Meinung nach die Himmelskörper daran hinderte, zur Erde zu fallen[27]; 3. ein Versuch mit pulverisiertem Erz verschiedener Art und Farbe, um zu beweisen, daß die verschiedenen Elemente, wenn man sie in dieser Weise mischt, nicht mehr getrennt werden können und daß ihre ursprünglichen Eigenschaften in der Mischung sich nicht mehr | feststellen lassen[28]; 4. ein Versuch mit einer Klepsydra (Wasseruhr), um zu beweisen, daß scheinbar völlig leere Gefäße in Wirklichkeit Luft enthalten[29]. Dieser

---

Geschichte verbunden wird wie im ersten Abschnitt, kann es keinen Zweifel darüber geben, daß von Hippasos die Rede ist.

[25] Siehe unten S. 552.

[26] Empedokles, fragm. A 66 bei H. Diels, Die Fragmente der Vorsokratiker Bd. 1.

[27] Ebd. A 67.

[28] Ebd. A 34.

[29] Ebd. B 100. Diels gibt die Beschreibung des Versuchs im Originalwortlaut wieder. Empedokles schildert ihn tatsächlich nicht als einen von ihm selbst angestellten Versuch, sondern als eine erläuternde Analogie, die er aus der Beobachtung eines

Versuch und ein ähnlicher mit Ledersäcken wird auch dem Anaxagoras (geboren etwa 500 v. Chr.) zugeschrieben[30].

Die einzige mögliche Ausnahme von der Behauptung, daß die bekannten wissenschaftlichen Experimente der Griechen dem fünften und dem dritten Jahrhundert (oder späteren Jahrhunderten), aber nicht dem vierten angehörten, findet sich in einem Abschnitt aus einem Werk des Archytas, der von Nikomachos und Porphyrios wörtlich zitiert wird[31]. In diesem Fragment stellt Archytas die Theorie auf, daß ein Ton durch eine Erschütterung der Luft erzeugt wird, daß die Höhe des Tones von der Geschwindigkeit der ihn erzeugenden Bewegung abhängt und sich proportional dazu verhält und daß, wenn die Geschwindigkeiten, welche zwei Töne erzeugen, in einem bestimmten einfachen Zahlenverhältnis stehen, wohlbekannte musikalische Harmonien sich ergeben. Die Beweise, durch welche diese Theorien gestützt werden, beruhen auf Beobachtungen, die sich im täglichen Leben machen lassen, ohne daß man Experimente anstellt; die Art und Weise aber, in der diese Beobachtungen vorgetragen werden, weist entschieden darauf hin, daß sie, obwohl sie ursprünglich durch Zufall gemacht worden sein mögen, wenigstens nachgeprüft wurden, indem man sie in experimenteller Form wiederholte. Archytas behauptet jedoch nicht, der Erfinder dieser Theorien zu sein und persönlich die | Beobachtungen oder Versuche gemacht zu haben, aus denen sie abgeleitet sind, sondern er schreibt dieses Verdienst Mathematikern zu, deren Namen er nicht angibt. Zugleich liegt es auf der Hand, daß diese Theorien und Beobachtungen, verglichen mit den Experimenten des Hippasos und ihren Ergebnissen, eine fortgeschrittenere Stufe wissenschaftlicher Entwicklung darstellen. Denn in dem Archytasfragment wird der Nachweis des Hippasos, wie sich dieselben musikalischen Harmonien mit jedem denkbaren lauterzeugenden Instrument hervorbringen lassen, in eine allgemeine physikalische Lauttheorie einbezogen. Da andererseits sowohl Hippasos als auch Archytas Pythagoreer waren, die in Unteritalien lebten, da Archytas, wie oben gezeigt[32], der zweiten Generation nach

---

dem dichterischen Stil, da Empedokles alle seine philosophischen und wissenschaftlichen Theorien in Versen erklärte. Die genaue Beschreibung des Vorgangs läßt nicht den geringsten Zweifel darüber bestehen, daß Empedokles den Versuch selbst gemacht hat.

[30] Anaxagoras, fragm. A 68/69 bei H. Diels a. a. O.

[31] Archytas, fragm. B 1 (Diels a. a. O.).

[32] Siehe oben S. 546 ff. und Anm. 2.

Hippasos angehörte, und da Hippasos und Archytas trotzdem in der antiken Überlieferung[33] gelegentlich zusammen erwähnt werden, weil sie zur
Entwicklung einer physikalischen Lauttheorie beitrugen, scheint wirklich
kein Grund vorzuliegen, zu bezweifeln, daß tatsächlich in einem Zweig
der pythagoreischen Schule eine wissenschaftliche Tradition bestand, durch
die allmählich eine physikalische Lauttheorie entwickelt wurde. Da
schließlich die Glaubwürdigkeit des Fragments aus Archytas' Harmonikos
kaum bezweifelt werden kann und, soweit ich weiß, auch noch nie bezweifelt worden ist, und da Archytas eindeutig impliziert, daß die Lauttheorie ein ziemlich fortgeschrittenes Stadium erreicht hatte, bevor er
selber begann, seinen Beitrag dazu zu liefern, ist es schwer einzusehen, wie
einige Gelehrte[34] behaupten konnten, die antike Überlieferung habe die
Leistungen einer späteren Epoche in eine viel frühere Zeit projiziert,
wenn sie dem Hippasos, der der zweiten Generation vor Archytas angehörte, die ersten Anfänge einer Theorie zuschrieb, die ein viel fortgeschritteneres Stadium erreicht hatte, bevor Archytas sein Werk verfaßte.

Alles scheint also für die Vermutung zu sprechen, daß die Experimente,
welche die antike Überlieferung dem Hippasos zuschreibt, tatsächlich in
Unteritalien um die Mitte des 5. Jahrhun- | derts, das heißt als Hippasos in
dieser Gegend gelebt haben soll, gemacht worden sein können und höchstwahrscheinlich auch gemacht wurden. Insofern wenigstens scheint die
späte Überlieferung, die nach E. Frank und anderen völlig wertlos ist,
bestätigt zu werden.

Doch was haben die Versuche des Hippasos mit Scheiben und Trink-
gläsern mit der Entdeckung der Inkommensurabilität zu tun? Um die
gegenseitige Verbindung, die natürlich sehr indirekt ist, aufzuzeigen, wird
es notwendig sein, die Absicht und Bedeutung dieser Versuche genauer zu
betrachten.

Alle Experimente, die man Philosophen des 5. Jahrhunderts zuschreibt,
wurden, wie ihre Darstellung eindeutig zeigt, offensichtlich nicht so sehr
deshalb vorgenommen, um etwas Neues zu entdecken, sondern vielmehr,
um eine bereits bestehende Theorie zu stützen und zu bestätigen, z. B. daß
die Fische Salzwasser nicht als solches in ihren Körper aufnehmen, sondern Süßwasser daraus ziehen, daß die Himmelskörper nicht deswegen
am Himmel bleiben, weil sie leichter als Luft sind, usw. Dasselbe gilt für
die dem Hippasos zugeschriebenen Experimente. Daß gewisse musika-

---

[33] Z. B. bei Jamblichos in Nicom. arithm. intr., p. 109 Pistelli.
[34] Siehe E. Frank a. a. O. S. 69 und passim.

lische Harmonien erzeugt werden, wenn die Längen zweier gleichartiger Saiten in einem bestimmten Verhältnis stehen, hatte man immer gewußt. Man hatte es auch in bezug auf Flöten gewußt. Aus diesem doppelten Wissen leitete man dann die allgemeine Vermutung ab, es sei in allen Fällen so. Was Hippasos tat, war in gewisser Weise nur die Verifizierung dieser Vermutung mittels verschiedener tonerzeugender Körper, die gewöhnlich nicht als Musikinstrumente benützt wurden. Zwei Dinge sind jedoch bedeutsam. Saiten haben sozusagen nur eine Dimension. Auch bei Flöten wird man, besonders wenn die verschiedenen Töne auf derselben Flöte erzeugt werden, nicht immer an die beiden anderen Dimensionen denken. Als Hippasos jedoch Trinkgläser und Scheiben benützte, mußte er zeigen, daß zum Beispiel die Scheiben in zwei Dimensionen gleich sein müssen und nur in der dritten sich unterscheiden dürfen, wenn die musikalischen Harmonien erzeugt werden sollen, daß es aber nicht darauf ankam, ob die dritte Dimension das war, was man gewöhnlich als Länge oder als Dicke bezeichnete. Auf diese Weise läßt sich also das Ergebnis am deutlichsten formulieren: Die musi-|kalischen Harmonien sind vollkommen unabhängig von dem Stoff, aus dem der tonerzeugende Körper besteht, und von der besonderen Eigenschaft oder Farbe des erzeugten Tons, und die Erzeugung dieser Harmonien hängt ausschließlich von einfachen eindimensionalen Zahlenverhältnissen ab. Wir hören dann weiter[35], daß Hippasos sich nicht damit begnügte, diesen Punkt bewiesen zu haben, sondern daß er auch die mathematischen Beziehungen zwischen den Verhältnissen erforschte, welche die hervorragendsten Harmonien erzeugten, und daß er versuchte, diese mathematisch auseinander abzuleiten.

Solange Hippasos innerhalb der Grenzen der Musiktheorie blieb, konnte all das natürlich nicht zu der Entdeckung der Inkommensurabilität führen. Aber es spricht sehr viel dafür, daß er und seine Mitarbeiter sich nicht auf dieses spezielle Feld beschränkten.

Aristoteles erwähnt sehr häufig die Pythagoreer oder die sogenannten Pythagoreer und schreibt ihnen die Lehre zu, „alle Dinge seien Zahl"[36].

---

[35] Siehe oben S. 550, Anm. 20.

[36] Die Lehre wird von Aristoteles auf recht verschiedene Weise ausgedrückt und erklärt: die Elemente der Zahlen seien die Elemente aller Dinge (Metaph. 986 a 1 ff.); alle Dinge seien aus Zahlen zusammengesetzt (ebd. 1080 b, 16 f.); die Dinge selbst seien Zahlen (ebd. 987 b, 29 f.); die Zahl sei das Wesen aller Dinge (ebd. 987 a, 19). Der letzte Ausdruck verwendet jedoch eine spezifisch aristotelische Terminologie und versucht offenkundig zu erklären, was im Originalwortlaut allzu sonderbar klang.

Nach E. Frank waren diese sogenannten Pythagoreer überhaupt keine Pythagoreer[37], sondern Zeitgenossen Platons, die stark unter dem Einfluß seiner Philosophie standen[38]. Träfe | dies zu, dann würde man nicht verstehen, warum Aristoteles, der es gewußt haben müßte, nie ein Wort darüber sagt und immer zu implizieren scheint, daß Platons Zahlentheorie später ist. Man könnte auch nachweisen, daß die verhältnismäßig sehr primitive Theorie der Pythagoreer unmöglich später sein kann als die äußerst komplizierte Theorie Platons. Aber dies würde eine Untersuchung von beträchtlicher Länge erfordern, die für das vorliegende Problem glücklicherweise überflüssig ist, da es unmittelbarere Zeugnisse gibt, die beweisen, daß es im 5. Jahrhundert Pythagoreer gegeben haben muß, die eine ähnliche Lehre vertraten, wie Aristoteles sie ihnen zuschreibt.

In dem langen, oben[39] angeführten Fragment sagt Archytas, dieselben Männer, die eine Lauttheorie entwickelten, hätten auch eine „klare Einsicht" in die Probleme der Astronomie, Geometrie und Arithmetik gewonnen. Wieder bezieht er sich natürlich auf das, was andere geleistet hatten, bevor er sein Werk verfaßte. Leider sind uns die Abschnitte, in denen er die Leistungen seiner Vorgänger auf dem Gebiet der Astronomie und Geometrie beschrieb, nicht überliefert. Aber da er von der klaren Einsicht spricht, die sie gewonnen hatten, ist es unwahrscheinlich, daß sie nur in der Musik auf einer so fortgeschrittenen Stufe angelangt waren, daß eine beträchtliche Zeit nötig gewesen sein muß, um sie zu erreichen. Archytas sagt außerdem, die erwähnten Wissenschaften seien eng miteinander verwandt, da sie alle „zu der ursprünglichen (oder grundlegenden) Form des Seienden zurückkehrten". Dies scheint eine weiterentwickelte Form der Lehre zu sein, die Aristoteles den „sogenannten Pythagoreern" zuschreibt. Wieder deutet alles darauf hin, daß sowohl die enge Verbindung zwischen Arithmetik, Geometrie, Astronomie und Musik-

---

[37] A. a. O. S. 68 ff.

[38] E. Frank betont sehr stark, daß Aristoteles oft, wenn auch nicht in der Mehrzahl der Beispiele, von den „sogenannten" Pythagoreern spricht, und erschließt daraus, Aristoteles habe damit sagen wollen, sie seien in Wirklichkeit keine Pythagoreer gewesen. Tatsächlich gab es einen triftigen Grund für die Verwendung des Wortes „sogenannte": zur Zeit des Aristoteles war „Phythagoreer" der einzige die Anhänger einer philosophischen Schule oder Sekte bezeichnende Name, der von dem Namen des Gründers abgeleitet war, d. h. es war ein ungewöhnlicher Ausdruck. Eine Bestätigung hierfür läßt sich auch darin finden, daß die einzige Analogie zu dem Namen „Pythagoreer" in der voraristotelischen Literatur (Herakliteer in Platons Theaetet 179 e) offensichtlich scherzhaft gebraucht ist.

[39] Siehe oben S. 552 und Anm. 31.

theorie, als auch die etwas seltsam formulierte Lehre, „alle Dinge seien Zahlen", beträchtlich älter sein muß als Archytas, das heißt mindestens bis in die Mitte des 5. Jahrhunderts zurückgeht.

Um den Ursprung und die Bedeutung dieser letzteren Lehre zu verstehen, wird eine Untersuchung der griechischen Terminologie | der Proportionslehre nützlich sein. Der griechische Ausdruck für Proportion bedeutet wörtlich „dasselbe Verhältnis". Für unseren Begriff „Verhältnis" hatten die Griechen zwei Ausdrücke: διάστημα, was wörtlich „Intervall", und λόγος, was wörtlich „Wort" bedeutet. Der erste Begriff zeigt deutlich die Verwandtschaft der frühen Proportionslehre mit der Musiktheorie[40]. Aber der zweite Begriff ist noch bedeutsamer. Die Griechen hatten zwei Begriffe für „Wort": ἔπος und λόγος[41]. ἔπος bedeutet das gesprochene Wort oder das Wort, das die Vorstellungskraft anspricht und im Hörer ein Bild von Dingen oder Ereignissen hervorruft. Das ist der Grund, warum es auch ausdrücklich auf die epische Dichtung angewandt wird. λόγος bedeutet das Wort oder die Zusammenstellung von Worten, insofern sie einen Sinn oder eine Einsicht in etwas ausdrücken[42]. Dieser Beiklang des Begriffes λόγος ermöglichte es, daß er in späteren Zeiten ein spezifisches Gesetz oder das den gesamten Kosmos beherrschende Gesetz bezeichnete.

Wenn λόγος also der Begriff ist, der für ein mathematisches Verhältnis gebraucht wird, weist dies auf die Vorstellung hin, daß das Verhältnis einen Einblick in eine Sache gibt oder ihre wahre Natur ausdrückt. Im Falle musikalischer Harmonien wurde die Harmonie selbst durch das Ohr wahrgenommen, aber nach Meinung der | Pythagoreer schien das mathematische Verhältnis das Wesen der Harmonie zu offenbaren, weil sich

---

[40] Das ist auch der Fall bei dem Wort ὅρος, das die Glieder eines Verhältnisses oder einer Proportion bezeichnet. Siehe K. von Fritz, Philosophie und sprachlicher Ausdruck bei Demokrit, Platon und Aristoteles (New York, Stechert, 1938; unveränderter Nachdruck durch die Wissenschaftliche Buchgesellschaft, Darmstadt, 1963), S. 69.

[41] Was die Frage angeht, wie früh der Ausdruck λόγος im Sinne von Verhältnis gebraucht wurde, siehe unten S. 558 f.

[42] Dies ist auch charakteristisch für das entsprechende Verb λέγειν. Daher können die Griechen folgenden Satz bilden: N. N. sagt (es folgt ein wörtliches Zitat seiner Worte), sagend (es folgt eine Interpretation ihres Sinnes). Offensichtlich bedeutet „sagend" in diesem Satz eigentlich „meinend", bzw. „womit er meint". Das Verb εἰπεῖν, das dem Substantiv ἔπος entspricht, kann nicht in der letzteren Bedeutung gebraucht werden. Es ist auch bezeichnend, daß es sich bei jenen Geschichten, die Herodot zum Beispiel λόγοι nennt, immer um Geschichten mit einer Moral, das heißt mit einem Sinn handelt.

dadurch die Harmonie sowohl definieren als auch in verschiedenen Materialien reproduzieren ließ.

Es ist leicht einzusehen, wie diese allgemeine Idee auf die Astronomie, besonders auf die regelmäßigen Bewegungen der Himmelskörper und die Wechselbeziehungen zwischen ihren verschiedenen Kreisläufen, ausgedehnt werden konnte[43]. Von besonderer Bedeutung für unser Problem ist jedoch die Ausdehnung dieser Theorie auf die Geometrie.

Der mathematische Satz, der in der Überlieferung am engsten mit Pythagoras und den Pythagoreern verbunden ist, ist der Satz, daß in einem rechtwinkligen Dreieck die Summe der Quadrate über den Katheten gleich dem Quadrat über der Hypotenuse ist. Niemand, der mit der frühen Geschichte der griechischen Mathematik vertraut ist, hat jemals bezweifelt, daß der Beweis dieses Satzes, den Euklid im ersten Buch seiner Elemente gibt, nicht von Pythagoras oder seinen frühen Schülern gefunden worden sein kann. Eben dies behauptet auch die beste antike Überlieferung, da Proklos diesen Beweis Euklid selbst zuschreibt[44]. Als Hippokrates von Chios im letzten Viertel des 5. Jahrhunderts seine berühmte Theorie der „Möndchen" aufstellte, war man offenbar der Ansicht, der „Satz des Pythagoras" gelte sowohl für rechtwinklige Dreiecke, deren Seiten kommensurabel, als auch für Dreiecke, deren Seiten inkommensurabel sind, und ferner erweiterte man ihn offenbar so, daß er alle ähnlichen Figuren umfaßte, die auf den Seiten eines rechtwinkligen Dreiecks errichtet werden. Trotzdem vermögen wir nicht exakt festzustellen, wie die griechischen Mathematiker den Satz in dieser allgemeinen Form bewiesen oder zu beweisen suchten, da es darüber keine Überlieferung gibt[45]. Glücklicherweise ist es für unser Vorhaben unnötig, hierüber Bescheid zu wissen. |

Auch hier wiederum muß die Theorie von einer Beobachtung ausgegangen sein, die lange vor den Anfängen der griechischen Philosophie allgemein bekannt war, nämlich daß ein rechtwinkliges Dreieck entsteht, wenn man drei Holzstücke mit den Seitenlängen 3, 4 und 5 zusammensetzt. In Winklichkeit ist dies eine alte Form des Winkelmaßes, wie Zimmerleute es benützen. Da es für Zimmermannswinkel keine einheitliche

---

[43] Näheres darüber in meinem Artikel über Oinopides in der RE von Pauly-Wissowa, Bd. XVII (1937), Sp. 2260—2267.

[44] Proklos, In primum Euclid. elem. librum comment., p. 426 Friedlein.

[45] Zu den verschiedenen Möglichkeiten siehe die klaren Ausführungen von Th. Heath in seiner kommentierten Übersetzung von Euklids Elementen, The Thirteen Books of Euclid's Elements (Cambridge 1926), vol. I, S. 352 ff. Vgl. auch oben S. 486 f.

Größe gab, muß auch allgemein bekannt gewesen sein, daß es nicht auf die absolute Länge der Dreiecksseiten ankam und daß alle Dreiecke, deren Seiten in diesem Verhältnis standen, nicht nur rechtwinklig waren, sondern auch eine „ähnliche" Gestalt hatten. Schließlich wußte man anscheinend von altersher, daß die Summe der Quadrate von 3 und 4 gleich dem Quadrat von 5 war.

Selbst wenn wir keine Überlieferung darüber besäßen, müßten wir schließen, daß die Pythagoreer von diesem Sachverhalt beeindruckt werden mußten, sobald sie angefangen hatten zu vermuten, das Wesen vieler Dinge könne in Zahlen gefunden oder durch Zahlen ausgedrückt werden; und dies um so mehr als es indirekte Zeugnisse dafür gibt, daß noch vor Pythagoras der Philosoph Thales (etwa 620 bis 540 v. Chr.) und seine Anhänger sich mit dem beschäftigt hatten, was wir die ornamentale Gestalt geometrischer Figuren[46] nennen können, und daß sie offenbar auch diese ornamentale Erscheinung hauptsächlich mit den Winkeln in Verbindung brachten. Wenigstens läßt sich die von Proklos[47] berichtete Tatsache, daß sie für das, was man später als „gleiche" Winkel bezeichnete, den Ausdruck „ähnliche Winkel" gebrauchten, kaum anders erklären[48].

Auf Grund dieser früheren Entwicklung kann es den Pythagoreern kaum entgangen sein, daß zwei beliebige Dreiecke von ähnlicher Gestalt sind, wenn ihre Seiten proportional sind, obgleich sie dies in der früheren Zeit praktisch nur von Dreiecken, deren Seiten kommensurabel sind, exakt gewußt haben können. Auch wenn diese Annahme durch keine direkte Überlieferung gestützt wird — wahrscheinlich weil sie zu augenfällig war, um noch besonders erwähnt zu werden —, ergibt sie sich nicht nur aus der allgemeinen Situation, sondern vor allem auch aus der engen Verwandtschaft der Musiktheorie der Pythagoreer und ihrer frühesten Theorie der geometrischen Figuren, die überall bezeugt wird. Sie erklärten, daß die musikalischen Harmonien, die vom Ohr wahrgenommen werden, in Wirklichkeit die Zahlen „sind", durch welche die entsprechenden Längen der Saiten und dgl., die sie erzeugen, gemessen werden.

---

[46] Siehe die Belege bei Th. Heath, A History of Greek Mathematics (Oxford 1921), vol. I, S. 130 ff.

[47] A. a. O., p. 250 Friedlein.

[48] Vielleicht ist es nicht unangebracht, darauf hinzuweisen, daß der Geschichtsschreiber Thukydides (I 77) ebenfalls den Begriff „ähnlich" verwendet, wo er Gleichheit der Form (oder in diesem Fall: des Verfahrens) meint. Denn er gebraucht den Ausdruck „ähnliche Gesetze", wo er — wie sich aus dem Zusammenhang ergibt — nicht ähnliche Gesetze meint, sonders das, was sonst als ἰσονομία oder Gleichheit vor dem Gesetz bezeichnet wurde.

Ebenso, sagten sie, „sind" die geometrischen Figuren, deren Gestalt vom Auge wahrgenommen wird, aber sich sonst nicht exakt bestimmen oder sprachlich ausdrücken läßt, in Wirklichkeit die Zahlen oder Zahlenbündel, welche die Verhältnisse der Längen ihrer Seiten bilden; durch sie wird ihre Gestalt bestimmt und durch sie läßt sie sich daher ausdrücken[49].

Nach der antiken Überlieferung wurde diese Theorie noch vor der Entdeckung der Inkommensurabilität weiter ausgedehnt, und zwar in zwei Richtungen. Proklos[50] schreibt dem Pythagoras eine Formel zu, die es ermöglicht, eine beliebige Zahl von verschiedenen rationalen rechtwinkligen Dreiecken zu bilden, indem man Zahlenpaare findet, deren Quadrate, wenn man sie addiert, wieder eine Quadratzahl ergeben[51]. Es ist für unsere Frage unerheblich, ob | diese Formel mit Recht Pythagoras persönlich zugeschrieben wird, aber man kann mit Sicherheit annehmen, daß sie der ältesten Periode pythagoreischer Mathematik angehört. Denn Proklos stützt sich gewöhnlich auf die ausgezeichnete Geschichte der Mathematik des Aristotelesschülers Eudemos von Rhodos; und in diesem Falle erscheint seine Aussage um so glaubwürdiger, als er nicht zuviel behauptet und eher eine Kritik an der allgemeinen Überlieferung, Pythagoras habe den „pythagoreischen Lehrsatz" in seiner gewöhnlichen geometrischen Form „bewiesen", in sich schließt.

Trotzdem bedeutet diese Formel einen gewaltigen Fortschritt. Man muß sie im Sinne der pythagoreischen Philosophie interpretieren, um zu verstehen, wie wichtig für unser Problem sie ist. In der bereits besprochenen Theorie steht die Gestalt von Figuren, die ähnlich im mathematischen Sinn des Wortes sind, in direkter Beziehung zu einem bestimmten Bündel ganzer Zahlen. Andererseits sind zwei Dreiecke mit den Seiten 3, 4, 5 und 8, 15, 17 nicht *ähnlich* im Sinne der (modernen oder euklidischen) Mathematik. Aber sie sind trotzdem „ähnlich" hinsichtlich des ornamentalen Elements eines rechten Winkels; und diese „Ähnlichkeit" ist nicht ver-

---

[49] Die Pythagoreer wußten natürlich, daß Dreiecke die einzigen geradlinigen Figuren sind, deren Gestalt durch die proportionale Länge ihrer Seiten eindeutig bestimmt ist. Daß sie begriffen, wie wichtig dieser Sachverhalt für ihre Lehre war, scheint durch Theons Bemerkung (a. a. O., p. 40 ff.), sie hätten alle übrigen geradlinigen Figuren in Dreiecke eingeteilt, erwiesen.

[50] A. a. O. (siehe Anm. 44), p. 428 Friedlein.

[51] Die Formel, obwohl sie in etwas komplizierterer Weise ausgedrückt wird, läuft auf die Behauptung hinaus, daß, wenn m eine ungerade Zahl ist,

$$m^2 + \left(\frac{m^2 - 1}{2} \right)^2 = \left(\frac{m^2 + 1}{2} \right)^2$$

bunden mit und wird nicht ausgedrückt mittels eines bestimmten Bündels
ganzer Zahlen, sondern sie steht in Beziehung zu der Tatsache, daß die
beiden Zahlenbündel, die zu den beiden Dreiecken gehören, in dieselbe
mathematische Formel passen. Diese Erweiterung der Theorie ist für
unser Problem nur insofern bedeutsam, als sie zeigt, daß die Pythagoreer
sich nicht mit einer einfachen Theorie zufriedengaben, sondern daß sie
diese Theorie mit einem außergewöhnlichen Forschergeist auf immer
kompliziertere Probleme anwandten.

Die zweite Erweiterung der pythagoreischen Theorie, die als Vorstufe
der Entdeckung der Inkommensurabilität wichtig ist, ist die Theorie der
polygonalen Zahlen. Diese Theorie, deren Anfänge die antike Überlieferung, beginnend mit Aristoteles[52], ebenfalls den frühen Pythagoreern
zuschreibt, wurde viele Jahrhunderte später durch Diophant zu dem
weiterentwickelt, was wir heute als unbe- | stimmte Analysis bezeichnen.
Aber lange Zeit blieb sie, von einem rein mathematischen Standpunkt aus,
ziemlich unfruchtbar. Dies ist wahrscheinlich der Grund, warum Euklid
in dem arithmetischen Abschnitt seiner Elemente sie ignorierte und warum andere Mathematiker von hohem Rang seit dem 4. Jahrhundert sich
ebenso verhalten haben.

Genau wie die übrigen geometrischen Theorien der Pythagoreer, die
wir bis jetzt erörterten, beschäftigt sich diese Theorie mit wechselseitigen
Beziehungen zwischen Zahlen und geometrischen Figuren. Aber in diesem
Fall werden die Figuren nicht durch gerade Linien von bestimmten, einander entsprechenden Maßen gezeichnet und gebildet, sondern sie werden
aus Punkten aufgebaut. Die Theorie befaßt sich also mit der Frage, aus
welchen Zahlen von in bestimmter Ordnung gruppierten Punkten die
verschiedenen Vielecke sich aufbauen lassen[53]. Aus den bisher vorgelegten
Zeugnissen geht mit völliger Deutlichkeit hervor, daß diese Theorie ein
natürliches Ergebnis der Entwicklung pythagoreischer Gedanken ist. Sie

---

[52] Die betreffenden Stellen sind zusammengestellt bei Heath, A History of Greek
Mathematics I, S. 76 ff.

[53] Dreieckszahlen sind z. B. (1), 3, 6, 10, 15; in graphischer Darstellung:

braucht daher nicht, wie E. Frank behauptet[54], von dem physikalischen Atomismus Demokrits abhängig oder gar in ihrer ursprünglichen Form von ihm inspiriert zu sein. Demokrits Atomismus hat einen ganz anderen Ursprung. Die zeitlichen Schlußfolgerungen, die E. Frank aus dieser zufälligen Verwandtschaft zieht, sind daher gänzlich ungerechtfertigt[55]. |

Obgleich der „Atomismus" der Lehre von den Polygonalzahlen scheinbar nicht das geringste mit der Entdeckung der Inkommensurabilität zu tun hat, kommen wir an diesem Punkt unserem Problem am nächsten. Alle pythagoreischen Lehren, die wir bisher erörterten, basieren auf oder resultieren in einer Suche nach Zahlen, d. h. ganzen Zahlen, aus denen sich geometrische Figuren mit bestimmten Eigenschaften konstruieren lassen. Im Verlauf dieser Bemühungen müssen sich die Pythagoreer auch überlegt haben, was für Zahlen in gewissen wohlbekannten Figuren verborgen sein könnten, die nicht in dieser Weise konstruiert worden waren, zum Beispiel im gleichschenklig-rechtwinkligen Dreieck, das für die Pythagoreer besonders wichtig war, weil es die Hälfte des Quadrates bildete, einer Figur, die in der pythagoreischen Gemeinde zu einem mystischen Symbol geworden war. Beim gleichschenklig-rechtwinkligen Dreieck ist es jedoch nicht möglich, das Verhältnis zwischen seinen Seiten in ganzen Zahlen auszudrücken. Es ist wohl keine zu gesuchte Hypothese, wenn man annimmt, daß die frühe Entwicklung der Theorie der Polygonalzahlen teilweise einem Versuch entsprang, diese Schwierigkeit zu überwinden, indem man die Vielecke aus Punkten statt aus geraden Linien aufbaute. Dies erscheint in der Tat um so wahrscheinlicher, als hier wieder die Aufteilung der Vielecke und Vieleckszahlen in Dreiecke und Dreieckszahlen einen der Hauptpunkte der Theorie bildet. Theon weist zum Beispiel darauf hin[56], daß eine oblonge Zahl in zwei gleiche Dreieckszahlen geteilt werden kann, während eine Quadratzahl aus zwei ungleichen Dreieckszahlen besteht, deren Seiten sich um eine Einheit voneinander unterscheiden, nämlich

---

[54] A. a. O., (siehe Anm. 2), S. 52 ff.

[55] Die Stelle in Aristoteles, de anima 409 a, 10 ff., wo Aristoteles ganz richtig bemerkt, wenn man die materiellen Atome Demokrits durch immaterielle Punkte ersetze, sei das Ergebnis der quantitativen Theorie der Pythagoreer sehr ähnlich, braucht gewiß keine Konsequenzen für die Datierung zu haben. Aber selbst wenn sie solche Konsequenzen hätte, würde das gar nichts beweisen, da Aristoteles an dieser Stelle nicht von der frühesten Form der pythagoreischen Lehre spricht.

[56] A. a. O., p. 41 Hiller.

so   und so |

Fig. 1

Wie dem auch sei, Männer von dem Forschergeist, wie er einen Hippasos und einige seiner Zeitgenossen[57] beseelte, können sich kaum mit diesen arithmetischen Sätzen als Ersatz für die Lösung des eigentlichen Problems zufriedengegeben haben, nämlich des Problems, wie sich die Seiten eines gleichschenklig-rechtwinkligen Dreiecks zueinander verhalten. Dies wird wieder durch die antike Überlieferung bestätigt; denn was Platon über den Beweis der Irrationalität der Quadratwurzeln aus 3, 5, 6, 7 usw. durch Theodoros sagt, setzt, wie oben gezeigt wurde[58], voraus, daß die Irrationalität der Quadratwurzel aus 2 bereits bewiesen worden war.

Glücklicherweise ist der ursprüngliche Beweis der Irrationalität der Quadratwurzel aus 2 in einem Anhang zum zehnten Buch von Euklids Elementen erhalten[59]; und daß dieser Beweis tatsächlich, wenigstens in seinem allgemeinen Umriß, der ursprüngliche ist, wird durch Aristoteles bezeugt. Ein Blick auf diesen Beweis[60] läßt | erkennen, daß er keinerlei

---

[57] Siehe oben S. 550 ff. und S. 558 f.

[58] Siehe oben S. 547.

[59] Euklid, Elementa X, Append. 27, S. 408 ff. (Dieser Appendix ist in Heaths Übersetzung von Euklids Elementen nicht enthalten.)

[60] In wörtlicher Übersetzung lautet dieser Beweis folgendermaßen: *ABCD* sei ein Quadrat und *AC* dessen Diagonale. Ich behaupte, daß die Strecken *AC* und *AB* inkommensurabel sind.

Denn nehmen wir an, sie seien kommensurabel. Ich behaupte, daß sich daraus ergibt, daß dieselbe Zahl gleichzeitig gerade und ungerade ist. Es leuchtet ein, daß das Quadrat über *AC* doppelt so groß ist wie das Quadrat über *AB*. Da also (nach unserer Annahme) *AC* und *AB* kommensurabel sind, steht *AC* zu *AB* im Verhältnis einer ganzen Zahl zu einer ganzen Zahl. Sie sollen das Verhältnis *DE* : *F* haben, und *DE* und *F* sollen die kleinsten Zahlen sein, die in diesem Verhältnis zueinander stehen. *DE* kann also nicht die Einheit sein. Denn wenn *DE* die Einheit wäre und zu *F* im selben Verhältnis steht wie *AC* zu *AB*, dann wird, da *AC* größer ist als *AB*, die Einheit *DE* größer sein als die ganze Zahl *F*, was unmöglich ist. Daher ist *DE* nicht die Einheit, sondern eine ganze Zahl (größer als die Einheit). Da nun *AC* : *AB* = *DE* : *F* ist, folgt, daß auch $AC^2 : AB^2 = DE^2 : F^2$ ist. AC^2 ist aber = $2 AB^2$, daher $DE^2 = 2 F^2$. DE^2 ist also eine gerade Zahl, und *DE* muß daher ebenfalls eine gerade Zahl sein. Denn wenn es eine ungerade Zahl

geometrisches Wissen voraussetzt, das über den Satz des Pythagoras in seiner besonderen Anwendung auf das gleichschenklig-rechtwinklige Dreieck hinausgeht. Dieser aber kann, wie bekannt, ganz einfach „bewiesen" werden, indem man die Figur so zeichnet, daß die Wahrheit des Satzes in diesem speziellen Fall unmittelbar einleuchtet[61]. Abgesehen davon, bleibt der Beweis auf rein arithmetischem Gebiet; und da die frühen Pythagoreer ziemlich viel über gerade und ungerade Zahlen[62] nachdachten, kann der Beweis selbst für sie nicht unerreichbar gewesen sein[63].

Wenn jedoch dieser Beweis der Irrationalität der Quadratwurzel aus 2 der einzige Weg war, auf dem die Inkommensurabilität entdeckt worden sein kann, könnte man trotzdem einräumen, daß Frank und Neugebauer aus guten Gründen zögern, diese Entdeckung um die Mitte des 5. Jahrhunderts anzusetzen. Der Beweis verlangt nicht nur ein beträchtliches Maß von abstraktem Denken, sondern auch von strenger logischer Argumentation. Abgesehen davon zeigt die schwerfällige Sprache des Beweises, wie er in dem | Anhang bei Euklid wiedergegeben wird, deutlich, mit welchen Schwierigkeiten die frühen griechischen Mathematiker zu kämpfen hatten, wenn sie einen derartigen Beweis führten. In Wirklichkeit ist dieser Schluß um so zwingender, als der Beweis, obgleich etwas archaischer in der Form als Euklids eigene Beweise, den Gegenstand in kurzen, knappen Sätzen darstellt, wie man es sonst in der griechischen Literatur des 5. Jahrhunderts nicht findet[64]. Wenn daher der Beweis als

---

wäre, wäre ihr Quadrat ebenfalls eine ungerade Zahl. Denn wenn eine Anzahl ungerader Zahlen addiert wird, so daß die Anzahl der addierten Zahlen eine ungerade Zahl ist, dann ist das Ergebnis ebenfalls eine ungerade Zahl. *DE* ist also eine gerade Zahl. *DE* soll dann im Punkt *G* in zwei gleiche Teile geteilt werden. Da *DE* und *F* die kleinsten Zahlen sind, die in demselben Verhältnis zueinander stehen, sind sie teilerfremd. Da *DE* eine gerade Zahl ist, muß *F* eine ungerade Zahl sein. Denn wenn es eine gerade Zahl wäre, würde die Zahl 2 sowohl *DE* als auch *F* messen, obgleich sie teilerfremd sind, was unmöglich ist. *F* ist also nicht gerade, sondern ungerade. Da nun $ED = 2\ EG$ ist, folgt daß $ED^2 = 4\ EG^2$ ist. Aber $ED^2 = 2\ F^2$, also $F^2 = 2\ EG^2$. Daher muß F^2 eine gerade Zahl und folglich *F* ebenfalls eine gerade Zahl sein. Aber es ist auch bewiesen worden, daß *F* eine ungerade Zahl sein muß, was unmöglich ist. Daraus folgt, daß *AC* und *AB* inkommensurabel sind, was zu beweisen war.

[61] Beispiele bei Heath, The Thirteen Books of Euclid's Elements, vol. I, S. 352.

[62] Siehe etwa Aristoteles, Phys. 203 a, 5 ff.; Metaph. 986 a, 22 ff.

[63] Über die arithmetischen Voraussetzungen dieses Beweises und die vermutlichen Mängel seiner ursprünglichen Form siehe meinen Artikel über Theodoros von Kyrene in Pauly-Wissowa, RE, Bd. V A (1934), Sp. 1817 und 1820 ff.

[64] Um dies zu illustrieren, vergleiche man die wörtlichen Fragmente Zenons von Elea, die einen sehr hohen Grad abstrakten Denkens und strenger logischer Argumen-

solcher, wie die gemeinsamen Angaben in Platon und Aristoteles anzudeuten scheinen[65], dem 5. Jahrhundert angehört, darf man mit Sicherheit
annehmen, daß er in seiner ursprünglichen Form noch viel schwerfälliger
war. Höchst bedeutsam ist auch die Tatsache, daß der gesamte Beweis,
wie er dargeboten wird, die Begriffe *kommensurabel* und *inkommensurabel* als etwas bereits Bekanntes verwendet, genau wie dies Theodoros
in Platons Theaetet tat. Das setzt voraus, daß die Inkommensurabilität
schon bekannt war, als der Beweis entwickelt wurde.

Da die Form des Beweises, wie er im Anhang zu Euklid erscheint, möglicherweise nicht die ursprüngliche ist, reicht die Form des Beweises in
Euklids Anhang vielleicht nicht aus, um mit Sicherheit zu beweisen, daß
zu der Zeit, als die Irrationalität der Quadratwurzel aus 2 nachgewiesen
wurde, die Inkommensurabilität als solche — wahrscheinlich an einem
anderen mathematischen Gegenstand — bereits entdeckt worden war.
Wenn man jedoch die weiteren Zeugnisse, die oben vorgelegt wurden, berücksichtigt, drängt sich sehr stark die Vermutung auf, daß dies der Fall
war. Denn man kann kaum glauben, daß die frühen griechischen Mathematiker die Inkommensurabilität der Diagonale und der Seite eines
Quadrats | durch einen Prozeß der Schlußfolgerung entdeckten, der für
sie offenkundig so mühsam war, wenn sie nicht schon vorher vermuteten,
daß es überhaupt so etwas wie Inkommensurabilität gab. Wenn sie dagegen den Sachverhalt bereits auf einem einfacheren Weg entdeckt hatten,
steht es in vollem Einklang mit dem, was wir über ihre Methoden wissen,
wenn wir annehmen, daß sie sich sofort alle Mühe gaben herauszufinden,
ob es noch andere Beispiele von Inkommensurabilität gebe. In diesem
Fall war das gleichschenklig-rechtwinklige Dreieck natürlicherweise das
erste Objekt ihrer weiteren Untersuchungen.

Das ist der Punkt, wo die Nachricht, Hippasos habe sich für das Dodekaeder bzw. „die aus 12 regelmäßigen Fünfecken bestehende Kugel"
interessiert, herangezogen werden muß. Zweifellos war Hippasos nicht
der Erfinder der mathematischen Konstruktion des Dodekaeders, wie

---

tation aufweisen, zugleich aber in einem schleppenden Stil mit langen, schwer-
fälligen Sätzen geschrieben sind, damit, wie Aristoteles (im 4. Jahrhundert) und
spätere Schriftsteller, die über Zenons Lehre berichten, dieselben Argumente in
einer Folge sehr kurzer Sätze wiedergeben, die denen, die man im Appendix zu
Euklid findet, sehr ähnlich sind.

[65] Platon, Theaetet p. 147 B ff. und Aristoteles, Analytica Priora 41 a, 26—31 und
50 a, 37. Siehe auch oben S. 547 f.

Jamblichos dies an einer Stelle behauptet[66]. Ganz abgesehen von anderen Erwägungen, wird das dadurch bewiesen, daß die bessere Tradition impliziert, daß dies eine Leistung des Theaetet war[67], der der zweiten Generation nach Hippasos angehörte. Und an einer anderen Stelle behauptet Jamblichos selbst[68] nur, Hippasos habe das regelmäßige Dodekaeder „gezeichnet", was wahrscheinlich die ursprüngliche Überlieferung ist.

Daß Hippasos sich für das Dodekaeder, und zwar insofern, als es eine „aus 12 regelmäßigen Fünfecken bestehende Kugel" darstellt, interessierte, ist sehr wahrscheinlich. Denn regelmäßige Dodekaeder kamen in Italien als Naturprodukte in Form von Schwefelkieskristallen vor[69]. Bei dem Interesse der Pythagoreer an geometrischen Formen müssen diese Kristalle zweifellos ihre Aufmerksam- | keit auf sich gelenkt und den Wunsch erweckt haben, diese Form mathematisch zu untersuchen. Außerdem wissen wir, daß die Pythagoreer das Pentagramm, d. h. ein regelmäßiges Fünfeck, dessen Seiten bis zum Schnittpunkt verlängert sind[70], als Erkennungszeichen benützten. Es paßt durchaus zu dem Charakter des Hippasos, wie wir ihn jetzt kennen, daß er die Zahlen und Verhältnisse, die sich im Pentagramm und im regelmäßigen Fünfeck verkörpern, herauszufinden versuchte. Sollte es dann wirklich ein bloßer Zufall sein, daß eben diesem Hippasos die Entdeckung der Inkommensurabilität und ein Interesse an der „aus 12 regelmäßigen Fünfecken bestehenden Kugel" zugeschrieben werden und daß das regelmäßige Fünfeck genau diejenige geometrische Figur ist, an der sich die Inkommensurabilität am einfachsten beweisen läßt?

Wie müssen es die Pythagoreer angefangen haben, wenn sie das Verhältnis zwischen den Längen zweier gerader Linien finden wollten? Wieder war die Methode eine alte, die viele Jahrhunderte vor dem Beginn griechischer Philosophie und Wissenschaft den Handwerkern als Faustregel bekannt war, nämlich die Methode der „Wechselwegnahme"[71], durch

---

[66] Siehe Anm. 24.
[67] Näheres darüber in dem Anm. 5 genannten Artikel, Sp. 1364 ff.
[68] Siehe Anm. 22 und 23.
[69] Siehe F. Lindemann in Sitz.-Berichte Akad. München, math.-phys. Klasse, Bd. 26, S. 725 ff. Lindemann führt auch Belege an, die beweisen, daß Dodekaeder schon zu einer sehr frühen Zeit in Italien als Würfel benützt wurden und daß das regelmäßige Dodekaeder in Etrurien offenbar religiöse Bedeutung hatte. Besonders der letztere Umstand hätte, falls er den Pythagoreern bekannt war, natürlicherweise deren Interesse für diese Figur verstärkt.
[70] Siehe Lukian, de lapsu in salutando 5 und Schol. Aristophanes, Wolken 609.
[71] Für Zeugnisse, die beweisen, daß die Pythagoreer diese Methode in der Mathematik anwandten, siehe unten S. 572 f.

die man das größte gemeinsame Maß findet. Es ist natürlich unmöglich, die Inkommensurabilität zu entdecken, indem man diese Methode in der Weise anwendet, wie die Handwerker es tun: mit Meßstöcken und Meßschnüren. Betrachtet man aber das Pentagramm oder ein regelmäßiges Fünfeck, in das sämtliche Diagonalen eingezeichnet sind — und wir haben gesehen, daß die Pythagoreer sich für Diagonalen interessierten —, dann wird fast auf den ersten Blick deutlich, daß der Prozeß der Wechselwegnahme sich *ad infinitum* fortsetzt, daß es daher kein größtes gemeinsames Maß gibt und daß deshalb das Verhältnis zwischen Diagonale und Seite sich nicht in ganzen Zahlen, und seien sie auch noch so groß, ausdrücken läßt. Denn man erkennt sofort, daß die Diagonalen des Fünfecks in der Mitte ein neues regelmäßiges Fünfeck bilden, daß die Diagonalen dieses kleineren | Fünfecks wieder ein regelmäßiges Fünfeck bilden werden, und so weiter in einem unendlichen Prozeß.

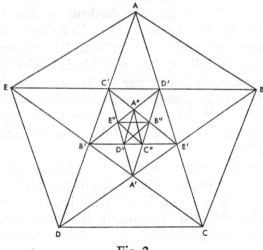

Fig. 2

Man erkennt dann auch sehr leicht, daß in den auf diese Weise entstandenen Fünfecken $AE = AB'$ und $B'D = B'E'$ und deshalb $AD - AE = B'E'$, und ebenso $AE = ED' = EA'$ und $B'E' = B'D = B'E$ und deshalb $AE - B'E' = B'A'$, und so fort *ad infinitum*, oder in anderen Worten, daß die Differenz zwischen der Diagonale und der Seite des größeren Fünfecks gleich der Diagonale des kleineren Fünfecks ist, und daß die Differenz zwischen der Seite des größeren Fünfecks und der Diagonale des kleineren Fünfecks gleich der Seite des kleineren Fünfecks ist, und daß die Differenz zwischen der Diagonale des kleineren Fünfecks und dessen Seite wieder gleich der Diagonale des nächstkleineren Fünfecks ist, und so fort bis ins Unendliche. Da durch die Diagonalen immer neue regelmäßige Fünfecke entstehen, leuchtet also ein, daß der Prozeß der Wechselwegnahme sich immer weiter fortsetzen wird, und daß deshalb kein größtes gemeinsames Maß der Diagonale und der Seite des regelmäßigen Fünfecks gefunden werden kann. |

Man kann natürlich immer noch fragen, wie die Pythagoreer beweisen konnten, daß $AE = AB'$ und $B'D' = B'E'$ ist, usw. Nun berichtet Proklos[72], der seine Nachricht wahrscheinlich von Eudemos von Rhodos bezieht, Thales habe den Satz gefunden, daß in einem gleichschenkligen Dreieck die Basiswinkel gleich sind. Im Zusammenhang damit ist es wichtig, zu bemerken, daß Aristoteles[73] einen archaischen Beweis dieses Satzes erwähnt. Er führt nicht alle Schritte dieses Beweises an, aber was er anführt, zeigt, daß in dem Beweis „gemischte Winkel", d. h. Winkel, die durch eine Gerade und eine Kreislinie gebildet werden, verwendet wurden und daß der Beweis höchstwahrscheinlich auf einer ziemlich primitiven Methode der Übereinanderlegung beruhte[74]. Es ist klar, daß mit der letztgenannten Methode die Umkehrung des Satzes sich ohne Schwierigkeit beweisen ließ. Es ergibt sich, daß $AE = AB'$ und $B'D = B'E'$ abgeleitet werden konnte aus $\sphericalangle AEB' = \sphericalangle AB'E$ und $\sphericalangle B'DE' = \sphericalangle B'E'D$, falls sich beweisen ließ, daß diese Winkel jeweils gleich sind.

Hinsichtlich dieses letzteren Beweises sind die Belege nicht so ganz eindeutig. Aber Eudemos von Rhodos[75] schreibt den frühen Pythagoreern den Beweis zu, daß die Summe der Innenwinkel in jedem beliebigen Dreieck zwei Rechte beträgt. Aus diesem Satz läßt sich der allgemeine Satz, daß in jedem beliebigen Vieleck die Summe der Innenwinkel gleich $2\,n - 4$ Rechte ist, sehr leicht ableiten, wenn man das Vieleck in Dreiecke unterteilt[76], und wir wissen ja[77], daß die Pythagoreer ständig damit experimentierten, Vielecke in Dreiecke unterzuteilen. Weiterhin ist der

---

[72] A. a. O., p. 250 f. Friedlein.

[73] Aristoteles, Analytica Priora 41 b, 13 ff.

[74] Näheres darüber in Heaths englischer Übersetzung von Euklids Elementen (Cambridge 1926), I, S. 253.

[75] Zitiert von Proklos, a. a. O., 379 Friedlein.

[76] Der Beweis wird zitiert von Proklos, a. a. O. Wenn das Vieleck in Dreiecke eingeteilt worden ist und der Satz über die Winkelsumme im Dreieck als bekannt gilt, besteht der übrige Beweis in einer einfachen Addition.

[77] Siehe oben S. 559, Anm. 49.

Satz, daß bei jedem Vieleck die Summe der Außenwinkel vier Rechte beträgt, | lediglich eine logische Folge aus dem vorhergehenden Satz[78]. Auf Grund dieser Sätze läßt sich schließlich die Gleichheit der Winkel, die in dem oben vorgeschlagenen Beweis eine Rolle spielen, sehr einfach beweisen.

Es besteht also nicht der geringste Anlaß, zu bezweifeln, daß Hippasos imstande war, die Inkommensurabilität der Seite und der Diagonale eines regelmäßigen Fünfecks zu beweisen. Denn für den vorgeschlagenen Beweis sind nur zwei fundamentale geometrische Sätze notwendig, die das gleichschenklige Dreieck und die Winkelsumme im Dreieck betreffen, und dazu die altehrwürdige Methode, durch Wechselwegnahme das größte gemeinsame Maß zu finden. Alles übrige ist lediglich einfachste Addition, Subtraktion und Division. Von den beiden geometrischen Sätzen war der erste ohne Zweifel noch vor Pythagoras in sehr primitiver Weise „bewiesen" worden[79]. Für den zweiten gilt vermutlich dasselbe, obwohl wir darüber nicht genau Bescheid wissen[80]. Aber es kann | keinem Zweifel unterliegen, daß seine Gültigkeit lange vor Hippasos bekannt war. Daß die Beweise dieser Lehrsätze, so wie sie um die Mitte des 5. Jahrhunderts vorlagen, der Euklidischen Auffassung von einem befriedigenden Beweis

---

[78] Aristoteles erwähnt in den Analytica Posteriora 99 a, 19 ff. und 85 b, 38 ff. diesen Beweis als etwas allgemein Bekanntes.

[79] Es ist interessant, daß alle Sätze, welche die antike Überlieferung dem Thales zuschreibt, sich entweder unmittelbar mit Problemen der Symmetrie befassen und durch Übereinanderlegen „bewiesen" werden können, oder aber so beschaffen sind, daß der erste Schritt des Beweises offensichtlich auf einer Betrachtung der Symmetrie beruhte und der zweite Schritt, der den Beweis abschließt, in einer einfachen Addition oder Subtraktion besteht. Der vieldiskutierte Euklidische Beweis des Ersten Kongruenzsatzes durch Übereinanderlegen scheint also der letzte Rest einer Methode zu sein, die einst allgemein angewandt worden war und mit der die wissenschaftliche Geometrie der Griechen begonnen hatte.

[80] Der Beweis, den Eudemos den Pythagoreern zuschreibt, scheint das berühmte fünfte Postulat Euklids vorauszusetzen. Aber Aristoteles (Analytica Priora 65 a, 4) zeigt, daß es einen alten mathematischen Beweis über Parallelen und Winkel gab, der einen Trugschluß enthielt. Es erscheint daher durchaus denkbar, daß die Gleichheit von Wechselwinkeln an Parallelen, die von einer Geraden geschnitten werden, zunächst auf Grund von Erwägungen der Symmetrie als selbstverständlich angesehen wurde, daß dann ein mangelhafter Versuch unternommen wurde, den Satz zu beweisen, und daß schließlich Euklid durch sein berühmtes Postulat versuchte, die gesamte Theorie auf eine solide Grundlage zu stellen. In diesem Fall kann der Beweis des Satzes über die Winkelsumme im Dreieck, den Eudemos den frühen Pythagoreern zuschreibt, tatsächlich sehr alt sein. Geminus (im Kommentar des Eutokios zu den Conica des Apollonios von Perge, Bd. II, S. 170 von Heibergs Apollonios-Ausgabe) erwähnt jedoch einen noch älteren Beweis, in dem der Satz zuerst für das gleichseitige, dann für das ungleichseitige Dreieck bewiesen wurde.

nicht gerecht wurden, ist unwesentlich. Denn die Frage ist nicht, ob Hippasos einen Beweis liefern konnte, der in allen seinen Schritten Euklid oder Hilbert befriedigt hätte, sondern ob er imstande war, einen Beweis zu finden, der auf der Stufe, die das mathematische Denken zu seiner Zeit erreicht hatte, als völlig überzeugend angesehen wurde, und darüber kann es keinen Zweifel geben. Es ist vielleicht nicht überflüssig, besonders darauf hinzuweisen, daß der oben vorgeschlagene Beweis der Inkommensurabilität überhaupt keine geometrische Konstruktion im streng mathematischen Sinn voraussetzt, falls die Pythagoreer imstande waren, irgendwie ein leidlich genaues regelmäßiges Fünfeck zu zeichnen, und das kann kaum bezweifelt werden, denn auf einer Vase des Aristonophos, die dem 7. Jahrhundert v. Chr. angehört, ist ein sehr schönes Pentagramm zu sehen. Diese Vase wurde in Caere in Italien gefunden und befindet sich jetzt in einem römischen Museum. Neugebauers Argument, die Inkommensurabilität könne nicht durch Hippasos entdeckt worden sein, da Oinopides, welcher der folgenden Generation angehörte, sich noch mit den „trivialsten"[81] mathematischen Konstruktionen befaßt habe, ist daher nicht stichhaltig.

Vielleicht ist also die Behauptung gerechtfertigt, daß die bisherige Untersuchung bewiesen hat, was in der Einleitung zu | diesem Aufsatz versprochen wurde, nämlich daß die Inkommensurabilität um die Mitte des 5. Jahrhunderts v. Chr. entdeckt worden sein kann, daß die Entwicklung der pythagoreischen Lehre von den Zahlen als dem Wesen aller Dinge ganz natürlich zu dieser Entdeckung führt, daß die antike Überlieferung deutliche Hinweise darüber enthält, auf welchem Weg die Entdeckung tatsächlich gemacht wurde, und nicht zuletzt, daß die griechische Mathematik in jener frühen Epoche vielleicht sehr elementar[82], aber

---

[81] In meinem Artikel über Oinopides (siehe Anm. 43) habe ich nachzuweisen versucht, daß die mathematischen Konstruktionen des Oinopides auch nicht „trivial" waren, wenn man sie im Zusammenhang mit den Problemen betrachtet, die er zu lösen suchte. Aber die Lösung des vorliegenden Problems hängt keineswegs davon ab, ob man diese These akzeptiert oder verwirft.

[82] In dem vorliegenden Aufsatz wird den frühen griechischen Mathematikern nur so viel mathematisches Wissen zugeschrieben, als ihnen mit der größten Annäherung an Gewißheit, die einer historischen Untersuchung erreichbar ist, zugeschrieben werden kann. Ich versuche also nachzuweisen, daß sie, selbst wenn ihr Wissen darüber nicht hinausging, trotzdem die Inkommensurabilität entdecken konnten und daß sie durch den Charakter ihrer Theorien und Methoden auf natürlichem Wege zu dieser Entdeckung geführt wurden. Das bedeutet aber nicht, daß ihr Wissen so beschränkt und elementar gewesen sein muß, wie in dieser Abhandlung angenommen wird.

gewiß nicht trivial war. Sie war nicht trivial, weil die Griechen zwei Eigentümlichkeiten besaßen, die den Ägyptern und Babyloniern offenbar abgingen. Sie hatten eine entschiedene Neigung, weitreichende allgemeine Theorien auf sehr spärlichem Beweismaterial aufzubauen. Dafür ist die pythagoreische Theorie, „alle Dinge seien Zahlen", ein auffallendes Beispiel. Aber gleichzeitig gaben sie sich nicht damit zufrieden, eine solche Theorie zu besitzen, sondern sie bemühten sich unablässig, diese nach allen Richtungen zu verifizieren. Wegen dieser zweiten Eigentümlichkeit entdeckten sie die Inkommensurabilität in einer sehr frühen Epoche.

Vielleicht ist es ratsam, einen kurzen Überblick über die unmittelbaren Konsequenzen hinzuzufügen, welche die Entdeckung der Inkommensurabilität für die weitere Entwicklung der Proportionenlehre hatte. Denn dadurch werden sowohl die Ansicht über den allgemeinen Charakter der frühen wissenschaftlichen Forschungen der Griechen als auch einige besondere Thesen, die im Verlauf der vorliegenden Untersuchung aufgestellt wurden, bestätigt. |

Die Entdeckung der Inkommensurabilität muß in pythagoreischen Kreisen einen ungeheuren Eindruck gemacht haben, weil sie mit einem Schlag den Glauben zerstörte, auf dem bis dahin die ganze Philosophie der Pythagoreer beruht hatte, nämlich daß alle Dinge in ganzen Zahlen ausgedrückt werden könnten. Dieser Eindruck spiegelt sich deutlich in jenen Legenden, welche berichten, Hippasos sei von den Göttern bestraft worden, weil er diese schreckliche Entdeckung veröffentlicht habe.

Die Konsequenzen dieser Entdeckung waren aber nicht auf das Gebiet philosophischer Spekulation beschränkt. Λόγος oder Verhältnis bedeutete, wie wir sahen[83], den Ausdruck des Wesens einer Sache durch eine Reihe ganzer Zahlen. Man hatte angenommen, das Wesen aller Dinge lasse sich auf diese Weise ausdrücken. Jetzt hatte man entdeckt, daß es Dinge gibt, die keinen λόγος hatten. Wenn wir von Irrationalität oder Inkommensurabilität sprechen, meinen wir lediglich eine besondere Eigenschaft gewisser Größen in ihrer Beziehung zueinander, und wir sprechen sogar von einer besonderen Kategorie der irrationalen Zahlen. Wenn die Griechen jedoch den Begriff ἄλογος gebrauchten, meinten sie ursprünglich, wie die Wortbildung eindeutig zeigt, daß kein λόγος oder Verhältnis vorhanden war.

Dieser Sachverhalt aber muß sehr rätselhaft gewesen sein. Man hatte allgemein angenommen, daß zwei Dreiecke, die ähnlich waren, d. h. die

---

[83] Siehe oben S. 555 f.

dieselbe ornamentale Erscheinung hatten, obgleich sie sich in der Größe unterschieden, denselben λόγος hatten, d. h. daß sie sich durch dasselbe Bündel ganzer Zahlen ausdrücken ließen. Das ist in der Tat deutlich die ursprüngliche Bedeutung des Begriffs ὁ αὐτὸς λόγος (derselbe λόγος), den wir mit „Proportion" oder „dasselbe Verhältnis" wiedergeben. Zwei gleichschenklig-rechtwinklige Dreiecke aber hatten stets dieselbe ornamentale Erscheinung und hätten daher denselben λόγος haben sollen. Es schien eigentlich auf der Hand zu liegen, daß ihre Seiten dieselbe quantitative Beziehung zueinander hatten. Trotzdem hatten sie keinen λόγος.

Die Art und Weise, in der die Griechen erstaunlich bald nach der verblüffenden Entdeckung der Inkommensurabilität sich mit | diesem Problem zu beschäftigen begannen, ist ein viel größerer Beweis ihrer Begabung für wissenschaftliche Theorie und ihres zähen Strebens danach als die Entdeckung der Inkommensurabilität selbst. Denn sehr bald[84] begannen sie nicht nur die Proportionenlehre auf inkommensurable Größen auszudehnen, sondern sie stellten auch ein Kriterium auf, an dem sich in gewissen Fällen bestimmen läßt, ob zwei Paare inkommensurabler Größen (die überhaupt keinen λόγος im alten Sinn haben) denselben λόγος haben. Die terminologische Schwierigkeit, die durch diesen scheinbaren Widerspruch in Worten entsteht, spiegelt sich in der Tatsache, daß eine Zeitlang der Begriff ἄλογος für irrational durch den Begriff ἄρρητος (unausdrückbar) ersetzt wurde, wodurch man lediglich ausdrückte, was der Begriff ἄλογος ursprünglich bedeutete. Es ist auch interessant zu beobachten, wie allmählich der Begriff ἄλογος wieder auftauchte. Zuerst wird der Begriff ῥητός (rational) im Gegensatz zu ἄρρητος geschaffen. Dann verschwindet der Begriff ἄρρητος; und Theaetet, der die Theorie der Irrationalität weiterentwickelte, führte den Begriff ἄλογος wieder ein, verwendete ihn aber nur für Irrationalitäten höheren Grades, z. B. von der Form $\sqrt{\sqrt{a}\,\sqrt{b}}$, während er die einfachen Irrationalitäten von der Form $\sqrt{a}$ als δυνάμει μόνον ῥητοί (wörtlich: nur im Quadrat rational) bezeichnete. Als schließlich λόγος zu einem *terminus technicus* geworden war und als man die Aussage, zwei Paare von ἄλογοι hätten denselben λόγος, nicht mehr als widersinnig empfand, kehrten die griechischen Mathematiker zu der alten Terminologie zurück und bezeichneten alle

---

[84] Die berühmten Beweise des Hippokrates von Chios, der derselben Generation wie Theodoros von Kyrene angehörte, setzen klar voraus, daß die Proportionenlehre zu seiner Zeit bereits auf inkommensurable Größen angewandt worden war. Siehe F. Rudio, Der Bericht des Simplicius über die Quadraturen des Antiphon und des Hippocrates (Leipzig, Teubner, 1907), und oben S. 557.

irrationalen Größen als ἄλογος[85]. Der Umstand, daß Theaetet, der im
Jahre 369 v. Chr. starb, bereits begonnen hatte, zu der alten Terminologie
zurückzukehren, bestätigt in hohem Maße die Ansicht, daß die Inkom-
mensura-|bilität lange vorher entdeckt worden sein muß und daß der
Ausdruck λόγος für Verhältnis, von dem ἄλογος abgeleitet ist, mit Sicherheit von den Pythagoreern schon vor der Mitte des 5. Jahrhunderts verwendet worden sein muß.

Die Ausdehnung der Proportionenlehre auf inkommensurable Größen
erforderte eine völlig neue Auffassung von Verhältnis und Proportion
und ein neues Kriterium, um zu bestimmen, ob zwei Paare von Größen,
die inkommensurabel sind, denselben λόγος haben. Die frühe Lösung dieses Problems ist äußerst scharfsinnig. Anstatt das Ergebnis des Prozesses
der Wechselwegnahme zum Kriterium der Proportionalität zu machen
(nämlich die beiden Zahlenbündel, die ermittelt werden, indem man zwei
kommensurable Größen mit dem durch Wechselwegnahme gefundenen,
größten gemeinsamen Maß mißt), verwendete man den Prozeß der
Wechselwegnahme selbst als Kriterium der Proportionalität. Man setzte
dieses Kriterium fest, indem man die Proportionalität neu definierte, so
daß sie sich auf kommensurable wie auch auf inkommensurable Größen
anwenden ließ. In wörtlicher Übersetzung lautet diese Definition: *Größen haben denselben λόγος, wenn sie dieselbe Wechselwegnahme haben*[86].
Es ist bemerkenswert, daß in dieser Definition der Begriff λόγος seine
ursprüngliche Bedeutung eingebüßt hat. Der Sinn der Definition ist also
der, daß zwei Gruppen von Größen proportional sind, wenn sich in
jedem Fall beweisen läßt, daß der Prozeß der Wechselwegnahme, obgleich
er sich ins Unendliche fortsetzt, trotzdem immer in derselben Richtung
fortschreitet.

Dies aufzuzeigen ist besonders einfach im Falle der Diagonalen und
Seiten aller regelmäßigen Fünfecke, denn in diesem Fall wird ja die
Diagonale im sogenannten goldenen Schnitt geteilt, und es ist augenfällig,
daß der Prozeß immer genau einen Schritt in jeder Richtung weitergeht.
Aber wenn die praktische Anwendbarkeit der neuen Definition auf diesen
Fall beschränkt gewesen wäre, hätte sie zum Fortschritt der mathemati-
schen Theorie wenig beigetragen. Der wichtigste Fall, an dem sich auf
Grund der neuen Definition sehr einfach beweisen läßt, daß zwei Paare
von Größen|proportional sind, ist der Satz, daß Rechtecke und (da

---

[85] Näheres darüber in meinem Artikel über Theaitetos (siehe Anm. 5), Sp. 1361 f.
[86] Siehe Aristoteles, Topik 158 b, 32 ff.

Parallelogramme sehr leicht in Rechtecke von gleicher Fläche verwandelt werden können) Parallelogramme von gleicher Höhe proportional zu ihren Grundseiten sind.

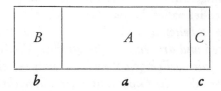

Denn man sieht leicht ein, daß, wenn die Strecke b fünfmal von der Strecke a subtrahiert werden kann, auch die Fläche B fünfmal von der Fläche A subtrahiert werden kann, und daß, wenn der Rest c achtmal von b subtrahiert werden kann, auch C ebensooft von B subtrahiert werden kann, und so fort *ad infinitum*[87]. Dieser Satz bildet die Grundlage der berühmten Theoreme des Hippokrates von Chios. |

---

[87] In wörtlicher Übersetzung lautet der Abschnitt bei Aristoteles folgendermaßen: „Es scheint, daß in der Mathematik einige Sätze wegen des Fehlens einer Definition (oder: solange die richtige Definition fehlt) nicht leicht bewiesen werden können, zum Beispiel, daß eine Gerade, die eine Fläche parallel zu ihrer Seite schneidet, die Fläche und ihre Grundseite in demselben Verhältnis (wörtlich: ähnlich) teilt. Aber sobald die Definition gefunden ist, leuchtet die Gültigkeit des Satzes sofort ein. Denn die Flächen und ihre Grundseiten haben dieselbe Wechselwegnahme; und dies ist die Definition von Proportion (ὁ αὐτὸς λόγος)." Es erscheint sonderbar, daß O. Becker in einem 1933 veröffentlichten Aufsatz (Quellen und Studien zur Geschichte der Mathematik, Abteilung B, Bd. II, S. 311 ff.) der erste war, der den Ausdruck „dieselbe Wechselwegnahme haben" in dem zitierten Abschnitt richtig interpretierte, während etwa Heath die Definition noch als „metaphysisch" bezeichnete und erklärte, man könne kaum begreifen, wie aus dieser Definition mathematische Tatsachen abgeleitet werden konnten.

In einer ausgezeichneten Untersuchung hat O. Becker auch nachgewiesen, daß der größere Teil des zehnten Buches von Euklids Elementen, das eine sehr komplizierte Theorie der Irrationalzahlen enthält, mit Hilfe dieser Definition bewiesen werden kann, während einige der Sätze, die ausdrücklich Eudoxos zugeschrieben werden, sich auf Grund dieser Definition nicht beweisen lassen, sondern die neue Definition Euklid V, Def. 5 voraussetzen. Da die wichtigsten Sätze von Euklids zehntem Buch dem Theaetet zugeschrieben werden, zog Becker den naheliegenden Schluß, daß Theaetet mit der alten, von Aristoteles zitierten Definition arbeitete.

Das ist ohne Zweifel richtig. Aber seine Interpretation des restlichen Aristotelesabschnitts erfordert eine kleine Korrektur. Obgleich Becker bemerkt hat, daß die „Flächen" bei Aristoteles in Wirklichkeit Parallelogramme oder vielmehr Rechtecke sind, glaubt er, der Satz über Rechtecke sei von Anfang an durch einen komplizierten Prozeß der Schlußfolgerung bewiesen worden, was erforderte, daß zuvor einige andere Sätze bewiesen worden waren (a. a. O., S. 322). Das meint Aristoteles sicherlich nicht, wenn er sagt, die Gültigkeit des Satzes leuchte ein, sobald die Definition gefunden sei. Denn dieser Ausdruck zeigt deutlich, daß man ursprünglich

Doch die Brauchbarkeit dieser neuen Definition für den Beweis geometrischer Sätze ist immer noch auf ein ziemlich enges Feld beschränkt. Die weitere Ausdehnung der Proportionenlehre wurde durch die neue und noch scharfsinnigere Definition ermöglicht, die Eudoxos von Knidos fand und die folgendermaßen lautet: *Größen stehen in demselben Verhältnis, die erste zur zweiten und die dritte zur vierten, wenn die gleichen Vielfachen der ersten und dritten und die gleichen Vielfachen der zweiten und vierten — bei jeder beliebigen Vervielfachung — einander entweder zugleich übertreffen oder gleichkommen oder unterschreiten, in entsprechender Ordnung genommen*[88].

Vergleicht man die Entdeckung der Inkommensurabilität (vorausgesetzt, daß sie in der oben angedeuteten Weise gemacht wurde) | mit diesen Erweiterungen der Proportionenlehre, dann leuchtet ein, daß die Entdeckung der Inkommensurabilität der bei weitem einfachste Schritt war. Denn sobald die Pythagoreer sich einmal für das Pentagramm und das regelmäßige Fünfeck interessierten, mochte jedem auffallen, daß die Diagonalen in der Mitte stets ein neues regelmäßiges Fünfeck bilden; und wenn weiterhin die allgemeine Lehre der Pythagoreer die Bestimmung des „logos" von Diagonalen und Seiten verlangte, ergab sich alles übrige sehr einfach von selbst. Von den beiden Definitionen der Proportion ist die des Eudoxos wohl die scharfsinnigere, insofern sie die größte abstrahierende Bemühung verlangte. Aber die ältere Definition der Proportion, durch die die ursprüngliche Auffassung des λόγος durch eine neue ersetzt wurde, welche es ermöglichte, die Proportionenlehre auf inkommensurable Größen anzuwenden, war zweifellos der bei weitem wichtigste Schritt in der Entwicklung.

Daß die Entwicklung von der Entdeckung der Inkommensurabilität bis zu Eudoxos diesen Weg nahm, hat auch Konsequenzen für die Datierung. Eudoxos wurde im Jahr 400 geboren und starb im Jahr 347 v. Chr.[89]. Sein letztes Werk, das er unvollendet hinterließ, war ein großes

---

eine unmittelbare Anwendung der Definition auf die oben dargestellte Figur als ausreichenden Beweis des Satzes ansah. Das ist eine interessante Parallele zu dem ersten Beweis der Inkommensurabilität am regelmäßigen Fünfeck, wie ich ihn oben vorgeschlagen habe.

[88] Siehe Euklid, Elementa V, def. 5 und Scholia in Euclid. Element. V, 3 (Euclidis Opera, ed. I. L. Heiberg, Bd. V, Leipzig, Teubner, 1889, S. 282). Vgl. zu dieser Stelle O. Becker, Grundlagen der Mathematik in geschichtlicher Entwicklung, Verlag Karl Alber, Freiburg-München, 1954, S. 84.

[89] Siehe K. von Fritz, „Die Lebenszeit des Eudoxos von Knidos", Philologus 85 (1930), S. 478 ff.

geographisches Werk in vielen Bänden[90]. Er erfand auch die sogenannte Exhaustionsmethode und bewies mit ihrer Hilfe den Satz, daß das Volumen eines Kegels ein Drittel des Volumens eines Zylinders von derselben Grundfläche und Höhe beträgt[91], ferner ohne Zweifel weitere stereometrische Sätze, die beim Beweis dieses Lehrsatzes benutzt worden sein müssen. All das wäre ohne die neue, von Eudoxos gefundene Definition der Proportion unmöglich gewesen. Er muß daher diese Definition verhältnismäßig früh in seinem Leben geprägt haben, kaum später als 370. Da wäre es ein reines Wunder, wenn die erste Entdeckung der Inkommensurabilität „zur Zeit | des Archytas" gemacht worden wäre, der, da er im Jahr 362 das Oberhaupt der Regierung von Tarent war, kaum vor 430 geboren sein kann. Es ist sicherlich viel einfacher, zu glauben, daß die Entdeckung um die Mitte des 5. Jahrhunderts gemacht wurde, so wie dies die antike Überlieferung behauptet.

Die Lösung des Datierungsproblems aber ist hauptsächlich deshalb von Bedeutung, weil sich dadurch eine tiefere Einsicht gewinnen läßt in die Art und Weise, in der die Griechen die Grundlagen der Mathematik legten, und in die besonderen Eigenschaften, die sie befähigten, innerhalb erstaunlich kurzer Zeit eine Entdeckung zu machen, die ihre babylonischen und ägyptischen Vorläufer trotz all ihrer fortgeschrittenen, komplizierten Methoden in vielen Jahrhunderten mathematischer Untersuchungen nicht gemacht hatten.

---

[90] Siehe F. Gisinger, Die Erdbeschreibung des Eudoxos von Knidos, S. 5 ff.
[91] Siehe Archimedes, Ep. ad Dositheum in: de sphaera et cylindro, p. 4 Heiberg und Ad Erastosth. Methodus, p. 430 Heiberg.

DER ΝΟΥΣ DES ANAXAGORAS

Als ich vor ca. fünfzehn Jahren in einer Reihe von Aufsätzen[1] die Bedeutungsentwicklung des Wortes ΝΟΥΣ und seiner Ableitungen von
Homer bis zu Demokrit und den Sophisten untersuchte, habe ich den
ΝΟΥΣ des Anaxagoras ausgelassen, weil er in die Geschichte dieser Bedeutungsentwicklung sich nicht wollte einordnen lassen. Er paßt auch,
gerade mit seinem wichtigsten Aspekt, in diese Entwicklungsgeschichte
durchaus nicht hinein. Um so wichtiger erscheint es, festzustellen, was die
Ursache dieser eigentümlichen Tatsache ist, und herauszufinden, welches
die Herkunft desjenigen Elementes in dem Anaxagoreischen ΝΟΥΣ-
Begriff ist, welches ihn aus der allgemeinen Entwicklung, die sich in gewisser Weise noch bis zu Platon und Aristoteles fortsetzt, so auffallend
heraushebt.

Um zu zeigen, wo das Problem liegt, ist es notwendig, zunächst ganz
kurz die Hauptergebnisse der früheren Untersuchungen zusammenzufassen. Es läßt sich wohl auf Grund der Bedeutungen, in welchen das
Wort in den homerischen Epen vorkommt, mit Sicherheit nachweisen,
daß diejenige Etymologie des Wortes, welche es von einer Form σνόϜος
ableitet, die mit englisch *to sniff*, deutsch *schnüffeln* zusammenhängt,
die richtige ist. Am deutlichsten läßt sich dies an dem von ΝΟΥΣ abgeleiteten Verbum νοεῖν aufweisen. Dieses bedeutet am häufigsten das Erfassen einer Situation, vor allem einer gefährlichen oder sonst für das
erkennende Individuum bedeutsamen Situation, wie auch ein Tier es
kann und wie wir es metaphorisch mit dem Ausdruck *eine Gefahr wit-
tern*, oder mit etwas anderer Bedeutung im Englischen mit dem Ausdruck
I smell a rat bezeichnen: lauter Ausdrücke, die ebenfalls mit dem Rie-

---

[1] Vgl. K. v. Fritz, „νόος and νοεῖν in the Homeric Poems" in Classical Philology,
XXXVIII (1943), 79—93 und „νοῦς, νοεῖν, and their derivatives in pre-Socratic
philosophy (excluding Anaxagoras)", ibidem XL (1945), 223—242 und XLI (1946),
12—34, jetzt auch in deutscher Übersetzung unter dem Titel „Die Rolle des ΝΟΥΣ"
in Wege der Forschung IX (Wissenschaftliche Buchgesellschaft, Darmstadt, 1968),
S. 246—363.

chen zusammenhängen. Auch wird diese Interpretation durch die Überlieferung bestätigt[2], daß noch die Pythagoreer den Tieren ΝΟΥΣ (aber
keine φρένες) zugeschrieben hätten, eine Überlieferung, die echt sein muß,
da sie nicht zu einer späteren | Zeit erfunden worden sein kann, als
ΝΟΥΣ schon zur Bezeichnung der höchsten nur dem Menschen eigenen
Erkenntnisfähigkeit geworden war.

Der Übergang vom einen zum anderen ist trotzdem nicht allzu schwer
zu verstehen. Eine Situation in ihrer Bedeutung zu erfassen ist mehr und
etwas Umfassenderes, auch in gewisser Weise etwas tiefer Dringendes als
nur einfach etwas wahrzunehmen oder auch etwas zu erkennen im Sinne
des Identifizierens. So kann man bei Homer nicht selten geradezu eine
Stufenfolge des Erkenntnisprozesses von ἰδεῖν über γνῶναι zu νοεῖν beobachten, wobei ἰδεῖν etwa das einfache Wahrnehmen der Gegenwart
eines Menschen bedeutet, γνῶναι sein „Erkennen“ als eine bestimmte
Person (oder wo es sich um einen Gegenstand handelt, etwa seine Identifizierung als Baum oder spezieller als Eiche), endlich νοεῖν die Erkenntnis, was es mit ihm für eine Bewandtnis hat, wie z. B. ob er freund-
liche oder feindliche Absichten hat oder gar seine feindlichen Absichten
hinter einer freundlichen Miene verbirgt. Besonders in dem zuletzt angeführten Falle wird νοεῖν offenbar zur Bezeichnung einer Erkenntnis,
welche tiefer dringt als das, was an der Oberfläche sichtbar ist und ohne
weiteres ins Auge fällt. Das kann dann schon bei Homer auch auf die
Erkenntnis von Personen oder Gegenständen ausgedehnt werden, die
sich nicht als das darbieten, was sie wirklich sind, wie etwa, wenn ein
Gott die Gestalt eines Menschen angenommen hat und der Mensch, dem
er in dieser Gestalt erscheint, plötzlich gewahr wird (νοεῖ), daß nicht ein
Mensch, sondern ein Gott zu ihm spricht oder gesprochen hat[3]. Endlich
knüpft daran noch eine weitere Bedeutungsentwicklung an, die sozusagen die Extrapolation der Erkenntnis einer Situation in die Zukunft
darstellt. An die Erkenntnis einer gefährlichen oder sonst bedeutsamen
Situation schließt sich natürlicherweise und fast unvermerkt die Vorstellung davon an, wie sich die Dinge am besten weiterentwickeln könnten,
um mit der erkannten Situation fertig zu werden. So erwirbt das Wort
νοεῖν mit der Zeit zusätzlich die Bedeutung des Planens. Das ist, wie sich
zeigen wird, für die Bedeutung, welche der ΝΟΥΣ bei Anaxagoras annimmt, nicht ganz unwichtig.

---

[2] Alexander Polyhistor bei Diogenes Laertius VIII, 1, 19, 30.
[3] Vgl. z. B. Ilias, III, 396 und op. coll. (1943) S. 85 zur Interpretation der Stelle.

Zunächst jedoch schließt sich der philosophische Gebrauch der Wörter ΝΟΥΣ und νοεῖν an jene homerische Bedeutung dieser Wörter an, wonach sie eine tiefer eindringende Erkenntnis bezeichnen, nur daß diese tiefer eindringende Erkenntnis sich nun nicht mehr auf eine verborgene Absicht oder dergleichen, sondern auf das hinter dem Augenschein verborgene wahre Sein bezieht. So ist bei Parmenides der ΝΟΥΣ, selbst wenn er durch die κρᾶσις μελέων πολυπλάγκτων irre geführt[4] und also selbst zu einem νοῦς πλαγκτός[5] wird, doch immer noch in irgendeiner Weise mit dem Sein | in Kontakt, so daß gesagt werden kann, es gebe kein νοεῖν ohne das Seiende, in dem oder an dem es sich enthüllt[6]. Ebenso steht noch am Ende der vorsokratischen Philosophie bei Demokrit, welcher gesagt hatte, die Wahrheit sei in einem Abgrund verborgen[7], der ΝΟΥΣ als das Organ der „echten"[8] Erkenntnis, welche die atomare Struktur der Welt erkennt, der „dunklen" Erkenntnis durch die sinnliche Wahrnehmung gegenüber, in welcher die Dinge nur in einer verfälschten Form den Menschen erscheinen, als ob sie mit einer Menge von Eigenschaften, wie Farben, Geschmäcke, Gerüche etc. behaftet wären, welche den wahren Dingen in Wirklichkeit gar nicht zukommen. Endlich bei Platon ist der ΝΟΥΣ das geistige Organ, mit Hilfe dessen der Mensch einen Zugang zu dem Reich der Ideen hat[9]; wiederum einer eigentlichen Welt des wahren Seins gegenüber der Welt des Werdens und Vergehens, die freilich bei Platon anders als die Welt der sinnlichen Wahrnehmung bei Parmenides oder noch bis zu einem gewissen Grade bei Demokrit nicht eine Welt der Täuschung ist, aber doch eine Welt, die gegenüber der Welt der Ideen nur ein abgeleitetes Sein, ein Sein zweiten Ran-

---

[4] Diels/Kranz, Fragmente der Vorsokratiker 28 B 16, 1.

[5] Ibidem B 6, 6.

[6] Ibidem B 8, 34 ff. und zur Interpretation der schwierigen Stelle Classical Philology XL, p. 238 f. = Wege der Forschung IX, S. 307 ff.

[7] Diels/Kranz 68 B 117.

[8] Ibidem B 11. Freilich ist dort das Wort νοῦς oder νοεῖν nicht überliefert, sondern νῶσαι von Diels ergänzt. Auch ist bei Demokrit die scharfe Unterscheidung zwischen den verschiedenen Arten des Erkennens, die noch für Homer und die älteren Philosophen charakteristisch ist, schon verwischt und werden γνώμη, φρήν und νοῦς mehr oder minder promiscue gebraucht. Doch kommt es darauf im Augenblick nicht an, obwohl sich die Vermischung von φρήν und νοῦς, wie sich zeigen wird, schon bei Anaxagoras anbahnt. Vgl. darüber unten, p. 580 f. und zur Interpretation der zitierten Stelle aus Demokrit: Class. Phil. XLI, p. 26 ff. = Wege der Forschung IX, S. 346 ff.

[9] Vgl. vor allem Staat VI, 511 d.

ges, besitzt und innerhalb welcher eine dauernde gesicherte Erkenntnis nicht möglich ist.

Anders als bei Parmenides, bei welchem alles rein auf Erkenntnis gerichtet ist, und sehr viel stärker als bei Demokrit, welcher aus seiner Atomtheorie auch eine Art Ethik abzuleiten gesucht hatte, die mit seiner theoretischen Philosophie aber dennoch nur ziemlich lose zusammenhängt, hat die Erkenntnis der wahren Welt durch den ΝΟΥΣ bei Platon unmittelbar auch eine entscheidende Bedeutung für das Handeln, da die Erkenntnis der ἰδέα τοῦ ἀγαθοῦ zum richtigen Handeln führt. Bei Aristoteles endlich tritt das aktive Element in dem erkennenden Prinzip des ΝΟΥΣ noch stärker und nicht nur im menschlichen Handeln, sondern auch im kosmischen Geschehen auf. Überall, wo dies der Fall ist, hängen aber dann Erkenntnis und Aktion auf das engste zusammen und ist das aus der höchsten Erkenntnis fließende Handeln oder Wirken auf die Verwirklichung eines „Besten" gerichtet. |

Eben hier liegt nun die Schwierigkeit bei Anaxagoras, die nach dem Zeugnis Platons schon von Sokrates bemerkt worden ist. Im Phaidon[10] hat er darüber folgendes zu sagen: als er (Sokrates) jemandem aus einem Buch des Anaxagoras habe vorlesen hören und dabei vernommen habe, daß der ΝΟΥΣ alles ordne und die Ursache von allem sei, da habe er sich gefreut. Denn nun habe er erwartet zu hören, daß und auf welche Weise der ΝΟΥΣ alles so anordne[11], wie es am besten sei. Aber als er nun sich die Buchrollen selbst verschafft und das Ganze mit dem größten Eifer durchstudiert habe, habe er sich in seiner Erwartung getäuscht gefunden. Denn je weiter er mit dem Lesen fortgeschritten sei, desto mehr habe er feststellen müssen, daß Anaxagoras von seinem ΝΟΥΣ eigentlich gar keinen Gebrauch mache und auch gar keine Gründe[12] für die ge-

---

[10] Phaidon 97 b. Vgl. auch Diels/Kranz 59 A 47.

[11] Der Ausdruck ist διακοσμῶν und dieser im Folgenden bald mit der Präposition διά, bald ohne sie immer wiederholte Ausdruck zeigt deutlich, daß an ein Anordnen gedacht ist, bei welchem sich eine schöne und zweckmäßige Ordnung ergibt. Sehr interessant und wichtig ist, in welcher Weise in diesem Zusammenhang die Ausdrücke αἰτία und ἀνάγκη gebraucht werden. Da ausdrücklich gesagt wird, daß beide durch das ἄμεινον bestimmt werden, ist mit αἰτία nicht eine blinde Ursache, sondern der (einsichtige) Grund gemeint, aus welchem der νοῦς etwas so oder so macht, und ebenso bedeutet ἀνάγκη hier nicht die blinde Notwendigkeit, mit welcher eine Ursache wirkt, sondern den Zwang oder die Notwendigkeit, etwas so und nicht anders zu machen, wenn es schön oder gut werden soll.

[12] Wieder bedeutet αἰτίαι zunächst Gründe, aber wenn es unmittelbar darauf heißt, er mache Lüfte und Wasser für das Geschehen verantwortlich (αἰτιώμενον), so schieben sich an ihre Stelle unvermerkt mechanische Ursachen.

gebene Ordnung der Gesamtheit der Dinge angebe, sondern vielmehr Wolken und Lüfte und Wasser und andere in diesem Zusammenhang recht seltsame Dinge für das Geschehen verantwortlich mache.

Was Sokrates hier über den eigentümlichen Gebrauch oder vielmehr Nichtgebrauch, den Anaxagoras von seinem kosmischen Prinzip des ΝΟΥΣ (und so überall, wo das Wort vorkommt) gemacht hat, zu sagen hat, wird durch einige andere wertvolle Zeugnisse bestätigt und ergänzt. So sagt Aristoteles, Anaxagoras bediene sich des ΝΟΥΣ wie einer Art *Maschine*[13] in seiner Erklärung des Werdens des Kosmos, die er dann heranziehe, wenn er in Verlegenheit sei, (zu erklären), durch welche Ursache etwas mit *Notwendigkeit* (so) ist (wie es ist); aber sonst mache er alles andere eher für das Geschehen verantwortlich als den ΝΟΥΣ. Endlich der Aristotelesschüler und Historiker der Wissenschaft, Eudem von Rhodos: Anaxagoras lasse den ΝΟΥΣ bei seiner Welterklärung meistens aus dem Spiele, indem er die meisten Dinge „von selbst"[14] entstehen oder geschehen lasse.

Sieht man sich nun die wörtlich erhaltenen Fragmente des philosophischen Werkes des Anaxagoras daraufhin an, so findet man eine eigentümliche Diskrepanz. Zunächst erscheint der ΝΟΥΣ an vielen Stellen durchaus als Erkenntniskraft. Er ist in den mit Seele begabten Lebewesen dasjenige, was ihre Handlungen und ihr Verhalten lenkt[15]. Aber auch als kosmisches Prinzip erkennt er alles, was war, was ist und was sein wird[16].

---

[13] Das Wort ist μηχανή, und unmittelbar bedeutet dies ja wohl eine Art Maschine oder auch einen mechanischen Kunstgriff. Doch mag Aristoteles an dieser Stelle auch zugleich an die μηχανή im Theater gedacht haben und haben andeuten wollen, daß der νοῦς bei Anaxagoras gewissermaßen in der Rolle eines deus ex machina erscheint, der dann auftritt oder gebraucht wird, wenn man nicht mehr weiter weiß.

[14] Das gebrauchte Wort ist αὐτοματίζων. Das αὐτόματον ist bei den Peripatetikern dasjenige, was ohne Absicht geschieht oder entsteht. Der Ausdruck bedeutet also, daß Anaxagoras die meisten Dinge ohne Absicht, d. h. wohl ohne das Eingreifen eines ordnenden Willens im einzelnen, geschehen läßt.

[15] Vgl. Diels/Kranz 59 B 12, 4/5.

[16] Vgl. ibidem B 12, 8 ff. Die ganze Stelle lautet folgendermaßen: καὶ τὰ συμμισγόμενά τε καὶ ἀποκρινόμενα καὶ διακρινόμενα πάντα ἔγνω νοῦς καὶ ὁποῖα ἔμελλεν ἔσεσθαι καὶ ὁποῖα ἦν, ἄσσα νῦν μή ἐστι καὶ ὅσα νῦν ἐστι καὶ ὁποῖα ἔσται, πάντα διεκόσμησε νοῦς, καὶ τὴν περιχώρησιν ταύτην, ἣν νῦν περιχωρέει τά τε ἄστρα καὶ ὁ ἥλιος κτλ. Diels/Kranz setzen einen Punkt nach πάντα ἔγνω νοῦς. Es gibt aber auch einen guten Sinn, wenn man erst hinter ἄσσα νῦν μή ἐστι interpungiert. Wie immer man aber auch den Satz grammatisch abteilt, so kann doch kaum ein Zweifel daran sein, daß das, was auf ἔγνω νοῦς folgt, sich der Sache nach nicht nur auf die ordnende Tätigkeit des νοῦς beziehen kann, sondern sich auch auf seine Erkenntnis, sein γνῶναι, beziehen muß.

Von hier aus gesehen kann es also erscheinen, als ob Anaxagoras einfach
das, was aus dem tieferen Erfassen einer Situation, wie sie auch dem Tier
möglich ist, zur höchsten Erkenntniskraft des Menschen geworden war,
nun auch noch zum kosmischen Prinzip erhoben hatte. Ja, dieses erkennende Prinzip, das nicht nur Vergangenheit und Gegenwart kennt, sondern auch die Zukunft vorausweiß, scheint als schöpferisches Prinzip auch
ein ἄμεινον im Sinne des Sokrates im Auge zu haben; denn es ist davon
die Rede, daß nicht nur in unserer Welt, sondern auch anderswo, also
wohl in anderen Welten, unter dem Einfluß des ΝΟΥΣ sich Menschen bilden werden, und daß diese Menschen Städte bewohnen und Äcker be-
bauen werden wie wir, und daß sie in ihren Behausungen das Nützlichste
zusammenbringen werden von den mannigfaltigen Dingen, welche die
Erde für sie erzeugt[17].

Dies scheint also fast der Meinung des Sokrates in Platons Phaidon zu
widersprechen, daß bei dem ΝΟΥΣ des Anaxagoras von einem ἄμεινον,
welches dieser ΝΟΥΣ zu verwirklichen suche, nicht die Rede sei. Sieht
man sich dann aber an, welche Tätigkeit oder Tätigkeiten denn nun dem
ΝΟΥΣ in concreto zugeschrieben werden, so muß man wiederum Sokrates, Aristoteles und Eudem recht geben, wenn sie sich darüber verwundern, einen wie geringen Gebrauch Anaxagoras von seinem ΝΟΥΣ im einzelnen macht und auf welch seltsame Weise der ΝΟΥΣ das ἄμεινον, wenn
er ein solches verwirklichen will, zu erreichen scheint. |

Im Anfang, so werden wir belehrt[18], war alles bis ins Kleinste so völlig
vermischt, daß es unmöglich war, irgend welche speziellen Eigenschaften
zu unterscheiden oder gar definitive Gegenstände zu erkennen. Dann
aber fing der ΝΟΥΣ an, von einer Stelle aus alles in eine drehende Bewegung zu versetzen[19]. Diese drehende Bewegung bewirkte eine Entmischung des vorher vollständig Gemischten, die zwar nie eine vollständige sein wird, die aber mit der Fortsetzung der Drehbewegung doch auch
selbst fortschreitet[20]. Im Verlauf dieses Prozesses der Entmischung sind
dann auch die einzelnen mannigfaltigen Dinge entstanden, darunter auch

---

[17] Diels/Kranz 59 B 4, 8 ff.

[18] Ibidem 59 B 1 und B 4, 17 ff.

[19] Vgl. ibidem 59 B 12, 12 f.

[20] Vgl. ibidem und zur näheren Erläuterung 59 A 41 und 42 (Simplicius und Hippo-
lytus aus Theophrast).

die Lebewesen und am Ende die Menschen[21] und als letztes Resultat ist daraus der Kosmos oder die geordnete Welt geworden, in welcher wir leben.

Das also ist die eigentümliche Vorstellung, die offenbar dem allem zu Grunde liegt: ein erkennendes und zugleich schöpferisches Weltprinzip, welches einen schön geordneten Zustand der Welt sowohl hervorrufen will als auch voraussieht, ein Prinzip, das aber nicht wie ein Künstler, ein Baumeister, oder jeder Mensch, der etwas Schönes hervorbringen will, die ihm vorgegebenen Materialien in unzähligen Schritten zusammenbringt, formt, bearbeitet, an die richtige Stelle setzt, bis das von ihm in Aussicht genommene Werk vollendet ist, sondern das nur eine ganz einfache Bewegung in Gang setzt und im Gang erhält, alles übrige aber sich selbst überläßt in der Voraussicht, daß das gewollte Resultat sich dann schon ganz von selbst durch die natürliche Verkettung von Ursachen und Wirkungen ergeben werde. Wo ist der Ursprung dieser seltsamen Vorstellung zu suchen, die sich von allen früheren und späteren Vorstellungen von Wesen und möglichem Wirken eines NOYΣ so weit zu entfernen scheint?

Vielleicht ist es zweckmäßig, die weitere Untersuchung mit einem Anaxagoras zeitlich vorausliegenden Denker zu beginnen, bei welchem der NOYΣ in gewisser Weise auch eine nicht nur erkennende, sondern in kosmischem Ausmaß lenkende und ordnende Funktion zu haben scheint. Dies ist Xenophanes von Kolophon, der von seinem Gott sagt, daß er νόου φρεσὶ πάντα κραδαίνει[22]. Freilich bestehen hier schon formal eine ganze Reihe von nicht ganz unwichtigen Unterschieden. Zunächst ist das lenkende Prinzip hier nicht unmittelbar der NOYΣ selbst, sondern der eine | Gott, den Xenophanes an die Stelle der vielen Götter des griechischen Volksglaubens gesetzt hatte. Dann lenkt dieser Gott die Welt nicht unmittelbar durch seinen NOYΣ, sondern durch die φρένες seines NOYΣ. Aber das letztere ist nur ein Ausdruck der allgemein zu beobachtenden größeren Differenziertheit und Präzision der älteren Terminologie[23], innerhalb deren noch deutlich unterschieden wird zwischen dem νοεῖν als

---

[21] Dies ist in den wörtlich überlieferten Fragmenten nicht ausdrücklich gesagt. Aber der Ausdruck συμπαγῆναι in Bezug auf die Entstehung der Menschen in 59 B 4, 8 weist deutlich darauf hin, daß Anaxagoras auch die Menschen in ähnlicher Weise durch zufällige Mischung der Grundstoffe entstehen ließ, wie dies schon Empedokles getan hatte (vgl. auch unten p. 588 ff.).

[22] Diels/Kranz 21 B 25.

[23] Vgl. darüber ausführlicher Classical Philology XLI, (1946), 31 ff. = Wege der Forschung IX, 290 ff.

reinem Erkennen, das sich freilich in der Form des vorausschauenden Planens schon in die Zukunft zu erstrecken vermag, und den vom Stamme φρεν- abgeleiteten Worten, welche die Umsetzung der Erkenntnis in das Handeln oder die unmittelbar auf Handeln gerichtete Erkenntnis bezeichnen. Daß Anaxagoras die φρένες ausläßt und den ΝΟΥΣ unmittelbar wirken läßt, liegt also nur im allgemeinen Zug der Sprachentwicklung, welche mit dem Zunehmen des abstrakten und verallgemeinernden Denkens die feinen und präzisen Unterscheidungen der älteren Sprache zunehmend verwischt. Allerdings wird sich auch diese allgemeine Erscheinung als nicht ganz ohne Bedeutung für die Entstehung der ΝΟΥΣ-Vorstellung des Anaxagoras erweisen.

Wenn auf der andern Seite bei Xenophanes nicht der ΝΟΥΣ unmittelbar oder auch die φρένες des ΝΟΥΣ die Welt lenken, sondern ein Gott mit Hilfe und auf Grund seiner als ΝΟΥΣ bezeichneten Erkenntniskraft, so kann man darin einen sehr bedeutsamen Unterschied von Anaxagoras sehen. Aber der eine Gott des Xenophanes, der keine Gestalt hat, sondern die Welt durchdringt und überall gegenwärtig ist, ohne mit den Dingen identisch zu sein, hat mit allen diesen Eigenschaften doch auch eine große Verwandtschaft mit dem ΝΟΥΣ des Anaxagoras. In ihm scheint etwas gegeben zu sein, das einerseits noch mit früheren Vorstellungen verbunden ist, andererseits auf den ΝΟΥΣ des Anaxagoras vorausweist, so daß man vermuten kann, daß hier vielleicht einiger Aufschluß über die geschichtliche Herkunft des letzteren zu finden sein mag. Doch scheint sich gerade in dem entscheidenden Punkt der Gott des Xenophanes von dem ΝΟΥΣ des Anaxagoras toto coelo zu unterscheiden. Er lenkt wirklich die Welt νόου φρεσί: er ist überall nicht nur gegenwärtig, sondern greift auch überall lenkend ein. Er begnügt sich nicht damit, die Welt an irgendeiner Stelle in Bewegung zu setzen in der Zuversicht oder Voraussicht, daß sich dann alles schon ganz von selbst zum Besten ordnen werde.

Um nun feststellen zu können, ob trotzdem ein Zusammenhang zwischen dem Gott des Xenophanes und dem ΝΟΥΣ des Anaxagoras besteht, wird es notwendig sein, zuerst etwas über die Herkunft der Gottesvorstellung des Xenophanes und ihre Stellung im Zusammenhang der Entwicklung des philosophischen Denkens der Griechen in Erfahrung zu bringen. In gewisser Weise scheint Xenophanes etwas außerhalb der Geschichte der frühgriechischen Philosophie zu stehen. Das drückt sich auch darin aus, | daß da, wo der Versuch gemacht wird, ihn in diese Geschichte einzureihen, seine Stellung eine etwas unsichere ist. Da es für ihn in der

traditionellen Auffassung des Altertums keinen festen Anknüpfungspunkt nach rückwärts zu geben scheint, hat sogar der Versuch gemacht
werden können[24], ihn zum Schüler des Parmenides zu machen, obwohl
nicht der geringste Zweifel daran bestehen kann, daß er rein chronologisch sehr wesentlich älter gewesen ist als dieser[25].

Aber so ganz ohne Zusammenhang mit der ihm vorangehenden oder
ihm gleichzeitigen Philosophie des Thales, des Anaximander, des Anaximenes, wie es auf den ersten Blick den Anschein haben könnte, sind die
Gedankengänge des Xenophanes doch nicht. Zunächst stimmt er mit seinen philosophischen Vorgängern und Zeitgenossen in dem Negativen
überein, daß er die Welt nicht mehr von mehr oder minder menschengestaltigen Göttern hatte erschaffen oder erbauen oder ordnen oder lenken lassen. Sieht man von Thales ab, von dessen Philosophie im einzelnen
zu wenig Sicheres bekannt ist und von dem überliefert ist, daß er gesagt
habe, daß „alles voll von Göttern sei"[26], so hatte Anaximander jedenfalls
die Welt aus einem Kampf entgegengesetzter unpersönlicher Prinzipien,
einem Heißen und einem Kalten, hervorgehen lassen[27]. Freilich haben
auch diese unpersönlichen Prinzipien in gewisser Weise noch einen etwas
anthropomorphen Charakter, insofern von ihnen gesagt werden kann,
daß sie „einander werden Buße leisten müssen für ihre Ungerechtigkeit
nach der Ordnung der Zeit"[28]. Und noch in einer anderen Hinsicht haftet
ihnen etwas Anthropomorphes an. Sie sind Stoffe, Eigenschaften und
wirkende Kräfte in einem, ohne daß diese ihre verschiedenen Aspekte
deutlich voneinander unterschieden würden[29]. Insofern sie jedoch Eigenschaften sind, wird wiederum zwischen physischen und emotionalen
Eigenschaften nicht unterschieden: mit anderen Worten: die Bezeichnung
von seelischen oder emotionalen Zuständen als heiß oder kalt, als trocken

---

[24] Vgl. Karl Reinhardt, Parmenides; Zur Widerlegung von Reinhardts und verwandten Theorien vgl. meinen Artikel über Xenophanes in der RE, IX A, Sp. 1548 ff.

[25] Xenophanes läßt sich auf etwa 570 bis ca. 470 v. Chr. datieren, Parmenides auf
ca. 520 bis ca. 450. Xenophanes müßte also mindestens etwa 70 Jahre alt gewesen
sein, als er unter den bestimmenden Einfluß des ungefähr ein halbes Jahrhundert
jüngeren Parmenides geriet.

[26] Vgl. Diels/Kranz 11 A 22.

[27] Vgl. ibidem 12 A 10.

[28] Ibidem 12 B I.

[29] Vgl. darüber auch Class. Phil. XLI, 23 f. = Wege der Forschung IX, 335 ff. und
oben S. 20 ff., sowie meinen Artikel über Protagoras in der RE.

oder „feucht"[30], erscheint nicht als „metaphorische" Übertragung aus der
physikalischen in die | emotionale Sphaere, sondern die mit demselben
Wort bezeichneten Eigenschaften in den beiden Sphären werden unmittelbar als dieselben Eigenschaften aufgefaßt. Vergleicht man nun damit den
Gott des Xenophanes, so ist hier zweifellos die Entpersönlichung des die
Welt schaffenden und lenkenden Prinzips nicht so weit geführt wie bei
Anaximander, nicht nur insofern als dies Prinzip nicht nur unpersönlich
als ein „göttliches" (ϑεῖον), sondern persönlich als Gott (ϑεός) bezeichnet
wird, sondern vor allem auch in der Hinsicht, welche den Gott des Xenophanes von dem ΝΟΥΣ des Anaxagoras unterscheidet: daß er die Welt
bewußt nach seiner Einsicht lenkt, während die Urprinzipien Anaximanders die Welt in ihrem Kampf miteinander sozusagen nur zufällig zum
Existieren bringen.

Nimmt man jedoch Xenophanes und Anaximander zusammen, so findet man bei ihnen, teils bei beiden gemeinsam, teils bei dem einen oder
dem andern von ihnen getrennt, schon das meiste von dem, was den
ΝΟΥΣ des Anaxagoras als Schöpfer und Lenker einer geordneten Welt
charakterisiert: bei Anaximander die Vorstellung von wirkenden Prinzipien, welche eine geordnete Welt rein durch ihr Wirken als solches hervorbringen und ohne daß sie wie ein menschlicher Künstler in jedem
Augenblick ihr Wirken bewußt auf dieses Ziel hin abgestimmt haben, bei
Xenophanes die Vorstellung von einem einzigen alles lenkenden und zugleich erkennenden Prinzip, das anders als die wirkenden Prinzipien des
Anaximander nicht an Stoffe gebunden oder gar in gewisser Weise mit
diesen identisch ist, sondern welches, darin ganz wie der ΝΟΥΣ des Anaxagoras, zwar überall alles durchdringt, aber doch von allem Stofflichen
als ein ganz andersartiges ausdrücklich unterschieden wird. Doch ist es
wichtig, darauf aufmerksam zu machen, daß Anaximander trotz der
sonst bei ihm so stark hervortretenden anthropomorphen Elemente in seiner Welterklärung die Entstehung der Welt noch sehr viel weniger teleologisch betrachtet als Anaxagoras, bei dem doch der Mangel einer durch-
gebildeten Teleologie die Verwunderung des Sokrates erregt hatte. Denn
der ΝΟΥΣ des Anaxagoras tut zwar nichts weiter im einzelnen, um eine
schöne und geordnete Welt hervorzurufen, aber da er nach der Erklärung
des Anaxagoras vorausweiß, daß schon die einfache kreisende Bewegung,

---

[30] Vgl. z. B. Heraklit über die trockenen und die feuchten Seelen Diels/Kranz 22 B
117/18, wo die Identität des Physischen und des für uns „Metaphorischen" ganz
deutlich ist.

in welche er die vollkommene Mischung aller Stoffe versetzt und in welcher er sie erhält, im weiteren Verlauf eine schöne und geordnete Welt zur Folge haben wird, scheint doch auch seine Absicht von vorne herein auf eine solche gerichtet zu sein. Bei den Urprinzipien der Weltentstehung, wie sie von Anaximander gefaßt worden sind, dagegen scheint, soviel sich erkennen läßt, nirgends davon die Rede gewesen zu sein, daß sie in irgend einer Weise die Absicht gehabt hätten, durch ihren Kampf miteinander einen Kosmos hervorzubringen: sie kämpfen miteinander (in ihrer Ungerechtigkeit, d. h. so, daß jedes die Oberhand über das andere zu gewinnen sucht): dann wird beschrieben, wie im Verlauf dieses Kampfes und durch ihn die Welt entsteht. |

Von den zeitlich zwischen Anaximander und Xenophanes einerseits und Anaxagoras andererseits stehenden Philosophen ist vor allem Empedokles für die hier zu behandelnde Frage bedeutsam: Empedokles, der nach dem Zeugnis des Aristoteles[31] zwar an Jahren jünger war als Anaxagoras, ihm aber in der Ausbildung seiner philosophischen Welterklärung und ihrer Veröffentlichung voranging. Er nimmt hinsichtlich der bei der Entstehung einer geordneten Welt wirksamen Kräfte schon eine Art Zwischenstellung zwischen Anaximander und Xenophanes ein. Auch bei ihm sind die wirkenden Prinzipien, welche die Welt in Bewegung setzen und in Bewegung erhalten, von den stofflichen Prinzipien, die in gewisser Weise auch den Charakter als Qualitäten behalten, getrennt und unterschieden. Aber anders als bei Xenophanes (und bei Anaxagoras) sind sie nicht als erkennende, sondern als emotionale Prinzipien gefaßt. Wenigstens scheint dies in ihrer Bezeichnung als φιλία und νεῖκος, als Liebe und Haß, ausgesprochen zu sein. Wichtiger ist, daß ihnen in eben diesem Charakter (ähnlich wie dem ΝΟΥΣ des Anaxagoras in seiner Eigenschaft als erkennendem Prinzip) eine eigentümliche Doppelheit, um nicht zu sagen Widersprüchlichkeit, anhaftet. Auf der einen Seite scheinen sie ganz das zu sein, als was sie ihre Namen bezeichnen, wie denn auch die Liebe als mild, herrlich[32], freundlich, der Haß als schrecklich und verderblich[33] bezeichnet werden. Ja, gelegentlich können sie als große mythische Gestalten erscheinen, wie ja auch sonst bei älteren Dichtern, vor allem Hesiod, die großen Mächte des menschlichen Lebens zu mythischen Gestalten geworden sind.

---

[31] Aristoteles, Metaphysik A, 984 a, 11.
[32] Vgl. Diels/Kranz 31 B 35, 10.
[33] Ibidem 31 B 22, 6/7; B 27 a; B 109, 3.

Sieht man sich aber ihre Rolle bei der Weltwerdung im eigentlichen Sinne näher an, so bleibt von all dem kaum etwas übrig. Im Gebiet der Lebewesen, nachdem diese einmal entstanden sind, behält zwar die Liebe ihre Rolle als zur Zeugung treibende Macht; aber im Weltwerdungsprozeß selbst scheint sie keine andere Funktion zu haben, als die verschiedenen Elemente, aus denen die Welt besteht, so gründlich und vollständig als möglich miteinander zu vermischen, so daß, wenn sie am Ende einer Weltperiode die vollständige Oberherrschaft gewonnen hat, sich alles in einem Zustand vollständiger Mischung befindet und nichts Einzelnes mehr als solches erkennbar ist. Ganz ebenso hat der Haß keine andere Funktion als die Grundelemente, so weit es ihm jeweils gelingen will, voneinander zu scheiden, so daß am Ende der Weltperiode, in welcher er allmählich die Oberhand gewinnt, die vier Grundelemente völlig voneinander getrennt sind. Im einen wie im andern Falle aber steht am Ende durchaus nicht das, was man mit irgendeinem Recht einen Kosmos nennen könnte. Ein Kosmos entsteht nur jeweils in den Zwischenperioden zwischen der völ-|ligen Vorherrschaft der einen oder der anderen Macht, und ganz und gar nicht als Resultat ihres bewußten Planens. Im Gegenteil wird in den erhaltenen Fragmenten des philosophischen Gedichtes des Empedokles im Detail gezeigt, wie die Dinge ganz zufällig entstehen, wie sogar zuerst einzelne Glieder von Tieren und Menschen entstehen, die schnell wieder zugrunde gehen[34], bis einige sich wiederum durch Zufall zu lebensfähigen und fortpflanzungsfähigen Organismen zusammenfinden, worauf dann die so entstandenen Gattungen und Spezies für einen längeren Zeitraum weiterbestehen, bis sie bei zunehmender Oberherrschaft des einen oder des anderen der bewegenden Prinzipien in der vollständigen Mischung oder der vollständigen Aussonderung der Elemente, aus denen sie zusammengesetzt sind, mit Notwendigkeit untergehen.

Überblickt man nun diese ganze Entwicklung, so ist offenbar, daß in dem ΝΟΥΣ des Anaxagoras zwei weitgehend von einander unabhängige Entwicklungsreihen zusammengetroffen sind. Das eine ist die Entwicklung, welche ich in meinen früheren Arbeiten aufzuklären versucht habe, und in welcher aus einer Erkenntnis, welche das nicht unmittelbar ins Auge fallende Wesen einer Situation erfaßt, die tiefste Erkenntnis des hinter dem Schein sich verbergenden wahren Seins geworden ist, wobei freilich der ΝΟΥΣ des Anaxagoras nicht ganz am Ende dieser Entwicklungsreihe steht, sondern auch Elemente früherer Entwicklungsstufen in-

---

[34] Vgl. ibidem 31 B 47/48.

nerhalb dieser Reihe in sich aufgenommen hat. Das andere kann man die allmähliche Entmythologisierung, Entanthropomorphisierung und Entteleologisierung[35] der die Welt als Kosmos, d. h. als sinnvolle Ordnung, hervorbringenden und in ihrer Entwicklung und Geschichte bestimmenden bewegenden Kräfte nennen. In diese Entwicklungsreihe kommt der ΝΟΥΣ nur als eine der mannigfaltigen Möglichkeiten, diese die Welt bildenden und lenkenden Kräfte näher zu bezeichnen und zu bestimmen, hinein.

Auch innerhalb dieser Entwicklungsreihe aber steht der ΝΟΥΣ des Anaxagoras keineswegs in jeder Hinsicht an einem extremen Ende. Zwar ist die Loslösung des wirkenden Prinzips von den unterschiedlichen Stoffen und Eigenschaften hier vollständig vollzogen. Das war jedoch schon bei dem Gott des Xenophanes der Fall gewesen. Wichtiger ist die Stellung des ΝΟΥΣ in dem Prozeß der Entanthropomorphisierung und Entteleologisierung. Hier zeigt sich nun gerade am ΝΟΥΣ des Anaxagoras, daß Entanthropomorphisierung und Entteleologisierung keineswegs miteinander identisch sind. Auch den primären Wirkkräften des Anaximander, dem | Heißen und Kalten, haftet noch etwas Anthropomorphes an, nicht nur weil physische und emotionale Qualitäten hier noch nicht unterschieden werden, sondern vor allem auch, weil sie nicht nur „metaphorisch", sondern im wörtlichen Sinne, d. h. wie Lebewesen miteinander zu kämpfen scheinen, wie ja denn auch von ihrer Ungerechtigkeit und der Buße, die sie deshalb einander zahlen müssen, die Rede ist. Ebenso ist das anthropomorphe Element bei den kosmischen Kräften Liebe und Haß des Empedokles offenbar.

Auf der andern Seite ist die Entteleologisierung bei beiden Vorgängern des Anaxagoras fast vollständig. Denn bei beiden scheinen die kosmischen Kräfte ganz blind zu wirken und eine geordnete Welt „durch Zufall" hervorzurufen oder jedenfalls ohne daß dies in ihrer Absicht gelegen ist, die bei Empedokles ja gerade auf einen ganz anderen Weltzustand hin gerichtet ist. Obwohl der ΝΟΥΣ des Anaxagoras auch mit dem ΝΟΥΣ gleichgesetzt wird, der in den Menschen und vielleicht bis zu einem gewissen Grade in anderen Lebewesen zu finden ist, ist die Entanthro-

---

[35] In den Büchern über Geschichte der Philosophie oder über die Geschichte der teleologischen Naturerklärung pflegt zwar zu stehen, daß die Teleologie erst durch Diogenes von Apollonia in die antike Philosophie eingeführt worden sei. Aber das ist höchstens insofern richtig, als bei Diogenes von Apollonia teleologische Gedankengänge zum ersten Mal betont und in philosophischer Form auftreten. Im übrigen ist teleologisches Denken natürlich uralt.

pomorphisierung dennoch bei ihm eher weiter getrieben als bei Anaximander und Empedokles: der kosmische NOYΣ ist in seinem Allesdurch-
schauen und Allesvorherwissen weiter vom NOYΣ des Menschen entfernt als die kosmischen emotionalen Kräfte des Anaximander oder Empedokles von ihren menschlichen Äquivalenten. Oder wenn man dies nicht
gelten lassen will, steht Anaxagoras in der Entanthropomorphisierung
jedenfalls nicht hinter seinen Vorgängern zurück. Ganz anders in der Entteleologisierung. Hier sieht es fast aus, als ob Anaxagoras einen bewußten
Kompromiß zwischen teleologischer und ateleologischer und antiteleolo-
gischer Welterklärung geschlossen hätte. Denn obwohl sein kosmisches
Prinzip, der NOYΣ, wie die Urgegensätze von Heiß und Kalt bei Anaximander oder Liebe und Haß bei Empedokles nur Eines tut, nur in einer
Richtung wirkt, tut er dies doch nicht wie sie blind, sondern in der Voraussicht und dem untrüglichen Vorauswissen, daß auf diese Weise eine
geordnete Welt, ein Kosmos entstehen werde. Aber ob ihm dies als Kompromiß bewußt war oder nicht: das ist jedenfalls ganz offenbar, daß er in
dieser Hinsicht eine Mittelstellung zwischen Xenophanes einerseits und
Anaximander und Empedokles andererseits einnimmt.

Mit diesem Nachweis der beiden Entwicklungsstränge, welche in der
Theorie des Anaxagoras von dem NOYΣ als kosmischem Prinzip zusam-
mengeflossen sind, kann die rein historische Frage nach der Herkunft dieser Theorie vielleicht als beantwortet gelten. Es bleibt aber die wichtigere
und tiefer liegende Frage, wie es denn zu dieser Entwicklung gekommen
ist und was sie, einschließlich der Kompromißlösung, welche die Theorie
des Anaxagoras offenbar darstellt, philosophisch zu bedeuten hat.

Die positivistischen Philosophen werden mit der Antwort auf diese
Frage schnell bei der Hand sein, ja es für so offenkundig halten, welche
Antwort darauf zu geben sei, daß es sich kaum lohnt, die Frage über-
haupt|zu stellen. Auch scheint die Antwort in Wirklichkeit schon ge-
geben, indem die zweite Entwicklungsreihe — und um diese handelt es
sich hier allein — als ein Prozeß der Entanthropomorphisierung und Entteleologisierung bezeichnet worden ist. Diese Entanthropomorphisierung
und Entteleologisierung ist eben den frühen griechischen Philosophen
noch nicht ganz gelungen, wenn sie löblicherweise auch auf dem Wege
dazu waren und sich darum bemühten; und bei dem einen von ihnen ist
eben ein wenig mehr Anthropomorphes, bei dem anderen mehr Teleologisches übriggeblieben, was ohnehin mehr oder minder auf dasselbe hin-

auskommt, wenn man keine spitzfindigen Unterscheidungen machen will. Was ist da weiter dazu zu sagen?

Fragt man aber dennoch weiter, wie denn nun eigentlich die frühen griechischen Philosophen auf diesen richtigen Weg gekommen sind, so wird die Antwort wohl lauten: das hängt wohl mit der allmählichen Entdeckung der Naturgesetze zusammen. Hier zeigt sich jedoch, daß die Antwort vielleicht doch nicht ganz so leicht zu geben ist, wie es den Vertretern einer modernen positivistischen Philosophie erscheinen mag. Was für Naturgesetze in einem auch nur angenäherten Sinne dieses Wortes liegen denn eigentlich dem Kampf des Heißen und des Kalten bei Anaximander oder dem auf völlige Mischung oder Entmischung ausgehenden Wirken von Liebe und Haß bei Empedokles zugrunde oder haben darin ihre Formulierung gefunden? Gewiß kann nicht geleugnet werden, daß die entanthropomorphisierte und entteleologisierte Betrachtungsweise, welche sich in der Aufstellung dieser Kräfte als Urprinzipien ausspricht, später bei der Entdeckung von Naturgesetzen im modernen Sinne des Wortes eine ganz entscheidende Rolle gespielt hat; ja, diese wäre ohne jene vielleicht gar nicht möglich gewesen. Das Eigentümliche ist aber, daß die Entanthropomorphisierung und Entteleologisierung der Welterklärung der Entdeckung der Naturgesetze vorausgegangen und nicht auf sie gefolgt ist. Woher hat sie dann aber ihren Anstoß empfangen?

Natürlich ist es nicht möglich, in einer Untersuchung, die dem ganz speziellen Problem der historischen Herkunft der Theorie des Anaxagoras gewidmet ist, das allgemeine Problem, das hier zugrunde liegt, erschöpfend zu behandeln oder zu lösen. Aber es ist vielleicht möglich und nützlich, zu zeigen, wo es liegt und inwiefern es bei Anaxagoras in einer besonders interessanten Form auftritt.

Wie ich an anderer Stelle zu zeigen versucht habe, befanden sich die kleinasiatischen Griechen zu der Zeit, zu welcher man nicht zu Unrecht seit den ersten philosophiegeschichtlichen Versuchen des Altertums selbst die griechische Philosophie beginnen läßt, in einer Situation, in welcher unter den geistig Alertesten unter ihnen spontan der Wunsch rege werden mußte, gegenüber der verwirrenden Fülle von zum Teil einander widersprechenden Welterklärungen, aber auch sonstigen Mitteln, sich der Welt theoretisch und praktisch zu bemächtigen, welche ihnen von ihren ver-| schiedenen, aber den Griechen gegenüber damals überlegenen Kulturen angehörigen Nachbarn angeboten wurden, eine feste und präzise Basis der Erkenntnis und Weltorientierung zu finden. Eine solche Basis ließ sich nur finden, wenn man von dem (wenigstens scheinbar) ganz Sicheren, jedenfalls aber jedermann Zugänglichen, jedermann Faßlichen ausging und von da aus weiterzubauen versuchte. Ein solches ganz Einfaches, ganz und ohne Rest Faßbares gibt es aber im Bereich des Lebendigen nicht. Die ältere Denkart, welche wir die mythologische zu nennen pflegen, ist nun gerade dadurch charakterisiert, daß sie alles als ein Lebendiges, und vor allem alles was geschieht als Resultat der Tätigkeit eines Lebendigen auffaßt, woraus sich dann auch ergibt, daß das, was wir als praktische Anwendung von Naturgesetzen betrachten, wie etwa die Anwendung der Hebelgesetze beim Rudern, als magischer Zwang auf lebende Wesen, in diesem Fall etwa unsichtbare Wasserdämonen, aufgefaßt werden kann. Da es nun im Gebiet des wirklich Lebendigen das ganz Einfache und ganz Faßliche nicht gibt, ergibt sich aus dem Suchen nach dem ganz Einfachen mit Notwendigkeit der Zwang zur Entanthropomorphisierung, ohne daß diese jedoch von vorneherein und sofort als Entanthropomorphisierung bewußt zu werden braucht. Das ist bei den Urprinzipien der Weltentstehung und des Geschehens überhaupt, wie man sie bei Anaximander findet, ganz deutlich, da diese ihre anthropomorphen Züge weitgehend beibehalten, so weit sie nur nicht mit der Grundforderung im Widerspruch stehen, daß die Art ihres Wirkens eine ganz einfache und faßliche sein muß.

Bei weitem am interessantesten aber ist die Wirkung des Einfachheitsstrebens auf die Teleologie. Wo immer der Mensch Zwecke verfolgt und vor allem, wo er seinen Zwecken entsprechende oder ihnen dienliche Gebilde herstellt, ist er gezwungen, von immer und gleichmäßig bestehenden Naturgesetzen Gebrauch zu machen, gleichgültig, ob er diese als solche erkennt oder gar präzise zu formulieren versteht, ob er sie als Gesetze magischen Zwangs auf lebendige Dämonen auffaßt, oder ob er sich gar keine Gedanken weiter darüber gemacht hat und einfach nach den Ergebnissen seiner täglichen Erfahrung verfährt. Wenn er sein Ziel erreichen will, muß er den Gebrauch eines jeden dabei eine Rolle spielenden Gesetzes so weit beherrschen, als es zur Erreichung dieses Zieles notwendig ist. Aber es ist dazu durchaus nicht nötig, daß er diese Gesetze in ihrer ganzen Tragweite erkennt oder sie gar präzise in ihrer Allgemeinheit erfassen und aussprechen kann.

Die frühen griechischen Philosophen dagegen gehen gerade auf das präzise Erfassen der Gesetze aus. Soweit es sich um die Bewältigung verhältnismäßig einfacher praktischer Aufgaben handelt, ist ihnen dies wohl auch gelungen. Aber sie wollen auch die Entstehung der Welt und das Geschehen in ihr als Ganzes erklären. Das ist der umfassendste und komplexeste Gegenstand, den es gibt. Da muß sich naturgemäß ein ungeheurer Abstand zwischen den einfachen und faßlichen Mitteln der Erklä-| rung und dem angestrebten Ziel ergeben. Das ist trotz aller inzwischen entdeckter und sogar präzis mathematisch formulierter Naturgesetze im Grunde auch heute noch nicht anders, wenn auch von Zeit zu Zeit die Zeitungen verkünden, man sei jetzt der Lösung des Welträtsels oder des Rätsels des Lebens ganz nahe gekommen und es bedürfe nun nur noch der Ausarbeitung einer zusammenfassenden Formel oder des Gelingens eines zusätzlichen Experiments, um die Lösung in Händen zu haben.

Aber die Frage hat noch eine andere Seite. So viel Ungeordnetes, Unordentliches und, wenn der Ausdruck erlaubt ist, Widerordentliches sich in der Welt, in welcher wir leben, auch finden mag, so wären wir doch gar nicht im Stande, es als Widerordentliches zu empfinden, ja, wir wären, wie schon Platon hervorgehoben hat, gar nicht im Stande, irgend etwas zu erkennen, wenn die Welt, wie sie für uns gegeben ist, nicht eine Ordnung wäre. Im Reich des Lebendigen aber ist diese Ordnung offenkundig eine teleologische. Es ist die unaufhörliche tägliche Erfahrung, daß alles Lebendige, während es wächst, sich auf ein bestimmtes Telos hin entwickelt, der Tannensamen auf eine ausgewachsene Tanne, die Tulpenzwiebel auf eine Tulpe und auf nichts anderes. Dies ist Erfahrung. Die Ursachen der Dinge und des Geschehens dagegen liegen nicht so auf der Oberfläche und müssen erst mit Mühe gesucht werden. Es ist ein eklatantes Beispiel für die Blindheit gegenüber den offenkundigsten Tatsachen, zu welcher historisch bedingte Denkgewohnheiten führen können, wenn moderne Philosophen sich darüber wundern, wie man hat auf den seltsamen Gedanken kommen können, in der Natur τέλη zu finden (die sich doch täglich und überall im Bereich des Lebendigen von selber präsentieren), und gleichzeitig des Glaubens sind, die Überzeugung, daß jedes Geschehen seine Ursache haben müsse, sei aus der Erfahrung geschöpft. Hume und Kant haben, jeder in seiner Weise, darin jedenfalls richtiger gesehen.

Eben weil die Erfahrung, daß alles Lebendige sich auf τέλη hin entwickelt, eine Erfahrung und nichts als eine Erfahrung ist, zugleich die Erfahrung eines Vorgangs, welcher in einer unendlichen Mannigfaltigkeit von Variationen auftreten kann, *erklärt* sie freilich nichts, und schon ganz und gar nicht in der Form jener Erklärung aus Ursachen, die völlig einfach und faßlich sein sollen, also jeweils nur in eine bestimmte Richtung

wirksam sein dürfen. Daraus entsteht das Dilemma, das in der NOYΣ-
Philosophie des Anaxagoras so deutlich in Erscheinung tritt. Will man die
unendlich mannigfaltige Ordnung, die doch unbezweifelbar eine Ordnung ist, mit den Ursachen in Verbindung bringen, dann gibt es nur zwei
Möglichkeiten: entweder man setzt die Mannigfaltigkeit, d. h. die Fähigkeit, eine unendliche Mannigfaltigkeit, die doch eine sinnvolle und geordnete ist, hervorzubringen, schon in die Ursache. Das hat Xenophanes
mit seinem Gott getan und dies tun alle Religionen, welche die Welt
durch einen Gott geschaffen und gelenkt sein lassen. Oder man versucht
die gesamte Entstehung und Erhaltung der Ordnung aus den einfachen,
jeweils nur in | eine Richtung wirkenden Ursachen durch Zufall, d. h.
ungeplant und ungewollt, hervorgehen zu lassen, wie es Anaximander und Empedokles getan haben. Die erste „Erklärung", wenn es eine
ist, muß sich mit dem Unfaßlichen begnügen, die zweite bekommt ein
Faßliches in die Hand oder glaubt es in die Hand zu bekommen —
und soweit es sich um Mittel handelt, in den Lauf des Geschehens einzugreifen und ihn zu verändern, bekommt sie sie auch tatsächlich in die
Hand: nur daß dies keine „Welterklärung" ist —, aber der Abstand zwischen Mitteln und Ziel bleibt trotz aller Fortschritte immer unendlich
groß. Anaxagoras — das zeigt sich nun sehr deutlich — hat beides in gewisser Weise zu vereinigen gesucht, indem er ein erstes Prinzip ansetzte,
das einerseits die Ordnung erkennt und will, die es hervorbringt, andererseits doch als ganz einfache Wirkkraft faktisch, um sein Ziel zu erreichen, nur in eine Richtung zu wirken braucht. Das Dilemma hat er damit natürlich nicht gelöst. Aber seine Philosophie zeigt ganz besonders
deutlich, was das Wesen dieses Dilemmas ist und worin es liegt. Sich mit
diesem Dilemma und seinen historischen Erscheinungsformen weiter auseinanderzusetzen, ist hier nicht der Ort.

DEMOKRITS THEORIE DES SEHENS

Unsere Kenntnis von Demokrits Theorie des Sehens beruht hauptsächlich und in vielen wichtigen Hinsichten ausschließlich auf dem Bericht, den der Aristotelesschüler Theophrast in seiner Abhandlung über die Theorie der sinnlichen Wahrnehmung bei den früheren griechischen Philosophen[1] gegeben hat. Dieser Bericht ist sowohl historisch wie auch kritisch. Er ist historisch, insofern Theophrast die Theorien der voraristotelischen Philosophen einschließlich Platons nicht nur in chronologischer Reihenfolge expliziert, sondern sich auch jeweils bemüht, die Übereinstimmung eines Philosophen mit seinen Vorgängern ebenso wie seine Abweichungen von ihnen ins Licht zu stellen. Wie sein Meister Aristoteles[2] ist Theophrast auch besonders an den Antworten interessiert, welche jeder der erwähnten Philosophen auf bestimmte stereotype, von Aristoteles formulierte Fragen zu geben schien, wie z. B. die Frage, ob Gleiches von Gleichem erkannt wird oder vielmehr Gegensätzliches von Gegensätzlichem. Der Bericht des Theophrast ist aber auch kritisch, insofern er die Mangelhaftigkeit aller voraristotelischen Theorien der sinnlichen Wahrnehmung darzutun unternimmt. Er sucht diese Mangelhaftigkeit zu erweisen, indem er einerseits auf wirkliche oder scheinbare Selbstwidersprüche in einer gegebenen Lehre hinweist, andererseits auf Widersprüche mit beobachtbaren Fakten.

Alles dies würde den Wert des Berichtes Theophrasts nicht beeinträchtigen. Aber in seinem Wunsch, jedem einzelnen Philosophen eine Antwort auf die selbe von Aristoteles gestellte Frage zu entlocken, sieht er oft nicht, daß im Rahmen verschiedener philosophischer Erklärungssysteme die Frage selbst ihren Charakter ändern kann und daß dies der Grund sein kann, weshalb scheinbar auf eine bestimmte Frage keine klare Antwort

---

[1] Theophrast, de sensu 49—54 und 73—82. Vgl. auch Diels/Kranz, Fragmente der Vorsokratiker 68 A 135.

[2] Für die Methode des Aristoteles vgl. H. Cherniss, Aristotle's Criticism of Pre-Socratic Philosophy, Baltimore, 1935.

zu finden ist oder warum die tatsächlich gegebenen Antworten einander zu widersprechen scheinen. Ein Beispiel der etwas ungerechten Kritik, zu der dies Verfahren führen kann, ist das folgende. Eine der stereotypen Fragen, die immer wieder an jeden Philosophen gestellt werden, ist die, ob die Welt, die wir wahrnehmen, die wahre oder wirkliche Welt ist oder ob es eine wirkliche Welt gibt, welche von der Welt, die sich uns in der sinnlichen Wahrnehmung praesentiert, verschieden ist. Im Abschnitt 60/61 seiner Abhandlung beschuldigt Theophrast Demokrit eines Selbstwiderspruchs, weil er einerseits das, was wir wahrnehmen, als bloßen Effekt des Eindringens von Atomen in unsere Sinnesorgane betrachtete, einen Effekt, welcher der Wirklichkeit keineswegs entspricht, andererseits dennoch die wahre Natur der wahrgenommenen Gegenstände zu bestimmen sucht. In diesem Fall können wir aus den erhaltenen wörtlichen Fragmenten des Werkes Demokrits[3] ersehen, daß Demokrit sich des damit gegebenen Problemes durchaus bewußt war, es aber durch die Annahme zu lösen versuchte, daß wir eine Kenntnis der wirklichen Welt nur durch die sinnliche Wahrnehmung erhalten können, daß jedoch das Bild, welches uns die Sinne unmittelbar geben, unscharf und ungenau ist, und daß wir eine Kenntnis der Welt, wie sie wirklich ist, nur durch eine Analyse des Zeugnisses unserer Sinne mit Hilfe unseres Intellektes oder νοῦς bekommen können[4].

In diesem Falle wäre es vielleicht nicht ganz unmöglich, Theophrasts Kritik an Demokrit aufgrund seines eigenen vorangehenden und nachfolgenden Berichtes über Demokrits Theorie der einzelnen Sinnesempfindungen zurechtzurücken und zu korrigieren. Doch würde es ohne das Zeugnis der wörtlichen Fragmente und anderer Autoren außerordentlich schwierig sein. Ein Grund dieser Schwierigkeit ist es auch, daß Theophrast nicht selten seinen Bericht mit seiner Kritik in solcher Weise vermischt, daß wichtige Details von Demokrits Theorie nur implizit, durch Theophrasts Kritik an ihnen, enthüllt werden, was der Klarheit nicht dienlich ist. Ferner zitiert Theophrast niemals einen ganzen Satz Demokrits wörtlich in seiner ganzen Ausdehnung, sondern gibt alles in seiner eigenen Formulierung wieder. Doch ist es ziemlich sicher, daß Theophrast nicht selten einzelne Termini Demokrits benützt, da viele in seinem Bericht

---

[3] Demokrit in Diels/Kranz 68 B 9; B 10; B 11, und B 125.

[4] Über den νοῦς und sein Verhältnis zur sinnlichen Wahrnehmung bei Demokrit vgl. K. v. Fritz, „Die Rolle des ΝΟΥΣ" in Wege der Forschung IX (Wissenschaftliche Buchgesellschaft, Darmstadt 1968), S. 340 ff. und in englischer Fassung Classical Philology XLI (1946), S. 24 ff.

vorkommende Worte nicht aristotelisch sind, sondern die allgemeinen Charakteristika der Terminologie Demokrits aufweisen[5]. Endlich entsteht eine zusätzliche Schwierigkeit dadurch, daß der erhaltene Text des Werkes Theophrasts an nicht ganz wenigen Stellen offenbar nicht richtig überliefert ist.

Um diese Schwierigkeiten zu überwinden, ist es nicht ausreichend, den Text des theophrastischen Berichtes so genau wie möglich zu interpretieren, sei es aus sich selbst, sei es mit Hilfe anderer antiker Zeugnisse über Demokrits Theorie des Sehens oder der sinnlichen Wahrnehmung überhaupt. Es ist vielmehr darüber hinaus notwendig, alles, was Theophrast sagt, auf das Ganze des demokriteischen Systems der Welterklärung zu beziehen, vor allem aber auf die Hauptfragen, die Demokrit sich überall zu stellen pflegt, und auf die charakteristischen Methoden, die er zu ihrer Lösung bereit hat. Es ist ferner notwendig, von Anfang an die Grundprobleme der Philosophie Demokrits sorgfältig von denen seiner Vorgänger sowohl als von denen des Berichterstatters Theophrast zu unterscheiden. Selbst wenn alle diese Regeln befolgt werden, bleibt am Ende noch einiges übrig, worauf es nicht möglich ist, eine völlig sichere Antwort zu geben. Aber eine große Menge dunkler Punkte kann wohl auf diese Weise aufgeklärt werden.

---

[5] Über die Eigentümlichkeiten der Terminologie Demokrits vgl. K. von Fritz, Philosophie und sprachlicher Ausdruck bei Demokrit, Platon und Aristoteles, New York, 1938; Neudruck, Darmstadt, 1966.

[6] Wichtige Abhandlungen, die sich mit dem Problem beschäftigen, sind die folgenden: A. Brieger, „Demokrits Leugnung der Sinneswahrheit", Hermes XXXVII (1902), 56—83; I. Beare, Greek Theories of elementary cognition from Alcmaeon to Aristotle, Oxford, 1906; A. E. Haas, „Antike Lichttheorien", Archiv f. Geschichte der Philosophie, XX (1907), 370 ff.; Ingeborg Hammer-Jensen, „Demokrit und Platon" ibidem XXIII (1909), 101 ff.; W. Kranz, „Die ältesten Farblehren der Griechen", Hermes XLVII (1912), 126 ff.; G. M. Stratton, „Theophrastus and the Greek Physiological Psychology before Aristotle" (mit kommentierter Ausgabe des Textes der Schrift de sensu); London und New York, 1917; Cyril Bailey, The Greek Atomists and Epicurus, Oxford, 1928, 162 ff.; W. Jablonski, „Die Theorie des Sehens im griechischen Altertum bis auf Aristoteles", Sudhoffs Archiv für Geschichte der Medizin XXIII (1930), 306—31. H. Langerbeck, ΔΟΞΙΣ ΕΠΙΡΥΣΜΙΗ, Neue Philologische Untersuchungen X (1935) mit den interessanten Rezensionen von E. Kapp im Gnomon XII (1936), 65—77 und von V. E. Alfieri in Giornale Critico della Filosofia Italiana XVII (1936), 66—78 und 264—277; H. Munding, Die Glaubwürdigkeit von Verstand und Sinnen bei Demokrit, Diss. Frankfurt a. Main, 1952; I. Bianchi, „In margine alla gnoseologia di Democrito" in Maia VII (1955), 20—25; B. Wiśniewski, „Democritea", Rendiconti dell'Istituto Lombardo, Classe di Lettere, XCV (1961), 435—42; W. Luther, „Wahrheit, Licht und Erkenntnis in der griechischen Philosophie bis auf Demokrit", Archiv für Be-

Es ist Demokrits grundlegende Überzeugung, daß es eine absolute Wahrheit gibt, die uns bis zu einem gewissen Grade zugänglich, uns aber zunächst verborgen (ἄδηλον) ist, in andern Worten, daß die wirkliche Welt von der Welt, die wir wahrnehmen, verschieden ist, daß es aber trotzdem innerhalb gewisser Grenzen möglich ist, eine ziemlich zutreffende Vorstellung von der wirklichen Welt zu gewinnen. Die wirkliche Welt besteht aus nichts anderem als Atomen und dem leeren Raum. Der leere Raum ist nichts als reine Ausdehnung. Er ist ein wirkliches Nichts, das aber trotzdem in gewisser Weise existiert. Die Atome sind erfüllter Raum. Ihre Grundeigenschaften sind die folgenden: 1. Undurchdringlichkeit. Das bedeutet im wesentlichen, daß der Raum, der von einem Atom eingenommen wird, nicht gleichzeitig von einem anderen Atom oder einem Teil desselben eingenommen werden kann. Aber es impliziert darüber hinaus unbedingte Starrheit und infolgedessen Unteilbarkeit, da nichts in das Atom eindringen kann, so daß seine Teile voneinander getrennt würden. In Bezug auf diese miteinander im Zusammenhang stehenden Eigenschaften sind alle Atome gleich. Ihren Namen haben sie von ihrer Unteilbarkeit erhalten. Ihre übrigen Eigenschaften sind die folgenden: 2. Größe oder Umfang; 3. Gestalt (ῥυσμός); 4. Lage im Raum (τροπή); 5. Lage im Verhältnis zu anderen Atomen (διαθιγή); Bewegung im Raum (κίνησις oder σοῦς). Hinsichtlich der Eigenschaften 2 bis 6 unterscheiden sich die Atome voneinander. Denn obwohl alle Atome sehr klein sind, unterscheiden sie sich dennoch alle voneinander durch Größe, Gestalt, Lage usw.

Alle anderen Dingen sind nichts als Zusammenballungen von Atomen zusätzlich des leeren Raumes, der zwischen den zusammengeballten Atomen bleibt. Die Grundeigenschaften dieser zusammengesetzten Dinge, wie Größe, Gestalt, Gewicht, relative Starrheit oder Weichheit, und so weiter sind direkte Folgen von Größe, Gestalt, Lage, Anordnung, und Bewegung der Atome, aus denen sie zusammengesetzt sind. Ihre sekundären

---

griffsgeschichte X (1966), S. 148 ff. Von allen zitierten Arbeiten ist das Buch von G. M. Stratton, der sich des Rates von A. E. Taylor und I. Linforth erfreuen konnte, soweit die Interpretation der Schrift des Theophrast in Betracht kommt, bei weitem das beste, worauf ich besonders hinweisen möchte, da das Buch bis heute kaum Beachtung gefunden hat. Auch W. Luther zitiert es nicht. Da das hauptsächliche Interesse Strattons jedoch Theophrast gilt und nicht Demokrit, werden wichtige Aspekte von Demokrits Theorie des Sehens bei ihm nicht in den Kreis der Betrachtung gezogen.

[7] Für eine eingehendere Analyse dieses Teiles der Theorie Demokrits vgl. die in Anm. 5 erwähnte Abhandlung, S. 15 ff.

Eigenschaften auf der andern Seite, ihr Geschmack, ihr Geruch, ihre Farben usw. sind nicht Eigenschaften der wirklichen Dinge an sich und auch nicht die unmittelbaren Folgen dieser Eigenschaften, sondern die Wirkungen, welche durch die wirklichen Dinge in unseren Sinnesorganen hervorgebracht werden. Da es jedoch bis zu einem gewissen Grade möglich ist, von der Wirkung auf die Ursache zu schließen, ist es auch möglich, eine gewisse Kenntnis der Struktur und der primären Eigenschaften der wirklichen Dinge zu erringen, durch welche jene Wirkungen in unseren Sinnesorganen hervorgerufen werden. Die Grenzen dieser Möglichkeit werden durch die folgenden Überlegungen bestimmt. Demokrit glaubt, daß die selben Sinnesempfindungen im wesentlichen immer auch die selbe Ursache haben, d. h. von Atomen der selben Größe, Gestalt, Anordnung, und Bewegung hervorgerufen werden müssen. In dieser Hinsicht besteht keine Unsicherheit der Erkenntnis. Aber das Prinzip ist nicht völlig umkehrbar. Denn ob bestimmte Atome mit bestimmten Eigenschaften in dem Sinnesorgan eine bestimmte Empfindung hervorrufen, hängt nicht nur von ihnen ab, sondern auch von der Beschaffenheit des Sinnesorgans. Wo das Sinnesorgan defekt oder anders gebaut ist, kann die durch die Atome oder Atomkombinationen hervorgerufene Empfindung auch defekt oder andersartig sein, so daß die davon auf die Eigenschaften der die Empfindung hervorrufenden Atome gezogene Schlußfolgerung unrichtig sein kann. Eine weitere Begrenzung der Sicherheit des Schlusses von der Empfindung auf den sie verursachenden wirklichen Gegenstand muß ferner da anerkannt werden, wo unter gewöhnlichen Umständen die eigentliche Ursache der Wahrnehmungen von entfernten Gegenständen ausgeht. Denn da nach der Überzeugung Demokrits alle Empfindungen durch di-

---

8 Vgl. Diels/Kranz 68 A 112; A 113; B 9 und B 11. Die Auskunft der antiken Autoren über diesen Teil der Theorie Demokrits ist sehr wenig befriedigend. Immerhin läßt der ganze Bericht des Theophrast und das meiste, was zu seiner Ergänzung bei anderen antiken Autoren gefunden werden kann, keinen Zweifel daran aufkommen, daß Demokrit glaubte, daß im großen Ganzen die selben Empfindungen immer von den selben spezifischen Atomen, bzw. deren Bewegungen beim Eindringen in die Sinnesorgane verursacht würden. Auf der andern Seite wird auch berichtet, daß nach Meinung Demokrits unsere Empfindungen von dem Zustand, bzw. der Disposition unseres Körpers und seiner Organe abhängig seien und daß wir deshalb von nichts in der Außenwelt eine absolut sichere Kenntnis haben können. Die einzige einleuchtende Erklärung dieses scheinbaren Widerspruchs scheint die oben im Text gegebene zu sein, die man sich vielleicht noch in folgender Weise verdeutlichen kann, wenn auch dafür in den erhaltenen Demokritfragmenten keine sichere Bestätigung zu finden ist: wenn z. B. die Zunge eines Menschen — etwa durch Verstopfung der Poren — so affiziert ist, daß Atome einer bestimmten Größe und/oder Gestalt nicht in ihr Inneres eindringen können,

rekte Berührung der Sinnesorgane mit Gegenständen der wirklichen Welt verursacht werden, muß die Wahrnehmung entfernter Objekte (die von der durch sie hervorgerufenen Empfindung in den Sinnesorganen nicht unterschieden wird) durch Ausflüsse (ἀπορροαί) von jenen Gegenständen erklärt werden, die mit unseren Sinnesorganen in Berührung kommen[9]. Diese Ausflüsse sind natürlich, wie alle anderen wirklichen Dinge auch, Kombinationen von Atomen. Aber solche Kombinationen von Atomen können auch innerhalb oder außerhalb unseres Körpers entstehen, ohne von entfernten Körpern ausgestrahlt worden zu sein[10]. Deshalb ist der Schluß von Gesichtswahrnehmungen auf die Existenz eines Körpers in der Entfernung, in der er uns erscheint, nicht vollständig zwingend im einzelnen Fall, es sei denn daß dieser Schluß durch mit andern Sinnesorganen gemachte Wahrnehmungen bestätigt und gestützt werden kann. Aber diese Unsicherheit im einzelnen Fall macht es keineswegs unmöglich, genau festzustellen, auf welche Weise bestimmte Empfindungen *in der Regel* verursacht werden, d. h. welcher Realität sie im allgemeinen entsprechen.

Dies zeigt sehr deutlich, was die Hauptziele der demokriteischen Theorie der Gesichtswahrnehmung von Anfang an gewesen sein müssen, nämlich: 1. so weit als möglich die wahre, d. h. nach seiner Überzeugung die atomare Struktur der Objekte, welche die Sinnesempfindungen hervorrufen, zu bestimmen; 2. den atomistischen Mechanismus aufzuhellen, durch den die Empfindung oder Wahrnehmung im Sinnesorgan hervorgerufen wird. Allerdings hat die Theorie Demokrits einen großen Mangel mit allen konsequent materialistischen Systemen gemeinsam. Er erkennt nichts als wirklich existent an außer erfülltem Raum und leerem Raum.

---

andere dagegen es können, wird nur die den letzteren entsprechende Empfindung faktisch hervorgerufen werden, die den ersteren entsprechende dagegen nicht. Einer so affizierten Person werden daher die Speisen anders schmecken als den nicht so affizierten. Auf solche Weise hat Demokrit wohl zu erklären versucht, daß bei gewissen Erkrankungen alles Essen einen schlechten Geschmack zu haben scheint. Er konnte dabei die Theorie aufrecht erhalten, daß trotzdem die selben Atome die selben Geschmacksempfindungen hervorrufen (wenn sie überhaupt wegen des Zustandes der Zunge solche hervorrufen können).

[9] Es gibt natürlich theoretisch die umgekehrte Möglichkeit, daß von unseren Augen eine Art Fühler ausgeht, der mit entfernten Objekten einen Kontakt herstellt. Diese Theorie scheint von einigen Pythagoreern aufgestellt worden und von den meisten Vertretern einer wissenschaftlichen Optik in der Antike angenommen worden zu sein, wenn man Theon (Euclidis opticorum recensio ed. Heiberg, 148—50) Glauben schenken darf.

[10] Vgl. Fragment 68 A 77 Diels/Kranz.

Aber es gibt keine Brücke von atomistischer Kinetik zu Empfindung. Doch ist es sehr interessant, wie Demokrit diese fundamentale Schwierigkeit zu überwinden versucht[11]. Abgesehen davon jedoch zeigen alle Überreste der verschiedenen Teile seines philosophischen Systems, ja bis zu einem gewissen Grade sogar seiner Ethik[12], wie sehr die beiden oben formulierten Fragen sein ganzes Denken beherrscht haben.

Die Vorstellung, daß die wahre Welt von der Welt, die uns in der Wahrnehmung gegeben ist, sich unterscheidet, war Demokrits Vorgängern unter den griechischen Philosophen keineswegs fremd. In gewisser Weise war sie schon vorweggenommen in der Überzeugung sowohl des Heraklit wie des Parmenides, daß die Realität ganz anders ist als die Menschen im allgemeinen sie sich vorstellen. Nur war es nicht das Problem der sinnlichen Wahrnehmung, das bei ihnen im Zentrum des Interesses stand. Trotzdem war es Parmenides, der zuerst die Probleme aufgeworfen hat, mit denen die meisten griechischen Philosophen des 5. Jahrhunderts v. Chr einschließlich Leukipp und Demokrit sich abmühen.

Parmenides war, wie gesagt, nicht primär an der Wahrnehmung interessiert. Für ihn war es menschlicher Verstand, der νοῦς, der den fundamentalen Irrtum begeht, die Welt in zwei entgegengesetzte Arten von Gegebenheiten[14] aufzuspalten: positive und negative, statt zu sehen, daß es in Wirklichkeit nichts Negatives geben kann, sondern nur solides positives Sein. Und doch scheint auch er in gewisser Weise die letzte Quelle dieses Irrtums in den Sinnen zu finden, wenn er sagt[15], der νοῦς hänge ab von der „Mischung unserer viel irrenden Glieder" (oder unseres Kör-

---

[11] Vgl. unten S. 615 ff.

[12] Die ethischen Fragmente Demokrits können im wesentlichen in zwei Gruppen eingeteilt werden. Die Fragmente der einen Gruppe weisen wenig Bziehungen zu Demokrits atomistischem System auf und enthalten vielmehr Beobachtungen wie sie ein Mann, der viel gesehen und beobachtet hat, über die beobachteten Dinge macht. Die andere Gruppe scheint zu einem systematischeren Werk gehört zu haben. In ihnen ist die Beziehung auf den Atomismus sehr deutlich. So werden starke Gemütsbewegungen als räumlich stark ausgedehnte Bewegungen (offenbar im Körper des sie Empfindenden) erklärt. Erziehung wird Umformung (μετα-ρυϑμεῖσϑαι) genannt und Ähnliches. Vgl. dazu auch die ausgezeichnete Untersuchung von G. Vlastos, „Ethics and Physics in Democritus", The Philosophical Review LIV (1945), 578—92 und LV (1946) 53—64.

[13] Für den νοῦς-Begriff des Parmenides vgl. die in Anm. 4 zitierte Abhandlung S. 304 ff. der deutschen, Class. Philol. XL (1945), 326 ff. der englischen Version.

[14] Parmenides Frgt 28 B 8, 11 ff. Diels/Kranz.

[15] 28 B 16 Diels/Kranz.

pers?: μέλεα). Dieser Satz wollte nach der Auslegung Theophrasts[16] besagen, daß wir Wärme, Licht, und Klang als etwas Seiendes empfinden, weil sie in uns überwiegen, während für die Toten Kälte, Dunkel, und Stille das Seiende bedeuteten, weil sie in ihnen dominieren, da Gleiches jeweils nur von Gleichem erkannt wird[17]. Jedenfalls haben, während Parmenides in den erhaltenen Partien seines Werkes die Sinne nirgends erwähnt, sondern nur von unseren Gliedern oder unseren Körpern im Allgemeinen spricht, seine Schüler Zenon und Melissos den Ursprung des Irtums ausdrücklich auf Sehen, Hören, Riechen, d. h. auf die Sinnesempfindungen, zurückgeführt[18].

Während also in dieser Hinsicht eine gewisse Ähnlichkeit zwischen der Philosophie des Parmenides und seiner Schüler einerseits und Demokrit auf der anderen besteht, war Parmenides jedenfalls sehr weit entfernt von einer materialistischen Interpretation der Welt. Es ist sehr schwer, genau zu sagen, was innerhalb der Philosophie des Parmenides jene fundamentalen Gegensätze von Wärme, Licht, und Klang oder Geräusch auf der einen Seite und Kälte, Dunkelheit, und Stille auf der andern, welche unser Körper uns richtig oder unrichtig zur Wahrnehmung bringt, eigentlich bedeuten. Sie können kaum als Eigenschaften bezeichnet werden, da sie jedenfalls nicht als Eigenschaften von etwas anderem erscheinen, sondern eher als der Stoff, aus dem die Welt letzterdings besteht. Von einem modernen Standpunkt aus wäre man versucht, sie „Kräfte" zu nennen. Aber sie sind offenbar keine rein physischen Kräfte, sondern haben zugleich einen emotionalen Charakter. Dies erklärt die Anwendung des Prinzips, daß nur Gleiches von Gleichem erkannt wird. Denn in der Sphaere des Emotionalen gilt der Satz, daß ein kaltes Herz nicht imstande ist, die Wärme der Liebe zu empfinden. In einer Philosophie dieser Art existierte das Problem Demokrits, wie die Sinnesqualitäten wie Farbe, Klang, Geruch, Geschmack aus der Gestalt und der Bewegung von Atomen, die nur raumerfüllend waren, erklärt werden könnten, nicht.

In dieser Hinsicht bildet die Philosophie des Empedokles ein interessantes Verbindungsglied zwischen der Philosophie des Parmenides und derjenigen Demokrits. Er hat zwei Arten von ersten Prinzipien, die stofflichen Elemente Feuer, Luft, Wasser, und Erde, und die beiden nicht stofflichen treibenden Kräfte Liebe und Haß. Es ist charakteristisch, daß die

---

[16] 28 A 46 Diels/Kranz aus Theophrast de sensu 3.

[17] Über den Ursprung dieses Prinzips siehe unten S. 604 ff.

[18] Vgl. die Anm. 4 zitierte Abhandlung S. 316 ff. und Class. Phil. XLI (1946), S. 12.

letzteren immer noch gleichzeitig zu der Welt der Physik und zu der Welt der Emotionen gehören. Wie bei Parmenides ist die Wahrnehmung dieser Kräfte nicht an ein bestimmtes Wahrnehmungsorgan gebunden[19]; und die Art, wie sie wahrgenommen werden, scheint keiner besonderen Erklärung zu bedürfen. Es sind die stofflichen Prinzipien, die eine spezielle Wahrnehmungstheorie erfordern.

Die physikalisch-emotionalen Kräfte, wie Wärme und Licht bei früheren Philosophen oder Liebe und Haß bei Empedokles, sind nicht in gleichem Maße ortsgebunden wie die stofflichen Prinzipien. Solange daher das Problem der Wahrnehmung sich hauptsächlich in Bezug auf solche Gegebenheiten stellte[20], erhob sich die Frage der Möglichkeit der Wahrnehmung von entfernten Dingen kaum oder jedenfalls nicht mit der selben Dringlichkeit. Bei den stofflichen Elementen des Empedokles macht sich sofort die Vorstellung geltend, daß materielle Dinge eine Wirkung nur durch Berührung ausüben zu können scheinen. Dadurch wird die Wahrnehmung entfernter Körper zum Problem. Empedokles versuchte dies Problem durch die Annahme zu lösen, daß von allen stofflichen Dingen unaufhörlich Ausflüsse ausgehen, die in unsere Sinnesorgane eindringen und dort die Wahrnehmung verursachen. Aber das alte parmenideische und wahrscheinlich vorparmenideische Prinzip, daß Gleiches nur durch Gleiches erkannt wird, behält bei Empedokles[21] immer noch eine wichtige Funktion. Aber in Bezug auf die stofflichen Elemente — nicht dagegen in Bezug auf die Kräfte Liebe und Haß — erhält es nun eine materialistische Interpretation.

Nach dem Bericht des Theophrast[22] nahm Empedokles an, daß das Auge alle vier Elemente, Feuer, Luft, Wasser, und Erde enthält. Im menschlichen Auge befindet sich das Feuer im Innern des Augapfels, während die übrigen Elemente[23] seinen äußeren Teil bilden. Im Auge sind abwechselnd Poren (feine Durchgänge) aus Feuer und aus Wasser. Durch die

---

[19] Vgl. ibidem S. 314 ff. und Class. Phil. XL (1945), 239.

[20] Die frühesten griechischen Philosophen scheinen keine Wahrnehmungstheorie gehabt zu haben.

[21] Vgl. unten S. 603 f.

[22] Theophrast de sensu 7 ff. und 12 ff.

[23] Das Wasser wird in dem Theophrasttext, soweit er uns erhalten ist, in diesem Zusammenhang nicht erwähnt. Aber der Rest des Berichts läßt doch kaum einen Zweifel daran aufkommen, daß Wasser als Teil des Auges betrachtet wurde. Das Wort ὕδωρ sollte daher wohl trotz des Einspruches von Stratton nach einem von Diels akzeptierten Vorschlag von Karsen im Text ergänzt werden.

Feuerporen nehmen wir Weißes wahr, durch die Wasserporen Schwarzes. Dies und die Verschiedenheit des quantativen Verhältnisses von Feuer und Wasser in den Augen verschiedener Tierspezies ist nach Empedokles die Ursache, warum manche Tiere bei Tag, andere bei Nacht besser sehen. Endlich, um wahrgenommen zu werden, müssen die Teilchen der von den Gegenständen ausgehenden Ausflüsse in die entsprechenden Poren oder Durchgänge „hineinpassen"[24].

Es ist offenbar, daß der Bericht des Theophrast nicht ganz vollständig sein kann. Irgend etwas muß über die Funktion der Luft und der Erde im Auge gesagt worden sein. Immerhin sind die von Theophrast gemachten Angaben ausreichend, um einige Schlüsse zu ziehen, die für die Interpretation der Theorie und für ihr Verhältnis zu der Theorie des Empedokles von einiger Bedeutung sind. Das Prinzip, daß Gleiches von Gleichem erkannt wird, wird von Empedokles teilweise dazu benützt, um zu erklären, warum verschiedene Tierspezies verschiedene Wahrnehmungen haben zu können scheinen, obwohl die wahrgenommenen Objekte dieselben sind. Wie dieses Prinzip auf stoffliche Elemente anzuwenden ist, wird nun zum Teil auf rein materialistischer Grundlage, d. h. allein mit Hilfe räumlicher Anordnungsprinzipien, zu erklären versucht: um wahrgenommen zu werden, müssen die Teilchen, aus denen die Ausflüsse von den Dingen bestehen, in die entsprechenden Durchgänge der Sinnesorgane „hineinpassen". Dagegen scheint diese materialistische Erklärung auf die Kräfte Liebe und Haß keine Anwendung zu finden. Ferner sind die stofflichen Elemente nicht nur durch Größe, Gestalt, Bewegung und andere rein räumliche Qualitäten voneinander unterschieden wie die Atome Demokrits, sondern haben auch andere inhaerente Eigenschaften, von denen auch die Farbe eine zu sein scheint[25]. Obwohl daher das Schwarze oder Dunkle, das nach Empedokles die Farbe des Wassers zu sein scheint, nicht wahrgenommen werden kann, wenn es nicht in die Wasserporen des Auges eindringen kann, bleibt der eigentliche und wesentliche Grund für

---

[24] Dies wird im Bericht des Theophrast so sehr betont, daß man kaum bezweifeln kann, daß Empedokles tatsächlich von „hineinpassen" gesprochen hat.

[25] Die Theorie von W. Kranz, (op. coll. 126), daß nach der Philosophie des Empedokles die Farben keine objektive Existenz hätten, sondern wie bei Demokrit nur in unseren Sinnesorganen als subjektive Phaenomene zustande kommen, findet in den Fragmenten seiner Werke keine Stütze und wird widerlegt durch das Fragment 31 A 92 Diels/Kranz aus Aëtius. Die von Kranz zur Stütze seiner These zitierten Stellen besagen nur, daß die Ausflüsse von den Gegenständen in die Gänge der Sinnesorgane hineinpassen müssen, nicht, daß die Farbe selbst nur ein Phaenomen in den Sinnesorganen ist.

seine Wahrnehmung immer noch, daß Gleiches von Gleichem erkannt
oder wahrgenommen wird. Trotz der hinzugekommenen mehr oder minder materialistischen Zusatzerklärungen bleibt also das Prinzip, daß nur
Gleiches von Gleichem erkannt wird, bei Empedokles als solches erhalten.

In der peripatetischen Philosophie sind die physikalischen Gegensätze
wie warm und kalt, hell und dunkel nicht mehr eng verwandt mit emotionalen Qualitäten oder gar mit diesen identisch. Aber sie sind immer
noch zum mindesten potentiell (δυνάμει) Eigenschaften der Dinge, die zu
der realen Welt gehören, nicht einfach Wirkungen, welche durch Gegenstände der Außenwelt in unseren Sinnesorganen erzeugt werden und von
ihren Ursachen ganz verschieden sein können. Aristoteles hatte eine sehr
ins Einzelne gehende Antwort auf die Frage parat, wie weit und in welcher Hinsicht Eigenschaften gleich sein müssen oder vielmehr gegensätz-
lich zu einander, um einander affizieren zu können[26]. Sowohl vom Standpunkt der vordemokriteischen Geschichte der Wahrnehmungstheorien wie
von dem der peripatetischen Philosophie aus muß daher Theophrast ein
intensives Interesse daran gehabt haben, dem Demokrit eine Antwort auf
die Frage zu entlocken, ob Gleiches durch Gleiches oder Gegensätzliches
durch Gegensätzliches wahrgenommen wird. Doch muß die Stellung eines
Philosophen, der reale Existenz von irgend etwas außer Atomen und leerem Raum nicht anerkannte, zu diesem Problem naturgemäß von ganz
anderer Art gewesen sein als diejenige des Empedokles oder des Theophrast. Es ist wichtig, sich dies bei der Analyse des theophrastischen Berichts immer gegenwärtig zu halten.

Theophrast beginnt seinen Bericht mit der Feststellung[27], daß Demokrit sich nicht ausdrücklich darüber geäußert habe, ob nach seiner Meinung sinnliche Wahrnehmung von Gleichem durch Gleiches oder von
Gegensätzlichem durch Gegensätzliches erfolge. Durch eigene Schlußfolgerungen aus dem, was Demokrit sagt, könne man zu entgegengesetzten
Resultaten gelangen. Denn wenn nach Demokrits Theorie Wahrnehmung
das Ergebnis einer Veränderung oder „Alteration" in unseren Sinnesorganen ist, müsse man daraus wohl schließen, daß Gegensätzliches durch
Gegensätzliches wahrgenommen werde. Wenn auf der anderen Seite
„alteriert werden" (ἀλλοιοῦσθαι) soviel wie „affiziert werden" (πάσχειν)
bedeute und wenn man Demokrits Theorie annehme, daß nur Gleiches

---

[26] Vgl. das 2. Buch von Aristoteles de generatione et corruptione.
[27] De sensu 49.

von Gleichem affiziert werden könne, dann folge daraus, daß nur Gleiches von Gleichem wahrgenommen werden kann.

Diese ganze Schlußfolgerung ist für Theophrast sehr charakteristisch. Das Prinzip, daß Veränderung oder Alteration (ἀλλοιοῦσθαι) immer durch Gegensätzliches bewirkt werde, ist ein aristotelisches — und bis zu einem gewissen Grade ein vor-demokriteisches — Prinzip[28]. Aber es gibt keinerlei Anzeichen dafür, daß dieses Prinzip von Demokrit akzeptiert worden wäre. Auf der anderen Seite kann nicht der geringste Zweifel daran bestehen, daß ἀλλοιοῦσθαι oder besser μεταρυθμίζεσθαι — denn dies scheint der von Demokrit dafür gebrauchte Terminus gewesen zu sein — durch äußere Objekte, wie dies bei der sinnlichen Wahrnehmung nach Demokrit der Fall ist, ein πάσχειν impliziert. Folglich läßt sich nur das zweite der von Theophrast vorgebrachten Argumente auf Demokrit anwenden, wenn man die Prinzipien von dessen eigener Philosophie zugrunde legt.

Viel wichtiger ist jedoch die Frage, was Demokrit damit meinte, wenn er sagt, daß nur Gleiches von Gleichem affiziert werden könne, und ob er, wenn er dies Prinzip aussprach, nur in leicht veränderter Form wiederholte, was seine Vorgänger über die Wahrnehmung gesagt hatten, oder ob er dabei etwas ganz anderes im Sinne hatte. Offenbar spricht Theophrasts Feststellung, daß Demokrit sich nicht darüber ausgesprochen hatte, ob Gleiches durch Gleiches wahrgenommen werde, nicht für die erste Auslegung. Aber es gibt viel zwingendere Gründe, diese Auslegung zurückzuweisen. In der vordemokriteischen Philosophie (Anaximander, Anaximenes, Heraklit und sogar Parmenides, soweit es sich um seine Lehre von dem Bereich der δόξα handelt) und in der antiken Medizin herrscht überall die Vorstellung, daß in der Welt, die wir die der Physik zu nennen pflegen, die Gegensätze miteinander im Streite liegen und sich dabei gegenseitig affizieren. In der Theorie Anaximanders z. B. verdampft, wenn heißes Feuer mit kaltem Wasser zusammentrifft, im Verlauf des Kampfes der beiden Elemente miteinander ein Teil des Wassers zu Luft, während ein anderer Teil austrocknet und fest wird[29]. Wenn dagegen Feuer mit Feuer oder Wasser mit Wasser zusammentrifft, geschieht nichts, da sie gleichartig sind und einander deshalb nicht affizieren. In der vordemokriteischen Philosophie sind daher die Regeln für die Verursachung von Veränderungen in der physischen Welt, die durch

---

[28] Vgl. unten S. 606.
[29] Anaximander Frgt. 12 A 27 Diels/Kranz.

Gegensätze erfolgen, und die Regeln für das Zustandekommen von Wahrnehmung, wo das Prinzip „Gleiches durch Gleiches" gilt, nicht dieselben, sondern einander entgegengesetzt. Es folgt daraus, daß Demokrits Lehre, daß nur Gleichartiges von Gleichartigem affiziert werden kann, kaum eine Adaption der Lehre seiner Vorgänger sein kann, daß Gleiches durch Gleiches wahrgenommen oder erkannt werde. Vielmehr gehört diese seine Lehre offenbar von Anfang an zu seiner Theorie der physischen Verursachung und muß im G e g e n s a t z zu früheren Lehren, nicht in Anlehnung an solche entstanden sein. Dies wird bestätigt durch eine Äußerung des Aristoteles, wo er sagt[30]: Demokrit habe *im Gegensatz* zu früheren Philosophen behauptet, nur Gleichartiges könne auf Gleichartiges wirken, und wo qualitativ verschiedene Dinge eine Wirkung aufeinander ausübten, sei dies nur möglich, insofern trotzdem etwas Gleichartiges an ihnen sei.

Aristoteles erklärt den Sinn dieser Behauptung Demokrits nicht weiter. Aber etwas später sagt er, daß seiner Meinung nach die ganze Kontroverse daraus entstanden sei, daß die frühen Philosophen nicht mit ausreichender Klarheit verschiedene Bedeutungen des Wortes „gleichartig" (ὅμοιος) unterschieden. Denn, sagt er, es ist offenkundig, daß gegenseitige Beeinflussung nur zwischen Gegebenheiten stattfinden kann, die derselben Klasse von Gegebenheiten angehören, wie z. B. Farben und Farben, Geschmäcke und Geschmäcke, aber nicht zwischen Farben und Geschmäcken. Aber innerhalb jeder Klasse von Gegenständen, sagt Aristoteles, sind es die Gegensätze, die sich gegenseitig beeinflussen und aufeinander wirken, d. h. weiß affiziert schwarz und umgekehrt, aber nicht weiß weiß und schwarz schwarz.

Dies ist natürlich eine aristotelische, nicht eine demokriteische Erklärung. Aber zusammen mit dem Zitat aus Demokrit, wonach „selbst wenn Gegebenheiten qualitativ verschieden sind, sie sich nur affizieren können, wenn etwas Gleichartiges in ihnen ist", zeigt die Feststellung des Aristoteles deutlich, daß Demokrit nicht von Dingen gesprochen hatte, die *in jeder Hinsicht* gleichartig sind, wie dies seine Vorgänger in ihrer Theorie der sinnlichen Wahrnehmung getan hatten. Zieht man die fundamentalen Verschiedenheiten der Lehren Demokrits von denen seiner Vorgänger — mit Ausnahme des Leukipp — in Betracht, so erscheint es als höchst wahrscheinlich, daß die Lehre Demokrits gegen Theorien wie die des Anaxagoras gerichtet war, der einen immateriellen νοῦς materielle

---

[30] De generatione et corruptione I, 7, 323 b, 10 ff.

Partikelchen in Bewegung setzen ließ, oder wie die des Empedokles, nach dem immaterielle Kräfte wie Liebe und Haß auf materielle Elemente wirken, und daß seine Lehre ganz einfach besagen wollte, daß nur ein Körper auf einen Körper eine Wirkung ausüben kann[31]. In jedem Fall erscheint es als sicher, daß Demokrits Lehre, daß nur Gleichartiges auf Gleichartiges wirken kann, schlechterdings nichts zu tun hat mit der Lehre vieler seiner Vorgänger, daß nur Gleiches von Gleichem wahrgenommen werden kann, und daß es nur Theophrasts Eifer, dem Demokrit doch irgendeine Antwort auf die traditionellen Fragen zu entlocken, gewesen ist, die eine historische Verbindung herzustellen scheint, die in Wirklichkeit nicht existiert[32]. Dies mit Präzision festzustellen erscheint deshalb als wichtig, weil immer wieder von den verschiedensten Gelehrten die Behauptung aufgestellt wird, Demokrit habe vieles von seinen Vorgängern übernommen, das eigentlich in sein philosophisches System nicht hineinpasse.

Gegen die hier gegebene Interpretation kann nun allerdings ins Feld geführt werden, daß Theophrast an einer späteren Stelle Demokrit die Lehre zuschreibt, Gleiches werde von Gleichem wahrgenommen, und im Zusammenhang damit eine Bemerkung Demokrits zitiert, wonach jedermann das am besten wahrnimmt oder aufnimmt, das ihm verwandt ist (ὁμόφυλον). Ja, es ist gesagt worden[33], Theophrast widerspreche damit seiner früheren Feststellung, daß Demokrit sich nicht darüber geäußert habe, ob Gleichartiges durch Gleichartiges oder Gegensätzliches durch Gegensätzliches apperzipiert werde. Aber gerade der Umstand, daß Theophrast sich selbst in so flagranter Weise zu widersprechen scheint, sollte zur Vorsicht in der Auslegung des von Theophrast Gesagten Anlaß geben. Denn obwohl Theophrast eine gewisse Neigung hat, die Lehren

---

[31] Aufgrund von Demokrits Theorie der Seele, die von G. Vlastos op. coll. (oben Anm. 12), 578 ff. sehr gut analysiert worden ist, darf man vielleicht auch annehmen, daß Demokrit ausdrücklich betont hat, daß die Seele, wenn sie imstande sein soll, den Körper zu bewegen, selbst körperlich sein muß. Dies würde auch sehr gut mit dem von Aristoteles erwähnten Prinzip Demokrits zusammengehen, daß, was auf ein anderes eine Wirkung ausübt, in mancher Hinsicht von diesem qualitativ verschieden sein mag, daß aber etwas Identisches in ihnen sein muß, wenn das eine auf das andere zu wirken imstande sein soll. Es wird kaum nötig sein hinzuzufügen, daß, da Wahrnehmung nach Demokrit eine Einwirkung von Atomverbindungen auf Atomverbindungen ist, das Prinzip auch auf die Wahrnehmung Anwendung findet, aber sich in dieser Form sehr stark von dem alten Prinzip, daß Gleiches von Gleichem wahrgenommen wird, unterscheidet.

[32] De sensu 50. Der Ausdruck wird wiederholt in § 54.

[33] Vgl. z. B. J. I. Beare, op. coll. (Anm. 6), S. 24, Anm. 1.

früherer Philosophen in einer falschen Perspektive zu sehen, weil er sie
immer vom peripatetischen Gesichtspunkt aus betrachtet, statt zu fragen,
wie sich die Dinge vom Standpunkt des Philosophen selbst, über den er
berichtet, aus angesehen haben, ist er doch immer sehr umsichtig darin,
das Material für seine Erklärungen aus den Originalschriften der behandelten Philosophen zusammenzustellen. Es ist daher nicht glaublich, daß
Theophrast, wenn Demokrit über das Problem, ob Gleiches durch Gleiches erkannt wird, sich in völlig klarer und unmißverständlicher Weise
geäußert hätte, dies nicht gesehen hat, oder daß er gar ein wenig später
Demokrits klare Antwort auf ein Problem mitgeteilt hätte, nachdem er
kurz zuvor behauptet hatte, eine solche Antwort finde sich nirgends
formuliert. Es ist sehr viel wahrscheinlicher, daß die von Theophrast aus
den Werken Demokrits zitierte Äußerung nach seiner Meinung keine
Antwort auf das gestellte Problem war. Eine genauere Analyse des
Zusammenhangs, in dem die Behauptung erscheint, wird zeigen, daß dies
tatsächlich die Meinung Theophrasts gewesen sein muß und daß er mit
dieser Meinung aller Wahrscheinlichkeit nach recht hatte.

Bevor wir uns genauer mit der Interpretation des schwierigen Kapitels
über die ἔμφασις beschäftigen, in welchem Demokrits Behauptung über
die Wahrnehmung von ὁμόφυλα erscheint, wird es nützlich sein, kurz eine
andere Theorie über die Beziehung von Gleichartigem zu Gleichartigem
zu betrachten, die dem Demokrit von der antiken Überlieferung zugeschrieben wird. Sextus Empiricus zitiert[34] ein Fragment aus einem
Werk Demokrits, in dem dieser sagt, Gleiches geselle sich überall zu
Gleichem. Dies könne bei den Tieren beobachtet werden, wo Tauben zu
Tauben, Kraniche zu Kranichen sich zu gesellen pflegen, ebenso aber auch
in der unbelebten Natur. Denn wenn Kieselsteine von den Wellen des
Meeres ans Land gespült werden, trennen sich die kugelrunden Steine
von den länglichen und die großen von den kleinen, und wenn man in
einem Sieb Linsen mit Weizenkörnern und Gerstenkörnern zusammen
schüttelt, dann kommen ebenfalls die Linsen mit den Linsen, die Gersten-
körner mit den Gerstenkörnern zusammen, während die Körner verschiedener Art sich voneinander trennen. Sextus Empiricus bringt diese
Beobachtung Demokrits mit der traditionellen Lehre zusammen, nach
welcher Gleiches von Gleichem wahrgenommen oder erkannt wird; und

---

[34] Sextus Empiricus adversus Mathemat. VII 116/17; vgl. auch Demokrit. Frgt.
68 B 164 Diels/Kranz.

[35] Aetius IV 19, 3; vgl. Demokrit Frgt. 68 A 128.

eine Stelle in dem doxographischen Werk des Aëtius, die letzterdings wahrscheinlich auf Poseidonios zurückgeht, bestätigt, daß die Beobachtung Demokrits irgend etwas mit seiner Theorie der sinnlichen Wahrnehmung zu tun gehabt haben muß. Wiederum muß jedoch die Überlieferung sorgfältig untersucht werden, um voreilige Schlüsse zu vermeiden.

Die Beobachtung, daß Gleiches sich zu Gleichem zu gesellen pflegt, ist natürlich sehr alt[36]. Aber was sich von den Werken der frühgriechischen Philosophen erhalten hat, spricht nicht für die Annahme, daß diese Beobachtung von irgendeinem von ihnen mit der ebenfalls unter ihnen sehr verbreiteten Theorie, daß Gleiches von Gleichem wahrgenommen oder „erkannt" werde, in Verbindung gebracht worden wäre. In der Philosophie des Empedokles sind sie jedenfalls voneinander völlig getrennt. Denn während das Prinzip, daß Gleiches von Gleichem erkannt werde, nach Empedokles überall gilt, lehrte er bekanntlich, daß die eine der beiden die Welt in Gang haltenden Kräfte, die Liebe, die Gegensätze zusammenbringt und damit unvermeidlich das Gleiche vom Gleichen trennt, während der Haß die Gegensätze veranlaßt, sich feindlich voneinander abzusondern, damit aber unvermeidlich das Gleiche mit dem Gleichen zusammenbringt. Wenn daher Demokrit die Beobachtung, daß Gleiches sich mit Gleichem zu gesellen pflegt, in seiner Theorie der Wahrnehmung benützte, kann es sich auch hier nicht um Fortsetzung von oder Anlehnung an Theorien seiner Vorgänger handeln, sondern muß er auch hier etwas völlig Neues im Sinne gehabt haben. Dies wird durch eine genauere Analyse der Überlieferung auch durchaus bestätigt. In der Anwendung auf Menschen und andere Lebewesen war die Beobachtung uralt. Demokrit dehnte sie nicht nur auf die unbelebte Welt aus, sondern führte sie zum mindesten in diesem Gebiet auf Unterschiede in Größe und Gestalt zurück. In den erhaltenen Teilen seines Werkes wird kein Versuch gemacht, die Tatsache, daß Gleiches sich zu Gleichem gesellt, konsequent mit Mitteln der atomistischen Mechanik zu erklären. Aber die Tendenz, alles mit den Mitteln einer solchen Mechanik zu erklären, ist bei ihm überall sehr ausgeprägt[37]. Nichts dergleichen ist bei seinen Vorgängern zu finden.

---

[36] Vgl. Homer, Odyssee XVII, 218 und das Sprichwort „Krähen fliegen immer zusammen", das Demokrit zitiert zu haben scheint.

[37] Aetius IV, 19, 3; vgl. Demokrit Frgt. 68 A 128.

Das hier zu behandelnde spezielle Problem ist natürlich, ob und in welcher Weise Demokrit von der Beobachtung, daß Gleiches sich zu Gleichem zu gesellen pflegt, in seiner Theorie des Sehens Gebrauch gemacht hat. Aëtius (bzw. wahrscheinlich Poseidonios) spricht von der Beobachtung nicht in Verbindung mit Demokrits Theorie des Sehens, sondern in Verbindung mit seiner Theorie des Hörens. Er sagt, daß nach Demokrit die Luft unter den Stößen der menschlichen Stimme in kleine Körperchen von gleicher Gestalt aufgebrochen und sozusagen mit den Stimmstößen dahingerollt werde. Wenn dabei von einer Gleichartigkeit der Stücke die Rede ist, in welche die Luft aufgebrochen ist, so ist offenbar nicht wie bei Empedokles von einer Gleichartigkeit mit den sie empfangenden Sinnesorganen oder den in ihnen vorhandenen Elementen die Rede, sondern von einer Gleichartigkeit der Stücke untereinander, oder, wenn man eine darauf folgende Erklärung beachtet, vielmehr die Anordnung der Luftpartikel in homogenen Gruppen wie denjenigen, welche von den Wellen des Meeres unter den Kieselsteinen, die am Strande angeschwemmt werden, hervorgerufen werden[39].

Die Interpretation der Theophraststelle, in welcher der terminus ὁμόφυλα vorkommt, ist etwas schwieriger. Aber der Grundgedanke kann von demjenigen, welcher der von Aëtius mitgeteilten Theorie des Tones zugrunde liegt, nicht völlig verschieden sein. Theophrast erklärt[40], daß die Gesichtswahrnehmung durch eine ἔμφασις im Auge hervorgerufen wird. Diese ἔμφασις wird zuerst in der Luft erzeugt. Dann dringt sie in die Augen ein, welche feucht sind. Denn was ganz dicht ist, läßt die ἔμφασις nicht eindringen. Das Feuchte (oder Flüssige?) dagegen läßt ihr Eindringen zu. Deshalb haben feuchte Augen eine bessere Sehfähigkeit als „harte". Die beste Bedingung für gutes Sehen ist, daß der äußere Überzug der Augen sehr dünn ist[41] und der innere Teil schwammartig

---

[38] Hinsichtlich der Bedeutung dieser Beobachtung für Demokrits Theorie des Hörens vgl. unten S. 613 und Anm. 48.

[39] De sensu 50.

[40] Über die Bedeutung des Wortes ἔμφασις, das meistens unrichtig mit Spiegelung (reflection) übersetzt wird, vgl. unten S. 612 ff.

[41] Der griechische Text sagt: „sehr dünn und sehr dicht". Da Demokrit jedoch betont, daß alle anderen Teile des Auges *nicht* dicht sein dürfen, damit die ἔμφασις leicht eindringen kann, ist die Behauptung, daß der äußere Überzug des Auges sehr dicht sein muß, schwer zu verstehen. Vielleicht stellte Demokrit eine solche Behauptung auf und begründete sie auf irgend eine Weise. Aber da die handschriftliche Überlieferung nicht sehr gut ist, besteht auch die Möglichkeit, daß der Text an dieser Stelle korrupt ist.

und frei von dichtem Fleisch und ebenso frei von dicker oder öliger Feuchtigkeit[42], und wenn die inneren Gänge gerade und trocken (? ἄνικμοι) sind, so daß sie in ihrer Gestalt zu dem „Abgedrückten" oder „Abgebildeten" (τοῖς ἀποτυπουμένοις) passen. Auf diese Erklärung folgt unmittelbar der Satz: „Denn jeder (oder jedes ? ἕκαστον Acc.) erkennt am besten das Verwandte." Offenbar ist dieser letzte Satz ein vollständiges non sequitur, wenn er im Sinne der alten Lehre, daß Gleiches von Gleichem apperzipiert wird, verstanden wird. Denn bei Demokrits Vorgängern hieß „gleich" dieselben irreduciblen Eigenschaften, teilweise emotionellen Charakters, zu haben, während in Theophrasts Bericht, wenn er überhaupt einen Sinn haben soll, Gleichheit nur eine Gleichheit oder Ähnlichkeit der räumlichen Anordnung bedeuten kann und dies nicht einmal in dem Sinne, daß die Gestalt der Atome und ihrer Kombinationen in dem wahrgenommenen „Eindruck" (im wörtlichen Sinn) mit der Gestalt und Anordnung der Atome im Sinnesorgan genau übereinstimmen müssen, sondern nur, daß dies bis zu dem Grade der Fall sein muß, daß sie ineinander passen[44]. Wiederum wird daher die Erklärung in voller Übereinstimmung mit dem Grundcharakter der Philosophie Demokrits auf den Aufweis rein räumlicher Beziehungen beschränkt.

Wenn diese Erklärung richtig ist — und ich kann nicht sehen, daß irgendeine andere Erklärung mit den Ausführungen Theophrasts über die ὁμόφυλα in der Theorie Demokrits in Einklang gebracht werden kann —, erklären sich die scheinbaren oder wirklichen Widersprüche in der antiken Überlieferung über Demokrits Verhältnis zu der alten Lehre, daß Gleiches durch Gleiches erkannt oder wahrgenommen wird, ohne weitere Schwierigkeit. Es ist nicht länger überraschend, daß Theophrast bei der Diskussion dieses Problems zuerst Demokrits Theorie, daß Gleiches Gleiches *affiziert*, heranzog und nicht seine Äußerung, daß ὁμόφυλα am besten wahrgenommen werden, obwohl, wenn man nur auf den *Wortlaut* schaut, die zweite Äußerung Demokrits dem alten Prinzip, daß nur Gleiches von Gleichem erkannt oder wahrgenommen wird, so viel näher zu kommen scheint. Denn wenn man sich nicht durch die Worte täuschen läßt, sondern auf die Realitäten blickt, auf welche sie sich

---

[42] Hier folge ich (wie Stratton, op. coll. S. 111 und Anm. 133) der Lesart der Handschriften gegen Diels Konjektur μεστά.

[43] Da ἕκαστον im Accusativ steht, ist es nicht möglich, mit Sicherheit zu entscheiden, ob das Masculinum oder das Neutrum gemeint ist.

[44] Vgl. auch unten Anm. 47.

beziehen, hat die Lehre, daß nur Körper auf Körper einwirken können, immer noch eine etwas nähere Beziehung zu der Lehre, daß nur Gleichartiges Gleichartiges affizieren kann und also auch die Wahrnehmung, da sie nach Demokrit ein „affiziert werden" ist, nur durch Gleichartiges hervorgerufen werden kann, als die Theorie, daß das Zustandekommen einer Wahrnehmung von der Homogeneität räumlicher Anordnungen der Atome im wahrgenommenen Objekt und im wahrnehmenden Sinnesorgan abhängt. Ebensowenig ist es dann noch überraschend, daß Sextus Empiricus, der immer alles ziemlich schematisch auf Grund weniger überkommener Begriffe und Vorstellungen erklärt[45], die fundamentale Differenz zwischen Demokrit und seinen Vorgängern und Zeitgenossen überhaupt nicht erkannte.

In seinem Bericht über Demokrits Diskussion der Struktur des Auges hatte Theophrast von der ἔμφασις gesprochen, welche zuerst in der Luft entsteht und dann in das menschliche Auge eindringt und dort die Gesichtswahrnehmung eines Gegenstandes hervorruft. Ἔμφασις wird meistens durch „reflection" oder Widerspiegelung übersetzt. Aber dieses Wort bezeichnet ein Reflektiert- oder Zurückgeworfenwerden der Strahlen, während in dem Wort ἔμφασις etymologisch nur liegt, daß etwas in etwas erscheint. Die Theorie der ἔμφασις scheint von der Beobachtung ausgegangen zu sein, daß wir, wenn wir jemand in die Augen sehen, darin ein (reflektiertes) Bild der Gegenstände sehen können, die er sieht. Wenn dieses Bild mit der Verbindung von Partikeln identifiziert wird, welche in ihm die Gesichtswahrnehmung hervorruft, kann man natürlich fragen, wie wir diese Verbindung sehen können, da sie sich ja in dem Auge des andern, nicht in unserem eigenen Auge befindet, und da die Wahrnehmung nach der Theorie in dem Auge stattfindet, in das die Ausflüsse von den entfernten Gegenständen hineinkommen. Es müßte also noch einmal eine Reflektion oder Zurückwerfung des in das Auge des andern eingedrungenen Bildes oder eines Teiles davon in unser eigenes Auge stattfinden. Aber abgesehen von dieser Schwierigkeit ist die Vorstellung natürlich genug.

Die demokriteische Theorie der ἔμφασις enthält jedoch noch ein weiteres Element, das sowohl den antiken wie den modernen Kommentatoren und Kritikern von Demokrits Theorie des Sehens ein Rätsel aufgegeben hat. Dies ist die Annahme, daß die ἔμφασις zuerst in der Luft produziert wird, und zwar in einer gewissen Entfernung von dem Auge: an dem

---

[45] Für Beispiele vgl. den in Anm. 13 zitierten Aufsatz S. 234 ff.

Punkt nämlich, wo die Ausflüsse von dem wahrzunehmenden Gegenstand und die Ausflüsse, die von der wahrnehmenden Person ausgehen, die natürlich wie alle Gegenstände auch solche aussendet, miteinander zusammentreffen. Nach den Angaben Theophrasts glaubte Demokrit, daß an diesem Punkt die Luft von den beiden zusammentreffenden Ausflüssen zusammengepreßt wurde, so daß eine Art Abdruck in ihr gebildet werde. Es ist also dann dieser Abdruck, der ins Auge gelangt und den Eindruck in ihm hervorruft.

Theophrast selbst weist darauf hin, daß es sehr viel einfacher gewesen wäre, die Ausflüsse von den Gegenständen direkt in das Sinnesorgan eindringen zu lassen als anzunehmen, daß zuerst ein Abdruck in der Luft entstehe, eine Annahme, die zu allen Arten von Schwierigkeiten führt. Einige moderne Kommentatoren[46] haben auf ein Demokritfragment hingewiesen, in dem Demokrit sagt, daß, wenn der Raum zwischen dem gesehenen Objekt und unserem Auge völlig leer wäre, eine Ameise hoch am Himmel ohne Schwierigkeit gesehen werden könnte, und haben daraus den Schluß gezogen, daß die Theorie von der ἔμφασις in der Luft nur dazu diene zu erklären, warum wir sehr entfernte Objekte nicht mit derselben Klarheit und Deutlichkeit sehen wie uns nähere. Diese Erklärung erscheint jedoch kaum als ausreichend. Daß die Ausflüsse von entfernten Objekten durch die dazwischenliegende Luft gestört und verundeutlicht werden, ist auch ohne die Theorie von einem Abdruck in der Luft vollständig verständlich. Vor allem aber scheint nach dem Bericht des Theophrast der Abdruck in der Luft das Bild des wahrgenommenen Gegenstandes eher zu konsolidieren als zu verwischen. Denn der so hervorgerufene Abdruck wird als hart bezeichnet[47].

Vielleicht kann das Problem durch erneutes Zurückgehen auf Demokrits Theorie des Hörens etwas weiter aufgeklärt werden. Die Theorie,

---

[46] Vgl. z. B. J. I. Beare, op. coll. (oben Anm. 6), p. 27.

[47] Theophrast de sensu 50. Diese Behauptung zeigt, wie sehr sich Demokrits Theorie der Wahrnehmung von ὁμόφυλα von der alten Lehre, daß Gleiches von Gleichem wahrgenommen wird, unterscheidet. Denn die ἔμφασις muß hart sein, um als definitive festumrissene Gestalt wahrgenommen zu werden, während das Auge feucht und weich sein muß, um sie in sich eindringen zu lassen. In dieser Hinsicht besteht also gewiß keine Gleichartigkeit zwischen der ἔμφασις, welche die Gesichtswahrnehmung hervorruft, und der Struktur des Sinnesorgans. Bei Demokrit muß ferner Wasser im Auge sein, um es weich zu machen, so daß die ἔμφασις keinen Widerstand findet, hat dagegen nicht, wie bei Empedokles, die Funktion, Wasser und das Dunkle, das als Eigenschaft des Wassers erscheint, wahrzunehmen, während Feuer im Auge sein muß, um Feuer und die weiße Farbe wahrzunehmen.

daß das Stoßen der Luft durch die Stimme die Luftpartikel in homogene
Anordnungen bringt, scheint dazu gedient zu haben, die Artikulation
der Laute zu erklären[48]. Auf der anderen Seite sagt Theophrast[49], daß die
tonerzeugenden Partikel in das Ohr gelangen, welches von allen Sinnesorganen am meisten leeren Raum enthält, und sich dort zerstreuen. Man
kann vielleicht vermuten, daß die ἔμφασις-Theorie dazu dient, zu erklären, wie es kommt, daß die eine Gesichtswahrnehmung hervorrufenden
Ausflüsse eine gewisse Gestalt bewahren, so daß wir imstande sind, die
Gestalt der entfernten Objekte, von denen sie kommen, zu erkennen[50],
während der Schall uns nichts von der Gestalt des Gegenstandes verrät,
von welchem er ausgeht. Demokrit mag dann die Erklärung für dieses

---

[48] Dies scheint aus dem Bericht des Aëtius über die Theorie Epikurs zu folgen, welche
   seinem Bericht über Demokrits Theorie vorangeht (vgl. Diels, Doxographi Graeci
   408). Dieser Bericht über Epikur enthält auch ein weiteres Detail, welches die enge
   Beziehung zwischen der Theorie des Hörens und der Theorie des Sehens innerhalb
   des atomistischen Systems illustriert. Nach Aëtius illustrierte Epikur die Entstehung
   von Gruppierungen ähnlich geformter Teilchen in der Luft unter dem Einfluß der
   Stimmstöße durch ein Phaenomen, das beobachtet werden kann, wenn „Walker auf
   Kleider blasen". Was damit gemeint ist, wird durch Seneca, Quaestiones Naturales
   I, 3, 2 erklärt, der sagt, daß, wenn ein Walker das Tuch mit Wasser besprengt, das
   Wasser in der Luft sich in die verschiedenen Farben des Regenbogens zerteilt. Die
   Annahme, die hier gemacht wird, ist offensichtlich die, daß dieselbe Ursache, welche
   die Artikulation der Stimme bewirkt, nämlich, daß unter einem Anstoß ähnlich
   geformte Teilchen zusammenkommen, durch das Auge als die regelmäßige Verteilung der Regenbogenfarben unter den Luftstößen des das Wasser über das Tuch
   blasenden Walkers beobachtet werden kann. Doch ist darauf aufmerksam zu
   machen, daß die Illustration durch den Hinweis auf den Walker nicht von Demokrit, sondern von Epikur kommt.

[49] De sensu 55.

[50] Was Demokrit mit ἔμφασις meint, ist offenbar nicht nur ein negativer Abdruck
   oder Eindruck in der Luft, was bedeuten würde, daß wir sozusagen im Auge einen
   negativen Abdruck der Dinge wahrnehmen, wie im übrigen auch Theophrast hervorhebt, und ferner, daß die Ausflüsse selbst gar nicht in das Auge gelangen,
   sondern nur der negative Abdruck, den sie in der Luft erzeugt haben. Vielmehr ist
   die ἔμφασις offenbar ein festgefügtes, bzw. zusammengepreßtes Bild des Gegenstandes, das sich aus den Ausflüssen *und* der Luft, die sie zusammengepreßt haben,
   zusammensetzt.
      In dieser Form ist die Theorie nicht unvereinbar mit der Annahme, daß die
   Ausflüsse durch eine lange Bewegung durch die Luft, bevor die ἔμφασις sich bildet,
   etwas verwischt werden, obwohl schwer zu verstehen ist, wie es eine ἔμφασις der
   Ameise am Himmel (vgl. oben S. 613) geben kann, wenn zwischen ihr und dem
   Auge der Person, welche die Ameise sieht, sich nur leerer Raum, aber keine Luft
   befindet. Aber vielleicht nahm Demokrit an, daß in diesem Falle keine ἔμφασις
   nötig wäre, da die Ausflüsse dann ganz ungehindert ins Auge gelangen könnten.
   Einige ungelöste Probleme bleiben bei dem unvollkommenen Zustand der Überlieferung und der Schwierigkeit des Gegenstandes in jedem Fall.

Phänomen darin gefunden haben, daß tagsüber alle Gegenstände Gesichtswahrnehmungen erzeugen und daß infolgedessen die von entgegengesetzten Objekten ausgehenden Ausflüsse notwendig in der Mitte zusammentreffen müssen, so daß ein soliderer Abdruck zustande kommt. Auf der anderen Seite ist die Struktur des Auges, im Gegensatz zu der des Ohres, eine solche, daß sie diesen Abdruck, wenn er in das Auge kommt, zusammenhält, während der Schall oder auch der artikulierte Ton oder Klang, wenn er einmal ins Ohr gelangt ist, sich zerstreut, so daß wohl noch eine gewisse Artikulation des Tones, aber keine feste Gestalt mehr wahrgenommen wird. Natürlich ist die Kritik Theophrasts weitgehend gerechtfertigt, wenn er geltend macht, es sei schwer zu verstehen, wie eine so flüchtige Substanz wie die Luft durch den Zusammenstoß zweier Ausflüsse von entgegengesetzten Seiten in ein festes Bild oder einen festen Abdruck zusammengepreßt werden könne. Diese und andere Schwierigkeiten, wie daß die Abdrücke nach entgegengesetzten Richtungen weiterfliegen müßten, bleiben bestehen. Doch läßt sich nach dem Bericht und der Kritik Theophrasts kaum bezweifeln, daß alle diese Elemente in der Theorie des Sehens bei Demokrit eine Rolle gespielt haben und daß sich Demokrit sehr große Mühe gegeben hat, den Mechanismus, durch den Sinnesempfindung und Wahrnehmung zustande kommen, aufzuklären.

Ein anderes höchst interessantes Problem bietet Demokrits Theorie der Farbwahrnehmung. Theophrast berichtet, daß Demokrit alle Farben auf eine Mischung von vier Grundfarben: weiß (λευκόν), schwarz (μέλαν), rot (ἐρυθρόν) und gelbgrün (χλωρόν) reduzierte. Nur diese vier Farben brauchten daher auf Grund der atomistischen Mechanik erklärt zu werden. Aristoteles sagt, Demokrit führe alle Sinneswahrnehmungen letzterdings auf Tastwahrnehmungen oder Tastqualitäten zurück. Daß dies wirklich so ist, ist am offenkundigsten bei seiner Erklärung der Geschmacksempfindungen, obwohl man sagen kann, daß Demokrits Verfahren etwas komplizierter ist. Sein eigentliches Ziel ist natürlich, die atomare Struktur der Objekte, welche gewisse Empfindungen hervorrufen, herauszufinden. Nun kann man nicht sagen, daß die Tastqualitäten wie

---

[51] D sensu 73 ff.

[52] χλωρόν bedeutet die gelbgrüne Farbe junger Blätter oder von dunklem Honig. Es unterscheidet sich von πράσινον (blaugrün), das Demokrit wahrscheinlich als gemischte Farbe betrachtete, obwohl Aristoteles (Meteorologica III, 2. 372 a 8) die Meinung verteidigt, diese Farbe sei nicht durch Mischung zu erzeugen.

[53] De sensu 4, 442 a, 29; vgl. Demokrit 68 A 119 Diels/Kranz.

rauh, glatt, klebrig usw. uns eine Kenntnis dieser atomaren Struktur direkt vermitteln. Aber der Übergang von diesen Empfindungen zu einer anschaulichen Vorstellung von der Oberflächenstruktur der Gegenstände ist doch in diesem Falle leichter und unmittelbarer als im Falle der Geschmacksempfindungen, der Gerüche oder der Gesichtswahrnehmungen[54]. Daher versucht Demokrit, die Geschmacks- und Geruchsempfindungen zunächst auf Tastempfindungen zu reduzieren, um so den Übergang zu Schlüssen auf die atomare Struktur der Gegenstände, die diese Empfindungen hervorrufen, zu erleichtern.

Keine so komplizierte Konstruktion ist natürlich notwendig, um die Wahrnehmung der Gestalt von Objekten durch den Gesichtssinn zu erklären. Denn Gestalt ist eine Eigenschaft der Atome und ihrer Konglomerate selbst und diese ist durch die in der ἔμφασις verhärtete Gestalt der Ausflüsse von den Dingen direkt gegeben. Die Farbe dagegen ist keine Eigenschaft der Atome oder ihrer Konglomerate selbst. Ihre Entstehung im Sinnesorgan bedarf daher einer besonderen Erklärung. Wir dürfen daher erwarten, daß Demokrit hier im Wesentlichen dieselbe Methode befolgt hat wie in der Erklärung der Geschmäcke und Gerüche, wenn Aristoteles sagt, daß er *alle* Sinnesqualitäten letzterdings auf Tastqualitäten reduziert habe. In diesem Fall bereitet die Interpretation des Berichtes des Theophrast, wenn man den mehr oder minder allgemein angenommenen modernen Erklärungen folgt, sehr ernsthafte Schwierigkeiten.

In bezug auf die Erklärung der Farben Weiß und Schwarz durch Demokrit hat Theophrast folgendes zu sagen: weiß ist, was glatt ist. Denn was weder rauh noch Schatten verursachend ist, das ist glänzend[55]. Was glänzend ist, muß gerade Poren haben und durchsichtig sein. Gegenstände, die zugleich weiß und hart sind, haben eine solche Struktur wie die Innenseite einer Muschel. Denn so werden sie schattenlos hellscheinend sein und gerade Poren haben. Aber weiße Dinge, die bröckelig sind und sich leicht zerreiben lassen, bestehen aus runden Atomen, die schief zueinander liegen in paarweiser Anordnung, im ganzen aber eine ganz gleichförmige Anordnung besitzen. Wenn sie so angeordnet sind, werden die Gegenstände bröckelig oder zerreibbar sein, weil die Atome einander

---

[54] Für eine eingehendere Analyse vgl. den in Anm. 4 zitierten Artikel S. 29.

[55] Für die alten Griechen waren die Vorstellung „weiß", „hell" und „glänzend" immer stark miteinander verbunden und erscheinen oft als austauschbar (vgl. z. B. Kallimachos, Hymnen VI, 120 ff.).

nur leicht berühren (sc. nicht ineinander verhakt sind). Aber ihre Poren werden, da gleichmäßig angeordnet, gerade sein[56], und sie werden schattenlos sein, weil sie eine glatte Oberfläche haben.

Schwarze Gegenstände werden die entgegengesetzte Struktur haben, nämlich rauh und unregelmäßig. Denn so werden die Poren nicht gerade sein und Schatten verursachen und schwierig zu passieren sein. Infolgedessen werden die Ausflüsse schwerfällig und ungeordnet sein. Es sind aber die Ausflüsse, welche die Unterschiede in der Wahrnehmung hervorrufen, und diese werden auch durch die Vermischung mit der Luft affiziert.

In der modernen Literatur wird allgemein angenommen, daß die Gestalten und Strukturen, von denen Demokrit (bzw. Theophrast in seinem Namen) hier spricht, die der Atome sind, aus denen die weißen und schwarzen Objekte bestehen, und infolgedessen auch die Gestalten der Ausflüsse, die von den Objekten ausgehen. Aber diese Annahme kann kaum richtig sein. Die geraden Poren oder Gänge der weißen und die ungeraden der dunklen Objekte können kaum die der Atome sein, sondern müssen von diesen gebildet werden, sich also zwischen ihnen befinden. In der Analyse der schwarzen oder dunklen Gegenstände werden die Ausflüsse deutlich von den genannten Strukturen unterschieden. Sie werden ferner durch ihren Bewegungszustand, nicht durch ihre Atomstruktur, von den Ausflüssen der weißen Gegenstände unterschieden, während die Gestalt bei zusammengesetzten G e g e n s t ä n d e n immer durch die Anordnung der Atome zueinander, nicht durch ihre Bewegung bestimmt wird. Ferner sagt Aristoteles[58], wo er von Demokrits Theorie der Farbe spricht, daß Farbe durch die *Lage* der Atome bestimmt wird, wäh-

---

[56] Die Handschriften haben hier das Wort εὔθρυπτον, was zerreibbar oder bröckelig bedeutet. Aber dieses Wort ist fast synonym mit dem vorangehenden ψαθυρόν, so daß man nicht sieht, warum eine weitere Erklärung erforderlich sein sollte. Es ist auch schwer zu sehen, warum ein Gegenstand zerreibbar oder bröckelig sein sollte, wenn seine Teilchen regelmäßig angeordnet sind, da sie ja trotzdem miteinander fest verhakt sein könnten. Man vermißt ferner eine Erklärung, daß der Körper auf diese Weise gerade Poren haben wird, was ja vorher der Hauptpunkt gewesen war. Wenn die Teilchen gleichmäßig angeordnet sind, können die Poren am ehesten gerade sein. Es erscheint daher als wahrscheinlich, daß εὔθρυπτον aus εὔθύπορον korrumpiert ist oder aus einem ähnlichen Wort.

[57] Σχῆμα kann alle drei Bedeutungen haben. Es bedeutet z. B. oft die „Figuren", d. h. die Konfigurationen der Bewegungen in einem Tanz. Die spezielle Bedeutung des Wortes an einer bestimmten Stelle hängt daher von dem Kontext ab.

[58] de generatione et corruptione I, 2, 316 a, 1. Vgl. Demokrit 68 A 123 Diels/Kranz; ferner Theophrast de sensu 75: τῇ θέσει καὶ τῇ τάξει διαλλάττειν τὴν χρόαν.

rend er die Geschmacksempfindungen durch die *Gestalt* der Atome bestimmt sein läßt[59].

Alles dies weist darauf hin, daß Demokrit bei seiner Erklärung der
Verschiedenheit der Farben die strukturelle *Anordnung* der Atome in den
die Farbempfindungen hervorrufenden Gegenständen im Auge hatte,
nicht oder nicht vornehmlich die Gestalt der in ihnen befindlichen Atome.
Dies wird weiter bestätigt durch die Unterscheidung zwischen harten und
zerreibbaren weißen Gegenständen. Harte Gegenstände bestehen nach
der Theorie Demokrits[60] aus miteinander stark verhakten Atomen, so
daß sie nicht leicht aus ihrer Lage zueinander gelöst werden können, während bröckelige oder im mineralogischen Sinne weiche Körper aus Atomen
bestehen, die nicht miteinander verhakt sind, obwohl sie im übrigen dichter angeordnet sein mögen, wie es bei einem weichen aber schweren Körper der Fall sein wird, während bei einem harten aber leichten Körper
anzunehmen ist, daß zwischen den miteinander verhakten Atomen größere Zwischenräume bestehen, sie also eine Art Gitter darstellen. Da
runde oder kugelförmige Körper sich nicht miteinander verhaken können, ist zu schließen, daß harte Körper nicht aus abgerundeten Atomen
bestehen werden, während umgekehrt zerreibbar weiche Körper nicht
aus Atomen bestehen werden, die sich leicht fest miteinander verhaken.
Auf Grund solcher Überlegungen kann man leicht verstehen, warum
Demokrit das Bedürfnis empfand, zu erklären, wie es kommt, daß harte
und weiche Körper trotz ihrer verschiedenen inneren Struktur doch dieselbe weiße Farbe haben können. Er weist darauf hin, daß trotz dieser
Strukturverschiedenheiten beide gerade Poren haben können von regelmäßiger Form und eine verhältnismäßig glatte Oberfläche.

Dies allein dürfte wohl ausreichen zu beweisen, daß die σχήματα, von
denen Theophrast in diesem Falle spricht, bei Demokrit nicht die Gestalt

---

[59] Theophrast, de sensu 65 ff.

[60] Demokrit Frgt. 68 A 60.

[61] Ein gewisser Widerspruch erscheint sich daraus zu ergeben, daß Demokrit später
sagt, daß weiße Gegenstände auch eine rauhe Oberfläche haben können. Aber seine
σχήματα sind weder die Atome noch die Gestalten der Oberflächen als ganzer, sondern die feinere Struktur der letzteren. Die Voraussetzung für die Entstehung
von Ausflüssen, welche die Weißempfindung im Auge hervorrufen, ist offenbar, daß
die Gegenstände keine für den Tastsinn als Rauheit wahrgenommene Vorsprünge
haben, welche das Ausströmen der Ausflüsse behindern könnten. Daher das Erfor-
dernis der Glätte, soweit die feinere Struktur in Betracht kommt. Da aber weiße
Gegenstände offenbar auch eine rauhe Oberfläche haben können, wenn sie dann
auch nicht ganz so strahlend weiß sein werden, versucht Demokrit zu zeigen, daß

der Einzelatome bedeutet haben können, sondern ihre Anordnung oder Konfiguration in den uns als farbig bzw. weiß und schwarz erscheinenden Gegenständen. Es ist dann auch leicht zu erklären, wie Demokrit sagen konnte, die Poren der weißen Gegenstände seien schattenlos, die der schwarzen dagegen schattenmachend. Theophrast fand diese Formulierung Demokrits schwer verständlich[62], und Kranz[63] geht so weit, Demokrit zu beschuldigen, durch das Wort „schattenmachend" bringe Demokrit die Farbe, die er von der wirklichen Welt ausschließen wolle, durch die Hintertür doch wieder herein. Aber dieser Einwand ist ganz unberechtigt. Schatten wird hervorgerufen, wo ein Gegenstand den Weg der Lichtstrahlen obstruiert, oder, von Demokrits Theorie aus gesehen, wenn ein solcher Gegenstand die Ausflüsse von den gesehenen Objekten verhindert, geradewegs und ungestört in unsere Augen zu gelangen. Offenbar ist dies der Fall, wo die Poren, aus denen die Ausflüsse von den Gegenständen nach außen dringen, nicht gerade und regelmäßig sind. Wiederum also wird in dieser Erklärung alles auf Grund der Anordnung von materiellen Atomen erklärt. Keine „objektive" Farbe wird angenommen. Sondern die Farbe wird durch Konfiguration und *Bewegungscharakter* der Ausflüsse produziert, welch letzterer wieder von der Anordnung der Atome in dem Gegenstand, von dem die Ausflüsse ausgehen, abhängig ist. Dies wird noch besonders deutlich, wenn Theophrast nach Demokrit später beschreibt, wie es möglich ist, daß ein weißer Gegenstand, trotz der früheren Feststellung, daß die Struktur eines weißen Gegenstandes glatt sein muß, doch eine rauhe Oberfläche haben kann. Solche Gegenstände, sagt er, bestehen aus großen Teilen, und ihre Verbindungen sind nicht abgerundet, sondern vorstehend und die Gestalten ihrer Konfigurationen[64] sind unterbrochen oder zickzackförmig wie die Aufschüttungen vor den Mauern einer Stadt. Denn wenn sie so angeordnet sind, werden sie keinen Schatten produzieren und die Helligkeit nicht behindern.

---

es eine Art der Rauheit gibt, die durch Abwesenheit von dem Ausströmen hinderlichen Vorsprüngen mit der Hervorrufung der Weißempfindung vereinbar ist.

[62] De sensu 81.

[63] Op. Coll. (Anm. 6), S. 131.

[64] An dieser Stelle, an der Theophrast von μορφαὶ σχημάτων spricht, ist es besonders deutlich, daß mit σχήματα nicht die Gestalten der Atome gemeint sein können, wie immer angenommen worden ist, ganz abgesehen von der Absurdität, daß die Atome die Gestalt von Zickzackmauern an den Zugängen zu einer Festung haben sollten.

Nimmt man all dies zusammen, so kann kaum ein Zweifel daran bestehen, daß Demokrit an dieser Stelle mit den σχήματα die feinere Struktur der Gegenstände bezeichnen will, die uns als weiß oder schwarz erscheinen. Das Grundprinzip seiner Erklärung ist außerordentlich einfach. Wenn ein Gegenstand gerade Poren hat, welche das Ausströmen der Ausflüsse nicht behindern, wird der Gegenstand uns als weiß erscheinen, wenn das Gegenteil der Fall ist, wenn die Poren nicht gerade sind und das Ausströmen schwierig machen und stören, werden die Gegenstände als schwarz oder dunkel erscheinen. Aber die gerade Form der Poren wird in harten und weichen Gegenständen das Resultat im übrigen verschiedener Atomkonfigurationen sein.

Die kausale Verbindung zwischen der Gestalt der Poren und dem Farbeffekt im Auge ist vielleicht nicht allzuschwer herzustellen, obwohl Theophrast keine näheren Angaben darüber macht. Er sagt ausdrücklich, die Ausflüsse von uns dunkel erscheinenden Gegenständen seien schwerfällig und ungeordnet. Dies erscheint natürlich genug, wenn ihr Ausströmen durch die unregelmäßige Gestalt der Poren, denen sie entströmen, gestört ist. Umgekehrt muß die Bewegung der Ausflüsse, die ungehindert aus geraden Poren ausströmen können, schnell, gerade und regelmäßig sein. Der Weißeffekt im Auge wird also durch schnelle, sich regelmäßig in einer Richtung bewegende Ausflüsse, der Schwarzeffekt durch langsame, unregelmäßige Ausflüsse aus sich gegenseitig hin- und herstoßenden Atomen verursacht werden. Diese Theorie ist nicht schwer zu verstehen, wenn man in Betracht zieht, daß in der durchsichtigen Luft, die für Griechenland charakteristisch ist, eine glänzende weiße Farbe das Auge sozusagen mit großer Intensität trifft und daß weiße Gegenstände mit klaren hellen Konturen sich von ihrem Hintergrund abheben, während für schwarze oder dunkle Gegenstände in beiden Hinsichten das Gegenteil gilt.

Es bleibt noch übrig zu zeigen, daß die Theorie der roten und der gelbgrünen Farbe mit der gegebenen Interpretation zum mindesten nicht im Widerspruch steht. Offenbar muß es für Demokrit sehr schwer gewesen sein, andere Farben als weiß und schwarz auf Grund derselben Prinzipien zu erklären wie diese Farben, deren Erklärung denn auch bei ihm offenbar den bei weitem größten Raum eingenommen zu haben scheint. Diese Schwierigkeit wird durch den Bericht des Theophrast sehr

---

[65] Theophrast sagt ausdrücklich, daß Demokrit keine darüber hinausgehende Erklärung der gelbgrünen Farbe gegeben hat.

deutlich illustriert. Von der gelbgrünen Farbe sagt er nur, daß sie nach Demokrits Theorie durch eine Kombination von leerem und erfülltem Raum hervorgerufen wurde. Aber das ist das allgemeine Prinzip, auf dem alle seine Erklärungen beruhen. Er scheint also auf eine wirkliche Erklärung der Entstehung dieser Farbe verzichtet zu haben. Aber die Erwähnung des leeren Raumes bestätigt, daß er die Struktur des Objektes, von dem die Farbempfindung letzterdings ausgeht, im Sinn gehabt haben muß. Denn der Eindruck im Auge wird natürlich nicht durch den leeren Raum, sondern durch die Atome der Ausflüsse hervorgerufen. Für die Bewegung der Ausflüsse dagegen ist die Form des leeren Zwischenraumes zwischen den Atomen, wie sich gezeigt hat, von der größten Bedeutung.

Bei der roten Farbe hat Demokrit die Schwierigkeit offenbar dadurch zu überwinden gesucht, daß er diese Farbe mit dem Phänomen der Wärme in Verbindung brachte, indem er erklärte, daß rote Gegenstände dieselbe Struktur haben wie warme oder heiße. Durch ein anderes Fragment werden wir belehrt[66], daß ein Körper durch die Erzeugung von leerem Raum in ihm erhitzt wird. So bezieht sich die Erklärung wieder auf leeren Raum, der *in* den Körpern, nicht im Sinnesorgan oder in den Ausflüssen, erzeugt wird. An noch einer anderen Stelle heißt es, Demokrit habe die Feueratome als kugelförmig betrachtet. Der scheinbare Widerspruch verschwindet, wenn man annimmt, daß der leere Raum in einem erhitzten Körper die Feueratome leicht passieren läßt, woraus sich auch erklären würde, daß stark erhitzte Körper rotglühend werden. Die Theorie der roten Farbe läßt sich dann leicht mit der Theorie des Weißen und des Schwarzen auf einen Nenner bringen, zumal auch die rote Farbe eine intensive Farbe ist, die das Auge sozusagen mit einem größeren Impakt trifft als sanftere Farben.

Wenn die hier gegebene Interpretation von Demokrits Theorie der Farbempfindungen richtig ist, muß man die Energie bewundern, mit der Demokrit, nicht damit zufrieden, etwas über die Struktur der „Ausflüsse" herauszufinden, welche die Farbempfindungen unmittelbar hervorrufen, das Problem noch weiter verfolgt hat und sich die Frage stellte, wie die Struktur des Gegenstandes sein muß, von dem die Ausflüsse ausgehen, und dann noch wieder weitere Strukturunterschiede festzustellen

---

[66] Theophrast, de sensu 65.
[67] Demokrit Frgt. 68 A 74.

versuchte bei harten weißen und bei weichen oder bröckeligen weißen Gegenständen.

Noch wichtiger vielleicht ist ein weiterer Schluß, der aus der Interpretation der verschiedenen Aspekte von Demokrits Theorie der Farbempfindung gezogen werden kann. Denn es zeigt sich dann, daß Demokrit in der Reduktion aller Phänomene auf rein räumliche Relationen außerordentlich konsequent gewesen ist und daß der Unterschied zwischen ihm und seinen Vorgängern und Zeitgenossen (mit Ausnahme seines Lehrers Leukipp) sehr viel größer gewesen ist als meistens angenommen wird. Man kann wohl sagen, daß bis auf den heutigen Tag niemand die rein materialistische und mechanistische Erklärung aller Erscheinungen mit größerer Konsequenz durchzuführen versucht hat als Demokrit. Das ist vielleicht um so interessanter, als einerseits die Herkunft der Philosophie Demokrits über Leukipp von Parmenides, andererseits die Ausarbeitung seines Systems im einzelnen sehr deutlich zeigen, daß seine Philosophie und Naturerklärung ganz und gar nicht, wie viele glauben, einen rein empirischen Ursprung hat.

---

[68] Ein aufgrund der Überlieferung kaum lösbares Problem ist, ob die Ausflüsse, welche die Gesichtsempfindung nach ihrer Konsolidation mit und in der Luft hervorrufen, aus Teilchen der Gegenstände, von denen sie kommen, selbst bestehen oder aus Licht oder Feuer. Theophrast kritisiert Demokrit zunächst aufgrund der Annahme, daß die Ausflüsse aus Teilchen der Dinge selbst bestehen. Dann (de sensu 82) wird er jedoch unsicher und spricht von der Möglichkeit, daß sie aus Licht bestehen könnten. Offenbar hat Demokrit selbst sich darüber nicht ganz klar ausgedrückt. Da die Überlieferung uns hier im Stich läßt, könnte das Problem wohl nur aufgrund einer neuen Untersuchung darüber gelöst werden, ob und wie weit Platon im Timaios von Demokrits Theorie des Sehens Gebrauch gemacht hat.

DIE ΕΠΑΓΩΓΗ BEI ARISTOTELES

Die Rolle der Induktion in der modernen Logik ist eine höchst eigentümliche. In den meisten neueren zusammenfassenden Büchern über Logik, einfachen Lehrbüchern und — von einigen Ausnahmen abgesehen — auch wissenschaftlichen Werken, ist ihre Stellung eine recht prekäre. Als Beispiel nehme ich das im Jahre 1956 in erster Auflage erschienene Werk von J. M. Bochenski „Formale Logik", das in vieler Hinsicht mit Recht ein sehr hohes Ansehen genießt.

In diesem Werk von 648 Seiten kommt die Induktion im ganzen viermal vor. Das erstemal[1] erscheint sie in einer Übersicht über den wichtigsten Inhalt der aristotelischen Logik in Form einer Übersetzung einer kurzen, aber wichtigen Stelle aus Aristoteles' Topik[2], wo die ἐπαγωγή erklärt wird als Aufstieg (genauer wäre: Hinweg) vom Besonderen (καθ᾽ ἕκαστον) zum Allgemeinen (καθόλου) und ein Beispiel dafür gegeben wird. Das zweitemal kommt sie vor[3] bei der Erörterung des Trugschlusses, welcher durch falsche Trennung entsteht, d. h. dadurch, daß z. B. der Satz „Jede Zahl ist entweder gerade oder ungerade" so aufgefaßt wird, als ob er bedeutete: „entweder ist jede Zahl gerade oder jede Zahl ist ungerade". Das wird in folgender Weise illustriert: „Jedes Lebewesen ist entweder vernünftig oder unvernünftig. Beweis induktiv. Gegenbeweis: Jedes Lebewesen ist vernünftig oder unvernünftig. Aber nicht jedes Lebewesen ist vernünftig. Also ist jedes Lebewesen unvernünftig." Die Induktion erscheint hier nur am Rande, ohne daß weiter etwas über ihr Wesen ausgesagt wird. Bei der dritten Erwähnung der Induktion[4] handelt es sich um Deutung und Anwendbarkeit der algebraischen Symbole. Es wird ausgeführt, daß die „Operationen, die sich auf Größe beziehen, der Gegenstand waren, für welchen ihre Gesetze erforscht wurden". Das

---

[1] J. M. Bochenski, Formale Logik, Freiburg i. Br. 1956, § 11,06.
[2] Aristoteles, Topica I, 12, 105 a, 10 ff.
[3] A. a. O. § 29, 44.
[4] A. a. O. § 38, 17.

habe zu der Auffassung geführt, daß die Mathematik (mathematische Analyse) wesentlich ebenso wie|faktisch die Wissenschaft der Größe sei. Dieser Schluß sei jedoch keineswegs notwendig. Denn wenn auch jede bestehende Deutung als den Begriff der Größe enthaltend erwiesen werde, könne man doch nur durch Induktion behaupten, daß keine andere Deutung möglich sei. Es könne jedoch bezweifelt werden, ob unsere Erfahrung ausreichend sei, um eine solche Induktion zu rechtfertigen. Auch hier erscheint die Induktion nur am Rande, so freilich, daß etwas mehr davon angedeutet wird, was der Verfasser des Werkes als für die Induktion charakteristisch betrachtet.

Ein viertes Mal endlich ist in demselben Werke von der Induktion im Zusammenhang mit der Erörterung und Ausdeutung einer indischen logischen Theorie die Rede⁵. Es wird darauf hingewiesen, daß diese Theorie oder logische Regel in zwei Fassungen vorliegt, einer älteren in dem klassischen Nyāya und einer jüngeren im Tarkasamgraha. In der ersten Fassung lautet das Beispiel für die Regel: „Rauch kann es nicht ohne Feuer geben. Dieser Berg hat Rauch. Also hat dieser Berg Feuer." In der zweiten Fassung lautet das Beispiel: „In der Küche und überall sonst hat man beobachtet, daß, wo Rauch ist, auch Feuer ist. Ist man nun im Zweifel, ob auf dem Berg Feuer ist, und beobachtet Rauch auf ihm, so erinnert man sich, daß man überall, wo man Rauch beobachtet hat, auch Feuer beobachtet hat und schließt daher: Auf dem Berg ist Rauch. Also ist auf dem Berg auch Feuer." Dazu macht Bochenski die folgende Bemerkung: „Während es sich in dem späteren Text ziemlich klar um einen induktiven Beweis handelt, ist die Rechtfertigung beim älteren Nyāya eine andere: sie besteht nämlich darin, daß man den Zusammenhang von zwei Wesenheiten in einem Individuum schaut, ist also keine Induktion." Hier zum ersten Male macht Bochenski klar, was er unter Induktion versteht, nämlich einen Übergang vom Einzelnen zum Allgemeinen, welcher sich nicht spontan und intuitiv vollzieht, so daß die Allgemeingültigkeit eines Zusammenhanges sofort im einzelnen Beispiel sichtbar würde, sondern auf Grund der Beobachtung von sehr vielen oder unzähligen Fällen.|

Blickt man jedoch von dieser genaueren Bestimmung des Begriffes der Induktion auf die früher von Bochenski angeführten Fälle, vor allem die nicht aus Aristoteles geschöpften, zurück, so ergeben sich sogleich sehr beträchtliche Schwierigkeiten. So ist es doch zum mindesten ein wenig

---

⁵ A. a. O. S. 509 (Deutung der in § 53, 23/24 wiedergegebenen indischen Lehren).

sonderbar, wenn die Gültigkeit einer vollständigen Disjunktion aus der Beobachtung unzähliger Fälle abgeleitet werden soll, es sei denn, die Induktion bezöge sich darauf, daß es zwischen vernünftig und unvernünftig keine Zwischenstufen gebe. Aber das kann auch nicht gemeint sein. Denn abgesehen davon, daß damit die Gültigkeit des Satzes zweifelhaft würde, ginge damit die Analogie zu dem Satz über die geraden und ungeraden Zahlen verloren, bei denen es gewiß keine Zwischenstufen gibt. Zugleich ist bei diesem letzteren Satz besonders deutlich, daß die Induktion auf Grund der Beobachtung sehr vieler Fälle, die Bochenski bei der Diskussion der indischen Logik allein als Induktion gelten lassen will, hier nichts zu suchen hat. Denn es ist wohl noch niemandem eingefallen, den Satz, daß alle (ganzen) Zahlen entweder gerade oder ungerade sind, dadurch nachprüfen zu wollen, daß er immer neue Zahlen nimmt und untersucht, ob dabei nicht einmal eine vorkommt, die weder gerade noch ungerade ist, oder sowohl das eine wie das andere. Läßt man die letztere Bezeichnung etwa von unendlichen Zahlen gelten, so beruht auch dies in keiner Weise auf Induktion im Sinne Bochenskis, sondern auf der Schaffung einer neuen Art von Zahlen, die sich von den endlichen ganzen Zahlen ihrem Wesen nach unterscheiden; die Möglichkeit ihrer Bezeichnung als sowohl gerade als ungerade beruht also gerade auf u n m i t t e l b a r e r Feststellung eines Wesenszusammenhanges, wie Bochenski sie von dem Begriff der Induktion geradezu aufs deutlichste ausschließt.

Nicht minder schlecht steht es mit der Anwendbarkeit von Bochenskis Begriff der Induktion auf sein drittes Beispiel[6], die Frage der Anwendbarkeit der mathematischen Analysis auf Nichtgrößen. Um dies einzusehen, ist es nicht notwendig, sich mit der Frage zu beschäftigen, ob und wie weit eine Methode der mathematischen Analysis, die für Größen geschaffen worden ist, noch ihren ursprünglichen Charakter behält, wenn sie auf Nichtgrößen | angewendet wird. Es genügt durchaus, die Frage zu stellen, was für eine Rolle bei der Beantwortung der Frage, ob eine solche Anwendung möglich sei, die von Bochenski für die Induktion geforderten vielen Fälle bedeuten können. Offenbar nur zwei Dinge: entweder, daß von den vielen Tausenden, die sich mit mathematischer Analyse beschäftigt haben, niemand auf den Gedanken gekommen ist, sie auch auf Nichtgrößen anzuwenden, oder daß einige von ihnen zwar auf den Gedanken einer solchen Möglichkeit gekommen sind, aber bisher keinen

---

[6] A. a. O. § 38, 17.

Weg gefunden haben, die vermutete Möglichkeit in die Wirklichkeit umzusetzen. Es ist aber nicht ganz leicht einzusehen, wie aus der Tatsache, daß bis zu einem gewissen Zeitpunkt noch niemand auf einen Gedanken oder auch selbst auf die Lösung eines vorgegebenen Problemes gekommen ist, im Positiven oder Negativen überhaupt etwas folgen soll, wenn man auch zugeben muß, daß aus der Tatsache, daß, seit Fermat einen sehr schönen Beweis für seinen berühmten Satz gefunden zu haben glaubte, dessen Inhalt jedoch nie bekanntgeworden ist, niemand imstande war, diesen Beweis wiederzufinden, der Schluß gezogen worden ist, daß sowohl der Satz wie sein Gegenteil unbeweisbar sei, so daß man sogar glaubte, die sogenannte dreiwertige Logik darauf anwenden zu müssen. Die Ausweitung oder gar Generalisierung dieser Art induktiver Logik dürfte jedoch ihre Unzuträglichkeiten haben[7].

Nun brauchte allerdings in einem Buch über „formale Logik", wenn darunter, wie es bei Bochenski der Fall ist, ausschließlich deduktive Logik verstanden wird, die Induktion überhaupt nicht erwähnt zu werden. Es ist aber vielleicht doch nicht ganz ohne Bedeutung für den gegenwärtigen Stand der Dinge, wenn in dem Werk eines so bedeutenden und anerkannten Logikers sich — und sei es auch nur am Rande — so wenig zusammenstimmende Äußerungen über sie finden. Fragt man nun nach dem Ursprung der Verwirrung, die sich in den bei Bochenski aufgewiesenen Unstimmigkeiten offenbart, so kommt diejenige Begriffsbestimmung der Induktion, welche Bochenski seiner Unterscheidung der beiden Versionen der indischen Logik zugrunde legt, bei Aristoteles, der als erster den Begriff der ἐπαγωγή, was dann später mit Induktion übersetzt wurde, eingeführt hat, in dieser Form gar nicht vor. Wohl aber spielt sie eine grundlegende Rolle in einem Werk, das in der Geschichte der

---

[7] Die Behauptung der Unbeweisbarkeit des Fermatschen Satzes, bzw. der Unentscheidbarkeit des Problems, dessen Lösung der Satz und sein Beweis gegeben zu haben behauptet, scheint mir eine fatale Ähnlichkeit zu haben mit einem Fall aus der Assyriologie. Ein bekannter, angesehener und als zuverlässig anerkannter Gelehrter hatte eine Keilinschrift gefunden, die genaue Angaben über die Maße des babylonischen Turmes enthielt, und da er sie wegen ihres Gewichtes nicht mitnehmen konnte, sie sich abgeschrieben und dann mit Übersetzung veröffentlicht. Zunächst wurden seine Angaben angenommen. Als aber nach seinem Tode die Inschrift nirgends aufzufinden war, setzte sich in der Literatur die Meinung durch, die Inschrift habe nur in der Einbildung des Gelehrten existiert, bis einige Jahrzehnte später das unbezweifelbare Original in einem französischen Museum wieder auftauchte, in das es inzwischen auf irgendeinem Wege gelangt war. Ein induktiver Schluß aus der Tatsache, daß innerhalb einer bestimmten Zeitspanne niemand auf einen bestimmten Gedanken oder die Lösung einer bestimmten Aufgabe gekommen ist, dürfte jedoch noch um einen Grad unzulässiger sein.

modernen Logik von sehr großem Einfluß gewesen ist, in John Stuart Mill's „System of Logic, ratiocinative and inductive", einem Werk, von dem fast die Hälfte der Induktion gewidmet ist, deren Untersuchung, wie der Verfasser gleich zu Anfang des entsprechenden Abschnittes bemerkt, von allen früheren Schriftstellern, die sich mit Logik befaßt hatten, fast vollständig vernachlässigt worden sei. Hier findet sich auch unmittelbar vor der genannten Feststellung die Unterscheidung zwischen der unmittelbar („erschauten" oder intuitiven) Erfassung eines Wesenszusammenhanges und der Induktion, welche Bochenski seiner Untersuchung der beiden indischen Logiken zugrunde legt. So scheint es wenigstens dem Wortlaut nach[8]: „We have found that all Inference, consequently all Proof, and all discovery of truth not self-evident, consists of inductions, and interpretation of inductions; that all our knowledge, not intuitive comes to us exclusively from that source." Sieht man freilich genauer zu, so scheint Mill die Intuition, die er hier als eine von der Induktion verschiedene Erkenntnisquelle zu betrachten scheint, da er sogar die mathematischen Axiome, welche von seinen Zeitgenossen und speziell von dem Dr. Whewell, mit dem er sich in | seiner Logik allenthalben auseinandersetzt, als selbst-evident angesehen wurden, aus einer unbewußten Induktion herzuleiten sucht, entweder überhaupt oder wenigstens in weitem Umfang mit dieser unbewußten Induktion zu identifizieren. Vielleicht gilt Ähnliches auch für Bochenski, obwohl er nichts ausdrücklich darüber sagt. Von einem solchen Standpunkt aus müßte man die ältere Nyāya-Lehre als eine unvollkommenere Lehre, die sich der wirklichen Voraussetzungen der scheinbar unmittelbaren und intuitiven Erkenntnis des Wesenszusammenhanges noch nicht bewußt war, betrachten.

Es ist natürlich nicht möglich, hier, wo es sich um die ἐπαγωγή bei Aristoteles handelt, auf die Induktionstheorie Mills genauer einzugehen, zumal da die Probleme, die bei ihm im Mittelpunkt stehen, später sehr viel präziser behandelt worden sind. Es muß genügen, den Punkt herauszuheben, der für die weitere Entwicklung der Diskussion über die Induktion, wie mir scheint, von entscheidender Bedeutung ist und von dem sich auch Verbindungslinien sowohl zu den bei Bochenski auftretenden Schwierigkeiten wie auch zu Aristoteles ziehen lassen.

---

[8] John Stuart Mill, A System of Logic, ratiocinative and inductive, 8. Auflage, Book III, Chapter I, § 1.

J. S. Mill bemüht sich auf das Äußerste, den Übergang von dem Satz
„Alle bekannten A sind B" zu dem Satz „Alle A sind B" zu finden.
Eben diese Bemühungen werden von Sigwart in seiner Logik auf das
schärfste kritisiert. „Die Ausführungen Mills", heißt es bei ihm[9], „zeigen in ihren Schwankungen ... die Unmöglichkeit, auf dem Sandhaufen
loser und vereinzelter Tatsachen ... ein Gebäude aus allgemeinen Sätzen
zu erichten: es heißt den Bock melken, wenn man aus einer Summe von
Tatsachen eine Notwendigkeit herauspressen will." Und etwas weiter
stellt er fest, daß ein allgemeiner Satz nicht einfach auf dem Wege der
Summation der Tatsachen gewonnen werden kann, die an und für sich
nicht mehr bieten kann, als was sie sagt: daß in soundsoviel Fällen A
B war, und die in der nackten Tatsächlichkeit gar kein Motiv enthält,
über diese A zu weiteren A hinauszugehen. Sigwart kritisiert dann weiter
den Versuch, mit Hilfe der Wahrscheinlichkeitsrechnung oder der Sta-
tistik den Übergang | von allen Bekannten zu allen überhaupt vollziehen
zu wollen. Wenn, sagt er[10], auch alle bisher je gefundenen Raben schwarz
seien, so sei dies doch, sofern die schwarze Farbe nicht in die Definition
des Raben aufgenommen werde, in welchem Falle es keiner Induktion
bedürfe, um zu dem Resultat zu kommen, daß alle Raben schwarz sind,
kein ausreichender Grund zu der Annahme, daß niemals ein weißer
Rabe gefunden werden könne, d. h. ein Vogel, der, abgesehen von der
Farbe, alle Merkmale des Raben habe.

Dies letztere Beispiel ist nun deshalb besonders hübsch, weil bei den
antiken Aristoteleskommentaren ein analoges Beispiel vorkommt, das
einmal die Verbindung zu Aristoteles herstellt, außerdem aber infolge
eines eigentümlichen historischen Zufalls die Natur der Sache ganz besonders gut zu illustrieren geeignet ist. Themistios in seinem Kommentar
zum 4. Kapitel des 1. Buches der Analytica Posteriora[11] bedient sich zur
Illustration des Unterschiedes zwischen dem κατὰ συμβεβηκός, und dem
καθ᾽ αὐτό, zwischen demjenigen, was (nur) jedem Exemplar einer Spezies
oder Gattung (faktisch) zukommt, und dem, was einem Gegenstand,
einer Spezies oder Gattung „an sich" oder mit Notwendigkeit zukommt,
des Beispiels des Schwanes. Das Weißsein kommt jedem Exemplar der

---

[9] Christoph Sigwart, Logik, 2. Auflage, Freiburg i. Br., 1893, Band II, III. Teil, 5. Abschnitt, § 93, 8, S. 421.

[10] Ibid. § 93, 10, S. 423.

[11] Commentaria in Aristotelem Graeca V, 1 (Berlin 1900), S. 12 (S. 18 der Ausgabe
von Spengel).

Spezies Schwan zu, aber nicht an sich oder mit Notwendigkeit, da auch
ein andersfarbiger Schwan immer noch ein Schwan sein könnte, obwohl
es das nicht gibt, beziehungsweise im Erfahrungsbereich der antiken
Griechen nicht vorkam. In diesem Sinn war die Behauptung im Erfahrungsbereich der Griechen des Altertums ohne Einschränkung richtig. Erst
mit der Entdeckung Australiens wurde die Existenz schwarzer Schwäne
bekannt und sind dann später auch Exemplare dieser Varietät nach anderen Kontinenten gebracht worden. Hier hat man also an einem analogen
Fall eine sehr hübsche Bestätigung von Sigwarts Behauptung über den
weißen Raben.

Sigwart sucht nun auf Grund seiner Kritik an Mills Theorie zu zeigen,
daß es sich bei dem Übergang vom Einzelnen zum Allgemeinen um mehr
handeln müsse als um einen Schluß von einer | möglichst großen Anzahl
von Fällen auf alle möglichen Fälle, nämlich um eine Einsicht in einen
notwendigen Zusammenhang oder wenigstens die hypothetische Annahme
eines solchen Zusammenhangs. Dazu macht er den, wie sich zeigen wird,
sehr wichtigen Zusatz[12]: „Weil es sich nicht um die Summierung des Einzelnen, sondern um die Erkenntnis der jedes Einzelne bestimmenden Notwendigkeit handelt, muß sich diese Notwendigkeit unter günstigen Umständen schon in einem einzelnen Fall offenbaren können; wie ja wohl
schon ein einziger Versuch dem Chemiker genügt, um den allgemeinen
Satz auszusprechen, daß zwei Stoffe in einem gewissen Gewichtsverhältnis eine Verbindung eingehen, die solche und solche Eigenschaften hat."
Freilich käme es hier wohl sehr darauf an zu bestimmen, ob und unter
welchen Voraussetzungen ein einziger Versuch genügt, um den als Beispiel
angeführten allgemein als solchen aufzustellen bzw. zu akzeptieren. Daß
es sich hier um einen wesentlichen Punkt handelt, geht jedoch wohl jedenfalls daraus hervor, daß der Satz durch tausendmalige Wiederholung des
Experimentes offensichtlich nicht an Sicherheit gewinnt, sondern vielmehr
nach dreimaliger sorgfältiger Wiederholung des Experimentes eine sehr
viel sicherere Gültigkeit hat als z. B. der Satz, daß der Old Faithful Gey-
sir im Yellowstone Park alle dreiviertel Stunden Wasser speien wird nach
mehrhunderttausendfacher Wiederholung dieses Geschehens.

Im Zusammenhang der sich daraus ergebenden Fragen, die als solche
hier nicht weiter verfolgt zu werden brauchen, nimmt Sigwart auch mehrfach auf Aristoteles Bezug. Er macht einen Unterschied zwischen „Induktion von Spezialgesetzen", wofür er als Beispiel eben das Gesetz anführt,

---

[12] A. a. O. § 93, 16, S. 430.

daß Kohlenstoff und Sauerstoff sich in einem bestimmten Gewichtsverhältnis zu Kohlensäure verbinden, und „generalisierender Induktion",
wofür er die auf Grund solcher Spezialgesetze gewonnene Feststellung anführt[13], daß alle Elementarstoffe sich in bestimmten Gewichtsverhältnis-
sen zu bestimmten Stoffen verbinden. Bei der generalisierenden Induktion
spielen die einzelnen Spezies also die Rolle der | Individuen oder indivi-
duellen Vorgänge bei der speziellen Induktion. Dies ist wichtig, weil es
unter gewissen Umständen als möglich erscheinen mag, sämtliche Spezies
einer Gattung aufzuführen, während es unmöglich ist, sämtliche Einzelindividuen einer Spezies aufzuzählen und nachzuprüfen. Sigwart nimmt
nun an, daß Aristoteles mit ἐπαγωγή die von ihm so genannte generalisierende Induktion gemeint habe. Er weist ferner darauf hin, daß Aristoteles eine Unterscheidung getroffen habe zwischen der ἐπαγωγή als einem
durch vollständige Aufzählung hindurchgehenden Verfahren und dem
Schluß aus einem einzelnen Beispiel. Diese Unterscheidung des Aristoteles,
meint er, verliere jedoch auf Grund der von ihm gemachten Entdeckung
des der wahren Induktion zugrunde liegenden Verhältnisses von Einzelnem und Allgemeinem ihre Bedeutung, da eben in geeigneten Fällen schon
von einem einzelnen Beispiel aus legitim der Schluß auf die Allgemeingültigkeit gezogen werden könne.

Diese von Sigwart neu begonnene Auseinandersetzung mit Aristoteles,
nachdem J. S. Mill nach dem Vorgang des Aristotelesverächters Bacon sich
in seiner Lehre von der Induktion um Aristoteles nicht mehr kümmern zu
müssen geglaubt hatte, ist später von andern fortgesetzt worden. Als besonders instruktives Beispiel kann das Werk von H. W. B. Joseph „An
Introduction to Logic" betrachtet werden, das in England Jahrzehnte hindurch bis in die Gegenwart eine ebenso maßgebende Stellung bewahrt hat
wie das frühere Werk von Sigwart Jahrzehnte hindurch in Deutschland.
Joseph setzt an demselben Punkte ein wie Sigwart. Auch er betrachtet zunächst jene Art von Induktion als die eigentlich von Aristoteles mit ἐπαγωγή bezeichnete, in welcher alle einzelnen Fälle, von welchen ein Satz
gilt, vollständig aufgezählt werden, was im Allgemeinen nur möglich ist,
wenn es sich bei den einzelnen Fällen in Wirklichkeit nicht um einzelne
Fälle oder Individuen im eigentlichen Sinn des Wortes handelt, sondern
um infimae species. Das aristotelische Beispiel[14] ist: Der Mensch, das
Pferd, das Maultier usw. (die Aufzählung ist hier unvollständig: an an-

---

[13] A. a. O. § 93, 17, S. 431.
[14] Aristoteles, Analytica Priora II, 24, 69 a, 10 ff.

derer Stelle[15] werden hinzugefügt der Esel, der | Hirsch, das Reh, das Ka-
mel, der Delphin) haben keine Galle. Dieselben Lebewesen sind langlebig. Also sind alle gallelosen Tiere langlebig. Dies Beispiel wird durch
Joseph[16] — wahrscheinlich weil es sachlich unrichtig ist — durch ein anderes ersetzt: das Rind, das Reh, das Schaf haben Hörner. Dieselben Tiere
sind Wiederkäuer. Also sind die gehörnten Tiere Wiederkäuer. Doch wird
dadurch das Beispiel, wie sich zeigen wird, in einer wichtigen Hinsicht
verändert.

Gegen diese Art der Induktion lassen sich eine Reihe von Einwänden
erheben. Als Haupteinwand betrachtet Joseph nach dem Vorgang Bacons,
daß diese Induktion, wenn sie gültig ist, nichts Neues lehrt. Denn sie ist
gültig nur, wenn wirklich alle species aufgezählt und nachgeprüft sind.
Dann ist der allgemeine Satz nur eine abgekürzte Formulierung der Gesamtheit der Einzelsätze, lehrte aber inhaltlich nichts über diese hinaus,
da, wenn doch eine neue Spezies von gallelosen Tieren entdeckt werden
sollte, doch erst wieder festgestellt werden müßte, ob sie im selben Sinne
langlebig sind. Er bleibt daher auch, solange nicht sicher festgestellt ist,
daß alle Tierspezies bekannt sind, unvollständig bzw. von zweifelhafter
Gültigkeit. Ein viel fundamentalerer Einwand wäre wohl, wenn Aristoteles wirklich nur, wie Bacon glaubte, diese Art der „vollständigen Induktion" zugelassen hätte, daß diese Induktion wenigstens in ihrer einen
Hälfte auf eine selbst sehr unvollständige Induktion zurückgeführt werden müßte. Denn zwei Behauptungen werden über die Tierspezies aufgestellt: die Gallelosigkeit und die Langlebigkeit. Was die Langlebigkeit
angeht, so kann damit zweifellos nicht die Langlebigkeit eines jeden einzelnen Spezimens der Spezies gemeint sein, da jedes einzelne Individuum
jeder Spezies auch unmittelbar nach der Geburt sterben kann. Vielmehr
ist offenbar die „natürliche Lebensdauer" der Individuen einer jeder der
aufgezählten Spezies gemeint. Die „natürliche Lebensdauer" kann allenfalls — obwohl sehr zweifelhaft ist, ob das im Sinne des Aristoteles gewesen wäre — durch die statistisch zu ermittelnde durchschnittliche Le-
bensdauer ersetzt werden, womit es für diesen Teil der Induktion | mög-
lich wäre, Wahrscheinlichkeitsbetrachtungen einzusetzen, wie es für einen
gewissen Zweig der modernen Induktionstheorie charakteristisch ist. Aber
mit der Gallelosigkeit steht es anders. Mit dieser ist gewiß nicht gemeint,
daß statistisch die Mehrzahl der Individuen der genannten Spezies keine

---

[15] Aristoteles, de partibus animalium IV, 2, 676 b, 25—27, vgl. auch ibid. 677 a, 34/35.
[16] An Introduction to Logic, 2. Auflage, Oxford, 1916, Chapter XVIII, p. 379.

Gallenblase haben, sondern daß die Gallenlosigkeit bei ihnen konstitutionell ist[17]. Da aber bei jeder Spezies, selbst wenn es sich um Schlachttiere handelt, erst recht aber beim Wild, oder gar bei den Delphinen, nur ein ganz geringer Teil der existierenden, existiert habenden und existieren werdenden Individuen faktisch darauf untersucht worden sein können, ob sie eine Gallenblase haben oder nicht, liegt hier ganz gewiß keine „vollständige Induktion" im Sinne einer faktischen Aufzählung aller Fälle vor[17a], wie er bei der Aufzählung der infimae species, wenn diese selbst als „Fälle" bezeichnet werden, noch als möglich betrachtet werden mag. Es ist daher sehr richtig, daß Aristoteles' Induktionslogik zusammenbräche, wenn Aristoteles wirklich nur „vollständige Induktionen" der angeführten Art als Induktionen anerkannt hätte.

Es ist jedoch höchst zweifelhaft, ob damit auch nur die Stelle über die langlebigen und gallelosen Lebewesen richtig verstanden ist; und um darin sicherzugehen, ist es besser, das aristotelische Beispiel trotz seiner sachlichen Mängel nicht durch ein anderes, auf den ersten Blick noch so ähnliches, Beispiel zu ersetzen. Es bestand unter den antiken Medizinern eine verbreitete Kontroverse darüber, ob die Galle ein lebensverkürzender Stoff sei[18]. Um diese Kontroverse zu entscheiden, war es allerdings von grundlegender Bedeutung festzustellen, ob *alle* gallelosen Spezies im Sinne der natürlichen oder der durchschnittlichen Lebensdauer langlebiger seien als die mit einer Galle versehenen. Es hat also einen sehr guten Sinn, wenn Aristoteles in diesem Fall auf der „vollständigen Induktion" in Bezug auf alle Spezies besteht, aber nicht um ihrer selbst willen und auch nicht, um eine abgekürzte Summe der Sätze über jede einzelne Spezies zu haben, die man sich besser merken kann als jeden einzelnen Satz, sondern als | Grundlage für eine Vermutung über einen ursächlichen Zusammenhang. Daher besteht auch auf Grund des von Aristoteles hier gebrauchten Beispiels für den induktiven Syllogismus kein Grund, anzunehmen, Aristoteles habe die „vollständige Induktion" in dem angeführten Sinne als die einzig gültige oder auch nur als die wichtigste Art der Induktion betrachtet. Das wird bis zu einem gewissen Grade auch noch dadurch bestä-

---

[17] Über die Unsicherheit solcher Feststellungen auf Grund der Sektion einiger Exemplare einer species vgl. unten S. 659 f.

[17a] Von „vollständiger Induktion" ist auch in der Mathematik die Rede, wo tatsächlich unendliche viele Fälle von der „Induktion" erfaßt werden. Doch ist dies nur möglich, wo es ein endliches Bildungsgesetz für eine unendliche Menge gibt. Der Ausdruck wird daher hier in einem uneigentlichen Sinne gebraucht.

[18] Vgl. Aristoteles, de partibus animalium IV, 2.

tigt, daß es sich an der betreffenden Stelle, die in den Analytica Priora, also in Aristoteles' Theorie des Syllogismus steht, gar nicht um die ἐπαγωγή als solche handelt, sondern um den induktiven Syllogismus. Diesem wird gegenübergestellt der Syllogismus auf Grund von Beispielen, wie z. B.: für die Thebaner war es ein großes Unglück, gegen die Phoker zu kämpfen. Die Phoker sind ihre Nachbarn. Also ist es ein Unglück, gegen seine Nachbarn zu kämpfen. Die Thebaner sind die Nachbarn der Athener. Also ist es für die Athener ein Unglück, gegen die Thebaner zu kämpfen zu haben. Dieser Art von Syllogismen auf Grund von Beispielen, die in der politischen Rhetorik damals wie heute eine große Rolle spielten, aber von höchst zweifelhafter Gültigkeit sind, stellt Aristoteles den induktiven Syllogismus gegenüber. Natürlich betont er gegenüber diesen rhetorischen Argumenten auf Grund von Beispielen, deren Beweiskraft für analoge Fälle in keiner Weise weiter begründet ist, die Allgemeingültigkeit, das κατὰ πάντων, der Induktion, ohne daß daraus geschlossen werden könnte, daß diese Allgemeingültigkeit wie in dem von ihm angeführten Beispiel immer auf vollständiger Aufzählung aller Einzelfälle beruhen müßte.

Joseph hat denn auch sehr mit Recht darauf hingewiesen, daß Aristoteles am Ende der Analytica Posteriora eine ganz andere Erklärung des Wesens der Induktion zu geben scheint. Danach scheint die Induktion, der Übergang von den einzelnen Fällen zum Allgemeinen, durchaus nicht eine vollständige Aufzählung aller Einzelfälle vorauszusetzen. Vielmehr scheint Aristoteles hier anzunehmen, daß der menschliche Intellekt, der Noῦς, imstande ist, das Allgemeine unmittelbar durch die Einzelfälle hindurch wahrzunehmen. Joseph wendet dies dann auch auf das Beispiel von den gallenlosen langlebigen Tieren an und meint, Aristoteles sei der Meinung gewesen, daß es auch hier keiner vollständigen Aufzählung aller Spezies bedürfe: daß vielmehr der νοῦς imstande sei, | eine notwendige Verbindung zwischen Gallenlosigkeit und Langlebigkeit unmittelbar wahrzunehmen. Aber, so meint Joseph, damit falle Aristoteles nur von der Charybdis eines circulus vitiosus in die Scylla einer willkürlichen Annahme. Denn der einzelne Forscher oder Denker möge ja überzeugt sein, eine solche notwendige Verbindung zwischen Gallenlosigkeit und Langlebigkeit unmittelbar einzusehen. Aber wie sollte er, wenn nichts anderes vorliegt als das beobachtete Faktum in einer großen Anzahl von Fällen, einen andern von einer solchen Notwendigkeit überzeugen? Und in der Tat: wenn diese Interpretation der Meinung des Aristoteles richtig wäre, müßte man seine Lehre von der Induktion als hoffnungslos betrachten. Denn der von Aristoteles angeführte induktive Schluß:

Der Mensch, das Pferd, das Maultier usw. haben keine Galle
Der Mensch, das Pferd, das Maultier usw. sind langlebig
Also sind alle Lebewesen, die keine Galle haben, langlebig.

ist ja hoffnungslos falsch. Alle angeführten animalia haben Galle, wenn auch die außer dem Menschen angeführten keine Gallenblase haben. Der Mensch hat sogar eine Gallenblase. Selbst wenn man an Stelle der Gallenlosigkeit die Gallenblasenlosigkeit setzen wollte, wäre also die schönste Gegeninstanz vorhanden, welche nach Aristoteles' eigener Lehre jeden Induktionsschluß sofort zu nichte macht. Wenn also Aristoteles, wie Joseph annimmt, geglaubt hätte, mit seinem νοῦς den notwendigen Zusammenhang zwischen Gallenlosigkeit und Langlebigkeit unmittelbar und mit untrüglicher Sicherheit sehen zu können, wäre es schlimm um den νοῦς des Aristoteles bestellt. Glücklicherweise wird sich diese Interpretation als unrichtig erweisen lassen[19]. Im übrigen hat jedoch Joseph mit seinen Ausführungen trotz seines Irrtums den Finger auf den zentralen Punkt des Problems gelegt, so daß die | genauere Untersuchung der Lehre des Aristoteles von der Induktion später eben davon wird ihren Ausgangspunkt nehmen können.

Von den neueren und neuesten Arbeiten, welche speziell der Theorie der Induktion gewidmet sind, scheinen mir vor allem zwei hervorzuheben zu sein. Das eine davon ist das Buch von Rudolf Carnap, Induktive Logik und Wahrscheinlichkeit, das vor wenigen Jahren in einer neuen Bearbeitung von Wolfgang Stegmüller herausgebracht worden ist[20]. Es handelt sich hier um eine äußerst präzise und scharfsinnige Weiterentwicklung von gewissen bei J. S. Mill gegebenen Ansätzen, der alle Induktion auf die Beobachtung einer möglichst großen Anzahl von Einzelfällen zurückgeführt und Regeln für die Feststellung der Gültigkeit oder des Gra-

---

[19] Daß Aristoteles weit davon entfernt ist, sich eine so seltsame intuitive Erkenntnis zuzutrauen, geht aufs deutlichste auch aus dem in der vorangehenden Anmerkung zitierten Kapitel der Tieranatomie hervor, da Aristoteles dort — wenn auch irrtümlicherweise — zunächst zu zeigen versucht, daß die Galle ein Exkrement sei, das deshalb eine schädliche Wirkung ausüben könne, und dann erst in der Beobachtung, daß die gallelosen Tiere langlebig sind, eine Bestätigung dafür zu finden glaubt. Vgl. auch unten Anm. 64.

[20] Rudolf Carnap, Induktive Logik und Wahrscheinlichkeit, bearbeitet von Wolfgang Stegmüller, Wien, 1958.

des der Gültigkeit der auf diese Weise gewonnenen allgemeinen Sätze
aufzufinden gesucht hatte. Anstatt jedoch mit Mill von hier aus den Übergang zu strikter Allgemeingültigkeit zu suchen, wogegen Sigwart seinen
Protest erhoben hat, ist es das ausschließliche Ziel der von Carnap und
Stegmüller aufgebauten „induktiven Logik", mit Hilfe von Wahrscheinlichkeitsbetrachtungen den „Bestätigungsgrad" eines durch Induktion gewonnenen Satzes auf Grund der Summe der Gegebenheiten, aus welchen
er abgeleitet worden ist, so genau als möglich zu bestimmen. Das führt bei
der Formulierung von „Regeln für das Fassen von Entschlüssen" auf
Grund von unvollständigen Gegebenheiten, aber auch z. B. bei der Bestimmung des Bestätigungsgrades der Annahme, daß ein bestimmtes Me-
dikament zur Bekämpfung einer Krankheit wirksam ist, und vielem anderen zu auch praktisch außerordentlich nützlichen Ergebnissen. Dagegen
versagt diese induktive Logik nach dem eigenen Eingeständnis der Verfasser[21] *praktisch* vor der Aufgabe, den Bestätigungsgrad einer physikalischen Hypothese, bzw. der Formulierung eines Naturgesetzes zu bestimmen, weil kein Physiker „eine vollständige und exakte Formulierung der
vorhandenen Erfahrungstatsachen", auf denen die Hypothese oder die
Formulierung des Gesetzes beruht, zu geben | imstande ist. Wird dabei
auch daran festgehalten, daß die Bestimmung des Bestätigungsgrades
theoretisch durchaus möglich bleibt und es auch praktisch wäre, wenn es
möglich wäre, alle auch unbewußten Voraussetzungen nebst deren Voraussetzungen usw. zusammenzutragen, auf Grund deren der Physiker zu
seiner Formulierung gekommen ist, so bleiben dabei doch so wesentliche
Fragen ausgeklammert wie diejenige, wie es kommt, daß die Gültigkeit
eines physikalischen oder chemischen Gesetzes oft schon auf Grund eines
einzigen — allenfalls ein oder zweimal nachgeprüften — Experimentes
allgemein angenommen wird und als viel sicherer gilt als die Allgemeingültigkeit anderer Zusammenhänge, die in hunderttausenden von Fällen
ohne Gegeninstanz beobachtet worden sind, wobei man nur an das Beispiel vom weißen Schwan zu erinnern braucht, bei dem die Allgemeingültigkeit des Zusammenhanges schon zu einer Zeit bezweifelt worden ist,
als noch kein einziges Exemplar eines nicht weißen Schwanes aufgefunden
worden war. Ausgeklammert bleibt auch die Frage, ob es strikt allgemeingültige oder genauer: mit absoluter Sicherheit als strikt allgemeingültig zu
erkennende und doch durch Induktion gewonnene Sätze gibt, sofern man
nicht annimmt, daß schon aus dem Prinzip der von Carnap und Steg-

---

[21] A. a. O., S. 97.

müller aufgebauten induktiven Logik folgt, daß es solche Sätze, die sich auch auf zukünftige oder noch nicht beobachtete Einzelfälle beziehen, nicht geben kann.

Das zweite Werk neuesten Datums, das sich speziell mit dem Problem der Induktion beschäftigt und mir von besonderer Wichtigkeit zu sein scheint, ist William C. Kneale: "Probability and Induction"[22]. Sein Titel ist dem des Werkes von Carnap und Stegmüller sehr ähnlich: nur daß an Stelle der induktiven Logik die Induktion selbst steht. Dies ist jedoch ein sehr bedeutsamer Unterschied. Während Carnap und Stegmüller ein neues System, nicht eigentlich der Induktion selbst, sondern der Nachprüfung und der Feststellung des Bestätigungsgrades von durch unmittelbare Induktion gewonnenen Sätzen aufzubauen suchen, wobei die Probleme der eigentlichen und unmittelbaren Induktion im | Wesentlichen ausgeklammert bleiben, beschäftigt sich Kneale vor allem und zunächst mit der Frage des Wesens und der verschiedenen möglichen Arten der Induktion selbst. Während bei Carnap und Stegmüller Aristoteles praktisch überhaupt keine Rolle spielt, d. h. nur so erwähnt wird, daß seine Erwähnung für das entwickelte System der induktiven Logik ganz ohne Bedeutung sei, schickt Kneale seiner Abhandlung zwar auch einen Abschnitt über den Begriff der Wahrscheinlichkeit und sein Verhältnis zur Induktion voraus, beginnt dann aber seine Untersuchung mit einer wenn auch kurzen Untersuchung des Begriffs der ἐπαγωγή bei Aristoteles. Nicht viel anders als Joseph unterscheidet Kneale[23] bei Aristoteles zwei Arten von Induktion und auf Grund derselben beiden Stellen in den Analytica Priora und Posteriora: die Induktion durch vollständige Aufzählung und die „intuitive Induktion". Von der ersten Art der Induktion sagt er, es sei irreführend, sie als vollständige Induktion zu bezeichnen, weil dadurch der falsche Eindruck erweckt werde als handle es sich bei andern Arten der Induktion um eine bloße Annäherung an eine vollständige Aufzählung, während diese in Wirklichkeit auf ganz anderen Verfahren beruhen: mit Recht in bezug auf die Terminologie. Doch ist die Interpretation der Stelle, ebenfalls nicht viel anders als bei Joseph, unvollständig. Denn ebenso wie dieser bezieht Kneale die Umgebung, in der die Ausführungen des Aristoteles stehen, nicht in die Interpretation mit ein: und ebenso wie dieser glaubt er das von Aristoteles gewählte Beispiel durch ein besseres ersetzen zu müssen, wodurch der Sinn des Ganzen jedoch geändert wird.

---

[22] William C. Kneale, Probability and Induction, Oxford, 1949.
[23] A. a. O., S. 25 ff.

Kneale kritisiert[24] die von ihm so genannte „intuitive Induktion" bei
Aristoteles mit der Begründung, daß hier in Wirklichkeit kein Übergang
vom Einzelnem zum Allgemeinen stattfinde. Vielmehr handle es sich um
die Erkenntnis von Prinzipien, die unmittelbar stattfinde. Induktion bedeute in diesem Zusammenhang nichts anderes als eine Methode, allgemeine Wahrheiten festzustellen, ohne sie von allgemeinen Wahrheiten
noch größerer Allgemeinheit abzuleiten. Auch hier bedarf es jedoch einer
Nachprüfung, ob und wie weit diese Interpretation des Aristoteles rich-
tig ist. |

Kneale macht sodann eine scharfe Unterscheidung zwischen dem Gebiet
der Mathematik, deren Sätze von unbedingter Allgemeingültigkeit sind,
und den Naturwissenschaften einschließlich der Physik, deren Sätze immer nur einen sehr hohen Grad der Wahrscheinlichkeit ihrer Allgemeingültigkeit erreichen können, und untersucht die Frage, welche Arten wirklicher Induktion es für diese Gebiete geben könne. Er findet für die Arithmetik die rekursive Induktion[25], die hier nicht erörtert zu werden braucht.
In bezug auf die Physik und die Naturwissenschaften wendet er sich gerade dem Problem zu, das, wie sich gezeigt hat, von Carnap und Stegmüller ausgeklammert worden ist: der Frage der Auffindung von Naturgesetzen mit Hilfe einer Induktion. Selbst wenn man an dem Prinzip
festhält, daß sich die unbedingte Allgemeingültigkeit von Naturgesetzen
nie mit absoluter Sicherheit, sondern immer nur mit einem sehr hohen
Grad der Wahrscheinlichkeit behaupten läßt, so bleibt doch das bei Carnap und Stegmüller völlig ausgeklammerte Problem, daß die von jedermann angenommene Gültigkeit eines auf Grund weniger Experimente
festgestellten physikalischen Gesetzes sich weit über das hinaus erstreckt,
was nach den Regeln der Wahrscheinlichkeitsrechnung sich aus den festgestellten Daten, aus denen das Gesetz abgeleitet worden ist, ergeben
würde. Hier kommt er zu einem höchst interessanten Resultat, indem er
sozusagen die Bestätigungsprozedur umkehrt.

Er geht davon aus, daß die Behauptung, eine gewisse Relation gelte in
allen Fällen, aequivalent ist mit der Behauptung der Unmöglichkeit des
Gegenteils. Auf das von Sigwart herangezogene Gesetz, daß Kohlenstoff
und Sauerstoff sich in einem gewissen Gewichtsverhältnis zu Kohlensäure
verbinden, angewendet, würde dies wohl bedeuten, daß die Behauptung
der Gültigkeit dieses Gesetzes aequivalent ist mit der Behauptung, es sei

---

[24] A. a. O., S. 37.
[25] A. a. O., S. 42—48.

unmöglich — oder in der Sprache der Probabilitätstheorie der Induktion ausgedrückt: es sei im höchsten Grade unwahrscheinlich —, daß sich Kohlenstoff und Sauerstoff je in diesem Gewichtsverhältnis zu etwas anderem als einem Stoff mit den Eigenschaften der Kohlen-|säure verbinden werden. Indem so die „Grenze der Möglichkeit" ganz eng bestimmt wird, wird es ganz leicht, die Gültigkeit des aufgestellten Gesetzes zu widerlegen, da eine einzige Gegeninstanz dazu genügt, während umgekehrt die Tatsache, daß eine solche Gegeninstanz bei seiner Anwendung nicht auftritt, es immer mehr bestätigt. Die Bestätigung eines Gesetzes wird also nicht nur vor seine Aufstellung gelegt — insofern es nicht aufgestellt werden kann, wenn es nicht mit keiner bis dahin beobachteten oder bekannten Tatsache in Widerspruch steht —, sondern auch danach. Die naturwissenschaftlichen Gesetze erhalten auf diese Weise, indem sie in das System der naturwissenschaftlichen Gesetze eingefügt werden und weder bei dem weiteren Ausbau dieses Systems noch in ihrer praktischen Anwendung sei es für sich, sei es mit anderen Gesetzen des Systems zusammen durch einen auftretenden Widerspruch oder eine Gegeninstanz widerlegt werden, einen außerordentlich hohen Grad von Probabilität ihrer unbedingten Allgemeingültigkeit, wenn sich der Grad dieser Probabilität auch nicht in Zahlen oder einer Formel ausdrücken läßt. Dabei bleibt doch der Satz, daß die Allgemeingültigkeit eines Naturgesetzes niemals mit absoluter Sicherheit behauptet, sondern immer nur ein außerordentlich hoher Grad der Probabilität dafür in Anspruch genommen werden kann, bestehen.

Dies ist ein sehr scharfsinniger, und wie mir scheint, bis zu einem recht beträchtlichen Grade erfolgreicher Versuch, die von Carnap und Stegmüller in der Anwendung der Probabilitätstheorie der Induktion gelassene Lücke auszufüllen. Dennoch werden auch durch die Ausführungen Kneale's gewisse Probleme sozusagen der Phaenomenologie des induktiven Verfahrens, wie z. B. warum die Gültigkeit eines Naturgesetzes wie des oben als Beispiel gewählten schon nach *einem* Experiment sozusagen auf Credit angenommen wird, während etwa die Verbindung „weiß" und „Schwan" auch nach 100 000facher Bestätigung ohne Gegeninstanz als von weniger gesicherter Allgemeingültigkeit betrachtet wird, zum mindesten nicht explizit gelöst, wenn man auch vielleicht einen Ausgangspunkt zu ihrer Lösung in seinen Ausführungen finden kann.

Überblickt man nun die Situation, wie sie sich aus den notwendigerweise sehr unvollständigen Auszügen aus einigen der wich-|tigsten neue-

ren Werke ergibt, die sich entweder direkt und ausdrücklich mit der Induktion beschäftigen oder bei denen sie am Rande erscheint, so läßt sich
darüber wohl das Folgende sagen. Diejenigen Werke, welche wie die von
Carnap und Stegmüller einerseits, von Kneale andererseits, speziell der
Induktion gewidmet sind, gehen in der Ausgestaltung gewisser Arten und
der Erhellung gewisser Aspekte der Induktion beträchtlich über das hinaus, was bei Aristoteles zu finden ist. Aber eine Reihe von Problemen,
welche sich aus der Rolle der Induktion bei Aristoteles ergeben, bleiben
völlig ausgeklammert und unbeantwortet. Überall, auch bei den besten
Werken dieser Art, läßt auch die Interpretation des Aristoteles zu wünschen übrig. Der Hauptgrund hiervon ist der, daß die Stellen, an denen
die Induktion bei Aristoteles vorkommt, isoliert betrachtet werden. Dieses Verfahren ist jedoch den Lehrschriften des Aristoteles besonders in-
adaequat. Denn diese Schriften waren „esoterisch", nicht in dem Sinne als
ob Aristoteles eine Geheimlehre gehabt hätte, die er von den Nichteinge-
weihten hätte fernhalten wollen, wohl aber in dem Sinne, daß sie zum
Vortrag vor Mitgliedern des Peripatos bestimmt waren, d. h. für eine
Gruppe von Hörern, die mit einer großen Menge von damals behandelten
Problemen vollständig vertraut waren. Aristoteles konnte es sich daher
leisten, viele Dinge skizzenhaft hinzuwerfen in dem berechtigten Vertrauen darauf, daß seine Hörer ohne weiteres verstehen würden, worauf
sich das, was er sagte, bezog oder wozu er damit Stellung nehmen wollte.
Daß er von dieser Möglichkeit vielfach Gebrauch machte, ergab sich einfach aus der Situation. Er hätte seine Hörer gelangweilt, wenn er jedesmal dazu bemerkt hätte: das ist aber nicht so und so zu verstehen, sondern bezieht sich auf das und das, wie es der Verfasser eines Werkes wie
dessen von Carnap und Stegmüller, das sich an einen unbestimmten Hö-
rerkreis wendet, tun muß und wie es diese Autoren mit Recht auch unaufhörlich tun. Daraus ergibt sich jedoch auch für den scharfsinnigsten modernen Leser, der nicht diese Voraussetzungen hat, eine unaufhörliche Gefahr des Mißverstehens. Es muß daher das Bestreben des modernen Interpreten sein, sich diese Voraussetzungen durch umfassende Kenntnis nicht
nur der aristotelischen Schriften, sondern auch der zur Zeit des Aristoteles vorherrschenden Problemstellungen zu ergänzen. Ein Beispiel dafür
habe ich | schon bei der Erörterung der „vollständigen Induktion" bei Ari-
stoteles zu geben versucht. In den Schriften auch bedeutender moderner
Logiker, die sich nicht speziell mit dem Problem der Induktion befassen,
sondern sich des Begriffes der Induktion nur am Rande bedienen, hat sich

eine beträchtliche Unklarheit gezeigt. Dies alles kann vielleicht die Hoffnung rechtfertigen, daß der Versuch, den Begriff der ἐπαγωγή bei Aristoteles, von dem der Begriff der Induktion abstammt, zu praezisieren, nicht nur historisches, sondern vielleicht auch einiges sachliche Interesse besitzt.

Wie zu Anfang erwähnt, wird die ἐπαγωγή im technischen Sinne von Aristoteles definiert als Hinweg vom Einzelnen zum Allgemeinen. Um die Art dieses Hinweges genauer zu bestimmen, ist es vielleicht nicht ganz unzweckmäßig, von der Bedeutung der Wörter ἐπάγειν und ἐπαγωγή zunächst in der unphilosophischen Sprache, dann in der philosophischen Sprache und speziell in der Sprache des Aristoteles auszugehen, sowie endlich von den syntaktischen Verbindungen, in welchen das Wort ἐπάγειν, wenn es im technischen Sinne der ἐπαγωγή gebraucht wird, erscheint. Eine Zusammenstellung dieser Art hat schon W. D. Ross in seinem Kommentar zu der Stelle der Analytica Priora gegeben, an welcher die Induktion vom Beispiel unterschieden und das Beispiel der gallenlosen langlebigen Lebewesen diskutiert wird.

In der gewöhnlichen Umgangssprache heißt ἐπάγειν: heranführen, heranbringen. In seiner Anwendung auf die ἐπαγωγή im technischen Sinne ist ein doppelter syntaktischer Gebrauch zu beobachten. In der Definition der ἐπαγωγή als Weg zum Allgemeinen[26] wird gesagt, daß man (d. h. der die ἐπαγωγή Praktizierende) vom Einzelnen zum Allgemeinen hinführt. An einer anderen Stelle[27] dagegen heißt es, daß man durch ἐπαγωγή das Allgemeine heranführen will. Das zeigt schon, daß der Terminus nicht ganz eindeutig gebraucht wird: der Prozeß kann als ein Hinführen zum Allgemeinen, aber auch als ein Heranbringen des Allgemeinen vermittels des Speziellen verstanden werden. Es ist aber vielleicht nicht ganz ohne Bedeutung, daß das Wort ἐπάγειν auch da ge- | braucht werden kann, wo überhaupt nicht von einem Weg (des Erkennenden) vom Speziellen zum Allgemeinen oder von einem Heranbringen des Allgemeinen (an den Erkennenden) die Rede ist, sondern umgekehrt von einer Anwendung einer schon vorhandenen allgemeinen Erkenntnis auf einen Einzelfall. Dies ist der Fall in einem Passus der Analytica Posteriora[28], wo ausgeführt wird, daß die Anwendung eines allgemeinen Satzes auf einen Einzelfall in der Regel keinen bewußten Schluß erfordert: wenn jemand allgemein weiß,

---

[26] Außer der schon zitierten Stelle Topica I, 12 vgl. auch Analyt. Post. II, 5, 91 b, 15 ff.

[27] Aristoteles Topica I, 18, 108 b, 9/10.

[28] Aristoteles, Analytica Posteriora I, 71 a, 20/21.

daß die Summe der Winkel im Dreieck gleich zwei Rechten ist, dann weiß er es von einem bestimmten einzelnen Dreieck „ἄμα ἐπαγόμενος": in dem Augenblick, in welchem er an es herangeführt wird, d. h. in dem Augenblick, in dem er es als Dreieck erkennt. Diese Stelle ist nebenbei vielleicht auch deshalb interessant, weil als Musterbeispiel eines aristotelischen logischen Schlusses immer wieder der bei Aristoteles nirgends vorkommende Schluß angeführt wird: Alle Menschen sind sterblich. Sokrates ist ein Mensch. Also ist Sokrates sterblich. Ein Schluß, über welchen Hegel sich bekanntlich im Glauben, er werde von Aristoteles als Beispiel gebraucht, ziemlich despektierlich geäußert hat. Der Fall ist aber dem der Anwendung des Satzes von der Winkelsumme im Dreieck auf das einzelne Dreieck, von dem Aristoteles sagt, es bedürfe hier keines bewußten Schlußverfahrens, durchaus analog. Aristoteles scheint sich daher mit dem ihn kritisierenden Hegel ziemlich in Übereinstimmung zu befinden.

Um die Bedeutung der soeben erwähnten Stelle für die ἐπαγωγή-Lehre des Aristoteles zu erkennen, ist es gut, noch einen speziellen Gebrauch des Wortes ἐπαγωγή selbst in der Physik[29] heranzuziehen. Hier sagt Aristoteles im Anschluß an eine Diskussion der Leugnung der Bewegung durch die Eleaten: „Uns aber soll als Grundlage dienen, daß die natürlichen Dinge, entweder alle oder einige von ihnen, sich in Bewegung befinden. Das ist offensichtlich aus der ἐπαγωγή." In diesem Falle kann ἐπαγωγή nicht den Übergang von Einzelfällen zu einem für alle möglichen Fälle gültigen Satz bedeuten, da ja gar nicht als feststehend oder auch nur als für das Ergebnis in irgend einer Weise relevant betrachtet | wird, daß *alle* natürlichen Dinge sich bewegen. Es genügt durchaus die Feststellung, daß einige sich bewegen. Ebensowenig kann hier jedoch von der Feststellung des Probabilitätsgrades der gewonnenen Erkenntnis die Rede sein. Sie ist durch unmittelbaren Augenschein einfach gegeben. ἐπαπωγή scheint also hier einfach den Augenschein zu bedeuten. Man wird einfach zu dem in Frage stehenden Phaenomen „hingeführt": da, sieh es dir an! Da kannst du es ja nicht bezweifeln. ἐπάγειν und ἐπαγωγή kann also das einfache Heranführen an eine Erkenntnis bedeuten, welche dem Herangeführten durch den bloßen Hinweis auf das Phaenomen unmittelbar einsichtig wird. Aus den bisher betrachteten Stellen, bei denen von einem Übergang vom Speziellen zum Allgemeinen nicht die Rede ist, folgt nicht unmittelbar, daß Aristoteles auch für diesen Übergang in bestimmten Fällen eine solche unvermittelte Erkenntnis ohne weitere Ableitung angenommen hat.

---

[29] Aristoteles, Physik, A, 185 a, 13/14.

Aber wenn sich herausstellen sollte, daß dies der Fall ist, dann dürfte
Aristoteles es wohl bewußt getan haben; und man kann ihm nicht mit
Kneale und anderen modernen Logikern den Vorwurf machen, er habe
als durch einen bewußten Schluß vermittelt angesehen, was in Wirklichkeit eine unmittelbare Einsicht ist, ebenso wie Hegel ihm gegenüber dies
im Falle des deduktiven Schlusses vom allgemeinen Satz auf den speziellen Fall getan hat. Man wird vielmehr besser tun, nachzuprüfen, ob oder
in welchem Sinne das von Aristoteles Behauptete richtig ist und welche
Bedeutung es im Gesamtzusammenhang seiner Induktionslehre hat.

Kehren wir nun von hier zu der Definition der ἐπαγωγή in der Topik,
der einzigen expliziten Definition, die Aristoteles von diesem Begriff gegeben hat, zurück und betrachten sie wieder nicht isoliert, sondern in dem
Zusammenhang, in welchem sie dort steht, so finden wir auch hier wieder
etwas ganz anderes als was man nach den modernen Induktionstheorien
erwarten würde. Die Topik ist ihrer ersten Anlage nach, was spätere
Zusätze nicht ausschließt, die älteste der „logischen" Schriften des Aristoteles. Aber obwohl in dieser Schrift logische Schlüsse eine große Rolle
spielen, ist sie doch weder eine formale Logik noch eine Wissenschaftslehre, sondern eine Unterweisung in der Kunst der Dialektik, d. h. der
Kunst, im dialektischen Frage- und Antwortspiel seinen Gegner oder
Gesprächspartner zu überwinden. Erst später hat sich daran die formale
Logik der Analytica Priora und die|Wissenschaftslehre der Analytica
Posteriora angeschlossen. Dabei läßt sich die zeitliche Priorität der Theorie der Dialektik zum Teil auch noch an der in die formelle Logik und in
die Wissenschaftslehre mit hinübergenommenen Terminologie ablesen.
Denn die Praemissen werden auch später nicht mit einem semantisch diesem Wort entsprechenden Ausdruck bezeichnet, sondern heißen προτάσεις:
Hinstreckungen. In der Dialektik nämlich handelt es sich bei den später
als Praemissen gebrauchten Sätzen zunächst um (hypothetische) Behauptungen, welche man dem Gesprächspartner „hinstreckt", damit er sie entweder annehmen oder ablehnen kann. Nimmt er sie aber an, dann ist er
fortan gebunden und muß auch die Schlüsse annehmen, welche aus den
nun vom Gegner als „Praemissen" gebrauchten hingestreckten Sätzen abgeleitet werden können. Nimmt er sie nicht an, so wird ihm der Gegner
andere Behauptungen, unter Umständen die entgegengesetzten, „hinstrek-
ken", bis er Praemissen angenommen hat, welche dem Gesprächspartner
ausreichend erscheinen, um das, worauf er hinaus will, syllogistisch zwingend daraus abzuleiten. Da nun der Frager in diesem Spiel immer weiß,

worauf er hinaus will und dies häufig etwas ist, das sein Partner nicht für wahr hält oder nicht wahr haben will, so muß der Frager, wie Aristoteles ausführt[30], den Zusammenhang zwischen seinen προτάσεις, die, wenn sie vom Partner angenommen werden, zu Praemissen der vom Frager zu ziehenden Schlüsse werden, und dem Endergebnis, auf das er hinaus will, möglichst lange verborgen halten, da der Partner sich sonst sträuben würde, den προτάσεις zuzustimmen. Man muß daher dem Partner nicht gleich von Anfang an die Behauptungen hinstrecken, aus denen das Endergebnis, auf das man hinaus will, mit Notwendigkeit folgt, sondern man muß diese selbst erst von weiter her herholen.

In diesem Zusammenhang also, der von einer Logik, welche der Grundlegung der strengen Wissenschaft dient, so weit abliegt, tritt die ἐπαγωγή bei Aristoteles zum ersten Mal auf und von hier stammt ihre Definition. Unter den Mitteln, durch die man den Gesprächspartner dazu bringen kann, die Praemissen, die man für seine Schlüsse braucht, zuzugeben, figuriert an prominenter | Stelle auch sie[31]. Man muß möglichst viele καθ᾽ ἕκαστα anführen, die wahr und/oder einleuchtend (ἔνδοξα) sind. Wenn dann der Partner nicht zugeben will, daß das, was sich in vielen Einzelbeispielen (übereinstimmend) so und so verhält, auch allgemein gilt, dann muß er eine Gegeninstanz finden. Findet er eine solche nicht, dann muß er entweder die Allgemeingültigkeit (das καθόλου) zugeben oder es wird den unparteiischen Zuhörern der Disputation scheinen, daß er δυσκολαίνει, was eigentlich mürrisch sein heißt, in diesem Zusammenhang aber etwa mit „den Schwierigen spielen", „ein Spielverderber sein" übersetzt werden kann. Manchmal, meint Aristoteles[32], sei es auch ratsam, den Partner gar nicht ausdrücklich nach dem Allgemeinen zu fragen, sondern auf Grund der Einzelfälle oder Beispiele, die der Partner anerkannt hat, einfach seine Zustimmung zu dem allgemeinen Satz anzunehmen. Oft würden dann die Zuhörer gar nicht merken, daß der Partner dem Satz gar nicht zugestimmt hat, manchmal sogar nicht einmal der Partner selbst.

Der Zweck der ἐπαγωγή in diesem Zusammenhang, in welchem sie bei Aristoteles zum ersten Mal auftritt und definiert wird, ist es also, den Partner in einer öffentlichen Disputation sozusagen mit einem aus den Einzelfällen geflochtenen Strick um den Hals zur Anerkennung eines allgemeinen Satzes zu führen, den er nicht anerkennen will, den er aber an-

---

[30] Aristoteles, Topica VIII, 1, 155 b, 29 ff.
[31] Ibidem VIII, 2, 157 a, 18 ff.
[32] Topica IX, 15, 174 a, 33—37.

erkennen muß, wenn er im Augenblick keine Gegeninstanz weiß und bei den Zuhörern nicht als Drückeberger oder Spielverderber gelten will. Dabei ist offenkundig, daß bei dieser Prozedur keine Wahrheit gefunden zu werden braucht, da, wie Aristoteles selbst betont[33], im dialektischen Streitgespräch immer ad hominem, ferner nicht notwendig ἐξ ἀληϑῶν (aus wahren), geschweige denn ἐξ ἀναγκαίων (aus notwendigen) Praemissen argumentiert wird, sondern es ausreichend ist, wenn die προτάσεις einleuchtend oder probabel (ἔνδοξοι) sind. „Probabel" bedeutet hier jedoch etwas ganz Vages und Unbestimmtes, das abhängig ist von dem intellektuellen Zustand, ja bis zu einem gewissen Grade selbst von den Vorurteilen der Gesprächspartner, | also etwas völlig anderes als die Probabilität, welche den modernen Probabilitätstheorien der Induktion zugrunde liegt. Es ist auch keine Rede davon, den Probabilitätsgrad des auf Grund der ἐπαγωγή angenommenen Satzes zu bestimmen. So weit ist die ἐπαγωγή, wo sie bei Aristoteles zum ersten Mal auftritt[34], von der Induktion entfernt, um welche sich die modernen Logiker bemühen. Und wenn man von dieser Stelle ausgeht, die von den modernen Logikern auch immer wieder zitiert wird, wenn sie von der Induktion handeln, weil sie die Definition der Induktion zu enthalten scheint, kann man zweifeln, ob hier denn überhaupt von derselben Sache die Rede ist und die ganze, selbst kritische, Berufung der modernen Logiker auf Aristoteles nicht auf einem Irrtum beruht.

Um diese Frage beantworten zu können, ist es zweckmäßig, zunächst die Unterschiede zwischen Aristoteles und den Modernen so deutlich als möglich zu bestimmen, und da diese an der zuletzt betrachteten Stelle am deutlichsten hervortreten, ist es notwendig, sich noch etwas weiter mit ihr zu beschäftigen. Ein ganz fundamentaler Unterschied besteht, worauf vor allem E. Kapp in seinem Buch „Greek Foundations of Traditional Logik"[35] mit allem Nachdruck hingewiesen hat, darin, daß die modernen Logiker seit Mill die Logik allgemein und, sofern sie sich mit der Induktion beschäftigen, speziell auch die Induktion vornehmlich oder ausschließlich als ein Instrument der Wahrheitsfindung für den einsamen Denker oder für den für sich arbeitenden Wissenschaftler betrachten. So wird es von J. S. Mill geradezu ausgesprochen[36]: „The sole objekt of logic

---

[33] Topica I, 1, 100 a, 29/30.
[34] Topica I, 12, 105 a, 10 ff.
[35] Ernst Kapp, Greek Foundations of Traditional Logic, New York, 1943, S. 85/86.
[36] J. S. Mill, A System of Logic, Introduction: Definition and Province of Logic, § 3.

is the guidance of our own thoughts", und kurz vorher: „other purposes,
... for instance that of imparting knowledge to others, ... have never
been considered as within the province of the logician". Diese Behauptung
ist, sofern man dem Schöpfer der Logik, Aristoteles, von dem noch Kant
glaubte, er habe alles getan, was für die Logik im engeren Sinne über-
haupt zu tun sei, nicht den Titel eines Logikers über-|haupt absprechen
will, zum mindesten historisch unrichtig. Seine logischen Untersuchungen
sind unzweifelhaft ausgegangen von der menschlichen Interkommunikation, von dem menschlichen Bestreben, sich gegenseitig zu belehren, zu
überzeugen, zu überführen, auf etwas hinzuweisen, oder auch nur in der
Diskussion mit anderen in den Augen der Zuhörer recht zu behalten.
Freilich handelt es sich schon in der Topik nicht überall nur um eine Technik, im Streitgespräch Sieger zu bleiben: und später hat Aristoteles in den
Analytica Posteriora versucht, eine Wissenschaftslehre aufzubauen. Aber
auch diese Schrift beginnt mit den Worten[37]: πᾶσα διδασκαλία καὶ πᾶσα μά-
θησις διανοητικὴ ἐκ προυπαρχούσης γίνεται γνώσεως: auch hier ist also die
Rede von Lehren und Lernen, auch hier handelt es sich um die Übertragung des Wissens von einem Menschen auf einen anderen, spezifisch um
die Übertragung von Erkenntnis ohne Verlust, welches die Übertragung
exakt wissenschaftlicher Erkenntnis im engeren Sinne ist. Das ist für das
Verständnis der aristotelischen Logik wie der aristotelischen Induktionslehre von grundlegender Wichtigkeit, wenn auch an dieser Stelle, wenn
irgendwo, die Verbindung zu der modernen Logik als Instrument des einsamen Denkers oder Forschers gesucht werden muß.

Wie steht es in dieser Hinsicht mit dem Beispiel in der Topik? Vollständig wiedergegeben lautet diese Stelle wie folgt[38]: „die ἐπαγωγή ist der
Weg vom Einzelnen zum Allgemeinen, wie z. B. wenn der Schiffskapitän
und der Wagenlenker, der seine Sache versteht, der beste ist, dann ist
überhaupt derjenige, der eine Sache versteht, in jeder Sache der beste."
Das ist wiederum ein höchst seltsames Beispiel. Der Zusammenhang zwischen dem „eine Sache verstehen" und „in der Sache der Beste sein", wenn
er, wie es doch scheint, nichts anderes besagen soll als daß, wer eine Sache
versteht, sie besser machen wird, als wer sie nicht versteht, ist derartig
offenkundig, daß die Behauptung fast tautologisch zu sein scheint und

---

[37] Analytica Posteriora I, 1.

[38] Topica I, 12, 105 a, 13—16: [ἔστι δὲ] ἡ ἐπαγωγὴ ἀπὸ τῶν καθ' ἕκαστον ἐπὶ τὸ καθόλου ἔφοδος, οἶον εἰ ἔστι κυβερνήτης ὁ ἐπιστάμενος κράτιστος καὶ ἡνίοχος, καὶ ὅλως
ἐστὶν ὁ ἐπιστάμενος περὶ ἕκαστον ἄριστος.

man sich fragt, wieso es hier überhaupt noch eines besonderen Hinführens von den einzelnen Fällen zum Allgemei- | nen bedürfen sollte, um die allgemeine Wahrheit einzusehen. Aber zunächst ist das Beispiel insofern instruktiv als es wiederum zeigt, daß man nicht alles, was Aristoteles in einem bestimmten Zusammenhang sagt, als allgemein gültiges Prinzip nehmen darf. An einer Stelle war davon die Rede gewesen, daß man möglichst viele analoge Fälle anführen müsse, um dann, wenn der Partner keine Gegeninstanz anführen kann, den Übergang vom Einzelnen zum Allgemeinen zu machen. Hier ist es dagegen offenkundig, daß es nicht nötig ist, viele Beispiele anzuführen, da die Allgemeingültigkeit sofort einsichtig ist. Außerdem handelt es sich wiederum wie bei den langlebigen gallenlosen Tieren nicht um Einzelindividuen, sondern in gewisser Weise um species, wenn auch nicht um zoologische. Es wäre der Gipfel der Lächerlichkeit, an allen Dingen, auf die man sich verstehen kann, oder gar an jedem einzelnen Wagenlenker oder Kapitän nachprüfen zu wollen, ob der, der sich darauf versteht, die Sache wirklich besser macht als derjenige, der sich nicht darauf versteht.

Um überhaupt zu verstehen, wie Aristoteles ein so seltsames Beispiel hat gebrauchen können, ist es wiederum notwendig, sich seine Herkunft anzusehen. Da ist nun für denjenigen, der mit der sokratischen Literatur vertraut ist, ohne weiteres zu sehen, daß das Beispiel aus der Praxis des Sokrates stammt. Wie über viele andere Dinge, so pflegte Sokrates auch über die Frage der politischen Aktivität mit seinen Mitbürgern zu diskutieren und ihnen seine Fragen zu stellen. Eines von den Dingen, welche ihm nach dem Zeugnis seiner Schüler mißfielen, war, daß die Leute, wenn es sich um einen Hausbau oder die Behandlung einer Krankheit handelte, sich an Experten wandten, die etwas gelernt hatten, daß dagegen in politischen Dingen jeder glaubte mitreden zu können, und noch mehr, daß die Leute in der Volksversammlung auf jeden hörten, der nur die nötige Redegewandtheit hatte, ohne viel zu fragen, ob er von der Sache etwas verstand. Sokrates hätte nun zweifellos seine Kritik an dem Verhalten seiner Mitbürger direkt aussprechen können. Sie hätte dann vermutlich ebenso geringe Wirkung getan, wie es bei solcher Kritik überall der Fall zu sein pflegt. Deshalb fing er, wie Aristoteles es empfiehlt, „von weit her" (ἀποστάσει) an und fragte zunächst: „sag einmal: wie da neulich dein Sohn krank war, hast du ihn da selbst kuriert oder hast du | einen Arzt konsultiert? So, so, einen Arzt. Und hast du da den nächsten besten genommen, oder zuerst herauszubringen versucht, wer ein wirklich guter

Arzt ist? Und der hatte dann doch wohl einige Zeit damit zugebracht, sein
metier zu lernen." Und so weiter in bezug auf den Schuster oder den Wagenlenker. Dann folgte die Konklusion: „da scheint es doch wohl überall
so zu sein, daß einer, der eine Sache gelernt hat, sie besser macht als der,
der nichts davon versteht. Sollte es da nicht auch in der Politik so sein?"

Damit gewinnt das aristotelische Beispiel, das auf den ersten Blick
ziemlich sinnlos zu sein scheint, einen guten Sinn. Es zeigt sich auch, daß
die Art der ἐπαγωγή, von welcher in der Topik die Rede ist, nicht nur ein
dialektischer Trick zu sein braucht, bei dem es allein auf den Sieg über den
Partner in den Augen der Zuhörer abgesehen ist. Der Partner soll wirklich auf etwas aufmerksam gemacht werden, was er sonst nicht sieht. Auf
der andern Seite kann man gegen das Beispiel, wenn es so gesehen wird,
einen Einwand erheben, der von modernen Logikern tatsächlich nicht selten gegen die aristotelische ἐπαγωγή-Lehre erhoben worden ist: es handle
sich, so verstanden, gar nicht um einen Übergang vom Einzelnen zum Allgemeinen, sondern um die Anwendung einer allgemeinen Erkenntnis, die
der Partner natürlich hat, auf einen speziellen Fall: eben den der Politik.
Das ist in gewisser Weise ganz richtig. Das „hinführen" zum Allgemeinen
vermittels der einzelnen Beispiele hat in diesem Zusammenhang nur den
Zweck, die Allgemeingültigkeit der Verbindung von „gelernt haben",
„sich darauf verstehen" und „es richtig oder besser machen" lebendig vor
Augen treten zu lassen und sich so ihrer Anwendbarkeit auf das spezielle
Gebiet der Politik zu versichern. Der Zweck dieser ἐπαγωγή ist ganz und
gar didaktisch.

Das ergibt sich auch daraus, daß in der praktischen Anwendung dieser
ἐπαγωγή die Grenzen ihrer Anwendbarkeit keineswegs von Anfang an
präzise festgelegt sind. Nimmt man die Anwendung ganz streng, so würde
daraus folgen, daß man die Politik den Berufspolitikern überlassen soll,
wie man die Medizin den Ärzten überläßt, und ihnen nicht ins Handwerk pfuschen. Diese Konsequenz ist tatsächlich von Platon im „Staat"
gezogen worden, in dem die Elite der Philosophen-Wächter allein zum
Herrschen | und zur Beschäftigung mit politischen Dingen berufen er-
scheint. Aber Platon sagt im siebten Brief selbst, daß er erst nach dem
Tode des Sokrates auf diesen Gedanken gekommen ist. Sokrates selbst
scheint sich damit begnügt zu haben, die von Aristoteles als Beispiel angeführte ἐπαγωγή dazu zu benutzen, seinen Mitbürgern zu Gemüte zu
führen, daß es besser sei, sich über die Dinge zu informieren und darüber
nachzudenken, ehe man an einer Abstimmung in der Volksversammlung

sich beteiligt, und die Redner, ihre Sachkenntnisse und ihre Prinzipien zu prüfen, statt sich blind der Wirkung ihrer Redegewandtheit auszuliefern. Umgekehrt hat die Anwendung der ἐπαγωγή in dem diskutierten Fall nur deshalb praktisch einen Sinn, weil die Analogie zwischen den verschiedenen Fällen gerade *keine* vollständige ist, wie ja auch Protagoras in dem gleichnamigen Dialog Platons zu zeigen versucht, warum die Menschen in politischen Fragen anders als in der Medizin oder andern speziellen Gebieten alle mit einem gewissen Recht glauben, mitreden zu können, und Platon später im Politikos auch seinen Sokrates auf gewisse Unterschiede zwischen den Gebieten in bezug auf die von Aristoteles angeführte ἐπαγωγή hinweisen läßt. Mit anderen Worten: die ἐπαγωγή hat hier den Zweck, *ein* Element deutlich werden zu lassen, welches dem speziellen Fall, auf den es dem Diskutierenden ankommt, mit andern Fällen gemeinsam ist, das aber in diesem Fall aus besonderen Gründen vernachlässigt zu werden pflegt. Weit davon entfernt, wie die ihrem Probabilitätsgrad nach möglichst genau bestimmte Wahrscheinlichkeitsinduktion bei Carnap und Stegmüller unmittelbar den zureichenden Grund für eine bestimmte einzelne Entscheidung zu liefern, wie z. B. ob und wieviel man etwa vernünftigerweise in einem bestimmten Papier investieren soll, steht hier die ἐπαγωγή am *Anfang* von Überlegungen, die dann erst zu praktischen Entscheidungen führen können. Es wird sich zeigen, daß dies auch für andere Arten der ἐπαγωγή bei Aristoteles charakteristisch ist. Endlich muß noch darauf aufmerksam gemacht werden, daß bei dem von Aristoteles gebrauchten Beispiel ein ursächlicher Zusammenhang zwischen dem „verstehen" und dem „es besser machen" besteht. Auch das ist, wie sich zeigen wird, für das Problem der ἐπαγωγή nicht ganz ohne Bedeutung. |

Soviel über die ἐπαγωγή in der Dialektik, wobei noch zu betonen ist, daß in der Topik des Aristoteles von zwei Arten der Dialektik die Rede ist, dem reinen dialektischen Streitgespräch, bei dem es nur darauf ankommt, über den Partner in den Augen der Zuhörer den Sieg davonzutragen, und von der sokratischen Dialektik, deren Zweck es ist, den Partner zu wirklichen Einsichten zu führen, vor allem auch zu solchen, gegen die er sich sträubt, weshalb sich Sokrates auch desselben Tricks des ἀποστάσει oder „von weit her" bedient wie der eristische Dialektiker. Später hat Aristoteles der in der Topik behandelten Dialektik und der in den Analytica behandelten Syllogistik oder formalen Logik in den Analytica Posteriora eine Wissenschaftslehre hinzugefügt. Die exakte, mit Hilfe von logischen Schlüssen aufgebaute Wissenschaft unterscheidet sich nach Aristoteles von der Dialektik vor allem dadurch, daß sie nicht wie diese von nur einleuchtenden (ἔνδοξοι) Prämissen ausgeht, sondern von wahren und notwendigen Prämissen ausgehen muß[39]. Der Zusatz „notwendig" bedeutet hier, daß das von dem Subjekt des Satzes ausgesagte Prädikat diesem nicht nur faktisch (z. B. jetzt oder in einem bestimmten Fall), sondern immer und notwendig zukommen muß, also nicht wie das Prädikat weißhäutig oder musikalisch einem Menschen, sondern wie die Eigenschaft der Winkelsumme von 2 R dem Dreieck. Die Prämissen müssen daher auch allgemeingültige sein. Die ungeheure Mehrzahl aller wissenschaftlichen Sätze wird syllogistisch bewiesen. Da jedoch ein regressus in infinitum bei der Beweisführung unmöglich ist[40], da man sonst niemals dazu kommt, mit dem Beweisen anzufangen, so muß jede Wissenschaft mit unbewiesenen Sätzen beginnen. Wenn es jedoch eine Wissenschaft sein soll, müssen diese ersten Sätze nicht nur unbewiesen, sondern unbeweisbar[41], ferner „erkennbarer" (γνωριμώτεραι) oder evidenter sein als alle Sätze, die dann syllogistisch aus ihnen abgeleitet werden. Die Erkenntnis solcher allgemeiner, unbeweisbarer und evidenter Sätze beruht nach Aristoteles auf | ἐπαγωγή[42]. Da die Sätze, von denen die Wissenschaft ihren Ausgangspunkt nimmt, wahr und notwendig sein müssen und nicht nur einleuchtend (ἔνδοξοι) wie in der Dialektik, so muß auch die ἐπαγωγή, welche zu ihnen führt, wohl einen etwas anderen Charakter haben als die ἐπαγωγή in der Dialektik. Schon das zeigt, daß das, was Aristoteles als ἐπαγωγή bezeichnet, etwas Umfassenderes und Komplizierteres ist, als daß sich sein Wesen auf Grund der wörtlichen Interpretation von ein paar Stellen in den Schriften des Aristoteles, ohne den größeren Zusammenhang in Betracht zu ziehen, in dem sie jeweils stehen, ausreichend bestimmen ließe.

Die ἐπαγωγή kommt in den Analytica Posteriora mehrfach vor, in der Mehrzahl der Fälle jedoch nur am Rande, um andere Dinge zu illustrieren. Die beiden entscheidenden Stellen finden sich im 18. Kapitel des ersten Buches und ganz am Ende der Schrift. In beiden Fällen handelt es sich um das Verhältnis einer aus allgemeinen Prinzipien beweisenden Wissenschaft zur Wahrnehmung bzw. um die Unentbehrlichkeit der Wahr-

---

[39] Aristoteles, Topica I, 100 a, 23—25 und Analytica Post. I, 2, 71 b, 20 ff. und I, 4, 73 a, 21 ff.

[40] Aristoteles, Analytica Posteriora I, 3, 72 b, 18 ff.

[41] Ibidem I, 2, 71 b, 20 ff. besonders auch 26 ff.

[42] Ibidem I, 1, 71 a, 6 und vor allem II, 19, 100 b, 3—5.

nehmung für die beweisende Wissenschaft. Die erste der beiden Stellen handelt spezieller von der ἐπαγωγή. Auch kann der Gegenstand der ἐπαγωγή hier genauer bezeichnet werden. Es ist daher zweckmäßig, von dieser Stelle auszugehen[43].

Sie lautet folgendermaßen: „Es ist nun offenbar, daß, wenn eine bestimmte Wahrnehmung fehlt (ausfällt: ἐκλείπει) notwendig auch eine bestimmte Wissenschaft ausfallen muß (ἐκλελοιπέναι), die zu erfassen unmöglich ist, wenn wir entweder durch ἐπαγωγή oder durch Beweis wissend werden (μανθάνομεν), der Beweis aber vom Allgemeinen ausgeht, die ἐπαγωγή dagegen vom Einzelnen, und es unmöglich ist, das Allgemeine in den Blick zu bekommen (θεωρῆσαι) ohne die ἐπαγωγή. Denn auch die von der Abstraktion her benannten Gegenstände (ἐξ ἀφαιρέσεως λεγόμενα), wenn sie auch nicht abtrennbar sind, wird es (nur) durch ἐπαγωγή möglich sein, dem Wissen zugänglich zu machen (γνώριμα ποιεῖν), nämlich daß jedem genus etwas zukommt, insofern es ein solches ist (ᾗ τοιονδί). Hingeführt zu werden (sc. durch die ἐπαγωγή) ist aber | unmöglich ohne die Wahrnehmung. Denn die Wahrnehmung bezieht sich auf die einzelnen Dinge. Ohne sie kann man von ihnen keine Erkenntnis gewinnen. Denn aus dem Allgemeinen (sc.: kann man wissenschaftliche Erkenntnis gewinnen) nicht ohne (sc. am Anfang stehende) ἐπαγωγή, und durch ἐπαγωγή nicht ohne Wahrnehmung.“

Zunächst wird also allgemein festgestellt, daß, wenn eine bestimmte Wahrnehmung ausfällt, die dieser Wahrnehmung zugeordnete Wissenschaft (oder Wissenschaften) ausfallen müsse. Das ist unmittelbar einsichtig für diejenigen Wissenschaften, die speziell einer bestimmten Art der Wahrnehmung zugeordnet sind, wie etwa die musikalische Harmonielehre dem Hören und die Optik dem Sehen. Es ist auch leicht einzusehen für alle anderen Wissenschaften, die von der sinnlichen Wahrnehmung unmittelbar abhängig sind. Aristoteles geht hier jedoch weiter und sagt, es gelte auch für die „durch Abstraktion gewonnenen Gegenstände“. Damit meint er die Gegenstände der Geometrie, von welchen er im Gegensatz zu andern Mitgliedern der platonischen Akademie der Meinung war, daß sie keine selbständige Existenz an sich haben, vielmehr nur durch Abstraktion der Form von und an materiellen Dingen gewonnen sind. Obwohl sie aber keine selbständige Existenz haben, gibt es nach der Meinung des Aristoteles von ihnen doch eine streng beweisende Wissenschaft. Ja, es läßt sich zeigen, daß Aristoteles in dem, was er im ersten

---

[43] Ibidem I, 18, 81 a, 37 ff.

Buch der Analytica Posteriora über das Wesen einer streng beweisenden Wissenschaft überhaupt sagt, sich weitgehend an der Geometrie orientiert hat, wie im zweiten Buch der Analytica Posteriora an der Astronomie und der Physik. Wenn Aristoteles daher in dem vorliegenden Falle von dem spricht, was einem genus zukommt, insofern ein jedes ein solches ist, wie es ist (ᾗ τοιονδί), so meint er damit das, was er an anderer Stelle[44] als das bezeichnet, was einer Sache an sich (καθ' αὐτό) zukommt, und dies ist wieder identisch mit dem, was einer Sache in dem früher beschriebenen Sinn „mit Notwendigkeit" zukommt.

Danach kann nicht der geringste Zweifel daran bestehen, daß in diesem Falle nach Meinung des Aristoteles die ἐπαγωγή zu | strikt notwendigen Sätzen führen muß. Ross in seinem Kommentar zu der Stelle[45] meint, es müßten mit diesen Sätzen die geometrischen Definitionen gemeint sein. Das ist vielleicht nicht ganz unrichtig. Aber um zu einer bloßen Nominaldefinition zu kommen, zu dem, was Aristoteles als ὁρισμός im Sinne des τί σημαίνει bezeichnet[46] — einer Definition, der kein wirklich existenter Gegenstand zu entsprechen braucht, wie man nach Aristoteles auch ein Fabeltier wie den Tragelaphos oder einen mathematischen Gegenstand wie das regelmäßige Hendekaeder definieren kann, obwohl es ein regelmäßiges Hendekaeder nicht gibt —, bedarf es keiner ἐπαγωγή und keiner Wahrnehmung. Handelt es sich dagegen um die Existentialdefinition, um das, was Aristoteles als die Definition des τί ἔστιν bezeichnet[47], so setzt diese Definition die Existenz des zu definierenden Gegenstandes voraus. Diese wird in der Geometrie in der Regel bewiesen, nämlich durch die Konstruktion. Nur bei den einfachsten geometrischen Gegenständen muß die Existenz postuliert werden. Nur für die ersten geometrischen Prinzipien kann daher die ἐπαγωγή in Anspruch genommen werden, wie ja auch Aristoteles gleich zu Anfang der Analytica Posteriora ausspricht, daß nur die unbeweisbaren Sätze ohne Beweis angenommen werden dürfen. Solche Sätze sind in der Geometrie Euklids der Satz, daß zwei Gerade keinen Raum einschließen oder der in gewisser Weise äquivalente Satz, daß man durch zwei Punkte eine Gerade, aber nur eine Gerade legen kann[48]; ferner der Satz, daß alle rechten Winkel einander gleich sind. Um solche Sätze muß es sich also handeln.

---

[44] Ibidem I, 4, 76 a, 28 ff.

[45] W. D. Ross, Aristotle's Prior and Posterior Analytics, Oxford, 1949, S. 565.

[46] Analytica Posteriora I, 10, 76 a, 34 ff.

[47] Analytica Posteriora II, 7, 92 a, 34 ff.

[48] Vgl. darüber eingehender oben S. 367 ff.

Ist dies aber so, dann läßt sich, was die ἐπαγωγή in diesem Falle bedeutet, ziemlich genau angeben. Auch Platon, der doch die Gegenstände der Geometrie weit schärfer von den sinnlich gegebenen Gegenständen trennte als Aristoteles, war doch der Meinung, daß die Mathematiker ihre Beweise notwendig an den gezeichneten Figuren als Abbildern (ὡς εἰκόσι) vornehmen[49], | wenn sie auch nicht diese gezeichneten Figuren meinten und sich ihre Beweise auch nicht auf diese gezeichneten Figuren bezögen, sondern auf das Dreieck an sich oder das Quadrat an sich. Auch er glaubte also, daß man sich in gewisser Weise an der αἴσθησις orientieren müsse, um zu den abstrakteren Einsichten zu kommen, auf welche sich die mathematischen Lehrsätze beziehen. So ist auch Aristoteles, der die Gegenstände der Geometrie nur als Abstraktionen von den Formen materieller und also sinnlich wahrnehmbarer Gegenstände betrachtete, der Meinung, daß man, um zu den ersten geometrischen Sätzen zu gelangen, die Anschauung und die ἐπαγωγή zu Hilfe nehmen müsse.

Auf welche Weise dies geschieht, wird in den Ausführungen des Aristoteles am Ende der Analytica Posteriora deutlich gemacht[50]. Hier wird ganz allgemein die Frage aufgeworfen, wie man zu den ersten (unbeweisbaren) Prämissen kommt, von denen nach den Ausführungen des Aristoteles zu Beginn der Analytica Posteriora jede beweisende Wissenschaft ausgehen muß. Aristoteles lehnt die Auffassung Platons ab, daß man diese schon aus einem Verkehr mit den Ideen in einem Leben vor der Geburt mitbringt, ohne sich darüber klar zu sein, und nur an sie erinnert zu werden braucht, um sie auch bewußt zu haben. Aber wie, so lautet dann die Frage, kommt die Erkenntnis von den in diesen ersten Prämissen ausgesprochenen Zusammenhängen dann in den Menschen hinein, da doch gleich zu Anfang festgestellt worden ist, daß jedes Lernen, jeder Erwerb zusätzlicher Erkenntnis, eine schon vorher vorhandene Erkenntnis voraussetzt? Die Antwort lautet[51]: durch eine δύναμις, eine Fähigkeit, und diese Fähigkeit ist die Wahrnehmung, die αἴσθησις, oder etwas, das mit ihr verbunden ist. Die αἴσθησις haben auch alle Tiere. Es muß noch etwas hinzukommen, um wissenschaftliche Erkenntnis zu ermöglichen. Das erste, was hinzukommt, ist, daß die αἴσθησις nicht vergeht, sondern bleibt. Das ist das Gedächtnis. Dann die Akkumulation im Gedächtnis, aus welcher die Erfahrung hervorgeht. Aus der Erfahrung aber kommen

---

[49] Platon, Staat VI, 510 c.
[50] Aristoteles, Analytica Posteriora II, 19, 99 b, 20 ff.
[51] Ibidem II, 19, 99 b, 32 ff.

Kunstfertigkeit und Wissenschaft: Kunstfertigkeit, die auf ein Werden gerichtet ist, und Wissen-|schaft, die auf ein Seiendes gerichtet ist. Sie entstehen, indem das Allgemeine (τὸ καθόλου) in die Seele hineinkommt. Dies geschieht stufenweise: zuerst kommen die ἄτομα εἴδη, die nicht weiter unterteilbaren Spezies, die hier als τὰ ἀμερῆ καθόλου bezeichnet werden. Dann kommt das immer Allgemeinere bis zum Allerallgemeinsten. Nach diesen Ausführungen heißt es zum Abschluß[52]: „Es ist also klar, daß die Prinzipien (τὰ πρῶτα) notwendigerweise durch ἐπαγωγή erkannt werden. Denn auch die Wahrnehmung schafft so darin (in der Seele) das Allgemeine."

Das sieht auf den ersten Blick einer Abstraktionstheorie sehr ähnlich, welche aus Hunderten oder Tausenden von ähnlichen Einzelwahrnehmungen, die sozusagen aufeinanderphotographiert werden, die Allgemeinbegriffe entstehen läßt; und wenn dann die ἐπαγωγή damit in Parallele gesetzt wird, so liegt es nahe, daraus zu schließen, daß es sich auch hier um eine „Induktion" aus Tausenden von Fällen handle, wie sie bei den meisten modernen Theoretikern der Induktion, mit Ausnahme von Sigwart, angenommen wird. Aber schon hinsichtlich der Bildung der Allgemeinvorstellungen oder Begriffe stimmt diese Vorstellung nicht mit der Auffassung des Aristoteles, wie er sie im folgenden näher auseinandersetzt, überein. Das Allgemeine in der Seele entsteht nach dieser Auffassung keineswegs aus einem Aufeinander von Tausenden von bloß ähnlichen Eindrücken, sondern es wird definiert als[53] „das Eine neben den vielen (sc. Einzeleindrücken), welches als ein und dasselbe in jenen allen darin (enthalten) ist"; und entsprechend heißt es von der αἴσθησις[54], daß zwar das Einzelding wahrgenommen wird, die Wahrnehmung aber auf das Allgemeine geht (z. B., so illustriert es Aristoteles, auf den Menschen, nicht auf den Einzelmenschen Kallias). Obwohl Aristoteles die Ideenlehre ablehnt — d. h. den berühmten χωρισμός der Ideen, die Annahme, daß die Ideen einem eigenen Reich jenseits von Zeit und Raum angehören und daß die Einzeldinge nur zeiträumliche Abbilder der Ideen sind —, steht Aristoteles der platonischen Ideenlehre doch insofern noch nahe als nach seiner Lehre|das Allgemeine in den Dingen wirklich als solches enthalten ist und nicht erst durch Zusammensehen von bloßen

---

[52] Ibidem II, 19, 100 b, 3—5: δῆλον δὴ ὅτι ἡμῖν τὰ πρῶτα ἐπαγωγῇ γνωρίζειν ἀναγκαῖον. καὶ γὰρ ἡ αἴσθησις οὕτω τὸ καθόλου ἐμποιεῖ.

[53] Ibidem II, 19, 100 a, 7 ff.

[54] Ibidem II, 19, 100 a, 17—100 b, 1.

Ähnlichkeiten subjektiv in unserem Intellekt entsteht. Obwohl bei dem Prozeß der Erfassung des Allgemeinen das Gedächtnis eine Rolle spielt und diese Erfassung stufenweise von dem weniger Allgemeinen zu dem Allgemeinsten aufsteigt, so ist doch die Wahrnehmung nach der Meinung des Aristoteles durch das Einzelne hindurch schon auf das Allgemeine (z. B. den Menschen als solchen) gerichtet, so daß auch hier nicht von tausend Fällen die Rede ist, aus denen sich etwa erst das Allgemeine ergeben würde.

Noch deutlicher ist dies bei der darauf folgenden Diskussion der allgemeinen ἀρχαί oder Prinzipien, auf deren Herkunft es Aristoteles in dem gegebenen Zusammenhang vor allem ankommt. „Da nun", heißt es weiter[55], „von den Zuständen in bezug auf das Erkenntnisvermögen (τῶν περὶ τὴν διάνοιαν ἕξεων), durch welche wir die Wahrheit erfassen, die einen immer wahr sind, die andern aber, wie Meinung (δόξα) und diskursives Denken (λογισμός), den Irrtum zulassen — immer wahr sind dagegen Wissen(schaft?: ἐπιστήμη) und Einsicht (νοῦς) — und da nichts strenger (genauer: ἀκριβέστερον) ist als die Wissenschaft, mit Ausnahme des νοῦς, da ferner die ersten Prinzipien der Beweise einsichtiger sind (sc. als das auf Grund ihrer Bewiesene), jede Wissenschaft aber mit Argumentation (Schlußverfahren: λόγος) verbunden ist, so dürfte es von den ersten Prinzipien wohl keine Wissenschaft geben. Da aber nichts wahrer sein kann als die Wissenschaft außer dem νοῦς (der unmittelbar evidenten Einsicht), so dürfte es von den Prinzipien wohl einen νοῦς (eine solche unmittelbare Einsicht) geben. Wenn man von hier ausgehend sieht, daß der Beginn des Beweises nicht selbst ein Beweis sein kann und der Beginn des wissenschaftlichen Wissens nicht wieder ein wissenschaftliches Wissen, so dürfte wohl, wenn wir sonst außer der Wissenschaft keinen Zugang zur Wahrheit haben, die unmittelbare Einsicht (der νοῦς) der Anfang des wissenschaftlichen Wissens sein. Dies dürfte wohl also der Ursprung der ersten Prinzipien sein, und die ganze Wissenschaft verhält sich ebenso zu ihrem gesamten Gegenstand." |

Auch hier ist die Affinität zu Platon trotz der Verwerfung der Ideenlehre sehr deutlich in der Berufung auf den νοῦς, die unmittelbare Einsicht, welche noch sicherer ist als die Ergebnisse einer beweisenden Wissenschaft. Zugleich bleibt doch auch der tiefgreifende Unterschied, daß bei Platon der νοῦς im Gegensatz zur διάνοια auf die Ideen gerichtet ist, bei Aristoteles dagegen auf das, was er die καθ' αὑτὰ ὑπάρχοντα der allgemei-

---

[55] Ibidem II, 19, 100 b, 5 ff.

nen Gegenstände nennt (das, was ihnen an sich zukommt), und das eben in jenen ersten Sätzen, von denen jede beweisende Wissenschaft ausgehen muß, ausgesprochen wird. Die Einsicht in die allgemeinen Prinzipien vollzieht sich jedoch nach dem früher diskutierten Kapitel[56] zum mindesten in der Geometrie durch ἐπαγωγή. Wenden wir daher das, was Aristoteles in dem letzten Abschnitt der Analytica Posteriora allgemein ausführt, auf den dort diskutierten speziellen Fall an, so ist hier besonders deutlich, daß es sich hier nicht um eine Summation von unzähligen Fällen handeln kann, sondern — ganz im Einklang mit dem, was Aristoteles im letzten Abschnitt der Analytica Posteriora darüber sagt, daß das Allgemeine durch das Einzelne hindurch unmittelbar erfaßt werden könne — ein einziges Beispiel genügt, um die Gültigkeit des Satzes in allen möglichen Fällen erkennen zu lassen. Es wäre lächerlich, an Tausenden von Fällen nachprüfen zu wollen, ob sich nicht doch einmal zwei Punkte finden lassen, durch die man mehr als eine Gerade legen kann. Hier findet sich also bei Aristoteles der von Sigwart postulierte Fall, daß ein einziges Beispiel genügt, um die allgemeine Wahrheit zu erkennen; und es findet sich gerade in der strengsten Wissenschaft.

Freilich sind gegen diesen Teil der aristotelischen Lehre von den verschiedensten Voraussetzungen aus von Philosophen, Logikern und Mathematikern sehr verschiedenartige Einwände erhoben worden. Ein Einwand richtet sich gegen die Annahme des Aristoteles, daß es, um zu der Einsicht in die Wahrheit des allgemeinen Satzes zu gelangen, der Wahrnehmung bedürfe, denn bei der Geometrie handle es sich um eine von aller sinnlichen Wahrnehmung unabhängige „reine" Anschauung. Aber das ist für das Problem der ἐπαγωγή irrelevant, solange nicht geleugnet werden|kann, daß zum mindesten die Vorstellung von zwei Punkten und einer Geraden notwendig ist, um die Notwendigkeit des Zusammenhanges einzusehen, diese aber dann an der Vorstellung eines einzigen Falles eingesehen werden kann. Nicht gegen Aristoteles ins Feld führen kann man, was Kneale gegen ihn einwendet[57]: Aristoteles habe sich in der Annahme getäuscht, daß hier ein Schluß vom Einzelnen auf das Allgemeine vorliege. Vielmehr sei die Erkenntnis der Allgemeingültigkeit des Zusammenhanges hier eine unmittelbare. Der epagogische Schluß, von dem Aristoteles in den Analytica Posteriora spricht, ist etwas völlig anderes als die unmittelbare ἐπαγωγή im 18. Kapitel der Posteriora. Aristo-

---

[56] Vgl. oben S. 649 ff.
[57] A. a. O. (oben Anm. 22), S. 37.

teles hat die ihm von Kneale zugeschriebene Verwechslung nicht begangen. Hier handelt es sich um die unmittelbare, durch Heranführen an ein einzelnes Beispiel gewonnene Evidenz. Mill hat umgekehrt wie Kneale seiner Theorie der Induktion gemäß auch diesen Fall aus der Beobachtung unzähliger Fälle abzuleiten versucht: dem, der an einem Beispiel die Allgemeingültigkeit des Satzes erkennt, sei nur nicht bewußt, daß dies darauf beruhe, daß er unzählige Fälle gesehen hat, in denen durch zwei Punkte immer nur eine Gerade hindurchzulegen war. Aber das ist offenkundig unrichtig. Es gibt wohl viele Fälle, in denen jemand mit mehr Bewußtsein und Aufmerksamkeit etwas zu tun versucht und es unmöglich gefunden hat als bei der Geraden und den Punkten, ohne daß daraus die faktische Unmöglichkeit, es zu tun, mit der Stringenz eines mathematischen Prinzips gefolgert werden könnte[58]. Diese Erklärung Mills hat auch wohl nicht mehr viele Anhänger, obwohl seine Annahme, daß es bei der Induktion auf die Zahl der Fälle ankommt, der ganzen modernen Lehre von dem Zusammenhang von Induktion und Probabilität zugrunde liegt.

Der ernsthafteste Einwand kommt von den Mathematikern, die einerseits aus der Geometrie das Element der Anschauung so sehr als möglich auszuschalten versuchen, so daß Hilbert sogar erklärt hat, er würde lieber gar nicht die Ausdrücke Punkt, Gerade, Winkel, etc. benützen, damit niemand in Versuchung kom- | men könne, aus der Anschauung etwas in die mathematischen Beweise hineinzutragen, was in den Axiomen nicht ausdrücklich formuliert und ausgesprochen ist, und denen überdies der Begriff der Evidenz, um den es sich bei Aristoteles handelt und auf dem seine ganze Wissenschaftslehre aufgebaut ist, als solcher zweifelhaft geworden ist. Die modernen Mathematiker oder zum mindesten eine außerordentlich verbreitete mathematische Schule versucht daher den Evidenzbegriff aus der Mathematik überhaupt auszuschalten und erklärt die Axiome als willkürliche Festsetzungen wie die Spielregeln beim Schachspiel oder einem ähnlichen Spiel, weshalb man auch mit Hilfe verschiedener Axiome verschiedene Geometrien aufbauen könne. Vielleicht darf man dazu aber das Folgende bemerken. Die Skepsis gegen den Evidenzbegriff bei den Mathematikern stammt vor allem von der Entdeckung der Austauschbarkeit des Parallelenaxioms. Historisch gesehen steht diese Entdeckung jedoch durchaus nicht am Anfang der Kontroverse. Am Anfang steht vielmehr der immer wiederholte Versuch, das Parallelenaxiom aus den andern Axiomen abzuleiten, *weil es nicht als evident genug er-*

---

[58] Vgl. dazu oben S. 623 f. das Beispiel aus Bochenski.

schien, um ohne Beweis als Axiom aufgestellt zu werden. Mit dem Beweis, daß es nicht von den andern Axiomen abgeleitet werden kann, sondern von ihnen unabhängig ist, Hand in Hand ging dann die Entdeckung, daß es ersetzt werden kann, d. h. daß man auch auf Grund abweichender Voraussetzungen widerspruchsfreie und sinnvolle geometrische Systeme aufstellen kann. Es handelt sich also hier um ein spezielles Problem. Über die Behauptung, daß es sich bei der Festsetzung der mathematischen Axiome um die Festsetzung willkürlicher Spielregeln handle, so wie über Euklids Beweis des I. Kongruenzsatzes als erweiterte ἐπαγωγή ist in anderem Zusammenhang ausführlich gehandelt worden, so daß hier darauf verwiesen werden kann[59].

Daß also die Begründung der strengen Wissenschaft auf die unmittelbare Evidenz und deren Verbindung mit der ἐπαγωγή, vor allem in der strengen aristotelisch-euklidischen Form, Schwierigkeiten macht, ist in keiner Weise zu leugnen. Diese werden aber kaum dadurch beseitigt, daß man das Problem einfach beiseite schiebt und die Axiome für willkürliche Festsetzungen erklärt, was sie doch ganz offenkundig nicht sind. Dies Problem wird sich später noch von einer anderen Seite zeigen. Für jetzt muß es genügen, bewiesen zu haben, daß Aristoteles in den Analytica Posteriora mit ἐπαγωγή wirklich das gemeint hat, was er sagt: nämlich eine Einsicht in einen allgemeingültigen Zusammenhang, welcher durch Heranführen an einen einzigen Fall unmittelbar als allgemeingültig evident wird, und nicht, wie oft angenommen worden ist, eine Art Schlußverfahren wie bei dem in den Analytica Priora erwähnten epagogischen Syllogismus, so-|wie ferner, daß das, was Aristoteles gemeint hat, nicht so sinnlos oder bedeutungslos ist, wie es manchen seiner modernen Kritiker erscheint.

So weit hat sich also gezeigt, daß die ἐπαγωγή bei Aristoteles sowohl in der Dialektik wie in der strengsten beweisenden Wissenschaft eine Rolle spielt: bei beiden übereinstimmend als ein Mittel, erste Prämissen zu gewinnen, aus denen Weiteres dann im syllogistischen Schlußverfahren erschlossen werden kann. Da jedoch diese ersten Prämissen in der Dialektik nur einleuchtend und „probabel", in der im strengsten Sinne beweisenden Wissenschaft dagegen nach Meinung des Aristoteles evident wahr und notwendig sein müssen, so ist auch der Charakter der ἐπαγωγή in beiden Fällen wesentlich verschieden. Aristoteles macht aber einen Unterschied nicht nur zwischen Dialektik und streng beweisender Wissenschaft, son-

---

[59] Vgl. oben S. 346 ff. mit Anm. 20 und S. 501 ff.

dern auch zwischen strengeren oder genaueren (ἀκριβέστεραι) und weniger
strengen und genauen Wissenschaften, und zwar nicht nur in dem
Sinne, daß gewisse Wissenschaften noch nicht denselben Grad der Exaktheit erreicht haben wie andere, sondern so, daß es gewissen Wissenschaften eigentümlich ist, nicht so exakt behandelt werden zu können wie
andere (z. B. die Mathematik), ohne dadurch ihren Wissenschaftscharakter
einzubüßen. Dies muß sich natürlich auch auf den Charakter der ἐπαγωγή
auswirken, sofern sie in diesen ebenfalls eine Rolle spielt. In diesen Zusammenhang gehört die Art des dialektischen Syllogismus, von der in den
Analytica Priora die Rede ist, nebst der „vollständigen" Induktion,
welche von einigen Modernen als die eigentlich aristotelische oder als
die einzige von Aristoteles als vollgültig betrachtete Induktion angesehen
wird. Es ist daher notwendig, sich dieser nun wieder zuzuwenden.

Hier hatte sich nun schon bei einer ersten vorläufigen Betrachtung der
dringende Verdacht ergeben, daß die fragliche Stelle der Analytica Priora
von den modernen Logikern und Historikern der Logik völlig mißverstanden worden sei, weil sie den Passus isoliert betrachteten, statt in dem
engeren und weiteren Zusammenhang, in den er gehört und in welchem
er erst seinen Sinn bekommt. Dieser Verdacht wird nun zum mindesten
insoweit bestätigt, als auf Grund der Stellen über die ἐπαγωγή in den
Analytica Posteriora gar nicht die Rede davon sein kann, daß Aristo- |
teles nur die vollständige Induktion im Sinne der Aufzählung aller Spezies, für welche ein Zusammenhang gilt, als vollgültig anerkannt, die
„generalisierende Induktion" dagegen als ungültig bezeichnet hätte, wie
Bochenski behauptet. Vielmehr ist in seinem Satz[60], daß die ἐπαγωγή im
Gegensatz zur Argumentation auf Grund eines bloßen Beispiels κατὰ
πάντων sei, in den Analytica Priora gerade die generalisierende Induktion
der Art, wie sie in den Analytica Posteriora behandelt wird, zweifellos
stillschweigend mit eingeschlossen.

Es ist nun aber an der Zeit, das von Aristoteles in den Analytica Priora
gegebene Beispiel genauer zu analysieren und es in den Zusammenhang
einzuordnen, in den es bei Aristoteles zweifellos gehörte. Wie schon erwähnt, glaubten die modernen Logiker alle, das aristotelische Beispiel
durch ein anderes ersetzen zu müssen, teils wegen der sachlichen Unrich-
tigkeiten hinsichtlich der behaupteten Fakten, welche das aristotelische
Beispiel enthält, teils weil ihrer Meinung nach das Wesen der von Aristo-

---

[60] Aristoteles, Analytica Priora II, 23, 68 b, 28/29 und 24, 69 a, 16—19.

teles gemeinten Art der Induktion nur bei der Wahl eines besseren Beispiels klar zum Ausdruck käme, z. B. von gehörnten Säugetieren, die zugleich Huftiere sind oder dergleichen. Am konsequentesten ist darin jedoch W. Kneale, der sich des folgenden Beispiels bedient[61]: „Alle Mitglieder der Brown-Jones-Smith-Gruppe tragen Schuhe. Alle in diesem Raum anwesenden Menschen gehören zu der Brown-Jones-Smith-Gruppe. Also tragen alle in diesem Raum anwesenden Menschen Schuhe." Das Beispiel ist deshalb am konsequentesten, weil man sicher sein kann, daß man alle Mitglieder der Brown-Jones-Smith-Gruppe kennt, während man, solange die Erde nicht vollständig erforscht ist, nicht sicher sein kann, ob nicht gehörnte Säugetiere entdeckt werden, die keine Hufe haben; und selbst wenn die Erde vollständig erforscht ist, die Möglichkeit des Auftretens solcher Lebewesen auf andern Gestirnen, oder die Entstehung solcher Lebewesen durch Mutation in der Zukunft nicht ausgeschlossen werden kann. Zugleich zeigt das von Kneale gewählte Beispiel aber auch auf das deutlichste, daß bei dieser Art von vollständiger Induktion schlechterdings gar nichts herauskommt, was nicht schon vorher nicht nur implizit, sondern sogar explizit bekannt gewesen ist. Wäre dies nun wirklich der Kern und eigentliche Sinn des, wie die modernen Logiker glauben, nur ein wenig ungeschickt gewählten Beispiels von den gallelosen und langlebigen Lebewesen, und wäre außerdem, wie Bochenski und andere glauben, diese Art von Induktion die einzige, die Aristoteles als gültig anerkannt hat, so wäre seine Induktionslehre von kaum zu unterbietender Nichtigkeit. Jedenfalls ist es ein interessantes Beispiel dafür, was die modernen Logiker ihrem großen antiken Kollegen, dem Schöpfer der Logik, zutrauen.

Freilich hat es mit dem von Aristoteles selbst in den Analytica Priora für den epagogischen Schluß gebrauchten Beispiel eine eigentümliche Bewandtnis[62]. Tatsächlich produzieren alle von Aristoteles als gallenlos bezeichneten Tiere, sowohl die in den Priora genannten wie die zusätzlich in der Tieranatomie angeführten, Galle. Aber mit Ausnahme des Menschen haben sie alle keine Gallenblase. Die Galle fließt bei ihnen direkt von der Leber, wo sie produziert wird, dahin, wo sie gebraucht wird, d. h. in den Verdauungsapparat. Die von Aristoteles bemerkte Süßigkeit der

---

[61] A. a. O. (Anm. 22), S. 26.

[62] Die folgenden Auskünfte über die von der modernen Wissenschaft festgestellten Sachverhalte verdanke ich Herrn Hansjochen Autrum, Professor für Zoologie und vergleichende Anatomie an der Universität München.

Leber bei den „gallenlosen" Tieren erklärt sich daraus, daß sich das in der Leber angespeicherte Glykogen nach dem Schlachten des Tieres leicht in Zucker verwandelt. Die nicht selten zu beobachtende Bitterkeit der Leber von Tieren, die eine Gallenblase besitzen, erklärt sich dadurch, daß durch Osmose Galle von der Gallenblase in die Leber gedrungen ist, was bei den gallenblaselosen Tieren nicht vorkommen kann. Das von Aristoteles gewählte Beispiel beruht also zweifellos auf wirklichen Beobachtungen, wenn auch auf in doppelter Hinsicht unvollkommenen, indem einmal das Fehlen einer Gallenblase mit dem Fehlen der Galle selbst fälschlich gleichgesetzt wurde und zweitens fälschlicherweise angenommen wurde, daß der Mensch keine Gallenblase habe, was zum Teil wohl darauf zurückzuführen ist, daß Menschenanatomie damals kaum betrieben wurde. |

Daß die Grundlage des von Aristoteles gewählten Beispiels faktisch falsch ist, macht es jedoch für die Art der induktiven Methode, die Aristoteles hier im Sinne hat, nicht weniger instruktiv; eher das Gegenteil. Wie schon früher erwähnt, steht das aristotelische Beispiel offenbar im Zusammenhang mit der zur Zeit des Aristoteles von den Medizinern viel erörterten Frage, ob die Galle „schädlich", bzw. ein lebensfeindlicher Stoff sei oder nicht[63]. Da konnte es als Bestätigung der ersten Annahme erscheinen, wenn sich feststellen ließ, daß alle „gallelosen" Spezies der Säugetiere oder der Wirbeltiere eine durchschnittlich längere Lebensdauer hatten als diejenigen, die eine Gallenblase haben, wenn es auch von einem gewissen Standpunkt aus als seltsam erscheinen mag, daß eine Tierspezies generell einen ihr selbst schädlichen Stoff produzieren sollte. Zum mindesten mußte ein durchweg beobachtbares Zusammenvorkommen von Gallenlosigkeit und langer Lebensdauer als sehr bemerkenswert erscheinen[64]

---

[63] Aristoteles, de partibus animalium IV, 2, 677 a, 5 ff. erwähnt vor allem eine spezielle Theorie des Anaxagoras, nach welcher die „hitzigen" Krankheiten durch die Galle verursacht werden sollten. Aus dem Zusammenhang geht jedoch hervor, daß dies nur eine von vielen Theorien war, welche der Galle eine schädliche Wirkung zuschrieben.

[64] Aristoteles selbst weist darauf hin, daß die Gallelosigkeit zuerst bei langlebigen Landtieren beobachtet wurde und daß die Vermutung, daß hier ein ursächlicher Zusammenhang bestünde, eine interessante Bestätigung dadurch erfuhr, daß die Gallelosigkeit auch bei den langlebigen Delphinen beobachtet wurde. Im übrigen bemerkt Aristoteles noch, daß Langlebigkeit und Kurzlebigkeit bei Vögeln wohl andere Ursachen habe. Das alles zeigt zugleich, wie weit Aristoteles davon entfernt war, sich, wie Joseph vermutete, einzubilden, er könne einen notwendigen Zusammenhang zwischen Langlebigkeit und Gallelosigkeit „intuitiv" erkennen, so wie man die Allgemeingültigkeit des Satzes, daß sich durch zwei Punkte nicht mehr als eine Gerade legen läßt, an einem Beispiel unmittelbar einsehen kann.

und die Vermutung begünstigen, daß dieses Zusammenvorkommen kein zufälliges sei. Es ist nicht unwahrscheinlich, daß die fälschliche Einbeziehung des anatomisch nicht untersuchten Menschen unter die gallenlosen bzw. gallenblasenlosen Lebewesen eben dadurch zu erklären ist, daß man vermutete, der besonders langlebige Mensch müsse darum auch „gallenlos" sein.

Ist diese Interpretation richtig, so verhält es sich mit der Art von Induktion, von welcher Aristoteles an der betreffenden Stelle | der Analytica Priora spricht, gerade umgekehrt wie die modernen Logiker annehmen zu müssen glaubten. Weit entfernt davon, die einzige „vollgültige" Induktion zu sein im Sinne der einzigen Induktion, welche zu unbezweifelbar sicheren Ergebnissen führt, aber zu Ergebnissen, die keinerlei neue Erkenntnis enthalten, führt diese Induktion, wenn sie nicht wie bei Kneale von künstlichen Gruppen, sondern von natürlichen Spezies ausgeht, wie bei Aristoteles, nur zu Hypothesen, aber zu neuen und wissenschaftlich interessanten Hypothesen. Daß dies mit den allgemeinen Ansichten des Aristoteles vom Wesen der verschiedenen Einzelwissenschaften und ihren unterschiedlichen Methoden im besten Einklang steht, läßt sich ebenfalls zeigen.

In einem Passus zu Anfang des E der Metaphysik[65], der im 7. Kapitel des K zum Teil[66] mit etwas anderen Ausdrücken, aber großenteils nahezu wörtlich wiederholt wird, heißt es, die Medizin, die Mathematik und alle solchen Wissenschaften (oder an der anderen Stelle: die Medizin, die Gymnastik und überhaupt die angewandten und theoretischen Wissenschaften) steckten sich ein gewisses Gebiet und dessen Gegenstand als gegeben ab und betrachten diese in gewissem Sinn als seiend, beschäftigten sich aber nicht mit dem Seienden als Seiendem. Als Fazit der ganzen Erörterung heißt es dann am Ende: „aus einer solchen ἐπαγωγή wird offenbar, daß es vom Sein (οὐσία) keinen Beweis (keine beweisende Wissenschaft) gibt". Auch das ist eine eigentümliche Art der ἐπαγωγή. Aber von dieser soll jetzt im Augenblick nicht die Rede sein.

Was für das Verständnis des epagogischen Syllogismus und des Beispiels von den gallenlosen langlebigen Lebewesen wichtig ist, steht zwischen dem oben erwähnten ersten Satz und dem Facit, das am Schluß gezogen wird. Dort wird gesagt, die (verschiedenen) Wissenschaften bewiesen das, was ihrem Gebiet oder den Gegenständen ihres Gebietes an sich

---

[65] Aristoteles, Metaphysik, E, 1, 1025 b, 15 ff.
[66] Ibidem K, 7, 1064 a, 8 ff.

(καθ᾽ αὐτό) zukommt, auf eine zwingendere (ἀναγκαιότερον, oder an der anderen Stelle: exaktere: ἀκριβέστερον) oder eine laxere (μαλακώτερον) Weise. Es wird also ein Unterschied gemacht zwischen strengeren oder | exakteren und weniger strengen oder wenigen exakten Wissenschaften. Alexander von Aphrodisias in seinem Kommentar zu der Stelle sagt mit Recht, der Unterschied zwischen den zwingenderen und den weniger zwingenden Beweisen müsse in den Prinzipien, d. h. den ersten Sätzen, von denen der Beweis seinen Ausgangspunkt nimmt, liegen. Denn das rein syllogistische Schlußverfahren muß überall gleich zwingend sein.

Wie dies genauer zu verstehen ist, läßt sich aus einem Vergleich von zwei Stellen in den Analytica Posteriora[67] und der Nikomachischen Ethik[68] nebst dem Versuch ihrer Anwendung auf das Beispiel von den gallelosen Lebewesen entnehmen. In den Analytica Posteriora betont Aristoteles immer wieder, daß es in einer streng beweisenden Wissenschaft nicht genüge, das ὅτι zu wissen, sondern daß man auch das διότι wissen müsse, also nicht nur wissen, daß etwas (so) ist, sondern auch, warum es (so) ist. In der Nikomachischen Ethik dagegen stellt Aristoteles den Satz auf, man dürfe nicht in allen Arten der Erkenntnis (auch nicht in allen Arten einer in gewisser Weise systematischen Erkenntnis) in gleicher Weise nach Exaktheit streben: nämlich weil diese nicht auf allen Gebieten in gleicher Weise erreichbar ist und ein Versuch, sie doch zu erreichen, daher zu einer täuschenden Scheinexaktheit führen würde. Er fügt dann hinzu, man dürfe aus diesem Grunde auch nicht überall darauf bestehen, die αἴτια, die Gründe, zu finden, sondern müsse auf gewissen Gebieten sich mit dem ὅτι, der simplen Erkenntnis, daß etwas so ist, begnügen. Wendet man dies auf das Beispiel von den gallenlosen Lebewesen an, so weiß man hier zunächst nur von allen (bekannten!) gallenlosen Spezies von Lebewesen (oder glaubt es von allen zu wissen), daß sie langlebig sind (und umgekehrt, wie Aristoteles an der betreffenden Stelle ausdrücklich bemerkt, daß in diesem Fall der Satz nicht ὑπερτείνει, also umgekehrt auch gilt: alle (bekannten) langlebigen Lebewesen sind gallenlos)[69], man weiß also

---

[67] Aristoteles, Analytica Posteriora I, 14, 79 a, 24: κυριώτατον γὰρ τοῦ εἰδέναι τὸ διότι θεωρεῖν; vgl. auch ibid. I, 6, 75 a, 34/45.

[68] Aristoteles, Ethica Nicom. I, 7, 1098 a, 30 ff.

[69] Dies hat Aristoteles später allerdings revidiert, indem er (Analytica Posteriora II, 17, 99 b, 4—6) sagt, die selbe Sache könne bei verschiedenen Spezies verschiedene Ursachen haben, wie z. B. die Langlebigkeit bei den „Vierfüßlern", womit wohl die Landsäugetiere gemeint sind, die Gallenlosigkeit, bei den Vögeln dagegen die „Trockenheit" ihrer Konstitution. Man sieht dabei zugleich, wie Aristoteles' sach-

bestenfalls nur das ὅτι, was|dann freilich als Anreiz dazu dienen kann, herauszufinden zu suchen, ob ein ursächlicher Zusammenhang zwischen der Langlebigkeit und der Gallenlosigkeit besteht, wobei noch wieder gefragt werden kann, was notwendig ist, um einen ursächlichen Zusammenhang zweifelsfrei festzustellen. Jedenfalls aber zeigt sich nun, daß die ἐπαγωγή bei Aristoteles nicht nur in der Dialektik eine andere Funktion hat und auch in einer etwas anderen Form auftritt als in der Wissenschaft, sondern daß auch innerhalb der Wissenschaft verschiedene Arten der ἐπαγωγή je nach dem Exaktheitscharakter der verschiedenen Wissenschaften auftreten.

Damit wird es möglich, das Wesen sowie die verschiedenen Abarten der ἐπαγωγή, wie sie bei Aristoteles erscheinen, zunächst noch in etwas gröberen Umrissen zu bestimmen. Gemeinsam ist allen Abarten der ἐπαγωγή und daher zu ihrem Wesen gehörig, daß durch Heranführen an einen Einzelfall oder an Einzelfälle eine (wirkliche oder auch nur vermeintliche) Einsicht in einen allgemeinen und notwendigen Zusammenhang erzielt wird. Die verschiedenen Abarten der ἐπαγωγή unterscheiden sich voneinander zunächst durch ihren Sicherheits- und ihren Exaktheitscharakter. Beides ist nicht schlechterdings identisch, aber eng miteinander verbunden. Die ἐπαγωγή, wie sie in der Dialektik geübt wird, führt nur zu einem einleuchtenden, aber nicht notwendig zu einem wahren Ergebnis. Das bedeutet nicht, daß ein solches Ergebnis nicht wahr sein oder nicht einen, unter Umständen sogar sehr tiefen, Wahrheitskern enthalten könnte. Aber es kann auch in seinen Umrissen unbestimmt und undeutlich sein, wie dies bei der Anwendung des dort von Aristoteles angeführten Beispiels vom Bessersein dessen, der etwas gelernt hat oder versteht, auf die Politik so offensichtlich der Fall ist. Hier ist deshalb die Relation zwischen dem Sicherheitsgrad der Gültigkeit und dem Unbestimmtheitscharakter des gewonnenen Resultates besonders deutlich. Anders steht es bei den Wissenschaften. Hier|genügt das bloß Einleuchtende nicht. Auch bei den von Aristoteles als weniger zwingend oder weniger exakt bezeichneten Wissenschaften ist die Intention durchaus auf das objektiv Wahre, nicht das bloß Einleuchtende gerichtet. Aber auf manchen Erkenntnisgebieten, wie z. B. der Ethik, ist nach Meinung des Aristoteles die allgemeine Einsicht, obwohl in gewisser Weise durchaus gewiß, nicht exakt formulierbar, d. h. nicht so, daß sich der einzelne Fall ohne weiteres unter den all-

---

liche Kenntnisse in dieser Frage von den verhältnismäßig frühen Analytica Priora zu der Schrift de partibus animalium sich allmählich erweitert haben.

gemeinen Fall subsumieren läßt, wie etwa in der Mathematik sich der allgemeine Satz, daß die Winkelsumme im Dreieck zwei Rechte ist, sich ohne weiteres exakt und ohne Modifikation auf jedes Dreieck anwenden läßt. Daher gibt es auf diesem Gebiet nach Meinung des Aristoteles keine streng deduktiv beweisende Wissenschaft, sondern nur ein τύπῳ περιλαβεῖν. Das ist ein besonderes Problem, das eine besondere Behandlung erfordert und daher hier nicht im einzelnen erörtert werden kann[70]. Umgekehrt scheint bei dem epagogischen Syllogismus nach Art des Beispieles von den gallelosen Lebewesen die Intention durchaus auf eine exakte Erkenntnis gerichtet zu sein, d. h. die Entscheidung der Frage, ob die Galle ein „schädlicher" oder lebensfeindlicher Stoff ist, und wenn, in welchem Maße, eine Erkenntnis, die sich dann auch genauer als bei den ethischen Grundsätzen auf jeden einzelnen Fall anwenden läßt. Schwierigkeit macht hier vielmehr die Erreichung der Gewißheit, da, wenn auch in noch so vielen Fällen ein Zusammen von Kurzlebigkeit und Anwesenheit der Galle sowie von Langlebigkeit und Gallenlosigkeit gefunden worden ist, eine neuentdeckte Gegeninstanz den ganzen Satz wieder umstoßen kann. Auf dem Gebiet der von Aristoteles als weniger exakt oder weniger zwingend bezeichneten Wissenschaften scheint es also mehrere Möglichkeiten zu geben, hinsichtlich deren sich bei Aristoteles nur Andeutungen finden, da er sich nirgends ausführlicher oder genauer dazu geäußert hat. Dagegen ist, wie gezeigt worden ist, Aristoteles' Meinung in bezug auf Wesen und Rolle der ἐπαγωγή in den „zwingenden" oder exakten Wissenschaften, wie der Mathematik, völlig eindeutig und klar. Hier führt die ἐπαγωγή un-|mittelbar zu sowohl absolut exakten wie auch evident wahren allgemeinen Einsichten über notwendige Zusammenhänge.

Das ist das eine. Nicht minder wichtig ist, daß, wie der Überblick über die verschiedenen Arten der ἐπαγωγή bei Aristoteles gezeigt hat, nach Meinung des Aristoteles gerade bei der ἐπαγωγή, die in den exaktesten Wissenschaften auftritt, ein einziger Fall genügt, um zu einer absolut gewissen und absolut exakten allgemeinen Erkenntnis zu gelangen, während gerade die angeblich vollständige Induktion, wenn dabei natürliche Spezies und nicht künstlich gebildete beschränkte Gruppen zugrunde gelegt werden, nicht zur absoluten Gewißheit führt.

So viel findet sich unmittelbar bei Aristoteles. Es ist aber vielleicht nützlich, die Analyse noch etwas über das bei Aristoteles unmittelbar Vorgefundene hinauszuführen, um zu zeigen, welche Probleme hier zu-

---

[70] Vgl. darüber etwas ausführlicher oben S. 298 ff.

grunde liegen und was Aristoteles etwa, wenn nicht zu ihrer Lösung, so doch zu ihrer Aufklärung beitragen kann. Im Gegensatz zu den meisten modernen Logikern geht Aristoteles nicht von dem Bestreben aus, die Induktion auf ihre Gültigkeit als Erkenntnismittel zu prüfen oder auf ihre Herkunft hin zu untersuchen, oder Methoden der Induktion zu entwickeln, welche zu unbedingt gesicherten Wahrheiten führen. Es findet sich in den erhaltenen Schriften des Aristoteles ja überhaupt keine Theorie der Induktion, und nach allem, was wir über das Verhältnis der erhaltenen zu den nicht erhaltenen Schriften des Aristoteles wissen, ist es äußerst unwahrscheinlich, daß Aristoteles in irgendeiner seiner nicht erhaltenen Schriften eine solche Theorie entwickelt haben sollte. Wo immer bei ihm von der ἐπαγωγή die Rede ist, geht er vielmehr sozusagen von dem Phänomen der Induktion aus, d. h. von der beobachtbaren und erprobbaren Tatsache, daß es möglich ist, jemanden dadurch, daß man ihn an einen einzelnen Fall „heranführt" oder ihn auf mehrere analoge Fälle aufmerksam macht, dazu zu bringen, einen allgemeingültigen Zusammenhang wirklich oder vermeintlich einzusehen.

Hier befinden wir uns also, wie vor allem von E. Kapp mit Recht betont worden ist, im Gebiet der menschlichen Interkommunikation, oder genauer: der argumentierenden Auseinandersetzung von Menschen miteinander. Dies gilt aber historisch und entwicklungsgeschichtlich nicht nur für die Induktion, sondern | für die Logik überhaupt, die bei ihrem Schöpfer Aristoteles unzweifelhaft aus der Analyse des Argumentierens der Menschen untereinander hervorgegangen ist, wie ja auch die Bezeichnung der Logik nicht umsonst von dem Worte Logos, das „Rede" bedeutet, abgeleitet ist. So unbezweifelbar dies aber auch vom historischen Standpunkt aus ist und so wenig diese historische Entstehung der Logik als eine zufällige betrachtet werden kann, so wäre es doch vielleicht selbst vom Standpunkt des Aristoteles aus nicht ganz richtig, die Geltung oder auch nur die praktische Bedeutung der Logik auf die menschliche Interkommunikation zu beschränken und ihre von den Modernen so einseitig hervorgehobene Bedeutung für den „einsamen Denker" völlig leugnen zu wollen. In den ersten Kapiteln seiner Politika führt Aristoteles aus[71], daß der Mensch überhaupt erst durch das Zusammenleben und die Auseinandersetzung mit andern Menschen zum Menschen werde. Der Mensch, der außerhalb der menschlichen Gemeinschaft und Kommunikation stehe, sei entweder weniger oder mehr als ein Mensch. Auf Grund von an verschie-

---

[71] Aristoteles, Politica I, 9 ff., 1253 a, 1 ff.

denen Orten verstreuten Bemerkungen darf man dies wohl weiter dahin interpretieren, daß der Mensch, der ohne Kommunikation mit anderen Menschen aufwüchse, auf einer Stufe unter dem Menschen, ja in gewisser Weise, wie Aristoteles ausführt[72], unter dem Tier stehen bleiben wird, daß aber der Mensch, der auf Grund der ihm mit Hilfe der Kommunikation und der Auseinandersetzung mit anderen Menschen ermöglichten Entfaltung „das Göttliche in sich entwickelt", in gewisser Weise über das rein Menschliche hinauswachsen kann und dann auch der Kommunikation mit anderen nicht mehr in gleichem Maße bedarf. Schon daraus ergibt sich zum mindesten die Frage, wie weit die zunächst in der Auseinandersetzung mit anderen entwickelten Erkenntnisformen auch für den „einsamen Denker" Bedeutung bekommen oder Bedeutung behalten.

Für die Beantwortung dieser Frage ist zweifellos der Übergang von der Dialektik zu den Wissenschaften in der Reihenfolge der logischen Schriften des Aristoteles von grundlegender Bedeutung. | Die Dialektik, deren Namen von dem διαλέγεσθαι, dem sich miteinander unterreden, abgeleitet ist, und von der die logischen Bemühungen des Aristoteles ausgegangen sind, hat es κατ᾽ ἐξοχήν mit der Auseinandersetzung der Menschen miteinander zu tun, weshalb es auch hier nur darauf ankommt, daß die Prinzipien, die ersten Sätze, von denen die Argumentation ihren Ausgangspunkt nimmt, einleuchtend sind. Demgegenüber hat die Wissenschaft und ganz besonders die exakte Wissenschaft, wie sie in den Analytika Posteriora behandelt wird, einen doppelten Aspekt. Insofern sie nach Meinung des Aristoteles nicht nur von einleuchtenden, sondern von wahren und notwendigen Prinzipien ausgehen muß, kann sie nicht nur für die Auseinandersetzung mit anderen, sondern auch für den einsamen Denker, der nach Erkenntnis strebt[73], Bedeutung haben. So weit aber die exakte Wissenschaft auch eine mitteilbare Wissenschaft ist, strebt sie nach einer Erkenntnis, die ohne Verlust und zwingend von einem Menschen auf einen anderen übertragen werden kann.

Konzentriert man sich in diesem Zusammenhang noch einmal auf das Phaenomen der ἐπαγωγή, so ergibt sich die Notwendigkeit der ἐπαγωγή auf diesem Gebiete aus dem, was Aristoteles in den ersten Kapiteln der Analytica Posteriora doch wohl bis auf den heutigen Tag gültig gezeigt

---

[72] Ibidem I, 12, 1253 a, 24 ff.

[73] Aristoteles war zweifellos der Meinung, daß niemand zum (einsamen) Denker werden könne, ohne vorher durch die Interkommunikation mit andern Menschen hindurchgegangen zu sein. Aber das ist für die hier zu erörternde Frage irrelevant.

hat[74], daß ein regressus in infinitum beim syllogistischen Beweis nicht möglich ist, daß man deshalb von ersten, nicht bewiesenen und nicht beweisbaren Sätzen ausgehen muß, und daß diese auf keine andere Weise zu erhalten sind als durch ἐπαγωγή. Nimmt man nun diesen Ausdruck in seiner strengsten Bedeutung, so handelt es sich wiederum um das „Heranführen" eines anderen, also um die Kommunikation. Um aber einen anderen heranführen zu können, bedarf es zweifellos primär der unmittelbaren Einsicht des Heranführenden selbst, handelt es sich also um ein unmittelbar Evident-geworden-sein des allgemeinen Zusammenhangs. Daher die eine der Ambiguitäten, welche dem Begriff der Induktion in den modernen Er-|örterungen immer noch anhaften und die dann wieder zu der Unterscheidung der „paedagogischen" und der „logischen" Induktion als wesentlich verschiedenen Arten der Induktion geführt haben, während es sich dabei doch nur um den ziemlich äußerlichen Unterschied handelt, ob die wirkliche oder vermeintliche Erkenntnis des allgemeinen Zusammenhanges spontan (in dem Heranführenden) oder durch das Hingeführtwerden und Aufmerksam-gemacht-werden in seinem Partner erfolgt.

Die eigentliche Schwierigkeit liegt an einer anderen Stelle. Wie sich gezeigt hat, gibt es nach der Meinung des Aristoteles verschiedene Arten der ἐπαγωγή: eine Art, die nur zu einleuchtenden, aber nicht notwendig wahren Sätzen führt, eine, die zu zwar gewiß wahren, aber nicht exakt abgrenzenden, eine, die zu ziemlich genauen, aber nur mit großer Wahrscheinlichkeit, jedoch nicht mit absoluter Sicherheit als wahr zu bezeichnenden, und endlich eine, die zu sowohl exakten als auch unbedingt gewiß wahren und notwendigen Sätzen führt: das letztere in den exaktesten Wissenschaften wie in der Mathematik. Was ist dann aber das Kriterium, das zu entscheiden erlaubt, welche Art der ἐπαγωγή vorliegt? Darüber findet man in den erhaltenen Schriften des Aristoteles keine genauere Angabe. Daher die modernen Zweifel an dem Evidenzbegriff und die Versuche, mit andern Mitteln, vor allem den Mitteln der Wahrscheinlichkeitstheorie zu einem solchen Kriterium zu gelangen. Sehr scharf ist dieser Gesichtspunkt in einem von E. Kapp zitierten[75] Abschnitt einer modernen amerikanischen Einführung in die Logik[76] zum Ausdruck gebracht, der vielleicht auch hier zitiert werden darf: „This process (d. h. im We-

---

[74] Aristoteles, Analytica Posteriora I, 3, 72 b, 5 ff., vor allem 18 ff.

[75] A. a. O. (vgl. oben Anm. 35), S. 81/82.

[76] M. R. Cohen and E. Nagel, An Introduction to Logic and Scientific Method, New York, 1934, S. 274.

sentlichen die Art von ἐπαγωγή, die Aristoteles in den exakten Wissenschaften annimmt) is an important stage in getting knowledge. Induction, so understood, has been called by W. E. Johnson intuitive induction. Nevertheless, this process cannot be called an inference by any strech of the term. It is not a type of argument analyzable into a premise and a conclusion. It is a perception of relations and not subject to any rules of validity, and represents | the gropings and tentative guessings of a mind aiming at knowledge. Intuitive induction is therefore not antithetical to deduction, because it is not a type of inference at all. ... *There can be no logic or method of intuitive induction.*"

In gewisser Weise könnte der Tatbestand, wenn man auf die ἐπαγωγή bei Aristoteles im Ganzen schaut, nicht besser bezeichnet werden. Aber es ist vielleicht doch gut, das Dilemma, das sich damit erhebt, nun auch nach allen Seiten hin ganz scharf zu bestimmen. Ohne Sätze, die selbst nicht weiter syllogistisch abgeleitet sind, kann man keine streng beweisende Wissenschaft aufbauen. Mathematische Sätze wie den, daß eine Gerade durch zwei auf ihr liegende Punkte eindeutig bestimmt wird, oder, antik ausgedrückt, daß man durch zwei Punkte nicht mehr als eine Gerade legen kann, können nicht empirisch oder mit Hilfe einer Probabilitätstheorie, etwa durch Hinweis darauf, daß sich unter Millionen beobachteter Fälle noch keiner gefunden habe, in dem sich durch zwei Punkte mehrere verschiedene Geraden legen ließen, bewiesen werden, schon deshalb, weil mathematische Punkte und mathematische Gerade in der Erfahrung überhaupt nicht vorkommen. Was sich gegen den Ausweg moderner Mathematiker, solche Sätze als willkürlich festgelegte Axiome aufzufassen, sagen läßt, ist schon gesagt worden[77]. Aber auch Kapps Hinweis auf den Ursprung der Logik aus der menschlichen Interkommunikation, so richtig und wichtig er ist, kann doch dieses spezielle Problem nicht lösen.

Aber an die zitierte Kritik an der „intuitiven Induktion" als einem bloßen „groping and guessing of the mind" läßt sich noch eine weitere Überlegung anknüpfen. Was gegen die intuitive Induktion vor allem eingewendet wird, ist, daß sie sich nicht auseinanderlegen läßt in Praemissen und Konklusion, daß sie nicht nach bestimmten Regeln nachgeprüft werden kann. Darin kommt der moderne Glaube zum Ausdruck an die Überlegenheit mechanischer Prozesse über die Fehlbarkeit der menschlichen „Subjektivität" und letzterdings alles Lebendigen und Organischen über-

---

[77] Vgl. oben S. 656 ff.

haupt. Aber ganz abgesehen davon, daß die logische Maschine im Leer-
lauf bleibt, wenn nicht zu Anfang etwas hineingetan | wird, das nicht
selbst aus der Maschine stammt, lassen die logischen Regeln selbst sich
weder logisch weiter ableiten noch auf Probabilitätsbetrachtungen begründen: oder, soweit sie sich etwa auf den Satz vom Widerspruch zurückführen lassen, was aber doch auch nicht ohne weitere Zusätze möglich
ist, da sich aus *einem* Satz keine Schlußfolgerung ergibt, gilt dies doch
für den Satz vom Widerspruch selbst, der sich seinerseits weder empirisch
noch durch Probabilitätsbetrachtungen beweisen läßt, da auf ihm die
Möglichkeit geordneter Erkenntnis überhaupt beruht. Sollten aber gar
die logischen Regeln selbst zu willkürlich festgesetzten Spielregeln erklärt
werden, wie es mit den mathematischen Axiomen geschehen ist, so hört
jede zusammenhängende Erkenntnis überhaupt auf und es bleibt nichts
als die vollkommenste pyrrhonische Skepsis. Es gibt also schlechterdings
keine Möglichkeit, mit Hilfe von Mechanismen allein aus dem Dilemma
herauszukommen.

Was hier weiter helfen kann, ist dann doch wohl nur eine Phaenomenologie sozusagen der faktischen Induktion, und zu einer solchen kann
Aristoteles, so wenig er auch eine zusammenhängende Theorie der ἐπαγωγή gegeben hat und so sporadisch seine Hinweise auf verschiedene Arten der ἐπαγωγή auch sind, vielleicht doch sehr Beträchtliches beitragen.
Dazu zunächst noch ein Beispiel aus dem Umkreis der strengsten Logik
und Wissenschaft selbst. In den einleitenden Kapiteln des früher zitierten
außerordentlich exakten und scharfsinnigen Buches von Carnap und Stegmüller über induktive Logik finden sich folgende Ausführungen[78]: „Die
(sc. logischen) Relationen sind objektiv und nicht subjektiv im folgenden
Sinne: ob eine solche Relation in einem gewissen Fall vorliegt oder nicht,
ist nicht davon abhängig, ob und was irgend eine Person über diese Sätze
denkt, glaubt, weiß, sich vorstellt usw. Wenn jemand zu irgend einem
Zeitpunkt glaubt, daß aus dem Satz ‚alle Smaragde sind grün‘ (*i*) nicht
logisch der Satz folgt ‚alles Nichtgrüne ist ein Nichtsmaragd‘ (*j*), zu einem
späteren Zeitpunkt aber zu dem Ergebnis gelangt, daß eine solche Folge-
beziehung zwischen *i* und *j* besteht, so ist der Wandel in seinem Glauben
ohne Einfluß auf die Folgerelation | selbst. Es ergibt keinen Sinn zu
sagen, daß beide Annahmen zu dem entsprechenden Zeitpunkt gegolten
hätten, also *j* früher nicht logisch aus *i* folgte, während es jetzt daraus
folgt; vielmehr werden wir sagen, daß die frühere Annahme dieser Per-

---

[78] A. a. O. (vgl. oben Anm. 20), S. 30/31.

son richtig war und die jetzige falsch ist (was unserer Meinung nach nicht zutrifft), oder der jetzige Glaube der Person richtig ist und der frühere falsch war. Die Relation der logischen Folgerung zwischen den beiden Sätzen ist zeitlos. Dies bedeutet nicht, daß der Relation eine Existenz in einem platonischen Himmel zugesprochen werden muß, sondern nichts anderes, als daß eine Aussage, in der dieser Begriff auf einen konkreten Fall angewendet wird, vollständig ist, ohne daß er eine Bezugnahme auf zeitlich veränderliche Eigenschaften und Verhaltensweisen von Personen enthielte. In dieser Hinsicht sind die Begriffe der Logik z. B. den Begriffen der Physik ähnlich, so sehr sie auch von ihnen in anderer Hinsicht abweichen mögen. Die Aussage ‚der Gegenstand a ist schwerer als der Gegenstand b‘ enthält ebenso wenig eine Beziehung auf Eigenschaften von Personen wie die Aussage ‚der Satz j folgt logisch aus dem Satz i‘.“

In diesen ganzen Ausführungen ist nichts, was nicht richtig wäre. Aber es enthält gerade an der entscheidenden Stelle eine Lücke in bezug auf das, was hier eigentlich bestimmt werden soll, nämlich Wesen und Herkunft der Gültigkeit der logischen Regeln, was vielleicht darauf zurückzuführen ist, daß hier Prinzipien, die aus einer positivistischen Logik stammen, vereint sind mit Prinzipien, die vor allem in der Phaenomenologie Husserls herausgearbeitet worden sind, ohne daß beides völlig zum Einklang gebracht worden ist. Die Lücke ist am deutlichsten sichtbar in dem Satz: „vielmehr werden wir sagen ... frühere falsch war.“ Läßt man in diesem Satze die eingeklammerten Worte „was unserer Meinung nach nicht zutrifft“ aus, so kann man das, was hier gesagt wird, als simple Anwendung von willkürlich festgelegten Spielregeln betrachten. Aber was soll der Satz „was unserer Meinung nach nicht zutrifft“? Ist das eine subjektive Meinung, von der auch das Gegenteil angenommen werden kann? Oder beansprucht sie gegenüber dem zuerst angeführten möglichen Schluß objektive Gültigkeit, und beansprucht sie diese Gültigkeit wiederum auf Grund von willkürlich festgesetzten Spiel-|regeln oder auf Grund einer Einsicht, die nicht selbst wieder aus der Anwendung willkürlich gewählter Spielregeln, aber auch nicht auf Grund einer Probabilitätskalkulation, die auf der Zahl der beobachteten Fälle basiert, abgeleitet werden kann. Husserl mit seinem Begriff der „Wesensschau“ hatte darauf eine Antwort, die aber bei Carnap-Stegmüller durch die Aufstellung einer Alternative (statt einfach zu sagen: vielmehr muß konstatiert werden, daß die frühere Annahme dieser Person falsch war und die jetzige richtig ist) und die

Einfügung der in Klammer gesetzten Worte trotz eines Hinweises auf Husserl[79] gerade umgangen wird.

Zur Beantwortung der hier umgangenen Frage findet sich nun bei Aristoteles unmittelbar nichts außer dem Hinweis am Ende des ersten Buches der Analytica Posteriora auf den νοῦς als Quelle einer unmittelbaren Einsicht in allgemeine Zusammenhänge, welche, wenn irgend etwas, noch genauer und sicherer ist als die mit Hilfe eines beweisenden Schußverfahrens gewonnene wissenschaftliche Erkenntnis[80]. Dies kommt der Husserlschen Vorstellung von der „Wesensschau" ziemlich nahe, unterliegt aber derselben Schwierigkeit, daß, wie aus der durch Aristoteles selbst vorgenommenen Unterscheidung zwischen exakteren oder strengeren und laxeren Wissenschaften hervorgeht, die Einsicht in einen notwendigen Zusammenhang nicht überall eine gleich sichere ist, sondern auch Täuschungen unterliegen kann und auf gewissen Gebieten der Nachprüfung bedarf, ein sicheres Kriterium aber dafür, wann der eine oder der andere Fall vorliegt — so weit ein solches nicht etwa als in der Unterscheidung der beiden Arten von Wissenschaft selbst gelegen angenommen werden kann —, von Aristoteles nicht gegeben wird.

Immerhin hat Aristoteles auch zu dieser Frage, wenn auch nur indirekt, fundamental Wichtiges beizutragen, wie z. B. die vor allem von Sigwart hervorgehobene Tatsache, daß der höchste Grad der Sicherheit eines strikt allgemeinen Satzes gerade nicht | da erreicht wird, wo er an einer Unzahl von Fällen nachgeprüft wird oder wo scheinbar oder wirklich alle Fälle aufgezählt werden, sondern umgekehrt gerade da, wo das Heranführen an einen einzigen Fall ausreicht, um die strikte Allgemeingültigkeit des Satzes in allen möglichen Fällen mit voller Evidenz einzusehen.

Besonders interessant in dieser Hinsicht ist jedoch das von Aristoteles auf dem Gebiete der „laxeren" Wissenschaften gebotene Material, wenn man sich auch nur auf die schon erwähnten Beispiele vom schwarzen Raben und den gallenlosen Lebewesen beschränkt. Raben sind in ungezählten Fällen beobachtet worden, ohne daß jemals ein einziger weißer oder nicht schwarzer darunter gefunden worden wäre. Für die Schwäne gilt Analoges für das Altertum. Dies ist also ein Musterbeispiel für die

---

[79] Ibidem S. 31: „Es ist hauptsächlich das Verdienst von Gottlieb Frege und Edmund Husserl gewesen, die Notwendigkeit einer klaren Unterscheidung zwischen empirisch-psychologischen Problemen und nicht-empirisch-logischen Problemen unterstrichen und auf die Verwirrungen hingewiesen zu haben, zu denen der Psychologismus führen muß."

[80] Aristoteles, Analytica Posteriora II, 100 b, 5 ff.; vgl. auch oben S. 654.

Beobachtung unzähliger Fälle ohne Gegeninstanz. Trotzdem gilt die schwarze — bzw. im andern Falle, die weiße — Farbe Aristoteles nur als συμβεβηκός, nicht als eine konstituierende Wesenseigenschaft. Man hat gemeint, diese Auffassung sei charakteristisch für den wissenschaftlich denkenden Menschen, der wiederum durch seine Untersuchungen auf verschiedenen Gebieten unbewußt rein empirisch zu seiner Betrachtungsweise geführt worden sei. Kinder und primitive Menschen würden wohl gerade die schwarze und weiße Farbe in diesen Fällen als konstituierende Wesensmerkmale betrachten. Auch handle es sich hier eigentlich um eine reine Frage der Benennung, da man dem schwarzen Schwan ja auch einen andern Namen geben könne als dem weißen. Das ist eine Frage, die wohl der Untersuchung wert ist. Doch spricht das Märchen, das sagt, der Rabe sei früher einmal weiß gewesen und erst durch einen Fluch der Göttin Athena schwarz geworden, wohl etwas gegen die Annahme, Kinder und Primitive dächten hier anders als der philosophische und wissenschaftliche Aristoteles.

Von der entgegengesetzten Seite erscheint dasselbe Problem bei dem Beispiel von den gallelosen Tieren. Wie ich schon früher hervorgehoben habe, ist die scheinbar vollständige Summation aller Einzelfälle, sofern die Einzelfälle durch die verschiedenen Spezies repräsentiert werden, nur dadurch möglich, daß auf Grund der anatomischen Untersuchung von einigen specimina, welche jedoch einen geradezu winzigen Ausschnitt aus den über|haupt vorhandenen vergangenen und zukünftigen specimina der Spezies darstellen, ohne weiteres angenommen wird, daß alle specimina der einen Gattung eine Gallenblase, alle specimina der anderen keine Gallenblase haben. Dies setzt offenbar voraus, daß das Vorhandensein oder Nichtvorhandensein einer Gallenblase — anders als bei der Farbe — als ein wesentliches Strukturelement einer Tierspezies betrachtet wird, offenbar auf Grund der bewußten oder unbewußten Annahme, daß die verschiedenen funktionellen Organe in einem Organismus ein einheitliches System bilden, so daß es innerhalb desselben Gesamtsystems in dieser Hinsicht keine Abweichungen geben kann. In bezug auf die von Aristoteles aufgezählten Spezies — außer dem Menschen — scheint dies auch — so weit man daraus, daß nun in einer sehr viel längeren Zeit immer noch keine Gegeninstanz gefunden worden ist, schließen kann — zuzutreffen. Aber bei der Giraffe hat man specimina mit und ohne Gallenblase gefunden, ohne daß man die einen oder andern als Abnormitäten oder als sonst von dem Gesamthabitus der Spezies abwei-

chend bezeichnen könnte[81]. Die Vermutung auf Grund der vorausgesetzten Einheitlichkeit des Systems erweist sich hier also als trügerisch.

Das Mißtrauen der modernen Logiker gegen die „intuitive Induktion",
zum mindesten auf dem Gebiet der „laxeren Wissenschaften", und ihr
Versuch, demgegenüber zu strikteren Kriterien zu gelangen, ist also vollständig gerechtfertigt. Nur ist es vielleicht nicht weniger wichtig, darauf
hinzuweisen, daß ohne eine zum mindesten vorläufige „intuitive Induktion", welche, wie ein Vergleich der Beispiele vom schwarzen Raben und
von den gallenlosen Tieren zeigt, sich nicht an der Zahl der beobachteten
Fälle, sondern an der unmittelbaren vermeintlichen oder wirklichen Erkenntnis von Strukturzusammenhängen orientiert, die „laxeren Wissenschaften" einschließlich der Tieranatomie sich nie hätten entwickeln können. Freilich ist unter diesen Umständen die Suche nach Kriterien, welche
zwischen der wirklichen und der nur vermeintlichen Erkenntnis notwendiger allgemeiner Zusammenhänge zu unterscheiden erlauben, von
fundamentaler Bedeutung. Solche Kriterien können gerade in den „laxe-
ren Wissen-|schaften" durch den Probabilitätskalkül der „induktiven
Logik" von Carnap und Stegmüller gegeben werden. Doch kann dieser
seinem Wesen nach nur „Bestätigungsgrade" exakt bestimmen, niemals
dagegen die ausnahmslose Gültigkeit eines allgemeinen Zusammenhanges
in allen möglichen vergangenen und zukünftigen Fällen beweisen. Er
versagt zudem, wie schon früher bemerkt, eingestandenermaßen sehr
weitgehend in den strengeren unter den „laxeren" Wissenschaften, wie
der Physik, und völlig, wie die Analyse der Ausführungen des Aristoteles in den Analytica Posteriora gezeigt hat, in der strengsten Wissenschaft, der Mathematik, in welcher doch die faktische Rolle der ἐπαγωγή
im aristotelischen Sinne nicht geleugnet werden kann.

In einer besonderen Form tritt das Problem der Induktion in den
„laxeren Wissenschaften" (vor allem natürlich auch in den relativ strengeren unter diesen, d. h. der Physik) bei der Erforschung der Ursachen
auf. Es ist daher kein Zufall, daß in den modernen Werken, die sich mit
der Induktion beschäftigen, von Mill bis Kneale die Erörterung des
Wesens der Kausalität und der Herkunft unserer Überzeugung, daß
jedes Ereignis eine feststellbare Ursache haben müsse, eine sehr große
Rolle spielt. Es ist natürlich nicht möglich, darauf hier näher einzugehen,
da dies eine eigene eingehende und sorgfältige Untersuchung erfordern

---

[81] Vgl. oben Anm. 62.

würde. Aber auf einen Aspekt des Problems, der sich aus dem hier betrachteten Zusammenhang ergibt, darf doch vielleicht hingewiesen werden. Die von Mill, und in etwas anderer Form von Hume vertretene
Meinung, daß der Glaube an die ausnahmslose Gültigkeit des Kausalgesetzes ausschließlich auf der empirischen Beobachtung, daß auf gewisse
Ereignisse immer gewisse andere zu folgen pflegen, beruhe, wird wohl
nur noch von wenigen festgehalten werden. Ich habe schon an anderer
Stelle[82] darauf aufmerksam gemacht, daß die Teleologie in ihrer aristotelischen Form, d. h. daß aus einem Hühnerei ein Huhn, aus einem Sala-
manderei ein Salamander, aus einem Tannensamen eine Tanne und nichts
anderes wird, und dies unter erschwerenden Umständen, und, um es
etwas anthropomorphisch auszudrücken, sozu- | sagen mit großer Hart-
näckigkeit, sich im Gebiet des Organischen empirisch sehr viel stärker
aufdrängt als die Tatsache des Vorhandenseins einer Ursache, die oft erst
unter den größten Schwierigkeiten gesucht werden muß. Wenn trotzdem angesichts eines Ereignisses, dessen Ursache er sich nicht erklären
kann, niemand zweifelt, daß es eine Ursache haben muß, so kann diese
Überzeugung nicht aus der Anzahl der gemachten Beobachtungen ab-
leitbar sein, ob man die Überzeugung nun aus dem apriorischen Charakter des Kausalgesetzes oder auf andere Weise zu erklären sucht. Damit
hängt aber zweifellos auch der besondere Charakter der Induktion bei
der Ursachenforschung zusammen. Diese ist nicht völlig analog der
absoluten Evidenz durch Heranführung an einen einzigen Fall, wie sie
bei dem Postulat der eindeutigen Bestimmtheit einer Geraden durch
zwei auf ihr gelegene Punkte zu beobachten ist, aber steht ihr doch insofern nahe, als es sich hier nur um die Isolierung der Ursache handelt,
sobald aber diese Isolierung gelungen zu sein scheint, daraus sofort auf
Grund eines einzigen Falles die Folgerung gezogen wird, daß diese Ursache unter gleichen Voraussetzungen immer dieselbe Wirkung haben
müsse.

Das alles zeigt, daß eine Phänomenologie der verschiedenen Arten
der „faktischen" Induktion überall zu interessanten Problemen führt.
Zu einer solchen Phänomenologie der Induktion aber ist bei Aristoteles,
obwohl die Induktion bei ihm nur selten vorkommt, ein sehr bemer-
kenswertes Material zu finden.

Die wichtigsten Resultate der vorangegangenen Betrachtung können
dann vielleicht noch einmal kurz zusammengefaßt werden:

---

[82] Vgl. oben S. 279 ff.

1. Im Gegensatz zu dem von Bochenski — obwohl er von der aristotelischen Definition der Induktion ausgeht — gewählten Sprachgebrauch bedeutet ἐπαγωγή bei Aristoteles gerade und vornehmlich die unmittelbare Einsicht in einen allgemeinen und notwendigen Zusammenhang, gleichgültig ob diese Einsicht auf Grund von einem einzelnen Fall, an dem er sichtbar wird, oder von vielen Fällen gewonnen wird. Die ἐπαγωγή auf Grund von möglichst vielen *Einzel*fällen[83] spielt bei ihm im Gegensatz zu | Bochenski und andern modernen Logikern nur eine ganz untergeordnete Rolle.

2. Die sogenannte summative oder „vollständige" Induktion durch Aufzählung aller Einzelfälle oder Einzelgruppen, für die etwas gilt, ist nicht, wie Bochenski glaubt[84], die einzige von Aristoteles als vollgültig anerkannte Induktion, sondern spielt bei ihm nur in den laxeren, nicht in den strengsten Wissenschaften eine Rolle, wie auch ihre „Vollständigkeit" nur eine vorläufige ist.

Sie ist auch nicht, wie Kneale glaubte[85], eine Art der Induktion, die zwar zweifellos Gültigkeit besitzt, bei der aber gar nichts herauskommt, was nicht schon von Anfang an hineingetan worden ist. Sie führt vielmehr, wenn, wie bei Aristoteles, von natürlichen Spezies, nicht von künstlich gebildeten Gruppen ausgegangen wird, zunächst nur zu Vermutungen, die jedoch, soweit sie sich bewahrheiten, zu wichtigen neuen wissenschaftlichen Ergebnissen führen können.

3. Die ἐπαγωγή in dem unter 1. bestimmten Sinne erscheint bei Aristoteles auf sehr verschiedenen Gebieten mit sehr verschiedenen Graden der Exaktheit und der Gewißheit, welch beides nicht miteinander identisch ist. Den höchsten Grad sowohl der Exaktheit wie der Gewißheit erreicht sie in den strengsten Wissenschaften, vornehmlich der Mathematik, woselbst ein einzelner Fall genügt, um zur unbedingt sicheren

---

[83] Einzelfälle meint hier Einzelfälle im strikten Sinne, nicht einzelne Gruppen oder species.

[84] Vgl. I. M. Bochenski, Ancient Formal Logic, Amsterdam 1951 und 1963, S. 26. Bochenski unterscheidet hier drei Arten von Induktion: 1. didactic induction, 2. abstraction of universal concepts from particular sensations, 3. induction proper, which is again complete or generalizing induction. Dann fährt er fort: „While Plato seems to have considered the last variety as a logically valid procedure, Aristotle emphatically denied its validity—with does not mean, of course (!!), that he rejected the use of the generalizing induction; the whole of his work is full of its applications to different problems."

[85] A. a. O. S. 24 ff.

Einsicht in einen für alle möglichen Fälle gültigen Zusammenhang zu gelangen.

4. In der Lösung der Aufgabe, möglichst exakte Kriterien für den Sicherheitsgrad eines durch Induktion gewonnenen Ergebnisses zu gewinnen, sind einige moderne Logiker in gewissen Richtungen sehr beträchtlich über Aristoteles hinausgelangt. Sie haben aber das Gebiet der in Betracht gezogenen Probleme und | Phänomene außerordentlich eingeengt und einige der wichtigsten Fragen völlig ausgeklammert.

Eine Analyse und Interpretation der Äußerungen des Aristoteles über die ἐπαγωγή ist geeignet, den Blick auf das ganze Feld der Phänomene zurückzuleiten. Obwohl Aristoteles sich nur an weit verstreuten Stellen und dann nur ziemlich kursorisch mit der ἐπαγωγή beschäftigt hat, bietet er reichliche Ansätze für eine umfassendere Phänomenologie der Induktion.

DAS ΑΠΕΙΡΟΝ BEI ARISTOTELES

In dem von Oskar Becker verfaßten Vorwort zu dem von der Wissenschaftlichen Buchgesellschaft herausgegebenen Sammelband von Abhandlungen zur Geschichte der griechischen Mathematik steht in der Anmerkung zu S. XII der Satz: „So ist die aristotelische Theorie des Unendlichen und des Kontinuums in ihrer eigenartigen Fragestellung noch von aktueller Bedeutung für das Problem einer adäquaten Begründung der höheren Analysis."

In dem erstmalig 1958 erschienenen Buch von Michael Polanyi, „Personal Knowledge", das zuerst von der positivistischen Schule heftig abgelehnt wurde, dann aber gerade in Amerika so großes Aufsehen gemacht hat, daß im Herbst 1965 ein eigener Kongreß zu seiner Diskussion abgehalten wurde, findet man ein ganzes umfangreiches Kapitel mit dem Titel „Intellectual Passions"[1]. Darin wird ausgeführt, daß höchste geistige und speziell auch höchste wissenschaftliche Leistungen auf allen Gebieten, auch auf dem der Mathematik, nicht ohne leidenschaftliches Engagement zustande kommen; und zwar nicht nur in dem Sinne, daß derjenige, der zu solchen Leistungen kommen soll, leidenschaftlich an der Auffindung der Wahrheit interessiert sein muß, sondern so, daß auch ein leidenschaftliches Engagement in einer bestimmten vorgegebenen Richtung vorliegen muß. Daraus ergibt sich, wenn die Behauptung richtig ist, das paradoxe Resultat, daß ein großer und entscheidender Fortschritt in der Erkenntnis ein leidenschaftliches einseitiges Streben in einer vorgegebenen Richtung voraussetzt, das eben durch seine Einseitigkeit auch wiederum zum mindesten die große Gefahr, wenn nicht die Notwendigkeit der Verfälschung oder Verzerrung der so gewonnenen Erkenntnis in sich birgt, und dies nach Meinung Polanyis nicht nur in den „laxeren Wissenschaften", um einen Ausdruck des Aristoteles zu gebrauchen, sondern auch in der strengsten von allen, der Mathematik. Vielleicht ist aber dann auch

---

1 Michael Polanyi: Personal Knowledge, London, 1958, p. 132 ff. vgl. vor allem p. 138; p. 141 ff. und p. 147.

hier eine Art Abfolge von Thesis, Antithesis und Synthesis möglich, die
dazu führt, durch ein Engagement in einer dritten, zwischen den Extremen gelegenen Richtung, eine weitere Annäherung an die richtige Er-
kenntnis zu erreichen. |

Zur Illustration dieses Problems scheint mir kaum etwas besser geeignet zu sein als eine Untersuchung der Behandlung des „Unendlichen" in
der antiken und modernen Philosophie und Mathematik. Freilich ist dies
ein sehr weites Feld, und es ist gewiß nicht möglich, in einem notwendig
in seiner Länge und seinem Inhalt sehr begrenzten Vortrag sich darauf
nach allen Seiten zu bewegen. Aber im Zusammenhang eines Sympo-
siums, das der *Diskussion* von Problemen gewidmet ist, hat es vielleicht
auch schon einen gewissen Wert, auf das Problem hingewiesen und es
ein Stück weit verfolgt zu haben, wenn auch auf eine Lösung aller damit
verbundenen Fragen nicht auch nur von ferne Anspruch erhoben werden kann.

Es ist nun eine bekannte, aber bemerkenswerte Tatsache, daß in der
antiken Philosophie, wo derartige Dinge überhaupt gewertet werden,
mit Ausnahme des einzigen Anaximander, das Begrenzte im allgemeinen
höher gewertet wird als das Unbegrenzte oder Unendliche, denn auch
Philosophen wie Demokrit, die an eine Unendlichkeit der Welt, genauer
einen unendlichen leeren Raum mit einer unendlichen Zahl von Atomen,
glauben, haben dem Unbegrenzten gegenüber dem uns zugänglichen Begrenzten keinen höheren Wert beigelegt. Aber bei den Pythagoreern erscheint in der bekannten Tafel der Gegensätze die Grenze, das πέρας,
auf der Seite des Guten, des ἀγαθόν, das ἄπειρον *auf der Seite des Schlechten*, des κακόν. Ebenso wird bei Platon, schon im Gorgias, vor allem aber
in den späten Dialogen, am eingehendsten im Philebos, dem πέρας und
πεπερασμένον der Vorzug vor dem ἄπειρον gegeben. Im Philebus findet
sich auch der wichtige Gedanke, daß das ἄπειρον durch ein πέρας gebunden werden muß, um in eine harmonische Welt eingefügt werden zu
können, wie überhaupt alle Harmonie und damit letzterdings alles
Gute erst durch die Begrenzung, die aus dem unfaßbaren ἄπειρον ein
Faßbares macht, geschaffen wird. Endlich hat Aristoteles, der sich am
intensivsten mit allen vor ihm in der griechischen Philosophie aufgetretenen Problemen hinsichtlich des Unendlichen auseinandergesetzt hat,
dem Endlichen und Begrenzten eine *höhere Art der Existenz* zugebilligt
als dem ἄπειρον. Auch die spätere antike Philosophie ist mit wenigen
Ausnahmen von diesen Gedanken bestimmt.

Dagegen beginnt die neuere Philosophie sozusagen mit einer Begeisterung für das Unendliche, die ihren stärksten Ausdruck in der Schrift Giordano Brunos „Del infinito Universo e Mondi" gefunden hat: hier offensichtlich verbunden mit dem Gefühl, als ob man aus dem Gefängnis der begrenzten Welt der antiken Philosophen in die Freiheit der Unendlichkeit ausgebrochen sei. Das kann man, wenn man will, mit dem Spenglerschen Gegensatz zwischen der hellenischen und der faustischen Kultur in Verbindung bringen, obwohl man dann die faustische Kultur recht spät beginnen lassen und vieles von ihr ausschließen muß, was seit Giordano Bruno innerhalb der westlichen Kultur aufgetreten ist. Aber weitergewirkt und weitergelebt hat dies Gefühl für das Unendliche, das bei Bruno einen so mächtigen Ausdruck gefunden hat, sehr stark, und es ist von dem Standpunkt Polanyis aus nicht uninteressant, es in einer so objektiven und, wie man vielleicht zu Unrecht annimmt, nüchternen | Wissenschaft wie der Mathematik einige Jahrhunderte nach Bruno wieder auftauchen zu sehen.

Besonders interessant in dieser Hinsicht ist eine Anmerkung in einer Schrift Georg Cantors, in welcher sich der Schöpfer der Mengenlehre mit mannigfaltigen gegen seine Lehre von Philosophen und Mathematikern vorgebrachten Einwänden auseinandersetzt und diese zu entkräften sucht. Da ruft er gegenüber dem Einwand, das „wahrhaft Unendliche" könne „nur als ein Unbestimmtes, Unfertiges gefaßt werden", voller Empörung aus: „Also das ‚wahrhaft Unendliche' soll *schlechter* sein als das Endliche!"[2] Hier hat man also auf das deutlichste dieselbe Begeisterung für das Unendliche wie bei Giordano Bruno, die es nicht ertragen kann, daß das Unendliche „schlechter" sein soll als das Endliche, ein Argument aber zugleich, welches, auf einen rein mathematischen Gegenstand angewendet — wenn und sofern es ein rein mathematischer Gegenstand ist —, wohl als eine μετάβασις εἰς ἄλλο γένος betrachtet werden kann. Trotzdem treffen der Einwand Cantors ebenso wie der Einwand gegen Cantors Lehre, gegen welchen sein Gegeneinwand gerichtet ist, genau den springenden Punkt. Der Grund dafür, daß in der antiken Philosophie — nicht überall, aber doch vorwiegend — das ἄπειϱον als „schlechter" betrachtet wird als πέϱας und πεπεϱασμένον, ist eben der, daß das ἄπειϱον gleichzeitig auch als das Unfertige, Unvollkommene, Ungestaltete, Unfaßbare betrachtet worden ist.

---

[2] Georg Cantor, Gesammelte Abhandlungen mathematischen und philosophischen Inhalts, hrsg. von Ernst Zermelo, Hildesheim, 1962, „Mitteilungen zur Lehre vom Transfiniten", S. 392, Anm. 1 unten.

Dagegen gibt es zwei voneinander ganz verschiedene, ja in gewisser Weise einander entgegengesetzte Gegenpositionen. Das eine ist die Position Anaximanders, bei welchem das Unendliche unzweifelhaft zugleich auch das Undifferenzierte, Unbestimmte und Unfaßbare ist, der es aber gerade deswegen bejaht und als dasjenige betrachtet, in welches alle durch Differenzierung entstandenen Dinge schließlich zurückkehren müssen, indem sie „einander Buße leisten für ihre Ungerechtigkeit". Denn jedes sich Differenzieren, sich Gestalten bedeutet zugleich ein sich Abschließen von seiner Umgebung, ein sich ihr Entgegensetzen: die gestaltete Welt entsteht aus dem Kampf der Gegensätze gegeneinander. Der Frieden des Ursprungs kann nur wiederhergestellt werden durch die Rückkehr aller gestalteten Dinge in die gestaltlose Undifferenziertheit des Unendlichen. Dagegen hat die Opposition G. Cantors gegen die in der Antike verbreitete Auffassung von dem Unendlichen einen vollkommen entgegengesetzten Ursprung. Er revoltiert vielmehr gegen die antike Auffassung, daß das Unendliche notwendig ein Unvollkommenes, Unvollendetes, und darum Unbestimmtes und Unfaßbares sein müsse. Er glaubte ja gerade mit Hilfe seiner neuen mathematischen Theorie das Unendliche im Sinne des von ihm so bezeichneten Transfiniten faßbar und sogar in seinen verschiedenen Abarten differenzierbar und vergleichbar gemacht zu haben. Hier ist daher trotz | des Gegensatzes in den Ergebnissen ein weitgehend gemeinsamer Grund für die antiken Philosophen und die modernen Mathematiker, was es vielleicht ermöglicht, das Verhältnis der entgegengesetzten Auffassungen zueinander etwas genauer zu präzisieren als es bisher geschehen ist.

Der Grund, warum Platon an einer berühmten Stelle des „Staates"[3] die Idee des Guten als noch jenseits von Sein (οὐσία) und Erkenntnis stehend bezeichnet, ist der, daß es — entgegen einer verbreiteten, über ihren ursprünglichen Sinn hinaus unrichtig erweiterten Auffassung von der „Wertfreiheit" der Wissenschaft — unmöglich ist, zu igend einer, auch einer mathematischen, Erkenntnis zu gelangen, ohne unaufhörlich „Wertungen" vorzunehmen, d. h., das Wahre dem Falschen, den logisch korrekten Schluß dem logisch inkorrekten, die elegantere und durchsichtigere Lösung eines Problems der undurchsichtigeren als das jeweils „Gute" oder „Bessere" dem „Schlechten" oder „Schlechteren" vorzuziehen. Dabei bedeutet, wie leicht einzusehen ist, das „Gute" oder „Bessere" immer zugleich eine Beschränkung und Begrenzung, schon in dem

---

[3] Platon, Staat, 509 B.

ganz elementaren Sinne, daß, auch wo es mehrere richtige Lösungen eines Problems gibt, die Zahl der richtigen Lösungen immer eine viel begrenztere ist als die der möglichen unrichtigen — wobei meistens auch noch unter den richtigen Lösungen eine einzige im Zusammenhang vor allen anderen wieder den Vorzug verdient —, daß die Zahl möglicher logischer Fehler größer ist als die Zahl der Schlußformen, nach denen man richtige Schlüsse ziehen kann, und so fort. Ferner bedeutet das „Gute" und „Bessere" als das in diesem Sinne Begrenzte auch immer ein in demselben Sinne Gestaltetes. Damit wird die Verbindung zwischen dem, was Platon über die Idee des Guten als Prinzip der *Erkenntnis,* und dem, was er über die als Prinzip des *Seins* sagt, hergestellt. Dem absoluten Chaos mag man eine Art der Existenz zugestehen. Aber seiende *Gegenstände* der Erkenntnis im Sinne des platonischen οὐσία-Begriffes lassen sich in ihm nicht finden, eben deshalb, weil sie sich nicht voneinander *abgrenzen* lassen. Wiederum finden sich hier also die Begriffe der Grenze, der Gestalt, des Seins (von Gegenständen), des Guten und der Erkenntnis, die Platon zusammenbringt, in der Natur der Dinge ganz von selbst zusammen.

Obwohl Aristoteles sich von der Ideenlehre bekanntlich abgekehrt hat und von der Idee des Guten im platonischen Sinne bei ihm nicht mehr die Rede ist, geht er bei seiner Diskussion des Unendlichen doch weitgehend von ähnlichen Überlegungen aus wie Platon, wenn sie auch bei ihm, dem veränderten Charakter seiner Grundphilosophie entsprechend, in etwas anderem Zusammenhang erscheinen. Er beginnt nicht mit der Frage, ob das ἄπειρον oder πέρας und πεπερασμένον besser sei, sondern mit der radikaleren Frage, ob es ein ἄπειρον überhaupt gibt[4]. Er zählt dann kurz die Gründe auf, welche für die Existenz eines solchen zu sprechen scheinen. Das erste ist die Zeit, welche unendlich zu | sein scheint, weil nicht einzusehen ist, wie sie einen Anfang oder ein Ende haben könnte. Das zweite ist die von den Mathematikern postulierte unendliche Teilbarkeit räumlicher Größen. Das dritte ist, daß kein Grund einzusehen ist, weshalb Werden und Vergehen jemals angefangen haben oder jemals zu Ende kommen sollten, und daß es dann auch eines unbegrenzten Reservoirs zu bedürfen scheint, aus welchem das Werden immerfort gespeist werden kann. Das vierte ist, daß jede Grenze eines Gegenstandes zugleich eine Abgrenzung gegen etwas außerhalb seiner Liegendes ist, so daß dieser Prozeß des jeweils über eine gegebene Grenze

---

[4] Aristoteles, Physik III, 4, 202 b, 30 ff.

Hinausliegens unendlich weiterzugehen scheint. Der Begriff einer äußersten Grenze scheint demgemäß einen Selbstwiderspruch in sich zu schließen. Der fünfte Grund ist nach Meinung des Aristoteles jedoch der durchschlagendste: der nämlich, daß man über jede angenommene Grenze zum mindesten hinausdenken kann, weshalb auch sowohl die Zahlen wie auch die mathematischen Größen wie auch der Raum außerhalb des Himmelsgewölbes unendlich zu sein scheinen, da eben die Einbildungskraft sich zu jeder beliebigen Zahl oder Größe eine noch größere ausdenken oder auch über das Himmelsgewölbe hinaus sich noch einen weiteren Raum vorstellen kann. Denke man sich aber einen unendlichen Raum außerhalb des Himmelsgewölbes, so sei wiederum nicht einzusehen, warum dieser Raum leer sein und nicht weitere raumerfüllende Gegenstände enthalten sollte, von welchen es dann wiederum in einem unendlichen Raum eine unendliche Anzahl geben könne.

Nachdem Aristoteles auf diese Weise die verschiedenen Gründe angegeben hat, welche für die Existenz eines Unendlichen sprechen, stellt er fest[5], daß sowohl die Annahme, daß es ein Unendliches gebe, wie auch die Annahme, daß es ein Unendliches nicht gebe, zu Aporien führe.

Darauf folgt bei Aristoteles eine längere Diskussion verschiedener theoretischer Möglichkeiten, von welcher ein beträchtlicher Teil für das hier zu erörternde Problem nur ganz am Rande von Interesse ist, so daß dieser Teil hier in verkürzter Form wiedergegeben werden kann, zugleich aber der Versuch gemacht werden muß, das wirklich Relevante auf das deutlichste herauszuheben.

Zunächst stellt Aristoteles fest[6], in welchem Sinne von einem ἄπειρον geredet werden soll: offenbar nicht in dem Sinne, in welchem eine Gegebenheit, bei welcher es gar keinen Sinn hat, von einer Grenze zu reden, grenzenlos genannt werden kann. Vielmehr soll dasjenige unendlich genannt werden, welches seiner Natur nach so beschaffen ist, daß es durchlaufen werden kann, das aber nicht (vollständig) durchlaufen werden kann. Dazu gehören vor allem (räumliche) Größen und Zahlen. Größen und Zahlen kommen in der uns umgebenden realen (physischen) Welt wiederum nur vor als Eigenschaften von Dingen, nicht als Wesenheiten für sich. In diesem Sinne also ist die Unendlichkeit eine mögliche Eigenschaft von Eigenschaften. Daraus folgt, daß das Unendliche | nicht als solches ein selbständiger Gegenstand (eine οὐσία) sein kann. Es ist als

---

⁵ Ibidem III, 4, 203 b, 30 ff.

⁶ Ibidem 204 a, 2 ff.

mögliche Eigenschaft von Eigenschaften von der Gegebenheit als selbständigem Gegenstand im zweiten Grade entfernt. Als solche und aus demselben Grunde kann das Unendliche auch nicht eines der Grundkonstituentien (eine ἀρχή) alles Seienden sein, obwohl auf Grund dieser Überlegung nicht ausgeschlossen wäre, daß ein Grundkonstituens des Seienden die Eigenschaft haben könnte, unendlich zu sein. Diese Möglichkeit wird später[7] auf Grund anderer Überlegungen ausgeschlossen für den Fall, daß die Grundkonstituentien des Seienden räumlich ausgedehnte körperliche Gegebenheiten seien. Alle diese Überlegungen sind für unser Problem nur am Rande relevant, aber doch nicht ganz ohne Bedeutung als Anzeichen dafür, mit welcher Sorgfalt Aristoteles alle möglichen Aspekte der Frage in Betracht gezogen hat.

Vor grundlegender Bedeutung ist dagegen der darauf folgende[8] Versuch eines Beweises, daß ein physikalischer Körper nicht unendlich sein kann. Die Antwort wird zunächst auf Grund der Definition des Körpers als eines von Flächen Begrenzten oder Eingeschlossenen gegeben. Nach dieser Definition scheint es keinen wahrnehmbaren oder auch nur gedachten unendlichen Körper geben zu können. Doch wird gegen dieses Argument sogleich der Einwand erhoben, auf Grund einer analogen Überlegung müsse man auch den Zahlen die Unendlichkeit absprechen. Denn eine Zahl sei etwas, was abgezählt werden könne, das Unendliche dagegen durch Definition das, was nicht durchlaufen, also auch nicht abgezählt werden kann. Trotzdem scheint gerade der Zahlenreihe in gewisser Weise die Eigenschaft der Nichtdurchlaufbarkeit, also der Unendlichkeit zuzukommen. In dem Charakter dieser Aporie, wie sie an dieser Stelle formuliert wird, liegt schon der Hinweis auf den späteren Versuch ihrer Lösung.

Die unmittelbar folgenden Argumente[9] des Aristoteles gegen die Möglichkeit der Existenz unendlich ausgedehnter physischer Körper beruhen teils auf der antiken Elementenlehre überhaupt, teils auf der besonderen Vorstellung des Aristoteles, daß die verschiedenen Elemente im Kosmos einen natürlichen Platz haben, dem sie, wenn sie durch eine von außen auf sie wirkende Ursache daraus entfernt worden sind, von Natur wieder zustreben: die schweren nach dem Zentrum des Kosmos zu, die leichten vom Zentrum weg zu seiner Peripherie. Aber ein unendlich Aus-

---

[7] Ibidem III, 5, 204 b, 22 ff.

[8] Ibidem 204 b, 4 ff.

[9] Ibidem 204 b, 10 ff.

gedehntes kann kein Zentrum haben. Also könnte es darin auch keinen natürlichen Ort für die Elemente geben. Ebenso gäbe es im Unendlichen überhaupt keine festen Richtungen wie rechts und links. Einen analogen Schluß glaubt Aristoteles aus der allgemeinen Elementenlehre ziehen zu können. Er glaubt, anderweitig bewiesen zu haben, daß es mehr als ein Element gibt und daß es nicht unendlich viele Elemente geben kann. Wäre nun die Gesamtheit der Welt unendlich, so müßte entweder ein | Element unendlich sein. Dann müßte es aber die andern aufgezehrt haben, da die Elemente Gegensätze sind, die miteinander im Kampfe liegen. Oder es müßten alle unendlich sein, was deshalb unmöglich ist, weil sie sich dann gegenseitig begrenzen müßten. Alle diese Argumente, die aus einer primitiven Elementenlehre stammen und auf unrichtigen Schlüssen aus unvollkommenen Beobachtungen stammen, sind für unser Problem nicht wesentlich relevant.

Relevant sind dagegen die Überlegungen, mit denen Aristoteles auf das abstrakte Problem der Möglichkeit unendlich ausgedehnter physikalischer oder auch bloß gedachter mathematischer Körper und der Zahlenreihe zurückkommt[10]. Nachdem er den Beweis geführt zu haben glaubt, daß es unendlich ausgedehnte Größen nicht geben könne, worauf jedoch wegen des unvollkommenen Charakters dieser Beweise noch einmal zurückzukommen sein wird, stellt Aristoteles fest, daß sich „viel Unmögliches" ergibt, wenn man die Existenz eines Unendlichen schlechthin leugnet. Denn dann müßte man annehmen, daß die Zeit einen Anfang und ein Ende hat, daß die mathematischen Größen nicht bis ins Unendliche teilbar sind und daß die Zahlenreihe irgendwo einmal ein Ende hat. Die einzige Möglichkeit der Auflösung dieses Dilemmas liegt daher in der Annahme, daß es das Unendliche in gewisser Weise gibt, in gewisser Weise aber nicht gibt. Eine solche Unterscheidung aber wiederum wird Aristoteles ermöglicht durch die von ihm in mancherlei anderen Zusammenhängen getroffene Unterscheidung zwischen dem aktual (ἐντελεχείᾳ) und dem der Möglichkeit nach (δυνάμει) Seienden.

Dieser Möglichkeitsbegriff des Aristoteles ist von modernen Logikern einer scharfen Kritik unterzogen worden, am schärfsten wohl von Bertrand Russell, der sich dahin geäußert hat[11], daß der Möglichkeitsbegriff zwar einen gewissen praktischen Nutzen habe, wenn man sich bewußt sei, daß er nichts anderes sei als ein abgekürzter Ausdruck für einen Sach-

---

[10] Ibidem III, 6, 206 a, 9 ff.
[11] B. Russell, A History of Western Philosophy, p. 189/90.

verhalt, welcher, wenn man ihn präzise ausdrücken wolle, einen komplizierteren Ausdruck verlange, aber immer dann „unklares Denken" ver-
rate, wenn er ernst genommen werde. Das Beispiel, an welchem er dies zu
illustrieren versucht, ist die aristotelische Behauptung, daß ein Erzklum-
pen oder ein Marmorblock potentiell oder der Möglichkeit nach eine Statue sei, worauf Russell antwortet, dies bedeute in Wirklichkeit nichts anderes, als daß mit geeigneten Mitteln aus dem Klumpen oder Block eine
Statue gemacht *wird*. Hier zeigt der Zusatz „mit geeigneten Mitteln" sehr
deutlich, daß der Möglichkeitsbegriff von Russell nicht beseitigt, sondern
nur durch einen Schleier etwas anders lautender Worte dem Leser unsichtbar gemacht wird. Denn daß es „geeignete" Mittel gibt, bedeutet offenkundig, daß es Mittel gibt, die es *ermöglichen*, aus dem gegebenen Material eine Statue zu machen. Läßt man den Zusatz dagegen weg, so muß
man die Konsequenz ziehen, daß es nur dann möglich ist, aus einem Block
eine Statue zu|machen, wenn man es wirklich tut. Dies ist ja nun in ge-
wissem Sinne durchaus richtig. Aber eben wenn man diese Konsequenz,
die zu ziehen Russell sich offenbar gescheut hat, wirklich zieht, wird man
unvermeidlich darauf geführt, daß der Möglichkeitsbegriff an der Stelle,
an welcher wir ihn hier angetroffen haben, sehr viel tiefer sitzt und sehr
viel weniger leicht zu beseitigen ist als an der Stelle, an welcher Russell
dies mißlungen ist. Denn hier zeigt sich, daß es schlechterdings keinen
Grund gibt, warum dem Weiterzählen, nachdem man eine noch so hohe
Zahl erreicht hat, eine Grenze gesetzt sein sollte, warum man also nicht
„unbegrenzt" oder „unendlich" weiterzählen *können* sollte, daß man
aber trotzdem ebenso offensichtlich eine unendliche Reihe nicht faktisch,
aktuell (ἐντελεχείᾳ) durchlaufen kann.

In bezug auf die Zahlenreihe also und in bezug auf die Teilbarkeit
kontinuierlicher Größen glaubt Aristoteles das Problem durch diese Unterscheidung lösen zu können, ebenso in bezug auf die Zeit, obwohl er
darauf an dieser Stelle nicht näher eingeht und nur später, nachdem er die
beiden ersten Fälle eingehend behandelt hat, ganz kurz darauf zurückkommt[12]. Die beiden ersten also setzt er einander entgegen als die Unendlichkeit durch Hinzufügung (πρόσθεσις) und durch Teilung (διαίρεσις),
die gewissermaßen in entgegengesetzte Richtungen gehen. Dagegen nimmt
er die Möglichkeit einer unendlichen Ausdehnung der Raumgrößen nach
oben zu (κατὰ πρόσθεσιν) nicht an. Dies ist höchst interessant. Da aber die
in den vorangehenden Kapiteln gegebenen Beweise für die räumliche

---

[12] Aristoteles, Physik III, 7, 207 b, 14—15.

Endlichkeit der Welt zum größten Teil sehr unvollkommen sind und auf falschen Voraussetzungen beruhen, ist es notwendig, darauf noch einmal näher einzugehen. Das einzige im gegebenen Zusammenhang beachtenswerte Argument in den vorangehenden Kapiteln richtet sich gegen die Möglichkeit der Existenz eines unendlich ausgedehnten physischen oder selbst gedachten Körpers, da der Körper seiner Definition nach ein von Flächen Eingeschlossenes oder Begrenztes sei. Da beruht das Argument im Grunde offenbar darauf, daß *ein Körper etwas in seiner Gesamtheit Faßbares* bzw. Vorstellbares sein muß, was er nur dann sein kann, wenn er abgeschlossen und daher endlich ist. Das würde die Existenz einer unendlichen Anzahl solcher Körper und eines unendlich ausgedehnten Raumes, in dem sie sich befinden, nicht ausschließen, und die hiergegen in den vorangehenden Kapiteln vorgebrachten Argumente sind, wie schon gesagt, wenig schlüssig. Der eigentliche und tiefere Grund für die Leugnung einer unendlichen Ausdehnung κατὰ πρόσθεσιν wird erst im Folgenden ganz deutlich, läßt sich aber in gewisser Weise schon aus dem, was Aristoteles über das potential und aktual Unendliche gesagt hat, ableiten.

Bei dem Unendlichen κατὰ διαίρεσιν ist der äußere Rahmen, die ausgedehnte Größe, gegeben, und zwar ihrem Wesen nach als eine begrenzte. Ihre Teilung kann ohne Ende weiter gehen, ist insofern unendlich, aber ohne daß je-|mals ein Ende erreicht wird: kleinste Größen gibt es nicht und braucht es auch nicht zu geben. Die Zahlen auf der andern Seite sind Gedankendinge, zu denen man sich ohne Ende immer weitere hinzudenken kann. Eine größte Zahl kann es nicht und braucht es nicht zu geben. Das ist bei den physikalischen Körpern anders. Es genügt nicht, sich immer neue hinzudenken zu können, ohne dabei jemals an ein Ende zu kommen. Wenn es hier möglich sein soll, über jede beliebig große Zahl hinaus immer noch weitere *anzutreffen,* dann muß es *faktisch* unendlich viele geben. Hier zieht die Annahme des potential Unendlichen die des aktual Unendlichen unvermeidlich nach sich, so daß umgekehrt in diesem Fall die Leugnung des aktual Unendlichen die Leugnung des potential Unendlichen impliziert. In diesem Dilemma hat sich Aristoteles für den zweiten Weg entschlossen. Es ist nun notwendig, sich die Konsequenzen und Implikationen dieser Entscheidung genauer anzusehen.

Zunächst führt Aristoteles noch weiter aus[13], inwiefern und auf welche Weise es *doch* ein Unendliches κατὰ πρόσθεσιν geben kann, sofern es nur nicht jede gegebene Größe übersteigt: nämlich auf Grund der unendlichen

---

[13] Ibidem III, 6, 206 b, 3 ff.

Teilung. Wenn man eine Größe stetig immer weiter halbiert und dabei jeweils zu der Hälfte die Hälfte der andern Hälfte hinzufügt, kann man mit diesem Prozeß des Teilens und Hinzufügens unendlich fortfahren, ohne daß die Summe der hinzugefügten Teile jemals die ursprünglich gegebene Größe übersteigt. Damit hat Aristoteles gewissermaßen die konvergenten Reihen bei seiner Theorie berücksichtigt, wenn er auch noch keine Konvergenzkriterien entwickelt hat. Dann macht er eine Reihe von weiteren höchst interessanten Hinzufügungen.

Aus dem, was er vorher ausgeführt hat, folgt, daß das Unendliche nicht das ist, als was es von den meisten, die von dem Unendlichen reden, aufgefaßt wird: das Allumfassende, sondern vielmehr dasjenige, außerhalb dessen immer noch etwas Weiteres ist[14]. Deshalb könne man auch einen Ring „unendlich" nennen, weil man über jeden Punkt immer weiter hinausgehen kann. Freilich sei diese Unendlichkeit eine uneigentliche, weil die eigentliche Unendlichkeit diejenige sei, bei der das Hinzugefügte immer wieder ein Neues ist. Doch ist es interessant, daß Aristoteles hiermit immerhin die Vorstellung einer endlichen Unbegrenztheit konzipiert hat in der Form einer in die dritte Dimension hinein gekrümmten zweidimensionalen Mannigfaltigkeit, wenn auch nicht einer in eine vierte Dimension hinein gekrümmten dreidimensionalen, durch die das Problem der Möglichkeit eines unbegrenzten, aber endlichen dreidimensionalen Raumes gelöst werden kann. Statt dessen hat er andere Überlegungen angestellt.

Wenn das Unendliche nicht das Allumfassende ist, sondern das, außerhalb dessen immer noch etwas ist, so ist es auch immer ein Unvollendetes. Es ist kein Ganzes, obwohl es, wenn es als das Allumfassende aufgefaßt wird, fälschlicherweise die Würde des umfassendsten Ganzen anzunehmen scheint. Ein | Ganzes aber muß immer ein Bestimmtes und deshalb ein Begrenztes und Endliches sein. Nur als solches kann es auch in einer identifizierenden Erkenntnis erfaßt werden, während das Unendliche, insofern und soweit es unbestimmt ist, auch immer ein Unerkennbares bleibt. Das wird sich weiterhin als eine sehr wichtige Bestimmung erweisen.

Aus den bisher angestellten Überlegungen ergibt sich ferner, daß das Unendliche immer nur in der Form eines unendlichen Prozesses vorkommen kann. Daher steht auch — das ist die einzige Stelle, an welcher die Zeit, die anderweitig ausführlich behandelt wird, in dieser Untersuchung

---

[14] Ibidem 207 a, 1 ff.

wieder auftaucht — der Annahme nichts entgegen, daß die Zeit neben der unendlichen Teilung und der unendlichen Zahlenreihe als drittes Unendliches angenommen werden kann. Das Unendliche ist also immer ein Werden, niemals ein Sein, womit von neuem die Unendlichkeit eines existierenden unendlich ausgedehnten Kosmos oder auch nur leeren Raumes ausgeschlossen wird.

Die Schwierigkeit, welcher diese Auffassung begegnet, ist natürlich die, daß es außerhalb eines endlichen Kosmos einen Raum geben zu müssen scheint, in welchem dieser Kosmos sich befindet, und daß eine Grenze dieses Raumes nicht gedacht werden zu können scheint, da eine Grenze, wie früher bemerkt, immer zugleich ein über die Grenze Hinausliegendes voraussetzt. Selbst die früher erwähnte Lösung des Problems mit Hilfe der Annahme eines endlichen, aber unbegrenzten, in eine vierte Dimension hinein gekrümmten dreidimensionalen Raumes scheint hier keine vollständige zu sein, da sich hiermit das Problem nur von der dritten in eine vierte, und wenn man diese wiederum gekrümmt sein läßt, in die fünfte und so weiter hinein verschiebt. Demgegenüber glaubt Aristoteles eine ganz andere Lösung gefunden zu haben. An Stelle des Begriffs des Raumes, der im Griechischen seit Platon meist mit χώρα bezeichnet zu werden pflegt, setzt er den Begriff des Ortes (τόπος) und definiert diesen als die innere Grenze des umgebenden Körpers[15]. Nimmt man diese Definition an, so gibt es für die Gesamtheit der Körper, wenn diese als endlich angenommen wird, keinen Ort mehr, da es außerhalb der Gesamtheit der Körper per definitionem keine umgebenden Körper geben kann.

Gemäß modernen wie antik voraristotelischen Vorstellungen würde diese Ortlosigkeit des Kosmos nicht der Annahme entgegenstehen, daß ein solcher endlicher Kosmos von einem unendlichen leeren Raum umgeben ist, an den er, wenn man auch in einem solchen Raum keinen Ort mehr angeben kann, angrenzt. Dieser Folgerung entgeht Aristoteles dadurch, daß er die Möglichkeit eines leeren Raumes überhaupt zu widerlegen sucht[16]. Nimmt man diese Argumentation an, so hat es allerdings keinen Sinn mehr, von einem Raum außerhalb des Kosmos zu reden, und die Vorstellung eines unendlichen Raumes erweist sich dann als eine unberechtigte Ausdehnung einer aus dem Gebiete│der endlichen realen Welt gewonnenen Vorstellung auf ein Gebiet, wo sie ihren Sinn verliert. Die Argumente des Aristoteles gegen die Annahme eines leeren Raumes dürf-

---

[15] Aristoteles, Physik IV, 4, 211 b, 5 ff., speziell 212 a, 5 f.
[16] Aristoteles, Physik IV, 7, 213 b, 30 ff.

ten sich jedoch kaum als völlig stringent erweisen lassen, weshalb hier, wo es auf die positive Bedeutung der aristotelischen Überlegungen ankommt, nicht näher darauf eingangen werden soll. Man kann jedoch dem, was an diesen Überlegungen relevant ist, auf andere Weise zu Hilfe kommen. Gibt man auch die Möglichkeit und damit zugleich die Wirklichkeit der Existenz eines leeren Raumes zu, so erhebt sich doch die Frage, ob dieser leere Raum — im Gegensatz zum erfüllten Raum, der mit der Ausdehnung der raumerfüllenden Gegenstände identisch ist — anders denn als Distanz oder Zwischenraum zwischen raumerfüllenden Gegenständen vorstellbar ist. Nimmt man ihn aber in dieser Weise, so läßt er sich durchaus mit der aristotelischen Vorstellung von dem Verhältnis des potential zu dem aktual Unendlichen in Einklang bringen. Raum entsteht dann mit der Entfernung dieser Gegenstände voneinander. Er kann dann auch beliebig wachsen, ohne daß darum die aktuale Existenz eines unendlichen Raumes angenommen zu werden braucht. Eine solche Auffassung ist sogar mit der modernen Vorstellung eines sich ausdehnenden physischen Universums durchaus vereinbar.

Als Resultat des soweit gegebenen Überblickes über die aristotelische Diskussion des Unendlichen ergibt sich also, daß sich, wenn man alle vorläufigen und für die Grundfrage nur am Rande relevanten ebenso wie alle durch zeitbedingte Unvollkommenheit in ihrem objektiven Wert herabgeminderten Überlegungen des Aristoteles beiseite läßt, alles auf das Problem der Faßbarkeit bzw. Erkennbarkeit eines Unendlichen konzentriert. Faßbarkeit und Erkennbarkeit aber setzen nach Auffassung des Aristoteles sowie der Antike überhaupt eine gewisse Ordnung, und Ordnung wiederum eine gewisse Begrenzung voraus. Der mindere Seinsrang, welchen Aristoteles dem Unendlichen zuschreibt, indem er es nur als ein potentiell, niemals aktuell Seiendes anerkennt, beruht eben auf dem Element des Ungeordneten, das jedem Unendlichen mit Notwendigkeit anzuhaften scheint.

Damit ist unmittelbar der Anschluß an die Behandlung des Unendlichen durch Georg Cantor gegeben, da dieser im Gegensatz zu Anaximander weit davon entfernt ist, dem Unendlichen gerade wegen seiner Undifferenziertheit einen höheren Rang zuzuweisen, sondern vielmehr mit Hilfe seiner Mengenlehre neue Ordnungsprinzipien in das Gebiet des Unendlichen einzuführen suchte und durch den Erfolg dieses Unternehmens die Existenz eines aktual Unendlichen bewiesen zu haben glaubte. Daraus ergibt sich von selbst die Frage, wie sich diese bis zu einem sehr

erheblichen Grade zweifellos erfolgreiche Einführung neuer Ordnungsprinzipien vom konsequent festgehaltenen prinzipiellen Ausgangspunkt
des Aristoteles aus ansieht, oder, genauer formuliert, welche Tragweite
sie von diesem Standpunkt aus gesehen besitzt.

Wie alle großen neuen Entdeckungen ist auch die Mengenlehre Georg
Cantors nicht auf einmal als fertiges, in sich geschlossenes Gebilde aus
dem Haupte ihres Urhebers hervorgegangen, sondern hat sich zunächst
aus spezielleren | Problemen entwickelt und ist erst allmählich zu einer
großen in sich zusammenhängenden Theorie geworden. Es ist offenbar
unmöglich, in einem kurzen Diskussionsvortrag den komplizierten und
verschlungenen Wegen ihrer ersten Entstehung nachzugehen. Vielmehr ist
es notwendig, die Grunderkenntnisse, auf denen die Theorie in ihrer
späteren entwickelten Form bis auf den heutigen Tag beruht, herauszustellen und dann auf die allgemeineren, über das Gebiet des rein Mathematischen hinausgehenden Folgerungen, die Cantor daraus gezogen hat,
einzugehen. Dabei werden vor allem auch Cantors eigene Argumentationen, mit denen er die sowohl von mathematischer wie von philosophischer
Seite gegen seine Lehre vorgebrachten Einwände zu widerlegen suchte,
von besonderer Bedeutung sein.

Beim ersten Aufbau der eigentlichen Mengenlehre ist G. Cantor bekanntlich von dem Beweise ausgegangen, daß die „Menge" aller rationalen Zahlen sich in einer eindeutigen Eins-zu-Einsrelation auf die „Menge"
aller ganzen Zahlen abbilden läßt, obwohl auf den ersten Blick und für
den naiven Betrachter die „Menge" der rationalen Zahlen, einschließlich
der Brüche bzw. der ihnen äquivalenten endlichen und periodischen De-
zimalbrüche unvergleichlich viel umfangreicher zu sein scheint als die der
ganzen Zahlen, wozu er später noch den weiteren Beweis hinzugefügt
hat, daß sogar die „Menge" aller algebraischen Zahlen sich in analoger
Weise auf die „Menge" der ganzen Zahlen abbilden läßt. Doch hätten
diese Beweise nichts bedeutet und wären nur als Bestätigung der seit langem verbreiteten Meinung betrachtet worden, daß es im Bereiche des Unendlichen keine fest definierbaren Unterschiede gebe, wenn es Cantor
nicht zugleich mit dem zuerst erwähnten Beweise gelungen wäre, mit
Hilfe seines berühmt gewordenen Diagonalverfahrens den weiteren Beweis zu führen, daß sich die „Menge" aller reellen Zahlen (einschließlich
der transzendenten), ja sogar die Menge aller transzendenten Zahlen
allein, nicht mehr in gleicher Weise auf die „Menge" der ganzen Zahlen
oder die dieser äquivalenten Mengen abbilden läßt. Erst dieser zweite

Beweis in Verbindung mit dem ersten gab ihm die Möglichkeit, den Zahl-
begriff über das Gebiet des Endlichen hinaus auszudehnen und die beiden,
damals transfinite Zahlen genannten, später als unendliche Kardinalzahlen
bezeichneten Zahlen α und c, d. h. die Zahl der von ihm abzählbar unendlich genannten Menge von der Zahl der Kontinuumsmenge zu unterscheiden.

Dies waren wirklich bedeutsame mathematische Entdeckungen, welche
sich bis auf den heutigen Tag als mathematisch außerordentlich fruchtbar
erwiesen haben und den Eingang in jenes „Paradies" eröffneten, „aus
welchem" nach einem berühmten Ausspruch David Hilberts „uns" (d. h.
die Mathematiker) „niemand soll wieder vertreiben können". Aber Cantor begnügte sich nicht mit der Aufstellung dieser mathematischen Sätze
und ihrem Beweise. Indem er gleichzeitig die Behauptung aufstellte, mit
diesen Sätzen die Existenz des aktual Unendlichen bewiesen zu haben,
erlaubte er sich einen Übergriff auf das philosophische Gebiet, und es
kann wohl kaum zweifelhaft sein, daß die heftigen Angriffe, denen seine
Lehre lange Zeit nicht nur von seiten vieler Philoso- | phen, sondern auch
von seiten vieler der hervorragendsten Mathematiker ausgesetzt gewesen
ist, auf diesen Übergriff auf philosophisches Gebiet zurückzuführen sind,
während umgekehrt die allgemeine Anerkennung, die sie später gefunden
hat, auf Konto der Richtigkeit und Fruchtbarkeit des rein mathematischen Teiles seiner Lehre zu setzen ist, indessen die Begründung ihres philosophischen Teiles durch die spätere Ausgestaltung und Ausbreitung der
Mengenlehre keineswegs an Festigkeit gewonnen hat.

Es ist also zu fragen, wie es eigentlich mit jenem angeblichen Beweis der
Existenz des aktual Unendlichen durch die oben erwähnten Beweise spezieller mathematischer Sätze der Mengenlehre steht. Hier liegt nun eine
gewisse petitio principii schon in dem Gebrauch des Wortes Menge bei
den angestellten Überlegungen, da dies unvermeidlich den Anschein erwecken muß als ob es die Mengen, die von Cantor vermöge seiner Beweise unterschieden und sogar verschiedenen Größenklassen zugewiesen
werden, auch wirklich gäbe, weshalb ich das Wort bis zu diesem Punkte
auch immer in Anführungsstriche gesetzt habe. In Wirklichkeit ist jedoch
nicht schwer zu sehen, daß, wenn Cantor etwa zeigt, daß, wenn man alle
Brüche in der Reihenfolge $^0/_1$; $^1/_1$; $^2/_1$; $^1/_2$; $^3/_1$; $^1/_3$; $^4/_1$; $^3/_2$; $^2/_3$; $^1/_4$; $^5/_1$; $^1/_5$;
$^6/_1$; $^5/_2$; $^4/_3$; $^3/_4$; usw. anschreibt, alle überhaupt möglichen Brüche in
der Reihe vorkommen müssen und jedem eindeutig eine einzelne Zahl
der natürlichen Zahlenreihe zugeordnet werden kann, zwei *Folgen* mit-

einander verglichen werden, die ohne Grenze, d. h. potentiell unendlich fortgesetzt werden können, wobei immer dieselbe Eins-zu-Einsrelation erhalten bleibt, daß man damit aber die Folge in ihrer Gesamtheit keineswegs vollständig in die Hand bekommt.

Dies zeigt sich gerade dann mit vollster Deutlichkeit, wenn man Cantors eigene Versuche, den aktual unendlichen Charakter seiner Mengen gegen Einwände zu verteidigen, genauer untersucht. Auf den Einwand eines Herbartianers antwortete er[17], das potential Unendliche, das dieser allein anerkennen wolle, erfordere einen „aktual unendlichen Weg", den „sichern Weg zum Wandeln" und könne ohne dieses Transfinitum nicht gedacht werden. An einer andern Stelle sagt er[18]: „Für die Behauptung, daß eine Menge aktual unendlich sei, ist die Bestimmtheit aller ihrer Elemente sowie das Größersein der Anzahl derselben im Vergleich mit jeder endlichen Zahl das allein Wesentliche; | nicht aber ist erforderlich, daß die Menge in irgendeiner Form durch ein letztes, zu ihr gehöriges Glied begrenzt sei. Abgegrenzt ist eine Menge vollkommen schon dadurch, daß alles zu ihr Gehörige in sich bestimmt und von allem nicht zu ihr Gehörigen wohl unterschieden ist." Das erste Argument mit dem Hinweis auf die Notwendigkeit eines „aktual unendlichen Weges" hat offenbar eine gewisse Affinität zu jenem Problem der Aktualunendlichkeit des Raumes, von dem oben zum Abschluß der Diskussion der Aristotelischen Lehre vom ἄπειρον die Rede gewesen ist. Die Richtung des Weges freilich muß festgelegt sein und in gewisser Weise die auf dem Wege einzuhaltende Schrittfolge. Aber der Weg selbst braucht darum, sofern auf ihm nur

---

[17] Georg Cantor, op. coll. (oben Anm. 2), S. 393 (Fortsetzung der Anm. 1 von S. 292).

[18] Ibidem S. 419; höchst interessant ist auch die Bemerkung Cantors ebenda S. 410 unten: „Unterliegt es nämlich keinem Zweifel, daß wir die veränderlichen Größen im Sinne des potential Unendlichen nicht missen können, so läßt sich daraus die Notwendigkeit des Aktual-Unendlichen folgendermaßen beweisen: Damit eine solche veränderliche Größe in einer mathematischen Betrachtung verwertbar sei, muß streng genommen das ‚Gebiet' ihrer Veränderlichkeit durch eine Definition vorher bekannt sein; dieses Gebiet kann aber nicht selbst wieder etwas Veränderliches sein, da sonst jede feste Unterlage der Betrachtung fehlen würde; also ist dieses Gebiet eine bestimmte aktual-unendliche Wertmenge". Das ist bis auf den letzten Satz vollkommen richtig. Was vom Standpunkt des Aristoteles aus bewiesen wird, ist jedoch nur, daß das, was Cantor aktual-unendliche Mengen nennt, in Wirklichkeit Kombinationen sind aus einem (notwendig-endlichen, da begrenzenden) Ordnungsprinzip und einem als unendlich notwendig potentiellen Unendlichkeitsfaktor, nicht aber daß diese Kombination als Aktual-Unendliches auch nur im Sinne des gedacht Aktual-Unendlichen wirklich „existiert". Daß diese Unterscheidung nicht nur semasiologisch ist, sondern für sehr konkrete Probleme Bedeutung hat, wird sich im folgenden zeigen.

keine Hindernisse auftreten können, keineswegs zu existieren, sondern
wird durch sein Begangenwerden erst selbst successive erzeugt: er ist
selbst potentiell unendlich. Das zweite Argument zeigt einen andern
Aspekt des Problems. Hier ist überall von der Begrenzung und Bestimmtheit der unendlichen Menge die Rede. Das ist keine bloße façon de parler. Es war die geniale Leistung Georg Cantors, neue, bisher unerkannte
Ordnungsprinzipien auf das Gebiet des Unendlichen anzuwenden oder
vielmehr besser, sie teils innerhalb dieses Gebietes zu entdecken teils durch
neue Kunstgriffe in dies Gebiet einzuführen. Dies ist in seiner Lehre von
den geordneten und den wohlgeordneten Mengen noch offensichtlicher als
in seiner Lehre von den unendlichen Kardinalzahlen oder Mächtigkeiten,
wo Cantor selbst später Bedenken bekommen hat, den Begriff der Zahl
anzuwenden, und statt dessen von Mächtigkeiten gesprochen hat, worin,
da derjenige Macht (*potentia*) hat, der etwas tun oder machen *kann*, doch
wieder der Begriff des Potentiellen enthalten ist.

Daß es sich aber keineswegs um die Entdeckung eines aktual Unendlichen handelt, sondern um die Einführung von notwendigerweise *begrenzenden* Ordnungen in Gebiete des Unendlichen, das jedoch trotzdem
als Unendliches in einer Richtung offen, d. h. unbegrenzt und damit in
dieser Richtung nur potentiell existent bleibt, ist besonders deutlich in
Cantors Theorie der wohlgeordneten Mengen. Der erste Satz der Theorie
der wohlgeordneten Mengen, der eigentlich die allgemeine Definition
einer wohlgeordneten Menge enthält, lautet bekanntlich: „In einer wohlgeordneten Menge M gibt es zu jedem Element von M, ausgenommen das
etwaige letzte — und allgemeiner zu jeder Teilmenge von M, deren sämtlichen Elementen überhaupt noch ein Element von M nachfolgt — ein
einziges unmittelbar nachfolgendes Element." Vom Standpunkt des Ari-
stoteles aus enthält dieser Satz eine Unklarheit, die wiederum | aus der
Verwendung des Begriffs der (ihrem eigentlichen Begriff nach abgeschlossenen) Menge herzuleiten ist. Diese Unklarheit besteht darin, daß in diesem Satz Einzelelemente und Teilmengen — die auch unendlich sein können und, wenn sie dies sind, nicht aktual, sondern nur als potentiell unendlich fortsetzbare Folgen existieren — gewissermaßen als gleichwertig
nebeneinandergestellt werden. In der wohlgeordneten Menge 1, 3, 5, 7,
9... 2, 4, 6, 8, 10... z. B. folgt innerhalb der ersten Teilmenge auf jedes
Einzelelement ein weiteres Einzelelement, das in der nächsthöheren ungeraden Zahl besteht. Dasselbe gilt innerhalb der aus den geraden Zahlen
bestehenden Teilmenge. Ferner folgt auf die unendliche Teilmenge der

ungeraden Zahlen unmittelbar die erste gerade Zahl 2. Insofern ist dem
ersten Satz der Theorie Genüge getan und die Menge unzweifelhaft im
Sinne dieses Satzes eine wohlgeordnete Menge. Aber während allen andern Elementen der Menge außer dem ersten auch eindeutig ein bestimmtes Einzelelement der Menge vorangeht, ist dies bei der 2 als unmittelbarer Nachfolgerin einer unendlichen Teilmenge nicht der Fall, ja existiert
ein solches unmittelbar vorangehendes Element als mögliche aktuale Gegebenheit für sie nicht. Dies macht die Theorie der unendlichen wohlgeordneten Mengen vom konsequent festgehaltenen aristotelischen Standpunkt aus keineswegs sinnlos, solange man sich nur den aristotelischen
Sinn der gemachten Aussagen klar macht und die Rede von unendlichen
Mengen als ob sie jeweils ein abgeschlossenes und (sei es auch nur als möglicher Gegenstand der Vorstellung) aktual Existierendes wären, als eine
bloße façon de parler betrachtet.

Vergleicht man die Definition der abzählbaren Menge der unendlichen
Kardinalzahl a mit der im ersten Satz der Theorie der wohlgeordneten
Mengen enthaltenen Definition der wohlgeordneten Menge, so ist leicht
zu sehen, daß sie ein Ordnungselement gemeinsam haben, aber sozusagen
verschiedene Potentialitäten, die man auch in doppelter Negation als verschiedenartige Einschränkungen dieses gemeinsamen Ordnungselementes
betrachten kann. Die Übereinstimmung zeigt sich darin, daß die „Menge"
der positiven ganzen Zahlen in ihrer natürlichen Ordnung sowohl das
Modell der abzählbaren Menge wie das der wohlgeordneten Menge abgibt, da einerseits die abzählbaren Mengen dadurch definiert sind, daß sie
sich so ordnen lassen, daß sie eindeutig auf die Menge der ganzen Zahlen
in ihrer natürlichen Ordnung abbildbar sind, andererseits dieselbe Menge
der positiven ganzen Zahlen in ihrer natürlichen Ordnung selbst eine
wohlgeordnete Menge ist, da in ihr die Forderung erfüllt ist, daß jedes
Element und jede Teilmenge der Menge einen eindeutig bestimmten
Nachfolger hat. Die bloß abzähl*baren* Mengen wie die Menge der rationalen Zahlen, die in ihrer natürlichen Anordnung nicht der Definition
der wohlgeordneten Menge entspricht, da ihre Glieder in dieser Anordnung keine bestimmten festlegbaren Nachfolger haben, werden durch Anordnungen wie z. B. diejenige der Menge der rationalen Zahlen in der
Anordnung $0/1$; $1/1$; $2/1$; $1/2$ etc. in Cantors Terminologie in „abgezählte"
Mengen verwandelt, was wiederum ein uneigentlicher Ausdruck ist, da sie
als unendliche Mengen na-|türlich nicht im wörtlichen Sinne abgezählt
sind, wenn auch jedes ihrer Elemente eindeutig einem einzigen Elemente
der wohlgeordneten Menge der ganzen Zahlen zugeordnet werden kann.

Enthält so der Begriff der abzählbaren Menge ein durch das Suffix „bar" ausgedrücktes Element der Potentialität zusätzlich zu dem durch ihre Unendlichkeit ohnehin gegebenen Element dieser Art: einen Potentialitätsfaktor, der darin besteht, daß die Menge auch dann „abzähl*bar*" bleibt, wenn sie nicht „abgezählt", d. h. wohlgeordnet ist, so enthält umgekehrt die Definition der wohlgeordneten Menge eine Durchbrechung des Ordnungsprinzips der „abgezählten" Menge insofern, als in ihr nicht wie bei der abgezählten Menge jedes Element außer dem ersten auch ein unmittelbar vorangehendes zu haben braucht, oder, was dasselbe ist, daß sie unendliche Abschnitte haben kann, während die „abgezählte" Menge, obwohl selbst unendlich, nur endliche Abschnitte hat. Vom Standpunkt des Aristoteles aus bedeutet dies, daß in der abzählbaren und in der wohlgeordneten Menge dasselbe (wie alle Ordnungsprinzipien notwendig beschränkende) Ordnungsprinzip wirksam ist, aber selbst in der einen und in der anderen voneinander verschiedenen Einschränkungen unterliegt. Es sind die auf dem Gebiet des Unendlichen aufgefundenen, bzw. in dies Gebiet eingeführten Ordnungsprinzipien, welche in ihren Gemeinsamkeiten und verschiedenen Einschränkungen miteinander verglichen werden können und dadurch die durch sie bestimmten „Mengen" unterscheidbar und dadurch „erkennbar" machen. Sie sind als Ordnungsprinzipien notwendig abgrenzend, begrenzend, wie ja auch selbst Georg Cantor in diesem Zusammenhang diese Bezeichnungen gebraucht. Auch hier bewährt sich also wieder das von Platon, von Aristoteles, ja von der ganzen Antike vertretene Prinzip, daß Erkenntnis, ja sogar das Heraustreten von erkennbaren Gegenständen, Ordnung, Ordnung aber wiederum notwendig Begrenzung voraussetzt.

Diese Feststellungen mögen vielleicht als trivial erscheinen oder als bloß semantische beiseite geschoben werden, wie ja überhaupt von den Vertretern des konsequenten wissenschaftlichen Positivismus der Philosophie vorgeworfen zu werden pflegt, sie habe es meist mit rein semantischen Pseudoproblemen zu tun, denen jede Bedeutung für sachliche Erkenntnis abgehe. Es wird sich aber vielleicht zeigen lassen, daß außer der von den Axiomatikern allein betonten Widerspruchsfreiheit doch auch die semantische Richtigkeit für die genauere Aufklärung durchaus sachlicher Probleme nicht völlig ohne Bedeutung ist.

Mit Hilfe eines sehr scharfsinnigen Beweises kann man beweisen, daß die Menge aller zu einer unendlichen Kardinalzahl gehörigen Ordnungszahlen, d. h. die Summe oder Menge aller der verschiedenen Arten, wie

die Elemente einer Menge von einer bestimmten Mächtigkeit wohlgeordnet werden können, eine größere Mächtigkeit hat, also eine höhere Kardinalzahl repräsentiert als die höchste in ihr enthaltene Ordnungszahl.
Daraus ergibt sich, daß zwar jeder Kardinalzahl unendlich viele Ord-
nungszahlen, d. h. mögliche Wohlordnungen, | entsprechen, jeder Ord-
nungszahl dagegen nur eine einzige Kardinalzahl eindeutig zugeordnet
ist. Es ließ sich ferner beweisen, daß wohlgeordnete Mengen nicht nur in
bezug auf ihre Ordnungszahlen, sondern auch in bezug auf ihre Kardinalzahlen stets vergleichbar sind, da, wenn M und N wohlgeordnete
Mengen sind und die Ordnungszahl von M kleiner ist als die von N, bewiesen werden kann, daß die zu M gehörige Kardinalzahl gleich oder
kleiner sein muß als die zu N gehörige. Auf Grund dieses Beweises lassen
sich die unendlichen Kardinalzahlen, von Cantor Alefs genannt und mit
Indices $\aleph_0$, $\aleph_1$, $\aleph_2$ versehen, wobei $\omega = \aleph_0$, d. h. gleich der „abzählbaren" unendlichen Menge ist, selbst als wohlgeordnete Menge anordnen.

Betrachtet man nun das, was durch die Kardinalzahlen bestimmt wird,
als wirkliche, aktual existierende Mengen und die Reihe der Alefs als die
(im Sinne einer wohlgeordneten unendlichen Menge „vollständige")
Menge aller möglichen Mächtigkeiten unendlicher Mengen, so scheint sich
von selbst zu verstehen, daß jede anderweitig festgestellte Mächtigkeit
oder Kardinalzahl einer unendlichen Menge, also z. B. auch der Kontinuumsmenge c oder der Funktionsmenge f einem bestimmten Alef äquivalent sein muß. Tastächlich hat auch Georg Cantor dies lange Zeit für
unbezweifelbar gehalten, wie er schon von Anfang an und lange vor dem
Gelingen des Äquivalenzbeweises überzeugt gewesen war, daß die verschiedenen von ihm entdeckten Mächtigkeiten oder, wie er sie damals
noch nannte, transfiniten Zahlen, obwohl für sie sonst andere Rechen-
gesetze bestanden, sich ihrer Größe nach eindeutig anordnen lassen mußten.

Es ist aber das Skandalon der Mengenlehre, daß es bis auf den heutigen
Tag nicht gelungen ist, den Nachweis der Äquivalenz der unendlichen
Kardinalzahl c, bzw. der durch sie bezeichneten Kontinuumsmenge, mit
einem der Alefs der Alefreihe zu führen. Vom Standpunkt der Annahme
der Existenz aktual unendlicher Menge mit bestimmten Mächtigkeiten aus
ist es in gewisser Weise erstaunlich, daß man auf Grund dieser Schwierigkeit zunächst doch wieder zweifelhaft geworden ist, ob alle unendlichen
Kardinalzahlen sich eindeutig in der Reihe der Alefs einordnen ließen.
Vom Standpunkt einer nach aristotelischen Prinzipien vorgenommenen

Analyse der wirklichen Bedeutung der bewiesenen Sätze hat die so seltsam erscheinende Sachlage dagegen durchaus nichts Erstaunliches. Die Alefs sowohl wie die unendlichen Ordnungszahlen entstehen, wie gezeigt, aus zwei verschiedenartigen Einschränkungen des grundlegenden Ordnungsprinzips der unendlichen „abgezählten" Mengen, und ihre durchgehende Vergleichbarkeit beruht auf diesem gemeinschaftlichen Ursprung, der auch in der offensichtlichen Äquivalenz $\omega = \aleph_0$ seinen Ausdruck findet. Dagegen beruht die Unterscheidung zwischen $\mathfrak{a}$ und $\mathfrak{c}$ darauf, daß die transzendenten Zahlen, obwohl auch ihnen ein inhärentes Ordnungsprinzip zugrunde liegt, sich nicht wie die rationalen und die algebraischen Zahlen dem Ordnungsprinzip der „abgezählten" Mengen unterwerfen lassen. Ob das ihnen inhärente Ordnungsprinzip aber der Art ist, daß die ihm unterliegenden Zahlen sich eindeutig einem bestimmten, ausschließlich durch sukzessive Einschrän- | kungen des Ordnungsprinzips der abgezählten Mengen erzeugten Ordnungsprinzip unterwerfen lassen, bleibt dabei völlig offen, wenn sich auch die Möglichkeit, daß dies so sei, auf Grund einer solchen aristotelischen Analyse natürlich keineswegs ausschließen läßt.

Der letzte Versuch, der in dieser Weise innerhalb der Mengenlehre entstandenen Schwierigkeit abzuhelfen, ist durch den berühmten Wohlordnungssatz von E. Zermelo unternommen worden, der besagt, daß jede unendliche Menge in die Form einer wohlgeordneten Menge gebracht werden kann. Aber auch die beiden scharfsinnigen Beweise, die Zermelo für diesen Satz gegeben hat, bringen die Frage, in welcher Weise die Kontinuumsmenge konkret wohlgeordnet werden könne, um so das ihr zugehörige Alef zu finden, der Lösung nicht um einen Schritt näher, da er seinem Beweis die beliebige Auswahl beliebiger ausgezeichneter Elemente aus einer beliebigen Menge zugrunde legt. Da der Beweis ferner mit dem Argument operiert, daß dem Prozeß der sukzessiven Wohlordnung der Menge nur dadurch eine Grenze gesetzt werden kann, daß die Menge der zu ordnenden Elemente, bzw. Teilmengen, ausgeschöpft ist, so beweist er im Grunde nichts anderes als die Möglichkeit oder Potentialität, unbegrenzt immer neue Ordnungsfaktoren in die Menge hineinzutragen, womit im Grunde nur die reine Potentialität dieses Ordnungsprozesses auf die Strukturlosigkeit der Menge, die eben dadurch beliebig manipulierbar wird, abgebildet wird. Es erscheint daher evident, daß auf Grund dieses Satzes über die aktuelle Vergleichbarkeit von gewissen, bestimmten „Mengen" inhärenten Ordnungsprinzipien, wie sie nicht nur bei der

„Menge" aller rationalen Zahlen, sondern auch bei der von ihr an „Mächtigkeit" verschiedenen „Menge" aller transzendenten Zahlen zweifellos vorhanden sind, nichts ausgesagt werden kann. Der Wohlordnungssatz Zermelos hat dementsprechend den Versuchen, das der Kontinuumsmenge entsprechende Alef zu finden, auch keinerlei Hilfe gegeben.

Es ist aber vielleicht möglich, auf Grund aristotelischer und allgemein antiker Voraussetzungen noch etwas Weiteres über den Mengenbegriff überhaupt zu sagen. Als die sogenannten Paradoxien der Mengenlehre auftauchten, wurde das zunächst als eine Erschütterung der Mengenlehre überhaupt empfunden. Bei dem Versuch, den mathematisch fruchtbaren Teil der Mengenlehre zu retten, wurde dann unter anderem zwischen konstruktiven und Eigenschaftsmengen unterschieden und in das Gebiet der Eigenschaftsmenge gewisse Verbote eingeführt, durch welche die Paradoxien vermieden wurden. Doch scheint bei den meisten Versuchen dieser Art das Prinzip der Verbotsregeln nicht so sehr aus einer Einsicht in die Natur der Mengen als solcher geschöpft als sozusagen von hinten her durch die Überlegung bestimmt, was man tun muß oder welche Zäune man sozusagen errichten muß, um die Widersprüche nicht hineinzulassen.

Vielleicht kann hier eine Beobachtung aus dem Gebiet der griechischen Grammatik zu einer besseren Einsicht in das Wesen der Schwierigkeit verhelfen. Es ist eine der ersten syntaktischen Regeln des Griechischen, die man auf | der Schule lernt, daß im Gegensatz zu den modernen Sprachen das Prädikatsnomen ohne Artikel steht. Wie viele der grammatischen Regeln, die man in der Schule lernt, und sogar wie einige, die in allen wissenschaftlichen Grammatiken stehen, ist diese Regel nicht genau formuliert und daher nur mit Einschränkung richtig. Gerade bei Platon und Aristoteles kommen Prädikate mit Artikel gar nicht selten vor. Der Artikel fehlt nur dann, wenn das Prädikat eine Eigenschaft, die auch eine Wesens(οὐσία)-eigenschaft sein kann, bezeichnet. Wir sagen „er ist *ein* Bürger von Athen", „das ist *ein* Löwe"; die Griechen sagten „er ist Bürger von Athen" und „dies ist Löwe". Die moderne Gewohnheit, den unbestimmten Artikel, der zugleich eine Zahl bezeichnet, hinzuzusetzen, ruft den Eindruck hervor, als ob ein Exemplar aus einer definitiven Menge bezeichnet werden solle. Nun mag es die Menge der athenischen Bürger zu einem gegebenen Zeitpunkt geben. Aber sie ändert sich unaufhörlich. Erst recht gilt dies von der Menge aller (lebenden) Löwen. Die Menge gar der Löwen, die jemals gelebt haben und jemals leben werden und die ja zu der Menge aller Löwen logischerweise auch dazu gehören, ist gar nicht zu bestimmen, da hier noch die Frage der contingentia futura mit hineinkommt. Dies gilt, obwohl die Menge aller jemals gelebt habenden, lebenden und leben werdenden Löwen eine endliche ist. Es läßt sich ihr weder eine Kardinalzahl noch eine Ordnungszahl zuweisen. Trotzdem ist an Gestalt und Eigenschaften durchaus zu bestimmen, ob ein Individium ein Löwe ist oder nicht.

Was von der endlichen „Eigenschaftsmenge" der Löwen gilt, gilt mutatis mutandis auch von unendlichen Eigenschaftsmengen, wie der bei den Paradoxien eine Rolle spielenden „Menge aller Abstrakta". Hier gibt es gewisse Konstruktionsprinzipien, nach denen man unendliche Mengen von Abstrakta bilden kann, wie die Reihe der ganzen Zahlen oder der rationalen Zahlen oder transzendenten Zahlen und so fort. Aber es gibt auch unzählige andere Arten, einzelne Abstrakta oder Serien von Abstrakta zu bilden. Obwohl es in der Regel nicht schwierig ist, ein Abstraktum von einem Nichtabstraktum zu unterscheiden, dürfte es wohl kaum möglich sein, die Erzeugung von abstrakten Begriffen auf einen einzigen oder eine festlegbare Serie von Konstruktionsprozessen nach Art der Konstruktion der Zahlenreihe oder der Erzeugung von transzendenten Zahlen festzulegen.

Es hatte sich gezeigt, daß die Anwendung des Begriffs der „Menge" auf unendliche Prozesse schon bis zu eimen gewissen Grade irreführend ist. Doch behält diese Bezeichnung innerhalb des Gebietes der mathematischen unendlichen Mengen eine gewisse Brauchbarkeit als abkürzende façon de parler, um gewisse, bei der Bildung unendlicher Prozesse auftretende Konstruktions- und Ordnungsprinzipien zu bezeichnen und voneinander zu unterscheiden. Dagegen ist es sinnlos — hier ist das von den wissenschaftlichen Positivisten oft so leichtsinnig und unbegründet gebrauchte Wort „meaningless" wirklich am Platze —, bei reinen Eigenschaften von der Menge der durch diese Eigenschaften bezeichneten Dinge oder Begriffe überhaupt zu reden, da es in diesem Falle eine Menge weder im Sinne einer bestimmten endlichen Anzahl noch eines ein-|deutigen konstruktiven Ordnungsprinzips geben kann. Damit fallen solche Monstra wie die Menge aller Mengen, die sich selbst nicht enthalten, eine Menge, die sich zugleich enthält und nicht enthält, oder die Menge aller überhaupt denkbaren Mengen, die trotzdem nach einem fundamentalen Satz der Mengenlehre eine geringere Mächtigkeit hat als die Menge aller ihrer Teilmengen, von selbst weg. Sie haben schlechterdings keinen Sinn. Wenn in dem Streit um die Gültigkeit der Mengenlehre gelegentlich ge-

sagt worden ist, daß durch G. Cantor der Unendlichkeitsbazillus in die
Mathematik hineingekommen sei, so kann man angesichts der zuletzt betrachteten Mengenmonstrositäten und der aus ihnen folgenden Paradoxien eher von einem Hineintragen des Mengenbazillus in die Logik und
Mathematik reden. Die Untersuchung der Ordnungsprinzipien und ihres
Verhältnisses zueinander auf dem Gebiete unendlicher Prozesse war eine
großartige und fruchtbare Leistung, deren Grundlagen, sofern man sich
darüber klar ist, was sie eigentlich bedeuten, weder durch die „Paradoxien", die sich auf Grund einer falschen Anwendung des Mengen-
begriffes ergaben, erschüttert zu werden brauchten noch durch die Schwierigkeiten, welche durch die allgemeine Anwendung des Wohlordnungs-
prinzips entstanden sind. Aber es dürfte wohl richtig sein, sich auf die
Vergleichung konstruierbarer unendlicher Mengen zu beschränken, wie
dies von P. Lorenzen[19] in seinem Buche über Differential und Integral ge-
tan worden ist. |

---

[19] Paul Lorenzen, Differential und Integral. Eine konstruktive Einführung in die
klassische Analysis, Frankfurt a. M. 1965.

PROBLEME DER HISTORISCHEN SYNTHESE

Die Probleme der historischen Synthese sind nicht neu. Sie sind nicht erst seit den großen Versuchen Hegels, Spenglers und Toynbees, ein integriertes Bild der Weltgeschichte in allen ihren Aspekten und in ihrem gesamten erkennbaren Ablauf zu geben, in Erscheinung getreten, sondern seit den Anfängen der abendländischen Geschichtsschreibung. In gewisser Weise sind sie schon in dem Satze angedeutet, mit dem Herodot, der „Vater" der abendländischen Geschichtsschreibung, sein Werk eröffnet und das diesem in gewisser Weise als Titel dient. Er schreibe, sagt Herodot, damit die großen Werke und Taten der Griechen und Barbaren nicht in Vergessenheit geraten, speziell aber um zu zeigen, aus welchen Ursachen sie gegeneinander Krieg geführt haben: ein ganz umfassendes Thema, nicht nur seiner zeitlichen Ausdehnung nach, sondern auch hinsichtlich der Mannigfaltigkeit seiner Aspekte, und ein ganz spezielles: ein politisch-militärisches Ereignis nebst seinen Ursachen.

Herodot ist zweifellos einer der größten Schriftsteller und Künstler der Darstellung aller Zeiten. Aber man kann nicht sagen, daß es ihm gelungen ist, das sich aus dieser doppelten Themastellung ergebende kompositorische Problem in befriedigender Weise zu lösen. Mehr als zwei Drittel seines Werkes bestehen aus Exkursen und Abschweifungen aller Art, und erst in den letzten drei Büchern des neun Bücher umfassenden Werkes, wo er zu seinem speziellen Thema, der Darstellung der Ursachen und des Verlaufes des sog. Xerxeszuges kommt, gewinnt das Werk eine Einheitlichkeit der Darstellung, die derjenigen nahekommt, die wir von einem modernen Geschichtswerk im engeren Sinne zu erwarten pflegen: und selbst hier wird diese Darstellung noch nicht ganz selten durch Abschweifungen unterbrochen.

Man sollte annehmen, daß sich für Thukydides, der sich auf die Darstellung des Ablaufes eines sehr begrenzten politisch-militärischen Ereignisses beschränkte, eine solche Schwierigkeit nicht ergeben konnte: und in der Tat, wenn man von einigen Einschaltungen im ersten Buch und von den eingestreuten Reden, die ein besonderes Problem darstellen, absieht, sowie von einigen Unvollkommenheiten der Komposition, die sich darauf zurückführen lassen, daß der Autor sein Werk nicht vollenden konnte, scheint dieses im Vergleich zu dem Geschichtswerk Herodots eine großartige Einheitlichkeit, gerade auch in der Form der Darstellung, zu besitzen. Fragt man jedoch nach der darstellerischen Bewältigung der verschiedenen historischen Aspekte, die auch ein politisches Ereignis bietet, so findet man, daß in dem allerersten Teil des Werkes, in dem Thukydides die ferner liegende Vorgeschichte des von ihm geschilderten Krieges nebst der Entstehung der Kräfteballungen, die ihn ermöglichten, zu schildern versucht, der ökonomische Aspekt der Entwicklung bei weitem den rein politischen überstrahlt, während in dem übrigen Teil des Werkes der politische und militärische Aspekt derart das Gesichtsfeld beherrscht, daß manche moderne Historiker, die der Vorgeschichte des Krieges nur geringe Beachtung schenkten, Thukydides völlige Blindheit gegenüber der Bedeutung der wirtschaftlichen Faktoren für den Ablauf des historischen Geschehens vorwerfen konnten. Es wird sich zeigen, daß darin ein sehr wichtiger Aspekt des Grundproblems in Erscheinung tritt. Dieses Grundproblem zeigt sich also schon, wenn auch in ganz verschiedener Form, in den Werken der beiden ersten bedeutenden Geschichtsschreiber des Abendlandes. Und doch sind bei diesen ganz umfassende Gebiete des Ablaufes historischen Geschehens im weiteren Sinne überhaupt noch nicht berücksichtigt. Erst seit Aristoteles und seinen Schülern wird die Entwicklung und Entfaltung so wichtiger menschlicher Tätigkeiten wie der Philosophie, der Wissenschaften, der Dichtung, der Literatur, der bildenden Künste, der Musik und so fort der historischen Betrachtung unterworfen.

Aristoteles hat mehreren seiner theoretischen Werke kurze Überblicke über frühere Versuche, die von ihm gestellten Probleme zu lösen, vorausgeschickt, und sein Schüler Theophrast hat dann die „Meinungen" der früheren Philosophen über verschiedene Gegenstände systematisch gesammelt und in eine Art entwicklungsgeschichtlichen Zusammenhang zu bringen versucht. Auf Aristoteles' Veranlassung wurde eine Sammlung verschiedener Staatsverfassungen nach ihrer geschichtlichen Entwicklung veranstaltet, zu der Aristoteles persönlich die Geschichte der wichtigsten von ihnen, der athenischen, beigesteuert hat. Aristoteles' Schüler Eudem von Rhodos schrieb eine Geschichte der Mathematik und eine Geschichte der Astronomie, Menon eine Art Geschichte der Medizin. Aristoteles selbst hat in seiner Poetik die Entwicklung der Tragödie und der Komödie zu skizzieren versucht. Aber alle diese Versuche blieben isoliert, wurden nicht in eine universelle Geschichte eingegliedert. Die einzige scheinbare Ausnahme ist Dikaiarch, der in seinem Βίος Ἑλλάδος eine integrierte Geschichte nicht nur der griechischen Kultur, sondern der menschlichen Zivilisation überhaupt zu geben versuchte. Es ist jedoch sehr bezeichnend, daß die politische Geschichte, soweit sich erkennen läßt, zwar für den speziell der griechischen Kulturgeschichte gewidmeten Teil eine Art chronologischen Rahmen geliefert hat, ihrem Inhalt nach jedoch in dem Werk offenbar keine Rolle spielte.

Mit besonderer Deutlichkeit tritt das Problem bei Polybius wieder auf. Sein Werk war ganz und gar der politischen Geschichte gewidmet. Aber indem Polybius die rapide Ausdehnung der politischen Macht der Römer nach dem Zweiten Punischen Krieg zu schildern unternimmt, will er zeigen, daß es die Vortrefflichkeit der römischen Verfassung gewesen ist, die die Römer befähigte, in so kurzer Zeit den größten Teil der damals bekannten Welt ihrer Herrschaft zu unterwerfen. Das sechste Buch seines Werkes ist vollständig diesem Beweis gewidmet. Es diskutiert darin eine Reihe von Problemen der allgemeinen politischen Theorie, um dann zu einer Analyse der römischen Verfassung fortzuschreiten. Aber dieses Buch unterbricht den kontinuierlichen Fluß der historischen Erzählung und die Beschreibung der Epoche, die den eigentlichen Gegenstand seines Unternehmens darstellt. Stilistisch und kompositorisch zum mindesten stehen Geschichtserzählung und verfassungsgeschichtliche Analyse nebeneinander und sind nicht miteinander integriert.

Es ergibt sich also als Resultat dieses kurzen einleitenden Überblicks über die antike griechische Geschichtsschreibung, daß

1. die Probleme der historischen Synthese von dem Augenblick an aufgetreten sind, von dem an es eine abendländische Geschichtsschreibung gegeben hat, die dieses Namens würdig ist;

2. diese Probleme sogar an Werken aufgetreten sind, die sich im wesentlichen auf politische Geschichte beschränken, freilich hier nur an Stellen, wo die politische Geschichte zu ihrem vollen Verständnis der Ergänzung durch andere Aspekte der historischen Entwicklung bedurfte;

3. daß die antiken Historiker dieses Problem nicht in befriedigender Weise zu lösen vermocht haben;

4. daß es in gewisser Weise die politische Geschichte, also diejenige Geschichte, die zuerst aufgetreten ist und die auch wir als Geschichte κατ'

ἐξοχήν zu betrachten geneigt sind[1], ist, die für die Integration mit anderen Gebieten historischer Entwicklung das größte Hindernis darstellt.

Es ist daher nötig, nach den Ursachen dieses Widerstandes der politischen Geschichte gegen eine kompositorische Integration mit anderen Zweigen der Geschichtsschreibung zu fragen. Da das Problem bei Thukydides in einer besonders milden und einfachen Form auftritt, ist es vielleicht nützlich, die Untersuchung mit ihm zu beginnen. Ist es ein bloßer Zufall, daß bei ihm die Wirtschaftsgeschichte gerade in den Kapiteln zu Anfang seines Werkes im Vordergrund steht, in denen er die Geschichte mehrerer Jahrhunderte auf engstem Raum zu rekonstruieren versucht, während im ganzen Rest seines Werkes, in dem er die nicht ganz drei Dezennien des Peloponnesischen Krieges beschreibt, ja sogar in dem verhältnismäßig kurzen Überblick über die dem Krieg unmittelbar vorangehenden fünfzig Jahre, welchen er dem ersten Buch eingefügt hat, das politische Element durchaus dominierend ist? Es genügt, sich eine moderne Tageszeitung anzusehen, um gewahr zu werden, daß es sich hier keineswegs um einen Zufall handelt. Die meisten politischen Ereignisse, über die uns die Tageszeitungen zu informieren pflegen, haben ein gewisses historisches Interesse. Der größte Teil der wirtschaftlichen Nachrichten, die wir täglich darin lesen, interessiert im wesentlichen die Geschäftsleute, die Bankiers und die Spekulanten. Wenn der Franken, das Pfund oder eine andere Währung ins Wackeln kommt, hat dies zwar ein historisches Interesse, aber — abgesehen davon, daß solche Ereignisse nur von Zeit zu Zeit eintreten — haben sie ihr historisches Interesse vor allem wegen ihrer Wirkung auf die Politik. Erst diejenigen wirtschaftlichen Entwicklungen, die sich über eine längere Zeit erstrecken, haben ein eigenes historisches Interesse, dann allerdings ein außerordentlich großes und bedeutsames.

Was ist die Ursache dieser Erscheinung? Wie es scheint: daß die politischen Ereignisse im Verhältnis zum Zeitablauf einen anderen Rhythmus haben als die wirtschaftlichen. Die Verhandlungen der Diplomaten, die

---

[1] Hermann Strasburger hat in einer im übrigen sehr interessanten und lesenswerten Schrift mit dem Titel „Die Wesensbestimmung der Geschichte durch die antike Geschichtsschreibung" die These verteidigt, daß das Vorherrschen der politischen Geschichte in der westlichen Geschichtsschreibung mehr oder minder zufällig und auf den überwältigenden Einfluß des Thukydides zuerst auf die antike, dann durch diese hindurch weiter auf die moderne Geschichtsschreibung zurückzuführen sei. Es läßt sich jedoch, glaube ich, nachweisen, daß die Gründe sehr viel tiefer und in der Sache selbst gelegen sind. Vgl. auch meine Rezension der Schrift in: Gnomon XLI (1969), S. 583—591.

von den Regierungen veranlaßten öffentlichen Polemiken, die Beratungen und Beschlüsse der Staatsmänner, der Parlamente oder der Volksversammlungen, die Kriegserklärungen, die Feldzüge und Schlachten, die Friedensschlüsse und Bündnisverträge in dem Gebiet der Außenpolitik, die Erlasse der Regierungen, die Kabinettsbeschlüsse, die Verhandlungen in den Parlamenten über neu zu schaffende Gesetze, die Wahlen und Abstimmungen und dergleichen mehr auf dem Gebiet der Innenpolitik: alles das hat seinen klar fixierten Platz in Zeit und Raum. Die historisch bedeutsamen wirtschaftlichen und sozialen Veränderungen lassen sich nicht mit gleicher Sicherheit und Genauigkeit zeitlich fixieren, es sei denn daß sie das Resultat politischer Entscheidungen sind. Aber in diesem Fall ist es wieder der politische Akt, der sich genau fixieren läßt, während seine Auswirkungen, nur insoweit sie das unmittelbare Resultat des politischen Aktes sind, sich in gleicher Weise fixieren lassen, die eigentlich historisch bedeutsamen, oft unerwarteten und unerwünschten Folgen dieser Akte dagegen erst allmählich offenbar werden und dann wiederum nicht in gleicher Weise genau chronologisch fixierbar sind. Mit anderen Worten: die Wirtschaftsgeschichte scheint einen anderen Rhythmus zu haben als die politische Geschichte, langsamer abzulaufen und vor allem in ihren einzelnen Ereignissen — sofern man hier überhaupt von Ereignissen reden kann und nicht eher von Phasen sprechen sollte — weniger exakt zeitlich fixierbar zu sein.

Ähnliche Beobachtungen kann man hinsichtlich der Geschichte anderer menschlicher Betätigungen machen. Die wissenschaftlichen Entdeckungen allerdings scheinen ziemlich genau datiert werden zu können, obwohl man nicht ganz zu Unrecht gesagt hat, daß viele wissenschaftliche Entdeckungen sozusagen „in der Luft zu liegen" scheinen, ehe sie gemacht werden, und daß es dann manchmal mehr oder minder ein Zufall zu sein scheint, von wem sie zuerst gemacht werden, woraus sich auch die Prioritätsstreitigkeiten erklären, die zu gewissen Zeiten in der Geschichte der wissenschaftlichen Entdeckungen eine beträchtliche Rolle gespielt haben. Aber selbst in unserer Zeit, wo sich die wissenschaftlichen Entdeckungen mit einer Geschwindigkeit folgen, die es zu anderen Zeiten nicht gegeben hat, berichten unsere Tageszeitungen nicht jeden Tag von neuen wissenschaftlichen Errungenschaften, die es wert sind, in einer Wissenschaftsgeschichte einen Platz zu finden, während sie fast jeden Tag politische Neuigkeiten enthalten, die das Interesse des Historikers auf sich ziehen. Viel wichtiger jedoch ist etwas anderes. Der Historiker der Wissenschaften kann, wenn seine Wissenschaftsgeschichte nicht eine Anhäufung toten Materials sein soll, die wissenschaftlichen Entdeckungen nicht zur Darstellung bringen, ohne zahlreiche Erklärungen dazu zu geben; und es sind diese Erklärungen, die das eigentliche Interesse seines Werkes ausmachen werden. Der Historiker, der eine lebendige und interessante politische Geschichte zu schreiben beabsichtigt, wird sich in Gegensatz dazu auf das äußerste bemühen, die Ereignisse so zu erzählen, daß sie sich von selbst erklären und keiner zusätzlichen theoretischen Erklärung bedürfen. Auch der Wissenschaftshistoriker wird daher mit Notwendigkeit sich sozusagen langsameren Schrittes fortbewegen als der politische Historiker. Im großen und ganzen verhält es sich ebenso mit allen anderen Zweigen menschlicher Betätigungen, die eine geschichtliche Entwicklung haben. Damit scheint die Ursache, oder zum mindesten eine der Ursachen, gefunden zu sein, warum hinsichtlich der Komposition es sehr viel leichter ist, alle anderen Zweige der Geschichte menschlicher Betätigungen miteinander zu integrieren als irgendeinen von ihnen mit der politischen Geschichte im engeren Sinne, obwohl von einem anderen Gesichtspunkt aus die Wirtschaftsgeschichte zum Beispiel sehr viel engere Beziehungen zur politischen Geschichte zu haben scheint als eine von beiden z. B. zur Geschichte der Musik oder der Literatur.

Gibt es eine Lösung des praktischen Problems, das sich aus diesen Tatsachen ergibt? Da es offenbar unmöglich ist, den natürlichen Rhythmus der politischen Geschichte oder der Wirtschaftsgeschichte zu ändern, erscheint die Lösung des Thukydides — sofern man es eine Lösung nennen kann — die einzig mögliche. Wenn man eine detaillierte Geschichte einer Epoche schreiben will, wird der politische Faktor notwendigerweise dominieren, obwohl dies den Historikern keineswegs daran zu hindern braucht, von Zeit zu Zeit die oft mehr oder minder verborgenen ökonomischen Ursachen politischer Veränderungen oder Ereignisse hervorzuheben. In der abgekürzten Geschichte eines längeren Zeitraumes wird im Gegensatz dazu, wenn der Historiker die tieferen Ursachen des geschichtlichen Geschehens zu sehen versteht, der wirtschaftliche Faktor stärker hervortreten und in der Darstellung eine größere Rolle spielen. Natürlich ist es auch möglich, eine detaillierte Wirtschaftsgeschichte einer längeren oder kürzeren Zeitspanne zu schreiben. Aber was wir dann unter Detail verstehen, ist etwas ganz anderes als bei der politischen Geschichte. Das Detail wird nicht wie in der politischen Geschichte in der gedrängteren Aufeinanderfolge der einzelnen Ereignisse bestehen, sondern in der detaillierten Erörterung der Bedeutung der wirtschaftlichen und sozialen Veränderungen, ihrer verschiedenen Aspekte, ihrer Bedeutung und ihrer Reichweite, sowie vor allem in der Schilderung *gleichzeitiger* Auswirkungen der Veränderungen auf verschiedenen Gebieten und auf verschiedene Strata der Bevölkerung. Es ist deshalb durchaus möglich, eine detaillierte politische Geschichte und eine detaillierte Wirtschaftsgeschichte ein und derselben Epoche zu schreiben. Aber es ist unmöglich, sie kompositorisch und stilistisch völlig miteinander zu integrieren, da ihr Rhythmus unvermeidlich ein verschiedener bleibt.

Die Beziehung zwischen politischer Geschichte und Wirtschaftsgeschichte führt noch auf ein anderes Problem. Es besteht heute eine ziemlich allgemeine Übereinstimmung in der Ansicht, daß die wirtschaftlichen und sozialen Entwicklungen zu den wichtigsten Ursachen und Anstößen der politischen Ereignisse gehören. Gemäß einer weit verbreiteten Meinung war diese Einsicht jedoch erst eine Entdeckung des 19. Jahrhunderts. Ein Blick in die einleitenden Kapitel des Geschichtswerkes des Thukydides, die sog. Archäologie, genügt, sich darüber klar zu werden, daß diese Meinung keineswegs gerechtfertigt ist. Richtig ist jedoch, daß erst im 19. Jahrhundert die Vorstellung aufgekommen ist und sich verbreitet hat, daß die wirtschaftlichen Interessen alles bestimmen, daß die wirtschaftlichen und sozialen Entwicklungen die letzterdings bestimmenden Ursachen von allem sind, was in der menschlichen Welt geschieht, und daß folglich sowohl die politische Geschichte als auch selbst die Geschichte der Ideen nichts als Funktionen der Wirtschafts- und Sozialgeschichte sind.

Es sind nicht nur die Marxisten, die diese Vorstellung verbreitet haben. In der zweiten Hälfte des 19. und in den ersten Dezennien unseres gegenwärtigen Jahrhunderts hat es eine große Anzahl von nicht-marxistischen und selbst antimarxistischen Historikern gegeben, die sich bemühten, die Geschichte der verschiedensten Epochen vom Standpunkt des Vorherrschens des wirtschaftlichen Causalfaktors aus neu zu schreiben, und die ihre Vorgänger einschließlich Thukydides beschuldigten, die Bedeutung dieses Faktors nicht erkannt zu haben. Jahrzehntelang war es kaum möglich, sich überhaupt Gehör zu verschaffen, wenn man diesen Standpunkt nicht ganz teilte, und erst in neuerer Zeit gibt es eine zunehmende Zahl von Historikern, die zugeben, daß die Bedeutung des wirtschaftlichen Faktors in der Geschichte auch überschätzt werden kann.

Es ist jedoch kein Zufall, daß die einseitig ökonomische Interpretation der Geschichte gerade in der ersten Hälfte des 19. Jahrhunderts aufge-

kommen ist und dann nahezu hundert Jahre lang einen so dominierenden Einfluß ausgeübt hat, der vielerorts immer noch andauert, bzw.
künstlich gefördert wird. Ihr Ursprung und ihre erste Ausbreitung und
Entwicklung fallen in eine Zeit, in der die wirtschaftliche Entwicklung
dank den wissenschaftlichen Entdeckungen und den durch sie ermöglichten technischen Erfindungen sich in einem bis dahin unerhörten Maße beschleunigt hatte. Obwohl in diese Epoche eine beträchtliche Anzahl politischer Ereignisse von großer historischer Bedeutung fällt, war doch
keines von ihnen von derselben Größenordnung wie die gleichzeitigen
Veränderungen der wirtschaftlichen und sozialen Struktur der Länder
und Staaten Westeuropas und Nordamerikas; und es ist offensichtlich,
daß die wichtigsten politischen Ereignisse dieser Epoche aufs tiefste durch
die gleichzeitigen wirtschaftlichen und sozialen Umschichtungen beeinflußt
worden sind. So ist es keineswegs erstaunlich, daß die Historiker, die in
dieser und der folgenden Epoche heranwuchsen, sich bewogen fühlten,
das, was sie vor ihren Augen sich ereignen sahen, auch auf andere Zeiten
anzuwenden. Man kann jedoch zweifeln, ob diese Übertragung der relativen Wirkungskraft verschiedener historischer Faktoren auf andere Zeiten vollständig gerechtfertigt war.

Vielleicht ist es auch kein Zufall, wenn Thukydides als die entscheidensten Faktoren in jedem geschichtlichen Geschehen anonyme Kräfte betrachtet, die nur teilweise und ganz und gar nicht ausschließlich durch
wirtschaftliche Interessen in Bewegung gesetzt werden, — wenn die
Mehrzahl der Historiker der hellenistischen Epoche vor Polybius den
persönlichen Ehrgeiz, die Pläne und Entschlüsse der Könige und führenden Staatsmänner als für das historische Geschehen entscheidend betrachten, — wenn bei Polybius verfassungsgeschichtlichen Faktoren eine bestimmende Bedeutung zugeschrieben wird, — wenn bei Poseidonios eine
Generation später die Massenpsychologie als Erklärungsprinzip gewisser
historischer Ereignisse eine dominierende Rolle spielt, — wenn Max
Weber zu Beginn unseres Jahrhunderts in gewissen religiösen Vorstellungen, die sich im 17. Jahrhundert in den angelsächsischen Ländern zu verbreiten begannen, gar den ersten Anstoß zur Entstehung des modernen
Kapitalismus entdecken zu können glaubte. Denn im 5. Jhdt. v. Chr., der
Zeit des Thukydides, waren es in der Tat die Entscheidungen der Volksversammlungen, die den Gang der Politik bestimmten. Die Entscheidungen dieser Volksversammlungen wurden bald durch in langer Tradition überkommene Vorstellungen, bald durch plötzlich aufflammende

Leidenschaften, bald durch irrationale Vorstellungen von Ruhm und Größe, bald von ebenso irrationalen Ängsten, aber gewiß nicht allein oder auch nur vorwiegend durch rationale Erwägungen wirtschaftlichen Interesses oder den Druck unerträglicher wirtschaftlicher oder sozialer Zustände bestimmt. Im Anfang der sog. hellenistischen Epoche haben tatsächlich die Ambitionen der Könige, die sich um die Stücke des von Alexander geschaffenen, nach seinem Tod schnell zerfallenden Reiches stritten, eine entscheidende Rolle gespielt. Die Verfassung Roms war tatsächlich für die Ermöglichung der gewaltigen Expansion der römischen Macht von größter Bedeutung, wenn auch nicht ganz in der Weise, in der Polybius aufgrund seiner überkommenen griechischen Vorstellungen es in seiner Analyse dargestellt hat. Bei den Ereignissen, die schließlich zum Untergang der römischen Republik geführt haben, haben massenpsychologische Erscheinungen tatsächlich in hohem Maße mitgewirkt. Zu anderen Zeiten haben religiöse oder säkulare Ideologien einen dominierenden Einfluß auf das historische Geschehen ausgeübt. Das bedeutet nicht, daß irgendeiner dieser Faktoren zu irgendeiner Zeit im historischen Geschehen, bzw. in der historischen Causation vollständig gefehlt hätte. Aber ihr relatives Gewicht im Verhältnis zueinander war zu verschiedenen Zeiten sehr verschieden. Immer aber haben die Historiker die Tendenz gehabt, die Bedeutung des Faktors, der in ihrer eigenen Zeit, oder vielmehr in der ihrer eigenen Zeit unmittelbar vorangehenden Epoche, gerade vorherrschend gewesen war, als dominierendes Prinzip in *aller* Geschichte zu überschätzen.

Doch ist dieser Irrtum keineswegs auf die professionellen Historiker beschränkt. Im Gegenteil pflegt er bei den größten unter ihnen durch die Tiefe ihrer Einsicht und die Weite ihres Blicks in engen Schranken gehalten zu werden, wie auch bei Thukydides das Zusammen- und Ineinanderwirken ökonomischer und rein emotionaler Faktoren, der anonymen Kräfte und der Einwirkung großer Persönlichkeiten deutlich herausgestellt wird. Es ist das Gros der kleineren Geister, das dem jeweils historisch bedingten Vorurteil ohne Einschränkung verfällt. Und dieses Vorurteil pflegt nicht auf die Historiker beschränkt zu sein, sondern breitet sich allgemein unter allen denjenigen aus, die ohne ein gewisses Maß von historischem Denken nicht auskommen können. Das kann zu verhängnisvollen politischen Irrtümern führen, wovon unsere Zeit eine besondere Fülle von schlagenden Beispielen bietet. Zwei Jahre vor dem Ausbruch des Zweiten Weltkrieges weigerten sich viele Amerikaner zu glauben,

daß Hitler die Absicht haben könnte, auf militärische Eroberungen auszugehen. Denn, sagten sie, der „financial wizard" Schacht hat es schon in
den ersten Jahren des NS-Regimes verstanden, die wirtschaftlichen Probleme Deutschlands so glänzend zu lösen und Deutschland eine so glänzende und für die Zukunft noch mehr versprechende Position auf dem
internationalen Markt zu verschaffen, daß Hitler ein völliger Narr sein
müßte, wenn er das, was er schon gewonnen hatte und in der unmittelbaren Zukunft weiter zu gewinnen im Begriffe stand, durch militärische
Abenteuer aufs Spiel zu setzen gesonnen wäre. Es wollte schlechterdings
nicht in ihren Kopf, daß für Hitler wirtschaftliche Vorteile und Errungenschaften überhaupt nur als Mittel zur Erreichung ganz anderer Ziele
von Interesse waren.

Ein sehr bekanntes Beispiel für das wechselnde Vorherrschen verschiedener Faktoren bietet die Geschichte des Kommunismus. Wie immer es
sich mit dem Einfluß religiöser Ideologien auf die Entstehung des modernen Kapitalismus verhalten mag, den Max Weber zu erweisen versuchte,
so wird man doch jedenfalls zugeben müssen, daß die sog. industrielle
Revolution nur durch die naturwissenschaftlichen Entdeckungen und technischen Erfindungen ermöglicht worden ist und durch die materiellen
Interessen der Unternehmer, was immer diesen an weiteren ideologischen
Ursachen zugrunde gelegen haben mag, ihren Impuls erhielt, so daß die
von Max Weber aufgewiesenen ideologischen Ursachen nur höchstens als
Teilfaktoren in dem Geschehen betrachtet werden können. Ebensowenig
kann man daran zweifeln, daß die sozialistischen Ideologien und unter
ihnen speziell die marxistische Ideologie Produkte der Veränderungen
gewesen sind, welche die wirtschaftlichen und sozialen Zustände durch die
industrielle Revolution erfahren haben. In diesem speziellen Fall trifft
die Theorie, nach der die Ideologien „Funktionen" der wirtschaftlichen
und sozialen Entwicklungen sind, zweifellos sehr weitgehend zu. Aber ist
dies ein zwingendes historisches Gesetz, das immer in gleicher Weise
wirksam sein muß? Die Erfahrung unserer Zeit scheint das Gegenteil zu
beweisen. In Rußland ist die industrielle Revolution, die zuerst auf eine
mehr oder minder „natürliche" Weise und ohne die Einwirkung calvini-
stischer religiöser Vorstellungen begonnen hatte, aber noch in den Kinderschuhen stak, durch die nachzaristischen Regierungen mit enormen
Kraftanstrengungen künstlich beschleunigt, in China sogar geradezu erst
ins Leben gerufen worden. Diese Kraftanstrengungen aber waren eindeutig und unzweifelhaft ideologisch motiviert. Die gewaltige ökonomische

und soziale Umwälzung war hier also das Produkt einer Ideologie und nicht umgekehrt. Das Verhältnis zwischen sozialer Umwälzung und Ideologie ist hier dem von der Marxistischen Theorie als universal gültig angenommenen entgegengesetzt.

Der Schluß, der sich aus diesen Beobachtungen ziehen läßt, ist der, daß alles historische Geschehen durch ein Zusammenwirken verschiedener Grundfaktoren bestimmt wird, daß keiner dieser Grundfaktoren jemals fehlt, daß aber bald dieser, bald jener unter ihnen eine dominierende Rolle spielt. Viele Historiker und viele Staatsmänner haben den Irrtum begangen zu glauben, der Faktor, der gerade in ihrer eigenen oder der ihr vorhergehenden Generation vorherrschend war, müsse zu allen Zeiten dominierend gewesen sein und werde dies auch in Zukunft sein. Es ist demgegenüber gerade die Aufgabe des wahren Historikers, gegen diese zeitlich bedingten Vorurteile anzukämpfen, auf die Verflechtung der verschiedenen Faktoren im historischen Geschehen zu achten und die Dinge in ihrer richtigen Perspektive zu sehen.

Um dieser Aufgabe Genüge zu leisten, sollte der Historiker imstande sein, eine integrierte Geschichte zu schreiben, d. h. eine Geschichte, die alle verschiedenen Faktoren berücksichtigt und jeden jeweils an seinen richtigen Platz stellt. Da jedoch, wenn man die Dinge von dem Standpunkt aus betrachtet, den wir bis hierhin eingenommen haben, die sozialen und ökonomischen Verhältnisse, die Hoffnungen und Befürchtungen oder Bedrängnisse verschiedener Gruppen und Schichten der Bevölkerungen, die Ambitionen, Ziele und Beschlüsse hervorragender Individuen etc. in die Geschichte im engeren Sinne vor allem als Ursachen politischer Ereignisse eingehen, ist es natürlicherweise der Rhythmus der politischen Geschichte, der die kompositionelle Struktur eines solchen Geschichtswerkes bestimmen wird — es sei denn, daß sie, wie es Thukydides in den einleitenden Kapiteln seines Geschichtswerkes getan hat, nur eine ganz gedrängte Übersicht über einen langen Zeitraum gibt, in dem dann aber wiederum jene Details des Geschehens, die zum eigentlichen Wesen einer politischen Geschichte gehören, kaum mehr eine Rolle spielen. Das Prinzip der Integration wird also in einem solchen Werke notwendig durch *einen* der Zweige der Geschichtsschreibung im weiteren Sinne, durch die politische Geschichte, geliefert werden.

Es gibt jedoch eine andere Form integrierter Geschichtsbetrachtung, in der die politische Geschichte, weit entfernt davon, die Komposition des Ganzen zu beherrschen, eine untergeordnete Rolle spielt und in der das

Prinzip der Integration nicht durch einen speziellen Zweig der Geschichte geliefert wird. Aber worin besteht dann das Integrationsprinzip? Oder gibt es deren mehrere mögliche?

Wie früher bemerkt, war Dikaiarch der erste, der den Versuch gemacht hat, eine integrierte Geschichte dieser Art zu schreiben. Die Prinzipien der Integration, deren er sich dabei bediente, hat er jedoch von früheren Schriftstellern übernommen. Seit dem Beginn der griechischen Dichtung und Prosaliteratur begegnen wir Spekulationen über den Wert der menschlichen Zivilisation, und zwar unter den entgegengesetzten Aspekten des Fortschrittes und des Verfalls. Diese beiden Aspekte entsprechen zwei natürlichen Tendenzen des Menschen. Die Erinnerung an unsere Kindheit, die Erinnerung an Dinge, die uns lieb gewesen sind, die aber verschwunden sind oder sich bis zur Unkenntlichkeit verändert haben, veranlaßt uns dazu, die Vergangenheit in einem verklärten Licht zu sehen. Die Hoffnung, unser eigenes Los oder das der Gruppe oder der politischen Gemeinschaft, der wir angehören, oder gar der Menschheit durch unsere eigene Tätigkeit verbessern zu können, läßt uns an die Möglichkeit oder Wirklichkeit eines kontinuierlichen Fortschritts glauben. Dieser Glaube an den Fortschritt wird bekräftigt und gestützt durch die Tatsache, daß wir auf gewissen Gebieten, wie vor allem demjenigen der Wissenschaft und der Technik, tatsächlich einen unleugbaren Fortschritt in dem Sinne konstatieren können, daß zu den Errungenschaften früherer Zeiten unaufhörlich neue hinzugefügt werden, so daß ein immer wachsender Vorrat an Wissen und ein immer wachsendes Arsenal zur Bewältigung materieller Bedürfnisse zur Verfügung zu stehen scheint. Aber da in dieser Welt alles bezahlt werden muß, hat der technische Fortschritt zur unausweichlichen Folge eine immer zunehmende Entfremdung von der lebendigen Natur, so daß auch der unbezweifelbarste Fortschritt auf bestimmten Gebieten zu pessimistischen Betrachtungen hinsichtlich des Ganzen des menschlichen Lebens Anlaß geben kann. Im Altertum ist diese pessimistische Beurteilung des Fortschritts im großen und ganzen vorherrschend gewesen. Sie hat in dem Mythus von dem Goldenen Zeitalter Ausdruck gefunden. In den letzten Jahrhunderten seit dem Zeitalter der sog. Aufklärung ist die optimistische Grundansicht vorherrschend gewesen und hat einerseits zu der vor allem in Amerika herrschenden Auffassung von einem immerwährenden Fortschritt der menschlichen Zivilisation in jeder Hinsicht und der Spencerschen Entwicklungstheorie geführt, andererseits in der Vision eines zukünftigen Paradieses auf Erden Ausdruck gefunden, dem naiven Traum der Sozialisten des 19. und des beginnenden 20. Jahrhunderts, der, nachdem sich die Versuche seiner konkreten Verwirklichung in den sog. sozialistischen Ländern als ein wenig unvollkommen erwiesen haben, bei den pubertären revolutionären Studenten unserer Tage in gänzlich vagen und phantastischen Gestalten wiederkehrt.

Es ist jedoch möglich, die beiden entgegengesetzten Gesichtspunkte in der Annahme zu kombinieren, daß Zeiten des Fortschritts und Zeiten des Verfalls in der Geschichte miteinander alternieren. Im Altertum hat es schon vor Dikaiarch zwei verschiedene Theorien dieser Art gegeben, eine mechanische und eine organisch-biologische. Gewisse Schüler oder Enkelschüler Demokrits — vielleicht bis zu einem gewissen Grade schon Demokrit selbst, obwohl sich das nicht mehr im einzelnen nachweisen läßt — scheinen eine Theorie entwickelt zu haben, nach der die χρεία, d. h. die Lebensnot, der Zwang, gewisse Bedürfnisse zu befriedigen, die Menschen dazu zwingt zu arbeiten, Erfindungen zu machen, Neues zu schaffen und eben damit „Fortschritte" in der Beherrschung der Natur, aber auch, da dieselbe χρεία auch zur Kollaboration zwingt, Fortschritte in der Organisation des Lebens und in der Gesittung zu machen. Wenn jedoch die materielle Zivilisation einen Grad erreicht hat, auf dem es nicht mehr schwierig ist, die Bedürfnisse der Menschen zu befriedigen, kann es dazu kommen, daß die Menschen sich dem Müßiggang ergeben, ein dissolutes Leben führen, sich dadurch Krankheiten zuziehen, die nützlichen Künste vernachlässigen und so fort. Geschieht dies, so folgt auf eine Periode des Fortschritts eine Periode des Verfalls, weil die Antriebskräfte des Fortschritts fortgefallen sind, bis die Not wieder eintritt und die Menschen von neuem zum Fortschritt zwingt. Die andere Theorie, die aristotelischen Ursprungs ist, geht von der Analogie des organischen Lebensprozesses aus. Nach dieser Theorie vollzieht sich die Entwicklung der Künste, der verschiedenen Formen der Literatur und Dichtung, der Wissenschaften und überhaupt der menschlichen Zivilisation als ganzer in ähnlichen Zyklen, wie wir sie im Leben der Pflanzen und Tiere beobachten können, in Zyklen also, die mit einem embryonalen Zustand beginnen, dann durch ein Stadium der Kindheit hindurch zur Maturität fortschreiten, worauf der Zustand der Reife, der relativen Vollkommenheit des in dem betreffenden Wesen Angelegten, eine Zeitlang fortdauert, bis das Gebilde altert, verfällt und schließlich stirbt.

Während ein solcher Zyklus noch andauert, beginnen jedoch neue Zyklen des Lebens, die dann in unendlicher Folge in gleicher Weise verlaufen.

Diese zweite Theorie unterscheidet sich von der ersten in einem sehr wichtigen Punkt. Jeder Mechanismus kann von außen gesteuert werden. So scheinen Demokrit und seine Nachfolger den Gedanken gefaßt zu haben, daß die χρεία als Antriebskraft des Fortschritts und der aus ihm resultierenden Zivilisation durch ein anderes Agens ersetzt werden kann, nämlich durch die menschliche Intelligenz, die erkennt, was zur Erhaltung des erreichten wünschenswerten Zustandes notwendig ist (τὸ χρὴ ἐόν), so daß der ohne diese Einsicht durch Wegfall der natürlichen Antriebskraft verursachte Verfall aufgehalten werden kann. Dagegen gibt es kein Mittel, den Prozeß des Alterns und den an seinem Ende stehenden Tod zu verhindern, wenn auch beides bis zu einem gewissen Grade durch geeignete Mittel hinausgezögert werden kann. Die zweite Theorie hat daher unvermeidlich einen etwas fatalistischeren Charakter.

Trotz dieses tiefen Unterschiedes sind beide Theorien nicht ganz selten miteinander kombiniert worden. Polybius, im sechsten Buche seines Geschichtswerkes, entfaltet eine Theorie vom natürlichen Kreislauf der Verfassungen, nach der die „einfachen" Verfassungen mit Notwendigkeit im Lauf der Zeit degenerieren nach einem psychologischen Gesetz, das mit dem von Demokrit oder seinen Schülern angenommenen Motiv des Verfalls von Zivilisationen eine gewisse Ähnlichkeit hat: auf Grund dieses Gesetzes degeneriert die Monarchie zur Tyrannis, die schließlich, wenn unerträglich geworden, gestürzt und durch eine Aristokratie ersetzt wird; diese degeneriert zur Oligarchie, worauf nach neuem gewaltsamem Umsturz eine Demokratie an ihre Stelle tritt, die ihrerseits im Laufe der Zeit zur Pöbelherrschaft oder Ochlokratie degeneriert, worauf sie in Tyrannis umschlägt und der Kreislauf von neuem beginnt. Aber, so fährt Polybius fort, Lykurg, der Gesetzgeber von Sparta, hatte diesen Mechanismus durchschaut und brachte den Kreislauf zum Stehen, indem er in Sparta eine Verfassung einführte, in der er monarchische mit oligarchischen und demokratischen Prinzipien kombinierte. Die so geschaffene „gemischte" Verfassung erwies sich als stabiler als die einfachen oder „reinen" Verfassungen und legte auch den Grund für die Macht des spartanischen Staates gegenüber anderen Staaten mit weniger stabilen Verfassungen. So weit stellt die Theorie des Polybius zwar eine äußerst gewaltsame Vereinfachung der tatsächlichen historischen Verhältnisse dar, entbehrt aber nicht der inneren logischen Konsequenz.

In der darauffolgenden Anwendung seines Schemas auf die römische Verfassung beschreibt Polybius diese jedoch als eine gemischte Verfassung, die im Gegensatz zu der spartanischen nicht künstlich durch einen einzelnen Staatsmann geschaffen wurde, sondern sich natürlich (φύσει) entwickelte, indem bei jedem Umsturz einer älteren Verfassung ein Element dieser Verfassung in die neue mit hineingenommen wurde, so daß am Ende des Prozesses sich ebenfalls eine vollkommene Mischung der drei reinen oder Grundverfassungen ergab. Polybius faßt diesen „natürlichen" Prozeß jedoch als eine Entwicklung analog zur Entwicklung eines lebenden Individuums auf, das sich aus dem unvollkommeneren Stadium der Kindheit zu dem vollkommeneren Stadium der Reife entwickelt, in diesem eine Zeitlang verharrt, dann aber altert und stirbt. Das Stadium der Reife in diesem Prozeß schien ihm länger zu dauern als die Lebenszeit einer einfachen oder reinen Verfassung. Doch hat Polybius in seinem Alter offenbar Symptome des Alterns und des Verfalls an der römischen Verfassung beobachten zu können geglaubt. An diesem Punkt hört seine Theorie jedoch auf, auch nur logisch konsistent zu sein. Denn, wenn man sich die Einzelheiten ansieht, betrachtet Polybius offenbar die gemischte Verfassung Roms als das Resultat der Weisheit und Kompromißbereitschaft aufeinanderfolgender Generationen römischer Staatsmänner und Politiker. Aber eine Entwicklung, die menschlicher Weisheit und Einsicht zu verdanken ist, kann kaum mit der Entwicklung eines lebenden Organismus verglichen werden. Man sollte im Gegenteil annehmen, daß, wenn die Politiker der römischen Frühzeit imstande waren, den fehlerhaften Kreislauf der Verfassungen auf Grund ihrer Einsicht mit Hilfe der Entwicklung einer gemischten Verfassung zum Stillstand zu bringen, ihre Nachfahren im 2. und 1. Jahrhundert v. Chr., wenn sie ebenso weise und einsichtig gewesen wären, auch hätten imstande sein müssen, Heilmittel gegen den nun trotzdem einsetzenden Verfall der gemischten Verfassung zu finden. Die Verfassungsanalysen des Polybius sind jedoch im gegebenen Zusammenhang gerade deshalb besonders interessant, weil hier die unlogische Verbindung zweier im Grunde unvereinbarer Erklärungen geschichtlicher Prozesse, die von anderen auch als Integrationsprinzip des gesamten Geschichtsablaufs benützt worden sind, besonders klar in die Augen springt.

Dikaiarch scheint in seiner Geschichte der menschlichen Zivilisation alle Theorien und alle Gesichtspunkte, die bis hierher erörtert worden sind, in gewisser Weise miteinander kombiniert zu haben. In seiner Geschichte der Künste und Wissenschaften scheint bei ihm — natürlicherweise — das Prinzip des Fortschritts beherrschend gewesen zu sein, während seine Bewertung der Kulturentwicklung überhaupt eine überwiegend pessimistische gewesen zu sein scheint. In seiner Theorie der Entwicklung der Technik und der praktischen Künste scheint er weitgehend dem demokriteischen Erklärungsprinzip der Erfindung unter dem Stimulus der Not gefolgt zu sein, während er auf die Kulturentwicklung als Ganzes das aristotelische Prinzip des organischen Wachstums und des späteren Alterns angewendet zu haben scheint. Doch ist leider von seinem Werk nicht genug erhalten, um erkennen zu können, wie er diese verschiedenen Prinzipien im einzelnen miteinander zu vereinigen versucht hat und ob dabei ähnliche logische Unstimmigkeiten in der Erklärung ein und desselben Phänomens aufgetreten sind wie bei Polybius der Fall ist.

Es ist jedoch nicht schwierig, Analogien dazu in den modernen Werken von Spengler und Toynbee zu finden. Spengler ist in der Anwendung der biologischen Analogie auf geschichtliche Abläufe am weitesten gegangen. Er glaubte erstaunliche Analogien zwischen den Perioden der Kindheit, der Reife und des Alterns der verschiedenen Kulturen entdecken zu können. Ja, er glaubte, es sei möglich, die natürliche Lebensspanne einer Kultur auf etwa tausend Jahre anzusetzen. Bei Toynbee spielt die biologische Analogie keine so beherrschende Rolle. Obwohl viele der Ausdrücke und der Begriffe, deren er sich bei seiner Analyse bedient, wie diejenigen der Befruchtung einer Kultur durch eine andere oder der Elternschaft einer Kultur gegenüber einer anderen, biologischen Ursprungs sind, scheint er diese Analogien nicht allzu ernst zu nehmen. Seine fundamentalsten Erklärungsprinzipien „challenge and response" haben im Gegenteil eine gewisse Verwandtschaft mit der demokriteischen Theorie von der χρεία als dem Grundantrieb des Entstehens der Zivilisation oder von aufeinanderfolgenden Zivilisationen. Es ist daher auch nicht überraschend, daß die Theorie Toynbees als weniger fatalistisch erscheint als diejenige Spenglers. Folgt man der biologischen Analogie, so erscheint es als unmöglich, daß eine individuelle Kultur wesentlich länger „lebt" als etwa tausend Jahre, ebenso wie die Lebensspanne eines einzelnen Menschen sich nicht über ein gewisses Alter hinaus ausdehnen kann. Toynbee dagegen stellt zwar empirisch fest, daß bis heute alle von ihm festgestellten Kulturen nach einer gewissen Zeitspanne, die sich, soweit der Untergang nicht ein gewaltsamer von außen kommender gewesen ist, nicht allzu sehr voneinander unterscheiden, zerfallen sind, hält es aber trotzdem für möglich, daß unsere Zivilisation, die etwa das Ende dieser Zeitspanne erreicht hat, vom gleichen Schicksal errettet werden könnte, wenn wir genug Einsicht haben, die Ursachen des Verfalls zu erkennen und ihnen mit ausreichenden Mitteln entgegenzuwirken. Er führt damit einen mechanistischen und einen psychologischen Faktor in seine Geschichtsbetrachtung ein, und es ist vielleicht ideengeschichtlich nicht ganz uninteressant, daß damit ein Element, das in Polybius' erstem Ansatz dominierend ist, dann aber von diesem in der Anwendung auf die römische Entwicklung zugunsten der biologischen Analogie beiseite geschoben wird, bei ihm in den Vordergrund geschoben wird.

Eine der Struktur nach ähnliche, wenn auch dem sachlichen Inhalt nach verschiedene Differenz läßt sich auch zwischen den Geschichtstheorien Hegels und Marx' beobachten, obwohl in diesem Falle die Tatsache durch den Dogmatismus der Marxisten etwas verdunkelt ist. Nach Hegels Philosophie, die weder biologistisch noch mechanistisch ist, sondern aus einer Kombination empirischer Beobachtungen mit metaphysischen Spekulationen entsprungen ist, hat das Gesetz der historischen Entwicklung einen „dialektischen" Charakter, indem die Entwicklung jeweils von einer These über eine Antithese zu einer Synthese fortschreitet, die dann wieder eine Antithese aus sich heraus gebiert und so fort, bis endlich am Ende der Zeiten eine letzte Synthese die Entwicklung zum Abschluß bringt. Indem er eine materialistische und ökonomische Interpretation der Hegelschen Lehre zu geben versucht, hat Marx — wohl ohne selbst dessen gewahr zu werden — einen mechanistischen und einen psychologischen Faktor in die Erklärung des historischen Ablaufes eingeführt. Nach der Theorie von Marx sind es die Bedürfnisse und Wünsche der Menschen, die in Reaktion auf die jeweils gegebenen äußeren Umstände und Lebensbedingungen die aufeinanderfolgenden Veränderungen der sozialen und wirtschaftlichen Zustände herbeiführen und am Ende jene große Revolution bewirken, die mit dem Sturz des Kapitalismus und der Errichtung der Diktatur des Proletariats beginnt und in dem Dahinschwinden des Staates und der Schaffung eines irdischen Paradieses für alle ihre eschatologische Erfüllung finden soll.

Aber wenn man diese Theorie konsequent zur Anwendung bringt, kann die Zukunft nicht mehr als genau vorherbestimmt betrachtet werden, obwohl sich Marx dieser Konsequenz seiner Theorie nicht bewußt gewesen zu sein scheint. Wenn es ein psychologischer Mechanismus ist, der zu den von Marx vorausgesagten Ergebnissen führt, muß es möglich sein, den Gang der Ereignisse dadurch zu beeinflussen, daß man die Ursachen beseitigt, die ihn in Bewegung setzen. Und in der Tat: wenn die von Marx vorausgesagte Revolution gerade in den kapitalistischen Ländern, in denen sie nach der Voraussage unvermeidlich hätte eintreten müssen, nicht ausgebrochen ist, statt dessen aber in Ländern den Sieg davongetragen hat, die nach der Theorie für die Revolution noch nicht reif waren, so liegt der Grund dafür offensichtlich darin, daß in den kapitalistischen Ländern die der bestehenden Ordnung drohende Gefahr von einer ausreichenden Zahl der von ihr Bedrohten erkannt wurde und auf Grund dieser Erkenntnis ein anderer Mechanismus in Gang gesetzt worden ist, mit dessen Hilfe, nach langen Kämpfen und Schwierigkeiten, es ermöglicht wurde, ein Kompromiß oder einen modus vivendi zu schaffen, der für alle Beteiligten, Unternehmer, Arbeiter, Angestellte und die übrigen Mitglieder der Gesellschaft, wenn auch nicht ideal, so doch erträglich war. Natürlich wird auch dieser Zustand des Ausgleiches nicht ewig dauern. Aber so viel hat die geschichtliche Entwicklung aufs deutlichste gezeigt, daß eine große Menge sehr spezifischer und variabler psychologischer Mechanismen in den kapitalistischen Ländern anstelle des einen durchgreifenden, von Marx postulierten getreten sind und das „eherne Gesetz der Geschichte", das er konstatieren zu können glaubte, unwirksam gemacht haben. Es ist jedoch für das nun schon in mehrfachen Variationen aufgewiesene Ineinander im Grunde widersprechender Prinzipien, die eine integrierende Betrachtung des Geschichtsablaufes ermöglichen sollen, charakteristisch, daß die orthodoxen Marxisten trotz des Epithets „materialistisch", das sie ihrer Geschichtstheorie gegeben haben, sich weigern, die offenkundigsten Fakten in ihrer Bedeutung anzuerkennen und auf Grund eines wahrhaft metaphysischen, von Hegel überkommenen Glaubens weiter an ihrem „ehernen Gesetz" festhalten.

Noch ein anderes Element, vollkommen anderer Herkunft, das aber mit den zuletzt erörterten Elementen mannigfache Verbindungen eingegangen ist, spielt unter den integrierenden Prinzipien der Geschichtsbetrachtung eine bedeutende Rolle. Dies ist der Glaube an eine Einheit des „Stiles", welche alle Äußerungen einer Epoche auf den verschiedensten Gebieten kennzeichnen soll. Der Begriff des Stiles hat seinen natürlichen Platz in der literarischen Kritik und in der Kunstgeschichte. Es ist daher kein Zufall, daß der erste, der diesen Begriff auf andere Gebiete menschlicher Tätigkeit ausgedehnt hat, ein Historiker gewesen ist, der als Kunsthistoriker begonnen hatte: Jakob Burckhardt. In seinem berühmten Werk „Die Kultur der Renaissance in Italien" unternahm er es zu zeigen, daß von dem Beginn der Bewegung an, die wir uns gewöhnt haben, als „die Renaissance" zu bezeichnen, ein neuer, ein künstlerischer Geist das ganze Leben in Italien zu durchdringen begonnen und ihm einen neuen „Stil" gegeben habe. Die Überschrift des ersten Kapitels seines Werkes „Der Staat als Kunstwerk" zeigt, daß seiner Meinung nach dieser neue Geist oder Stil sich überall durchsetzte, vornehmlich auch auf dem Gebiet der Politik.

Später ist diese Art, die Dinge zu betrachten, weit über die Grenzen hinaus ausgedehnt worden, die Burckhardt selbst in seinen Werken ihr gezogen hatte. Die Stilgeschichte begann die Literaturgeschichte und die Kunstgeschichte zu beherrschen, manchmal zum Nachteil anderer, nicht minder wichtiger Betrachtungsweisen, die von Burckhardt selbst noch in keiner Weise vernachlässigt worden waren. Es hat Archäologen und Philosophen sowie Literarhistoriker gegeben, welche die Stilanalyse als Grundprinzip der Analyse eines Kunstwerks oder einer literarischen Produktion betrachteten, und gibt sie bis zu einem gewissen Grade noch, obwohl sich doch eigentlich von selbst verstehen sollte, daß die Erkenntnis der Qualität eines Werkes für sein Verständnis mindestens so wichtig sein sollte wie seine Zugehörigkeit zu einem bestimmten historisch gegebenen und bedingten Stil. Der Glaube an die Stileinheit einer Epoche ging so weit, daß ernsthaft behauptet werden konnte, es könne bei Euripides keine individuelle Psychologie seiner dramatischen Gestalten geben und, was für uns so aussehe, sei nicht, was es zu sein scheine, weil in der griechischen Skulptur individueller psychologischer Ausdruck erst im 4. Jahrhundert, nirgends im fünften, zu finden sei. Die offenkundige Möglichkeit, daß gewisse neue Erscheinungen erst auf *einem* Gebiet aufgetreten sind und sich von dort aus auf andere Gebiete ausgedehnt haben, wurde auf Grund des Dogmas geleugnet oder überhaupt nicht in Betracht gezogen.

Als kurz vor dem Beginn des ersten Weltkrieges Spengler die große vergleichende Studie der verschiedenen menschlichen Kulturen begann,

die er später unter dem Titel „Der Untergang des Abendlandes" veröffentlichte, hatte Heinrich Wölfflin gerade in den Sitzungsberichten
der Berliner Akademie eine erste vorläufige Version seiner berühmten
„Kunstgeschichtlichen Grundbegriffe" der Öffentlichkeit zugänglich gemacht. Stilanalyse war die große Mode. Eine Reihe von wirklich bedeutenden Werken auf diesem Gebiete von verschiedenen Verfassern neben
einer Unzahl von minder bedeutenden folgten einander in kurzem Abstand. Es ist nicht erstaunlich, daß Spengler, der den Zeitströmungen
sehr offen war, von diesem Prinzip Gebrauch machte und es mit seinem
Erklärungsprinzip der biologischen Entwicklung der Kulturen zu verbinden suchte. Seiner Meinung nach ist der „Stil" einer Epoche, dessen
Stempel alles, was sie auf den verschiedensten Gebieten hervorbringt,
unvermeidlich trägt, das Produkt von zwei Faktoren: das eine, der
angeborene Charakter der speziellen Kultur, durch den sie sich von allen
anderen Kulturen unterscheidet, genau wie ein individueller Mensch sich
durch seinen angeborenen Charakter indelebilis von allen anderen Menschen unterscheidet; das andere, das Alter dieser Kultur, das ihm gewisse
Züge verleiht, die er mit dem Stil anderer Kulturen im gleichen Alters-
stadium (Kindheit, Reife, Senilität) gemeinsam hat. Die eindrucksvolle
Schilderung dieser Faktoren und der Stilverschiedenheiten und Stil-
ähnlichkeiten, die sich daraus ergeben, gehört, ob richtig oder nicht, zu
den faszinierendsten Partien des Spenglerschen Werkes.

Spenglers Erklärung der Stileinheit einer jeden Epoche ist jedoch
nicht die einzig mögliche. Man kann zugeben, daß sich eine gewisse
Einheit des Stiles in jeder Epoche beobachten läßt, ohne darum die
biologische Theorie der Geburt, des Wachstums und des Verfalls der
Kulturen anzunehmen. Man kann die relative Stileinheit einer Epoche
auch einfach aus den gegenseitigen Einflüssen erklären, welche die verschiedenen Tätigkeiten der Menschen innerhalb einer Gemeinschaft
kulturellen Austausches naturgemäß aufeinander ausüben. Daraus erklärt sich dann auch ohne Schwierigkeit die unbestreitbare Tatsache,
daß gewisse Erscheinungen auf dem einen Gebiet menschlicher Tätigkeit
früher aufzutreten pflegen als auf anderen.

Man kann von der Theorie Spenglers auch nach einer anderen, bis zu
einem gewissen Grade entgegengesetzten Richtung abweichen. Man kann
manchmal verblüffend analoge gleichzeitige oder fast gleichzeitige kul-
turelle Erscheinungen oder Entwicklungen in weit auseinanderliegenden
Gebieten beobachten, die nach den üblichen Einteilungen nicht dersel-

ben Kultur angehören und zwischen denen auch keine so engen Beziehungen geistigen oder kulturellen Austausches bestehen, daß es leicht wäre, an direkte Beeinflussung zu glauben. Ein bekanntes Beispiel dafür sind die großen religiösen und geistigen Bewegungen des sechsten und fünften Jahrhunderts v. Chr. in China, Indien, Persien und Griechenland, die Jaspers Anlaß gegeben haben, von einer „Achsenzeit" zu reden.

Positivisten und Rationalisten werden vermutlich der Meinung sein, die Erklärung der Stileinheit einer Epoche aus gegenseitigen direkten Einflüssen sei die einzig zulässige, weil die einzig rational verständliche. Alles, was, wie die Erscheinungen der Achsenzeit, nicht auf diese Weise erklärt werden könne, müsse als Produkt reinen Zufalls betrachtet werden, wenn man nicht in „mystische" Erklärungen verfallen wolle. Wenn jedoch, wie es mehr und mehr den Anschein hat, zugegeben werden muß, daß die Bestrebungen der behavioristischen Schule, den Charakter eines menschlichen Individuums ausschließlich aus Umwelteinflüssen während seines Lebens zu erklären, gescheitert sind, kann man wohl kaum mehr a priori leugnen, daß es in dem Charakter der verschiedenen Kulturen und Epochen Elemente geben mag, die sich nicht ausschließlich aus einseitigen oder gegenseitigen Einflüssen erklären lassen. Es wird vielleicht weiser sein zuzugeben, daß „der Geist weht, wo er will", und diese Einsicht sowohl auf die einzelnen Erscheinungen innerhalb einer Epoche und einer Kultur anzuwenden wie auf die Kulturen als Ganzes (wozu zugleich das Eingeständnis gehört, daß zwar überall eine gewisse Einheit des Stiles in jeder Epoche innerhalb eines gewissen kulturellen Umkreises beobachtet werden kann, diese Einheit jedoch keine absolute ist). Nur ein Studium, das die Dinge zu erfassen sucht, ohne sie von vornherein in von außen herangetragene Schemata pressen zu wollen, kann hoffen, zu wirklichen Einsichten zu gelangen.

Aber es ist notwendig, zu dem Grundproblem, von dem wir ausgegangen sind, zurückzukehren. Wir haben zwei Arten gefunden, zu einer integrierten Darstellung der Geschichte in allen ihren Zweigen zu kommen: die eine, in der die politische Geschichte die Rolle des integrierenden Prinzips übernimmt, in der infolgedessen deren natürlicher Rhythmus dominiert und alles andere in einer untergeordneten Rolle erscheint, und eine zweite, in der das integrierende Prinzip nicht durch einen der anderen Zweige der Geschichte gebildet wird, sondern durch übergeordnete allgemeinere Ideen, von denen wir einige, die in der bisherigen Geschichtsbetrachtung eine bedeutende Rolle gespielt haben, zu analy-

sieren und auf ihre gegenseitigen Beziehungen zueinander zu prüfen
gesucht haben, ohne damit ausschließen zu wollen, daß es möglicherweise noch andere geben könnte. Doch läßt sich an den bisher aufgetretenen Beispielen feststellen, daß in diesen Arten integrierter Geschichts-
darstellung die politische Geschichte in ihrer natürlichen Form kaum eine
Rolle spielt. Damit berühren wir wiederum den Kernpunkt unseres
Problems.

Man wird vermutlich einwenden, daß in den Werken Hegels, Spenglers, Toynbees, Burckhardts die politische Geschichte im Gegenteil eine
sehr wichtige Rolle spiele, eine nicht geringere als die übrigen Zweige
der Geschichte, die in die integrierte Geschichtsbetrachtung eingegangen
sind. Die Antwort darauf lautet, daß dies ganz richtig ist, daß aber die
politische Geschichte in ihnen nicht in ihrer natürlichen Form, d. h. als
erzählte Geschichte ihren Platz findet, sondern als analysierte, als eine
auf ihre spezielle Struktur zu einer gegebenen Zeit oder auf allgemeinere Gesetze zurückgeführte politische Geschichte.

Aber was hat das zu bedeuten? Was ist der Wert der politischen Geschichte als *erzählte* Geschichte, abgesehen davon, daß sie als sozusagen
wahrer Roman als Zeitvertreib dienen kann, eine Funktion, welche die
Geschichtsschreibung im Altertum, als es noch keine Romane im modernen Sinne gab, auch tatsächlich weitgehend besessen hat? Muß man den
Schluß ziehen, daß die politische Geschichte nur in der Form der analysierten Geschichte, in der Form, in der sie in integrierte Geschichtsdar-
stellungen der Toynbeeschen oder Spenglerschen Art einzugehen imstande ist, einen wirklichen Erkenntniswert besitzt, als wirkliche Wissenschaft betrachtet werden kann?

Um eine Antwort auf diese Frage zu finden, ist es vielleicht nützlich,
nochmals einen antiken Autor zu Rate zu ziehen. Aristoteles hat bekanntlich in seiner Poetik die Geschichte als weniger philosophisch bezeichnet als die Dichtung, speziell als die dramatische Dichtung, weil sie
weniger allgemein (καθόλου) sei. Muß man daraus schließen, daß nur
die integrierte allgemeine Geschichte diesen Mangel der Geschichte,
wenn es ein Mangel ist, vermeiden kann, indem sie die allgemeineren
Strukturen und Gesetze des Geschehens herauszustellen sucht? Offenbar nicht. Denn diese Strukturen und Gesetze sind Abstraktionen, und
wenn es wahr ist, daß die Dichtung „allgemeiner" ist als die Geschichte,
so doch zweifellos nicht, weil sie abstrakter wäre. In dem Zusammenhang, in dem Aristoteles die erwähnte Äußerung tut, denkt Aristoteles,

wie schon erwähnt, vor allem an die dramatische und, noch spezieller, an die tragische Dichtung. Eine Tragödie besteht aus sehr konkreten Handlungen, die sich in allen ihren Einzelheiten vor unseren Augen abspielen und bei denen jedes Wort, ja jede Intonation der gesprochenen Worte und jede Geste von Bedeutung ist. Selbst die detaillierteste Geschichtsschreibung ist in gewissem Sinne viel abstrakter, insofern sie viel mehr auslassen muß und außerdem das Geschehen notwendigerweise von einem bestimmten, in der politischen Geschichte vom politischen, Gesichtspunkt aus betrachten und von anderen menschlich bedeutsamen Aspekten des Geschehens notwendig abstrahieren muß. Wenn Aristoteles mit dem, was er über die größere „Allgemeinheit" der dramatischen Dichtung sagt, recht hat, ja wenn er damit nicht etwas völlig Sinnloses gesagt hat, muß es ein Allgemeines geben, das nicht das der Abstraktion ist, ja dieser in gewisser Weise entgegengesetzt: ein Allgemeines, dessen man sich nur durch die Betrachtung eines eminent Konkreten hindurch bemächtigen kann. Und in der Tat: wir könnten eine Tragödie nicht verstehen, wenn das, was auf der Bühne zur Darstellung kommt, nicht in *dem* Sinne ein Allgemeines wäre, daß jeder Zuschauer verstehen kann, was den Personen im Drama widerfährt, und empfinden kann, daß dies etwas ist, das die Grundlagen der menschlichen Existenz berührt. Wir bräuchten keine Tragödien, wenn die Einsicht in das menschliche Leben, die aus ihr zu gewinnen ist, mit gleicher Intensität durch abstraktes Nachdenken zu gewinnen wäre — was freilich einer Reihe von eminent philosophischen Naturen, die ihre Einsicht allein durch Denken zu gewinnen suchen, von Platon angefangen, die Überzeugung eingegeben hat, daß es keine Tragödien zu geben brauchte. Aber Aristoteles mit seinem eminenten Verständnis auch des nicht-philosophisch Menschlichen gehört nicht zu dieser Gruppe und hat seine Meinung der Platons ausdrücklich entgegengesetzt.

Was ist nun die Stellung der erzählten Geschichte neben der dramatischen Dichtung oder dem Roman? Die Äußerung des Aristoteles in der Poetik ist oft so ausgelegt worden, als ob er habe sagen wollen, die Dichtung habe es nur mit dem Allgemeinen, die Geschichte nur mit den individuellen Vorgängen zu tun. Aber das ist keineswegs, was er sagt, und wenn er das gesagt hätte, hätte er etwas völlig Falsches gesagt. Auch die Geschichte wäre nicht wirklich verständlich, wenn sie nicht etwas enthielte, was allen Menschen, ja den Menschen aller Kulturen und Zeiten, gemeinsam und insofern ein Allgemeines ist. Was Aristoteles behauptet, ist nur, daß die Dichtung allgemein*er* ist als die Geschichte (und, wie wir nun hinzufügen können, eben deshalb, weil sie in gewissem Sinne konkreter und detaillierter ist). Aber die Geschichte hat, wenn auch in geringerem Grade, an eben jenem Allgemeinen teil, das für die Dichtung charakteristisch ist.

Wenn das, was hier gesagt worden ist, richtig ist, liegt der wesentliche Gehalt der *erzählten* Geschichte gerade im Detail. Es ist leicht, die Probe aufs Exempel zu machen. Die politische Geschichte von Ländern wie des frühen Ägypten oder des frühen Babylonien, von der wir wenig Einzelheiten kennen, ist sehr langweilig zu lesen, während die Rechtsgeschichte oder die Geschichte der Wissenschaft in diesen Ländern in derselben Epoche außerordentlich interessant ist: nicht weil wir hier so viel größere Detailkenntnisse hätten, sondern weil das, was wir von diesen Dingen wissen, sich in einen abstrakten Zusammenhang einordnen läßt. Es folgt daraus, daß die Verschiedenheit des Rhythmus der politischen Geschichte gegenüber allen anderen Zweigen der Geschichte sehr viel tiefere Gründe hat als auf den ersten Blick sichtbar ist: sie hat einen schnelleren Rhythmus, weil in ihr die Details der aufeinanderfolgenden Ereignisse eine sehr viel größere Bedeutung haben als in der Geschichte irgendwelcher anderer menschlicher Betätigungen. Die dreißig Bände von Thiers' Histoire de la révolution, du consulat et de l'empire sind von der ersten bis zur letzten Seite hinreißend interessant und nicht nur als spannender Roman, sondern auch wegen der Einsichten in menschliches Wesen, die aus ihr zu gewinnen sind, und dies, ohne daß sie irgendwelche allgemeine Reflexionen über das Geschehen enthält. Eine ebenso detaillierte Wirtschaftsgeschichte der Zeit ohne Reflexionen über die Bedeutung der Veränderungen wäre von einer kaum vorstellbaren Langweiligkeit. Dasselbe gälte von einer Wissenschaftsgeschichte der Zeit ohne jede Reflexion über den inneren Zusammenhang und die Bedeutung der wissenschaftlichen Entdeckungen. Es handelt sich also um eine in der Struktur der Gegenstände gelegene Verschiedenheit, die durch keinerlei künstliche Mittel zu überwinden ist.

Wenden wir uns von der Art der Geschichtsschreibung, in der die politische Geschichte und ihr Rhythmus dominiert, noch einmal den integrierenden Geschichtsbetrachtungen zu, so hat sich gezeigt, daß diese eines übergeordneten integrierenden Prinzips zu bedürfen scheinen, das nicht aus einem bestimmten einzelnen Zweig der Geschichte genommen ist. Dies Prinzip wird meistens in Strukturen oder „Gesetzen" gefunden, die man entdeckt zu haben glaubt. Aber es hat sich auch gezeigt, daß hier überall die Gefahr besteht, das Geschehen in Schemata zu pressen, die ihm Gewalt antun. Nicht deshalb, weil es keine Strukturen oder „Gesetze" im historischen Geschehen gäbe. Aber diese Gesetze sind anderer Art als diejenigen, die den Gegenstand der naturwissenschaftlichen Forschung darstellen. Die historischen Strukturen lassen sich nicht genau festlegen und bestimmen, und die historischen Gesetze, soweit sie überhaupt in ihrem Wesen richtig erfaßt sind, erleiden Ausnahmen. Was die verschiedenen „Stile" der verschiedenen Epochen angeht, so existieren sie zweifellos und sind eines sehr ernsthaften Studiums würdig, gerade auch wo derselbe Stil nicht nur ein Gebiet, wie etwa das der Malerei, zu beherrschen, sondern sich auf die verschiedensten Gebiete auszudehnen scheint. Aber es ist für ein geniales Individuum immer möglich, sich über den Stilzwang seiner Epoche zu erheben und damit unter Umständen zum Initiator einer neuen Stilentwicklung zu werden. Was die historisch-psychologischen Mechanismen angeht, so sind sie durchschaubar und ist es bis zu einem gewissen Grade möglich, sie, wenn sie erkannt sind, zu lenken bzw. ihnen eine andere Richtung zu geben.

Es ergibt sich daraus, daß das Studium historischer Strukturen und Gesetze eine ebenso legitime wie wichtige Aufgabe der Geschichtsschreibung und der Geschichtsphilosophie ist. Solche Studien erfordern als Grundlage eine Geschichtsschreibung, die alle verschiedenen Zweige der Geschichte unter übergeordneten Prinzipien zu vereinigen und miteinander zu integrieren versucht. Aber es wäre ein schwerer Irrtum zu glauben, daß die Geschichte nur Sinn hat als Material für diese Art Geschichtsschreibung, die notwendig analysierend und reflektierend ist. Es wäre ein noch schwererer Irrtum zu glauben, daß diese Art integrierender Geschichtsschreibung die Geschichtsschreibung in ihrer traditionellen Form, der nicht in erster Linie reflektierenden, sondern erzählenden Geschichtsschreibung, in der die politische Geschichte unvermeidlich die Führung hat, jemals ersetzen könnte. Wenn es erlaubt ist, sich einer etwas paradoxen Formulierung zu bedienen, würde ich sagen, daß die integrierende und integrierte Geschichtsschreibung niemals die totale Geschichtsschreibung sein kann, und daß die nicht integrierte politische Geschichte in einer gewissen Hinsicht reicher ist als die integrierte Geschichte, die alle Zweige der Geschichte zu umfassen sucht, weil sie Elemente von höchster Bedeutung für historische Einsicht enthält, die ihrer Natur nach nicht in die integrierende Geschichte eingehen können.

Was ich letzterdings damit zu zeigen versucht habe, ist dies: daß entgegen der leider zur Zeit sehr verbreiteten, die menschliche Erkenntnis im wörtlichen Sinne beschränkt machenden Lehre, nach der jede Erkenntnis und jede Mitteilung von Erkenntnis, die sich nicht nach bestimmten engen Regeln verifizieren läßt, „meaningless" ist, es nicht nur notwendig ist, sich auf verschiedenen, weit auseinanderliegenden Gebieten verschiedener Erkenntnisarten und Erkenntniswege zu bedienen, sondern daß auch speziell die Geschichte, wenn sie die möglichen historischen Erkenntnisse ausschöpfen will, gleichzeitig auf mehreren Geleisen fahren muß, von denen die integrierende Geschichte nur eines ist.

I: Stellenregister

Achilles Tatius
(ed. Maass)
introd. in Arati
Phaen. 19, p. 46,
13 ff.   159 A 317

Aetius
II 7,7   157 A 313
   20,12   159 A 315
   30,1   160 A 319
III 11,3   158 A 314
   13,2   160 A 320
IV 19,3   608 A 35; 609 A 37
p. 40,27 ff.   162 A 331
in Soph. Elench.
p. 90,10 ff.   412 A 165

Anaxagoras (VS 59)
A 41   581 A 20
  42   152 A 299;
            581 A 20
  42,6   152 A 294 u. 298
  42,7   153 A 303
  42,9   152 A 298
  47   579 A 10
  55   153 A 301
  68/69   552 A 30
  77   152 A 295;
            153 A 302
  89   149 A 290
B 1   77 A 144; 581 A 18
  3   76 A 141
  4,8   582 A 21
  4,8 ff.   581 A 17
  4,17 ff.   581 A 18
  6   76 A 142
  12   76 A 143; 78 A 147
            79 A 149
  12,4/5   580 A 15

12,8 ff.   580 A 16
12,12 f.   581 A 19
21   182 A 382
21 a   182 A 381

Anaximander
(VS 12)
A 9   23 A 35; 32 A 57
  10   17 A 21; 25 A 41·
            143 A 264;
            548 A 27
  11,4   22 A 33
  11,5   144 A 265 u. 266
  18   144 A 265 u. 266
  21   144 A 266
  22   144 A 266
  23 ff.   25 A 38 u. 39
  27   605 A 29
  30   26 A 42
B 1   19 A 29; 584 A 28
  5   24 A 37

Anaximenes (VS 13)
A 1—7   32 A 56
  5   33 A 58
  7,4   144 A 267
  7,5   151 A 293
  7,6   145 A 268

Antiphon
Tetral. A 3,4   352

Archelaus (VS 60)
A 4,4   145 A 269

Archimedes (Opera
omnia cum Comm.
Eutocii, ed.
J. L. Heiberg,
vol. I—III,
²Leipzig 1910—15)

II: Antike und moderne Namen

III: Griechische Schlagwörter

IV: Schlagwörter

Kurt von Fritz

Antike und moderne Tragödie
Neun Abhandlungen

Groß-Oktav. XXX, 511 Seiten. 1962. Ganzleinen DM 36,—

Kurt von Fritz

Platon in Sizilien und das Problem der Philosophenherrschaft

Oktav. VII, 139 Seiten. 1968. Engl. Broschiert DM 14,—

Kurt von Fritz

Die griechische Geschichtsschreibung

Groß-Oktav. 3 Text- und 3 Anmerkungsbände. Ganzleinen

Band 1

Von den Anfängen des Thukydides

Text: XII, 824 Seiten. Anmerkungen: IV, 421 Seiten. 1967. DM 148,—

PERIPATOI
Philologisch-Historische Studien zum Aristotelismus
In Verbindung mit H. J. Drossaart Lulofs, L. Minio-Paluello,
R. Weil herausgegeben von Paul Moraux

Band 1

Untersuchungen zur Eudemischen Ethik
Akten des 5. Symposium Aristotelicum

Herausgegeben von Paul Moraux und Dieter Harlfinger
Groß-Oktav. Mit 1 Frontispiz und 4 Tafeln. XII, 317 Seiten. 1971.
Ganzleinen DM 86,—

Band 2

Bernd Schneider

Die mittelalterlichen griechisch-lateinischen Übersetzungen der aristotelischen Rhetorik

Groß-Oktav. XIII, 203 Seiten. 1971. Ganzleinen DM 68,—

Walter de Gruyter · Berlin · New York